110.—

Cq 228

Cq 228

Dominik Schlumpf
**MYTHOS
WAFFENLAUF**

Dieses Buch ist Wettkämpfern, Truppen, Fans, Angehörigen, Unternehmen, Behörden, Institutionen, Medien, Vereinen und Funktionären gewidmet, die in den über 70 Jahren Waffenlauf diesen aktiv oder passiv unterstützten.

Danke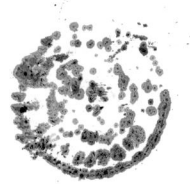

MYTHOS WAFFENLAUF

Das aktuelle Standardwerk über den schweizerischen Waffenlauf

Dominik Schlumpf

Impressum
1. Auflage, März 2007
ISBN 978-3-033-00916-5
(c) by Dominik Schlumpf
8583 Sulgen TG (Autor/Herausgeber)

Satz, Gestaltung und Druck
Huber PrintPack AG, 8500 Frauenfeld TG

Buchbinderische Verarbeitung
Buchbinderei Grollimund AG, 4153 Reinach / BL

Lektorat
Beat Schmutz, 3186 Düdingen FR
(Duden, 24. Auflage, 2006)

Herausgeber und Autor danken den nachstehend genannten Firmen, Personen und Organisationen, welche die Herstellung des Werks finanziell unterstützt haben:

AFG Arbonia-Forster-Holding AG, Arbon
Amt für Militär und Zivilschutz des Kantons St.Gallen
Appenzellische Winkelriedstiftung
DATASPORT AG, Zollikofen
Departement Sicherheit und Justiz des Kantons Glarus
Dr. h.c. Walter Reist, Hinwil
Gemeinde Altdorf
Hofer Treuhand AG, Solothurn
Interessengemeinschaft Waffenlauf Schweiz (IGWS)
Kantonale St. Gallische Winkelriedstiftung
Lotteriefonds Appenzell-Ausserhoden
Lotteriefonds Kanton Basel-Landschaft
Lotteriefonds Kanton Zug
Müller Martini Buchbinde-Systeme AG, Felben-Wellhausen
Regierungsrat des Kantons Aargau, Lotteriefonds
Schweizerische Nationalspende, Bern
Schweizerische Stiftung Pro Patria
Stadt Chur
Thurgauische Winkelriedstiftung
Urs Maurer, Praxis für klassische Homöopathie, Baar
Zürcherische Winkelriedstiftung

Inhaltsverzeichnis

Zum Geleit	11
Vorwort (Herausgeber und Autor)	13
Mythos Waffenlauf – Geschichte und Begeisterung	15
Geschichtlicher Rückblick	19
Kurz und bündig: Der Waffenlauf	19
Olympia – eine kleine Geschichte der Zeit	20
Geschichte des Marathonlaufs	24
Seriensieger und unschlagbare Helden der Antike	24
Waffenlauf – Beginn einer Ära (von Bernhard Linder)	26
Die ersten Marsch- und Laufveranstaltungen	27
1862 in der «Militärzeitung»	29
1916: Der erste Waffenlauf in Zürich	30
1917: Armeegepäckmarsch Biel	32
1934: General Guisans Idee	33
1931: Militär- Wettmarsch in Solothurn	35
1932: Armee-Gepäckmarsch in Delémont	35
1934: Neue Aera mit dem «Frauenfelder»	35
1947: Meilen–Rapperswil–Zürich	35
1957–1960: Waffenlauf der 1. Division	36
Wehrsport in der Schweiz	37
Über 70 Jahre Schweizer Wehrsport	37
Wettkampfmässig um die Welt	42
Die Fachzeitschrift «Schweizer Wehrsport»	43
Militärischer Fünfkampf	46
Dreikampf	48
Auszug aus der Rangliste	48
Waffenläufe, Märsche, Armeemeisterschaften und Wettkämpfe	49
Militärradsport	51
Ein Militärrad-Schweizermeister erzählt ...	54
La Patrouille des Glaciers	58
Der 100-km-Lauf von Biel	61
Der internationale Viertagemarsch Nijmegen/Niederlande	68
Im Gespräch mit: Wm Rolf Bürgi	76
Im Gespräch mit: Oberstlt Reto Senn	76
Im Gespräch mit: Oberst i Gst Joss, Delegationsleiter Swiss Delegation, Chef SAT	77
Im Gespräch mit: Vater und Sohn Greutert	78
Im Gespräch mit: Oberst i Gst Hans-Georg Lüber, Marschgruppenleiter Geb Füs Bat 112(+) 1+2	78
Im Gespräch mit: Sdt Corinne Ronconi	79
Portraits der Marschgruppen	81
Entwicklungen im Waffenlaufsport	83
Entwicklungen im Waffenlaufsport	83
Die Jahre 1916 bis 2007	83
Eckdaten einer Erfolgsgeschichte (1916–2007)	84
Waffenlauf im Wind der Zeit	89
Jahre der Veränderungen	89
Eine Schweizer Sportart?	89
Aus allen Kantonen reisen sie an...	89
Die Teilnehmer und ihre Motivationen	91
Motivation	92
Ein Waffenlauf anno 1946	92
Kampf um die letzten Plätze	93
Speaker – was steckt dahinter?	96
Waffenlauf und die Frauen	99
Wir Waffenläufer sagen euch Frauen: DANKE!	100

Waffenlauf und Ausländer	103
Waffenlauf international	104
Brieftauben und der Waffenlauf	104
Unersetzlich: unsere Betreuer	106
Hallo Waffenläufer in spe!	107
Hier einige dieser Waffenlauf-Gebrüder:	108
Waffenlauf-Gebrüder	108
«Gwändli», Packung und Laufschuhe	110
Auch bei Tropenhitze und im Schneesturm	110
Erstellen einer Packung	114
Geschichte der Auszeichnungen	116
Profitum im Waffenlauf?	118
Waffenlauf und «scharfer Schuss»	119
Kategorien und Gruppen	119
Start von über 60-Jährigen	120
Ein Waffenlauf anno 1982	120
Sieger sind sie alle!	121
Datenerfassung und Ausschreibung	122
Preise und Prämienkarten	123
«Blick»-Schlagzeile aus dem Jahr 1990	124
Aktivitäten und Verschlimmbesserungen	125
Einführung und Entwicklungsgeschichte der Schweizermeisterschaft	125
Ermittlung der Titel und Auszeichnungen	126
Widerhandlungen und deren Folgen	127
«Inspektionsberichte» der IGWS-Beobachter	128
Passagen aus den Achtzigerjahren...	129
«Schattenseiten»	130
Waffenläufer reden mit...	131
Trainingslager und Kurse für Waffenläufer	132
Zeitmessung, Wertung und Ranglisten	135
Portrait eines Initianten	136
Ups... 2 x Ueli Jäggi...	137
Der «Ranglisten»-Mann	138
Ein Waffenlauf vor 70 Jahren, anno 1937	139
Kameraden...	141
Der «ideale» Waffenlauf-Tag	142
Die Ehrengäste	142
Der Ostschweizer Waffenlauf und der Kommandant der Grenzbrigade 8	144
Ein Waffenlauf anno 3000	148
Waffenlaufrekorde und -kuriositäten	148

Impressionen von «Starts» der letzten Jahre 151

Die Interessengemeinschaft Waffenlauf Schweiz (IGWS) 163

IGMS/IGWS – Gründung der Dachorganisation	163
Aufgaben und Ziele des Verbandes	164
IGWS und deren Aufbau und Organisation	166
Jubiläum 50 Jahre IGWS und Meisterkür	166
Aus dem Vorwort	171
Rückblick eines ehemaligen Präsidenten	171
Standortbestimmung eines OK-Präsidenten	172
Ein Vereinspräsident dankt	173
Ein aktiver Wettkämpfer zur IGWS	174
Die Zeit läuft ab...	174
Die IGWS an der Front	178
Die IGWS löst sich auf	183
«Augenwischerei bringt gar nichts»	180
100er Verein der Waffenläufer wird zum «Waffenlauf-Verein Schweiz»	185
Auszüge aus dem Jahrbuch «Waffenlaufsaison 2006»	186

Der Hunderter 187

Von gestern bis heute	187
Welche Läufe zählen?	187
Beitrittsbedingungen	188
Auszeichnungen	188
Medaillenfeiern	189
Gratulationen	189
Rekorde und andere Besonderheiten	189
Die erste «Hunderter-Frau»	190
43 Frauenfelder in Folge...	190
232 Waffenläufe, 122 Kategoriensiege, 22 Tagessiege	190
281 Waffenläufe in Folge!	191
Nochmals die Zahl 281	191
Der Mann mit den 400 Waffenläufen	193
«Ehrentafel» des Hunderter-Vereins	194

Die Schweizer Waffenläufe 211

Toggenburger Stafetten- und Waffenlauf (1936 – 2003)	211
St. Galler Waffenlauf (1960 – 2006)	218
Course militaire commémorative	224
Le Locle – La Chaux-de-Fonds – Neuchâtel (1949 – 2005)	
Zürcher Waffenlauf (1958 – 2006)	231
Hans-Roth Waffenlauf	238
Freiburger Waffenlauf (1978 – 2002)	243
Reinacher Waffenlauf (1944 – 2006)	252
Altdorfer Waffenlauf (1945 – 2004)	259
Krienser Waffenlauf (1956 – 2003)	265
Thuner Waffenlauf (seit 1959)	272
Frauenfelder Militärwettmarsch (seit 1934)	279
Churer Waffenlauf (1999 – 2001)	291
Sprint-Waffenlauf Wohlen (seit 2004)	293
Stanser Waffenlauf (1991)	295
Berner Waffenlauf (1991)	296
Aargauer Waffenlaufmeisterschaft (1977 – 1991)	296
Berner Waffenlauf (1949 – 1959)	297

Waffenlauf hautnah — 299

Vorwort Bundesrat Hans-Rudolf Merz	299
Von 0 auf 100 – Die Herausforderung!	300
Als Ehefrau am Streckenrand	300
Waffenlauferlebnisse von Peter Deller	301
Die Wette des Gody Schmutz	302
Erster Waffenlauf und Comeback	303
Beni Thurnheer am Waffenlauf	303
Der Sieger und der alte Mann	304
Kür des Favoriten	304
Die Oberwalliser kommen …	305
Der Solist	305
«Geblieben ist der Karabiner»	305
Erlebt als Gemeindepräsident von Altdorf	306
Wie immer ohne Gewehr	307
Erlebt als Stadtpräsident von Thun	308
Oberst Forster und der Waffenlauf	308
Der Stadtpräsident grüsst die Waffenläufer	308
Ein Sportjournalist erzählt …	308
Meine Waffenlauf-Familie	309
Kreienbühls – Die Waffenlauf-Familie	310
Der Sankt Galler Stadtpräsident erzählt …	310
Nussgipfel, Blutdruckmessung und Thurgauer-Öpfel	311
Der «Schattenaussenminister» und Schützen-Siebner	311
Österreicher …	311
Als Österreicher am «Frauenfelder»	311
Burgdorfer Waffenläufer	312
Was, Sie sind Divisionär …	313
Das Interview: Ein Läufer erzählt …	313
Militärtenue, Drill und Olma-Bratwurst	315
Ein verschneiter Waffenlaufsonntag	315
Die verlorene Zahnprothese	317
Vom Sieger zum Pechvogel	317
Eine offene Rechnung	317
Zu spät am Zürcher Waffenlauf	318
Erlebt als Brieftauben-Soldat Wälti	318
Mein eigenes Waffenlauf-Mythos	318
Zürcher Spezialitäten: Zusatzprüfung Schiessen – beliebt und gehasst	319
Militär prägte mein Leben!	320
Ein IGWS-Gründer erzählt …	321
Mein Jahr mit dem Waffenlauf als Bundespräsident	322
Als Frau Waffenläuferin aktiv dabei …	322
Mein eindrücklichster Waffenlauf	323
Erlebt als Regierungsrat	323
Podestplatz beim letzten «Schöftler»	324
Mein erster «Rucksacklauf»	324
Zu spät am Start und doch klassiert	324
Hauptpreis: Waffenlauf-Start	325
Startgeplänkel – Taktik oder was?	325
Radquer-, Motorrenn-, Bob- und Waffenlaufsport	326
Nicht schnell, aber originell	327
Liebe auf den ersten … Lauf	328
Kameradschaft als Motivation	329
Ein Bundesrat läuft mit	330
Waffenläufer entwaffnet	330
Aus einem Waffenlauf wurden 215	331
Militärmusik und Waffenlauf	331
Langfinger?	331
Gemeinsam schaffen wir das Abenteuer	331
Waffenlauf aus Sicht eines OK-Präsidenten	334
Als Freundin an der Strecke	335
Als Speaker hautnah dabei	336
Der Ostschweizer Waffenlauf und der Kommandant der Grenzbrigade 8	336
«Wir laufen weiter …»	337
Als Sanitäter am Streckenrand	337
Wo ist mein Gewehr?	337
Packungen vor der Beiz «Noch zu früh um einzukehren»	338
Mein Weg in die Waffenläufer-Familie	339
Speaker Alois Furrer als Waffenläufer	340
Der Frauenfelder, «mein Lauf»	340
80-jähriger aktiver Waffenläufer	340
Ziel erreicht: Tagessieg!	341
Wie ich «Sportler» wurde	342
«Gelebte Kameradschaft!»	342
Als regierungsrätlicher Ehrengast dabei …	343
Nachruf auf die IGWS, wir sagen Danke!	343
Anmelden oder nicht?	344
Meine Begegnung mit Albrecht Moser	345
Der alte, «süchtige» Hase am Frauenfelder	345
Erlebt als SVP-Präsident	346
Läufer contra Stubenhocker	346
Erlebt als Generalstabschef	346
Rückblick auf 183 Waffenläufe	346
Wetten, dass es … Waffenlauf-Liebe ist	347
Ein ungewöhnlicher Freiburger	348
Meine Karriere begann in Altdorf…	348
Einer der WSG Schwyz	349
Waffenlauf, selbstverständlich!	349
Debby und Shelly und ihr Papa	350
Die «Tenue-Begegnung» mit Bundesrat Gnägi	350
Das Vermächtnis, der richtige Weg, mein Sohn und die Hornisse	350
Aus der Sicht des Betreuers	350
«Hopp Herr Pfarrer»	351
Liebe Waffenlauf-Kameraden,	351
Waffenläufer aus Österreich?	351
Kurzgeschichten von Choli Helfenberger	354
Willi Lüthi, der Kämpfer (392 Waffenläufe)	354
1500 Meter in 16 Sekunden – warum der Krienser mein Lieblingslauf war	355
Sechzehn Jahre und kein bisschen weise	355

Im Gespräch mit ...   357

Heinz Koch   357
Kudi Steger   361
Lu Jun   363
Kurt Hugentobler, René Ott und Armin Stillhard   364
Alfred und Ueli Kellenberger   366
Armin Portmann   367
Rolf Bürgi   368
Urs Maurer   370
Alois Oberlin   372
Marc Berger   377
Samuel Schmid   378
Walter Henke   380
Kaspar Scheiber   381

Die Schweizermeister 1967 bis 2006   383

Die Schweizermeisterschaft   383
Die «Ewige Rangliste»   383
Das Goldene Buch   384
der Schweizer Waffenlaufmeisterschaft (1967–2006)
Die Waffenlaufmeister und Waffenlaufmeisterinnen,
präsentiert von Ueli Dysli
Schweizermeister erzählen   389
Werner Fischer (1967)   389
Willi Aegerter (1972/1973)   392
Charles Blum (1976/1977)   392
Albrecht Moser   394
(1978/1979/1980/1981/1982/1983/1984/1985)
Fritz Häni (1986/1987)   396
Hans Furrer (1989/1990)   397
Beat Steffen (1988/1991)   398
Christian Jost (1992)   399
Martin von Känel (1993/1994/1995/1996/2004)   400
Martin Schöpfer (1997)   401
Koni Schelbert (1998)   401
Jörg Hafner (1999/2000/2001/2002/2003/2005)   402
Patrick Wieser (2006)   404
Maria Heim (1998/1999/2000)   405
Claudia Helfenberger (2005)   406
Marianne Balmer Knöpfli (2001/2002/2003/2004/2006)   408

Werner Fischer erzählt aus seinem Leben ...   411

Die Lauf- und Wehrsportvereine   417

Das Vereinswesen in der Schweiz   417
Run Fit Thurgau (früher Thurgauer Wehrsportverein)   418
Wehrsportverein Graubünden   422

Laufverein 95 Burgdorf   423
Mehrkampfgruppe Fricktal   423
Zürcher Patrouilleure   425
UOV Wiedlisbach   427
WSG Schwyz   430
LST Zürich   430
WLG Freiamt   431
UOV St. Gallen   431
SG Berna   432
LG Niederbipp   432
Läufergruppe Homberg   433
Lauf- und Marschverein   434
Emmental   434
LG Matzendorf   434
Laufteam Thun   436
Kontaktadressen Lauf- und Wehrsportvereine   438

Live dabei am Frauenfelder Militärwettmarsch   439

Beobachtungen bei der Organisation   439
und Durchführung eines Waffenlaufs
Organisationskomitee und Trägerschaft   440
Wichtiges rund um ...   442
«Jetzt gilt's ernst»   443
Voting am Frauenfelder   443
Startschuss!   444
Unterwegs ...   446
Im Ziel   448
Erster Innerrhoder Erfolg   449
Der letzte Meisterschaftslauf   450
«Auf Wiedersehen!»   450
Bilanz des OK «Frauenfelder»   451
Frauenfeld – gestern und heute   453

Gedanken des letzten IGWS-Präsidenten   455

Schlusswort   457

Anhang   459

Statistiken   459
Mitarbeiterverzeichnis   468
Literatur-, Foto- und Quellennachweis   469

Zum Geleit

Mit Militär und Sport verhält es sich gleich wie mit Wurst und Brot. Sie gehören zusammen. Wenn ich zurückschaue und meine eigenen Diensttage Revue passieren lasse, dann ziehen sich die zahlreichen Sportanlässe wie ein roter Faden durch meine Erinnerungen. Unvergessen etwa die Wintermannschaftswettkämpfe, unvergessen aber auch die zahlreichen Läufe, Märsche, Schiessen und Durchhalteübungen im Dienst.

Egal, ob mir diese sportlichen Grenzerfahrungen befohlen wurden oder ich diese freiwillig suchte – missen möchte ich keine einzige. Nur wer an die Grenzen geht, weiss, was er zu leisten im Stande ist. Deshalb ist es sinnvoll, dass die Armee ihre Soldaten, Unteroffiziere und Offiziere von Zeit zu Zeit an die Grenzen der Belastbarkeit führt. Dies selbst dann, wenn gewisse körperliche Leistungen aufgrund der zunehmenden Mechanisierung in taktischer Hinsicht überholt scheinen. Sind es nicht diese Erlebnisse, die uns rückblickend in Erinnerung bleiben? Jene letzten Kilometer? Die Kälte? Die Hitze? Die Schmerzen? Die Übermüdung? Das Glücksgefühl im Ziel? Das Bewusstsein, einen Auftrag unter widrigsten Umständen erfüllt zu haben? Höchstleistungen hinterlassen Bestätigung und Befriedigung. Dazu gesellt sich nicht selten Erstaunen über das Potenzial, welches in einem steckt. Der Sport kräftigt Körper und Geist. Keine Armee der Welt kann auf ihn verzichten.

Die Ära des Waffenlaufs scheint sich nun jedoch ihrem Ende entgegenzuneigen. Schon finden sich in den Medien erste Abgesänge. Der Waffenlauf hat in der Tat keinen einfachen Stand. Immer weniger und immer ältere Teilnehmer sind noch bereit, Rucksack und Waffe zu schultern und die Strapazen auf sich zunehmen. Vorbei die glorreichen Zeiten, als man einen Albrecht Moser regelmässig im Fernsehen dem Ziel entgegenfliegen sah, verfolgt von einer notabene stattlichen Läuferschar. Über die Gründe für diese Entwicklung wurde natürlich schon viel diskutiert. Unzeitgemäss sei das Laufen in Uniform. Zu schwach die Position des Waffenlaufs im Meer der neuen Freizeitangebote, zu gross letztlich auch das Desinteresse der Medien in unserer Zeit. Auch war und ist immer wieder zu hören, dass die beiden Armeereformen dem Waffenlauf nicht eben förderlich waren. Die Wahrheit liegt wohl, wie so oft, in einer Kombination sämtlicher Grössen.

Der Waffenlauf findet heute vor einem veränderten gesellschaftlichen Hintergrund statt. Wirtschaft, Politik und Kultur werden auch in der Schweiz mit einer Dynamik konfrontiert, wie sie unseren nächsten Vorfahren noch fremd war. Werthaltungen, Einstellungen und Verhaltensweisen haben eine Vielgestaltigkeit erfahren, die Hergebrachtes oder Allgemeingültiges vielfach in Frage stellt. Erschwerend wirkt sich das langsamere Wirtschaftswachstum aus, welches immer neue Rationalisierungsrunden notwendig macht. Aber auch für politische Institutionen, welche allgemein verbindliche Entscheide hervorbringen und durchsetzen müssen, bedeutet dieser Gesellschaftswandel eine enorme Herausforderung. Klar, dass auch die Armee davon nicht unberührt bleiben konnte. Und ebenso überrascht es nicht, dass auf einer anderen Ebene auch das Vereinswesen von dieser Entwicklung tangiert wird.

Blicken wir aus militärischer Sicht zurück. Der Übergang zum Zweijahresrhythmus im Kontext der Armee 95 bedeutete für ausserdienstliche Ausdrucksformen des Wehrwillens – und dazu zähle ich auch den Waffenlauf – zweifellos einen Einschnitt. Der heute wieder abgeschaffte Zweijahresrhythmus schwächte das für solche Engagements wichtige Gemeinschaftsgefühl in den Formationen. Verschoben Wehrmänner ihren Dienst, kamen sie mitunter als Fremdlinge in ihre Einheiten zurück. Auch die Verjüngung und die Verkleinerung der Armee, aber auch der zunehmende Spardruck trugen dazu bei, dass sich die Situation für auf Freiwilligkeit beruhende, militärfreundliche Einrichtungen verschärfte.

Diese veränderten gesellschaftlichen Rahmenbedingungen und eine neue Bedrohungslage machten tief greifende Reformen bei der Armee unumgänglich. Es trifft zu, dass die Armee dadurch – ich denke beispielsweise an die Randregionen, welche es mit grosser Wucht traf – Sympathien verlor; gerade bei jenen, die ihr bis anhin oft wohlgesinnt waren. Das schmerzt. Es trifft aber auch zu, dass bei einem Ausbleiben der Reformen die Armee noch mehr verloren hätte, nämlich ihre Glaubwürdigkeit schlechthin.

Die Armee tritt jetzt in eine Phase der Konsolidierung. Wehrpflicht, Milizsystem und Bestand bilden politisch verbindliche Eckwerte. Die Schweizer Armee erfüllt die heutigen Anforderungen und ist so angelegt, dass sie auch für die Zukunft fit gehalten werden kann. Die Armee leistet einen anerkannten Beitrag zur Sicherheit der Schweiz. Kurz: Sie ist glaubwürdig. Das ist der fruchtbarste Boden für Eigeninitiative. Diese lässt sich in einer Milizarmee nicht diktieren. Die Armee muss deshalb hinsichtlich Rekrutierung, Ausbildung, Bewaffnung und Einsatz überzeugen. Das ist der Beitrag, den sie leisten kann und muss.

So betrachtet, dürfen wir gespannt sein, wie sich der Wehrwillen künftig im Privaten manifestieren wird. Für Sportanlässe mit einem militärischen Bezug sehe ich trotz einem mittlerweile breiten Freizeitangebot durchaus Chancen. Vielleicht werden es nicht mehr die Massenanlässe vergangener Tage sein. Doch das ist von untergeordneter Bedeutung. Vielleicht wird das noch der herkömmliche Waffenlauf sein, vielleicht auch einmal ein Waffenlauf, bei welchem wieder geschossen wird, ähnlich dem winterlichen Biathlon. Der Möglichkeiten sind viele. Wichtig scheint mir – und da schaue ich jetzt ein bisschen bei den Trendsportarten ab – dass der „Kick" stimmt. In diesem Sinne wünsche ich mir, dass es sich mit dem Waffenlauf so verhält, wie mit vielem anderen, das vorzeitig als ausser Mode verschrien wurde: Totgeglaubte leben länger!

Korpskommandant Christophe Keckeis, Chef der Armee

Vorwort (Herausgeber und Autor)

«Waffenlauf ist Leidenschaft»
Das Buch «Mythos Waffenlauf» entstand hauptsächlich im Jahr der letzten Austragung der Waffenlauf-Schweizermeisterschaft 2006 und setzt, nach dem im Jahr 1984 erschienenen Buch «Der Waffenlauf – eine Chronik mit Bildern» von Bernhard Linder, die Reihe nahtlos fort.

Das vorliegende Buch verfolgt mehrere Ziele: Einerseits soll es eine bleibende Erinnerung an den Waffenlauf schaffen und die bestehende Lücke zur Gegenwart schliessen. Es soll aber auch allgemein den Schweizer Wehrsport streifen und aufzeigen, welche Wehrsportanlässe es sonst noch gibt in der Schweiz. Anderseits soll es die Geschichte dieser Sportart darstellen und somit als fundiertes Nachschlagewerk dienen. Das Buch erhebt keinen wissenschaftlichen Anspruch und ist als «Milizarbeit» verschiedener Autoren entstanden.

...in Kürze
Das Buch «Mythos Waffenlauf» setzt sich aus mehreren Teilen zusammen. Es gibt Auskunft über die Geschichte und Entwicklung des Waffenlaufs, des Dachverbandes IGWS und des Hundertervereins. Des Weiteren sind auch Informationen zum Thema Wehrsport enthalten, sei es über Militärradfahrer, Marschierende oder andere ausserdienstlichen Wehrsportformen.

Weiter widmet es sich dem Menschen. Schweizermeister, aktive Waffenläuferinnen und -läufer, Begleiterinnen und Begleiter, Betreuerinnen und Betreuer, Zuschauer, aber auch «Zivil-Sportler», Presse-, Behörden- und Militärvertreter, jenen welche das Hauptgerippe dieses Buches bilden. Sie alle unterstützen mit ihren Beiträgen eine aktive eidgenössische Geschichtsschreibung.

Das Buch «Mythos Waffenlauf» soll auch unterhalten und zum Schmunzeln anregen, Erinnerungen wecken und gelebte Geschichte hautnah aufzeigen. Mit den vielen Textbeiträgen, Geschichten, Erlebnissen und Anekdoten soll es zum lebendigen Standardwerk über den Traditionssport Waffenlauf werden.

Wie es zum Buch kam
Es war im Jahr 2002. Nach einem längeren Vorbereitungstraining auf den «Frauenfelder» sinnierte ich, ob es eigentlich Lektüre über den Waffenlauf gäbe. Kaum zuhause machte ich mich schlau. Die jüngste Publikation war jedoch in den Achtzigerjahren herausgekommen. Ich recherchierte. Die Idee, ein Buch über den Waffenlauf zu schreiben war geboren. Schon damals war ein Ende des Waffenlaufs nicht mehr auszuschliessen. Ich legte als erstes den Titel fest: «Mythos Waffenlauf». So begann ich, alles Erdenkliche über den Waffenlauf zu sammeln. Meine Tätigkeit im Vorstand der IGWS bescherte mir Fotos, Schriftstücke, Dokumente und Kontakte. Dadurch gelangte ich in den Besitz des grössten und umfassendsten Privatarchives über den

Der Autor und Herausgeber Dominik Schlumpf (Jg. 1978), stammt aus Walzenhausen AR und wohnt heute im thurgauischen Sulgen. Er ist seit kurzem verheiratet und hat bereits mehrere Publikationen verfasst. Nebst seinem Beruf als Heizungstechniker pflegt er seine Leidenschaft, das Laufen und Marschieren. Marathone, zivile Läufe, der 100 km-Lauf von Biel, der Viertagemarsch Nijmegen/NL und besonders die Waffenläufe gehören zu seinen sportlichen Tätigkeiten. Nebst dem Sport ist er auch seit Jahren im Hintergrund als Funktionär aktiv. So als Vorstandsmitglied der Interessengemeinschaft Waffenlauf Schweiz (IGWS) und im Laufsportverein Run Fit Thurgau. Im Militär bekleidet der Autor den Rang eines Hauptmanns der Infanterie und führt eine Inf Kp. Selber hat er gegen 70 Waffenläufe bestritten.

Waffenlauf. Im Archiv Flunser/Schmutz war eine schier unerschöpfliche Quelle an Wissen und Dokumenten vorhanden.

Die Idee des Buches rückte jedoch wieder in den Hinterkopf, geriet fast in Vergessenheit. 2004, war sie wieder aktuell. Im Auftrag der IGWS verfasste ich die Jubiläumsschrift zum 50-jährigen Bestehen des Dachverbandes. Anschliessend aktivierte ich die Unterlagen und Manuskripte. Unzählige Ideen zum Aufbau und zum Inhalt waren vorhanden, der enge Zeithorizont, nebst meiner vollen Berufstätigkeit und einigen anderen Hobbies bildeten das Gegengewicht in der Waagschale. Meine Lauftrainings waren schier unerschöpfliche kreative Zeiträume mit Ideen, die ich dann in Mittagspausen, an Abenden, in Ferien und an Wochenenden zu Papier brachte.

Mit dem profunden Kenner des Waffenlaufes-Sports in der Schweiz fand ich in Beat Schmutz einen wertvollen Mitarbeiter. Erstaunt ob der Schaffenskraft des Jungrentners und seines Reichtums an verschiedenen Talenten und Wissen nahm ich sein Angebot für eine Mitarbeit gerne an. Schmutz, welcher kurz vor seinem 1000. Lauf (wovon 202 Waffenläufe) steht, ist besonders älteren Jahrgängen als Läufer, Funktionär und Berichterstatter ein Begriff.

Fünf Jahre oder gegen tausend Arbeitsstunden später ist nun das eigentliche Standardwerk über den Waffenlauf in der Schweiz vollendet. Ein Stück Schweizer Geschichte.

Hauptfiguren

Den Waffenlauf geprägt haben die unzähligen Wettkämpferinnen und Wettkämpfer mit ihren Teilnahmen, mit ihren grossartigen sportlichen Erfolgen, egal in welchen Kategorien und ob Spitze, breite Masse oder Schlussläufer. Waffenläufer, welche Sonntag für Sonntag mit der Teilnahme zu einem unvergesslichen Anlass beitrugen. Spitzenläufer und jene, deren Namen, Laufzeit und Rang in der Masse verschwanden.

Doch es gibt auch die Funktionäre. Jene Leute, welche im Hintergrund die Fäden ziehen und für die Organisation und Durchführung verantwortlich sind. Auch sie haben den Waffenlauf geprägt. Sportliche Grossanlässe wären ohne die unermüdlichen Helfer, die im Hintergrund jahrzehntelang ihre Arbeit leisten, nicht möglich gewesen. Ihr Einsatz hat den «Mythos Waffenlauf» mitgeprägt.

So hat schon manch einer über die Entstehung und Herkunft von Ranglisten sinniert, oder darüber, welcher Aufwand geleistet werden musste, damit ein Sonntag zum Waffenlauf-Tag wurde. Dahinter stehen Namen von Helfern und Funktionären wie beispielsweise Oberlin, Koch, Flunser oder Erb, um nur einige zu nennen. Auch sie bilden für die Prägung des Waffenlaufs den Hintergrund.

Danke

Ein Buch dieses Ausmasses in kurzer Zeit zu schreiben und zu realisieren bedeutet Arbeit! Man muss auf ein funktionierendes, unterstützendes und tragendes Umfeld zählen können. So konnte ich jederzeit auf meine Daniela zählen. Sie verzichtete unzählige Stunden auf mich und unterstützte mich in wertvoller Art und Weise. Dafür bin ich dir, Daniela, sehr dankbar!

Dankbar bin ich auch meinem Freund Beat Schmutz. Er hat mit seinen vielen Beiträgen wesentlich beigetragen, dass das Buch derart lesenswert wurde und innert kurzer Zeit realisiert werden konnte. Seine Aufgabe als Lektor war unverzichtbar und wertvoll. Ein Dankeschön richtet sich auch an alle Verfasser von Beiträgen. Sie alle machen das Buch zur «Vielfalt der Stimmen». Ein grosser Dank geht auch an die Mitarbeiter im Hintergrund. Jene, welche unzählige Stunden damit verbrachten, Texte, Notizen und andere Dokumente abzuschreiben, Goldene Bücher zusammenzutragen, Statistiken zu erstellen. Danke Pädi, Antonia, Daniela, Urs…

Einen grossen Dank richte ich an jene Personen, Organisationen und Firmen, welche mit ihrer Unterstützung die Finanzierung sichergestellt haben und an die Firma Huber PrintPack AG Frauenfeld für ihr grosszügiges Entgegenkommen. Diese «Beiträge» ermöglichen, dass das Buch zu einem sehr tiefen Preis angeboten werden kann. Einen besonderen Dank richte ich an meine Kameraden der Appenzellischen Offiziersgesellschaft. Nebst einem finanziellen Beitrag sicherten sie meinem Projekt grosszügigerweise eine Defizitgarantie zu. Diese hat mich ermutigt und die Sicherheit gegeben, das Projekt nicht abzubrechen und weiter voranzutreiben. Allen ein grosses Dankeschön!

In diesem Sinne wünsche ich Ihnen viel Vergnügen beim Lesen.

Ihr Dominik Schlumpf

Mythos Waffenlauf – Geschichte und Begeisterung

Ein Mythos ist gemäss Fachliteratur zunächst eine «Erzählung von einem oder mehreren Ereignissen von Götter-, Schöpfungs-, Vor- oder Frühgeschichten, welche symbolische und ins Phantastische gehende Elemente enthalten. Hierbei ist immer das Eingreifen des Metaphysisch-Höheren, «Göttlichen» in die irdisch-menschliche Geschichte gegeben.»

Mythen bieten oft Erklärungen für Existenz, Entwicklungen oder Zusammenhänge wie beispielsweise die Entstehung der Welt, die Herkunft von Göttern, des Menschen oder eines Volkes. In Mythen kann auch ein endzeitliches oder sogar jenseitiges Geschehen beschrieben werden.

Es gibt auch moderne Mythen, die sich präsentieren. In Form von kollektiven Irrtümern können Mythen sozialen Zusammenhalt erzeugen und Herrschaft sichern.

Die moderne Werbewirtschaft macht sich die Mythologisierung von Produkten zunutze.

«Der eigentliche Sinn des Mythos ist nicht der, ein objektives Weltbild zu geben; vielmehr spricht sich in ihm aus, wie sich der Mensch selbst in seiner Welt versteht.»

Was hat es nun auf sich mit dem «Mythos Waffenlauf»? Manch einer stellt sich die Frage nach Sinn und Zweck des Waffenlaufs. Tatsache ist, dass die Waffenläufer aus fast allen Regionen der Schweiz kommen. Um rechtzeitig am Start sein zu können gibt es jene, die bereits am Vorabend anreisen und andere, die frühmorgens aufstehen müssen. Da stellt man sich doch automatisch die Gretchenfrage, warum tut man (und Frau) sich das an? Stellt man diese Frage einem Waffenläufer, wird der Fragende x-verschiedene Antworten erhalten. Vielfältiger können die Beweggründe nicht sein.

Straff organisiert

War ein Waffenlauf in früheren Jahren ein straff organisierter und durchgeführter militärischer Anlass, ist er heute ein der Zeit angepasster Sportanlass, welcher jedoch immer noch einen militärischen Touch hat. Standen früher die «Inspekteure» des Eidgenössischen Militärdepartementes am Start, an der Strecke und im Ziel bereit, um zu kontrollieren, dass ja alle militärischen Formen und Ausdrucksweisen gemäss Reglement eingehalten wurden, so sind diese heute schon eher als Betreuer der Ehrengäste oder selbst als Ehrengäste mit dem Car unterwegs. Gelegentlich halten sie an, verfolgen die vorbei rauschenden Wettkämpfer und applaudieren ihnen. Das Bild hat sich gewandelt. Der Wehrgedanke stand in früheren Jahren, insbesondere in den Wirren der Kriegsjahre, stark im Vordergrund. Da jagten sich

Vom «Strassenfeger»...

...«zum Mythos»

über tausend Wehrmänner, die Sturmpackung am Rücken, über Hügel, durch Dörfer und über Wiesen. Sichtlicher Stolz prägte die damaligen Offiziere und Sätze wie «... dies ist unsere Mannschaft....eine Armee in bewegender Kampfkraft...» waren nötig, um die Freude und den Stolz auszudrücken.

Eine Armee in Bewegung, Armeeangehörige im Eilschritt, jeder eine Klasse für sich, sportlich tüchtig und überaus trainiert.

Eins steht fest, der Wehrgedanke stand im Vordergrund. An einem Waffenlauf teilzunehmen war für einen Teilnehmer auch eine Ehre. Er repräsentierte die Schweizer Armee.

Meinem Grossvater in Ehren gewidmet:
«Die eidgenössische Materialprüfungsanstalt (EMPA) testet Material, ein Waffenlauf testet einen Menschen.»
Johann Jakob Schlumpf (1917-2005)

Die Läufer in unserem Land

Wie sieht dies alles heute aus? Eines ist geblieben, der Waffenlauf gilt als hart, als etwas Besonderes und ist vor allem traditionsreich. Ein «Frauenfelder» beispielsweise kann nicht irgendeinem zivilen Marathon gleichgestellt werden.

In unserem Land joggen rund 800'000 Menschen ein- oder mehrmals pro Woche. Sie halten oder machen sich fit. Aber nicht nur das. Sie leisten auch einen Beitrag an die Volksgesundheit, einen Beitrag zur Reduzierung der Kosten im Gesundheitsbereich. Medikamente, Generika und Krankenkassen schaffen es kaum, sie können die Kostenexplosionen nicht verhindern. Und auch Behörden und Politiker nehmen kaum wahr, dass sie mit oftmals mangelnder Unterstützung für regionale Lauf- und Sportevents dieser Tendenz Nachdruck verleihen, ja, sie beschleunigen die Entwicklung. Weiter gibt es in unserem Land gegen 600 Laufveranstaltungen. Viele betreiben Sport lediglich als Ausgleich, als Ventil. Andere dagegen nehmen an Wettkämpfen und Sportanlässen teil.

In der Schweiz gibt es unter diesen rund 800 000 Laufsport-Treibenden einige hundert Waffenläuferinnen und Waffenläufer, welche an den in der Frühjahrs- und Herbstsaison stattfindenden Wettkämpfen teilnehmen. Der Waffenläufer, eine Spezies der besonderen Art. Den Waffenläufer von früher, welcher «nur» an Waffenläufen teilnahm, gibt es fast nicht mehr. Eine neue Durchmischung hat in den letzten Jahren eingesetzt. Unter den Waffenläufern hat es eine ganze Gilde von Sportlern, welche auch an zivilen Laufveranstaltungen Höchstleistungen zeigen, sei es an Lauf-, Rad-, Bike-, Duathlon-, Triathlon- oder gar Gigathlon-Wettkämpfen.

Jahre der Besonderheiten

Ein Waffenlaufjahr ist geprägt von Besonderheiten. Besonderheiten, welche wahrscheinlich nur der Waffenlauf bietet.

Bundesrat Hans-Rudolf Merz beschrieb dies in der Jubiläumsschrift «50 Jahre IGWS» mit folgenden Worten: *«Zwischen dem St. Galler und dem Frauenfelder – ich bin beide gelaufen – spielt sich alljährlich die Waffenlauf-Saison mit ihrer ureigenen, unvergleichlichen Atmosphäre ab. Wir kennen und lieben diese Besonderheiten: Schuhwerk, Rucksack und Kleidung sind nicht bloss Schuhe, Sack und Uniform, nein, jeder Läufer hat seine «Finken», kennt seine Handgriffe beim Gewehr-Schnüren, seine Tricks beim Pflastern und Polstern an Schulter und Rücken. Verpflegung ist nicht gleich Essen, nein, jeder Wehrmann kennt seinen Zuckerspiegel und weiss, was er braucht und erträgt.»*

Jedem ist dabei der Geruch von Dul-X und Schweiss bekannt. Das Treiben im Startraum, der Böllerschuss zum Start. Aus Kameraden werden Jäger. Der Jäger wird zum Gejagten. Heftige Duelle und Kämpfe prägen jeden Lauf. Es wird nichts, aber auch gar nichts geschenkt. Da gibt es aber auch die gemütlichen Läufer. Jene, welche Spass und Freude am Laufen haben und besonders am speziellen Ambiente eines jeden Laufes.

Einem Waffenläufer sind Worte wie Werte oder Tugenden keine leeren Worthülsen. Einerseits geht es um die eigene Fitness, den eigenen körperlichen Zustand. Andererseits aber geht es oftmals um das Überwinden des inneren Schweinehundes.

Jemand formulierte dies wie folgt: «Im Vordergrund geht es um körperliche Fitness, Sport und Leistung. Dafür steht die Rangliste. Gewinnen kann nur einer; Sieger über sich selbst aber sind beim Zieleinlauf alle!»

Der Waffenlauf hat sich verändert ...

Der ehemalige Waffenläufer und heutige Bundesrat, Hans-Rudolf Merz schreibt weiter: «*Der Waffenlauf ist eigentlich mehr als nur ein Wettkampf. Er vermittelt den Läufern pure Lebensfreude und er ist damit auch ein Stück weit Plausch. Dafür stehen Jauchzer beim Starten und dafür steht die fröhliche Fan-Gemeinde am Strassenrand. Die Wehrmänner erleben auch das Gemeinschaftsgefühl, vor allem auch bedingt durch das gemeinsame Leiden. Dafür stehen die Aufmunterungen und das gegenseitige Anfeuern unterwegs, die kurzen Zwiegespräche und Zurufe, das Zusammensein nach dem Zieleinlauf, die Aufforderung zum Wiedersehen vor dem Heimweg.*

Und schliesslich legen Waffenläufer und Funktionäre durch ihren Einsatz ein Bekenntnis zu Armee und Landesverteidigung ab. Diesen Wert können wir in einer Zeit europäischen Friedens und verminderter Bedrohung nicht hoch genug schätzen.»

Eine Besinnung

Der Mensch denkt perspektivisch: Das Nahe erscheint ihm grösser als das Ferne. So bekränzt und bejubelt er einen Geburtstag oder ein Jubiläum, obwohl beispielsweise fünfzig Jahre eine flüchtige Sekunde der Erd- und Weltgeschichte ist. Und was bedeutet der Waffenlauf in der Schweiz? Gemessen an der Erdbevölkerung sehen wir diese Sportart als ein paar Männer und Frauen, die rasch kommen und gehen, selbst wenn sie als milchbärtige Jungsoldaten in die Reihen treten und dort ausharren, bis sie eisgraue Veteranen sind. Und die Schweiz? Wie sehen wir die Schweiz im Zeitalter des interplanetarischen Ausgreifens? Als winziges Körnchen auf dem kleinen Stern unserer Erde liegend. Diese Erde durchzuckt die grosse Bewegung der Geschichte, die brausende Woge, in der unsere Sportart ein Schaumbläschen ist.

Werfen wir uns nicht zu stolz in die Brust, wenn wir die Ernte der vielen Jahre des Waffenlaufes sammeln? Nun, alles Grosse fügt sich aus dem Kleinen zusammen, und es braucht viele Sandkörner, bis die Düne der Geschichte aufgeworfen ist und durch die Wüste der Zeit wandern kann. Der Waffenlauf-Sport als Tradition liegt an jener Stelle,

«**Was gibt dem Leben seinen Wert, wenn nicht sein ständiger Schrei nach Selbst-Überwindung?**»

Sri Chinmoy

«**Laufe und werde. Werde und laufe. Laufe, um in der äusseren Welt erfolgreich zu sein. Werde, um in der inneren Welt Fortschritt zu machen.**» Sri Chinmoy

Oftmals wird der Waffenläufer nur von seinem Schatten begleitet ...

wo sich eine geringe Anzahl dieser Sandkörner zum Flecken Mythos Waffenlauf fügt. Der Waffenlauf hat seine bedeutende Geschichte! Darum ist es nicht anmassend, sich Rechenschaft über die vielen Jahre Waffenlauf zu geben.

Gedanken unterwegs
Unterwegs. Die Wettkämpfer sind «am Beissen». Die einen mehr, die anderen weniger. Jeder, der jemals einen Waffenlauf gemacht hat, kennt das. Waffenläufer erinnern sich..., die letzten Kilometer sind für die meisten die schwersten. Doch das Durchbeissen lohnt sich, wie immer im Leben, und dazu sind Waffenläufe auch da: Am Ziel wird man dann von Freunden und der Familie freudig empfangen. Ein erfolgreicher «Frauenfeld-Kämpfer» schreibt in einem seiner vielen Erlebnisberichte: *«Was soll es, bei Kilometer 4 über alles zu lamentieren, wo doch das Läuferleben nach so wenigen Kilometern noch so jung, so frei und so glücklich ist.*

Und in der Tat, die ersten 15 Kilometer sind wie so oft die glücklichsten und leichtesten. Alles geht so spielend leicht von der Hand. Warum kann dies nicht auch bei Kilometer 35 noch so sein?

Wir laufen nun wieder durch offenes Gelände. Schönes hügeliges bäuerliches Land. Immer wieder durchqueren wir beschauliche Einzelgehöfte und nach einigen Kilometern Laufstrecke erreichen wir auch die erste Verpflegungsstelle. Sie ist wie all die anderen mit allem bestückt, was das Läuferherz so begehrt. Von bei diesem kalten Wetter angewärmtem Wasser über Bouillon, Rivella, Ge-müsebrühe bis zu diverser fester Nahrung wie Bananen, ist alles vorhanden. So können wir uns frisch gestärkt auf die weiteren anspruchsvollen Kilometer begeben.

Im nächsten Hof schauen uns glückliche Schweine verwundert an. Kurz dahinter tauchen wir in einen eisigen Bergnebel ab. Sofort spürt man seinen eisigen Hauch und so bin ich froh, dass ich mich unter dem «Kämpfer» doch warm angezogen habe. Dieser Nebel versperrt nicht nur den Blick, sondern scheint auch jedes Geräusch zu verschlucken. Irgendwie fühle ich mich wohl, an diesem Nebelmorgen im November. Der heutige Tag erinnert mich an einen meiner Bieler 100km-Läufe. Aber da war es dunkel und die Lämpchen der endlosen Läuferkette wirkten wie Geisterlichter. Na ja, das war dann doch etwas anders und wir verlassen auch schon wieder diese Nebelbank. Die Sonne blinzelt erneut hervor und es folgt nicht wie damals noch eine endlose Nacht mit sintflutartigen Wolkenbrüchen. Der Himmel ist heute wirklich eine Betrachtung wert. Diese Spielereien der Natur hätten sicher so manchen alten flämischen Landschaftsmaler begeistert und inspiriert....»

Endlos schreibt unser altgedienter «Frauenfeld-Kämpfer» weiter. Es wird einem bewusst, unterwegs, egal wie lange die Strecke ist, unterwegs sind die Gedanken frei! Für viele sind solche Erlebnisse der Inbegriff des Mythos. «Mythos Waffenlauf» eben!

Ein weiteres Standardwerk
In diesem Sinne soll dieses Buch als eigentliches Standardwerk einen Blick in die Vergangenheit ermöglichen. Es soll aber auch eine realistische Sicht in die Gegenwart erlauben und die Zukunft umschreiben. Das Buch von Waffenläufern über den Mythos Waffenlauf. Ein Mythos, der lebt und in der Erinnerung weiterleben wird!

Geschichtlicher Rückblick

Kurz und bündig: Der Waffenlauf

Jedes Wochenende, ob Winter oder Sommer, kalt oder heiss, feucht oder trocken, frühmorgens oder nachmittags stehen sie am Start. Die Stadt-, Gelände-, Bahn- und Langstreckenläufer. Und seit vielen Jahren auch die Waffenläufer. Wer jemals als Aktiver oder als Zuschauer einen Waffenlauf erlebt hat, den lässt diese Sucht nicht mehr los.

Der Waffenlauf gilt unter den Ausdauersportarten als eine der traditionellen und echt schweizerischen Besonderheiten. Den «Waffenläufer» gab es schon in der Antike. Und auch die Armeen anderer Länder erproben die Kondition und Kampfkraft ihrer Soldaten mittels Wettkämpfen. Im Ausland gibt es keine nennenswerten Konkurrenzen. Bis zu einem gewissen Grad mag das an unserem Milizwesen liegen.

Ob in einem grossen Verband, in einer Rekruten-, Unteroffiziers- oder Offiziersschule, überall werden Kräfte gemessen. Sei es mit oder ohne Sturmpackung, mit Kampfstiefeln oder mit Turnschuhen, in Kombination mit anderen Disziplinen und verschiedenen Streckenlängen.

Echt schweizerisch

Doch der Waffenlauf an sich, mit einer Schweizermeisterschaft, dies ist eine rein schweizerische Sportart.

Dies heisst aber nicht, dass nur Schweizer daran teilnehmen. Lange war es zwar verpönt, ja auch verboten, dass Angehörige von Armeen anderer Länder an den Waffenläufen teilnahmen. Heute gehören die Franzosen, Polen, Österreicher und Deutschen

Unterwegs... Sonntag für Sonntag...

jedoch teilweise dazu. Besonders beim Frauenfelder Militärwettmarsch sind diese mit gut trainierten Delegationen vertreten.

Militärische Leibesertüchtigung?

Manch einer stellt sich die Frage nach Sinn und Zweck. Tatsache ist, dass die Waffenläufer aus fast allen Regionen der Schweiz kommen. Um rechtzeitig am Start sein zu können gibt es solche, die bereits am Vorabend anreisen, und andere die frühmorgens aufstehen müssen. Da stellt man sich doch automatisch die Gretchenfrage, warum tut man (und Frau) sich das an?! Stellt man diese Frage einem Waffenläufer, wird der Fragende erstaunt angeschaut und x-verschiedene Antworten erhalten. Vielfältiger könnten die Beweggründe nicht sein.

So hat sich der Waffenlauf längst schon von einer rein militärischen, ausserdienstlichen Leibesertüchtigung zu einer eigenständigen und wettkampforientierten Sportart entwickelt, welche sowohl BreitensportlerInnen als auch nationale SpitzenläuferInnen im selben Wettkampf vereinigt.

Heute nehmen an den zur Schweizermeisterschaft zählenden Waffenläufen jeweils 300 bis 500 WettkämpferInnen teil. In früheren Jahren waren es zwischen 800 und 1500 Wettkämpfern!

War ein Waffenlauf in früheren Jahren ein straff organisierter militärischer Anlass, ist er heute ein der Zeit angepasster Sportanlass, welcher jedoch immer noch einen militärischen Touch hat. Standen früher die «Ins-

2 Den Einlauf ins Ziel muss sich jeder ganz alleine verdienen, oftmals einsam und allein

3 Eindrückliche Bilder einer eindrücklichen Vergangenheit. Der Start eines Waffenlaufs

pekteure» des Eidgenössischen Militärdepartements am Start, an der Strecke und im Ziel bereit um zu kontrollieren, damit ja alle militärischen Formen und Ausdrucksweisen gemäss Reglement eingehalten wurden, so sind diese heute schon eher als Betreuer der Ehrengäste oder selbst als Ehrengäste mit dem Car unterwegs. Gelegentlich halten sie an, verfolgen die vorbeieilenden WettkämpferInnen und applaudieren ihnen.

Das Bild hat sich gewandelt. Der Wehrgedanke stand in früheren Jahren, insbesondere in und nach den Wirren der Kriegsjahre stark im Vordergrund. Da jagten sich über tausend Wehrmänner, die Sturmpackung am Rücken, über Hügel, durch Dörfer, über Wiesen und durch Wälder. Sichtlicher Stolz prägte die damaligen Offiziere und Sätze wie «dies ist unsere Mannschaft» oder «eine Armee in bewegter Kampfkraft» waren nötig, um Freude und Stolz auszudrücken.

Eine Armee in Bewegung, Armeeangehörige im Eilschritt, jeder eine Klasse für sich, sportlich tüchtig und durchtrainiert.

Eines steht fest, der Wehrgedanke stand im Vordergrund. An einem Waffenlauf mitzumachen war für einen Teilnehmer auch eine Ehre. Er repräsentierte damit die Schweizer Armee.

Wie sieht dies alles heute aus? Eines ist geblieben, der Waffenlauf gilt als hart, besonders und vor allem aber als traditionsreich. Ein «Frauenfelder» kann nicht irgendeinem zivilen Marathon gleichgestellt werden.

Blättert man im Geschichtsbuch zurück, so erkennt man erste Anfänge während des Ersten Weltkrieges mit dem 1. Schweizerischen Armee-Gepäckmarsch in Zürich vom 24. September 1916.

Ein Ausschnitt aus einem alten Dokument verdeutlicht die Leistung, welche damals für diesen Marsch erforderlich war: *«Nach fünf Stunden, 21 Minuten und 39 Sekunden marschierte Füsilier Frey vom Inf Bat II/46 am 24. September 1916 als Sieger des ersten Schweizer Waffenlaufs auf dem Zürcher Sportplatz Utogrund ein.»*

Wie der Name sagt, ist es ein Lauf mit der Waffe. In den Anfängen nannte man ihn Militärwettmarsch, denn es waren diesbezüglich Vorschriften zu beachten, es musste nämlich marschiert werden und zwar in Uniform, mit Tornister, Gewehr und Bajonett. Damals benötigten die Spitzenläufer für die 40 Kilometer fünfeinhalb Stunden. Heute ist die Zeit auf die Hälfte zusammengeschrumpft und nur noch die Konkurrenz in Frauenfeld nennt sich «Militärwettmarsch», obwohl längst nicht mehr marschiert wird.

Aus den Märschen sind längst Läufe geworden und mit Ausnahme des «Frauenfelders» mit seiner Marathondistanz von 42,2 km weisen sie Längen zwischen 11 und 27 Kilometern auf.

«Geschichte ist niemals tote Vergangenheit, sondern stets Hintergrund der Gegenwart»
Die Geschichte des Waffenlaufs. Dieses Buch beginnt mit der Vorgeschichte der Olympischen Spiele. Einerseits darum, um dem Leser eine breite Information über die Geschichte zu geben und andererseits weil die Geschichte bis zum heutigen Tag präsent ist.

In meinen äusserst langen und aufwändigen Recherchen über die Geschichte des Waffenlaufs stiess ich auf unzählige interessante und viel sagende Dokumente. Mit Abstand der beste Rückblick gelang Bernhard Linder, welcher 1984 sein Werk «Der Waffenlauf – eine Chronik mit Bildern» herausgab.

Er verstand es, in einer angenehm zu lesenden Art das Wichtigste über die Geschichte zu vermitteln. Daher war es naheliegend, aus dieser Quelle zu schöpfen und dieses Buch damit in Bezug auf die Geschichte auszustatten.

Es erscheint sinnvoll, vorgängig der Darstellung und Entwicklung des Schweizer Wehrsportes einige Worte über den eigentlichen Ursprung des «Sportkampfes» zu verlieren. Ein geschichtlicher Abriss ist notwendig um aufzuzeigen, welch hohen Stellenwert während Jahrhunderten der Sport einnahm.

Der kurzen Zusammenfassung über den Waffenlaufsport in der Schweiz folgt nun ein Abstecher in die Geschichte der Olympiade, welche massgeblich den Laufsport und damit auch den Waffenlauf in seiner Urform geprägt hat. Kaum jemand weiss heute, dass der Waffenlauf bereits zum Programm der alten Olympischen Spiele gehört hat, also runde 2500 Jahre alt ist.

Im Anschluss folgen Oskar Rickenmann und Bernhard Linder mit Texten, Berichten und Ausführungen über die jüngere Geschichte.

Olympia – eine kleine Geschichte der Zeit
«Sie liessen ihre Hüllen fallen. Wenn Leichtathleten und Kampfsportler im antiken Olympia zu Wettkämpfen antraten, waren

sie völlig nackt. Nicht so die Waffenläufer. Obwohl sie zur gleichen Kategorie zählten, gingen sie in voller Montur ins Rennen.»

Mitsamt Helm, Beinschienen, Speer und Schild mussten sie zwei Stadionlängen bezwingen – ein gutes Training für schwer bewaffnete Krieger. Die Waffenläufer gehörten seit 520 v. Chr. ins olympische Bild. Beinschienen und Speere durften sie bald weglassen. Damit alle gleiche Startbedingungen hatten, standen Schilder und Rüstungen bereit.

Der Waffenlauf läutete das olympische Finale ein – und bereitete auf das Ende des Festfriedens vor. Kriege und Gewalttaten waren während der Olympiade verboten.

Ein Olympiasieger hatte Zeit seines Lebens keine Steuern mehr zu zahlen, wurde in vielen Städten gefeiert und kostenlos verpflegt, bekam im Theater einen Ehrenplatz und viele andere Geld- und Sachgeschenke. Im Krieg «durfte» er in der vordersten Reihe kämpfen, denn «wer dort siegt», heisst es in einer der olympischen Oden Pindars, «der hat für sein weiteres Leben honigsüsse Windstille».

Das antike Olympia – Schauplatz der Olympischen Spiele – lag 19 km östlich von Pirgos auf einem mit Kiefern bewachsenen Hügel zwischen dem Alfios und seinem Nebenfluss Kladeos. Die Wettspiele waren vermutlich ursprünglich Totenspiele zu Ehren des Königs Pelops, dessen Grab im Heiligen Bezirk der Altis lag. Pelops hatte einst im Wagenrennen Oinomaos, König im benachbarten Pisa, besiegt und mit dessen Tochter Hippodameia die Herrschaft über das Land gewonnen. Nach ihm hiess die ganze Halbinsel «Peloponnes» – Pelopsinsel.

Das erste historisch greifbare Datum in der Geschichte der Spiele ist das Jahr 776 v. Chr., als zum ersten Mal der Name des Siegers im Stadionlauf aufgezeichnet wurde. Die Wettkämpfe fanden von nun an alle vier Jahre statt, ein Zeitraum («Olympiade»), der später als Zeitrechnung für Ereignisse von besonderer Bedeutung eingeführt wurde.

Im Unterschied zu heutigen Sportfesten war nicht der Rekord, sondern schon die Teilnahme Ehre genug und einziger Siegespreis für den Besten unter den Besten war ein Zweig, geschnitten vom heiligen Ölbaum des Zeus, dem die Spiele geweiht waren. Wie hoch die Griechen selbst die Spiele einschätzten, geht daraus hervor, dass während der Olympiade Waffenruhe herrschte und dass in der Heimatstadt des Siegers die Mauern geschleift wurden.

Anfangs wurde nur der Wettlauf über ein «Stadion» von ca. 200 Metern ausgetragen. Gegen Ende des 8. Jahrhunderts v. Chr. kamen der Lauf über die doppelte Strecke, der Dauerlauf, der Ring- und Faustkampf und der Fünfkampf hinzu und schliesslich das Wagenrennen und der Waffenlauf.

Die Spiele haben die wechselvollen Zeitläufe der griechischen Geschichte bis ins 4. nachchristliche Jahrhundert überdauert, bis Kaiser Theodosios I. sie im Jahr 393 n. Chr. als heidnisch verbot. Fünfzehn Jahrhunderte später (1896) wurden sie vom französischen Historiker und Pädagogen Pierre de Coubertin in ihrer Heimat Griechenland zu neuem Leben erweckt. Seitdem wird wieder alle vier Jahre das «olympische Feuer» in Olympia entzündet und im Fackellauf zum jeweiligen Austragungsort gebracht. Die 1961 in Olympia gegründete Internationale Olympische Akademie soll darüber wachen, dass die Spiele auch weiterhin im Geiste der antiken Ideale durchgeführt werden.

Die Spiele der Griechen gaben den Namen her für die Olympiaden der Neuzeit. Zur Vorgeschichte gehören auch die Sportspiele in Knossos (Kreta), Delphi (ebenfalls Griechenland), Tarquinia (nördlich von Rom) und von Rom selber. Wer erinnert sich nicht an den Geschichtsunterricht, an Namen wie den des Circus Maximus in Rom, an Perikles, den hervorragenden Staatsmann und Führer in Griechenland oder gar an das heute noch oft gehörte Sprichwort «panem et circenses» (Brot und Spiele).

Pierre de Coubertin, der Begründer der Olympischen Spiele der Neuzeit, legte Wert darauf, die «olympische Idee» offen zu halten für alle Völker, Rassen und Epochen. Wo die sportlichen Spiele das Geschichtsbewusstsein wecken, haben daher die kultischen Ballspiele der Azteken oder die traditionellen Sportarten der Japaner den gleichen Stellenwert wie die Spiele der Griechen.

Gemeinsam sind allen sportlichen Spielen der Vorgeschichte der kultische Ursprung und ein damit verbundenes Ethos. Dem modernen Sport fehlt so oft die philosophische Grundlage, der – um es einmal so zu sagen - «religiöse Apparat», der die Festspiele der Antike umgab.

Schon in früheren alten Hochkulturen, vor allem bei den Ägyptern, sind so genannte Kult-Läufe bekannt: Der Pharao, also der König selber, hatte jährlich mehrmals Läufe um den Tempelbezirk zu bestehen, um so zu beweisen, dass er für den Dienst am Staat «fit» sei.

Das Programm der olympischen Wettbewerbe war auf 18 Disziplinen angewachsen (in München waren es 1972 einundzwanzig!). Allerdings brauchte es dazu über fünfhundert Jahre. Die Tabelle zeigt diese Entwicklung:

Jahr (vor Christus)	Meilenstein
776	einfacher Stadionlauf über eine Distanz von 192,27 m
724	Diaulos oder Doppellauf über 384,54 m
720	Dolichos oder Langlauf. Die Strecke schwankte zwischen 7 und 24 Stadien, das entspricht 1346 m bis 4614,5 m. Zum ersten Mal traten die Athleten nackt an.
708	Ringkampf, am ehesten dem Catch as catch can vergleichbar. Gesiegt hatte, wer seinen Gegner dreimal zu Boden warf. Pentathlon oder Fünfkampf, bestehend aus Lauf, Weitsprung, Diskuswurf, Speerwurf und Ringen.
688	Faustkampf
680	Wagenrennen mit Viergespannen
648	Pankration oder Allkampf, eine Mischung aus Ring- und Faustkampf
632	Wettlauf und Ringen der Knaben
628	Fünfkampf der Knaben, der aber wieder abgeschafft wurde.
616	Faustkampf der «Knaben» (unter Knaben verstand man eigentlich Jünglinge, denn die Altersgrenze lag bei 18–20 Jahren. Die Hellanodiken oder Kampfrichter entschieden, ob ein Knabe körperlich schon geeignet war teilzunehmen. Ebenso konnten besonders kräftig entwickelte Jünglinge den Männerwettbewerben zugeteilt werden).
520	**Waffenlauf; er führte über die Diaulosdistanz. Anfangs liefen die Wettkämpfer in voller Ausrüstung mit Helm, Beinschienen, Schild und Speer, später nur noch mit Helm und Schild.**
500	Wagenrennen mit Maultieren
496	Reiten auf Stuten
444	Die beiden vorgenannten Wettbewerbe wurden wieder abgeschafft.
408	Wagenrennen mit Zweigespannen
396	Wettkämpfe der Herolde und der Trompeter
384	Wagenrennen mit Fohlen im Viergespann
268	Wagenrennen mit Fohlen im Zweigespann
256	Reiten auf Fohlen
200	Pankration der Knaben

4

Die Olympischen Spiele der Antike

Die Olympischen Spiele der Antike lassen sich grob in fünf Epochen einteilen, die den Anfang, den Verlauf und den Untergang der Spiele charakterisieren.

In der ersten Epoche ranken sich viele griechische Sagen und Mythen um den Ursprung der Olympischen Spiele. Einmal habe Herakles den König Augias erschlagen, dessen Stall er durch Umleiten des Flusses Alpheios gesäubert hatte, und zur Feier des Tages Wettspiele in dem Ort Olympia gestiftet. In einer anderen Sage heisst es, dass Herakles Grossvater, Pelops, um eine Königstochter warb und in einem Wagenrennen gegen den König und weitere Mitbewerber antreten musste. Der König stach die Freier beim Überholen nieder, nur Pelops hat den Wagen des Königs sabotiert, wodurch dieser zu Tode geschleift wurde. Zukünftig habe man dann die Olympischen Spiele durchgeführt.

Die ersten Aufzeichnungen über die Olympischen Spiele, und damit die Einleitung der zweiten Epoche, sind aus dem Jahre 776 v. Chr. gefunden worden, als die Priester von Elis begannen über die Spiele Buch zu führen. Die Ursprünge, man sehe von den Mythen der damaligen Zeit ab, sind auf die so genannten Leichenspiele in Elis zurückzuführen. Bei diesen galt es in den Wettkämpfen den Besiegten zu töten. Diese Art der «Wettkämpfe» geriet kurzzeitig in Vergessenheit, bis Kriege die heutigen Gebiete in Griechenland heimsuchten. Der König von Elis befragte aufgrund der Notlage das Orakel von Delphi und erhielt die Weisung, dass alljährliche Freudenfeste Frieden stiften würden. Mit Hilfe eines Vertrags suchte er mit dem König von Sparta das Bündnis und zum Zeichen ihrer Allianz ließen sie ein kultisches Fest feiern, deren Störung nicht nur die beiden Stadtstaaten, sondern auch den Zorn des Gottes aufrufen würde. Die Olympischen Spiele waren (wieder)geboren.

In der dritten Epoche von 472 bis 400 v. Chr. galt das «goldene Zeitalter», in dessen Rahmen die Spiele ihren Glanz erhielten, der für die Wiedereinführung in der Moderne verantwortlich sein mag (siehe dort), aber auch das wahre Bild Olympias auf einen Bruchteil seiner Zeit begrenzt und die Hintergründe und schlechteren Zeit verschleiert. Ab 472 v. Chr. wurde die Dauer der Spiele auf fünf Tage festgelegt, deren Verlauf aufgrund des Status der Olympischen Spiele als kulturelles Fest streng geregelt war. Zu dieser Zeit nahmen auch Staatsmänner und Fürsten als Athleten teil, der berühmte Geschichtsschreiber Herodot kommt nach Olympia und liest aus seinen Werken, Pindar schreibt seine Oden auf die Sieger, Phidias schafft eines der Sieben Weltwunder: die Zeusstatue. Olympia ist zu einem kulturellen

4 Darstellung eines Waffenläufers

5 Diskuswerfer und Läufer beim Training

6 Das Gelände von Olympia, in der Mitte der Zeustempel

Mittelpunkt Griechenlands und des gesamten Mittelmeerraums geworden.

Auf das «goldene» folgte bis 338 v. Chr. das «silberne Zeitalter». Aufgrund ständiger Kriege wurden die Griechen geschwächt, konnten immer weniger gute Athleten nach Olympia bringen, und aus anderen Kolonien, wie Sizilien, Kleinasien und Afrika, strömten immer mehr herbei. Olympia wurde eine Art nationaler Wallfahrtsort.

In der letzten Epoche verkamen die Spiele, als Griechenland seine Selbstständigkeit an das sich immer weiter ausdehnende römische Reich verlor und dessen Provinz wurde. Immer mehr Berufsathleten traten an. Olympia, als Stätte eines kultischen Festes, verlor langsam an Bedeutung. Nach zwischenzeitlicher Blütezeit verbot Kaiser Theodosius die Spiele im Jahre 393 n. Chr. als heidnischen Kult.

Schon zehn Monate vor Beginn der Spiele in Olympia, die immer in der heissesten Zeit des Jahres stattfanden, wie viele beklagten, öffnete das Trainingslager von Elis. Dieses Lager mag dem Vorbild des olympischen Dorfes gedient haben, jedoch waren die Unterkünfte zu der damaligen Zeit sehr bescheiden, und jeder Athlet erhielt die gleiche Kost. Das Training, das von den Helladoniken (Kampfrichtern) beaufsichtigt wurde, war sehr hart, es begann schon vor Sonnenaufgang. Ein Philosoph bemerkte zu dieser Zeit, dass sich Erfolge in Olympia oder dergleichen, Fertigkeiten und Stolz erst nach «grossen Leiden» einstellen könnten.

Das Gelände jedoch war vielseitig. Für die Sportler standen Plätze, Laufbahnen und Gymnasien (entspricht heute dem Begriff Turnhallen) für Ringer, Faustkämpfer und für die Jungen zur Verfügung, in einem Gebäude wurden den Helladoniken die Regeln erläutert und gelehrt. Zur Erholung dienten Bäder. Weiterhin gab es ein Rathaus (Buleuterion), in denen Buch geführte wurde und die Athleten in die Theorie eingeführt wurden.

Spätestens ab dem Jahre 472 v. Chr. dauerten die Spiele genau fünf Tage an. Am ersten Tag werden die Spiele eröffnet, alle Athleten, Kampfrichter und Zuschauer versammeln sich im heiligen Bezirk Olympias, in dem sich auch u.a. der Zeustempel befindet, legen einen Eid zum Einhalten der Regeln ab. Die Symbolik hat sich bis heute in der Eröffnungsfeier und dem Ablegen des Olympischen Eides für die Athleten und für die Kampfrichter gehalten. Am Nachmittag bestreiten die Knaben (ab 16 Jahren) ihre Wettkämpfe. Am zweiten Tag begannen schon in aller Frühe die Wagenrennen im Hippodrom, südlich des Olympiastadions gelegen. Zudem findet später der Fünfkampf statt. Am dritten Tag wird ein Zeusopfer durchgeführt mit 100 Stieren. Langlauf, Stadionlauf und Doppellauf sind die Wettkämpfe an diesem Tag. Tags darauf treten die Athleten zu den verbliebenen Wettbewerben im Ring- und Faustkampf, im Pankration (einer Mischung aus beiden) und Waffenlauf an. Die Siegerehrungen finden am letzten Tag statt. Die Sieger werden ausgerufen und schreiten feierlich, um mit den Ölzweigen vom heiligen Ölbaum, die nach der Legende Herakles aus dem fernen Land der Hyperboreer geholt worden sind, bekränzt zu werden. Den Abschluss der Spiele bildet ein erneutes Dankesopfer.

Für die Zuschauer war es eine Qual, den Spielen beizuwohnen. Mitten im August war es sehr heiss, die Flüsse führten kaum Wasser und die Badeanlagen waren nur für Athleten zugänglich. Unterkunftsmöglichkeiten waren nicht vorhanden, lediglich eine Herberge für höher gestelltes Personal. Im Stadion durften keine Kopfbedeckungen getragen werden, neben der sengenden Sonne gesellte sich noch der Gestank des Fleisches der geopferten Tiere hinzu, die nicht verspeist werden durften, zuzüglich der Fliegenplage, Schweiss, Kot, beissende Rauchwolken... es konnte einem da schon schlecht werden.

Wie auch in der Moderne, so entwickelte sich die Liste der ausgetragenen Sportarten bzw. Disziplinen. Wie schon aus dem Fünf-Tages-Verlauf ersichtlich, gab es folgende Sportarten: Laufen, Mehrkampf, Ringen, Faustkampf und Wagenrennen. Im Allgemeinen traten alle Athleten vollkommen nackt an, wie es auch in allen Bildern auf Vasen und Amphoren zu betrachten ist.

Es gab für die Ursportart des Laufens verschiedene Distanzen. Gemessen wurde in Stadionrunden, so gab es einen Stadionlauf (ca. 180 bis 190 m), Doppellauf (2 Runden) und den Langlauf, der über 7–24 Stadien gelaufen wurde, umgerechnet zwischen 1.400 m und 4.600 m. Bei einem Fehlstart wurde der entsprechende Läufer ausgepeitscht.

Athleten, die im Pentathlon (Fünfkampf) antraten, galten als die schönsten Männer, da dieser Wettkampf die Vielseitigkeit der

Athleten prüfte, denn neben Schnelligkeit waren auch Kraft und Gewandtheit gefragt. Der Fünfkampf bestand mit hoher Wahrscheinlichkeit aus Laufen (wohl ein Stadion), Diskuswerfen, Weitsprung, Speerwerfen und Ringkampf. Der etwa vier bis fünf Kilogramm schwere Diskus wurde drei Mal geworfen, der weiteste Wurf mit einem Pflock gekennzeichnet. Die Weiten, die nicht gemessen wurden, dürften bei etwa 30 Metern gelegen haben. Beim Speerwerfen galt nicht die Weite, sondern die Treffsicherheit, wobei als Ziel eine Holzsäule oder ein Schild diente. Der Weitsprung erfolgte aus dem Stand mit Hanteln in den Händen, die ein Gewicht zwischen anderthalb und viereinhalb Kilogramm besassen.

Beim Ringkampf, sowohl als Disziplin für das Pentathlon als auch als eigenständiger Wettbewerb, der zudem zur Erziehung der männlichen Jugend gehörte, galt es den Gegner im Stehen aus dem Gleichgewicht zu bringen oder mindestens auf ein Knie zu zwingen. Wem dies beim Gegner drei Mal gelang, wurde zum Sieger erklärt. Gingen beide zu Boden, mussten die Kampfrichter entscheiden. Der Faustkampf war ein wenig härter. Dort wurde so lange gekämpft, bis einer kampfunfähig war und aufgab. Kristallisierte sich kein Sieger heraus, wurde eine Art Elfmeterschiessen durchgeführt. Jeder hatte abwechselnd einen Schlag frei, den der andere nicht abwehren durfte, so lange bis einer zu Boden ging. Zu Beginn trugen Faustkämpfer Bandagen zur Schonung der Gelenke, später wurden sie härter und, mit Hilfe eingeflochtener Eisenstücke zu regelrechten Schlagringen. Diese Art des Kampfes erinnert an die Leichenspiele von Elis.

Der Pankration oder Allkampf ist eine Mischung aus Ring- und Faustkampf. Die Härte dieser Sportart übertraf alles. Es wurde auch am Boden weiter gekämpft und es war alles erlaubt, was den Gegner zur Aufgabe und sich selbst damit zum Sieg verhalf, sei es Gliedmassen zu brechen oder zu würgen. Totschlag an sich war zwar nicht erlaubt, wurde aber nur milde bestraft, so dass es nicht selten zu diesem Unglück kam. Zwei Mal wurde sogar ein Totgeschlagener zum Sieger erklärt, weil er nicht aufgab und regelrecht bis zum letzten Atemzug gekämpft hatte. (Das waren noch Zeiten!!!)

Wagenrennen fanden im Hippodrom statt, jedoch wurden diese erst 680 v. Chr. eingeführt. Den Siegern aus Olympia wurden jedoch viele Ehren zuteil. Neben einer Bildsäule in der Altis, bezahlt von der Heimatstadt des Athleten, gab es grosse Feste bei der Rückkehr der Ruhmreichen. Teils wurden sogar Stücke von Stadtmauern eingerissen mit der Begründung, dass eine Stadt, die solche Söhne habe, keine Mauern nötig hätte. Finanziell hatte ein Olympiasieger auch ausgesorgt, brauchte keine Steuern zu zahlen, erhielt vielerorts kostenlos Kost und Unterkunft, Ehrenplätze in Theatern und Unmengen von Geschenken.

Doch er hatte auch einige Pflichten. Von ihm wurde auch bei folgenden Olympiaden die Teilnahme erwartet, wobei sich die Städte gegenseitig überboten, damit er für sie startete. Gerade grössere Städte wie Athen, Delphi oder Korinth steigerten sich oftmals auf umgerechnet über 10.000 € (damals waren das fünf Talente) hoch. Und gerade im Krieg wurden ihnen die «Ehre» zuteil, an vorderster Front zu kämpfen.

Seriensieger und unschlagbare Helden der Antike

Der wohl größte Olympionike der Antike war Milon von Kroton. Der Stern dieses berühmtesten Ringkämpfers aller Zeiten ging bei den 60. Olympischen Spielen im Jahr 540 vor Christus auf, als er im Knabenbewerb mit seinen Gegnern wenig Federlesens machte. Die nächsten Jahre stärkte er daheim in der unteritalienischen Stadt seine Muskeln, indem er immer schwerere Lasten stemmte und ausserdem enthaltsam lebte, und beim 62. Olympia war er soweit, dass er unter den Männern keinen wirklichen Gegner mehr fand: Von 532 bis 516 v. Chr. wird Milon weitere fünf Male Olympiasieger. Erst 512 v. Chr. muss er sich einem Jüngeren beugen, doch mit dem Trost, dass es sich dabei um seinen Meisterschüler Timasitheos handelt.

Bis dahin trug er den Ehrentitel, der nur den ganz Grossen im Reich der Athletik vorbehalten blieb: Periodonikes - eine Art antiker Grand Slam. So durften sich nämlich jene

Geschichte des Marathonlaufs

Schlacht von Marathon

Das historische Ereignis, auf welches der Marathonlauf gründet, liegt rund 2500 Jahre zurück: Im September 490 v.Chr. stand auf der Küstenebene bei Marathon westlich von Athen ein zahlenmässig deutlich überlegenes Heer der Perser den Streitkräften Athens gegenüber. Dank ihrer bedeutend besseren Kriegsausrüstung gingen die Athener dennoch als Sieger aus dieser Schlacht hervor.

Historisches

Aufgrund dieser Faktenarmut über den glorreichen Sieg der Athener schmückte um das Jahr 70 n.Chr. der griechische Historiker Plutarch die geschichtlichen Fakten mit einer Anekdote aus. Ein Bote namens Pheidippides sei zunächst von Athen aus die insgesamt fast 500 Kilometer nach Sparta und zurück gelaufen, um dort um Unterstützung für die Schlacht in Marathon gegen die Perser zu bitten. Zurück in Athen lief er gleich weiter zum knapp 40 Kilometer entfernten Schlachtort Marathon, um den Athenern mitzuteilen, dass Unterstützung durch die Spartaner erst nach dem nächsten Vollmond zu erwarten sei. Vorher wären sich die Spartaner der Gunst der Götter nicht sicher. Als er jedoch in Marathon ankam, war die Schlacht bereits zu

Ausnahmesportler nennen, die nacheinander bei den vier klassischen panhellenischen Spielen siegreich waren. Milons beeindruckende Bilanz: Je sechs Titel bei den Olympischen und Pythischen Spielen, neun bei den Nemeischen und zehn bei den Isthmischen Spielen – macht nicht weniger als 31 Triumphe. Kein Wunder, dass keiner mehr wagte gegen ihn anzutreten: Einmal wurde er bei Olympia sogar kampflos (akoniti = ohne den Staub berührt zu haben) bekränzt.

Und obwohl der Sport 30 Jahre lang sein Leben bestimmte, fand Milon Zeit genug, sich geistigen Disziplinen zuzuwenden und ein tüchtiger Bürger zu werden. Als im Jahre 510 v. Chr. ein krotonischer Heerzug gegen die Nachbarstadt Sybaris zum erbitterten Existenzkampf antrat, wählte man ihn zum General. Milon kleidete sich wie Herakles, der Begründer der Olympischen Spiele und Schutzgott der Athleten: Mit Löwenfell um die Schulter, der schweren Keule in der Hand und dem olympischen Kranz auf der Stirn gibt er der Truppe der Krotoniaten solchen Mut, dass ihr gegen die – wie überliefert wird – dreifache Übermacht der verweichlichten Sybariten ein strahlender Sieg gelang. Sybaris erholte sich nie mehr von dieser Niederlage. Kroton aber stellte noch viele Olympiasieger und berühmte Athleten.

Ende. Zwar war die Schlacht gewonnen, doch hatten sich einige der besiegten Perser Richtung Athen aufgemacht, in der Hoffnung, die schutzlose Stadt doch noch einnehmen zu können. Dem bemitleidenswerten Pheidippides blieb deshalb keine Zeit, sich in Marathon auszuruhen, sondern er musste sich sofort wieder auf die Socken machen: Für ihn hiess es, vor den Persern in Athen anzukommen, um die Bürger zu warnen und gleichzeitig den Sieg der Athener zu verkünden. Endlich in Athen angekommen, habe Pheidippides völlig ausser Atem nur noch hauchen können: Nike, Nike! (Sieg, Sieg), bevor er tot zusammengebrochen sei.

Erste Olympische Spiele der Neuzeit
Jahrhunderte später, bei einer Sitzung des olympischen Kongresses 1894, wurde über die Austragung der ersten olympischen Spiele der Neuzeit diskutiert. Der Franzose Michel Bréal erinnerte sich an Plutarchs Geschichte und machte zwei Vorschläge: Einerseits sprach er von einem Spartathlon, einem knapp 250 Kilometer langen Lauf von Athen nach Sparta. Diese Idee wurde für die olympischen Spiele verworfen, und schliesslich erst 1983 umgesetzt. Seither findet der Spartathlon jährlich statt. Der zweite Vorschlag Bréals bestand darin, einen Lauf von Marathon nach Athen ins Programm aufzunehmen. Am 10. April 1896 um 13.56 Uhr startete im Örtchen Marathon der erste offizielle Marathonlauf in der Geschichte des Sports. Der Grieche Spiridon Louis erreichte nach 2:58:50 Stunden als Erster den Zielstrich in Athen. Die Strecke des ersten Marathons der Geschichte betrug allerdings nicht die heute üblichen 42.195 Kilometer, sondern etwa 38 Kilometer.

Erstmals 42.195 Kilometer
Im Jahre 1900 lief man dann 40.2 Kilometer. Um eine Vereinheitlichung der Streckenlänge kümmerte man sich nicht, die Distanz variierte je nach den örtlichen Gegebenheiten. Das war auch im Jahre 1908 noch so, als der Marathonlauf auf dem Platz direkt unterhalb der Terrasse des Palastes von Windsor gestartet wurde und der Zieleinlauf unter der königlichen Loge im Wembley Stadion stattfand. Dieser Kurs mass – rein zufällig – 26 Meilen und 385 Yards, was 42.195 Kilometern entspricht. Einige Quellen sprechen auch davon, dass eine Prinzessin auf dem Start unmittelbar unterhalb ihres Palastfensters und dem Zieleinlauf unter ihrer Loge bestanden habe, und sie deshalb für die «krumme» Distanz verantwortlich sei. In den als akribisch genau bekannten historischen Aufzeichnungen des Königshauses ist dazu jedoch nichts vermerkt.

Fixierung der Streckenlänge 1921
Damit war diese Streckenlänge jedoch noch immer nicht als Marathondistanz fixiert. Weiterhin galten alle Strassenläufe, welche rund 40 Kilometer massen, als Marathon. Erst 1921 wurde vom Internationalen Leichtathletikverband die heutige Marathondistanz endgültig festgelegt, und seit den olympischen Spielen von Paris 1924 wird auch der olympische Marathonlauf über diese Entfernung ausgetragen.

Skandal 1904: *Gemogelt wurde auch 1904: Der US-Amerikaner Fred Lorz lief zwar als Erster ins Stadion ein, war jedoch unterwegs zweimal von Begleitfahrzeugen mitgenommen worden. Für olympische Spiele wurde er daraufhin lebenslang gesperrt. Dies wurde auch nicht rückgängig gemacht, nachdem er 1905 den Boston Marathon auf ehrliche Weise gewonnen hatte.*

Drama 1908: *Auch 1908 war der Erste nicht der Sieger: Der Italiener Dorando Pietri hatte zwar als Erster das Stadion erreicht, brach dort jedoch fünfmal zusammen; das letzte Mal kurz vor der Ziellinie. Zwei Funktionäre halfen ihm schliesslich über die Ziellinie, was nach Protesten des zweitplatzierten US-Amerikaners John Hayes mit seiner Disqualifikation geahndet wurde.*

Hitzelauf 1912: *Der olympische Marathon von Stockholm ging als Hitze-Marathon in die Geschichte ein. Nach 15 Kilometern hatte bereits die Hälfte der gestarteten Läufer aufgegeben. Andere ignorierten die Warnsignale des Körpers, und bezahlten dies teilweise gar mit dem Leben. Der Japaner Shizo war da etwas vorsichtiger. Er liess sich bei Streckenhälfte von einem Anwohner zum Essen und Trinken einladen, und verbrachte den Rest des Tages bei dessen Familie. Er schämte sich so sehr über seine Aufgabe, dass er niemanden darüber informierte. Über 50 Jahre lang galt er als verschollen, bis er schliesslich 1967 von einem schwedischen Journalisten ausfindig gemacht werden konnte. Der Journalist lud Shizo nach Stockholm ein, wo dieser schliesslich knapp 55 Jahre nach der ersten Hälfte auch noch die zweite Hälfte des Marathonlaufs absolvierte. Mit einer Endzeit von 54 Jahren, 8 Monaten, 6 Tagen, 0 Stunden, 32 Minuten und 20 Sekunden ging der Japaner als mittlerweile 76-Jähriger als wohl langsamster Marathonläufer aller Zeiten in die Geschichte ein.*
Gefunden auf www.rogerkaufmann.ch

Ein Lauf-Star von früher: Leonidas von Rhodos

Ein anderer Athlet aus Kroton war Astylos, achtfacher Olympiasieger zur Zeit der Perserkriege. Zweimal hintereinander feierte er an einem Tag sowohl Siege im Stadion als auch im Doppellauf und 480 v. Chr. steigerte er diese Glanzleistung, als er dazu noch den Waffenlauf für sich entschied (den er auch vier Jahre später gewann). Damit war er der zweite Triastes (Dreifachsieger), den uns die Sportgeschichte des Altertums überliefert.

Von allen Läufern der grösste war Leonidas von Rhodos, der bei vier Olympischen Spielen (164 bis 152 v. Chr.) nicht nur im Diaulos, sondern auch im Stadion- und im Waffenlauf ungeschlagen blieb und somit zwölf Siege feierte.

Sagenhaft Anekdoten rund um Milon

Zurück zu Milon: Ein Mann wie er konnte sich bei der Vorliebe der Griechen für Anekdoten gar nicht davor retten, dass man ihm die tollsten Geschichten zuschrieb. In seiner Jugend soll er täglich ein Kalb getragen haben, um seine Kraft mit der Gewichtszunahme des Kalbs zu mehren. Doch das war nur die Vorstufe: Später soll der bärenstarke Milon unter dem stürmischen Beifall der Zuschauer einen vierjährigen Stier auf den Schultern rund um die Laufbahn (ca. 1,5 km) getragen, ihn mit einem Schlag auf die Stirn getötet und noch am selben Tag ratzeputz verspiest haben – allein!

Angeblich nichts Aussergewöhnliches: Fast neun Kilo Fleisch, ebensoviel Brot und als süffige Dreingabe zehn Liter Wein soll der Koloss von Kroton täglich zu sich genommen haben. Das wären mehr als 50.000 Kalorien! Medizinisch ist das natürlich unmöglich: Selbst ein kanadischer Holzfäller oder ein Schwerathlet unserer Tage kommt auf «nur» 8.000 Kalorien.

Gerade diese horrenden Essleistungen lassen erkennen, dass man dem berühmtesten Ringer des Altertums grotesk überzeichnete Züge andichtete, die der einseitig auf den Körper konzentrierten Lebensweise der späteren professionellen Athleten entlehnt sind. Doch Milon hatte weit mehr drauf: Er lief auch auf geistigem Gebiet zu Höchstleistungen auf. Denn Kroton war auch die Stadt des Pythagoras und der Pythagoräer, eines Männerbunds also, der Philosophie betrieb und Politik mitbestimmte, der Musik und Mathematik kosmisch verknüpfte im Glauben an eine Gesamtharmonie der Welt und in einer streng geregelten Lebenspraxis. Das Training des Sportlers, die Askesis, traf sich mit der Enthaltsamkeit der Gläubigen. Die Pythagoräer besassen auch die besten Ärzte der griechischen Welt. Der erfolgreichste, Demokedes, schliesslich Hofarzt bei Perserkönig Dareios I, heiratete um sein internationales Ansehen zu komplettieren, die Tochter des Ringerkönigs Milon, dessen philosophische Studien sich in seiner «Physika» – einer Art Naturkunde – niederschlugen. Offenbar ein anerkanntes Werk, sonst wäre es nicht fast tausend Jahre später noch zitiert worden. «Gesund wie ein Krotoniate» ist noch heute eine griechische Redensart.

Milons grausiges Ende. Eine weitere Anekdote von Strabon und Gellius erzählt uns vom Tod Milons – der natürlich kein normaler, sondern ein tragischer sein musste: Eines Tages geht Milon in den tiefen Wald und findet dort einen gefällten Baumstamm, in dem Spaltkeile stecken. Voll strotzender Kraft versucht er den Stamm auseinander zu reissen – die Keile fallen heraus. Doch nach einiger Zeit verlassen den Übermütigen die Kräfte – der Stamm schlägt wieder zusammen und klemmt Milons Hände ein. So gefangen, wird Milon ein Opfer der wilden Tiere – ein Opfer auch der eigenen Hybris, des Übermuts, der den Griechen als schweres Laster galt.

Weitere Stars

Als erfolgreichste Sportlerfamilie aller Zeiten wird das Geschlecht der Eratiden bezeichnet: insgesamt neun Olympiasiege in drei Generationen. Diagoras von Rhodos gewann 464 v. Chr., erlebte im Jahr 448 v. Chr. mit, wie seine Söhne Akusilaos und Damagetos am selben Tag den Faust- bzw. Allkampf für sich entschieden, und durfte sich später sogar über drei Allkampfsiege seines Jüngsten, Dorieus, freuen. Dazu kam noch olympischer Ruhm von zwei Enkeln.

Der erste Olympiasieger überhaupt war Koroibos aus Elis, der 776 v. Chr. den damals einzigen Bewerb, den Stadionlauf, gewann. Der späteste Olympiasieger, der heute namentlich bekannt ist, heißt Aurelios Zopyros – der Athener gewann 385 v. Chr. den Faustkampf der Junioren.

Waffenlauf – Beginn einer Ära
(von Bernhard Linder)

Bernhard Linder, Verfasser der 1984 erschienenen Waffenlauf-Chronik, hat zusammen mit dem Wiler Parlamentsstenograf, Sportjournalist und NZZ-Berichterstatter Oskar Rickenmann die Geschichte des Waffenlaufs detailliert untersucht und erforscht. Eine verdienstvolle Arbeit, welche Jahre dauerte. Die Geschichte hat sich nicht verändert. Alles nochmals zu erforschen wäre Wasser in den Rhein getragen. Daher lasse ich an dieser Stelle gerne Bernhard Linder persönlich zu Worte kommen.

Langstreckenläufe gehören zu den ältesten Sportarten

Langstreckenläufe gehören ohnehin zu den ältesten Sportarten. Als die spanischen Eroberer zu Beginn des 16. Jahrhunderts Mexiko entdeckten, war dort nicht nur das Ballspiel berühmt, sondern eben der Lauf über lange und längste Distanzen.

Bei einer anderen Hochkultur auf dem südamerikanischen Kontinent, im Inkareich, gab es ein Botensystem, das nicht nur hervorragend durchorganisiert war, sondern vor allem auf ungewöhnlichen körperlichen Leistungen beruhte. Eine Meldung von Cuzco, der Inkahauptstadt, erreichte das 650 km entfernte Lima in drei Tagen – durch Läufer, denn die Inkas kannten keine Pferde. Das Lauftraining ging ebenfalls auf kultische Ursprünge zurück. Bei den Chimu-Indianern, den Vorläufern der Inkas in Peru, war der Lauf Inhalt eines Fruchtbarkeitsritus. Er endete auf den Stufen eines Tempels und durfte ähnliche Gründe gehabt haben wie der Lauf bei den Olympischen Spielen in ihrem frühesten Stadium, als der Sieger das Feuer auf dem Opferaltar entzündete. Beim Stamm der Tarahumara hat sich die Lauftradition bis heute erhalten, obwohl sie in modernen Stadien noch nie Aufsehen erregt haben. Einige der Leistungen sind aber von Forschern registriert worden und geben interessante Vergleiche:

Name des Läufers	Jahr	Distanz	Zeit
Unbekannt	1895	31 km	2 Stunden
Unbekannt	1895	36,8 km	3 Std. 9 1/2 Min.
Jose Nevarez	1926	10 km	34:20,8 Min.
Unbekannt	1927	100 km	8 Std. 35 Min.
Unbekannt	1927	120 km	10 Std. 44 Min.
Tomas Zafiro	1927	144 km	14 Std. 53 Min.
Aurelio Francisco	1932	15 km	57 Min.
Juan Maseiro	1932	265 km	27 Std.
Luis Rosas	1932	560 km	72 Std.

Auch ein Lauf über 960 km in fünf Tagen ist verbürgt. Die Tarahumara trafen für solche Leistungen besondere Vorbereitungen. In der Ernährung vermieden sie Fett, Kartoffeln und Süssigkeiten. Erlaubt dagegen war Fleisch von Hasen, Truthahn und Hirsch. Auch kannten sie schon ein Stärkungsmittel. Zwar dürfte das weisse Pülverchen, eine Mischung aus getrockneten Schildkröten und Fledermäusen, nur psychologische Wirkung gehabt haben. Aber, und das ist interessant, sie kauten während des Laufes Peyotl-Scheiben, die oberirdischen Teile einer Kakteenart, die das Herz anregende Strychnin enthält – mit dem sich Radrennfahrer heute gelegentlich zu vergiften pflegen.
(Aus Olympia 72, Römer-Verlag GmbH, Stuttgart)

Als grösster Läufer, den die Welt je gesehen habe, gilt der kleine, stämmige Norweger Mensen Ernst (1799–1843), von den Türken und Arabern «Adler der Wüste» genannt. Die Königin von Bayern, Gemahlin Ludwigs I, bezeichnete ihn als «den kleinsten Mann mit den längsten Beinen». Noch heute rätseln Ärzte und Physiologen über seine scheinbar «übermenschlichen» Leistungen. Zwanzigjährig begann der frühere Seekadett seine Karriere als Läufer; er wollte die Welt kennen lernen. «Zu jener Zeit hielten begüterte Engländer Lakaien als Boten, die manchmal neben den Kutschern herlaufen mussten. Sie meldeten ihre «laufenden Lakaien» auch für Rennen an. Mit 20 Jahren schaffte Mensen die 116 km von London nach Portsmouth in 9 Stunden, was den fast unglaublichen Stundendurchschnitt von 13 km ergab.» Ernst lief, in seiner Uniform, vor grossen Menschenmassen in vielen europäischen und asiatischen Städten. Was ihn als Läufer wie auch als Abenteurer aber zur Ausnahmeerscheinung machte, waren drei ungewöhnliche Wettrennen, die die verschiedensten Disziplinen wie Langstrecken-, Querfeldein-, Hindernis-, Orientierungs- und Marathonlauf miteinander verbanden: 1832 Paris–Moskau, 2600 km in 14 Tagen, 5 Stunden und 50 Minuten; 1833 München–Nauplion (damalige Hauptstadt Griechenlands), 2000 km in 24 Tagen, 20 Stunden und 43 Minuten. «Er hatte steile Berge, weglose Wälder und zahlreiche Flüsse zu überwinden. Räuber nahmen ihn gefangen, unpassierbare Gebiete zwangen ihn zu Umwegen, zweimal wurde er verhaftet (das zweite Mal wegen Spionageverdachts).» 1836 Konstantinopel-Kalkutta, 8300 km in zwei Monaten (inkl. vier Tage Rast in Kalkutta). 1840 trat Ernst in den Dienst von Fürst Pückler-Muskau, der ihn als Kurier zwischen seiner Residenz und Berlin einsetzte. Wahrend die Postkutsche für diese Strecke 24 Stunden benötigte, brauchte Ernst nur 14 Stunden! Öfters legte er an einem Tag mehr als 150 km zurück. Er konnte eine Geschwindigkeit von 8–10 km in der Stunde über Hunderte von Kilometern durchhalten - nicht nur Tag für Tag, sondern Woche für Woche. Seine überwiegend spartanische Lebensweise habe den muskulösen Körper fit gehalten. Auf dem Weg von Paris nach Moskau habe er insgesamt nur zwei Kilogramm kalten Braten verzehrt und sich von Weissbrot ernährt. Dazu trank er grössere Mengen Wein – seine einzige Schwäche. «Mit 40 sah Ernst alt und verbraucht aus. 1843 machte er sich auf den Weg, ganz Afrika der Länge nach von Alexandria bis zum Kap der Guten Hoffnung zu durchlaufen. Im Auftrag des Fürsten Hermann von Pückler-Muskau wollte er die Quelle des Nils finden, doch schon beim ersten Katarakt des Stroms hielt eine Krankheit, vermutlich Ruhr, seine kurzen, schnellen Beine für immer an. Fürst Pückler liess die Inschrift auf Ernsts Grabstein setzen: «Flink wie ein Hirsch, ruhelos wie eine Schwalbe. Die Erde, seine Arena, hat seinesgleichen nie gesehen.»

Die ersten Marsch- und Laufveranstaltungen

Berühmte Lauf- und Marschleistungen der Geschichte, die allerdings keinen sportlichen Hintergrund haben und auch nicht durchwegs Vorläufer der heutigen Waffenläufe darstellen, sind eine ganze Anzahl überliefert.

Marathon

Am bekanntesten ist wohl der Lauf jenes griechischen Soldaten, der im Jahr 490 v. Chr. die Nachricht vom Sieg seines Feldherrn Miltiades über die Perser in der Schlacht von Marathon nach Athen überbrachte und dann mit dem Ruf: «Freut Euch, wir haben gesiegt!» tot zusammenbrach. Dieser Meldeläufer «lief und lief, durchquerte Wälder und Schluchten, watete durch Bäche und Flüsse, erklomm Hänge und jagte durch Ortschaften am Wege – überall die Kunde vom Siege verbreitend. Der Beifall war ihm so sicher wie niemals einem Marathonläufer nach ihm, der Jubel rannte ihm nach, aber er überholte ihn nicht, denn der Läufer war zu schnell.» Die Strecke mass etwas über 22 Meilen (nicht ganz 40 km). Die heutige klassische Marathondistanz beträgt 42,195 km. – Die moderne Geschichtswissenschaft verweist die heldenhafte Tat des griechischen Läufers ins Gebiet der Legende. Die Tatsache, dass der Name dieses Griechen nicht genau feststeht, genannt werden Diomedes, Diomedon, Eukles, Pentar, Philippides, Thersippos, erhärtet diese Auffassung.

Murten – Freiburg

Als schweizerische Parallele wird die Leistung jenes Läufers bezeichnet, der 1476 die Botschaft vom Sieg der Eidgenossen über Karl den Kühnen bei Murten nach Freiburg überbrachte. Lassen wir vorerst die Sage sprechen: «Nach der Tradition wurde die Linde – heute ein Wahrzeichen der Stadt Freiburg – nach dem Sieg in der Schlacht von Murten gepflanzt und noch heute wird sie als lebendige Erinnerung an diese siegreiche Schlacht verehrt. Als sich am 22. Juni 1476 der Sieg über Karl den Kühnen abzeichnete, schickte der Hauptmann der Freiburger einen Jüngling mit dem Auftrag weg, so schnell als möglich zu laufen um der verängstigten Vaterstadt die Freudenbotschaft des Sieges zu überbringen. Der Jüngling hatte soeben in frohem Siegesgefühle seinen Hut mit einem grünen Lindenzweig geschmückt. Folgsam eilte er in der Glut der heissen Junisonne in gestrecktem Laufe nach Freiburg, welche Stadt drei Stunden von Murten entfernt ist. Als er daselbst atemlos auf dem Rathausplatze ankam, steckte er seinen Spiess in die Erde, lehnte sich daran und rief: Sieg! Sieg! Dann sank er zusammen und war tot. Man nahm den welken Lindenzweig von seinem Hut und grub ihn da, wo der Jüngling seine Augen schloss, in die Erde. Und das Reis gedieh und wurde zu der gewaltigen Linde, deren morscher Stamm noch jetzt auf dem Rathausplatz steht.» Belegt ist jedoch nur, dass Murtenschlacht und Murtenlinde erstmals in der Zeit um 1700 miteinander in Zusammenhang gebracht wurden. Vorher kannte man zwar die Linde, aber nicht unter dem Namen «Murtenlinde». Nach einer These soll die Linde eine Zeitgenossin der Gründung der Stadt Freiburg (1157) sein, doch existieren dafür überhaupt keine Zeugnisse (Es muss allerdings berücksichtigt werden, dass Linden bis 1200 Jahre alt werden.). Nach einer andern Version soll die Linde im Jahre 1470 gepflanzt worden sein; die Quellen sprechen eindeutig dafür. – Auf alle Fälle erinnern heute der traditionelle Murten-Freiburg-Lauf und die sagenhafte Murtenlinde an den legendären «Murtenläufer».

Die dem historischen Rathaus gegenüberliegende Linde ist heute alt und morsch geworden. Eisenstangen und Betonpfeiler stützen die hohlen Äste. Das Alter und die Abgase der Autos haben ihr schwer zugesetzt. Zwar ringt sie sich jedes Jahr zu einigen grünen Zweigen durch. Versuche, in ihrem hohlen Innern einen Zweig nachzuziehen, schlugen fehl. Sorgsame Gärtner haben aber von der alten Linde einen jungen Baum nachgezogen, womit symbolhaft ein traditionsreiches Wahrzeichen Freiburgs gesichert bleibt. Am Sonntag, 15.4.84 ist neben dem St. Georgs-Brunnen eine zehnjährige Linde gepflanzt worden, die aus einem Zweig der alten, 500-jährigen Murtenlinde gezogen wurde.

Eilmarsch der Zürcher

Berühmt ist auch der dreitägige Eilmarsch der Zürcher zur Schlacht bei Murten. Bürgermeister Hans Waldmann aus Zürich, der dem burgundischen Heer mit einer eidgenössischen Besatzung in Freiburg den Weg nach Bern versperrte, hatte die am längsten zögernden Zürcher brieflich herangerufen und zur Eile ermahnt. Diese Zürcher Elitetruppe brach dann am 19. Juni 1476 auf und erreichte am ersten Tag Lenzburg und tags darauf Burgdorf. Am dritten Tag zogen die Zürcher nach diesem Gewaltmarsch von über 140 km in Bern ein, hielten kurz Rast und eilten in der Regennacht dann gegen Murten. Im Morgengrauen des 22. Juni stiessen sie am Murtner Wald auf das eidgenössische Heer, das sich an der Gümmenenbrücke besammelt hatte.

Dornach

Im gleichen Atemzug darf auch der Marsch der Eidgenossen zur Schlacht bei Dornach (1499) genannt werden. Das teilweise etwas verspätete Eintreffen löste allerdings einen grossen Disput im eidgenössischen Lager aus.

Wiedlisbach

Geschichtlichen Hintergrund haben die heutigen Waffenläufe von Wiedlisbach (Hans-Roth-Waffenlauf) und Neuenburg: «Wiedlisbach im bernischen Bipperamt war am St.-Martins-Abend (11. November) 1382 Ausgangspunkt eines Überfalls des Grafen Rudolf von Kyburg auf die Stadt Solothurn. Der Kyburger steckte in finanziellen Nöten und hoffte auf reiche Beute. Er konnte dabei auf die Unterstützung von ihm wohlgesinnten Chorherren des St. Ursen-Stiftes in Solothurn zählen, die bereit waren, ihm durch ein Tor in der Stadtmauer Einlass zu gewähren. Hans Roth, ein Bauer aus Rumisberg (oberhalb Wiedlisbach), vereitelte die Pläne der Feinde Solothurns.» Die Überlieferung hat diese Tat mit verschiedenen Episoden ausgeschmückt. So soll Hans Roth im Gasthof Schlüssel zu Wiedlisbach in der Nacht vom 11./12. November 1382 die Verschwörung belauscht haben, indem er sich auf dem Ofen schlafend stellte. Er wurde aber entdeckt und musste schwören, keinem lebendigen Menschen von dem, was er gehört hatte, ein Sterbenswörtchen zu sagen. Hans Roth habe dann seine Schuhe verkehrt an die Füsse gebunden, es lag bereits Schnee, um die Bösewichte zu täuschen. Auf Nebenwegen eilte er nach Solothurn vor das Baseltor und habe dem steinernen St. Urs geklagt, was der Stadt bevorstehe. Der Wächter hörte die Kunde und konnte rechtzeitig Alarm schlagen, woraufder Überfall misslang. Hans Roth, dessen Geburtshaus heute noch am Eingang des Dorfes Rumisberg steht, gilt als Retter der Stadt Solothurn. Zum Dank dafür beschloss der Rat, dass er und nach ihm jeder Älteste seines Geschlechts ein Ehrenkleid und eine jährliche Pension – dieser Ehrensold beträgt zur Zeit 500 Franken – erhalten solle. Und so erinnert der Hans-Roth-Waffenlauf an die symbolische Verbindung des Bipperamts mit Solothurn durch den Retter im Jahr 1382.

Neuenburg

Der Militärgedenklauf Le Locle – Neuenburg, später La Chaux-de-Fonds – Neuenburg wird zur Erinnerung an den Befreiungsmarsch der über 1000 Neuenburger Patrioten durchgeführt, die in der Nacht auf den 1. März 1848 von Le Locle, La Chaux-de-Fonds und dem St.-Immertal bei grimmiger Kälte die tief verschneite Vue des Alpes überschritten und dann ohne jedes Blutvergiessen durch das Verjagen der Royalisten aus Neuenburg den Grundstein zur Republik und zum Kanton Neuenburg legten.

«Maarchelauf» Glarus

Wer kennt nicht die uralte Sage von der Schlichtung des Grenzstreits zwischen Glarus und Uri? «Dass der Grenzverlauf am Klausenpass umstritten war und dass es zu einem eigentlichen Kleinkrieg (Urlug) (was bedeutet Urlug?) kam, ist eine geschichtliche Tatsache, die durch eine Urkunde von 1196 und einen Waffenstillstand von 1315 bestätigt wird. Es gibt aber keinerlei dokumentarische Grundlage aus dem Mittelalter, wonach der Zwist, wem der auf der Glarner Seite des Klausenpasses gelegene Urnerboden eigentlich gehöre, durch einen dramatischen Wettlauf entschieden worden wäre» (Georg Thürer). Auf der Passhöhe war von den beiden Kontrahenten das Abkommen geschlossen worden, dass der erste Hahnenschrei zum Startsignal für die beiden von den Ausgangsorten des Passes dem Joche zustrebenden Läufer werde. Da wo sich die beiden «Maarche»-(Grenz-)Läufer treffen würden, sollte die Kantonsgrenze sein. «Die Glarner gaben dem ‹Güggel› ein währschaftes Mahl und spekulierten, dass dieser zum Dank morgens sicher sehr früh seinen lang ersehnten Schrei ausstosse. Die Urner gaben ihrem Schicksalstier nur sehr wenig, von der Überlegung ausgehend, dass dann ihr «Güggel» vor lauter Hunger sich sicher früh melden würde. Die Urner hatten mit ihren Spekulationen Recht, so dass ihr Läufer viel früher als sein Gegenüber auf die beschwerliche Strecke konnte. ‹De Güggel isch halt schuld, der gfräässig, fuul und feist – as hüt der Urnerbode ob Linthel deewaag heisst.› Kurz nach Linthal kam dem Glarner Läufer schon triumphierend sein Konkurrent aus dem Urnerland entgegen. Entmutigt machte der tapfere Glarner dem Urner den Vorschlag, ihn auf dem Rücken bergaufwärts Richtung Urnerboden zu tragen und so wieder Boden für die Glarner zurückzugewinnen. Anfangs Urnerboden war der Glarner Maarcheläufer am Ende seiner Kräfte und brach tot zusammen». An dieser Stelle wurde der tapfere Glarner Läufer begraben und die Kantonsgrenze zwischen Glarus und Uri gezogen. «Zwi Landammanne chand und Weibel, Rat und Lüüt. S isch jede volle Gwünder. Doch d Bärgler säged nüüt. Die Träne i de Barte hand alles eim verzellt: Di eine hand der Bode, die andre hand der Held.» – Zum Gedenken an diese sinnvolle Sage wird heute der zivile Maarchelauf durchgeführt: Der Talläufer hat vom Start auf dem Landsgemeindeplatz in Glarus nach Linthal 17,7 km (173 m Höhendifferenz) zurückzulegen; der Bergläufer hat dann bis zum Grenzstein auf dem Urnerboden 9,9 km (657 m Höhendifferenz) zu absolvieren.

1862 in der «Militärzeitung»

In der «Allgemeinen Schweizerischen Militärzeitung» konnte im Jahr 1862 gelesen werden (S. 254), «die Kunst, gut marschieren zu können, ist schwierig, namentlich bei uns, wo die Fussbildung nicht immer die glücklichste ist, umso mehr muss sie geübt werden…» Auf Seite 326 wurde dann angeregt, es sollten Marschvereine gegründet werden, weil Marschübungen ausser Dienst «gerade jetzt am Platze waren, zu einer Zeit, in der sich so viele Leute der Bequemlichkeit halber entweder nicht von zu Hause weg begeben, oder dann per Dampf sich fortbewegen lassen. Unsere Beine müssen auf diese Art steif werden. Vorgeschlagen wurde u. a., dass die Schiessvereine pro Jahr 1–2 Ausmärsche, verbunden mit Schnellfeuer auf unbekannte Distanzen durchführen sollten.

1902 wurde in der gleichen Zeitschrift (S. 412) berichtet, dass der Offiziersverein der Stadt Bern am 28. September 1902 einen Dauerlauf durchgeführt habe. Von den 465 Mitgliedern hatten sich aber nur fünf dafür interessiert, und vier seien dann gestartet. Die Aufgabe sei ähnlich gewesen wie bei einem Orientierungslauf (35 km, 500 m Höhendifferenz). Die Ärzte hatten festgestellt, dass «alle Herren in bester Verfassung» waren.

Der erste Militär-Patrouillenlauf der Schweiz, «verbunden mit einem athletischen Lauf über die halbe Marathondistanz» (21,8 km), fand am 23. September 1917 in Bern statt. Initiant dieser historischen Veranstaltung war Soldat Eugen Wyler aus Bern – «ein Schütze, Ringer, Schriftsteller und Publizist» –, der 1917 auch die damalige «Mittelpresse» (heute: «Schweizerische Politische Korrespondenz») gründete. Hans Buchli berichtet später darüber im «Sport» u. a.:

Diese sportliche Grossveranstaltung wurde vom damaligen «Kampfspielverein Bern» unter Eugen Wylers Leitung durchgeführt. Später ist der «Kampfspielverein» in der GGB aufgegangen. Neben dem Initianten wirkten ausserdem der bekannte Berner Turnlehrer Jakob Steinemann, der junge Hauptmann Max Degen, Redaktor am «Berner Tagblatt» und dessen späterer Chefredaktor, der damalige Lausanner Stadtarzt und jahrzehntelange Sekretär des SOC, Dr. Francis Messerli mit. Samuel Haas, ebenfalls ein Journalist, wirkte als Pressechef.

Oberstdivisionär Wildbolz stand neben zahlreichen andern hohen Offizieren dem Ehrenkomitee vor. Für den Patrouillenlauf hatten sich 270 Mann gemeldet, und zwar aus allen Waffengattungen. Für den Marathon schrieben sich 39 Leichtathleten ein, damals stand die Leichtathletik bei uns noch in den Kinderschuhen. Am Vorabend wurden sämtliche Teilnehmer militärärztlich untersucht. Der Start war auf Sonntag, 23. September, 8 Uhr 30, angesetzt. Die Strecke führte für beide Kategorien vom Sportplatz Kirchenfeld des FC Bern über die Kirchenfeldbrücke durch die Amthausgasse und über den Bundesplatz in die Effingerstrasse, dann nach Unterholligen, Köniz, Station Moos, Mengestorf, Liebiwil, Thörishaus nach Oberwangen und Niederwangen und von dort zurück nach Bümpliz, durch die Laupenstrasse zum Bubenbergplatz, durch die Schauplatzgasse und über den Bundesplatz zurück zum Sportplatz Kirchenfeld, wo die Berner Stadtmusik konzertierte. An der Strecke stand viel Publikum, das den Läufern applaudierte.

Das Resultat der beiden Läufe wurde als begeisternde Leistung gefeiert. Den Marathon gewann der damalige Gymnasiast R. Scheuermann. Den Patrouillenlauf gewann die Patrouille Ernst Scherz in 2 Stunden und 11 Minuten.

Es herrschte herrliches Herbstwetter. Am Ziel erwartete eine grosse Menschenmenge die Läufer, allen voran die beiden Bundesräte Frei und Decoppet. An der Preisverteilung im grossen Saal des Casinos zollte Oberstdivisionär Wildbolz den Läufern, aber auch den Organisatoren hohes Lob. Das Gabenkomitee hatte so eifrig gearbeitet, dass jedem Läufer ein Erinnerungspreis abgegeben werden konnte. Die ganze Veranstaltung gab sowohl den späteren Militärläufen wie der Sportbewegung starken Auftrieb.

Zweiter schweizerischer Militärpatrouillenwettlauf

Am 9. Juni 1918 wurde in Lausanne der zweite schweizerische Militärpatrouillenwettlauf (Tenü: Seitengewehr und Gewehr), verbunden mit dem zweiten nationalen Marathonlauf, in Gegenwart einer grossen Volksmenge und der Herren Oberstkorpskommandant Wildbolz und Oberstdivisionär Bornand durchgeführt.

In ihrem Kommentar schrieb die «Militärzeitung», dass in den seit einigen Jahren in Schwung gekommenen militärischen Konkurrenzen im «Fuss-Sport» jeweilen viel guter Geist und der Wille, das Höchste zu geben, zutage getreten sei.

«Die Bilder, welche einen grossen Teil der Läufer bei der Ankunft zeigten», veranlassten aber einen Einsender in der gleichen Zeitschrift zu einer scharfen Kritik. Unter anderem wurde von einer «Rennerei vor sensationslustiger Zivilbevölkerung» gesprochen. «Jede Konkurrenz solcher Art ist im Interesse der Stellung unseres Heeres entschieden und scharf zu verwerfen. Davon haben mich die in Lausanne geschauten Bilder überzeugt. Unser Militär ist kein Sport! Die Ankunft der Läufer bot für die Zuschauermenge erregende, für mich und andere aber widerliche Szenen. Die ersten 3 bis 4 Läufer kamen in gutem Zustand an. Bald änderte sich das Bild. Einige Leute, die sich mit Aufbietung der letzten Kräfte und der äussersten Energie 10 bis 20 m vors Ziel gekämpft hatten, brachen zusammen, richteten sich wieder auf, um sich durchs Ziel zu schleppen und mussten weggetragen werden. Andere taumelten kurz vor dem Ziel und wurden von Offizieren und Zivilisten gestützt durchs Ziel geführt.»

Dem Einsender wurde entgegnet, man müsse auch die Kinderkrankheiten in Kauf nehmen, die Marschfähigkeit könne aber nur durch den Einzelwettlauf ausgebildet werden. Um die unschönen Bilder zu verhindern, müsste zu Beginn eine genaue ärztliche Untersuchung vorgenommen werden, auf der Strecke seien ein oder zwei Kontrollstationen für ärztliche Untersuchungen vorzusehen. Ungenügen an Herz, Lunge oder anderen Organen müsse ausgeschaltet werden. «Jede unrichtige Reaktion der Organe nach Beendigung des Laufes zieht Zuschlagspunkte nach sich.»

1916: Der erste Waffenlauf in Zürich

Im Frühjahr 1913 regte der Athletische Ausschuss des SFAV (Schweizerischer Fussball- und Athletikverband) einen «Armee-Gepäck-Wettmarsch» über 40 km an, stiess dabei aber auf kein Gehör sondern wurde im Gegenteil einer herben Kritik unterzogen.

Wohl unter dem Eindruck der grossen Marschleistungen in jenen Kriegsjahren im In- und Ausland nahm die Idee bald aber doch Gestalt an: Auf den 3. September 1916 wurde der «1. Schweizer- Armeegepäckmarsch» in Zürich ausgeschrieben:

Initiant war der Zürcher Rechtsanwalt und Nationalrat Dr. Hans Enderli, ein bekannter Förderer des Fussballsports – Enderli war der erste Präsident des 1896 gegründeten FCZ – und des Schiesswesens. Das OK bestand zur Hauptsache aus Mitgliedern des FC Zürich. Den Ehrenvorsitz führte Oberstdivisionär Steinbuch. Doch auch 1916 erhoben sich sofort kritische Stimmen. Zitiert sei aus einem Interview, welches Lehrer Emil Bleuler – 1916 Mitglied des OK – dem «Tagesanzeiger»: «Man sprach von Überforderung des menschlichen Körpers und hielt es einfach für ausgeschlossen, dass ein junger Mann mit sieben Kilo Gepäck auf dem Rücken eine Distanz von 40 km zu absolvieren imstande sei. Das OK traf seine Vorbereitungen sehr sorgfältig um vor allem den Skeptikern den Wind zum vornherein aus den Segeln zu nehmen. Kurz vor dem Start wurden beispielsweise sämtliche Sanitätsposten auf der Strecke auf ihre Präsenz inspiziert. Da nur ein einziges Mitglied ein Automobil besass, nahmen die Strecken-Funktionäre in und auf diesem Vehikel Platz und wurden an ihre Standorte verbracht. Es soll eine recht frohe Fahrt gewesen sein, mit zwei jungen Offizieren auf dem Kühler. Nur wenige Motorfahrzeuge haben den überladenen Wagen gekreuzt, offenbar ist der Fuhre auch kein Polizist über den Weg gelaufen, sonst hätte es wohl eine saftige Busse abgesetzt.»

Es durfte nur marschiert, nicht aber gelaufen werden. In Wettingen, nach halber Distanz, wurde ein «neutralisierter» obligatorischer Halt von 30 Minuten eingeschaltet. Die Tragart des Gewehrs war frei. Marsch-Erleichterungen (Kragen-Öffnen) waren gestattet, jegliches Schrittmachen durch Dritte aber strengstens untersagt. Für den Tornis-

8 Aufnahme: 24. September 1916

9 Für den ersten «Armee-Gepäckmarsch» war ein Tornister im Mindestgewicht von 7 kg vorgeschrieben.

ter («Haaraff») war ein Mindestgewicht von 7 kg vorgeschrieben. «Bei der Rangierung ist massgebend, dass der Mann in gefechtstüchtigem Zustand ankomme. Wer nach dem Urteil des Arztes nach der Ruhepause in Wettingen offenkundig gefechtsuntüchtig ist, wird in der Rangliste um zehn Stellen zurückgesetzt. Im Übrigen wird den Teilnehmern möglichst freie Hand gelassen.»

Der Wettkampf war offen «für Unteroffiziere und Mannschaften aller Waffengattungen und Truppenteile der Armee sowie für Schüler des militärischen Vorunterrichts». Letztere starteten «im Korpstenü mit Tornister oder Rucksack», wobei das Gewicht im Tornister mitgetragen wurde.

Der Anlass wurde dann in letzter Minute auf den 24. September 1916 verschoben. In Inseraten vom 2. bzw. 3. September wurde nur die Verschiebung, nicht aber der Grund angegeben.

Die Armeeleitung verfügte am 1. September für alle im Dienst stehenden Truppen ein Urlaubsverbot für das Wochenende des 2./3. Septembers. Antimilitärische Kreise hatten für den Sonntag in allen grösseren Schweizerstädten grosse Demonstrationen gegen die Armee und deren Leitung angekündigt. Bundesrat und Armeekommando fürchteten von den als «Roter Sonntag» angekündigten «Friedens-Demonstrationen» der Sozialdemokratischen Jugendorganisation der Schweiz das Schlimmste und bereiteten umfangreiche militärische Massnahmen zur Aufrechterhaltung von Ruhe und Ordnung vor. Das «Volksrecht» vom 2. September kommentierte die Verschiebung wie folgt: «Ob

8

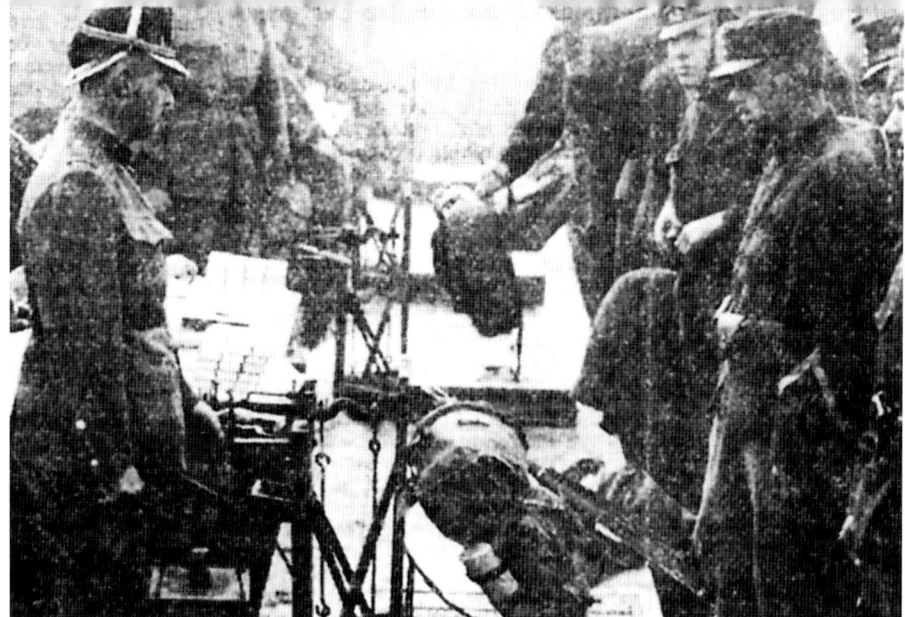

9

da der 3. September seinen Einfluss geltend machte? Dann wäre das immerhin schon ein achtbarer Erfolg der Demonstration.» Das gleiche Blatt doppelte am 5. September nach: «Die jungen Rekruten blieben nicht deshalb den ganzen Sonntag über in der Kaserne konsigniert, weil etwa ein Einfall an unserer Nordgrenze zu befürchten war, sie hatten nicht auf das schöne Spiel zur Hebung der Rendite des ‹Utogrundes›, Armeegepäckmarsch genannt, verzichten müssen.»

Drei Wochen später, am 24. September, war es dann doch soweit.

Vom Training weiss das «Badener Tagblatt» zu erzählen, dass die Leute von der Fliegertruppe Dübendorf mit der vollen «Bepackung» trainiert hatten. «Dieselben legten in Wettingen allerdings einen gewaltigen Appetit an den Tag, und nachdem jeder ein Quantum Fleisch, ein paar Eier sowie einige Tassen Kaffee genossen hatte, setzten sie den Rückmarsch über Würenlingen fort.»
Sonntag, 24. September:
Start auf dem «Utogrund», dem damaligen Sportplatz des FCZ. Von den 600 Gemeldeten aus allen Teilen des Landes erschienen nur 520; die übrigen konnten wegen Nichtbeurlaubung vom Dienst nicht abkommen. In drei Gruppen wurde in halbstündigen Abständen gestartet, wobei unter Führung eines Offiziers in geschlossener Formation zuerst eine Runde absolviert wurde. Die «Neue Zürcher Zeitung» meinte, die 520 Unteroffiziere und Soldaten in feldmarschmässiger Ausrüstung hätten ein kriegerisches Bild geboten; von diesem Ausmarsch sei schon seit vielen Wochen die Rede gewesen. Ein anderer Chronist schrieb, dass alle Tragarten und Uniformierungen vertreten waren: feldgrauer und blauer Rock, Käppi und Mütze, blaue und graue Hosen, Gewehr links und rechts geschultert, angehängt, vorn oder hinten umgehängt, freitragend in der Hand oder hinten quer auf dem Tornister aufgeschnallt.

Eine gewaltige Zuschauermenge hatte sich beim Start und dann auch in Wettingen eingefunden. Das Wetter hätte schöner nicht sein können. Ober die Passage beim Wendepunkt Wettingen berichtete das «Badener Tagblatt» am 25. September:

Sofort nach Ankunft wurden alte Teilnehmer von den anwesenden Militärärzten untersucht, worauf dieselben eine Erfrischung einnehmen konnten, bestehend aus Kaffee und Tee, worauf Selbstverpflegung erfolgte. Die Sache war flott arrangiert und altes klappte vorzüglich, die Kontrolle, die Verpflegung sowie der eingerichtete Samariterposten. Schon um 10 Uhr brannte die Sonne heiss hernieder und in der Folge kamen auch alle Konkurrierenden schweisstriefend an. Vor dem Weitermarsch hat der Grossteil der Konkurrierenden ihre Socken und Leibwäsche gewechselt und sich gewaschen, um neu gestärkt den Rückmarsch antreten zu können. Unfälle sind, soweit bis jetzt bekannt, ausser zwei Hitzschlägen, keine nennenswerten vorgekommen und die ganze Veranstaltung nahm bis hieher einen guten Verlauf.
Es wurde behauptet, einige hätten in dieser «Ruhepause» ein üppiges Mittagessen eingenommen.

Hauptzeitnehmer war der Uhrmacher Max Carjell, offizieller Chronometreur des Schweizerischen Radfahrerbundes, der am Limmatquai ein Spezialgeschäft besass. Mit seiner Stoppuhr habe er jeweils drei Läufer im Ziel nacheinander stoppen können. Die Wettkämpfer hatten über dieses Wunderwerk gestaunt. Lassen wir E. Bleuler weiter erzählen:

Offenbar war ein Teil der noch unerfahrenen Funktionäre der Aufgabe nicht gewachsen. Da in Baden, wie gesagt, ein Halt einzuschalten war, musste eine Zwischenrangliste erstellt werden. Der einzige Schreiber (!) wurde von den anstürmenden Soldaten regelrecht überrumpelt und geriet ins «Schwimmen». Dieser Betriebsunfall löste Aufregung und Zeitverluste aus, doch schliesslich gelang es, Listen mit allen Läufern zu erstellen und diese auf den Rest der Reise zu schicken. Während die eigentliche Zeitnahme keine grossen Schwierigkeiten bot, war der Arbeitsanfall im Rechnungsbüro gross. Die Ergebnisse des Laufes konnten erst zu später Abendstunde bekannt gegeben werden, nachdem sich schon die meisten Teilnehmer auf den Heimweg gemacht hatten.

Infolge des komplizierten Rechnungsverfahrens war es später als 21.30 Uhr geworden, bis zur Rangverkündigung und Preisverteilung geschritten werden konnte. Die Marschtabelle mit einer Siegerzeit von sechs Stunden war deutlich unterschritten worden.

In der Rangliste findet sich ein bekannter Name: Johann «Papa» Linder. Der damals 38jährige Landwehr-Gefreite und später bekannte Gehermeister bestritt diesen Armee-Gepäckmarsch ohne Training und belegte den 125. Rang. Linder, der hernach das Training für die Zivilmärsche aufnahm, wurde vor allem durch seine Erfolge am 504-km-Wettmarsch Paris-Strassburg (1926 und 1927) und seine Weltrekorde über 300 bis 500 km weltbekannt.

Der begabte Militärmaler Emil Huber schuf eigens eine «Offizielle Postkarte», die einen Unteroffizier mit geschultertem Gewehr und einen Füsilier mit angehängter Waffe in voller Ausrüstung zeigt, welche auf ihrem beschwerlichen Marsch trutzig ausschreiten. Das Schwarzweiss wird durch Grün – Aufschläge an der Uniform und ein breiter Wiesenstreifen am Rand der Strasse – überaus wirkungsvoll belebt». Von einem Herrn Speck wurde ein 350 Meter langer Film gedreht, der im Cinema Palace im Kaspar-Escher-Haus vorgeführt wurde und einen grossen Zustrom erfuhr.

1917: Armeegepäckmarsch Biel

Am 8./9. September 1917 organisierte der Athletik-Klub Biel unter dem Patronat von Bundesrat Decoppet das IV. Schweizerische Athletik-Fest, verbunden mit dem «zweiten Armeegepäckmarsch». In der Lokalpresse war darüber u. a. zu lesen:

Auch diesmal galt es eifriger, ernster Arbeit. Nicht nur die sportlich trainierten Jungen sind gekommen, sondern auch Männer im Wehrkleide, ja diese in der grossen Mehrzahl, in der Stärke eines halben Bataillons reichlich. Darunter waren mehrheitlich schlanke, geschmeidige Auszügler. Aber auch die behäbigeren Landwehrmannen fehlten nicht und auch der Landsturm war vertreten. Sie alle machten mit am Gepäckmarsch und auch sie erbrachten erfreuliche Beweise körperlicher Tüchtigkeit.

Das Hauptinteresse der meisten Zuschauer konzentrierte sich auf den Armeegepäckmarsch. Zu diesem hatten sich Bundesrat Decoppet, Chef des Militärdepartements und Oberstkorpskommandant Wildbolz eingefunden als Ehrengäste; auch Herr Oberstdivisionär Schmid war anwesend. Pünktlich waren die Vorarbeiten im Zeughaushofe erledigt worden und die Marschteilnehmer rückten heran auf den Startplatz vor der Tribüne. Einige Weisungen wurden der Mannschaft noch erteilt durch die leitenden Offiziere, die unter dem Kommando von Herrn Major Riesen das Möglichste taten, den zweiten Gepäckmarsch gut und glatt durchzuführen. Herr Oberst Wildbolz gab den Signalschuss zum Abmarsch ab und um 11 Uhr 45 setzte sich der Trupp der 362 startenden Männer in Bewegung, unter der Führung der Offiziere. In der Weissensteinstrasse erfolgte dann das Signal zum Freimarsch und nun kam Leben in die Kolonne. Mit einem Rucke fast lockerten sich die vordern Gruppen und die hintern drängten vorwärts. In kurzer Zeit war die Schar Marschteilnehmer in der Richtung nach Madretsch verschwunden und weiter gings mit dem 10-Kilo-Sack und dem Gewehr nach Brügg, Zihlwil, Gottstatt, Büren, wo ein halbstündiger Erholungshalt winkte und dann über Meinisberg, Orpund und Mett zurück.

Eine besondere Spannung aber wurde der Rückkehr der Teilnehmer am Armeegepäckmarsch entgegengebracht. Einige Minuten nach halb 4 Uhr ging der erste durch das

10 Grosse, ganz grosse Marschleistungen gab es schon immer, die Freude und Begeisterung am Laufsport ist demnach weit älter als die Joggingwelle.
27. Juli 1932: Start in Paris zum Langstreckengehen nach Strassburg über 504 km. In der Mitte des Bildes mit der Startnummer 2 der Schweizer Johann Linder, Sieger dieser Prüfung in den Jahren 1926 und 1927.

Ziel, durch lauten Jubel und Tusch der Stadtmusik begrüsst: Korporal Wehrli von Küttigen (Aargau). In kurzen Zwischenräumen folgten andere nach. Im dritten Range gleich zwei Mann, die in flotter Kameradschaft genau gerichtet durch das Ziel gingen. 3 Stunden 21 und eine halbe Minute hatte der Erste als Marschzeit aufzuweisen und bis zum Verlauf der vierten Marschstunde gelangten nicht weniger als 180 Mann an; nachher folgten noch 66 weitere nach. Glücklicherweise war kein Unfall zu verzeichnen. Auch schwere Fälle von Überanstrengung kamen nicht vor. Die ankommenden Mannschaften waren im Allgemeinen in guter Verfassung; die gute Stimmung derselben ist der beste Beweis für die weitere Existenzberechtigung solcher Gepäckmärsche.

Der «Bund» wusste zu berichten, dass die Athleten in einigen Übungen «fast Weltrekorde» aufgestellt hätten (z. B. im Weitsprung: 6,78 m). Die Teilnehmer am Armeegepäckmarsch wurden als «lauter stramme Mannschaft» bezeichnet. Weiter lesen wir: Mit grosser Spannung erwartet die ganze Zuschauermenge die Ankunft der Teilnehmer am Armeegepäckmarsch, und als ein Hornstoss das Nahen der ersten Teilnehmer ankündete, war der Jubel ausserordentlich gross. Als Erster gelangte Wehrli, Mitrailleur I/21 ins Ziel, der die Strecke von 25 Kilometern in 3 Stunden 21 Min. 30 Sek. zurücklegte. Ihm folgten in ganz kurzen Abständen die nächsten. Innert vier Stunden legten die Strecke nicht weniger als 180 Mann zurück, während 66 andere etwas mehr als vier Stunden brauchten. Die ganze Strecke wurde also von 266 Mann mit einer Zeitdifferenz von zirka 40 Minuten zurückgelegt, was einen tatkräftigen Beweis für das vorzügliche Training unserer Soldaten bildet.

Auf 7 Uhr war die Eröffnung der Resultate in der Tonhalle angesetzt, wo die Preisverteilung stattfand. Die Räume waren gedrängt voll und die Verkündung der Resultate ergab jeweils einen rauschenden Beifall.

Am Mittagsbankett in der Tonhalle hatten Regierungsstatthalter Wysshaar, Baumgartner (Zentralpräsident des schweizerischen Verbandes), Bundesrat Decoppet (feierte das Glück, das wir inmitten der wütenden Kriegsverwüstungen geniessen, in unserem Lande trotz vielerlei Entbehrungen Kraft und Gesundheit unserer Jungmannschaft in sportlicher Betätigung hegen und pflegen zu können») und Stadtpräsident Leuenberger gesprochen.

Die auf 19 Uhr angesetzte Preisverteilung fand mit Verspätung statt.

Auch über die 25 km in Biel ging «Papa» Linder – wiederum unvorbereitet – an den Start und klassierte sich im 26. Rang.

Der Jahresbericht des UOV Biel erwähnt diesen Anlass nur mit wenigen Worten: «Eine offizielle Beteiligung unseres Vereins, wie solche im Schosse des Vorstandes besprochen wurde, unterbleibt aus verschiedenen Gründen und wir begnügten uns damit, der Festunternehmung für den Gabentisch zwei Ehrengaben zu spenden. Der Armeegepäckmarsch, welcher die Attraktion für die ganze Unternehmung bilden sollte, soll solidem Vernehmen nach nur teilweise befriedigt haben».

1934: General Guisans Idee

«Der Gehsport, sei es Marschieren, sei es Laufschritt, ist die Basis jeglicher Sporttätigkeit; das heisst die Grundbedingung in allen Sportarten ist das richtige Atmen, durch das für die nötige Ausdauer die Lungen gestärkt werden.» Diese Worte sprach General Henri Guisan im Jahre 1954. Bereits 20 Jahre früher, also 1934, hatte er sich – damals als Oberstkorpskommandant – wie folgt vernehmen lassen: «Diese rein sportlichen Veranstaltungen» (gemeint waren die zivilen und militärischen Geherkonkurrenzen in Lausanne) «erhalten neben dem sportlichen Moment dadurch noch eine besondere Note und einen besonderen Charakter, weil sie in unserem Zeitalter der Technik und der technischen und motorisierten Fortschritte für die heranwachsende Jugend einen nicht zu unterschätzenden Ausgleich bringen.»

1959 meinte General Guisan: «Der gut trainierte Einzelläufer wird auch heute noch, im Zeitalter der Massenvernichtungswaffen, das letzte Wort zu sprechen haben.» (Guisan war von 1929–1939 Zentralpräsident des bekannten polysportiven Vereins «Stade Lausanne».)

Der damalige Oberstdivisionär Guisan war es, der 1930 – in Zeiten drohender Militärmüdigkeit und Verweichlichung den Militär-Gepäckmarsch Genf - Lausanne ins Leben rief. Es war auch die Geburtsstunde und dann die grosse Zeit des Distanzmarsches «Tour pédestre du Léman» (über 200 km) und von «Papa» Linder, der diesen Wettmarsch «Rund um den Genfersee» 1930 in 27 Stunden, 7 Minuten, 30 Sekunden – mit fast zwei Stunden Vorsprung – gewann. Beim Militärmarsch durfte nur marschiert werden; Laufen war verboten. Verpflegung unterwegs war untersagt; sonst drohte Disqualifikation. Das Tenü: Uniform, Mütze oder Käppi, Brotsack, Gewehr, Bajonett, Gurt mit Patronentaschen, Marschschuhe.

Am 14. September 1930 starteten in Genf 220 Wehrmänner (erst ein Jahr später waren auch Polizisten und Grenzwächter startberechtigt) an diesem «Concours militaire de marche» (genannt auch: «Épreuve nationale militaire individuelle» und «Épreuve pédestre militaire»). Nur 100 Teilnehmer erreichten jedoch das Ziel im Stade de Vidy in Lausanne (64 km). Sieger wurden Kpl Gérard Bauer und Kpl Georges Nagel (in 8.51.04) vor Füs Simonet (8.59.23). Den gleichzeitig durchgeführten Militär-Vorbereitungsmarsch für 18 bis 20jährige von Rolle über Morges nach Lausanne (25 km) gewann Edgar Munder aus Bern (2.50.36) vor P. Gebhardt aus Yverdon (2.59.40) und F. Nussle aus Echandens (3.01.20).

Unter dem Ehrenpatronat von Bundesrat Minger, Chef des EMD, standen die Konkurrenzen des Jahres 1931. Neben OK-Präsident Guisan – «le grand animateur de ces épreuves» – wirkte in der Organisation mit seinem «feu sacré» auch der in Sportkreisen bekannte Dr. Francis Messerli mit. Startort war nun Yverdon.

Yverdon – Lausanne

Die neue Strecke auf Zweitklass-Strassen wies weniger Verkehr und Asphaltbelag auf. Die Einschreibegebühr von einem Franken musste in fünf Zwanzigermarken beglichen werden. Der Parcours führte über Épendes – Chavornay – Bavois – Oulens – Bettens – Boussens – Côte 609 (Est Sullens) – Bussigny – Chavannes nach Lausanne (40 km). Die meisten Teilnehmer übernachteten in der Kaserne in Yverdon. Vor dem Start inspizierte Divisionär Guisan die «Truppe». Anwesend war auch der Konsul Frankreichs, M. Castéran. Der 13. September war ein heisser Sonntag. Von den 416 Gestarteten trafen nur 271 in Lausanne ein – viele gaben wegen der Hitze bei halber Distanz den Wettkampf auf. Einen hervorragenden Eindruck hatten die Grenzwächter aus Genf hinterlassen, die dann auch Gruppensieger wurden. «Was der ganzen Veranstaltung den Stempel aufdrückte, ist der ausgezeichnete Erfolg des Geherpioniers Johann Linder, der die Genugtuung erleben durfte, dass sein Sohn, ein ausdauernder Trompeter, im Armee-Gepäckwettmarsch über 40 km ebenfalls den Sieg davontrug. Man scheint sich nicht damit begnügt zu haben, ein grosses Ehrenkomitee auf die Beine zu stellen, sondern der vorbereitenden Organisation alle Sorgfalt gewidmet zu haben, was den sportlichen Erfolg gesichert hat.» Tromp Linder, «fils du grand champion», soll 160 Schritte in der Minute gemacht haben und auf ein Stundenmittel von 9 km gekommen sein. Vater Linder, der «Rund um den Genfersee» mit einem Vorsprung von 48 Minuten erneut siegte und seinen Rekord des Vorjahres um 71 Minuten verbesserte «er überrumpelte die auf seinen Empfang sich erst vorbereitenden Zielorgane» –, absolvierte eine Ehrenrunde, als sein Sohn als bester Militärgeher eintraf. (Zu bemerken ist, dass der zivile Wettmarsch um den Genfersee von Samstagmittag bis Sonntagnachmittag ausgetragen wurde).

Sonntag, 13. September 1931. Trompeter Hermann Linder aus Zürich gewinnt den Militärwettmarsch von Yverdon nach Lausanne in 4.24.51, am Ziel erwartet von seinem weltberühmten Vater, der am gleichen Wochenende den Wettlauf «Rund um den Lac Léman» gewann, und zwar in 25.56.40!

Papa-Linder-Denkmal in Colombier

Erster des Militärvorbereitungsmarsches Rolle-Lausanne (25 km) wurde der Berner Robert Gliet in 2.19.22 vor Hermann Studer. Am 11. September 1932 führte der Parcours von Yverdon über Chavornay, La Sarraz, Éclepens, Oulens, Bettens, Boussens, Bussigny nach Lausanne (50 km). 276 Startende, 146 im Ziel.

Der nunmehrige Korpskommandant Guisan konnte Einheimischen zum Sieg gratulieren: Gendarme J. Duvoisin vom Polizeiposten Ouchy und Gendarme H. Jacot-Descombes vom Posten Aigle liefen miteinander im Ziel ein (5.46.00). Seinen Erfolg vom Vorjahr wiederholte der Berner Robert Gliet im Militär-Vorbereitungsmarsch Rolle-Lausanne (25 km).

Vorjahressieger Tromp Linder musste nach 7 km aufgeben. Nicht besser erging es seinem Vater: Der 54jährige zweimalige Sieger «Rund um den Genfersee» beendete den Wettkampf nach etwa 140 km. «Papa» Linder gab hierauf den Wettkampfsport auf. Ein vom verstorbenen Maler und Bildhauer Charles L'Éplattenier geschaffenes, vor dem Schlossportal (Kaserne) in Colombier stehendes Denkmal – 1928 dem Kanton Neuenburg geschenkt – erinnert an den «prächtigen, kraftvollen» Athleten.

Am 24. September 1933 nahmen 226 Konkurrenten die gleiche Strecke wie im Vorjahr (50 km) unter die Füsse, wovon 108 das Ziel erreichten. Den Sieg errang Tromp Hermann Linder aus Zürich (5.20.44), den Zweiten (Gfr Cattin) um 20 Minuten distanzierend.

Der am 25. Dezember 1904 geborene Hermann Linder war als Friedhofsgärtner tätig, ein Beruf, der sein Training, besonders im Winter etwas einengte. Er hat deshalb nur die drei erwähnten Militär-Gepäckmärsche bestritten, konnte sich dann aber als Schweizer Meister im Gehen über 50 km feiern lassen. Mit Stolz zeigt der heute Achtzigjährige (im Jahr 1984) das von seinem Vater («Papa» Linder) erstellte grosse, dicke Album, das viele Berichte und Fotos der beiden Linder enthält.

Am 29. September 1934 wurde von Yverdon über Épendes, Chavornay, Bavois, Orny, La Sarraz, Oulens, Bettens, Boussens P. 609 (nördlich Sullens), Bussigny, Chavannes nach Lausanne marschiert (50 km). Da am gleichen Tag die Winzerfeste in Neuenburg und Sitten stattfanden, ging die Teilnehmerzahl etwas zurück. Gestartet waren 215 Wettkämpfer, klassiert 155. Im ersten Rang: Füs Alphonse Cattin aus Neyrier und App Oscar Chabbey aus Versoix. Der «Sport» schrieb: «Gegen 350 gingen in Yverdon an den Start, um in einem körperstählenden und die Willenskraft stärkenden 50-km-Marsch die Fusstüchtigkeit unter Beweis zu stellen.»

Mitten im Sommer, am 14. Juli, wurde 1935 der letzte «Yverdoner» durchgeführt. Das Klassement nach 45 km: wieder Erster Alphonse Cattin und Oscar Chabbey vor den Lausannern J. Duvoisin und Charles Reiniger. Die beiden Ersten hatten sich nach dem Start sofort an die Spitze gesetzt und diese bis ins Ziel nicht mehr abgegeben. Der «Sport» kommentierte: «Voll befriedigt waren die Militärs, die am Sonntagnachmittag auf dem Stade de Vidy versammelt waren, über die Leistungen der Militärgeher, der Grenzwächter und der Gendarmen. Noch nie war der Prozentsatz der Angekommenen so hoch wie dieses Jahr. Gegen 95% aller Gestarteten hielten in Vidy Einzug. Dabei waren die Haltung und die körperliche Verfassung teilweise geradezu glänzend. Der Sanitätsdienst hatte fast keine Arbeit. Dabei war der Marsch schwer und strapaziös, ja er wurde zeitweise in einem zermürbendem Tempo durchgeführt.» In militärischer Ausrüstung und bei gewitterschwüler Temperatur hiess es auf die Zähne beissen und mit zähem Willen durchhalten. Viele haben Leistungen erbracht, die man ihnen vorher nicht zugemutet hätte. Stark dürfte auch der psychologische Faktor mitgespielt haben, indem sich wohl dieser und jener gesagt haben dürfte, ebenso gut wie sein Kamerad zu sein und die Strapazen unbedingt überwinden zu wollen. Die gute Leistung des Gegners wirkte damit für die eigene aufmunternd. Als Neuerung wurde anstelle des «schweren und schweisstreibenden Waffenrocks» in sog. «Sport-Jerseys» marschiert, was sich bewährt habe. («Sie waren mit einem Wort für die Konkurrenten eine Wohltat. Die militärische Ausrüstung mit feldgrauen Hosen, Mütze, Brotsack und Gewehr war auch so noch beschwerlich genug».)

1931: Militär- Wettmarsch in Solothurn

Am 23. August 1931 wurde in Solothurn ein «Militär-Wettmarsch» ausgetragen. Leider sind davon keine Akten mehr vorhanden, so dass wir uns mit einer kleinen Notiz im «Sport» vom folgenden Tag begnügen müssen: «Bei einer Beteiligung von 33 Konkurrenten wurde mit Start und Ziel im neuen Solothurner Stadion ein Militärwettmarsch über 42 km ausgetragen. Das Klassement lautet wie folgt: 1. Kpl De Bernardi (Olten) 5.45.45 (Gewinner des Spezialpreises des Kommandanten des Bataillons 51) und Wm Otto Stamm (Genf) gleiche Zeit. 3. Verpflegungs-Sdt Fritz Baumgartner (Solothurn) 5.54.13. Ferner: 9. Kpl Max Beer (Hüttlingen TG).

1932: Armee-Gepäckmarsch in Delémont

Am 17. Juli 1932 kam in Delémont ebenfalls ein Armee-Gepäckmarsch, verbunden mit einem Patrouillenlauf, zur Austragung. Die 36 km lange Strecke führte von Delémont über Les Rangiers, Boécourt, Glovelier, Courfaivre und Courtételle zurück nach Delsberg. Von den 150 Gestarteten erreichten 98 das Ziel. Der Sieger André Donzel aus Leuzigen benötigte 4.30.19. Zweiter wurde Duvoisin. Beste Patrouille war die RS Colombier.

1934: Neue Aera mit dem «Frauenfelder»

Nach dem Frauenfelder Vorbild wurden weitere «Militärwettmärsche» – später «Waffenläufe» genannt – organisiert. Der erste war der «Reinacher» (1944). Der «Frauenfelder» nannte sich zuerst «Militär-Gepäckwettmarsch», ab 1937 (und heute noch) «Militärwettmarsch».

1947: Meilen – Rapperswil – Zürich

Der heutige Zürcher Waffenlauf hat zwei Vorläufer: die Prüfung von 1916, dann jene von 1947.

Der 24. August 1947 war ein heisser Sommertag, als um 10 Uhr 84 Läufer aller Grade, Altersklassen und Landesgegenden in Meilen die 42 km – etliche Teilnehmer behaupteten, der Parcours sei bedeutend länger gewesen – unter die Füsse nahmen. Die Materialausgabe war in Zürich erfolgt, worauf die Konkurrenten mit einem Extrazug den Startort erreichten. Das Ziel befand sich auf dem Esplanade-Platz in Zürich. Organisator war der Gehsportverein «Adler» Zürich, Tagespräsident Fritz Baumeler; für die Propaganda zeichnete Oberst Fritz Erb, Chefredaktor des «Sport», verantwortlich. Zweck war, eine Trainingsmöglichkeit für den «Frauenfelder» und den Marathonlauf zu schaffen. Die Hauptverkehrsader Meilen-Rapperswil-Zürich (Asphalt- und Betonbelag!) sei unter der sengenden Sonne nicht hoch im Kurs gestanden...

Vom Start weg sei, besonders von den Jüngeren, «ein Höllentempo» vorgelegt worden. Nach 5 km habe Frischknecht die Spitze übernommen, der ein solch schnelles Rennen vorlegte, «dass man schon hier ihn fürchtete». Beim Wendepunkt Bahnhof Rapperswil lag Frischknecht bereits über drei Minuten voraus. «Eine glänzende Moral verrät Kpl Bichsel, der, sichtlich erfreut über das Rechtsumkehrt in Rapperswil, zu seiner Mundharmonika greift und den Takt zu seinem schneidigen Lauf selbst anschlägt. Die brütende Hitze hat ihren Tribut gefordert. Auch im Hintergrund spielen sich serienweise Dramen ab. Hier sitzt ein Konkurrent in den schattigen Rebhängen, dort baden einige ihre wundgescheuerten Füsse. Hitzschläge, Krampf, Blasen zwingen manchen zähen Kämpen zum Aufgeben. «Fünf Frauenfelder

GESCHICHTLICHER RÜCKBLICK 34 | 35

So war es früher.
Start der Kategorie «Militär» anlässlich einer Schweiz. Querfeldein-Meisterschaft der Leichtathleten auf dem Zürichberg. 160 Mann am Start, im Vordergrund Fritz Hässig.

bin ich gelaufen und noch immer habe ich das Ziel erreicht, aber heute kann ich nicht mehr weiter!" So hörte man verschiedene ausrufen.» Der sein eigenes Rennen laufende Funker Frischknecht siegte mit fast 20 Minuten Vorsprung - «längst war ein Sieg des 25jährigen Schwellbrunners fällig». Beim Bellevue in Zürich waren einige hundert Schaulustige anwesend, nicht aber Oberstkorpskommandant Constam, unter dessen Patronat die Veranstaltung stand. «Die Teilnehmer dieses mörderischen Rennens hätten es verdient, von hoher Stelle Anerkennung für ihre grosse Leistung zu erhalten.»

Die Rangliste:

Auszug:
1. Hans Frischknecht (4.26.45)
2. Othmar Sprecher (4.46.10)
3. Jakob Jutz (4.55.55)
4. Hans Oesch (5.21.40)
5. Franz Regli (5.28.56)
6. Ernst Eberhardt (5.33.35)

Landwehr:
1. Adolf Reiniger (4.59.35) 2. Charles Kohler (5.22.10)

Landsturm:
1. Hermann Vokinger (5.12.20) 2. Josef Sidler (5.29.25)

Bei den Aktiven habe dieser Lauf keinen grossen Anklang gefunden, erreichten doch nur 35 das Ziel. Und das EMD soll den Organisatoren sogar eine Rüge erteilt haben.

1957–1960: Waffenlauf der 1. Division

Dieser Wettkampf (Marche militaire individuelle de la 1re Division) stand nur Angehörigen der 1. und der 2. Division offen. Die 20 km lange Strecke führte über Épalinges mit Le Châlet-à-Gobet als Kulminationspunkt. Gestartet wurde beim Stade olympique, das Ziel befand sich bei der Kaserne. Datum war jeweils der zweite Oktobersonntag. Teilnehmerzahlen (im Ziel) und Sieger:
1957: 243 (Alphonse Baume) 1958: 244 (Repond) 1959: 556 (Künzi) 1960: 708 (Serge de Quay). Im Jahre 1960 waren nur zwei Aufgaben zu verzeichnen. Der Sieger Oblt Serge de Quay von der cp cycl 111/ 1 lief mit 1.29.13 Rekord, den Zweiten (Willemin von der cp fus 11/22) um 32 Sekunden distanzierend.

Eine bewegte Geschichte

Zusammenfassend sieht man, dass der Waffenlauf in seiner eigenen Form eine bewegte Geschichte durchlebt hat. Bis in die frühen fünfziger Jahre organisierten diverse Verbände und Heereseinheiten die Wettkämpfe. Die Formen der Austragungen waren nicht einheitlich reglementiert und teilweise war ein regelrechter Wildwuchs zu verzeichnen. Dem schuf die Gründung des Dachverbandes, der heutigen Interessengemeinschaft Waffenlauf Schweiz (IGWS) Abhilfe. Die Entwicklungsgeschichte des Waffenlaufs und die Geschichte der IGWS sind einige Kapitel weiter hinten nachzulesen.

Wehrsport in der Schweiz

Über 70 Jahre Schweizer Wehrsport

Bei den Recherche- und Schreibarbeiten zum Kapitel «Wehrsport» und dem Sichten des vorhandenen Bild- und Textmaterials fiel sofort auf, dass der Wehrsport in unserem Land im Verlauf seiner über siebzigjährigen Geschichte in vielerlei Hinsicht Wandlungen durchgemacht hat. Nagelschuhe und Karabiner sind verschwunden, das Reitpferd taucht einzig noch beim Modernen Fünfkampf auf, und mit dem Skimaterial, über das die Patrouilleure vor Jahrzehnten verfügten, liessen sich heute mit grosser Sicherheit keine Bestzeiten mehr erzielen. Dafür sind neue Wettkampfformen und neue Sportarten in das Programm des Wehrsports vorgedrungen, und die Sportgeräte, die im Wehrsport verwendet werden, weisen den gleich hohen technischen Standard auf wie im zivilen Spitzensport.

Kameradschaft und Korpsgeist

Unverändert geblieben ist jedoch der Sinn des Wehrsports: Förderung von Kameradschaft und Korpsgeist, Freude am gemeinsamen Erlebnis auf der einen Seite, Verbesserung der sportlichen Kondition und Förderung von Leistungsfähigkeit und Durchhaltevermögen auf der anderen Seite – Qualitäten, auf die unsere Armee trotz Mechanisierung muss zählen können, wenn sie schlagkräftig sein soll. Sportlicher Geist bedeutet Fairness, Gemeinschafts- und Kameradschaftssinn, Willensschulung zur Selbstüberwindung und zum Einsatz. In der ausserdienstlichen militärischen Tätigkeit sollte daher der Wehrsport zu Recht einen hohen Stellenwert einnehmen.

So trieb man früher Sport in der Armee

Ein paar Wehrsportformen

Der Wehrsport in der Schweiz hat sehr viele Gesichter. Im Laufe der Arbeiten für das Buch musste ich mich auf wesentliche ausserdienstliche Sportarten beschränken. Daher muss gesagt sein, dass das Geschriebene nicht den Anspruch auf Vollständigkeit hat! Es ist eine Auswahl einiger weniger Wehrsportarten.

Sie fragen sich vielleicht, warum die Beiträge über den 4 Tage-Marsch oder den Bieler 100-km-Lauf derart in die Tiefe gehen. Diese beiden Anlässe stehen für viele Wehrsportler weit oben auf ihrer Prioritätenliste. Es sind zwei Anlässe, welche ganz besonders jene Leute ansprechen, welche ausserdienstliche Sportarten ausüben. Die beiden Anlässe Biel und Nijmegen gelten beispielsweise bei sehr vielen Waffenläufern als eigentliche Krönung!

Geschichte und Entwicklung

Die eigentliche Grundlage der Entstehung des Wehrsports in der Schweiz war der moderne Fünfkampf. Zu den Gründern gehörten Hptm Wyss und Oberstlt Grundbacher, beides sehr bekannte Namen im ausserdienstlichen Wehrsport. Nichts ahnend, dass sich der Gedanke und dieser neue Sport derart rasch ausbreiten würden, machten sie sich an die Organisation, Planung und Durchführung derartiger Anlässe. Sie sollten schon bald merken, dass bei den Bürgern respektive Wehrmännern ein Bedürfnis vorhanden war.

Zu den Organisatoren gehörten Offiziers- und Unteroffiziersgesellschaften. In den Kindesschuhen des Modernen Fünfkampfes wurde dieser sogar als Sport der Offiziere betrachtet. Doch bald schon wich diese Anforderung und auch Unteroffiziere und einfache Soldaten wurden zu Leistungsträgern der noch jungen Sportart.

Idee und Sinn

Eine Geschichte besagt einiges über Idee und Sinn des Wehrkampfes. «Ein Offizier erhielt den Auftrag, eine Meldung zu einem Stützpunkt zu bringen. Er bestieg das Pferd und ritt los. Beim Ritt durch Feindesland wurde sein Pferd tödlich getroffen, deshalb war er gezwungen, zu Fuss weiterzulaufen. Dabei wurde er angegriffen und musste sich mit Säbel und Pistole verteidigen. Auf seinem weiteren Weg musste er einen breiten Fluss durchschwimmen, ehe er noch einige Kilometer im Laufschritt zurücklegen musste, um sein Ziel zu erreichen.»

So schrieb Willy Grundbacher im Jahr 1935, dass der Mehrkampf die geeignete Form der sportlichen Erziehung sei. Sie fördert sowohl körperliche wie auch geistige Fähigkeiten.

2 Thun, 1940: Bundesrat Minger inspiziert das Schwimmen eines Wehrsportanlasses

3 Moderner Fünfkampf; London 1948, Hptm Schmid (Schweiz)

4 Wehrsportanlässe anno dazumal ...

Als Vorstufe zum Modernen Fünfkampf wurde in den späten 30er-Jahren ein Drei- und Vierkampf geschaffen. Im Dreikampf galt es, die Disziplinen Geländelauf, Schwimmen und Schiessen zu bestreiten; im Vierkampf kam die Disziplin Hindernislauf dazu. Ein Schweizer, welcher eine Rekrutenschule absolviert hat, weiss was es heisst, eine der berüchtigten Hindernisbahnen (Hiba) zu überwinden.

Die Begeisterung hielt sich aber in Grenzen, die Teilnehmerzahlen waren an den ersten Armeemeisterschaften nicht so hoch wie erwartet. Es wurde ein Reglement erstellt, welches Jahre später vom Chef EMD (Eidgenössisches Militärdepartement, heute VBS), Bundesrat Rudolf Minger, offiziell anerkannt wurde.

Die IG Mehrkampf

Dem Modernen Fünfkampf standen erfolgreiche Jahre bevor. Bis die Tätigkeiten im Jahr 1942 des «Ausschusses für körperliche Erziehung in der Armee» durch Bundesrat Kobelt gestoppt wurden. Die neu geschaffene Stelle interessierte sich nicht mehr so sehr für den Modernen Fünfkampf und so geriet er langsam in Vergessenheit. Um dem entgegentreten zu können, wurde 1943 die Schweizerische Interessengemeinschaft für Mehrkampf gegründet. Die Wehrsportart nahm auf privater Basis ihren weiteren Lauf und sie hat bis zum heutigen Tag überlebt.

Wehrsport im Dämmerschlaf

In den Jahren nach dem Krieg geriet der ausserdienstliche Wehrsport in einen Dämmerschlaf. Die Verfassung übertrug die Verantwortung für die geistige und körperliche Ausbildung den Kantonen. Die kurzen Dienstzeiten in der Armee hatten zur Folge, dass der Ausbildungsstoff auf das Nötigste reduziert wurde. Für die wirklich interessierten Wehrsportler standen für den ausserdienstlichen Einsatz einige Institutionen zur Verfügung, welche nebst der moralischen Unterstützung auch Trainingsmöglichkeiten boten. So bescheiden die Wehrsporttätigkeiten waren, so gewannen sie durch die drohende Kriegsgefahr wieder an Bedeutung. So wurde 1943 als Verbindung zum EMD die «Schweizerische Interessengemeinschaft für militärischen Mehrkampf» (SIMM) gegründet. Anfänglich standen aber einige Exponenten dem Mehrkampf skeptisch gegenüber, da sie eine zu starke Konkurrenz zum Modernen Fünfkampf befürchteten. Die Disziplinen des militärischen Fünfkampfes waren Schiessen, 500 m Hindernisbahn, HG-Werfen auf Ziele und Distanz, 50 m Hindernisschwimmen und 8 km Geländelauf.

Die sich anbahnende Ablehnung kam näher. Doch eine Einladung des belgischen Kriegsministeriums an die Schweiz für eine Militärequipe riss das Steuer wieder auf die andere Seite. Es wurde ein Team gebildet, welches an den CISM-Wettkämpfen teilnahm und so sah man den militärischen Fünfkampf immer mehr als eine Bereicherung des Wehrsports an.

Aktivitäten für Wehrsportler

In früheren Jahren hatten die Wehrsportler eine Fülle von Anlässen zur Auswahl. Eine kleine Auswahl lässt die Menge der Angebote erahnen. Im Laufe der Zeit wurden Wettkampfarten geschaffen, die bis heute Bestand haben, andere verschwanden jedoch wieder von der Bildfläche. Viele dieser Wettkämpfe stellten einfach zu hohe körperliche Anforderungen an den Wehrmann. Einige dieser Wettkampfarten seien nachstehend zusammengefasst:

Winter-Wettkampfarten

Wettkampfart	Beschreibung
Nationaler Winter-Fünfkampf	Abfahrt, 12 km Langlauf, 300 m Freistil-Schwimmen, Fechten, Schiessen
Tetrathlon	12 km Langlauf, 2–3 km Riesenslalom, Pistolenschiessen 300 m, Fechten
Langlauf mit Sturmpackung	15 km Langlauf mit natürlichen Hindernissen
Winter-Dreikampf für Mannschaften	Karabinerschiessen, 2 km Skigeländelauf, Abfahrt mit 500 m Höhendifferenz
Triathlon A	12 km Langlauf, 2–3 km Riesenslalom, Schiessen 300 m Jugend: Langlauf, Riesenslalom, Luftgewehrschiessen stehend aufgelegt Junioren: Langlauf, Riesenslalom, Luftgewehrschiessen stehend frei
Triathlon B	12 km Langlauf, 2–3 km Riesenslalom, Pistolenschiessen 300 m

Sommer-Wettkampfarten

Wettkampfart	Beschreibung
Dreikampf für Reiter	3500 m Reiten in hindernisreichem Gelände, Schiessen, Geländelauf
Vierkampf für Mannschaften	Schiessen, 4000 m Geländelauf in wechselnden Gelände, 300 m Freistil-Schwimmen, Hindernisbahn
Alter Dreikampf A	300 m Freistil-Schwimmen, Schiessen, 4000 m Geländelauf in wechselndem Gelände
Alter Dreikampf B	15 km Gepäckmarsch, Schiessen, Geländelauf
Der heutige Dreikampf	Schiessen, Handgranatenwerfen, 8 km Geländelauf

Andere

Wettkampfart	Beschreibung
Winter-Gebirgs-Skilauf	Innert zwei Tagen die Distanz von 30 km und eine Höhendifferenz von 1000 m auf Skiern zurücklegen
Biathlon	Ski-Schiessen

Militärpatrouillenlauf	Mannschaftswettkämpfe:
	– Patrouillenlauf schwer
	  (30 km, 1500 m Höhendifferenz) mit Schiessen
	– Patrouillenlauf leicht
	  (20 km, 1000 m Höhendifferenz) mit Schiessen
	– Winter-Dreikampf für Mannschaften
	
	Einzelwettkämpfe:
	– Winter-Fünfkampf
	– Winter-Vierkampf
	– Skieinzellauf

Armee und Sport

Waffenlauf, Dreikampf oder Märsche sind keine gewöhnlichen Volkssportarten, sondern Wehrsportdisziplinen. Seit einigen Jahren sind sie jedoch nicht mehr Bestandteil der ausserdienstlichen Tätigkeit der Armee. Die Hauptschlagader für den Waffenlauf war lange Zeit die Armee als Milizheer. Im Gegensatz zu den Armeen anderer Länder unterhält die Schweiz eine Milizarmee mit dem «Bürger in Uniform», wie man gelegentlich zu sagen pflegt. «Im Rahmen der ausserdienstlichen Ausbildung soll der auf freiwilliger Ebene basierende Wehrsport dem Milizsoldaten Gelegenheit geben, sich auf militärische Bedürfnisse ausgerichtet körperlich zu trainieren, um so seine Leistungsfähigkeit aufrechtzuerhalten.» So tönte es bis vor wenigen Jahren. Nach der Reform der Armee 61 zur Armee 95 und jüngst der Reform Armee XXI hat der ausserdienstliche Wehrsport eine andere Bedeutung erhalten.

Dem Schweizer Milizsoldaten bietet sich noch heute eine breite Fülle von Angeboten und Möglichkeiten, sich wehrsportlich zu betätigen. Er hat auch die Wahl zwischen Einzel- und Mannschaftwettkämpfen, die von verschiedenen Verbänden und Heereseinheiten organisiert und durchgeführt werden. Die Koordination des Wehrsports erfolgt über die Sektion Ausserdienstliche Tätigkeit und Sport. Der Waffenlauf nimmt auch heute noch neben den vielen Marschanlässen eine der herausragendsten Stellungen unter den Wehrsportveranstaltungen ein. In den Anfangszeiten des Wehrsports war der militärische Dreikampf eine der bedeutendsten Wehrsportdisziplinen. Im Laufe der Zeit jedoch gewann der sich entwickelnde Waffenlauf an Popularität und konnte sich schliesslich gegenüber dem Dreikampf durchsetzten.

Sektion Sport und ausserdienstliche Tätigkeiten (SAT)

Die Sektion Sport und ausserdienstliche Tätigkeiten zeichnet für die Koordination und Überwachung der ausserdienstlichen Tätigkeiten verantwortlich. Weiter ist sie die Anlaufstelle für die militärischen Gesellschaften und Verbände, welche auch gesetzliche Vorschriften erlässt und die Zuschussgelder verteilt.

Einleitend ein Zitat von General Guisan (1874–1960), welcher zeitlebens ein grosser Freund des Wehrsports war:

General Guisan
«... bildet eine harte, notwendige und der Armee würdige Schule. Es handelt sich nicht darum, gewisse Resultate zu erreichen sondern vor allem, die Besten auszuwählen, welche nachher bei der Truppe ihren Kameraden den Weg zeigen, sie trainieren und mitreissen, und damit durch die ganze Armee dringen. Der Krieg zieht sich in die Länge: Wenn er auf der einen Seite immer mechanisierter zu werden scheint, so verlangt er andererseits immer mehr an menschlicher Widerstandkraft. Was muss unsere Elite sein? Soldaten, die fähig sind, die Grenzen jener Widerstandkraft weiterhin zu steigern, die besten Kämpfer, weil sie zur Geschicklichkeit und Härte noch die notwendige Charakterstärke besitzen sollen, denn die Kampfkraft einer Truppe hängt vom Wert des Einzelnen ab. Heute braucht sie die Armee, morgen werden sie unsere Heimat bei den Arbeiten der Friedenszeit den starken und treuen Harst bilden...»
**Oberbefehlshaber der Armee,
General Guisan, 30. 09. 1944**

Der Chef der Sektion Sport und ausserdienstliche Tätigkeiten Oberst i Gst Jean-Jacques Joss

Den Dachverbänden und militärischen Gesellschaften steht eine breite Palette an Unterstützungsmöglichkeiten zur Verfügung. So können Infrastruktur, Lehrpersonal usw. bezogen werden. Das heisst, dass die ausserdienstliche Ausbildung und Tätigkeit im Verbund von Armee und Verbänden erfolgt. Die Unterstützung wird via Lehrverbände sichergestellt. Die SAT führt diese Unterstützung an und hat so eine koordinierende und überwachende Funktion.

Die vor- und ausserdienstliche Ausbildung und Tätigkeit muss im Besonderen von den militärischen Gesellschaften und Verbänden getragen werden. Dazu schafft die Armee Rahmenbedingungen und Voraussetzungen sowie rechtliche Grundlagen. Daher sind die militärischen Gesellschaften und Verbände in die vor- und ausserdienstliche Ausbildung und Tätigkeit der Angehörigen der Armee stark eingebunden.

Die SAT definiert fünf Punkte:
1. Vernetzung von Armee und Bevölkerung (regelmässige Information an den interessierten Staatsbürger, Einblick in die Organisation und Strukturen in der Armee, Vorstellen von Dienst-, Ausbildungsbetrieb und Material der Armee, regional organisierte «Armeetage»)

2. Imagepflege für die Milizarmee (Information von Jugendlichen im vormilitärischen Alter, Unterstützungs- und Hilfeaktionen bei Anlässen von nationaler Bedeutung)

3. Erhaltung und Fördern von Wissens- und Ausbildungsstand der Armee (regelmässige Ausbildungsangebote in den Lehrverbänden, Ausbildung durch Milizkader und Berufsmilitärs)

4. Erhaltung von militär- und staatspolitischen Interessen (durch regelmässige Information und Zurverfügungstellung von Dokumentationsmaterial, Institutionalisierung eines strukturierten Info/Kommunikations-Kanals in den militärischen Gesellschaften und Dachverbänden)

5. Nutzung von verfügbaren Ressourcen der ausserdienstlichen Verbände für die Armee (sporadischer Einsatz von Fachspezialisten zugunsten der Armee).

Die Bereiche der SAT umfassen:
– Ausserdienstliche Tätigkeiten
– Schiesswesen ausser Dienst
– Sportausbildung
– CISM (Conseil International du Sport Militaire)

SAT-Bulletin
Die SAT gibt periodisch ein Bulletin heraus. Dieses umfasst eine sehr breite Fülle von Angeboten der ausserdienstlichen Tätigkeiten. Ein Auszug macht die immer noch vorhandene Vielfalt des Wehrsports in der Schweiz deutlich: Schweiz. Mil Mot-Fahrer-Tage, Seetaler Mehrkampf, Zentralschweizer Distanzmarsch, Waffenläufe und Militärwettmärsche, Pontonier-Sportverband, Delegierten- und Mitgliederversammlungen und Ehrungen, Sternmarsch SMSV, MUZ Marsch um den Zugersee, General-Guisan-Marsch, Tagung und

Wettkämpfe SFPV, Int. Basler St. Barbara-Schiessen, usw.

Conseil International du Sport Militaire (CISM)

Der Conseil International du Sport Militaire (CISM) ist eine internationale Sportorganisation, gegründet in den Nachkriegsjahren mit dem Motto «Freundschaft durch Sport». Im Moment zählt der CISM 123 Mitgliedländer. Der am 18. Februar 1948 in Cannes (FRA) durch die fünf Länder Belgien, Dänemark, Frankreich, Luxemburg und Niederlande gegründete Internationale Militärsport-Verband CISM (Conseil International du Sport Militaire) ist eine der grössten internationalen Sportorganisationen der Welt.

Nebst dem Militärischen und Modernen Fünfkampf gehören auch bekanntere Sportarten wie Basketball, Golf, Segeln, Fussball, Taekwondo und Triathlon dazu.

Auf welch hohem Niveau CISM-Sportarten betrieben werden, zeigen Medaillen-Spiegel vergangener Olympiaden. In Sydney wurden rund 25% der Medaillen, an den Winterspielen in Nagano sogar 36% von CISM-Sportlern gewonnen. Darunter illustre Namen wie Stefania Belmondo, Hilde Gerg und Frank Luck. In der Schweiz werden Militärischer und Moderner Fünfkampf, Biathlon, Schiessen, Fallschirmspringen, Ski alpin/nordisch, Fechten, Orientierungslauf und Crosscountry als CISM-Sportarten durchgeführt.

Die Schweiz (VBS, ehemals EMD) hat 1968 den offiziellen Beitritt als Mitglied zum CISM vollzogen. Aus der Vielfalt der CISM-Sportarten hat die Untergruppe Ausbildungsführung (ehemalige Gruppe für Ausbildung) aufgrund ihrer finanziellen Möglichkeiten und der militärischen Bedeutung eine Auswahl von Militär- und Kampfsportarten getroffen, in denen eine Beteiligung in Frage kommt. Dabei liess man sich von folgenden Gedanken leiten:

«Der Militärsport erfüllt dort nützliche Funktionen und ist geradezu unentbehrlich, wo er Anlass zum Üben und Erproben ausgesprochen militärischer Kenntnisse und Fähigkeiten in Form eines sportlichen Wettkampfs gibt. Es ist wenig sinnvoll, ja es kann als überflüssig bezeichnet werden, wenn Militärsport lediglich ‹zivilen Sport› in Uniform darstellt.»

Aufgrund dieser Überlegungen wurden Sportart, Anzahl und Prioritäten der durch das VBS im CISM vertretenen Sportarten wie folgt festgelegt:
– Ski
– Schiessen
– Orientierungslauf
– Militärischer Fünfkampf
– Moderner Fünfkampf
– Fallschirmspringen
– Fechten
– Cross-Country

Eidgenössische Hochschule für Sport Magglingen (ESSM)

Die Schweizer Armee gilt als Vorzeigearmee für die Sportausbildung. Die bereits sehr beliebte «Spitzensportler-RS» ist über die Landesgrenzen hinaus bekannt. Magglingen gilt als eigentliches Mekka des Schweizer Leistungssports.

Die ESSM wurde durch Bundesratsbeschluss vom 3.3.1944 gegründet. Vorschläge zur Schaffung einer Zentralanstalt für die Leiterausbildung bzw. einer Hochschule für Leibesübungen wurden schon im späten 19. Jh. ausgearbeitet. Hervorgegangen ist die ESSM aus der Eidg. Zentralstelle für Vorunterricht, Turn-, Sport- und Schiesswesen, die ab 1942 als Fachstelle des Bundes v.a. Vorunterrichtsleiter ausbildete. Bau (ab 1944) und späterer Ausbau der ESSM wurden durch eine gemeinsame Trägerschaft von Bund, Stadt Biel und Landesverband für Sport ermöglicht. Nach militärischen Anfängen erhielt sie als Kurszentrum (für Verbände), Schule (Jugend-und-Sport-Leiter, Sportlehrerausbildung), Forschungsstätte (Sportwissenschaftliches Institut), Dokumentationszentrum und Amtsstelle des Bundes eine zivile Ausrichtung. Die Sportlehrerausbildung wurde 1999 als Eidg. Fachhochschule für Sport Magglingen reorganisiert und der Berner Fachhochschule angegliedert. Seit 1998 untersteht die ESSM dem Eidg. Dep. für Verteidigung, Bevölkerungsschutz und Sport, seit 1999 nimmt sie die Stellung eines Bundesamts für Sport ein.

Eine kurze Übersicht der Meilensteine gibt Auskunft über den Werdegang der bekanntesten Sportschule der Schweiz.

1950: Erster Lehrgang (6 Monate) für Sportlehrer/innen im freien Beruf auf dem zweiten Bildungsweg, mit 2 Teilnehmerinnen und 12 Teilnehmern

1956: Verlängerung auf 8 Monate

1959: Neukonzeption und Verlängerung auf 2 Jahre; Beginn alle 2 Jahre

1987: Grundsätzliche Neugestaltung der Ausbildung mit Grundausbildung und Vertiefung in verschiedenen Berufsfeldern

1995/96: Kein Lehrgang, dafür grosses Nachdiplomkursangebot, Arbeiten für Neukonzeption

1996: Beginn des ersten 3-jährigen Lehrgangs nach neuem Konzept: Pilotlehrgang

1998: Anerkennung als Fachhochschullehrgang rückwirkend auf 1997: Aufbau von Nachdiplomangeboten

1999: Start (alle 2 Jahre) des 3-jährigen Lehrgangs

2000: Abgabe der ersten Fachhochschuldiplome

2003: Ab Oktober offizielle Bezeichnung «Eidgenössische Hochschule für Sport Magglingen» für den FH-Bereich der Eidg. Sportschule Magglingen (ESSM)

2004: Jährlicher Start von Lehrgängen

2005: Zusammenschluss des bisherigen Sportwissenschaftlichen Instituts und der ESSM zur neuen Bezeichnung «Eidgenössische Hochschule für Sport Magglingen»

Typische «Wehrsportler»?

Beschäftigt man sich mit «dem Wehrsportler», gelangt man unweigerlich an die «Spezies» Waffenläufer und dann stellen sich Fragen. Eine dieser Fragen ist denn auch jene, ob der Waffenläufer ein Mensch ist, welcher das Extreme sucht. So gibt es Waffenläufer, die am 6-Tage-Rennen in Amerika teilnehmen, am Race-across-America, oder andere, welche beim alljährlichen Bieler 100-km-Lauf oder sogar dem 24-Stundenlauf. Da sind auch jene, welche nebst dem Waffenlauf mit dem «Göppel» unterwegs sind, als Militärradfahrer beim 24h-Militärradrennen oder an Stafetten.

Da stellt sich nun wirklich die Frage, ob ein Waffenläufer extreme Herausforderungen sucht.

Typische Wehrsportler?

Gibt es ihn, den typischen Wehrsportler? Den typischen Wehrsportlern wurde nachgesagt, dass sie zu den «Mutigen» gehörten.

6 Weiter hinten in diesem Buch sind Gespräche mit Wehrsportlern verschiedenster Couleur zu finden. Solche Gespräche geben allenfalls Antworten auf die Fragen wie beispielsweise jener, warum man solche harten und zähen Wettkämpfe absolviert.

7 Der sympathische Albert Bachmann wird vom langjährigen Speaker Heinz Koch interviewt.

8 Albert Bachmann zusammen mit Kameraden an seinem 44.(!) Zürcher Waffenlauf 2006

9 Divisionär Solenthaler und der OK Chef des Zürcher Waffenlaufs Oblt Balmer an der IGWS-Delegiertenversammlung 2003 in Winterthur

Wettkampfmässig um die Welt

Eine Frage, welche immer wieder beschäftigt. Gibt es den typischen Wehrsportler? Eines steht fest, Wehrsportler wie der bekannte Mitrailleur Albert Bachmann (Jahrgang 1938) gibt es wenige. Er steht für einen Wehrsportler, welcher fast alles gemacht hat, was ausserdienstlichen Militärsport betrifft.

Am 17. Oktober 2004, beim 47. Zürcher Waffenlauf, schloss der SVMLT' ler und gefürchtete Militärradfahrer Albert Bachmann seine Karriere im Waffenlauf ab. Dies tat der kantige Zürcher Oberländer mit drei Schnapszahlen. Mit 66 Jahren absolvierte er trotz zwei Riemenrissen erfolgreich seinen 44. Zürcher. Insgesamt war dies sein 333. Waffenlauf. Der Brüchigkeit des Riemens entsprechend war es wohl an der Zeit aufzuhören, nach 44 Zürchern, chapeau!

Zu seinem eindrücklichen Palmarès gehören diverse Wettkämpfe verschiedenster Art:
- 12 × Int. Viertagemarsch Njimegen/NL
- 44 × Schweizerischer Zweitagemarsch Bern
- 333 Waffenläufe
- 27 × Militärradrennen St.Gallen-Zürich
- 250 Militärradrennen
- 10 × Engadiner, klassisch
- 30 × Schwarzwaldlauf (30km)
- 1 × Bieler 100 km-Lauf Biel
- 17 × Burgdorfer 60 km-Lauf
- diverse Berg-, Geländeund Strassenläufe
- diverse Duathlon- und Triathlon-Wettkämpfe
- unzählige Dreikämpfe

Auf die Frage, wie er zum Sport gekommen sei, antwortet er keck: «17 Jahre Fussball, 6 Jahre Eishockey, dann ging's 1972 mit Wehrsportwettkämpfen los. Weil ich viel Sport betrieb, fand ich fast keine Zeit für Frauen. Darum heiratete ich erst mit 30 Jahren.»

Der Zürcher, der auch im thurgauischen Weinfelden Wurzeln schlug, nun aber im zürcherischen Wetzikon wohnt, gehört den Laufsportvereinen Zürcher Patrouilleure und dem Run Fit Thurgau an. Trotz seines Alters hält sich der rüstige Pensionär, welcher im Besitz von über 1000 Sportauszeichnungen ist und alles sammelt, was mit Waffenlauf usw. zu tun hat, noch immer mit regelmässigen Trainings fit.

Mit ganzem Herzen und seiner ganzen Persönlichkeit ist er ein Wehrsportler durch und durch! Albert Bachmann, so berichtet einer seiner vielen Kameraden, «ist nicht nur ein grossartiger Wettkämpfer, er ist auch ein hervorragender Kamerad mit einem grossen Herzen!»

Da gab es auch den berüchtigten Para-Mehrkampf. Das war ein militärischer Vierkampf, welcher in einen Sommer- und in einen Winter-Mehrkampf unterteilt war.

Der Para-Cross (Sommer)
beinhaltete 4 Disziplinen:
- 6 Fallschirm-Mannschaftszielsprünge aus 1000–2000 m Höhe. Die 4 Mitglieder verlassen in Intervallen von 2–3 Sekunden das Flugzeug und müssen auf dem Boden eine Scheibe mit einem Durchmesser von 5 cm berühren. Wurde diese berührt, galt dies als Null-Landung. Jede Abweichung wurde gemessen.
- Geländelauf 6–8 km oder Orientierungslauf
- 50 m Hindernisschwimmen im Arbeitsanzug
- Pistolenschiessen 25 m

Später kamen hinzu:
- Hindernis-/Geländelauf, 7.5 km mit 3 Hindernissen
- Strickleiter 5 m
- Tyrolienne in einer Höhe von 3–5 m und einer Länge von 25–30 m
- Überqueren eines Gewässers auf Baumstämmen, die im Wasser schwimmen
- Pistolenschiessen

Die Fallschirmgrenadiere der Schweizer Armee konnten international grosse Erfolge für sich verbuchen. Die Fallschirmgrenadiere waren die einzigen Milizen, die sich gegen Namen wie die «Green Berets», Kampfschwimmer Bundeswehr usw. durchsetzen konnten. Die Schweizer durchbrachen die seit Jahren andauernde Siegesserie der Deutschen im Jahr 1974. Man glaubte, dass sich dieser «Zufall» nicht mehr wiederholen würde, was dann aber immer wieder geschah. Und plötzlich sprach man mit hohem Respekt über die Eidgenössischen «Freizeitsoldaten». So mussten sich Profis der Nato-Staaten, trotz Leistungssteigerungen aller Mannschaften, von den Schweizern geschlagen geben.

Aus finanziellen Gründen führten die Deutschen diesen Wettkampf nur noch alle 2 Jahre durch, ab 1982 gar nicht mehr. Die Schweiz sprang ein und organisierte die Durchführung weiterhin. Später wurde der heute nicht mehr existierende Para-Mehrkampf in Bremgarten in den Internationalen Militärischen Fünfkampf integriert.

Der Ausbildungschef des Heeres hat das Wort...
Tradition und Leistungssport
Im Vorfeld des Reinacher Waffenlaufs von 1956 wandte sich «Bundesstenograph» Oscar Rickenmann – die damalige Bezeichnung für einen Bundeshausjournalisten – mit folgender Anfrage an das Pressekomitee des Reinachers:

«Würde mir eventuell eine Schreibmaschine zur Verfügung stehen, die ich sofort nach Einlauf des 1. Läufers benutzen könnte?»

Mehr als 50 Jahre sind seitdem verflossen und manches hat sich verändert; Nicht nur werden keine Schreibmaschinen mehr benutzt, sondern auch die Ausrüstung und die Packung der Waffenläufer haben sich der heutigen Zeit angepasst. Der Waffenlauf hat sich vom reinen «Militärsport» zum «Spitzensport» entwickelt.

Trotz Hochleistungssport – und das ist gut so – wird die Szene durch über Generationen geprägte Traditionen und auch etwas Geheimnistuerei begleitet. Da sind die vielen kraftspendenden Geheimrezepte in Form von Müesli, Wässerli und vielem anderem mehr. Die Dul-X-getränkte Luft, die mehr oder weniger intensiven Startvorbereitungen, die vielen gut gemeinten Ratschläge von Familienangehörigen, Freunden, Bekannten und Mitkonkurrenten prägen sich in das Gedächtnis des Besuchers ein. Die Kameradschaft, die gesunde Rivalität sowie gegenseitige Aufmunterungen während des Laufes sind positive persönliche Erinnerungen. Die Bilder im Zielraum sind ebenso speziell wie der Waffenlaufsport als Ganzes. Schweissnasse uniformierte Läufer vermischen sich mit stolzen Angehörigen, Freunden und Zuschauern. Diese Mischung aus Militär und Zivil ist weltweit einmalig und trägt zum «Mythos Waffenlauf» bei. Und schliesslich lässt die Freude über die vollbrachte Leistung alle Mühen und Strapazen vergessen. Was ist das Ziel: Der nächste Waffenlauf.

Divisionär Hans-Ulrich Solenthaler, Ausbildungschef des Heeres

Die Fachzeitschrift «Schweizer Wehrsport»
Geschichte und Entwicklung
Der Name der Zeitschrift lautete anfänglich «Schweizerischer Wehrsport». Diesen Na-

10 Seit 1955 bis heute bildet die Zeitschrift eine Plattform für Sektionsmitteilungen der angeschlossenen Organisationen, Verbände, Lauf- und Wehrsportvereine

11 Die erste Seite der ersten Nummer im Jahr 1955. Eine Besonderheit: Das Geleitwort von General Guisan

12 Mit einem flammenden Appell versuchte die damalige Trägerschaft der Zeitschrift auf die Wichtigkeit der Zeitschrift hinzuweisen

13 Die Titelseite der allerersten Ausgabe der Zeitschrift «Schweizerischer Wehrsport» im Jahr 1955

men behielt die Monatszeitschrift von 1955 bis 1963. Im Jahr 1964 wurde die Zeitschrift in «Schweizer Wehrsport» umbenannt.

Die Abonnementsbeiträge betrugen in den ersten Jahren 4 Franken pro Jahr, dann 5, ab 1967 8 und ab 1964 10 Franken. Heute muss der immer noch bescheidene Abo-Beitrag von 35 Franken die Herstellungskosten decken. Ohne den Goodwill und den Idealismus des Druckereiunternehmens Typodruck in Aadorf würde es den «Schweizer Wehrsport» wahrscheinlich schon lange nicht mehr geben.

Auch die Seitenzahl hat sich verändert. Hatten die ersten Ausgaben meist 16 Seiten, später oftmals 32–48 Seiten, umfassen die jüngsten Ausgaben um die 40 Seiten. In der Regel erscheint die Zeitschrift 11 Mal pro Jahr. Im Sommer gibt es eine Doppelnummer (Juli/August).

In all den Jahren sind die Sektionsmitteilungen geblieben. Diese waren dem Mitbegründer Walter Sonderegger sehr wichtig. Darin hatten die Lauf- und Wehrsportvereine und Verbände die Möglichkeit, vereinsinterne Nachrichten zu platzieren. Noch heute wird diese Rubrik rege genutzt.

Ab 1962 war die Zeitschrift offizielles Publikationsorgan der SIMM, später SMV. «Die Militär-Städtefahrt» St.Gallen–Zürich und die Organisation der 1. Schweizer Biathlonmeisterschaft (Schwellbrunn) kamen dazu.

Zum 10-jährigen Jubiläum und zum 10. Jahrgang gab es einen Jubiläums-Preis für die besten Waffenläufer (inoffizielle Waffenlaufmeisterschaft). Die Sieger dieses Preises hiessen: Werner Fischer (Auszug), Walter Gerber (Landwehr) und Fritz Hässig (Landsturm). Eine Seniorenkategorie gab es noch nicht. Zu dieser Zeit fanden neun Waffenläufe statt, nämlich St.Gallen, Le Locle–Neuenburg, Zürich, Wiedlisbach, Reinach, Altdorf, Kriens, Thun und Frauenfeld. Der «Wehrsportpreis» war eine Idee des langjährigen Förderers Walter Sonderegger. Im Jahr 1967 wurde dann der «Wehrsportpreis» durch die erste Waffenlaufschweizermeisterschaft abgelöst, welche Werner Fischer bekanntlich für sich entschied.

Doch der «Wehrsport» brachte nicht nur Resultate, Ausschreibungen und Berichte über die vielen Wettkämpfe im Sommer und Winter. Die beiden Redaktoren und Offiziere streuten auch ab und zu ausschliesslich militärische Berichte hinein. Damit hatten einige Wettkämpfer auch ihre Mühe. So beispielsweise mit einem Artikel des damaligen Korpskommandanten Züblin, welcher im Januar 1960 über das Thema «Kann der Einsatz von Atom-Munition gegen die Schweiz verhindert werden?» oder über den «Atomsperrvertrag» von Divisionär Gustav Däniker im Jahr 1967. Heute beschränken sich derartige Artikel auf Meldungen aus dem VBS über Neuerungen in der Armee.

Während einiger Jahre versuchte der «Wehrsport» unter der Redaktion von Heinz Koch auch, in der Westschweiz Fuss zu fassen. Die relativ kleine Gruppe aus dem französischen Teil der Schweiz wurde in der Rubrik «Amis romands, Bonjour» berücksichtigt. Diese Aktion brachte jedoch wenig bis nichts und wurde deswegen auch wieder eingestellt.

In den 70-er Jahren stagnierte die Abonnentenzahl. Sie ging allmählich zurück und geriet auch in den Händen des Sohnes von Walter Sonderegger in die roten Zahlen. So nahm man in Weinfelden mit dem Ausscheiden von Heinz Koch die Gelegenheit wahr, die Herausgabe einzustellen oder einen neuen Herausgeber zu suchen. Dieser liess sich finden. F. Wagner, Geschäftsführer des Aadorfer Druckereiunternehmens typodruck ist seitdem mit einer grossen Portion Idealismus für den Druck und Vertrieb verantwortlich.

Redaktoren von 1955 bis heute

Als erster Redaktor zeichnete Hauptmann O. Maag aus Winterthur verantwortlich. Dieser war von 1955 bis 1958 im Amt. Er wurde durch Hauptmann Roland Hauert aus Zürich abgelöst, welcher bis 1964 am Ruder war. Von 1964 bis 1974 oblag die Redaktion dem jungen Sportlehrer und Wehrsportler Oberleutnant Christian Schindler.

Es folgte der langjährige Winterthurer Waffenläufer und Funktionär Heinz Koch, welcher bis 1999 (25 Jahre!) die Geschicke des zur Fachzeitschrift für Militärsport gewachsenen Organs leitete. Dann übernahm der ehemalige Waffenläufer und Mittelschullehrer Ueli Jäggi aus Bad Ragaz das Amt des Redaktors, welches er bis zum heutigen Tag in kompetenter Weise ausführt.

Wie geht es weiter?

In den letzten Jahren ist die Fachzeitschrift massiv unter Druck geraten. Schwindende Abonnentenzahlen und schwindendes Interesse waren die Hauptursachen. Dank der Initiative der IGWS konnte ein Weiter-

> Thurgauischer Wehrsportverein
>
> Weinfelden, im April 1955
>
> Lieber Wehrsportkamerad,
>
> Es ist uns eine besondere Freude beschieden, erstmals im Kleide dieses neuen Heftchens Dir die Hand zum Gruss zu reichen. Du magst denken: "Was wollen die Thurgauer Kameraden von mir?" Ja, Du kennst doch den Wortlaut: "Mit vereinten Kräften geht's besser." Das ist es, was wir mit dieser neuen Broschüre anzustreben versuchen. Der Gedanke hiefür war im Schosse unserer Sektion schon lange geboren, doch erst heute zur Tatsache geworden. Wir sind stolz darauf und rufen Dir zu: "Mach mit!"
>
> Mit diesem Heftchen ist die Möglichkeit geschaffen, dass wir Kameraden der ganzen Schweiz uns gegenseitig aussprechen und unterstützen können. Jeder Abonnent kann Fragen stellen und beantworten. Es bildet das gesuchte Verbindungsorgan zwischen uns Wehrsportlern! Erfahrene Sportinstruktoren und Aktive werden sich uns mit ihren Ratschlägen zur Verfügung stellen. Du, Kamerad, kannst dies nützen, seiest Du Läufer, Schütze, Kavallerist, Athlet, Schwimmer oder Fechter, alles was unter dem Namen Wehrsport zu verstehen ist. In keiner Weise denken wir daran, Deine bestehenden Mitgliedschaften zu stören, im Gegenteil, wir wollen sie festigen.
>
> Wir zweifeln nicht, dass der Inhalt dieser Neuerscheinung Dir je Anstoss geben wird, fern von unserer Wehrsportfamilie zu bleiben und rufen Dir zu: "Der Thurgau begrüsst seine Kameraden der ganzen Schweiz."
>
> Mit freundlichen Grüssen für die Sektion des Thurgauischen Wehrsportvereins
> **Der Vorstand.**

Schweizerischer Wehrsport

Heinz Koch, der Redaktor
Als Mitglied der Zürcher Patrouilleure und angefressener Wehrsportler abonnierte Heinz Koch anfangs der 60er-Jahre den «Wehrsport». Bald darauf wurde Koch Berichterstatter der ZP'ler. Er betreute in dieser Funktion als Technischer Leiter vor allem die Sparte Waffenlauf. So schrieb er unter anderem für den «Wehrsport» viele ZP-Beiträge und Sektionsmitteilungen.

Einige Jahre später lernte Koch den Weinfelder Verleger und Mitbegründer Walter Sonderegger kennen, dessen Druckerei den «Wehrsport» druckte, verlegte und vertrieb. Die gleiche Druckerei brachte auch das Waffenlauf-Buch von Bernhard Linder heraus. Aus diesem guten Draht wurde schon bald ein persönliches Verhältnis und schon bald trat er in die Fussstapfen seines Vorgängers und übernahm die redaktionelle Leitung des rotweissen Heftlis.

Heinz Koch hat mit seiner kompletten Sammlung der Zeitschrift und seinem fundierten Wissen über den Wehrsport in der Schweiz massgeblich zum Gelingen dieses Buches beigetragen.

bestehen bis heute sichergestellt werden. Doch ist die IGWS nicht Besitzerin des Heftchens. Eine eigentliche Trägerschaft gibt es nicht. Der Redaktor, zurzeit Ulrich Jäggi, gibt die Zeitschrift zusammen mit dem Druckereiunternehmen heraus. Die Zukunft ist abhängig von den Bedürfnissen der Organe und Vereine, welche die Zeitschrift als ihr offizielles Publikationsmittel nutzen wollen.

Die Erhaltung der Zeitschrift «Schweizer Wehrsport» ist ein (nun vorläufig abgeschlossenes) Projekt der IGWS. Dank der Interventionen und Vermittlungen des Dachverbandes konnte der Fortbestand der Zeitschrift mittelfristig gesichert werden.

Die Ausgaben von 1955 bis heute
Die Fachzeitschrift hat in ihrer Vergangenheit schon viele Veränderungen erfahren. Nebst dem Layout wechselten in gewissen Abständen Form und Inhalt, Redaktoren und Aufmachung. Um den Wandel der Fachzeitschrift in groben Zügen darstellen zu können, seien hier in groben Zügen drei Ausgaben beschrieben.

Die erste Ausgabe von 1955
Die erste Ausgabe, welche die Druckerei im April 1955 verliess, war geprägt von einer Einleitung. Diese war vom General persönlich geschrieben. General Guisan lobte die Absicht, eine Monatsschrift herauszugeben. «Möge der neuen Zeitschrift ‹Schweizer Wehrsport› im Interesse des ausserdienstlichen Trainings ein ganzer Erfolg beschieden sein.»

Die Redaktion oblag Hptm O. Maag aus Winterthur. Verlag und Druckerei waren im thurgauischen Weinfelden, bei der Buchdruckerei Walter Sonderegger. Der Abonnementspreis betrug 4 Franken pro Jahr.

Nebst verschiedener Aufrufe seitens hoher Armeeoffiziere war ein für den Wettkämpfer interessanter Teil der Terminkalender für militärische Waffenläufe sowie Einzel- und Gruppenmehrkämpfe. Es wurden jedoch nicht nur Termine für Wehrsportanlässe abgedruckt sondern auch solche für zivile Sportanlässe und Trainingskurse. Bis heute sind die Sektionsmitteilungen ein integrierender Bestandteil des Magazins, worin Mehrkampfgruppen und Wehrsportvereine die Möglichkeit haben, ihre Vereinsmitteilungen zu platzieren.

Die Ausgabe 1972
Im Januar 1972 wurde dem beliebten «Heftli» ein neues Gewand verpasst. Das Layout wurde lesefreundlicher, die Titelseite moderner gestaltet. Auf der Titelseite wurde nun ein aktuelles Foto platziert. In der Zwischenzeit ist das Impressum auch ziemlich angewachsen. Der «Schweizer Wehrsport» war nunmehr offizielles Organ von rund 22 Organisationen. Darunter waren gesamtschweizerische Verbände wie auch regionale Vereine im Bereich des Wehrsports. Die Redaktion oblag nun Christian Schindler aus Arosa. Der Abonnementspreise war auf 14 Franken angestiegen. Das Heft hat auch sein Image leicht verändert. Als «Symbol der Wehrhaftigkeit» wandelte sich der «Schweizer Wehrsport» zu einer eigentlichen Sport-Fachzeitschrift. Die Attraktivität wurde gesteigert. Auch rief der Redaktor die Leser dazu auf, Fotos und Texte einzusenden. Der Terminkalender war auch nach dem Wandel der Zeitschrift noch einer der Hauptinhalte. Berichte der Sektionen

14 Die Aufmachung und die Titelseite werden der Zeit angepasst und erneuert. Aufgefrischte Ausgabe 1972

15 Aus der Zeitschrift «Schweizerischer Wehrsport» ist das offizielle Publikationsorgan und die Fachzeitschrift für den Militärsport geworden. Die Titelseite des «Wehrsport» mit einem jeweils aktuellen Titelbild. Hier auf dem Foto: Serge Welna, Thomas Brönnimann und Peter Ibig anlässlich der Meisterschaftsehrung 2004 in Splügen

und des Militärdepartements informierten die Leserschaft über Vergangenes und Kommendes. Für Leser bestand die Möglichkeit, ihren Sorgen und Reklamationen in Form von Leserbriefen Ausdruck zu geben. Neu hinzu kamen Lehrbeilagen. In der Ausgabe 1/1972 berichtete ein dipl. Sportlehrer über Gymnastikübungen, welche zu zweit gemacht werden können. Weiter waren auch Werbeinserate (damit wurde das Heft mitfinanziert) und Ausschreibungen für Wettkämpfe im Heft abgedruckt.

Die Ausgabe des Jahres 2005
Die Fachzeitschrift hat sich in den vergangenen Jahrzehnten mit dem Beibehalten der Form und Art einen guten Namen gemacht. So erfuhr der «Schweizer Wehrsport» bis heute keine grösseren Anpassungen im Erscheinungsbild. Format, Umfang und Aufbau sind ähnlich wie zwei Jahrzehnte zuvor. Die Redaktion wechselte 1999 von Heinz Koch zu Ulrich Jäggi. Das offizielle Organ von rund 14 Vereinen, Verbänden und Organisationen wird seit mehreren Jahren vom Aadorfer Druckereiunternehmen typodruck gedruckt und vertrieben. In spannender Weise richtet der Redaktor Ulrich Jäggi jeweils in seinem Vorwort interessante und oftmals auch mahnende Worte an die Leserinnen und Leser und beurteilt die aktuelle Lage (z.B. Entwicklung der Teilnehmerzahlen usw.). Beliebte Inhalte sind nebst den Sektionsmitteilungen auch die Berichte über die vergangenen Waffenläufe. Auch Saisonbilanzen und Berichte über Jubilare aus dem 100er-Verein fehlen in den Heftlis nicht.

Militärischer Fünfkampf
Die Glanzzeiten sind längst vorbei
Lange ist es her, dass Schweizer Athleten im Militärischen Fünfkampf (MFK) für Aufsehen sorgten. In den achtziger und neunziger Jahren konnte der Fünfkampf Schweiz sowohl in den Einzel- wie auch in den Teamwettbewerben mit Spitzenklassierungen aufwarten. Allen voran der Thurgauer Ernst Engeli, der zweimal Weltmeister wurde. Aber auch der Bieler Markus Schenk sorgte später mit sieben EM-Titeln zumindest bei den Eingeweihten für Aufsehen. Denn in der Schweiz war und ist der Militärische Fünfkampf eine typische Randsportart. Es ist keine Jugendsportart und daher gibt es auch kein Klubleben.

Damals war der Konkurrenzkampf innerhalb des Teams sehr gross, aber der Nachwuchs wurde vernachlässigt. Als vor einigen Jahren das gesamte Team zurücktrat, waren keine Jungen da und die grosse Erfahrung der Ehemaligen ging verloren. Im Moment befindet sich der MFK wieder im Aufbau. Allerdings bewegen sich die Leistungen im Mittelfeld. Nach mehrjähriger Aufbauarbeit gelang es 2002 wieder ein Team an eine WM zu entsenden. Immerhin erreichten alle Athleten über 5000 Punkte, das magische Total für jeden Fünfkämpfer.

Heute wirkt der frühere sechsfache Schweizer Meister und Sportpsychologe Jörg Wetzel als Trainer in dieser aufwändigen Sportart, die einen Trainingsaufwand von rund 20 Stunden pro Woche erfordert. «Als ehemaliger Athlet, der viele Hochs und Tiefs erlebt hat, kann ich als MFK-Trainer meine Kernkompetenz ausspielen», sagte Wetzel zur Frage, wieso er sich für diese Randsportart einsetze. Im Moment arbeitet er mit sechs Athleten. Dabei ist Balz Blumer aus Mollis der Talentierteste, der an internationalen Wettkämpfen eine gute Einzelleistung erbringen kann.

Auch Wetzel blickt mit Wehmut auf die guten Zeiten zurück: «Bis 1993 war Markus Schenk noch aktiv, danach kamen Lotti Freuler und ich», sagt der Solothurner. «Die Armee 95 hat uns dann sehr viel weggenommen», nennt er einen Grund, der auch bezüglich des Waffenlaufs mit dem Teilnehmerrückgang sehr einschneidend gewirkt hat. Wetzel macht keinen Hehl daraus, dass man an einem Tiefpunkt angelangt sei und schauen müsse, dass die Anlagen, wie die berühmte Hindernisbahn in Bremgarten (AG) noch in Stand gehalten werden können. «Die genügende finanzielle Unterstützung fehlt, obwohl wir eine CISM-Sportart sind. Wir brauchen unbedingt Geld, rund 20 000 bis 30 000 Franken pro Jahr, damit wir überleben können.» Er glaubt, dass noch die Saison 2006 und die nächste gesichert sei. «Wenn dann nichts passiert, sterben wir aus.»

Das internationale Turnier in Bremgarten (AG) gibt es bereits nicht mehr. «Dabei haben wir ein Superteam beieinander», so Wetzel, der für seine Tätigkeit während rund 20 Tagen bezahlt wird. «Ich bin Idealist», sagt der Familienvater, der als Sportpsychologe von Swiss Olympic an den Olympischen Winterspielen in Turin teilgenommen hatte.

Oberst Jean-Jacques Joss, der Chef der Sektion ausserdienstliche Ausbildung und Militärsport (SAAM) sagte seinerseits, dass die Militärischen Fünfkämpfer weiterhin an den CISM teilnehmen werden können. «Sie können ihre Diensttage zu Trainingszwecken nutzen. Aber wir hatten zeitweise den finanziellen Aufwand reduziert, weil keine Athleten mehr da waren.»

Die fünf Disziplinen

Schiessen: UIT-Standardwaffe, 200 m, 10 Schuss Präzision in 10 Min./10 Schuss in 1 Minute. Maximal 200 Punkte. – Hindernisbahn: 500 m, 20 unterschiedliche Hindernisse. – Werfen: Zylinderförmiger Eisenrohling, 550 g schwer (Frauen: 330 g) Je vier Zielwürfe auf 20/25/30/35 m (Frauen: 15/20/25/30). 3 Weitwürfe (best of 3). – Hindernisbahn-Schwimmen: 50 m, 4 standardisierte Hindernisse. – Crosslauf: 8 km (Frauen: 4 km) auf Wald-, Kies- oder Grasunterlage, Handicapstart.

Kurt Henauer

Im Gespräch mit einer Legende

Liselotte Freuler, bisher einzige erfolgreiche militärische Fünfkämpferin in der Schweiz.

Persönliche Daten:
Liselotte Freuler-Leuzinger,
geboren 4. Juni 1966
Aufgewachsen in Rosenhuben bei Frauenfeld, jetzt wohnhaft in Glarus
verheiratet mit Ruedi Freuler, Sohn Florian, geboren am 3. Juli 2002
Hausfrau mit Lieblingsthemen Basteln, Backen, Garten, Handarbeiten und Mitarbeit im eigenen Papeterie-Bürofachgeschäft in Glarus.

Wie bist Du seinerzeit zum Militärsport gekommen. Es ist, respektive war ja schon vor einigen Jahren nicht gerade eine typische Frauensportart?

Als damalige FHD nahm ich an UOV-Wettkämpfen und auch den Meisterschaften der grossen Verbände (Div) teil. Durch meine damalige Patrouillenkollegin (FWK-Angehörige) konnte ich an einem FWK-Trainingskurs teilnehmen. Markus Regli vom FWK stellte verschiedene CISM-Sportarten vor, darunter auch den Militärischen Fünfkampf, den er mir schmackhaft machte. Die Vielseitigkeit hat mich interessiert und ich konnte bereits im ersten Jahr an die CISM-WM und an die Europameisterschaften.

Neben zahlreichen nationalen Erfolgen an Dreikämpfen, Fünfkämpfen und Armeemeisterschaften hast Du international ein paar schöne Erfolge errungen. Welches war für dich international der schönste Erfolg, den Du nicht missen möchtest?

Es ist schwierig nach den Jahren einige wenige Augenblicke herauszupicken. Einer davon und Motivation für die folgende Zeit war sicher der Sieg im Hindernislauf an den CISM-WM in Brasilien 1994. Zuoberst auf dem Podest, flankiert von zwei Chinesinnen. Die Siege im Heimturnier in Bremgarten (AG) und auch die Erfolge im Europacup zählen sicher zu den glücklichen Momenten. Dazu sicher auch der Europarekord im Hindernislauf in Jastrebarsko bei Zagreb anlässlich der Military World Games. Platzierungen sind immer relativ, die guten Disziplinen-Resultate und Punktzahlen bleiben als Werte erhalten. Ebenso Erinnerungen und Kontakte mit den Fünfkämpferinnen vieler teilnehmender Nationen.

Bei den CISM-WM und -Weltspielen hast Du Top-Ten-Plätze erreicht. Als Nichtprofi hast Du jeweils gegen Profisoldatinnen (bspw. Chinesinnen) antreten müssen. Hast Du dich da jeweils etwas benachteiligt gefühlt?

Praktisch alle andern Fünfkämpferinnen stammten aus stehenden Heeren, waren also mehr oder weniger für den CISM-Sport freigestellt. Ich nutzte meine (Frei-)Zeit so gut es ging und trainierte am Anfang sogar in den Arbeitspausen. Mein Arbeitgeber, die Post, und später vor allem das FWK haben mich da im Rahmen ihrer Möglichkeiten unterstützt. Benachteiligt habe ich mich eigentlich nicht gefühlt. Es war einfach hart, als einzige Frau diesen Sport zu betreiben und nicht in einem Frauenteam trainieren zu können. Noch ein Wort zu den Chinesinnen: Wenn die Chinesen die besten 4 aus einigen Tausend Fünfkämpferinnen an die CISM-WM delegieren, hat man es als einzige Vertreterin eines Landes immer schwer.

Wenn Du zurückblickst, wurdest Du vom Ressort Militärischer Fünfkampf des Schweizerischen Mehrkampfverbandes und von der SAT (jetzt SAAM) in deiner Karriere genügend unterstützt?

Als einzige Frau im oder beim Männerteam war es vor allem in meiner «erfolgreicheren» Zeit nicht einfach. Ich musste mir jede Verbesserung der Trainingsmöglichkeiten oder der Unterstützung erkämpfen. Zudem machte der (zu) häufige Trainerwechsel die Sache nicht unbedingt einfacher. Sehr viel habe ich vom Modernen Fünfkämpfer Peter Steinmann profitiert. Nach seinen Plänen trainierte ich auch nach seinem Ausscheiden als Trainer Militärischer Fünfkampf Schweiz erfolgreich. Bei der SAAM/SAT wurden meine Leistungen jedoch immer zur Kenntnis genommen und entsprechend gewürdigt.

Was sagst Du dazu, dass der Militärsport national derart an Bedeutung verloren hat?

Dazu kann man nur «schade» sagen. Die Meisterschaften der grossen Verbände, die Sommer- oder die Winter-Armeemeisterschaften waren grösstenteils hervorragend organisierte Anlässe. Als noch mehrere Hundertschaften am Start waren, herrschte natürlich eine grossartige Stimmung. Auch das Rangverlesen mit einem Armeespiel liessen mir jeweils ein Schaudern über den Rücken laufen.... Auf der nationalen Fünfkampfseite sieht es zurzeit leider nicht so rosig aus. Die Breite der aktiven Fünfkämpfer ist zu klein und Spitzenwettkämpfer als Zugpferde fehlen. Ein Rekrutieren ist sehr schwierig beim heutigen Sportangebot. Schon zu Zeiten als Ernst Engeli und die Schweizer Mannschaft WM-Gold gewannen, fand dies nur auf den Sportseiten der regionalen Presse Anklang. Die Armee in der Gesellschaft und der Armeesport haben an Bedeutung generell viel eingebüsst. Ein Abbild unserer Gesellschaft.

Und zum Schluss: Was treibst Du jetzt sportlich noch, nachdem die letzten Armeemeisterschaften und damit dein letzter Triumph dort jetzt schon zwei Jahre zurückliegen?

Zurzeit dominiert «OL» mein Sportjahr. Zusammen mit meinem Mann Ruedi besuche ich regionale OL's in der Ostschweiz und nationale OL's in der ganzen Schweiz. In der Kategorie Damen 35 kann ich mich meistens in den ersten paar Rängen halten, obwohl ich dieser Kategorie bereits entwachsen bin ...

Interview: Kurt Henauer

Dreikampf
HG werfen, schiessen und laufen

Der Dreikampf ist eine ziemlich alte und bekannte Wehrsportart. Sinn und Zweck lässt sich einfach erklären. Jener Kämpfer, der eine Handgranate weit und genau werfen, genau schiessen und zudem schnell laufen konnte, hatte die besten Überlebenschancen.

Der Dreikampf besteht aus 3 Disziplinen: 4,9 km laufen, HG-Zielwurf und 300 m Standschiessen. Beim Plauschwettkampf können zwei der drei Disziplinen frei gewählt werden.

Bei Militärsportlern hat der Dreikampf nebst anderen Sportarten einen grossen Stellenwert.

Noch heute finden diverse Dreikämpfe bei vielen Sportlern regen Anklang. So existieren heute zum Beispiel noch Dreikämpfe in Emmenbrücke, Amriswil, Diepoldsau, Lindau, Männedorf, Benken oder auch in Maischhausen.

Die Zukunft des Dreikampf ist ungewiss. Das Interesse der Medien ist gering, in den Oks stellen sich wie vielerorts Probleme mit der Nachfolge und der Suche nach Funktionären und Helfern und auch das Interesse vornehmlich bei den Jungen ist dürftiger denn je.

Der 3-Kampf gilt als eine gelungene Abwechslung zu den eigentlichen Laufsportanlässen. In einem Jahresbericht eines Dreikampf-Präsidenten war zu lesen: «Nicht zu sehr in der Vergangenheit leben, nicht zu viel über die Zukunft nachdenken, sondern die Gegenwart erfüllen und mit dem, was Sinn ergibt und mit dem, was Freude macht.» Ein Motto, welches der Dreikampf-Sport in der Schweiz lebt!

Ein Dreikampf «live»

Einen Dreikampf muss man als Wehr- und Militärsportler einfach einmal gemacht haben. Der Autor hat sich selbst an den Start begeben und seinen ersten Dreikampf bestritten. In der Rangliste reichte es ihm jedoch auf keinen erwähnenswerten Platz. Stellvertretend für die Dreikämpfe der Schweiz hier ein Bericht vom

Amriswiler Dreikampf vom 12. Mai 2006
83 Teilnehmer und Teilnehmerinnen begaben sich nach Amriswil an den Dreikampf. Die Veranstaltung wurde an einem schönen Frühlingstag mit vielen blühenden Obstbäumen ausgetragen. Hansruedi Möhl, der ehemalige Waffenläufer und altgediente Wehrsportler hatte mit seinen Helfern wieder eine perfekte Wettkampfanlage hergerichtet. Erfreulich war auch, dass sehr viele neue Teilnehmer am Start waren und dabei recht gute Resultate erreichten. Aufgefallen ist auch das junge Teilnehmerfeld. Auch ausserordentlich viele Frauen wagten sich an den Start und lieferten (teilweise wider Erwarten) beachtliche Resultate.

Als Tagessieger und Sieger in der Kategorie M40 ging Hannes Spirig hervor. Er erreichte sehr gute 3689 Punkte. In der Kategorie M20 siegte Peter Ibig aus Wängi. Marc Hungerbühler aus Kaltenbach siegte in der Kategorie M30. Zum zweiten Mal in dieser Saison gewann Hanspeter Schlittler in der Kategorie M50. Kuno Kobelt heisst der Sieger in der Kategorie M60. Bei den Damen siegte Maja Baumann aus Neukirch. Ihr Sohn Markus nahm zum ersten Mal an einem Dreikampf teil und siegte in der Kategorie Junioren A mit 3101 Punkten. In der Kategorie Junioren B gewann Patrick Grütter aus Amriswil. Mägi Jucker und Ferdi Breu hiessen die Sieger in den Zweikampfkategorien. Die Gruppenwertung wurde von der Gruppe Rhybuaba gewonnen. In der Jahreswertung führt nach zwei Wettkämpfen Hannes Spirig vor Hanspeter Schlittler.

Dieser Anlass beweist mit seinen Teilnehmerzahlen die nach wie vor grosse Popularität dieses Wettkampfes. Dreikampf ist eben mehr als nur ein gewöhnlicher Wettlauf. Dreikampf bedeutet auch Chancen für schwächere Läufer für eine gute Platzierung. Dreikampf heisst vor allem auch fröhliches Zusammensitzen und angeregtes Diskutieren in der gemütlichen Turnhalle oder in einer heimeligen Schützenstube.

Auszug aus der Rangliste

M20
1. Peter Ibig, Wängi
2. Serge Welna, Steckborn
3. Gregor Rölli, Happerswil
4. Thomas Pfiffner, Märwil

M30
1. Marc Hungerbühler, Kaltenbach
2. André Gardi, Laupersdorf
3. Andy Wolfensberger, Nänikon
4. Bruno Hasler, Rickenbach

M40
1. Hannes Spirig, Wenslingen (Tagessieger)
2. Felix Schenk, Wigoltingen
3. Urs Spirig, Diepoldsau
4. Hans Bichsel, Landschlacht

M50
1. Hanspeter Schlittler, Eschlikon
2. Walter Klaus, Weinfelden
3. Franz Waser, Truttikon
4. Gerhard Klarer, Graltshausen

M60
1. Kuno Kobelt, Marbach SG
2. Robert Wenger, Frauenfeld
3. Hans Grämiger, Fislisbach
4. Martin Fatzer, Lachen

Damen
1. Maja Baumann, Neukirch-Egnach
2. Tanja Forster, Weinfelden
3. Margrit Schaltegger, Lustdorf
4. Sara Helbling, Weinfelden

Junioren Dreikampf
1. Markus Baumann, Neukirch-Egnach
2. Markus Diethelm, Sitterdorf
3. Matthias Straub, Neukirch-Egnach

Früher waren viele Wettkämpfer «reine» Waffenläufer. Sie waren an den Waffenläufen, und sonst nirgends anzutreffen. Heute hat sich dieses Bild gewandelt. Der typische Waffenläufer ist anzutreffen an: Vereinsläufen, Duathlon, Triathlon, Drei-Kampf, Stafetten, Strassen- und Geländeläufen, Langstreckenläufen, Marathonläufen, gesellschaftlichen Anlässen

Junioren Zweikampf
1. Patrick Grüter, Amriswil   2. Nick Zwahlen, Romanshorn

Zweikampf Herren
1. Ferdi Breu, Trogen   2. Hans Büchler, St. Gallen
3. Hanspeter Bossow, Amriswil   4. André Gardi Laupersdorf
5. Werner Krähenbühl, Bischofszell

Zweikampf Damen
1. Mägi Jucker, Bettwiesen   2. Elisabeth Wüthrich, Amriswil
3. Trudy Gmünder, Lienz

Gruppenwertung
1. Rhybuebe Diepoldsau mit Hannes Spirig, Hanspeter Schlittler und Urs Spirig
2. Run Fit Thurgau mit Felix Schenk, Marc Hungerbühler und Peter Ibig
3. UOV St. Gallen mit Thomas Manser, Urs Zgraggen und Roland Uhler

Waffenläufe, Märsche, Armeemeisterschaften und Wettkämpfe

Waffenlauf

Der Waffenlaufsport nimmt noch heute von allen Wehrsportarten die herausragendste Stellung ein. Dies belegen statistische Auswertungen der ausserdienstlichen Tätigkeit. Im Vergleich zu anderen Anlässen weist der Waffenlauf die höchste Beteiligungszahl auf. An seiner Organisation, Finanzierung und Durchführung sind auch die meisten Funktionäre beteiligt. An zweiter Stelle hinter den Waffenläufen rangieren die Marschanlässe, wie zum Beispiel der Schweizerische Zwei-Tage-Marsch in Bern-Belp. War in den Anfängen des Wehrsports der militärische Dreikampf die bedeutendste Wehrsportdisziplin, wich er schon bald dem Waffenlaufsport. Dieser konnte sich dank seiner Popularität durchsetzen.

«Die heutige Vorstellung des Waffenlaufs unter den Wehrsportlern lässt sich zum einen durch seine langjährige Tradition begründen; zum anderen spielt der immer stärker werdende Trend zum zivilen Volkslauf hin eine entscheidende Rolle. Obwohl die Popularität des Waffenlaufs gegenüber zivilen Sportarten wie z.B. Fussball, Eishockey oder Unihockey sehr bescheiden ist, so hat er doch in der Zeit in den Medien eine beachtliche Stellung eingenommen. So berichtet sogar das Schweizer Fernsehen in Ausschnitten über die Wettkämpfe der Saison.» So tönte es vor über zwanzig Jahren. Das Bild hat sich etwas geändert, gegen den Waffenlauf. So wird er immer mehr von den wie Pilzen aus dem Boden schiessenden Trendsportarten verdrängt, an den Rand oder eben, in den Bereich der Randsportarten. Auch das Medieninteresse ist nicht mehr jenes, welches der Waffenlauf jahrelang genoss. So berichten in der Regel primär die lokale oder regionale Presse über die Wettkämpfe. Hin und wieder verliert auch das Schweizer Fernsehen einige Worte der Berichterstattung. Grosse Beachtung findet beispielsweise der «Frauenfelder» in den ostschweizerischen Privatfernsehen «Tele-Top» und «TV Ostschweiz».

Vielfältiges Angebot für Wehrsportler

Nebst den vielen Angeboten können Wehrsportler auch an Sommer-Armeemeisterschaften, Winterwettkämpfen der Armee, freiwilligen Militärsportkursen im Sommer (Lenk und Bremgarten) und auch im Winter (Andermatt) teilnehmen.

Eine der sehr beliebten ausserdienstlichen Tätigkeiten sind die Märsche. Eine Aufzählung einiger noch existierender internationaler und nationaler Militärmärsche macht die Vielfalt deutlich:
- Sternmarsch der Blauen Truppen, Aarburg (März)
- Nidwaldner Sternmarsch, Stans (April)
- General-Guisan-Marsch, Spiez (April)
- Marsch um den Zugersee, Zug (April)
- Schweizerischer 2-Tagemarsch, Bern-Belp (letzte Austragung fand im April 2006 statt!)
- Internat. Marsch Pre-Nimega, Malnate (Varese) / Italien (Mai)

17 Eine der vielen existierenden Marschgruppen (im Bild die Marschgruppe Geb Füs Bat 112) am «Zwei-Tägeler» 2006

18 Für ihre traumhaften Strecken und Landschaften war der Zweitagemarsch berühmt

19 «Ich will, wenn ich gross bin, auch mitmachen …». Dazu kommt es – leider – nicht mehr. Der Zweitagemarsch ist Geschichte

20 Impressionen vom letzten Berner Zweitagemarsch 2006 Ich hab's geschafft, die andern auch gleich!

- Marche Souvenir du Général Guisan, Mézières VD (Juni)
- Internat. 4-Tagemarsch; Nijmegen/NL (Juli)
- Bündner Zweitage-Marsch, Chur (September)
- Nordwestschweizer Distanzmarsch, Olten (Oktober)
- Zentralschweizer Distanzmarsch, Inwil LU (November)
- Berner Distanzmarsch, Lyss (Dezember)

Der Schweizerische Zweitagemarsch ist Geschichte

Der 47. Schweizerische Zweitagemarsch 2006 war zugleich der letzte in dieser langjährigen Tradition.

«Rund 1000 Personen mehr» müssten starten, damit der Zweitagemarsch weiterhin durchgeführt werden könnte. Dies teilte das Organisationskomitee mit. «In den letzten Jahren ist die Teilnehmerzahl jährlich gesunken», sagt OK-Präsident Daniel Schweizer. Im April 2006 sind 3500 Personen durchs Gürbetal, um den Belpberg und durch die Bundesstadt marschiert. Zum Vergleich: Zu den besten Zeiten waren es jeweils 12 000 Leute. «Heute müssen an einem Anlass Ranglisten herausgegeben und Finisher-Fotos gemacht werden, damit er Leute anzieht», so Schweizer. Dies widerstrebe aber der Philosophie des Zweitagemarschs: «Gerade, dass sich hier jeder nur mit sich selber misst, hat ihn ausgezeichnet.» Einerseits müssten mehr Personen starten oder aber zusätzliche Sponsoren das Budget in der Höhe von rund 250 000 Fr. absichern helfen.

Bereits 2004 stand die künftige Durchführung des Anlasses auf wackligen Beinen. Damals sprang Coop Region Bern als Hauptsponsor ein. Für 2007 wollte Coop aber nicht mehr Sponsor sein: Der Zweitagemarsch entspreche nicht seinem Sponsoringkonzept, teilte der Konzern mit. «Die Firmen haben nicht mehr so viel Geld», so Schweizer. Vom Eidgenössischen Departement für Verteidigung, Bevölkerungsschutz und Sport (VBS) hatte Schweizer indes die Zusicherung, dass auch 2007 wieder Helfer zur Verfügung gestellt würden. Allerdings hätte er nur 40 der 80 benötigten Leute für die Verkehrsregelung erhalten. «Letztes Jahr mussten wir bereits 20 Personen bezahlen. Das hat uns etwa 10 000 Franken gekostet», so Schweizer. Also hätte das OK 2007 20 000 Franken mehr als sonst benötigt.

Nach einer Lagebeurteilung stellte der Ausschuss des Organisationskomitees dem Trägerverein – Unteroffiziersverein der Stadt Bern – den Antrag, auf die weitere Durchführung des Zweitagemarsches sei zu verzichten. Dies aus mehreren Gründen:
- Kurzfristig ist bei den Teilnehmerzahlen, die über die Jahre erodierten, keine entscheidende Trendwende zu erwarten; wie bei anderen militärischen oder zivilen Anlässen ebenfalls spürbar, entspricht offenbar auch der über Jahrzehnte erfolgreiche Zweitagemarsch zurzeit nicht mehr einem aktuellen Bedürfnis.
- Für den Marsch 2007 konnten trotz verstärkter Anstrengungen keine zusätzlichen neuen Sponsoren gefunden werden.
- Die heutige Finanzlage wird es aller Voraussicht nach ermöglichen, allen aktuellen Verpflichtungen nachzukommen. Somit kann mit dem Verzicht auf die weitere Durchführung ein geordneter Abschluss dieses zweitägigen Traditionsanlasses gemacht werden.

Das sind die Hauptgründe, weswegen man auf die 48. Durchführung verzichtet. Auf diesem Weg soll die langjährige, verdienstvolle Tradition würdig abgeschlossen werden. Das Organisationskomitee bedauert diesen Schritt und ist bereit, die notwendigen Arbeiten für den geordneten Abschluss zu leisten. Die Annahme des Antrags bedeutet nun das endgültige Aus für den Schweizerischen Zweitagemarsch.

Wehrsport-Event der kameradschaftlichen Art

In der Schweiz gab und gibt es seit jeher Wehrsportanlässe verschiedenster Art. Bei vielen von ihnen steht die Pflege der Kameradschaft im Vordergrund. Stellvertretend für alle nachfolgend das Kurzportrait über den Zentralschweizer Distanzmarsch.

Alle Jahre organisiert die Sektion Zentralschweiz des SVMLT (Schweiz. Verband Mechanisierter und Leichter Truppen) den «Zentralschweizer Distanzmarsch». Dieser findet regelmässig am 1. Wochenende im November statt. Es nehmen jeweils weit über 1000 Marschiererinnen und Marschierer auf den Strassen kreuz und quer um und nach Inwil LU teil.

Nebst den Teilnehmern aus der Schweiz sind verschiedene Auslanddelegationen aus

England, Deutschland und Österreich an diesem beliebten und bestbekannten Marsch-Ereignis anzutreffen.

Der «Zentralschweizer» bietet nebst der Gelegenheit, etwas zur eigenen Fitness und Gesundheit beizutragen und seine Marschtüchtigkeit unter Beweis zu stellen, ganz besonders die Möglichkeit, ehemalige Dienstkollegen, alte Kameraden anzutreffen und neue kennenzulernen und so «wirkliche Kameradschaft» hautnah zu erleben. «...weisch no...?»!

Technisches

Am Samstag kann an einem der folgenden Kontrollposten gestartet werden: Start u. Ziel: Inwil (LU): Zentrum Möösli–Gisikon: Restaurant Tell–Perlen: Gasthaus Perlen–Emmen: Gasthaus Sternen–Rothenburg: Restaurant Bären–Eschenbach: Restaurant Löwen–Rain: Restaurant Kreuz–Hildisrieden: Landgasthof z. roten Löwen–Urswil: Gasthof Huttli.

Eine Teilnahme ist in den folgenden Kategorien möglich: A-Militär: Angehörige aller Waffengattungen der Armee (Wehrpflichtige und Wehrentlassene) sowie des Grenzwachtkorps; B-Dienste: Polizei, Feuerwehr, Post, SBB, öffentliche Verkehrsbetriebe, Zivil- und Betriebsschutz; C-Frauen der Armee und des Rotkreuzdienstes; D-Jugend+Sport samt Gruppenleiter; E - Sie+Er, Familien, Jugendliche und Kinder.

Der Kameradentreff

Der Zentralschweizer Distanzmarsch ist primär ein Kameradentreff und will auch die Freude am Marschieren fördern. Die Teilnehmenden wählen den Startposten und die Strecke frei aus. Auch wo und wie lange sie gemütlich mit Kameraden zusammensitzen wollen. All jene, die auf der Rangliste ganz vorne erscheinen möchten, und um die 70 bis 100 km zurücklegen, werden aber nur wenig Zeit finden, sich in den Kontrollposten-Restaurants zu stärken und auszuruhen. Für die meisten übrigen Teilnehmer aber steht die Kameradschaft und Gemütlichkeit im Vordergrund, und so wird manch eine(r) oft auch etwas länger, ja sogar bei einem gemütlichen Jass, in einem der Kontrollposten-Restaurants anzutreffen sein, bevor dann die Mindestleistung von 20 km, resp. 10 km ab mittlerem Alter, erfüllt wird. Am Zielort angelangt werden die Marschierenden mit der Erinnerungs-Medaille ausgezeichnet und zudem von den vielen Helfern des OK mit einem Imbiss verpflegt. Bis zur Rangverkündigung um 02:30 Uhr steht dann auch hier wieder die Kameradschaft im Vordergrund.

Trägerschaft

Die begehrte Auszeichnung erhalten die Teilnehmer nach dem absolvierten Marsch

Der Anlass wird organisiert und durchgeführt vom SVMLT, Sektion Zentralschweiz. Weitere Informationen zum Anlass bei Oblt Andreas Thomann, Egerkingen, Natel 079 577 85 92, andreas.thomann@ggs.ch, www.zdm.ch.

Militärradsport
Radfahrer-Truppen 1888 bis heute
Die Radfahrer-Truppen können auf eine über 100-jährige Zugehörigkeit zur Schweizer Armee zurückblicken. Der enge und intensiv gelebte «Radfahrer-Geist» kommt nicht von ungefähr. Radfahrer war man nicht nur während der Militärdienstzeit, sondern oft auch in aussendienstlichen Wettkämpfen. Viele Militärrad-Rennen und -Distanzfahrten finden heute immer noch, vom Frühling bis tief in den Winter hinein statt.

Auch die Technik stand bei den Radfahrer-Truppen nicht still. Bis 1995 wurde der Grundtyp von 1905 an die Rekruten abgegeben. Nur leichte Anpassungen wurden vollzogen, so etwa die Beleuchtung, die Böni-Bremsen oder die Rahmentasche (Sacoche).

Obwohl das Ordonnanz-Rad 05 beinahe 90 Jahre standhielt (es wurde immer wieder verbessert und «modernisiert»), erhielten die Radfahrer-Truppen anfangs der 90-er Jahre das Ordonnanz-Fahrrad 93. Dieser «Stahl-Esel» (wie das alte Rad 22 kg schwer!) bestach unter anderem mit einer 7-Gang-Schaltung, welche den Radfahrern neue Dimensionen eröffnete. Das einzige, was immer gleich geblieben ist, ist der Sattel, und dieser ist nun wirklich bequem, nachdem man ihn in der Rekrutenschule erst einmal «zurechtgeritten» hatte.

22 Weitere noch existierende Anlässe, an denen aktive Militärradfahrer dabei sind: SM Quer Täniken bei Aadorf, Wartenseerundfahrt, Rundstreckenrennen Gippingen, Einzelzeitfahren Waldkirch, Militärradrennen Kaisten, OSM Bergholzrundfahrt Wil, Militärradquer Hittnau und das Militärradquer Wetzikon

23 Impression vom berühmten und legendären Militärradrennen St.Gallen–Zürich

Meilensteine
Nachfolgend wichtige Meilensteine in der Geschichte der Radfahrer-Truppen:

1888	Erste Versuche mit Radfahrern in der Armee
1891	Gesetzesentwurf für die Einführung von Radfahrer-Truppen in der Schweizer Armee
1892	Einführung von Radfahrer-Abteilungen (Rdf Abt)
1903	Gründung des Verbandes Schweizer Militärradfahrer
1905	Einführung Ordonnanz-Rad 05
1936	Verband: Namensänderung in Schweiz. Militärradfahrer- und Motorradfahrer- Verband (Truppenordnung 1936)
1951	Namensänderung in Schweiz.Verband der Leichten Truppen (Truppenordnung 1951)
1961	Namensänderung in Schweiz.Verband der Mechanisierten und Leichten Truppen SVMLT (Truppenordnung 1961)
1993	Einführung Ordonnanz-Fahrrad 93 (Armee 95)
2003	Auflösung der Radfahrer-Truppen (Armee XXI)

Entwicklungsgeschichte
Blättert man in der Geschichte der Militärradfahrer, so fällt auf, dass sich diese Truppenkörper durch grosse Leistungen einen Namen gemacht haben. Nicht von ungefähr wird der Radfahrer auch als «eisern, mutig und zäh» betitelt. Auch in den ausserdienstlichen Tätigkeiten wird dies deutlich. Ursprünglich figurierten sie als Meldefahrer, die direkt den einzelnen Armeekorps unterstellt waren. So wurden sie auch als Flankenschutz für mechanisierte Verbände eingesetzt. Die Armee XXI strich das Radfahrertum jedoch ersatzlos. So sind in den letzten Jahren auch zahlreiche Radrennen eingestellt worden.

Die Radfahrer waren bekannt für ihre grosse Kameradschaft und den Korpsgeist. So wurde 1895 auf Initiative der Rdf Schärli, Bertschinger und Käser der erste «Militärradfahrerverein» gegründet. Ziel war, sich mit ausserdienstlichen Tätigkeiten «frisch» zu halten und die Kameradschaft zu pflegen.

Die drei Ordonnanzen
Sieht man von den Anfängen ab, kann man in der Geschichte der Radfahrer-Truppen im Wesentlichen von drei Ordonnanzen sprechen:
Ordonnanz 40, Tenue «grün»,
Karabiner 31, Rad 05
Ordonnanz 61, Kampfanzug 61,
Sturmgewehr 57, Rad 05
Ordonnanz 90, Tarnanzug 90,
Sturmgewehr 90, Fahrrad 93

Gestern...
Spricht man mit einem eingefleischten Radfahrer, so merkt man bald, dass der Militärradfahrer sein Gerät «Rad» nennt, alle anderen Ausdrücke sind verpönt. Und so gibt es auch unzählige Imitationen, so genannte «Bäckervelos». Der Militärradfahrer macht daher aufmerksam, nicht alles was schwarz sei, sei ein Schweizer Ordonnanzrad.

Waren es in den Anfängen eher Rennen in Form von Stafetten, an denen Kartenlesen zu den wichtigsten Disziplinen gehörte, wandelte sich der Sport im Lauf der Zeit immer mehr zu Rennen mit Massenstarts im eigentlichen Sinn. Aber auch Distanzrennen, Militärradquers, Einzelzeitfahren, Wettkämpfe kombiniert mit Schiessen, HG-Zielwurf und Geländeübungen gehörten zum Repertoire eines «Redlibueben».

... und heute
Heute gibt es für den Militärradsportler dennoch einige Rennen und Wettkämpfe. Die Militärradrennen waren auf die ganze Schweiz verteilt. Die Saison der Militärradfahrer begann im Frühjahr. Alljährlich wurden Sektionsmeisterschaften durchgeführt, und Höhepunkt des Jahresprogrammes war jeweils die Schweizerische Militärradmeisterschaft. In den letzten Jahrzehnten hat sich der Verband immer mehr auf artreine Radfahreranlässe und Marschveranstaltungen konzentriert. Ende der 80er-Jahre wurden die Schweiz. Mannschaftswettkämpfe und der Schweiz. Vierkampf der MLT letztmals ausgetragen. Dafür wurden bis heute alternierend entweder die Schweiz. Einzel-

Veränderungen...

«Fit für die Zukunft». Das sagte sich ein Verein, welcher sich in der «Militärszene» bereits einen grossen Stellenwert geschaffen hat. Die Nostalgie Radfahrer Kompanie (Nost Rdf Kp) nennt sich seit der Generalversammlung 2007 Historische Radfahrer Kompanie (Hist Rdf Kp).

Mehr Infos auf www.rdf.ch oder info@rdf-kp.ch

---

meisterschaft der Militärradfahrer oder das Schweiz. Militärradquer durchgeführt. Zu den bekannten Rennen gehörten auch das Militärradrennen Rütihof, 100-km-Militärradrennen Gippingen, Militärradquer Ormalingen, das Einzelzeitfahren Oensingen, die Schweizerische Militärradquer-Meisterschaft und weitere 20 Rennen und Meisterschaften.

Das Radrennen St.Gallen-Zürich bildete den Abschluss der Wettkampfsaison. In den goldenen Zeiten standen bis zu 1000 Radfahrer am Start. Die Tradition besagte, dass die Organisation in den Händen des amtierenden Kommandanten des Rdf Bat 5 lag. Doch auch dieses Radrennen fiel leider der Armee XXI zum Opfer.

«Einmal Radfahrer, immer Radfahrer!»
«Einmal Radfahrer, immer Radfahrer!», dies waren die letzten Worte des letzten Kommandanten des Radfahrer-Regiments 5 (Rdf Rgt 5), Oberst René Fischer, bei der Fahnenrückgabe im allerletzten WK! Der Geist der einst so stolzen Radfahrer-Truppen schien tatsächlich zu erlöschen.

Man wurde nicht einfach so Radfahrer, man wollte es von Herzen werden! Man spürte schon in der Armee eine Besonderheit zu sein, ja einer Elite-Truppe anzugehören. Nichts war dem Radfahrer lieber als eben Rad zu fahren! «Aufsitzen, Spitze marsch!» und los ging es, quer durch das Mittelland, vom Genfersee bis zum Bodensee, in den Alpengebieten über den Brünig- oder Sustenpass. Nichts konnte uns Radfahrer aufhalten: Keine Steigung war zu steil, keine Abfahrt war zu rasant. Leise, beweglich und schnell. Die unzähligen Nachtverschiebungen hatten etwas Andächtiges an sich, wie in einer Prozession. Die roten Schlusslampen, auf dem Sturmgewehr des letzten Mannes der Gruppe aufgeschnallt, schlängelten sich über leicht vernebelte Ebenen.

Und nun ist alles vorüber und vorbei, Vergangenheit. Dies schmerzte das Radfahrer-Herz tief! Mit dem Übergang der Armee 95 zur Armee XXI wurden die Radfahrer Verbände der Mechanisierten und Leichten Truppen (MLT) per Ende 2003 aufgehoben.

Die Nostalgie-Radfahrer-Kompanie

Es war Divisionär a.D. Paul Müller, letzter Kommandant der Feld Division 5 (F Div 5), welcher das Projekt für die Erhaltung der Radfahrer-Truppen ins Leben rief. Er beauftragte ein Team unter der Leitung von Major Manuel Eichenberger, der von Wachtmeister Sepp Schibli (eine Ikone der Radfahrer) und Wachtmeister Fahrrad-Mechaniker Stefan Mathis unterstützt wurde, einen Weg zu finden, in irgendeiner Form, den «Radfahrer-Geist» weiter am Leben zu erhalten. Dies war die Geburtsstunde der Nostalgie-Radfahrer-Kompanie.

Im Januar 2005, etwa ein Jahr nach der offiziellen Auflösung der Radfahrer-Truppen, wurde die Nostalgie-Radfahrer-Kompanie gegründet und als eine Sektion im Schweizerischen Verband der Mechanisierten und Leichten Truppen (SVMLT) aufgenommen.

Von Anbeginn durfte die Nostalgie-Radfahrer-Kompanie auf 200 Aktiv- und Passiv-Mitglieder in ihren Reihen zählen, und immer noch melden sich meist ehemalige Radfahrer und Begeisterte an. Dabei sind die Beweggründe immer dieselben: der unbeschreibbare Einsatzwille und die sagenhafte Kameradschaft, der sprichwörtliche «Radfahrer-Geist».

Der Verein verfolgt drei Bereiche: Offizielle öffentliche Auftritte, interne Radfahrer-Tage und ein Radfahrer-Museum.

Ziel ist es, an einigen Anlässen pro Jahr aufzutreten. Weiter werden so genannte Radfahrer-Tage durchgeführt. Mit ganztägigen Ausflügen und Besichtigungen von sehenswerten Objekten, wird die Nostalgie-Radfahrer-Kompanie hin und wieder das Strassenbild prägen. Am Radfahrer-Museum wird ebenfalls sehr eifrig gearbeitet. Im Zeughaus Aarau, der aktuellen Heimbasis der Kompanie, wird nicht nur das Korpsmaterial eingelagert sein, sondern auch der Öffentlichkeit zugänglich gemacht und präsentiert werden (zusammen mit dem schon existierenden Museum der Schweizerischen Kavallerie-Schwadron 1972).

SVMLT – Der Verband der Radfahrer

Eine starke und wichtige Stütze für den Militärradsport war stets der Schweizerische Verband Mechanisierter und Leichter Truppen (SVMLT). Die Tätigkeit wird im Wesentlichen durch die Sektionen und durch die Hollandmarschgruppe getragen. Nebst den traditionellen Radfahrerwettkämpfen und Marschveranstaltungen werden immer noch verschiedene Anlässe wie Schiessen, Kameradschaftanlässe, Besuche usw. angeboten. Die Anzahl der Sektionen ist geschrumpft; es wird immer schwieriger, Kader für die

24 Im Aufstieg zur Strickhöhe beim GP Gippingen 2006 René Roth, Peter Kohler, Sepp Berwert und Daniel Markwalder

25 Spitzenfeld René Roth, Reto Schläpfer, Sepp Christen und Daniel Markwalder beim GP Gippingen 2006

26 Daniel Markwalder vor dem Start zum letzten Klassiker St. Gallen – Zürich im Jahre 2001

27 Daniel Markwalder, dreifacher Sieger der Strecke St. Gallen-Zürich: Auf ein robustes Rad aus dem Gründungsjahr 1905 mit einem 18er-Ritzel kommt es an

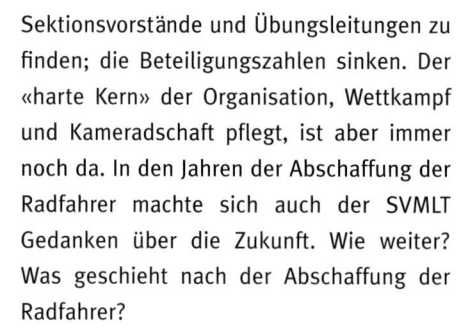

Sektionsvorstände und Übungsleitungen zu finden; die Beteiligungszahlen sinken. Der «harte Kern» der Organisation, Wettkampf und Kameradschaft pflegt, ist aber immer noch da. In den Jahren der Abschaffung der Radfahrer machte sich auch der SVMLT Gedanken über die Zukunft. Wie weiter? Was geschieht nach der Abschaffung der Radfahrer?

Der SVMLT schreibt: «Die ausserdienstliche Ausbildung wird auch in der Armee XXI weiterhin durch die militärischen Verbände und Vereine, unterstützt von Lehrverbänden und Kompetenzzentren, angeboten. Wir haben unsere Stärken einzubringen. Dies sind beispielsweise unsere Marschveranstaltungen, unser Zusammenhalt und unsere Kameradschaft. Die Radfahrer-Anlässe werden dem Bedürfnis entsprechend, sicher auch in den nächsten Jahren, wenn auch in reduziertem Umfang, weitergeführt. Neue Tätigkeiten müssen insbesondere mit dem Panzer-Lehrverband vereinbart werden. Eine Neuausrichtung, Konzentration oder gar Zusammenschlüsse können nicht ausgeschlossen werden.

Der Verband wird die Entwicklung sorgfältig beurteilen und die richtigen Lösungen finden, so wie es die verschiedenen Verbandsleitungen mit ihren Technikern und Sektionspräsidenten immer wieder verstanden haben, die Klippen zu umschiffen.

Solange wir unser Schaffen auf die kameradschaftliche Grundlage und das gegenseitige Verständnis abstützen, werden wir auch in Zukunft als Gemeinschaft vorwärts marschieren.»

Ein Militärrad-Schweizermeister erzählt ...
«Ich habe es immer gesagt: Das ist mein Rennen», verkündet der Weinfelder Daniel Markwalder. Zum dritten Mal nach 1998 und 1999 gewann der Thurgauer Run Fitler das traditionelle (und letzte) Militärradrennen von St. Gallen nach Zürich. Er war mit einer Zeit von 2:35:41 auf dem alten aus dem Jahr 1905 stammenden Militärrad (und 18er-Ritzel) einmal mehr schneller als diejenigen auf dem neuen (seit 1993) 7-Gang-Rad!

So tönte es in den Medien im ganzen Land. Markwalder hatte sich an die Spitze des Militärradsports katapultiert. Daniel Markwalder im Gespräch für das Buch «Mythos Waffenlauf»:

Persönliche Daten:
Rdf Daniel Markwalder, Weinfelden TG
Geboren am 4. Juli 1971
Beruf: Projektleiter Metall- und Fassadenbau
Familie: Verheiratet mit Claudia und Vater von zwei Kindern Yanis Eric und Zahra Arina
Kontakt: www.daniel-markwalder.ch

Dani Markwalder, erzähle uns doch, wie Du seinerzeit zum Militärradsport gekommen bist!
In der Schulzeit bin ich gerne Velo gefahren und wollte so auch unbedingt bei der Aushebung zu den Radfahrern. Nach der RS hat mich dann Fritz Hubschmid Präsident des SVMLT Sektion Thurgau einige Male besucht

Anzahl Siege bei Militärradsportanlässen:	Doppel – Schweizermeister Strasse / Radquer 3-facher Sieger Klassiker St. Gallen-Zürich 5-facher Sieger GP Gippingen 7 Mal Sieger Thurgauermeisterschaft 4 Mal Gesamtsieger der Schweizer Militärrad-Jahresmeisterschaft Mehrfacher Gewinner Berner Rundfahrt, Ostschweizermeisterschaft, Wartenseerundfahrt
Weitere sportliche Erfolge:	Bronzemedaille an USIC-WM in Tschechien mit Nationalteam Aufstieg in die 1.Liga Eishockey mit dem EHC Frauenfeld Längstes Inlinerennen Europas «one eleven» 111 km Radmarathon «Bern-Bodensee-Bern» 600 km Swiss Bike Masters in Küblis Single Finisher Gigathlon 2005 Sieger SixDays Oerlikon, Kat. Militärrad (Dez. 2006)
Weitere sportliche Betätigung und Hobbies:	Spazieren, Wandern, Faulenzen, gut Essen, Internet, Waffenläufe

um mich zu einem Militärradrennen zu überreden. Nach vielen Absagen packte mich das Interesse doch und ich startete 1997 an der Thurgauermeisterschaft. Weil ich dieses Rennen gleich gewonnen habe, löste dies eine gewisse Leidenschaft für diesen Sport aus. Als ich dann ein Jahr später bereits den legendären Klassiker St. Gallen-Zürich gewinnen konnte, war die Liebe zu diesem «Göppel» perfekt.

Was ist es denn, was dich bis heute am Militärradsport und am Waffenlauf so fasziniert?
Das ganze Leben um den Militärradsport und die Kameradschaft unter den Wettkämpfern. Die letztere hat jedoch in jüngster Zeit leider ein wenig abgenommen.

Der Militärradsport ist in sich eine Radsportkategorie wie Strassenrennen, Bikerennen oder Kunstradfahren. Dies mussten schon einige bekannte Elite- und Profirennfahrer an Militärradrennen wie z.B. St.Gallen-Zürich miterleben, als sie das Tempo der Spitzenfahrer nicht mithalten konnten und so im Feld untergingen. Bei uns entscheidet zuerst die Kraft und dann die Ausdauer, was beim Strassenrennsport gleich umgekehrt ist. Ein Biker gewinnt ja auch nicht plötzlich eine Tour de Suisse.

Bist Du in Vereinen? Wenn ja warum und in welchen?
Ich bin Mitglied im Bike Club Tägerwilen, RV Kreuzlingen, SVMLT Sektion Thurgau und im Run Fit Thurgau. Die Kontaktpflege unter Gleichgesinnten bedeutet mir sehr viel.

Weiter bin ich Präsident vom Pro Cycling Event Team, dieser Verein organisiert seit Jahren die Säntis-Classic, ein Velo-Erlebnisfest für die ganze Familie.

Was blieb dir von all den vielen Militärradsportanlässen, Rennen, Siegen und anderen «Auftritten» am besten in Erinnerung?
Viele interessante Kontakte mit Persönlichkeiten wie Bundesräte, Profisportler bis hin zu weniger bekannten Personen, jedoch vielmals verbunden mit sehr engen und anhaltenden Freundschaften. Weiter konnte ich das Vertrauen vieler Sponsoren gewinnen, die mir eine solche Radsportkarriere erst so richtig ermöglicht haben.

Wetten dass..? und so weiter. Man kann auch mit einer Randsportart vieles erreichen! Aber es gibt auch noch weitere Highlights in meinem Leben, welche immer irgend etwas mit Sport zu tun hatten: Die Teilnahme am Final zur Wahl des Misters Ostschweiz und der Wettvorschlag bei «Wetten dass..?» waren schon ganze besondere Erlebnisse. Oder die Entstehung der Website, als mich ein ehemaliger Schulkollege im Spital, 3 Stunden nach der Blinddarmoperation mit seinem Laptop besuchte und mir in seinem Eifer eine persönliche Homepage präsentierte. Ein ganz besonderes Ereignis war da bestimmt auch der Hochzeitsantrag an meine Frau Claudia, als ich Sie nach meinem zweiten Sieg beim Rennen St. Gallen-Zürich während der Siegerehrung um ihre Hand bat.

Kannst Du dich an den Sieg erinnern, welcher dir am meisten bedeutet? Und gab es auch grosse Niederlagen?
Die Siege beim Militärradklassiker St. Gallen-Zürich werden mir immer in Erinnerung bleiben. Der erste Sieg 1998 als Aussenseiter oder 1999, 3 Wochen nach einer Blinddarmoperation und dann bestimmt auch beim letzten Klassiker im Jahre 2001 mit dem Favoritensieg.

Nie vergessen werde ich auch die Erfahrung als Single-Teilnehmer beim Gigathlon 2005, als ich meine physischen und psychischen Grenzen erleben durfte oder musste.

Zu einer Sportlerkarriere gehören auch Niederlagen. Wenn ich mich an die Anfänge auf dem Rennvelo erinnere, kommen mir schmerzliche Niederlagen in den Sinn.

Wer mit Niederlagen nicht umgehen kann oder das angestrebte Ziel im Tief verlässt, hat keine Chance Träume zu realisieren. Dies gilt nicht nur für den Sport. Ich habe in meiner sportlichen Laufbahn eine echte Lebensschule durchgemacht, auf die ich sehr stolz sein darf.

28 Start zur Rütihof-Stafette 2004

29 Der Spitzenwaffenläufer Patrick Wieser wurde soeben abgelöst

30 Das Spitzentrio an der Austragung 2006

Rütihof-Stafette: ein Anlass für Waffenläufer und Militärradfahrer

Laufen und Rad fahren im Militärgewand, schweizerischer geht es kaum. Die Stafette von Rütihof ist denn auch ein nationaler Wettkampf; weit mehr als nur ein Sportanlass.

Was 1994 in Gippingen, zum 75. Geburtstag des VC Gippingen als gelungener Versuch gestartet worden ist, fand in Rütihof/ Baden seine hoffnungsvolle Fortsetzung. Es sprach sich in der Welt der Waffenläufer und Militär-Radfahrer herum, dass hier etwas Besonderes läuft.

Von der Stafette in Gippingen zur ...

Bei der ersten Austragung in Gippingen absolvierten die Waffenläufer drei Laufstrecken zu je 5.5 km, die Radfahrer viermal die vom internationalen Radsportwochenende her bekannte Strickrunde von je 9.4 km und 83 m Höhendifferenz. Der Radfahrer entschied somit am Ende des Wettkampfes über den Tagessieg.

... traditionellen Rütihof-Stafette

Bei der zweiten Auflage der Stafette in Rütihof wurde der gleiche Modus beibehalten: 2 × 5 km Laufen / 3 × 8.3 km Radfahren / 1 × 5 km Laufen / 2 × 8.3 km Radfahren. Es ergab sich dabei, dass die Ränge 5 bis 13 im Spurt eines Radfahrer-Neunerfeldes ausgemacht wurden. Es war äusserst schwierig, eine solche Entscheidung ohne Zielfilm richtig zu erfassen.

Um den Wettkampf für die Sportler attraktiver und für die Zuschauer übersichtlicher zu gestalten, entschied das OK ab 1996, dass der Waffenläufer den Abschluss macht. Auf einer neuen Streckenführung werden nun 1 × 5.7 km gelaufen / 4 × 5.6 km geradelt / 1 × 5.7 km gelaufen / 3 × 5.6 km geradelt / 1 × 5.7 km gelaufen. Dieser Modus hat sich vollumfänglich bewährt.

Zur erfolgreichen Weiterentwicklung wurde Hand in Hand am gleichen Strick gezogen und jedes Jahr konnten einige Paare mehr zu diesem einzigartigen Wettkampf motiviert werden.

Neu geformte Paare, ein guter Mix von jungen und älteren Wettkämpfern, bereichern diesen Anlass.

Harmonie als Rezept für den Erfolg

Militärstafette Vorjahressieger René Hauser und Luciano Biedermann auch 2006 unschlagbar

Das Vorjahres-Siegerduo hatte auch bei der diesjährigen, 13. Austragung der Militärstafette in Baden-Rütihof die Nase vorn.

DANIELA ZEMAN

Die Militärstafette in Baden-Rütihof rühmt sich, ein weltweit einzigartiger Event zu sein. Nirgends anderswo ist eine derartige Kombination von Waffenlauf und Radfahren anzutreffen. Verständlich, dass deswegen das Niveau bei diesem Anlass stets beachtlich ist.

Vorjahressieger dominierten

Bereits zum dritten Mal stand der Ennetbürger René Hauser auf dem obersten Siegertreppchen – nach 2005 zum zweiten Mal in Kombination mit Luciano Biedermann aus Lupfig. Und wie gewohnt wurde der Wettkampf auf dem letzten Streckenabschnitt entschieden. Luciano hatte einen ordentlichen Vorsprung mit dem Rad herausgefahren», sagt René Hauser. Diesen habe er sich auf der abschliessenden Laufstrecke nicht mehr nehmen lassen.

Gefunden hat sich das gut harmonierende Duo via Organisator. «Ich war auf der Suche nach einem guten Läufer», erzählt Biedermann. «Und mir fehlte ein ambitionierter Radfahrer», ergänzt Hauser schmunzelnd. Ergänzt haben sich die beiden tatsächlich optimal. «Wir sind ein ausgeklügeltes Duo», stimmen beide überein, «jeder hat seine Leistung erbracht.» Das Rezept zum Erfolg basiere bei den beiden auf dauerndem Beobachten der Gegenschaft und richtigem Taktieren. «Unsere Rechnung ist auch in diesem Jahr aufgegangen», freut sich Hauser. «Die Stafette ist eigentlich eine willkommene Abwechslung zum Alltag», sagt Biedermann. Aber ob das Erfolgsduo Hauser/Biedermann 2007 den Hattrick anstreben wird, steht noch in den Sternen.

«Pius hat mich überzeugt»

Zwei neue Gesichter standen bei den Frauen auf dem Siegerpodest. Auf den guten 28. Gesamtrang schaffte es das Duo mit Maria Suter (Lauf) und Marianne Balmer (Rad). Balmer (Davos Platz) schnürte für einmal nicht die Laufschuhe, sondern nahm die insgesamt 39,2 km (4-mal 5.6 km und 3-mal 5,6 km) lange Radstrecke in Angriff. «Ich bin zum ersten Mal dabei», sagt Balmer. «Nach unzähligen Anfragen von Pius Zimmermann (OK-Mitglied, Anm. d. Red.) hat es mir in diesem Jahr endlich in die Terminplanung hineingepasst.» Maria Suter (Rodels), die den Laufpart (3-mal 5,7 km) übernommen hat, kenne sie schon lange. Gefallen hat der Anlass beiden. «Wenn wir gesund und verletzungsfrei bleiben, könnte 2007 ein Thema werden», blicken beide voraus. Dann hätten sie einen Tagessieg zu verteidigen.

IDYLLISCH Auf dem Militärvelo an den blühenden Sonnenblumenfeldern vorbei. ALEX SPICHALE

Jahr	Rang	Waffenläufer	Militärradfahrer
1994	1. Rang	Paul Gfeller	Martin Walti
	2. Rang	Martin Schöpfer	Pius Zimmermann
	3. Rang	Richard Trinkler	Fredy Pfister
1995	1. Rang	Otto Wüthrich	Martin Schibli
	2. Rang	Fritz Häni	Rolf Scheidegger
	3. Rang	Martin Schöpfer	Pius Zimmermann
1996	1. Rang	Roland Neuhaus	Walter Vogt
	2. Rang	Otto Wüthrich	Martin Schibli
	3. Rang	Jörg Roth	Urs Glogger
1997	1. Rang	Koni Schelbert	Rolf Scheidegger
	2. Rang	Roland Neuhaus	Walter Vogt
	3. Rang	Emil Berger	Niklaus Käser
1998	1. Rang	Peter Gschwend	Urs Henner
	2. Rang	Ruedi Walker	Rolf Scheidegger
	3. Rang	Mischa Ebner	Ruedi Engel
1999	1. Rang	Jörg Hafner	Urs Henner
	2. Rang	Ruedi Walker	Rolf Scheidegger
	3. Rang	Mischa Ebner	Ruedi Engel
2000	1. Rang	Mischa Ebner	Ruedi Engel
	2. Rang	Ruedi Walker	Rolf Scheidegger
	3. Rang	Martin Schmid	Urs Schmid
2001	1. Rang	Rainer Widmer	Walter Vogt
	2. Rang	Ruedi Walker	Rolf Scheidegger
	3. Rang	Emil Berger	Urs Glogger
2002	1. Rang	Ruedi Walker	Rolf Scheidegger
	2. Rang	Felix Zehnder	Daniel Markwalder
	3. Rang	Walter Niederberger	Martin Schibli
2003	1. Rang	René Hauser	Niklaus Käser
	2. Rang	Bernhard Wampfler	Thomas Schneider
	3. Rang	Rainer Widmer	Urs Schmid
2004	1. Rang	Martin von Känel	Andreas Steger
	2. Rang	René Hauser	Niklaus Käser
	3. Rang	Ruedi Walker	Martin Schibli
2005	1. Rang	René Hauser	Luciano Biedermann
	2. Rang	Emil Berger	Daniel Markwalder
	3. Rang	Roger Schneider	Peter Kohler
2006	1. Rang	René Hauser	Luciano Biedermann
	2. Rang	Marc Berger	Andreas Steger
	3. Rang	Martin Aschwanden	Peter Kohler

Jahr	Rang	Waffenläuferin	Militärradfahrerin
1998	1. Rang	Manuela Häsler	Doris Erni
1999	–	–	–
2000	–	–	–
2001	1. Rang	Verena Jau	Claudia Markwalder
2002	1. Rang	Verena Jau	Claudia Markwalder
2003	1. Rang	Stefica Gajic	Brigitte Oberbühler
	2. Rang	Verena Jau	Alexandra Rutz
	3. Rang	Nelly Merk	Therese Frei
2004	1. Rang	Stefica Gajic	Ursula Bopst
	2. Rang	Verena Jau	Alexandra Rutz
	3. Rang	Nelly Merk	Therese Frei
2005	1. Rang	Stefica Gajic	Ursula Bopst
	2. Rang	Nelly Merk	Claudia Markwalder
	3. Rang	Verena Jau	Alexandra Rutz
2006	1. Rang	Maria Suter	Marianne Balmer
	2. Rang	Stefica Gajic	Ursula Bopst
	3. Rang	Monica Biedermann	Sue Wüthrich

Eine dazu typische Aussage machte dazu das Siegerduo von 1996, Roland Neuhaus/Walter Vogt, als sie 1997 von Koni Schelbert/Rolf Scheidegger auf Platz 2 verwiesen wurden: «Entthront zu werden tut in diesem Wettkampf nicht weh, der Spass an der Sache geht hier vor».

Im Jahr 2000 hiess es dann, dass sieben fetten Jahren mit steter Teilnehmerzunahme sieben magere Jahre folgen würden. Tatsächlich gab es 2001 und 2002 einen Teilnehmerrückgang, aber die Presse lobte die Qualität des Anlasses wie folgt: «Diese Stafette ist so einzigartig in der Welt wie das ‹Eidgenössische› der Hornusser; Sport, Spitzensport im Kreise einer Familie. Und weil sie so einmalig ist, kommt diese Stafette einer Schweizermeisterschaft gleich. Wer gewinnt, hat einen Titel.»

Die Jubiläums-Stafette 2003 (10. Austragung) war ein Rekord in jeder Beziehung. Ehrenstarter Landammann Peter Beyeler schickte 69 Teams, darunter 7 Damen-Paare auf die Wettkampfstrecke. Der Wettkampf-Verlauf war äusserst spannend und endete mit einem neuen Sieger-Duo, René Hauser/Niklaus Käser.

Leider gaben dann zwei altbewährte Hauptorganisatoren des OK (Roman Spiess und Ruedi Engel) ihren Rücktritt bekannt. Es konnten keine Nachfolger gefunden werden, die elfte Auflage der Stafette stand in Gefahr.

Doch weil dieser Anlass bei den Wettkämpfern so beliebt ist, konnte er gerettet werden. Die Sportler danken dem neuen OK mit Walter Riedwyl/Sepp Schibli an der Spitze. Die Stafette brachte einmal mehr die besten Waffenläufer und Militärradfahrer an den Start.

Die Gründerväter Hauptmann Rodolphe Tissières
(links) und Hauptmann Roger Bonvin (rechts)

Teilnehmerzahlen

1994: 26 Paare, 1995: 27 Paare, 1996: 37 Paare, 1997: 46 Paare, 1998: 52 Paare, 1999: 45 Paare, 2000: 45 Paare, 2001: 40 Paare, 2002: 35 Paare, 2003: 69 Paare, 2004: 47 Paare, 2005: 52 Paare, 2006: 51 Paare.

«Goldenes Buch»

Das goldene Buch: Viele prominente Waffenläufer und Radfahrer haben in Rütihof gezeigt was sie können. Für die Waffenläufer ist es immer eine vorgängige Standortbestimmung zu den Herbstläufen. Für die Radfahrer war es bis 2001 eine gute Vorbereitung auf den Klassiker «St.Gallen-Zürich». Diesem grossartigen Rennen trauern heute noch viele Radfahrer nach. Auch bei den Damen-Teams erscheinen bekannte Namen, es hat nun schon viele gepackt an der Stafette mitzumachen.

Unsere Zukunft

Das OK der Rütihofstafette schaut zuversichtlich in die Zukunft. Dieser attraktive und beliebte Wettkampf soll so lange wie möglich erhalten bleiben. Natürlich spielen da verschiedene Faktoren über «Sein oder Nichtsein» mit, namentlich amtliche Bewilligungen für die Strecke (zunehmendes Verkehrsaufkommen), Helfer für die Streckensicherung / OK-Mitglieder / vorhandene Infrastruktur usw. Ein weiterer wichtiger Punkt ist der Nachwuchs. Dieser kann nur mit der Mund-zu-Mund.Propaganda erreicht werden.

Das Interesse der Medien ist in der lokalen Presse (Aargauer Zeitung und Reussbote) durch die Aufnahme der Vorschau und des Wettkampf-Berichtes gewährleistet. Darüber hinaus bleiben aber der Waffenlauf und die Militärradrennen weiterhin Randsportarten, das gleiche gilt auch für die Rütihof-Stafette.

Pius Zimmermann, Fislisbach, Aktuar der Sektion Aargau SVMLT

La Patrouille des Glaciers

Von der Entstehung ...

Die Idee der Patrouille des Glaciers keimte während der Grenzbesetzung von 1939–1945 – als die Schweiz unter der Bedrohung einer Invasion lebte – in den Köpfen der Hauptleute Rodolphe Tissières (links) und Roger Bonvin (rechts). Die beiden Alpinoffiziere der damaligen Gebirgsbrigade 10 (nachmalige Gebirgsdivision 10) setzten sich zum Ziel, die Hochgebirgssoldaten in einem Winterwettkampf zu erproben, den diese in Dreierpatrouillen in einer einzigen Etappe über die «Haute Route» von Zermatt nach Verbier zurückzulegen hatten.

Dabei sollte den Teilnehmern die Möglichkeit geboten werden, die anlässlich der langen Dienstzeiten im Gebirge – zur Verteidigung des südwestlichen Zentralraums der Schweizer Alpen – erworbenen technischen Kenntnisse in einer Durchhalteübung praktisch anzuwenden.

Die Patrouille des Glaciers wurde erstmals im April 1943 durchgeführt. Die 18 Patrouillen legten 50 km und einen Höhenunterschied von 7600 m zurück. Die erste Patrouille traf in Verbier nach 12 Stunden und 7 Minuten ein. Bloss zwei Patrouillen erreichten vollzählig das Ziel. Dabei ist zu berücksichtigen, dass die ungünstigen Wetterverhältnisse die Aufgabe der Patrouillen, welche damals über keinen Kompass verfügten, erheblich erschwerten. Allerdings überzeugten die Streckenlänge bzw. das Profil der Streckenführung und der Berglercharakter der Sieger.

Im Jahre 1944 wurde die Patrouille des Glaciers zum zweiten Mal mit einer grösseren Teilnehmerzahl auf einer noch längeren und anspruchsvolleren Strecke ausgetragen. Am Start in Zermatt meldeten sich 44 Patrouillen. 11 Patrouillen gaben vor allem infolge technischer Defekte auf. Die Siegerpatrouille erreichte Verbier nach 13 Stunden und 46 Minuten.

Die ursprünglich für das Jahr 1945 geplante dritte Auflage der Patrouille des Glaciers gelangte als Folge der aktivdienstbedingten Entbehrungen bzw. Ermüdungserscheinungen erst 1949 wieder zur Durchführung. Leider ereignete sich dabei ein folgenschweres Unglück. Eine Militärpatrouille aus dem Dranse-Tal, der Maurice Crettex, Robert Droz und Louis Thétaz angehörten, stürzte auf dem Glacier du Mont Miné in eine Gletscherspalte und konnte erst acht Tage später tot geborgen werden. Dieser schreckliche Unfall löste in der ganzen Schweiz heftige Kontroversen aus. Insbesondere wurden die mit einem solchen Gebirgslauf verbundenen Risiken und Gefahren scharf kritisiert. Als Folge davon verbot das damalige Eidgenössische Militärdepartement (EMD) eine weitere Durchführung des Wettlaufs; dieses Verbot blieb während mehr als 30 Jahren bestehen.

... bis zur Neuauflage

Also keine Patrouille des Glaciers mehr ab dem Jahre 1949. Trotzdem blieb die Erinnerung an diesen ausserordentlichen Gletscherlauf im Kreise der Gebirgstruppen wach. Anlässlich eines informellen Treffens von Alpinoffizieren (Divisionär Adrien Tschumy, Oberstleutnant René Martin und Hauptmann Camille Bournissen) im Jahre 1976 tauchte die Idee einer Neubelebung konkret wieder auf. Aufgrund eines eingehend begründeten Gesuchs erteilte der Ausbildungschef der Armee 1983 die Bewilligung zur Neuauflage der Patrouille des Glaciers. Im einschlägigen Konzept wurde u. a. die Teilnahme am Wettlauf neben Angehörigen der Schweizer Armee auch solchen ausländischer Streitkräfte sowie zivilen Sport Treibenden ermöglicht. Dabei wurden den Organisatoren die für militärische Sportanlässe geltenden Leistungen zugesichert (Zurverfügungstellung von Hilfspersonal, Fahrzeugen, Übermittlungsmitteln und anderem sachdienlichem Material). Allerdings lehnte das EMD eine finanzielle Unterstützung ab.

Zum vierten Streich

Anfangs Mai 1984 wurde der Start zur vierten Auflage, d. h. zur Neubelebung der Patrouille des Glaciers gegeben. Die grösste Aufmerksamkeit galt nach der Sperrfrist von 35 Jahren der Sicherheit. In Zermatt (Kategorie A) und in Arolla (Kategorie B) starteten insgesamt rund 200 Patrouillen. Im Jahr 1986 waren fast doppelt so viele Patrouillen am Start. Der Wettkampf musste aber wegen schlechter Wetterverhältnisse in Arolla abgebrochen werden. Alle Beteiligten hatten Verständnis für diesen Entschluss, nicht zuletzt in Erinnerung an den tragischen Unfall von 1949.

Im Hinblick auf den Wettlauf des Jahres 1988 wurden verschiedene organisatorische Änderungen vorgenommen. Für den Streckenteil von Zermatt nach Schönbiel wurde eine Maximalzeit vorgeschrieben und für die Kontrollposten Arolla und Col de Riedmatten wurden Zeitlimiten festgelegt. 1990 nahmen über 400 Patrouillen am Wettkampf teil. Im Jahr 2006 waren nicht weniger als 1250 Patrouillen am Start, was die Organisatoren dazu veranlasste, ab Zermatt zwei Wettläufe durchzuführen! Eine solche «Entlastungsmassnahme» wurde für die Kategorie B (Zermatt-Arolla) bereits in den 90er Jahren getroffen.

Logistik grossen Umfangs

1943, anlässlich des ersten Wettlaufs, wie auch 1944 und 1949 war die Patrouille des Glaciers ausschliesslich für Angehörige der Schweizer Armee bestimmt. Seit 1984 steht dieser einzigartige Gebirgslauf im Zweijahresrhythmus Militär- wie Zivilpersonen beider Geschlechter aus dem In- und Ausland offen. Sicherheit ist oberste Priorität. Die reibungslose Durchführung eines grossräumigen Sportanlasses im Hochgebirge erfordert den Aufbau einer umfangreichen Logistik. Auch im Bereich des Personals sprechen die Zahlen für sich: Damit einem solchen Vorhaben – bei vorbehaltloser Einhaltung des Sicherheitskonzepts-Erfolg beschieden ist, sind die Organisatoren auf den Einsatz von rund 1200 Armeeangehörigen und ebenso vielen freiwilligen zivilen Helferinnen und Helfern (Bergführer, Lawinenhundeführer, Hubschrauberpiloten, Ärzte, Sanitäter usw.) angewiesen.

Eine Gebirgslegende

Die seit 1984 grenzüberschreitend ausgerichtete Patrouille des Glaciers gehört gemeinsam mit der «Pierra Menta» und der «Trofeo Mezzalama» zu den «Trois grandes classiques du ski de montagne», d. h. zu den drei bedeutendsten Gebirgswettläufen im Alpenraum.

Die Patrouille des Glaciers ist ein legendärer Gletscherlauf, der eine einzigartige Anziehungskraft ausstrahlt. Kein anderer skialpinistischer Anlass der Welt vermag so viele Hobby- wie Spitzensportlerinnen und -sportler anzusprechen, obwohl es sich um den längsten und anspruchvollsten Gebirgslauf handelt, welcher in einer einzigen Etappe ausgetragen wird.

Streckenführung und Ausrüstung

Ein Blick auf die Landkarte zeigt, dass zwischen dem Start in Zermatt im Osten und Verbier, dem Ziel im Westen 53 Kilometer liegen mit 3994 Höhenmetern aufwärts und 4120 m abwärts, die erst einmal mit den eigenen zwei Beinen in der grossen Höhenlage und in einem schwierigen Gelände zu bewältigen sind. Um aber auch weniger gut trainierten Bergfreunden die Möglichkeit einzuräumen, den Mythos der Patrouille des Glaciers zu erleben, zu spüren und zu fühlen, wird seit 1984 neben der traditionellen langen Strecke auch eine verkürzte Strecke angeboten, bei der die Wettläuferinnen und Wettläufer erst in Arolla, also bei Halbzeit der langen Strecke, in den frühen Morgenstunden ins Rennen geschickt werden.

Der einzigartige PdG-Wettlauf ist geprägt von drei beschwerlichen Aufstiegen zur Tête Blanche, zum Col de Riedmatten und zur Rosablanche, von Gletscherbegehungen, von langen Abfahrten, von Passagen, bei denen die Skier getragen werden müssen, sei es im Fels, im Schnee oder im Eis, vom Ehrenspalier der Zaungäste am Start, im Ziel und auf der Rosablanche, vom langen Marsch in der Nacht und von unendlich vielen Eindrücken, die jeder Kilometer dieser Strecke bietet.

Die klassische Strecke führt von Zermatt (1616 m) über Schönbiel (2694 m) auf die Tête Blanche (3650 m) und weiter über den Col de Bertol (3268 m) und Plan de Bertol (2664 m) nach Arolla (1986 m). Von dort führt die Route auf den Col de Riedmatten (2919 m) und über den Pas du Chat (2581 m) gelangt man nach La Barma (2458 m). Der dritte Aufstieg führt auf die Rosablanche (3'160 m). Dort beginnt der letzte Abschnitt über den Col de la Chaux (2940 m) und Les Ruinettes (2192 m) nach Verbier (1520 m). Diese Route wird unter Alpinisten auch als «Haute Route Nordvariante» bezeichnet. Während bei fast allen Wettläufen, die im Pistenskigebiet ausgetragen werden, nur ein kleiner Leichtrucksack für Reservefelle, eine dünne Windjacke und eine Rettungsdecke erforderlich sind, haben die Teilnehmenden an der Patrouille des Glaciers schwere Rucksäcke mitzutragen, in denen die Hochgebirgsausrüstung samt Seil, Funkgerät usw. zu verstauen sind.

Schweizer Armee als Veranstalterin

Die Patrouille des Glaciers wird von der Schweizer Armee veranstaltet. Ohne die Federführung der Armee wäre keine Patrouille des Glaciers möglich, denn nur diese kann die umfangreichen Mittel bereitstellen, die dieser ausserordentliche Wettkampf erfordert. 42 Tonnen Material müssen ins Hochgebirge geflogen werden. Stundenlang dauert das Ballett der Hubschrauber. Zur Gewährleistung der Sicherheit der Teilnehmenden muss der Rennablauf bis ins kleinste Detail vorbereitet werden. Jede Patrouille erhält z.B. ein auf Empfang geschaltetes Funkgerät für den Notfall. Immerhin ist der gefährlichste Abschnitt des Wettkampfes in der Finsternis zu bewältigen, in über 3600 Metern Meereshöhe.

Voller Respekt
Die Teilnahme an der Patrouille des Glaciers bedeutet für alle Beteiligten eine grosse Ehre. Es handelt sich um einen ausserordentlichen und traditionsreichen Wettlauf – einzigartig im Alpenraum! Respekt vor der atemberaubenden Berglandschaft ist eine der wichtigsten Voraussetzungen für eine gewinnbringende Wettkampfbeteiligung.

Br Marius Robyr, Kommandant der Patrouille des Glaciers

Live dabei – Das Tagebuch der Patrouille UOV Wiedlisbach
Unser Patrouillenname: UOV Wiedlisbach
Wettkämpfer: Fritz Häni, Willi Frey und Jörg Hafner
Rennen: Zermatt–Verbier
Kategorie: Senioren III
Start: 27.04.2006 / 01.00 Uhr

Nach vielen gemeinsamen Skitouren reisen wir am frühen Mittwochmorgen gut vorbereitet und mit vielen zehntausend Höhenmetern in den Beinen nach Zermatt.

Erste Eindrücke von unseren Gegnern sammeln wir bei der Materialkontrolle. Wir staunen nicht schlecht über deren superleichtes und zum Teil selbst angefertigtes oder modifiziertes Material.

Rasch und ohne Beanstandung passieren wir die erste Hürde – den Eintritts-Check. Anschliessend beziehen wir im Hotel Weisshorn ein 3-er-Zimmer und stillen unsere «knurrenden» Mägen mit Spaghetti Napoli.

Um 17.00 Uhr erteilt der Wettkampfkommandant Brigadier Robyr in der Zermatter Kirche die letzten Anweisungen und gibt «grünes Licht» für die Patrouille des Glaciers 2006.

Kurz nach Mitternacht besammeln wir uns im Startgelände. Es verbleibt nur noch wenig Zeit bis zum Start. Zuschauer säumen die Bahnhofstrasse und bestaunen das Geschehen. Aus den Lautsprechern ertönt Musik, unterbrochen durch Ansagen des Platz-Speakers. Durch die Wolkendecke sind am Himmel erste Sterne auszumachen. Das Wetter scheint gut zu werden. Wir sind bereit! Skis und Schuhe sind auf den Rucksäcken fest aufgeschnallt. Der Countdown läuft: 30, 20, 10 Sekunden, Startschuss!!!

Vorsichtig gehen wir die ersten der 54 Strecken-Kilometer und 4000 Höhenmeter an. Schnell finden wir einen guten Rhythmus. An der Spitze des Feldes erreichen wir mit zwei weiteren Patrouillen die 500 Meter höher gelegene Wechselzone Staffel.

Schnaufend tauschen wir die Lauf- gegen die Tourenskischuhe. Die Steigfelle sind bereits aufgezogen. Gleitend und in zügigem Tempo folgen wir im Schweinwerferlicht den bereits gelegten Spuren auf dem Gletscher. Nach rund 2 Stunden erreichen wir den ersten Kontrollposten «Schönbiel». Ohne grossen Zeitverlust seilen wir uns mit einem doppelten Achter und Spirenstich an und laufen in Richtung Tête Blanche weiter.

Erste kleine Unsicherheiten machen sich beim steilen Anstieg zum Stockji bemerkbar. Die Steigfelle von Fritz bieten einen ungenügenden Halt. Notgedrungen montieren wir die Harsteisen. Das Malheur kostet uns ein paar Minuten.

Bei 19 Grad unter Null erreichen wir um 05.00 Uhr den hell beleuchteten und auf 3650 Meter über Meer liegenden Kontrollposten Tête Blanche. Hier reissen wir die Steigfelle von den Skiern und streifen uns bei eisiger Kälte eine Windjacke über.

Angeseilt setzen wir vorsichtig zur Abfahrt in Richtung Col de Bertol an. Mit unseren Stirnlampen leuchten wir vor uns führende Spuren im Pulverschnee aus. Sturzfrei und mit grosser Erleichterung erreichen wir das Gletscherplateau. Mit Doppelstock-Stössen und mit Skating-Technik bewegen wir uns mühsam fort. Nach 50 Minuten erreichen wir zu Fuss den Col de Bertol. Umgeben von Angehörigen der Armee und vielen Zuschauern entledigen wir uns des Bergseils.

Unter grossem Zeitdruck befahren wir wenig später den steilen Hang in Richtung Plan de Bertol. Bei Tagesanbruch und nach einer verwegenen Talfahrt erreichen wir 5 Minuten vor Kontrollschluss den Posten Arolla. Die Zeit drängt! Wir wissen, dass der nächste Posten Col de Riedmatten innert 1 $3/4$ Stunden erreicht werden muss. Willi fühlt sich unwohl und findet nach langem Suchen eine Toilette. Nicole verpflegt uns mit warmen Getränken und Fressalien und versucht motivierend auf uns einzuwirken. Die Zeit verrinnt unaufhaltsam und nach 30 Minuten setzen wir unsern Wettkampf endlich wieder fort.

Den Wettkampfrhythmus bestimmt fortan Willi. Noch innerhalb des Kontrollschlusses erreichen wir den Col de Riedmatten. Wir befestigen die Skier auf unseren Rucksäcken und steigen Tritt für Tritt das steile Couloir hoch. Auf dem Kulminationspunkt angekommen geht's ohne Halt rutschend und klammernd an fixen Bergseilen steil abwärts weiter. Etwas tiefer – an flacher Stelle – schnallen wir unter anderen versammelten Patrouillen ein weiteres Mal die Skier an und fahren bei guten Schnee- und Sichtverhältnissen zum nächsten Kontrollposten Pas du Chat.

Von hier geht es hoch über dem Lac des Dix zum nächsten Kontrollposten. Willi scheint sich etwas erholt zu haben. Bei Fritz melden sich erneut Probleme mit den Steigfellen. Sie lösen sich an den Skienden. Wir lösen das technische Problem und behelfen uns mit Klebeband. In La Barma verpflegen wir uns ausgiebig, im Wissen um den Energiebedarf für den bevorstehenden Aufstieg zur Rosablanche und die verbleibende Strecke.

Der Aufstieg wird zur Tortur. Die Sonne brennt höllisch. Zwei Stunden später und nach Überwindung von 750 Höhenmetern erreichen wir über das steile Couloir die Rosablanche. Noch einmal gönnen wir uns eine ausgedehnte Verpflegungspause. Mit dem Ziel vor Augen fahren wir erneut abwärts bis zum Fusse des Col de la Chaux. Nach Überwindung weiterer Schwierigkeiten und des letzten Aufstiegs folgen wir bei dichtem Nebel der Streckenmarkierung, die uns auf der Skipiste zur Mittelstation Les Ruinettes und bis nach Verbier führt. Inmitten vieler Zuschauer treffen wir nach 12 Stunden, 35 Minuten und 42 Sekunden im Ziel ein.

32 Die Wettkämpfer der Patrouille UOV Wiedlisbach.
V.l.n.r. Jörg Hafner, Fritz Häni und Willi Frey

33 Jörg Hafner, Fritz Häni und Willi Frey bei ihrer Ankunft in Verbier

Wir haben viele unvergessliche Momente erlebt. Skitouren auf das Gsür und das Balmhorn, die Schwalmeren, die «Nachttour» auf den Buntstock sowie die Rekognoszierungs-Tour von Zermatt nach Verbier bilden einige Höhepunkte der Vorbereitungsphase.

Wir sind ehrgeizige und erfolgreiche Sportler und wissen um unsere Stärken und Schwächen. Die erreichte Schlusszeit von über 12 $^1/_2$ Stunden mag etwas enttäuschen, zumal uns eine Endzeit um 10 Stunden zugetraut wurde.

Manche Augenblicke haben wir genossen und die Erinnerung, etwas Aussergewöhnliches vollbracht zu haben, erfüllt uns trotz allem mit Stolz. *Willi, Fritz und Jörg*

Der 100-km-Lauf von Biel
Waffenläufer in Biel

«Biel». Vielen Sportlerinnen und Sportlern ein Begriff. Biel ist bekannt für die Bieler Lauftage mit dem ältesten 100-km-Lauf der Welt, der 1958 als Militärveranstaltung gegründet wurde. Jedes Jahr Mitte Juni zieht es einige Tausend Ausdauersportler aus aller Welt an diese Veranstaltung.

Die Austragung 2006
An der Patrouille des Glaciers 2006 waren folgende Nationen durch Dreierpatrouillen vertreten: Andorra 2, Belgien 7, Bulgarien 1, Dänemark 1, Deutschland 13, England 11, Frankreich 65, Italien 31, Kanada 1, Luxemburg 1, Niederlande 4, Österreich 14, Schweden 1, Schweiz 1077, Slowenien 1, Spanien 19, Südafrika 1.

Neuer Rekord in 6:18:48!
Die franz.-italienische Patrouille «Team Millet-Savoie-Mt-Blanc (1)» hat am Wochenende seine Favoriten-Rolle bestätigt, indem sie die Schweizer Patrouille «Swiss Team 6» mit 9 Minuten Vorsprung geschlagen hat.

Wir haben sehr viel von der Patrouille «Swiss Team 7» erwartet, im 2004 auf dem 2. Platz klassiert, musste leider ein Teilnehmer am Col de Riedmatten aufgeben.

Trotz schwieriger Wetterlage haben Stéphane Brosse (FR), Patrick Blanc (FR) und Guido Giacomelli (IT) die Bestzeit aus dem Jahr 2004 um 12 Minuten und 54 Sekunden verbessert.

Neuer Rekord bei den Frauen!
Bei den Frauen haben die Schweizerinnen Cathérine Mabillard, Séverine Pont und Gabrielle Magnenat, die Patrouille «Swiss Team 1», mit 8h15'15» ebenfalls eine neue Bestmarke erzielt, 8 Minuten und 23 Sekunden besser als der eigene Rekord aus dem Jahr 2004.
Die zweite Patrouille ist die Patrouille Nr. 400 «Team Millet-Savoie-Mt-Blanc (2)» in 8h 47'46", d.h. 32 1/2 Minuten langsamer.

Unter den Waffenläufern hatte der «Hunderter» schon immer einen sehr grossen Stellenwert und eine magische Anziehungskraft. So tauchten früher wie auch heute noch unzählige Namen von Waffenläufern in den Ranglisten aller Kategorien und Stärkeklassen auf. Auch als Gesamtsieger durften sich schon Waffenläufer ehren lassen. Die letzten Waffenläufer, die einen Gesamtsieg erringen konnten, waren der Mittelländer Andreas Bringold und der Appenzeller Iwan Knechtle. Von 1987-91 erschien jeweils ein Jahrbuch, welches über die Waffenlauf-Saison berichtete. Redaktor und Herausgeber war der ehemalige Waffenläufer und heutige Waffenlauf-Fotograf Max Rüegg (Domat-Ems). Nebst allen Waffenläufen hatte darin auch der Bieler 100-km-Lauf seinen festen Stammplatz. Reich bebildert wurde von Waffenläufern berichtet, welche Biel erfolgreich meisterten.

Schweizer liefen früher wie heute ebenfalls in den verschiedensten Kategorien mit. Erstaunlich viele Waffenläufer nahmen die Strecke auch immer wieder unter die Füsse. Früher sehr oft in der Militärkategorie. Heute sind Schweizer Gruppen fast nicht mehr im vorderen Feld der Militärkategorien anzutreffen. Ein Ausschnitt aus der Berichterstattung über den 29. Bieler 100-km-Lauf lässt erahnen, dass die Schweizer früher absolut das Sagen hatten.

Alles über den «Bieler»
Geschichtliches
Der moderne 100-km-Lauf wagte seine ersten Gehversuche in der Schweiz. Grundlage waren die Ausdauermärsche, die bei den

Vor 20 Jahren ...
Die legendäre Nacht der Nächte 1987 am 29. Bieler 100-km-Lauf brachte einen Schweizer Sieg in der Militärkategorie. Der Sieg ging an das Ostschweizer Waffenläufer-Gespann Josef Reichmuth und Röbi Soltermann.

Unter den 3140 Teilnehmern beim 29. Bieler 100-km-Lauf befanden sich auch 72 Militärgruppen. Wie in den Jahren zuvor kam es zum Duell und zu einem erneuten Zweikampf der besten Schweizer Gruppen und den Spaniern aus Toledo. Einen Blitzstart legten die Spanier hin, bereits nach 10 km verbuchten sie einen Vorsprung von einer Minute. Josef Reichmuth/Röbi Soltermann von der Mehrkampfgruppe St.Gallen-Appenzell (heute LSV St.Gallen-Appenzell) und Jürg Hug/Urs Knopf vom UOV Bern passierten diese Stelle gemeinsam. Bereits einige Kilometer später stellten die Schweizer ihre Konkurrenten. Bis zum berühmten km 38,5 (Oberramsern) waren die Spitzengruppen in enger Tuchfühlung und jeder Ausgang dieser langen Nacht war noch möglich.

Nach einem Einbruch der Spanier zogen die beiden Schweizer Gruppen davon. Im letzten Aufstieg nach Gossliwil (km 83) suchten die beiden Ostschweizer Reichmuth und Soltermann die Entscheidung. Bis ins Ziel gelang es ihnen, einen Vorsprung von sieben Minuten herauszuholen und sie stellten einen neuen Rekord (8:21h) in der Militärkategorie auf. Der UOV Bern lief als zweite Gruppe ein und die Spanier erreichten den dritten Platz. Nur gerade 40 der 72 gestarteten Gruppen beendeten die bei bestem Wetter ausgetragene 100-km-Gruppenprüfung.

34 Die siegreichen Ostschweizer Josef Reichmuth (vorne rechts), Röbi Soltermann (vorne links) und Jürg Hug/Urs Knopf (hinten)

überrascht: Sie erinnern an einen Stadtmarathon. Denn die Zuschauer stehen dicht gedrängt und feuern die Ultras an. Dann geht es hinaus in die Dunkelheit der unbewohnten Landschaft. Doch bei km 17 ist damit zunächst wieder Schluss: Überwältigend wie ein kleiner Triumphzug ist der Einlauf ins Städtchen Aarberg. Plötzlich stehen am Streckenrand wieder Zuschauer, dicht gedrängt, mitten in der Nacht. Über die berühmte Holzbrücke poltern die Läufer am Publikum und der mittelalterlichen Kulisse des Marktplatzes vorbei. Dieser Wechsel von Einsamkeit, Stille der Nacht und Betriebsamkeit in den Orten wiederholt sich viele Male.

Eidgenossen schon in den 50er-Jahren sehr populär waren. Der Prototyp des heute üblichen 100-km-Rennens entstand 1959. In diesem Jahr nahmen erstmals 35 Läufer eine 100 km lange Runde unter die Turnschuh-Sohlen, die in der Uhrenstadt Biel startete. Sieht man von zahlreichen kleineren Streckenänderungen ab, wird die Runde des Jahres 1959 im Prinzip noch heute gelaufen.

Mekka der 100-km-Läufer
Aus den bescheidenen Anfängen entwickelte sich das «Mekka» des europäischen 100-km-Laufes schlechthin. Nachdem der Waldnieler «Laufpapst» Dr. Ernst van Aaken die These verbreitet hatte, 100 km seien leichter zu laufen als Marathon, versuchten sich immer mehr an dieser superlangen läuferischen Herausforderung. 1978 starteten in Biel erstmals mehr als 4000 Teilnehmer. Doch dann wurde die Konkurrenz immer grösser, Land-

schafts-Ultras wie der lange Kanten des Rennsteigs in Thüringen oder der Swiss Alpine in Davos fanden ihre Liebhaber und machten den Bielern Konkurrenz. Dort fing man den Läuferschwund auf den hundert Kilometern mit zusätzlichen Streckenangeboten auf. So steht seit vielen Jahren auch ein Marathon auf dem Programm.

Laufen, wenn andere schlafen
«100 km von Biel», das bedeutet: Laufen, wenn andere schlafen! Denn im Schweizer Seeland wird um 22.00 Uhr gestartet. Was sich gewöhnungsbedürftig anhört, hat einen Grund: das Zeitlimit in Biel liegt bei 22 Stunden, so finisht die Spitze im Morgengrauen und das Gros der Läufer kommt bei Tageslicht ins Ziel. In der Praxis bereitet der nächtliche Start den Läufern kaum Probleme.

Wer einen Landschaftslauf erwartet, wird auf den ersten sieben Kilometern mächtig

Aarberg ...
In Aarberg trabt das Läuferfeld noch in einem dichten Pulk vorbei. Aber auch nach vier, fünf oder zehn Stunden bleibt keiner lange Zeit ganz allein. Dafür sind es zu viele, die sich die «Nacht der Nächte» nicht entgehen lassen. Von Aarberg bis Kirchberg ist der Kurs durch ein ständiges Auf und Ab gekennzeichnet. Die Augen haben sich längst an die Dunkelheit gewöhnt. Doch dann, kurz hinter Kirchberg, nach nicht ganz 60 Kilometern geht es nicht mehr ohne Taschenlampe. Denn jetzt folgt die Laufstrecke fast 10 km lang dem Leinpfad entlang der Emme, unterbrochen nur von einer Getränkestation ziemlich genau auf der Hälfte.

Legenden und Abenteuergeschichten; Ho-Chi-Minh-Pfad
Das ist er, jener Weg, um den sich so viele Legenden und Abenteuergeschichten ran-

ken. Ho-Chi-Minh-Pfad wird er genannt und bei seiner Erwähnung horcht jeder Ultra ehrfürchtig auf. Dunkel, stockdunkel ist er, steinig, manchmal wurzelig und eng, sehr eng. Und endlos, immer geradeaus im Dunkeln.

Auch nach dem berüchtigten Pfad hören die Steigungen und Gefällstrecken nicht auf: Erst bei Gossliwil und km 82 ist der höchste Punkt erreicht. Aber wenn die Beine nicht mehr wollen, macht das Runterlaufen manchmal mehr Probleme als das Hochlaufen. Und von Gossliwil nach Arch werden 200 Höhenmeter auf etwa zwei Kilometern verloren.

Landschaften und Eindrücke
Irgendwann wird es hell, die schöne, grüne Landschaft wird sichtbar, man kann die Berge, die man bisher nur gefühlt hat, endlich auch sehen. Die langsameren Läufer sind in dieser Beziehung im Vorteil, sie können länger im Lauf- oder Wanderschritt die schöne Landschaft des Juras geniessen. Die letzten 15 km bleiben dann endlich flach, auf den letzten 5 km wird jeder Kilometer angezeigt. Bis dahin begnügen sich die Organisatoren mit 5-km-Abschnitten. Von Weitem schon ist das Eisstadion zu sehen. Auf den letzten Metern bis ins Ziel wartet Applaus auf die müden Ultraläufer.

Hervorragend ausgeschildert ist der Kurs durch die Nacht. Grosse, deutliche und grösstenteils beleuchtete Schilder weisen den Weg. Bei anderen Läufen wird über die Begleitfahrräder geschimpft, in Biel gehören sie zum Geschehen dazu. Die vielen Rücklichter zeigen manchmal kilometerweit den Verlauf der Strecke an, so profitieren auch die nicht direkt Betreuten vom Licht der Radfahrer. Läufer und Radfahrer bilden in Biel eine funktionierende Symbiose. Wer eine persönliche Betreuung mitgebracht hat, hat vor allem bei schlechten Wetterverhältnissen den Vorteil, dass er auf der Runde Kleidung und Schuhe wechseln kann. Aber in Sachen Verpflegung kann sich jeder Teilnehmer während der gesamten 100 km voll und ganz auf die offiziellen Angebote verlassen, die Versorgung ist vorzüglich.

Wer die schwere Bieler Strecke erst einmal testen will, kann den Lauf in Oberramsern nach 38,5 km, in Kirchberg nach 56,1 km oder in Biel-Bibern nach 76,6 km beenden, kommt in die Wertung und erhält eine Teilnehmermedaille.

«Unser Gut ist unsere Nacht»
Vieles ist in Planung, und im Hinblick auf den 50. 100-Kilometer-Lauf im Jahr 2008 erhoffen sich die Organisatoren der Bieler Lauftage neuen Schwung.

Franz Reist, Erfinder des Bieler «Hunderters», 35-facher Teilnehmer, sitzt gemütlich am Tisch und hört den Referenten zu. So ganz geheuer ist ihm nicht zumute. Er weiss, es geht um die Zukunft. Beat Müller, Präsident des Vereins Bieler Lauftage, erörtert die heikle Lage, Matthias Remund, der Direktor des Bundesamtes für Sport in Magglingen, gibt wertvolle Tipps und ist bemüht, die Bieler Lauftage irgendwo im Schweizer Sportkalender mit unglaublich vielen Anlässen einzuordnen.

Swiss Life ist ausgestiegen
Ein schwieriges Unterfangen. Denn der Bieler «Hunderter», der Nachtlauf, bekannt als die «Nacht der Nächte», lässt sich mit nichts vergleichen. Ein Blick nach vorne bedingt vorerst einen Blick zurück: Mit dem Ausstieg von Swiss Life als grösstem Geldgeber (um die 40 000 Franken pro Jahr während 13 Jahren) und der Tatsache, dass die Organisation ohne operativen OK-Präsidenten dasteht, werden innovative Schritte erschwert. Immerhin: Beat Müller gibt den Anwesenden mit «Progeno» den fünften Hauptsponsor bekannt (Wert um die 20 000 Franken) und gibt zu verstehen, dass die beiden nächsten Austragungen gesichert seien, zumindest bis zur Jubiläumsaustragung 2008.

Hohe Erwartungen
Neues Logo, ein Maskottchen, ein Fanclub, ein Ausbau des Rahmenprogramms, das ist für 2007 vorgesehen. Bevor in zwei Jahren mit dem 50. 100-Kilometer-Lauf etwas pompöser angerichtet werden soll. «Die Erwartungshaltung wird gross sein», weiss Müller schon heute. Das habe man schon bei der 40. Austragung feststellen können. Spezielle Medaillen, eine Jubiläumsausgabe, Wettbewerbe, eine Erweiterung des Laufangebots und ein möglicher Start beim Kongresshaus. «Viel steht an. Auch wir selber haben Erwartungen und hoffen auf einen neuen Teilnehmerrekord.»

Wie reagieren die Gemeinden?
Matthias Remund macht deutlich, was ein Anlass dieser Grössenordnung bedeutet. «Sportanlässe sind ein Motor für die regionale Entwicklung, wirken über den eigentlichen Anlass hinaus und vermögen Massen zu mobilisieren. Eine Imagewirkung für eine ganze Region, eine emotionsgeladene Plattform.» Nicht zuletzt aus diesem Grund stellt Müller berechtigte Fragen: «Was wollen wir? Was will die Stadt Biel? Kommen uns die Gemeinden, die dank des «Hunderters» Feste feiern, entgegen? Welchen Wert hat der Anlass für die Tourismusverbände?» Mit andern Worten: Die Bieler Lauftage wollen überleben, was Bike Days und Old Time Jazzmeeting nicht geschafft haben. Was auch Franz Reist zur Aussage bewegt: «Es ist schön zu wissen, dass der Bieler ‹Hunderter› auch nach meiner Ära noch weiterlebt. Das kann nicht jeder behaupten.» Doch mit der 50. Austragung darf nicht Schluss sein. Im Gegenteil: Können die Bieler Lauftage mit Nacht-Walking-Rennen und Kids-Nachtrennen überleben? Müller sagt: «Wir haben nicht die Jungfrau und den Eiger wie der Jungfraumarathon, aber wir haben unsere Nacht. Die kann man noch besser vermarkten.» *Beat Moning*

Auskünfte, Anmeldungen, Informationen
Sekretariat Bieler Lauftage
Bieler Lauftage, Postfach 283,
CH-2501 Biel-Bienne
Tel. +41 (0)32 331 87 09,
Fax +41 (0)32 331 87 14
E-Mail: lauftage@bluewin.ch,
Internet: www.100km.ch

Für Ultra-Läufer ein Muss
Der Deutsche Helmut Urbach drückte der hügeligen Schweizer Runde nachhaltig seinen Stempel auf. Der 7-fache Sieger empfiehlt Ultra-Beginnern das superlange Rennen: «Da läuft man immer in Gesellschaft, ist nie allein und die Organisation ist perfekt.» Als zusätzlicher Aspekt kommt hinzu, dass

das Aussteigen nicht so verlockend ist wie auf einer mehrmals zu laufenden 10-km-Runde. Denn bevor man stundenlang im Bus sitzt, kann man auch durchlaufen – oder durchmarschieren.

Das schwere Profil macht nicht nur Anfängern zu schaffen. Jeder Starter sollte bereits in seine Planungen vor dem Rennen miteinbeziehen, dass der Kurs von der Stadt am Bielersee durch das hügelige Mittelland führt. Insgesamt müssen rund 550 Höhenmeter überwunden werden. Trotz oder wegen dieser langen, welligen Herausforderung gilt der Bieler Hunderter in Ultra-Kreisen als Muss.

Biel «hautnah»
Über 2000 Läuferinnen und Läufer haben sich im Jahr 2006 bis vier Wochen vor dem Start für die verschiedenen Läufe angemeldet – davon über 1300 allein für den traditionsreichen Hunderter. An der Spitze der Felder zeigte sich insbesondere bei den Männern eine spannende Ausgangslage. In Abwesenheit des Vorjahressiegers Markus Kramer gehören der Zweite von 2005, Urs Jenzer (Frutigen), sowie der Dritte von 2005, Rolf Baumgartner (Neftenbach), zu den meistgenannten Favoriten. Die beiden haben vor Jahresfrist auf den Sieger nur wenige Sekunden verloren. Bei den Frauen wird wohl Titelverteidigerin Sonja Knöpfli (Winterthur) auch in diesem Jahr zu den stärksten Läuferinnen zählen.

Für die Verbesserung der absoluten Bestzeit des 100-km-Laufes ist wiederum eine Prämie ausgesetzt. Der Jackpot kann durch das Erzielen einer neuen absoluten Bestzeit gewonnen werden. Für das Erreichen einer neuen Bestzeit steht je die Hälfte des Jackpots für die Kategorie Einzellauf Männer und Einzellauf Frauen zur Verfügung. Der Jackpot beträgt mindestens CHF 1000.–, maximal CHF 6000.–.

Änderungen und Verbesserungen
Die 48. Austragung war von Änderungen geprägt. So wurde der Zielschluss neu auf 19 Uhr angelegt, eine neue Medaille wurde eingeführt sowie einige organisatorische Änderungen und Verbesserungen mussten umgesetzt werden.

Mit verschiedenen Neuerungen versuchten die Organisatoren, die Veranstaltung schon jetzt in Richtung 50. Jubiläum

---

«Stimmen» aus dem Gästebuch
Jahr für Jahr erreichen Hunderte Läufer und ihre Betreuer ihr Ziel. Auf der Webseite treffen sodann jeweils unzählige Einträge ein. Einige davon, entstanden nach der Austragung 2006, seien hier erwähnt:

Hans: *Liebes OK des Bieler 100er; ein schöneres Erlebnis konnte ich bisher nicht erleben. Dafür seid ihr vom OK mit den vielen Helferinnen und Helfern verantwortlich. Ich möchte mich bei allen recht herzlich bedanken. Ich kann mir nur wünschen, dass es den Bieler 100-er noch lange gibt, damit noch viele Läuferinnen und Läufer ein solch tolles Erlebnis haben können. Nochmals herzlichen Dank und alles Gute!*

Marianne: *Der Bieler Hunderter ist und bleibt der schönste und erlebnisreichste Klassiker aller Läufe. Herzliche Grüsse aus Krattigen*

Alexander: *Hallo und vielen herzlichen Dank an alle, die zum Gelingen dieser fantastischen Nacht beigetragen haben. Tolle Organisation, tolle Stimmung und Emotionen pur. Bis zum nächsten Jahr.*

Annette: *Hallo, in der Nacht der Nächte habe ich als Fahrradbegleiterin meinen ersten Hunderter mit meinem MTB geschafft, *aua*. Leute, ihr seid Spitze. Wie kann man sooo einen weiten Weg zu Fuss nur durchstehen? Ich gratuliere allen, die diese Ochsentour geschafft haben. Wahnsinn! Besonders gefreut habe ich mich, dass Werner gesund und munter die ganze Nacht als «Fan» an der Strecke stand. Grüssle*

Dominik: *Einmal musst Du nach Biel...Und jedes Mal ist's wieder der HAMMER! Dieses Jahr wieder mit dabei war mein super perfekt vorbereiteter Betreuer STEFAN, auch GF genannt. Dabei waren auch meine DANIELA und ihre kleine Schwester KARIN. Am Start, in Lyss und uns auf den letzten 10 Kilometern ins Ziel begleitend! DANKE Euch allen für diese super Unterstützung! Dank Euch habe ich meinen grossartigen Gesamtrang dieses Jahr verwirklichen können! Bin mega stolz, solche «Begleiter» zu haben! DANKE! Habt ihr schon was vor am 8./9. Juni 2007?... :-)*

Anonym: *Ein grosses Danke an alle Nachtschwärmer. Ihr habt die Nacht der Nächte zum Tag gemacht. Toll! Habt Ihr eigentlich nichts «Besseres» zu tun, als morgens um 4 Uhr die Lunge rauszuschreien? ;-) Merci!*

Isch: *Dem unbekannten Läufer, der mir auf dem Emmendamm nach meinem Sturz wieder auf die Beine half, möchte ich auf diesem Weg DANKE sagen. Ich kam gut in Biel an. Die «Nacht» war wieder supergigamegageil!*

Schilling's: *Gratulation unserem Papi zum 10. Bieler. Lieber Papi, das war wirklich eine starke Leistung von dir! Der 10. Bieler mit deiner zweitbesten Zeit. Und das erst noch fast allein. Wir sind mega stolz auf dich, Ruth, Lea, Rahel und David.*

France: *Un grand merci à toute l'équipe de l'organisation. Depuis le service des spaghettis jusqu'au stand de la remise du diplôme, tous sont d'une extrême amabilité. C'est une grande course gérée par un team en or!*

Yves: *Es war schlicht und einfach ein unglaubliches Erlebnis – vielen Dank all den Helfern rund um den Event! Auch ein ganz dickes Kompliment an die Organisatoren der Verpflegungsstellen, sensationell!*

2008 fit zu machen wie 2006, als in der Eishalle für Läufer und Besucher ein Village/Marktplatz aufgebaut wurde – inklusive Restauration und der Möglichkeit, den Start der Fussball-WM in Deutschland auf Grossleinwand mitzuverfolgen. Für Laufvorbereitungen finden die Aktiven in der Curlinghalle optimale Bedingungen vor – unter anderem auch mit dem Massagedienst.

Hauptlauf und int. 100-km-Militärpatrouillen-Wettkampf
Der 48. 100-km-Lauf von Biel hatte wiederum 3 Teilstrecken. Wer eine der Teilstrecken bewältigt, wird klassiert. Der Startschuss erfolgte am Freitag, 9.6.2006 um 22 Uhr beim Eisstadion Biel. In Oberramsern (Teilstrecke 1: 38,5 km), in Kirchberg (Teilstrecke 2: 56,1 km) und in Biel-Bibern (Teilstrecke 3: 76,6 km) wurden jeweils die Zwischenzeiten gemessen.

Nebst dem 100-km-Lauf wird seit vielen Jahren auch der Int. 100-km-Militärpatrouillen-Wettkampf und der 100-km-Patrouillenlauf für zivile Dienste angeboten. Die Patrouillen haben den Wettkampf geschlossen zu absolvieren. Gibt ein(e) Teilnehmer(in) auf, wird der/die Zweite in der Zivilkategorie klassiert. Das Tenue ist grundsätzlich gleich wie jenes der Zivilkategorie, das heisst freies Sporttenue. Einige starten jedoch im Kampfanzug der Armee. Eigentlich im Waffenlauftenue, jedoch in der Regel ohne Packung.

100-km-Schweizerrekord durch Sonja Knöpfli
Für die herausragende Leistung beim 48. Bieler 100-km-Lauf sorgte Sonja Knöpfli (LV Winterthur): In 7:51:34 Stunden erzielte die 29-jährige Schweizerrekord im 100-km-Strassenlauf. Bei den Männern lief der 48-jährige Francisco Pasandin (Orient VD) in 7:24:41 als Erster durchs Ziel.

Sonja Knöpfli, die früher von 800 m bis 5000 m auf der Bahn Schweizer Espoirs-Meistertitel geholt hatte, wartete mit einem Blitzstart auf und passierte bis zum 70. km immer mit weniger als 10 Minuten Rückstand auf den schnellsten Mann. «Ich habe wohl etwas zuviel riskiert, nachdem ich plötzlich eine Viertelstunde schneller als geplant unterwegs war und zu rechnen begann», sagte die Zürcherin. Sie hatte unvermittelt die Jahres-Weltbestzeit (7:45h) im Kopf und musste dann verständlicherweise dem hohen Tempo auf den letzten 25 Kilometern Tribut zollen.

Bei den Männern setzte sich Pasandin, der erst im Alter von 39 Jahren mit dem Laufsport begonnen hatte, nach rund 75 km endgültig von seinem letzten Begleiter Urs Jenzer (Frutigen) ab, der wie im Vorjahr Zweiter wurde. Auf Rang 3 lief Ernst Schmid (Udligenswil). Den 4. Rang erkämpfte sich der bekannte Waffenläufer Rolf Baumgartner (Neftenbach).

Fast 3000 Läufer/-innen am Ziel
Die Meldezahlen (Voranmeldungen) haben sich seit 2004 stark verändert. Die Tabelle zeigt auf, dass die Bieler Lauftage einem grossen Bedürfnis entsprechen:

Meldezahlen (Voranmeldungen)	2006	2005	2004
100-km-Lauf	1352	1383	1143
Stafetten	466	416	160
Nachtmarathon	140	114	85
Halbmarathon	122	181	141
Büttenberglauf	57	72	38
Walking	33	47	20
Total	2170	2213	1634

Gesamtklassement Männer (1229 Klassierte)
1. Francisco Pasandin, Jg. 58, Orient VD, 7:24.41
2. Urs Jenzer, 70, Frutigen, 7:28.58
3. Ernst Schmid, 65, Udligenswil, 7:33.04
4. Rolf Baumgartner, 64, Neftenb., 7:34.11
5. Karlheinz Wild, 56, D-Blankenfelde, 7:46.08
6. Ruedi Streuli, 55, Sursee, 7:58.09
7. Rainer Koch, 80, D-Dettelbach, 7:58.13
8. Beat Luder, 72, Kirchberg BE, 7:58.44
9. Michael Thiel, 68, D-Lübeck, 8:04.45
10. Jörg Kupfer, 66, D-Gotha, 8:12.12
11. Dirk Bauer, 72, D-Rosengarten, 8:13.39
12. Dominik Schlumpf, 78, Sulgen, 8:21.42

Gesamtklassement Frauen (196 Klassierte)
1. Sonja Knöpfli, Jg. 77, LV Winterthur, 7:51.34
2. Brigitte Wolf, 67, Bitsch, 8:42.09
3. Daniela Nusseck-Haller, 71, Oberentfelden, 9:13.03
4. Cecile Danao, 59, Aarau, 9:28.02
5. Ilona Schlegel, 66, Melpomene Bonn, 9:28.41
6. Angelika Alt, 66, D-Bad Dürkheim, 9:31.58
7. Cornelia Heinze, 66, D-Hamburg, 9:35.33
8. Beatriz Hess, 68, Wynigen, 9:43.00
9. Denise Zimmermann, 75, Mels, 9:44.17
10. Claudia Stader, 70, D-Langenfeld, 9:44.45
11. Grit Seidel, 70, D-Berlin, 9:46.14
12. Ulrike Steeger, 61, D-Troisdorf, 9:50.13

Zu erwähnen ist jedoch, dass unzählige aktive und ehemalige Waffenläufer unter den Klassierten waren. Namen wie Ueli Kellenberger, Rolf Baumgartner oder David Saladin

Die Bieler Lauftage vom 9./10. Juni 2006 werden von den Organisatoren mit total 3147 Anmeldungen als Erfolg gewertet. Über die verschiedenen Distanzen erreichten 2844 Läufer/-innen das Ziel. Allein 1745 Aktive wurden über die Distanz von 100 km klassiert. Die verschiedenen Neuerungen im Bereich Start und Ziel im und um das Eisstadion stiessen auf ein positives Echo und sollen weiterentwickelt und ausgebaut werden.

Das in Läuferkreisen kursierende Gerücht, wonach die Bieler Lauftage nach dem Jubiläumslauf 2008 (50. 100-km-Lauf) nicht mehr organisiert werden, wurde Tage später vom OK dementiert.

Von den insgesamt 1735 100-km-Läufern betrug die Aussteigerquote 18%. Das Ziel erreichten 1425 Läufer. Finisher Teilstrecke 1 (38,5 km): 126 (7.4%), Finisher Teilstrecke 2 (56,1 km): 134 (7.8%) und Finisher Teilstrecke 3 (76,6 km): 40 (2.4%).

Auszug aus der Rangliste 2006
Studiert man die Rangliste (www.100km.ch) stellt man erstaunt fest, dass die Schnellsten Läufer unter 7 1/2 Stunden haben, die Langsamsten das dreifache! Eindrücklich! Sieger sind sie alle!

machen deutlich: Biel ist auch unter Waffenläufern sehr beliebt. Die kompletten Ranglisten sind auf der Webseite der Organisatoren abrufbar.

Natürlich sind alle Resultate erwähnenswert, aber es sprengt den Rahmen des Buches. Ein «Überflug» durch die Ranglisten bringt bekannte und weniger Bekannte Schweizer Läuferinnen und Läufer zum Vorschein. Viele darunter sind aktive und ehemalige Waffenläufer.

Die folgende Auflistung ist ein Auszug der Waffenläufer, welche in Biel 2006 das Ziel erreichten:

Baumgartner Rolf, 64, Neftenbach, 7:34.11,2
Dominik Schlumpf, 78, Sulgen, 8:21.42
Glogger Urs, Münsingen, 8:45.29
Dietrich Marcel, Bern, 9:55.07,1
Fluri Josef, Matzendorf, 10:05.09
Brunschweiler Josef, Urdorf, 10:20.09
Vogel Urs, Rheinfelden, 11:06.52
Staub Hanspeter, 81, Oberbüren, 11:08.28,7
Brönnimann Thomas, 79, Bern, 11:21.11,5
Buch Christian, Ipsach, 11:32.31
Bratschi Pascal, 84, Lyss, 11:42.13,8
Roth Walter, Rifferswil, 12:31.07,2
Ritter Manfred, 35, St. Gallen, 12:31.07,2
Stadler Eufemia, Zürich/Puerto Rico, 12:59.55
Fausch Jörg, Frauenfeld, 13:14.57,1
Döbeli Viktor, Villmergen, 13:41.33,0
Habegger Hans, Utzigen, 13:42.27,1
Niedermann Ignaz, 79, Oberbüren, 13:55.16,4
Gysin Ernst, Oberdorf SO, 14:09.46,5
Baumgartner Tobias, 81, Märwil, 14:25.11,4
Mosimann Walter, Lyssach, 14:46.55,0
Schwager Rudolf, Thun, 16:41.29,6
Krebs Werner, Steffisburg, 17:42.05,6

Impressionen

Die schnellsten Bieler SiegerInnen

Herren			Damen		
Zeit	Jahr	Name	Zeit	Jahr	Name
6.37	1996	Camenzind Peter, Zürich	7.37	1997	Lennartz Birgit, Sankt Augustin D
6.38	1986	Schläpfer Robert, Arosa	7.51	1990	Lennartz Birgit, Sankt Augustin D
6.42	1985	Schläpfer Robert, Arosa	7.51	2006	Knöpfli Sonja, Winterthur
6.42	1984	Rupp Peter, Langnau a.A.	7.59	1989	Brechbühl Rösli, Konolfingen
6.45	1987	Schnyder Hans, Obererlinsbach	8.00	2005	Knöpfli Sonja, Winterthur
6.47	1983	Rupp Peter, Langnau a.A.	8.05	1984	Eichenmann Genoveva, Vinelz
6.49	1999	Frei Konrad, Hochwald	8.09	1995	Lennartz Birgit, Sankt Augustin D
6.50	1992	Engeler Markus, Richterswil	8.10	1999	Hiebl Elke, Bodenmais D
6.51	1991	Camenzind Peter, Zürich	8.16	2001	Stump Karin, Busslingen D
6.52	1990	Camenzind Peter, Zürich	8.12	1993	Lennartz Birgit, Henef D
6.53	1993	Ostertag Andreas, Egg	8.16	2000	Wagner Constanze, Reichelsheim D

Gewinner und Siegerzeiten 100-km-Lauf von Biel (1959–2006)

Lauf	Jahr	Sieger Herren	Zeit	Sieger Damen	Zeit
1.	1959	Ruch Hans (Bern)	13:45		
2.	1960	Brünisholz Emil (Plasselb)	11:32		
3.	1961	Aeschlimann Wilhelm (Worb)	8:43		
4.	1962	Aeschlimann Wilhelm (Worb)	9:09	Knuchel Käthi (Biel)	20:13
5.	1963	Aeschlimann Wilhelm (Worb)	8:17	Schaer Emmi (Bern)	20:38
6.	1964	Aeschlimann Wilhelm (Worb)	8:54	Kummer Pia (Bern)	16:49
7.	1965	Roth Werner (Uetendorf)	8:31	Dünner Margrit (Brugg)	19:25
8.	1966	Roth Werner (Uetendorf)	8:07	Dünner Margrit (Brugg)	16:12
9.	1967	Urbach Helmut (Köln, D)	8:11	Wälti Anne-Rose (Biel)	13:44
10.	1968	Cvercko Michael (Kosice, CSSR)	8:00	Wälti Anne-Rose (Biel)	14:05
11.	1969	Urbach Helmut (Köln, D)	7:55	Westphal Eva (Hamburg, D)	12:24
12.	1970	Reiher Peter (Konstanz, D)	7:25	Wälti Anne-Rose (Biel)	12:01
13.	1971	Hughes Lynn (Glamorgan, GB)	7:42	Westphal Eva (Hamburg, D)	12:48
14.	1972	Schadt Siegfried (Stuttgart, D)	7:01	Mugeli Ida (Le Locle)	12:40
15.	1973	Urbach Helmut (Köln, D)	7:01	Holdener Edith (Zug)	11:04
16.	1974	Urbach Helmut (Köln, D)	6:59	Holdener Edith (Zug)	9:52
17.	1975	Hasler Heinz (Herzogenbuchsee)	7:04	Holdener Edith (Zug)	9:31
18.	1976	Quinn Brian T (USA, Berlin)	7:28	Holdener Edith (Zug)	9:10
19.	1977	Urbach Helmut (Köln, D)	7:15	Holdener Edith (Zug)	9:01
20.	1978	Van Kasteren H. (Essingen, D)	6:58	Weilbaecher Rita (Sindelfingen D)	9:18
21.	1979	Urbach Helmut (Köln, D)	6:58	Holdener Edith (Zug)	9:03
22.	1980	Urbach Helmut (Köln, D)	7:01	Horber Riet (Frauenfeld)	8:45
23.	1981	Steffen Fritz (Biel)	7.12	Kuno Monika (Bad Waldsee, D)	8:26
24.	1982	Rupp Peter (Langnau a.A.)	6:59	Goy Josiane (Nyon)	9:06
25.	1983	Rupp Peter (Langnau a.A.)	6:47	Birrer Gaby (Nidau)	8:28
26.	1984	Rupp Peter (Langnau a.A.)	6:42	Eichenmann Genoveva (Vinelz)	8:05
27.	1985	Schläpfer Robert (Arosa)	6:42	Eberle Agnes(Zuzwil)	8:17
28.	1986	Schläpfer Robert (Arosa)	6:38	Eberle Agnes(Zuzwil)	8:25

Lauf	Jahr	Sieger Herren	Zeit	Sieger Damen	Zeit
29.	1987	Schnyder Hans (Obererlinsbach)	6:45	Janicke Katharina (Weinsh., D)	8.22
30.	1988	Schnyder Hans (Obererlinsbach)	6:57	Lennartz Birgit (Augustin, D)	8:30
31.	1989	Engeler Markus (Richterswil)	6:56	Brechbühl Rösli (Konolfingen)	7:59
32.	1990	Camenzind Peter (Zürich)	6:52	Lennartz Birgit (St. Augustin, D)	7:51
33.	1991	Camenzind Peter (Zürich)	6:51	Philippin Jutta (Renningen, D)	8:33
34.	1992	Engeler Markus (Richterswil)	6:50	Brechbühl Rösli (Konolfingen)	8:25
35.	1993	Ostertag Andreas (Egg)	6:53	Lennartz Birgit (Hennef, D)	8:16
36.	1994	Sommer Michael (Schwaikheim)	6:56	Lennartz Birgit (Siegburg, D)	8.40
37.	1995	Engeler Markus (Richterswil)	6:56	Lennartz Birgit (Siegburg, D)	8:09
38.	1996	Camenzind Peter (Zürich)	6:37	Lennartz Birgit (Siegburg, D)	8:23
39.	1997	Kramer Markus (Dietikon)	6:57	Lennartz Birgit (Siegburg, D)	7:37
40	1998	Kramer Markus (Dietikon)	7.03	Wagner Constanze (Reichelsheim, D)	8.27
41	1999	Frei Konrad (Hochwald)	6.49	Hiebl Elke (Bodenmais, D)	8.10
42	2000	Hickey Victor Wayne (Meaford Can)	7.14	Wagner Constanze (Reichelsheim, D)	8.16
43	2001	Bringold Andreas (Wiedlisbach)	7.12	Stump Karin (Busslingen)	8.12
44	2002	Frei Konrad (Hochwald)	6.56	Drescher Anke (Tübingen, D)	8.53
45	2003	Job Martin (Tann)	7.07	Rossel Tsilla (Renens VD)	8.43
46	2004	Knechtle Iwan (Appenzell)	7.20	Hiebl Elke (Bodenmais D)	8.27
47	2005	Kramer Markus (Meilen)	7.26	Knöpfli Sonja (Winterthur)	8.00
48	2006	Pasandin Francesco (Orient)	7.24	Knöpfli Sonja (Winterthur)	7.51

* = Aktueller Rekord

Der internationale Viertagemarsch Nijmegen/Niederlande

Auf den folgenden Seiten haben eindrucksvolle Erinnerungen an den 90. Internationalen Viertagemarsch von Nijmegen, der grössten Wanderveranstaltung der Welt (18. – 21. Juli 2006) ihren Platz. Der «4Daagse» ist Jahr für Jahr ein grosses Ziel für tausende Wehrsportler aus aller Welt, auch für viele aus der Schweiz. Lesen Sie selbst!

Das Abenteuer
Das grösste Marsch- und Walkingspektakel der Welt feierte im Sommer 2006 Geburtstag und was für einen – den 90.! Zweifellos ein Jubiläum der besonderen Art. Als man den 4-Tage-Marsch im Jahr 1909 ins Leben rief und 306 uniformierte Teilnehmer mitmarschierten, dachte noch kaum jemand daran, dass 97 Jahre später eine so grosse Völkerwanderung in fröhlichem Marschschritt mit gegen 50'000 Marschierenden und Walkern durch die Gegend rund um Nijmegen in der Region Gelderland, nahe der deutsch-niederländischen Grenze, stattfinden werde. Wäre im Vorjahr nicht eine Teilnehmerlimite eingeführt worden, es wären bereits deutlich – Sie lesen richtig – über 50000 Marschierende! Wie erwähnt wurde der Marsch erstmals 1909 durchgeführt. Damals konnten die gut 300 Teilnehmer von 13 verschiedenen Ortschaften aus starten. Ein Jahr später wurde entschieden, die Wanderung künftig nur noch von einem Ort aus in Angriff zu nehmen. Die erste Frau beteiligte sich 1911 am Marsch. Obwohl sie das Ziel erreichte, kam sie aber nicht in den Genuss einer Medaille. Die ersten ausländischen Gruppen – heute sind es über 60 Delegationen – schrieben sich 1928 für die Teilnahme am Event ein. 1932 meldeten sich erstmals mehr Zivilisten als Militärangehörige für den Marsch an. Äusserst populär wurde der Viertagemarsch von Nijmegen nach Ende des Zweiten Weltkriegs. 1954 nahmen mehr als 10000 Personen daran teil. 2006 waren es gegen 48000 Menschen!

Die berühmten vier Tage von Nijmegen in den Niederlanden feiern zweifellos einen der aussergewöhnlichsten Geburtstage der weltweiten und Völker verbindenden Sportgeschichte! Seit 1909, unterbrochen durch die beiden Weltkriege, behauptet sich diese Marscholympiade als Breitensportanlass von hoher Qualität, vorzüglicher Organisation, einem Zusammentreffen und einer Verbrüderung von Marschteilnehmern aus der gesamten Welt. Mit rund 5000 uniformierten und 45000 zivilen Marschteilnehmern ist das Marschieren über die 4 Tage in Holland nicht aus der Mode gekommen. Im Gegenteil, die 50000 Startplätze waren bereits Monate vorher ausverkauft und es besteht Jahr für Jahr eine grössere Nachfrage!

Geschichte und Ursprünge des Walkens, Gehens, Laufens oder eben Marschierens!
Nicht körperlicher Ertüchtigung wegen liefen unsere Vorfahren vor Jahrtausenden, sondern um ihre tägliche Nahrung zu sichern oder ihr Leben zu retten. Spätere Kulturen

35 «Wollen ist können»
Nijmegen steht als Krönung oder als Wimbledon für Wehrsportler und andere marschfreudige Menschen. Der Marsch wird durch den KNBLO (Königlich Niederländischen Bund für Leibeserziehung) unter dem Motto «wollen ist können» organisiert.

36 Eindrücke aus dem Goffert-Stadion von der Flaggenparade der teilnehmenden Delegationen und Nationen.

führten dann erste Formen von sportlichen Wettkämpfen ein.

Der Vollständigkeit halber noch kurz zur Geschichte des «Gehens»: 1893 wurde der Distanz-Marsch-Verein Berlin-Wien (578 km) gegründet. Es hätte der Wunsch bestanden, sich mit den Reitern und Radfahrern zu messen, die diese Strecke bereits schon 1892 und 1893 bewältigt hatten. Mit der ersten Austragung dieses Marsches am 29. Mai 1893 entstand oder entwickelte sich das «Gehen» als Sportdisziplin. Es wurde ein Reglement ausgearbeitet, denn es mussten Vorschriften über eine eindeutige und klare Technik erlassen werden, damit es kein Langstreckenlauf wird. 1906 wurden die «wettkampfmässigen Geher» ins Olympische Programm aufgenommen. Und allem Hohn und Spott zum Trotz gehören sie nach wie vor dazu!

Die Gründung der Olympischen Spiele der Neuzeit wurde stark vom damaligen Militär (-Sport) geprägt und von zahlreichen verantwortlichen Militärpersonen gefördert und vorangetrieben. Die Absicht war sicher das friedliche Kräftemessen und die Völkerverbindung. Darum finden sich noch heute zahlreiche Disziplinen, die ihren Ursprung in den Armeen hatten oder stark damit verbunden waren (Reiten, Schiessen, Werfen, verschiedene Hindernisdisziplinen, Laufen, Distanzmärsche = heute Gehen usw.). Die Lauf- und Gehwettbewerbe stehen in Olympischen Spielen nach wie vor im Mittelpunkt. Die Schweiz hatte in der Disziplin «Gehen» der 30er, 40er und 50er Jahre zahlreiche internationale Erfolge zu verzeichnen und einige Olympiamedaillen gewonnen.

1909 wurde der erste Viertagemarsch in den Niederlanden durchgeführt. In den Zwanziger- und Dreissigerjahren fand ein 504-km Wettmarsch Paris-Strassburg mit seinen Weltrekorden über 300 bis 500 km statt. In der Schweiz wurden um die Jahrhundertwende und in den ersten Dekaden des 20. Jahrhunderts einige Ultradistanzläufe und Langstreckenmärsche durchgeführt; z. B.: 1916 ein 40-km Armeegepäckmarsch in Zürich, 1917 ein 25-km Armeegepäckmarsch in Biel, oder denken wir nur an den Distanzmarsch von über 200 km «Tour pédestre du Léman» rund um den Genfersee oder das 300-km-Gehen rund um Zürich usw.! 1934 wurde der berühmte und legendäre Militärwettmarsch von Frauenfeld ins Leben gerufen und und steht heute noch wie ein Fels in der Brandung der schweizerischen Waffen- und Langstreckenlaufszene. Dies vielleicht zum Verständnis für diejenigen, die die Ursprünge vergessen haben oder es nicht mehr wahr haben wollen. Das moderne Walken und auch Nordic-Walken ist nichts anderes als eine Wiederentdeckung des traditionellen Marschierens oder Fortbewegens auf Schusters Rappen!

Und jetzt sieht man die Parallelen zu unserem Sport, dem modernen Walken oder Marschieren. Wir Marschierer, im Speziellen wir Vierdaagse-Marschierer, sind die Nachfahren der Distanzmarschierer von damals.

Das Schweizer Marschbataillon

Es werden sowohl in der Schweiz als auch im Ausland viele Marschveranstaltungen durchgeführt. Viele «Insider der Marschszene» bezeichnen den Internationalen Viertage-Marsch von Nijmegen in den Niederlanden als die Krönung. 1933 tauchten im Teilnehmerfeld auch schweizerische Namen auf, und seit 1959 nimmt ein Schweizer Marschbataillon ohne Unterbruch an dieser aussergewöhnlichen Veranstaltung teil.

Schweizer Armee seit 1959

Die offizielle Schweiz wird mit ca. 220 AdA (weibliche und männliche Angehörige der Armee) des schweizerischen Marschbataillone vertreten sein. Im Gruppenverband legen die einzelnen Marschgruppen im Tarnanzug 90 und mit 10 kg Gepäck beladen, täglich 40 km zurück. 2006 nahm das schweizerische Marschbataillon zum 48. Mal in ununterbrochener Folge teil. Der Viertage-Marsch von Nijmegen beginnt traditionsgemäss immer am 3. Dienstag des Monats Juli!

Die Schweizer Militärdelegation stand auch dieses Jahr unter der Leitung von Oberst i Gst Jean-Jacques Joss, Chef Sport und Ausserdienstliche Tätigkeit im Kdo Ausbildung des Heeres. Als offizieller Vertreter der Schweizer Armee besuchte bereits am ersten Marschtag der Ausbildungschef des Heeres, Divisionär Hans-Ulrich Solenthaler die im Militärcamp Heumensoord, südlich von Nijmegen stationierte Truppe von Marschiererinnen und Marschierern.

Nebst den Schweizern sind auch Vertreter anderer Armeen auf dem eigens aufgestellten Militärcamp Heumensoord untergebracht. Etwa 8000 Angehörige verschiedener Armeen gehören den vielen Marschdelegationen an.

Für die Betreuung der Schweizer Militärmarschierenden steht ein Delegationsstab mit Sanität, Militärpolizei und Motorfahrern zur Verfügung. Sämtliche Schweizer Militärmarschgruppen starten in der Kategorie 4 x 40 km. Die Streckenführung erfolgt in Rundkursen sternförmig um die Stadt Nijmegen.

Wichtige Vorbereitung!
Zur Vorbereitung müssen mindestens 300 km in den einzelnen Gruppen trainiert werden. Dabei wird sowohl der Körper auf diese Prüfung vorbereitet als auch die Kameradschaft innerhalb der Gruppen gefestigt. Damit die unvergesslichen Tage für jeden ein Erfolg und damit unvergesslich im Positiven werden, muss sich jeder entsprechend vorbereiten. Ein Vierdaagse kann selbstverständlich nur erfolgreich unter die Füsse genommen und ohne allzu grosse Blessuren absolviert werden, wenn wir uns richtig vorbereiten. Auch hier gilt: «Wer in der Vorbereitung scheitert, bereitet sich vor, am Vierdaagse zu scheitern!» Darum beginnt die Saison bereits ab anfangs März mit verschiedenen Marschtrainings und der Teilnahme an den offiziellen Marschveranstaltungen, wie unter anderen dem Schweizerischen 2-Tagemarsch Bern-Belp.

Der 4-Daagse «hautnah»
An der 90. Austragung im Jahr 2006 nahm wiederum, nunmehr zum 48. Mal, die Schweizerische Armee mit einer 220-köpfigen Marschdelegation, unterteilt in 14 Gruppen teil. Die Gruppen setzen sich aus den Marschierenden und den Betreuern zusammen.

Die kleinste Gruppe umfasst 12 Marschierende, in der grössten Marschgruppe (Hollandmarschgruppe SVMLT) marschieren 37 Wehrmänner und -Frauen.

Der Autor selbst nahm zum vierten Mal daran teil und schildert als Teilnehmer diese faszinierende Woche in Holland mit Berichten, Portraits und Interviews. Die vielen Eindrücke, sowie Berichte von anderen Teilnehmern ergeben ein Gesamtbild, welches im folgenden Bericht über den berühmten Marsch zusammengefasst ist.

Im Jubiläumsjahr 2006 (90 Jahre) nahmen an diesem grossen Wehrsport-Anlass folgende Marschgruppen teil:
– MMG Hippo
– Holland Marschgruppe SVMLT 1–3 mit MMG Pilatus
– MG Komp Zen Geb D A
– Swiss Military Rescue Walker Team mit MG Fernmeldedienste und Nijmegen Team Ticino
– Swiss Train
– WSG Schwyz 1 + 2 mit Oberegg
– MG Aare mit MG ASSO Porrentruy-Ajoie
– MG Art Verein Luzern
– Ostschweizer Marschgruppe mit MG Berna-Bern, UOV Stadt Bern und MG Bärner Mutze
– Gr sportif Les Chevrons mit Free Walkers und MG Interlaken
– MG Geb Füs Bat 112 (+) 1 + 2

Die begehrteste Auszeichnung für Marschierende aus aller Welt: Der königliche Orden

«Das Tagebuch»
Tag 1, Samstag, Hinreise
In Basel trafen wir uns zur gemeinsamen Abreise. Abfahrt ist um 09.12 Uhr. Zusammen fuhren wir mit der Deutschen Bahn über Frankfurt, Köln, Emmerich, Arnhem nach Nijmegen. Durch die neue Streckenführung gehörte die frühere Rheinuferfahrt, vorbei an der berühmten «Loreley», leider der Geschichte an. Nach der Ankunft in Nijmegen und der Busfahrt ins Militärcamp Heumensoord, bezogen wir die durch das «Dienstdétachement» des Schweizerischen Marschbataillons vorbereitete Unterkunft. Was den anschliessenden Ausgang betrifft, so waren die Bedürfnisse so individuell, dass der Schreibende aus Diskretionsgründen nicht allzu viel erzählen möchte und über die eigenen Eskapaden zu berichten, wäre so oder so nie objektiv ;-).

Tag 2, Sonntag, Ruhe
Der Sonntag diente einigen zum Ausschlafen, andere erkundeten die Stadt Nijmegen oder fuhren mit der Eisenbahn nach Amsterdam. Einige Waffenläufer absolvierten einen einstündigen Trainingslauf. Traditionsgemäss fanden mehrere Anlässe statt: Die Empfänge der Stadtmusik Kloten in Bemmel (wurde jedoch wegen der Absage des 4-Daagse nach dem ersten Tag nicht durchgeführt) und der Schweizer Marschdelegation – traditionsgemäss zusammen mit der Deutschen Bundeswehr – in der Party Hall auf dem Campgelände.

Der Abend war reserviert für den offiziellen Empfang der Delegationen. Das heisst:

Der Delegationsleiter der Schweiz, Oberst i Gst Jean-Jacques Joss, begrüsste – zusammen mit dem deutschen Delegationsleiter Oberstlt Kluge – die Gäste. Divisionär Hans-Ueli Solenthaler sowie der deutsche Brigadegeneral Sohst hielten die Ansprachen an die zahlreichen Gäste aus dem In- und Ausland.

Kulinarisch gab es ein grosses Schweizer Käsebuffet und Schweizer Weisswein, Salzbrezel und ein kühles Pils vom Fass, Schweinshaxen mit Sauerkraut. Dieser gelungene Auftakt endete mit musikalischen Zugaben der Big Band des Heeresmusikkorps 300 aus Koblenz.

Tag 3, Montag, Fit Check
Der Montag ist selbstverständlich nochmals ein Ruhetag. Für einige auch Einkaufsbummel und Karten schreiben in der Stadt Nijmegen oder der Tag wird für Ausflüge in die Region Gelderland oder nach Amsterdam genutzt. Vor allem dient der Montag den letzten Vorbereitungen. Es wird die Ausrüstung vorbereitet, das Gewicht von 10 kg abgewogen, die Schuhe nochmals auf Hochglanz gebracht und innerlich steigt der Pulsschlag bereits an. Denn manch ein Marschierer kann es kaum erwarten bis es heisst «Vorwärts Marsch!»

Am Montag wurden im Camp Heumensoord die Fahnen aller im Camp untergebrachten Nationen gehisst. Ein weiterer Höhepunkt war die Flaggenparade, wo vielen das Herz höher schlug. Ein ähnliches Spektakel wie Eröffnungsfeierlichkeiten an Olympischen Spielen. Bei angenehmer Temperatur wurde am Montag die 90. Ausgabe des 4-Tagemarsches von Nijmegen mit der traditionellen Flaggenparade im Goffert-Fussballstadion eröffnet. Jahr für Jahr ist es ein olympiawürdiger Einmarsch der verschiedenen Delegationen, begleitet durch eine Vielzahl von (Militär-)Musikkapellen.

Unter der Beteilung zahlreicher Musikapellen, darunter auch der Stadtmusik Kloten, marschierten die verschiedenen Armeedelegationen in das Stadion ein. Traditionsgemäss eröffneten die Fallschirmspringer der königlich-niederländischen Luftwaffe mit ihren spektakulären Zielsprüngen die Flaggenparade. Für die Schweizer Delegation marschierte dieses Jahr die Marschgruppe «Geb Füs Bat 112» unter dem Kommando von Oberst i Gst Hans Lüber ins voll besetzte Stadion ein.

Tag 4, Dienstag, Marschtag
Der erste Marschtag. Tagwache um 03.25 Uhr, anschliessend Morgenessen. Bereit zum Abmarsch um 04.30 Uhr. Doch nach langen 45 Minuten Warten (jeder AdA kennt das «sinnlose» Herumstehen), ging es endlich los. Bei schon äusserst hohen Temperaturen, bereits vor Sonnenaufgang, nahmen die Schweizer Marschgruppen die ersten 40 km in Angriff. Der Ausmarsch, wie auch der Vorbeimarsch der Schweizer Marschgruppen in Bemmel wurde durch Divisionär Hans-Ulrich Solenthaler abgenommen.

Noch in der Phase vor dem Sonnenaufgang kamen wir in gutem Tempo voran. Nach knapp 2 Stunden erreichten wir die Gemeinde Bemmel, wo wir von vielen Zuschauern, dem Bürgermeister sowie musikalisch von

37 Bereits um 04.30 Uhr früh strahlen Rolf Bürgi und Sybille Drexel um die Wette

38 Die eigens erstellte Pontonier-Brücke am 4. Tag

39 «Gohts no wiit...?»

40 Eine willkommene Ruhepause mit Suppe und Cola nach den ersten Kilometern

der Stadtmusik Kloten begrüsst wurden. So ab 09.00 Uhr wurde es immer heisser. Die Temperatur lag deutlich über 30 Grad, was vielen Marschierenden, besonders den Zivilisten sehr zusetzte. Sowohl der letzte Abschnitt auf dem Waal-Damm zurück in Richtung Nijmegen als auch der heisse Asphalt auf dem Wegstück über die grosse Brücke waren punkto Hitze einfach zu viel des Guten. Dennoch haben alle Schweizer Marschgruppen den Einmarsch geschafft, weil sie genügend tranken und optimale Rastpausen einlegten.

In Elst hielten wir für den ersten Marschhalt an und genehmigten die von unserem Betreuer bestellte Verpflegung in Form von Suppen und Getränken. Wie jedes Jahr im gleichen Restaurant. Im ritterlichen Saal hängen an den Wänden Wappen von Schweizer Gemeinden und Städten. Dies lässt erahnen, dass es in diesem Ort Schweizer gegeben hat oder immer noch gibt. Weiter ging es über Valburg, Oosterhout, Lent zurück nach Nijmegen und zurück ins Camp Heumensoord, wo wir gegen 14.30 Uhr einrückten. Nach Gratulationen von Divisionär Hans-Ulrich Solenthaler, Ausbildungschef Heer und Oberst i Gst Joss marschierten wir in das Festzelt ein und tranken nach grossem Warten und Vorfreude das erste kühle Bier. Gespendet von unserem wackeren Vorsänger Reto Senn.

Es war abends um halb elf Uhr. Die Musik verstummte abrupt, das Bierzelt wurde zur Verwunderung aller geschlossen. Aus den Lautsprechern informierte eine Stimme über die Absage des 4-Daagse nach dem ersten Tag. Die Mienen verzogen sich, die Stimmung sollte Stunden später auf den Nullpunkt sinken. Manch einer glaubte an einen üblen Scherz. Was war geschehen? Am Nachmittag hörte man von zwei Todesfällen. Doch niemand ahnte, dass dies das Ende des 4-Daagse bedeuten sollte. Erstmals in der langen Geschichte des 4-Tagemarsches von Nijmegen wurde dieser einzigartige Anlass nach dem ersten Marschtag abgebrochen.

Die aussergewöhnliche Hitzewelle, die zurzeit in Europa herrschte, hat schon am ersten Marschtag ihre ersten Todesopfer gefordert. Letztmals waren 1972 zwei Tote wegen der Hitze zu beklagen gewesen.

Hitzeopfer

Für dieses Jahr konnten die Organisatoren über 48 000 Anmeldungen registrieren. Verfolgt wird das Ereignis von zahlreichen Zuschauern am Streckenrand und an den Fernsehschirmen zu Hause. In diesem Jahr fand die Veranstaltung mit dem überraschenden Tod zweier Teilnehmer ein jähes Ende. Ungewöhnlich hohe Temperaturen machten selbst geübten Wanderern besonders auf den Strecken zu schaffen, auf denen es keinen schützenden Schatten gab. Sanitäter und Rettungskräfte waren am Nachmittag im Dauereinsatz und mussten zahlreiche Hitzeopfer behandeln.

Auch im Militärcamp Heumensoord waren die Sanitätswagen am späten Dienstagnachmittag pausenlos mit der aufheulenden Sirene im Einsatz, etwas, was auch langjährige Marschteilnehmer noch nie erlebt hatten.

Überfüllte Spitäler

Der traditionelle «4-Daagse» in und um Nijmegen musste abgebrochen werden, weil auch für die nächsten Tage Temperaturen von weit über 30 Grad erwartet wurden. Am Dienstag, dem ersten Marschtag, kletterte das Quecksilber auf über 35 Grad Celsius. Nicht weniger als 30 Teilnehmer mussten ins Spital gebracht werden. 2 Männer (57 und 65 Jahre alt), darunter ein geübter Wanderer, der bereits zum 13. Mal an der Wanderung teilnahm, starben. Eine weitere Person befand sich in kritischem Zustand. Drei Teilnehmer konnten nach Herz-Kreislaufversagen erfolgreich reanimiert werden. Insgesamt mussten die Hilfsdienste rund 300 Personen betreuen. Von den 44 000 Teilnehmern erreichten rund 1000 das Ziel nicht.

Weitermarschieren?!

Eine Handvoll eingefleischter Wanderer meldete sich am Mittwoch trotzdem zum Start. An den Festivitäten rund um den weltweit grössten Event für Wanderer wurde festgehalten. Die grosse Mehrheit der Teilnehmer reiste aber trotzdem ab, unter ihnen auch die rund 5000 Militärangehörigen aus dem In- und Ausland. Alle Hinweisschilder wurden entfernt, damit Einzelkämpfer und Hartgesottene die Wanderung nicht auf eigene Faust fortsetzen können.

Tag 5–8, Mittwoch/Donnerstag/Freitag/Samstag

Der Mittwoch galt als eigentlicher Ruhetag. Bis 13:00 Uhr wurde jedoch eine Ausgangssperre verhängt. Es musste gewährleistet werden, dass keine Gruppen trotzdem losmarschierten. Am Nachmittag und Abend genossen wir die Stadt, das schöne Wetter. Die einen blieben im Camp, andere flanierten in der Stadt und wieder andere besuchten das Schwimmbad für eine willkommene Abkühlung. Das Abendessen nahmen wir dann geschlossen als Gruppe in der Stadt ein. Anschliessend genossen alle die letzte Nacht in Nijmegen.

Der Abbruch des Marsches bedingte für die Schweizer Marschdelegation, das Programm und den weiteren Verlauf neu zu beurteilen. Der Delegationsstab beschloss, am Donnerstag 20. Juli: Kranzniederlegung am kanadischen Friedhof und anschliessend offizieller Abschluss im Camp. Der Entschluss wurde vielerorts als sehr gut beurteilt. Die Führung zeigte, dass ihr ein würdiger Abschluss wichtig war.

Im Verlauf des Mittwochs, 19. Juli, zeichnete sich aufgrund der Informationen und der gefallenen Entscheidungen von Seiten der Marschleitung sowie des militärischen Kommandos der Landmacht (CVM), das weitere Programm für die Schweizer Marschdelegation ab.

Die Schweizer Delegation beendete die 90. Austragung mit der traditionellen Zeremonie und der Kranzniederlegung auf dem kanadischen Soldatenfriedhof.

In einer schlichten aber eindrücklichen Feier wurde an diesem Tag zu Ehren der Gefallenen ein Kranz niedergelegt. Innerhalb der Feier hatten wir die Möglichkeit, persönlich zu den einzelnen Gräbern hinzugehen und als Symbol des Gedenkens eine Rose niederzulegen. Die Andacht wurde vom Feldprediger, Hptm Bernhard Willi und dem Delegationschef Oberst i Gst Jean-Jacques Joss, gestaltet und musikalisch von der Stadtmusik Kloten umrahmt.

Der Besuch dieses Friedhofs ist beeindruckend. In dieser Erde ruhen an die 3000 junge Kanadier, welche 1944 in der Schlacht um Arnheim durch Verrat in einen Hinterhalt der Wehrmacht gerieten und dabei, fern von ihrer Heimat, das Leben verloren.

41 Über 40 000 Marschierende und unzählige Zuschauer säumen die Strassen

42 Jene Fabrik, die den Tag 2 «prägt», sieht man immer wieder

43 Während vieler Stunden ein gewohntes Bild

44 Die Schweizer Armeedelegationsteilnehmer gedenken der Opfer des Zweiten Weltkriegs auf dem kanadischen Soldatenfriedhof

45 Auf dem Friedhof nach der traditionellen Kranzniederlegung der Schweizerischen Armeedelegation. Sie opferten sich für Europas Freiheit

46 Nijmegen, eine Stadt in Festlaune und Ausnahmezustand während einer ganzen Woche

47 Die zweitgrösste Marschgruppe posiert nach «getaner Arbeit». Im Bild die Marschgruppe MG Geb Füs Bat 112(+)

Sie liessen ihr junges Leben für ein freies Europa! Auch für mich als langjähriger Holland-Marschierer jedes Jahr immer wieder ein

zu Herzen gehender Moment. Erschütternd. Eiskalt läuft es einem jeweils den Rücken herunter, wenn man vor dem Grab eines gefallenen jungen Soldaten steht. Dieses Jahr war es ein 18-jähriger GI Donald Belington. Was blieb ihm alles vorenthalten, da er nicht weiterleben durfte? Zwangsläufig stellt man sich selbst betroffen über die Schicksale die Frage: «Wäre auch ich bereit, für Freiheit und Frieden zu sterben...?» Viele Fragen, die sich jedermann stellen konnte.

Mit diesem eindrücklichen Akt ermöglichte der Delegationsleiter den Wehrmännern und Frauen einen würdigen und ehrenvollen Abschluss.

Anschliessend wurde zurück ins Camp verschoben, wo der Delegationsleiter Oberst i Gst Jean-Jacques Joss das Schluss-HV durchführte und verschiedenste Jubilare ehrte:

20 Jahre dabei:
Kpl Esther Steinauer, SVMLT
Kpl Laurent Hurni, Chevrons Neuchâtel
Oberstlt Rolf Vonlanthen, UOV Bern

15 Jahre dabei:
Stabsadj Regula Ita, SVMLT
Roland Maurer, WSG Schwyz
Hanspeter Schmutz, UOV Bern / Berna-Bern

Gruppen:
30 Jahre dabei: MG PILATUS Luzern

Danach verabschiedeten sich die Marschierenden voneinander bei einem gemeinsamen Apéro. Obwohl der diesjährige Marsch ein abruptes Ende genommen hatte, herrschte bei der Schweizer Marschdelegation trotzdem eine gute Stimmung; alle freuen sich auf den 4-Tagemarsch 2007!

Freuen wir uns aufs nächste Jahr! – Es lebe der 91. Vierdaagse 2007!

Delegationsleiter Oberst i Gst Jean-Jacques Joss entlässt am Schluss-Hauptverlesen die Teilnehmer

Auszug aus dem Communiqué von Wim Jansen, Vorsitzender der Stiftung «Internationale Vierdaagse Afstandsmarsen Nijmegen»

«An unsere Wanderer,
Zu unserem grossen Bedauern haben wir gestern Abend beschliessen müssen, die 90. Viertage-Märsche abzusagen. Dieser Beschluss wurde zusammen mit der Gemeinde Nimwegen, dem medizinischen Dienst, der Polizei, der Feuerwehr und den übrigen zuständigen Behörden gefasst.

Während des ersten Wandertages gestern sind zu unserem grossen Bedauern zwei von unseren Wanderern verstorben. Den Familien und Freunden der Verstorbenen sprechen wir unser tief empfundenes Beileid aus.

Wegen des unerwarteten Temperaturanstiegs in Kombination mit einer erhöhten Luftfeuchtigkeit in der zweiten Tageshälfte gestern haben viele Menschen – Wanderer und Zuschauer – einen Kreislaufkollaps erlitten oder sind anderweitig ernsthaft erkrankt. Die grosse Menge von Menschen, denen medizinisch geholfen werden musste, brachte die Kapazitäten der Hilfsdienste an den Rand ihrer Möglichkeiten.

Diese Umstände und die für Wanderer ausgesprochen ungünstigen Wettervoraussagen für heute und die kommenden Tage sind die Gründe, die uns zu der Absage der Viertage-Märsche gezwungen haben. Die Gesundheit sowohl der Wanderer als auch des Publikums stehen für uns stets an erster Stelle.»

So wären die 4 Marschtage abgelaufen (Auszüge aus Vorjahresberichten)

Tag 5, Mittwoch, 2. Marschtag
Am zweiten Tag führt die Strecke über Wijchen, durch die Aussenquartiere und die Innenstadt von Nijmegen ins Camp zurück.

Die Strecke des 2. Marschtages, die das Militär absolviert, ist grösstenteils mit jener der Zivilläufer identisch, so dass es nicht immer leicht ist, das geplante Marschtempo einzuhalten, was sich dann ermüdend für die Kondition auswirkt. Dafür aber wurden die Marschierenden mit der Freude und der Begeisterung der am Strassenrand stehenden Zuschauer und Musikkapellen reichlich belohnt.

Der Durchmarsch in Nijmegen ist wie immer ein grandioses Spektakel. Die Leute stehen dicht gedrängt am Strassenrand und jubeln uns zu, die Musikanlagen dröhnen in voller Lautstärke. Man fühlt sich trotz Müdigkeit und kleiner Beschwerden wie ein Held und geniesst sprichwörtlich das Bad in der Menge.

Wer auch diesen Marschtag gut übersteht und sich für Blasmusik interessiert, lässt es sich nicht nehmen, dem Gala-Konzert der jeweiligen Schweizer Musikgesellschaft in der Kirche von Bemmel beizuwohnen. Jedes Jahr wird das Marschbataillon von einer anderen zivilen Musikgesellschaft begleitet.

Tag 6, Donnerstag, 3. Marschtag
Wiederum ist der Start der Schweizer Marschdelegation für die dritten 40 Kilometer angesagt. Im Mittelpunkt des dritten Marschtages stehen die sieben Hügel zwischen Plasmolen und Berg en Dal sowie der Besuch des kanadischen Soldatenfriedhofs von Groesbeek.

Die Marschierenden machen sich in Richtung der Gemeinde Groesbeek auf. Nach der Gemeinde Groesbeek führt ein für holländische Verhältnisse steiler Weg hinauf zum Friedhof der kanadischen Armee des 2. Weltkriegs. Der Tradition entsprechend hält die Schweizer Marschdelegation eine besinnliche Andacht, mit Kranzniederlegung.

Tag 7, Freitag, 4. Marschtag
Mit dem vierten Marschtag beginnt das grosse Finale der 4-Daagse. Durch bewaldetes Gebiet, über zahlreiche Brücken, führt die Strecke langsam aber sicher dem ersehnten Ziel entgegen. Der vierte und letzte Marschtag ist natürlich für jeden Marschierenden etwas Besonderes, sei es die innere Gewissheit, den 4-Tagemarsch bestanden zu haben oder der äussere Umstand, das viele tausende Zuschauer beim Einmarsch nach Nijmegen begeisternd applaudieren.

Die hohen Türme der Kirche von Cuijk spielen beim vierten Marschtag eine wichtige Rolle. Während Stunden sieht der Marschierende diese Türme und weiss, wenn ich es bis dorthin geschafft habe, dann kann ich mich auf den Einmarsch auf der Hauptstrasse «Via Gladiola» in Nijmegen freuen. Nach dem Durchmarsch von Cuijk wird die Maas auf einer von den holländischen Pionieren erstellten Pontonbrücke überquert. Diese Attraktion zieht immer wieder viele Zuschauer an. Auf dem letzten Rastplatz, 12 km vor dem Ziel, herrscht ein buntes Treiben und eine unbeschreibliche, fröhliche Atmosphäre.

Von Cuijk bis zum Retablierungsplatz des «4-Daagse» dürften es noch ca. 10 km sein und die Strassen sind über die ganze Distanz fast ununterbrochen von Tausenden von Zuschauern flankiert! Nach einem triumphalen Einzug auf dem Retablierungsplatz gratulieren die Marschgruppenleiter allen zum bestandenen Marsch und verleihen ihren Kameraden den wohlverdienten Orden.

Um die Mittagszeit besammeln sich sämtliche Schweizer Militärgruppen auf dem Retablierungsplatz Charlemagne/Schuttershof. Nachdem sich die Teilnehmenden retabliert haben, stellen sie sich für das Defilee auf.

48 Ein Rastplatz der Militärdelegationen

49 Durchmarsch einer Armee-Delegation

50 Leidende Gesichter. Die sengende Hitze macht allen zu schaffen. Trinken, heisst die Devise!

51 Die Ankunft im Festzelt mit der täglichen «Showeinlage», trotz der vielen Marschkilometern in den Beinen

Unter dem Beifall der rund 500 000 Zuschauer führt die fünf Kilometer lange Route über die VIA GLADIOLA in die Stadt Nijmegen dem endgültigen Ziel entgegen. Sicher ist dies für jeden Teilnehmer das grossartigste und unvergesslichste Erlebnis.

Zusammen mit den über 48 000 zivilen Teilnehmern marschiert die Schweizer Delegation in kompakter Formation, begleitet von der jeweiligen Stadtmusik, an der Haupttribüne vorbei. Der militärische Gruss wird von einem Schweizer General, dem Delegationsleiter Oberst i Gst Jean-Jacques Joss und dem Schweizer Botschafter in den Niederlanden abgenommen. Glücklich und zufrieden über das Erreichte kehren die Marschierenden ins Camp zurück, wo beim sehr feierlich durchgeführten Hauptverlesen die verschiedenen Ehrungen vorgenommen werden.

Das Fest in der Stadt Nijmegen ist der grosse Abschluss der strengen und harten Woche. Bis in die frühen Morgenstunden wird der Sieg über sich selbst gefeiert.

Tag 8, Samstag, Rückreise
Am Samstag treten die Delegationen gruppenweise ihren Heimweg an. Mit Erinnerungen an eine schöne aber harte Woche. Und mit dem Ziel, im nächsten Jahr wieder dabei sein zu dürfen.... Auf Wiedersehen und bis zum nächsten Jahr!

Im Gespräch mit: Wm Rolf Bürgi
Frauenfeld, Elektromonteur, Jahrgang 1983, 1 Teilnahme

Wie kamst Du dazu, dieses Jahr am 4-Daagse zu starten?
Meine Freunde Dominik Schlumpf und Peter Ibig erzählten immer von ihren Erlebnissen in Nijmegen. Da dachte ich, dass müsse ich selber miterleben.

Was gefällt dir in der Marschgruppe am besten?
Unsere Altersgruppen und die militärischen Grade sind schön durchmischt. Das gibt tolle Gespräche und die Erfahrungen können von alt an jung und umgekehrt weitergegeben werden.

Gibt es einen triftigen Grund, warum Du nächstes Jahr wieder am 4-Daagse teilnehmen willst?
Ja. Ich habe mich in das Land verliebt. Es gefällt mir sehr und die Frauen sind hübsch und sehr nett. :-) Da es in diesem Jahr nach dem ersten Lauftag abgesagt wurde (die Spitäler waren durch die grosse Hitze überlastet), will ich mindestens einmal die ganzen 4 × 40 km laufen. Nächster Versuch: 2007.

Wie sind deine Eindrücke über Holland?
Ich finde es toll, dass sehr viele Menschen Rad fahren. Die Menschen sind sehr offen und herzlich.

Welches war für dich eines der eindrücklichsten Erlebnisse in Holland?
Dass am ersten Marschtag so viele Menschen ab 05.00 Uhr früh auf die Strassen kommen und den Marschierenden zuschauen und zujubeln.

Weshalb muss man einen 4-Daagse einfach einmal absolviert haben?
Das kann ich erst beantworten wenn ich selber die ganzen 4 × 40 km marschieren konnte.

Im Gespräch mit: Oberstlt Reto Senn
Stockholm, Verteidigungsattaché, Jahrgang 1965, 3 Teilnahmen

Du bist von Schweden nach Nijmegen angereist. Warum kamst Du vom hohen Norden her?
Nijmegen ist nicht nur eine sportliche Leistung, sondern auch eine Gelegenheit, alte Kameraden zu treffen. Auch geniesse ich es, einfach ein normales Gruppenmitglied zu sein, während ich sonst beruflich als Verteidigungsattaché exponiert bin. Zudem wird gemunkelt, dass man auf den 160 km den ‹Cocktailspeck› los wird ...

Wie erklärst Du dir, dass Du Jahr für Jahr in Nijmegen anzutreffen bist?
Als vor drei Jahren mein damaliger Chef und Verteidigungsattaché, Oberst i Gst Beat Eberle, mich aufforderte, ihn an den 4-Tagemarsch in Holland zu begleiten, dachte ich zuerst an einen Scherz. Als wir aber zusammen in mit Reispaketen beschwerten Rucksäcken unter Absingen von wüsten Liedern unsere Trainingsrunden durch Schwedens Wälder machten, gab es kein Zurück mehr. Die Region Nijmegen hat mich auch historisch angezogen, wurde doch um diese Brücken auf dem Weg nach Arnhem im Zweiten Weltkrieg heftig gekämpft. Mittlerweilen sind auch von mir angeworbene Kameraden dabei, die ich dieses Jahr kaum alleine ziehen lassen konnte.

Wie oft warst Du schon in Holland dabei und in welcher Marschgruppe?
Dieses Jahr war es das dritte Mal – und immer mit den 112-ern.

4 × 40 Kilometer. Stösst man da nicht an psychische und physische Grenzen?
Ich sehe mich nicht besonders sportlich, aber ausdauernd. Nebst häufigen Wanderungen, viel Bewegung allgemein, eingelaufenen Marschschuhen und eben Ausdauer ist es aber der ‹Kopf›, der zählt. Erstaunlich, was da zu erreichen ist, auch mit Blasen an den Fersen, offenen Zehen, ‹Wolf› und höllischem Fussbrennen: 2005 marschierten wir den vierten Tag praktisch alles singend im Schritt und kamen geschlossen und mit heiterer Laune ins Ziel, obwohl viele – mich mitgezählt – wirklich an die Grenzen kamen!

Wie sind deine Eindrücke über Holland?
Überwältigend: Eine stolze Leistung, eine Gruppe, wo man einander hilft, tapfere Ka-

meradinnen, die mitmarschieren. Das Singen auf den vielen Kilometern, die Delegationen vieler andere Nationen, das bunte Leben in einem grossen Militärcamp, die vielen anfeuernden Leute am Weg, der Schluss-Durchmarsch in Nijmegen mit hunderttausenden jubelnden und feiernden Zuschauern.

Gibt es ein besonderes Erlebnis, welches dir in guter Erinnerung bleibt?
Ja, das kleine Mädchen aus der Zuschauermenge, das nach 150 km dem müden Soldaten die Hand gibt und mit ihm ein paar Meter marschiert. Ganz nach dem Vierdagse-Motto «You will never walk alone!»

Im Gespräch mit: Oberst i Gst Joss, Delegationsleiter Swiss Delegation, Chef SAT
Wohnort Bern, Jahrgang 1953,
9 Teilnahmen

Seit wann ist die Armee in Holland dabei?
Die ersten Schweizer nahmen bereits ab 1933 an dieser einzigartigen Marschveranstaltung teil. Damals war das Teilnehmerfeld knapp über 2500. Die Teilnehmerzahlen aus Schweizer Sicht stiegen kontinuierlich. In den fünfziger Jahren reisten erste Schweizer Militärs in Marschgruppen nach Holland, um dort das Erlebnis «4-Daagse» persönlich kennen zu lernen. Diese Marschgruppen waren fast ausschliesslich Vereine des Schweizerischen Unteroffiziersverbandes. Aufgrund der Beobachtermission 1958 von Oberst Emil Lüthi, dem damaligen Chef der ausserdienstlichen Tätigkeit der Gruppe Ausbildung des EMD, wurde 1959 erstmals ein Schweizer Marschbataillon nach Nijmegen entsandt. Offiziell nimmt somit die Schweizer Armee im 2006 zum 48. Mal in ununterbrochener Folge an dieser weltgrössten Marschveranstaltung mit heute über 48 000 Marschierenden teil.

Warum macht die Armee seit diesen vielen Jahren mit, was bringt ihr der 4-Daagse?
Die über 250 TeilnehmerInnen, welche sich jedes Jahr für diese militärsportliche Grossveranstaltung vorbereiten, trainieren und halten sich körperlich fit. Marschieren ist zweifelsohne eine überaus gesunde Sportart – man könnte auch sagen, «Fitness von Kopf bis Fuss»! Studien beweisen, dass sich die Bewegung in der freien Natur sehr positiv auf Körper und Geist auswirken. Nebst der persönlichen Fitness fördert das Marschieren in der Gruppe den Team- und Korpsgeist. Die sehr guten Leistungen und das korrekte Auftreten der TeilnehmerInnen der Schweizer Marschdelegation sind beste Werbeträger unseres Landes und unserer Armee im Ausland.

Kann in Holland in der Armee-Delegation jedermann und jedefrau mitmachen?
Wenn die Voraussetzungen erfüllt werden, grundsätzlich ja.
Die TeilnehmerInnen müssen der Armee angehören oder ihr angehört haben, körperlich sehr gut vorbereitet und nicht älter als 60 Jahre sein. In den Vorbereitungen müssen sie 300 km in der Gruppe marschieren und die sportliche Leistungsprüfung (12 Minutenlauf) erfüllen. Zudem werden ein korrektes Verhalten und die militärischen Formen vorausgesetzt.

Welches sind die wichtigsten Voraussetzungen für einen Start am 4-Daagse?
Persönlich glaube ich, dass die persönliche Leistungsfähigkeit und Leistungsbereitschaft, sowie die Teamfähigkeit wohl die wichtigsten Voraussetzungen darstellen.

Warum ist bei den TeilnehmerInnen des 4-Daagse eine derartige Faszination vorhanden?
Dass Marschierende 10, 20, 30 oder noch mehr Teilnahmen in Nijmegen ausweisen, lässt darauf schliessen, dass der 4-Tagemarsch wohl etwas ganz Besonderes sein muss. Man spricht vom sogenannten «Nijmegen-Virus». Die individuelle, aber auch die gemeinsame Leistung, das Zusammenleben in einfachen Verhältnissen und das Zusammensein innerhalb der Gruppe und in diesem internationalen Umfeld tragen zur Faszination «4-Daagse» bei.

Welche Aufgaben haben Sie und Ihr Stab vor, während und nach dieser Woche?
Grundsätzlich planen wir jede Ausgabe gemäss den Vorgaben der KNBLO (Koninklijke Nederlandse Bond voor Lichamelijke Opvoeding) und des von der holländischen Landmacht beauftragten militärischen Kommandos. Im Januar-Februar findet vor Ort eine Lagebesprechung mit allfälligen Anpassungen statt, bei welcher der Organisator die Anzahl TeilnehmerInnen der verschiedenen Armeen zuteilen bzw. die Kontingentsgrösse festlegen.

Wie oft waren Sie schon dabei und wie sieht die Zukunft der Schweizerischen Delegation (Unterstützung Armee usw.) aus?
Trotz Anpassungen innerhalb der heutigen Strukturen werde ich im kommenden Jahr als Delegationschef diese auch für mich faszinierende Aufgabe ausüben. Daraus ersehen Sie bereits, dass wir auch in Zukunft am «4-Daagse» teilnehmen werden. Der 4-Tagemarsch wird fast wie ein freiwilliger Militärsportkurs in der Schweiz organisiert und durchgeführt. Die eingeteilten Armeeangehörigen erhalten zwar keine Diensttageanrechnung, hingegen erhalten Sie Sold und EO.

Weshalb muss man einen 4-Daagse einfach einmal absolviert haben?
Nehmen Sie einmal persönlich daran teil!

Gibt es aufgrund der Absage des 90. 4-Daagse Konsequenzen für die künftigen Teilnehmer im Schweizer Bataillon?
Blättern Sie in den Geschichtsbüchern der letzten 90 Austragungen, dann stellen Sie fest, dass es schon mehrmals sehr warm gewesen war. Die diesjährigen Temperaturen, die Grösse des Teilnehmerfeldes von heute rund 48'000 Marschierenden und die Zuschauerzahl von einer halben Million entlang der Strassen haben die sanitätsdienstliche Versorgung mehr als überfordert. Die Politik und die Organisatoren werden bestimmt die heutigen klimatischen Veränderungen, die Zahl der Marschierenden, die Zuschauerzahlen und weitere Aspekte neu beurteilen müssen und für die kommenden Jahre entsprechende Szenarien ausarbeiten.

Für unsere Delegation wird sich kaum etwas ändern. Unsere MarschgruppenleiterInnen haben sich den Verhältnissen angepasst und sind zusammen mit Ihren MarschgruppenteilnehmerInnen mottogetreu «Gesund im Ziel» angekommen.

Was wollten Sie schon lange einmal loswerden?
Unsere Marschierenden haben sich zusammen mit ihren MarschgruppenleiterInnen seriös auf den 90. Int. 4-Tagemarsch vorbereitet. Dafür möchte ich allen herzlich danken. Ich hoffe, dass die meisten TeilnehmerInnen im kommenden Jahr beim 91. Int. 4-Tagemarsch 2007 die Möglichkeit haben, den Marsch in seiner ganzen Dauer erleben zu dürfen. Kopf hoch und auf Wiedersehen im Juli 2007!

Im Gespräch mit: Vater und Sohn Greutert
Jan Greutert, Basel, Krankenpfleger, Jahrgang 1956, 2 Teilnahmen
Oliver Greutert, Basel, Krankenpfleger, Jahrgang 1980, 1 Teilnahme

Wie kommt es, dass ein Vater und sein Sohn den 4-Daagse in Angriff nehmen?
Jan: Vor 3 Jahren, haben mich ehemalige Kameraden aus dem Swisscoy Einsatz im Kosovo überredet, am 4-Tagemarsch in Holland mitzulaufen, um uns wieder einmal zu treffen. Eigentlich wollte ich diese Strapazen nie mehr erleben. Doch die Idee, mit meinem Sohn diese Herausforderung nochmals durchzustehen, hat mich motiviert.
Oliver: Einerseits ist es klar die sportliche Herausforderung, welche ich mit meinem Vater durchstehen wollte (ich kann einem 50-jährigen Mann ja keine Absage erteilen…) und andererseits habe ich schon viel Sportliches mit ihm erlebt und sah diesen Anlass als eine gute Möglichkeit, mit ihm erneut an unsere Grenzen zu stossen.

Oliver, was bringt dir der 4-Daagse als Spitzensportler und auch sonst persönlich?
Da das Marschieren definitiv nicht zu meinen sportlichen Favoriten zählt, müssen es wohl der Durchhaltewillen und die Kameradschaft sein, welche mich zu solchen Anlässen motivieren. Genau dieses «Beissen» und der Zusammenhalt innerhalb der Marschgruppe gibt mir den nötigen Spirit um im Sport wie aber auch im Privaten,

«Krisen» besser bewältigen zu können. Das Selbstvertrauen steigt, es bestätigt einem immer wieder, «es geht weiter». Aufgeben ist allgegenwärtig, trotzdem ziehen wir das Ding durch.

Oliver, wirst Du wieder kommen?
Obwohl ich dir nicht viele Gründe nennen kann, wieso ich wieder kommen sollte und eigentlich viel mehr Gründe habe zu Hause zu bleiben (Schmerzen, Blasen), habe ich das Gefühl, dass ich nächstes Jahr wieder am Start sein werde.

Was ist am Wichtigsten, um diesen Marsch vollenden zu können? Wille, Härte oder Training?
Jan: Neben dem Training, das sicher sehr wichtig ist, muss es im Kopf stimmen. Wenn die Gelenke, die Muskeln und die Blasen schmerzen, und man das Gefühl hat, die Beine wollen nicht mehr, muss der Kopf dies einfach verdrängen können.
Oliver: Da kann ich zustimmen. Zu erwähnen wäre vielleicht noch ein gesundes Herz… und genug Flüssigkeit, ansonsten hilft jegliche Härte nichts.

Wie oft wirst Du noch in Holland teilnehmen?
Jan: Ich weiss nicht wie oft, aber ich werde sicher wieder nach Nijmegen fahren
Oliver: Sicher noch einmal, dann sehe ich weiter. Schauen, was Papi meint…

Was war für euch eines der eindrücklichsten Erlebnisse?
Jan: Das eindrücklichste Erlebnis ist sicher der Einmarsch in der Stadt am letzten Tag. Überhaupt, wie die Holländer den ganzen Tag die Marschierenden unterstützen, mit vielen lustigen und speziellen Varianten.
Oliver: Nebst den unglaublichen Holländern welche einem so motivieren ist es sicher der Gesamtanlass mit 66 teilnehmenden Nationen, welche einen riesigen Eindruck hinterlassen.

Im Gespräch mit: Oberst i Gst Hans-Georg Lüber, Marschgruppenleiter Geb Füs Bat 112(+) 1+2
Genève, Rechtsanwalt, Kdt Stv Inf Br, Jahrgang 1959, 3 Teilnahmen

Wie kamst Du dazu, in Holland mit deiner MG zu starten?
Mein Vorgänger als Marschgruppenleiter, Oberst i Gst Beat Eberle, ehemaliger Kdt Geb Füs Bat 112, war mit mir während mehrerer Jahre in Kontakt. Er wollte möglichst viele Ehemalige des Geb Füs Bat 112 für seine Marschgruppe gewinnen. Nach seinem Insistieren war ich bereit, einmal mitzumachen und bin seither dem Anlass treu geblieben. Ich selber war 10 Jahre lang im Geb Füs Bat 112 eingeteilt und während meiner Zeit als Kdt Geb Inf Rgt 35 zählte das Geb Füs Bat 112 zu den Verbänden meines Regiments.

Warum, wann und von wem wurde die MG Geb Füs Bat 112 gegründet?
Die Marschgruppe wurde von Oberst i Gst Beat Eberle 1997 gegründet. Es zeichnete sich damals bereits ab, dass die Bataillonsnummer «112» mit der Einführung der Armee XXI verschwinden werde. Beat wollte als ehemaliger Kommandant des Geb Füs Bat 112 mit der Gründung der Marschgruppe dem ehemaligen Geb Füs Bat 112 ein Denkmal setzen. Das ist ihm auch gut gelungen.

Aus welchen Personen setzt sich deine MG zusammen und was macht sie interessant?
Ursprünglich waren es Aktive und Ehemalige des Geb Füs Bat 112, welche das Rückgrat der Marschgruppe bildeten. Von Beginn weg gehörten aber auch Marschierende anderer Verbände zur Marschgruppe. Inzwischen sind die ehemaligen «Hundertzwölfer» in der Minderheit. Es gehören der Marschgruppe Mitglieder aller Altersklassen, verschiedenster geografischer Herkunft, aller Grade und vieler verschiedener Waffengattungen an. Die jährlich wiederkehrende, intensive und in alle Richtungen unserer Armee gerichtete Suche nach neuen Teilnehmerinnen und Teilnehmern hat zu dieser heterogenen Zusammensetzung geführt. Es ist bestimmt dieses bunte Gemisch von Marschiererinnen und Marschierern, was der Marschgruppe ihren dynamischen und eigenen Esprit gibt. Wir sind eine offene Marschgruppe, nicht durch vereins- oder ähnlichen Strukturen gebunden. Es herrscht ein junger, wenig komplizierter aber zielorientierter Geist.

Gibt es etwas Besonderes in deiner MG, dass Du dich immer wieder als Chef zur Verfügung stellst?

Ich führe gerne «von vorne». Es tut einem Oberst i Gst, einem ehemaligen Rgt Kdt, der heute vor allem sitzend in strategischen Sphären denkend seinen Militärdienst leistet, gut, während 4 Tagen gemeinsam mit jungen und jüngsten Angehörigen unserer Armee 160 km zu marschieren - mit der Gruppe und in der Gruppe ein hochgestecktes Ziel zu erreichen. Militärische Planung und Führung, die den einzelnen Angehörigen der Armee vernachlässigt, ist meines Erachtens nicht brauchbar. Das alljährliche Führungserlebnis mit meiner Marschgruppe in Nijmegen, der direkte Kontakt zu meiner Gruppe gehört für mich zur persönlichen «militärischen Hygiene».

4x40km, was tut ein Chef einer Marschgruppe während dieser Zeit?

Damit ein Marsch über diese Distanz, zum grössten Teil auf Asphalt, bestanden werden kann, braucht es eine seriöse Vorbereitung. So «tut» der Chef bereits lange vor dem Marsch, indem er Monate vor dem Ereignis seine Marschgruppe zusammenstellt, Bisherige wieder motiviert und Neue gewinnt. Dann kommt die Trainingsphase: Anlässlich von aufbauenden Distanzmärschen werden mindestens 300 km gemeinsam marschiert. Das ist mit einem gewissen organisatorischen Aufwand verbunden.

Während des Marsches in Nijmegen geht es darum, die Gruppe anzuführen, auf die Schwächeren zu achten, alle Teilnehmerinnen und Teilnehmer gesund ins Ziel zu bringen - ein gemeinsames Erfolgserlebnis zu schaffen. Das ist eine nicht immer einfache Aufgabe. Sie hat auch mit Erziehung von Erwachsenen zu tun. Nicht selten muss mitfühlend Disziplin und Härte gezeigt und gefordert werden.

Gibt es einen triftigen Grund, warum Du Jahr für Jahr am 4-Daagse teilnimmst?

Man hört oft, dass man vom Nijmegen-Virus befallen werden kann. Es gibt im Schweizer Marschbataillon Angehörige unserer Armee, die mehr als 30 Jahre lang, Jahr für Jahr, an diesem recht strapaziösen Marsch teilnahmen. In Nijmegen mitzumarschieren ist ein ganzheitliches Erlebnis, ein gemeinsames Fest, ein Treffpunkt der Armeen, ein persönlicher körperlicher Kick, ein Kennenlernen der eigenen Grenzen und ein Staunen, zu was der eigene Körper fähig ist. Es sind 4 Tage voller Euphorie und Bescheidenheit.

Welches war für dich eines der eindrücklichsten Erlebnisse in Holland?

Der letzte Marschtag meiner ersten Teilnahme in Nijmegen. Am Morgen früh um 04.00 Uhr biss ich beim Schuhanziehen todesverachtend auf die Zähne, weil die Marschschäden an meinen Füssen sich stark bemerkbar machten, danach marschierte ich die 40 km, indem ich die rechte Ferse kaum mehr abstellte, bis ins Ziel. Nach dem Ziel marschierte ich mit dem ganzen Schweizer Marschbataillon im Verband und im Gleichschritt 5 km lang auf der von mehreren Tausend jubelnden Zuschauern gesäumten Gladiolenstrasse ins Zentrum von Nijmegen. Da geht was ab im Körper und auch im Kopf. Es war dieses Gefühl des Sieges über mich selber, welches mich beeindruckt hat.

Weshalb muss man einen 4-Daagse einfach einmal absolviert haben?

Man marschiert die Strecke im Marschgruppenverband gemeinsam. Es ist dennoch für jeden eine ganz persönliche Auseinandersetzung mit sich selber. Wer körperlich nicht einen absoluten Hinderungsgrund hat und die Voraussetzungen durch ein genügendes und vernünftiges Training schafft, wird die Teilnahme an diesem Anlass der Superlative mit Sicherheit nicht bereuen.

Im Gespräch mit: Sdt Corinne Ronconi
Felben-Wellhausen, Jahrgang 1982, 2 Teilnahmen

Wie kamst Du dazu, dieses Jahr wieder am 4-Daagse zu betreuen?

Als ich das im Jahr 2004 das erste Mal am 4-Daagse dabei war, war ich so begeistert von diesem ganzen Anlass, dass ich ein zweites Mal dabei sein musste um diese ganze Atmosphäre nochmals geniessen zu können.

Gibt es einen triftigen Grund, warum Du nächstes Jahr wieder am 4-Daagse teilnehmen willst?

Ich habe mir eigentlich vorgenommen mal Pause zu machen. Doch der Grund, weshalb ich nochmals nach Holland käme, ist die tolle Atmosphäre, die lässige Stimmung während des Marsches, aber natürlich auch die grandiose Stimmung am Abend im Bierzelt oder in der Stadt!

Was macht eine Betreuerin vor/während/nach einem Marschtag?

Am Vorabend des 1. Marschtages bandagieren wir die Füsse unserer Marschteilnehmer die es wünschen mit Bandage zu marschieren.

Am Morgen vor dem Abmarsch bereiten wir die Getränke zu (Wasser & «Diesel», unsere Powermischung mit Multivitamin & Salz), danach geht's los mit dem Fahrrad. Wir suchen uns je nach Hitze zwischen Kilometer 4 bis 6 ein geeignetes Plätzchen um die Getränke und Früchte zu verteilen. So geht es dann immer weiter während des ganzen Marsches. Wir Betreuer legen im Durchschnitt 50 Kilometer am Tag zurück.

Am Ende des Marschtages steht im Bierzelt frisches, kühles Bier oder Mineral für die Teilnehmer bereit. Nach der nicht ganz abkühlenden Dusche und dem Fussbad zeigen uns die Marschierenden ihre Blessuren. Unsere Blasenbehandlung mit Pikrin ist nicht ganz schmerzfrei, aber sehr wirkungsvoll! Am Abend geht's dann ab auf Partysuche ...

Würde es dich reizen, selber mitzulaufen?

Ja, es würde mich schon reizen um die Erfahrung zu machen, wie wichtig die Betreuung ist und man sich dann so verbessern kann. Mal schauen.

Erhält man als Betreuerin genügend Anerkennung?

Ich kann mich nicht beklagen, dass ich/wir zuwenig Wertschätzung bekommen. Unsere MG-Teilnehmer schätzen unsere Arbeit sehr!

Wie organisieren sich die BetreuerInnen in deiner MG?

In unserer MG waren dieses Jahr vier Betreuer. Wir sind meistens gemeinsam unterwegs, doch weil es dieses Jahr so heiss war, splitteten wir uns oft auf. So gingen meist zwei von uns direkt mit den Marschierenden, damit diese immer genügend zu trinken hatten. Auch sonst waren wir für sonstige Wünsche gleich zur Stelle.

Wie sind deine Eindrücke über Holland?

Ich finde Holland ein sehr schönes Land! Die Menschen sind sehr offen und freundlich! Ich finde es auch faszinierend, besser gesagt lässig, dass dort die meisten Personen mit ihrem Fahrrad unterwegs sind. Ob sie jetzt in den Ausgang gehen oder einfach nur «go käfele». Ich finde das voll cool.

Welches war für dich eines der eindrücklichsten Erlebnisse in deiner Funktion als Betreuerin?

Schön ist es natürlich, wenn so wenig Teilnehmende wie möglich mit Blasen an den Füssen nach Hause gehen. Doch das eindrücklichste Erlebnis während dieser vier Tage war für mich die Kranzniederlegung auf dem kanadischen Friedhof. Ein sehr berührender Moment!

Der Einmarsch als Krönung am Schluss ist unbeschreiblich!! Eine so riesige Menschenmenge auf einer Strecke von 5 Kilometern, Personen im Krankenbett mit Infusion, die einem zuwinken … faszinierend! Hat leider dieses Jahr nicht stattgefunden.

Kontakt:
Kdo Ausbildung HEER
Sport und ausserdienstliche Tätigkeiten
Papiermühlestrasse 14
CH-3003 Bern

Schweizer Marschbataillon
Auskünfte erteilt gerne Adj Uof Bruno Schwab
Tel. +41 (0)31 324 7820

Oder via eine der weiter hinten aufgeführten Marschgruppen

www.4daagse.nl

Gruppenauszeichnung aus den 60er-Jahren

Statistisches

Barometer 2006	Barometer 2005	Barometer 2004	Barometer 2003
Eingeschrieben am Montag: 48.630	1. Marschtag	1. Marschtag	1. Marschtag
	Gestartet: 43.206	Gestartet: 44.638	Gestartet: 44.812
1. Marschtag	Ausfälle: 1.880	Ausfälle: 834	Ausfälle: 827
Gestartet: 43.141	Klassiert: 41.326	Klassiert: 43.804	Klassiert: 43.985
Ausfälle: 1.021			
Klassiert: 42.120	2. Marschtag	2. Marschtag	2. Marschtag
	Gestartet: 39.475	Gestartet: 41.465	Gestartet: 43.985
Marsch abgebrochen infolge Todesfällen bei sehr grosser Hitze	Ausfälle: 932	Ausfälle: 1.289	Ausfälle: 1.805
	Klassiert: 38.543	Klassiert: 40.176	Klassiert: 42.180
	3. Marschtag	3. Marschtag	3. Marschtag
	Gestartet: 38.543	Gestartet: 40.176	Gestartet: 41.114
	Ausfälle: 318	Ausfälle: 465	Ausfälle: 408
	Klassiert: 38.225	Klassiert: 39.711	Klassiert: 40.706
	4. Marschtag	4. Marschtag	4. Marschtag
	Gestartet: 38.225	Gestartet: 39.711	Gestartet: 40.706
	Ausfälle: ???	Ausfälle: ???	Ausfälle: ???
	Klassiert: ???	Klassiert: ???	Klassiert: ???

Jahr	Eingeschrieben
1909	306
1919	574
1929	1.143
1939	3.802
1949	7.291
1959	13.492

Jahr	Eingeschrieben
1969	15.901
1979	17.069
1989	29.888
1999	36.772
2001	38.409
2002	39.657

Jahr	Eingeschrieben
2003	44.812
2004	44.638
2005	43.206
2006	48.63

Portraits der Marschgruppen

Marschgruppe Geb Füs Bat 112

Gegründet: 1997
Mitglieder: 34
Altersstruktur: 20–50 Jahre
Tätigkeiten / Trainings: vorwiegend im Raum Ostschweiz
Anlässe: Berner Zweitagemarsch, 4-Tagemarsch Nijmegen (NL)
Andere: Kameradschaftsanlässe
Auskunft/Erreichbarkeit:
Präsident:
Oberst i Gst H.G. Lüber,
6, Chemin De-Normandie
CH-1206 Genève / Suisse
Tel P: +41 (0)22 346 30 20
Fax P: +41 (0)22 346 30 20
Tel G: +41 (0)22 705 11 77
Mobil: +41 (0)79 658 27 00
Email: hgl@gmx.ch

Marschgruppe Aare

Gegründet: 2001
Mitglieder: 40
Altersstruktur: 17 bis 70 Jahre
Tätigkeiten/ Trainings: Rund 550 km/Jahr im Raum Freiburg – Jura – Baselland – Ostschweiz – Graubünden – Innerschweiz, in Tagesetappen von 15 – 40 km
Anlässe: Märsche in der Schweiz in der Militärkategorie, wobei bewusst in moderatem Tempo marschiert wird: Berner Zweitagemarsch, 4-Tagemarsch Nijmegen (NL), Klettgauer Zweitagemarsch Waldshut (D), Marche de l'armée in Diekirch/Lux., weitere Marschteilnahmen im In- und Ausland
Andere: 2 Tage Winter-Gebirgs-Skilauf Lenk (inkl. Trainingsmöglichkeiten), Winter-Wanderung, Kontakte mit ausländischen mil Vereinen und Teilnahme an ihren Anlässen wie z.B.: Besuch des Uof Ball in Wien (A), Teilnahme am Schiesswettkampf Kurfürst Jan-Weelem-Pokal Düsseldorf (D), Wanderwoche im Herbst 2002: Wanderung südliche Jurakette von Baden nach Tête-de-Ran, 2003: Wanderungen um, über und im Gotthard, Nachtwanderung im Spätsommer wenn möglich bei Mondschein. 2004: ausgedehnte Wanderungen im Saaneland. 2005: Senseland, Hinterrhein.
Auskunft/Erreichbarkeit:
Hptm RKD Susanne Keller
Tscharnerstrasse 7
CH-3007 Bern / Schweiz
Tel P: +41 (0)31 372 08 11
Tel G: +41 (0)31 324 94 18
Mobil: +41 (0)79 293 22 20
Email: sune.keller@tiscali.ch

Marschgruppe Artillerieverein Luzern

Gründung Marschgruppe: 1959
Gründung AVL: 1861
Mitglieder Marschgruppe: 24
Mitglieder AVL: 750
Altersstruktur: vom Rekruten bis zum aktiven Korpskommandanten
Tätigkeiten: Der AVL hat diverse Untergruppen. So ist er u.a. auch offizielle Schiesssektion.
Trainings: Vom März bis Sommer jeden Samstag und Sonntag. Orte: Hildisrieden, Sursee, Rheinfelden, Schüpfheim, Horw, Küssnacht a.R. und offizielle Militärmärsche.
Anlässe: MUZ Marsch um den Zugersee, Berner Zweitagemarsch, Nidwaldner Sternmarsch, 4-Tagemarsch Nijmegen (NL), Nachtdistanzmarsch Luzern, Regionale Artilleriewettkämpfe, Monatsstamm im Wasserturm zu Luzern, Barbarafeier, Saisonabschluss mit traditionellem Raclette im Wasserturm.
Andere: Jedes Training wird von einem anderen Mitglied der Marschgruppe organisiert. Nach Absolvieren der obligatorischen Kilometerleistung werden die abgestrampelten Kalorien wieder eingenommen. Dabei kommt der Pflege der Kameradschaft grosser Stellenwert zu.
Auskunft/Erreichbarkeit:
Four Urs Vogel, Thermenstrasse 3
Postfach 726
CH-4310 Rheinfelden / Schweiz
Tel P: +41 (0)61 831 39 35
Fax P: +41 (0)61 833 90 16
Mobil: +41 (0)79 647 11 65
vogelurs@bluewin.ch
Homepage/Site: www.avluzern.ch

Marschgruppe Berna Bern

Gegründet: 1963
Mitglieder: 220
Altersstruktur: 20–65 Jahre
Tätigkeiten: Trainings: Frühjahr bis Sommer ca 200 km
Anlässe: General-Guisan-Marsch Spiez, Marsch um den Zugersee, Berner Zweitagemarsch
Andere: Vereinsmeisterschaft, Ausflug, Höck
Auskunft/Erreichbarkeit:
Markus Zaugg
Jakob Spaltensteinstr. 1
CH-8303 Bassersdorf / Schweiz
Tel P: +41 (0)44 836 49 86
Tel G: +41 (0)43 816 37 95
Mobil: +41 (0)79 693 44 67
Email: mazabassersdorf@swissonline.ch

Marschgruppe Fernmeldedienste

Gegründet: 1965
Mitglieder: 65
Altersstruktur: 20 – 80 Jahre
Tätigkeiten / Trainings:
5 × 1-tägiges Marschtraining (30–40 km) Berner Zweitagemarsch, 2 × 2-tägiges Marschtraining im Ausland
Anlässe: GV mit Nachtessen, Familienanlass, spez. Bergwanderung
Auskunft/Erreichbarkeit:
Präsident:
Oberstlt Matthias Hagmann
Rebackerstrasse 512
CH-5042 Hirschthal / Schweiz
Email: tis.hagmann@bluemail.ch
Marschgruppenleiter NL:
Oblt Bernhard Kempf
Grenzstr. 5
CH-5412 Gebenstorf / Schweiz
Tel P: +41 (0)46 223 02 22
Tel G: +41 (0)32 613 30 30
Mobil: +41 (0)76 378 20 02
Email: beni.kempf@freesurf.ch

Marschgruppe MG Free Walkers MGFW

Gegründet: 03.02.01 in Luzern
Mitglieder: 11 Aktive / 9 Passive
aus 7 Kantonen
Altersstruktur: 25–57 Jahre ,
Durchschnitt: 35 Jahre
Tätigkeiten / Trainings:
Saison Februar – November
Anlässe: Thuner Sternmarsch, MUZ Marsch um den Zugersee, General-Guisan-Marsch Spiez, Berner Zweitagemarsch, Stanser Sternmarsch, Rigi 91-Marsch (Bremgarten-Rigi-Kulm), Bieler 100 km, Klettgauer Zweitagemarsch Waldshut (D), 4-Tagemarsch Nijmegen (NL), Bündner Zweitagemarsch, Fulda (D), Zentralschweizer Distanzmarsch
Andere: Bierkastenlauf um den Rotsee-Luzern, Axalp Fliegerschiessen (Luftwaffen-DEMO)
Auskunft/Erreichbarkeit:
Präsident:
Gfr Mario Cairoli, Bürenstrasse 30
CH- 4421 St.Pantaleon / Schweiz
Tel P: +41 (0)61 791 08 13
Mobil: + 41 (0)79 750 74 48
Email:cairolimodellbau@hotmail.ch
Homepage/Site:http://www.netzone.ch/marschgruppe-free-walkers

Marschgruppe: MMG-Hippo

Gegründet: 1998
Mitglieder: 36, davon 8 Frauen, ca 50% in Berufskorps, FWK, GWK
Altersstruktur: 22–41 Jahre Durchschnitt: 28 Jahre
Tätigkeiten / Trainings: Trainings ganze Schweiz, 22–35 km pro Marschtag, Zweitagetraining bis 2 × 35 km
Anlässe: Märsche In-/Ausland in Uniform, 4-Tagemarsch Nijmegen (NL)
Andere: Familien-Weekend, gemütliches Beisammensein
Auskunft/Erreichbarkeit:
Präsident und Marschgruppenleiter:
Gfr Eduard Stauffer, Dorfstr. 94
CH-8957 Spreitenbach / Schweiz
Mobil + 41 (0)78 612 95 03
Email: edistauffer@bluewin.ch

Ostschweizer Marschgruppe

Gegründet:1984
Mitglieder: 60
Altersstruktur: 45–50 Jahre
Tätigkeiten / Trainings:
10 Trainings/Jahr
Anlässe: 3
Auskunft/Erreichbarkeit:
Präsident/Marschgruppenleiter:
Adj Uof Peter Busenhart
Dorfstrasse 53
CH-8427 Freienstein / Schweiz
Tel P. + 41 (0)44 876 00 85
Tel. G +41 (0)44 823 33 74
Fax +41 (0)44 823 31 53
peter.busenhart@lw.admin.ch

Marschgruppe Pilatus

Gegründet:1976
Mitglieder: 25 Aktive, 20 Passive
Altersstruktur: 22–60 Jahre
Tätigkeiten / Trainings: Marschtraining: in Aarau mit LT, in Payerne mit MLT, in Sulgen mit MLT, in Wangen a.A. mit MLT
Anlässe: Berner Distanzmarsch Thun, MUZ Marsch um den Zugersee, Berner Zweitagemarsch, General-Guisan-Marsch Spiez, 4-Tagemarsch Nijmegen (NL), Bündner Zweitagemarsch, Zentralschweizer Distanzmarsch Altishofen
Andere: GV Marschgruppe, HV u. Hollandabend MLT, Familienpicknick Raum Ostschweiz
Auskunft/Erreichbarkeit:
Präsident / Marschgruppenleiter:
Urs Friedli
Linden
4935 Leimiswil / Schweiz
Tel P: +41 (0)62 965 18 04
Tel G: +41 (0)62 956 10 41

Marschgruppe SMRWT

Gegründet: 2001
Mitglieder: 35
Altersstruktur: 20 bis 30 Jahre
Tätigkeiten / Trainings: 4–5 Trainings/Jahr
Auskunft/Erreichbarkeit:
Hptm Marco Valli
Aarbergstrasse 107
CH-2502 Biel/Schweiz
Tel P: +41 (0)32 524 10 22
Tel G: +41 (0)31 356 81 81
Fax G: +41 (0)31 356 80 81
Mobile: +41 (0)76 414 69 96
Email: valli@mails.ch

Marschgruppe Swiss Train

Gegründet: 2002
Mitglieder: 17
Altersstruktur: 21–30 Jahre
Tätigkeiten / Trainings: Marschtrainings gem beso Bf
Anlässe: Berner Zweiagemarsch, 4-Tagemarsch Nijmegen (NL)
Auskunft/Erreichbarkeit:
Marschgruppenleiter:
Hptm Markus Merz
Winkelstr. 12,
CH-5734 Reinach AG / Schweiz
Tel P: +41 (0)62 771 55 03
Mobile: +41 (0)79 370 43 67
Email:merz_m@bluemail.ch

Marschgruppe WSG Schwyz

Gegründet:1956
Mitglieder: 157
Präsident:
Wm Daniel Wampfler
Bahnstrasse 17
CH-3432 Lützelflüh-Goldbach / Schweiz
Tel P: +41 (34) 461 37 78
Fax P: +41 (34) 461 37 78
Tel G: +41 (34) 420 31 33
Mobile: + 41 (0)79 255 7729
wampfler@bluewin.ch

Entwicklungen im Waffenlaufsport

Entwicklungen im Waffenlaufsport

Der Schweizer Waffenlauf ist eine urschweizerische, traditionsverbundene Sportart. Seit den Anfängen im Jahre 1916 entwickelte er sich von einer rein militärischen, ausserdienstlichen Leibesertüchtigung zu einer eigenständigen, wettkampforientierten Sportart.

Im ersten eigentlichen Standardwerk über den Waffenlauf, «Der Waffenlauf – eine Chronik mit Bildern» konnte die Entwicklung detailliert verfolgt werden. Das vorliegende Buch «Mythos Waffenlauf» setzt nach dem im Jahr 1984 erschienenen Buch die Reihe nahtlos fort. Die wichtigsten Daten, Meilensteine und Fakten sind im Folgenden zusammengefasst.

Die Jahre 1916 bis 2007

1916: 1. Schweizerischer Armee-Gepäckmarsch in Zürich

Der am 24. September 1916 in Zürich erstmals ausgetragene Schweizerische Armee-Gepäckmarsch kann als eigentliche Geburtsstunde des Schweizer Waffenlaufs bezeichnet werden. Zu den Austragungsbedingungen ist bei Bernhard Linder zu lesen: *«Es durfte nur marschiert, nicht gelaufen werden. Die Tragart des Gewehrs war frei. Marscherleichterungen (Kragen öffnen) waren gestattet. Für den Tornister («Haaraff») war ein Mindestgewicht von 7 kg vorgeschrieben.»*

Ein Chronist jener Zeit schrieb dazu weiter, dass alle Tragarten und Uniformierungen vertreten gewesen seien: Feldgrauer und blauer Rock, Käppi und Mütze, blaue und graue Hosen, Gewehr links und rechts geschultert, angehängt, vorn oder hinten umgehängt, freitragend in der Hand oder hinten quer auf dem Tornister aufgeschnallt.

Der Armee-Gepäckmarsch von Zürich fand in den folgenden Jahren keine Fortsetzung mehr, dafür kamen von 1917 bis 1935 verschiedene Wettmärsche in Biel, Solothurn und Delémont und von Genf bzw. von Yverdon nach Lausanne zur Austragung.

1934: 1. Frauenfelder Militär-Gepäckwettmarsch (43 km)

Als älteste, heute noch existierende Veranstaltung fand am 27. Mai 1934 der erste Frauenfelder Militär-Gepäckwettmarsch über 43 km statt. Zum ersten «Frauenfelder» wurde im Ex-Tenü grün, mit Sturmpackung (Kaputt gerollt, Brotsack, Gamelle, Feldflasche und Gewehr) gestartet, wobei das Gewicht der Packung damals noch frei war. Dazu gehörten natürlich die Patronentaschen und das Seitengewehr, also das Bajonett.

1936: 1. Toggenburger Militär-Stafettenlauf

Bis 1976 wurde im Toggenburg eine polysportive Stafette ausgetragen. Bei der ersten Austragung 1936 waren Kavalleristen, Radfahrer und Skiläufer in den Mannschaften vertreten. 1967 wurde in Lichtensteig dann erstmals auch ein reiner Laufwettbewerb, ein Waffenlauf ausgetragen.

1944: 1. Aargauischer Militärwettmarsch in Reinach (32 km)

Beeindruckt von den Berichten über den «Frauenfelder» wurde mitten im Zweiten Weltkrieg auch in Reinach ein Militärwettmarsch aus der Taufe gehoben, allerdings unter Einbezug der Disziplinen Schiessen und Handgranaten-Werfen. 1965 fand der «Reinacher» letztmals mit Schiessen statt.

1945: 1. Zentralschweizerischer Militärwettmarsch in Altdorf (30 km)

Zwar hatte die Armee gerade erst demobilisiert und alle Wehrmänner waren ins Zivilleben zurückgekehrt, doch in Altdorf wagte man es, so kurz nach dem Zweiten Weltkrieg zu einem Militärwettmarsch aufzurufen.

1949: 1ère Course militaire commémorative Le Locle – La Chaux-de-Fonds – Neuchâtel (30 km)

Bis 1971 starteten die Kategorien I und II am «Neuenburger» in Le Locle, die Kategorien III und IV in La Chaux-de-Fonds, ab 1972 alle in der Neuenburger Oberländer Metropole.

1. Berner Waffenlauf (30 km)

Die beim Berner Waffenlauf durchgeführte 300 m-Schiessprüfung erforderte organisatorisch einen grossen Aufwand und war nicht bei allen Wettkämpfern beliebt. Der Berner Waffenlauf fand 1959 letztmals statt und wurde in der Folge vom Berner Zwei-Tage-Marsch abgelöst.

1954: 1. Hans-Roth-Waffenlauf in Wiedlisbach (35 km)

Die ersten drei Läufe wurden mit einer zusätzlichen Schiessprüfung durchgeführt. Aus den drei Schüssen konnte eine maximale Zeitgutschrift von 12 Minuten erzielt wer-

Eckdaten einer Erfolgsgeschichte (1916–2007)

Jahr	Ereignis	Jahr	Ereignis
1916	1. Schweiz. Armeegepäckmarsch, Zürich	1978	Erste Tests mit einem neuen Tenü (Tarnanzug) 1. Freiburger Waffenlauf, 23,2 km
1934	1. Frauenfelder Militärwettmarsch, 43 km	1981	Aufnahme des «Toggenburgers» in die IGMS an der DV Ende 1981, 19,7 km
1936	1. Toggenburger Militär-Stafettenlauf	1982	1. IGMS-Waffenlauf im Toggenburg Namensänderung von IGMS neu auf IGWS
1944	1. Aargauischer Militärwettmarsch Reinach, 32 km	1983	«Tenü grün» (Ex-Tenü) nur noch in Lichtensteig, St.Gallen, Neuenburg und Frauenfeld Aufnahme des «Freiburgers» in die IGWS an der DV Ende 1983 Herausgabe «Waffenlauf-Buch» von Bernhard Linder
1945	1. Zentralschweizerischer Militärwettmarsch Altdorf, 30 km	1984	Erstmals Abgabe Hunderter-Medaillen in Wattwil 1. IGWS-Waffenlauf in Freiburg
1949	1ère Course militaire commémorative Le Locle – La Chaux-de-Fonds – Neuchâtel, 30 km 1. Berner Waffenlauf, 30 km	1986	Einführung des TAZ 83 Erstmals Frauen an Waffenläufen
1954	1. Hans-Roth-Waffenlauf Wiedlisbach, 35 km	1991	Freigabe des Schuhwerks
1955	Gründung einer Dachorganisation (IGMS)	1995	Neue Kategorieneinteilung (wie bei Zivilläufen) auf Grund der Änderungen, welche die Armeereform 95 mit sich brachte
1956	1. Krienser Waffenlauf, 15 km	1997	Einführung der Schweizermeisterschaft für Damen und Junioren
1958	1. Zürcher Waffenlauf, 21 km	1998	Einführung des Tarnanzugs 90 Reduktion des Packungsgewichtes auf 6,2 kg Einführung der Kat. Schulen (mil. Schulen, Polizeischulen u. ä.)
1959	Einführung einer unteren Gewichtsgrenze von 7 kg Letzter Berner Waffenlauf (1949–1959), abgelöst vom Schweizerischen Zwei-Tage-Marsch in Bern (1960–2006) 1. Thuner Waffenlauf, 27,2 km	1999	1. Churer Waffenlauf, 17 km, organisiert durch Geb Div 12 und LDSV Graubünden
		2000	Volle EDV-Verarbeitung (Erfassung bis Rangliste durch die DATASPORT. Gemeinsame Einzahlung
1960	1. St.Galler Waffenlauf, 16,5 km	2001	Letzter Churer Waffenlauf (1999–2001)
1961	Hans-Roth-Waffenlauf letztmals mit Schiessen Bewilligung des «Tenü blau» als Wettkampfanzug	2002	Letzter Freiburger Waffenlauf (1978–2002)
1965	Neue Altersabstufung der Kategorien und Einführung der Kat. Senioren	2003	Letzter Toggenburger Waffenlauf (1967–2003) Letzter Krienser Waffenlauf (1956–2003)
1965	Reinacher Waffenlauf letztmals mit Schiessen	2004	1. Sprint-Waffenlauf Wohlen AG, 11 km Letzter Altdorfer Waffenlauf (1945–2004)
1967	1. Toggenburger Waffenlauf, 14 km Einführung der Waffenlauf Schweizermeisterschaft durch die IGMS	2005	Letzter Neuenburger Waffenlauf (1949–2005) Aufnahme des Sprint-Waffenlaufs Wohlen AG in die IGWS und damit in die Meisterschaft. Jubiläumsfest in Altdorf zum 50-jährigen Bestehen der IGWS. Entscheid zur Auflösung der IGWS.
Anf. 70er Jahre	Abschaffung von Patronentaschen und Bajonett, Festsetzung des Packungsgewichtes auf 7,5 kg	2006	Letzter St. Galler Waffenlauf (1960–2006) Letzter Schweiz. Zweitagemarsch (1960–2006) Letzter Reinacher Waffenlauf (1944–2006) Letzter Zürcher Waffenlauf (1958–2006) 40. und letzte Schweizermeisterschaft (1967–2006) Auflösung der IGWS (9.12.2006)
1971	Zürcher Waffenlauf letztmals mit Schiessen Altdorfer Waffenlauf neu mit «Tenü blau»	2007	Herausgabe Buch «Mythos Waffenlauf» von Dominik Schlumpf. Grosses Waffenlauf-Fest und Buch-Präsentation in Lichtensteig
1976	Letztmals Stafettenlauf am «Toggenburger» (1936–1976)		

Standen früher nur Soldaten an den Starts, nehmen heutzutage auch ranghohe Offiziere daran teil. Der OK-Präsident des Toggenburgers Oberstlt i Gst Näf mit dem Waffenläufer Oberstlt i Gst Romeo Fritz anlässlich des Zürcher Waffenlaufs 2003

den. Nachdem das Schiessen 1962 erstmals wegblieb, stiegen in den folgenden Jahren die Teilnehmerzahlen rapid an.

1955: Gründung der Dachorganisation Interessengemeinschaft der Militärwettmärsche der Schweiz (IGMS)

Der Zweck der Interessengemeinschaft wurde in den ersten Statuten wie folgt umschrieben: «Wahrung der gemeinsamen Interessen, Koordinierung soweit notwendig und Abklärung gemeinsamer Probleme mit den militärischen Behörden.» Unterzeichnet waren diese Statuten von den Präsidenten der damaligen sechs Militärwettmärsche. Im Oktober 1959 erklärten auch Zürich und Thun ihren Beitritt.

1956: 1. Krienser Waffenlauf (15 km)

Wie in den ersten Jahren beim Neuenburger Waffenlauf war auch beim ersten «Krienser» die Tragart des Karabiners frei, es wurde also ohne Sturmpackung gelaufen. Die Erfahrungen zeigten jedoch, dass die nicht in der Sturmpackung fixierte Waffe eine Gefährdung der anderen Konkurrenten darstellte und sich durch das Hin- und Herrutschen des Karabiners auf dem Rücken die Gefahr des Wundscheuerns erhöhte.

1958: 1. Zürcher Waffenlauf (21 km)

Die letzte Schiessübung an einem Waffenlauf überhaupt fand 1971 in Zürich statt. Die kontinuierlich sinkenden Teilnehmerzahlen in Zürich – 1967 zählte man 1018 Wettkämpfer, 1971 nur noch rund 700 – und der Unfall des bekannten Waffenläufers Werner Fischer, der sich beim Hinknien zum Schiessen eine schwere Knieverletzung zugezogen hatte – waren wahrscheinlich die auslösenden Momente zur Abschaffung solcher Zusatzprüfungen. Nur drei Jahre später zählte man in Zürich wieder fast 1000 Teilnehmer.

1959: 1. Thuner Waffenlauf (27,2 km) – Einführung einer unteren Gewichtsgrenze von 7 kg

Aus dem Protokoll der IGMS-Sitzung vom 10. Oktober 1959 ist zu entnehmen, dass offenbar schon damals die Probleme um die Schuhe, das Tenü, das Packungsgewicht und die Rangverkündigung zu «Dauerbrennern» geworden waren. In Sachen Packung wurde folgendes beschlossen: «... von Berner-Seite wird der Vorschlag gemacht, eine untere Gewichtsgrenze mit 7 kg vorzuschreiben. Anfänglich wurde die Einführung einer Gewichtskontrolle als lächerlich empfunden ...» und weiter «... Packung inkl. Karabiner oder Sturmgewehr Minimalgewicht 7 kg. Das Gewicht wird kontrolliert.» Bezüglich der Schuhe wurde folgende Präzisierung angebracht: «Ordonnanz-Marschschuhe oder Zivilschuhe (hohe Schnürschuhe aus Leder mit Absätzen und schwarzen Schuhnesteln).»

1960: 1. St.Galler Waffenlauf (16,5 km)

Der Entstehungsgedanke zu einem St. Galler Waffenlauf kam aus den Reihen der damaligen St.Galler Patrouilleure. Ein für heutige Verhältnisse kaum vorstellbar kleiner Mitarbeiterstab bewältigte die enorme Arbeit des ersten Laufes, an dem die stattliche Zahl von 640 Wettkämpfern startete.

1961: Bewilligung des «Tenü blau» als Wettkampfanzug

Am 15. Mai 1960, einem so genannten Tropentag, wurde der 3. Zürcher Waffenlauf bei höllischer Hitze und Föhndruck ausgetragen. Reihenweise waren Hitzeschäden und Erschöpfungserscheinungen zu behandeln. Ein junger Läufer bezahlte seinen Einsatz gar mit dem Leben.

Die Zürcher Patrouilleure, Organisatoren des Zürcher Waffenlaufs, ergriffen daraufhin die Initiative für ein leichtes Tenü für die Waffenläufer. Ab der Saison 1961 wurde das Überkleid (Tenü blau) als Wettkampfanzug bewilligt. In den folgenden Jahren stellten die Organisatoren nach und nach auf das neue Tenü um. Doch das «Tenü grün» (Ex-Tenü) hielt sich bei den Frühjahrsläufen von Lichtensteig und St. Gallen und beim «Frauenfelder» noch bis in die Achtzigerjahre.

1965: Einführung der Kategorie Senioren

Bis 1962 entsprach die Kategorieneinteilung bei den Waffenläufen den drei Heeresklassen der Armee: Auszug (20. bis 36. Lebensjahr), Landwehr (37. bis 48. Lebensjahr) und Landsturm (49. bis 60. Lebensjahr). Nach der Reduktion des Höchstalters der Wehrpflicht auf 50 Jahre führten 1965 die ersten OK›s im Waffenlauf neu die Kategorie Senioren ein, die übrigen folgten ein Jahr später.

1967: 1. Toggenburger Waffenlauf (14 km)

Dem allgemeinen Trend zum Laufsport entsprechend führten die Toggenburger Organisatoren 1967 parallel zum Stafettenlauf erstmals einen Waffenlauf durch. Bis 1976 wurden in Lichtensteig beide Anlässe ausgetragen.

1967: Einführung der Waffenlauf-Schweizermeisterschaft

Die IGMS führte in diesem Jahr die Schweizermeisterschaft ein. Davon versprach man sich, den Leistungen der Spitzenläufer mehr Rechnung zu tragen und neue Anreize zu schaffen. Fortan zeichnete die IGMS, später IGWS für die Vergabe der Titel verantwortlich. Lediglich die Anzahl der Streichresultate war in späteren Jahren bis heute immer wieder Anlass endloser Diskussionen. Mussten früher sämtliche Meisterschaftsläufe für eine Klassierung in der SM-Wertung absolviert werden gelten heute deren zwei als Streichresultate oder so genannte «Streicher».

Anfang der 70er-Jahre: Massnahmen im Zuge der so genannten «Weichen Welle»

Bedingt durch den starken Rückgang der Teilnehmerzahlen von 1965 bis 1970 wurden Anfang der Siebzigerjahre Massnahmen ergriffen, um den Waffenlauf wieder attraktiver zu gestalten. Das Tragen der Patronentaschen und des Bajonetts wurde abgeschafft und das Gesamtgewicht der Packung auf 7,5 kg festgesetzt.

Diese Massnahmen liessen die Teilnehmerzahlen von 1971 bis 1978 von jährlich rund 6450 auf 8742 ansteigen, was wieder dem Niveau von 1965 entsprach. 1982 erreichte man gar den Rekord von 9191 Läufern. Auch die Zivilläufe konnten in diesen Jahren des Lauffiebers Rekordfelder verzeichnen. Parallel dazu kam es auch zu Verbesserungen der sportlichen Leistungen.

1978: 1. Freiburger Waffenlauf (23,2 km)

Noch nicht zur Meisterschaft zählend gingen bei den ersten sechs Austragungen jeweils nur knapp 300 Teilnehmer an den Start. Nach langen Bemühungen wurde der Freiburger Waffenlauf an der DV 1983 dann endlich in die Interessengemeinschaft aufgenommen und zählte ab 1984 zur Schweizermeisterschaft.

1981: Aufnahme des Toggenburger Waffenlaufs (19,7 km) in die IGMS

Als zehnter Lauf wurde 1981 der «Toggenburger» im dritten Anlauf in die IGMS aufgenommen und zählte ab 1982 zur Schweizermeisterschaft. Gleichzeitig wurde die Zahl der Streichresultate von zwei auf eines reduziert.

1982: Namensänderung der IGMS auf Interessengemeinschaft der Waffenläufe der Schweiz (IGWS)

Längst waren neue Läufe ins Leben gerufen worden, die sich von Beginn weg als Waffenlauf bezeichnet hatten. Doch erst 1982 gab man der Entwicklung zum Lauf- und Leistungssport hin, bei dem die Sieger und ein Grossteil der Teilnehmer längst nicht mehr marschierten, mit dieser Namensänderung Ausdruck.

1984: Herausgabe «Waffenlauf-Buch» von Bernhard Linder

Bernhard Linder hat nach über 9-jähriger Arbeit das erste Standardwerk über den Waffenlauf herausgegeben. Die „Chronik mit Bildern» ist bis heute ein Klassiker geblieben und stellte damals auf eine spannende Weise den schweizerischen Waffenlauf vor. Ein Werk dieser Grösse wurde erst 23 Jahre später wieder Wirklichkeit. Einige kleinere Publikationen über den Waffenlauf-Sport oder über einzelne Waffenläufe haben ebenfalls ihren Platz in den Bücherregalen und damit in der Geschichtsschreibung eingenommen.

1986: Einführung des Tarnanzugs (TAZ 83) und erstmals Frauen an Waffenläufen

Bereits im Frühjahr 1978 gab die IGMS 30 neue, leichte Tenüs versuchsweise an ausgewählte Waffenläufergruppen ab. Nach zahlreichen Versuchen und langem Hin und Her mit dem EMD (heute VBS) konnte 1986 der neue Tarnanzug 83 dann endlich auch an die Waffenläufer abgegeben werden.

Eine von der IGWS eingesetzte Arbeitsgruppe sprach 1983 im Zusammenhang mit der Teilnahme von Frauen an Waffenläufen noch von Zukunftsmusik; doch lange konnte man sich des Ansturms der Frauen nicht mehr erwehren. Die erste Frau nahm 1986 erstmals am Neuenburger teil.

1991: Freigabe der Schuhe

Leichte Waffenlaufschuhe und schwarz gespritzte zivile Laufschuhe hatten schon vor Jahren die Ordonnanz-Marschschuhe verdrängt. Laufschuhe waren zu einem High-tech-Artikel geworden. Mit der Freigabe der Schuhe auf die Saison 1991 hin machte man ein Zugeständnis an die Gesundheit der Waffenläufer und versuchte damit auch die wieder gegen die 8000er-Grenze gesunkene Teilnehmerzahl aufzufangen.

1995: Neue Kategorieneinteilung aufgrund Armee 95

Mit dem Wegfall der klassischen Einteilung der Armee in die drei Heeresklassen wurde im Zuge der Armeereform 95 beim Waffenlauf die heute noch gültige Kategorieneinteilung (M20 bis M50 und Damen) eingeführt.

1997: Einführung der Schweizer Waffenlaufmeisterschaft für Damen

Seit über zehn Jahren gehören die Frauen zum Bild des Waffenlaufs und seit 1995 besitzen sie ihre eigene Kategorie. Vorher wurden sie inmitten der Männer klassiert. 1997 wurde ihnen deshalb auch eine eigene Kategorien-Meisterschaft zugesprochen mit Martha Urfer als erster Siegerin.

1998: Einführung des Tarnanzugs 90 und Reduktion des Packungsgewichts auf 6,2 kg

Überraschend schnell kamen auch die Waffenläufer in den Genuss des neuen Tarnanzugs 90, mit dem die Truppe in den vergangenen Jahren sukzessive ausgerüstet wurde. Aber nicht nur die Bekleidung des Schweizer Soldaten wurde modernisiert, sondern auch seine Waffe ist handlicher und vor allem leichter geworden. Der seit bald zehn Jahren andauernde, ungebremste Teilnehmerrückgang – 1997 wurde die 6000er-Grenze unterschritten! – und das vermehrte Wegbleiben junger Läufer bewog deshalb die Waffenlauf-Organisatoren, das Packungsgewicht auf 6,2 kg zu reduzieren.

1999–2001: Die drei Austragungen des Churer Waffenlaufs

Im Rahmen der Sommerwettkämpfe der Geb Div 12 und hauptsächlich organisiert durch den Wehrsportverein Graubünden wurde der 1. Churer Waffenlauf durchgeführt, der sofort zur Schweizermeisterschaft zählte. Nach lediglich drei Austragungen war im Jahr 2001 wieder Schluss. Gründe dafür waren die Abschaffung der Sommerwettkämpfe und die Auflösung der Geb Div 12 im Zuge der Armeereform.

2002: Letzte Austragung des Freiburger Waffenlaufs

Sinkende Teilnehmerzahlen und veränderte Rahmenbedingungen brachten den Freiburger Waffenlauf zu Fall. Der Freiburger bestand seit 1978 und zählte ab 1984 zur Meisterschaft. In den Jahren 1987 (10. Freiburger) und 1997 (20. Freiburger) übernahm des OK Freiburger Waffenlauf Ende Saison das «Absenden».

2003: Letzte Austragungen des Toggenburger und Krienser Waffenlaufs

Ein Jahr nach dem Wegfall des Freiburgers traf es auch den Toggenburger Waffenlauf. Dieser wurde erstmals 1967 ausgetragen und gehörte seit 1982 zu den IGWS-Meisterschaftsläufen. Nach verschiedenen Diskussionen entschloss man sich zur Aufgabe, wie auch in Kriens.

2004: Sprint-Waffenlauf Wohlen; ein neuer Waffenlauf entsteht und letzte Austragung des Altdorfer Waffenlaufs

Entgegen der Abmachung zwischen IGWS und den OK›s warf ein weiteres OK das Handtuch. Der Altdorfer Waffenlauf, welcher seit 1945 bestand, löste sich kurz entschlossen auf. Im gleichen Jahr wurde beim internationalen Pfingstlauf in Wohlen eine Kategorie

Waffenlauf angeboten. Der Sprint-Waffenlauf Wohlen etablierte sich schnell und wurde ein Jahr später zum neuen Meisterschaftslauf erkoren.

Mit dem Altdorfer starb 2004 im Urnerland der drittälteste Waffenlauf aus den gleichen Gründen wie die übrigen Läufe.

2005: Aufnahme Sprint-Waffenlauf Wohlen in die Meisterschaft, Jubiläumsfest IGWS und Meisterkür, letzte Austragung des Neuenburger Waffenlaufs und Entscheid zur Auflösung der IGWS

Eher zufällig erfuhren die IGWS und die Waffenläufer der Schweiz das Ausscheiden des beliebten letzten Westschweizer Waffenlaufs. Der 1949 erstmals ausgetragene Neuenburger gehört nun ebenfalls der Vergangenheit an. Der Sprint-Waffenlauf Wohlen hat sich etabliert und gilt ab 2005 mit seiner Streckenlänge von 11 km zur Schweizermeisterschaft.

In Altdorf fand das Jubiläum zum 50-jährigen Bestehen der IGWS statt. Dazu gehörte auch die «Meisterkür», das erste Zusammentreffen der Waffenlaufschweizermeister seit 1967.

Die IGWS beschloss ihre Auflösung per Ende 2006. Damit findet die Schweizermeisterschaft im Jahr 2006 zum letzten Mal statt.

2006: Auflösung der IGWS und letzte Schweizermeisterschaft

Letzte Austragungen des St. Galler, Reinacher und Zürcher Waffenlaufs wie auch des Berner Zweitagemarsches.

Der zweitälteste Waffenlauf, der Reinacher (seit 1944) und der 1960 erstmals ausgetragene St. Galler Waffenlauf führten ihren Anlass zum letzten Mal durch. Leider schaffte auch der Zürcher Waffenlauf seine 50. Austragung nicht mehr, das Ende kam nach 49 Austragungen. Als Nachfolger des früheren Berner Waffenlaufs ging der Schweizerische Zweitagemarsch in Bern hervor. Auch diesen wird es ab 2007 nicht mehr geben.

Die IGWS löste sich nach eingehender Beurteilung der Lage an der Delegiertenversammlung in Oensingen am 9. Dezember 2006 um 11.24 Uhr auf. Die negative Entwicklung und die mangelnde Unterstützung der Armee trugen massgeblich zu diesem Entscheid bei. Damit wurde 2006 die letzte Schweizermeisterschaft ausgetragen. Die gediegene Feier in Oensingen, hervorragend organisiert von den Läufergruppen Niederbipp und Matzendorf, setzte einen würdigen Schlusspunkt zum Abschluss der Ära IGWS-Waffenläufe.

2007: Grosses Waffenläufer-Fest im Toggenburg, Herausgabe «Mythos Waffenlauf»

Die Waffenlauf-Veteranen Alois Oberlin (Wattwil) und Beat Schmutz (Düdingen) führen ein grosses Waffenlauf-Fest in Lichtensteig durch. Nach über 5-jähriger Arbeit ist das zweite grosse Standardwerk über den Waffenlauf-Sport in der Schweiz herausgegeben worden. Der «Mythos Waffenlauf» schliesst die Lücke zwischen dem Buch aus den Achtzigerjahren von Bernhard Linder und stellt eine komplette Geschichtsschreibung über den Waffenlauf dar. Es gilt als «Abschlussakt» unter die grossartige Geschichte des Waffenlaufs in der Schweiz.

Waffenlauf im Wind der Zeit

Jahre der Veränderungen

Die Vergangenheit des Waffenlaufsports ist geprägt von Veränderungen. Diese wurden aufgrund von militär- und gesellschaftspolitischen Reformen notwendig. Mit Anpassungen der Reglemente wurden negative Tendenzen zu beseitigen versucht. Aufhalten konnte man das anrollende Desinteresse und den Teilnehmerschwund auch mit Streckenkürzungen, Reduktion des Packungsgewichts, Freigabe des Schuhwerks usw. nicht. Die Jahre von 1995 bis heute waren die Jahre der ganz grossen Veränderungen. So kamen nach und nach die neue Kategorieneinteilung, die Einführung der Schweizermeisterschaft für Damen, die Umrüstung auf den TAZ 90, die Einführung der Kategorie Schulen, die Reduktion des Packungsgewichts, das Waffenlauf-Video (Armeefilmdienst), die neue Zeitmessung, diverse Statutenänderungen, die Einführung der gemeinsamen Ausschreibung, die Einführung der Homepage im Internet und die Neu-Positionierung in der Armee XXI.

Die aktuellen Reglemente für den Wettkampf und die Waffenlauf-Schweizermeisterschaft wurden auf den 1.1.2005 in Kraft gesetzt, nachdem sie von den Delegierten im Dezember 2004 in Splügen/GR mit einigen gewichtigen Änderungen beschlossen worden sind. Sie betrafen einerseits die Berechnung der Diplomverteilung als auch das Ziehen eines Schlussstrichs unter die lange «Streicherdiskussion» (Anzahl Streicherresultate pro Saison).

Teilnahmeberechtigt an den durch die IGWS ausgeschriebenen Wettkämpfen sind Schweizerinnen und Schweizer. Einige OK's bieten jedoch auch Gästen aus Nachbararmeen Startplätze an, beispielsweise am Frauenfelder Militärwettmarsch. Diese werden jedoch in der separaten Kategorie Gäste gewertet.

Eine Schweizer Sportart?

Den «Waffenläufer» gab es schon in der Antike. Und auch die Armeen anderer Länder erproben die Kondition und Kampfkraft ihrer Soldaten mittels Wettkämpfen. Ob in einem grossen Verband, in einer Rekruten-, Unteroffiziers- oder Offiziersschule, überall werden Kräfte gemessen, sei es mit oder ohne Sturmpackung mit Kampfstiefeln oder mit Turnschuhen, in Kombination mit anderen Disziplinen und auf verschiedenen Streckenlängen.

Doch der Waffenlauf an sich, mit einer Meisterschaft, ist eine rein schweizerische Sportart.

Dies heisst aber nicht, dass nur Schweizer daran teilnehmen. Lange war es verpönt, ja auch verboten, dass Angehörige von Armeen anderer Länder an den Waffenläufen teilnahmen. Heute gehören Franzosen, Polen, Österreicher und Deutsche bereits teilweise dazu. Besonders beim Frauenfelder Militärwettmarsch sind sie mit gut trainierten Delegationen vertreten.

Aus allen Kantonen reisen sie an...

Aus allen Kantonen reisen die Waffenläufer jeweils an. Die Grafik zeigt die ungefähren Herkunftsräume der Waffenläufer in den Achtzigerjahren. Seither sind Veränderungen eingetreten. Weniger in der Verteilung der

1 Läufer aus 3 Kategorien (Altdorfer 2002)

2 «Endli isch min Papi do...»

Ballungsräume, vielmehr hat sich die die Anzahl der TeilnehmerInnen massiv nach unten korrigiert. Interessanterweise bildeten sich eigentliche Waffenläufer-Nester: Ostschweiz, Zürich, Aargau, Oberaargau, Thun; meist rund um die Austragungsorte der Wettkämpfe.

«Gott bewahre uns vor der Pest und den Appenzellern»

Eine Region sticht bis heute heraus, das Appenzellerland. Die beiden Halbkantone Appenzell-Ausserrhoden und Appenzell-Innerrhoden waren respektive sind der Grösse und Einwohnerdichte entsprechend eine regelrechte Waffenläufer-Hochburg. So stellten sie Spitzenläufer wie auch einen grossen Teil der «breiten Masse» und der «Namenlosen». Quer durch die Jahrzehnte nahmen Wettkämpfer wie Hans Frischknecht, Silvan Frei, Alfred und Ueli Kellenberger, Dominik Schlumpf, Bruno Dähler, Paul Büchler, Roli Langenegger, Paul Schläpfer, Peter Gerber, Walter Rechsteiner, Karl Holenstein, Hermann Kunz, Andreas Rechsteiner, Hanspeter Hafner, Arthur Senn, Hans Kast, Ueli Sonderegger, Franz Bischofberger, Moritz Schmid, Hans-Rudolf Merz, Otto Schoch, um nur einige zu nennen, an Waffenläufen teil. Manch eine Saison wurde ausgetragen, in der einige Waffenläufer an eine alte «Weisheit» denken mussten: «Gott behüte uns vor der Pest und den Appenzellern». Es geht zwar 600 Jahre später nicht um derart viel wie an der Schlacht am Stoss von 1405, doch waren einige dieser Männer aus den beiden Appenzeller Halbkantonen dem Sieg nahe gekommen oder konnten diesen verwirklichen. Allein die Präsenz wurde markiert. Als «Hochburg des Eigensinns» nannte einmal ein Spitzenläufer die Appenzeller und deren Land. Vielmehr «Hochburg starker Gegner» müsste man sie nennen. Grossartige Siege wie jene von Hans Frischknecht, dem Pöstler aus Herisau, konnten jedoch nicht oft wiederholt werden. Doch galten und gelten die Appenzeller im Besonderen noch heute als Herausforderer für andere Podest- und Spitzenläufer.

Drei bekannte Waffenläufer aus drei verschiedenen Zeitfenstern drückten in ihrer Aktivzeit diesem Sport massgeblich ihren Stempel auf. Es waren dies Hans Frischknecht, Ueli Kellenberger und Bruno Dähler.

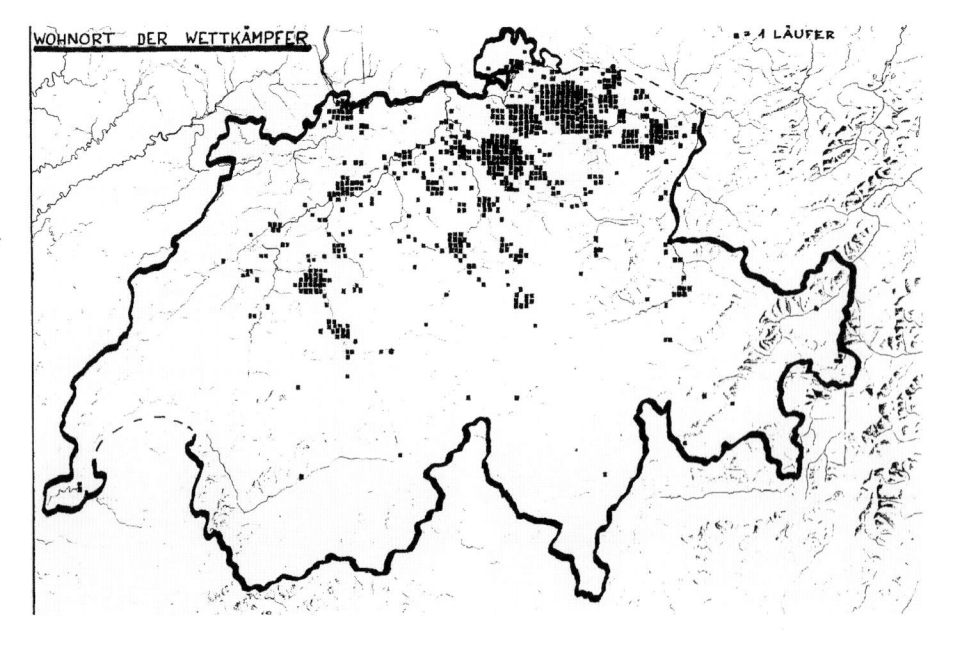

3 Zuschauer der besonderen Art. Michael Leysinger und HD Läppli (alias Eddy Schenk)

4 Der Waffenlauf wurde in seiner ganzen Geschichte von grossen Namen geprägt. Jede Zeit brachte ihre legendären Wettkämpfer und „Abräumer" zum Vorschein. Im Bild: Vier legendäre Waffenläufer kämpfen um die beste Position. V.l.n.r. Kudi Steger, Urs Pfister, Albrecht Moser, Florian Züger

5 Hans Frischknecht, der schnelle Pöstler aus Herisau

6 Die beiden Appenzeller Bruno Dähler aus Gais (links) und Silvan Frei aus Speicher (Mitte) gefolgt von Waffenlauf-Kamerad Siegrist beim 29. Thuner Waffenlauf (1987)

7 Bruno Dähler, Martin Storchenegger und Ueli Kellenberger am «Frauenfelder» 1991

8 Sdt Josef Huber aus Pfyn TG lief als Letzter am letzten Schweizermeisterschaftslauf nach 6:29.35,6, d.h. 3:39.05 nach dem Einlauf der Spitze, als Wettkämpfer der Kategorie M50 ins Ziel ein. Das Foto zeigt Josef Huber (links) zusammen mit Hans-Peter Eigenmann kurz nach dem Zieleinlauf des 48. Thuner Waffenlaufes, welcher eine Woche vor dem Frauenfelder stattfand.

9 Jeder Teilnehmer hat eine Motivation. Die einen wollen gewinnen, andere nicht Letzter werden, wieder andere ...

De Jock säät zom Bisch:
«Du, i glob i bi alergisch uf Leder.» –
«Oms tuusigs Gottswile werom?» frooged de Bisch.
Do säät de Jock:
«Wo n i hüte Morge im Bett inne verwached bi, wäsch i bi gescht no am Liechtesteiger Waffelouf gsee, han'i d die schwarze ledrige Waffelouf-Schue no aakha, ond de Chopf hets me nooch vesprengt.»

Die Teilnehmer und ihre Motivationen

Die Waffenlaufserie mit seiner allseits beliebten Schweizermeisterschaft ist zu Ende. Als Sdt Josef Huber aus Pfyn TG am 19. November 2006 um 16:29 Uhr, nach 6 Stunden, 29 Minuten und 35 Sekunden am Frauenfelder Militärwettmarsch erschöpft aber überglücklich als Letzter die Ziellinie überschreitet, hat dieser langjährige Schweizer Sport schlechte Zukunftsaussichten. Die letzte Stunde der Waffenlauf- Schweizermeisterschaft hatte geschlagen.

Mit dem Ziel, fundierte und nachvollziehbare Antworten auf die Frage nach den Motivationen der Teilnehmer zu liefern, werden im folgenden Beitrag nach einem kurzen Rückblick Stellungnahmen von Waffenläuferinnen und Waffenläufern geschildert und mit «Motivationstheorien» verknüpft.

Eine grandiose Geschichte

Lange ist's her, als 1934 der erste eigentliche Waffenlauf ausgetragen wurde. Der erste «Frauenfelder» hat die Geschichte geprägt. Der Waffenlauf als ureidgenössische Sportart hat Generationen bewegt. Von allen Landesteilen sind sie angereist. Manch einer verbrachte die Nacht vor dem Wettkampf in der Kaserne, da er auf den Startschuss am frühen Sonntagmorgen nicht anreisen konnte. Manch einer hat sich auch immer wieder gefragt, «warum tue ich mir das an...?» Und manch ein Journalist hat eben diese Frage auch gestellt. Antworten gibt's zuhauf.

Härter, zäher und extremer

Waffenläufe sind nicht die einzigen Anlässe dieser Art in der Schweiz. Es gibt nebst dem Waffenlauf natürlich weitere Sportarten, welche den Teilnehmern alles abverlangen. Doch der Waffenlauf, so «Augenzeugen»,

WAFFENLAUF IM WIND DER ZEIT 90 | 91

verlangt einem Wettkämpfer alles ab. Er führe teilweise über die Grenzen körperlicher und geistiger Leistungsfähigkeit hinaus. Im Unterschied zu anderen Grossanlässen, an denen «Grenzen» gesucht und oft auch erreicht werden, spielt das Preisgeld bei den Waffenläufen keine Rolle. Nicht im Geringsten. Der Wettkämpfer erwartet weder finanzielle noch anderwertige Belohnung. Den meisten genügt der «Ruhm», den «Waffenläufer sein» mit sich bringt. Doch ist es nur der erlangte Ruhm, der unzählige Waffenläufer an den vielen Sonntagmorgen an die Starts bewegten?

Die Sicht der Teilnehmer
Um die Beweggründe herauszufinden, sich dem Waffenlauf als Herausforderung zu stellen, entstand anlässlich der Arbeiten zu diesem Buch die Idee, einige Waffenläuferinnen und Waffenläufer zu ihrer Motivation zu befragen. Die Fragen zielten ab auf die grundsätzliche Motivation der Wettkämpfer, ihre Gefühle und Gedanken vor, während und nach dem Wettkampf, ihre persönlichen Vorbereitungen sowie auf wahrgenommene Grenzen und Belastungen. Trotz der vielfältigen und individuellen Antworten liessen sich bestimmte Kerngedanken finden, die nun nachfolgend aufgeführt werden.

Bezüglich der *grundsätzlichen Motivation*, an einem Waffenlauf teilzunehmen, äusserten sich die meisten Befragten wie folgt:
– «Der Waffenlauf ist ein Mythos und ein Abenteuer.»
– «Der Waffenlauf bietet Möglichkeiten zum Ausloten der persönlichen Grenzen»
– «Der Waffenlauf stellt eine besondere Herausforderung und Leistung dar»
– «Die Kameradschaft wird besonders intensiv erlebt»
– «Der Wettkampf an sich ist ein Anreiz»

Zur Frage, was ihnen am Waffenlauf eigentlich *Freude* bereite, nannten die Befragten am häufigsten:
– die verschiedensten Landschaften (mal Toggenburg, mal Neuenburg und Freiburg, mal Thun...)
– die Kameradschaft und das Gemeinschaftserlebnis
– den Herausforderungs- und Leistungscharakter des Waffenlaufs
– die Begeisterung von Zuschauern, Helfern und Angehörigen.

Vor dem Start waren die Befragten entweder
– nervös oder angespannt, oder
– voller Vorfreude und Hoffnung.

Während eines Waffenlaufs fragten sich die meisten,
– ob sie und ihre Kameraden es wohl schaffen würden
– ob sie genügend Reserven hätten und
– ob wohl alles gut gehen würde.
Doch auch Erinnerungen wurden wach, bei einigen wurden «Problemlösungsprozesse» angeregt, andere berichteten über euphorische Stimmungszustände oder auch Gedankenleere.

Motivation
Wöchentliche Trainingsleistungen um die einhundertzwanzig Kilometer sind keine Seltenheit mehr. Das sind sieben und mehr Stunden reine Laufzeit, dazuzuzählen wären das zweimalige Umkleiden und das Duschen.

Wie nur kommt ein Langstrecken-Läufer dazu, dermassen viel Zeit und Kraft in seine Sportart zu investieren? Wo bleibt da der Gegenwert, ist man zu fragen geneigt. Ist es ein Vergnügen, Genuss und Entspannung, bei jeder Witterung, nach achteinhalb Stunden am Arbeitsplatz, bei Nacht und Nebel, bei Hitze und Regen, noch zwanzig oder gar fünfundzwanzigtausend Meter unter die Füsse zu nehmen?

Motivation – so heisst vermutlich die Antwort auf diese sicher berechtigte Frage. Motivation aber ist mehr als nur Ansporn zum Training, mehr als nur ein Schlüssel für

Andere hatten die Idee, ein Buch über den Waffenlauf zu schreiben. So erging es Ende der Siebzigerjahre dem Autor des ersten grossen Buches über den Waffenlauf, Bernhard Linder und auch dem Autor des zweiten Nachschlage- und Geschichtsbuches über den Waffenlauf, in welchem sich diese Zeilen befinden.

Ein Waffenlauf anno 1946
Der 12. Frauenfelder Militär-Wettmarsch, der am letzten Sonntag ausgetragen wurde, nahm einen überaus spannenden Ver-

10 Ein Altstar wills nochmals wissen. Am Frauenfelder Militärwettmarsch 2006 startete der ehemalige Spitzenwaffenläufer im Tenue, mit dem er seinen ersten Waffenlauf absolviert hat. «Alle Instanzen haben das bewilligt», sagte er auf kritische Fragen und Bemerkungen

11 Waffenlauf = Leidenschaft

12 Ein Bild aus den achtziger Jahren. Etwas ist überall die Jahrzehnte geblieben: der Kampfgeist und auch die vielgerühmte Kameradschaft

13 Die erste Spitzengruppe im strömenden Regen unterwegs (von Känel, Ebner, Hafner); dahinter die Verfolger, angeführt von Häni und Walker (Toggenburger 2001)

14 Schneetreiben am «Zürcher»

Reporterfragen. Motivation ist ein Lösungswort schier, eine Zauberformel geworden. Ein motivierter Läufer braucht nicht einmal einen möglichen Sieg, der ihm winken könnte. Er braucht weder den Befehl von Staat oder Eltern, noch die stete Anstachelung des Trainers, noch unbedingt die Begleitung seiner Sportklub-Kameraden. Er braucht weder Jubel noch Ovationen des Publikums, noch Berühmtheit durch Medien.

Zur Motivation – oder versuchen wir es deutsch zu formulieren - zum Anreiz des Wollens, zu den Beweggründen des Willens braucht es die richtige Einstellung, die passende Umgebung auch, und das nicht nur im Training und im Wettkampf.

Nötig ist ein gutes Einvernehmen mit dem Trainer, dazu eine angenehme, kameradschaftliche, nein eigentlich noch weit mehr, eine direkt warmherzige Atmosphäre im Verein. Auch der private Bereich muss stimmen und unkompliziert sein. Der Terminkalender beispielsweise soll noch überblickbar, Freizeit tatsächlich noch verfügbar sein. Die grundsätzliche Einstellung, die Haltung des Sportlers zum Wettkampf, zum Training, aber ebenso zu Familie und Beruf muss gesund und intakt sein. Es braucht noch die urtümliche Freude am Bewegungsablauf, am Spiel.

Totaler Ehrgeiz, falscher Fanatismus, hartherziger Egoismus und reine Profitgier tun der Motivation Abbruch, drohen sie zu verdunkeln, zu verdecken und schliesslich ganz zu verschütten.

Kurz gesagt: Motivation heisst wollen, dürfen, niemals aber müssen.

Aus «Der Waffenlauf – eine Chronik mit Bildern» von Bernhard Linder

lauf und überraschte durch seine Rekordergebnisse. Und obendrein setzte sich erstmals ein Landwehrsoldat mit deutlichem Vorsprung als Gesamtsieger an die Spitze. Ein Kampfbild aus dem von über 600 Konkurrenten hart umstrittenen Wettlauf (v.l.n.r. Füs Alfons Schmid, Frick (Auszug, 6. Rang), Gfr Leo Beeler, Flums (Landwehr), Gesamtsieger in neuer Rekordzeit und der Vorjahressieger und Marathonmeister Gfr Kaspar Schiesser, Ennenda. Die favorisierten Läufer liessen sich lange Zeit nicht aus den Augen und machten sich die Sache nicht leicht; erst als der Landwehrgefreite im letzten Drittel die Schnelligkeit noch erheblich steigern konnte und auch durchzuhalten vermochte, fielen seine zähen Konkurrenten zurück und kam die unerwartete Entscheidung zu seinen Gunsten. Die Aufnahme zeigt den Sieger, wie er mit bemerkenswerter Frische ins Ziel einläuft. Er bewältigte die rund 44 Kilometer lange Strecke in 3 Std., 34 Min. + 58 Sek.

Kampf um die letzten Plätze

«...mit einer Überraschung endete auch der zweite Saisonlauf in Wiedlisbach 2006. Patrick Wieser gewann seinen ersten Waffenlauf, 1:06 Minuten vor Peter Deller und 1:36 vor Ruedi Walker....»

15 «Der Sonntag» – Ausgabe vom 10. November 1946

16 Die Spitze hat sich bereits gebildet. Der Schwanz des Feldes ist ebenfalls unterwegs, um den langen Weg von Frauenfeld nach Wil und zurück zu absolvieren. Bild: Sekunden nach dem Start zum Frauenfelder Militärwettmarsch 2002

17 Peter Rigling kurz nach dem Stadttor Solothurn, es geht heimwärts nach Wiedlisbach (2003)

18 Peter Gerber, Herisau (rechts) und Helmuth Ammann, Frauenfeld am Start zum Reinacher Waffenlauf 2006

19 «Wer wird heute Letzter?» Die hintersten Wettkämpfer vor den 18,7 km des St. Galler Waffenlaufs 2003. Wichtiger als der Rang ist vielen die eindrückliche Kameradschaft

20 Fredy Schwarzer, auch ein altbekanntes und treues Waffenlauf-Urgestein. Hier am Sprint-Waffenlauf Wohlen im Jahr 2005

So schrieb Waffenlauf-Berichterstatter Ueli Dysli in einem seiner unzähligen Berichte. Tags darauf informierten Tageszeitungen jeweils über die Geschehnisse an den Waffenläufen. Die Spitzenläufer sind bekannt und nähren ihren Bekanntheitsgrad mit ihren Erfolgen. Doch fragen wir Waffenläufer aus allen Leistungsbereichen, warum sie Sonntag für Sonntag an den Wettkämpfen teilnehmen, auch wenn die meisten von ihnen nicht zu den Spitzen- und Podestläufern gehören.

Am Ende der Rangliste

Es sind nicht nur die Spitzensportler, welche durch ihre Erfolge in ihrer «Leistungsklasse» jeweils motiviert werden. Nein, es herrschen Kämpfe in allen Kategorien und in allen Leistungsbereichen. Manch einer hat schon ausgerufen: «Wenn ich schlechter bin als früher dann höre ich auf...»! Und siehe da, er hat neue Gegner gefunden. Manch einer führt Kämpfe auch gegen sich selbst, gegen seine Uhr, seine Vorjahreszeit oder gegen einen Vereinskameraden. Die Duelle sind vielfältig und in allen Fällen äusserst spannend. Kurz vor Kontrollschluss an einem Waffenlauf sah ich einen erbitterten Kampf. Ein Kampf um den letzten Platz. Im Ziel angekommen waren auch sie Sieger! Freudig strahlten sie übers ganze Gesicht. Erschöpft waren sie, aber überglücklich.

An einem Waffenlauf, ich glaube am St. Galler 2006, beobachtete ich erneut den eindrücklichen Einlauf des Letzten. Studiert man die Ranglisten der Frühjahrsläufe, so werden die letzten Plätze regelmässig von den gleichen «Kämpfern» besetzt.

So der altgediente Füsilier Fritz Clesle aus dem thurgauischen Hosenruck, welcher mit Jahrgang 1944 noch ziemlich in Form ist. Oder Kü Geh Peter Gerber, der Herisauer mit Jahrgang 1945, der immer einen Zahnstocher im Mund hat. Da taucht auch der «gmögige» und waffenlauftreue Motf Fredy Schwarzer aus Langnau am Albis auf. Auch er mit Jahrgang 1945 einer der älteren Garde. Dann ist da auch noch Motf Peter Rigling aus Basadingen, welcher mit seinem Jahrgang 1950 auch noch wacker Wettkämpfe läuft. Diese vier beispielsweise (alle der Kategorie M50 angehörend) hatten alle das «Vergnügen», in der Frühjahrssaison 2006 als Letzte ins Ziel einzulaufen.

Fredy Schwarzer lief am St.Galler Waffenlauf mit einer Zeit von 2:47.24, 1:37.14 nach dem Sieger ins Ziel. Am Wiedlisbacher Waffenlauf hatte Peter Gerber mit einer Zeit von 3:51.58, 2:14.10 Rückstand auf den Sieger. Beim dritten Frühjahrs-Waffenlauf lief Peter Rigling mit einer Zeit von 1:32.02, mit 53.55 hinter der Siegerzeit, unter dem Zielbogen durch.

Ob als Erster oder als Letzter im Ziel, Sieger sind sie alle! Mit einigen Waffenläufern aus den hinteren Regionen führte ich ein Gespräch. Lesen Sie selbst:

Peter Rigling

Ich habe über 10 Jahre lang in Frauenfeld ganz in der Nähe des Zieleinlaufs gelebt. Viele meiner damaligen Kollegen haben den Frauenfelder mindestens einmal bestritten. 1979 war es auch für mich so weit. Ich wagte das Abenteuer. Ohne Erfahrung und ohne irgendeinen anderen Lauf bestritten zu haben, hatte ich grosse Erwartungen an mich selbst. Natürlich erlebte ich an diesem Tag ein Debakel. Nur mit grösster Mühe und Willenskraft beendete ich diesen Lauf in einer Zeit von 6 Stunden und 4 Minuten. Anstatt den Lauf in 4 Stunden absolviert zu haben, war ich damals ganz am Schluss der Rangliste anzutreffen. Eine solche Schmach konnte und wollte ich nicht auf mir sitzen lassen. Deshalb beschloss ich noch auf der Heimfahrt, sämtliche Waffenläufe die es gibt, zu absolvieren, bis ich das Ziel am Frauenfelder unter 4 Stunden erreicht habe. Es begann eine spannende Zeit. Ich investierte viel Zeit fürs Training. Schon bald erreichte ich an diversen Läufen gute Zeiten. Bis ich mein Ziel aber erreichen konnte, vergingen 9 Jahre. Im Sommer 1988 lernte ich meine heutige Ehefrau Susi kennen. Unter ihrer Leitung und mit ihr als Trainingspartnerin erzielte ich grosse Fortschritte. Am Frauenfelder 1988 war es dann so weit. Motiviert und überzeugt, dass ich mein Ziel an diesem Tag erreichen würde, ging ich an den Start. Dieser Frauenfelder war gleichzeitig mein 100. Waffenlauf. Als ich das Ziel in 3 Std. 38 Min in Frauenfeld erreichte, war ich überglücklich. Susi, die ebenfalls am Frauenfelder Waffenlauf startete, kam mit einer Zeit von 4 Std. 12 Min als schnellste Frau ins Ziel. Diesen Tag werde ich nie vergessen. Um diese Glücksgefühle zu erleben, haben sich all die harten Trainingskilometer gelohnt. Damit hatte ich meine Zielsetzung erreicht. Aber nun konnte ich mit dem Laufen nicht mehr aufhören. In den nächsten 4 Jahren gelangen mir noch einige gute Resultate.

Obwohl ich nach meinen Höhepunkten nicht mehr an meine Bestzeiten herankam, blieb ich dem Waffenlauf treu. Meine Motivation war nun, so viele Läufe wie möglich ohne Unterbruch zu absolvieren. Dies ist mir vom Frauenfelder 1979 bis zum Wohlener Waffenlauf 2006 gelungen. Dies ergab 281 Waffenläufe ohne Unterbruch! Am 10. September 2006, am letzten Reinacher Waffenlauf, musste ich beim 13. Kilometer völlig erschöpft aufgeben, womit meine Serie endete.

Mein ärgster Gegner war mein Gewicht. Selbst in meinen besten Jahren brachte ich immer über 100 kg auf die Waage. Gerade wegen dieser körperlichen Voraussetzungen bin ich stolz, dass es mir gelungen ist, während so langer Zeit ohne grössere Verletzungen durchzuhalten. In den 27 Jahren Waffenlauf habe ich viele schöne und bereichernde Stunden im Kreise meiner Waffenlauffreunde verbringen können. Diese Freundschaften haben für mich einen genauso hohen Stellenwert wie die sportlichen Erfolge. Schliesslich habe ich durch den Sport meine Traumfrau gefunden. Seit dem 4. Mai 2001 ist meine Traumfrau nicht nur ein Traum sondern meine Ehefrau. Es ist für mich eine Ehre, dass meine Geschichte in diesem Buch festgehalten wird.

Eine Frage lautete: «Du gehörst nicht zu den Spitzenläufern. Du machst dennoch mit, obwohl Du meistens einer der letzten im Ziel bist. Was ist trotzdem so faszinierend?» Da kann ich nur festhalten, dass ich zu Beginn meiner Karriere am Schluss der Rangliste aufgeführt war und zum Ende eben wieder dort angelangt bin. Der Kreis schliesst sich oftmals nicht nur im Leben, sondern auch im Sport. Es hat auch etwas Befreiendes, ohne grosse Erwartungen nur mit dem Wunsch, den Lauf vor Zielschluss zu beenden an den Start gehen zu können. Oftmals habe ich kurz vor dem Ziel gedacht, dies sei mein letzter Lauf. Nach dem Duschen waren solche Gedanken bereits wieder vergessen und ich freute mich auf die nächste Herausforderung.

Peter Gerber

Eine weiterer «Namenloser» ist auch «Waffenlauf-Urgestein» Peter Gerber aus dem appenzellischen Kantonshauptort Herisau, aus dem der legendäre und siebenfache Frauenfeld-Sieger Hans Frischknecht stammte. Am Reinacher Waffenlauf 2005 wurden diverse Medien auf Peter aufmerksam. Bundesrat Schmid gratulierte dem urchigen Militär-Küchen-Gehilfen Gerber zu seinen 8000 Waffenlauf-Kilometern. Mit dieser aussergewöhnlichen Leistung erlangte Gerber, bekannt dafür, immer einen Zahnstocher im Mundwinkel zu haben, fast schon nationalen Bekanntheitsgrad, obschon er eher zu den Letzten gehört. Am 11. November 2006 absolvierte der Herisauer Peter Gerber in Thun seinen 350. Waffenlauf.

«Dieses Ziel hatte ich schon lange», sagt er und beginnt zu erzählen. Nicht ohne Herzklopfen nahm Peter Gerber an diesem Samstag in Thun das Rennen «unter die Füsse». Anfänglich war er noch unsicher, ob er das Ziel, die Beendigung seines 350. Waffenlaufes, an diesem Tag erreichen würde.

Er erreichte sein gestecktes Ziel und rückte damit auf der Liste der Rekordhalter eine Stufe weiter nach oben. Jeder, der an diesem Samstag im November dabei war bezeugte, dass es ein anstrengender Lauf war. «Ich hatte etwas Mühe, doch zum Schluss hatte ich noch zehn Minuten Reserve», meint Waffenläufer Peter Gerber. Und er rechnet auch gleich vor, dass er in seiner ganzen Karriere 8'133 Wettkampfkilometer gelaufen sei und betont, dass diese Zahl ohne Trainingskilometer gerechnet sei. Der 54-jährige gelernte Käser und jetzige Gabelstaplerfahrer freut sich über seinen Erfolg, er hatte ihn schon lange angestrebt. Sein sportliches Ziel habe er erreicht, er habe dafür 41 Jahre benötigt, meint Gerber. Gefragt über seine Zukunftspläne, meint er, dass er mit Waffenläufen weitermache.

Im «Kampf»

Doch dieses Weitermachen ist für ihn mit einem Wermutstropfen verbunden. Denn seinem Lieblingssport droht das Ende. In der Blütezeit der Waffenläufe waren es insgesamt 11 Wettkämpfe pro Jahr, erklärt Gerber, oft starteten mehr als 1000 Mann.

«Die Zeiten haben sich geändert, doch für mich wird es weiterhin sportliche Aktivitäten geben. Es ist schade, dass auch diese Tradition zu Ende geht. Das Militärradrennen St. Gallen-Zürich habe ich 24 Mal absolviert, bis zum letzten Rennen.»

Peter Gerber wird weiterhin sportlich aktiv bleiben, dies steht fest. Ein Blick in die Garage bestätigt seine Aussage, auf jeden Fall dem Sport nicht den Rücken zuzukehren. Ein Rennvelo, ein Bike und mehrere Paare Langlaufskier sind dort aufbewahrt. Gleich daneben steht sein stets fertig gepackter Rucksack für die Waffenläufe bereit.

Auf die Frage, wie er zum Waffenlauf gekommen sei meint er kurz und bündig: «Durch meine zwei Brüder. Was die können, das kann ich auch...». Die Faszination am Waffenlauf sei die grossartige und echte Kameradschaft unter den Wettkämpfern. Auch sei es eine Schweizer Sportart. Als Läufer, welcher sich meistens in den hintersten Reihen der Rangliste findet, gibt es dennoch Reize. So zum Beispiel der nach jahrelangen Teilnahmen erreichte 350. Waffenlauf oder auch die unzähligen Duelle mit Gleichgesinnten. Eben Kämpfe um die letzten Plätze. Und wer die «Letzten» schon einmal beim Zieleinlauf beobachtet hat weiss, da hinten wird wahrscheinlich ebenso verbissen gekämpft wie um den Sieg. Doch immer war Peter Gerber nicht am Ende der Rangliste zu finden. Sein bestes Resultat an einem Frauenfelder war eine Zeit von 3 Stunden 32 Minuten, dies noch mit 7,5 kg Packungsgewicht. Oder sein bester St. Galler mit einer Zeit von 1 Stunde 25 Minuten. Auf die letzte Frage «Was denkst Du jeweils, wenn Du ganz kurz vor dem Ziel bist?» antwortet er mit einem sympathischen, verschmitzten Grinsen wie aus der Pistole geschossen: «Hoffentlich haben sie noch genug dunkles Bier... und warmes Wasser!»

Auch ein Sieger!

Speaker – was steckt dahinter?

Angefangen hat alles 1998, als mich meine Kollegen vom UOV angefragt haben, ob ich nicht als Speaker auf dem Hofplatz mithelfen wolle. Jakob Hörni, Speaker Hofplatz Wil während vieler Jahre, hätte schon längst seinen Ruhestand verdient und müsse immer noch durchbeissen.

Nun, die altehrwürdige Kulisse am «Goldenen Boden» übte schon immer eine gewisse Faszination auf mich aus. Vielleicht, weil mein Bruder vor gut 50 Jahren schon im Pankratius-Brunnen ungewollt Tauchversuche unternahm und ihn der damalige Dorfpolizist wieder an die Luft beförderte, vielleicht, weil meine Familie vor meiner Zeit nur einen Steinwurf vom Baronenhaus weg wohnte, vielleicht war es der Reiz der ehemaligen Brauerei, die zu meiner Primarschulzeit die Zugpferde jeweils im Hof-Eingang in den Hefe-Hopfen-Pferdeschweiss-Duftwolken parkierte, vielleicht weil wir für einen Schüler-Wettbewerb eine «typisches Wiler Motiv» malen mussten und mir mein Firmgötti beibrachte, die Schattierungen eben dieses Pankratius-Brunnens zu Papier zu bringen. Oder einfach weil der Frauenfelder halt zum Hofplatz und derselbige untrennbar zu Wil gehört – wie ich mich selber auch nach 12 Jahren Braunau TG immer noch als Wiler fühle – das wird vermutlich auch immer so bleiben ...

Heuer im 2006 zum 9. Mal am Frauenfelder (insgesamt dürften es für mich so an die 30 Waffenläufe sein, gelaufen, mitgeholfen oder «gespeakert»), nehme ich «meine Walze» vom Estrich herunter (diese Holzwalze ist übrigens eine Erfindung von Arno Jäckli, selber ehemaliger Speaker und Mäzen des St. Galler Waffen- und Jugendlaufs und gewissermassen der Mitschuldige an meiner heutigen Laufsport-Speakertätigkeit.), löse die alten Blätter vom 49. und leider auch letzten Zürcher Waffenlauf vor vier Wochen ab und mache mich an die Arbeit.

Ist's am Sonntag nun wirklich so mild wie angekündigt? Die Seite www.meteomedia.ch hilft weiter: Die Temperaturen sinken am Sonntag wenigstens gut 3°C unter die Freitag- und Samstagwerte, und am Sonntag gegen Ende des Laufes wird's noch böig. Regen sollte Samstag tagsüber und Sonntag während des Laufes nach den Prognosen überhaupt nicht fallen – wenigstens!

Ist Gust Bürge am Sonntag wieder mit seinen Würsten «auf Platz»? Bestimmt riecht's wieder verführerisch – ach, was soll's, die Zeit reicht sowieso kaum! Datasport hat einen Laptop mit den laufenden Zielankünften, Zeiten und Resultaten versprochen. Das wird perfekt! Und bestimmt haben wir wieder eine grosse Uhr mit der Durchlaufzeit am «Hof» – die darf ich dann auf keinen Fall vergessen ins Ziel mitzubringen. Sonst hilft in Frauenfeld nur noch die Kirchturmuhr...

Vergessen kann ich den einen oder anderen Läufer «meiner Zeit» nicht. Ich erinnere mich: Kaspar Schiesser, 90-jähriger, (geb. 28.01.1916) zweifacher alt-Waffenlauf-Sieger sprach mich an der Speaker-Trommel auf der Baronenhaus-Veranda an, noch überaus rüstig: Er hätte selber 1945 den Königslauf über die Marathondistanz von 42,2 km gewonnen, also vor über 60 Jahren. Wow!

21 Speaker Christoph Hug mit Feldstecher, Trommel, Mikrofon und guten Sprüchen im Einsatz am Zürcher Waffenlauf 2006

22 Eine Waffenläufer-Gattin mit ihrem Hund am Reinacher Waffenlauf. Ob ihr Mann schon geduscht hat oder unten in den feuchten Umkleideräumen immer noch am «Besprechen» ist?

23 Wer betreut die Kinder normalerweise an einem Waffenlauf? Es sind die Frauen!

Ich denke auch noch hie und da an die mir lieb gewordenen Gesichter «meiner» Waffenläufer/innen von der Siegerehrung oder vom Interview im Ziel auf dem Mätteli: Jörg, Martin, Fredy, Luis, Johannes, Claudia, Monika, Manfred, Edi, Fritz, Heiri, Schorsch und Albert (ja, etwa so wäre ungefähr die Reihenfolge, wenn Sie alle am Start sind), und natürlich viele, viele andere mehr. Und auch Läufer wie Heini Rebsamen (ein bekannter Waffenläufer während meiner Zeit als Speaker, nicht blitzschnell, aber bodenständig!): Ich sah ihn zum letzten Mal am Frauenfelder 2005 um 12.15h beim Überqueren der Hubstrasse-Brücke über der Autobahn in Richtung Wendepunkt (ich war bereits auf der Autobahn unterwegs in Richtung Ziel und informierte mich bei den Begleit-Bikers über den Rennverlauf an der Spitze: «Zieht Jörg Hafner davon?»). Heini nahm sich auf dem Hofplatz dem Vernehmen nach noch Zeit für einen Schwatz und verstarb gut 3 Stunden später wenige hundert Meter vor dem Ziel in Frauenfeld!

Auch Mischa Ebner bleibt ein Teil des Waffenlaufs: Er war 1998 mit 23 Jahren der wohl jüngste Tagessieger am Frauenfelder und doppelte 2001 sogar mit dem 2. Sieg nach!

Dani Keller erklärte mir vor seinem nachmaligen Tagessieg 2002 am Telefon: «Ich will nur die Hellebarde in Wil, der Rest ist mir egal. Wenn es mich aufstellt, gehe ich direkt zu Mutter nach Bronschhofen heim und nehme eine Suppe zu mir!». Er musste mit Fritz Häni, dem 122-fachen Rekord-Kategoriensieger (er gewann in allen Kategorien mindestens einmal und wurde in jeder Kategorie Schweizermeister) über die Kamelbuckel aber fast bis zum letzten Schweisstropfen kämpfen, ehe das Keller'sche Kabinettstücklein gelang. Die Pointe war nicht einmal der Tagessieg, nein, oh Schreck, die Hellebarde war kurz vor dem Frauenfelder 2002 als Durchgangspreis abgeschafft worden. Als man den «tiefen Wunsch» von Dani nicht in Erfüllung gehen sah, reagierte sowohl das OK als auch Danis Sportfreunde und – Dani hatte am Schluss gar zwei Hellebarden.

Mein Programm 2006:
Samstag, 11.11.06
Besuch des Thuner Waffenlaufs mit unserer 3 1/2-jährigen Tochter. Highlight des Tages, die Kleine «musste mal», 5 Minuten vor der Zielankunft der Spitzenläufer.

Donnerstag 16.11.06
– Eigenen Vorkommentar des Frauenfelders 2005 am Donnerstag zu einer Veranstaltung zum Durchlesen mitnehmen, um mich gedanklich einzustimmen

Freitag 17.11.06
– Am Freitagmorgen diverse Mails mit dem OK (Jubilare, Infos usw.)
– Ranglisten vom Zürcher, Thuner, Meisterschafts-Listen, Ranglisten von der Marathon-SM in Basel und von der Halbmarathon-SM in Oberriet und vom Frauenfelder 2005 bereitlegen.
– Die eigenen Excel-Startlisten «von früher» auf brauchbare Infos durchstöbern.
– Letzte Koordination mit OK und Stadt Wil.
– Nachmittags-Meeting mit Bruno Heuberger (er kennt die zivile Marathon- und Halbmarathon-Elite besser als ich). Notieren der zivilen Top-Läufer und Läuferinnen. Internet-Leistungsblätter ab www.datasport.ch ausdrucken, damit auch über allfällige unerwartete «Spitzenläufer» etwas berichtet werden könnte.
– Diverse Telefongespräche mit Spitzenläufern (Peter Deller, Claudia Helfenberger)
– Sichten und sortieren der Anmeldungen DATASPORT nach Kategorien, Namen und Nummern und herausstreichen der «neuen» Läufer/Kategorien, Jubilare, Spitzenläufer (Stefan Gautschi ist immer sehr flexibel und liest mir die Wünsche praktisch ... von den Mails ab).
– Herausschreiben der 10 besten jedes Laufes jeder Kategorie (Margot, meine Frau, muss zu diesem Zweck auch einige Zeit mithelfen).
– Telefon-Chat mit Thuner-Sieger Peter Deller. Peter's Podest-Prognose: Dähler, Wieser, Walker. Ev. Überraschung durch Keller oder Schöpfer? Könnte gut sein!?
– Redaktion des Vorkommentars 2006 für das Frauenfelder OK (vielleicht für die beim Pressechef des OK, Hansjörg Ruh, nachfragenden Redaktoren), parallel dazu eintragen in die Walzen-Datei für Sonntag (etwa 3 Stunden.). Es beginnt schon ganz leicht zu kribbeln. Um 01.00h ins Bett.

Samstag 18.11.06
– Diverse Telefonate mit Läufern (Willi Lüthi als noch Aktiver mit den meisten Waffenläufen), Urs Heim (5 Tagessiege, letzter Waffenlauf wie sein erster im Tenue blau], Martin Schöpfer (Schweizermeister 1997, hat im Meisterjahr sämtliche Waffenläufe gewonnen, wie Werner Fischer im Meisterjahr 1967, Martin Storchenegger (Sieger Frauenfelder 1987) und diverse Telefonate mit dem OK.
– Franz Widmer vom UOV Wil (OK Wendepunkt) und Martin Müller vom LSC Wil (OK Start HaMa) holen mich zur letzten OK-Sitzung in der Kaserne Frauenfeld ab: Letztes Fein-Tuning vor dem Lauf, (der Vorkommentar ging vorab schon per Mail an den Pressechef), Rückkehr ca. 18.00h, aufkleben der Startlisten auf meine Walze und diverse Telefonate. Bettruhe ca. 23.00h.

Sonntag 19.11.06 (Lauftag)
- Einrichten Hofplatz um 09.00h. Oliver Caspari und Erich Grob sind schon da um die Lautsprecheranlage anzuschliessen, den Luftbogen Streckenhälfte montieren), Rückkehr nach Braunau.
- 09.40h letztes Mail vom Erfassungsbüro in Frauenfeld empfangen: Die Nachmeldungen von DATASPORT. Wer gehört zu den Kurzentschlossenen? Es sind noch lange nicht alle Läufer erfasst, aber Datasport hat ja noch solange «Spatzig», bis alle im Ziel in Frauenfeld sind ...
- Ausschneiden und aufkleben der vorhandenen Nachmeldungen auf die «Speaker-Trommel».
- 10.00h Abfahrt zum Hofplatz («Habe ich nichts vergessen? Handy, Feldstecher, Fishermen's usw.). Hält der Luftbogen? «In rund 30 Minuten erwarten wir die ersten Zuschauer!» Wer gewinnt wohl den Durchgangspreis?

«Mached's guet, meer xeend üs glii wieder im Ziel z'Frauefeld! Bis nochane! Hopp Schwiiz!»

Christoph Hug, Braunau TG

Waffenlauf und die Frauen
Steht man heutzutage an einem Waffenlauf, so gehören die Frauen einfach dazu. Nicht nur jene, die am Streckenrand die Läufer anfeuern, sondern auch die zwei Dutzend Waffenläuferinnen. Sie liefern gegen sich selbst, gegen andere Frauen und gegen manch einen männlichen Wettkämpfer spannende Duelle und Kämpfe. Die Frauen haben die gleiche Strecke zu bewältigen wie die Männer und tragen die gleiche Kleidung wie die Männer. Einzig das Gewicht der Packung (5.0 kg) ist leichter, egal ob sie eine Waffe mittragen, die jedoch nicht vorgeschrieben ist. Frauen als Waffenläuferinnen, ein gewohntes Bild. Doch das war nicht immer so.....

Die Frauen im Blickpunkt
Landesweit für Schlagzeilen sorgte das OK Reinacher Waffenlauf im Jahre 1986. Zwar sprach eine von der IGWS zusammengesetzte Arbeitsgruppe im Jahr 1983 bezüglich der Teilnahme von Frauen an Waffenläufen von Zukunftsmusik. Die Zukunft liess dann gerade drei Jahre auf sich warten. «Anne-Rose darf beim Reinacher nicht mitlaufen», titelte der «Blick» auf der Sportseite. Genüsslich wurde Fritz Springer, OK Mitglied des Reinachers zitiert: «Waffenlauf ist harter Wettkampfsport. Da haben Frauen nichts zu suchen. Sowieso wird um die Frauen ein zu grosses Theater gemacht». Damals ging es um die eigentliche Pionierin im Waffenlauf. Sie hiess Anne-Rose Wälti, war 40 Jahre alt und Polizistin in Biel. Nach ihrer Premiere in Neuenburg startete sie zusammen mit Yvette El Fen auch in Freiburg und wurde zwei Wochen nach dem Reinacher in Altdorf «Herzlich willkommen» geheissen und hatte auch schon eine Einladung aus Frauenfeld.

«Kaktus der Woche»
Die Streichung von Anne-Rose Wälti in der Startliste gipfelte im «Kaktus der Woche» der Schweizer Illustrierten. Empfänger war der damalige OK-Präsident Ueli Meyer, Beinwil am See. «Kein Mensch hindert Frau Wälti bei einem zivilen Lauf mitzumachen», sagt Hauptmann Meyer zackig (Originalton der Schweizer Illustrierten) «Waffenlauf soll ein Waffenlauf bleiben» – und also Männersache. «Überhaupt – warum der ganze Rummel? Es geht ja nur um eine Frau». Womit alles klar wäre, kommentierte die Schweizer Illustrierte und verlieh Ueli Meyer den Kaktus der Woche.

Damit war aber die Frauengeschichte noch nicht erledigt. Seniorenläuferin Heidi Siegfried aus Boll legte im darauf folgenden Jahr gegen die Teilnahme der Startnummer 134, Ida Spiess, Protest ein. Wörtlich: «Die Teilnahme entspricht nicht dem Reglement der IGWS. Frau Spiess gehört weder der MFD noch dem Zivilschutz an und diensttauglich ist sie auch nicht. Diensttaugliche konnten nämlich starten, wenn sie sich an einer Aushebung gestellt hatten oder vor UC waren.» Offenbar fiel der Protest nicht auf fruchtbaren Boden, findet sich doch in der Rangliste vom 27. September 1987 auf Rang 42 mit einer Laufzeit von 2.01.31 eine gewisse Ida Spiess aus Turgi. Detail am Rande: Nach zehn vergeblichen Anläufen hatte Heidi Siegfried beim 11. und letzten Waffenlauf der Saison, in Frauenfeld, Erfolg mit ihrem Protest. Nach zehn Tagessiegen wurde Ida Spiess der Start verweigert!

Ab 1987 liess die IGWS Frauen mitlaufen, überliess aber den endgültigen Entscheid jeweils den jeweiligen OK's. Jahre später war dann das Thema Frauen endgültig bereinigt. Seit 1995 besitzen sie ihre eigene Kategorie und ab 1997 wurde ihnen eine eigene Kate-

Wir Waffenläufer sagen euch Frauen: DANKE!

Doch es gibt und gab nicht nur die Frauen, welche Funktionen in OK's, Vereinen und auch im Dachverband IGWS bekleideten, sondern die typische «Frau am Streckenrand». Jene, die ihren Mann oftmals im Jahr an die Waffenläufe ziehen liess. Jene auch, die ihre Männer begleiteten, betreuten und im Ziel empfingen. Man kennt sie, zu zweien, zu dritt, manchmal stehen sie mit Kindern oder mit Hunden am Streckenrand, am Start und im Ziel. Sei es im Startgelände des St. Gallers beim Zeughaus, nach der Verenaschlucht oder im Glotner Wald. Mal plaudern sie, mal klatschen und rufen sie den rennenden Männern zu. Für den Waffenläufer ist der Wettkampf Lohn für all die Trainings in Hitze, Regen und Schnee, bei Nacht und Nebel. Nach dem Lauf weiss jeweils ein jeder, der Aufwand hat sich gelohnt. Aber wer beklatscht die persönlichen Erfolge und sagt: «Gut gemacht Schatz!»

Bernhard Linder schrieb: «So ist es doch. Am Wettkampftag verlasst Ihr die wohlig warmen Linnen um fünf Uhr früh, um vier Uhr vielleicht sogar, kocht Eier mit Speck oder Haferbrei, mischt Flocken oder ein Supergetränk nach geheimem Rezept und Wunsch des sich in unerträgliche Nervosität steigernden Ehegattens, der nach Waffenlaufkleider, Gurt, Turnschuhen und Pflaster fragt. Beim gemeinsamen Frühstück hört Ihr geduldig zu, wie «er» in der letzten Nacht schlecht geschlafen hat. Ein Albtraum habe ihn nicht gut schlafen lassen, er sei gelaufen und gelaufen, aber nicht vom Fleck gekommen. Dann sitzt ihr im Auto und fährt zum Austragungsort des heutigen Waffenlaufs. Hört dem ewigen Fachsimpeln und dem Galgenhumor, der inzwischen abgeholten Waffenlaufkameraden zu. Während des Laufes warten die Frauen geduldig, meist frierend, warten auch noch, wenn die ersten hundert Läufer schon geduscht und umgekleidet bei der wohlverdienten Bratwurst oder beim durstlöschenden Bierchen sitzen.

Aber weit mehr noch. Während der Woche verzichtet ihr mehrere Male auf uns. Wenn wir trainieren. Ihr ruft unter der Haustüre «Mach's guet» zu und bereitet oftmals ein Znacht vor, wenn wir zurückkehren von unseren Trainings. Ihr nehmt die schwitzenden und erschöpften Wehrmänner in Empfang, hört zu (obwohl es euch nicht in dieser Ausführlichkeit interessiert?!).»

Eines haben alle Läufer gemeinsam, ob Spitzenläufer oder die sogenannten «Namenlosen»: kein Läufer kann seine Höchstleistungen vollbringen, wenn er nicht auf aufopfernde, manchmal verständnisvolle und manchmal verständnislose, manchmal vielleicht leicht verbitterte zugestandene Unterstützung seiner Lebensgefährtin zählen darf. Er weiss nur zu gut, dass er seine Freizeit dem Sport schenkt und seine Frau, Freundin oder gar Familie an die zweite Rangstelle beordert. Auch mir als Autor sind diese Zeilen wohlbewusst. Im Namen aller «betroffenen» Waffenläufer möchten wir euch Frauen, Freundinnen und Familien mit diesen Zeilen danken. Sie sind euch Frauen gewidmet als Entschuldigung und als Dank zugleich! Klar, die Frauen konnten immer tun was sie wollten. Die einen blieben zuhause, andere begleiteten ihre Männer immer oder ab und zu mit an die Läufe. Wieder andere Frauen gingen in der «mannlosen» Zeit einer anderen Tätigkeit nach und einige Frauen nahmen selber an einem Waffenlauf teil. Aber auf jeden Fall: Ohne die positive Unterstützung von euch Frauen könnten wir unseren geliebten Sport nicht in dieser Intensität betreiben. DANKE!

Eure Männer

gorien-Meisterschaft zugesprochen mit Martha Urfer als erster Schweizermeistern. Ab 2004 wurden die Damen in 2 Alterskategorien gewertet, zu den Kategorien- gab es ebenfalls wie bei den Männern die Overall-Siegerin.

Vielseitige Frauen

Frauen waren jedoch nicht nur als Waffenläuferinnen vertreten sondern auch in vielen anderen Funktionen. Nebst den Fans, Betreuerinnen und Angehörigen sind auch viele Frauen zu erwähnen, die sich als Funktionärinnen dem Waffenlaufsport verschrieben haben. So in Lauf- und Wehrsportvereinen, in Organisationskomitees oder auch in der Interessengemeinschaft Waffenlauf Schweiz. Da wirkte beispielsweise die Chamer Waffenläuferin Vreni Schmid lange Jahre als Hüterin über die Kasse oder Susi Rigling als Nachfolgerin des bekannten und beliebten Alois Oberlin, dem «Wächter über den Hunderterverein».

Männerdomäne Waffenlauf aus Sicht der Frauen

Der Waffenlauf als traditioneller, ausserdienstlicher Armeesport ist lange Zeit den Frauen als Sportanlass verwehrt gewesen. Der Wehrsport diente der körperlichen Ertüchtigung vor und ausserhalb der militärischen Dienstzeit, um die Leistungsfähigkeit unserer Schweizer Milizarmee aufrechtzuerhalten.

Doch weshalb zieht der Wehrsport die Soldaten auch in der Freizeit in seinen Bann? Im Sport gibt es doch ein breit gefächertes Angebot von Anlässen, an denen der Wettkampfgeist ausgelebt werden kann.

Daher begannen wir Frauen uns Gedanken zu machen, weshalb die Armee unsere stärkste Konkurrentin im Eroberungskampf

24 Wenn es die Frauen nicht gäbe...

25 Drei Frauen kämpfen sich zusammen mit ihren männlichen Kameraden ins Ziel

26 So lässt es sich leichter laufen, wenn der Waffenläufer von Frau und Kindern im Ziel erwartet wird

27 Susi Rigling, auch nach 18,7 km kann sie noch lachen. Hier 100 Meter vor dem Ziel des St.Galler Waffenlaufs (2003)

um unseren Geliebten, unseren Ehemann darstellt.

Über welchen exklusiven Charme verfügt die Schweizer Armee, dass Söhne ihre Mütter und Männer ihre Frauen verlassen und ohne zu zögern sich in die Arme der Armee begeben.

Um diesem Bann, dieser Faszination auf die Spur zu kommen, brauchten wir Frauen trotz Frauenstimmrecht etliche Jahre, bis eine von uns 1983 den Mut fand, mit Hilfe ihres Lebensgefährten, eines begeisterten Waffenläufers, sich am Züricher Waffenlauf mit Kampfanzug und Päckli unter die Läufer zu mischen. Der Aufstand war gross, die Empörung riesig. Trotz reglementarischer Packung und erbrachter Leistung erlaubte das damalige IGWS-Reglement keine Würdigung dieser Waffenläuferin.

Daher war der Waffenlauf nach diesem mutigen Vorstoss der jungen Dame wieder reine Männersache.

Kinder, Kochherd und das eigene Gärtchen genügen aber Frauen unserer Generation nicht mehr, wir wollen die Existenzsicherung nicht nur unseren Kochkünsten anvertrauen. Wir möchten aktiv mitgestalten, auch in der Armee.

Die ersten Waffenläuferinnen

1986 wagten sich Yvette El Fen, damals Hausfrau, und die Stadtpolizistin Anne-Rose Wälti in die Männerdomäne des Waffenlaufs.

Diskussionen und Gegenstimmen gab es auch diesmal, doch die IGWS drückte ein Auge zu und liess die Frauen gewähren.
Am Frauenfelder Militärwettmarsch 1988 waren die Organisatoren und die IGWS endlich so stark von den erbrachten Leistungen der Damen beeindruckt, dass sie Frauen, die Frauenmilitärdienst oder Zivilschutz leisteten, die offizielle Starterlaubnis erteilten.

In den Genuss dieser Anerkennung kam am Frauenfelder Waffenlauf die junge Studentin Susanne Martinek (heute Susi Rigling), die als erste Dame das Ziel durchlief und eine Hellebarde entgegennehmen konnte.

1989 lief auch Martha Urfer ihren ersten Waffenlauf und blieb wie so viele Damen und Herren lange Jahre diesem Militärsport treu.

«Wenn mi ä Frau überholt....»

Kommentarlos ging die Frauenbeteiligung jedoch nicht über die Bühne. Angst, die typisch militärische Kameradschaft könnte verloren gehen, wurde spürbar. Und auch Bemerkungen wie «Wenn mi ä Frau überholt, dänn stell i mini Laufschueh in Chäller abä und lauf nümmä!» wurden gemunkelt. Zum Glück siegte aber der Sportgeist, heutzutage laufen Männer und Frauen mit- und nebeneinander, kämpfen sich gemeinsam über die Waffenlaufkilometer und freuen sich im Ziel über den absolvierten Lauf.

Somit hatte 1997 dann auch niemand mehr etwas gegen die Einführung der Schweizermeisterschaft der Damen einzuwenden.

Die 1. Frau an einem Waffenlauf

Am 6. April 1986 nahm Anne-Rose Wälti als erste Frau an einem Waffenlauf teil. Die «Neuenburger» sagt sie, «haben mich willkommen geheissen.» Dies war eine kleine Revolution und gab unter den männlichen Kollegen zu einigen Diskussionen Anlass. Ja, sie stahl gar dem Tagessieger Fritz Häni die Show, war sie doch das Hauptthema in der Tagespresse. «Fritz Häni und eine Frau» lautete damals die Schlagzeile.

Sogleich wurde sie von den «Freiburgern» eingeladen mit dem Hinweis, sie könne doch gleich noch eine Kollegin mitnehmen. Der Stein war ins Rollen gebracht worden.

Martha Urfer, die allererste Schweizermeisterin der Damen im Jahre 1997

29 Die besten Damen und Juniorinnen des Waffenlauf-Jahres 2002 werden in Zofingen geehrt

30 Die schnellsten Damen des «Frauenfelders» 2002: Monika Widmer (1. Rang), Marianne Balmer (2. Rang) und Monika Farner (3. Rang)

31 Maria Heim (1002) inmitten einer Männergruppe am Altdorfer Waffenlauf (1999)

32 Marianne Balmer am Frauenfelder Militärwettmarsch 2003 auf dem Weg nach Wil. Auch im Jahr 2006 errang sie erneut den Gesamtsieg bei den Frauen

33 Claudia Helfenberger (links) und Marianne Balmer (rechts) am Zürcher Waffenlauf (2003)

34 Claudia Helfenberger am Wiedlisbacher 2006

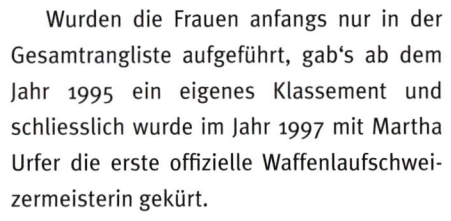

Wurden die Frauen anfangs nur in der Gesamtrangliste aufgeführt, gab's ab dem Jahr 1995 ein eigenes Klassement und schliesslich wurde im Jahr 1997 mit Martha Urfer die erste offizielle Waffenlaufschweizermeisterin gekürt.

Martha Urfer aus Steffisburg BE konnte zahlreiche Siege feiern und absolvierte insgesamt 101 Waffenläufe. Sie beendete Ihre Waffenlaufkarriere 1998 mit dem Sieg am Frauenfelder.

Abgelöst wurde Martha Urfer von **Maria Heim**, welche 1997 in Frauenfeld ihren ersten Waffenlauf bestritten hatte. Diese «Quereinsteigerin» wurde am 16.08.1970 geboren und kommt aus Kappel SO. Sie kam vom Radrennsport zum Waffenlauf und konnte bereits im Radsport beachtliche Erfolge verzeichnen. Nebst 3-facher Women-Tour de France-Teilnahme, darunter 1994 als Gesamtneunte, und zweimaliger WM-Teilnahme in Sizilien 1994 und Lugano 1996 krönte sie ihre Radsportkarriere mit dem Schweizermeistertitel 1996. Nachdem das Schweizermeistertrikot 1997 nicht verteidigt werden konnte, hielt sie nichts mehr davon ab, animiert durch Waffenläufer Fritz Häni, zum Laufsport überzuwechseln.

Sie schaffte es gleich in ihrer ersten Saison im Zweikampf mit Martha Urfer, die Meisterschaft für sich zu entscheiden. In den folgenden zwei Jahren blieb sie ungeschlagen und fügte damit 1999 und 2000 noch zwei überlegene Meistertitel an, bevor sie sich mit einem fulminanten Streckenrekord am Frauenfelder in 3h15 vom Waffenlaufsport verabschiedete. Diese Spitzenzeit wurde dann erst im Jahr 2005 von Claudia Helfenberger unterboten.

Wie es so kommt, nachdem sich Maria Heim vom Waffenlauf verabschiedet hatte, sorgte bereits im darauf folgenden Jahr ein neues Gesicht für Aufsehen. Marianne Balmer kam, sah und siegte, wie man so schön sagt. Sie hatte bereits 1999 den ersten Churer Waffenlauf für sich entschieden.

Marianne Balmer ist am 28.08.1960 geboren. Die Davoserin, aufgewachsen auf einem Bauernhof in Raat/ZH, kam erst mit 21 Jahren zum Laufsport. Sie feierte schon bald ihre ersten Erfolge auf der Bahn und war eine Zeitlang auch Mitglied des Nationalkaders. Über die Kurzstrecken 800 und 1500 Meter, aber auch über 10 000 Meter erlief sie sich in nationalen Meisterschaften Medaillen. Da Marianne Balmer ein Faible für schöne «Velos» hat, war klar, dass sie sich auch im Duathlon- und Triathlon versuchen musste! Auch hier war sie auf Anhieb erfolgreich. Im Jahr 2001 begann ihre Waffenlaufkarriere, sie reihte Sieg an Sieg und wurde gleich in ihrer ersten Saison Schweizermeisterin. Diesen Titel konnte sie in den folgenden drei Jahren souverän verteidigen. Auf die Frage, worin für Frauen die Faszination des Waffenlaufs liege, meinte Marianne Balmer einst:

«Ganz einfach. Bei Waffenläufen wissen wir Frauen immer, was wir anzuziehen haben.» Nein, im Ernst, vor allem die gute Atmosphäre unter den Waffenläufern ist die Motivation, warum sie bis heute dem Waffenlauf treu geblieben ist.

Ihr jüngster Coup: im letzten Schweizermeisterschafts-Jahr 2006 holte sie sich einmal mehr den Meistertitel und geht somit als letzte Schweizermeisterin in die Geschichtsbücher ein, wie Patrick Wieser bei den Männern.

Schon fast ein wenig eintönig war es geworden, nach der langen Siegesserie von Marianne Balmer, bis 2005 am St. Galler Waffenlauf Claudia Helfenberger für neuen Wind an der Spitze des Frauenklassements sorgte.

Claudia Helfenberger wurde am 15.03.1966 geboren. Sie lebt in Arnegg SG und kam vom Schwimmen über Tri- und Duathlon und der Leichtathletik zum Waffenlauf. Nachdem sie sowohl ihren Vater wie auch ihren Mann an Waffenläufen betreute, fasste sie den Entschluss, am letzten Toggenburger Waffenlauf im Jahr 2003 an den Start zu gehen und lief sogleich aufs Podest. Das war der Anfang, im Jahr 2004 folgten bei zwei Waffenlaufteilnahmen zwei weitere 2. Plätze, ehe sie 2005 überlegen mit 7 Siegen bei 7 Starts ihre Waffenlaufkarriere mit dem Schweizermeistertitel krönte.

Im Jahr 2004 wurden auch für die Damen zwei Kategorien eingeführt, nämlich D20 und D40. So kam dann auch die schon fast ewig auf die Ehrenplätze verwiesene langjährige erfolgreiche Thurgauer Waffenläuferin Monika Widmer 2004 in der Meisterschaft Kategorie D20 zuoberst aufs Podest. Monika Widmer ist die Tochter des «Waffenlauf-Urgesteins» Hans Widmer, dem schnellen Landwirt aus dem hinterthurgauischen Matzingen.

Die Anzahl der Waffenläufe wurde reduziert, doch die Anzahl der Frauen an Waffenläufen hat sich in den letzten Jahren stetig gesteigert. Waren in den Anfängen noch kritische Stimmen seitens von Männern zu hören, sind die Frauen schlussendlich auf grosse Akzeptanz gestossen. Dies ist sicher nicht zuletzt ein Grund, warum sich viele Frauen seit Jahren dieser Sportart verbunden fühlen und wohl mit einem weinenden Auge dem Ende entgegensehen.

Maria Heim (Kappel SO) und
Susi Rigling (Basadingen TG)

Waffenlauf und Ausländer

War es in früheren Jahren undenkbar, dass ausländische Armee-Angehörige an Waffenläufen teilnahmen, hat sich dies in den letzten Jahren verändert. So sind nebst den teilweise hoch dekorierten ausländischen

35 Monika Widmer (Start-Nummer 1004 am Thuner Waffenlauf 2006) hat gut lachen. Sie gehört zu den erfolgreichsten Waffenläuferinnen mit ihren vielen Siegen (siehe «Ewige Rangliste»)

36 Ihren Heimlauf, den «Frauenfelder», konnte Monika Widmer 3 Mal in Serie (2002–2004) für sich entscheiden. Auf dem Bild ist sie unterwegs zu ihrem ersten Sieg am «Frauenfelder» (2002)

Ehrengästen aus aller Herren Länder am Thuner Waffenlauf auch Topläufer wie Luis Wildpanner, ein österreichischer Major, an den Wettkämpfen als Aktive anwesend, nicht selten mit sehr guten Zeiten. Als Unterschied zu den Schweizern tragen die Ausländer eigene Uniformen und werden separat (Kategorie Gäste) gewertet. Unter den Teilnehmern mit dem Schweizer Armeetenue gab es und gibt es immer wieder Nicht-Schweizer. Die Reglemente geben zwar klare Richtlinien vor, doch verzichtet die IGWS vernünftigerweise auf rigorose Massnahmen. Wenn es trotzdem zu Einsprachen kommt, müssen Schiedsgerichte aktiv werden. Nebst den startenden Ausländern gibt es auch viele Miteidgenossen mit fremdländisch klingenden Namen. So ging nach der Austragung des ersten Frühjahrslaufes im Jahr 1999 in St. Gallen eine Einsprache eines der IGWS bekannten Herrn G. aus dem Wallis ein. Dieser führte in seiner schriftlichen Einsprache an das Schiedsgericht des OK's des St. Galler Waffenlauf verschiedene Namen auf. Er schrieb: «...folgende Läufer sind vermutlich Ausländer und besitzen die Schweizer Staatsbürgerschaft nicht: M'tir Fethi (Winterthur), Mecci Moreno (Winterthur), Matteagi Marco (St .Gallen), Jorge Humberto (Aadorf) und Serge Welna (Steckborn)». Nun, auch solche Einsprachen gibt es. Die Beweislast lag auf den Schultern des organisierenden OK's. Wie das Schiedsgericht entschieden hat entzieht sich dem Verfasser dieser Zeilen. Doch heisst ein ausländisch klingender Name noch lange nicht, dass es sich um einen fremden, vielleicht feindlich gesinnten infiltrierten Angehörigen einer anderen Armee handelt. Wer den letztgenannten der «schwarzen Liste» Serge Welna kennt, wird bestätigend nicken.

Waffenlauf international
Das gab es auch...Tatsächlich gab es auch in unserem nördlichen Nachbarland zwischen

> **Einladung von ausländischen Armeeangehörigen; Pilotversuch am Frauenfelder 1995/96**
> *Am Frauenfelder Militärwettmarsch wurden in den Jahren 1995/96 Versuche gestartet. Es wurden ausländische Armeeangehörige eingeladen, um beim Waffenlauf zu starten. Die Pilotversuche haben sich bewährt. Anfangs 1997 reichte die IGWS ein Gesuch an Oberst Ringgenberg, Stab der Gruppe für Generalstabsdienste, und Oberst Hurst, SAAM, ein. Damit sollte eine Bewilligung und Öffnung der Beteiligung für alle ausländischen Armeeangehörigen an allen Läufen erreicht werden.*
> *An der IGWS-Delegiertenversammlung vom 2.12.1995 orientierte Oberst i Gst Honegger, OK-Präsident des Frauenfelder Militärwettmarsches, über den Pilotversuche 1995. Sowohl vom Umfeld wie auch von den Waffenlaufkameraden wurden die ausländischen Armeeangehörigen gut aufgenommen. Im 1996 sollen die ausländischen Gäste auch mit einer Waffe starten können.*

1967 und 1975 Waffenläufe. Gegründet in Donaueschingen von Roland Mall und General Duchatelle von der französischen Besatzungsarmee, wurden die dortigen Wettkämpfe zuerst allerdings als Gepäckeilmärsche im Gruppenverband ausgeschrieben. So hatten die Schweizer, die ab 1968 an diesen Wettbewerben mitmachten, zwar etwas Mühe, sich den neuen Bedingungen anzupassen. Die Mannschaft Schweiz 1 gewann dank ihrer Kondition bei der ersten Teilnahme doch recht klar. Schweiz 2 (die Gruppe des legendären Josy Demund) wurde Fünfte. Im Jahr 1969, also ein Jahr später, gab es gar einen Schweizer Doppelsieg mit den gleichen Mannschaftsführern. Laufschritt war dann erlaubt, der Eilmarsch wurde zum Waffenlauf. In der Regel nahmen an diesen internationalen Waffenläufen – ausgetragen immer als Gruppenwettkampf – um die 20 Mannschaften aus verschiedenen Ländern teil. Die Überlegenheit der Schweizer Equipen war frappant und erweckte bei den übrigen Teilnehmern Erstaunen und Bewunderung, aber auch Resignation. Die fünf Siege von Oblt Strittmatter, sowie derjenige von Oblt Fluri (1975), wurden in der Schweiz damals auch entsprechend gewürdigt. Sie konnten aber nicht verhindern, dass diese spannenden Wettkämpfe aus organisatorischen und anderen Gründen dann leider nicht mehr durchgeführt wurden.

Brieftauben und der Waffenlauf
Es war im Jahre 1994. Die vorgesehene Abschaffung der Brieftauben im Armee-Nachrichtendienst hatte unter Tierfreunden einen Sturm der Entrüstung ausgelöst.

37 Eine deutsche Delegation wartet auf den Startschuss an einem Frauenfelder Militärwettmarsch

38 Nebst den Deutschen und Österreichern starten gelegentlich auch Engländer wie hier am Frauenfelder Militärwettmarsch 2002

39 Kurz nach dem Böllerschuss auf dem Startplatz in Frauenfeld vermischen sich schweizerische und ausländische Waffenläufer und gehen gemeinsam auf die grosse Runde

40 Die siegreiche Mannschaft Schweiz 1, nach dem Erfolg in Koblenz: Stehend v.l.n.r. Willi Aegerter, Josef Baumann, Georges Thüring, Max Bucher, Robert Boos, Hans Baumann, Werner Strittmatter. Knieend: Walter Gilgen, August von Wartburg, Heinz Hasler

Brieftauben waren vor der Erfindung des Telegraphen praktisch die einzige Möglichkeit, vor allem militärische Informationen schneller zu transportieren als durch einen Reiter. Zudem können sie Nachrichten auch über feindliche Stellungen hinweg transportieren ohne Aufsehen zu erregen.

Im Lauf der Geschichte wurden Brieftauben neben dem militärischen Einsatz auch für verschiedene wirtschaftliche und andere zivile postalische Zwecke verwendet. Ende des 19. Jahrhunderts und Anfang des 20. Jahrhunderts war die Blütezeit solcher Taubenpostdienste.

Mehrere Züchter wollten sich anfänglich zusammentun und mit einer Initiative «Für eine Armee mit Brieftauben» gegen die Attacke auf ihre gefiederten Kameraden zur Wehr setzen. Die lautlosen Soldaten wurden dann jedoch im Zuge der Armeereform von der Armee 61 zur Armee 95 und aufgrund von Sparmassnahmen (die Abschaffung ergab Einsparungen von gegen Fr. 600000.–) ausgemustert. Mit diesem Entschluss verärgerte die Armee damals viele tausend armeetreue Idealisten und Kleintierzüchter. Die Armee verfügte über rund 30'000 Tauben, 2000 bis 3000 gehörten der Armee, für den Rest gab es Verträge mit privaten Züchtern. Pro Brieftaube und Tag gab es 20 Rappen Sold sowie eine pauschale Futterentschädigung für das ganze Jahr. Die Brieftauben wurden, wie es hiess, aus finanziellen Gründen abgeschafft, aber sie waren für die heutige Zeit wohl einfach zu altmodisch. Die ehemalige Militärbrieftaubenstation ‹Sand› in Schönbühl BE ist heute im Besitz der Schweizer Brieftaubenstiftung.

Die Brieftauben stellten nicht die Kommunikation von Regimentern und Divisionen sicher, sondern wurden auf Stufe Kompanie als Ersatzmittel für die Aufklärer des Truppennachrichtendienstes eingesetzt. Der ideale Einsatz für die Brieftauben war der Kurierdienst. Sie überbrachten beispielsweise Bodenproben im AC-Dienst (heute ABC-Abwehr). Sie wurden aber auch zum Transportieren von Originaldokumenten, Erd- oder Blutproben und Medikamenten eingesetzt. In der Brusthülse konnten bis zu 40 Gramm, in der Fusshülse bis zu 5 Gramm getragen werden.

Bankdirektor, Herr Hauptma

Misstrauisch beäugte der bärbeissige Hauptmann die neue Büroordonnanz. «So, so, Sie sind also der Neu. Händ Sie überhaupt schon emal es Büro von inne gseh und öppis ghört vom Einmaleins? Chönne Sie es Fragezeiche vome Uusruefzeiche unterscheide?»

Nach dieser Salve peinlicher Fragen schöpfte der Hauptmann etwas Atem und stiess dann hervor: «Wa sind Sie eigetlig vo Bruef?» «Bankdirektor, Herr Hauptma!»

Tauben statt Telefondrähte

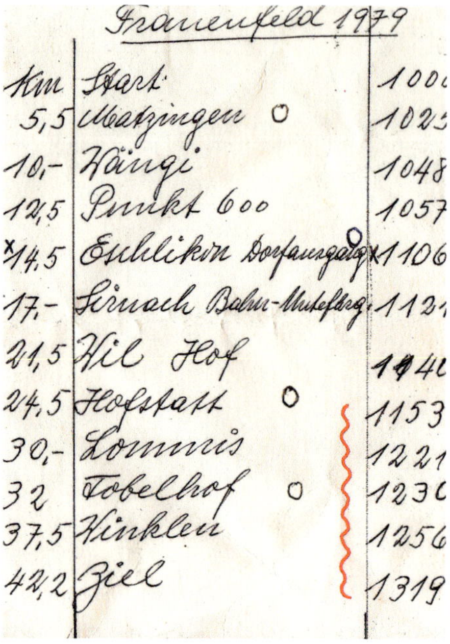

Brieftauben gelten als beinahe unersetzlich. Bis heute weiss die Wissenschaft nicht, wie das fantastische Heimfindungsvermögen der Tauben funktioniert. Wenn alle Übermittlungsmöglichkeiten versagten, die Telefondrähte zerschnitten oder die Meldefahrer nicht mehr durchkamen, hatte die Brieftaube ihre grosse Stunde. Sie flog, vom Radar unbemerkt, von Kommandoposten zu Kommandoposten.

Im Waffenlauf machte die allererste Waffenläuferin auf diese Situation aufmerksam. Mit offenen Briefen an Bundesräte, Leserbriefe und mit einem von Brieftauben geprägten Waffenlauf-Sonntag protestierte sie gegen die Abschaffung: Die bekannte Waffenläuferin Bft Sdt Anne-Rose Wälti aus Biel.

Brieftauben am 60. Frauenfelder Militärwettmarsch

Die 60. Ausgabe des Frauenfelder Militärwettmarsches 1994 blieb unzähligen Teilnehmern und Fans am Streckenrand in amüsanter Erinnerung. Der Frauenfelder war an diesem Tag geprägt von Schwitzen und Leiden. Der Föhn trieb an diesem November-Sonntag 1994 sein Unwesen. Nebst den vielen Hundertschaften von Wettkämpfern liess sich auch Bft Sdt Wälti (Jg. 1946) nicht beirren. Sie lief ihren 83. Waffenlauf mit einem Brieftauben-Käfig auf dem Rücken über die Marathondistanz. Sie war auch die erste Frau, die einen Waffenlauf bestritten hat, worauf sie heute noch stolz ist. So schaffte sie es schliesslich auch zur Aufnahme in den Hunderterverein. Die Polizistin trug als stillen Protest gegen die Abschaffung der Armee-Brieftauben ihre besondere Packung. Das Gurren konnte den Tauben jedoch nicht im Halse stecken bleiben und es wurde ihnen auch nicht schlecht ob des dauernden Auf und Abs. Im Käfig waren aus Rücksichtnahme lediglich Attrappen. So beendete Bft Sdt Wälti ihren 83. Waffenlauf und ihren 9. Frauenfelder mit ihren gefiederten Kameraden. Wegen ihrer nicht reglementsgemässen Packung wurde sie im «strengen» Frauenfeld nicht einmal disqualifiziert.

Unersetzlich: unsere Betreuer

Welcher Waffenläufer, hart mit sich selber ringend, Blasen an den Füssen, Schweisstropfen im Gesicht, noch immer fünf Kilometer vom erlösenden Zielstrich entfernt und doch das letzte Register schon längst gezogen, denkt, er bräuchte keine Betreuung? Sei es jene des Veranstalters oder eines «eigenen» Betreuers?

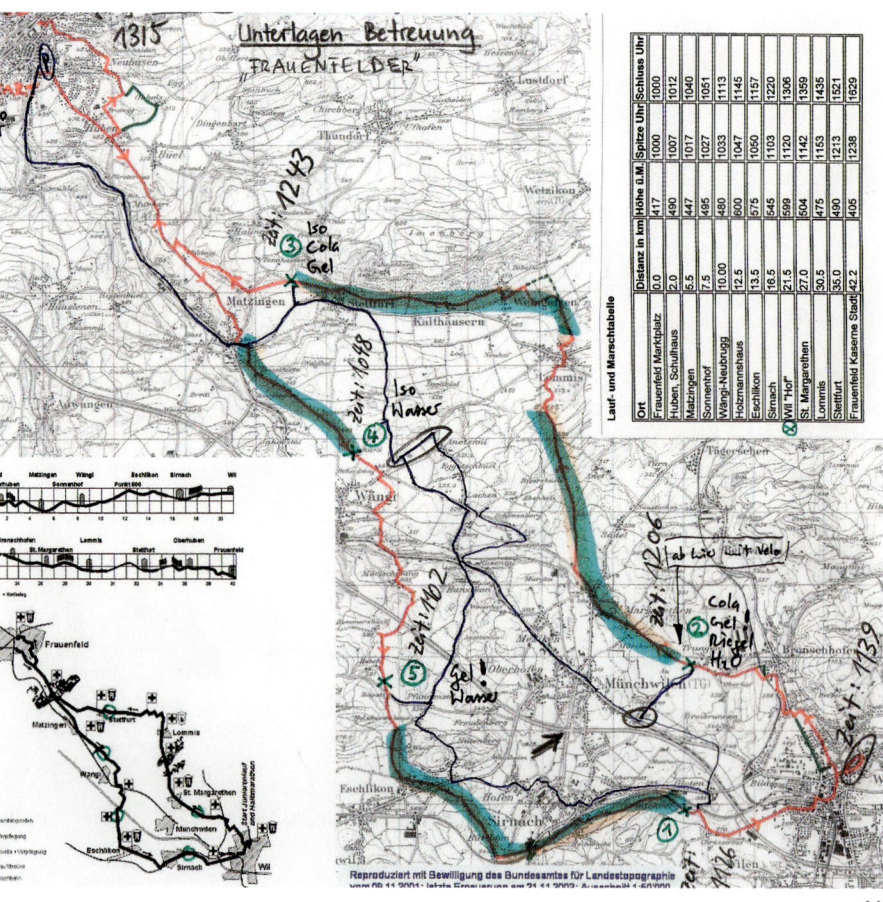

Seien wir ehrlich. Waffenlauf ist ein Sport wie ein anderer auch. Zwar nur in der Schweiz ausgeübt von den immer gleichen, treuen Anhängern. Gewehr und Uniform sind vorgeschriebenes Zubehör.

Auch im Waffenlauf braucht es Betreuer. Ohne diese ginge es fast nicht, ja, sie sind schon fast unersetzlich, meinen selbst alte, erfahrene und verdiente Wettkämpfer und Sportler.

> **Hallo Waffenläufer in spe!**
> Ich bin über 40-jährig, wohne im Kanton Solothurn und kenne als ehemaliger «Neuling» das Problem sehr gut, dass anfangs viel mehr Fragen als Lösungen auftauchen.
> Im Frühling 2001 habe ich von einem «UOV Wiedlisbacher» vom Waffenlauf gehört und von da weg richtig engagiert trainiert. Somit war ich in der Lage, beispielsweise den Frauenfelder Militärwettmarsch unter 4 Stunden zu laufen.
> Was ich sehr schön und wichtig empfinde, ist ein persönlicher Betreuer, der Mut macht und da ist, um «den Mann mit dem Hammer» zu vertreiben, halt die Seelsorge übernimmt....
> Besonders toll ist das alljährlich am Wiedlisbacher und Frauenfelder. Da stehen in den Dörfern am meisten Menschen an den Strassenrändern und «fanen» was das Zeug hält. Am letzten Frauenfelder (2006) hat mich einmal mehr beeindruckt, dass man auch von wildfremden Menschen Getränke angeboten erhält. Somit wurden sie zu Gefährten, machten sich sogar zu «Waffenlauf-Familien-Mitgliedern». Ich hoffe, dass sich die Zuschauer, Fans und Betreuer noch lange Zeit motivieren, uns weiterhin zu unterstützen!

Es sind ehemalige Waffenläufer, Ehefrauen und Ehemänner, Freunde und Freundinnen, Mütter und Väter, Vereinskameraden, Geschwister, ja sogar Schwiegermütter.

«Tee oder Cola?», «guet gsehsch us», «bruchsch öppis?», «hesch en 3.40-er Schnitt und en Rückstand vo 50 Sekunde zum Pius», «do nimm Banane», «isch nüme wiit» oder «allez hopp» rufen sie einem zu. Scheinbar unbedeutende Sätze, einzelne Wortfetzen und Motivationszurufe. Nicht aber für den Waffenläufer «im Kampf». Die Betreuer haben einen nicht wegzudenkenden Stellenwert. Sei es für die emotionale wie auch die ernährende Unterstützung. Die Betreuer fahren zu den Punkten mit dem Velo, Auto, teilweise sogar mit dem Töff. Die einen betreuen «nur» einzelne Wettkämpfer und wieder andere warten jeweils das ganze Feld ab und betreuen alle möglichen Wettkämpfer, ob man sie kennt oder nicht. Wie jener Betreuer, welcher mit seiner Tochter seinen Schwiegersohn seit vielen Jahren betreut. «Isch hüt en ziemliche Stress gsi, dä Felix isch guet dra gsi, chum simer döt gsi isch er scho cho...». Der langjährige und mittlerweile äusserst erfahrene Betreuer zeigt sein unterdessen ein wenig vergilbtes Plastikmäppli mit der Karte und der eingezeichneten Laufstrecke mit dem Höhenprofil. Es ist seit vielen Jahren in Gebrauch. Auf der Karte sind diverse Notizen eingetragen, welche Auskunft über Marschzeiten, Verpflegungsbedürfnisse und die andern Besonderheiten geben. «Hier noch 20 min», «Cola/Riegel», «Wasser und PowerGel»...

Auch die Fahrstrecke, auf der angezeigt wird, wo er mit seiner Tochter mit dem Auto an den nächsten Punkt fahren muss, fehlt nicht auf der Karte.

41 Bft Sdt Wälti nach ihrem 42.195 km langen «Protestlauf»

42 Wenn es sie nicht gäbe....

43 Die Marschtabelle eines Waffenläufers. Auch wichtig für seine Betreuer, so wissen sie in etwa wo ihr Wettkämpfer wann ist.... Marschtabellen sind ein gutes Instrument zur Selbststeuerung und schon manch einer konnte sich so besser einteilen

44 Betreuerunterlagen geben Auskunft über Distanzen, Profile, Betreuungspunkte, Fahrtroute, Bedürfnisse des zu Betreuenden und dessen Durchgangszeiten

45 Die Betreuer haben eine nicht wegzudenkende Funktion und sind äusserst wichtig

46 Die meisten Lauf- und Wehrsportvereine stellen nicht nur Wettkämpfer sondern auch Betreuer. Diese betreuen ihre «Schützlinge» und Vereinskameraden wie zum Beispiel der Betreuer des LV95Burgdorf Kari Binggeli

47 Nicht immer sind die Betreuer weiblich. Auch Männer eignen sich gut als Betreuer

48 Ob in der grossen Masse oder an der Spitze des Feldes, Betreuer sind überall wichtig und fast unersetzlich

Der Verfasser dieses Textes, selbst schon unzählige Male froh um die Fans und Betreuer gewesen, möchte sich hiermit erlauben, im Namen aller Waffenläufer zu danken. Wir danken Euch treuen und unersetzlichen Betreuerinnen und Betreuern für Euren wertvollen Dienst! *Danke!*

Waffenlauf-Gebrüder

Der Waffenlauf war zeitlebens bekannt für seine Rekorde, Besonderheiten und anderen kuriosen Begebenheiten. Viele Väter haben ihre Söhne (oder umgekehrt) und später auch Väter oder Mütter ihre Töchter zur Teilnahme an Waffenläufen bewegt. Auch wetteiferten mehr als ein Dutzend Gebrüder in Waffenläufen der letzten Jahrzehnte mit. So ergaben sich Geschichten wie beispielsweise jene der Gebrüder Stillhard, welche im Jahr 2004 beide ihren 30. Frauenfelder Militärwettmarsch absolvierten. Oder jene der Gebrüder Dähler. Sie sind nicht das einzige Gebrüdertrio in der Geschichte des Waffenlaufs. Ihre Geschichte erzählen sie gleich selbst.

Die Gebrüder Dähler

Josef, Werner und Bruno Dähler sind in Meistersrüte (Appenzell-Innerrhoden) auf einem mittelgrossen Bauernhof aufgewachsen.

Schon als Kinder hatten wir das Gefühl, dass nichts unmöglich sei. Wir eiferten einander mehr oder weniger in allem nach.

1981 wurde dann Josef, der älteste von uns drei, von unserem Cousin Hans Inauen an den Toggenburger Waffenlauf mitgenommen. Der erste Lauf verlief dann, das weiss so mancher andere Waffenläufer auch, nicht so gut. Die Beine schmerzten, was Josef natürlich gar nicht gefiel und er dachte sich: «Das wär jo no schöner, brächme das nüd no besser ane.» Der Rest war wie in der Kindheit: «Was de cha, chan i au!»

Hier einige dieser Waffenlauf-Gebrüder:
- Fluri Toni (Matzendorf), Andreas, Josef, Otto, Oswald
- Biefer Edwin (Aadorf), Max, Willi und Fredi
- Dähler Werner (Pfyn TG), Bruno (Meistersrüte AI) und Josef (Appenzell)
- Wüthrich Otto (Dietlikon), Christian und Peter
- Furrer Hans (Rickenbach LU), Alois (Mosen) und Bruno
- Hugentobler Peter (Berg TG) und Kurt (Romanshorn)
- Wampfler Bernhard (Wasen im Emmental) und Daniel (Lützelflüh-Goldbach)
- Kreienbühl Christian und Matthias (Rüti ZH), Mama Anna, Vater Fridolin (Ganze Familie)
- Stillhard Armin (Bronschhofen) und Walter (Frauenfeld)
- Galbier Walter (Malans) und Toni (Sisseln)

52

Josef und Werner entwickelten sich zu Läufern, die meistens im vorderen Drittel der Ranglisten zu finden waren. Bruno hingegen läuft heute noch unter die Top Ten oder sogar aufs Podest. Alle Drei sind der Meinung, dass der Waffenlauf eine Art Lebensschule ist.

Josef, Werner und Bruno Dähler

Vorbei die Zeit der Marschschuhe, der Patronentaschen und des Bajonetts

Auch hohe Marschschuhe schrieb das Reglement zu Beginn der Waffenlaufära vor. Des Weiteren gehörten der Tornister, der gerollte Kaputt, der Leibgurt, das Bajonett, der Karabiner, die Patronentaschen und die Feldflasche dazu.

Leichte Waffenlaufschuhe und schwarz gespritzte zivile Laufschuhe hatten schon vor Jahren die Ordonnanz-Marschschuhe verdrängt. Laufschuhe waren zu einem Hightech-Artikel geworden. Mit der Freigabe der Schuhe auf die Saison 1991 hin machte man ein Zugeständnis an die Gesundheit der Waffenläufer und versuchte damit auch die wieder gegen die 8000er-Grenze gesunkene Teilnehmerzahl aufzufangen. Heute sind die Schuhe frei. Wurden früher Nagelschuhe vorgeschrieben, folgten später die so genannten Waffenlaufschuhe. Heute trägt jeder seinen persönlichen Laufschuh.

Freigabe Schuhwerk

Auszug aus dem Protokoll der IGWS-Delegiertenversammlung vom 8.12.1990 in Frauenfeld: «Der Ausbildungschef der Schweizer Armee hat das Schuhwerk für ausserdienstliche Wehrsportveranstaltungen freigegeben. Es gibt eine Vielzahl von Gründen für und gegen die neue Regelung. Umfragen und Erfahrungen geben Grund zur Annahme,

49 Das Equipement einer Betreuerin....gesehen in Stettfurt an einem kalten Sonntagmorgen im Herbst (Frauenfelder Militärwettmarsch 2006)

50 55. Frauenfelder Militärwettmarsch 1989: Die Gebrüder Peter (links), Otto (Mitte) und Christian (rechts) Wüthrich machen mit schnellen Zeiten auf sich aufmerksam

51 Die Gebrüder Stillhard beim 40. St. Galler Waffenlauf (1999). Armin (links) kam bei seinem 146. Waffenlauf zum ersten Kategoriensieg. Sein Bruder Walo (rechts) war an diesem Erfolg dank Führungsarbeit mitbeteiligt. Einige Jahre später (2004) liefen sie zusammen ihren je 30. Frauenfelder Militärwettmarsch. 2 Brüder und zusammen 60 Frauenfelder, ein seltener Rekord

52 Erfolgreiche Brüder. Bruno, Hans und Alois Furrer gewannen am Reinacher Waffenlauf 1989 das Landwehr-Gruppenklassement

53 Josef Dähler (Startnummer 42), Jahrgang 1959

54 Werner Dähler (Startnummer 4077), Jahrgang 1961 am Zürcher Waffenlauf 2004

55 Bruno Dähler (Startnummer 4910), Jahrgang 1963, beim Frauenfelder Militärwettmarsch 2005, als er hinter dem legendären Jörg Hafner auf den zweiten Platz lief. Ein Jahr später erfüllte er sich seinen lang ersehnten Traum und erlief am 19.11.2006 nach einem spannenden Kampf den Tagessieg am legendären «Frauenfelder»

53   54   55

WAFFENLAUF IM WIND DER ZEIT   108 | 109

Der Meister von 1969-1971/1974/1975 im Ex-Tenue unterwegs: Robert Boos mit Feldflasche, Karabiner und Patronengurt.

«Gwändli», Packung und Laufschuhe
Vorbei die Zeit der alten «Gwändli»

Der TAZ (Tarnanzug), der Kampfrucksack und das Sturmgewehr oder Karabiner gehören heute zum Waffenläufer. Die Laubfarben des angenehm zu tragenden Anzugs sind den Leuten bekannt. Verschwunden sind die «Gwändli», das Tenue «Ex» und wie sie alle genannt wurden. Vorbei sind auch die Streitereien, welches «Gwändli» an welchem Lauf getragen werden muss. Bis anfangs der Siebzigerjahre trug der Waffenläufer das so genannten «grüne Gwändli». Dies war ein Exerzieranzug aus schwerem Flanellmaterial mit Hose, Jacke und Mütze.

dass die positiven Punkte der neuen Schuh-Regelung überwiegen werden.»

Auch das Bajonett lagert im Zeughaus oder hängt zu Hause im Schrank. Den ursprünglichen Zweck der Feldflasche übernehmen Zuschauer, Fans und Betreuer entlang des Streckenrandes.

Auch bei Tropenhitze und im Schneesturm
Waffenläufe finden bei jeder Witterung statt. Weil in den ersten Jahren die Erfahrung fehlte und die günstigsten Austragungstermine im Frühling und Herbst schon durch andere Veranstalter belegt waren, führte man in Zürich den Wettkampf anfänglich in der zweiten Maihälfte durch. Der 15. Mai 1960, ein so genannter Tropentag, wurde für den 3. Zürcher Waffenlauf auch zum Trauertag. Gegen 700 Wettkämpfer – damals noch im Ex-Tenü (Tenü grün) – gingen bei höllischer Hitze und Föhndruck auf die Strecke. Grosseinsatz von Wettkampfärzten und Samaritern: Hitzeschäden und Erschöpfungserscheinungen waren reihenweise zu behandeln. Während die meisten der Betroffenen sich bald wieder erholten, bezahlte ein junger Wehrmann, der sich besonders verausgabt hatte, seinen Einsatz mit dem Leben. Gross war die Anteilnahme am Tod dieses Waffenlaufkameraden – und prompt meldeten sich auch kritische Stimmen. Da sich im selben Jahr in Thun fast das Gleiche wiederholte, ergriffen die Zürcher Patrouilleure die Initiative für ein leichteres Tenü für die

In Kriens und Neuenburg wurden in den frühen Jahren Versuche gestartet, an denen nur der Karabiner getragen wurde. Dies führte aber zu Scheuerungen und zu Unfällen, wegen der «herumwirbelnden» Läufe der Karabiner.

Waffenläufer. Bewilligt wurde dann ab der Saison 1961 das Überkleid (Tenü blau) als Wettkampfanzug.

Der frühere Austragungstermin, jetzt meist in der zweiten Aprilhälfte, zwischen Ostern und dem Hans Roth-Waffenlauf, liess die Wettkämpfer dann auch mehr als einmal noch bei winterlichen Verhältnissen antreten. So auch am 25. April 1976. In der Nacht vor dem Lauf fegte ein zünftiger Schneesturm durchs Mittelland. Ein Wintereinbruch im dümmsten Moment. Anreisende Wettkämpfer blieben am frühen Sonntagmorgen unterwegs stecken und kamen erst mit Verspätung in Zürich an. Man hätte getrost mit den Langlaufskiern an den Start gehen können. Dieser musste schliesslich – bisher einmalig – um eine Viertelstunde verschoben werden. Zu spät wären sonst viele Wettkämpfer an den Start gekommen. Frierend warteten unterdessen die Streckenposten im weissen Winterwald. Dieser nahm die Waffenläufer dann doch sehr friedlich auf und liess auch den 19. Zürcher Waffenlauf zum gelungenen sportlichen Ereignis werden.

Aus dem Portrait «Zürcher Waffenlauf»

Drei Generationen – 3 Tenues

Das Ex-Tenue wurde durch den...

...Kampfanzug 83 abgelöst und heute wird der...

...Tarnanzug 90 getragen.

59   60   61

56 Waffenlauf-Schuh

57 Laufschuh

58 Ausgabe der Wettkampfkleider. Was wäre ein Waffenlauf ohne die unzähligen Helferinnen und Helfer...

59 Ernst Hasler, St. Margarethen / TG (Jg. 1904)

60 Heini Hasler, St. Margarethen / TG (Jg. 1947)

61 Bruno Hasler, St. Margarethen / TG (Jg. 1971)

Der «Tenuekrieg»

Es war der 15. Mai 1960. Ein «Tropentag», wie ihn Waffenläufer beschreiben, welche an diesem Tag den 3. Zürcher Waffenlauf bei höllischer Hitze und Föhndruck bestritten. Unzählige Hitzeschäden und Erschöpfungserscheinungen waren die Folge. Ein junger Läufer bezahlte seinen Einsatz gar mit dem Leben. Die Zürcher Patrouilleure, Organisatoren des Zürcher Waffenlaufs, ergriffen daraufhin die Initiative für ein leichtes Tenue für die Waffenläufer. Ab der Saison 1961 wurde das Überkleid (Tenue blau) als Wettkampfanzug bewilligt. In den folgenden Jahren stellten die Organisatoren nach und nach auf das neue Tenue um. Doch das «Tenue grün» (Ex-Tenü) hielt sich bei den Frühjahrsläufen von Lichtensteig und St.Gallen und beim «Frauenfelder» noch bis in die 8oer Jahre.

Das besagte Lauftenü bestand aus ausgedienten Überkleidern – dem so genannten Parkdiensttenü oder Tenü blau. Die IGWS und die TK wollten dieses durch ein modernes und ansehnliches Sporttenü mit einem atmungsaktiven Gewebe ersetzen, welches den Waffenläufern nach Hause mitgegeben werden konnte. Nach längeren Versuchen mit auf privater Basis finanzierten Tenues, die in der Privatwirtschaft geschneidert wurden und aus unterschiedlichen Stoffzusammensetzungen bestanden, lenkten gewisse Funktionäre der Gruppe für Rüstungsdienste sowie die Sektion ausserdienstliche Tätigkeit auf Geheiss des KKdt a. D. Ernst Lüthi ein. Diese Reform kam bei den Wettkämpfern hervorragend an.

Von «Tenuekrieg» war lange die Rede. Herbert Gautschi, IGMS-Präsident von 1977 bis 1986 setzte dem beschämenden Lauftenü ein Ende. Auf seine Initiative gab die IGMS im Frühling 1978 dreissig neue, leichte Tenüs versuchsweise an ausgewählte Waffenläufergruppen ab. Nach zahlreichen Versuchen und langem Hin und Her mit dem

Das oberste Chnöpfli

Vom obersten Chnöpfli, das man aus der Rekrutenzeit als heilig in Erinnerung hat, ist in den Kleidervorschriften nicht die Rede, und so klagen sie, die hier vorbei schleichen, in offenen Jacken über die unerträgliche Hitze. Der Föhn ist der Übeltäter. Kühler Novembernebel war angesagt – und damit bei vielen warme Unterwäsche. Das fördert Überhitzung, Schwitzen und Krämpfe. Die Sanitäter(innen) haben genug zum Kneten, auch hier beim Posten mit der viel sagenden Nummer 13.

(aus einem Zeitungsartikel aus jener Zeit, als die OK- und IGWS-Funktionäre noch auf die obersten Chnöpfli beim alten Tenue achteten)

EMD konnte 1986 der neue Tarnanzug 83 dann endlich auch an die Waffenläufer abgegeben werden.

Die «Weiche Welle» rollt an

In den Sechzigerjahren setzte wie erwähnt ein langsamer Rückgang-Trend bei den Teilnehmerzahlen ein. In dieser Zeit begann auch die so genannte «Weiche Welle». Der Dachverband, die heutige IGWS erliess einschneidende Änderungen und Anpassungen, um die Attraktivität beizubehalten. Diese Änderungen waren nichts anderes als Erleichterungen. So wurde das Tragen des Bajonetts abgeschafft und das Gesamtgewicht auf 7,5 Kilogramm festgesetzt. Dem schweren Marschschuh folgte ein spezieller Waffenlaufschuh, nicht irgendeiner. Der knöchelhohe, leichte Schuh bestand aus dünnem, schwarzen Leder sowie rutschfester Gummiprofilsohle und wurde mit schwarzen Schuhbändern geschnürt. Das Reglement schrieb die weiteren Details genauestens vor. Das «grüne Gwändli» wurde nur noch an den kühleren Frühlingsläufen in Lichtensteig beim Toggenburger und beim St. Galler und im herbstlichen Frauenfeld getragen Bei den anderen Läufen wurde eine leichte, blaue Kleidung getragen. «Arbeitsanzug» wurde dieser genannt. Er war aus leichtem, blauem Stoff und wurde an den Veranstaltungen leihweise an die Läufer abgegeben.

Der «Vierfrucht», TAZ90 und andere Verbesserungen

Der zweiteilige Tarnanzug wurde in der Folge und nach überstandenem «Tenuekrieg» zum Standard für die ausserdienstliche sportliche Tätigkeit im Allgemeinen und für den Waffenlaufsport im Besonderen. Wie bereits erwähnt wurde der «Vierfrucht»-Tarnanzug (TAZ83) eingeführt.

Mit den Jahren stand auch die Reform der Schweizer Armee in den 90er-Jahren an. Damit erhielten die Truppen der Armee auch neue Tenüs, den TAZ 90. Überraschend schnell kamen auch die Waffenläufer in den Genuss des neuen Tarnanzugs 90, mit dem die Truppe in den vergangenen Jahren sukzessive ausgerüstet wurde. Aber nicht nur die Bekleidung des Schweizer Soldaten wurde modernisiert, sondern auch seine Waffe ist handlicher und vor allem leichter geworden.

Mit der Reform kam auch ein neues Sturmgewehr dazu. So sieht man heute die Packung mit Karabiner, Sturmgewehr 57 oder mit dem Sturmgewehr 90.

Ausrüstung heute

Heutzutage gibt der Veranstalter leihweise Bluse und Hose des Tarnanzugs 90 (TAZ 90) sowie bei Bedarf die Kopfbedeckung an die Wettkämpfer ab. Einige haben auch eigene Tarnanzüge oder vom Zeughaus als Leihgabe. Als Kopfbedeckung (Sonnen-, Schweiss- oder Kälteschutz) sind nur die Mütze des TAZ 90, private Stirnbänder oder Mützen ohne Zottel und Werbeaufschriften im Farbbereich feldgrau bis schwarz gestattet. Etwas ist über die ganzen Jahre gleich geblieben. Das Reglement lässt keine Halbheiten zu. So ist detailliert vorgeschrieben, welchen Anforderungen Ausrüstung und Kleidung zu genügen haben und was verboten ist. Zu den verbotenen Gegenständen gehören auffällige, buntfarbige Privatwäsche, karierte Hemden, Zipfelmützen und nicht farbtreue Stirnbänder, sichtbare Schaumgummiunterlagen, separate Schutzärmel und so weiter. Doch heutzutage sind die Kontrollen nicht mehr derart rigoros, und so sieht man hie und da «zweckmässigere» Ausrüstungsteile oder «Glücksbringer» an der Packung. Vorbei ist jene Zeit, als der Läufer vom Adjutanten korrigiert oder im schlimmsten Fall sogar disqualifiziert wurde. Geblieben ist aber das Mindestgewicht, welches die Packung vorweisen muss. Nicht selten werden heute noch Gewichtskontrollen durchgeführt.

Fazit

Die damalige Zeit, von der zu Beginn dieses Abschnitts die Rede ist, war geprägt von Veränderungen. Verschiedene Organisatoren hatten aufgrund des Teilnehmerrückgangs schon in den 60er-Jahren und aufgrund der aufkommenden zivilen Laufveranstaltungen ihre Strecken verkürzt, gemeinsam mit den OK's wurde eine Erleichterung des Schuhwerks bis hin zu leichten und «turnschuhähnlichen» Laufschuhen in schwarzer Farbe erreicht. Die phantasievollen Kopfbedeckungen einiger innovativer Läufer machten der Technischen Kommission hin und wieder zu schaffen und sorgten für Gesprächsstoff

65   66

62 Im Jahr 1988 war man immer noch mit dem bequemeren TAZ83 unterwegs...

63 Charly Blum (links) mit dem alten Tenue...ein grosser Unterschied zu Dominik Wirth (rechts) mit dem heutigen TAZ90

64 Laufschuhe und der TAZ90, bequeme und angenehme Ausrüstungsteile erleichtern den Waffenläufern den «Einsatz»

65 «Sitzt mini Frisur?»

66 Schnell mit dem neuen TAZ unterwegs.... Dominator Martin von Känel und sein Herausforderer Martin Schöpfer (rechts) und Fritz Dürst (hinten)

über Sinn und Unsinn einheitlicher schwarzer Zipfelmützen, die damals geduldet waren.

Die Packung besteht aus Kampfrucksack 90 mit Sturmgewehr (Stgw) 90 und muss ein Gewicht von mindestens 6,2 kg (ohne Leibgurt) aufweisen.

Für Wettkämpferinnen gilt eine Packung (mit oder ohne Waffe) von mindestens 5,0 kg Gewicht. Packungen mit Kaput/Mantel oder einem nicht zur Ausrüstung 90 gehörenden Ordonnanzrucksack und mit Stgw 57 oder Karabiner sind erlaubt. Das Stgw 57 kann auch ohne Kolben, Schliessfeder oder Abzugvorrichtung, jedoch nur im Rucksack, mitgetragen werden. Bei jeder Packung muss mindestens der Gewehrlauf sichtbar sein. Die TK (Technische Kommission) der IGWS empfiehlt aus Sicherheitsgründen, den Verschluss und das Magazin zu entfernen.

Veränderungen in Zahlen
Bedingt durch den starken Rückgang der Teilnehmerzahlen von 1965 bis 1970 wurden Anfang der 70er-Jahre Massnahmen ergriffen, um den Waffenlauf wieder attraktiver zu gestalten. Das Tragen der Patronentaschen und des Bajonetts wurde abgeschafft und das Gesamtgewicht der Packung auf 7,5 kg festgesetzt.

Diese Massnahmen liessen die Teilnehmerzahlen zwischen 1971 und 1978 von jährlich rund 6450 auf 8742 ansteigen, was wieder dem Niveau von 1965 entsprach. 1982 erreichte man gar den Rekord von 9191 Läufern. Parallel dazu kam es auch zu Verbesserungen der sportlichen Leistungen. Der seit Jahren andauernde, ungebremste Teilnehmerrückgang und das vermehrte Wegbleiben junger Läufer bewogen deshalb die Waffenlauf-Organisatoren im Jahr 1997, das

Dunkel oder Schwarz?
An der Delegiertenversammlung 1987 wurden folgende Beschlüsse gefasst, welche per 1.1.1988 in Kraft gesetzt wurden. Im Schuhreglement wird das Wort dunkel durch schwarz ersetzt. Somit werden nur noch schwarze Schuhe zugelassen.

Früher: Waffenlauf-Schuhe

Heute: Moderne Laufschuhe

Kein übertriebener Sinn für Ästhetik
«Die Schweizer Armee hat sich noch nie dem Vorwurf aussetzen müssen, einen übertriebenen Sinn für Ästhetik entwickelt zu haben. Kampfstark sollen Soldaten sein, nicht schön und schon gar nicht elegant.» So klang es vor vielen Jahren, als die Waffenläufer noch in ihrem Vierfrucht-Tenue die Strapazen eines Wettkampfes auf sich nahmen. Auch wenn die Kleidungsvorschriften klar waren und noch sind, Bequemlichkeiten schaffen war früher wie auch heute nicht anders. So schrieb das längst überarbeitete Reglement der IGWS unter anderem vor: «Das Tenue hat der Körpergrösse des Wettkämpfers zu entsprechen. Die Hose muss über die Jacke getragen werden.» Beim Schaumstoff unter der Packung sind keine Fantasien erlaubt und auch das Stirnband des Spitzenwaffenläufers Walti Niederberger oder das «Piratenchäppli» des Thurgauers Serge Welna sind reglementswidrig. Dies gilt auch für das Plüschbärchen auf der Packung des M20-Schweizermeisters 2005 Marc Berger. Doch niemand trachtet mehr danach, Läufer aufgrund solcher Kleinigkeiten zu disqualifizieren; die Regeln haben sich gelockert, es stehen auch keine IGWS-Kontrolleure mehr am Streckenrand. Der Waffenlauf ist bunter geworden.

Packungsgewicht auf 6,2 kg zu reduzieren. Die «Weiche Welle» lief mit.

Kein Erfolg...

Doch schon damals zeigte sich, dass es die Sparte Waffenlauf bei den jungen Läufern schwer haben würde. Im Nachhinein stellte sich heraus, dass Streckenverkürzungen, die Freigabe des Schuhwerks 1991 und die Reduktion des Packungsgewichtes von 7,5 auf 6,2 Kilogramm im Jahre 1997, die Einführung einer Kategorie Schulen (Militärische Schulen, Polizeischulen u.ä.) sowie die erstmalige Abgabe des Tarnanzugs 90 als erleichtertes Lauftenue nur das versuchte Aufbäumen einer zum Tode verurteilten Sportart verzögerte. Alle diese Massnahmen konnten keine zusätzlichen Läufer mobilisieren.

Der 1. Laufschuh-Sieg

Ein legendäres Bild. Der erste Sieg, welcher mit einem Laufschuh erzielt worden ist. Eine markante Neuerung zu Beginn der neuen Saison. Die IGWS hat mit dem Segen der SAT das Schuhwerk freigegeben. Die Schuh-Wahlfreiheit wurde per 1991 eingeführt. Der Sieger am 24. Toggenburger hiess Christian Jost und gewann in einer Zeit von 1:14:00.

Erstellen einer Packung

Die Packung hat im Lauf der Jahre einige Veränderungen erfahren müssen. Aber auch die Art und Weise der Zusammenstellung der Packung.

Schnüren einer Packung

Ibig's Peter, ein junger und ambitionierter Waffenläufer aus dem Hinterthurgau, ist bekannt für seine vorbildlich geschnürte Packung. Nur wenige Waffenläufer haben die Packung noch nie von hinten gesehen, denn Peter Ibig läuft nämlich seit einigen Jahren vorne recht gut mit.

Auf den folgenden Fotos zeigt er wie er seine Sturmpackung schnürt. Bei manch einem Läufer ist dies jedoch ein bestgehütetes Geheimnis. Peter Ibig lüftet es.

Auf den folgenden Seiten zeigt uns der Thurgauer Waffenläufer Peter Ibig, wie man eine saubere Packung erstellt.

Was es dazu braucht:
– Rucksack
– Karabiner oder Sturmgewehr
– Zusätzlich: Rückenpolster

67 Ungewöhnliche, nicht erlaubte Tragart der Sturmpackung. Ob das wirklich bequemer ist?! Gesehen am Altdorfer Waffenlauf (2003)

68 Letzte Kontrollen an der Packung. Halten die Riemli? Gibt es keine Schürfungen?

Packung von Tellensöhnen

Zur 700-Jahr-Feier der Eidgenossenschaft im Jahr 1991 organisierte der UOV Nidwalden in Stans einen Waffenlauf. Diese einmalige Austragung zählte jedoch nicht zur Meisterschaft. Über 600 Waffenläufer nahmen die 18,5 km lange Strecke in Angriff. Die drei Tellensöhne Gfr Erwin Ledermann, Adj Uof Rainer Widmer und Sdt Walter Frey liefen mit einer ganz speziellen Packung...

Schritt 1

Schritt 2

Schritt 3

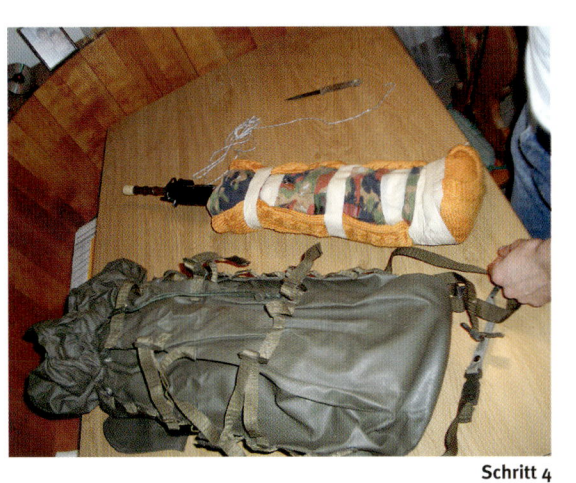

Schritt 4

Schritt 5

Schritt 6

Schritt 7

Schritt 8

Schritt 9

Erstellen einer Packung

Schritt 1: Sind alle Gegenstände vorhanden?

Schritt 2: Was es für eine Packung braucht: Rucksack, Karabiner oder Sturmgewehr, Zusätzlich: Rückenpolster. Auslegeordnung erstellen

Schritt 3: Karabiner oder Sturmgewehr einpacken, polstern und gut zuschnüren

Schritt 4: Abkleben und schauen, dass es keine «Erhebungen» hat (Gefahr von Druck- od. Reibstellen)

Schritt 5: Das gebundene «Päckli» in den Rucksack füllen, zentrieren und Bändel anziehen

Schritt 6: Rucksack schnüren. Wichtig ist: Riemli satt anziehen

Schritt 7: Optional, aber sehr bewährt, die Packung mit einem Riemen oder mit einer Schnur anzuziehen

Schritt 8: Gewichtskontrolle, sind es genau 6.2kg? (Aus Sicherheitsgründen muss beim Sturmgewehr der Verschluss entfernt sein)

Schritt 9: Funktionskontrolle und Einstellungen. Anprobe, ob die Packung sitzt und es keine Druck-oder Reibstellen hat. Das Gewehr darf in der Packung kein Spiel haben.

Wenn sie montiert ist, darf die Packung nicht schaukeln und sie muss hoch sitzen, damit das Gewicht nicht in den Rücken drückt.

Peter Ibigs Waffenlauf-Packung ist bereit für den Einsatz

Geschichte der Auszeichnungen

Auszeichnungen haben eine lange Geschichte. Eindeutig als Auszeichnungen belegt sind die nahezu ausschliesslich wegen militärischer Verdienste vergebenen Belohnungen der Antike. Die Griechen nannten sie táfálára, die Römer klanggleich phalera. Seinem Inhalt nach war der Begriff gleichbedeutend mit «Auszeichnung».

Vom Militärverdienstorden...

Das wechselvolle kriegerische Geschehen des 18. und 19. Jahrhunderts macht es verständlich, dass die ersten Orden der neuen Generation Militärverdienstorden waren. Verlässt man den Bereich der Militärverdienstorden und Auszeichnungen kommt man unweigerlich mit den Auszeichnungen in der Sportwelt in Kontakt.

Eingeborenenstämme aus Südamerika und Afrika, die von den Regeln des modernen Sports nichts wissen, und Kinder, denen die Jagd nach Ehre noch nicht eingeimpft ist – sie laufen miteinander aus Spass und purer Lebensfreude um die Wette, probieren aus, wer weiter wirft oder springt oder experimentieren, wer das Flüsschen an der Furt überspringen könne. Der Wettstreit ist so alt wie die Menschheit selber.

Nur wenig jünger dürfte der Preis für den Sieger sein. Man kämpfte um die Ehre, der Bessere zu sein, aber auch, und nicht minder verbissen, um den Segen der Götter. Man stritt – es ist geschichtlich nicht zu übersehen – auch schon früh um realere Dinge. Um das Weib, um Beute, Geld, Land und Gut, ja um das Leben selber.

Wann erstmals ein «Sieger» einen blühenden Zweig in die Hand gedrückt oder einen grünenden Ring aus Blättern irgendeines Laubbaumes um das Haupt gelegt bekam, ist nicht überliefert. Es ist anzunehmen, dass sich diese Art von Siegerehrung entwickelt und eingebürgert hat, als die sportlichen Wettkämpfe noch Teil kultischer Feste waren. Bei den Olympischen Spielen der Antike galt der Sieg als Vollendung menschlichen Glücks, als höchstes und erstrebenswertestes Ziel. Der «Liebling der Götter» hatte den Höhepunkt seines Lebens erreicht. Man verkündete überall seinen Namen, den seines Vaters und denjenigen seiner Heimatstadt. Pindar schrieb: «Beseligt ist, wen ehrender Ruf umfängt!»

...zum Pokal

Als man im vorigen Jahrhundert den Sport neu entdeckte, erinnerte man sich der einstigen Siegerehrungen und Preise. In England wurde der Pokal populär. In Deutschland bekränzte man die Gewinner mit dem Laub der Eiche, der deutschen Eiche natürlich. Baron de Coubertin, der Erneuerer der Olympischen Spiele, liess für die Sieger in jeder Disziplin Medaillen prägen, und da man sich an historischer Stätte befand, wurden Lorbeerkränze auf stolz erhobene Siegerhäupter gesetzt. Die goldenen, silbernen und bronzenen Medaillen für die Erstplazierten haben sich bis in die heutige Zeit erhalten.

Diese wenigen Beispiele mögen zeigen, dass es durchaus nicht nur ein Auswuchs unseres industriellen Zeitalters ist, wenn eine sportliche Leistung belohnt wird. Auf die Höhe solcher «Entschädigungen» einzugehen ist hier nicht der richtige Platz, und ,im Waffenlauf-Sektor auch wenig relevant.

Es bliebe lediglich festzuhalten, dass also auch die Medaille beim Waffenlauf, «der Plämpel», wie er oft etwas geringschätzig bezeichnet wird, Geschichte hat. Von daher gesehen darf dieses Stück «Edelmetall» am farbigen Band zu Recht mit etwas Stolz am Wettkampftag getragen werden.

Erinnerungen haften daran!

Eines bleibt sich über all die Jahrhunderte gleich. Die Auszeichnungen, egal ob Gold-, Silber-, Bronze- oder «Mitmach-Medaillen», haben auch heute noch einen hohen Stellenwert. Sie zeugen von einer erbrachten Leistung. Manch eine Auszeichnung eines absolvierten, besonders harten Waffenlaufs hängt bei einem oder andern Waffenläufer irgendwo in seinem Haus. Betrachtet man sie, fängt sie an zu sprechen. An ihr haften unweigerlich die Erinnerungen an den jeweiligen Wettkampf. Das ist es, was die Auszeichnung wichtig macht.

Militärsport-Wettkampfauszeichnung

Eine weitere heiss begehrte Auszeichnung ist die Militärsport-Wettkampfauszeichnung, abgekürzt MSA 3 genannt. Die Militärsport-Wettkampfauszeichnung 3 kann nur von Angehörigen der Armee an ausserdienstlichen Veranstaltungen erworben werden. Die Verantwortung liegt beim Kdo Ausbildung Heer (Sport und ausserdienstliche Tätigkeit (SAT). Zum Erreichen werden Teilnahmen an sechs ausserdienstlichen Veranstaltungen, verteilt auf mindestens zwei Jahre, mit Eintrag im militärischen Leistungsausweis benötigt. Nach Erfüllen der Bedingungen muss das Dienstbüchlein zusammen mit dem militärischen Leistungsausweis an die SAT gesendet werden. Diese Stelle nimmt die entsprechenden Eintragungen im Dienstbüchlein und im militärischen Leistungsausweis vor und verleiht die Militärsport-Wettkampfauszeichnung.

70 Altdorfer 1964, Gewicht-Kontrolle der Packung von Werner Fischer durch die Pfadfinder

71 Der Auszeichnungsschrank eines wettkampfbegeisterten Wehrsportlers

69 Die Packungen stehen bereit! Einer der wichtigsten Ausrüstungsgegenstände ist die Packung. Im Zuge der Neuanschaffungen der Armee haben sich die Rucksäcke und Gewehre verändert. Eines ist jedoch immer gleich geblieben: der obenausragende Gewehrlauf!

Medaillen der letzten Waffenlauf Jahre

Toggenburger Waffenlauf 2003

St.Galler Waffenlauf 2006

Neuenburger Waffenlauf 2004

Zürcher Waffenlauf 2000

Hans Roth Waffenlauf 2000

Freiburger Waffenlauf 2000

Reinacher Waffenlauf 2006

Altdorfer Waffenlauf (Medaillenserie)

WAFFENLAUF IM WIND DER ZEIT

Krienser Waffenlauf 2003

Thuner Waffenlauf 2004

Frauenfelder Militärwettmarsch 1999

Sondermedaille Freiburger Waffenlauf 1991 (700 Jahre Eidgenossenschaft)

Weitere begehrte Auszeichnungen

Die Wappenscheibe als Preis für die Wettkämpfer der Gruppenwertung und die begehrte Hellebarde als Preis für den ersten, welcher am «Frauenfelder» Wil passiert(e)

Zinnbecher

Dr. Max Beer-Orden für 30-jähige Teilnahme am «Frauenfelder» als Aktiver oder Helfer

Altbekannt...ein Goldvreneli

Dieses Brünneli erhielten alle Dilplomläufer (54) in Oensingen (2006)

Profitum im Waffenlauf?

Der Waffenlauf kennt kein Profitum, wohl aber gibt es «Privilegierte». Darunter versteht man diejenigen Läufer, denen Beruf und Familie genügend Zeit für Training und Wettkampf lassen. Reduzierte Arbeitszeit, grosszügiger Arbeitgeber oder Verzicht auf Familienleben sind Komponenten, die zum Erlangen einer Medaille von Bedeutung sein können. Aus diesem Blickwinkel gesehen hätte der Zweite doch manchmal Anspruch auf den Siegertitel oder der Siebente wäre so gut wie der Dritte anzusehen. Privilegierte sind in gewisser Weise auch einige der Spitzenläufer, denen grosse Sportfirmen Werbeaufträge anbieten sowie Sportkleidung und -schuhe zum Geschenk machen.

In einem Gespräch mit Jörg Hafner, dem mehrfachen Waffenlauf-Schweizermeister, antwortete er auf die Frage nach dem Lohn für den grossen Aufwand? «Die Naturschönheiten geniessen und das Bewusstsein, etwas für meine Gesundheit zu tun, sind Entschädigung genug.» Die Preisgelder jedenfalls können es in der Tat nicht sein: Hier eine geschnitzte Tellfigur oder eine Hellebarde, dort eine Telefonkarte im Wert von 20 Franken, in der Regel eine Prämie von 300 Franken - für den Tagessieg, wohlverstanden: Das deckt nicht mal die Spesen. Spielt keine Rolle: «Solange mein Inneres positive Signale ausstrahlt, werde ich weitere Siege anpeilen.»

Waffenlauf und «scharfer Schuss»

Der bekannteste Waffenlauf, bei dem noch geschossen wurde, war der Zürcher Waffenlauf. Im Portrait über den «Zürcher» ist zu lesen: «Um den militärischen Charakter des ausserdienstlichen Sportanlasses zu unterstreichen, wurde im Lauf noch ein Schiessen eingebaut. Auf der Forch, unweit des Wehrmännerdenkmals, welches an die Opfer des 1. Weltkrieges erinnert, musste auf feldmässige Ziele (80 m) geschossen werden. Dieses Schiessen entschied denn auch gleich den ersten Wettkampf. Tagessieger wurde der bekannte Burgdorfer Walter Gilgen, der für seinen Treffer 5 Minuten Zeitgutschrift erhielt und einige nicht so treffsichere Läufer, die schneller liefen als er, damit noch überholen konnte. Der schnellste Läufer, Sdt Büetiger aus Attiswil, fiel mit einem Nuller gleich um mehrere Ränge zurück.»

Doch Ende der 60er-Jahre wurde auf das Schiessen an Waffenläufen «geschossen». Inzwischen waren in St. Gallen und Thun zwei Waffenläufe ohne Schiessen ins Leben gerufen worden und in Reinach, wo bis 1965 auch noch eine solche Zusatzprüfung zu bestehen war, gab man ab 1966 ebenfalls dem reinen Laufwettbewerb den Vorzug. So blieb nur noch der «Zürcher» mit Schiessen, wofür die Wettkämpfer jeweils ihre Packung speziell herzurichten hatten. Die guten Schützen taten dies nicht ungern, konnten sie sich doch wichtige Zeitgutschriften notieren lassen. Andere, mittelmässige und schlechte Schützen oder gar solche ohne Schiesserfahrung, hatten verständlicherweise weniger Freude daran. Die Kritik wuchs – und die Teilnehmerzahlen sanken beständig. Zählte man 1967 noch 1018 Wettkämpfer, so waren es 1971 nur noch rund 700. Auch in der Organisation wurde das Schiessen zum Zankapfel und so attraktiv dieser Zusatzwettbewerb – später in Geeren, kurz vor dem Ziel – jeweils war, er wurde nach dem Lauf 1971 selber abgeschossen.

Kategorien und Gruppen
Von der Heeresklasse zur Kategorie

Die Armee sollte nach den ersten beiden Weltkriegen nach den gemachten Erkenntnissen und Erfahrungen auf technischen und taktischen Gebieten neu ausgerichtet werden. Das musste sich gegebenenfalls auch in der Gliederung, der Organisation und Konzeption der Armee niederschlagen. Im April 1949 war eine Neuordnung der Heeresklassen beschlossen worden. Die neue Abgrenzung der drei Heeresklassen Auszug, Landwehr und Landsturm erforderte organisatorische Anpassungen in der Armee wie auch in den ausserdienstlichen Wehrsportarten. So sollten Kampfverbände nur noch aus Auszugsverbänden bestehen. Landwehr und Landsturm hingegen sollten die Grenz-, Réduit- und Festungsbrigaden sowie Logistikverbände alimentieren.

Bis 1962 entsprach die Kategorieneinteilung bei den Waffenläufen den drei Heeresklassen der Armee: Auszug (20. bis 36. Lebensjahr), Landwehr (37. bis 48. Lebensjahr) und Landsturm (49. bis 60. Lebensjahr). Nach der Reduktion des Höchstalters der Wehrpflicht auf 50 Jahre führte man 1965 im Waffenlauf neu die Kategorie Senioren ein.

72 Bis 1965 wurde am Reinacher Waffenlauf noch geschossen. Im Bild Josef Roth, der Sieger von 1975 im Schiessstand Gunzwil

73 Schiessen am 2. Zürcher Waffenlauf 1959. Eine beachtliche Zuschauermenge verfolgte stets das hektische Treiben auf dem improvisierten Schiessplatz. In der Bildmitte der spätere Sieger, Füsilier Ludwig Hobi

74 Der spätere Sieger des Berner Waffenlaufes (1953) Ludwig Hobi legte beim Schiessen den Grundstein für seinen Sieg

Die «Rückkehrer»

Mit einigen Neuerungen und Änderungen wartete die IGWS im Jahr 2000 auf. Eine gewichtige Änderung war bekanntlich die Aufhebung der Altersbegrenzung nach oben, allerdings ohne damit eine neue Kategorie zu schaffen. Das heisst also, dass diese Läufer in der Kategorie M 50 rangiert werden. Von diesen «Rückkehrern» wurden insgesamt 11 klassiert. Fast die Hälfte von ihnen, nämlich Thedy Vollenweider, Willi Lüthi, Georg Schegula, Albert Bachmann und Oskar Nyfeler, zählen zum Kreis der «300-er». Manfred Ritter als klar Bester, mit 1.15.14 im 33. Rang klassiert, nahm die Gelegenheit wahr, um 4 1/2 Jahre nach seinem offiziellen Rücktritt seinen 100. Waffenlauf «nachzuholen».

Im Waffenlauf gibt es 4 Kategorien:

Auszügler, Bärtige, Blasenkönige und die mit der grünen Startnummer

alt, aber rä..

Start von über 60-Jährigen

«Der St. Galler Waffenlauf lässt über 60-jährige Teilnehmer in einer separaten Kategorie starten. Dazu wird bemerkt, dass es nicht den IGWS-Reglementen entspricht, wenn diese Kategorie in der offiziellen Rangliste unter M60 aufgeführt wird. Es wird an die medizinischen und anderen Gründe erinnert, aufgrund welcher die Altersgrenze 60 bei den jüngsten Reglementsänderungen nicht aufgehoben wurde. Ferner darf eine Anrechnung durch den 100er-Verein nicht erfolgen, solange dies die Reglemente nicht vorsehen.»
(Auszug aus dem Protokoll der Vorstands- und TK-Sitzung vom 19.8.1996)

«Dem positiven Aspekt einer kleinen Mehrbeteiligung stehen Bedenken betreffend Erscheinungsbild und Risikofaktoren gegenüber. Die speziell von Manfred Ritter gewünschte Öffnung nach oben liege diametral zur Entwicklung in der Armee (jüngeres Austrittsalter) aber auch zu anderen Sportarten, begründete TK-Chef Stabsadj Kurt Kehl seine Ablehnung.»
(Auszug aus dem Protokoll der Vorstands- und TK-Sitzung vom 13.5.1996)

Die Kategorien heute

Mit dem Wegfall der klassischen Einteilung der Armee in die drei Heeresklassen, wurde im Zuge der Armeereform 95 beim Waffenlauf die heute noch gültige Kategorieneinteilung (M20 bis M50 und Damen) eingeführt. Massgebend ist der Jahrgang. Im Jahr 2004 wurde zudem eine neue Kategorie bei den Damen geschaffen. Auch bei den Kategorien M20 und D20 wurde die Altersklassen der 18- und 19-jährigen geöffnet. Die Kategorieneinteilung sieht aktuell wie folgt aus:

Männer 20	M20	18- bis 29-jährig
Männer 30	M30	30- bis 39-jährig
Männer 40	M40	40- bis 49-jährig
Männer 50	M50	50-jährig und älter
Damen 20	D20	18- bis 39-jährig
Damen 40	D40	40-jährig und älter
Schulen	Sch	18-jährig und älter *)

*) Diese Kategorie kann durch den Veranstalter angeboten werden. Berechtigt sind Wettkämpfer, die in einer militärischen Schule (RS, UOS, OS usw.), Polizeischule o. ä. Dienst leisten, unabhängig vom Jahrgang.

Die Gruppenwettkämpfe

Nebst den einzelnen Kategorien gibt es auch den Gruppenwettkampf. Der Gruppenwettkampf wird in folgenden Kategorien gewertet (mindestens 3 Gruppen pro Kategorie): Senioren (M40, M50 und D40) und Offene Klasse (M20 bis M50, D20, D40 und Sch). Die Gruppen bestehen aus 3–6 Wettkämpfern der gleichen Schule, der gleichen Klasse, des gleichen Vereins oder andere, die als Wettkämpfer bei dieser Veranstaltung gemeldet sind. Ein Wettkämpfer darf im gleichen Jahr nur für einen Verein starten. Einige Vereine zahlen den Gruppenläufern die Startgelder oder locken mit Sonderangeboten. Die Rangierung ergibt sich aus der Summe der drei besten Laufzeiten.

Ein Waffenlauf anno 1982

Sonntag, 21. März 1982. Der Frühling soll gestern begonnen haben. Neuschnee liegt auf der Strasse, morgens um viertel nach drei Uhr. Um diese Zeit schrillt der Wecker. Das Frühstück wird zubereitet, Toilette gemacht. Im Wohnquartier herrscht Ruhe. Die Kinder schlafen. Wenn sie erwachen, wird der Papi fast durch die ganze Schweiz gereist sein. In stockdunkler Nacht geht's fort. Zwei Wache schiebende Soldaten als einzige menschliche Wesen im Dorf. Kein Verkehr auf der

Die «Rucksack-Läuferinnen»

24. Toggenburger Waffenlauf. Erstmals nahmen reine Damengruppen in der offenen Klasse teil. Unter dem Namen «Rucksack-Läuferinnen» absolvierten Ursula Mühlethaler, Anne-Rose Wälti und Yvette El Fen den «Toggenburger» als Gruppe. Das Trio wurde im 24. Rang klassiert. Die schnellste Frau, Martha Urfer, lief eine Zeit von 1:41:08 und fand bei der WSG Thun II Unterschlupf.

75 Der Zivilschützer und M50-Meister 1989, Manfred Ritter (St.Gallen)

76 Zwei Altstars, welche beide nicht mehr unter uns sind. Max Meili (links) gewann in Frauenfeld in allen Kategorien, wurde aber nie Tagessieger und Hans Frischknecht, 7-facher Sieger in Frauenfeld und Schweizer Sportler des Jahres in den Fünfzigerjahren

77 «Mitmachen ist alles!» Siegen ist auch etwas Schönes..... Der erste Tagessieg ist für die Meisten der Schönste. Im Bild ist Martin Storchenegger, welcher beim 53. Frauenfelder Militärwettmarsch seinen ersten Tagessieg erkämpfte. Er besiegte Waffenläufer mit Namen wie Steger, Furrer, Filipponi, Thür oder Wanner deutlich. Seine Tagessiegerzeit: 2:44.31

Autobahn. In Bern sind die Verkehrssignale in Betrieb, für wen wohl? Ein Parkplatz ist leicht zu finden, auch in Bahnhofnähe. Eine Strassenkehrmaschine verursacht ohrenbetäubenden Lärm. In der Innenstadt wohnt ohnehin niemand mehr, dürfte das Motto lauten. Keine neuen Schmierereien. Die Bahnhofhalle wird gereinigt. Was da alles herumliegt! St. Gallen retour, 1/2 Taxe, 29 Franken.

Der Zug steht bereit. Ich setze mich zu den Kollegen, seit Jahren die gleichen Gesichter. Die letzten Läufe werden kommentiert. Toggenburg: der Aufstieg nach Krinau. Kerzers: der Schneemänner-Lauf, selbst die Zeitmessung litt darunter. Dann die kommenden: die 25 km von Biel, der «Knochenlauf» von Neuenburg. Man verflucht ihn... und ist jedes Jahr wieder dabei. Bern ab 4.44 Uhr, der Zug für Spätheimkehrer und Frühaufsteher.

Wieder ein Halt, weitere Waffenläufer steigen zu. Das Übernachten an den Austragungsorten ist nicht nach jedermanns Geschmack. Meist geht es laut zu, bis in alle Nacht. Dann lieber der erste Frühzug. Vor Zürich erwacht der Tag.

Dort dann der Sturm auf die Sonntagszeitung zu Fr. 1.40. Kommentieren der Resultate: Fussball-Cup, Eishockey- WM, Mailand – San Remo.

Weiter nach Winterthur, Wil. Vor zwei Wochen hiess es hier umsteigen, heute bleiben wir sitzen. «Toggenburger» und «St. Galler» sollten am gleichen Sonntag sein, vormittags einer und nachmittags einer. Nein, das geht auch nicht. Für den Saisonstart zu anstrengend. Ostschweizer kommen auch nach Neuenburg, Freiburg und Thun.

St. Gallen, aussteigen, der Weg zur Kreuzbleiche ist altbekannt. Dort turnte ich noch, in der Verkehrsschulzeit von 1959-61. Startnummer und grüne Kleider fassen. Weitere Kollegen werden begrüsst. Packung wiegen: 7,6 kg wie immer. Dann einlaufen, um die Nervosität zu besiegen, auch beim 75. Lauf noch. 9.45 Uhr Start. Ideales Laufwetter, bedeckt und kühl. Schwankende Eisenbahnbrücke, dem Gübsensee entlang, der hintere Teil ist noch zugefroren. Alter Zoll in Herisau, wie immer viel Volk. Wendepunkt bei km 10, zurück über Winkeln. 11.29 Uhr im Ziel. Neue persönliche Bestzeit! Zufrieden mit der Zeit, nicht mit dem Rang. Zehneinhalb Stundenkilometer reichen nicht mehr für die erste Ranglistenhälfte.

Turnhalle Kreuzbleiche: Plastiksäcke für das, was man an den Füssen trägt; unter dem Dreck kommen Schuhe zum Vorschein. Nasse Kleider ab, abfrottieren, trockene Wäsche an! Kleiderrückgabe in Rekordzeit, in St. Gallen geht's. Nochmals rennen, diesmal auf den Bahnhof. Vorher gings leichter, jetzt noch mit der Tasche. Pünktlich um 11.52 Uhr fährt der Zug ab, 23 Minuten nach dem Zieleinlauf! Die Familie sitzt jetzt beim Mittagessen. Mit diesem Direktzug bin ich 1 1/2 Stunden früher zu Hause, das lohnt sich schon. Allein in einem Sechserabteil, Platz und Zeit zum Umziehen. Die Sonne bricht durch. 12.30 Uhr Kontrollschluss in St. Gallen, ich bin bereits in Winterthur. 14.30 Uhr in Bern, 15.00 Uhr zu Hause.

426 Bahnkilometer, 54 Autokilometer, 18 Waffenlaufkilometer. Hat es sich gelohnt? Der Waffenläufer sagt ja, der Familienvater nein. Duschen, ein neuer Mensch! Sonntagsspaziergang mit der Familie, wie andere. Müde? Nein, das kann man nicht sagen, höchstens vom Reisen. Stolz, etwas geleistet zu haben. Gewicht vorübergehend auf 88 kg herunter. «Heute war doch ein Waffenlauf. Machst Du nicht mehr mit?» fragt ein Bekannter. «Doch, warum?» Am Abend «Sport am Sonntag»: Uraltes Archivbild aus Thun von Albrecht Moser. Also hat er gewonnen, bis jetzt wusste ich's nicht. Wie viele Teilnehmer? Keine Angabe. Später Fussball Brasilien-Deutschland aus Rio. Nach einer Viertelstunde hat's mich gepackt. Nicht das Spiel, der Schlaf.

Beat Schmutz, Düdingen

Sieger sind sie alle!

Von den Tagessiegern und Kategoriensiegern und allgemein von Siegern ist in diesem Buch oftmals die Rede. Die (Aller-)Besten wurden aufgezählt; von ihnen wird man immer wieder und noch lange reden. Gut übrigens, dass beim Waffenlauf in Kategorien gedacht, gekämpft und geehrt wird. Jede Kategorie hat ihren Schweizermeister, der am Ende der Saison die Goldmedaille in Empfang nehmen darf. Richtig, dass zusätzlich – aufgrund des Zieleinlaufs aller Kategorien – dann noch der absolute, der Schweizer-Waffenlaufmeister erkoren wird.

Sieger über sich selber – wer sind denn sie? Man hört und liest es ab und zu, im Zusammenhang mit Ausdauersportarten, die

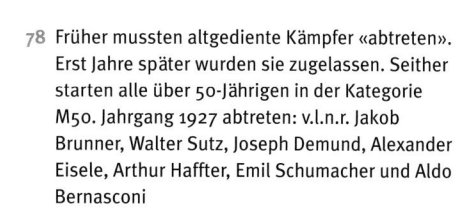

78 Früher mussten altgediente Kämpfer «abtreten». Erst Jahre später wurden sie zugelassen. Seither starten alle über 50-Jährigen in der Kategorie M50. Jahrgang 1927 abtreten: v.l.n.r. Jakob Brunner, Walter Sutz, Joseph Demund, Alexander Eisele, Arthur Haffter, Emil Schumacher und Aldo Bernasconi

79 Der Schriftführer des Hunderter-Vereins Alois Oberlin überreicht am Zürcher Waffenlauf 1988 die Medaille zum 200. Waffenlauf persönlich

besonders viel abverlangen, wie der Waffenlauf. Irgendwo und irgendwann ist jeder einmal «Sieger über sich selber». Im harten Kampf, Mann gegen Mann, gegen sich selber, wenn die Kräfte so nachgelassen haben, dass man ans Aufhören denkt, gegen die Uhr, denn man hat schliesslich die eigene Marschtabelle. Sie, die vielen «Unbekannten» – was ja auch nicht stimmt – die sich immer wieder der Herausforderung stellen. Zwanzig Kilometer, dreissig – oder zweiundvierzig, mit Gewicht am Rücken, sollten so schnell als möglich hinter sich zu bringen sein. Auch im Regen, Sturm und Wind – wenn es in anderen Sportarten Absagen gibt. Vielleicht aber einfach, weil sie Freude gerade an diesem besonderen Umstand haben, hier Härte zeigen können und müssen, oder Freude zu verspüren an der besonderen Ambiance, an der Kameradschaft, die den Waffenläufern immer wieder nachgesagt wird.

Gut, dass es für sie alle die Möglichkeit gibt, einmal aus der Anonymität herauszutreten, nämlich dann, wenn sie zu Jubilaren werden. Für 100 Waffenläufe – das Resultat spielt keine Rolle – werden sie geehrt. In der Familie, im Wehrsportverein, unter Freunden. Vielerorts auch durch die Organisatoren und den «Hunderterverein». Es bleibt nicht beim Blumenstrauss, es kommt eine Ehrenmedaille hinzu. Alles für die besondere Leistung. Im Hunderterverein schliesslich finden sie zu Kameraden, welche das gleiche, grosse Ziel schon erreicht haben. Eine Vereinigung, die in einem besonderen Kapitel vorgestellt wird. Aber auf jeden Fall jetzt schon: Sieger sind sie alle!

Datenerfassung und Ausschreibung
Bis ungefähr 1983 wurden die Waffenläuferadressen von Wm Sepp Baumann in der EDV der Dätwyler AG Altdorf verwaltet und waren jeweils über 5 Jahre gespeichert. Die Datenerfassung bestand lediglich für Namen, Adresse, mil Grad und Jahrgang. Die Gesamtzahl absolvierter Läufe des einzelnen Läufers war nicht greifbar.

Ernst Flunser verwaltete den exklusiven Hundererverein (Hunderter) manuell. Für eine Aufnahme mussten die Beteiligungen lückenlos nachgewiesen werden. Er prüfte ausnahmslos 1:1 und ergänzte nur gegen Bezahlung.

Jedes OK gestaltete eine eigene Ausschreibung. Nur selten wurden zwei solche miteinander verschickt. Drucksachenporto dazumal Fr. –.35 / Exemplar.

1984 kaufte ich meinen ersten Kleincomputer in Form einer Schreibmaschine mit einzeiligen Display. Er konnte damit nur Adressen verwalten und die Etiketten oder Adressen auf Rollen ausdrucken.

Von Sepp Baumann übernahm ich den Adressenstamm und zusätzlich denjenigen des «60-km-Laufes von Burgdorf» vom Emmentaler Posthalter Ernst Iseli und denjenigen der WSG Schwyz von Toni Schelbert. Die Adressen wurden gegenseitig abgeglichen und mit einem Code zugeordnet.

Die Mutationen auf dem bestehenden Adressenstamm waren kein Problem, hingegen wurden Neuzugänge nur nach dem Erstbuchstaben des Namens eingeordnet, also kam beispielsweise Brügger vor Bannwart, was nach kurzer Zeit zu Problemen führte. (War das denn schon EDV?)

Ernst Flunser hatte immer mehr Mühe mit der Organisation seines Hunderters, obwohl zu jener Zeit erst etwa 280 Läufer die Bedingungen erfüllt hatten. Jede weitere Neuanmeldung erforderte nebst Geduld auch noch papierenes Münz.

1987 konnte ich am «Krienser» Ernst Flunser von modernerer Arbeitsweise überzeugen und besiegelte die Übernahme auf Beginn der Saison 1988, wobei er mir nur gerade eine absolute Minimalzahl von Medail-

---

Laufzeitverkürzungen
Die IGWS beabsichtigte einst eine Überprüfung der maximalen Laufzeiten bei den Waffenläufen vorzunehmen. Anhand von Statistiken hatte sich herausgestellt, dass Laufzeitverkürzungen bei verschiedenen Wettkämpfen angebracht wären. In einigen Fällen musste wegen weniger Läufer ein Organisationsapparat von weit über 200 Funktionären zusätzlich eine halbe Stunde oder noch länger im Einsatz bleiben. «Die Laufzeit darf anderseits nicht zu kurz bemessen sein, ansonsten würden viele «Leider und Dulder» aus dem Waffenlauf verschwinden», war dann jedoch der Tenor einer Mehrheit im Vorstand des Dachverbandes.

len aushändigte. Die pendenten Aufnahmegesuche wurden hie und da noch durch ihn erledigt, teils lange aufgeschoben und schlussendlich Beat Schmutz zur Erledigung übergeben.

Dabei musste sich Beat auf eigenes Material stützen, denn das Archiv war zu dieser Zeit Heiligtum bei Flunser in Basel und Druckmittel für eine nochmalige Entschädigung seiner Leistung.

Die Übergabe war gekennzeichnet durch immense Abgeltungsforderungen für Leistungen Flunsers, die durch die IGWS zu erfüllen wären. Diese Forderungen blieben für Jahre Gesprächs- und Diskussionsstoff sowie Blockademittel gegen eine unentgeltliche Abtretung des Archivs, um damit die Kontrollen vervollständigen zu können.

Der Hunderter war nur Nebengeräusch zu einer kompletten Datenverwaltung für die IGWS. Sie bestand in der Adressverwaltung mit Etiketten- und Listendruck, mit der Registrierung der Teilnahmen ab 1987 einerseits für die IGWS, anderseits für den Veranstalter des «60 km-Laufes von Burgdorf».

Der Eintritt in den Hunderter wurde für bisherige Mitglieder mit der kontrollierten Zahl übernommen, alle anderen begannen mit 1.

Die Hardware, nun ein neuer PC, war mein Eigentum, die Software musste, meinen Wünschen angepasst, neu geschrieben werden und kostete Fr. 12 000.– Diese Kosten wurden durch die Raiffeisenbank vorfinanziert, durch die IGWS, den HVW und die einzelnen OK's innert zwei Jahren abgestottert.

In den ersten 3 Jahren der neuen Erfassung wurden keine «Passiven» (Läufer ohne Teilnahmen) ausgesondert, daher gab es um 1990 einen Bestand von knapp 5000 Ansprechpartnern für den Versand der Ausschreibungen! Eine regionale Abgrenzung war möglich, genauso wie die Wahl der Jahrgänge.

Für die geplante Heimfassung des Tarnanzugs (TAZ 83) musste das Fassungszeughaus sichtbar sein und die automatische Ausscheidung derjenigen Läufer war zu programmieren, die ein Tenue zu Hause hatten, aber die vorgeschriebene Mindestzahl von 5 Läufen pro Jahr nicht erreichten. Diese Aktiven mussten Ende der Saison aufgefordert werden, den TAZ in das Fassungszeughaus zurückzubringen. Ein unendliches Spiel der Ausreden und eine effektiv fehlerhafte Leistung seitens der Zeughausangestellten führte zur Eliminierung der Limite.

Die damalige Schweizer Meisterschaftswertung (SM-Wertung) wurde ermittelt nach:
a) Einlauf der besten 30, mit maximal 100 Punkten, und
b) die besten 24 pro Kategorie, mit maximal 50 Punkten.
Verschiedene OK-Verantwortliche haben das einfach nicht kapiert.

Die Neuprogrammierung infolge neuer Kategoriengrenzen oder die Einführung der Damenkategorie verursachte neue Kosten.

Die OK's erhielten von mir bei Meldebeginn eine aktuelle Liste und kreuzten darauf die Anmeldungen, aber auch allfällige Mutationen der Adressen an. Jeder Registrierte war mit einer Codenummer «unverwechselbar», waren doch bis zu dreissig «Müller» registriert. War es heute der Hans, konnte sich dieser schon morgen mit John oder übermorgen als Johann melden. Um eine einigermassen sichere Zuteilung zu erhalten, entstand diese Code-Identifikation.

Diese Anmeldungen wurden dann im Programm verarbeitet, die Angemeldeten aktiviert, alphabetisiert und nach Alter kategorisiert, dann erfolgte der Ausdruck der Startliste als Vorlage für das Programm mit der Startnummernzuteilung. Die Kategorienzugehörigkeit wurde anhand des Jahrgangs und des Geschlechts jeweils anfangs Jahr mutiert.

Für jede angemeldete Person wurden 3 Etiketten gedruckt: Programmzustellung, Materialkarte und Rangliste, insgesamt habe ich in all den Jahren über 600'000 Stück versandt.

Nach dem Lauf wurden die von den OK's erstellten Ranglisten zugestellt, die je nach Zeitmessungsfirma sehr verschieden gestaltet waren und anfangs noch durch die Vervielfältigung auf der Walze fast unleserlich wurden. Jetzt mussten Gemeldete, aber nicht Gestartete wieder deaktiviert werden, damit nicht fälschlicherweise ein Lauf angerechnet wurde.

Die Eingabe der Punkteränge erfolgte in einem separaten Programmteil. Die nach jedem Lauf nachgeführten SM- und Kategorien-Ranglisten wurden dann der Presse und den OK's zugestellt.

Läufer, die vor einem Jubiläumslauf standen (ersichtlich durch die fortlaufend erfassten Läufe) wurden dem nächsten OK gemeldet. Leider war aber nicht immer der nächste Veranstalter für das Jubiläum zuständig, was zu vielen Schwierigkeiten führte (Presse, Speaker).

Preise und Prämienkarten
Waffenlauf war und ist für Spitzensportler finanziell nie interessant (gewesen). Über viele Jahre war die Medaille (für die Spitze evtl. in Spezialanfertigung) die einzige Entschädigung. Dazu kam für Einzelne (Rang – Einteilung – Ort) ein für ein Jahr als Leihgabe zu pflegender Wanderpreis, mit eventuell eigenen Kosten für die Gravur.

Für die OK's war der Wanderpreis eine meist mühsame Sache. Nur in den wenigsten Fällen wurden die Preise ordnungsgemäss retourniert. Oft war zu Beginn des Wettkampfs noch unklar, wo dieser war, wie er aussah, graviert oder nicht!

Um eine Teilnahmesteigerung zu erreichen, versuchte es das OK Toggenburg beispielsweise mit der Ausschreibung eines unter allen Teilnehmern auszulosenden Sonderpreises: 1980 Besuch der Olympischen Spiele in Moskau, Wert Fr. 1500.–. Die besonderen Umstände dieser Spiele (Politik) hiess für uns eine Umänderung in einen allgemein gültigen Reisegutschein.

Aus dem früheren polysportiven Stafettenlauf der Toggenburger wurde die Belohnung für die Gruppe (den Verein) übernommen. Nachdem der kleine Zinnbecher und das Plateau, später auch der 9 cm-Becher nicht mehr finanzierbar waren, entschloss man sich fürs Löffeli, das während rund 15 Jahren an die 3 Besten jeder Gruppe abgegeben wurde. Ein voller Erfolg, jeder Verein versuchte möglichst viele Gruppen zu melden und steigerte so die Gesamtmeldezahl.

Nachdem auch der Toggenburger zur IGWS zählte brachte die rund 25%-ige Teilnehmersteigerung auch Schwung für neue Ideen. Der Lauf musste effektiver verkauft werden. Mitten ins Wespennest traf das OK Toggenburg mit den erstmaligen Siegerpreisen in Form von Bargeld. Wie beim Sonderpreis 1980 hagelte es Kritik, führte aber zur sofortigen Kopie.

Einzelne OK's (Freiburg, Reinach, Altdorf) versuchten mit guten Zwischen- und Spurtpreisen oder Verlosungen (Kriens) die Attraktivität des Waffenlaufs und natürlich speziell ihrer Veranstaltung mit Erfolg zu heben.

Bereits zu Beginn der Neunzigerjahre war ein Abwärtstrend speziell bei der M20 Kategorie ablesbar. Zusammen mit Arno Jäckli aus St. Gallen lancierte ich eine Idee, den AC-20 (Aktivclub der Kategorie M20). Statt der ganzen Palette der damals 12 Läufe wurde nur an 5 Läufen eine spezielle Wertung zusätzlich berechnet und vorab mit Sportpreisen belohnt, die aber zu weniger als 50% abgeholt wurden.

Gegen Ende der 80er-Jahre zeigte sich ein starker Rückgang im Zinnbereich, im Sportalltag eine Sättigung gegenüber Zinnpreisen, aber auch eine teilweise Unzufriedenheit, eine Medaille als Preis zu erhalten. Die Forderung einer vergünstigten Anmeldung bei Verzicht auf die Medaille war nicht erfüllbar. Die Erfahrungen bei der Medaillenausgabe, mit dafür abgegebenen, aber «verlorenen» Gutscheinen mit den zusammenhängenden, unendlichen Diskussionen, die verlangte Grosszügigkeit seitens der OK's, durfte nicht noch schwieriger werden. Zudem wären unüberblickbare Zahlungsarten entstanden, wenn gemeinsam einbezahlt werden wollte.

Das wiederum innovative OK Toggenburg kopierte die bei den Schützen und Keglern längst gut verbreitete Kranz- oder eben Prämienkarte. Im Bewusstsein, dass die Idee sowieso durch die andern OK's kopiert würde, nannte das «Ideen-OK» Toggenburg sie: IGWS-Prämienkarte.

Um einen vielseitigen Gebrauch sicherzustellen, wurde der Wert den damaligen Kosten einer Medaille angenähert, die ersten 10 000 Karten, die ab 1990 bis 1995 in Umlauf gebracht wurden, trugen den Wert von Fr. 8.50 und waren während 10 Jahren gültig.

Die Verbreitung nahm nach erster (obligatorischer) Ablehnung bald im Quadrat zu. Der Bezug der Prämienkarte statt der Medaille stieg von einem Sechstel auf einen Drittel. Zudem wurden die unterdessen

---

«Blick»-Schlagzeile aus dem Jahr 1990
Waffenläufer-Pfarrer überwältigt Dieb
Diessenhofen (TG) – Das ganze Dorf ist stolz auf seinen «Blitz von der Kanzel»: Pfarrer Edgar Bolliger holte in Südfrankreich mühelos einen 22-jährigen Dieb ein. Was der Dieb nicht wusste: Pfarrer Bolliger ist Waffenläufer und hat schon über 17 «Frauenfelder» bestritten.

Der flinke Pfarrer war mit seiner Konfirmandenklasse in Südfrankreich. In Nîmes hatte ein Dieb ausgerechnet den Kirchenmann als Opfer ausgespäht. «Er kam unbemerkt von hinten und schlug auf meinen Oberarm. Die Tasche, die ich unter dem Arm geklemmt hatte, fiel hinunter. Der Dieb fing sie auf und rannte, so schnell er konnte, davon», berichtet Bolliger.

Das liess sich der Pfarrer nicht gefallen, denn schliesslich waren sein Geld und alle Reisedokumente in der Tasche. Bolliger: «Ich wetzte ihm nach und holte ihn nach rund 350 Metern durch Gassen und um Häuserecken ein. Er wollte mich niederschlagen, doch ich wehrte den Hieb ab. Dann liess er die Tasche fallen und machte sich aus dem Staub.»

Jetzt ist der blitzschnelle Pfarrer Tagesgespräch und bekommt Fanpost. «Mit richtigem Vergnügen hörte ich von Ihrem Erlebnis», schrieb eine über 80-jährige Frau. «Im Kirchenrat wurde ich gar aufgefordert, meine Sprinter-Waden zu zeigen», lacht Edgar Bolliger, der als früherer Infanterie-Hauptmann eine Nahkampfausbildung genoss.

80 Aufmerksame tierische Zaungäste am Thuner Waffenlauf 2003

81 So sehen Meister aus... Ehrung 1999 in Frauenfeld mit Sieger Jörg Hafner, Peter Deller und Ruedi Walker

Das OK Toggenburg startete einen fünfjährigen Versuch mit einem militärischen Duathlon. Die Beteiligung war nicht ganz den Erwartungen entsprechend: Saisonal ungünstig, zweimal Wetterpech (Schnee), aber auch die (für einmal) fehlenden Nachahmer sind Gründe gewesen für eine Aufgabe. Die Kostenfrage, ausgelöst durch grossen Personalbedarf, die im Verhältnis zum Waffenlauf zu gewinnenden hohen Preise, die Beschaffung des Personals und die Zusatzkosten für die Zeitmessung führten zur sofortigen Abschaffung. Eigentlich schade bei einer aufkommenden Trendsportart.

Alois Oberlin, Wattwil

breiter gestreuten Siegerpreise und die Gruppenpreise in dieser Form abgegeben. Damit wurde auch eine für OK und Teilnehmer logistisch einfachere Preisabgabe möglich (keine Wartezeiten bei der Ausgabe der Gruppenpreise, da die Ranglisten noch fehlten).

Ab 1995 erfolgte eine Wertanhebung auf Fr. 10.–. Zudem konnte mit der Raiffeisenbank Wattwil eine direkte Vergütung an die Geschäfte vereinbart werden, die ihre an Zahlung genommenen Karten dort direkt zustellen. Damit konnte auch eine Personenunabhängigkeit sichergestellt werden.

Ende 2005 wurde die Abgabe im Hinblick auf die Auflösung der IGWS gestoppt. Rund 38'000 Karten wurden total abgegeben, ca. 10% sind im Moment noch im Umlauf (1.1.2006), die Gültigkeit läuft aber erst am 31.12.2010 ab.

Aktivitäten und Verschlimmbesserungen

Das Bild vom Läufer im «Tenue blau oder grün» mit der holzummantelten Waffe, die bei jedem Schritt den Kopf des Läufers zu treffen drohte, zeugt von grossen Zeiten, wo kaum von Randsportart die Rede war.

Zu kurze Hosenstösse, zu enge Jacken, zu wenig von dieser oder jener Grösse, die für die Rückgabe herauszukehrenden Säcke und Taschen und die teils peinlich genau geprüfte Sauberkeit der Hilfsmittel, die absolute Zählung dieser wertvollen Gwändli sind damalige Tatsachen.

Lange Jahre waren dann der TAZ 83 und das Stgw 57 die Hoffnungsträger für noch bessere Akzeptanz und Beteiligung.

Die Jugend sollte besser integriert werden, also schuf man Jugend- und Schülerkategorien.

Die Freigabe des Schuhwerks, die Erleichterung bei der Packung, der Umstieg auf den Tarnanzug 90 (TAZ 90) und das neue Sturmgewehr, bessere Preise, eine oder heute zwei Damenkategorien: wenig Echo. Nur persönliche Motivation verspricht Erfolg. Aber wie soll das denn stattfinden? Früher waren Wirtshauswetten Anlass zu manch einer Beteiligung.

Restriktionen beim Anmelden, keine oder nur bis Samstag beschränkte Nachmeldemöglichkeit waren ebenso negativ wie das von oberster Stelle angeordnete Spezialtenue für Zivilschützer (schwarz, wie die Erfahrung damit).

Die Beschlüsse des IGWS-Vorstandes wie sie auch lauteten, waren schwierig vollumfänglich durchzusetzen, scheiterten immer wieder an der geprobten Eigenständigkeit des einzelnen Veranstalters.

«Frechheiten» seitens der militärischen Stellen, wie etwa das Inkasso von Fr. 20.– für nicht genügend gereinigtes Hilfsmaterial, die zeitweise geltende Bedingung, dass Material mit privaten Fahrzeugen auf Kosten der OK's zu transportieren sei und Nachzahlungen für fehlendes Material waren kaum sportfördernd.

Dass dies auch besser zu lösen war, bestätigte das Kantonale Zeughaus St. Gallen, das nicht nur die Fahrzeuge für den Transport des Materials stellte, sondern zusätzlich aus ihrem Personal Freiwillige zur fachmännischen Mithilfe rekrutierte.

Einführung und Entwicklungsgeschichte der Schweizermeisterschaft

Die IGWS vergibt seit 1967 den Titel eines Waffenlauf-Schweizermeisters und seit 1997 einer Waffenlauf-Schweizermeisterin in der Gesamtwertung, sowie des Waffenlauf-Schweizermeisters der Kategorien M20, M30, M40, M50, D20 und D40.

Die drei Erstklassierten der Gesamtwertung Damen und Herren sowie der einzelnen Meisterschaftskategorien werden mit einer Gold-, Silber- oder Bronzemedaille ausgezeichnet.

Eine Hauptaufgabe, ja sogar die Existenzberechtigung der Interessengemeinschaft Waffenlauf Schweiz (IGWS) ist die Durchführung der Schweizermeisterschaft. Die erste Austragung fand 1967 statt. Die IGWS schreibt alljährlich zur Ermittlung der besten Waffenläufer des Jahres die Schweizer Waffenlauf-Meisterschaft aus, zu der im 2006 folgende Anlässe zählten: St. Gallen, Wiedlisbach, Wohlen, Reinach, Zürich, Thun und Frauenfeld. Bei der Jahresmeisterschaft kämpfen die Läufer um den Titel des «Schweizermeisters» innerhalb ihrer Kategorie und die Favoriten um den Rang des «Schweizer Waffenlauf-Meisters» des Jahres. Bekanntlich hat sich die IGWS als Veranstalterin der Schweizermeisterschaft Ende 2006 aufgelöst, also wurde auch die offizielle Schweizermeisterschaft zum letzen Mal ausgetragen. Gespräche, dass die verbleibenden Waffenlauf-OK's eigene Waffenlauf-Schweizermeister-Titel vergeben möchten, vermischten sich mit Varianten. In Frauenfeld solle der Titel eines Waffenlauf-Marathon-Schweizermeisters geholt werden können und in Thun und/oder Wiedlisbach jener eines Waffenlauf-Halbmarathon-Schweizermeisters. In Wohlen spielte man mit dem Gedanken, einen Titel als Waffenlauf-Sprint-Schweizermeister zu vergeben. Was aus diesen Plänen wird, soll die Zukunft zeigen.

Ermittlung der Titel und Auszeichnungen
Veranstalter der Waffenlauf-Schweizermeisterschaft ist die IGWS. Die Wertung erfolgt durch den durch die Delegiertenversammlung der IGWS bestimmten Datenverarbeiter Es gilt das aktuelle Waffenlauf-Wettkampfreglement der IGWS. Es werden sowohl eine Gesamtwertung Damen und Herren nach Einlauf in Punkten als auch Kategorienwertungen für D20, D40, M20, M30, M40 und M50 nach Zeiten geführt.

Seit 1986 gehören auch Damen als Aktive zum Bild des Waffenlaufsports. Ab 1995 wurden sie in einer eigenen Kategorie klassiert (vorher unter den Männern) und 1997 wurde die erste Meisterschaft der Damen ausgetragen.

Die Punkte werden für jeden Teilnehmer und jede Teilnehmerin errechnet und auf jeder Rangliste ausgedruckt. Die Punktzahl des Wettkampftages wird zur Gesamtpunktzahl gezählt und zusammen mit dem Rang auf der Tagesrangliste ausgedruckt. Die Resultate der besten Wertungen werden im offiziellen Organ der IGWS, dem «Schweizer Wehrsport», veröffentlicht. Schiedsgericht ist das Technische Komitee (TK) der IGWS. Beschwerden gegen die Wertung sind schriftlich an den TK-Chef der IGWS zu richten.

Die Veranstalter der einzelnen Wettkämpfe sind im finanziellen, sportlichen und juristischen Sinne selbständig. Vorbehalten bleiben die Bestimmungen der IGWS.

Diplomverteilung
Früher erhielten die zehn Besten jeder Kategorie ein Meisterschaftsdiplom. Seit 2004 kommen jeweils die Besten 10% jeder Kategorie zu einem dieser äusserst begehrten Diplome.

Die Diplomverteilung setzt sich aus den Vorjahresteilnehmerzahlen zusammen.

Für die 6 Meisterschaftskategorien wurden 2006 insgesamt 54 Diplome vergeben: 6 x 3 für die drei Erstklassierten, weitere 36 aufgeteilt auf die Kategorien auf grund der prozentualen Vorjahresbeteiligung. Die Anzahl Diplome je Kategorie wird jeweils vor Meisterschaftsbeginn bekannt gegeben. Die Diplomverteilung im letzten Meisterschaftsjahr setzte sich wie folgt zusammen:

D20: 4 Diplome (7.4 %)
D40: 5 Diplome (9.3 %)
M20: 6 Diplome (11.1 %)
M30: 9 Diplome (+1) (16.7 %)
M40: 12 Diplome (-1) (22.2 %)
M50: 18 Diplome (33.3 %)
Total: **54 Diplome (100.0 %)**

Die Punktewertung
Grundsätzlich ist für die Wertung alleine die Laufzeit massgebend. Die Laufzeit respektive die Zeitmessung erfolgt in Stunden, Minuten, Sekunden und Zehntelssekunden. Sind zwei Wettkämpfer zeitgleich im Ziel, bedeutet dies auch Ranggleichheit.

An jeder Veranstaltung wurden die Punkte wie folgt vergeben:

a) Overall (Damen und Herren)
Wertungspunkte gemäss Einlaufreihenfolge:

1. Rang	100 Punkte
2. Rang	86 Punkte
3. Rang	74 Punkte
4. Rang	64 Punkte
5. Rang	56 Punkte
6. Rang	50 Punkte
7. Rang	46 Punkte
8. Rang	44 Punkte
9. Rang	42 Punkte
10. Rang	40 Punkte
11. Rang	38 Punkte
12. Rang	36 Punkte
13. Rang	34 Punkte
14. Rang	32 Punkte
15. Rang	30 Punkte
16. Rang	28 Punkte
17. Rang	26 Punkte
18. Rang	24 Punkte
19. Rang	22 Punkte
20. Rang	20 Punkte
21. Rang	18 Punkte
22. Rang	16 Punkte
23. Rang	14 Punkte
24. Rang	12 Punkte
25. Rang	10 Punkte
26. Rang	8 Punkte
27. Rang	6 Punkte
28. Rang	4 Punkte
29. Rang	2 Punkte
30. Rang	1 Punkt

b) Jede Kategorie
Wertungspunkte gemäss Laufzeit:

82 Eine Meisterschaftsehrung macht müde... ein geschaffter Waffenläufer nach dem «Absenden» 2002 in Zofingen

83 Das Ziel vieler Waffenläufer: ein geglücktes Waffenlaufjahr, dann ist dies das «Eintrittsticket» zum «Absenden», die Feier für die besten Waffenläuferinnen und Waffenläufer des Jahres. Eine lustige Sache, im Bild der «M2oer-Tisch» am Absenden 2005 in Altdorf

84 Heiss begehrt: Die Diplome. Wer ein Diplom erreicht, der gehört zu den besten Waffenläufern der Schweiz. Hier im Bild Reto Arnold, Serge Welna, Bruno Hasler und Kolumban Helfenberger am Absenden in Zofingen

85 Die Spitzenläufer Bruno Hasler (M30), Marc Berger (M20) und Bruno Dähler (M40) am Absenden 2002 in Zofingen

86 Es geht nichts über eine perfekte Verpflegung unterwegs...Der M20-Schweizermeister Marc Berger wird von seinem Coach, Waffenläufer a.D. Kari Binggeli am Frauenfelder 2004 versorgt

1000 Punkte mal Kategoriensiegerzeit in Sekunden dividiert durch persönliche Laufzeit in Sekunden

In der Kategorienwertung wurde auf ganze Punkte abgerundet.

In der Jahreswertung galten:
– bei 8 und mehr Veranstaltungen:
  3 Streichresultate
– bei 6 und 7 Veranstaltungen:
  2 Streichresultate
– bei 5 Veranstaltungen: 1 Streichresultat
– bei 4 und weniger Veranstaltungen:
  kein Streichresultat

Bei Punktgleichheit entschied zuerst die Anzahl Siege, dann die besseren Rangierungen.

Widerhandlungen und deren Folgen
Doping
Auch im Waffenlaufsport stellt sich die Frage nach leistungsfördernden Substanzen. Das Phänomen des Dopings hat bisher im Waffenlauf noch keinen (bewiesenen) Eingang gefunden. Jede Anwendung verbotener pharmakologisch-medizinischer Mittel und Massnahmen zur Leistungsbeeinflussung (Doping) ist gemäss den Weisungen von Swiss Olympic untersagt. Das Technische Komitee der IGWS (TK) oder die Veranstalter können Dopingkontrollen gemäss den Ausführungsbestimmungen von Swiss Olympic durchführen bzw. durchführen lassen. Wird ein Wettkämpfer der Einnahme einer verbotenen Substanz gemäss Dopingliste von Swiss Olympic überführt, so hat dies die Disqualifikation und eine befristete Sperre (mindestens 1 Jahr) zur Folge. Bis heute war eine Kontrolle von Waffenläufern jedoch nicht üblich, geht es ja nicht wirklich um viel Geld wie dies in anderen Sportarten der Fall ist.

Auch in Zukunft wird sich in dieser Richtung wahrscheinlich nichts Spektakuläres ereignen, denn solange die Wehrsportart unentgeltlich und ohne Profitum durchgeführt wird, lässt sich durch Doping kein Gewinn erzielen.

Ausnahmen bestätigen die Regel: Vor bald fünfzig Jahren bedienten sich Vereinzelte so genannter «Spezialmixturen» mit unbekanntem Inhalt. Es waren keine Spitzenläufer, sondern Läufer der grossen Masse, wahrscheinlich Mitarbeiter von Chemieunternehmen, Drogisten und Apotheker. Bei der Hitzeschlacht von Thun 1960 vermutete man unter den Ausfällen Läufer, die gedopt hatten. 1965 führte man bei den drei Ersteingelaufenen des Frauenfelder Militärwettmarsches eine Dopingkontrolle durch, die jedoch negativ ausfiel. 1967 startete die Redaktion des Monatshefts «Schweizer Wehrsport» eine Umfrage unter den Wehrsportlern betreffend Doping bei Militärwettkämpfen, um Vorwürfe verschiedener Veröffentlichungen zu widerlegen. Beim «Frauenfelder» 1978 kamen letztmalig Gerüchte auf, wonach beim Zieleinlauf nicht alles mit rechten Dingen zugegangen sei. Veranlasst durch die IGWS nahm das Forschungslabor der eidgenössischen Turn- und Sportschule in Magglingen Untersuchungen bei den sieben ersteingelaufenen Läufern vor. Wiederum konnte man keine Anzeichen feststellen, die auf die Verwendung von Dopingmitteln schliessen liessen.

Auszüge aus den gültigen Reglementen
Ein Punkt, welcher immer wieder zu reden gab, ist die Betreuung und Begleitung von Wettkämpfern. Gemäss dem Wettkampfreglement ist es nicht gestattet, mit einem Auto, Motorfahrrad, Fahrrad oder durch einen Begleiter einen Wettkämpfer zu betreuen. Schrittmacher sind ebenso verboten, wie mitgeführte Hunde.

Jeder Wettkämpfer ist selber verantwortlich, dass Tenue, Schuhe und Packung den Vorschriften entsprechen. Die Veranstalter sind verpflichtet, Kontrollen durchzuführen. Undiszipliniertes und unsportliches Verhalten, Nachlässigkeiten und Verstösse gegen das Wettkampfreglement durch Wettkämpfer und/oder Begleitpersonen können durch Disqualifikation geahndet werden.

Beschwerden gegen Mitkonkurrenten und Betreuer sowie gegen Funktionäre können von Wettkämpfern beim Schiedsgericht des

Veranstalters innerhalb einer halben Stunde nach Zieleinlauf gegen ein Depot von CHF 50.– eingereicht werden. Bei Gutheissung der Einsprache wird das Depot erstattet.

Der TK-Chef ist durch Protokoll innert 48 Stunden nach der Einsprache zu orientieren. Der Entscheid des Schiedsgerichts des Veranstalters kann innerhalb von 7 Tagen durch eingeschriebenen Brief an den Präsidenten der IGWS angefochten werden. Der Vorstand der IGWS entscheidet endgültig. Er kann zusätzlich eine zeitlich befristete Sperre aussprechen. Der Entscheid ist allen IGWS-Mitgliedern schriftlich mitzuteilen und von diesen strikte einzuhalten.

87 «Ihre Packung ist 200 Gramm zu leicht – ich muss sie leider disqualifizieren»!

88 Was früher die IGWS-Kontrolleure rügten, gehört heute zum Bild. Der Waffenlauf ist farbiger geworden

«Sperre für Teilnahmen an Waffenläufen»

Eher selten musste die IGWS fehlbare Waffenläufer sperren. Ein Fall trug sich am Toggenburger 1990 zu. Bei zwei Waffenläufen wurde undiszipliniertes und unsportliches Verhalten (Alkoholmissbrauch, Maskierung und Gegröle), sowie abgekürzte Strecke festgestellt. Das OK machte sie darauf aufmerksam und drohte, im Wiederholungsfall eine Startsperre aufzuerlegen. Am Freiburger Waffenlauf kam es bei den gleichen Fehlbaren wiederum zu unsportlichem Verhalten. Wenige Kilometer nach dem Start betranken sich die beiden in einem Restaurant und liefen zurück ins Ziel, sie hatten nur einen Bruchteil der Strecke zurückgelegt. Beide wurden disqualifiziert. Im Ziel warfen sie die Packung herum und wälzten sich auf dem Boden. Der damalige IGWS-Präsident Oberstlt Vögeli auferlegte ihnen aufgrund dieser Verstösse eine «Sperre für Teilnahme an Waffenläufen».

«3 x Negativ!» Negativ fiel bei allen drei Spitzenläufern des 33. «Frauenfelder» die Dopingkontrolle aus. Dies gab das gerichtsmedizinische Institut Basel, das die Urinkontrollen von Fischer, von Wartburg und Gilgen untersuchte, bekannt. Damit wird die fantastische Leistung des 9-fachen Saisonsiegers Werner Fischer noch aufgewertet. Bravo Waffenläufer!
(Meldung im Blick)

«Sünder»...

Mit Beginn der Saison 1983 wurden Disqualifizierte am Ende der Rangliste ohne Zeitangaben aufgeführt. Meistens handelt es sich dabei um «Sünder» mit untergewichtigen Sturmpackungen. Kontrollen des Gewichts der Packung (Stichproben, am Ende des Laufes) werden bis heute gemacht. In den letzten Jahren sind solche Kontrollen aber nur sehr vereinzelt und nicht bei allen Waffenläufen vorgenommen worden.

...und andere «Bschisser»

Nebst Doping und anderen Vergehen hatte sich die Technische Kommission der IGWS auch gelegentlich mit «Bschissen» anderer Art auseinandersetzen müssen. So machte das TK die Waffenlauf-OK's im Jahr 1992 auf jenen Landsturm-Läufer aufmerksam, welchen man des offensichtlichen Betrugs verdächtigte. Der Läufer stand unter Verdacht, in Wiedlisbach nicht die ganze Strecke absolviert zu haben. Er klassierte sich im Landsturm im preisberechtigten 14. Rang mit einer Zeit von 1.50h für 26 km, währenddem er in St. Gallen (knapp unter Rang 200) 1.42h für 18.2 km benötigte.

«Inspektionsberichte» der IGWS-Beobachter

Waren früher die Waffenläufe gewissermassen ausserdienstliche, dennoch aber strenge militärische Anlässe, ist es heute ruhiger geworden. Statt der oftmals gefürchteten Kontrolleure und Beobachter stehen heute eher Angehörige im Zielbereich. Die Kontrolle der Tenues und der Packungen wird nur

«Ein Nordwestschweizer, nennen wir ihn Chris, überzeugte die Serviertochter und Gäste am Vorabend des Frauenfelders in einer Wirtschaft derart, dass niemand mehr auf die bekannten Namen der Favoriten gewettet hätte. Chris produzierte dann am Sonntagmorgen auch einen fulminanten Start und übergab sich bereits am ersten Gartenzaun. Er überholte mich danach nie mehr und war trotzdem in den «Spez», d.h. in den preisberechtigten ersten 40 des Auszugs klassiert! Der Vereinspräsident durchschaute ihn schnell: «Entweder du gibst den Zinnbecher zurück und entschuldigst dich beim OK-Präsidenten oder du fliegst aus dem Verein». Er tat wie geheissen, denn das Teilstück zwischen km 4 und 38 kennt er bis heute nicht!»

noch sporadisch durchgeführt. «Bilder des Grauens» sind in den letzten Jahren mit der Einführung der neuen Kampfbekleidung auch hinfällig geworden.

Die IGWS als Dachverband war stets an den Waffenläufen präsent und überwachte die Organisation und Durchführung. So wurden Materialfassung, Start- und Streckendienst, Nachmelde- und Speakerwesen kontrolliert. Auch die Packungen, Tenues, Begrüssung, Start und Ziel, Preisverteilung wurden genauestens unter die Lupe genommen. Gelegentlich kam es zu Verwarnungen und Disqualifikationen. Sei es wegen «Untergewicht» der Packung, ungebührlichen Verhaltens oder nicht reglementskonformer Tenues. Die Feststellungen wurden von den beauftragten Funktionären in Berichten zusammengefasst.

Einige, aus heutiger Sicht zum Schmunzeln anregende Auszüge:

Dopingkontrollen
«Die durchgeführte Dopingkontrolle an elf Waffenläufern mittels entnommener Urinproben konnte keine verbotenen Substanzen gemäss Dopingliste der SLS nachweisen. Somit ist die Dopingkontrolle negativ ausgefallen»
Aus dem Beobachter-Bericht «Altdorfer Waffenlauf» (1986)

Falsche Schuhe
«Die Situation Schuhe hat sich gebessert. Nur ganz Vereinzelte tragen nicht den speziellen Waffenlauf-Schuh. Leider mussten zwei Fehlbare verwarnt werden (weisse Streifen). Es handelt sich hier um die Startnummern .... Diese Verwarnung wurde ebenso schriftlich ausgesprochen.»
Aus dem Beobachter-Bericht «Aargauischer Waffenlauf Reinach» (1987)

Gelbe und weisse Socken
«Die Schuhe waren durchwegs regelkonform; aber wie auch an den anderen Läufen stellte ich viele gelbe und weisse Socken fest.»
Aus dem Beobachter-Bericht «Course Commémorative La Chaux-de-Fonds–Neuchâtel» (1985)

Passagen aus den Achtzigerjahren...
...erlebt als Tenue-Kontrolleur
Kontrollen sind nötig, das weiss jeder. Sie sind dazu da, Ordnung zu schaffen.
So hat die IGWS einmal eines ihrer Vorstandsmitglieder beauftragt, Stichproben vorzunehmen, weil bezüglich Tenue und Ausrüstung gewisse Nachlässigkeiten einzureissen drohten. Untergewichtige Packungen etwa, nicht vorschriftsgemässe Schuhe, farbige Schaumgummipolster. Hptm Felix Rutishauser vom OK Frauenfeld, früher selber Waffenläufer und aktiver Patrouillenführer, ein Mann, der Halbheiten nie leiden mochte, wurde mit dieser eher undankbaren Aufgabe betraut. In St. Gallen war's, am 20. März 1977. Mit seinem Kennerblick machte er über ein Dutzend Wettkämpfer ausfindig, bei denen irgendetwas zu beanstanden war. Drei Minuten vor dem Start - er glaubte sich seiner Aufgabe schon entledigt zu haben – entdeckte er einen Läufer und traute seinen Augen kaum. Die

Tenuekontrolle
«Ich vermisste einen Tenuechef. «Kurzhosenläufer» waren mehrere anzutreffen. Ein Läufer soll sogar in Turnschuhen gestartet sein, ein anderer lief in Jeans-Hosen.»
Aus dem Beobachter-Bericht «Zürcher Waffenlauf» (1984)

Zieleinlauf
«Die Waage war um ca. 8 Meter zu weit vom Ziel (am nächsten Baum). Dadurch wurde es möglich, dass sich ein Läufer der Kontrolle durch Flucht entzog. Beim alten Zoll von Herisau sah man einen Läufer quasi «oben ohne». Sämtliche Knöpfe vorne waren geöffnet und er präsentierte, da ohne Unterwäsche, seinen eigenen Pelz.»
Aus dem Beobachter-Bericht «St.Galler Waffenlauf» (1984)

Speakersünden
«Schwächster Punkt der Organisatoren war der Speaker, vor allem in Wil. Einige Beispiele:

Hose war so kurz, sie endete irgendwo zwischen Knie und Knöchel! Rutishauser nahm den Mann ins Gebet. Für einen Hosenwechsel reichte die Zeit nicht mehr aus, für einen Wortwechsel sehr wohl. Zwei dabeistehende Presseleute nahmen flugs Partei für den beschuldigten Wettkämpfer, denn es war kein Geringerer als Toni Spuler. Es entspann sich ein heftiger Disput, der mit einem Verweis endete. «Rekord nach Hosenkontrolle» stand am Tag danach im Blick und «Der Hosentürgg» titelte der SPORT. In einem Leserbrief wurde der Funktionär gar «Hosen-Fritz» getauft.
Die Sache ist längst vorbei und vergessen. Toni Spuler und Felix Rutishauser drückten sich bei jeder Begegnung lächelnd die Hand. Der Name «Hosen-Fritz» aber ist geblieben und gehörte zu Felix Rutishauser wie Felix Rutishauser zum «Frauenfelder».
Tschau Hose-Fritz!
Anmerkung: Felix Rutishauser verstarb im Jahre 2005.

– Der als 2. in Wil durchlaufende Toni Spuler wurde vom Speaker nicht erkannt. Hier fehlte wahrscheinlich die Liste mit den Nachgemeldeten, der Speaker durfte sicher nicht zu den «Insidern» gezählt werden.
– Am Ziel wurde der Drittplatzierte mit einem falschen Namen begrüsst. Willi Inauen war noch recht lange nach dem Einlauf ziemlich heftig erbost.
– Albrecht Moser wurde beim Zieleinlauf nicht erwähnt.
– Resultatbekanntmachungen durch den Speaker fehlten.»
Aus dem Beobachter-Bericht «Frauenfelder Militärwettmarsch» (1982)

Diebstahl
«Schon vor dem Start wurde eine Packung entwendet. Der Betroffene hat den gesamten Einlauf überwacht. Ein Läufer mit seiner Packung kam nicht ins Ziel.»
Aus dem Beobachter-Bericht «St.Galler Waffenlauf» (1979)

Startoperationen
«Völlig «abverheit» ist der Start. Bestimmt über zwei Dutzend Läufer befanden sich beim Startschuss bis zu 100 m vor der Startlinie, worunter ausgesprochene Spitzenläufer. Das Vorgelände muss in Zukunft mittels Gehilfen gesäubert werden.»

Aus dem Beobachter-Bericht «St.Galler Waffenlauf» (1978)

«Schattenseiten»

Die IGWS gilt als der Dachverband, welcher für den Erfolg des Waffenlaufs verantwortlich zeichnet. Viele schöne und erlebnisreiche Stunden hat sie deshalb den Wettkämpfern ermöglicht. Dass der Dachverband, die OK's und deren Funktionäre nicht nur alles «super» gemacht haben ist jedermann klar. So gab es nebst den Sonnen- auch Schattenseiten.

Reaktionen seitens der Funktionäre gingen vielmals Provokationen voraus. Manchmal gewollt, manchmal ungewollt. Jeder Schweizer mit «RS-Abschluss» kennt Szenen und deren Folgen von Ungehorsam, Widerwillen und Undiszipliniertheit nur zu gut. Solche «Vergehen», auf die militärische Obrigkeiten «scharf» waren und noch heute sind, sind die Haare...

Ein Brief des legendären Charly Blum ist ein Versuch, die Schattenseiten aufzuzeigen. Es ist keine Abrechnung, sondern ein Beitrag der Gleichgewicht schaffen soll zwischen der ruhmreichen Vergangenheit des Dachverbandes und der Realität.

Zu meiner Waffenlaufzeit wurden wir Waffenläufer oftmals schikaniert von Kontrollpersonen, auf Anweisung von der damaligen IGMS. Sichtbare Schaumgummi-Rückenpolster mussten entfernt werden. Rote Socken, die mir meine Frau «glismet» hatte, musste ich ausziehen und gegen dunkle austauschen. Bei mir wurde speziell an den Haaren «umegnörgelet». Jeder Offizier hatte eine «dumme Schnorre» wegen meinen, für ihn zu langen Haaren. An einem Neuenburger Waffenlauf reichte mir ein Betreuer der Zürcher Patrouilleure,, beim Aufstieg auf die Vue des Alpes, einen Schwamm mit Wasser für das Gesicht. Plötzlich ein Quietschen eines Sportwagens neben mir.. Der damalige Präsident der IGMS stieg aus und erklärte mir, wenn ich das noch mal machen und erwischt würde, würde ich disqualifiziert. Im ersten Moment wurde ich so wütend, dass ich am liebsten die Packung abgezogen und dem schönen Sportwagen ein paar Beulen verpasst hätte. An einem Frauenfelder lief ich an der Spitze mit 3 Minuten Vorsprung; Da kommt plötzlich der Begleitvelofahrer vom Begleitauto mit Journalisten und Offizieren zu mir und sagte, er habe den Befehl erhalten mir zu sagen, ich dürfe mich von den Verpflegern und Betreuern am Strassenrand nicht mehr verpflegen lassen. Ich fragte ihn, wer denn das sei. Er sagte nur, das sei ein Befehl den ich einhalten müsse, sonst würde ich disqualifiziert. Der erste Gedanke war, die dahinten mit den dicken Bäuchen wollen mich verdursten und verhungern lassen! Ich lehnte jede Tranksame von meiner Ehefrau und Betreuern ab, sonst hätte ich «Befehlsverweigerung» begangen. Fazit jenes Frauenfelders: Ich wurde ca. 300 m vor dem Ziel von Georg Kaiser überspurtet und wurde Zweiter!

Tenue-Krieg!
Dass man mit den alten Tenues «blau» und «grün» etwas machen musste, besser gesagt, dass diese ersetzt werden mussten, war mir und allen anderen Waffenläufern auch klar, aber die Art und Weise war «mafiahaft».

Am Vorabend eines Neuenburger Waffenlaufs trafen sich Florian Züger und ich wie immer in La Chaux-de-Fonds bei der Startnummernausgabe. Da sahen wir plötzlich ein paar Waffenläufer mit einem komischen Tenue aus Hemdenstoff herumlaufen. Ich fragte sie, was das für ein Tenue sei. Dieses Tenue hätten die besten 20 zum Ausprobieren bekommen. «Ungerecht!» Alle anderen Läufer tragen morgen das Tenue grün und 20 privilegierte Läufer das leichte Gwändli. Übrigens war ich der amtierende Schweizermeister und Florian Züger Vizemeister. Wir setzten ein Protestschreiben auf und übergaben es dem OK des Neuenburger Waffenlaufs. Zeit hätte man gehabt, diese 20 Läufer mit dem Tenue grün auszustatten. Am anderen Morgen Start zum Neuenburger. Die 20 auserkorenen Läufer im leichten Tenue und alle anderen im Tenue grün. Alles staunte, fragende Blicke, was das solle, nicht nur von mir als Eingeweihtem. Am Ziel in Neuenburg kommt ein Offizier zu mir, drückt mir das Protestschreiben in die Hand und sagt, «Da haben sie den Wisch zurück»! Meine Kameraden mussten mich zurückhalten, sonst hätte ich diesen Offizier vor allen Leuten verprügelt. Wozu hatte man ein strenges Reglement, wenn einige das Privileg haben, das leichtere Tenue zu tragen. Es ging ja um eine Waffenlaufschweizermeisterschaft und nicht um eine «Hundsverlochete»!

Am darauffolgenden Montagmorgen Schlagzeilen in den Medien, vom Tenuekrieg war die Rede. Herr Bundesrat Gnägi verbot die neuen Tenues und der Charly Blum war bei der IGMS der «Rebell und Revoluzzer».

Aber so ein schlechter Mensch kann ich doch nicht sein, sonst hätte ich anlässlich der Siegerehrung zum Sportler des Jahres

89 Auf der Rückfahrt nach dem Sieg beim Internationalen Waffenlauf in Senden bei Ulm (1975): Zwei Schweizer Waffenlaufmeister, Robert Boos (links) und Charles Blum, freuen sich über den gemeinsamen internationalen Erfolg

IGWS, Martin Erb, hat die retournierten Fragebögen jeweils an Vorstandssitzungen analysiert und nicht selten konnte man interessante Tendenzen und auch Bedürfnisse darin erkennen.

Doch nicht nur in den letzten Jahren interessierte sich der Dachverband für die Meinung der Wettkämpfer. Dies war schon früher der Fall.

Stellvertretend für das Interesse des Dachverbandes an den Meinungen und Ansichten der Läufer steht folgender Bericht: «An einer IGMS-Sitzung im September 1980 wurde ein Vorschlag von Ernst Flunser gutgeheissen, einen Gedankenaustausch zwischen der Dachorganisation und Waffenläufern zu machen. Anlass dazu waren verschiedene Änderungen grösseren Umfangs. Der Anlass soll im Anschluss an den «Altdorfer» stattfinden. Traktanden waren: Vorstellung und Aufgaben der IGMS (Herbert Gautschi), Präsentation des neuen Wettkampftenues (Herbert Gautschi/Heinz Koch), Terminkalender 1981 (Heinz Koch), Gewichtskontrollen (Felix Rutishauser), Schuhe (Hanspeter Ernst), Änderung des Punktesystems der Waffenlaufmeisterschaft (Josef Baumann/Ernst Flunser). »

1976 nicht den Fairnesspreis bekommen! Warum? Am Wiedlisbacher 1976 hat mich meine Form völlig im Stich gelassen, schon vor Solothurn! Ich lief an der Spitze, zuerst überholte mich Armin Portmann, dem ich meine Trinkflasche mitgab mit der Aufforderung, er solle gewinnen. Nach Solothurn stellte es mich dann vollends auf. «Ich musste aufgeben»! Die nächsten ca. 4 Stunden verpflegte ich mit den Zuschauern die Waffenläufer mit Wasser und was sich so alles aus den umliegenden Haushalten zusammentragen liess. Ich war nach diesem Einsatz mehr auf der «Schnorre» als wenn ich fertig gelaufen wäre. Armin Portmann gewann nicht, auch ihn hat es ein bisschen aufgestellt.

Fazit
Es war eine wunderschöne Zeit, ich würde das Erlebte nochmals machen. Die Kameradschaft, nicht nur unter uns Läufern, auch unter den Frauen und Kindern war schön. Auch die letzte Siegerehrung der Waffenlauf-Meisterschaft 2006 mit den ehemaligen Meistern in Oensingen war ein tolles Erlebnis. Herzlichen Dank, dass ich das noch erleben durfte! Jetzt habe ich mein Waffenläuferherz ausgeschüttet. «Der Kreis hat sich geschlossen!»
Charly Blum

Waffenläufer reden mit...
Umfragen und Fragenkataloge haben in den letzten Jahren einige Male den Wettkämpfern die Möglichkeit gegeben, sich äussern zu können. Der amtierende Präsident der

```
                    I G M S

Gedankenaustausch zwischen Waffenläufern und IGMS
Altdorf, 11. Oktober 1980, 19.45 Uhr, Personalhaus Dätwyler AG
---------------------------------------------------------------

Diskussionsleiter: Oberst H. Hellmüller
Teilnehmer:        IGMS Vorstand und TK
                   Oberst Ziegler SAT und Mitarbeiter der GRD
                   ca. 100 Waffenläufer, wovon ca. 20 % in Uniform

Traktandenliste und Ablauf gemäss Einladung und Detailorganisation. Ende 22.00 Uhr.

Wichtigste Voten aus Läuferkreisen:

- Das neue Läufertenue in Tarnfarbe (2-teilig, 50 % Polyester, 50 % Baumwolle, Grossversuche in RS), das der gesamten ausserdienstlichen Tätigkeit dienen muss, findet lebhaften Beifall.

  Fritz Rüegsegger würde persönlich einteiliges "Uebergwändli" vorziehen. Lt. Schnyder wäre für Farbe braun-olive. Beide Vorschläge finden keine weitere Unterstützung.

  Der Sprecher der MKG Bramberg gibt das Resultat einer internen Umfrage bekannt:
  65 % gegen neues Tenue, Rest halb für Kauf, halb für leihweise Abgabe.

  Waffenlauf-Grossversuch am Neuenburger 1981.

- Albrecht Moser votiert für die Aufnahme des Toggenburgers und des Fribourgers in die Meisterschaft, d.h. 11 Waffenläufe aber mit 3 Streichresultaten. (Eine private, kleine Umfrage zu diesem Thema ergab andernsorts eine eher ablehnende Einstellung der Läufer. Rüegsegger als Prominentester ist gegen eine Ausweitung der Waffenlaufmeisterschaft.)

- Zur Schuhfrage ermahnt Hans Dähler die Fabrikanten die Schuhbette besser zu gestalten und auf flache Sohlen zu verzichten. Auch Albrecht Moser wirft den Fabrikanten vor, dass sie orthopädische Ueberlegungen hinter die Geschäftsinteressen stellen.

  Fritz Rüegsegger ist für die Einhaltung des Reglements, solange es Gültigkeit hat.

- Albrecht Moser wünscht, dass alle Läufe um 10.00 Uhr starten. (Oberst Hellmüller: Jedes OK hat aber seine Gründe für die individuellen Startzeiten, z.B. Altdorf wegen Föhn).

- Ein Läufer ist für Verkürzung der Maximalzeiten an Waffenläufen, ein anderer für Verlängerung.

- Ein Läufer, der das Startgeld einzahlt, aus irgendwelchem Grund aber nicht startet und das Startgeld nicht zurückfordert, resp. nicht zurückerhält, soll wenigstens die Rangliste automatisch erhalten.

- Ein Läufer wünscht, dass die Ausschreibungen aller Waffenläufe an die gleichen Adressen gelangen. (Josef Baumann: Nur Thun und Frauenfeld sind der zentralen Kartei "noch" nicht angeschlossen.)

- Eine knappe, aber doch klare Mehrheit ist an Medaillen-Serien offenbar nicht interessiert.

Im Schlusswort von IGMS-Präsident Gautschi wird als zentrales Thema des nächsten Gedankenaustausches (1981) "Die Frage der Vertretung der Waffenläufer in der IGMS" vorgeschlagen.

Verteiler:                                   Der Berichterstatter:
- Hptm H. Gautschi, Präsident IGMS
- Wm H. Koch, TK-Obmann IGMS
- Oberst H. Hellmüller, Diskussionsleiter    Hptm F. Rutishauser
```

Trainingslager und Kurse für Waffenläufer

Den Waffenläufern wurde seit jeher immer wieder etwas geboten. Aus losen Trainingstreffs wurden bereits in früheren Jahren oftmals aus den Vereinen heraus Trainingslager und Trainingskurse angeboten und durchgeführt. Auch die Waffenläufer hielten mit. Die bekanntesten Kurse sind jene des legendären «Waffenlauf-Vaters» Godi Jost.

Bernhard Linder unterhielt sich gerne mit der noch heute bekannten Waffenlauf-Legende Godi Jost (1902–2002). Man nannte ihn auch «Waffenlauf-Vater». Er redete mit ihm über seine Aufgaben und Methoden als Trainer der erfolgreichen Burgdorfer Waffenläufer. Plötzlich, inmitten dieses Gesprächs, hielt Godi Jost einen Augenblick mit Erzählen inne, dann räusperte er sich und – fast mehr zu sich selber – fährt er weiter: «Ja, ja. Vielleicht sind sie ja veraltet, meine Methoden. Vieles hat sich geändert. Doch wenn es Sie interessiert, will ich gerne versuchen, davon zu erzählen. Die verschiedenen Möglichkeiten und Hinweise habe ich immer zuerst selber erprobt und sie sind vor allem für das Waffenlauf-Training gedacht.»

Atmung
Ihr ist Aufmerksamkeit zu schenken. Nicht flüchtig, hastig und oberflächlich, sondern tüchtig und mit Nachdruck ausatmen. So kann genügend frischer Sauerstoff nachgetankt werden und Seitenstechen wird vermieden.

Armhaltung
Die Arme sind beim Laufen leicht anzuwinkeln, um Kraft zu sparen, also anders als die Armhaltung der Sprinter. Zwei gute Hilfsmittel, die hin und wieder angewandt werden können: Entweder die Arme während einiger Zeit auf den Rücken legen, um die Beinarbeit zu fördern oder Gewichte in den Händen mittragen.

Laufen im Fallwinkel
Ein ganz besonders wichtiger Punkt für die Waffenläufer. Beim Abwärtslaufen muss der Oberkörper eher nach hinten geneigt werden, so dass zum Boden ein stumpfer Winkel entsteht. Damit wird Kraft gespart, die Packung wird weniger verspürt, und es ergeben sich keine Schläge auf die Wirbelsäule.

Gymnastik
Eine meiner Thesen hat gelautet: Täglich 90 leichte Kniebeugen, je 30 morgens, mittags und abends. Dadurch werden Oberschenkel- und Bauchmuskulatur gestärkt. Ein Langstreckler muss gerade diese Partien besonders kräftigen.

Muskeltraining
Bedingt durch meinen Beruf musste ich tägliche Bahnfahrten auf mich nehmen. Um keine kostbare Zeit zu verlieren, praktizierte ich dabei das Fusshebetraining, wobei selten einer der anderen Fahrgäste etwas davon bemerkte. Auch abends, beim Lesen der Zeitung hob ich abwechslungsweise immer einen Fuss wenige Zentimeter über den Boden. So kann während einer anderen Tätigkeit die Kondition gesteigert werden.

Schrittlänge
Diese ist beim Waffenlauf besonders zu beachten. Der Schritt des Langstrecklers soll ja bekanntlich weit ausholend, raumgreifend sein, soweit das die körperlichen Gegebenheiten zulassen. Beim Waffenläufer ist es, bedingt durch das Gewicht auf dem Rücken, anders. Er sollte eher kurze Schritte versuchen, um so mit der Kraft ökonomisch umzugehen. Dabei sind die Beine nicht hoch anzuheben.

Treppensteigen
Ein Waffenläufer sollte grundsätzlich nie einen Lift benützen. Wer den kräftigen Schritt fördern will, kann auch jede zweite Stufe auslassen. Oft haben wir die Schlosstreppe in unseren Trainingslauf eingeplant.

Hügelläufe
Wir benannten unsere «Hügelstrecke» als Schulstrecke. Lange 1250 Meter, flach nur ungefähr 100 Meter, sonst ein stetes Auf und Ab, mit einer Höhendifferenz von jeweils etwa 35 Metern.

Intervall-Training
Dieses ist sicher jedem Athleten bekannt. Es wird aber allgemein eher verachtet, weil man immer wieder in den Fehler verfällt, die Schnellphasen zu ungestüm anzugehen oder sie zu weit auszudehnen. Es eignen sich kurze Runden, aufgeteilt in schnelle Abschnitte und Erholungsstrecken. Ideal ist es, wenn die Intervall-Strecke beleuchtet ist, damit sie auch zur Winterszeit benützt werden kann.

Teststrecken
Diese sollten wie die Intervallstrecken, genau vermessen sein. Auf allen unseren Trainingsstrecken hatten wir solche Test-Abschnitte. Normalerweise schaltete die Trainingsgruppe einen kurzen Halt ein, und in kurzen Abständen wurde, einzeln oder zu zweien, wieder gestartet, in der Regel die langsameren Läufer zuerst. Notizblock und Stoppuhr waren unabdingbar. Nach dem Test wurde in ruhigem Tempo, schwatzend oder singend, weitergelaufen.

Trainingsbuch
Jeder Läufer müsste eigentlich ein Trainingsbuch führen, in dem kurz die täglichen Trainings notiert werden (Datum, Strecke, Kilometer, evtl. Witterung, Puls, gelegentlich

90 Werbeplakat für die berühmten «Trainingskurse für Waffenläufer in Burgdorf»

91 Godi Jost (dritter von rechts) beim Kilometer 10 am Wiedlisbacher Waffenlauf (1955)

92 Jost hatte stets ein Notizbuch bei sich getragen. Seine Trainingspläne waren legendär und immer dem jeweiligen Sportler angepasst. Die Erfolge gaben seinen Trainingsplänen und -methoden recht

Gewicht, dann natürlich die Testzeiten). Mit solch einem Heft kennt der Läufer seine momentane Leistungsform und kann sich für Wettkämpfe einfacher einen Marschplan zurechtlegen. Selbstverständlich sind dabei auch die Erfahrungen eines Wettkampfes aufzuzeichnen. Sie können nach Jahresfrist wieder eingesehen werden und liefern wertvolle Hinweise.

Puls- und Gewichtskontrollen
Wer seinen Puls regelmässig kontrolliert, bekommt ein recht gutes Bild über den Gesundheitszustand. Grosse Abweichungen fallen auf. Der Ruhepuls eines durchschnittlich trainierten Läufers sollte morgens (vor dem Aufstehen) um die 60 Schläge betragen; Spitzensportler 40 – 50 Herzschläge. Nach jeder grossen Anstrengung ist wieder zu messen, nach der Devise «Hand aufs Herz».

Pulswerte über 180 sind eher selten. Der niedrige Puls nach einer starken Belastung unterstreicht die gute Kondition. Die Kontrolle des Körpergewichtes immer auf der gleichen Waage und in gleichem Tenue machen.

So sieht das Training in unserer Gruppe aus
Vor dem Training sollte man sich Rechenschaft darüber geben, was bezweckt werden soll. Das bestimmt dann die Trainingsstrecke, die Länge, die Wahl des Geländes. In unserer Gruppe waren Gruppentrainings angesagt, wobei es natürlich jedem Kameraden freistand, dazwischen allein noch weitere Trainings zu absolvieren. Unsere Gruppenübungen fanden nicht immer in Burgdorf statt, oft auch in Bern, Thun, Herzogenbuchsee oder gar in Zuchwil und Brugg, um den Kameraden von auswärts entgegenzukommen. Für Spitzenläufer stellte ich tägliche Trainingspläne zusammen, auch dann, wenn zum Beispiel einer kurz vor wichtigen Läufen in den Militärdienst einrücken musste. Eine Kopie davon wurde an den Kommandanten geschickt, mit der Bitte um zusätzliche freie Zeit. Damit hatten wir eigentlich immer Erfolg.

Wo trainieren?
Waffenläufer müssen oft nachts trainieren, da die meisten tagsüber berufstätig sind. Naturstrassen sind im Lauf der Zeit vielerorts asphaltierten Strassen gewichen, oftmals sogar beleuchtet.

Wann trainieren?
Nicht einfach irgendwann planlos losrennen. Jeder Läufer soll sich genau Rechenschaft geben, wie er die Trainingszeit in den Tagesablauf einplanen will. Dabei gilt es, auf die Familie Rücksicht zu nehmen. Die Mutter oder die Frau muss wissen, wann «der Läufer» zur Mahlzeit zurückerwartet werden kann. Sonst ergeben sich Unstimmigkeiten und Missmut.

Am einfachsten ist es, wenn der Arbeitsweg mit dem Trainingslauf verbunden werden kann. Dafür kann man abends wirklich Feierabend geniessen oder noch etwas für die Weiterbildung tun. Frau und Kinder haben Anrecht auf die Zeit ihres Vaters. Günstig ist es, wenn am Arbeitsplatz ein Umkleideraum mit Duschgelegenheit besteht. Guido Vögele zum Beispiel legte täglich die Strecke Burgdorf – Lützelfluh zurück, und zwar morgens und abends (total 20 km).

Ausdauertraining
Die Schulung der Ausdauer ist von besonderer Bedeutung und es lohnt sich, darüber ausführlicher zu erzählen. Sommers sind wir oft am Sonntagmorgen sehr früh losgezogen. Aber zum Mittagessen war jeder mit einem Sträusschen Bergblumen wieder zuhause. Solche Touren haben mir selber schon früher eine solide Grundkondition gegeben. Ich erwähne da nur einige meiner Ausdauerläufe: Airolo-Gotthardpass-Andermatt-Gurtnellen. Anderntags: Steinen-Schwyz-Stoos-Muotathal, über den Pragelpass an den Wägitalersee bis Siebnen. Oberalppass-Sedrun-Disentis-Ilanz und einen Tag später Berninapass-Alp Grüm-Poschiavo-Campocologno und am dritten Tag Pontresina-St. Moritz-Sils Maria.

Waffenläufer-Trainingslager
Die Wehr- und Laufsportvereine der Schweiz hatten früher wie heute Trainingslager in ihren Jahresprogrammen. Diverse Vereine lancierten so genannte «Waffenläufer-Trainingslager». Die bekanntesten sind die Trainingslager, welche von Walti Niederberger organisiert wurden oder vom Laufteam Thun, welches jeweils ins Tessin ging um trainieren zu können. Doch auch die Burgdorfer und Wiedlisbacher unterhielten solche Trainingslager. Auf Stufe IGWS wurde diese Idee unter anderem von Stabsadj Martin Belser, TK-Chef der Jahre 1995 bis 2001, durchgesetzt. Er setzte seine Idee eines Trainingslagers für Waffenläufer in die Tat um. Im Jahr 1999 wurde das erste IGWS-Trainingslager durchgeführt.

Es nahmen jeweils rund 20 bis 30 Waffenläuferinnen und Waffenläufer am Lager teil. Die ersten 5 Jahre fand es in Andermatt statt, später dann in Celerina im Engadin. Im 2006 fand das Trainingslager nun zum achten Mal statt. Das einwöchige Trainingslager setzte sich aus morgendlichen Footings, einem Haupttraining und einem Rennvelotraining

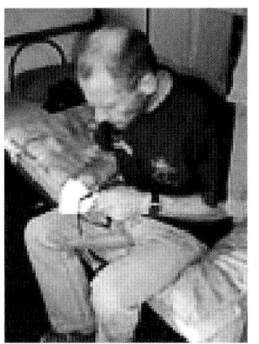

Hüt schint d'Sonn!!  Han ich alles däbii??  Bald simmer dünnä! Da simmer im Roseggtal uf 1999 mM.ü.M.

Es tolls Team!  Uf äm Forcla Surlej. 2761 M.ü.M.

zusammen, dies immer in 3–4 geführten Trainingsgruppen nach Leistungsniveau. Das Trainingslager richtete sich an Waffenläufer jeden Alters. Aber auch «Zivile» nahmen oft daran teil. Als Trägerschaft figurierte bis vor ein paar Jahren die IGWS, nach dem Ausscheiden Belsers aus der IGWS organisierte er das Trainingslager in Eigenregie.

Aus dem Trainingslager...
«11 Waffenläufer und -läuferinnen fanden im Jahr 2005 den Weg nach Celerina ins Engadin um eine Woche lang zu trainieren. Das Wetter liess zuerst zu wünschen übrig, denn es war nass und kalt. Erst Mitte der Woche kam langsam das sonnige Wetter. Alle Athleten waren motiviert, denn wir absolvierten pro Tag 3 Trainings, am Morgen 50' um den St. Moritzer-See, etwa um 10.00 Uhr 1 1/2 – 2 h und am Nachmittag nochmals 1 1/2 h lockeres Auslaufen. Wir befanden uns auf einer Höhe von durchschnittlich 1800 M.ü.M. Da hiess es, sehr langsam zu trainieren, mit Pulswerten um die 135–140, alles andere wäre fatal gewesen. Vor allem während der ersten drei Tage hiess es auch die Trainings so kurz wie möglich zu halten. d.h. höchstens 1 1/2 – 2 h, also keine 3–4 Stunden.

So hatten wir doch auch eine unterhaltsame schöne Woche im Engadin erlebt. Streng war sie alleweil, diese schöne Woche. Vor allem auf der Heimfahrt, denn wir standen 2 1/2 h im Stau.»
(Auszüge aus einem Teilnehmer-Tagebuch)

Im Jahr 2006 fand das Trainingslager in Andermatt statt. Martin Belser hatte die Idee, an zwei Tagen eine Velobergetappe durchzuführen mit den Pässen Furka-Nufenen-Gotthard bzw. Gotthard-Lukmanier-Oberalp. An den anderen Trainings gab es längere Longjogs je nach Leistungsgruppe. Dies ist ideal als Vorbereitung für den Gigathlon, Swiss Alpine oder einfach für die Waffenlauf-Herbstsaison. Es fand sich wiederum eine lässige aber immer kleiner werdende Gruppe zusammen. Nun ging die mehrjährige Tradition des Waffenläufer-Trainingslagers zu Ende. Es fiel dem immer mehr schwindenden Interesse zum Opfer. Schickten früher auch grosse Vereine wie der LV95 Burgdorf oder der UOV Wiedlisbach ihre Mitglieder ins IGWS-Trainingslager, fanden sich in den letzten Jahren fast nur noch Mitglieder aus Ostschweizer Lauf- und Wehrsportvereinen in den Trainingslagern ein.

Tagesprogramme vom 19. – 24. Juni 2006

Zeit	Was	Treffpunkt
Montag, 19. Juni		
11.00	Eintreffen Kurs A, anschl. Zimmerbezug	Gasthaus Altkirch
11.45	Infos	Gasthaus Altkirch
12.00	Mittagessen	Gasthaus Altkirch
15.00	Longjog Urseren Höhenweg – Realp. ca 2h oder Longjog Urseren Höhenweg – Realp. – Andermatt, ca 3h	Gasthaus Altkirch
17.32	Bhf Realp retour nach Andermatt	Bhf Realp
18.30	Nachtessen	Gasthaus Altkirch
Dienstag, 20. Juni		
07.00	Morgenessen	Gasthaus Altkirch
09.00	Velotour Furkapass – Nufenenpass – Gotthardpass, 105 km	Gasthaus Altkirch
12.30	Mittagessen auf dem Nufenenpass	Nufenenpass
18.30	Nachtessen	Gasthaus Altkirch
Mittwoch, 21. Juni		
07.30	Morgenessen	Gasthaus Altkirch
10.00	Longjog Maigelspass – Oberalppass, 2.5 h oder Longjog Maigelspass – Oberalppass, 3.5 h	Gasthaus Altkirch
12.30	Mittagessen Rest. Piz Calmot	Oberalppass
14.12	Bhf Oberalp retour nach Andermatt	Bhf Oberalp
18.00	Sauna / Kraftraum reserviert	Gasthaus Altkirch
18.30	Nachtessen	Gasthaus Altkirch
Donnerstag, 22. Juni		
06.15	Tagwache	Gasthaus Altkirch
06.30	Morgenfooting	MZH
07.30	Morgenessen	Gasthaus Altkirch
10.00	Lauftraining kurze Sprints, ca 45 min	Gasthaus Altkirch
11.15	Eintreffen Kurs B, anschl. Zimmerbezug	Gasthaus Altkirch
11.45	Infos für Kurs A und B	Gasthaus Altkirch
12.00	Mittagessen	Gasthaus Altkirch
14.00	Abfahrt mit Bus zum Gotthardpass	Gasthaus Altkirch
14.30	Longjog Gotthardpass – Vermigelhütte – Andermatt, ca 3h	Gotthardpass
18.30	Nachtessen	Gasthaus Altkirch
Freitag, 23. Juni		
07.00	Morgenessen	Gasthaus Altkirch
09.00	Königsetappe mit dem Velo über Gotthardpass – Lukmanierpass – Oberalppass, 155km	Gasthaus Altkirch
12.00	Mittagessen unterwegs	Kantine
18.45	Nachtessen	Gasthaus Altkirch
Samstag, 24. Juni		
07.00	Morgenessen	Gasthaus Altkirch
09.30	Longjog Nätschen – Oberalppass, 2 1/2 h	Gasthaus Altkirch
09.30	Longjog Nätschen – Oberalppass – Andermatt, 3 h	Gasthaus Altkirch
12.15	Abfahrwt Bhf Oberalppass	Oberalppass
13.00	Abgabe Unterkunft	Gasthaus Altkirch
14.00	Mittagessen	Gasthaus Altkirch
15.00	Ende	Gasthaus Altkirch

Zeitmessung, Wertung und Ranglisten

Zeitmessung und Auswertung, sprich Rangliste, ist eines der tragenden Elemente eines Wettkampfes. Die beste Organisation in Sachen Strecke, Infrastruktur oder Preisgestaltung wird in jede negative Beurteilung einer Veranstaltung miteinbezogen, wenn Fehler und Pannen im Abschluss das Ergebnis trüben.

In den Siebzigerjahren war alles im Bereich Zeitmessung und Auswertung noch viel komplizierter, aber auch viel anfälliger auf Fehler, da ja manuell ausgewertet wurde.

Die Entwicklung der Zeitmessung

Vor der EDV-Zeit wurde mit Stempeluhren gearbeitet, die in Mehrfachausführung bereit standen. In Betrieb gesetzt wurden diese «Vorkriegsvehikel» mit 6 Volt-Autobatterien, sie wurden im AMP bestellt, waren aber immer spärlicher vorhanden. Jede Uhr tickte für sich, sie waren also nicht synchronisiert, was wiederum bedeutete, dass der rechts im Ziel einlaufende erste Läufer die wesentlich schlechtere Zeit ausgedruckt erhielt, als der nachkommende, zweite Läufer im anderen Zieleinlauf. Dazu kamen noch verschiedene andere Schwierigkeiten.

Der Läufer erhielt beim Eintritt in den Wettkampf eine (meist) vorbereitete Laufkarte mit perforiertem Teil für die Materialfassung: Hose, Jacke, evtl. Kopfpariser oder Ceinturon und dazu die passende Startnummer mit Werbung: Ovomaltine, Rivella oder Heliomalt. Je nach Kategorie waren die Grundfarben oder die Ziffernfarben verschieden. Da in den wenigsten Fällen genügend hohe, teils vierstellige Nummern vorhanden waren, musste man sich oft mit roten 1-300 für den Auszug, mit blauen 1-300 für die

Landwehr usw. begnügen, was die nächsten Komplikationen hervorrief. Man versuchte, die Startkarten möglichst in den gleichen Farben zu halten. Nach dem Fassen wurde der perforierte Teil zurückbehalten und von den Materialchefs während der Wettkampfzeit entweder nach Alphabet oder Nummer eingeordnet, um die Wartezeiten bei der Materialrückgabe zu minimieren.

Die Startkarte versorgte der Wettkämpfer meist in der Brusttasche, sie war ja dort gut aufgehoben. Diese Karten waren aus Karton und zudem meist noch mit Kugelschreiber oder Tinte beschrieben. Etiketten aus dem Drucker kannte man noch nicht. Bekanntlich fanden Waffenläufe auch bei Regenwetter statt. Es konnte also sein, dass auch die Karte nass wurde, die Tinte die Schrift fast unleserlich machte und somit für Rätselraten sorgte. Kam der Läufer zu dem damals meist noch üblichen Kontrollpunkt, musste er diese Karte aus der «tannenen» Jacke grübeln, dies mit steifen Fingern und erst noch unter dem Packungsriemen versteckt.

Im Ziel wiederholte sich dieser Kraftakt. Vielleicht hatte man bereits beim Einlauf Zeit dafür aufgewendet, die Karte auszupacken, denn erst beim Einstecken der Karte in die Stempeluhr wurde die Zeit registriert. War nun eine Massierung auch bei vier Einlaufkanälen nicht immer zu vermeiden, waren wertvolle Sekunden eigentlich nur Wartezeit. Die nassen, unstabilen Karten brachten zusätzliche Schwierigkeiten, dazu die eingangs erwähnten Probleme der verschiedenen Zeiten aus verschiedenen Uhren. Es war also durchaus möglich innerhalb einer Stunde insgesamt 5 – 10 Sekunden Abweichung zu erhalten. Bei dieser Zeitmessung entstand zudem kein Bordereau, also kein Kontrollstreifen und keine Einlaufnummerierung. Beschwerden waren also schwierig zu beurteilen.

Die Startkarten kamen nach dem Ziel in das Auswertungsbüro. Mit mehreren Schreiberinnen und Schreibern wurden nun die Ranglisten geschrieben, wehe wenn nachträglich Karten mit kürzeren Laufzeiten zum Vorschein kamen. «Einfügen» kannte man nicht, also folglich ein Neubeginn der Seite. Waren nun die Gesamt- und Kategorienranglisten geschrieben, wurden sie kopiert. Anfänglich kamen da noch die Rex-Rotary-Umdrucker mit Matrizen, erst viel später dann der Fotokopierer zum Einsatz.

Portrait eines Initianten

«Viel Tradition, wenig Unterstützung» sagt er und man merkt, er bedauert, dass diese Traditionssportart sich dem Ende zuneigt. Auf die Frage, ob für ihn der Waffenlauf ein Spitzensport sei sagt er deutlich: «An der Spitze ist Waffenlauf ganz klar ein Spitzensport. 10 bis 15 Stunden Trainingsaufwand bei vielen Läufern pro Woche sprechen eine deutliche Sprache.»

Belser, vom Beruf her Verantwortlicher für das Ausbildungszentrum Breite des St. Galler Amts für Militär und Zivilschutz in Bütschwil, war selbst fünf Jahre im Einsatz als Funktionär für den Waffenlauf. In dieser Zeit war er Technischer Leiter der Interessengemeinschaft Waffenlauf Schweiz (IGWS). Er war da vor allem für die Koordination der Waffenläufe zuständig.

Der Vater von zwei Kindern setzte sich damals intensiv für den Waffenlaufsport ein. Er führte daher auch das Waffenlauf-Trainingslager Celerina (früher Andermatt) durch. Früher nahmen zwischen 20 bis 30 Waffenläufer daran teil. Vor einigen Jahren beendete er seine Funktionärstätigkeit. Heute, die Distanz zum Waffenlauf hat ihn dazu gebracht, sieht er keine Zukunft mehr für seine frühere sportliche Aktivität.

Mehr Engagement wünschte sich Belser schon vor einigen Jahren von der Armeeführung. «Viele Läufer stört es, dass mit grossem Aufwand ein VIP-Zelt aufgestellt wird, für die gewöhnlichen Zuschauer aber nichts passiere.» Zum Leidwesen vieler Waffenläufer sei die Armeespitze zudem jeweils nur sehr kurz präsent. «Wenn aber die Unterstützung durch die Armee fehle, sterbe der Waffenlauf ganz», sagt er mit Wehmut.

93 Andere sammeln Kafirahmdeckeli, Belser sammelt Medaillen

94 Die Zeitmessung hat sich mit der Vereinheitlichung und mit der Zeitmessfirma Datasport massiv verbessert. Urs Vogel möchte aber bei seinem 150. Waffenlauf im Jahr 2003 in Kriens auf Nummer sicher gehen und stoppt selbst...

95 Die Zeit ist gemessen

96 Der Zieleinlauf beim Frauenfelder mit den zwei «Schläuchen» Auszug und Landwehr, Landsturm und Senioren

97 Die Firma datasport DS erfasst die Laufzeiten sehr präzis und schon Stunden später kann der Interessierte die Rangliste im Internet betrachten

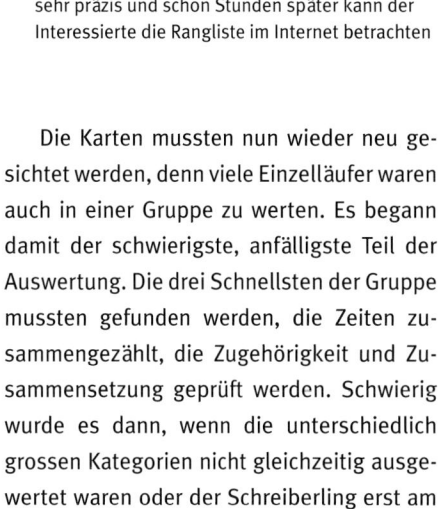

Die Karten mussten nun wieder neu gesichtet werden, denn viele Einzelläufer waren auch in einer Gruppe zu werten. Es begann damit der schwierigste, anfälligste Teil der Auswertung. Die drei Schnellsten der Gruppe mussten gefunden werden, die Zeiten zusammengezählt, die Zugehörigkeit und Zusammensetzung geprüft werden. Schwierig wurde es dann, wenn die unterschiedlich grossen Kategorien nicht gleichzeitig ausgewertet waren oder der Schreiberling erst am Schluss feststellte, dass ja die Minute nur 60 Sekunden hat, die Dezimalrechnung demnach falsche Resultate lieferte.

Nachdem nun auch die letzte Seite geschrieben, nachkontrolliert und vervielfältigt war, folgte die manuelle Fertigung der Gesamtrangliste. 20 – 30 Seiten waren etwa üblich, sie wurden häufchenweise auf dem grossen Tisch ausgelegt und dann begann der «Tanz ums goldene Kalb», das Zusammentragen durch den ständigen Lauf rund um den Tisch. Für das Anschlagbrett, die Presse und die Gäste, sowie für die gierigsten Betreuer waren jeweils 100 – 150 Listen zu fertigen. Kaum verstanden wurde vor allem bei den Aktiven die, je nach Anzahl Gruppen, zeitaufwändigen Abschlussarbeiten.

Wenn die letzten Läufer längst mit Auto oder Bahn den Wettkampfort verlassen hatten, waren fleissige Helfer mit dem Herstellen der grossen Serie Ranglisten beschäftigt, mit einpacken und adressieren. Spätestens am Dienstag musste diese Fracht der Post übergeben sein. Tage später hielt der stolze Läufer die Resultate schwarz auf weiss in der Hand!

Wie ist das heute doch einfach

Mit dem Einzug des Computers und der Entwicklung und ständigen Verbesserung der Programme haben die Datasport-Pioniere, wie Martin Strahm sel., mit vielen tollen Ideen die Zeitmessung und die Auswertung revolutioniert. Sicher wurde der heutige Stand auch nur in einzelnen Schritten möglich und ist noch heute in ständiger Weiterentwicklung.

Wie bereits in einem anderen Artikel beschrieben, habe ich als langjähriger IGWS-Funktionär während vieler Jahre die IGWS-Dateien geführt. Während dieser Zeit fand der Einstieg der Datasport statt. Bereits zu Beginn wurde die zentral gesteuerte Uhr, die Zeitmessung ohne Berührung, also durch den Druck des Helfers auf den Auslöser beim Eingang zum Zieleinlauf eingeführt. Ab sofort war die Wartezeit in der Kolonne nicht mehr «verloren», hatte also keinen Einfluss mehr auf die Laufzeit.

Ups... 2 x Ueli Jäggi...

Mit Erstaunen konnte ich in der Pressedokumentation und im Programm des Thuner Waffenlaufs 2000 lesen, dass ich dieses Jahr in Thun meinen 30. Thuner und meinen 250. Waffenlauf absolvieren würde. Zwar beendete ich auch ein weiteres Mal den Thuner Waffenlauf, allerdings erst zum 27. Mal, was gleichbedeutend mit meinem 225. Waffenlauf war. Einmal mehr bin ich also mit meinem Namensvetter (Gleicher Jahrgang und gleicher militärischer Grad!) Ueli Jäggi aus Nennigkofen verwechselt worden. Ihm allein gebührt also am 42. Thuner Waffenlauf die Ehre eines seltenen Doppeljubiläums. Da er aber mit diesem Lauf seine jahrelange Karriere im Waffenlauf endgültig beendet hat, werden wir in Zukunft, zumindest an den Waffenläufen, nicht mehr verwechselt werden.

Anm. Hrsg.: Ueli Jäggi aus Nennigkofen ist leider im Herbst 2005 verstorben.

Die anfänglich noch mit Stoffstartnummern und Startkarte operierenden Veranstalter wurden durch die Leistungen und Ergebnisse bei Datasport bald eines Besseren belehrt. Die aus einem wetterfesten Papiervlies vorfabrizierten Startnummern brachten den Strichcode, den persönlichen Materialbon und zusätzliche Möglichkeiten mit Bon für Medaille, Prämienkarte, Spezialpreise.

Die erste Phase verlangte noch eine Erfassung aller Grunddaten in meinem Adressstamm um dann die Kategorien-Startlisten zu erstellen, als Druckvorlage für die noch wie gewohnt versandten Startlisten im Programmheft. Durch diese Variante war eine Anmeldefrist bis zu vier Wochen vor dem Lauf nötig, die je länger je mehr unterlaufen wurde. Die dann mit dem Jahrtausendwechsel erfolgte direkte Anmeldung und auch bald einmal die direkte Einzahlung über Datasport liess eine Kürzung der Anmeldefrist auf nur noch zwei Wochen zu. Trotzdem hatte jeder Läufer, jede Läuferin die Startnummer rechtzeitig im Briefkasten zu Hause.

Die Zeiterfassung, die Auslistung nach verschiedensten Kriterien in jedem Moment des Zieleinlaufs und die (fast) absolute Registrierung mit mindestens doppelter Absicherung brachte riesige Erleichterung und natürlich gewaltige Zeitersparnis, nicht zu vergessen die Ersparnis an Helfern. Gruppenzeiten wurden automatisch ermittelt, Gesamt- und Kategorienranglisten druckbereit und auf Diskette geliefert und für die Siegerehrung mit der aktuellen Liste und der richtigen Namensfolge manche Schwierigkeit eliminiert.

Da gleichzeitig auch die Kopierläden aufblühten, wurde die Herstellung der Ranglisten vereinfacht und verkürzt, sie waren versehen mit der Klebeadresse meist am Montag bereits auf der Post.

Eine letzte grosse Stufe konnte mit der direkten Einzahlung auf das Konto der Datasport und der elektronischen Anmeldung erklommen werden. Der Umweg und die doppelte Erfassung wurde im Jahre 2000 eliminiert, Zeit und Unkosten gespart, eine weitere Fehlerquelle war damit verschwunden.

Wie in vielen Berufen, an manchen Arbeitsplätzen wurde auch im Waffenlauf der Mensch von der Maschine überholt. Was früher in mühsamer Kleinarbeit durch Dutzend Hände in von Stress gezeichneten Räumen auf Zeit erbracht werden musste, kann heute einfach gesagt durch Knopfdruck abgerufen werden. Nur geht in unserem Falle die Rechnung ungleich auf: Weniger Personal bringt keine Kostenminderung, mehr Maschine aber trotzdem grosse Mehrkosten, die fleissigen Goodwill-Helfer hatten ja nur eine Mittagsverpflegung gekostet.

Fragt sich nur, ob sich heutzutage noch genügend Goodwill-Helfer finden lassen?!

Sicherheit der Zeitmessung

Bereits in den 80er-Jahren versuchte man zuerst in Thun, dann auch in Zürich, Altdorf und im Toggenburg das Angebot einer gewissen CAST (Computer Assisted Sport Timing) zu prüfen. Findige junge Spezialisten, ein Kaufmann und ein «Stromer» gründeten eine Zeitmessfirma, die ihr Angebot auf die Kundenwünsche abstellte, fast täglich ausbaute und verbesserte. Bald einmal liessen sich ein Grossteil unserer Veranstalter von der Qualität der Leistungen überzeugen (ich half noch etwas mit) und benützten dieses Angebot. Zu Beginn der 90-er Jahre entstand dann ein eigentliches Unternehmen, die Datasport DS in Zollikofen mit heute internationalen Verpflichtungen Die gute Erfahrung und die Superbehandlung durch den verstorbenen Martin Strahm konnte überzeugen. Das ständig verbesserte Angebot der Dienstleistung: Startnummer – Zeitmessung – Rangliste mit der direkten Zusammenarbeit zwischen Datasport und mir (IGWS-Dateien) überzeugte zuletzt auch noch Frauenfeld.

Damit konnte die Sicherheit der Zeitmessung markant verbessert werden, wobei sich trotz aller Vorsicht und technischer Absicherung auch hin und wieder ein Fehler einschlich. Billiganbieter schossen aus dem Boden und brachten manchen OK-Mann ins Schwitzen, Rivella mit Herrn Blunier zog sich zurück, einzig das OK Frauenfeld arbeitete noch bis 2001 mit diesem System.

Der «Ranglisten»-Mann

In all den Jahrzehnten haben sich unzählige Leute grosse Verdienste um Waffenläufe erworben. Einer davon ist Fritz Springer. Seit 1978 war er über 20 Jahre in irgendeiner Funktion, vielfach aber auch in mehreren Sparten gleichzeitig, für den Reinacher Waffenlauf tätig. Ursprünglich als Kassier gewählt, kamen dann im Wechsel, die Auswertung, das Anmeldesystem, Startkarten erstellen und das Sekretariat dazu. Es gab kein Jahr, wo Fritz Springer nicht eine oder mehrere dieser Funktionen innehatte. Wusste man innerhalb des OK's nicht mehr weiter: Fritz Springer wusste jeweils, wie dies und jenes in den Vorjahren gehandhabt wurde. Dazu schulterte er selber insgesamt neun Mal die 7,5 Kilogramm schwere Packung und gewann dabei mehrmals die begehrte Wappenscheibe als schnellster Läufer aus dem Oberwynen- und Seetal.

Es war die Zeit, als Start- und Rangliste noch nicht an die Firma Datasport ausgelagert waren. So musste für die Auswertung pro Kategorie eine Schreibmaschine und dazu natürlich eine Schreiberin oder ein Schreiber organisiert werden. Zudem brauchte es Kuriere, die laufend die durchschwitzten, manchmal kaum mehr lesbaren Startkarten zur Auswertung bringen mussten. Als heikel und zeitaufwändig erwies sich jeweils das Ausrechnen der Gruppenrangliste. Prompt passierte in dieser Kategorie dann auch der gröbste Auswertungsfehler. Allerdings meldete sich dann erst am Dienstag nach dem Lauf ein Läufer bei Fritz Springer, ob da nicht ein Fehler passiert sei. Tatsächlich mussten dann die ersten beiden Gruppen die Plätze (und Preise) tauschen.

Ueberhaupt verursachte das Anmeldewesen dazumal viel mehr Korrespondenz als heute. Für Startgeldrückerstattungen wurden Arztzeugnisse eingereicht, Läufer wollten schriftlich Dies und Das wissen, täglich musste das Postfach geleert werden und zuhause lief das Telefon auch heiss. Als Negativpunkt bleibt Fritz Springer ausgerechnet der Jubiläumslauf zur 50. Austragung in Erinnerung. Verschiedene Faktoren und Fehlentscheide führten dazu, dass 1993 ein Riesenloch in der Kasse klaffte. Dank vieler Anstrengungen und Sonderefforts konnte das Defizit in relativ kurzer Zeit wieder ausgeglichen werden.

Im Rückblick meint Fritz Springer: «Ich habe alles über all die Jahre hinweg gern gemacht, obwohl das Ganze einiges von mir und meiner Familie abverlangt hat. Es liegt in der Natur der Sache, dass dabei nicht immer alles mit allen rund lief. Dennoch: Es gab viele schöne Momente und Begegnungen, die eine Bereicherung waren».

Aus der Chronik «Reinacher Waffenlauf»

Die stetige Verbesserung der Datenerfassung bewirkte auch die Modifizierung der Kontrolle über Material und Medaillen. Mit speziellen Abschnitten der Startnummer konnten alle Wünsche datengerecht vorbereitet werden. Auch die Nachkontrolle war jederzeit möglich. Die Laufkarte und die Materialkarte wurden überflüssig. Nach wie vor Probleme verursachte nur der Aktive, der seine Startnummer zuhause vergass oder in der Garderobe jene seines Kameraden links oder rechts behändigte.

Mit der Jahrhundertwende boten sich beim Programm Anpassungsschwierigkeiten, was Gespräche mit der Datasport betreffend Übernahme meiner Datenverwaltung auslöste. Die Doppelspurigkeit der Erfassung und Verarbeitung könnte gelöst und die Personenabhängigkeit zusätzlich entschärft werden.

Datasport offerierte ihre komplette Dienstleistung, wobei sich die Problematik der Wertung zeigte. Bei der IGWS wurden bis heute die Punkteränge nach erreichtem Rang, unabhängig von der Zeitdifferenz vergeben. Datasport hatte in ihrem System aber die Punktevergabe gemäss erreichter Zeit, also die Siegerzeit mit 1000 Punkten, der folgende Rang aber gemäss Abstand in Sekunden und Minuten. Als Bestzeit mit 1000 Punkten wurde anfänglich die Einlaufzeit des Siegers für alle Kategorien berechnet.

Eine zusätzliche, wesentliche Änderung ergab sich, indem nicht nur die ersten 30 oder 24 gewertet, bei den Junioren und Damen nur 14, sondern die Punkte vom Ersten bis Letzten vergeben wurden. Damit hatten auch die Vereine eine bessere Erfassungsmöglichkeit für ihre Mitglieder.

Die IGWS passte ihre Wertungen an, musste aber nach einem Jahr Anträge gutheissen, die die Gesamtwertung nach Einlauf (Overall), aber wieder dem alten System anglich, also 1. Rang 100 Punkte, 2. Rang eben die zweitbeste Zeit, egal wie gross der Abstand war, mit 86 Punkten usw.

Die Läufer, vor allem jene der Spitze, konnten es nicht verkraften, auch bei den letzten Läufen auf bestmögliche Zeit zu laufen, da eine Berechnung des Abstandes in Zeit zum Konkurrenten vor oder hinter ihm nicht augenfällig war. Ein Lauf auf «Rang» war da ja einiges einschätzbarer, man wollte also den Besitzstand unbedingt wahren, was aber dem Sport gar nicht diente.

Im ersten Jahr des neuen Wertungssystems war Frauenfeld noch eine Blunier-Hochburg. Die Resultate (erreichte Zeiten) mussten nach Zollikofen übermittelt, dort eingelesen und umgeformt werden, damit der Jahresabschluss erstellt werden konnte. Die seitens der Datasport/IGWS eingeforderte Sicherheit, dass Frauenfeld nicht direkt in die ganze Jahresmeisterschaft einlesen konnte, hatte sich trotz Zeitverzögerung bezahlt gemacht.

Mit dem Übergang der Datenverwaltung an die Datasport wurde auch das Meldewesen direkter. Die Einzahlungen erfolgten direkt an die Datasport, die jedem Veranstalter ein eigenes Konto eröffneten. Die Kosten für die Gesamtdienstleistung waren natürlich durch die Professionalisierung enorm gestiegen, von ca. 300 – 500 Franken pro Lauf bei meiner Leistung, auf Fr. 6.– pro Läufer, mindestens aber Fr. 3000.– nur für die Verwaltung, sowie die jeweilige Erfassung mit Startliste. Dazu kommen noch wesentliche Kosten für die Betreuung der Dateien und die Verarbeitung der Meisterschaft, was von der IGWS direkt abgeglichen wird und ein Anteil des «Hundertervereins» für die Nachführung dieser direkten Daten. Die Veranstalter leisten zudem mit den Infrastrukturleistungen für den Zielraum, der Aufbereitung der Ranglisten mit dem Eintrag ins Internet und den Kosten für die Startnummern nochmals einen happigen Bestandteil des Budgets dazu.

Einsparungen konnten schlussendlich durch eine gemeinsame Ausschreibung in Form eines A5-Heftes mit eingefächerten Einzahlungsscheinen gefunden werden. Die für alle geltenden Bestimmungen: Reglemente, Alterseinteilung und allgemeine Infos mussten so nur einmal publiziert werden, kosteten also nicht jeden Veranstalter Platz und Geld. Sie waren zudem einheitlich. Den gestiegenen Kosten für die Verarbeitung der Zahlung bei der Post wurde mit der Möglichkeit der gemeinsamen Einzahlung für alle im Heft ausgeschriebenen Läufe entgegengewirkt, dem Aktiven wurden dabei Rabatte offeriert.

Die Reduktion der Kosten: Druck, Vereinheitlichung, Porti und Nachsendegebühren, kleinere Belastungen bei den Einzahlungen, waren ja zuvor durch die wesentlich teurere Datenverwaltung längst aufgefressen.

Für die damals noch 6 Frühjahrsläufe mit teils speziellen Jugendläufen setzte ich meine Idee für die ersten drei Jahre selber in die Tat um. Es erübrigt sich, die Probleme aufzuzählen, mit denen die Idee und die Umsetzung konfrontiert waren. Für die Herbstläufe übernahm vorerst Kriens die Federführung, wobei die Zusammenarbeit mit Datasport nicht immer reibungslos verlief.

Mit dem Ausscheiden des «Toggenburgers» aus dem Wettkampfkalender, den personellen Problemen bei Kriens und dem Auftragsersuchen des Verlegers des «Schweizer Wehrsport» fand sich eine Lösung mit Vreni Schmid (Kassierin der IGWS), die die Aufgaben der Druckvorbereitung für Frühjahr und Herbst übernahm.

Der letzte Lauf im Toggenburg hatte auch mein Ausscheiden aus dem IGWS-Vorstand zur Folge. In Susi Rigling fand sich eine gute Nachfolgerin als Schriftführerin im «Hunderter». Ende 2006 zählte der Verein ohne eigene Statuten 770 «Mitglieder».

Alois Oberlin, Wattwil

Ein Waffenlauf vor 70 Jahren, anno 1937
Wenn ich zuweilen in meinem Gedanken-Tagebuch blättere, schlage ich oft und mit besonderer Freude die Seiten auf, wo bunt und einprägsam die Waffenlauf-Erlebnisse festgehalten sind.

Da, zum Beispiel neunzehnhundertsiebenunddreissig, also vor 70 Jahren. Der Militärwettmarsch in Frauenfeld erlebt seine vierte Auflage:

Die wichtigste Frage für mich lautet nicht, welches Massagemittel einzukaufen und einzureiben sei. Nein. Die wichtigste Frage für mich lautet: Wie komme ich nach Frauenfeld? Geld ist in diesen Vorkriegszeiten rar. Wer einen Fünfliber im Sack hat, fühlt sich bereits als kleiner König. So bleibt mir nichts anderes übrig, als auf möglichst billige Art und Weise in die Ostschweiz zu gelangen. Es bleibt mir nur mein altes Fahrrad!

Mein Wohnort liegt aber recht weit weg: Überstorf. Für jene, die in der Schweizer Geografie nicht allzu sattelfest sind: Überstorf liegt 654 m ü. M., in der Nähe von Flamatt, etwa in der Mitte zwischen Bern und Freiburg, im untersten Teil des deutschsprachigen freiburgischen Sensebezirks.

Was tun, damit die lange Velotour nicht allzu eintönig verläuft? Kurz entschlossen überrede ich einen Kameraden zum Mitmachen. An einem warmen Freitagabend im September, gegen fünf Uhr, starten wir also jenseits der Sense mit unseren Stahlrössern ostwärts. Wir passieren die Bundesstadt, Zollikofen, Hindelbank. Eine unfreiwillige Gewehrkolben-Karambolage gibt Anlass zu einem ersten kurzen Halt. Im letzten Abendsonnenschein grüssen rechterhand Schloss und Städtchen Burgdorf herüber. Weiter geht's über Herzogenbuchsee, Langenthal und nach drei Stunden Fahrt wird in Roggwil eine zehnminütige Pause eingelegt. Nach Murgenthal wird eine Zeitlang mit der parallel zur Strasse fahrenden Dampfloki um die Wette gebolzt. In Oberentfelden können wir den letzten Klängen eines Vortrags der Dorfmusik lauschen. Durch die prächtigen alten Städtchen Lenzburg und Mellingen radeln wir in stockdunkler Nacht durch längere Waldpartien Baden entgegen. Über Spreitenbach wird eine halbe Stunde vor Mitternacht Dietikon erreicht. Wir sind müde. Auf einem Heufuder richten wir unser Nachtlager ein.

Recht kurz ist die Ruhe, denn geweckt werden wir bei Tagesanbruch durch das wüste Gekläff eines kleinen Köters, der unsere beiden Velos entdeckt hat. Wir steigen wieder auf unsere «Göppel» und gemütlich pedalen wir den Milchbuck hinauf. In einer Molkerei wird gefrühstückt. Aus schweren Gewitterwolken mahnen erste Regentropfen zum Aufbruch. Brüttisellen, Tagelswangen, vorbei an der bekannten Suppenfabrik in Kemptthal, vorbei an den imposanten Sulzerwerken in Winterthur. Um neun Uhr an diesem Samstagmorgen haben wir's geschafft. über Attikon, Gundetswil und Islikon ist Frauenfeld erreicht.

Gleich melden wir uns an für den Wettkampf und beziehen in der Kaserne Quartier. Nach einer einfachen Verpflegung in der Kantine erholen wir uns von den doch spürbaren Strapazen der langen Radtour. Wir machen es uns gemütlich im Kantonnement, wo wir trotz des Lärms der ein- und ausfahrenden Züge auf dem angrenzenden Bahnhofareal bald in «Morpheus' Arme» sinken. Nachmittags folgt zuerst ein Rundgang durch die Stadt. Nachher wird unter fröhlichem Gesang und bei träfen Witzen fachkundig die Sturmpackung erstellt.

Tagwache am Wettkampfmorgen bereits um fünf Uhr früh. Mit seinen Spässen und Tierstimmen-Imitationen unterhält Kamerad Sappeur Alfons Stoll bald alle Zimmerbewohner. Auf dem Hof der Kaserne werden die Startnummern verteilt. Nur die Startnummern und nicht etwa Oberkleider, denn gelaufen wird in der persönlichen Uniform. Nachher formiert sich aus den Herumstehenden eine Viererkolonne und gemeinsam marschieren wir hinauf ins Städtchen, wo kurz vor neun Uhr vor dem Regierungsgebäude ein Artillerieoffizier mit einem Pistolenschuss den Start freigibt. Jeder sucht sich blitzartig eine gute Position, wenn möglich in den vorderen Reihen.

Huben, Matzingen, Wängi, Eschlikon, überall steht viel Volk am Strassenrand. Von einem Kollegen der Feldpost, der schon die ersten drei Austragungen dieses Wettmarsches mitgemacht hat, lasse ich mir gute Ratschläge und Verhaltensregeln geben. Mein Fahrradtour-Partner hingegen ist bereits weit vor mir. Sirnach um die Mittagszeit, Wendepunkt im sankt-gallischen Wil, wo man sich am Ovomaltinestand verpflegen kann. Als Dreiergruppe nehmen wir den Rückweg unter die Füsse, marschierend, wobei ein Beppi (Basler) als Zugpferd glänzt. Die Temperatur ist angenehm. In Bronschhofen klopft mir jemand auf die Schulter. Ein Schmiedelehrling aus Überstorf lacht mir entgegen und meldet hastig, dass Kamerad Alfons prima in Form sei und etwa fünfzig Ränge vor uns der Thurgauer Metropole entgegen eile. In Lommis wird gerade zur Vesper geläutet und in Stettfurt zum letzten Mal mit gesüsstem Tee der grosse Durst gelöscht. Die letzten drei Kilometer sind coupiert, es geht bergan und wieder hinunter, aber schon ist glücklicherweise Frauenfeld in Sicht. Durch Tausende dicht gedrängter Zuschauer, die begeistert applaudieren, spurten wir drei Weggenossen kameradschaftlich ins Ziel.

Nach dem Duschen erhält jeder der mochte eine Gratismassage, und nachher finden sich, am späteren Nachmittag, alle zur Preisverteilung ein. Wir zwei Überstorfer belegen von 391 Startenden die Ränge 122 und 140. Im Sanitätslokal finden wir dann für die Nacht eine Unterkunft und sinken bald in einen tiefen, bleiernen Schlaf.

Montagmorgen. Wieder Tagwache früh um fünf. In dichtem Nebel verabschieden wir uns

98 Erster Blick auf die Ranglisten

99 Die Zeitmessfirma bei der Arbeit am letzten Reinacher Waffenlauf

100 Sofort nach dem Einlauf wird die Zeit erfasst

101 Wenige Minuten nach dem Zieleinlauf der ersten Waffenläufer herrscht oftmals regelrechtes Gedränge um die angehefteten Ranglisten

102 Kameraden unter sich vor dem Wettkampf....

und nehmen über Winterthur und Zürich die Rückreise unter die Räder. Dieses Mal wählen wir die Route anders. Durchs Zugerland, über Luzern, hinauf durchs unendlich lang scheinende Entlebuch nach Langnau. Über Bern erreichen wir kurz nach acht Uhr abends unser heimatliches Dorf, müde, sehr müde, aber um unauslöschliche Erlebnisse reicher.

Der gleichen, strapaziösen Radreise zum «Frauenfelder» folgte ein Jahr später eine zweite Auflage, mit dem Unterschied, dass bereits kurz nach der sonntäglichen Zielankunft wieder in die Pedale getreten wurde und wir am Montagmorgen in der Frühe heimkamen.

Diesen zwei Märschen folgten 1940 und 1941 noch zwei weitere, 1939 war der Wettkampf ausgefallen. Eine lustige Episode vom dritten Mitmachen sei noch erzählt: Um das mühsame Mitschleppen von Gepäck so gut als möglich zu verringern, beschlossen Otto Raemy und ich, ohne Waffe zu reisen. In Frauenfeld bestand die Möglichkeit, sich für den Lauf eine Flinte zu borgen. Unser Entsetzen war gross, als wir feststellten, dass man uns alte Langgewehre abgab. Der kleine Fourier Otto musste sich auf dem Weg nach Wil und zurück viele spasshafte Bemerkungen gefallen lassen über die lange, unpassende «Bohnenstange» auf seinem Rücken. Nie kehrst du wieder, gold'ne Zeit...

Lorenz Schmutz, Überstorf FR (1912–2000)

Anmerkung des Autors: Nun erstaunt mich nicht mehr, dass Mitautor Beat Schmutz Waffenläufer wurde, bestritten doch sowohl sein Vater Fw Lorenz Schmutz als auch sein Schwiegervater Sappeur Alfons Stoll den «Frauenfelder».

Kameraden...
Im Waffenlauf ist der Begriff «Kameradschaft» ein äusserst viel benütztes Wort. Waffenläufer sprechen voneinander von Kameraden, sprechen sich so an und betonen immer wieder, dass es massgeblich die Kameradschaft sei, die den Waffenlauf zu dieser einzigartigen Sportart macht und darum seien sie Waffenläufer geworden und sind es heute noch. Auch bei den Veteranen sind über Jahre nach der aktiven Zeit noch viele Kameradschaften aktiv.
Doch was sind Kameraden? Wer sind unsere Kameraden und was macht sie zu solchen? Woher stammt dieses Wort und was steckt dahinter?

Kameradschaft (aus ital. Camerata Kammergemeinschaft) bezeichnet eine Beziehung im Sinne einer Freundschaft innerhalb einer Gruppe, vorwiegend unter männlichen Personen.

Kollegialität, Freundschaft und Kameradschaft sind Bindungen mit verschiedenen Motiven und von unterschiedlicher Stärke. Die Verbindung mit dem Kollegen ist – wie ein Philosoph treffend formuliert hat – eine «Pferdefreundschaft». Und zwar nicht pferdesportlicher Art, sondern im Sinne eines symbolträchtigen Inbegriffs zweier am gleichen Wagen eingespannter Pferde, beide dem gleichen Zwang und derselben Lenkung unterworfen. Dieser äussere Umstand bewirkt die Art des Zusammenwirkens.

Die Kollegen bedürfen keineswegs persönlicher Sympathie zueinander oder gleicher Gesinnung. Sie tun gut daran, gegenseitig Rücksicht zu üben und durch gute Zusammenarbeit dem Kollegen, wie sich selbst, die Pflichterfüllung zu erleichtern.

In einer ganz anderen Dimension steht die Freundschaft. Sie kann sehr wohl aus dem «Biotop» der Kollegialität, der Kameradschaft oder der gemeinsam verbrachten Schulzeit stammen. Doch sind die äusseren Umstände nicht das Entscheidende in der Freundschaft. Es ist vielmehr ein innerer Gleichklang, ein tieferes, inneres «Sich-Verstehen».

Zwar stehen auch die Kameraden in derselben Pflicht, die sie aber – im Gegensatz zu den Kollegen – nicht unbedingt aus eigenem Antrieb, sondern im Dienste eines höheren Zwecks erfüllen. So wird im Soldatenlied gesungen: «Doch in dem Dienst fürs Vaterland das Herze sich zum Herzen fand, Kameraden rechts und links.»

Fast wirkt es in der heutigen Zeit pathetisch, sich zum Vaterland oder zum Waffenlauf als «höherem Zweck» zu bekennen. Man kann es auch anders sagen. In diese Verpflichtung sind alle Dienstpflichtigen – unbesehen des Dienstgrades – eingebunden. Dies hatte in früheren Jahren im Waffenlaufsport eine tiefere Bedeutung. Die Teilnahme an Waffenläufen galt fast schon als Dienst am Vaterland Schweiz, als eine Bekundung des Wehrwillens!

General und Soldat sind in diesem Sinne Kameraden. Auch wenn dabei keine Duzbruderschaft besteht, kann sich doch jeder auf den anderen verlassen. Denn er weiss, dass dieser nicht ein persönliches Ziel verfolgt, sondern das gleiche, dass er selber in der eigenen Pflichterfüllung anstrebt.

An den Kameraden glaubt man nicht nur, sondern man weiss, dass er zuverlässig ist und den Kameraden nie im Stich lässt. Auf einen Kameraden kann man sich unbedingt verlassen.

Wer jemals Waffenläufer war, der kann eine Geschichte über Kameradschaft erzählen. Der weiss, was wahre Kameradschaft bedeutet.

Der «ideale» Waffenlauf-Tag

2006 fanden die Waffenläufe an Sonntagen statt. Die Ausnahme bildeten der Wohlener Sprint-Waffenlauf am Pfingstsamstag und der Thuner Waffenlauf anfangs November. Bis 2004 wurden die ersten Waffenläufe des Jahres im März ausgetragen und den letzten galt es Mitte November in Frauenfeld zu bestreiten. Früher fanden einige Waffenläufe auch in den Sommermonaten Juni und Juli statt. Die hohen Temperaturen und die schwere Kleidung führten unzählige Male zu Hitzestaus und Hitzeschlägen.

Eine der bekannten und grössten «Hitzeschlachten» ereignete sich 1936 in Frauenfeld. Damals mussten 37 Prozent der Läufer vorzeitig aufgeben! Auch beim Armeegepäckmarsch Yverdon–Lausanne im Jahr 1931 kamen von den 416 gestarteten Läufern lediglich deren 271 ins Ziel. Auch die ersten Austragungen des Thuner Waffenlaufs im Juni 1959 und 1960 verzeichnete Dutzende von Läufern, die wegen Kreislaufversagens ins Spital gebracht werden mussten. Die ungeheure Wucht des Föhns beim Altdorfer Waffenlauf 1970 hatte die Aufgabe vieler Läufer und sogar Spitaleinweisungen zur Folge. Dieser Umstand veranlasste die Organisatoren ab 1971 dazu, die Strecke zu verkürzen und die Startzeit um 1 1/2 Stunden vorzuverlegen.

Die Erfahrungen dieser Jahre bewogen die Veranstalter zu Änderungen der Austragungstermine. Um solche «Hitzeschlachten» zu vermeiden, wurde der Zeitraum für alle Läufe neu festgelegt. Es waren dies die Monate März bis anfangs Mai und September bis November. Mit diesen Änderungen konnte die Ausfallquote merklich nach unten korrigiert werden. Zu den Gründen der Aufgabe führen Zerrungen, Verstauchungen und Muskelkrämpfe der Läufer. Sehr selten sind Erschöpfungszustände oder «gebrochener» Wille. Die Militärversicherung trug das Risiko. Diese wurde jedoch nur ganz selten gebraucht. Der spektakulärste Fall war der Tod eines bekannten Läufers, Jakob Jutz aus Zürich, welcher aus medizinischen Gründen gar nicht hätte starten dürfen. Er starb infolge eines Herzversagens im Jahr 1951 an der 26. Austragung der Schweizer Marathonmeisterschaft.

Doch nicht nur die Hitze wurde gelegentlich zum echten Problem, sondern auch die Kälte. Am Neuenburger von 1971 mussten die Läufer geradezu arktischen Wetterverhältnissen trotzen. Die Temperatur betrug sage und schreibe -13°C. Im Schneesturm kämpften sich damals die «harten Sieche» bis zum höchsten Punkt auf 1283 M.ü.M. (Vue des Alpes) hinauf. Für die Autos war die Strecke wegen der Wetterverhältnisse gesperrt. Beim St. Galler Waffenlauf im Jahr 1962 liefen die Läufer auf einer 50 cm hohen Schneedecke.

Das jüngste Beispiel betraf den St.Galler Waffenlauf 2004. Dieser wurde nur durch immense Bemühungen von OK, Helfern, Stadt und dem OK-Präsidenten durchgeführt. Starke Schneefälle, Schnee auf den Bäumen und eisige Streckenverhältnisse führten zu grossen Vorbereitungsarbeiten. Der Waffenlauf wurde jedoch nicht abgesagt, sondern die Probleme beseitigt.

Der ideale Tag für einen Waffenläufer kann nicht einfach pauschal festgelegt werden. So reagiert jeder anders auf Wetterverhältnisse und jeder hat andere persönliche Wünsche und Bedürfnisse. Bewährt haben sich aber die Austragungen in den Monaten März bis anfangs Mai und September bis November.

Die Ehrengäste

Nebst den Waffenläufern, deren Angehörigen, Betreuern, Zuschauern und Fans sind auch die Funktionäre und Helfer von grosser

105

106

103 ...und nach dem Wettkampf...

104 Trinken ist wichtig! (Thuner Waffenlauf 2002)

105 Ist heute ein idealer Tag für einen Waffenlauf? (St.Galler Waffenlauf 2003)

106 Der Thuner Waffenlauf zog schon eh und jeh viele Ehrengäste an. Früher wurden diesen mit eigens aufgestellten Tribünen eine gute Aussicht ermöglicht

17.Oktober 2131/253. Jahrgang
Tagesanzeiger Schweiz
Prähistorischer Fund im Thal
agl: Bei Grabungen für das neue Trassee der U-Bahn-Strecke Oensingen – Moutier wurden bei Laupersdorf Überreste von so genannten Waffenläufern gefunden. Lange Zeit suchte man vergeblich nach Indizien für diese ehemals beliebte Freizeit-Aktivität. Die Waffenläufer verschwanden wie einst die Dinosaurier. Beim ausgegrabenen Oberschenkelknochen (Foto unten) ist ersichtlich, wie robust und widerstandsfähig diese Wettkämpfer gewesen sein mussten.

Bei den gefundenen Metallteilen, mit bunten Bändern zusammengehalten, handelt es sich um «Auszeichnungen», die für die Beendigung des Waffenlaufs abgegeben wurden.

Es wäre interessant zu wissen wie es damals zu und her ging!

Berichterstatter André Gardi,
Laupersdorf

Wichtigkeit. Mit dabei sind jeweils auch noch die Gäste, die eingeladen werden, um das Geschehen mit gewissen Privilegien zu beobachten. Oft sind es Vertreter von Behörden, militärischen Stellen oder «altgediente» Veteranen.

Politische Prominenz einmal anders. Wer die Rangliste genauer betrachtet, findet am St. Galler Waffenlauf 2000 einen bekannten Politiker auf dem 171. Kategorienrang in 2.12.56: Major Hans Fehr, Eglisau, der bekannte Zürcher Nationalrat. Ein durchaus nachahmenswertes Beispiel! Eine prominente Person mal nicht als Ehrengast, sondern als Teilnehmer.

Besonders höhere Offiziere der Schweizer Armee wohnten den Waffenläufen früher gerne als Ehrengäste bei. Heute ist das anders. Kaum ein hoher Offizier macht sich noch die Mühe, sich an einem Waffenlauf zu zeigen. Und wenn schon, dann gibt es öfters «Bilder», welche den Waffenläufern sauer aufstossen könnten, würden sie dies erfahren.

Ein Beispiel gefällig? Die zahlreich vertretenen Ehrengäste aus Armee und Politik erhielten am Churer Waffenlauf 2000 die Gelegenheit, den Start des Waffenlaufs mitanzusehen; danach stand aber Rangverlesen der Divisionsmeisterschaften, Apéro und Mittagessen auf dem Programm. Das Verfolgen der Zielankunft, geschweige denn ein Augenschein unterwegs, kam nicht in Frage.

Ehrengäste haben eine wichtige Funktion. Sie tragen ihre Eindrücke hinaus. Sei es in ihr persönliches Umfeld, in ihre Position im öffentlichen Leben usw. Sie haben somit auf längere Frist gesehen einen massgeblichen Anteil am Erfolg oder Misserfolg eines Anlasses.

Je nach Persönlichkeit haben Ehrengäste auch für die Waffenläufer eine wichtige Bedeutung. So beispielsweise die beliebte Zürcher Regierungsrätin Rita Fuhrer, welche an einigen Austragungen fast allen Ankommenden am Zürcher Waffenlauf die Hand schüttelte. Eines ist klar, die Ehrengäste sind wichtig.

107 Eine originelle Überraschung. Zu seinem 300. Waffenlauf wurde der Weinfelder Ernst Bär von seinen Thurgauer Wehrsportvereins-Kameraden empfangen. Die beiden Bären Hanspeter Heierli (links) und Peter Brunschwiler inszinierten die «bärenstarke» Zielankunft am Altdorfer Waffenlauf 1996

108 Brigadier Tanner gratuliert Charles Blum am St. Galler Waffenlauf 1976 zum Sieg

109 Bundesrat Schmid am Altdorfer Waffenlauf 2001 mit Niklaus Scheidegger, Fritz Häni und Christian Jost

110 Sehr oft nehmen Bundesräte als Ehrengäste an Waffenläufen teil. Hier im Bild der damalige Bundesrat Georges-André Chevallaz am Frauenfelder Militärwettmarsch

111 Die Zürcher Regierungsrätin Rita Fuhrer gehört zu den beliebtesten Ehrengästen. Einige Male war sie am Zürcher Waffenlauf anzutreffen, wo sie fast allen eintreffenden Waffenläufern die Hand schüttelte

112 Die Ehrengäste am Thuner Waffenlauf 2005 setzen sich aus Vertretern aus Sport, Behörde, Politik, Militär und auch Diplomatie zusammen

113 Das schätzen die Waffenläufer. Ehrengäste, welche auch im Ziel den ankommenden Wettkämpfern zuklatschen. Der Appenzell-Innerrhoder Regierungsrat Melchior Looser und sein Kollege aus Appenzell-Ausserrhoden, Regierungsrat Hans Diem beklatschen Fredy Pfister am Frauenfelder 2005

114 Ehrengäste am Zürcher Waffenlauf. Im Bild Divisionär Ulrich Zwygart (Kommandant Kaderschulen der Armee) und Oberst Hans-Ueli Stähli (OK Präsident Thuner Waffenlauf) im Gespräch mit einem Läufer

Der Ostschweizer Waffenlauf und der Kommandant der Grenzbrigade 8

Es war langjährige Praxis, dass der Kommandant der Grenzbrigade 8 als Ehrengast zum St. Galler Waffenlauf eingeladen wurde. Schliesslich lag ja die Laufstrecke auf «seinem» militärischen Einsatzgebiet. Die Aufgabe, die mit dieser Ehrung verbunden war, habe ich von meinem Vorgänger im Brigadekommando, Bundesrat und Brigadier Kurt Furgler, übernommen. Bei der Amtsübergabe schärfte er mir ein, dass diese Ehrenfunktion besonders wichtig sei.

Die Funktion bestand im Wesentlichen aus drei Dingen: Am Empfang der Gäste einige mehr oder weniger passende Worte zu sagen, bei der Siegerehrung die wohlverdienten Preise, insbesondere den Wanderpokal zu übergeben und schliesslich in einer kurzen Ansprache auf die Bedeutung des Waffenlaufs für die Festigung des Wehrwillens hinzuweisen. Da der Wanderpreis bisweilen in festen Händen blieb, durfte der Brigadekommandant auch einen neuen Pokal stiften.

In meiner Erinnerung war die kurze Ansprache an die Waffenläufer die zentrale Aufgabe. Mir schien, dass dies eine gute Gelegenheit sei zu betonen, dass der körperlich strenge Einsatz jedes einzelnen Waffenläufers dazu beitrage, den Wehrwillen unserer Bevölkerung zu stärken.

Br Heinrich Tanner, Herisau

109

110

111

112

113

114

WAFFENLAUF IM WIND DER ZEIT

Wort	Bedeutung
Affektion	Krankheitsbefall
Ausfaller	hier: Wettkämpfer, der den Lauf frühzeitig aufgibt
Aushebung	Prüfung der Stellungspflichtigen vor Eintritt ins Militär
Auszug	Kategorie im Waffenlauf vor der Armeereform 95 (20. bis 32. Lebensjahr)
Auszügler	Waffenläufer der Kategorie Auszug
Bajonett	aufs Gewehr aufgesetzte Stichwaffe
Brigade	Truppenverband
Budget	Haushaltplan
Bulletin	Zettel, kurzer Bericht
Course militaire commémorative	militärischer Gedenklauf
Cross-Lauf	Querfeldein-Lauf
Debütant	Anfänger, Neuling
Décharge	Entladung, Entlastung, militärische Salve
Depot	Verwahrungsort, Aufbewahrung
Diaulus	Wettlauf in der griechischen Antike über zwei Stadien
Division	Heereseinheit (10 000-12 000 Mann)
Dolichos	Wettlauf in der griechischen Antike über 7 bis 24 Stadien
Equipe	Sportmannschaft
Exerzieranzug	Uniform beim Einüben von Tätigkeiten im Rahmen der militärischen Ausbildung
Einlaufprotokoll	Früher das Urdokument für die ersten 24 Einlaufenden und somit Grundlage für die Kontrolle der Rangliste, gewährte bei Unstimmigkeiten Einblicke an Ort und Stelle
Exerzierbluse	Jacke des Exerzieranzugs
Fourier	Quartiermeister beim Militär
Füsilier	Infanterist
Goldenes Buch	Bezeichnung für das „Buch" mit den Eintragungen aller Waffenlaufsieger
Grünes Gwändli	grau-grüner Wettkampfanzug aus Flanellstoff
Hartbelagstrasse	befestigte (asphaltierte) Strasse
Hippodrom	im alten Griechenland Bahn für Pferde- und Wagenrennen; ein allenfalls mit Zuschauerwällen versehener Wiesenplatz
Höhenprofil	Graphische Darstellung der Höhenunterschiede
Kader	leitende Berufssoldaten innerhalb der Armee
Kanonier	Soldat der Geschützbedienung
Kanton	Schweizer Einzelstaat
Kantonalmeister	bester Sportler eines Kantons
Karabiner	Kurzlaufgewehr mit Holzschaft
Kategorie M20	Kategorie von Waffenläufern des 18. bis 29. Lebensjahres
Kategorie M30	Kategorie von Waffenläufern des 30. bis 39. Lebensjahres
Kategorie M40	Kategorie von Waffenläufern des 40. bis 49. Lebensjahrs
Kategorie M50	Kategorie von Waffenläufern ab dem 50. Lebensjahr
Kategorie D20	Kategorie von Waffenläuferinnen des 18. bis 39. Lebensjahres

Wort	Bedeutung
Kategorie D40	Kategorie von Waffenläuferinnen ab dem 40. Lebensjahr
Kategoriensieger	Wettkämpfer mit der besten Laufzeit innerhalb seiner Kategorie
Korps	Truppenverband mit mehreren Divisionen
Kulminationspunkt	höchster Punkt
Landsturm	Kategorie im Waffenlauf vor der Armeereform 95 (33. bis 42. Lebensjahr)
Landwehr	Kategorie im Waffenlauf vor der Armeereform 95 (43. bis 50. Lebensjahr)
Landwehrler	Waffenläufer der Kategorie Landwehr
Landstürmler	Waffenläufer der Kategorie Landsturm
Melkfett	geschmeidige Fettmasse, die der Bauer zum Melkvorgang benutzt, verhindert das Wundscheuern beim Laufen, so genannter «Wolf»
Milizarmee	Als Milizarmee oder Volksheer bezeichnet man Streitkräfte, die zum grössten Teil aus unfreiwillig Dienst leistenden Wehrpflichtigen bestehen; im Gegensatz zur Berufsarmee, deren Angehörige Berufssoldaten sind.
Naturstrasse	unbefestigte Strasse
Ordonnanz	Befehl, Verordnung; zum Dienst befohlener Soldat
Ovomaltine	Instant-Malzgetränk aus Gerstenmalz, Milchpulver, Eiern, Kakao, Honig, Hefe, Calcium, Magnesium, Eisen und anderen Inhaltsstoffen
Packung	Bezeichnung für das Gepäck des Waffenläufers (Rucksack mit Karabiner oder Sturmgewehr)
Parcours	hier: markierte Laufstrecke
Patrouille	Streifwache
Pendant	Gegenstück
Proband	Testperson
Revisor	Nachprüfer
Routinier	der Erfahrene
Schuhnesteln	Schuhbänder
Schweizermeister	bester Schweizer Sportler des Jahres in seiner Sportart
Schweizer Waffenlaufmeister	bester Waffenläufer des Jahres
Seniorenkategorie	Kategorie im Waffenlauf (51. bis 60. Lebensjahr)
Spiessgeselle	ursprünglich: der Waffengefährte / heute: der Helfershelfer, Komplize, beim Militär die Gesamtheit der Hilfsorgane, die der Kommandant eines Verbandes bei der Erfüllung seiner Aufgaben unterstützt
Stafettenlauf	Mannschaftslauf mit Läuferwechsel
Streichresultat	hier: erreichte Punktzahl in einem der Waffenläufe, die nach Abschluss der Meisterschaft nicht mitgerechnet wird
Stundenmittel	Durchschnittswert der gelaufenen Kilometer pro Stunde
Tagessieger	Wettkämpfer mit der besten Laufzeit aller gestarteten Waffenläufer
Team	(Sport-)Mannschaft
Tempostehvermögen	Fähigkeit, ein Tempo über längere Zeit hinweg beizubehalten
Tenue	Uniform
Tornister	Ranzen
Veteran	alter entlassener Soldat
Weiche Welle	hier: Bezeichnung für den Zeitraum, in dem die Organisatoren der Waffenläufe Erleichterungen einführten, wie z B Verkürzungen der Strecken, Herabsetzung des Packungsgewichtes, Freigabe des Schuhwerks usw.

Ein Waffenlauf anno 3000

Schon vor Jahren hat sich Bernhard Linder, der Autor der 1984 erschienenen Waffenlauf-Chronik, Gedanken über den Waffenlauf in der Zukunft gemacht. An Aktualität haben diese Gedanken bis heute nichts eingebüsst, wie folgender Text beweist:

Es gibt nicht allzu viele Gründe, weshalb ich nach dem Tod noch einmal auf diesen Planeten zurückkehren möchte. Einer der wenigen? Die Neugierde, der Gwunder. Es würde mich zum Beispiel interessieren, was in ein- oder zweitausend Jahren die dannzumaligen Archäologen zum Phänomen Waffenlauf zu sagen wüssten.

Vermutlich werden sie im Schutt und unter einer zentimeterdicken Staub- und Erdschicht rund um die ehemalige Kleinstadt Frauenfeld, mit Hilfe modernster Bulldozer und der Pollenanalyse Dinge zutage fördern, die zu denken geben, ja zu Kontroversen führen. Die Forscher verschiedenster Richtungen werden sich fragen und zweifelsohne streiten, was die frühe Menschheit um das Jahr 2000 bewogen haben könnte, in spezieller Überkleidung, mit hohen schwarzen Schuhen und Rucksäcken mit aufgeschnallten Hölzern, umherzurennen.

Natürlich werden sich verschiedene, ganz widersprüchliche Hypothesen ergeben:
- Die einen werden behaupten und es auch zu beweisen wissen, es habe sich um Fruchtbarkeitszeremonien in grossem Stil gehandelt, bei denen sich Männer eine Bohnenstange oder einen Haselstecken auf den Rücken gebunden hätten, um so vom Zoologischen Garten in Zürich in allgemeiner Richtung Mekka zu wallfahren.
- Aus dem vormals Innerschweiz genannten Gebiet (jetzt Naturschutzzentrum III Mitteleuropa) werden Forscher ableiten, Schulmeister hätten sich die Zuchtruten direkt auf den Leib gebunden, um sie für die Erziehung des jungen Volkes sofort und jederzeit zur Hand zu haben.
- Andere werden glauben, es habe sich um antike Spiele gehandelt und es könne nachgewiesen werden, dass die Hölzer auf dem Rücken ein Mark aus Eisen besessen hatten, also vermutlich doch schon frühe Gewehre darstellend.
- Ein viertes Forscherteam wird die Auffassung vertreten, es sei bei den Tellspielen auch das damalige Gewehr der Schweizer Armee, lustigerweise Karabiner genannt, zur Anwendung gekommen. Dies deshalb, weil auch Funde aus dem ehemaligen Altdorf nachgewiesen werden. Altdorf übrigens jetzt an der achtspurigen Autobahn gelegen. Die Autos sind mit Wasserstoff betrieben, absolut umweltfreundlich und geräuschlos.
- Die Forscherkollegen aus Neuenburg halten dem entgegen, es könne mit einiger Gewissheit angenommen werden, dass die ausgestorbene Berufsgattung der Meteorologen «laufend» Lufttests durchgeführt und sich dazu das nötige Antennenmaterial auf den Rücken gebunden habe. Lächelnd wird man beifügen, dazumal habe man die Wettervorhersage für fünf Tage machen können. Jetzt wird das Wetter längst durch Wissenschafter geplant, durch Politiker mit Verträgen zwischen den Gross-Staaten abgestimmt und schliesslich durch Wetterspezialisten abgerufen.

Niemand wird leider der Wahrheit ganz nahe kommen und glauben, es habe sich um einen typisch schweizerischen Wehrsportanlass gehandelt. Es sei denn, das vorliegende Buch würde irrtümlicherweise all die vielen Jahre überdauern und in der damals noch bestehenden Landesbibliothek zufällig, arg verstaubt und vom Zahn der Zeit angenagt aber doch lesbar, aufgefunden.

115 Beat Eggenschwiler (Ramiswil), Peter Gerber (Herisau) und Herbert Busslinger (Frauenfeld) am Wiedlisbacher Waffenlauf 1969

116 Die Zeichnung des (leider verstorbenen) bekannten Thurgauer Waffenläufers und Künstlers Alois Natterer wird in der beschriebenen Zeit wohl zu Kopfzerbrechen führen...

Waffenlaufrekorde und -kuriositäten
«Einige hundert Millionen Kalorien»

Die meisten Schweizermeistertitel: 8 Mal,
Mitr Albrecht Moser, Pieterlen BE

Die meisten Tagessiege: 56 Mal,
Mitr Albrecht Moser, Pieterlen BE

Die meisten Kategoriensiege: 122 Mal,
Kü Geh Fritz Häni, Rumisberg BE

Die meisten Kategorienmeistertitel:
Kü Geh Fritz Häni, 14 (Auszug 3, Landwehr 1, M40 7 und M50 3)

Je ein Sieg in jeder der 4 Alterskategorien (Auszug, Landwehr, Landsturm, Senioren):
- **Gzw Kpl Max Meili,** Diepoldsau SG
  (Frauenfelder in allen Kategorien)

Je ein Sieg in jeder der 4 Alterskategorien (Auszug, Landwehr, M40, M50):
- **Kü Geh Fritz Häni,** Rumisberg BE (Siege an verschiedenen Läufen)

- Die meisten Diplome IGWS: 25 Mal,
  Kü Geh Fritz Häni, Rumisberg BE

Die längste Serie aufeinanderfolgender Tagessiege an verschiedenen Orten:
Füs Werner Fischer, Oberehrendingen AG, 13 Siege (von St. Gallen 1967 bis Zürich 1968)

Nach jahrelangen intensiven Untersuchungen des eidg. anthropologischen Forschungsinstitutes für Waffenläufer in Zwieselberg, mit den Aussenstationen Krinau, Oberhuben und Renggloch, wurde folgender typische Waffenläufer ermittelt:

$$\sqrt{} = $$ 34 jährig
verheiratet
2 Kinder
174 cm gross
66 kg schwer
bärtig
Landwehr
Gefreiter
über 100 Waffenläufe
Angestellter
Hobbies: Schwitzen, trinken + Volksmusik

116

Die längste Serie aufeinanderfolgender Kategoriensiege an verschiedenen Orten): 17 Mal, **Wm Kurt Hugentobler**, Romanshorn (Zürich 1983 bis Thun 1984, hat. Landsturm).

Die längste Serie aufeinanderfolgender Tagessiege (am gleichen Austragungsort): **Mitr Albrecht Moser**, Pieterlen BE (Kriens 1977–1985). Beim 10. Mal (1986) noch Kategoriensieger.

Tagessieger an allen Waffenläufen während des gleichen Jahres:
Füs Werner Fischer, Oberehrendingen AG, 1967 (9 Siege)
Sdt Martin Schöpfer, Attiswil BE, 1997 (11 Siege, zusätzlich TWL und FR)

Kategoriensieger an allen Waffenläufen während des gleichen Jahres:
Das war **keine Seltenheit**. Mehr als man vermutet. Verzicht auf Aufzählung.

Die längste ununterbrochene (uns bekannte) Waffenlaufserie: 281 Waffenläufe (von Frauenfeld 1979 bis Wohlen 2006):
Motf Peter Rigling, Basadingen TG

Die längste Serie am gleichen Waffenlaufort: **Wm Noldi Haag**, 1943, Hergiswil NW (43 × Frauenfelder, von 1964–2006)

Die meisten Waffenläufe: 400 Teilnahmen:
San Kpl Thedy Vollenweider, Embrach (von Reinach 1958 bis Zürich 2002).

Jeden Waffenlauf in jeder der 5 (!) Kategorien (Auszug, Landwehr, Landsturm, Senioren, M50) bestritten:
Ristl Gfr Beat Schmutz, Düdingen FR und ev. noch weitere Läufer des Jahrgangs 1943. Kategorieneinteilung für Jahrgang 1943: Bis 1975 = Auszug, 1976–1985 = Landwehr, 1986–1993 = Landsturm, 1994 = Senioren, 1995–2003 = neue Kategorie M50.

Erstaunlichste Leistung zwischen zwei Tagessiegen an Waffenläufen:
Sdt Hans Furrer, Rickenbach LU, gewann zwischen Thuner Waffenlauf und Frauenfelder Militärwettmarsch in Tenero (1989) den Schweizermeistertitel im Marathon in 2.17.40 h.

Längste Anreise per Auto an den Startort:
Kpl Ueli Jäggi, von Ftan via Nauders, Landeck, Arlbergpass nach La Chaux de Fonds (also zusätzlicher Umweg via Nauders, da der Strassentunnel noch nicht existierte).

Längste Hin- und Rückreise per Velo an den Waffenlaufort und zurück:
**Fw Lorenz Schmutz und
Sappeur Alfons Stoll**, Überstorf FR (von Überstorf nach Frauenfeld und zurück, September **1937**, also vor 70 Jahren, pro Strecke über 200 km)

Längste Heimreise zu Fuss vom Waffenlaufort an den Wohnort:
Kan Hansruedi Leubin, Muttenz BL (nach seinem letzten Frauenfelder 1995 über 42,2 km): Von Frauenfeld nach Muttenz, mit Umwegen nochmals 4 Tage à 40 km, begleitet von Noldi Haag.

Am meisten Teilnehmer:
Frauenfeld 1943: Angemeldet über 2000, gestartet 1751, klassiert 1641!

Am wenigsten Teilnehmer:
Darüber schweigt des Sängers Höflichkeit
Höchster Punkt aller Waffenläufe.
Vue des Alpes 1283 M.ü.M. (Neuenburger Waffenlauf, 1949–1986)

Tiefster Punkt:
Neuenburg: 433 M.ü.M. (1949–2005)

Abgesagte Waffenläufe: Nur einer, **Frauenfeld 1939** (wegen Mobilmachung 2. Weltkrieg)

Beinahe abgesagte Läufe:
– **Toggenburger Waffenlauf 1984**: Grossfeuer in Lichtensteig eine Woche vor dem Lauf (29. Februar). Aufräumarbeiten rechtzeitig beendet.
– **Altdorfer Waffenlauf 1987**: Ganzes Reussdelta überflutet. Durchführung des Laufes stand auf des Messers Schneide. Schliesslich fand er auf einer abgeänderten Strecke statt.

– **Freiburger Waffenlauf 2000**: Umquartierung der ganzen Logistik ins Lehrerseminar wegen Todesfalls (Hirnhautentzündung) eines Rekruten in der Kaserne La Poya, 3 Tage zuvor.

Dagegen führten Neuschneemassen, vereiste Strecken, Graupelschauer, faustdicker Nebel, prasselnder Regen, Föhn oder Glutofenhitze nie zu einer Absage eines Laufes, bewog in der Folge aber einzelne OK's zu Datenverschiebungen oder Streckenverkürzungen.

Offizielle Waffenläufe: 554 (Frauenfeld 1934 – Frauenfeld 2006). Zur Schnapszahl 555 fehlt der ausgefallene Lauf von 1939 in Frauenfeld.
Teilnehmerzahl: Ziemlich genau **400'000 Teilnahmen**, nicht Teilnehmer.
Zurückgelegte Kilometer: **10 000 000 km** (10 Millionen km), durchschnittliche Streckenlänge = 25 km; Zeitaufwand aller Teilnehmer: 1 Million Stunden, Kalorienverbrauch: einige hundert Millionen Kalorien.
Thedy Vollenweider, Embrach, trug mit seinen 400 Waffenläufen und 10'000 Kilometern allein 1 Promille dazu bei.

Mit den inoffiziellen Waffenläufen im Toggenburg (15), Schöftland (15), Freiburg (6), Stans und Bern 1991 sowie weiteren einzelnen Durchführungen wurden bis heute ziemlich genau 600 Waffenläufe ausgetragen.

Gratulation an alle, die dazu beigetragen haben.
Beat Schmutz, Düdingen

Impressionen von «Starts» der letzten Jahre

1 Frauenfelder Militärwettmarsch (2002)
2 Altdorfer Waffenlauf (2003)

3

4

7

10

11

3 St. Galler Waffenlauf (2004)
4 Zürcher Waffenlauf
5 Churer Waffenlauf
6 Toggenburger Waffenlauf
7 Freiburger Waffenlauf (2002)
8 Altdorfer Waffenlauf (2003)
9 Krienser Waffenlauf (2002)
10 Frauenfelder Militärwettmarsch (2002)
11 Frauenfelder Militärwettmarsch (2005)
12 Zürcher Waffenlauf (2006)

IMPRESSIONEN

13 Frauenfelder Militärwettmarsch (2003)
14 Reinacher Waffenlauf (2000)
15 Thuner Waffenlauf (2006)
16 Krienser Waffenlauf (2003)
17 Frauenfelder Militärwettmarsch (2004)
18 Frauenfelder Militärwettmarsch (2005)
19 St. Galler Waffenlauf (2002)

IMPRESSIONEN 154 | 155

20

22

25

20 Reinacher Waffenlauf (2005)
21 Frauenfelder Militärwettmarsch (2005)
22 Toggenburger Waffenlauf (2003)
23 Frauenfelder Militärwettmarsch (2006)
24 Zürcher Waffenlauf (2002)
25 St. Galler Waffenlauf (2006)
26 Thuner Waffenlauf (2006)
27 St. Galler Waffenlauf (2003)

IMPRESSIONEN

28 Zürcher Waffenlauf (2006)
29 St. Galler Waffenlauf (2005)
30 Thuner Waffenlauf (2005)
31 Frauenfelder Militärwettmarsch (2006)
32 Zürcher Waffenlauf (2006)
33 Thuner Waffenlauf (2005)
34 St. Galler Waffenlauf (2002)
35 Wiedlisbacher Waffenlauf (2004)
36 Sprint-Waffenlauf Wohlen (2004)

30

32

33

35

36

IMPRESSIONEN 158 | 159

37 St. Galler Waffenlauf (2003)
38 Thuner Waffenlauf (2005)
39 Waffenläufer «passieren» den Fuss des Schreckhorns. Der Thuner Waffenlauf gilt landschaftlich als einer der schönsten Waffenläufe
40 Eine Verfolgergruppe wird von einem Ausreisser «gesprengt»

IMPRESSIONEN 160 | 161

Dehnen; früher und...

... dehnen heute ...

43 Fast so wichtig wie Ernährung, Training usw. Fans und Angehörige «hautnah» dabei. Das Schönste für einen Waffenläufer: wenn seine Frau oder Freundin im Ziel wartet
44 Fotos, immer gut für Laufstilstudien
45 Auch im Waffenlauf haben moderne Laufschuhe Einzug gehalten

Die Interessengemeinschaft Waffenlauf Schweiz (IGWS)

Im folgenden Kapitel soll dem Leser die Organisation näher gebracht werden, welche in den letzten einundfünfzig Jahren die treibende Kraft für den Waffenlauf-Sport in der Schweiz war. Die IGWS war seit 1955 Dachorganisation der Schweizer Waffenläufe und löste sich aufgrund der massiv geänderten Rahmenbedingungen Ende 2006 auf.

IGMS/IGWS – Gründung der Dachorganisation

Der Zweck der IGMS (Interessengemeinschaft der Militärwettmärsche der Schweiz) wurde in den ersten Statuten wie folgt umschrieben: *«Wahrung der gemeinsamen Interessen, Koordinierung soweit notwendig und Abklärung gemeinsamer Probleme mit den militärischen Behörden.»*

Gründung und Entwicklung

Der Waffenlauf nahm allmählich eigene und strukturierte Formen an. Es wurde bald einmal ein Instrument benötigt, welches die Koordination übernahm. Auch stand an, gleiche Rahmenbedingungen zu schaffen. So kam es im Jahr 1955 zur Gründung der Interessengemeinschaft der Militärwettmärsche der Schweiz. Unterzeichnet waren die Statuten von den Präsidenten der damaligen sechs Veranstaltungen, nämlich den Militärwettmärschen Frauenfeld, Reinach, Altdorf, dem Militär-Gedenklauf Le Locle-Neuenburg, dem Waffenlauf Bern und dem Hans-Roth-Waffenlauf Wiedlisbach.

Anfänglich waren Gründung und Einverleibung der Waffenläufe in dieses neue Organ eine Zangengeburt und wie noch heute oft schwierig, die verschiedensten Interessen unter einen Hut zu bringen. So funktionierte die IGMS anfänglich auch nur als lose Organisation.

Der Name «Dachorganisation der Militärwettmärsche der Schweiz» wurde durch die Bezeichnung «Interessengemeinschaft der Militärwettmärsche der Schweiz» (IGMS) ersetzt, seit 1982: «Interessengemeinschaft der Waffenläufe der Schweiz» (IGWS). Im Jahr 2004 wurde der Titel in «Interessengemeinschaft Waffenlauf Schweiz» (IGWS) abgekürzt und entschlackt.

Nach der Gründung im Jahr 1955 folgten Jahre der «Selbstfindung», der Vereinigung der verschiedenen Interessen. Wichtige Beitritte erfolgten 1957 mit dem Krienser Waffenlauf (1. Austragung 1956), 1959 mit den Waffenläufen Zürich (1. Austragung 1958) und Thun (1. Austragung 1959) und wohl 1961 St. Gallen (1. Austragung 1960). Ausgetreten war 1960 der Berner Waffenlauf mit der letzten Austragung im 1959, der vom Zweitagemarsch Bern (1960–2006) abgelöst wurde. 1981 kam der Toggenburger Waffenlauf dazu (1. Austragung 1967, zur SM zählend ab 1982) sowie 1983 der Waffenlauf Freiburg (1. Austragung 1978, zur SM zählend ab 1984). In den Jahren 1999–2001 war der Waffenlauf Chur Mitglied und ab 2004 (1. Austragung zur SM 2005) der Waffenlauf Wohlen. Mit dem Wegfall einzelner Läufe ab 2001 erlosch für diese Waffenläufe natürlich auch die Mitgliedschaft.

Der aktiven Startphase folgte aber bald eine ruhigere Zeit, nachdem die erste Begeisterung dem Waffenlaufalltag gewichen war.

Wie erwähnt war die Anfangszeit nicht nur von positiven Stimmungen geprägt. So wurden vonseiten der OK's und der IGMS hart um die Interessen gerungen. Auch der Auftritt der Gemeinschaft wurde zum Thema gemacht. So kann zum Beispiel Folgendes aus einem Protokoll entnommen werden: «... mit Erstaunen vernimmt man, dass der Gruppe für Ausbildung eigentlich vom Bestehen der IGMS nichts offiziell bekannt sei und man in Bern nicht wisse, an wen man sich zu wenden habe!» Auch besteht seit 3 Jahren ein Waffenlauf der 1. Division, welcher am gleichen Tag wie der ‚Altdorfer' stattfindet.»

Die «Funkstille» hielt bis ins Jahr 1965 an. Das Mitteilungsorgan der ausserdienstlichen Sportarten «Schweizer Wehrsport» durchbrach zusammen mit den Zürcher Patrouilleuren diese Stille. An mühsamen Sitzungen wurden neue Grundsteine gelegt, daraus entstanden die Waffenlaufmeisterschaft und eine neu geschaffene Kategorie Senioren. Der IGMS wurden neue Strukturen verpasst. Nach nur fünf Monaten wurden in Reinach die von Hptm i Gst Hauert ausgearbeiteten neuen Statuten und das Wettkampfreglement diskutiert und bereinigt.

Mit den Jahren konnten die verschiedenen Interessen koordiniert werden und die IGMS entwickelte sich zu einem eigentlichen Dachverband.

Heute hat die IGWS eine nicht mehr wegzudenkende Stellung eingenommen. Sie koordiniert, organisiert, informiert und bildet einen starken Rückhalt für alle Waffenlaufveranstalter der Schweiz. Ende 2006 war «Ende Feuer» für die IGWS.

Die ersten Statuten

Strukturen und Spielregeln wurden 1956 in Statuten festgelegt. Diese wurde von den anwesenden OK-Präsidenten genehmigt und angewandt.

Die ersten Statuten der IGMS:

1. Die Interessengemeinschaft der Militärwettmärsche der Schweiz (IGMS) ist eine vom Eidg. Militärdepartement anerkannte Vereinigung der Militärwettmarsch-Organisationen. Sie bezweckt die Wahrung der gemeinsamen Interessen, die Koordinierung, soweit dies als notwendig erachtet wird, sowie die Abklärung gemeinsamer Probleme mit den militärischen Behörden.
2. An der Spitze der IGMS steht die Delegiertenversammlung, die aus je zwei Mitgliedern der Organisationen gebildet wird. Aus der Mitte der Delegiertenversammlung wird auf die Dauer von drei Jahren ein leitender Ausschuss gewählt, bestehend aus Präsident, Sekretär und einem Beisitzer.
3. Die Delegierten treten mindestens einmal jährlich anfangs Jahr zusammen.
4. Der leitende Ausschuss stellt den Vorort der IGMS mit Sitz am Wohnort des Präsidenten dar. Er vertritt die IGMS nach aussen und sorgt für die Ausführung der Beschlüsse der Delegiertenversammlung.
5. Zur Bestreitung der auf das Notwendigste zu beschränkenden Verwaltungskosten wird alljährlich, auf Grund der Abrechnung, von allen Organisatoren, ein gleichmässiger Anteil erhoben. Alle Delegations- und Reisespesen gehen zu Lasten ihrer Organisation.
6. Die IGMS kann durch eine Zweidrittelsmehrheit aufgelöst werden. In diesem Fall sind alle Akten dem Bundesarchiv zur Aufbewahrung zu übergeben.
7. Dieses Organisationsstatut tritt mit seiner Unterzeichnung durch die Präsidenten der in der IGMS zusammengeschlossenen Organisationen in Kraft.

Unterzeichnet am 28.01.1956 von den Präsidenten der folgenden OK's:

– *Frauenfelder Militärwettmarsch*
– *Reinacher Militärwettmarsch*
– *Altdorfer Militärwettmarsch*
– *Militärischer Gedenklauf le Locle-Neuenburg*
– *Berner Waffenlauf*
– *Hans-Roth-Waffenlauf Wiedlisbach*

Aufgaben und Ziele des Verbandes

Die IGMS/IGWS befasst sich mit der Koordination der Veranstaltungszeitpunkte, mit der Schaffung zweckmässiger und einheitlicher Rahmenbedingungen, der Durchführung der Schweizer Waffenlaufmeisterschaft sowie der allgemeinen Förderung des Waffenlaufsports. Die IGWS setzt ihre Ziele durch Öffentlichkeitsarbeit, Veranstaltungen von Kursen, Unterstützung der Waffenlauforganisationen und Modifizierung der Reglemente durch. Mitglieder der IGWS sind die Veranstalter der Schweizer Waffenlaufmeisterschaft, aber auch Vereine So nutzen die Zürcher Patrouilleure und die Mehrkampfgruppe Fricktal diese Möglichkeit.

Hauptaufgaben der IGWS

Eine Frage steht immer wieder im Vordergrund: Welches ist die Hauptaufgabe der IGWS. Die Interessengemeinschaft nimmt die Interessen der Läuferinnen und Läufer, OK's und Vereine wahr. Sie bildet das Bindeglied zwischen Bevölkerung und Armee und trägt wesentlich zur Verbundenheit bei.

Die Mitglieder der IGWS nutzen Dienstleistungen der Armee zur Durchführung ihrer Anlässe z. B. Kasernen als Unterkünfte, die Mithilfe von Mannschaften aus Schulen oder WK's, oder die materielle Unterstützung in Form von Kampfanzügen, Fahrzeugen, Uem- und Baumaterial.

Die IGWS unterstützt die nationale, regionale und lokale Präsenz. Sie fördert den Sport und leistet vordienstliche Ausbildung.

Sie trägt zur Imagepflege der Armee bei, sichert traditionelle Veranstaltungen und gibt auch der Kameradschaft einen Platz. Heute sieht das anders aus. Das Interesse der Armee am Waffenlauf ist fast spurlos verschwunden.

Die IGWS hatte weitere Aufgaben inne. Sie ist ein Verein und gilt als Dachorganisation der Waffenlauforganisatoren sowie der angeschlossenen Laufsportvereine.

Die IGWS verfolgt mehrere Tätigkeiten. Die Schweizer Waffenlaufmeisterschaft bildet das Rückgrat der Waffenlauf-Saison. Um eine Meisterschaft durchführen zu können, sind Punkte wie das Koordinieren der Termine, einheitliche Rahmenbedingungen, die Organisation und Durchführung der Ehrung zu gewährleisten. Diese wird jeweils von einem Laufsportverein oder einem der Organisatoren in der jeweiligen Region organisiert. So findet das «Absenden», wie die Ehrung in Läuferkreisen genannt wird, in den verschiedensten Landesteilen statt. Im Hunderter, einer Untersektion der IGWS, werden die Beteiligungen nachgeführt und Jubilare mit Spezialmedaillen geehrt.

Die IGWS leistet einen Beitrag zur Erhaltung und Förderung des Waffenlaufsports. Mit diesem Auftrag vertritt sie die Interessen und Anliegen der Waffenlaufszene gegenüber der Öffentlichkeit und dem Eidgenössischen Departement für Verteidigung, Bevölkerungsschutz und Sport (VBS).

Aktuelles aus den letzten Jahren

Die IGWS befindet sich in einem stetigen Fluss von verschiedenen Tätigkeiten. Zurzeit steht auf der Pendenzenliste der Aufbau eines Archives, welches aus diversen privaten Kleinarchiven gebildet werden soll.

Das Internationale Jahr des Sports der UNO im Jahr 2005 gab der IGWS ebenfalls Anlass präsent zu sein. Die Zeitmessung, respektive die Resultatbewirtschaftung durch den gemeinsamen Partner Datasport AG nehmen einen sehr hohen Stellenwert in der IGWS-Pendenzenliste ein.

Die Zusammenarbeit mit Vereinen und OK's gilt als eine ständige Aufgabe. Dazu werden Kontakte gesucht, vermittelt und Gespräche mit anderen ausserdienstlichen Organisationen, Verbänden und Vereinen geführt.

Die Erhaltung der Zeitschrift «Schweizer Wehrsport» ist ein (nun vorläufig abgeschlossenes) Projekt der IGWS. Dank der Interventionen und Vermittlungen des Dachverbandes konnte der Fortbestand der Zeitschrift mittelfristig gesichert werden.

Dauernde Projekte sind Anpassungen und Überarbeitungen von Statuten, Reglementen und der IGWS-Homepage. Auch der

Der ehemalige IGMS-Präsident Major Herbert Gautschi gratuliert dem in Abtwil (SG) wohnendem Bündner Robert Camenisch

Wettkampfkalender ist ein stetiger Pendenzenpunkt, welcher viel Zeit und Abklärungen benötigt. Nebst diesen vielen Aufgaben sind auch noch das jährlich stattfindende Absenden (Ehrung), das Halten der Kontakte mit Armeestellen, Behörden und Sportverbänden zu koordinieren und natürlich stets die Lage neu zu beurteilen. Letzterem Punkt wurde in den letzten Jahren die grösste Bedeutung beigemessen. Denn diese Lagebeurteilung entscheidet über die endgültige Waffenlauf-Zukunft, dem Fortbestehen oder dem Aus dieser Sportart.

Reglemente
Das Technische Komitee der IGWS hat die Reglementierung unter sich. Zurzeit sind es drei Reglemente, welche die Rahmenbedingungen eines Waffenlaufs vorgeben. Es sind dies: das Waffenlauf-Wettkampfreglement, das Jugend-Wettkampfreglement und das Reglement zur Waffenlauf-Schweizermeisterschaft.

Waffenlauf online: www.waffenlauf.ch
Auf vielseitigen Wunsch – v. a. auch aus Läuferkreisen – lancierte die IGWS im Jahre 2002 ihren eigenen Internetauftritt. Einige Waffenlauf-OK's waren damals bereits seit einigen Jahren mit einer eigenen Homepage präsent.

Den Besucher der Internetseite www.waffenlauf.ch erwartet eine Vielzahl von Informationen, Links und ein grosser Bestand an Archivmaterial. Ranglisten können zurück bis ins Jahr 1999 abgerufen werden. Die Informationen zur Schweizer Waffenlaufmeisterschaft bilden jedoch das Kernstück der Seite. Weiter können auch das Meisterschafts- und Wettkampfreglement heruntergeladen werden. Die vorhandenen Links verweisen zudem auf die Seiten der Vereine und der Waffenlauf-OK's. Die Tendenz der Zugriffe steigt stetig. Nach Auflösung der IGWS im Jahr 2006 unterhält der langjährige Waffenläufer und Funktionär Urs Klingenfuss seine private Homepage www.waffenlauf.ch in Eigenregie weiter (bis Ende 2006 hiess sie www.igws.org).

Ermüdungserscheinungen
Der Waffenlauf hat auf verschiedenen Ebenen mit Ermüdungserscheinungen und diversen Problemen zu kämpfen. Einerseits ist es das Nachwuchsproblem und die Schwierigkeit der Organisatoren, Verantwortliche für die Durchführung ihrer Anlässe zu finden. Andererseits machen die rückläufigen Teilnehmerzahlen Bauchweh. Die Reduktion des Armeebestandes und die Herabsetzung des Dienstalters waren ausschlaggebend. Hinzu kommen finanzielle Engpässe, zum grossen Teil von den sinkenden Teilnehmerzahlen herrührend. Des Weiteren sind das geringe Medien-Interesse, die schwindende Anerkennung bei den Jungen und die damit einhergehende stetige Überalterung des Läuferfeldes Mitgründe.

Schlussendlich werden die Teilnehmerzahlen über den Fortbestand entscheiden. Aber auch Wille und Motivation der Organisatoren sind ausschlaggebend.

Die folgende Grafik hilft, einen Blick zurückzuwerfen, die Gegenwart zu durchleuchten und einen Blick in die Zukunft zu wagen.

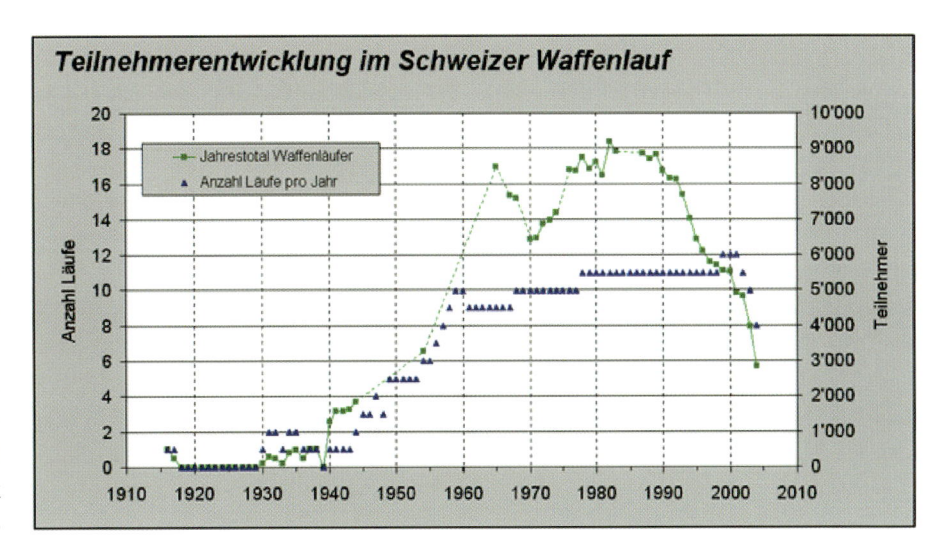

IGWS und deren Aufbau und Organisation
Die IGWS als Organisation besteht aus mehreren Organen. Die Delegiertenversammlung bildet die Legislative. Als Kontrollorgan funktionieren die Rechnungsrevisoren. Die Exekutive setzt sich aus dem Vorstand, dem Technischen Komitee und dem 100er-Komitee zusammen. Vereine und die Waffenlauf-Organisatoren bilden die Mitglieder.

Die Präsidenten
Die IGWS wurde in ihrer einundfünfzigjährigen Geschichte von 11 Präsidenten geführt.

– Hptm Faes
– Major Jung
– Wm Hablützel
– Maj i Gst Bruesch Marco
– Hptm Moesch
– Hptm Wehrli
– Hptm Gautschi Herbert
– Hptm Gygax Jürg
– Oberstlt Vögeli Paul
– Major Frey Urs
– Oberstlt Erb Martin

Delegiertenversammlung, Vorstand und Technisches Komitee
Das oberste Organ ist die Delegiertenversammlung als Legislative. Am Jahresende findet eine Delegiertenversammlung statt, die unter anderem auch die Wahl der verschiedenen Organe der IGWS vornimmt, den Finanzhaushalt überprüft, Statuten, Meisterschafts- und Wettkampfreglemente abändert oder ergänzt. Sie kann auch über Aufnahme und Ausschluss von Mitgliedern entscheiden und darüber, ob der Dachverband aufgelöst wird.

Der Vorstand bildet einen Teil der Exekutive. Dem Vorstand gehören Präsident, Aktuar, TK-Chef, Kassier und Beisitzer an. Die Mitglieder werden jeweils für ein Jahr gewählt. Dem Vorstand sind Aufgaben zugeteilt wie Beschlussfassungen, welche nicht ausdrücklich anderen Organen zugeordnet sind, die Geschäftsführung und die allgemeine Überwachung der IGWS, die Verbreitung von Informationen und die Ausarbeitung von Reglementen.

Der Präsident vertritt die IGWS gegenüber der Öffentlichkeit, den zuständigen Stellen der Armee und sorgt für die Kontrolle über den Vollzug der Ausführung der Beschlüsse der Delegiertenversammlung.

Das Komitee, welches für technische Belange zuständig ist, wird TK genannt. Dieses untersteht dem TK-Chef und ist in der Regel zu einem Teil mit aktiven Läufern besetzt. Dem TK unterliegen Aufgaben von technischem Belang, Redigierung der Reglementsänderungen für den Vorstand, Überwachung der Waffenlauf-Schweizermeisterschaft sowie Berichterstattung über deren Organisation, Durchführung und Probleme. Weiter bereitet das TK auch Entscheide der Schiedsgerichte vor.

100er-Komitee
Dem durch den Basler Ernst Flunser ins Leben gerufenen 100er-Verein obliegt die Aufgabe, langjährige Teilnahmen an Waffenläufen zu ehren. Flunser, der selber 217 Waffenläufe absolviert hatte, übergab später sein Lebenswerk, das fast vollständige Archiv an Ausschreibungen, Resultaten und Zeitungsartikeln dem Düdinger Beat Schmutz. Die Verantwortung für den 100er-Verein trug lange Jahre der bekannte Toggenburger Alois Oberlin, der als die stille, gewissenhaft arbeitende Seele im Hintergrund galt. Er war von 1987 bis zu seinem Rücktritt im Jahre 2003 verantwortlich für die Datenführung der Waffenläufe. Als Schriftführer überprüfte er die Zahl der absolvierten Läufe und meldete die Jubiläumsläufer, welche 100, 150 und mehr Waffenläufe bestritten, den Waffenlauf-OK's.

Seit 2004 leitet die Thurgauerin Susi Rigling als Schriftführerin die Geschicke des 100er-Komitees. Die anstehenden Jubilare werden bekannt gegeben und sie erhalten einen Platz in der 100er-Liste. Mehr dazu findet der Leser im entsprechenden Kapitel über den Hunderter-Verein.

Rechnungsrevisoren, Mitglieder und OK's
Die IGWS besteht nebst dem Vorstand und dem Technischen Komitee auch aus Mitgliedern. Alle Organisationskomitees, welche einen Waffenlauf organisieren und durchführen, sind gleichzeitig auch Mitglieder der IGWS.

Laufsportvereine können ihre Mitgliedschaft in der IGWS an der Delegiertenversammlung beantragen,. welche über eine Aufnahme entscheidet. Nebst den Waffenlauf-OK's sind zwei Vereine Mitglied der IGWS: Zürcher Patrouilleure und Mehrkampfgruppe Fricktal.

Jubiläum 50 Jahre IGWS und Meisterkür
Die Interessengemeinschaft Waffenlauf Schweiz (IGWS) hat eine wechselvolle Geschichte hinter sich. 1955 gegründet, durchlebte die Dachorganisation der Schweizer Waffenläufe eine bewegte Zeit.

Anlässlich des 50-Jahr-Jubiläum im 2005 gab die IGWS eine Jubiläumsschrift in Auftrag. Diese wurde vom IGWS-Aktuar Dominik Schlumpf unter massgeblicher Mithilfe durch seinen Vorstandskollegen Urs Klingenfuss erarbeitet. Die Broschüre gilt als geschichtlicher Rückblick über die vergangenen Jahre dieser wichtigen und tragenden Säule des Waffenlaufsports.

Die Jubiläumsschrift beinhaltet Beiträge diverser Verfasser mit verschiedenen Sichtweisen über die IGWS und den Waffenlauf. Die IGWS war in den Jahren 1955 bis 2006 Dachorganisation der Schweizer Waffenläufe und löste sich bekanntlich aufgrund der sich massiv geänderten Rahmenbedingungen an der Delegiertenversammlung 2006 auf.

Jubiläumsfest und einzigartige Meisterkür
In Altdorf fanden am 9./10. Dezember 2005 Feierlichkeiten zum 50-jährigen Bestehen der IGWS, die Delegiertenversammlung und die Ehrung der besten Waffenläufer der Saison statt. Für die Organisation und Durchführung zeichnete das OK Altdorf unter dem Vorsitz von Hansruedi Zgraggen verantwortlich.

Am 9. Dezember 2005 feierte die Interessengemeinschaft Waffenlauf Schweiz im Urner Kantonshauptort Altdorf ihr 50-jähriges Bestehen. Eingeladen waren an diesem feierlichen und stilvollen Abend alle IGWS-Präsidenten und TK-Chefs der Vergangenheit, alle ehemaligen Schweizermeister in dieser Sportart und weitere Persönlichkeiten mit besonderen Verdiensten.

Im Altdorfer Rathaus begannen die Feierlichkeiten zum Jubiläum. Im Landratssaal begrüsste Martin Erb, Präsident der IGWS, die

2 Am Apero der Jubiläumsfeier 50 Jahre IGWS 2005 in Altdorf fand der ausschlaggebende Kontakt zwischen den Autoren des vorliegenden Buches statt (Beat Schmutz, r.). Was folgte war eine erspriessliche Zusammenarbeit, welche zum vorliegenden Buch führte

3 Beim Apero trafen sich Ehrengäste, Funktionäre, ehemalige und aktive Meister und Vertreter von Behörden und Armee

4 Die Meisterkür stand im Zeichen der grossen und ruhmreichen Geschichte der Waffenlauf Schweizermeisterschaft

5 Alte und Junge und Junggebliebene tauschen sich aus

Gäste. Oberst i Gst Jean-Jacques Joss, Chef Sektion ausserdienstliche Ausbildung und oberster Armeesportler, gratulierte zum Meilenstein. Mit einer Laterne überbrachte er einen Funken Hoffnung, dass der Waffenlaufsport in irgendeiner Art überleben werde.

Nach Voten des Vertreters der Armee, Oberst i Gst Joss, von Regierungsrat Josef Dittli und Landratspräsident Louis Ziegler im Landratssaal ging es dann zum Ort des Festbanketts in den Goldenen Schlüssel.

Im Zentrum der Jubiläumsfeier stand die Meisterkür, die Ehrung bisheriger Waffenlaufschweizermeister. 11 von insgesamt 17 Meistern waren anwesend und genossen die spezielle Ehrung.

Ueli Dysli, bekannter Waffenlaufkenner und Sportjournalist, stellte die Meister der vergangenen Jahre vor.

Von Werner Fischer im Jahre 1967 über Albrecht Moser und Fritz Häni bis zu Jörg Hafner im Jahre 2005. Sie wurden in kleinen Interviews nach ihren Erinnerungen, ihren heutigen sportlichen Aktivitäten und ihren Zukunftsplänen befragt.

Die Funktionäre der Vergangenheit wurden ebenfalls geehrt. Anwesend war auch das letzte noch lebende Gründungsmitglied der IGWS, Hans Müller. Einen solchen Anlass hat es in der IGWS-Geschichte noch nie gegeben. Für alle Anwesenden ein lebendiger Trip in die ruhmreiche Vergangenheit der IGWS und des Waffenlaufs. Gelebte Geschichte...

Weiter hielt Vorstandsmitglied und Autor der Jubiläumsschrift, Dominik Schlumpf, einen Rückblick über die letzten Jahre und Jahrzehnte der IGWS. Herbert Gautschi, IGWS-Präsident zwischen 1977–1988 rundete den Vortrag in spannender Weise ab.

Der «Schock»
Präsident Martin Erb musste die Anwesenden aber auch mit der Zukunft der IGWS konfrontieren, was einen kleineren Schock bei den Anwesenden auslöste. «Die Zukunft im Waffenlaufsport ist alles andere als rosig. Die Beteiligungen sanken von jährlich 9000 Teilnehmern auf maximal 3000 Läuferinnen und Läufer. Weitere Negativpunkte sind die Verkleinerung und der sinkende Stellenwert der Armee, finanzielle Sorgen und fehlende Funktionäre.»

Da seit Jahren keine Trendwende in Sicht ist, gab Martin Erb, der Präsident der Interessengemeinschaft der Waffenläufe der Schweiz bekannt, dass sich die IGWS voraussichtlich auf Ende 2006 auflösen werde. Im 2006 gäbe es letztmals eine Schweizermeisterschaft in bisheriger Form. Sicher sei, dass es im Jahre 2007 keinen St. Galler, keinen Reinacher und keinen Zürcher Waffenlauf mehr geben werde. Einzelne Läufe würden jedoch weiter bestehen, die Zukunft des Waffenlaufsports sei aber weiterhin ungewiss.

6

7

8

9

10

11

12

6 Willi Aegerter wusste noch viel zu erzählen

7 Der ehemalige IGMS-Präsident Major Herbert Gautschi erzählt den Anwesenden aus früheren Tagen und aus seiner Zeit als Präsident

8 Werner Fischer wird von Waffenlauf-Kenner Ueli Dysli befragt

9 Waffenlauf-Legende «Brächtu» Moser berichtete aus früheren Tagen und gab Einblicke in seine heutige sportliche Betätigung

10 Der Meister und Rekordhalter mit 122 Kategoriensiegen Fritz Häni gehört seit mehr als 20 Jahren zur Elite in der Waffenlauf-Szene

11 Hans Furrer ist bekannt für seine Anekdoten und packenden Ausführungen

12 Martin von Känel kann auf eine sehr erfolgreiche Karriere als Waffen- und Bergläufer zurückblicken. Interessant seine Ausführungen, wie er zum Waffenlauf gestossen sei

13 Maria Heim war die zweite Schweizer Meisterin nach Martha Urfer

14 Dieser Meister ging als erster Turnschuh-Sieger in die Geschichte ein. Christian Jost errang am Toggenburger 1991 den ersten «Turnschuhsieg»

15 Die Davoserin Marianne Balmer gilt als erfolgreichste Waffenläuferin aller Zeiten

16 Der inoffizielle Träger des «Fairness-Preises» und 50-fache Tagessieger Jörg Hafner ist zur Legende aufgestiegen

DIE INTERESSENGEMEINSCHAFT WAFFENLAUF SCHWEIZ (IGWS)

17 Koni Schelbert galt als grosses junges Ausnahmetalent

18 Ein Bild für die grossartige und ruhmreiche Geschichte des Waffenlaufs. An der Jubiläumsfeier 50 Jahre IGWS waren 11 von 17 bisherigen Waffenlaufschweizermeister/innen anwesend. Hinten von links Werner Fischer, Fritz Häni, Albrecht Moser, Willi Aegerter, Christian Jost. Vorne von links Hans Furrer, Martin von Känel, Koni Schelbert, Jürg Hafner, Maria Heim und Marianne Balmer

19 Die grossen Siegerinnen und Sieger der Waffenlauf-Saison 2005: Reihe hinten v.l.n.r. Peter Deller, Jörg Hafner, Ruedi Walker, Reihe vorne v.l.n.r. Marianne Balmer, Claudia Helfenberger, Monika Widmer

Aus dem Vorwort

Das Vorwort für die Festschrift «50 Jahre IGWS» stammte aus der Feder des schriftstellerisch begabten ehemaligen Waffenläufers und heutigen Bundesrates, Hans-Rudolf Merz. Er schrieb:

Zwischen dem St.Galler und dem Frauenfelder – ich bin beide gelaufen – spielt sich alljährlich die Waffenlauf-Saison mit ihrer ureigenen, unvergleichlichen Atmosphäre ab. Wir kennen und lieben diese Besonderheiten: Schuhwerk, Rucksack und Kleidung sind nicht bloss Schuhe, Sack und Uniform, nein, jeder Läufer hat seine «Finken», kennt seine Handgriffe beim Gewehr-Schnüren, seine Tricks beim Pflastern und Polstern an Schulter und Rücken. Verpflegung ist nicht gleich Essen, nein, jeder Wehrmann kennt seinen Zuckerspiegel und weiss, was er braucht und erträgt. Und schliesslich am Lauftag selber dann das Gemisch von Dul-X, Rasierwasser und Schweiss, von Waschpulver und Getränken in den Garderoben und am Start.

Hinter diesem Ereignis des Waffenlaufs stehen aber Werte und Tugenden.

Im Vordergrund geht es um körperliche Fitness, Sport und Leistung. Dafür steht die Rangliste. Gewinnen kann nur einer; Sieger über sich selbst aber sind beim Zieleinlauf alle.

Waffenlauf ist sodann eigentlich mehr als nur ein Wettkampf. Er vermittelt den Läufern pure Lebensfreude und er ist damit auch ein Stück weit Plausch. Dafür stehen Jauchzer beim Starten und dafür steht die fröhliche Fan-Gemeinde am Strassenrand.

Drittens erleben die Wehrmänner das Gemeinschaftsgefühl, vor allem auch bedingt durch das Miteinander-Leiden. Dafür stehen die Aufmunterungen und das gegenseitige Anfeuern unterwegs, die kurzen Zwiegespräche und Zurufe, das Zusammensein nach dem Zieleinlauf, die Aufforderung zum Wiedersehen vor dem Heimweg.

Und schliesslich legen Waffenläufer und Funktionäre durch ihren Einsatz ein Bekenntnis zu Armee und Landesverteidigung ab. Dafür steht der Dachverband. Diesen Wert können wir in einer Zeit europäischen Friedens und verminderter Bedrohung nicht hoch genug schätzen.

Der Waffenlauf ist und bleibt ein idealer Träger ausserdienstlicher Tätigkeit. Ich danke der Interessengemeinschaft Waffenlauf Schweiz und all ihren Mitgliedern und freiwilligen Helfern für ihren wertvollen und uneigennützigen Beitrag im Dienste unseres Landes.

Ich gratuliere der IGWS zum Jubiläum und wünsche ihr ungezählte Wettkämpfe und Erfolge in der Zukunft.

Bundesrat Dr. Hans-Rudolf Merz, Herisau, Frühjahr 2005

Dominik Schlumpf

50 Jahre

+IGWS

INTERESSENGEMEINSCHAFT WAFFENLAUF SCHWEIZ

1955 – 2005

«Mythos Waffenlauf – 50 Jahre IGWS»

Rückblick eines ehemaligen Präsidenten
Major Herbert Gautschi
Präsident IGMS bzw. IGWS von 1977–1986

Der Mensch neigt dazu, die Vergangenheit zu glorifizieren, und davor bin auch ich nicht gefeit. Trotzdem oder gerade um das Wissen dieses Phänomens, versuche ich, das Dezennium, während dem ich Präsident war, objektiv und mit einer persönlichen Note, die ja naturgemäss auch subjektiv gefärbt ist, zu beleuchten.

Als ich das Amt, sozusagen aus heiterem Himmel gewählt und auch antrat, umfasste die Interessengemeinschaft der Militärwettmärsche der Schweiz – damals hiess die Dachorganisation mit dem Akronym IGMS noch so, obwohl alle Veranstaltungen seit Jahren nicht mehr Märsche waren – 9 Läufe. Die althergebrachte Bezeichnung, die so gar nicht mehr in die Siebzigerjahre passte, war ein nicht untrügliches Zeichen, das auf das Festhalten an Traditionen, wie es sich für den Waffenlaufsport gehörte, hinwies.

Als «junger Oberleutnant» stand ich einer Interessengemeinschaft vor, deren Mitglieder ihren eigenen Anlass in den Mittelpunkt stellten, wie dies insbesondere in unserem föderalistischen Lande eigen ist. Die Ambivalenz, übergeordnete Strukturen einerseits als notwendig und andererseits als beschwerlich für die eigene Entfaltung zu sehen, war aus meiner Sicht besonders ausgeprägt vorhanden.

Für mich war es erstes Ziel, das für die Waffenläufer und den Waffenlaufsport beschämende Lauftenue, das aus ausgedienten Überkleidern – dem so genannten Parkdiensttenue oder Tenue blau – bestand, umgehend abzuschaffen und durch ein modernes und ansehnliches Sporttenue mit einem atmungsaktiven Gewebe zu ersetzen, das den Waffenläufern nach Hause mitgegeben werden kann. Nach längeren Versuchen mit auf privater Basis finanzierten Tenues, die in der Privatwirtschaft geschneidert wurden und aus unterschiedlichen Stoffzusammensetzungen bestanden, lenkten gewisse Funktionäre der Gruppe für Rüstungsdienste sowie die Sektion ausserdienstliche Tätigkeit auf Geheiss des KKdt Ernst Lüthi ein, das beschämende und in hohem Masse ungeeignete PD-Tenue zu ersetzen. KKdt Lüthi war ein unvergesslicher Enthusiast des Waffenlaufsports, an den ich mich bei auftauchenden Problemen wenden konnte, und der stets einen Lösungsweg aufzeigte. Der zweiteilige Tarnanzug wurde in der Folge und nach überstandenem «Tenuekrieg» – so nannten die Zeitungen die Versuche – in den Achtzigerjahren zum Standard des Waffenlaufsports im Speziellen und für die ausserdienstliche sportliche Tätigkeit im Allgemeinen.

Mit Hilfe einer hervorragenden Technischen Kommission, die vom unermüdlichen Wm Heinz Koch während meiner ganzen Amtszeit umsichtig und mit viel Engagement geführt wurde, konnten wir wesentliche Neuerungen einführen: der Toggenburger- und der Freiburger Waffenlauf wurden nach leidenschaftlich geführten Diskussionen in die IGWS aufgenommen, die Zulassung der Frauen als Waffenläuferinnen mit einem reduzierten Packungsgewicht von 5,5 kg und ohne Gewehr fanden nach emotionsgeladenen Diskussionen Eingang in die IGWS-Männerdomäne. Die Namensänderung von der IGMS zur IGWS sei nur am Rande erwähnt.

Die damalige Zeit war geprägt von Veränderungen. Verschiedene Organisatoren hatten aufgrund des Teilnehmerrückgangs in den Sechzigerjahren und aufgrund der aufkommenden zivilen Laufveranstaltungen ihre Strecken verkürzt, gemeinsam mit den OK wurde eine Erleichterung des Schuhwerks bis hin zu leichten und «turnschuhähnlichen» Laufschuhen in schwarzer Farbe erreicht. Die phantasievollen Kopfbedeckungen einiger innovativer Läufer machten der Technischen Kommission ab und zu zu schaffen und sorgten für Gesprächsstoff über Sinn und Unsinn einheitlicher schwarzer Zipfelmützen, die dannzumal geduldet waren.

Trotz des vermeintlichen Aufschwungs Ende der Siebzigerjahre auf über 9000 Teilnehmer, machten sich schon dazumal untrügliche Zeichen, still und lautlos schleichend, bemerkbar: Die gelockerte Disziplin, die Auswirkungen des Oswald-Berichtes, die militärische Bereitschaft nach dem Ende des kalten Krieges, der Konzeptionsstreit bewegliche oder statische Kampfführung, der Wertewandel in der Nachkriegsgeneration, Pflichten ausser Dienst sind nur lästig und beschwerlich; der Wert der Armee ohnehin in Frage gestellt.

Die äusseren Bedingungen gesellschaftspolitischer und somit auch miliz-militärischer Natur, machen es dem Waffenlauf, der in einer Zeitperiode entstanden ist, die mit der heutigen Zeit in keiner Weise mehr zu vergleichen ist, nicht leicht, vielleicht gar unmöglich, in Zukunft an die vergangenen 80er Jahre der Hochblüte anzuknüpfen. Weshalb soll ein junger Schweizer, eine junge Schweizerin, von denen es immer weniger gibt, und von denen immer weniger in der Armee gebraucht werden, oder auch Ausländer oder Ausländerin, sich an einem Waffenlauf mit einem Pack und Gewehr am Rücken, beteiligen, wo es doch viele andere attraktive und trendige Sport- und Laufveranstaltungen bis hin zu den verrücktesten Extremsportevents gibt.

Obwohl die Armee – auch die Schweiz bleibt davor nicht verschont – immer mehr an den Rand gedrängt wird und in der Bevölkerung nicht mehr verankert ist, sondern mehr und mehr marginalisiert wird, müsste in unserer Schweiz wieder vielmehr ein WIR-Bewusstsein entstehen, eine nationale aber offene Identität, derer sich Mann und Frau nicht schämen müssen, sondern stolz sein dürfen, sich dazuzubekennen, dann würde ein Wertewandel einsetzen. Dazu müsste aber auch die Armee bzw. ihre Spitzen vermehrt ihre neuen Aufgaben – die dramatische Verlagerung der strategischen Einsätze – deutlich und klar in die Bevölkerung hinaustragen, verständlich und glaubhaft kommunizieren. Es darf aber auch nicht mehr sein, dass bis zur Hälfte der jungen Männer als nicht militärdiensttauglich erklärt werden. Auch müsste den Verwaltungsräten der Unternehmen, da spreche ich auch jene an, die in ausländischem Besitz sind, klargemacht werden, dass es von grossem betriebswirtschaftlichen Nutzen sein werde, Führungskräfte für den Milizdienst und die militärische Weiterbildung für eine planbare Zeit aus dem Arbeitsprozess herauszulösen, ohne dass der Auszubildende Gefahr laufen muss, seine Chancen für eine berufliche Karriere eingeschränkt zu sehen.

Ob dieser Wandel per se stattfindet und dann noch kräftig dazu beitragen kann, ausserdienstlichen Leistungen, wie sie u. a. der Waffenlauf darstellt, wieder jenen Wert zurückzugeben, wie er zu Zeiten der Entbehrungen bestand, als die Waffenläufe durch hohe Militärs mit persönlichem Engagement aus der Taufe gehoben wurden, bleibt eine offene Frage.

Major H. Gautschi

Standortbestimmung eines OK-Präsidenten
Oberstlt i Gst Christoph Roduner, Balgach SG
OK-Präsident St.Galler Waffenlauf

Kaum jemand weiss heute, dass der Waffenlauf bereits zum Programm der alten Olympischen Spiele gehört hat, also runde 2500 Jahre alt ist.

Der Waffenlauf bildete den Abschluss des vorletzten Tages. Dieser Waffenlauf kam erst mit der Vervollkommnung des griechischen Volks-Fussheeres auf. Es ist anzunehmen, dass der Lauf eher über kurze Distanzen ausgetragen wurde, da er mit der schweren Rüstung über längere Strecken kaum erträglich gewesen wäre.

Der St.Galler Waffenlauf
In St.Gallen hat dieser Laufsport eine lange Tradition. Seit 1960 findet im Frühjahr der

anspruchsvolle 18,7 km lange Kampf gegen die Uhr statt. Über fünfzig freiwillige Helfer aus sechs militärischen Regionalverbänden sorgen für einen reibungslosen Ablauf. Die Rekrutenschule 11 in St.Gallen/Herisau und das Zeughaus in St.Gallen sind wichtige Partner, ohne deren Unterstützung der Lauf nicht möglich wäre.

Das OK gratuliert
Unser Jubilar, die IGWS, kann mit Stolz seinen Geburtstag feiern. Dank des Einsatzes aller Vorstandsmitglieder wird uns Präsidenten eine Plattform geschaffen, die uns in Entscheidungsfindungen immer einbindet. Mit der IGWS verfügen wir über einen Dachverband, der nicht nur Papier produziert, sondern tatkräftig Probleme löst. Nicht nur Delegiertenversammlungen, Ehrungen und TK-Sitzungen sind zu koordinieren, sondern auch Statuten zu überarbeiten, Terminpläne anzupassen und vieles mehr. Kurz, man muss «angefressen» sein.

Die Sicht eines OK's
Mit der Aufforderung seitens der IGWS zu einer Lagebeurteilung für das Jahr 2006 stellt sich die Frage, wie weiter? Sind die Traditionsanlässe überlebensfähig oder ist es an der Zeit, mit den Waffenläufen aufzuhören? Mit der Armeereform ist das Dienstzeitalter unserer Soldaten massiv reduziert worden. Der Waffenlauf ist ein ideales Bindeglied zwischen Armee und Zivilsport. Wir hoffen, dass wir weiter auf die Unterstützung der Armee zählen können.

Die Entscheidung
Entscheiden werden die Teilnehmerzahlen. Attraktiv ist der Waffenlauf vor allem, weil er etwas sehr Spezielles ist. Erst wer es selbst einmal erlebt hat, kann beurteilen, was der Unterschied zwischen einem reinen Laufwettkampf und einem Waffenlauf ist. Die körperliche Herausforderung steht im Vordergrund, Tradition und Wehrbereitschaft sowie die ausserordentliche Kameradschaft unter den Läufern motivieren die Organisatoren des «St. Gallers» immer wieder aufs Neue.

Werbung in den Rekrutenschulen und die Bereitschaft, Neuerungen gegenüber offen zu sein, werden uns weiter motivieren, die freiwilligen Arbeitsstunden zu Gunsten unseres «St. Gallers» zu tätigen. Die Organisatoren wollen weiterhin an der Tradition festhalten. Sie sind sich aber bewusst, dass es keinen Sinn macht, ohne Dachverband und mit bald gleichviel Helfern wie Teilnehmern Läufe zu organisieren.

Danke
Der Waffenlauf braucht einen Dachverband, eine Meisterschaft und junge, aktive Wettkämpfer.

Ich danke der IGWS für die geleistete Arbeit und hoffe, weiterhin auf eine tatkräftige Unterstützung zählen zu können.

Oberstlt i Gst Christoph Roduner, Balgach SG

Ein Vereinspräsident dankt
Emil Berger, Wiedlisbach BE
Vizepräsident LWV Mittelland, Präsident Läufergruppe Niederbipp
Vorweg möchte ich allen danken, die sich in den letzten 50 Jahren für die IGWS zur Verfügung stellten.

Die Sicht eines Laufsportvereins
Als Vereinspräsident der Läufergruppe Niederbipp, als OK-Präsident des Bipper Geländelaufs und als Vizepräsident der LWV Mittelland habe ich eine grosse Beziehung zum Laufsport.

Seit meinem ersten Waffenlauf (1987 in Freiburg als Rekrut) hat sich sehr viel in diesem Sport verändert.

Damals noch mit den schwarzen Waffenlaufschuhen und 7,5-kg-Packung, 11 Meisterschaftsläufen (2 Streichresultate) und gegen 1000 Läufern. Allein im Auszug 200 und mehr.

Vieles wurde geändert, zuerst wurden die Schuhe freigegeben, dann wurden diverse Strecken verkürzt, die Packung von 7,5 kg auf 6,2 kg erleichtert, und alles nur um den Teilnehmerrückgang zu stoppen.

Teilnehmerzahlen
Heute sind wir bei 8 Meisterschaftsläufen, wovon 3 Streichresultate erlaubt sind, und bei einer Teilnehmerzahl von knapp 300 (nicht bei den M20, sondern im ganzen Feld). Weshalb das so ist, weiss ich leider auch nicht. Man kann nicht sagen, die Verantwortlichen hätten es verschlafen, denn die IGWS ist seit Jahren um den Waffenlauf bemüht. Auch einzelne OK's versuchen, mit Gratisstarts für Neulinge Werbung zu machen. Leider nur mit geringem Erfolg.

Es braucht dringend jemanden, der die Lösung bringt, damit die Teilnehmerzahlen wieder auf über 500 Teilnehmer steigen.

Lösung in Sicht?
Eine Lösung habe ich leider auch nicht, sonst hätte ich sie schon lange umgesetzt. Die Zukunft im Waffenlauf nehme ich wie sie kommt. Solange ich gesund und munter bin und es noch Waffenläufe gibt, werde ich dabei sein.

Danke
Den Mitgliedern der IGWS und den Verantwortlichen in den OK's wünsche ich für die Zukunft alles Gute und viel Ausdauer für ihren ehrenamtlichen Einsatz.

Emil «Miggu» Berger, Wiedlisbach BE

Ein aktiver Wettkämpfer zur IGWS
Oberstlt i Gst Edi Hirt, Hünibach BE
Läufer in der Kategorie M30

Vor zwölf Jahren bestritt ich aus Neugierde meinen ersten Waffenlauf. Nachdem ich den Thuner Waffenlauf oftmals aus der Sicht des Zuschauers miterlebt hatte, wollte ich es einmal selber probieren. Aus dem ersten mühsamen Versuch – das fehlende Training lässt grüssen – sind es mittlerweile über 50 Waffenläufe und zahlreiche Brigade-, Divisions-, Korps- und Armeemeisterschaften geworden. Daneben bestreite ich auch regelmässig zivile Läufe. Doch was macht aus meiner Sicht den Reiz eines Waffenlaufs aus?

Bei mir sind es vor allem zwei Gründe, die mich zur Teilnahme bewegen. Erstens die vorherrschende Kameradschaft. Ob Alt oder Jung, ob Soldat oder Oberst, alle haben ein gemeinsames Ziel, eine gemeinsame Leidenschaft, die gleichen Freuden und Leiden auf der Strecke ... Vom ersten Waffenlauf an bis heute hat mich die Kameradschaft unter den LäuferInnen immer wieder begeistert. Sei es bei den Startvorbereitungen, auf der Laufstrecke oder nach den Läufen. Die gegenseitige Unterstützung empfinde ich einzigartig und möchte diese auch in Zukunft nicht missen! Zweitens die Förderung der körperlichen Leistungsfähigkeit. Durch meinen Beruf als Berufsoffizier bin ich viel unterwegs und habe recht wenig Zeit zum Training. Deshalb betreibe ich eine Sportart, die effizient die Leistungsfähigkeit fördert, praktisch überall und mit kleinem logistischem Aufwand und zu jeder Zeit durchgeführt werden kann. Das Lauferlebnis in der freien Natur finde ich nach wie vor unübertroffen. Die LäuferInnen wissen, wovon ich spreche: Das Gefühl, sich unbeschwert – natürlich auch nicht immer – in der Natur bewegen zu können, der Geschmack der Pflanzenwelt – ganz besonders nach Regenfall – die Beobachtungen in der Tierwelt usw. Ich könnte noch weiter fortfahren. Welche andere Sportart bietet diese Form der Lebensqualität?

Doch kehren wir zur harten Realität der aktuellen Waffenlaufsaison zurück: Immer weniger Läufe mit immer weniger und älteren TeilnehmerInnen. Dies kurz zusammengefasst die Hauptproblematik aus meiner Sicht. Wie lässt sich das Problem lösen? Ich habe auch nicht DIE Lösung, möchte jedoch folgende Gedanken weitergeben: Wir müssen akzeptieren, dass die Zeit der Achtzigerjahre, als teilweise über tausend TeilnehmerInnen an den Läufen zu verzeichnen waren, der Vergangenheit angehört. Die tiefgreifenden sicherheits- und gesellschaftspolitischen Veränderungen lassen sich nicht wegdiskutieren. Für einen Zwanzigjährigen stellt der Waffenlauf heute keine besondere Herausforderung mehr dar, zu vielfältig sind heute die Freizeitangebote. Deshalb scheint mir die aktive Werbung unter den potenziellen TeilnehmerInnen der Kategorie M20 entscheidend zu sein. Attraktive Wettkämpfe und die Förderung der Kameradschaft scheinen mir dabei zentrale Werte zu sein. Anschlusspunkt sind hier die Lehrverbände. Auf ihnen sollten in Zukunft die Läufe basieren. Nicht bloss logistisch, sondern auch bezüglich der TeilnehmerInnen. Seitens der IGWS sollte mindestens versucht werden, ob die Lehrverbände nicht zu «halbfreiwilligen» Teilnahmen aus den Beständen ihrer Rekruten- und Kaderschulen bewegt werden könnten. Wenn aus diesen TeilnehmerInnen nur jeder bzw. jede hundertste TeilnehmerIn wieder an einem Wettkampf teilnimmt, eröffnen sich auf diese Weise der Kategorie M20 jährlich 200 potenzielle neue TeilnehmerInnen. Einfach, nicht wahr?

Gelingt es jedoch nicht, rasch in der Kategorie M20 neue TeilnehmerInnen zu gewinnen, sehe ich bereits mittelfristig die Existenz der Waffenläufe ernsthaft bedroht.

Ich werde dieses Jahr mit meiner Familie zur militärischen Weiterausbildung für ein Jahr nach Grossbritannien gehen (Royal Military College of Science). Ich werde das Laufgeschehen in der Schweiz, insbesondere natürlich auch den Waffenlauf, auch weiterhin mitverfolgen.

Ich freue mich bereits jetzt auf den ersten Lauf nach meiner Rückkehr im Herbst 2006 und wünsche allen WaffenlaufkameradInnen weiterhin alles Gute, viel Glück und Erfolg. Den Veranstaltern wünsche ich viele zündende Ideen, viel Durchhaltewillen, eine möglichst grosse Unterstützung und viele begeisterte TeilnehmerInnen!

Machet's guet, bis zum nächsten Waffenlauf!

Oberstlt i Gst Edi Hirt, Hünibach BE

Die Zeit läuft ab...
Ursachen des Niedergangs

Die sinkenden Teilnehmerzahlen, die mangelnde Bereitschaft der Freiwilligenarbeit in Verbänden, OK's und Vereinen, das sinkende Interesse und Ansehen und die Überalterung nagen sehr stark am ganzen Konstrukt. Auch die Unterstützung durch die militärische Seite liess zu wünschen übrig. Viele Waffenlauf-OK's wurden wie zum Beispiel in St.Gallen jeweils durch Rekruten unterstützt. Mit diesen Dienstleistungen war vielerorts Schluss.

Der IGWS und den Waffenlauf-OK's macht auch die immer stärker werdende Überalterung der Waffenläufer Sorgen. Die Herabsetzung der Alterslimite der Militärdienst-Pflicht im Zuge der Armeereform vergrössert dieses Problem. Der Teilnehmerschwund wurde immer grösser. Von den angemeldeten Läufern sind teils mehr als 60 Prozent über 40 Jahre alt. Die Zahlen in der Kategorie, der 20 bis 30-Jährigen machen das Problem noch deutlicher. In dieser Kategorie meldeten selten über 30 Läufer an, anderseits starten fast gleich viele Frauen.

Aus einem Zeitungsbericht war Folgendes zu entnehmen: Der Redaktor fragte im Jahr 2002 den langjährigen IGWS-Funktionär und Hunderter-Chef Alois Oberlin nach der Zukunft des «Toggenburgers»: «Wird am Sonntag um 10.30 Uhr im Städtli zum letzten Toggenburger gestartet?» Oberlin: «Viele der bestehenden OK-Mitglieder sind davon überzeugt. Vielleicht müsste die Veranstaltung gemeinsam mit St. Gallen, eventuell sogar Frauenfeld, in Form eines Ostschweizer Waffenlaufs durchgeführt werden. Doch was nützen alle Massnahmen

Eine Packung steht da und wartet auf seinen Besitzer. Wird er sie an den Nagel hängen oder auch 2007 wieder schultern? Die Zukunft ist ungewiss...

und Neuerungen, wenn die Läufer ausbleiben?»

Die Aussagen machten das Problem deutlich. Ideen und der Wille waren vorhanden, doch es fehlte am wichtigsten Gut überhaupt: den Läufern! Dazu kam auch, dass den OK's die hohen Kosten im Genick sassen. «Ob der Waffenlauf generell als militärsportlicher Anlass weitergeführt werden kann, hängt vor allem von den Läufern ab», sagen die OK's. Vor einigen Jahren begann sodann auch der «Leistungsabbau». Wenn die Waffenläufer noch weiter Wettkämpfe bestreiten wollen, dann müssten sie auch bereit sein, noch mehr Startgeld aus der eigenen Tasche zu berappen. Die Kosten für die Durchführung könnten auch gesenkt werden, wenn die Waffenlauf-Organisatoren aufhören, die Teilnehmerinnen und Teilnehmer mit verschiedensten Treue- und Spezialpreisen zu beschenken. Unter den «Leistungsabbau» fiel auch der Versand der Ausschreibung. Gab es in früheren Jahren die Zustellung der Startnummer und der Ausschreibung per Post und das Nachsenden der Rangliste in Form einer kleinen Broschüre, begnügten sich die OK's aus Spargründen auf die Sammelausschreibung der IGWS und es wurde vom Wettkämpfer «verlangt», die Ranglisten auf der Webseite der Zeitmessfirma anzusehen oder er musste sich auf die nächste Ausgabe der Zeitschrift «Schweizer Wehrsport» gedulden.

Der «Wehrsport» leidet

Bei den Tendenzen im Waffenlauf mit den stark sinkenden Teilnehmerzahlen können Parallelen zu anderen Wehrsportarten gezogen werden. Das soziale, politische und gesellschaftliche Umfeld trifft ausschliesslich die Wehrsportarten, die einen martialischen Touch haben und in einer «friedlichen» Umfeld ihre Bedeutung und ihren Stellenwert verlieren. So wurden die Wehrsportarten zu eigentlichen Randsportarten, fest von aufkommenden zivilen Sportarten bedrängt.

Mit dem Fall des Eisernen Vorhangs von 1989 und der nachlassenden gesellschaftlichen Bedeutung des Militärs, ging auch das öffentliche Interesse am Waffenlauf verloren. Mit den beiden Armeereformen 95 und XXI wurden die veränderten geopolitischen Rahmenbedingungen schlussendlich in Massnahmen umgesetzt. Das abnehmende Interesse von Sponsoren zur Unterstützung der einzelnen Läufe erschwerte es, die Läufe überhaupt noch zu finanzieren.

Man hat vieles probiert, um die Jungen zurück zum Waffenlauf zu bewegen: Zivile Kategorien ergänzten die militärischen, ein Animationscup für 20 bis 29-Jährige wurde initiiert, Startgeldreduktionen für Neuzugänger eingeführt und in den Rekrutenschulen vermehrt Werbung für die Läufe betrieben. Alles hat nichts genutzt. «Ich glaubte immer daran, dass wir auch die Jungen für den Sport begeistern können. Die Entwicklung in den letzten Jahren hat mich aber eines Besseren belehrt», sagt Urs Klingenfuss, IWGS-Vorstandsmitglied. Mittlerweile hat man auch im Vorstand der IGWS die Flinte ins Korn geworfen. Man musste ernüchtert akzeptieren, dass der Waffenlauf nicht mehr dem Zeitgeist entspricht und sich selbst überlebt hat.

So hat in den letzten Jahren und Jahrzehnten ein Wertewandel eingesetzt. Veränderte Interessen, die Tendenz hin zur Individualistengesellschaft, veränderte berufliche und gesellschaftliche Vorstellungen sind nur einige Gründe hierfür. Beruf und Freizeit werden allem vorgezogen. Viele Leute haben eine andere Haltung zur Leistung von Pflichten zugunsten der Allgemeinheit.

«Werte hochhalten»

Korpskommandant Rudolf Zoller, ehemaliger Kommandant FAK 2 (1997–2002) schrieb in der Chronik «Reinacher Waffenlauf» folgende Worte, welche offen und ehrlich vor Augen führen, wo die Probleme liegen.

«Trotz rationalen Verständnisses für das Ende des «Reinachers» bleiben Bedauern und Wehmut. Während vier Jahrzehnten habe ich in meinen militärischen Funktionen den Aargauischen Waffenlauf als regelmässiger Besucher hautnah erlebt und dabei seine besonderen sportlichen und militärischen Werte schätzen gelernt. Der Aargauische Waffenlauf reicht in seiner Bedeutung über den harten sportlichen Wettkampf hinaus. Bei seiner Gründung im Zweiten Weltkrieg vor 63 Jahren war er stark geprägt vom damaligen Zeitgeist der existenziellen Bedrohung unseres Landes und der langen, ungewissen militärischen Aktivdienstleistungen. Der «Reinacher» war nebst dem sportlichen Wettkampf stets Ausdruck des schweizerischen Wehrwillens und der Verbundenheit von Volk und Armee, was gerade im oberen Wynental mit seinem eigenen Waffenlauf ausgeprägt zu spüren war. Im

Verlaufe der Zeit sind diese Werte infolge der veränderten sicherheitspolitischen Lage in der öffentlichen Wahrnehmung zunehmend verblasst. Die militärische ausserdienstliche Komponente hat immer mehr der rein sportlichen Platz gemacht. Ersichtlich ist diese Entwicklung in den steten Anpassungen des Laufes in formalen und inhaltlichen Bereichen. Das anfängliche Schiessen und Handgranatenwerfen als Wettkampfbestandteil wurde bald einmal fallen gelassen, die vorgeschriebenen Ordonnanzschuhe für die Wettkämpfer wichen den besonderen Waffenläuferschuhen und schliesslich wurde das Schuhwerk freigestellt. Die Bekleidungsvorschriften für den Wettkampf wurden gelockert. Das Einrücken in Uniform, der Unterkunftsbezug, das formelle Melden des Wettkampfbataillons auf dem Schulhausplatz und andere militärische Formalitäten wichen im Verlaufe der Zeit einem freien, sportlichen Wettkampfablauf. Trotz aller Veränderungen blieb der Waffenlauf jedoch in seinem Charakter bis heute eine militärische Wehrsportveranstaltung.

Der Aargauische Waffenlauf hat Werte hochgehalten und Traditionen gepflegt, die im Interesse der Armee und eines gesunden Wehrwillens lagen, wofür allen ehemaligen und heutigen Beteiligten Dank und Anerkennung gebührt.»

Wo steht die Armee?

In der Armee herrscht ebenfalls ein dynamischer und fliessender Wandel in fast allen Bereichen. Daher ist die ausserdienstliche Ausbildung auf professionelle Hilfe angewiesen, auf Leute und Organisationen, welche die Probleme von A–Z angehen. Bei den Umstrukturierungen von der Armee 61 zur Armee 95 und hin zur Armee XXI haben auch Anpassungen im Bereich der ausserdienstlichen Tätigkeit und Ausbildung zwar stattgefunden. Doch elementare Anpassungen haben entweder gefehlt oder sie wurden nicht mit der Priorität behandelt, welche sie nötig hätten. So hat man lediglich den Begriff «Ausserdienstliche Tätigkeiten» in «Ausserdienstliche Ausbildung» geändert. Aus einem Papier der SAT geht hervor, dass die ausserdienstliche Ausbildung und Tätigkeit die Aufwuchsfähigkeit und die Aus- und Weiterbildung der Reserve beinhaltet. Aufgrund des kürzeren Wehrpflichtalters wären die militärischen Gesellschaften und Dachverbände wichtige Bindeglieder zwischen Armee und Bevölkerung geworden.

Bereits mit der Reorganisation Armee 95 und der damit verbundenen Reduzierung des Dienstalters entstand ein Teilnehmerschwund bei den jüngeren Läufern in den Kategorien M20 und M30. Zudem scheinen neue Trendsportarten für die Jugendlichen attraktiver zu sein als die Traditionssportart Waffenlauf. Die Armee XXI wird eine weitere Reduktion der Bestände nach sich ziehen. Um den Teilnehmerrückgang aufzufangen und den Bestand der Waffenlauftradition zu sichern, müsste diese Sportart stärker in die militärische Ausbildung in der Armee XXI integriert werden. Neben den rückläufigen Teilnehmerzahlen macht den Veranstaltern auch die schleichende Überalterung zu schaffen. Waren es 1978 noch 80 Prozent in der ersten und zweiten Altersklasse (die jüngsten Teilnehmer), so starteten 2002 mehr als 60 Prozent, die 40 Jahre und älter waren.

Was die Zukunft bezüglich der Unterstützung durch die Armee, namentlich im Bereich von Helfern, bringen wird, ist völlig offen. In der Armeereform XXI war vorgesehen, dass die gewöhnlichen Wehrmänner im relativ jungen Alter von 32 Jahren aus der Wehrpflicht entlassen werden. Damit für diese Leute die Verbindung zur Armee bestehen bleiben würde, sollte eigentlich der Wert für ausserdienstliche Tätigkeiten gewinnen.

Verschiedene Aussagen von hoher Stelle der Armee konnten wie folgt zusammengefasst werden: «Die Armee weiss nach ihren Reformen nicht, ob und wie sie den Waffenlauf unterstützen wird».

Interessewandel der Medien

Die 70er- und 80er-Jahre dürfen als Hochblüte des Waffenlaufs bezeichnet werden. Jeweils weit über 1000 Läufer fanden sich zu den Starts der mannigfaltigen Läufe in der gesamten Schweiz ein. Ein Beispiel. Arnold Rubli aus Marthalen hat im Jahr 2005 seinen hundertsten Lauf absolviert, darunter zwölf Mal den Frauenfelder. Er erinnert sich, wie in den 70er-Jahren gar die Zwischenresultate im Radio DRS verkündet wurden. Ganz anders die Bedingungen 20 Jahre später: «Ich bin in den 90er-Jahren am Frauenfelder noch mit mehr als 1000 Teilnehmern gestartet und trotzdem wurde in den Nachrichten eher über den 4.-Liga-Fussball berichtet als über den Waffenlauf», sagt Rubli.

In den Medien hatte der Waffenlauf in früheren Jahren einen sehr grossen Stellenwert. Doch es muss gesagt sein, dass die Dichte der Berichterstattung immer so gross war und ist wie die Sympathie der Redaktion oder der einzelnen Schreiberlinge. Früher, in der Zeit der grossen Kriege, hatte der Waffenlauf auch als Wehrbereitschaftsbekundung einen anderen Stellenwert. Die Waffenläufe wurden von Generälen und hohen Offizieren als Plattform genutzt für ihre Interessen. Die Situation zeigte sich in den Neunzigerjahren nicht mehr so rosig wie in den Achtzigerjahren. So ist dem Protokoll der IGWS-Delegiertenversammlung vom 30.11.1996 Folgendes zu entnehmen: «Das Schweizer Fernsehen war lediglich am Hans-

Roth-Waffenlauf und am Frauenfelder Militärwettmarsch anwesend.» Zwei Jahre früher tönte es wie folgt: «SF DRS war 1994 in Wiedlisbach, Kriens und Altdorf anwesend.» Die Delegiertenversammlung äussert sich enttäuscht über diese geringe Präsenz und ist damit einverstanden, dass der IGWS-Präsident bei den zuständigen Stellen schriftlich interveniert.»

Hin und wieder wurden Waffenlauf-Austragungen in den Fernsehmedien grösser als nur als kleiner Mitschnitt aufgezogen. So «werkelte» SF DRS mit Nationalrat und Armeeabschaffer Andreas Gross am Frauenfelder 1995 herum. In der Sendung «Time out» versuchte GSoA-Aktivist Gross gegen den Waffenlauf anzutreten. Als profilierter Parlamentarier bot der ehemalige bekannte Nationalrat Ernst Mühlemann kräftig Paroli. Auf eine Intervention durch die IGWS beim nationalen Fernsehsender wurde jedoch verzichtet. Im gleichen Jahr erstellte das Lokalfernsehen Diessenhofen einen interessanten 40 Minuten dauernden Bericht über den Frauenfelder.

Präsenz der Presse

Der Waffenlauf wurde in den Achtzigerjahren verfilmt. Der Armeefilmdienst drehte damals einen vielbeachteten Film über diese ausserdienstliche Wehrsportart, die jeweils tausende Wehrmänner in alle Regionen der Schweiz gezogen hat. Auch das Schweizer Fernsehen war an den meisten Anlässen präsent, bis dann nach einem Wechsel in der entscheidenden Fernseh-Etage für den Waffenlauf die Wende kam und die Waffenlauf-Berichterstattung aus dem Sportpanorama verschwand. Später, als sich dann verschiedene andere Fernsehgesellschaften etablierten, war hin und wieder auch am Fernsehen etwas über den Waffenlauf zu sehen. Besonders Tele Ostschweiz (TVO) und der

«Als das Fernsehen auf Grün abfuhr»
Der Waffenlauf schleicht sich ins Nichts. Das muss einem, der zur Blütezeit dieser eigenwilligen Schweizer Sportart dominierte, der an einem 1. August geboren wurde, weh tun. Doch der 71-jährige Werner Fischer hat den Blick auf die Realität nicht verloren. Der erste Schweizer Waffenlaufmeister hält noch heute den Rekord von 13 aufeinanderfolgenden Tagessiegen.

Andere, neue Sportarten haben dem Militärsport längst den Rang abgelaufen. Klar ist für den Ehrendinger: «Die Bedeutung des Waffenlaufs ist nicht mehr dieselbe. Dazumal gab es in den sonntäglichen Sportsendungen des Schweizer Fernsehens fast von jedem Waffenlauf Teilaufzeichnungen. Mich kannte man in der Schweiz besser als den jetzigen Dominator Jörg Hafner.» Das habe sich geändert. Auch in den Zeitungen werde nur noch kurz berichtet, manchmal nur mit den Resultaten der Besten. «Zudem kann man die Jungen nicht mehr mobilisieren. Früher war der Auszug die Hauptkategorie. Heute sind die Männer 20, wie es heute heisst, fast am Aussterben.»

22 Als die Waffenläufe noch Strassenfeger waren. Ein grandioses Bild, die Zeiten mit mehr als tausend Wehrmännern sind vorbei ...

23 Waffenlauf – einmal aus einer anderen Perspektive

24 Als die «Medien-Obrigkeiten» noch Aktive waren... Andreas Blum, ehemaliger Direktor Radio DRS und selbst aktiver Waffenläufer im Gespräch mit Divisionären der Schweizer Armee

25 Jörg Hafner und Martin Schöpfer geben nach ihrem Doppelsieg am Wiedlisbacher Waffenlauf 2003 den Medien Auskunft über ihren Wettkampfverlauf

Lokalsender Tele Top berichteten ausführlich über den Frauenfelder. In den Printmedien war der Waffenlauf auch immer so stark vertreten, wie das OK seine Priorität auf die Berichterstattung legte.

Die letzten beiden Beiträge strahlte das Schweizer Fernsehen nach dem Wiedlisbacher 2006 und nach dem Frauenfelder 2006 aus. Die Kurzreportage über den Wiedlisbacher war eine einseitige und wenig sagende Kurzreportage über den Niedergang des einst so populären Waffenlaufs. Dies hat gezeigt, dass viele Medien schnell zur Stelle sind, wenn etwas stirbt oder es eine Sensation zu erhaschen gibt. Schöner und vor allem wahrheitsgetreuer war die Reportage des «Sportpanoramas». Die Aufnahmen dazu wurden am Thuner und Frauenfelder gemacht. Eine gelungene und sachlich richtige Reportage über den Aufstieg und Niedergang des Waffenlaufsports in der Schweiz.

Waffenlauf-Fachjournalisten

Eine wichtige Säule bilden heute noch die «Waffenlauf-Fachjournalisten». Zu den bekanntesten Werbern für unseren Sport gelten die ehemaligen und teilweise noch heute Aktiven wie Ueli Dysli (Stüsslingen SO), Ernst Flunser (Basel), Kurt Henauer (Bremgarten b/ Bern), Rudolf Käser (Wittenbach), Oskar Rickenmann (Wil SG), Max Rüegg (Domat Ems), André Widmer (Bern) sowie natürlich die beiden Redaktoren des «Schweizer Wehrsport» Heinz Koch (Winterthur), und Ueli Jäggi (Bad Ragaz), wie auch Urs Klingenfuss (Schaffhausen).

Die IGWS an der Front

Die IGWS hat wie bereits mehrere Male erwähnt, eine wechselvolle Geschichte hinter sich. Blättert man einige Jahre zurück erkennt man, dass die IGWS seit der Gründung eine treibende Kraft war. Einige Passagen aus Protokollen und Berichten der vergangenen Jahrzehnte sprechen für sich:

«Die Luft ist noch nicht draussen»

Die IGWS kämpfte zusammen mit den organisierenden OK's an vielerlei Fronten. Viele Rettungsversuche wurden mittels Fragebogen-Aktionen und Läuferumfragen gestartet. In den Vorstands- und TK-Sitzungen, an Präsidentenkonferenzen und in Arbeitsgruppen wurde an der Zukunft des Waffenlaufs gearbeitet.

Einige der Aktionen und Rettungsversuche der jüngsten Zeit seien hier aufgeführt:

Tag der ausserdienstlichen Tätigkeit

Auf Freitag, den 10.10.2003, hatte die SAT (Sektion ausserdienstliche Ausbildung und Militärsport im VBS) zu einer Informationsveranstaltung für die militärischen Dachverbände mit Vertretern der Armee eingeladen. Der Vorstand und das TK der IGWS nahm diese Chance wahr, um sich und den Waffenlauf zu präsentieren.

Die Zielsetzung der Veranstaltung wurde von der SAAM wie folgt formuliert: Gegenseitiges Kennenlernen der Tätigkeiten, Bedürfnisse und Wünsche der militärischen Dachverbände sowie Erarbeiten von Möglichkeiten einer zielorientierten Zusammenarbeit in der Armee XXI.

In einem ersten Teil konnte jeder der 31 anwesenden Verbände in einer Kurzpräsentation die eigene Organisation sowie deren Bedürfnisse vorstellen. IGWS-Präsident Martin Erb tat dies für den Waffenlauf unter dem Motto «Wer sind wir? – Was bieten wir? – Was brauchen wir?». Er ging dabei vor allem auf die dringend notwendige Unterstützung der Waffenlauf-OK's mit Hilfspersonal und Infrastruktur sowie die Möglichkeiten der Teilnehmerwerbung ein.

Im zweiten Teil der Tagung konnten die Anwesenden ihre Tätigkeiten an Stellwänden präsentieren. Dabei ging es auch darum, mit den andern Verbänden, wie z. B. Übermittler, Motorfahrer, Sanitäter usw., sowie mit den anwesenden Vertretern der zukünftigen Lehrverbände und Einheiten der Armee XXI ins Gespräch zu kommen. Die vier anwesenden Waffenlauf-Vertreter aus dem IGWS-Vorstand bzw. -TK schafften es, einige interessante und viel versprechende Kontakte herzustellen.

Das UNO-Jahr 2005

Im Jahr 2005 schrieben die Vereinten Nationen (UNO) das Jahr zum «internationalen Jahr des Sports und der Sporterziehung» aus. In vielen Ländern der Welt wurden Aktivitäten und Konzepte erarbeitet und umgesetzt. In der Schweiz galt es, mit der Lancierung einer Kampagne die Schweizerinnen und Schweizer zu bewegen, sich zu bewegen. Auf diesen Wagen sprang die IGWS auf und machte in diesem Komitee mit. Ziel war es auch, an neue Leute zu kommen und für eine Teilnahme an einem Waffenlauf zu bewegen. Sämtliche Waffenläufe wurden danach in den Publikationen zum UNO-Jahr festgehalten.

Jugendförderung der IGWS (Aktion M20plus)

Immer wieder versuchte die IGWS auch, besonders die jüngeren Läufer zu hätscheln und mit Aktionen an diese heranzukommen. Bereits zu Beginn der Neunzigerjahre war ein Abwärtstrend speziell bei der M20 Kategorie ablesbar. Zusammen mit Arno Jäckli aus St. Gallen lancierte Alois Oberlin eine Idee, den AC-20 (Aktivclub der Kategorie M20). Statt der ganzen Palette der damals 12 Läufe wurde nur an 5 Läufen eine spezielle Wertung zusätzlich berechnet und vorab mit Sportpreisen belohnt, die aber zu weniger als 50% abgeholt wurden...

Die jüngste Aktion zur Förderung der Jungen war die Aktion M20plus, welche mit ihren Tätigkeiten wie die Lancierung eines Newsletters, Brief- und Flyeraktionen, Wettbewerb, Präsenz in den Medien und an zivi-

26 Ueli Jäggi, der langjährige «Wehrsport»-Redaktor wagte sich am Neuenburger 2002 wieder einmal an den Start

27 Der letzte Reinacher Waffenlauf.....die Medien sind zur Stelle. Früher ein gewohntes Bild, heute mit Seltenheitswert

28 Als die Welt noch «in Ordnung» war.... Der ehemalige M50-Meister und ehemalige Präsident des Thurgauer Wehrsportvereins (heute Run Fit Thurgau) des Jahres 2001 führt am Frauenfelder Militärwettmarsch 2001 eine grössere Gruppe an

29 Im Bild wird der Waffenlauf-Dominator Jörg Hafner von Bruno Heuberger stark gefordert. Am Frauenfelder 2004 lieferten sie sich einen regelrechten Abnützungszweikampf

len Laufveranstaltungen versucht, den sinkenden Teilnehmerzahlen in den jüngeren Kategorien entgegenzuwirken.

Um den stetig sinkenden Teilnehmerzahlen – besonders in der jüngsten Kategorie M20/D20 – Einhalt zu gebieten, wurden die beiden M20-Läufer Serge Welna (TK-Mitglied IGWS) und Dominik Schlumpf (Aktuar IGWS) im Jahr 2004 damit beauftragt, ein Konzept zur Förderung der Kategorien M/D20 zu erarbeiten.

Man kam zum Schluss, dass sich junge Waffenläufer nur über aktive Waffenläufer selbst und deren Vereine rekrutieren lassen können. Somit wurden im Konzept «M20plus» Anreize für Läufer und Vereine geschaffen, welche neue Läufer rekrutieren konnten: Gratisstarts für Personen, welche Personen dazu bewegen konnten, an einem Waffenlauf teilzunehmen oder die Errichtung einer Mitfahrzentrale waren die beiden Eckpfeiler des Konzeptes. Darüber hinaus entstand ein elektronischer Newsletter, welcher in unregelmässigen Abständen über den Waffenlauf berichtete und mittels eines Waffenläuferportraits jeweils eine Läuferin oder einen Läufer vorstellte. Rasch entwickelte sich der Newsletter weiter und wurde immer mehr den Bedürfnissen der Leserschaft angepasst: Gespickt mit verschiedenen Rubriken und einer grossen Fülle von Bildern ist der Newsletter nicht nur für die «Jungen», sondern für alle WaffenläuferInnen und Waffenlaufinteressierte gedacht.

Die Aktion M20plus sollte sich aber nicht nur auf die Rekrutierung neuer Läufer beschränken, sondern man bemühte sich, auch für die aktiven Läufer Anreize zu setzen, die kameradschaftlichen Beziehungen untereinander zu pflegen. Mit Aktionen wie dem Besuch der NEAT-Baustelle in Amsteg im Jahre 2005, ein gemütliches Wochenende im Alpstein oder einen Abstecher an die «Sixdays» in Zürich im Winter 2006 sind drei Beispiele, wie die Kontakte und Kameradschaften auch neben den Wettkampftagen gefördert werden konnte. Durch die Organisation solcher Anlässe wurde erhofft, dass die Teilnehmer positive und emotionale Gedanken entwickeln und somit das Bild der kameradschaftlichen Waffenläufergemeinschaft auch auf Nicht-Waffenläufer übertragen und den einen oder anderen dazu bewegen könnte, ebenfalls an einem Lauf teilzunehmen.

All diese Aktionen fruchteten aber nur bedingt. Zwar konnte der Teilnehmerschwund in der Kategorie M20 nicht aufgehalten, aber zumindest verlangsamt werden. Das hochgesteckte Ziel, an jedem Waffenlauf wieder über 40 M20-Läufer an den Start zu bringen, konnte aber nicht erreicht werden.

Serge Welna (Steckborn) und
Dominik Schlumpf (Sulgen)

Lagebeurteilungen der IGWS
Immer wieder unternahm die IGWS Anläufe, dem Teilnehmerschwund und anderen Problemen zu begegnen, doch Konzepte, Versuche und Aktionen konnten den Teilnehmerrückgang nicht stoppen. Doch sie haben mit Sicherheit den Teilnehmerrückgang etwas verlangsamt.

Fehlende Unterstützung der Armee
Den Niedergang des Waffenlaufs hat auch die Armee mitzuverantworten. Seitens der zuständigen Stellen kam die notwendige Unterstützung immer spärlicher. Es blieb (zu oft) bei leeren Versprechungen und blossen Worten. Manch einen mag es erstaunt haben, dass sich die SAT für den internationalen Viertagemarsch Nijmegen derart einsetzt. Vermutlich weil man dort im Rampenlicht steht und mehr Ansehen zu holen ist. Doch das Problem der fehlenden Unterstützung ist nicht neu. Ein Kommentar des TK-Obmanns aus dem Jahr 1985 brachte folgendes auf den Punkt: «Der Waffenlauf geniesst in den Medien und bei der Öffentlichkeit einen grossen Stellenwert und gilt als Aushängeschild der ausserdienstlichen Tätigkeiten. Die IGWS möchte energisch bei den zuständigen Stellen in Bern vorstellig werden, um die nötige Unterstützung zu erhalten, die wir von der SAT zurzeit auf keinen Fall haben.»

Armeereformen und die Folgen
Die Armeereform 95 hinterliess erneut nachhaltige und tiefe Spuren im und um den Waffenlaufsport. Der Präsident der IGWS, Oberstlt Martin Erb und seine IGWS-Kameraden. Sie kamen zum Schluss, dass Waffenlauf:
– Armeesport sei, bei dem nicht ganz klar sei, ob die Armee oder der Sport im Vordergrund stünden
– ein Mittel sei, das zur Fitness der Milizarmee beitragen könne
– eine ausserdienstliche Tätigkeit sei, deren Teilnehmer ein offenes Ohr für die Armee hätten

- ein Traditionssport sei, der auch eine gewisse Armeeverbundenheit demonstriere
- eine Sportart sei, bei der Worte wie Leistung, Kameradschaft und Toleranz im Vordergrund stünden.

So ergab die Suche: Die offensichtlichen Probleme wie die Finanzknappheit, der Teilnehmerrückgang, Überalterung, sinkende Medienpräsenz und Helfer, dazu stand das Grundproblem im Vordergrund:

- Akzeptanz der Armee
- viele Freizeitangebote, darunter Trendsportarten
- zu wenig Kommerz für Spitzensport
- gesunkener Stellenwert für Traditionen
- Wertewandel in der Gesellschaft

2002 zeigte ein Bericht des OK's St.Galler Waffenlauf neue bittere Tendenzen auf. Ideen waren vorhanden, der Wille zur Umsetzung auch. Doch heute wissen wir, dass es der St.Galler Waffenlauf auch nicht geschafft hat, im Jahr 2007 weiterzumachen.

«Ein Sonntag Morgen im Jahr 2002. Es ist zehn Uhr. Gegen 500 Läuferinnen und Läufer starten an der Kreuzbleiche in St. Gallen auf die 18.7 Kilometer lange Strecke. Der Lauf ist bekannt für seine nahrhaften Steigungen. Trotz der Sorgen will das jetzige Organisationskomitee um Major im Ge-

---

«Augenwischerei bringt gar nichts»

In einem in der COOP-Zeitung vom 9.2.2003 erschienenen Interview mit dem IGWS-Präsidenten Martin Erb, führte dieser die prekäre Lage rund um die Probleme im Waffenlaufsport deutlich vor Augen.

Zwei Waffenläufe (Toggenburg und Kriens) finden 2003 zum letzten Mal statt. 2001 resignierten bereits die Churer, 2002 die Freiburger... Wie geht es weiter?
2004 wird die Schweizermeisterschaft aus acht Läufen bestehen: dem St. Galler, Neuenburger und Wiedlisbacher im Frühling sowie dem Altdorfer, Reinacher, Zürcher, Thuner und Frauenfelder im Herbst.

Und wann ist endgültig Schluss mit Waffenläufen?
Bis 2006 sollten diese Läufe überleben. Doch Augenwischerei bringt nichts: Wenn die entsprechenden Wertvorstellungen bis dann verschwunden sind, beugen wir uns der Zeiterscheinung und ziehen uns in drei Jahren zurück.

Weshalb sind die eingangs erwähnten Läufe auf der Strecke geblieben?
Es gibt drei Gründe. Erstens, die rückläufigen Teilnehmerzahlen. Zweitens, die Finanzen; die Infrastruktur kostet gleich viel, egal ob 400 oder 1000 Läufer am Start sind. Und drittens, das Hilfspersonal; die Armee ist nicht mehr in der Lage, Helfer für zwölf Anlässe zur Verfügung zu stellen.

Früher waren Teilnehmerzahlen über 1000 keine Seltenheit. In diesem Jahr starteten am Neuenburger gerade noch 330. Wie wollen Sie diesen Trend stoppen?
Wir werden alles daran setzen, wieder Junge für uns zu gewinnen. Dazu werden wir in den Lehrverbänden werben. Zudem veranstalten viele Organisatoren parallel zu den Waffenläufen zivile Läufe, um die Infrastruktur besser zu nutzen.

Wie wollen Sie einen Jungen zum Waffenlauf animieren?
Sicher nicht mit dem Argument, es sei lässig, in einer Uniform durch die Gegend zu rennen. Es geht nur über die Motivation. Die drei Dutzend 20 bis 30-Jährigen, die noch Waffenläufe bestreiten, sind begeistert und freuen sich, in einem anspruchsvollen Sport gefordert zu werden. Sie sollen als Beispiele dienen.

Interview: Hans Estermann

30 Die Zeit der grossen Massenstarts ist seit Ende der Achtzigerjahre vorbei

neralstab Christoph Roduner bis Ende 2006 durchhalten. Roduner stellt aber klar, dass eine starke Abhängigkeit zur Unterstützung der Armee bestehe. Auch eine Zusammenarbeit mit dem Toggenburger Waffenlauf wäre für ihn denkbar.

Im OK wurde definiert, dass die Schmerzgrenze bei 500 Läufern liege. Es kann nicht sein, dass für zwei Läufer ein Helfer benötigt würde. Die Probleme liegen in den organisatorischen und nicht in den finanziellen Bereichen. Finanziell werden sie durch die Winkelried-Stiftung unterstützt. Daher steht fest, dass der St.Galler nicht an den Finanzen scheitern würde.

Was die Zukunft bezüglich der Unterstützung durch die Armee, namentlich im Bereich von Helfern, bringen wird, ist völlig offen. In der Armeereform XXI sind einschneidende Änderungen und Neuerungen vorgesehen. Bis anhin wurden auch Helfer des St. Galler Waffenlaufs aus einer Rekruten-Kompanie gestellt.

Durch diese Entwicklungen, die Helfer betreffend, drängt sich auch eine Terminverschiebung des «St. Gallers» auf. Roduner sieht für die Zukunft einen Lauf im April. So denkt er auch an eine Zusammenarbeit, allenfalls eine Fusion mit dem Toggenburger nach. Seine Idee wäre, zusammen mit dem Toggenburger einen Ostschweizer Waffenlauf-Halbmarathon zu schaffen. So würde das Waffenlauf-Jahr mit einem Halbmarathon beginnen und mit einem Marathon in Frauenfeld enden.

Ein Lichtblick bleibt für den OK-Präsidenten, dass er über ein motiviertes OK-Team verfügt. *«Die Leute haben eindeutig signalisiert, dass sie die nächsten fünf Jahre bis zum 50. St. Galler Waffenlauf weitermachen wollen.»*

Die Lage spitzte sich immer mehr zu An einer Arbeitssitzung in Winterthur haben die Vorstands- und TK-Mitglieder sowie die Präsidenten der Waffenlauf-OK's im April 2003 das weitere Vorgehen zur Sicherung des Waffenlaufsports in der Armee XXI besprochen.

Die stetig sinkenden Teilnehmerzahlen, sowie die nach wie vor nicht gesicherte Unterstützung der Waffenläufe mit Material und Personal durch die Armee XXI zwingen die Waffenlauf-OK's dringend zu handeln. Vier Veranstalter mussten in den vergangenen zwei Jahren bereits kapitulieren. Damit dieses Schicksal nicht noch weitere OK's oder gar den Waffenlaufsport als Ganzes ereilt, wurden in Winterthur folgende Kernaussagen getroffen:

- Die IGWS und die OK's sind gewillt, weiterhin Waffenläufe sowie eine Schweizermeisterschaft zu organisieren.
- Reduktion von heute 10 auf maximal 7 Waffenläufe (Fusionen, alternierende Austragungen).
- terminliche Anpassungen im Wettkampfkalender in Anlehnung an die Lehrverbände der Armee XXI.
- Diskussion dieser Lösungsvorschläge Ende April 03 erneut mit Vertretern der Armeespitze.

Am Samstag, 31.05.03, tagte eine ausserordentliche IGWS-Delegiertenversammlung in Wangen an der Aare. Diese Sitzung sollte dazu dienen, den Entscheid zu fällen, ob der Waffenlauf in der neuen Armee XXI grundsätzlich noch Platz hat und wenn ja, mit wie vielen Läufen.

Natürlich musste dabei auch Klarheit darüber entstehen, welche OK's nun wirklich noch bereit sind mitzumachen. Nach dieser Sitzung lagen folgende Fakten auf dem Tisch:

– Es wird eine Waffenlaufsaison 2004 mit 8 Läufen geben.
– Die 8 OK's versuchen, bis 2006 in der neuen Armeestruktur Fuss zu fassen.
– Die Armee wird Waffenläufe in dieser Anzahl weiterhin unterstützen.

Die IGWS informierte die Waffenläufer, Fans und andere interessierte Kreise wie gewohnt auf der eigenen Webseite und über diverse Medienkanäle:

«Mit unseren Entscheiden haben wir aber unser Hauptproblem, die Beteiligung des ‚Nachwuchs', aber noch nicht gelöst. Weil wir aber weiterhin als ausserdienstlicher Sport erhalten bleiben, haben wir nochmals die Chance, etwas dafür zu tun. Wie erwähnt geben wir uns bis 2006 Zeit dazu. Ich bin aber der Meinung, dass dies unsere letzte Chance sein wird, den Waffenlauf-Nachwuchs zu finden. Ansonsten werden wir 2006 die gleichen Auflösungsdiskussionen führen wie heute.

Mit dem Toggenburger und dem Krienser werden künftig zwei sehr verdiente OK's nicht mehr zur Waffenlaufszene gehören. Gerade Personen aus dem OK Toggenburg haben sehr stark mitgeholfen, neue Wege zu suchen. Es ist durchaus möglich, dass künftig das OK St.Gallen und Toggenburg zusammen einen Lauf in der Ostschweiz realisieren werden. Im Jahr 2004 wird es aber noch der herkömmliche St.Galler sein. Es ist mir sehr wichtig sagen zu können, dass der Rückzug dieser zwei OK's nicht gegen unseren Sport gerichtet ist, sondern dass evtl. gerade diese zwei die Lage richtig beurteilt haben.

Mit dem Festlegen des Wettkampfkalenders haben wir den ersten Schritt zur Umsetzung getan. Es gibt nun aber bis im Herbst viele Punkte neu zu regeln. Darunter gibt es auch Belange, welche für die Läufer von Bedeutung sein werden. Darum geschätzte WaffenläuferInnen bitte ich um zwei Dinge. Erstens, helft uns bei der Umsetzung und Gestaltung der kommenden Saison, indem ihr den nachfolgenden Fragebogen retourniert. Zweitens, helft uns, unser Nachwuchsproblem zu lösen. Sicher habt ihr dazu gute Ideen, teilt uns diese mit. Und vor allem, kommt selbst an die Läufe und animiert jedes Mal einen jungen Laufkollegen.

Alle OK's und die IGWS haben in den letzten Wochen und Monaten viel Zeit und Herzblut investiert, damit mindestens mittelfristig unser Sport noch eine Existenz hat. Wir alle hoffen, dass sich dies gelohnt hat.»

Endlose Diskussionen über die Zukunft
Die letzten Jahre der IGWS waren geprägt von oft endlosen Diskussionen über die Zukunft des Waffenlaufs. Kamen früher über 1000 Läufer an einen Start, so sind es heute noch ein Drittel. Ausnahmslos alle Waffenläufe kämpfen sich mit diesen Problemen herum.

«Wilhelm Tell fiel in Altdorf vom Sockel»
Der Beginn des Zerfalls begann mit dem Bruch der IGWS/OK-Abmachung. Diese lautete: «Alle machen bis Ende 2006 weiter.»

Der Altdorfer Waffenlauf, traditionsgemäss fand er am zweiten Oktobersonntag statt, gehörte als drittältester Waffenlauf über Jahrzehnte zu den Klassikern dieses Sports.

Der Wind der Zeit nagte auch an dem überaus beliebten Waffenlauf. Noch 2002, am Start des 58. Altdorfer Waffenlaufs, sah das Bild anders aus. Die Sonderanstrengungen des letztmals von Rolf Müller geleiteten OK's zahlten sich aus. Der seit einigen Jahren anhaltende Teilnehmerschwund konnte nicht nur gestoppt werden, sondern es waren sogar deutlich mehr Läuferinnen und Läufer am Start als 2001. Rund 550 Athletinnen und Athleten schrieben sich für die 58. Auflage ein, was einer Zunahme von rund 10 Prozent entsprach.

Der langjährige OK-Präsident trat zurück. Hptm Küttel übernahm das OK-Präsidium, welches plötzliche Rücktritte von gleich sechs langjährigen Mitgliedern verkraften musste. Damit setzte der Schrumpfungsprozess definitiv ein.

Im Januar 2004 wurde vom Altdorfer OK bekannt gegeben, dass der 60. Altdorfer Waffenlauf der letzte sein werde.

In seiner Begründung stellte der damalige OK-Präsident Hptm Renzo Küttel folgendes fest:
– Die Teilnehmerzahlen seien in den letzten Jahren stetig gesunken und hätten sich dem «absoluten» Minimum genähert. Dies habe auch zu einem finanziellen Defizit geführt, wodurch es nun angezeigt sei, die Notbremse zu ziehen.
– Die Altersstruktur der zahlenden Teilnehmer sei zu zwei Dritteln auf über 40-Jährige gestiegen.
– Mehrere OK-Mitglieder hätten per Ende 2004 ihren Rücktritt aus dem OK gegeben.
– Mit der ungewissen Zukunft des Waffenlaufs sei es auch schwierig, die auslaufenden Sponsoringverträge zu verlängern.
– Das OK Altdorf fühle sich somit verantwortlich, dem traditionsreichen Altdorfer Waffenlauf ein würdiges Ende zu bescheren.

Den Entscheid des OKs konnte die IGWS nicht nachvollziehen, stand doch eine Abmachung im Raum, bis Ende 2006 die Organisation und Durchführung zu gewährleisten.

Eine Delegation der IGWS unternahm anlässlich der Generalversammlung des UOV Uri einen letzten Rettungsversuch. Zwar standen die Chancen auf eine Weiterführung des Altdorfer Waffenlaufs nicht besonders gut, doch die Angelegenheit war noch nicht für alle Beteiligten vom Tisch. Der endgültige Entscheid wurde erst nach einer ausserordentlichen Vorstandssitzung im April 2004 vorgelegt. Der Versuch war gescheitert, die Gespräche nutzlos. Nun war es klar, der traditionsreiche Urner Waffenlauf wird 2004 – definitiv zum letzten Mal – stattfinden.

Der Niedergang wurde somit mit dem «Fall des Altdorfers» bitter eingeläutet!

Das Ende naht...
Das Ende kam schleichend. Konnten in den letzten Jahrzehnten mit vielerlei Reformen von Reglementen und Streckenanpassungen nicht die gewünschte Wende bei den Teilnehmerzahlen herbeigeführt werden, begannen die Waffenläufe vor einigen Jahren zu bröckeln. Eine Vereinbarung zwischen OK's und der IGWS sollte die Organisation und Durchführung der Waffenläufe bis Ende 2005 sichern. Doch schon 2004 warf das erste von mehreren OK's das Handtuch. Für die Organisatoren der Wettkämpfe wird es immer schwieriger, die Stellung in einem zunehmend steinigerem Umfeld halten zu können. Zählten im Jahr 2001 immerhin noch ein Dutzend Veranstaltungen zur Jahresmeisterschaft, reduziert sich diese Zahl langsam zwar, aber kontinuierlich.

Die Lage begann sich ab 2001 mit dem Wegfall des Churer Waffenlaufs zu ändern. 2002 kapitulierte Freiburg, nun waren es noch 10. Ein Jahr später, 2003, strichen Toggenburg und Kriens die Segel, es blieben noch 8 Veranstaltungen. Mit dem letzten Altdorfer 2004 reduzierte sich die Zahl auf 7. Ohne grosses Aufsehen fand 2005 der letzte Neuenburger statt, Wohlen AG kam neu dazu, es blieb bei 7.

31 Stimmungsbilder vom 500. Waffenlauf insgesamt (St. Gallen 2001). Bald darauf begann der Niedergang und der Teilnehmerschwund setzte sich fort

32 Stimmungsbild vom Start des letzten Altdorfers. Der Tag war geprägt von einer neuen «Untergangsstimmung» und vom nasskühlem Wetter. Das Wetter schien den schleichenden Niedergang zu symbolisieren

33 Nicht nur der Waffenlauf leidet. Auch der Militärradsport und andere Wehrsportarten büssen unter dem Druck an Stellenwert ein

2006 fielen die Dominosteine «St. Gallen», «Reinach» und «Zürich» um. Es bleiben noch 4. Diese Negativentwicklung liess sich mit der wirtschaftlich frostigen Atmosphäre, die Sponsoren mehr und mehr abspenstig macht, nur zum Teil erklären. Was schwerer wog, ist die Tatsache, dass sich der Nachwuchs kaum noch für die wohl typischste aller Sportarten «made in Switzerland» begeistern liess. Bezüglich der Gesamtwertung sind steigende Teilnehmerzahlen in der lange dem männlichen Geschlecht vorbehaltenen Waffenlaufszene nur bei den Frauenkategorien zu vermelden, was einiges über die prekäre Situation aussagt.

An der Ehrung der besten Waffenläufer sowie Delegiertenversammlung der IGWS in Zofingen wurde der Ernst der Lage einmal mehr bewusst. Der Anlass im Jahr 2002 stand zwar unter dem Stern der Hoffnung. Doch jedem war klar, die Zukunft dieser Sportart ist trotz grossartiger Leistungen ihrer Exponenten alles andere als gesichert.

Die festliche Stimmung an der Ehrung wie auch an vielen Waffenläufen der letzten Jahre übertünchte für Stunden die ernste Lage, in welcher sich die Freunde und Anhänger dieser Sportart befinden. Die Waffenlaufdisziplin steckte längst mitten im Überlebenskampf.

Wie ernst die Lage tatsächlich war, erläuterte IGWS-Präsident Martin Erb, der in seiner Ansprache ein definitives Verschwinden des Waffenlaufsports per 2004 als realistisches Szenario skizzierte. Der Supergau könne dann eintreten, wenn die Armeespitze nicht in genügendem Masse auf einen von der IGWS erstellten Anforderungskatalog eingehe. Darin komme klar zum Ausdruck, dass ein Fortbestehen der Waffenlaufszene in ihrer jetzigen Form nur in einer Kooperation, zum Beispiel mit den Lehrverbänden des Militärs, möglich sei. Ohne VBS-Support in den Bereichen Personal, Material und Infrastruktur könne wohl auf Dauer kein Veranstalter überleben, meinte der Oberstleutnant aus Winterthur. Es gelte, sich jetzt im Rahmen der Umstrukturierung zur Armee XXI günstig und nachhaltig zu positionieren. Über das Schicksal des Waffenlaufsports, der auf eine lange Tradition verweisen kann, «werde auf höchster Ebene in den kommenden drei Monaten entschieden werden». Dies geschah auch. «Der Waffenlauf entspricht keinem Bedürfnis der Armee mehr», hiess es von höchster Stelle. Von nun an war die IGWS mit den OKs gefordert.

Lagebeurteilung 2005/2006
Die Reform der Armee (Armee XXI) brachte einen erneuten Teilnehmerschwund und weitere Probleme für den Waffenlaufsport. Die Frage der militärischen Unterstützung stand plötzlich weit offen. In der Armeereform XXI sind einschneidende Änderungen und Neuerungen vorgesehen. Bis anhin wurden beispielsweise die Helfer des St. Galler Waffenlauf aus einer Rekruten-Kompanie gestellt. In Zukunft dürfte es für die Waffenlauf-OK's nicht mehr so einfach werden, Kasernen zu nutzen und Hilfe aus Truppenbeständen zu beanspruchen.

Die IGWS löst sich auf
«IGWS, ruhn, abtreten!»
Am Samstag, 9. Dezember 2005 fand ein Tag nach den Feierlichkeiten zum 50-jährigen Bestehen der IGWS in Altdorf die ordentliche Delegiertenversammlung der IGWS statt. Tiefgreifende Diskussionen fanden in den vorhergegangenen Vorstandssitzungen und in einer Präsidentenkonferenz statt. Der Neuenburger werde ab 2006 nicht mehr durchgeführt. Auch der St.Galler, der Reinacher und der Zürcher würden ab 2007 nicht mehr im Wettkampfkalender erscheinen.

Die Meisterschaft findet im 2006 ein letztes Mal statt. Die Meisterschaft 2006 umfasst nun noch sieben Läufe, von denen die fünf besten Resultate gewertet werden (zwei Streichresultate).

Für das letzte IGWS-Jahr blieb die langjährige «Crew» an Bord. Martin Erb (Winterthur) wurde als Präsident der IGWS bestätigt. Auch die weiteren Vorstandsmitglieder Dominik Schlumpf, Urs Klingenfuss, Susi Rigling und Vreni Schmid wurden bestätigt. Ebenso wiedergewählt wurde Hansruedi Zgraggen als TK-Chef. Das Technische Komitee setzt sich weiterhin aus Kurt Bill, Walti Niederberger, Serge Welna und Kari Binggeli zusammen.

Die Interessengemeinschaft Waffenlauf Schweiz (IGWS) beschloss an ihrer Delegiertenversammlung in Altdorf, sich selber per 31.12.2006 aufzulösen.

Das Hauptziel der IGWS, die Laufdaten zu koordinieren und eine Schweizermeisterschaft durchzuführen, fällt dahin.

Die verbleibenden Waffenläufe Wiedlisbach, Wohlen, Thun und Frauenfeld werden sich später selbständig organisieren. Ab 2007 wird keine Waffenlauf-Schweizermeisterschaft mehr durchgeführt. Künftig können jedoch in Wohlen der Waffenlaufsprintschweizermeistertitel, in Wiedlisbach oder Thun der Waffenlaufhalbmarathonschweizermeistertitel und in Frauenfeld der Waffenlaufmarathonschweizermeistertitel erkämpft werden.

Tiefgreifende Veränderungen stehen dem Waffenlaufsport bevor. Veränderungen, welche den Sport wieder beleben sollen und (so hoffen wir) auch können.

IGWS stellt die Weichen der Zukunft

Ende 2006 war es dann soweit. Die Beurteilung der Lage hat gezeigt, dass vielerlei Gründe für die Auflösung der IGWS sprechen.

Für viele eingefleischte Waffenläuferinnen und -läufer war es ein harter Schlag als informiert wurde, dass sich die IGWS auflösen würde. Ihnen war klar, dass der Waffenlauf allmählich stirbt und das löste Bedauern und Wehmut aus. Waffenläufe fallen dem Zeitgeist und den zunehmend misslichen Rahmenbedingungen zum Opfer. Es gilt, in jeder Situation der Wahrheit ins Auge blicken zu können. Der Entschluss der IGWS zu ihrer Auflösung und damit zum sicheren Tod des Waffenlaufs verhindert ein langsames, unwürdiges Abserbeln und lässt ihn als stolze, traditionsbewusste Wehrsportveranstaltung in die Geschichte eingehen und als solche in der Erinnerung weiterleben. Das letzte Waffenlaufjahr mit seiner letzten Schweizermeisterschaft und das letzte grosse Standardwerk in Form dieses Buches setzen dazu einen würdigen Schlusspunkt.

Wenn am 72. Frauenfelder Militärwettmarsch nachmittags alle Läuferinnen und Läufer das Ziel auf dem Marktplatz Frauenfeld passiert haben, gehört die Schweizermeisterschaft endgültig ins Kapitel «Weisch no...?».

Mit der letzten Austragung der Schweizermeisterschaft geht eine lange Tradition in der Schweiz zu Ende. Viele mögen es bedauern, aber es ist nun einmal Tatsache: Am Sonntagmorgen, 19. November 2006, wird zum letzten zur Schweizermeisterschaft zählenden Waffenlauf in Frauenfeld gestartet.

34 Die Delegierten der IGWS lösten den Dachverband am Samstag, 9. Dezember 2006 um 11.24 Uhr auf. Damit verschwindet das Rückgrat des Waffenlaufs

35 Der letzte IGWS-Präsident schreitet mit Wehmut zum Traktandum «Auflösung der IGWS»

36 **Der letzte Vorstand/ Technisches Komitee:**
Kurt Bill (Niederlenz AG, TK-Mitglied), Oberstlt Martin Erb (Winterthur ZH, Präsident), Gfr Walti Niederberger (Stans NW, TK-Mitglied), Susi Rigling (Basadingen TG, 100er-Komitee), Karl Binggeli (Schwarzenburg BE, TK-Mitglied), Vreni Schmid (Cham ZG, Kassierin), Wm Serge Welna (Steckborn TG, TK-Mitglied), Adj Uof Hans-Rudolf Zgraggen (Flüelen UR, TK-Chef), Oblt Urs Klingenfuss (Schaffhausen SH, Medienchef), Hptm Dominik Schlumpf (Sulgen TG, Aktuar)

Die Waffenläufe von Wiedlisbach, Wohlen, Thun und Frauenfeld wird es zwar auch im nächsten Jahr noch geben, allerdings ohne die Dachorganisation.

Das Bewusstsein, dass die Waffenlaufsaison 2006 die letzte in herkömmlicher Art ist, stimmt viele treue Waffenläuferinnen und Waffenläufer traurig. Auch wenn einige bereit sind, weiterzumachen und an den verbleibenden Läufen von Wiedlisbach, Wohlen, Thun und Frauenfeld auch 2007 starten wollen, wird es nicht mehr dasselbe sein. Die IGWS als Dachorganisation hat über die Jahrzehnte den Tarif im Waffenlaufsport durchgegeben, die Waffenlauforganisationen koordiniert und den Waffenläuferinnen und Waffenläufern ein Umfeld angeboten, worauf sie sich verlassen konnten. Die Identifikation mit dem Waffenlauf als ausserdienstlicher Armeesport erfolgte weitgehend über die IGWS, die es verstand, die Meisterschaft spannend und attraktiv zu gestalten.

Ein erfolgreiches Kapitel ist zu Ende

Die an der Delegiertenversammlung 2005 beschlossene Auflösung der IGWS lösten Haupt-, Teil- und Folgeprobleme aus. Daher standen im letzten IGWS-Jahr verschiedenste Auflösungsarbeiten an. Diese beanspruchten den gesamten Vorstand und das TK in hohem Masse während des Jahres 2006. Die IGWS erstellte eine detaillierte Auslegeordnung der Probleme und Auflösungsarbeiten: Nehmen wir zum Beispiel:
- Prämienkarten
- Kündigung Rahmenvertrag Zeitmessfirma
- Zukunft 100er-Verein

- Verteilung der vorhandenen Geldmittel
- Verwendung und Nutzung Datenstämme und Reglemente
- Zusammenführung Archiv
- Vorbereitungsarbeiten «Koordination 2007» (Termine, Ausschreibung usw.)
- Administrative Abklärungen (VBS, SAT)
- Homepage www.igws.org
- Information gegen aussen (Vereine, Medien, Läufer)

Dies nur einige der angefallenen Arbeiten. Ein weiterer wichtiger Punkt war die Einsetzung eines Koordinators. Dieser soll die wichtigsten Geschäfte der IGWS ab 2007 leiten. So etwa die Koordination der Termine, Ausschreibewesen, Kontakt zur Sektion ausserdienstliche Tätigkeiten und Sport, Verteilung von Geldern und Kommunikation zwischen den vier verbleibenden OK's. Auf Druck der IGWS bildete sich diese Koordinationsstelle. Sie tagte Mitte August 2006 das erste Mal und leitete erste Massnahmen für die Zeit ohne die IGWS (ab 2007) ein. Unter der Leitung von Oberst Hansueli Stähli, OK-Präsident Thuner Waffenlauf, stellt die Koordinationsstelle ein reibungsloses Waffenlauf-Jahr 2007 sicher.

Letzte DV und Meisterschafts-Ehrung der IGWS in Oensingen – Auflösung vollzogen

Anlässlich der DV 2006 in Oensingen erfolgte am Samstag, 09.12.2006 die Auflösung der IGWS. In einem würdigen Rahmen fand am Nachmittag die Ehrung zur letzten Schweizer Waffenlaufmeisterschaft der IGWS statt. Die Delegierten der Waffenlauf-OK's und der Mitgliedervereine sowie der Vorstand und das TK der IGWS sprachen sich einstimmig dafür aus. Damit geht eine 51 Jahre lange Tradition im Waffenlaufsport zu Ende.

Der Abstimmung über die Auflösung der IGWS, die eine Zweidrittels-Mehrheit erforderte, gingen die statutarischen Geschäfte voraus.

Im seinem Jahresbericht blickte IGWS-Präsident Martin Erb nicht nur auf das ablaufende Jahr, sondern vor allem nochmals auf die gesamten 10 Amtsjahre als Präsident zurück. Dabei zeigte er nochmals die Gründe auf (Teilnehmerzahl, fehlender Nachwuchs, Finanzen, fehlende Funktionäre sowie fehlendes Medieninteresse), die schlussendlich zur Auflösung der IGWS geführt hatten.

Entscheidung «Hunderter»

Nach der Abnahme des letzten Kassenberichts informierte die Verantwortliche des 100er-Komitees, Susi Rigling, über die Zukunft des «Hunderters». Sie konnte die anwesenden Delegierten über die Gründung eines neuen Waffenlauf-Vereins informieren, welcher auch in Zukunft die Honorierung langjähriger Waffenlauf-Beteiligungen sowie die Pflege der Kameradschaft unter den Waffenläufern zum Zweck hat.

100er Verein der Waffenläufer wird zum «Waffenlauf-Verein Schweiz»

Mit dem Auflösungsgedanken der IGWS stellte sich gleichzeitig die Frage, was mit dem 100er Verein, dem exklusiven Unterverein für treue Waffenläufer mit 100 und mehr absolvierten Läufen geschehen sollte.

Ohne den Anreiz mit 100, 150, 200, 250, 300, 350 oder gar 400 Waffenläufen als Jubilar gefeiert und mit einer Spezialmedaille geehrt zu werden, müssten die verbleibenden vier Waffenlaufveranstalter nochmals eine gravierende Teilnehmereinbusse befürchten.

Somit wäre diese, über die Landesgrenze hinweg bekannte, traditionelle Schweizer Sportart endgültig dem Aussterben geweiht.

Zum andern war auch deutlich das Bedürfnis nach Zusammenhalt der ausserordentlichen, langjährigen Waffenlauf-Freundschaften herauszuhören.

Die Kameradschaft ist nämlich der Kern dieser harten Läufe. In keiner anderen Sportart liegen Konkurrenzkampf und wahre Freundschaft so nahe beieinander. Nirgendwo ist das Netz zwischen den Sozialschichten so eng geknüpft wie auf diesen Laufkilometern.

Aus diesen Hauptüberlegungen heraus wurde am 9. Dezember 2006 der neue «Waffenlauf-Verein Schweiz» gegründet.

Die Statuten dieses Vereins besagen:
- *Mitglieder können aktive und inaktive Waffenläufer/innen sein*
- *Der Waffenlauf-Verein Schweiz pflegt die Kameradschaft der Waffenläufer/innen*
- *Der Waffenlauf-Verein Schweiz honoriert langjährige Teilnahme an Waffenläufen*
- *Mitglieder haben einen Jahresbeitrag zu leisten*
- *Austritt mit sechsmonatiger Frist auf Ende Vereinsjahr*

Der Vorstand setzte sich zum Gründungszeitpunkt und zur Zeit der Buchveröffentlichung wie folgt zusammen:

Vorstand:
– Susi Rigling-Martinek, 8254 Basadingen TG (Präsidentin)
– Arnold Haag, 6052 Hergiswil NW
– Urs Vogel, 4310 Rheinfelden AG
– Walter Niederberger, 6370 Stans NW

Kontaktadressen:
susi.rigling@bluewin.ch oder
www.waffenlauf.ch

Auszüge aus dem Jahrbuch «Waffenlaufsaison 2006»

Die 40. und letzte Schweizer Waffenlaufmeisterschaft

Die 40. und letzte Meisterfeier fand am 9. Dezember 2006 am Jurasüdfuss, im solothurnischen Oensingen statt. Als Veranstalter zeichneten die beiden Läufergruppen Niederbipp und Matzendorf. Diese beiden Vereine, unter Führung von OK-Präsident Robert Sutter und Vize Emil Berger, haben mit ihren zahlreichen Helferinnen und Helfern alles dazu beigetragen, damit diese letzte IGWS-Meisterfeier in jeder Hinsicht als würdig und gelungen bezeichnet werden kann.

Diplom- und Medaillenübergabe

Eingeladen waren die besten Waffenläuferinnen und Waffenläufer der vergangenen Saison. Dazu kamen noch ein Waffenläufer, der in der abgelaufenen Saison seinen 350. Waffenlauf absolviert hatte, und drei Waffenläufer mit 300 bestrittenen Wettkämpfen.

Unter den anwesenden zivilen und militärischen Ehrengästen befanden sich u. a. der abtretende Ständeratspräsident, der Solothurner Rolf Büttiker, der bernische Militär- und Polizeidirektor, Regierungsrat Käser, sowie als einziger anwesender(!) militärischer Ehrengast Brigadier Fantoni. Schliesslich wurden zur 40. und zugleich letzten Meisterschaftsfeier auch sämtliche bisherigen Schweizermeisterinnen und – meister eingeladen

Marianne Balmer, Peter Deller, sowie Fritz Häni gelang die Titelverteidigung, aber auch Monika Widmer. Marianne Balmer, Patrick Wieser und Ruedi Walker konnten sich über die Rückeroberung eines früheren Titels freuen. Einzig Patrick Wieser als Meister aller Kategorien war dieses Jahr ein «Neuling».

Auch dieses Jahr war die «Tradition» gross geschrieben: So war mit Kudi Steger ein Läufer ein weiteres Mal dabei, dessen erstes Diplom auf's Jahr 1973 (!) zurückgeht. Urs Heim, als 61-Jähriger, war zum 21. Mal bei einer Diplomfeier dabei, wobei er nicht weniger als 17 Mal mit einer Medaille ausgezeichnet werden konnte. Fritz Häni durfte gar schon zum 25. Mal geehrt werden, wobei der Meister der Jahre 1986 und 1987 gar 15 Kategorienmeistertitel errang. Paul Gfeller schliesslich ist nun bei 19 Diplomen in Serie angelangt!

Durch die Ehrung führte der wortstarke frühere Spitzenläufer Alois Furrer. Die Medaillen- und Diplomübergabe erfolgte dann durch die anwesenden früheren Schweizermeisterinnen und Schweizermeister.

Während die Musikgesellschaft Oensingen die Feier musikalisch umrahmte, war es einigen der anwesenden Ehrengäste vorbehalten, ihr rednerisches Können unter Beweis zu stellen. Während dies bereits Regierungsrat Käser und Ständerat Büttiker recht gekonnt und kurzweilig taten, sah sich Brigadier Fantoni vor die Aufgabe gestellt, sowohl den Vorsteher des VBS, Bundesrat Samuel Schmid, als auch den Chef Heer, Korpskommandant Keckeis, zu vertreten. Mit seinen Äusserungen eines aktiven Waffenläufers (85 Wettkämpfe) bewies er aber, dass er selbst etwas vom Métier versteht.

Nachtessen und Saisonausklang

Nach einem Apéro wurde die Veranstaltung fortgesetzt. Ein Nachtessen wartete auf die zahlreichen Anwesenden, neben der musikalischen Unterhaltung, zum Zuhören und natürlich auch zum Tanzen. Daneben gab es genügend Gelegenheit zu allerlei Gesprächen, allenfalls auch an der eigens eingerichteten Waffenläuferbar. Zu reden gab es diesmal natürlich vor allem von der Zukunft des Waffenlaufs. Wer wird wohl weiterhin dem Waffenlauf treu bleiben? Werden die geplanten neuen Waffenläufe von Lenzburg und Kaisten ankommen? Wie viel hilft der neue Waffenlaufverein, die aktive Teilnahme an Waffenläufen zu fördern?

Erfreulicherweise konnten auch aktive oder frühere Waffenläuferinnen und Waffenläufer, welche sich nicht durch ihre sportlichen Leistungen für die Ehrung qualifiziert hatten, an der Veranstaltung teilnehmen.

Das Ende einer 40-jährigen Tradition

Mit dem 72. Frauenfelder Militärwettmarsch ging am dritten November-Sonntag die Waffenlaufsaison zu Ende. Es war dies ebenfalls das Ende einer 40 Jahre langen Tradition, denn per 31. Dezember 2006 wurde die Interessengemeinschaft Waffenlauf Schweiz (IGWS) aufgelöst.

Die Waffenläufe von Wiedlisbach, Wohlen, Thun und Frauenfeld wird es zwar voraussichtlich auch im nächsten Jahr noch geben, allerdings fehlt die koordinierende Dachorganisation.

Das Bewusstsein, dass die Waffenlaufsaison 2006 die letzte in herkömmlicher Art ist, stimmt viele treue Waffenläuferinnen und Waffenläufer traurig. Auch wenn einige bereit sind, weiterzumachen und an den verbleibenden Läufen von Wiedlisbach, Wohlen, Thun und Frauenfeld auch 2007 starten wollen, wird es nicht mehr dasselbe sein. Die IGWS als Dachorganisation hat für die Waffenlauforganisationen koordiniert und den Waffenläuferinnen und Waffenläufern ein Umfeld angeboten, auf das sie sich verlassen konnten. Die Identifikation mit dem Waffenlauf als ausserdienstlicher Armeesport erfolgte weitgehend über die IGWS, die es verstand, die Meisterschaft spannend und attraktiv zu gestalten.

Mit der Auflösung geht ein erfolgreiches Kapitel des ausserdienstlichen Armeesports zu Ende.

Was bleibt sind die Erinnerungen an die erfolgreichen Zeiten des Waffenlaufsports, mit dem grossen Stellenwert bei den Medien und im nationalen Sportgeschehen. Die erste Waffenlaufmeisterschaft fand 1967 statt. Der legendäre Werner Fischer aus Ehrendingen war der erste Waffenlauf-Schweizermeister. Höhepunkt waren die Jahre 1978 bis 1985, als Albrecht Moser 56 Tagessiege erzielte und achtmal hintereinander Meister wurde. Nach Martin von Känel (fünf Meistertitel) und Jörg Hafner (sechs Meistertitel) geht Patrick Wieser als letzter Waffenlaufmeister in die Geschichte ein.

Ueli Dysli und Ueli Jäggi

Quelle: Jahrbuch «Waffenlaufsaison 2006»
Bezug mit dem Vermerk Jahrbuch «Waffenlaufsaison 2006» beim Herausgeber Dominik Schlumpf, Kradolfstrasse 50, 8583 Sulgen TG

Der Hunderter

Von gestern bis heute
Geschichte und Entwicklung

Für einen Platz an der Sonne (Kategorien- oder Tagessieg) kommt im Waffenlauf nur ein Bruchteil der startenden Läufer in Frage. Dagegen haben jedermann und jedefrau die Möglichkeit, bei entsprechender Ausdauer dem Hunderterverein der Waffenläufer beizutreten. Dazu bedarf es nicht einer jährlichen Zahlung von 100 Franken, es braucht bedeutend mehr, nämlich den lückenlosen Nachweis in den Ranglisten über 100 bestandene Waffenläufe oder Militärwettmärsche, wie sich der Wettkampf in Frauenfeld immer noch nennt. Der Hunderter ist somit kein eigentlicher Verein mit Statuten, Versammlungen und Mitgliederbeiträgen.

Ins Leben gerufen wurde der Hundererterverein, oder wie er heute heisst der «Hunderter» 1966 von Oblt Ernst Flunser aus Basel, mit 217 Waffenläufen selbst Mitglied dieses exklusiven Klubs. Ernst Flunser, am 1. Februar 2007 90-jährig geworden, langjähriges ehemaliges Vorstandsmitglied der Interessengemeinschaft der Militärwettmärsche der Schweiz (IGMS), gilt als einer der besten Kenner der Waffenlaufszene überhaupt. Stets setzte er sich für die Belange der Läufer und der Presseleute ein. Beim persönlich absolvierten Waffenlauf fragte er unterwegs jeweils die Zuschauer nach den Spitzenleuten und den Abständen zu den Verfolgern, nach dem Zieleinlauf griff er sofort in die Tasten der Schreibmaschine oder verschwand in der nächsten Telefonkabine um die verschiedenen Tageszeitungen zu bedienen. Später orientierte er auch die regionalen Radiostationen, begleitet von einem Interview des Siegers. Darüber hinaus besass Ernst die umfangreichste Dokumentation in Sachen Waffenlauf. Dieses Archiv übergab er Ende der Achtzigerjahre an Beat Schmutz in Düdingen (202 Waffenläufe). Dieser wiederum reichte es 2004 an den Autor des vorliegenden Buches weiter. Selbst Waffenlauf-Organisatoren, welche nicht mehr im Besitze aller Unterlagen über ihre eigenen Läufe waren, fanden seinerzeit bei Ernst Flunser das Gesuchte.

Welche Läufe zählen?

Die Interessengemeinschaft der Militärwettmärsche der Schweiz (IGMS), der Dachverband der Waffenlauf-Organisatoren wurde 1955 gegründet. Damals existierten erst die Militärwettmärsche von Frauenfeld, Reinach (Aargauischer Militärwettmarsch), Altdorf (Zentralschweizerischer Militärwettmarsch) und die Waffenläufe von Bern, Neuenburg (Course commémorative militaire) und Wiedlisbach (Hans-Roth-Waffenlauf). Nach der Gründung kamen die Waffenläufe von

Lauf	Länge letzter Lauf	Austragungen	Anz.
1) Frauenfelder Militärwettmarsch	42,2 km	seit 1934 (ausg.1939)	72
2) Reinacher Waffenlauf	24,8 km	1944–2006	63
3) Altdorfer Waffenlauf	17,5 km	1945–2004	60
4) Course militaire commémorative / Le Locle - La Chaux-de-Fonds - Neuchâtel	21,1 km	1949–2005	57
5) Berner Waffenlauf	30,0 km	1949–1959	11
6) Hans-Roth-Waffenlauf Wiedlisbach	26,3 km	seit 1954	53
7) Krienser Waffenlauf	19,0 km	1956–2003	48
8) Zürcher Waffenlauf	21,1 km	seit 1958	49
9) Thuner Waffenlauf	21,1 km	seit 1959	48
10) St. Galler Waffenlauf	18,7 km	1960–2006	47
11) Toggenburger Waffenlauf	15,3 km	1982–2003	22
12) Freiburger Waffenlauf	18,0 km	1984–2002	19
13) Churer Waffenlauf	17,5 km	1999–2001	3
14) Wohlen AG, Sprint-Waffenlauf	11,0 km	seit 2005	2
Total aller zum «Hunderter» zählenden Waffenläufe bis Ende Saison 2006 =			**554**

Kriens, Zürich, Thun und St. Gallen hinzu. Die erste Schweizermeisterschaft (SM) unter der Schirmherrschaft der IGMS wurde in der Saison 1967 durchgeführt. Ernst Flunser als Schriftführer des Hundertervereins bestimmte später in Eigenregie, dass die Waffenläufe im Toggenburg und in Freiburg erst zählen sollten, nachdem sie in die IGWS aufgenommen worden waren, weil sie erst ab 1982 bzw. 1984 auch für die Schweizermeisterschaft zählten. Logisch ist dies nicht ganz nachvollziehbar, denn sonst hätten alle Läufe vor 1967, also vor Einführung der SM nicht gezählt werden dürfen. Eine spätere Befragung im Zusammenhang mit der Samstagaustragung des Waffenlaufs in Freiburg ergab bei den Läufern ein eindeutiges «JA» zu den «wilden» Toggenburger und Freiburger Läufen, geändert wurde aber nichts mehr.

Nach der Zählweise des Gründers wurden somit bis nach Abschluss der Waffenlaufsaison 2006 insgesamt folgende 554 Läufe angerechnet, siehe vorgehende Seite. Die Waffenläufe, die nach der Einführung der Schweizermeisterschaft im Jahre 1967 nicht zu dieser gezählt wurden also nie berücksichtigt, ebenso wenig zählten sie für das Goldene Buch (ewige Siegerliste), auch zum Leidwesen des Verfassers dieses Berichts, denn die Anforderungen an die Läufer waren dieselben, die Strecken teilweise sogar erheblich länger als heute. Nicht als für den «Hunderter» gültige Resultate zählen deshalb: die einmalige Austragung «Meilen–Rapperswil–Meilen–Zürich» (1947), die fünfzehn Austragungen des Toggenburgers (1967–1981), die sechs Austragungen des Freiburgers (1978–1983). Ebenso wenig zählen die einmaligen Austragungen von Stans (1991) und Bern (Sand bei Schönbühl, 1991) dazu, auch die Waffenläufe von Winterthur, Schöftland, Rütihof und ev. noch weitere werden nicht gewertet.

Beitrittsbedingungen
Welche Bedingungen sind für die Aufnahme in den Hunderterverein zu erfüllen? Bis Ende 1986 musste jeder Läufer (die erste Läuferin startete just in diesem Jahr) die ersten 100 Resultate persönlich nachweisen. Dazu war eine Liste mit Angabe von Lauf/Jahr/Kategorie/Rang und/oder Laufzeit zu erstellen und dem Schriftführer zuzustellen.

Im Vor-EDV-Zeitalter hatte Beat Schmutz die Idee, die Mitglieder des 100er-Vereins in der Rangliste mit einem Sternchen zu kennzeichnen. Dies funktionierte leidlich. Dank der Initiative von Alois Oberlin fand dann die EDV Einzug in das Waffenlaufgeschäft. Bereits hatten erste Anbieter die Zeiterfassung und die Erstellung der Ranglisten als Angebot platziert, unter zwei, drei anderen auch die CAST (Computer Assisted Sport Timing) aus Liebefeld, die nachmalige DATASPORT aus Zollikofen, mit dem absolut professionellen Angebot, ein Glücksfall für den Waffenlaufsport. Parallel dazu entstand in enger Zusammenarbeit zwischen der Cosys AG Wattwil und Alois Oberlin die Hintergrund-Software für die Startlisten, die Auswertung der Schweizer- und Kategorien-Meisterschaft, die Tenuekontrolle und die Beteiligungsstatistik, die dann eben für den «Hunderter» den entscheidenden Zähler nachführte. Die guten Erfahrungen mit der DATASPORT führten schliesslich zu einer hundertprozentigen Zusammenarbeit.

Ab Beginn der Laufsaison 1987 wurde die Anzahl nachgewiesener Waffenläufe jedes «Hunderter-Aspiranten» erfasst und danach automatisch weitergeführt. Für Läuferinnen und Läufer, die ihre Waffenlaufkarriere erst 1987 oder später begannen, wird die Anzahl absolvierter Läufe damit automatisch angezeigt. So sind bereits jetzt im Internet Kandidatinnen und Kandidaten ersichtlich die sich der Hundertergrenze oder anderen Jubiläen nähern (www.waffenlauf.ch).

1 Altbewährte Kämpfer v.l.n.r. Ernst Bär, Weinfelden, damals 209 WL; Paul Frank, Rümlang, 252 WL; Thedy Vollenweider, Embrach, 265 WL; Franz Gloor, Zürich, 266 WL; Adrian Graf, Unterentfelden, 271 WL, Joseph Demund, Riehen, 326 WL

2 Susi Rigling an der traditionellen Ehrung der 100er-Jubilare

3 Hier war wohl ein Jubilar unterwegs

4 Joseph Demund (rechts) übersprang als Erster zuerst die 300er-Hürde. Hier im Bild nahm er zusammen mit Heinz Koch als Gast am 49. und letzten Zürcher Waffenlauf 2006 teil

Auszeichnungen
Der Anreiz, hundert Waffenläufe zu bestehen ist an und für sich schon recht gross. Um den Beitritt zum Hunderterverein noch attraktiver zu machen und die Leistungen der Läufer entsprechend zu würdigen, schwebte dem Gründer Ernst Flunser zu Beginn der Achtzigerjahre die Abgabe einer gediegenen Medaille vor. Die Hindernisse die sich ihm dabei in den Weg stellten waren oft entmutigend, aber nach echter Waffenläuferart gab er nicht auf. Das EMD (heute VBS) fand die Idee begrüssenswert, bewilligte aber keine finanziellen Mittel. Ende 1983 gelang es Ernst nach kosten- und zeitaufwändigen Aktionen einen Sponsoren zu finden: die DANZAS AG, Internationale Transporte und Reiseagentur mit Hauptsitz in Basel, sein damaliger Arbeitgeber. Dieser Sponsor erklärte sich bereit, die erste Serie von 500 Medaillen zu finanzieren, denn einen Mitgliederbeitrag gab es damals und gibt es bis heute nicht. Entworfen wurden die sehr schönen Medaillen vom inzwischen verstorbenen Grafiker Alois Natterer aus Weinfelden (220 Waffenläufe). Sie waren bestimmt für die Jubiläen von 100, 150, 200 und 250 Waffenläufen. Für 300, 350 und 400 Waffenläufe kamen die Jubilare später in den Genuss von Zinnwaren aus Alois Oberlins Werkstatt. Die jeweils benötigte Anzahl rechtfertigte die Kosten für die Erstellung neuer Werkzeuge zur Produktion entsprechender Medaillen nicht. Bis die IGWS den «Hunderter» als zu fördernden «Klub» akzeptierte und finanzierte sprangen in verdankenswerter Weise die Schweiz. Kreditanstalt in Zürich, der Schweiz. Bankverein in Zürich, das Aargauische Elektrizitätswerk (AEW) in Aarau, der Unternehmer Joseph Egli aus Oberurnen als persönlicher Freund von Alois Oberlin sowie

der aktive Läufer Noldi Haag (früher Muttenz) mit je vierstelligen Beträgen ein. Dankbar war der Schriftführer aber auch für alle freiwilligen Beiträge der Mitglieder, die den jeweils dem Jahresbericht beigefügten Einzahlungsschein nicht unbeachtet liessen.

Medaillenfeiern

Im Rahmen einer gediegenen Feier wurden die Mitglieder des Hundertervereins im Anschluss an den Toggenburger Waffenlauf am 4. März 1984 im Kongresshaus Thurpark in Wattwil geehrt. Mit rassigen Märschen eröffnete die Musikgesellschaft Harmonie Lichtensteig die Feier, Ansprachen wechselten mit viel beklatschten Darbietungen der Schulklasse aus Krinau ab, bevor die stolzen Waffenläufer inmitten ihrer Angehörigen die verdienten Ehrenmedaillen für ihren Durchhaltewillen und ihre Treue zum Waffenlauf entgegennehmen konnten. Dem OK des TWL und allen beteiligten Kreisen wurde diese grosszügige Geste bestens verdankt. Der grösste Dank aber ging an Ernst Flunser, ohne den es weder Medaillen noch Feier gegeben hätte. Ein zweites Stelldichein fand am 5. März 1989 ebenfalls in Wattwil, dem Wohnort von Alois Oberlin statt. Der Wattwiler Uhrmacher-Rhabilleur war beide Male Hauptinitiant dieser sehr schönen und unvergesslichen Feiern. Bei letzterer konnten zusätzlich zu den Medaillen die von Treuhänder und Steuerberater Mike Leysinger aus Solothurn (160 Waffenläufe) gesponserten Pins abgegeben werden.

Mit der Durchführung des 37. und letzten Toggenburger Waffenlaufs mit einem Geschenk-Feuerwerk der Extraklasse im Jahre 2003 und dem Erreichen der AHV-Altersgrenze beendete Alois Oberlin seine langjährige und effiziente Tätigkeit zugunsten des Waffenlaufs. Übernommen wurde der «Hunderter» von Susi Rigling, Alte Schlattingerstr. 4, 8254 Basadingen, Tel. 052 741 47 27, E-Mail: susi.rigling@bluewin.ch. Der Hunderterverein ist somit über Basel am Rhein via Düdingen und Wattwil wieder an den Rhein bei Diessenhofen zurückgekehrt. Susi hat selber sehr viele Waffenläufe bestritten. Ehemann Peter kann mit Jahrgang 1950 bereits auf 281 (in Folge!) Teilnahmen zurückblicken. Wäre es bei elf Waffenläufen pro Jahr geblieben hätte er wohl das ganze Feld von hinten aufgerollt.

Gratulationen

Jeder Jubilar, jede Jubilarin mit 100, 150, 200, 250, 300, 350 oder gar 400 bestandenen Waffenläufen darf mit berechtigtem Stolz auf diese Zahl zurückblicken. Viele Kameraden haben ihre Jubiläen in privatem Rahmen, mit Freunden oder mit ihrem Verein gefeiert. Hin und wieder durfte der Verfasser dieses Berichts dabei sein. Nun beabsichtigt derselbe Mann nach Auflösung der IGWS Ende 2006 im Frühjahr 2007 noch ein letztes grosses Zusammentreffen aller Waffenläufer zu organisieren. Abklärungen sind im Gange. Mit wem wohl? Sie haben es erraten: Mit Alois Oberlin!

Beat Schmutz, Düdingen

Rekorde und andere Besonderheiten

Wie erwähnt galt der Waffenlauf und im Besonderen der Hunderter-Verein seit jeher als Tummelfeld für Rekorde. Waren es früher die Grenze zur 100er-Schwelle, später zur 200er-Schwelle gibt es heute Wettkämpfer, welche über 350 Waffenläufe absolviert haben! Einem einzigen Waffenläufer gelang es bisher, die 400er-Schwelle zu knacken. Beim derzeitigen Stand (Ende 2006) umfasst die Liste 770 Läuferinnen und Läufer.

Manch ein Waffenläufer ist durch Siege bekannt, ja sogar berühmt geworden. Einige Waffenläufer erlangten einen Bekanntheitsgrad mit Rekorden und andern Besonderheiten.

Die Liste wird zur Zeit durch den bekannten Waffenläufer Thedy Vollenweider (Jahrgang 1938) aus Embrach angeführt. Er bestritt in seiner langen Laufkarriere sage und schreibe 400 Waffenläufe. Ein Rekord der Superlative, nahm er doch seit 1958 an fast jedem Waffenlauf teil.

5   Die sympathische Brieftaubensoldatin Anne-Rose Wälti aus Biel mit ihren Brieftauben

6   Noldi Haag (Hergiswil) mit Fritz Clesle (Hosenruck) am Wiedlisbacher Waffenlauf 2005

7   Langjährige und treue Kämpfer unter sich. V.l.n.r. Peter Rigling (Basadingen), Noldi Haag (Hergiswil) und Fritz Clesle (Hosenruck)

8   Die Verfolgergruppe bei Kilometer 19.5 des Frauenfelder Militärwettmarsches 1999. V.l.n.r. Ruedi Walker, Fritz Häni, Koni Schelbert und Arno Schneider

9   Ehrung langjähriger Teilnehmer 2006 in Oensingen (V.l.n.r. Peter Gerber 350. WL, Ernst Mühlestein und Beat Eggenschwiler 300. WL)

Die Liste beinhaltet auch weitere Rekorde und Besonderheiten. Einige der Rekorde und besonderen Aufzählungen seien auf den folgenden Seiten kurz portraitiert. Sie stehen für herausragende Leistungen. Mit Besonderheiten und Rekorden bekamen auch viele «namenlose» Waffenläufer einen Namen. Viele «arbeiteten» jahrzehntelang an einem Rekord und dürfen somit stolz sein, Teil der Geschichte des Waffenlaufs zu sein.

Die erste «Hunderter-Frau»

Als erste Frau hat Anne-Rose Wälti aus Biel 100 Waffenläufe und damit die Gilde der 100er erreicht. Obwohl die Pionierin, die vor vielen Jahren ebenfalls als erste Frau in die Männerdomäne Waffenlauf eingebrochen war, ihr grosses Jubiläum eigentlich in Freiburg gehabt hätte, wollte sie in Reinach geehrt werden. Ausgerechnet dort also, wo einst die lauffreudigen Frauen Startverbot erhalten hatten, wofür der damalige OK-Präsident von der Schweizer Illustrierten mit einem «Kaktus» ausgezeichnet worden war. Angesprochen auf ihr nächstes Ziel, meinte die ehemalige Polizistin lapidar: «Der 150. Waffenlauf.»

Ihr Jubiläum wurde von ihren Läuferkameradinnen und ihrem Verein gefeiert. Mit Glückwünschen und Blumenstrauss durfte die sympathische Frau aus Biel ihren Einzug in die ehrwürdige Gilde des Hundertervereins feiern.

43 Frauenfelder in Folge...

Einen Rekord der besonderen Art hat Arnold Haag inne. Am 19. November 2006 absolvierte er seinen 43. Frauenfelder. In Folge!

Damit wurde er zum Rekordhalter, das hat vor ihm noch niemand geschafft.

Zum Waffenlauf gekommen sei er durch den Vater, sagt Arnold Haag, der aus Frauenfeld stammt und heute in Hergiswil wohnt. «Der Vater war damals im OK des Frauenfelders für die Verpflegungsposten zuständig. Daher war ich sozusagen von Kind auf dabei und konnte in seinem Auto die Strecke abfahren», erinnert sich der 64-Jährige.

«1964 wurde ich mit 21 Jahren an einem Samstag aus der RS entlassen und absolvierte gleich am nächsten Tag meinen ersten «Frauenfelder». Früher war die absolvierte RS Grundvoraussetzung für die Teilnahme an einem Waffenlauf. An seinen ersten Lauf hat Arnold Haag nur wenig Erinnerungen, schliesslich wird er am kommenden Wochenende seinen insgesamt 312. Waffenlauf absolvieren. In den Jahren 1965 und 1966 sei er auf Grund von Aufenthalten im Ausland direkt aus Paris oder Algier an den «Frauenfelder» gekommen. «Speziell erinnere ich mich an meinen 10. und meinen 250., welche ich mit meinen Brüdern gelaufen bin.»

Die meisten der 312 Läufe waren aber «Frauenfelder», nämlich 43 an der Zahl. Damit wird Arnold Haag Rekordhalter mit den meisten ohne Unterbruch absolvierten Läufen in Frauenfeld. «Neben Frauenfeld habe ich viel an Herbstläufen teilgenommen, in Zürich, Freiburg, Kriens und auch Thun», so Haag. Die Läufe im Spätwinter, wie der «St. Galler», die teilweise noch sehr kalt und von Schnee begleitet sind, hätten ihm nie wirklich zugesagt. «Trainiert habe ich früher nicht sehr viel; wir hatten fünf Läufe im Frühling und sechs im Herbst, wodurch man einigermassen fit blieb», sagt Haag. «Ab 50 musste ich aber etwas für meine Fitness tun. Heute laufe ich mindestens einmal pro Woche 10 bis 12 Kilometer.» Besonders schätzt Haag die Kameradschaft und gegenseitige Unterstützung während der Läufe, die früher noch viel öfters bestanden habe. «Das Mitmachen ist das, was wirklich zählt, und das Ankommen; denn aufgegeben habe ich keinen meiner Läufe.»

Am 19. November 2006 traf Arnold Haag nach 5 Stunden 54 Minuten und 5 Sekunden auf dem Mätteli in Frauenfeld ein. Der M50-Läufer hat somit sich selbst in die Geschichte der Rekordhalter eingetragen.

232 Waffenläufe, 122 Kategoriensiege, 22 Tagessiege

«Und wieder zeigte Fritz Häni seine Zähne und siegte in der Kategorie Auszug (M20) in einer grossartigen Zeit...»
«Fritz Häni besiegte wiederum seine Landwehr-Konkurrenten und siegte...»
«Häni siegte in der Kategorie Landsturm und sicherte sich damit...»
«Erneuter Sieg für M40-Läufer Fritz Häni...»
«Auf dem Podest der M50-Läufer stand einmal mehr Fritz Häni...»

So tönt es seit Jahrzehnten. Wie kein anderer vor ihm hat es Fritz Häni geschafft, bei praktisch allen Waffenläufen in fast allen Kategorien auf dem Siegerpodest zu stehen. Eine grandiose Karriere. Vor Jahren schon überholte Häni die Waffenlauf-Legende Albrecht Moser mit der Anzahl Kategoriensiege. Heute steht er einsam an der Spitze mit 122 Kategoriensiegen. Damit hat Fritz Häni einen Rekord aufgestellt, welcher nicht mehr zu übertrumpfen ist. Häni ist einer der Waffenläufer, welcher sich seit vielen Jahren an der absoluten Spitze behauptet! Fritz Häni, der ehemalige Waffenlauf-Schweizermeister ist die Sieger-Legende schlechthin!

281 Waffenläufe in Folge!
Ein ganz besonderes Jubiläum konnte Peter Rigling aus Basadingen beim Reinacher 2005 feiern. Er erreichte zum 275. Mal das Ziel eines Waffenlaufs. Zwar benötigte Rigling bei seinem Jubiläumslauf gut zwei Stunden länger als der Sieger für die 24,8 km lange Strecke, doch für ihn zählen schon längst die besondere Atmosphäre und die ausgesprochene Kameradschaft unter den Waffenläufern mehr als alle Bestzeiten und Spitzenresultate.

Nach den «erfolgreichen Jahren» kam Peter Rigling, der gross gewachsene, kräftige ehemalige 1. Liga-Wasserballer nicht mehr an seine Bestzeiten heran. Doch er blieb dem Waffenlauf dennoch treu.

Seine Motivation war, so viele Läufe wie möglich ohne Unterbruch zu absolvieren. Dies ist ihm vom Frauenfelder 1979 bis zum Wohlener Waffenlauf 2006 gelungen. Diese eindrückliche Serie ging jedoch im Jahr 2006 zu Ende. Dies ergab 281 Waffenläufe ohne Unterbruch. Am 10. September 2006, am letzten Reinacher Waffenlauf musste er beim 13 Kilometer völlig erschöpft aufgeben, damit endete diese grossartige Serie.

Sein ärgster Gegner war stets sein Gewicht. Selbst in seinen besten Jahren brachte er immer über 100 kg auf die Waage. Gerade wegen dieser körperlichen Voraussetzungen kann Peter Rigling auf diesen Rekord stolz sein. «In den 27 Jahren Waffenlauf habe ich viele schöne und bereichernde Stunden im Kreise meiner Waffenlauffreunde verbringen können. Diese Freundschaften haben für mich einen genauso hohen Stellenwert wie die sportlichen Erfolge.» Deine Waffenlauf-Familie wünscht dir für deine Zukunft Gesundheit und alles Gute!

Nochmals die Zahl 281
Es gibt viele Waffenläufer, die aus den Startfeldern der Waffenläufer nicht wegzudenken sind. Einer davon ist auch Stephan Obertüfer aus dem thurgauischen Sulgen. 1976 aus der Innerschweiz in den Thurgau gezogen, widmete er sich bald dem Waffenlauf.

Noch heute, nun 55-jährig und seit vielen Jahren Mitglied im Run Fit Thurgau (früher Wehrsportverein Thurgau), ist der sympathische Wehrmann an den Waffenläufen dabei. Er gilt als eines der «Urgesteine» des schweizerischen Waffenlaufs.

Vor 30 Jahren ging er, durch einen Freund angestachelt, unter abenteuerlichen Voraussetzungen an den Frauenfelder Waffenlauf. «Zur Vorbereitung absolvierte ich einige längere Spaziergänge», sagt er heute schmunzelnd. Er musste damals beim längsten und härtesten Lauf viel Lehrgeld zahlen. Heute ist der «Frauenfelder» sein Lieblingslauf.

Die Geschichte des Waffenläufers Stephan Obertüfer begann, wie das früher oft der Fall war. «Ich wechselte meinen Wohnsitz von Nottwil nach Sulgen. Da wurde ich von einem Kollegen in Sulgen mehrmals angesprochen, doch einmal am ‹Frauenfelder› mitzumachen.» Stephan Obertüfer machte dann 1976 bei diesem 42,2 Kilometer langen Lauf mit, und machte schmerzliche Erfahrungen.

Kameradschaft als Motivation
«Ich lief ohne Training, ohne richtige Packung und in Ordonnanzschuhen», erinnert sich Obertüfer. Der gelernte Metzger und heute als Lagerist bei der bekannten Bischofszeller Firma Bina tätige Sulgener musste damals seine Unerfahrenheit büssen. «Ich benötigte fünfdreiviertel Stunden», lacht er. Heute hat er gut lachen. Denn zweimal unterbot er die magische Grenze von drei Stunden. «Insgesamt bin ich meinen Lieblingslauf 20-mal unter 3.10 Stunden gelaufen.»

Dass es Stephan Obertüfer so lange beim harten Waffenlaufsport aushielt, ist keine Selbstverständlichkeit. Immer mehr Waffenläufer kehrten diesem Sport in den letzten Jahren den Rücken. Als einen wesentlichen Grund seiner Begeisterung nennt Obertüfer die sprichwörtliche Kameradschaft, welche unter den Waffenläufern herrsche.

Zudem verfolgt Obertüfer sportlich hohe Ziele. Zum einen wollte er 2005 den 30. Frauenfelder und zugleich den 250. Waffenlauf insgesamt bestreiten. Gesagt, getan.

Am Frauenfelder 2005 hat er dann eine ganz besondere Zahl erreicht. Die Zahl 281.

10 Am 63. Reinacher Waffenlauf 2006 ganz kurz vor dem Start

11 Eindrucksvolle Bilder....hunderte Waffenläufer peitschen ungebremst über Hügel und Täler

12 Einzüge in den «Hunderter-Verein» und Jubiläen werden bei den Thurgauer Wehrsportlern (heute Run Fit Thurgau) in Frauenfeld gefeiert (1988)

13 Thedy Vollenweider nach seinem 400. Waffenlauf nach seinem Einlauf beim Zürcher Waffenlauf 2002

Sie steht für 250 Waffenläufe, 30 «Frauenfelder» und seinen ersten Kategoriensieg. 250+30+1=281. «Dass ich dabei gleich noch den Kategoriensieg in der Klasse M50 erzielte, war für mich das Allerschönste. Zwei Mal habe ich bei meinem Lieblingslauf die magische Grenze von 3 Std. unterboten und zum Jubiläum durfte ich bei der M 50 nach einer Laufzeit von 3.02 Stunden zuoberst auf Treppchen steigen. Nach 250 Waffenläufen, davon 30 Frauenfeldern, kam ich zum ersten Sieg!» Die Freude darüber widerspiegelt sich noch heute in seinem Gesicht.

Ein Thurgauer Weggefährte liess darauf eine Torte mit der Aufschrift «281» anfertigen. Doch Stephan weilte kurze Zeit nach seinem Triumph bereits in den wohlverdienten Ferien. Was damals auch besonders war, in Frauenfeld standen 2(!) Sulgener auf dem Podest. Stephan Obertüfer als Sieger in der Kategorie M50 und Dominik Schlumpf in der Kategorie M20 auf dem dritten Platz.

Als weiterer «Nebeneffekt» wurde Stephan Obertüfer im August 2006 von seiner Wohngemeinde Sulgen als VIP-Gast bei den Feierlichkeiten zum 1200-jährigen Bestehen von Sulgen eingeladen. Dies freute den bescheidenen Mann mit dem Bart und seine Wohngemeinde zeigte ihm damit die Anerkennung für seine grossartigen sportlichen Leistungen.

Sein letztes Waffenlauf-Jahr will er voraussichtlich im Jahr 2007 in Angriff nehmen. Dann wird er zum letzten Mal seine Packung schultern. Eigentlich würde er sich das Ende der Laufsportart mit Packung nicht herbeisehnen. «Es wäre einfach schade, wenn diese Sportart verschwinden würde.» Denn es sei so viel Tradition und Kameradschaft dabei, dass ihm dieser Sport fehlen werde.

«Es ist der Fluch der Zahlen...»

Die folgenden Zeilen stammen aus einem Zeitungsartikel. Datum und Verfasser konnte leider nicht eruiert werden. Doch es kommt eigentlich auch nur auf den Inhalt an.

Das waren die Jubilare am Frauenfelder Waffenlauf! Oben v.l.n.r. Walter Stillhart, Kurt Frei, Peter Hugentobler, Kurt Hugentobler, Albert Bachmann, Werner Wolfer (verstorben), unten v.l.n.r. Ernst Rietmann, Werner Häusermann, Fredy Wirth, Willi Meyer, Sämi Schmid.

Sdt Brauchli Peter, Jg 42, aus 8557 Wagerswil sitzt auf dem Massagestuhl beim Kamelbuckel-Verpflegungsposten und leidet still vor sich hin. «Das ist mein 30. Frauenfelder», sagt er, «doch es ist auch der Schlimmste.» Wäre es nicht der 30., er hätte schon lange aufgegeben, behauptet er. Normalerweise wäre er um diese Zeit, nach über fünf Stunden, schon lange am Ziel. Jetzt hat er noch die schwerste halbe Stunde vor sich. Doch Durchbeissen lohnt sich, wie immer im Leben, und dazu sind Waffenläufe auch da: Am Ziel empfangen ihn Freunde mit einem Gratulationstransparent zum 30. und letzten. Auch Uem Std Wüst Curt, Jg 36, aus 8590 Romanshorn, leidet, und eigentlich ärgert er sich darüber, dass er hier ist. Früher, so sagt er, sei er locker unter vier Stunden gelaufen, und meistens habe er sich auch im ersten Viertel klassiert. Jetzt sei er aber nicht mehr so gut in Form, habe Probleme mit den Knien und ausserdem auch Herzrhythmustörungen. Ja, warum zum Teufel, macht er es? Ganz einfach: Er muss. Sein 30. Frauenfelder ist gleichzeitig sein 248. Waffenlauf, und wenn einer mal so weit ist, muss er bis zum 250. weitermachen. Ungefähr 50 Läufer, so schätzt er, haben das geschafft.

Und auch Pol Zingg Johannes, Jg 46, aus 8303 Bassersdorf muss. Obwohl er wegen der Arthrose im Knie nicht sollte. «Doch der Grind gibt es nicht zu», sagt er. «Es ist der Fluch der Zahlen, dem kein Waffenläufer entrinnt». Er ist an seinem 192., der 200. winkt. Den Marathon lief er einst unter drei Stunden, seine Frauenfelder Bestzeit steht bei 3:40. Jetzt wiegt er 95 kg, und so hinkt er in etwas mehr als sechs Stunden ins Ziel. Als fünftletzter Sieger.

«Clesle Fritz, der mit dem Walkman»

Bei Füs Clesle Fritz, Jg 44, aus 9515 Hosenruck, der unmittelbar vor Zingg läuft, liegt der Fall etwas anders. Er muss nicht, sondern darf wieder. Dienstuntaugliche sind seit ein paar Jahren wieder waffenlauftauglich, also hat er das Training wieder aufgenommen und gibt nach 24 Jahren sein Comeback. Damals war er zwar fast doppelt so schnell, aber nicht unbedingt beschwingter. Denn damals, so erklärt er, musste er mit der Musik vorlieb nehmen, die aus dem Transistorenradio kam, jetzt trägt er einen nicht ganz ordonnanzmässigen Walkman mit sich. «Was hast du für Musik drauf», fragt ihn ein Reporter. «Ich höre nichts, wegen der Musik», antwortet er. Nach tieferen Recherchen kann verraten werden: Clesle lässt sich mit Twist und Rock über die unzähligen Hügel peitschen.

Der Mann mit den 400 Waffenläufen
Als erster Mensch erreichte am Zürcher Waffenlauf 2002 Thedy Vollenweider 400 Waffenläufe. Thedy Vollenweider aus Embrach kann man als den Waffenläufer mit dem längsten Atem bezeichenen. So viele Waffenläufe hat vor ihm noch keiner bestritten: am Zürcher Waffenlauf 2002 sind es genau 400 geworden. Eine unglaubliche Zahl, die bedeutet, dass Thedy seit 1958 – dem Gründungsjahr des Zürcher Waffenlaufs – an fast jedem Waffenlauf teilgenommen hat. Und Waffenläufe sind Wettkämpfe, die viel abverlangen. Früher noch im Tenue grün, mit angehängtem Bajonett und Patronentaschen, 7.5 kg schwerem Rucksack mit aufgeschnalltem Gewehr, und hohen, ungedämpften Schuhen.

1960, mit 22 Jahren, zog er aus Mettmenstetten nach Embrach, um ein Maler- und Tapeziergeschäft aufzubauen, das er heute noch in Schwung hält. Und auch zu jener Zeit – kurz nach der RS – war es, als Thedy den Laufsport entdeckte. Zu jener Zeit gab es nur wenige zivile Langstreckenläufe, die Waffenläufe dominierten den Laufsportkalender der Schweiz. 1958 in Reinach war die Premiere für Thedy, wo er die 34 Kilometer lange Strecke – mehr marschierend als rennend – in knapp 4 Stunden absolvierte. Von da an nahm er jeweils etwa 10 mal pro Jahr an den Waffenläufen teil, beinahe ohne krankheits- oder verletzungsbedingte Absenzen.

Thedy hat andere Ziele als Podestplätze: ein Höhepunkt war sein 300. Waffenlauf, lange Zeit hatte nur ein Jahrgänger und Freund von Thedy noch mehr Läufe akkumuliert: Franz Gloor. Seit dieser tragischerweise 1997 während eines Laufes verstarb, ist Thedy alleiniger Rekordinhaber. 1998 bestritt Thedy mit 60 Jahren seinen 381. und vermeintlich letzten Waffenlauf. Alle hat er mit Rangierung und Laufzeit akribisch in seinen Lauftagebüchern eingetragen. Dank einer Reglementsänderung im Jahr 2000 (über Sechzigjährige können wieder bei der Kategorie M50 teilnehmen) konnte Thedy seinen Traum von 400 Waffenläufen erfüllen. Aber nicht nur militärische Läufe sind sein Steckenpferd, auch zivile Läufe bestritt er viele. Etwa 10 Bieler 100-Kilometer-Läufe, einen davon als Patrouille zusammen mit seinem Sohn Theo.

In den letzten Jahren hat es Thedy ein wenig ruhiger genommen. Da kommt es auch mal vor, dass er unterwegs am Frauenfelder sich Zeit nimmt, um mit einem Kollegen auf ein Bier anzustossen. Und auch beruflich will er sich langsam aus seinem Geschäft zurückziehen. Dafür wird er mehr Zeit für seine Frau, die Familie, Gartenpflege und seinem künstlerisches Hobby (sticken von Bildern) haben.

Aber am Zürcher Waffenlauf 2002 packte ihn nochmals das Wettkampffieber. Am Sonntagmorgen vor dem Start sah man Thedy die Freude, aber auch die Anspannung an. In einem blumengeschmückten Militär-Oldtimer wurde er zur Startlinie chauffiert. Von allen Seiten wurde ihm auf die Schultern geklopft und die Hand geschüttelt. Für ihn war diese Art von Publizität ungewohnt, er ist kein Sportler, der in seinem Leben oft im Rampenlicht gestanden hat.

Dann erfolgte der Startschuss, und Thedy setzte sich inmitten des Läuferfeld in Bewegungs. Begleitet von seinem Sohn Theo, der seinen 20. Zürcher bestritt, und einem weiteren Laufkollegen, nahm er die Halbmarathondistanz in Angriff. Bis Kilometer 12 kam er gut voran, dann kam die Krise. Er spürte, dass ihm die langen Trainings fehlen, und er musste kämpfen.

Zum Glück lief es ab Kilometer 15 wieder besser, schliesslich war das Ziel nicht mehr fern. Die ganze Strassenbreite einnehmend, rollte das Trio aus Embrach dem Ziel in Witikon entgegen. Thedy schien gelöst, freudig, und sein Laufstil erstaunlich locker, als er mit einem grossen Blumenstrauss in der Hand die Ziellinie überquerte. Dort erwarteten ihn Freunde aus dem Laufsportteam Zürich mit einem Apérobuffet und einer mannshohen Holztrophäe. Unter die vielen Gratulanten reihte sich auch Regierungsrätin Rita Fuhrer ein, die ihn zu seinem Durchhaltewillen beglückwünschte. Anschliessend wurde Thedys einmaliger Rekord gebührend gefeiert. Sein Jubiläumslauf war gleichzeitig auch sein Abschiedslauf vom Waffenlaufsport.
Ueli Schwarz, ehemaliger Pressechef des Zürcher Waffenlaufs

«Ehrentafel» des Hunderter-Vereins

Der erste Läufer mit 100 bestandenen Läufen ist nicht bekannt. Die Grenze von 250 Läufen erreichte als Erster Paul Frank aus Rümlang. Joseph Demund, Zollbeamter aus Riehen übersprang zuerst die 300er-Hürde, der verstorbene Zürcher Postbeamte Franz Gloor knackte die 350er-Grenze und mit bisher 400 absolvierten Waffenläufen steht einzig und allein Malermeister Thedy Vollenweider aus Embrach da. Bleiben noch einige Waffenläufe nach Auflösung der IGWS per Ende 2006 weiter bestehen, könnte der unverwüstliche Willi Lüthi aus Bünzen dank der Aufhebung der oberen Altersgrenze noch zu ihm aufschliessen.

Das Einzige was im Waffenlauf noch zunimmt ist die Anzahl der Mitglieder des Hundertervereins! Nach Abschluss der Saison 2006 umfasst der Hunderterverein 770 Läuferinnen und Läufer, welche hundert Mal oder mehr die Strapazen eines Waffenlaufs auf sich nahmen und klassiert wurden. Davon weilen 83 bereits nicht mehr unter uns. Zu den nicht mehr Aktiven gehören 276 und 494 Läuferinnen und Läufer sind noch aktiv.

Anz.	Grad	Name	Strasse	PLZ	Wohnort	Jg
400	San Kpl	Vollenweider Theo	Dorfstr. 36	8424	Embrach	1938
392	Gfr	Lüthi Willi	Dorfstr. 18	5624	Bünzen	1937
385	Tr Sdt	Gehring Heinrich	Hochfelderstr.7	8173	Neerach	1945
367	Sdt	Gloor Franz	VERSTORBEN		Zürich	1938
366	Gfr	Hasler Heiri	Erlenstr. 20	8472	Ohringen	1943
351	Kü Geh	Gerber Peter	Mühlebühl 10a	9100	Herisau	1945
348	Füs	Fluri Toni	Schachenstr.20	4702	Oensingen	1951
344	Füs	Schegula Georg	Bahnhofstr.1	8942	Oberrieden	1936
341	Pol Wm	Graf Adrian	Flurweg 11	5035	Unterentfelden	1934
333	Gfr	Bachmann Albert	Baumgartenstr. 41	8623	Wetzikon ZH	1938
333	Sdt	Kofmel Niklaus	Kirchgasse 1	4543	Deitingen	1943
327	Gren	Ziegler Leonhard	Unterhofen 1	8625	Gossau ZH	1939
326	Oblt	Demund Joseph	in den Neumatten 52	4125	Riehen	1927
325	Rdf	Schillig Hansueli	Allment 10	5073	Oberfrick	1946
324	Gtw	Voramwald Kurt	Kramershaus 64 A	3453	Heimisbach	1954
323	Gfr	Camenisch Robert	Wiesenstr. 11	9030	Abtwil SG	1939
318	Kpl	Bär Ernst	Feldhofstr. 16	8570	Weinfelden	1942
312	Wm	Haag Arnold	Wylstr. 9 B	6052	Hergiswil NW	1943
310	Füs	Nyfeler Oskar	VERSTORBEN		Biel	1935
310	Fw	Werthmüller Walter	Sagiweg 251	5054	Moosleerau	1944
308	Sdt	Bernet Walter	Berninaplatz 1	8057	Zürich	1948
306	Gfr	Ammann Helmuth	Dingenhartstr. 6	8500	Frauenfeld	1945
305	Pal Sdt	Bachmann Ewald	Schützenmatt 17	3280	Murten	1950
304	Oblt	Friedli Markus	Ueberführungsstr.31	4565	Recherswil	1952
302	Sdt	Hug Paul	Wädenswilerstr.3	8712	Stäfa	1936
302	Fw	Keller Klaus	Huggenbergerstr.6	8500	Gerlikon	1954
302	Gfr	Ringgenberg Rudolf	Bürglenstr. 25	3600	Thun	1950
301	Pol Wm	Elmiger Josef	Ringstr. 33	6332	Hagendorn	1943
300	Gfr	Baltisberger Hanspeter	Aecherliring 15	4665	Oftringen	1944
300	Wm	Eggenschwiler Beat	Passwangstr.201	4719	Ramiswil	1946
300	Kan	Mühlestein Ernst	Wangenstr. 16	8600	Dübendorf	1940
296	Gfr	Dormann Josef	Huwilstr. 8	6280	Hochdorf	1949
293	Pol Fw	Rebsamen Heini	VERSTORBEN		Fehraltorf	1951

Anz.	Grad	Name	Strasse	PLZ	Wohnort	Jg
290	Tr Sdt	Blättler Othmar	Unterhaus	6386	Wolfenschiessen	1951
289	Gfr	Renggli Jost	St. Jakobstr.20	6330	Cham	1951
287	Gfr	Eilenberger Andreas	Steinhofstr. 9	3400	Burgdorf	1933
285	Sdt	Edelmann René	Buchwiesenweg 10	8302	Kloten	1944
285	Oberst	Furrer Charles	Blankweg 4b	3072	Ostermundigen	1950
284	Tr Sdt	Hauser Peter	VERSTORBEN		Bülach	1937
283	Herr	Brügger Paul	Obere Stallstrasse 8	7430	Thusis	1953
281	Motf	Rigling Peter	Alte Schlattingerstr. 4	8254	Basadingen	1950
279	Gfr	Peter Arthur	Züchlerstr. 3	8545	Rickenbach ZH	1946
277	Pz Gren	Ziegler Walter	Schutzengelstr.38	6340	Baar	1944
276	Wm	Iseli Ernst	Pleerweg 7D	3400	Burgdorf	1951
275	Wm	Hugentobler Kurt	Feldstandstr.64	8590	Romanshorn	1940
275	Gfr	Maurer Hans	Frauenfelderstr.22	9545	Wängi	1939
275	Sdt	Walther Urs	Emmentalstr.165	3414	Oberburg	1954
271	Herr	Fankhauser Walter	Unterdorf Willigen	3860	Meiringen	1930
271	Kpl	Leutenegger Albert	VERSTORBEN		Russikon	1928
271	Gzw Kpl	Pfiffner Anton	Hennimoosstr.1	9444	Diepoldsau	1934
268	Wm	Amport Marcel	Erlenstr. 9	4416	Bubendorf	1953
267	Motf	Distel Josef	Weghus	6170	Schüpfheim	1941
266	Kpl	Friedli Hans	Bachstr. 1	4614	Hägendorf	1950
266	Gfr	Steger Kudi	Neuhof 11	5707	Seengen	1948
266	Sdt	Stutz Walter	Höfli 6	8555	Müllheim Dorf	1952
265	Gfr	Gehrig Eugen	Neuhofstrasse 18	5600	Lenzburg	1937
264	Adj Uof	Schürer Walter	Herisauerstr.62	9015	St. Gallen	1931
261	Wm	Acker Heinz	Zielackerstr.29	8304	Wallisellen	1937
260	Gfr	Eggenschwiler Gaston	Unt. Sternengasse 1a	4500	Solothurn	1943
258	Motf	Niederberger Hans	Curtgin Sut	7152	Sagogn	1951
258	Uem Sdt	Wüst Curt	Luxburgstr.15	9322	Egnach	1936
256	Kü Wm	Obertüfer Stephan	Gartenstr. 4	8583	Sulgen	1952
256	Mitr	Waser Paul	Foribachweg 4	6060	Sarnen	1944
256	Gfr	Wicki Franz	Neubühl	6166	Hasle LU	1935
255	Kan	Hug Jakob	VERSTORBEN		Brunnadern	1936
254	Kpl	Jäggi Ulrich	Kirchgasse 18	7310	Bad Ragaz	1943
253	Gfr	Schoch Wilfried	Schönengrundstr. 10	8600	Dübendorf	1933
253	Gfr	Wehrli Willy	Rosengartenweg 25	5033	Buchs AG	1939
252	Herr	Frank Paul	In den Linden 17	8153	Rümlang	1922
252	Fw	Oertle Vincenz	Hotzerwiese 11	8133	Esslingen	1942
252	Gfr	Schelbert Fredy	Neudorfstr. 22	6313	Menzingen	1947
252	Gfr	Schneider Silvio	Falkenblickstr.17	9453	Eichberg	1938
251	Rdf	Debrunner Rolf	Schulhaus	8536	Hüttwilen	1948
251	Sdt	Frei Bruno	Köchlistr. 25	8004	Zürich	1940
251	Mitr	Habegger Hans	Wuhlstr.179	3068	Utzigen	1953
251	Oblt	Hool Jean	Farnbühl	6105	Schachen LU	1947
251	Sdt	Hunziker Paul	Kirchstr.332	4713	Matzendorf	1936
251	Kan	Leubin Hansrudolf	Bahnhofstr.51	4132	Muttenz	1935
250	Kan	Gerussi Viktor	Obstgartenstr. 19	8105	Regensdorf	1932

Anz.	Grad	Name	Strasse	PLZ	Wohnort	Jg
250	Kpl	Jäggi Ulrich	VERSTORBEN		Nennigkofen	1943
250	Kü Geh	Loosli Hans	Mattstr.11	8865	Bilten	1945
250	Gfr	Mietrup Max	Brodlaube 4	4310	Rheinfelden	1943
248	Motf	Ruppanner Franz	Signalstr. 2	9430	St. Margrethen SG	1942
246	Sdt	Wirth Fredy	Rooswies 2	8586	Erlen	1949
240	Pol Fw	Keller Bruno	Rankstrasse 12	8413	Neftenbach	1959
239	Kü Geh	Häni Fritz	Kuhgasse 9	4539	Rumisberg	1954
239	Kpl	Wachter Beat	Grabenweg 22	5103	Möriken AG	1959
238	Mitr	Trinkler Richard	Grubenweg 12	5722	Gränichen	1957
237	Tromp	Vollenweider Theo	Dorfstrasse 36	8424	Embrach	1963
236	Pol Wm	Kleger Georg	Hagrütistr.7	8862	Schübelbach	1946
234	Sdt	Grütter Charles	Fährstrasse 6	4632	Trimbach	1936
234	Gfr	Sumi Arthur	Postfach 21	8556	Wigoltingen	1953
232	Füs	Rutz Peter	Rotfarb 6	9213	Hauptwil	1955
230	Kpl	Bösch Jakob	Im Erlimoos 4	8355	Aadorf	1952
230	Oblt	Jucker Walter	Alleeweg 38	4310	Rheinfelden	1954
229	Gfr	Gaberthüel Godi	Sandbuckstr. 25	8173	Neerach	1950
229	Motm	Müller Ruedi	Oelackerweg 3	5725	Leutwil	1957
228	Sap	Castrischer Reto	Stationsstr. 49	8606	Nänikon	1952
227	Gfr	Münger Ernst	Morgenstr.21 f	3018	Bern	1944
225	Kan	Brunner Jakob	Marktstrasse 86	5614	Sarmenstorf	1927
225	Füs	Odermatt Theo	Zythusmatt 26	6330	Cham	1940
224	Kan	Heim Urs	Bahnhofstr.33	5507	Mellingen	1945
223	Sdt	Frei Hans	VERSTORBEN		Frauenfeld	1941
223	Kpl	Rickenmann Kurt	Im Dörnler 11 b	8602	Wangen ZH	1947
223	Kpl	Steffen Hans	Haus Bacherspitze 469	6580	St. Anton a/Arlberg	1937
222	Kan	Huber August	Weingartenstr.1	8372	Wiezikon TG	1953
222	Can	Leuenberger Erwin	Ruelle des Gerles 8	1788	Praz	1935
222	Adj Uof	Roth Hansruedi	Bernrain 24	8556	Wigoltingen	1948
222	Herr	Strasser Rudolf	VERSTORBEN		Baden	1919
220	Herr	Eggimann Fritz	VERSTORBEN		Hasle-Rüegsau	1922
220	Gfr	Meier Peter	Sonneckstr. 3 c	8630	Rüti ZH	1943
220	Wm	Natterer Alois	VERSTORBEN		Weinfelden	1947
220	Füs	Walter Paul	VERSTORBEN		Gunten	1936
219	Gfr	Ottiger Bernhard	Haldenstr. 5	5742	Kölliken	1939
219	Herr	Peter Alois	VERSTORBEN		Finstersee	1917
219	Gfr	Stillhard Walter	Sandbüel 25a	8500	Frauenfeld	1952
218	Gfr	Küng Kilian	Speicherstr.39	8500	Frauenfeld	1951
218	Kan	Rey Alois	Kindergartenstr.1	5622	Waltenschwil	1934
218	Mitr	Weibel Hans	Winkel 17	9243	Jonschwil	1942
217	Oblt	Flunser Ernst	Klosterreben 38	4052	Basel	1917
217	Gtw	Stock Karl	Gassenackerstr. 2	8544	Rickenbach-Attikon	1937
216	Gfr	Rechsteiner Andreas	Sonnenberg 498	9410	Heiden	1954
216	Füs	Wirth Reto	Breitestr. 19	8903	Birmensdorf ZH	1960
215	Gfr	Eggenschwiler Otto	Dorfstrasse 36	4713	Matzendorf	1931
215	Motf	Schwager Rudolf	Spittelweg 5	3600	Thun	1933

Anz.	Grad	Name	Strasse	PLZ	Wohnort	Jg
214	Gfr	Frei Josef	Kreuzwiesen 20	8051	Zürich	1940
213	Pol Wm	Aschwanden Paul	Pfruendhofstr. 60	8910	Affoltern a.A.	1935
213	Four	Bächi Kurt	Finsterrütistr. 31	8134	Adliswil	1942
213	Gfr	Keiser Beat	Genossenschaftstr. 1	4132	Muttenz	1959
213	Herr	Lindemann Johann	VERSTORBEN		Baar	1926
211	Gren	Albrecht Rolf	Fohrenbergstr.15	8355	Aadorf	1944
210	Adj Uof	Saner Rudolf	Postfach 134	4717	Mümliswil	1946
209	Herr	Gilgen Walter	Gysnauweg 6	3400	Burgdorf	1933
209	Gfr	Kehl Bruno	Spiltrücklistr.3	9011	St. Gallen	1932
209	Wm	Meier Albert	Gschwanderstr. 41	8610	Uster	1945
209	Masch	Monigatti Armando	Haus Vispa	3910	Saas Grund	1934
209	Gfr	Roth Walter	Dorfstr.12	8911	Rifferswil	1948
209	Pol Wm	Zingg Johannes	Winterthurerstr.19 B	8303	Bassersdorf	1946
208	Füs	Schacher Alois	VERSTORBEN		Wauwil	1934
207	Kan	Odermatt Josef	Merkurstrasse 7	6020	Emmenbrücke	1934
206	Oblt	Maurer Urs	Hasenlohweg 2a	6315	Oberägeri	1954
206	Füs	Scheidegger Fritz	Burgmatt 16	6340	Baar	1940
206	Gren	Thommen Christian	Birkenstr.2	8421	Dättlikon	1947
206	Sdt	Wild Bruno	Hauptstr. 25	8532	Weiningen TG	1944
205	Wm	Fink Martin	Unt.Schärerstr.2	8352	Räterschen	1938
205	Oblt	Koller Max	Postfach 2001	8401	Winterthur	1940
205	Sdt	Schmitter Alois	Schützenmatt	6387	Oberrickenbach	1959
205	Gfr	Sinniger Bruno	Blumenweg 6	5726	Unterkulm	1953
204	Gfr	Ettlin Fredy	Rubiswilstr.15	6438	Ibach	1945
204	Motf	Saurer Urs	Mühlhauserstr. 82	4013	Basel	1958
203	Wm	Furrer Peter	Allerheiligen 12	6432	Rickenbach SZ	1960
203	San Geh	Helfenstein Josef	Feldhöfli 9	6208	Oberkirch LU	1950
203	Kan	Hugentobler Peter	Neuwiesstr. 3 c	8572	Berg TG	1938
203	Herr	Hächler Alfred	VERSTORBEN		Lenzburg	1921
203	Pol Fw	Rohrer Sigmund	Obergass	7203	Trimmis	1944
202	Sdt	Anliker Rudolf	Sonnenrainweg 7	8824	Schönenberg ZH	1948
202	Füs	Berger Emil	Hinterstädtli 5	4537	Wiedlisbach	1967
202	Gfr	Bosshard Gerhard	Hittnauerstr.61	8330	Pfäffikon ZH	1955
202	Pol Wm	Buchmann Josef	Würzenbachhalde 13	6006	Luzern	1945
202	Sdt	Rinderknecht Hubert	Baldernweg 24a	8143	Stallikon	1955
202	Ristl Gfr	Schmutz Beat	Birkenweg 21	3186	Düdingen	1943
202	Wm	Schwegler Hans	Allmendstr.2	6362	Stansstad	1943
201	Sdt	Aeschbacher Jakob	Lugenbachweg 16	3457	Wasen im Emmental	1958
201	Wm	Lieb Hermann	Schützenmattstr.5	8302	Kloten	1926
201	Gfr	Niederberger Walter	Wirzboden 28	6370	Stans	1963
201	Herr	Ogi Hans	VERSTORBEN		Spiez	1934
201	Wm	Portmann Hans	Waldstr 15	6020	Emmenbrücke	1942
201	Gfr	Rast Alois	Ursulaweg 20	8404	Winterthur	1945
201	Gfr	Rietmann Ernst	Pelikanstr. 4	8570	Weinfelden	1939
201	Herr	Rüegger Konrad	VERSTORBEN		Kölliken	1933
200	Motrdf	Albrecht Werner	Erachfeldstr.39	8180	Bülach	1949

Anz.	Grad	Name	Strasse	PLZ	Wohnort	Jg
200	Gfr	Ammann Hugo	VERSTORBEN		Boswil	1931
200	Gfr	Fluri Andreas	Rebacker 413	4713	Matzendorf	1955
200	Kan	Gerber Hansueli	VERSTORBEN		Meinisberg	1935
200	Four	Häusermann Werner	Teuchelwiesstr.8	8500	Frauenfeld	1946
200	Füs	Koch Hans	Motorenstr. 4	8005	Zürich	1935
200	San Gfr	Mark Stefan	Bahnhofstr.20	8264	Eschenz	1945
200	Pi Gfr	Moser Hans	Rütistrasse 18	8634	Hombrechtikon	1936
200	Pol Wm	Pauletto Anton	Auholzstr. 28	8583	Sulgen	1950
200	Füs	Pfanner Karl	A.Wollerauerstr. 41	8805	Richterswil	1928
200	Sdt	Reber Rudolf	Gänstelstr. 40	5722	Gränichen	1948
200	Fw	Rochat Etienne	Staldenbachstr. 9	8808	Pfäffikon SZ	1950
200	Sdt	Schlatter Kurt	Bernstr. 10	3400	Burgdorf	1944
200	Kü Wm	Strub Konrad		6010	Kriens	1939
200	Kan	Suter Adolf	Dörflistrasse 16	5742	Kölliken	1928
200	Kpl	Voitel Heinz	Untere Hohlgasse 10	8404	Winterthur	1933
199	Gfr	Bösiger Sigmund	Gärtlirain 1	3042	Ortschwaben	1929
199	Gfr	Widmer Peter	Unterfeldstr. 3 B	8500	Frauenfeld	1956
198	Wm	Henzer Gerhard	Mittlerer Feldweg 4	4124	Schönenbuch	1950
198	MP Sdt	Kreienbühl Fridolin	Trümmlenweg 28	8630	Rüti ZH	1954
197	Füs	Stillhard Armin	AMP-Strasse 10	9552	Bronschhofen	1949
196	Kpl	Dönni Werner	Bienenstrasse 3	9500	Wil SG	1936
196	Kan	Zürcher Heinz	Breitenweg 5	3454	Sumiswald	1944
195	Gfr	Züger Florian	Ruobstei	8874	Mühlehorn	1944
193	Herr	Biefer Edwin	Säntisstr.8	8355	Aadorf	1925
193	Motm	Urech Willi	Quellenweg 6	5725	Leutwil	1953
191	Sdt	Keusch Werner	Kelleräckerstr.21	8967	Widen	1950
190	Gefr.	Hasler Peter	Hauptstrasse 2	9506	Lommis	1961
190	Wm	Jenni Hans	Wallisrain 5	5742	Kölliken	1946
190	Wm	Oberhänsli Urs	Hörnliblick	9556	Zezikon	1958
189	Füs	Erni Alois	Nelle 21	4614	Hägendorf	1952
189	Füs	Peter Kurt	untere Lenzstr. 35	5734	Reinach AG	1963
189	Herr	Ritzi Hans	VERSTORBEN		Wetzikon ZH	2000
188	Kan	Marty Tony	Achermattstr. 6	6423	Seewen SZ	1952
187	Verm	Meyer Alexander	Rigiweg 3	8604	Volketswil	1953
187	Herr	Ruckstuhl Pius	Kreuzegg 5	9556	Affeltrangen	1966
187	Min	Wirz Jakob	Thurstr. 111	8452	Daetwil	1943
186	GFR	Niethammer Thomas	Magdenauerstrasse 70	9230	Flawil	1960
186	Kan	Wiedmer Fritz	Sandbühlstr. 1	3122	Kehrsatz	1947
185	Wm	Müller Stefan	Bäumbackerstr. 34	4332	Stein AG	1964
185	Gfr	Steffen Peter	Schlossmattstr.17	3400	Burgdorf	1957
185	Kü Kpl	Uhler Roland	Lenaustr. 19	9000	St. Gallen	1966
184	Motf	Burri Paul	Normannenstr.15	3018	Bern	1938
183	Sdt	Gfeller Paul	Ober Stauden	3454	Sumiswald	1961
183	Gfr	Portmann Armin	Schulstr. 67 B	3604	Thun	1944
181	Gfr	Boller Jakob	Egglerstr.8	8117	Fällanden	1952
180	Wm	Grütter Eugen	Zeltlistr.16	8575	Bürglen TG	1941

Anz.	Grad	Name	Strasse	PLZ	Wohnort	Jg
180	Wm	Wampfler Daniel	Bahnstr. 17	3432	Lützelflüh-Goldb	1964
179	Kü Wm	Bättig Alois	Lischenstrasse 4	6030	Ebikon	1938
179	Wafm	Imhof Richard	Fluhmattstr. 4	6033	Buchrain	1955
179	Gfr	Marti Beat	Jurablickstr.40	3095	Spiegel b. Bern	1942
178	Pal Sdt	Kummer Hanspeter	Altederstr. 21	5036	Oberentfelden	1947
178	Hptm	Müller Bruno	Lindenstr. 138	8307	Effretikon	1955
178	Sdt	Staub Hans	Feldegg 15	3250	Lyss	1943
176	Pol Wm	Dähler Franz	Florastr. 36	9200	Gossau SG	1951
176	Gfr	Hess Ernst	Wilgasse 4	6370	Oberdorf NW	1947
176	Gfr	Kistler Andreas	Sentibühlstr.39	6045	Meggen	1950
176	Herr	Müller Peter	Staubeggstrasse 29	8500	Frauenfeld	1961
176	Herr	Schmid Sämi	Ob. Moosweg 12	8500	Frauenfeld	1954
175	Kan	Buchli Wieland	Brunnerstr. 35	8405	Winterthur	1944
175	Herr	Marbach Franz	VERSTORBEN		Willisau	2000
175	Herr	Schmid Erich	VERSTORBEN		Würenlos	1925
174	Pal Sdt	Aeschbach Hansruedi	Sedelstrasse 416	5724	Dürrenäsch	1963
174	Herr	Oberholzer Ernst	VERSTORBEN		Aarau	1911
174	Herr	Roth Josef	VERSTORBEN		Mürren	1928
173	Gfr	Fankhauser Gottfried	Bugdorfstr. 21	3672	Oberdiessbach	1941
172	Kpl	Köhli Alfred	Jurastr.23	4657	Dulliken	1951
171	Kpl	Bütikofer Walter	Hindelbankstrasse 3	3309	Kernenried	1954
171	Gfr	Käppeli Kurt	Remisbergstr. 60a	8280	Kreuzlingen	1929
171	Motm	Mäder Sepp	Steingartenstr. 16	8630	Rüti ZH	1949
171	Herr	Unteregger Markus	Randenstr.182 a	8200	Schaffhausen	1926
171	Gfr	Zani René	Kirchackerstr. 77	8405	Winterthur	1949
170	Four	Vogel Urs	Postfach 726	4310	Rheinfelden	1953
169	Kpl	Ernst Viktor	VERSTORBEN		Zürich	1947
169	Pz El	Hirschi Herbert	Turnweg 7	3013	Bern	1946
169	Kpl	Jegerlehner Kurt	Jakob-Lehmannweg 12	3324	Hindelbank	1950
169	Wm	Wampfler Bernhard	Flurweg	3457	Wasen im Emmental	1967
168	Herr	Camus Emil	Talstrasse 20	3174	Thörishaus	1934
168	Masch	Oswald Hans	Jurastrasse 27	5013	Niedergösgen	1955
168	Gfr	Spriessler Konrad	Dornacherstr.157	4147	Aesch	1932
167	Gfr	Herger Thedi	Giessenstr.22	6460	Altdorf	1943
167	HP Kpl	Schürch Kurt	Johann-Lisser-Weg 1	2504	Biel	1932
166	Motf	Graf Arthur	Johannisburgstr. 4	8700	Küsnacht ZH	1946
166	Herr	Greuter Heinrich	Zeppelinstr.69	8057	Zürich	1913
166	Herr	Iseli Fritz	Bühl	3472	Wynigen	1924
166	Herr	Meyer Heinrich	VERSTORBEN		Pratteln	1909
166	Sdt	Plézer Georg		3294	Büren a.A.	1937
166	Wafm	Soltermann Robert	Eichweidstr. 9	9244	Niederuzwil	1951
165	Adj Uof	Eichenberger Walter	Lindenquartier 10	5734	Reinach AG	1949
165	HP	Kindlimann Arthur	Grundstr. 88	8712	Stäfa	1941
165	Sdt	Schätti Alfred	Unterdorfstr. 7	8908	Hedingen	1946
165	Wm	Sieber Hans	Juchen 22	2577	Siselen	1936
165	Mitr	Siegrist Treumund	rte Colondalles 34	1820	Montreux	1942
165	Herr	Wälti Adolf	Atenbühlweg 17	8340	Hinwil	1925

Anz.	Grad	Name	Strasse	PLZ	Wohnort	Jg
165	Sdt	Wälti Andreas	Fadacherstrasse 17	8340	Hinwil	1952
164	Kpl	Chistell Peter	Bützackerstr.10	8304	Wallisellen	1948
164	Füs	Clesle Fritz	Leuberg	9515	Hosenruck	1944
164	Gfr	Dietiker Alfred	Hauptstrasse 87	5042	Hirschthal	1943
164	Maj	Fink Beat	Via Surpunt 35	7500	St. Moritz	1953
164	Herr	Fischer Fritz	VERSTORBEN		Bremgarten	1916
164	Wm	Gygax Hansruedi	Kuhnhubel 33r	4924	Obersteckholz	1952
164	Gfr	Rupp Fritz	Erlenstr. 24	8500	Frauenfeld	1952
163	Gfr	Frei Kurt	Ausseraustr. Weiheren	9523	Züberwangen	1954
163	Herr	Zehnder Jules	Bahnhofstr. 116 B	6423	Seewen SZ	1926
162	Gfr	Achermann Josef	Büntenweg 6	6232	Geuensee	1944
162	Adj Uof	Bolliger Fredy	Tellstr. 15	5000	Aarau	1950
162	Sdt	Brauchli Peter	Hauptstr. 16	8557	Wagerswil	1942
162	Mat Sdt	Minder Ernst	Untergasse 7	4538	Oberbipp	1949
162	Sdt	Wolfer Werner	VERSTORBEN	8500	Frauenfeld	1947
161	Pol Fw	Christen Jürg	Wiesgasse 3	8304	Wallisellen	1950
161	Sdt	Eicher Xaver	Bahnhofstr.31	8353	Elgg	1937
161	Gfr	Leysinger Michael	Allmendstr.37	4503	Solothurn	1942
161	Herr	Martinelli August		8003	Zürich	1913
160	Herr	Manser Hansruedi	Märwilerstr. 6	9556	Affeltrangen	1960
160	Wm	Vogler Benno	Schulstr. 15	5525	Fischbach-Göslikon	1949
160	Mitr	Weissmüller Markus	Ahornweg 5	3176	Neuenegg	1960
160	Wm	Zwahlen Fritz	Kirchweg 12	3052	Zollikofen	1946
159	Kpl	Bühler Ueli	Unt. Chruchenberg 41	8505	Pfyn	1955
159	Gfr	Döbeli Viktor	Kirchgasse 1	5612	Villmergen	1941
159	Gfr	Michel Ruedi	Faltschen	3713	Reichenbach i. K.	1939
159	Sdt	Strässle Alois	Fahrnstr.26 B	9402	Mörschwil	1953
158	Adj Uof	Christen Walter	Im Gfletz 14c	8840	Einsiedeln	1942
158	Gfr	Meier Alois	Pilatusring 30	6023	Rothenburg	1942
158	Herr	Nägeli Heinrich		8610	Uster	1909
157	Gfr	Blaesi Thomas	Bleicherstrasse 23	6003	Luzern	1962
157	San Gfr	Helfenberger Othmar	Spiseggstr.21	9030	Abtwil SG	1955
157	San Sdt	Koch Paul		5622	Waltenschwil	1934
157	Pol Wm	Portmann Alfred	von Rollstr. 2	4702	Oensingen	1942
157	Wm	Sulser Hans	VERSTORBEN		Fontnas	1928
156	Fk Pi	Aschwanden Eddie	Ringstr. 21	6467	Schattdorf	1951
156	Gfr	Calonder Reto	Obere Stallstr. 102a	7430	Thusis	1935
156	Gfr	Greuter Albert	Fluhmattstr.37/2	5400	Baden	1942
156	Pol Gfr	Schläpfer Freddy	Bettackerstr. 4	8152	Glattbrugg	1947
156	Gfr	Steiner Bruno	Eglisacherweg 10	8610	Uster	1946
155	Wm	Büchler Hans	Krügerstr.40	9000	St. Gallen	1928
155	Pol Wm	Huber Rolf	Kirchstr. 16	9555	Tobel	1955
155	Gfr	Kaufmann Toni	Hinterberg 77	6235	Winikon	1940
155	Füs	Peier Erich	Oberholzstr. 8	8307	Effretikon	1948
155	Sdt	Schneider Werner	Forsthausweg 1	3008	Bern	1945
155	Rdf	Weber Martin	Rohrmattstr. 14	5737	Menziken	1963

Anz.	Grad	Name	Strasse	PLZ	Wohnort	Jg
154	Kpl	Bringold Andreas	Städtli 27	4537	Wiedlisbach	1964
154	Sdt	Rosset Louis	Zielmatte 3	6362	Stansstad	1930
154	Gfr	Schürch Ulrich	Riedackerstr. 4	3627	Heimberg	1951
153	Sdt	Forster Heinz	Burgstrasse 13	8604	Volketswil	1956
153	Füs	Steger André	Loorenstr. 22a	5443	Niederrohrdorf	1955
153	Sdt	Wenger Hans	Aufhabenweg 11	4900	Langenthal	1962
152	Mitr	Dähler Bruno	Meisterüti	9056	Gais	1964
152	Herr	Frischknecht Hans	VERSTORBEN		Herisau	1922
152	Pol Gfr	Hengartner August	Lägerstr.15	8162	Steinmaur	1928
152	Kan	Iseli Arthur	im Eigen 9	9542	Münchwilen TG	1946
152	Herr	Müller Hans	Farbmülistr.2160	9425	Thal	1926
152	Wm	Seiler Eduard	Postfach 301	3981	Obergesteln	1937
152	Kpl	Wüst Heinz	VERSTORBEN		Zweisimmen	1944
151	Pz Gren	Müller Walter	VERSTORBEN		Kleindöttingen	1945
151	Kan	Nadler Albert	Guisanstr. 5	8570	Weinfelden	1957
151	Pol Fw	Pfister Lorenz	Hauptstrasse 23	8280	Kreuzlingen	1934
151	Sdt	Sommer Karl	Weinbergstr.179	8408	Winterthur	1945
151	Gfr	Walker Ruedi	Kirchstr.78	6454	Flüelen	1963
151	Gfr	Widmer Anton	hinter Chilen 8	8442	Hettlingen	1936
151	Adj Uof	Widmer Rainer	Postfach 264	5734	Reinach AG	1941
150	San Kpl	Bannwart Franz-Xaver	Oberfeldstr. 42	4133	Pratteln	1949
150	Po Chef	Botteron Hans	Industriestr.11	8500	Frauenfeld	1937
150	Gschm	Burkhalter Rudolf	Rohrstr.20	3507	Biglen	1936
150	Fach Of	Egger Paul	Waldmannstr.61 C 9	3027	Bern	1935
150	Gfr	Engler Andreas	Tannenbachstr.125	8942	Oberrieden	1927
150	Oberstlt	Erb Martin	Unterwegli 24	8404	Winterthur	1958
150	Gfr	Gander Heinz	Eystrasse 28 B	3427	Utzenstorf	1957
150	Sdt	Glaser Dominik	Ptda. Merjal	3700	Dénia (Alicante)	1945
150	Herr	Grossniklaus Fritz	Hünenbergstr.67	6330	Cham	1925
150	Herr	Gschwind Max	VERSTORBEN		Zürich	1918
150	Herr	Gubler Heinz	Obere Bielastr.33	3900	Brig	1953
150	Gfr	Heierli Hanspeter	im Einfang	8560	Märstetten	1957
150	Gfr	Lammer Franz	Dürrenmattweg 2	4123	Allschwil	1933
150	Gfr	Lechmann Georg	bei der Kirche	6482	Gurtnellen	1947
150	Kpl	Läuffer Ernst	Haselweg 7	5610	Wohlen	1932
150	Herr	Meier Albert	VERSTORBEN		Solothurn	1922
150	Herr	Meili Max	VERSTORBEN		Diepoldsau	1921
150	Motm	Moser Hans	Unterdorfstr. 5	9523	Züberwangen	1949
150	Gfr	Neuenschwander Ulrich	Entenegg 3	8547	Gachnang	1933
150	Mitr	Rüegg Hermann	Unterwiesenstr.12	8355	Aadorf	1946
150	Füs	Rüegg Max	Via Caguils 27	7013	Domat/Ems	1939
150	Gfr	Röthlisberger Xaver	Künzlistegstr. 4a	3714	Frutigen	1936
150	Pol Wm	Schneider Fritz	Sonnenrainstr.4	8134	Adliswil	1943
150	Gfr	Spitzer Fritz	Berghof 444	8475	Ossingen	1943
150	Gfr	Stuber Beat	Postfach 162	4704	Niederbipp	1956
150	Gfr	Wiesendanger Reinhard	Untererlen 6	8750	Glarus	1943

Anz.	Grad	Name	Strasse	PLZ	Wohnort	Jg
150	Wm	Wüthrich Hans	Breitenweg 30 c	3652	Hilterfingen	1930
149	Motf	Bühler Alfred	Vordergasse 18	8353	Elgg	1946
149	Kpl	Honauer Fredy	Im Sytenacher 5	8108	Dällikon	1949
149	Kpl	Müller Felix	Sandstr. 30	5712	Beinwil am See	1961
149	Oblt	Sauer Michael	Hofmatt 82	6332	Hagendorn	1960
148	HP Wm	Born Heinz	Eichholzstr.9/Postfach 27	6312	Steinhausen	1929
148	Pol Fw	Graweid Franz	Oberdorfstr. 69A	8600	Dübendorf	1949
148	Kpl	Scheidegger Fritz	Frauchsrütti 1	4536	Attiswil	1957
147	Herr	Büchi Werner	Wolfensbergstr.28	8400	Winterthur	1918
147	Sdt	Niklaus Hans	Hänseleggen 2	3226	Treiten	1934
147	Wm	Odermatt Arnold	Römerweg 31	4617	Gunzgen	1957
147	Herr	Schüpbach Willy	Sunnematte 3	8636	Wald ZH	1923
147	Gfr	Widmer Hans	Ristenbühl	9548	Matzingen	1948
146	Pol	Ammann Jürg	Langenthalstr. 32	3368	Bleienbach	1958
146	Pol Adj	Kunz André	Hauptstrasse 7	4556	Aeschi SO	1954
146	Hptm	Müller Hans		9012	St. Gallen	1938
146	Pol Kpl	Tschirren Hermann		4537	Wiedlisbach	1945
146	Adj Uof	Wahlen Roger	Bruderholzstr.24	4153	Reinach BL	1941
145	Motf	Lötscher René	Austrasse 38	7000	Chur	1937
145	Mitr	Moser Albrecht	Am Rain 7	2542	Pieterlen	1945
145	Kpl	Stahel Roland	Fürstenlandstr.9	9204	Andwil SG	1938
144	Sdt	Gwerder Urs	Luzernerstr.11 a	6415	Arth	1949
144	Sdt	Hermann Hans	Fluhmattstr.14	6004	Luzern	1939
144	Füs	Neuschwander Gustav	Bachweg 488	4717	Mümliswil	1934
144	Kan	Zuber Armin	Hasenmattweg 1	2545	Selzach	1936
143	Herr	Desmeules Jean-Daniel	VERSTORBEN		Epalinges	1920
143	füs	Fausch Jörg	Sonnenhofstrasse 58 a	8500	Frauenfeld	1963
143	Adj Uof	Scheiwiller Karl	Bergstrasse 15	9200	Gossau SG	1955
142	Gfr	Däppen Günther	Aargauerstalden 30	3006	Bern	1943
142	Pol Wm	Kappeler Walter	Römerstr.81	8404	Winterthur	1937
142	Kü Wm	Schiess Werner	Martinsbruggstr.34	9016	St. Gallen	1936
141	Pol Major	Eisele Alex	Humrigenflur	8704	Herrliberg	1927
141	Füs	Küchler Beat	Südstrasse 28	6010	Kriens	1951
141	Gfr	Richli Bruno	Mettlenstr. 23	9524	Zuzwil	1948
140	Oblt	Buccella Louis	Grenzacherweg 6	4125	Riehen	1937
140	Pol	Frei Silvan	Kirchrain 16	9042	Speicher	1957
140	Herr	Klopfenstein Peter	Keltenstr.25/301	3018	Bern	1922
140	Pol Wm	Rothermann Ruedi	Rychenbergstr.243	8404	Winterthur	1949
140	Wm	Senn Arthur	Oberer Buck 9	8428	Teufen ZH	1950
139	Kan	Berner Hansruedi	Rosenweg 13	5706	Boniswil	1952
139	Rdf	Bill Kurt	Obere Goldwand 1	5702	Niederlenz	1951
138	Kan	Bieri Hermann	Werkgasse 58	3018	Bern	1938
138	Pol Wm	Eichmann Alois	Hamelirainstr.54	8302	Kloten	1939
138	Gren	Gall Peter	Zweigstr. 204	5043	Holziken	1941
138	Herr	Löhle Willy	VERSTORBEN		Weinfelden	1907
137	Sdt	Angst Robert	Pfrundwiese 1320	9643	Krummenau	1950

Anz.	Grad	Name	Strasse	PLZ	Wohnort	Jg
137	Sdt	Breitenmoser Walter	Adetwilerstr. 51	8345	Adetswil	1946
137	Herr	Broch Josef	Gerligen 33	6275	Ballwil	1944
137	Pol Oblt	Busslinger Herbert	Spitzrütistr.33	8500	Frauenfeld	1937
137	Gfr	Grossmann Franz	Bahnhofstr.100	6423	Seewen SZ	1935
137	Herr	Hilfiker Rudolf	VERSTORBEN		Safenwil	1920
137	Wm	Hirt Alfred	Trolimatten 545	5732	Zetzwil	1947
137	San Sdt	Nussbaumer Sepp	Ruessacherstr 17	4432	Lampenberg	1955
136	Wm	Berther Hubert	Rietweg 496	8477	Oberstammheim	1934
136	Wm	Caplazi Isidor	Matthofring 60	6005	Luzern	1949
136	Uem Sdt	Herzer Heinz	Hofackerstr.5 A	8203	Schaffhausen	1949
136	Herr	Schalch Kurt	Dorfstrasse	8586	Andwil TG	1938
136	Wm	Sigrist Heinrich	Winzerhalde 48	8049	Zürich	1944
136	Adj Uof	Storchenegger Martin	Horbacherweg 282 c	3706	Leissigen	1947
135	Sdt	Leibundgut Hansjörg	Bahnhofplatz 6	6055	Alpnach Dorf	1940
135	Herr	Ritter Manfred	Hardungstr. 59	9011	St. Gallen	1935
135	Gfr	Rupp Rudolf	Obholzstrasse 3 B	8500	Frauenfeld	1935
135	Wm	Rutschmann Urs	Brunnbachweg 6	4900	Langenthal	1959
135	Herr	Salzmann Alois	VERSTORBEN		Luzern	1924
135	Kpl	Zehnder Felix	Rosenbergweg 6 A	9545	Wängi	1966
134	Wm	Allenspach Bruno	Hochbühlstr.13	9532	Rickenbach TG	1941
134	Pol Fw	Baer Willi	Langfurrenstr.11	8623	Wetzikon ZH	1959
134	Motf	Greussing Pius	Stationsstr. 10 D	8544	Sulz-Rickenbach	1941
134	Wm	Kummer Paul	Gübelweg 1	8442	Hettlingen	1931
134	Fw	Pfranger Peter	Sägestr. 1	7302	Landquart	1949
133	Gfr	Bratschi Walter	Sandweg 32	4123	Allschwil	1936
133	Kü Wm	Brenner Kurt	Speicherstr.32 b	8500	Frauenfeld	1952
133	Oblt	Hunziker Rudolf	VERSTORBEN		Russikon	1929
133	Gfr	Kohler Ueli		3155	Helgisried	1953
133	Four	Kull Robert		9000	St. Gallen	1941
133	Herr	Müller Rudolf	Krummackerstr. 19	4622	Egerkingen	1953
133	Gfr	Rieder Hans	Chemin de Saule 69	1233	Bernex	1943
133	Fk Pi	Stöckli Kaspar	Haldenweid 8	6206	Neuenkirch	1943
133	Kpl	Zweifel Max	Hofeggstr. 35 b	9200	Gossau SG	1957
132	Wm	Blum Pierre	Allmendstr. 39	8180	Bülach	1945
132	Herr	Federle Walter	VERSTORBEN		Raperswilen	1919
132	Wm	Lüscher Daniel	Obermattstr.1	5043	Holziken	1950
132	Füs	Marti Emil	Allmendstr.11	6300	Zug	1945
132	Sap	Michaud Markus	Schützenhausstr. 29b	8424	Embrach	1962
132	Gfr	Schoop Daniel	Leimatstr. 9	8580	Amriswil	1961
131	Gfr	Brunschwiler Peter	Obere Bühlstr. 13	8570	Weinfelden	1944
131	Gfr	Irmiger Heinz	Im Grünenhof 15	8625	Gossau ZH	1945
131	Kan	Meier Toni	Landstr. 25a	9606	Bütschwil	1941
131	Motrdf	Rengel Peter	Thurtalstr. 12	8478	Thalheim a.d.Thur	0
131	Frau	Schmid Vreni	Schmiedstrasse 10	6330	Cham	1954
130	Herr	Angstmann Eric	Wiedingstr.83	8045	Zürich	1920
130	Herr	Bratschi Hans-Peter	Bahnhofstr. 3	8956	Killwangen	1960
130	Sdt	Bötschi Kurt	Knüslistr.6	8004	Zürich	1951

Anz.	Grad	Name	Strasse	PLZ	Wohnort	Jg
130	Gfr	Hübscher Seraphin	Florastr. 47	5436	Würenlos	1940
130	Füs	Hügi Rudolf	Bärenweg 15	4704	Niederbipp	1960
130	Herr	Hässig Fritz	VERSTORBEN		Zürich	1911
130	Oblt	Klingenfuss Urs	Freier Platz 7	8200	Schaffhausen	1961
130	Motf Gfr	Kläger Martin	Weiherstr. 10	9607	Mosnang	1955
130	Gfr	Kopp Bernhard	Talackerstr. 12	8500	Frauenfeld	1942
130	Gfr	Nikles Robert	Am Moosrain	3274	Bühl bei Aarberg	1938
130	Gren	Raemy Markus	Moosbühlstr.27	3302	Moosseedorf	1958
130	Herr	Renggli Johann	VERSTORBEN		Root	1949
130	Herr	Schürmann Hans	VERSTORBEN		Eschenbach	1932
130	Kpl	Weber Albert	Blummattstr.5	6373	Ennetbürgen	1952
129	Mi Gfr	Cabalzar Florian	Burgerstr. 6	3063	Ittigen	1946
129	Wm	Ingold Fritz	Juraweg 9	3425	Koppigen	1946
128	Kpl	Jörger Peter	Junkerweg 9	8544	Rickenbach-Attikon	1947
128	Herr	Kolly Louis	VERSTORBEN		Fribourg	1916
128	Sdt	Loosli Walter	VERSTORBEN		Märstetten	1944
128	Motm	Schranz Fred	Rebgässli 4 A	3600	Thun	1959
128	Motf	Schädler August	Wattingen	6484	Wassen	1948
127	Gfr.	Brunner Peter	Im Haag 1547	9052	Niederteufen	1957
127	Gfr	Furrer Alois	Rütimattstr.66	6295	Mosen	1954
127	Pol Wm	Hamann Peter	Weinbergstr. 20	8356	Ettenhausen TG	1961
127	Gfr	Herger Gody	Ried	6430	Schwyz	1941
127	Herr	Schärer Fritz	VERSTORBEN		Langnau am Albis	1935
126	Adj Uof	Berger Hermann	Im Zelgli 4	8453	Alten ZH	1949
126	Herr	Schaller Josef	VERSTORBEN		Grosswangen	0
126	Gfr.	Schenk Felix	Poststr. 19a	8556	Wigoltingen	1964
126	Herr	Schmidt Johann	Simplonstrasse 62	3911	Ried-Brig	1940
126	Herr	Wehrli Hugo	Grünmattstr.14	8055	Zürich	1927
126	Gfr	Zürcher Walter	Widmenhalde 5	8953	Dietikon	1938
125	Herr	Baumgartner Albert	VERSTORBEN		Gossau SG	1937
125	Gfr	Niederberger Paul	Allwegmatte 6	6372	Ennetmoos	1949
125	Mech	Schaffer Fred	Hertenstr. 13a	8353	Elgg	1934
125	Gfr	Siegfried Ueli	Rosenbergstr.5	8353	Elgg	1941
125	Sdt	Stöckl Hans	Eisbahnstr.13 a	9014	St. Gallen	1941
124	Motf	Bucher Klaus	Grüneggstr. 30	6005	Luzern	1949
124	Kan	Frei Hans	Hermatswil	8330	Pfäffikon ZH	1956
124	Kan	Garattoni Silvio	Langensandstr.73	6005	Luzern	1950
124	Pol Gfr	Jost Christian	Mirchelstr.22	3506	Grosshöchstetten	1957
124	Oblt	Jurt Martin	Haldengutstr.8	8630	Rüti ZH	1959
124	Sdt	Loppacher Peter	Neuhauserstr. 91	8500	Frauenfeld	1955
124	Gfr	Müller Jakob	Mitteldorfstr.8	8442	Hettlingen	1928
124	Four	Schneeberger Alfred	VERSTORBEN		Unterseen	1930
124	Sdt	Schuler Anton	VERSTORBEN		Kriens	1943
124	Bft Sdt	Wälti Anne-Rose	Aebistr.92/Fach 7070	2500	Bienne	1946
123	Gfr	Bösiger Walter	Finkenweg 32	4704	Niederbipp	1954
123	Kan	Fatzer Martin	Neuheimstr. 15	8853	Lachen SZ	1941

Anz.	Grad	Name	Strasse	PLZ	Wohnort	Jg
123	Sdt	Fehr Gottfried	Postfach 9 Talcher 196	8415	Berg am Irchel	1942
123	Herr	Gnehm Felix	Am Burghügel 7	8427	Freienstein	1951
123	Frau	Nadler Elisabeth	Guisanstrasse 5	8570	Weinfelden	1959
123	Herr	Ruf Karl	VERSTORBEN		Basel	2000
122	Kan	Auf der Maur Karl	Rütistrasse 18	6423	Seewen SZ	1938
122	Herr	Braun Josef		5600	Lenzburg	1939
122	Sdt	Grütter Hansruedi	Plätzligasse 6	6463	Bürglen UR	1963
122	Sdt	Küenzi Hans	Tafletenstr.4	8863	Buttikon	1945
122	Stabsadj	Portmann Werner	Hagwiesenstr.37	3122	Kehrsatz	1952
122	Sdt	Schibli Hans	Birmenstorferstr. 23	5442	Fislisbach	1948
122	Kan	von Bergen Hans	Resti	6086	Hasliberg Reuti	1937
121	Kügeh	Furrer Felix	Hauptstrasse 17	5618	Bettwil	1964
121	Kü Wm	Fust Werner	Kirchackerstr.55	8405	Winterthur	1950
121	Herr	Gygax Walter	Bucheggweg 4	4500	Solothurn	1922
121	Gfr	Lenzin Werner	Höhenweg 18	8560	Märstetten	1943
121	Kpl	Schmucki Hans	Eichenstr. 8	6015	Reussbühl	1948
120	Herr	Niederhäuser Hansruedi	Sonnhaldeweg 26	3110	Münsingen	1926
120	Kpl	Sterchi Hans	Ferenberg	3066	Stettlen	1949
120	Füs	Ulmi Edi	Im Haldenächer 24	5454	Bellikon	1945
120	Gfr	Zbinden Hans	Spiegelstr.16	3095	Spiegel b. Bern	1946
119	Herr	Buch Christian	Kirschbaumweg 7	2563	Ipsach	1973
119	Herr	Bürge Josef	Wöschnauring 42	5000	Aarau	1933
119	Gfr	Filippin Giovanni	Linsentalstr. 42 A	8482	Sennhof	1958
119	Kpl	Gardi André	Postfach	4712	Laupersdorf	1969
119	Gren	Grob Peter	Speerweg 10	8400	Winterthur	1939
119	Sdt	Gyr Jean-Pierre	Feldmühlestr. 4	6010	Kriens	1947
119	Wm	Gysin Peter	Wydenstrasse 20	5242	Birr	1949
119	Gfr	Hofmann Peter	Waldstr. 5	8400	Winterthur	1952
119	Herr	Huber Alois	VERSTORBEN	6003	Luzern	1925
119	Wm	Schweizer Kurt	Wiesackerstr. 9	8523	Hagenbuch	1953
119	Motf	Stettler Samuel	Niesenstr. 57	3114	Wichtrach	1946
119	Kpl	Stucki Fritz	Wallisellerstr.64	8152	Opfikon	1942
119	Mech	Wicki Rudolf	Chr.-Schnyderstr.55	6210	Sursee	1945
118	Motf	Brem Emil	Stigstr.2	8173	Neerach	1942
118	Gfr	Caminada Robert	Sumval 123	7146	Vattiz	1947
118	Oblt	Egli Werner	VERSTORBEN		Susch	1933
118	Pal Gfr	Moser Hanspeter	Wasserfuristr.9	8472	Seuzach	1948
118	Pi	Werder Werner	Weidpark 6	6280	Hochdorf	1957
117	Wm	Biedermann Rolf	Postfach 7	8352	Räterschen	1935
117	Füs	Feuz Kurt	Städtli 6	4537	Wiedlisbach	1945
117	Gren	Fluri Georg	Fluhackerstr. 26	4710	Balsthal	1950
117	Pol Kpl	Huber Theodor	Rebenweg 31	4419	Lupsingen	1935
117	Kpl	Hunziker Heinz	Erlifeldstr. 19	5035	Unterentfelden	1939
117	Herr	Hörnlimann Ernst	VERSTORBEN		Brüttisellen	0
117	Herr	Krebser Karl	VERSTORBEN		Zürich	1917
117	Hptm	Rohner Pius		7000	Chur	1947

Anz.	Grad	Name	Strasse	PLZ	Wohnort	Jg
116	FW	Brechbühler Hansueli	Im Vorstädler 5	5622	Waltenschwil	1953
116	Wm	Brivio Vito	Waldhofstr. 6	9320	Frasnacht	1947
116	Four	Etter Heinz	Tannenstr. 8	9220	Bischofszell	1953
116	Sdt	Frischknecht Willi	Sonnenberg 13	9100	Herisau	1947
116	Sdt	Gautschi Peter	Lenzstr.50	5734	Reinach AG	1945
116	Pol Kpl	Krähenbühl Ernst	Neumatt 6	2552	Orpund	1946
116	Herr	Lienherr Elmar	Oberwiesenstr. 40	8500	Frauenfeld	1945
116	Herr	Maag Max	Unt.Gstückstr.11	8180	Bülach	1945
116	Motf	Müller Toni	Rötler	6288	Schongau	1940
116	Kpl	Sommer Robert	Grünmattstr.19	8405	Winterthur	1948
115	Pont	Baumgartner Rolf	Burg	2513	Twann	1956
115	Gfr	Eichenberger Ernst	Haselholzweg 37	3098	Schliern b. Köniz	1939
115	Min	Giger Gerhard	Hasenweg 3	5034	Suhr	1948
115	Gfr	Grab Harald	Geerenstr.22	8123	Ebmatingen	1962
115	Gfr	Kobel Hans	Längfeldstr.64	3063	Ittigen	1945
115	Gfr	Kofmel Anton	Derendingenstr. 31	4543	Deitingen	1943
115	Herr	Krähenbühl Paul	VERSTORBEN		Zürich	1926
115	Kpl	Rechsteiner Walter		9100	Herisau	1943
115	Herr	Rickenmann Emil	VERSTORBEN		Rüti	0
115	Herr	Rothmund Wilhelm	VERSTORBEN		Muri BE	1910
115	Kpl	Schöpfer Alfons	Bärenplatz 3	3076	Worb	1943
115	Tromp	Sommer Hans-Rudolf	Untere Bühlenstr. 101	8708	Männedorf	1928
114	Fk	Baumgartner Rolf	Mühleweg 24	8413	Neftenbach	1964
114	Sdt	Bednarek Walter	VERSTORBEN		Heimberg	1936
114	Fk	Diserens René		4127	Birsfelden	1941
114	Sdt	Egloff Georg	Alte Bremgartenstr.28	5443	Niederrohrdorf	1949
114	Maj	Fluri Ulrich	Schanzenstr. 8	4410	Liestal	1948
114	Four	Grieshaber Erwin	Sunnewisstrasse 6	8483	Kollbrunn	1930
114	Wm	Heider Kurt	Rainstr.21	8355	Aadorf	1947
114	Kpl	Kreuzer Erwin	Chalet Abendruh	3999	Oberwald	1930
114	Herr	Lüscher Eugen	VERSTORBEN		Baden	0
114	Herr	Rutz Franz	VERSTORBEN		Stans	1923
114	Kan	Tschanz Hansrudolf	Schützenmattstr.15	4500	Solothurn	1932
114	Fk	Diserens René	Bündtenstrasse 56	4419	Lupsigen	1941
113	Motf	Banyoczky Georges	Gutenbergstr. 6	8280	Kreuzlingen	1940
113	Kpl	Breu Willy	Riethof 21	8604	Volketswil	1942
113	Gfr	Eichelberger Johann	Mooshaldenstr.46	8708	Männedorf	1945
113	Sdt	Fluri Ruedi	Sonnenheim/Maurenmoos	8815	Horgenberg	1957
113	Sdt	Hagenbuch Anton	Hübelgasse 9	5453	Remetschwil	1941
113	Four	Haldimann Paul	Bollhölzliweg 19	3067	Boll	1952
113	Kpl	Jossi Oswald	Sonnenbergstr. 45	8603	Schwerzenbach	1933
113	Gfr	Köchli Roger	Riblistrasse 7	8173	Neerach	1969
113	Rdf	Mettler Paul	Seminarstr. 8a	9200	Gossau SG	1959
113	Herr	Pfister Urs	Willestrasse 7	3400	Burgdorf	1944
113	Tr Sdt	Reist Werner	VERSTORBEN		Zwischenflüh	1933
113	Gfr	Richner Peter	VERSTORBEN		Boswil	1931
113	Gfr	Senn Georges	Bärengasse 18	4127	Birsfelden	1942

Anz.	Grad	Name	Strasse	PLZ	Wohnort	Jg
113	Fw	von Känel Martin	Faltschen	3713	Reichenbach i. K.	1967
112	Sdt	Albisser Max	Mittlerhusweg 33	6010	Kriens	1938
112	Kan	Blesi Samuel	Dorfstr. 17	8800	Thalwil	1933
112	Sdt	Fluri Gerold	Mühle 209	4713	Matzendorf	1942
112	Herr	Henseler Emil	VERSTORBEN		Basel	1922
112	Motf	Peterhans Kurt	Weinbergstr.81	8302	Kloten	1940
112	Mw Kan	Scheerle Martin	Postfach 133	3414	Oberburg BE	1943
112	Motf	Steinemann Ernst	Breitestr.1	8523	Hagenbuch	1944
112	Herr	Walder Konrad	VERSTORBEN		Zürich	0
112	Kpl	Zanetti Giovanni	Kronenhofweg 2	7062	Passugg-Araschgen	1944
112	Gren	Zgraggen Urs	Vogelherdstr. 16A	9016	St. Gallen	1952
111	Herr	Aegerter Willi	Jegenstorfstr. 28 b	3322	Mattstetten	1945
111	Kpl	Chammartin Raphael	Planchettes-Dessus 15	2325	Les Planchettes	1943
111	Gfr	Hermans Franz	Dufourstr. 3	8570	Weinfelden	1966
111	Füs	Krebs Werner	Gummweg 1	3612	Steffisburg	1962
111	Sdt	Schwob André	Bahnhofstr.35	4132	Muttenz	1948
111	Tromp	Zaugg Alfred	Postfach 2	3628	Uttigen	1939
111	Motf	Zulliger Kurt	Am Bach 60	8400	Winterthur	1948
110	Herr	Boos Robert	Herrenwäldlirain 5	3065	Bolligen	1939
110	Füs	Gäumann Anton	VERSTORBEN		Basel	1931
110	Wm	Holzer Markus	Kaffeegasse 4	8595	Altnau	1964
110	Hptm	Jost Hans-Peter	Fuhrenstr.54	3098	Schliern bei Köniz	1949
110	Gren	Kofmel Willy	Wogacker 11	4514	Lommiswil	1959
110	Herr	Maurer Hans	VERSTORBEN		Gossau SG	1920
110	Herr	Räber Josef	VERSTORBEN		Muri	1927
110	Wm	Zbinden Peter	Postfach 400	3700	Spiez	1959
109	Hptm	Britschgi Daniel	Rigistr. 37	8006	Zürich	1964
109	Herr	Cvorovic Mitar	Chesa Madragena	7504	Pontresina	1946
109	Kan	Gisler Josef	Riederbach 25	6462	Seedorf UR	1953
109	Frau	Rölli Elsbeth	Bergackerstr. 23	6330	Cham	1952
109	Four	Vögeli Leo	Schulstr. 17	5234	Villigen	1949
108	Füs	Etter Alois	Lauriedhofweg 14	6300	Zug	1933
108	Mot Mech	Fistarol Albert	Reckholdernstr.3	8590	Romanshorn	1956
108	Herr	Frey Ernst	Chalet	8556	Wigoltingen	1917
108	Gfr	Jud Roland	Feldstandstr.76	8590	Romanshorn	1945
108	Gfr	Koller Otmar	Dorfstr.27	9204	Andwil SG	1948
108	Füs	Lindemann Patrick	Inwilerstr.23	6340	Baar	1970
108	Gfr	Pickel Roland	VERSTORBEN		Günsberg	1932
108	Pm	Rieser Roman		8500	Frauenfeld	1960
108	Wm	Siegenthaler Hans	Kilchweg 2	4914	Roggwil BE	1938
108	Mun Sdt	Stutz Rolf	Quartierstr.6	8552	Felben-Wellhausen	1951
108	Wm	Tremp Edwin	Wilerstr.45	9542	Münchwilen TG	1934
108	Adj Uof	Widmann Alfred	Postfach 754	4003	Basel	1957
108	Gfr	Zuber Josef	Drosselweg 3	4704	Niederbipp	1957
108	Wafm	Zuppiger Josef	Schachenstr. 2 b	8633	Wolfhausen	1940
107	Sdt	Aegerter Alfred	Friedackerstr. 1	8153	Rümlang	1934
107	Sdt	Elliker Bruno	Henauerstr.57	9244	Niederuzwil	1938

Anz.	Grad	Name	Strasse	PLZ	Wohnort	Jg
107	Wm	Ernst Heinz	Haldenstr. 14a	8362	Balterswil	1945
107	Gfr	Hasler Heinz	Burgerweg 26	3360	Herzogenbuchsee	1938
107	Füs	Kammermann Hansruedi	VERSTORBEN		Nottwil	1957
107	Pol Adj	Lehner Ezechar	Ackerwiesenstr.20	8400	Winterthur	1932
107	Kan	Mathys Hans	Eystrasse 72 E	3422	Kirchberg BE	1936
107	Wm	Meier Hans	Föhrenstr.4	4104	Oberwil	1939
107	Herr	Meier Walter	VERSTORBEN		Adliswil	1929
107	Pol Fw	Müggler Bruno		8154	Oberglatt	1947
107	Sdt	Schibler Anton	Hauptstr. 161	5274	Mettau	1950
107	Sdt	Tanner Walter	im Sooret 1	9535	Wilen b. Wil	1965
107	Kpl	Willi Erich	Oberdorfstr.13	9213	Hauptwil	1943
107	Sdt	Winkler Christian	Jungfrauweg 3	3110	Münsingen	1939
106	Tromp Wm	Bieri Rudolf	Euelstr.23	8408	Winterthur	1945
106	Oblt	Brunschweiler Josef	Bergstr. 24	8902	Urdorf	1951
106	Herr	Dällenbach Walter	Avenue de la Prairie 10	1800	Vevey	1959
106	Herr	Forrer Kaspar	Wülflingerstr.272	8400	Winterthur	1921
106	Kü Geh	Gasser Erwin	Postfach 183	5610	Wohlen 2	1956
106	Sdt	Humm Emil	Zugerstr.56	8820	Wädenswil	1956
106	Sdt	Koster Albin	Kirchgasse 20	8570	Weinfelden	1969
106	Sdt	Maurer Heinz	Kirchweg 5	6221	Rickenbach LU	1943
106	Kü Wm	Meister Hans	Weihermatt 759	4717	Mümliswil	1946
106	Gfr	Müller Marcel	Neuquartierstr.7	5605	Dottikon	1953
106	Gfr	Müller Oskar	Guldenenstr. 3	8610	Uster	1933
106	Kan	Rubli Arnold	Alti Ruedelfingerstr. 2	8460	Marthalen	1952
106	Gfr	Scherer Erwin	Schürlifeldweg 11	5036	Oberentfelden	1952
106	Gfr	Sommer Ernst	Steinacker	3454	Sumiswald	1963
106	Wafm	Vogel Werner	Mühlemattweg 6	5036	Oberentfelden	1947
106	Gfr	von Känel Hanspeter	Brunniweg 13	3752	Wimmis	1966
105	Stabsadj	Belser Martin	Plattenstr. 20 a	9606	Bütschwil	1970
105	Oblt	Bolliger Otto	Hohlenbaumstr.19	8200	Schaffhausen	1938
105	Herr	Fankhauser René	Bergholz 26	8515	Amlikon	1963
105	Mitr	Hollenstein Karl	Mittelbissauweg 4	9410	Heiden	1940
105	Gfr	Honegger Claude	alte Nidelbadstr. 7	8803	Rüschlikon	1948
105	Gren	Hotz Alfred	Tuntelnstr. 2	8707	Uetikon am See	1928
105	Sdt	Rothen Hansruedi	Bantigental	3065	Bolligen	1953
105	Adj Uof	Stauffer Markus	Oelegasse 52	3210	Kerzers	1953
105	Herr	Studer Ernst	VERSTORBEN		Zürich	1931
105	Herr	Weber Alfred	Lyss-Str. 61	2560	Nidau	1945
105	Hptm	Zink Markus	Hochfeldstr. 17b	8173	Neerach	1947
104	Motf	Blaser Willi	Waldmannstr. 45/C4	3027	Bern	1936
104	Wm	Brunner Ruedi	Frutigenstr. 61	3604	Thun	1965
104	Gfr	Eisenhut Konrad	Gstaldenweg 8	8134	Adliswil	1948
104	Herr	Kistler Erwin	VERSTORBEN		Reichenburg	1939
104	Wm	Mathys Christian	Iltisstr. 16	5212	Hausen AG	1946
104	Hptm	Mathys Christoph	Lindenbergstr.9	6285	Hitzkirch	1957
104	Herr	Moser Walter	Glaserweg 20	5012	Schönenwerd	1920

Anz.	Grad	Name	Strasse	PLZ	Wohnort	Jg
104	Oblt	Pfister Fredy	Rainstrasse 21	9532	Rickenbach b. Wil	1956
104	Herr	Richner Oskar	Vordere Berglistr.17	5734	Reinach AG	1943
104	Gfr	Stixenberger Erwin	Sonnenböhlstr.23	9100	Herisau	1940
104	Wm	Veraguth Marcel	Postplatz	7018	Flims Waldhaus	1945
104	Oberst	Wyrsch Hans	Galliried 2	6468	Attinghausen	1948
103	Herr	Baumann Hans	Huggenbergstr.1	8352	Räterschen	1942
103	Kpl	Galbier Anton	Bodenackerstr.20 c	4334	Sisseln AG	1950
103	Herr	Kalbermatten Hans	Dammstr.3	2540	Grenchen	1926
103	Sap	Keller René	Oetlisbergstr.37	8053	Zürich	1947
103	Det Wm	Kirchhofer Beat	Zugerstr.65	8820	Wädenswil	1960
103	Sap	Roll Christian	Portstr. 27	2503	Biel/Bienne	1958
103	Rdf	Spörri Roland	Gassackerstr. 11	8492	Wila	1963
103	Herr	Villiger Karl	Matten	6331	Hünenberg	1926
103	Sdt	Walser Emil	Lochweidli	9630	Wattwil	1950
103	Sdt	Zgraggen Klemens	Pro Familiaweg 11	6460	Altdorf	1937
103	Kpl	Zucha Ivo	Dorfmatt 1	3315	Bätterkinden	1961
102	Adj Uof	Aebersold Hans	Eigerstr. 4	3800	Unterseen	1930
102	Herr	Bitschnau Alois	VERSTORBEN		Zürich	1924
102	Gfr	Debrunner Robert	Im Zauner	8352	Räterschen	1949
102	Gfr	Engler Heinrich	Zeughausstr.4	9200	Gossau SG	1956
102	Füs	Flury Urs	Einschlag 139	4523	Niederwil SO	1969
102	Wm	Frei Bruno	Sonnenhofgasse 3	8500	Frauenfeld	1953
102	Gfr	Geissbühler Daniel	Bergstrasse 406	4813	Uerkheim	1966
102	Gfr	Kaul Max	VERSTORBEN		Wangen	1920
102	Tromp Gfr	Landolt Alois	Neuhausstr.7	9545	Wängi TG	1949
102	Gfr	Lehnherr Jakob	Lochmattestr.7	3752	Wimmis	1954
102	Herr	Meile Kurt	Oberdorfstr. 1 c	8370	Sirnach	1953
102	Motf	Schnyder Alois	Bergstr. 61	8953	Dietikon	1931
102	Herr	Schocher Mario	Hofstrasse 11	7270	Davos Platz	1942
102	Gfr	Seger Kurt	Talackerstr. 5	6010	Kriens	1942
102	Wm	Stuber Hans	Holzhäusern 28	4704	Niederbipp	1927
102	Herr	Stähli Alfred	Bernstrasse 22	3018	Bern	1948
102	Gfr	Wiesner René	Clarahofweg 15	4057	Basel	1945
102	Gfr	Zwicky Oskar	VERSTORBEN		Schöftland	1938
101	Gfr	Amrhein Guido	Hauptstr.4	8362	Balterswil	1953
101	Herr	Ayer Erich	Chamerstr.35	6343	Rotkreuz	1937
101	Oberstlt	Biedermann Hanspeter	VERSTORBEN		Pratteln	1938
101	Mitr	Birrer Peter	Forchstr. 117	8704	Herrliberg	1934
101	Motf	Forrer Werner	Lerchenstr.1	9113	Degersheim	1957
101	Fw	Frischknecht Thomas		1256	Troinex	1942
101	Fw	Gisi Hansjörg	Mühlenstr. 10	8580	Amriswil	1947
101	Sdt	Hufschmid Walter	Hammergutstr. 5	5621	Zufikon	1951
101	Gfr	Imhof Niklaus	Ifwilerstr. 10	8362	Balterswil	1957
101	Pz Gren	Kuster Roland	Hinterberg 30	9014	St. Gallen	1948
101	Hi Pol	Käser Ruedi	Gatterstr.20	9303	Wittenbach	1946
101	Herr	Köng Walter	VERSTORBEN		Zürich	1916

Anz.	Grad	Name	Strasse	PLZ	Wohnort	Jg
101	Gfr	Lehmann Hansueli	Dorfstr.74	8152	Opfikon	1946
101	Füs	Lehner Max	Birch 728	5727	Oberkulm	1943
101	Hptm	Linder Bernhard	Kappelenring 32d	3032	Hinterkappelen	1940
101	Wfm Gfr	Lustenberger Werner	Luzernstr. 54	6102	Malters	1945
101	Wm	Lüscher Gilbert	Kopfhölzlistr.426	4813	Uerkheim	1946
101	Motm	Müller Heinz	Riedikerstr.25	8610	Uster	1955
101	Rdf	Ott René	Hinterrain 12	8335	Unterhittnau	1961
101	Sdt	Reichmuth Sepp	Rickenbachstr.176	6432	Rickenbach SZ	1942
101	Kpl	Schneider Ignaz	Austrasse 5	7000	Chur	1955
101	ZS	Stump Marcel	Wasserfluhweg 16	5000	Aarau	1954
101	Pol Wm	Sturzenegger Rolf	Schulackerstr. 2a	8523	Hagenbuch ZH	1961
101	Herr	Tresch Mario	VERSTORBEN		Bristen	1929
101	Frau	Urfer Martha	Merkurstr.10	3613	Steffisburg	1954
101	Herr	Wegmann Heinrich	VERSTORBEN		Uster	1918
101	Kpl	Wyssen Beat	Wiesenstr. 18	4900	Langenthal	1962
101	Motf	Zemp Franz	Hirtenhofring 28	6005	Luzern	1938
100	Kpl	Biedermann Ursula	Quellenweg 2	8845	Studen SZ	1948
100	Gfr	Brauchli Robert	Burgstrasse 94	8408	Winterthur	1943
100	Gfr	Büchi Heinz	Herracherweg 78	8610	Uster	1953
100	Sdt	Fluri Josef	Haulenacker 522	4713	Matzendorf	1963
100	Rdf	Friedli Ruedi	Thunstrasse 10	3770	Zweisimmen	1964
100	Gfr	Frutig Werner		3324	Hindelbank	1959
100	Gfr	Gmür Ruedi	Birrenberg 11	5620	Bremgarten	1939
100	Gfr	Grämiger Hans		5400	Baden	1941
100	Sdt	Gubler Jakob	Dörnlerstr.5	8544	Rickenbach-Attikon	1931
100	Herr	Hiestand Max	Oelbergstr.37	5737	Menziken	1921
100	Herr	Hostettler Kurt	Buchserstr.2	3006	Bern	1935
100	Sdt	Kaufmann Walter	Greifenbach	3822	Lauterbrunnen	1932
100	Stabsadj	Kehl Kurt	Blumenweg 7	4542	Luterbach	1948
100	Sap	Landmesser Alfred	VERSTORBEN		Hofstetten	1938
100	Gfr	Lerch Hans	Post	3418	Rüegsbach	1910
100	Herr	Meier Othmar	Reutlingerstr. 32 d	8472	Seuzach	1946
100	Kan	Reichmuth Josef	Henauerstr.60	9244	Niederuzwil	1953
100	Rdf	Schmid Josef	Stickerweg 1	8590	Romanshorn	1948
100	Wm	Schmidlin Beat	rte de Môtiers 10	2113	Boveresse	1964
100	Maj	Siegfried Max	Feldackerweg 47	3067	Boll	1934
100	Fw	Stauber Jörg	Goldmattstr. 4a	6060	Sarnen	1953
100	Herr	Steiner Paul	Strickweg 5	9533	Kirchberg SG	1954
100	Herr	Strauss Rolf	Im tiefen Boden 3	4059	Basel	1924
100	Füs	Stucki Anton	Worbstr.1	3067	Boll	1962
100	Sdt	Trachsel Hansruedi	Waldmannstr.39 M8	3027	Bern	1939
100	Herr	Tschannen Walter	Libellenweg 5	3510	Konolfingen	1954
100	Fw	Wehrli Rolf	Sonnengutstr.1	5620	Bremgarten AG	1970
100	HP	Wenger Robert	Leimgrüeblerstr.12	8542	Wiesendangen	1933

Unter Umständen gibt es noch Läufer mit 100 und mehr Teilnahmen, die der heutigen Schriftführerin Susi Rigling nicht bekannt sind. Solche Läufer hätten sich von sich aus zu melden (susi.rigling@bluewin.ch).

Die Schweizer Waffenläufe

Toggenburger Stafetten- und Waffenlauf (1936 – 2003)

Geschichte und Entwicklung

Waren es die grossen Manöver der damaligen 6. Division mit dem anschliessenden Defilee vor über 100 000 Zuschauern, oder die sich langsam zuspitzende politische Lage, die in den Köpfen der Verantwortlichen des UOV Toggenburg den Entschluss reifen liessen, die ausserdienstliche sportliche Tätigkeit zu fördern? Aus Protokollen und Zeitungsberichten zu schliessen, könnte beides als Stimulus für vermehrte Aktivität gewirkt haben.

Hptm O. Roth aus Lichtensteig, Adjutant des St. Galler-Bat 81, konnte den Präsidenten des UOV Toggenburg, Fw Tanner, und seine Mannen zur Gründung eines polysportiven Wettkampfes begeistern und formierte ein erstes Organisationskomitee. Nach längeren Vorbereitungen wurde am 29. März 1936 der 1. Toggenburger Militär-Stafettenlauf ausgetragen. Der Wettkampf begann beim Adler in Kirchberg mit den Kavalleristen. Über Müselbach-Mosnang wurde Dietfurt erreicht, wobei jeweils nach ungefähr vier Kilometern Galopp eine Stafetten-Übergabe erfolgte. Von Dietfurt brachte ein Radfahrer den Stab via Lichtensteig-Wattwil zum Rickenhof. Dort wurde er von einem Läufer abgelöst, der bis hinauf zur Rittmarren gegen 600 Höhenmeter zu bewältigen hatte. Ein Skifahrer übernahm und kämpfte sich erst als Langläufer zum Regulastein und anschliessend als Abfahrer über die bekannte Tanzboden-Abfahrt hinunter bis Dicken ob Ebnat. Der letzte Mann der Stafette versuchte, auf seinem Militärrad über Wattwil zum Ziel in Lichtensteig noch Zeit gutzumachen. Eine Totaldistanz von 40 km mit insgesamt 850 m Steigung war zu bewältigen. Siegerzeit der ersten Mannschaft: 3.23.50.

Im Lauf der Jahre erfolgten Änderungen. So wurde die Skifahrer-Strecke unterteilt in einen Langläufer und einen Abfahrer und die Gemeinden gebeten, Siegerpreise zu spenden. In der Zeit des zweiten Weltkrieges musste der Anlass teilweise ausfallen.

Erst 1947 konnte die Tradition fortgesetzt werden, jeweils am vierten Sonntag im März. Wieder waren Anpassungen nötig, sowohl was die Strecke wie auch die Zusammensetzung der Stafetten betraf.

Schiessen und HG-Werfen wurden eingeführt. 1955 verlegte man Start und Ziel nach Lichtensteig und verzichtete auf die Kavallerie. 1964 starteten 43 Mannschaften zu je fünf Mann, dazu 50 Einzelläufer.

Zur Organisation gehörten nebst Mitgliedern des UOV und später der Offiziersgesellschaft (OG) Toggenburg auch Pfadfinder, Lehrlinge und Samariter; total gegen 150 Helfer.

Die Gründung des St. Galler Waffenlaufs und der Trend zum Laufsport allgemein bewogen das OK, ab 1967 parallel zum Stafettenlauf auch einen Waffenlauf auszuschreiben. Das erste Teilstück der beiden Wettbewerbe war identisch, also ein Massenstart für Waffen- und Stafettenläufer, und zwar bis Dietfurt. Hier zweigte die eigentliche Waffenlaufstrecke ab, zur Ruine Ridberg, nach Bütschwil und zurück nach Dietfurt, dann hinauf nach Kengelbach und Krinau und wieder hinunter zurück nach Lichtensteig, wo am Bahnhof für einige Jahre der Zieleinlauf war. 1968 wurde auf die Schlaufe nach Bütschwil verzichtet und 1973 entschloss man sich, den gleichen, 14 km langen Lauf in umgekehrter Richtung durchzuführen und am Obertorplatz zu starten. Die Beteiligung am Stafettenlauf sank trotz intensiver Bemühungen auf 9 Patrouillen im Jahr 1975, dafür meldeten sich immer mehr Waffenläufer an. Nach der 35. Auflage 1976 entschloss man sich – schweren Herzens – auf den personalintensiven und wetterabhängigen (Schneemangel/Schneeüberfluss) Wettkampf zu verzichten.

1977: Der 10. Waffenlauf erstmals ohne seine Vorgänger! Die Teilnehmerzahl kletterte massiv in die Höhe, es konnten 650 Startende verbucht werden. Bereits 1980 musste, der Anmeldeflut und den Zuschauerwünschen entsprechend, das Ziel ins Zentrum des Städtchens verlegt werden. Die grosse Publikumskulisse bestätigte bis zuletzt die Popularität unseres «Toggenburgers».

Schon 1979 hatte das OK bei der damaligen IGMS ein erstes Gesuch um Aufnahme eingereicht, dem leider nicht entsprochen wurde.

Der 21. November 1981 zählt zu den wichtigen Daten in der Geschichte des «Toggenburgers». An der Delegiertenversammlung in Weinfelden wurde unserem erneuten Gesuch um Aufnahme in die IGMS entsprochen. Damit war der Weg zum ersten Meisterschaftslauf im Frühjahr 1982 frei. Grund zur Freude, aber für die Verantwortlichen auch Ansporn zu noch besserer Organisation.

1 Kurz vor der ersten Kurve.....
(Toggenburger Waffenlauf 2002)

2 Startvorbereitungen zum letzten Toggenburger
Waffenlauf (2003)

Die erste Auflage 1982 (erster Schweizer-Meisterschafts-Lauf der neuen Saison) war ein voller Erfolg. Rund 900 Läufer am Start, eine herrliche Kulisse im «Städtli», ein problemloser Ablauf dank eines gut eingespielten Teams. Die Streckenlänge wurde auf 19,7 km ausgedehnt, um den Vorwurf zu entkräften, es handle sich um einen «Sprinterlauf». Das Echo war positiv, die IGMS sprach von einer Bereicherung des Waffenlaufsports. Spitzenläufer wie das Gros der Wettkämpfer beurteilten den Lauf als recht anspruchsvoll, aber ansprechend und abwechslungsreich.

Nachdem der Schritt zur Schweizer-Meisterschaft endlich geschafft war, konnte man auch im OK des «Toggenburgers» entspannter in die Zukunft schauen, oder man glaubte dies zumindest.

Mit der Eröffnung der Umfahrung des Felsenstädtchens war es nun auch möglich geworden, den Start und den Zieleinlauf würdiger zu gestalten. Die Hauptgasse bot dazu die ideale Kulisse. Der 29. Februar 1984 brachte den Organisatoren des Waffenlaufs neue schlaflose Nächte. Nur eine Woche vor dem 17. Waffenlauf wurde Lichtensteig von einem Grossfeuer heimgesucht, welches eben diese schöne Häuserfront, unsere Kulisse, arg in Mitleidenschaft zog. War es nun überhaupt möglich, einen Start mit erwarteten 1000 Läufern in diesen Ruinen durchzuführen? Das sportliche Grossereignis hatte auch bei den amtlichen Stellen einen hohen Stellenwert, das Unmögliche konnte geschafft werden. Ob nun das Schadenereignis durch die Portion Neugierde mithalf, erneut einen starken Teilnehmerzuwachs zu verbuchen, kann ja nicht eruiert werden. Klar stand der Waffenlauf zu dieser Zeit im Hoch, dennoch wurde die Beteiligung in Lichtensteig zu einem neuen, gesamtschweizerischen Massstab.

Mit dem Jubiläumslauf 1987 wurde die absolute Spitzenbeteiligung erreicht, zumal auch der erstmals abgegebene TAZ 83 für eine gewisse Werbewirkung mitverantwortlich war. Mit den nun von der IGWS lancierten Jugendläufen, und den dafür getätigten Werbeanstrengungen wurde das Teilnehmerfeld so gross, dass die Jugendkategorien zum Umziehen/Duschen nach Wattwil ausgelagert werden mussten.

Die Neunzigerjahre zeigten eine Trendwende an, andere moderne Trendsportarten konkurrenzierten das Teilnehmerfeld. Am «Toggenburger» wollte man mit dieser Modeströmung mitschwimmen. Nach vielen Diskussionen entschloss man sich, 1993 einen zusätzlichen militärischen Duathlon zu lancieren. Wetterpech bei den ersten beiden Durchführungen und die eher negative Haltung seitens der IGWS (Angst vor Konkurrenzierung des eigentlichen Waffenlaufs und genug von ewig Neuem aus dem Toggenburg), waren nicht teilnahmefördernd. Das Teilnehmerfeld hatte aber wenig Einfluss auf den Stamm der Waffenläufer, es waren vorwiegend «Neue», die diese Chance wahrnahmen. Entscheidend, nach nur 5 Jahren diesen Wettbewerbsteil wieder fallen zu lassen, waren die aufwändige Personalstruktur einerseits, der Kostenfaktor anderseits. Der Aufwand für Druck und Versand zusätzlicher Ausschreibungen, die ergänzte Zeitmessung (Wechselzone) und die damit verbundene Auswertung, und das doch ansprechend gestaltete Preissegment verursachten trotz Kombination mit dem Waffenlauf zu hohe Mannkosten. Im Toggenburg entschloss man sich, die Kräfte auf den Waffenlauf zu bündeln, den Jugendlauf mitzufördern, aber von einer Weiterführung des Duathlons abzusehen.

Für verschiedene Novitäten innerhalb der unterdessen zur IGWS umbenannten Organisation zeichnen die Verantwortlichen des «Toggenburgers» als mitverantwortlich oder sind als Triebfeder mitbeteiligt: Siegerpreise, Prämienkarten, gemeinsame Ausschreibung, einheitliche Zeitmessung, Reduzierung des Packungsgewichts, Unterstützung bei der Einführung der Damenbeteiligung und der Schaffung der Damenkategorie. Anderseits war die Organisation «Toggenburger» jeweiliger Versuchsveranstalter bei der Erstabgabe des TAZ 83, bei der versuchten Tenuespezialisierung der Zivilschützler und schlussendlich auch beim Beginn der direkten Anmeldung über Datasport.

Im OK, das durch die starke kaufmännisch-gewerbliche Ausrichtung immer auf Kosten-Nutzen-Rechnung aufbaute, aber auch versuchte, mit Werbeakzenten Neue an den Waffenlauf anzubinden, musste «über die Bücher gegangen werden». Es galt wichtige Entscheidungen zu treffen um den stetigen Teilnehmerschwund zu stoppen oder mindestens zu bremsen. Das Minus in der Teilnahme war ja kein «Toggenburger-Syndrom», im Gegenteil, wir waren mit dem Saisoneröffnungslauf am schwächsten betroffen. Die allgemeine Überalterung, die negative Auswirkung der Armeereform und die sehr passive Förderung dieser Randsportart durch die höchsten Gremien des Armeesports waren nebst der starken Verästelung in neue, andere, medien- und publikumswirksamere Sportangebote Hauptgründe für das Fehlen des Nachwuchses.

Für den Waffenlauf wurden neue Impulse gesucht und nach reiflicher Überlegung eine neue, dem Saisonstart und Trainingstrend angepasste Strecke gefunden. Vor allem die älteren Teilnehmer waren allerdings nicht glücklich, dass auf den Fixpunkt Krinau nun verzichtet wurde. Für uns galt: «In der Kürze liegt die Würze», nicht aber das Salz vergessen (Das neue Teilstück ist im Detail unter dem Abschnitt «Strecke» beschrieben.)

Gäste aus Politik, Wirtschaft und Armee waren am «Toggenburger» nicht wegzudenken. Wir freuten uns, dass trotz randvollen Terminkalendern hohe Militärs und oberste Stellen der Regierung nebst vielen befreundeten Gästen am ersten Märzsonntag jeweils den Weg nach Lichtensteig gefunden haben. Wir sind natürlich besonders stolz, dass es sich teils um verdiente Ehemalige des Toggenburger Stafetten- und Waffenlaufs handelt: Generalstabchef Scherrer, sein Vater war als Wettkampfarzt jahrelang dabei, Div Hansulrich Solenthaler, anfangs der Siebzigerjahre technischer Leiter des UOV Toggenburg und Chef Strecke, KKdt Rickert, ein Lehrer im benachbarten Libingen und Ex-Fliegerchef Jung, als Helfer aus der Pfadi Yberg Wattwil engagiert dabei.

1992 stand das OK dann vor einem schwierigen Entscheid. Sollte trotz immer noch sinkender Teilnehmerzahlen, und vor allem angesichts der Erschwernisse seitens der Armee überhaupt an eine generelle Weiterführungs-Möglichkeit geglaubt werden? Sind die Administrativkosten für Ausschreibung und Zeitmessung noch verhältnismässig? Sind Sponsoren weiterhin zu finden, dies angesichts immer schwächerer Medienpräsenz?

Wir haben uns erst nach langen, wiederholten Diskussionen für einen würdigen letzten «Toggenburger» im Jahre 2003 entschieden. Eine ganz spezielle Medaille: «Die Westfront Lichtensteigs im Relief» als bleibendes Andenken und ein grosszügiger Gabentempel sollte und konnte begeistern und für ein nochmaliges Aufbäumen in der Beteiligung sorgen. *Alois Oberlin, Wattwil*

Die OK-Präsidenten seit 1936

1936 – 1943	Hptm Otto Roth
1944	Adj Uof Emil Bühler
1946 – 1952	Wm Willy Sonderegger
1953 – 1957	Hptm Xaver Kündig
1958 – 1960	Oblt Armin Geiger
1961 – 1962	Hptm Xaver Kündig
1963	Wm Emil Schenkel
1964	Lt Thomas Ammann
1965 – 1971	Lt / Hptm Karl Burth
1972 – 1974	Oblt Alex Reiser
1975 – 1978	Oblt Matthias Gmünder
1979 – 1984	Lt / Hptm Hansjörg Langenegger
1985 – 1991	Oblt / Hptm Jürg Gygax
1992 – 1995	Oblt / Hptm Marcel Enz
1996 – 2003	Lt / Oberstlt Markus Näf

Während 7 Jahrzehnten war nicht nur militärisches Interesse gefragt. Eigeninitiative, Investition von Freizeit (öfters auch Arbeitszeit), Ideenumsetzung, Verhandlungsgeschick, Führungsverantwortung, Verkaufstalent müssten heute in einem Stelleninserat für die Übernahme dieses Jobs vorausgesetzt werden, wobei die Honorierung mit einem Nachtessen abgegolten wird.

Wir sind stolz, dass diese Kräfte aus den eigenen Reihen rekrutiert werden konnten und so die typische Charakteristik des Toggenburgs garantiert blieb.

3 Garstige Verhältnisse beim letzten Aufstieg nach Kilometer 14

4 Ein Stimmungsbild vom Saisonauftakt 2000 anlässlich des Toggenburger Waffenlaufs

5 Stimmungsbild vom Toggenburger Waffenlauf 1988

Das Ende

Nach nur 36 Austragungen schlug auch für den «Toggenburger» die letzte Stunde. Zum letzten Mal wurde am 2. März 2003 in Lichtensteig die Waffenlaufmeisterschaft eröffnet. Nach reiflichen Überlegungen haben die Organisatoren beschlossen, den Waffenlauf in dieser Form zukünftig nicht mehr auszurichten.

So wurden an diesem Sonntagmorgen um 10.30 Uhr die Wettkämpfer auf die Strecke geschickt. «Waffenlauf live miterleben» war die Devise des OK's.

Die besten Standorte für Besucher waren dann schon schnell besetzt. Die Menschenmengen beobachteten das Feld beim Bahnhöfli Lichtensteig, bei der Steigrüti oder im Weiler Wigetshof sowie natürlich bei der Ausmarchung um den Tagessieg nach knapp einer Stunde in der Hauptgasse in Lichtensteig.

Der geplante fulminante Abschluss wurde ein Erfolg. Mit einem speziellen Rahmenprogramm und mehr als 300 Sonderpreisen konnten die Veranstalter zahlreiche Sportlerinnen und Sportler zum würdigen Abschluss der 68-jährigen Geschichte des «Toggenburgers» motivieren.

Wie alle anderen Waffenläufe der Schweiz ist auch der «Toggenburger» von der ungewissen Zukunft der Unterstützung im Rahmen der Armee XXI, von sinkenden Beteiligungszahlen und vom fehlenden Potenzial bei den jüngeren Teilnehmern betroffen. Die Organisatoren sahen jedoch die letzte Chance, dass die Armee mit den geplanten Lehrverbänden eine Weiterführung der Waffenlauftradition ermöglichen könnte, bald endgültig verloren.

Statement des OK-Präsidenten

«Das OK Toggenburger Waffenlauf hat im letzten Sommer den Vorschlag für einen neuen Wettkampfkalender und die zukünftige Organisation in Zusammenarbeit mit den neuen Lehrverbänden ausgearbeitet. Ohne Armeeunterstützung, Helfer, Sponsoren und vor allem ohne Teilnehmer gibt es keinen Waffenlauf mehr. Unser Anspruch an die Qualität, den Wettkämpfern beste Bedingungen auf der Strecke und in der Organisation zu bieten, lässt nicht zu, dass wir einfach nur zusehen und darauf hoffen, was kommt. Weil die Entscheide über die Organisation der Läufe ab 2004 noch ungewiss sind, wird das OK Toggenburger Waffenlauf mit dem 36. Toggenburger den vorläufigen Waffenlauf-Schlusspunkt in der heutigen Armee- und Organisationsstruktur setzen. Nach 68 Jahren Militärsport – polysportive Stafette, Waffenlauf, Militärduathlon und Jugendläufe – werden wir am 2. März 2003 einen würdigen Schlusspunkt setzen.»

Oberstlt i Gst
Markus Näf, OK-Präsident

Die Strecke

Start- und Zielort Lichtensteig im mittleren Toggenburg, schmuckes Kleinstädtchen mit malerischen Fassaden und herrlichen Giebeln, feiert heute wiederum einen ganz grossen Tag. Sauber herausgeputzte Erkerhäuser sind Blickfang für jeden, ob Bewohner oder Tourist. Enge Gassen, steinerne Brunnen, überdeckte Laubengänge bilden den äusseren Rahmen für den heutigen Anlass.

Seit 1983 wird der Durchgangsverkehr um das gemütliche Felsenstädtchen geleitet. Bewohner und Besucher des knapp dreitausend Seelen zählenden Marktfleckens sind von Abgas und Lärm befreit.

Bereits das Antreten der knapp 1000 Wettkämpfer strahlt eine gespannte, fast feierliche Atmosphäre aus. Die knapp 7 Meter breite Strasse, dicht gesäumt von Zuschauern unter den Arkaden und an den Fenstern, emsiges Auf und Ab der Funktionäre, dazu die vielen bekannten Gesichter, Freunde und zugleich Gegner auf den nächsten knapp zwanzig Kilometern.

Nach dem eindrucksvollen Massenstart, den ich einmal als Zuschauer erleben möchte, hastet die Menge, einer Herde wilder Hengste gleich, um den Platz kämpfend, hinunter zum Thurlauf. Schon nach wenigen hundert Metern verstummen die raschen, harten Schritte fast gänzlich – wir haben vom schwarzen Asphalt auf den bekiesten Naturweg gewechselt. Tausende Schritte geht es nun gegen den Fluss, vor uns liegt der grösste Ort im Toggenburg: Wattwil, dahinter die noch schneebedeckten sieben Spitzen der Churfirstenkette, überspannt vom föhnblauen, fast wolkenlosen Himmel. Der grosse Harst der «Grünen» wird immer mehr zur Schlange, die Abstände zur Spitze werden grösser, sie sind bereits mit der gewöhnlichen Uhr messbar geworden. Auf der Gegenseite sind die ersten Läufer auf unserer Höhe, sie haben den Wendepunkt, die Postbrücke in Wattwil, hinter sich und laufen in einem horrenden, meisterlichen Tempo Richtung Schomattensteg. Müsste das doch im Sommer herrlich sein unter diesen Bäumen, dem gemächlich dahin fliessenden 20 Meter breiten Gewässer entlang zu spazieren; oder im Herbst, wenn Linde, Ahorn und Buche das herrlich farbige Gewand tragen. Die erste kurze, aber trennende Steigung: 40 Meter Höhendifferenz sind auf kaum hundert Metern Länge zu überwinden, sie bringt uns alle auf Trab und reisst uns aus den so gar nicht wettkämpferischen Gedanken. Dann die Gegenphase, zwar etwas länger, vielleicht 300 Meter weit abwärts zur gleichen Niveauhöhe wie zuvor; wir sind beim Bahnhof Lichtensteig.

Trotz aller Eile gönne ich mir einen Augenblick Zeit und geniesse den herrlichen Blick auf das, von dieser Seite sich trutzig präsentierende Felsenstädtchen über der Thur. Etwas mehr als sieben Kilometer der Strecke sind hinter uns, nun beginnt das Strassenstück hinauf nach Krinau. Noch führt der Parcours auf gut 600 Metern über Meer dem westseitigen Hang entlang im schmalen Talboden, da wo nur Fluss, Bahn und die Strasse Platz finden. Wir überqueren die jüngste Verkehrsader, die Autostrassen-Umfahrung Wattwil-Lichtensteig und lassen uns vom vermutlich schönsten Riegelhaus des Toggenburgs grüssen, bevor im Gurtberg die eigentliche Steigung beginnt.

Neue Streckenführung 1998 – 2003

Wo früher die Steigung begann, kann ich jetzt die Autostrasse mit dem riesigen Verkehr talaufwärts beobachten, alle die Sonnenhungrigen, die Skisportler Richtung oberes Toggenburg. Ich muss mich nun auf den Abstieg zum tiefsten Punkt des Laufes, aber auch zum tiefsten Punkt Wattwil's, ja dazu gehört das Aeuli politisch, konzentrieren. Nach der Brücke über die wilde Thur geht's wieder aufwärts, hart ist dieser Wechsel. Von der Steigrüti weg, dort wo schon von jeher der Wiesenaufstieg zur Oberen Platte begann, müssen wir nun eigentlich gegen die Gewohnheit wieder Richtung Dietfurt halten.

Nach einem Wiesen-Wanderweg erreiche ich die Strasse, die nach Oberhelfenschwil führt, wieder festen Boden unter den Füssen. Ja, da waren in den letzten Jahren des Staffettenlaufs noch die Radfahrer bergan geklettert, nun sind wir an der Reihe. Rasch steige ich auf der Strasse 70 Höhenmeter an bis zum Weiler Wigetshof um mir dann vorbei am Verpflegungsposten zurück Richtung Felsenstädtchen eine kleine Verschnaufpause zu gönnen. Der Abstieg zur Langensteig ist gemächlich, aber dann folgt ja ab der Steigrüti der bekannte Aufstieg, die Rutsch- und Seilpartie um oberhalb der Kägi-Biscuitfabrik mit den süssen Düften für den Empfang in der Hauptgasse stimuliert zu werden.

Es waren ja eigentlich nur noch 15,3 Kilometer, aber sie hatten es dennoch in sich. Wer glaubte, sich für den kurzen Eröffnungslauf kaum vorbereiten zu müssen, wurde eines Besseren belehrt. Allgemein hörte ich gute Kritiken, sicher war einfach die Witterung mitentscheidend für die Müdigkeit in meinen Beinen.

Die Fortsetzung der früheren Strecke (bis 1997)

«Hat wohl die Spitze den höchsten Punkt bei km 11 schon erreicht?» – Das Läuferfeld ist weit aufgesplittert, Gruppen bilden sich, jeder kämpft nicht nur gegen den Nächsten, sondern auch mit sich selbst. Die Zunge wird langsam trocken, gut, dass einige Waldstücke «eingebaut» sind. «Können 3,5 km Steigung wirklich so lang sein?» – Doch, jetzt, herrlich, der Blick auf die kleinste Gemeinde des Kantons St. Gallen: Krinau! Nur 260 Einwohner sind hier zu Hause auf 808 Meter über Meer, im Ort mit dem besterhaltenen Dorfbild des Toggenburgs, abseits der Zeitprobleme, aber auch der Hochkonjunktur, der Überfremdung und der Wohnsilos. Kein Neubau, dafür aber stilgetreu renovierte Toggenburgerhäuser zieren den Dorfkern, fast vergessen von der Zeit, richtig fotogen für eine Brauchtumsszene im Heimatfilm.

Die offerierte Stärkung am Verpflegungsstand hilft das leicht angesetzte Blei aus den Waden zu spülen. Kurz nach dem Dorf fällt die Strecke wieder ab, hinunter nach Kengelbach und Dietfurt. Zwischendurch ein kurzes Gegenstück, dann der Kontrollposten, und schon geht's weiter dem Talboden zu. Nur gerade im Dorf drin etwas Belagstrecke, daneben Naturwege, weicher und kühler als der heute recht frühlingswarme Asphalt.

Mit dem Durchlaufen von Dietfurt, dem tiefsten Punkt der ganzen Strecke bei ca. 590 Meter über Meer, sind siebzehn der fast zwanzig Kilometer zurückgelegt. Die ersten 100 Minuten des Mittelklasseläufers sind vorbei. «Ist wohl das nahende Ziel für meine gute Stimmung verantwortlich?» Woher kommen wohl sonst diese Gedanken? «Welche Kolonne ist wohl länger, die der wartenden, fluchenden Automobilisten mit den langen, sonnenhungrigen Gesichtern, oder die der Wettkämpfer, deren Spitze ja schon eine geraume Zeit im Ziel angelangt ist...» Ich höre die Kraftausdrücke aus den geschlossenen Autos über uns angefressene Spinner und all die Namen, die sie uns austeilen.

Unterdessen nähern wir uns dem Ziel. Einige Male auf und ab, bereits grüssen die ersten Dächer von Lichtensteig. Noch ein Aufstieg, wir sind jetzt in den «Oberen Platten». Vier, fünf «junge Hasen» huschen vorbei, holen uns ein; anderseits sind auch wir schneller als zwei müde, langsam gewordene Läufer. – Aus mässiger Entfernung dringt Lautsprecherlärm, abwechselnd mit Marschmusik an mein Ohr. Kein Zweifel, die Siegerehrung ist bereits im Gange. Ich gratuliere dem Sieger von Herzen und hoffe, dass er trotz aller Hetze ein klein wenig dieser fast verträumten Landschaft gesehen hat. Ich für meinen Teil werde beste Erinnerungen mitnehmen, um auch nächstes Jahr sicher wieder dabei zu sein.

Einen herzlichen Dank möchte ich, und sicher auch meine Kameraden, dem Publikum abstatten, das mit Applaus nie gespart und damit mir und vielen andern über Tiefpunkte hinweggeholfen hat. Das Publikum war herzlich und fehlte kaum einmal, die ganzen, langen, zwanzigtausend Meter entlang. Danke!

Alois Oberlin, Wattwil

Das Goldene Buch des Toggenburger Waffenlaufes

Jahr	Auszug	Landwehr	Landsturm	Senioren	Gruppen Auszug	Landwehr/Lst		
1982	Häni Fritz 1.17.34	**Moser Albrecht** 1.13.25	Scheiber Kaspar 1.20.42	Schumacher Emil 1.26.15	UOV Wiedlisbach 3.50.21	Zürcher Patrouilleure 4.01.58		
1983	Spuler Toni 1.16.18	**Moser Albrecht** 1.16.00	Probst Alois 1.24.39	Schumacher Emil 1.28.22	UOV Wiedlisbach 3.49.56	LWV Mittelland 4.01.49		
1984	Spuler Toni 1.16.06	**Steger Kudi** 1.15.56	Hugentobler Kurt 1.25.21	Schumacher Emil 1.30.00	UOV Wiedlisbach 3.51.43	LWV Mittelland 3.55.22		
					Gruppen Auszug	Landwehr	Landsturm/Sen	Offene Klasse
1985	Spuler Toni 1.14.30	**Moser Albrecht** 1.13.48	Peyer Peter 1.19.47	Schumacher Emil 1.28.06	UOV Wiedlisbach 3.49.43	LWV Mittelland 3.52.31	Thurgauer WSV 4.17.51	–
1986	Häni Fritz 1.17.50	**Moser Albrecht** 1.15.48	Peyer Peter 1.20.34	Keller Walter 1.26.48	UOV Wiedlisbach 3.53.21	LWV Mittelland 3.55.03	Thurgauer WSV 4.15.57	–
1987	Herren Kaspar 1.17.42	**Häni Fritz** 1.14.32	Züger Florian 1.18.28	Keller Walter 1.26.33	UOV Burgdorf 3.58.42	UOV Wiedlisbach 3.49.12	Thurgauer WSV 4.10.50	MKG Fricktal 3.57.55
1988	Wüthrich Christian 1.16.38	**Hufschmid Leo** 1.15.30	Heim Urs 1.15.47	Keller Walter 1.27.53	UOV Burgdorf 4.01.28	Thurgauer WSV 3.59.23	LWSV Bern 4.03.23	MKG Fricktal 3.50.18
1989	Kellenberger Ueli 1.17.42	**Häni Fritz** 1.15.39	Moser Albrecht 1.17.22	Keller Walter 1.27.47	UOV Burgdorf 3.57.19	Thurgauer WSV 4.08.59	Zürcher Patrouilleure 4.14.29	UOV Wiedlisbach 3.54.28
1990	Kellenberger Ueli 1.15.50	**Furrer Hans** 1.13.22	Moser Albrecht 1.17.18	Scheiber Kaspar 1.26.24	UOV Burgdorf 3.49.12	UOV Burgdorf 3.58.36	UOV Wiedlisbach 4.05.56	UOV Wiedlisbach 3.46.21
1991	von Känel Martin/ Gfeller Paul 1.16.22	**Jost Christian** 1.14.00	Storchenegger M. 1.16.19	Scheiber Kaspar 1.23.15	UOV Burgdorf 3.51.12	UOV Burgdorf 3.56.39	UOV Wiedlisbach 3.58.12	MKG Fricktal 3.54.23
1992	von Känel Martin 1.13.55	**Jost Christian** 1.13.32	Züger Florian 1.18.00	Hugentobler Kurt 1.22.35	UOV Burgdorf 3.47.38	UOV Burgdorf 3.57.10	Zürcher Patrouilleure 4.15.05	UOV Wiedlisbach 4.02.13
1993	**von Känel Martin** 1.16.13	Jost Christian 1.16.29	Züger Florian 1.20.21	Hugentobler Kurt 1.24.24	UOV Burgdorf 3.59.36	UOV Burgdorf 4.03.26	Thurgauer WSV 4.15.47	UOV Wiedlisbach 3.58.45
1994	**Schöpfer Martin** 1.13.40	Gschwend Peter 1.15.58	Furrer Hans 1.19.36	Allenspach Bruno 1.24.38	Zürcher Patrouilleure 3.58.27	UOV LG Burgdorf 3.55.00	LSV St.Gallen-App. 4.13.29	UOV Wiedlisbach 3.54.09
	M20	M30	M40	M50	Damen	Gruppen Elite	Senioren	Offene Klasse
1995	**von Känel Martin** 1.12.59	Dürst Fritz 1.14.20	Häni Fritz 1.13.54	Züger Florian 1.20.02	Gajic Steffi 1.34.11	WSG Schwyz 3.55.47	LG Homberg 4.05.25	UOV Wiedlisbach 3.46.36
1996	**Schöpfer Martin** 1.12.13	Gfeller Paul 1.16.07	Häni Fritz 1.13.44	Heim Urs 1.19.33	Urfer Martha 1.40.40	WSG Schwyz 3.52.25	Zürcher Patrouilleure 4.09.03	UOV Wiedlisbach 3.43.23
1997	**Schöpfer Martin** 1.14.22	Gfeller Paul 1.17.53	Jost Christian 1.17.36	Storchenegger M. 1.23.04	Urfer Martha 1.37.26	WSG Schwyz 3.58.12	Zürcher Patrouilleure 4.14.12	LV 95 Burgdorf 3.49.52
Ab 1998 neue Strecke								
1998	**Schelbert Koni** 0.58.23	Good Roland 0.59.33	Häni Fritz 0.58.57	Züger Florian 1.05.36	Huber Angela 1.12.29	WSG Schwyz 3.00.56	Zürcher Patrouilleure 3.18.17	LV 95 Burgdorf 3.03.00
1999	Schelbert Koni 0.59.12	**Hafner Jörg** 0.58.47	Häni Fritz 0.59.24	Heim Urs 1.05.30	Hess Maria 1.16.32	WSG Schwyz 3.00.55	LSV St.Gallen-App. 3.08.45	UOV Wiedlisbach 3.00.55

Das Goldene Buch des Toggenburger Waffenlaufes

2000	Deller Peter 0.57.10	**Hafner Jörg** 0.55.07	Gäumann H.-R. 1.01.44	Schmid Josef 1.05.15	Heim Maria 1.09.38	–	Run Fit Thurgau 3.14.47	UOV Wiedlisbach 3.01.16
2001	Ruf Remo 0.59.47	**Hafner Jörg** 0.57.42	Häni Fritz 1.00.20	Zollinger Walter 1.04.02	Huber Angela 1.14.08	–	LV 95 Burgdorf 3.13.03	UOV Wiedlisbach 2.59.58
2002	Rickenmann Th. 1.01.31	**Hafner Jörg** 0.55.30	Scheidegger Nikl. 1.00.56	Gschwend Peter 1.04.31	Balmer Marianne 1.12.05	–	Run Fit Thurgau 3.15.09	UOV Wiedlisbach 2.57.27
2003	Marti Stefan 1.04.06	**von Känel Martin** 0.58.53	Walker Ruedi 0.59.35	Gschwend Peter 1.04.00	Balmer Marianne 1.10.16	–	Run Fit Thurgau 3.16.53	UOV Wiedlisbach 3.07.36

Beat weiss noch mehr dazu...

37 Mal ausgetragen von 1967–2003, 20 Mal teilgenommen (2003 = letzter Lauf); zählte erst ab 1982 zur Schweizermeisterschaft und für den Hunderterverein, d.h. 22 Mal

Ab 1967 (nicht 1968) wurde parallel zum Stafettenlauf (1936-1976) ein Waffenlauf durchgeführt. Die Nummerierung der Waffenläufe stimmt im Laufe der Jahre nicht mehr überein! 15 lange Jahre, eine heute unvorstellbar lange Zeitspanne, rang das OK des Toggenburger Waffenlaufs um die Aufnahme in die IGMS um als 10. Mitglied den Kreis der erlauchten Neun zu erweitern. Dabei kamen sehr viele Ideen und Neuerungen von Lichtensteig bzw. von Wattwil aus. Heutige Bewerber werden umgehend aufgenommen ohne sich ein einziges Mal bewähren zu müssen. Nun, der Toggenburger erwies sich in der Folge als Teilnehmermagnet, hatte anfangs März nur die Konkurrenz der Schweizer Crossmeisterschaften zu fürchten!

Im Zug wurden jeweils die Kollegen, die ab Bern nach und nach dazu stiessen, nach der Winterpause begrüsst. Keiner hatte trainiert, alle liefen aber nachher persönliche Bestzeit! Ab Wil füllte sich dann der Zug mit vielen Skifahrern, die den Sonntag im Skigebiet des oberen Toggenburgs verbringen wollten. Anfänglich reiste ich am Samstag an und übernachtete noch in der Zivilschutzanlage in Lichtensteig. An schlafen war nicht zu denken, wegen der Fasnacht und der waffenlaufenden Nachtschwärmer!

Mein Comeback im Jahre 1977 nach 7 Jahren Pause erfolgte in Lichtensteig, von den Winterferien in Wildhaus aus. Meine Frau Brigitte erwartete mich mit Tochter Monika im Kinderwagen ungeduldig in Zielnähe. Als einziger Läufer hatte ich noch die Patronentaschen und das Bajonett umgeschnallt! Die Entwicklung im Waffenlaufsport seit dem Föhn-Altdorfer 1970 war spurlos an mir vorbeigegangen. Wo fand die erste Feier des Hundertervereins mit erstmaliger Abgabe der Medaillen statt? Richtig, im Toggenburg, im Thurpark in Wattwil. Wer organisierte sie? Richtig, Alois Oberlin, nach dem Toggenburger Waffenlauf im Jahre 1984. Unvergessen der Auftritt von HD Läppli, der Schulkinder von Krinau oder der originellen Streichmusik. Überhaupt, was der Wattwiler Rhabilleur (Uhrmacher) Alois Oberlin für den Waffenlauf im Allgemeinen und für den Toggenburger im Besonderen tat, übersteigt das Vorstellungsvermögen der meisten Aktiven bei Weitem! Er brachte Schwung und die EDV in die Schweizermeisterschaftspunkteberechnung, in den Hunderterverein, in die Start- und Ranglisten. Er hatte nicht nur Ideen, er setzte sie auch erfolgreich um. Kurz gesagt, er war der «Mister Toggenburger». Die Präsidenten wechselten, Alois blieb, glücklicherweise.

Beim 20. Toggenburger im Jahre 1986 gab's als Auszeichnung für die Teilnehmer zusätzlich ein Frottiertuch mit dem Sujet des Rathauses in Lichtensteig, hergestellt im Glarnerland, in Super-Qualität. Warum ich das erwähne? Weil ich es heute noch habe. Ein Waffenläufer staunte einmal nicht schlecht, als er ein Toggenburger Tuch beim Nachbar am Strand des Schwarzen Meeres ausgebreitet sah, das Gesprächsthema war wohl perfekt!

Im Jahre 1991 war ich nur als Zuschauer im Felsenstädtchen. Die Zeitmessungsfirma hatte zwei Zielkanäle installiert. Offen war aber wechselweise nur einer. Martin von Känel und Paul Gfeller rannten synchron um die letzte Kurve in die Hauptgasse vor dem Ziel. Martin fand den Durchlass und Paul knallte bei gleicher Laufzeit voll in die Absperrungen. Glücklicherweise verletzte er sich nicht. Störend fand das anscheinend nur ich, denn der sanftmütige Paul, als 2. mit gleicher Laufzeit klassiert, verzichtete auf jeglichen Kommentar oder gar Protest!

Für meinen letzten Toggenburger 1999 hatte ich aus Protest gegen mehrere Passagen, bei denen die hinteren Läufer im knöcheltiefen Morast versanken, Crossschuhe auf die Packung geschnallt, mit den 9 mm-Spikes nach aussen. Im März hätte ich ja Crossläufe auch im Freiburgischen bestreiten können, da hätte ich nicht fast 500 km weit Bahn zu fahren brauchen! Übrigens, ohne Biberli von der Conditorei Huber (die gab's im Freiburgischen nicht) kam ich nie nach Hause.

Für den allerletzten Waffenlauf im Toggenburg im März 2003 gelang es mir, Arbeitskollege Kurt zum Mitmachen zu überreden. Sein erster Waffenlauf. Er bereute es nicht, gewann er doch zusätzlich zur Jubiläumsmedaille einen prächtigen Korb voller Toggenburger Spezialitäten. Pech hatte dagegen der Münsinger Hansruedi Niederhäuser. Mit Jahrgang 1926 hatte er sich für den letzten Toggenburger im März 2003 angemeldet, als 77-jähriger. Auf der Autobahn stiess ihn ein ungeduldiger Autofahrer in seinem Mercedes kurz vor der Ausfahrt in Wil eine Böschung hinauf. Ausgerechnet ihn, den ehemaligen Bundesratschauffeur. Er selbst kam heil davon, der Kofferraum mit seinem Inhalt aber war arg lädiert. Der Holzschaft des Karabiners war gebrochen, der Lauf gekrümmt! Hansruedi musste schweren Herzens verzichten. 2005 absolvierte er als 79-jähriger noch erfolgreich die Waffenläufe in Neuenburg, Wiedlisbach, Zürich und Thun. 2006 beendete er seine Karriere in Thun als 80-jähriger!

St. Galler Waffenlauf (1960 – 2006)

Geschichte und Entwicklung

Der Entstehungsgedanke zu einem St. Galler Waffenlauf kam aus den Reihen der damaligen St. Galler Patrouilleure, einer Untersektion der Mehrkampfgruppe St. Gallen. Hauptinitiant war Oblt Roland Gehrer, selber aktiver Waffenläufer und international erfolgreicher militärischer Fünfkämpfer. Im Jahr 1959 befasste er sich mit dem Gedanken, in St. Gallen das Wagnis eines zusätzlichen Waffenlaufs anzupacken. Tatsächlich war es am 13. März 1960 erstmals soweit. Ein für heutige Verhältnisse kaum vorstellbar kleiner Mitarbeiterstab bewältigte die enorme Arbeit des 1. Organisationskomitees. Die grossen Anstrengungen wurden denn auch reichlich belohnt, startete zu diesem Lauf doch die stattliche Zahl von 640 Wettkämpfern.

Relativ schnell wurde der St. Galler Waffenlauf ein Lauf im Rahmen der ab 1967 ausgetragenen Schweizermeisterschaft und galt bei den Wettkämpfern aus der ganzen Schweiz als harter aber guter Wettkampf am Anfang des Jahres. Nach dem ab 1982 dazuzählenden Toggenburger war der St. Galler der zweite Meisterschaftslauf in der Frühjahrssaison.

Entwicklungen und Veränderungen prägten auch den St. Galler Waffenlauf. Nebst kleineren Anpassungen an Reglementen, Ausrüstungen und an der Strecke gaben die Kategorien immer wieder zu reden. 1996 gab das St. Galler Waffenlauf OK erstmals Läufern über 60 Jahren die Möglichkeit an einem Waffenlauf zu starten. Der Dachverband der IGWS war damals noch nicht bereit, über 60-jährigen die Starterlaubnis zu erteilen. Die über 60 Jahre alten Läufer wurden separat gewertet. 1997 wurde beim Wendepunkt die Strecke abgeändert. Dies hatte zur Folge, dass die Strecke neu ausgemessen werden musste. Von nun an war der Lauf 500 Meter länger. Ab dem Jahr 2000 konnten die über 60-jährigen Waffenläufer an jedem Waffenlauf starten und in der Kategorie M 50 gewertet. Bei uns waren in früheren Jahren immer Teilnehmerzahlen von zirka 1000 Läufern zu verzeichnen. Nachdem die Teilnehmerzahlen immer mehr rückläufig wurden und die Kosten anstiegen, führten wir das Waffenläuferstübli zusammen mit dem Laufsportverein St. Gallen-Appenzell ein. Die Siegerehrung und Verlosung von Naturalpreisen im Läuferstübli fand grossen Anklang. Später übernahmen die Militärküchenchefs der Sektion Ostschweiz die Verpflegung der Läufer und Helfer. Im Jahre 2004 konnte die Strecke nur mit grossem Einsatz von den Schneemassen befreit werden. Die Strecke war in einem tadellosen Zustand. Eigentliche Anekdoten gibt es nach meiner Meinung nicht. Die OK-Mitglieder des St. Galler Waffenlaufs arbeiteten immer sehr gut, damit die Läufer an einem gut organisierten Anlass teilnehmen konnten.

Der Grund zur Aufgabe des Traditionslaufs lag immer mehr in den stark sinkenden Teilnehmerzahlen. Die jungen Waffenläufer fehlten, das Teilnehmerfeld war überaltert. Ein weiterer Grund waren die Finanzen und die Ungewissheit um den Weiterbestand des Zeughauses St. Gallen, dazu waren viele OK-Mitglieder amtsmüde geworden. Nachfolger für freiwillige Arbeit in einem OK zu finden wurde immer schwieriger, die Unterstützung seitens des VBS fehlte. So entschied sich das OK St. Galler Waffenlauf, im Frühjahr 2006 den St. Galler das letzte Mal durchzuführen.

Die Strecke

Mit Start und Ziel vor der Kaserne St. Gallen wurde den Läufern beim 1. «St. Galler» eine 16,5 km lange und 370 m Höhendifferenz aufweisende Strecke präsentiert. Dieser 1. Lauf führte über St. Gallen-Rotmonten nach Wittenbach bis hinunter an die Sitter, von dort nach Engelburg hinauf und wiederum an die Sitter hinunter nach Spisegg. Zuletzt ein happiger Anstieg hinauf zur Kaserne. Etliche Läufer beklagten sich nach dem Lauf, dass vor allem der Schlussteil zu anforderungsreich gewesen sei. Dies bewog das damalige OK, für den 2. Lauf nach einer neuen Strecke Umschau zu halten. Es wurde dann eine Laufstrecke gefunden, die bis heute nur unwesentlich verändert wurde. Man legte sich auf eine Strecke St. Gallen – Herisau und zurück fest.

Von der Distanz und dem Profil her stellt der «St. Galler» als 2. Frühjahrslauf eine faire und interessante Strecke dar. Wegen seiner Kürze wird er oft als Sprinterlauf bezeichnet. Trotz der relativ kurzen Distanz ist der Lauf aber beileibe kein Spaziergang. Mit seinen vielen kleineren und mittleren rhythmusbrechenden Steigungen fordert der «St. Galler» dem Wettkämpfer viel ab. Zudem

6 Der Startschuss zum letzten Toggenburger Waffenlauf 2003 ist gefallen

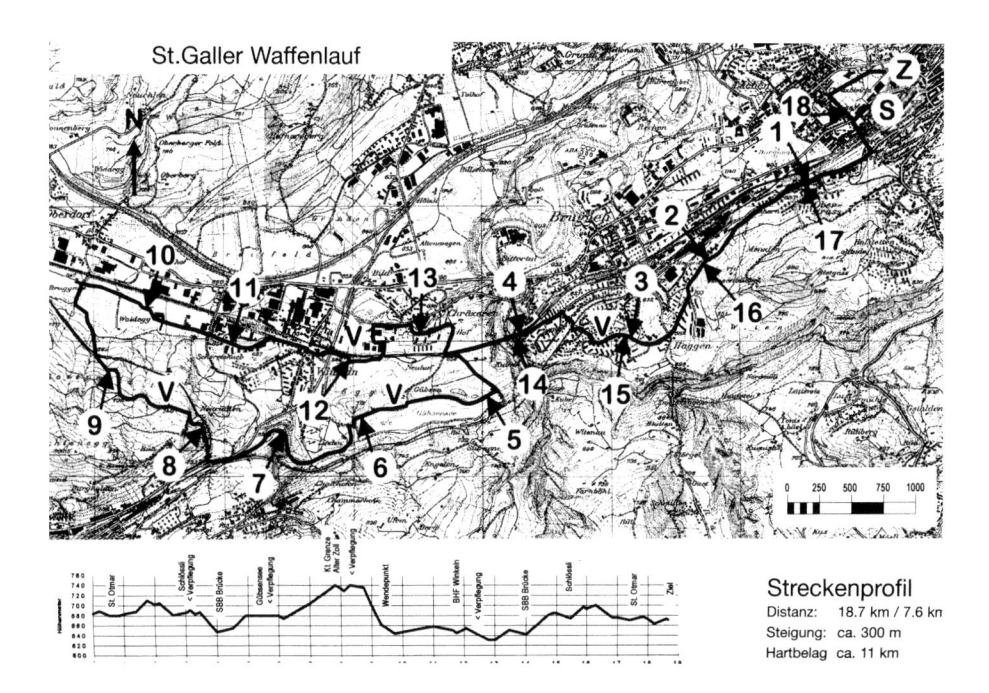

St. Galler Waffenlauf

Streckenprofil
Distanz: 18.7 km / 7.6 km
Steigung: ca. 300 m
Hartbelag ca. 11 km

Die OK-Präsidenten

1960	Oblt Gehrer
1961	Hptm Reifler
1962	Hptm Kubli
1963 – 1976	Hptm Derungs
1977 – 1982	Major Labhart
1983 – 1989	Hptm Solenthaler
1990 – 1992	Hptm Frisching
1993 – 2001	Oberstlt i Gst Drexel
2002 – 2006	Oberstlt i Gst Roduner

kommen oft witterungsbedingte Erschwernisse hinzu, denn aufgrund der frühen Jahreszeit und der Höhenlage waren schon oft winterliche Verhältnisse anzutreffen.

Bis 1981 wurde auf dem Kasernenplatz gestartet. Wegen des Nationalstrassenbaus drängte sich ab 1982 eine Änderung auf. Mit Start vor dem Zeughaus und Ziel in der Kasernenallee konnte praktisch die gleiche Streckenlänge und damit der Charakter des Laufes beibehalten werden. Nach dem Start vor dem Zeughaus, der früher bis zu 1000 Waffenläufern genügend Platz bot, geht es über die Leonhardsbrücke zur Oberstrasse. Diese Strasse führt uns in den Westen der Stadt, wo uns bald die nahen Appenzeller Berge grüssen. Ein kurzer, aber anhänglicher Anstieg ins Bernhardswiesquartier bewirkt,

dass sich das Läuferfeld bereits stark in die Länge zieht. Weiter über die Wolfgangstrasse hinunter zur SBB-Brücke. Auf beiden Seiten kann man insgesamt 3 weitere Brücken erkennen. Links jene für die Bodensee-Toggenburg-Bahn, rechts fällt die imposante Fürstenlandbrücke auf, während man tief unten die Kräzernbrücke erkennt, welche früher als Zollübergang Bedeutung hatte. Wieder folgt ein etwa 400 m langer Anstieg hinauf zum Gübsensee. Erstaunt ziehen Enten und Schwäne die Köpfe aus ihrem Gefieder. Sie können die Hast und Eile der Waffenläufer kaum verstehen. Auf sanften Naturwegen geht es entlang des Sees, wo bald der Anstieg nach Herisau beginnt. Dieser längste, jedoch nicht zu steile Anstieg der Strecke führt hinauf zum höchsten Punkt.

Sportliches und Goldenes Buch

Der 1. «St. Galler» wurde vom Luzerner Füs Otto Wigger in 1.13.33 gewonnen. Erster grosser «St. Galler»-Dominator wurde Füs Werner Fischer, der den Lauf von 1964 bis 1968 gleich 5 Mal in ununterbrochener Folge als Tagessieger beendete. Aber auch Läufer der Region mischten von Beginn an kräftig an der Spitze mit. Namen wie Franz Fritsche, Fredy Kellenberger, Paul Niethammer, Hans Frischknecht oder in den späteren Jahren Georg Kaiser und Hans Rüdis-

Beim alten Zoll werden die Läufer jedes Jahr von vielen Zuschauern angespornt und applaudiert. Auf coupierten Waldwegen wird die erste Verpflegungsstation erreicht.

Nach einem rasanten Abstieg wird bei km 10 der Wendepunkt in der Waldeck passiert. Auf flachen bis welligen Naturwegen eilt man St. Gallen-Winkeln zu. Bei Kilometer 13 kann sich der Läufer an der zweiten Verpflegungsstation nochmals stärken. Gleich darauf biegen die Wettkämpfer wieder in die Strecke des Hinwegs ein. Nach Überquerung der SBB-Brücke wird die ursprüngliche Strecke wieder verlassen. Nun geht es Richtung St. Gallen-Haggen, wo der beschwerliche Aufstieg hinauf zur Oberstrasse beginnt. Dieser von vielen Läufern etwas gefürchtete «Stutz» führt beim Schlössli Haggen vorbei,

ühli waren stets in den vordersten Rängen anzutreffen. In den weiteren Jahren nach Werner Fischer wechselten die Sieger; ein Zeichen, dass der «St. Galler» meist ein spannender und heiss umkämpfter Lauf war. Erst im Jahre 1978 kam mit Albrecht Moser wieder ein Dominator, der den Lauf in 6 Austragungen 5 Mal gewinnen konnte. Ein Novum bildete der «St. Galler» 1981, bei welchem der Ersteinlaufende wegen Untergewichts seiner Packung disqualifiziert werden musste.

wo nochmals die Strecke des Hinwegs erreicht wird. Auf der Bernhardswiesstrasse ist der Anstieg endlich zu Ende, doch ist dies noch nicht das Ende des Laufes. Denn ab dem 15. Kilometer geht es flach bis abfallend Richtung Ziel. Hier versucht der Läufer, das Letzte aus sich herauszuholen. Deshalb fordert der Schlussteil – weil sehr schnell - dem Waffenläufer alles ab. Eines ist sicher, der St. Galler war einer der schönsten Waffenläufe, die es in der grossartigen Geschichte des Waffenlaufs gab.

Rudolf Käser (Wittenbach) und Franz Dähler (Gossau)

47. St.Galler Waffenlauf 2006 – Niklaus Scheidegger gewinnt Dernière

Der 47. und letzte St. Galler Waffenlauf hat mit einer Überraschung geendet. Nach einem spannenden Rennen setzte sich der Wiedlisbacher Niklaus Scheidegger durch.

Am ersten Aprilsonntag, als der Start zum letzten St. Galler Waffenlauf erfolgte, wurde in Erinnerungen geschwelgt, aber auch Bedauern geäussert. Die verbliebenen treuen Läuferinnen und Läufer akzeptierten den Entscheid, in Zukunft keinen Waffenlauf in St. Gallen mehr auszutragen, jedoch überwiegend. Sieger Niklaus Scheidegger aus Wiedlisbach freute sich über seinen ersten Erfolg beim «St. Galler», bedauerte aber gleichzeitig, dass er diesen im kommenden Jahr nicht mehr wiederholen könne. Deller, Tageszweiter, anerkannte neidlos den Überraschungssieg von Niklaus Scheidegger. «Er war einfach stärker als ich und ich gönne ihm den Erfolg.»

Der 45-jährige Berner Niklaus Scheidegger gewinnt den letzten St. Galler Waffenlauf

403 Teilnehmer

Der Patron des «St. Gallers», Oberst Hans Paul Candrian, freute sich trotz Wehmut. «Dass wir bei idealem Wetter immerhin nochmals 403 Läufer begrüssen durften, ist ein guter Abschluss. Ich meldete im Jahre 1960 in der ersten Bestandesmeldung 640 Waffenläufer, wobei 551 davon in der jüngsten, der Auszugskategorie liefen. Beim letzten Lauf war es gerade umgekehrt: 170 liefen in der Kategorie der ältesten Teilnehmer und nur deren 39 bei den Jüngsten.» Gelassen gab sich der Gründungs-Präsident des St. Galler Waffenlaufs, Roland Gehrer, der seinerzeit den «St. Galler» auch aus eigenem Interesse gründete. «Ich war Waffenläufer und dachte damals: Wir führen doch auch in St. Gallen einen Lauf durch.»

Auf Abwarten gelaufen

Das letzte Rennen um den Tagessieg war spannend. Beim Schlössli Haggen, nach 2,7 Kilometern, bildete eine Sechsergruppe die Spitze, bereits nach dem Aufstieg beim alten Zoll in Herisau passierte nur noch ein Trio bestehend aus Scheidegger, Deller und Ruedi Walker. Mit einem kleinen Abstand folgte der beste Thurgauer, der Aadorfer Patrick Wieser. Eine Vorentscheidung fiel beim Abstieg Richtung Bahnhof Winkeln. Dort erschien Scheidegger mit 20 Sekunden Vorsprung auf Deller. «Ich lief zuerst auf Abwarten, weil ich das erste Rennen in diesem Jahr bestritt», sagte Scheidegger. Zwischenzeitlich habe er sich beim Gübsensee auf den dritten Platz zurückfallen lassen.

Mit dem vierten Rang überraschte Patrick Wieser ebenso wie Bruno Hasler aus Rickenbach bei Wil, der als Gesamtsechster einlief. Bruno Dähler aus Gais klassierte sich als Achter. In zweifacher Hinsicht enttäuscht zeigte sich die Arneggerin Claudia Helfenberger. Sie wurde von der Davoserin Marianne Balmer um über zwei Minuten distanziert. «Ich hatte von Beginn weg schwere Beine.» Enttäuscht sei sie auch darüber, dass der «St. Galler» nicht mehr stattfinden werde. Sie hätte eine Fortsetzung begrüsst. Auch der Abtwiler Robert Camenisch äusserte sein Bedauern. Nach über 300 Waffenläufen und seinem 40. St. Galler sagte er: «Es ist schade, dass diese Ostschweizer Tradition verloren geht.»

8 OK-Präsident Oberstlt i Gst Roduner orientiert die auf den Startschuss wartenden Waffenläufer

9 So wichtig und bewunderswert wie die Spitzenwaffenläufer: die «Namenlosen» Läufer und die Kämpfer der hinteren Plätze (St. Galler Waffenlauf 2002)

10 Impressionen vom St.Galler Waffenlauf

11 Zügig geht's am St.Galler Waffenlauf 2003 zur Stadt hinaus Richtung Herisau

Das Goldene Buch des St.Galler Waffenlaufes

Jahr	Auszug	Landwehr	Landsturm	Senioren	Gruppen Auszug	Landwehr/Lst	
1960	**Wigger Otto** 1.13.33	Frischknecht Hans 1.20.03	Hässig Fritz 1.28.02	–	MKG Bramberg LU 3.52.44	UOV Zürich 4.33.50	
1961	**Vögele Guido** 1.15.44	Salzmann Alois 1.22.12	Meyer Heinrich 1.34.05	–	UOV Burgdorf 3.58.29	UOV Zürich 4.39.42	
1962	**Maurer Fritz** 1.20.46	Salzmann Alois 1.26.53	Beeler Leo 1.34.16	–	UOV Burgdorf 4.14.17	MKG Bramberg LU 4.37.14	
1963	**Gilgen Walter** 1.16.11	Salzmann Alois 1.23.11	Beeler Leo 1.32.22	–	UOV Burgdorf 3.54.27	UOV Zürich 4.23.05	
					Gruppen Auszug	Landwehr	Landsturm
1964	**Fischer Werner** 1.15.23	Gerber Walter 1.17.01	Schiesser Kaspar 1.28.22	–	UOV Burgdorf 3.49.50	MKG Bramberg LU 4.28.09	Zürcher Patrouilleure 4.58.56
1965	**Fischer Werner** 1.14.48	Pauli Hans 1.20.24	Kolly Louis 1.28.15	–	UOV Burgdorf 3.54.22	MKG Bramberg LU 4.33.54	Zürcher Patrouilleure 5.24.03
1966	**Fischer Werner** 1.12.26	Zürcher Werner 1.20.58	Meili Max 1.27.29	Meyer Heinrich 1.36.42	UOV Burgdorf 3.54.30	MKG UOV St.Gallen 4.12.51	UOV Biel 4.38.10
1967	**Fischer Werner** 1.11.29	Leupi Oskar 1.14.31	Frank Paul 1.19.25	Kolly Louis 1.27.34	MKG Bramberg LU 3.43.53	UOV Burgdorf 3.50.59	Zürcher Patrouilleure 4.41.42
1968	Kaiser Georg 1.09.13	**Fischer Werner** 1.08.39	Frank Paul 1.18.43	Kolly Louis 1.26.58	MKG Bramberg LU 3.34.56	UOV Burgdorf 3.46.59	UOV Zürich 4.23.22
1969	Kaiser Georg 1.12.14	Gilgen Walter 1.14.10	Frank Paul 1.19.57	Schaller Josef 1.32.55	UOV Burgdorf 3.42.55	UOV Burgdorf 3.51.31	UOV Zürich 4.29.51
1970	Kaiser Georg 1.14.10	Rüdisühli Hans 1.14.14	Biefer Edwin 1.24.22	Peter Alois 1.32.43	UOV Burgdorf 3.51.50	UOV Burgdorf 3.58.58	UOV Zürich 4.30.46
1971	**Boos Robert** 1.09.38	Hasler Heinz 1.14.10	Pfanner Karl 1.19.31	Kolly Louis 1.30.33	UOV Burgdorf 3.34.40	UOV Burgdorf 3.57.15	UOV Zürich 4.23.44
1972	**Aegerter Willi** 1.11.18	Hasler Heinz 1.13.15	Borer Hans 1.19.11	Kolly Louis 1.31.59	UOV Burgdorf 3.39.50	UOV Burgdorf 3.46.38	UOV Zürich 4.41.24
1973	Dähler Hans 1.09.35	**Boos Robert** 1.09.21	Wenger Fred 1.16.03	Frischknecht Hans 1.20.58	UOV Burgdorf 3.33.31	MKG St.Gallen 3.50.01	MKG Bramberg LU 4.21.31
1974	**Dähler Hans** 1.09.44	Boos Robert 1.10.47	Biefer Edwin 1.20.47	Frank Paul 1.23.03	LWSV Bern 3.38.37	UOV Burgdorf 3.50.01	MKG St.Gallen 4.09.01
1975	**Feldmann Toni** 1.08.04	Boos Robert 1.08.11	Rüdisühli Hans 1.13.18	Frank Paul 1.21.26	LWSV Bern 3.27.41	UOV Burgdorf 3.36.04	WSG UOV Zürich 4.06.14
1976	**Blum Charles** 1.06.00	Kaiser Georg 1.07.49	Gilgen Walter 1.12.11	Frank Paul 1.22.04	UOV Wiedlisbach 3.28.44	UOV Burgdorf 3.37.49	Zürcher Patrouilleure 3.51.14
1977	Heim Urs 1.08.56	**Blum Charles** 1.05.49	Gilgen Walter 1.14.23	Hasler Karl 1.19.12	UOV Wiedlisbach 3.30.05	MKG Fricktal 3.34.41	Zürcher Patrouilleure 3.57.09
1978	Thüring Georges 1.05.39	**Moser Albrecht** 1.04.51	Voitel Heinz 1.13.02	Sterki Urs 1.21.22	UOV Wiedlisbach 3.20.38	MKG Fricktal 3.31.05	Zürcher Patrouilleure 3.50.02
1979	Gisler Robert 1.11.13	**Moser Albrecht** 1.07.30	Budliger Otto 1.15.32	Pfanner Karl 1.20.50	LWSV Bern 3.29.48	MKG Fricktal 3.28.01	MKG Bramberg LU 4.00.48
1980	Spuler Toni 1.08.57	**Moser Albrecht** 1.07.23	Rüegg Ernst 1.14.00	Schumacher Emil 1.18.35	LWV Mittelland 3.27.51	MKG Fricktal 3.32.22	Zürcher Patrouilleure 3.53.41

Das Goldene Buch des St.Galler Waffenlaufes

Jahr	Auszug	Landwehr	Landsturm	Senioren	Gruppen Auszug	Landwehr/Lst		
1981	Spuler Toni 1.09.40	**Heim Urs** 1.07.41	Rüegg Ernst 1.13.31	Schumacher Emil 1.19.30	LWV Mittelland 3.33.39	MKG Fricktal 3.33.37	Zürcher Patrouilleure 4.05.12	
1982	Spuler Toni 1.06.57	**Moser Albrecht** 1.05.40	Scheiber Kaspar 1.09.30	Bohler Heinz 1.19.30	UOV Wiedlisbach 3.20.31	Zürcher Patrouilleure 3.32.41	Thurgauer WSV 3.50.50	
1983	Häni Fritz 1.08.22	**Moser Albrecht** 1.06.42	Hugentobler Kurt 1.12.50	Schumacher Emil 1.18.14	UOV Wiedlisbach 3.23.58	MKG Fricktal 3.29.56	Thurgauer WSV 3.48.11	
1984	Häni Fritz 1.10.27	**Moser Albrecht** 1.09.28	Hugentobler Kurt 1.15.45	Voitel Heinz 1.21.45	UOV Wiedlisbach 3.30.52	LWV Mittelland 3.37.44	Thurgauer WSV 4.00.57	
1985	Graf Markus 1.06.29	**Moser Albrecht** 1.06.12	Peyer Peter 1.10.32	Voitel Heinz 1.17.08	UOV Wiedlisbach 3.23.16	LWV Mittelland 3.30.51	Thurgauer WSV 3.47.41	
1986	**Häni Fritz** 1.05.11	Heim Urs 1.05.32	Peyer Peter 1.11.08	Keller Walter 1.13.49	UOV Wiedlisbach 3.20.06	Thurgauer WSV 3.27.13	Thurgauer WSV 3.45.54	

Jahr	Auszug	Landwehr	Landsturm	Senioren	Gruppen Auszug	Landwehr	Landsturm/Sen	Offene Klasse
1987	Wanner Beat 1.06.30	**Häni Fritz** 1.04.00	Züger Florian 1.06.53	Keller Walter 1.14.25	UOV Burgdorf 3.22.25	UOV Wiedlisbach 3.17.18	WSG UOV Zürich 3.32.44	MKG Fricktal 3.21.19
1988	Thür Alex 1.08.23	**Steffen Beat** 1.06.39	Züger Florian 1.07.01	Keller Walter 1.17.32	MKG St.Gallen-App. 3.31.20	Zürcher Patrouilleure 3.31.34	Thurgauer WSV 3.40.47	UOV Wiedlisbach 3.24.49
1989	Jost Christian 1.06.27	**Häni Fritz** 1.05.38	Heim Urs 1.06.54	Schnetzer Erwin 1.15.33	UOV Burgdorf 3.23.22	Thurgauer WSV 3.31.04	Zürcher Patrouilleure 3.37.40	UOV Wiedlisbach 3.21.31
1990	Wüthrich Otto 1.07.37	Furrer Hans 1.05.00	Heim Urs 1.08.03	Scheiber Kaspar 1.14.33	UOV Burgdorf 3.23.34	LG Homberg 3.31.18	UOV Wiedlisbach 3.36.26	UOV Wiedlisbach 3.23.50
1991	Gfeller Paul 1.06.32	**Steffen Beat** 1.04.43	Züger Florian 1.08.31	Hugentobler Kurt 1.11.54	UOV Burgdorf 3.24.55	UOV Burgdorf 3.28.10	UOV Wiedlisbach 3.34.06	MKG Fricktal 3.32.03
1992	**Schneider Peter** 1.04.45	Jost Christian 1.05.03	Züger Florian 1.09.57	Hugentobler Kurt 1.11.55	LATV Uzwil 3.19.43	LSV St.Gallen-App. 3.27.55	LWV Mittelland 3.38.51	UOV Wiedlisbach 3.32.19
1993	von Känel Martin 1.06.26	Jost Christian 1.07.21	Storchenegger M. 1.10.05	Hugentobler Kurt 1.15.30	UOV Burgdorf 3.32.07	UOV Burgdorf 3.28.48	Thurgauer WSV 3.47.21	UOV Wiedlisbach 3.29.39
1994	von Känel Martin 1.05.44	Jost Christian 1.06.58	Furrer Hans 1.08.10	Hugentobler Kurt 1.13.37	WSG Schwyz 3.27.28	LG UOV Burgdorf 3.25.32	Thurgauer WSV 3.38.43	UOV Wiedlisbach 3.28.02

Jahr	M20	M30	M40	M50	Damen	Gruppen Elite	Senioren	Offene Klasse
1995	**Heuberger Bruno** 1.04.58	Dürst Fritz 1.06.29	Häni Fritz 1.06.43	Heim Urs 1.10.48	Urfer Martha 1.25.27	Zürcher Patrouilleure 3.23.58	Zürcher Patrouilleure 3.38.14	UOV Wiedlisbach 3.22.24
1996	**Schöpfer Martin** 1.05.26	Jost Christian 1.07.08	Häni Fritz 1.06.03	Heim Urs 1.10.32	Urfer Martha 1.26.20	LV 95 Burgdorf 3.26.49	Zürcher Patrouilleure 3.35.53	UOV Wiedlisbach 3.22.36
1997	**Schöpfer Martin** 1.07.19	Gfeller Paul 1.09.52	Jost Christian 1.09.13	Storchenegger M. 1.13.55	Urfer Martha 1.28.07	WSG Schwyz 3.34.04	Zürcher Patrouilleure 3.44.57	LV 95 Burgdorf 3.26.24
1998	Schelbert Koni 1.07.00	von Känel Martin 1.05.52	Häni Fritz 1.07.54	Storchenegger M. 1.14.31	Huber Angela 1.25.04	WSG Schwyz 3.34.04	LSV St.Gallen-App. 5.03.28	LV 95 Burgdorf 4.43.05
1999	Deller Peter 1.08.00	Hafner Jörg 1.07.50	Gschwend Peter 1.11.18	Stillhard Armin 1.18.26	Heim Maria 1.24.28	WSG Schwyz 3.30.53	LSV St.Gallen-App. 3.47.37	LWV Mittelland 3.38.10
2000	Deller Peter 1.08.10	Hafner Jörg 1.06.26	Häni Fritz 1.10.35	Schmid Josef 1.16.23	Heim Maria 1.22.22	–	Run Fit Thurgau 3.45.54	UOV Wiedlisbach 3.27.27
2001	Ebner Mischa 1.11.49	Hafner Jörg 1.07.34	Häni Fritz 1.08.33	Zollinger Walter 1.13.52	Balmer Marianne 1.22.44	–	LV 95 Burgdorf 3.38.31	UOV Wiedlisbach 3.28.23
2002	Franc Wilhelm 1.13.55	Hafner Jörg 1.06.32	Scheidegger Nikl. 1.11.36	Gschwend Peter 1.15.22	Balmer Marianne 1.21.33	–	LV 95 Burgdorf 3.55.19	UOV Wiedlisbach 3.31.05
2003	Marti Stefan 1.13.33	Hafner Jörg 1.05.38	Walker Ruedi 1.08.44	Gschwend Peter 1.12.37	Balmer Marianne 1.22.22	–	Run Fit Thurgau 3.46.16	UOV Wiedlisbach 3.28.07

Jahr	M20	M30	M40	M50	D20	D40	Gruppen Sen	Offene Klasse
2004	Wittwer Pascal 1.13.36	von Känel Martin 1.08.25	Scheidegger Nikl. 1.10.20	Häni Fritz 1.14.02	Helfenberger C. 1.24.17	Balmer Marianne 1.22.46	LV 95 Burgdorf 3.49.16	UOV Wiedlisbach 3.37.48
2005	Berger Marc 1.11.23	von Känel Martin 1.09.34	**Hafner Jörg** 1.06.39	Häni Fritz 1.11.59	Helfenberger C. 1.21.51	Balmer Marianne 1.26.42	Run Fit Thurgau 3.47.11	UOV Wiedlisbach 3.31.24
2006	Wieser Patrick 1.11.22	Deller Peter 1.10.40	**Scheidegger Nikl.** 1.10.10	Häni Fritz 1.11.57	Widmer Monika 1.29.23	Balmer Marianne 1.23.40	Zürcher Patrouilleure 4.00.39	UOV Wiedlisbach 3.41.45

Beat weiss noch mehr dazu …

47 Mal ausgetragen von 1960–2006, 20 Mal teilgenommen (2006 = letzter Lauf)

Hans, mein letzter Chef bei der Zollverwaltung, nahm am allerersten St. Galler Waffenlauf 1960 als Leutnant teil. Damals noch ins Sittertobel hinunter und wieder hinauf. Dies aber nur beim ersten Mal, die Wehrmänner sollten ja wiederkommen! Später ging's dann über die Eisenbahnbrücke zum Wendepunkt, dem alten Zoll in Herisau, dem Wohnort des legendären Briefträgers und Waffenläufers Hans Frischknecht, und dann über Winkeln und die gleiche Brücke zurück zum Ziel.

Auch nach St. Gallen fuhr ich immer mit der Bahn. Das war einfach, praktisch und bequem. Um 03.15 Uhr am Sonntag in der Früh hiess es jeweils aufstehen, mit dem Auto nach Bern fahren, kostenlos und unbeschränkt an der Stadtbachstrasse in unmittelbarer Nähe des Bahnhofs parkieren und den ersten Zug Richtung Osten besteigen. Sie wissen ja, der Stundentakt bei den SBB geht nicht bis in diese Zeit zurück.

Mehrere Jahre machte ein Gerücht die Runde, der letzte Läufer bekomme jeweils am Ziel eine Torte überreicht. Das soll dann Versteckspiele in Hauseingängen kurz vor Kontrollschluss gegeben haben. Ob es etwas auf sich hatte weiss ich nicht, denn gar so weit hinten war ich denn doch nie.

Einmal schickte ich die Packung mit der Bahn von Lichtensteig nach St. Gallen, der Transport kostete 6 Franken. Lagergebühren in St. Gallen würden keine anfallen wurde mir beschieden. Nun, der St. Galler Waffenlauf war immer zwei Wochen nach dem Toggenburger und die Packung auf dem Gepäckregal im Zug immer etwas sperrig. Als ich diese am Sonntagmorgen in St. Gallen abholen wollte hiess es: Macht 14 Franken Aufbewahrungsgebühr. Ich klärte die Sachlage, nahm kurzerhand die Packung, weniger als eine Stunde vor dem Start und eilte Richtung Kreuzbleiche davon. Das Tenue musste ich ja auch noch fassen, man hatte noch kein eigenes. Die Kreuzbleiche ist jene Sportstätte in welcher ich in der Verkehrsschulzeit von 1959–1961 jeweils Turnunterricht hatte und wo heute St. Otmar St. Gallen seine Handballkunst zeigt.

Albrecht Moser gewann den St. Galler mehrere Male, 1981 gar als Zweiteinlaufender, denn der Sieger Rüegsegger wurde wegen Untergewichts der Packung disqualifiziert. Sein sich schlitzohrig vorkommender Betreuer hatte ihm die Packung ein halbes Pfund zu leicht präpariert. Der zusammengerollte Kaput (Militärmantel aus dickem Stoff) sollte den erhofften Regen aufsaugen und am Ziel die fehlende Gewichtsdifferenz ausgleichen. Er kam aber nicht, der Regen, der Kontrolleur schon! Den ahnungslosen Fritz sah man in der Folge leider an keinem Waffenlauf mehr. Zu Beginn der Achtzigerjahre übernachtete ich noch in der Turnhalle Kreuzbleiche. Aber wie an andern Waffenlauforten hatte die sportliche Aktivität mancher Teilnehmer nur zweite Priorität! 1982, im Olympiajahr, stand der 200. Jubiläumslauf für Grenzwacht-Korporal Toni Pfiffner, Jahrgang 1934, bevor. In diesem Jahr wollte ich aber unbedingt den Olympia-Marathon von Mataró nach Barcelona auf der Originalstrecke bestreiten. Die von mir organisierte Hellebarde wurde Toni Pfiffner nach dem Dauerregen im Ziel vom Grenzwachtkommandanten überreicht.

Zum 25-Jahre-Jubiläum des St. Gallers im Jahr 1984 wurde der Start in die Innenstadt verlegt. Die Strecke wurde dadurch um mehr als einen Kilometer länger. Ja, viele Läufer kannten in St. Gallen bloss die Kreuzbleiche, den Bahnhof oder den Parkplatz, eigentlich schade.

In den Achtziger- und Neunzigerjahren hatte ich jeweils ein strenges Wochenende. Am Samstag den Kerzerslauf (15 km) und am Sonntag den St. Galler Waffenlauf (18 km). Sympathisch waren mir beide, darum wollte ich auf keinen verzichten. 1990 gab es auf der Waffenlaufstrecke im appenzellischen Teil einen Mini-Lothar. Weil ich vorher nie die Folgen eines Windwurfs sah, beeindruckte mich dies tief. Mit Armin Portmann, dem Freiburger Spitzenläufer diskutierte ich einmal über die Schönheiten an Waffenlaufstrecken. Für mich war die Passage dem Gübsensee entlang sehr idyllisch. Oft war er zugefroren. Armin fragte, von welchem See ich denn rede. Ich habe ihn bemitleidet als er mir kundtat, dass er den Gübsensee nie wahrgenommen habe sondern als Diplomläufer immer nur die Absätze der Vorderleute im Auge behalten musste. Wie oft bin ich später schönen Streckenabschnitten an Waffen- oder Zivilläufen gefolgt, als Wanderer mit meiner Frau.

1994 führte St. Gallen in meiner IGWS-Zeit die Siegerehrung der Schweizermeisterschaft durch. In diesem Jahr verzichtete ich auf die Teilnahme an meinem geliebten «Escalade»-Lauf in Genf. Ebenso verzichtete ich nach der Feier auf's Nachtessen, stürmte mit Brigitte auf den Bus zum Bahnhof und fuhr nach Gossau, kleidete mich um, holte die Startnummer und los ging's auf die Strecke. Damit hatte ich auch diesen Weihnachtslauf in meinem Palmarès.

Course militaire commémorative Le Locle – La Chaux-de-Fonds – Neuchâtel (1949 – 2005)

Le 1er mars 1848 est pour tout Neuchâtelois une date historique particulièrement frappante puisqu'elle signifie, d'une part la libération du joug étranger et, d'autre part, le rattachement du canton à la Confédération. Cette indépendance ne fut pas le résultat d'une révolution soudaine et inattendue, mais bien l'aboutissement d'une lente évolution. Ce mouvement anti-royaliste qui se faisait sentir un peu partout en Europe, trouvait son couronnement le plus souvent par des mouvements politiques et parfois aussi par des faits d'armes.

Pour le pays de Neuchâtel, un contingent militaire sous les ordres d'Ami Girard et de Fritz Courvoisier descendit du Locle et de La Chaux-de-Fonds pour s'emparer du Château de Neuchâtel et renverser, poliment du reste, le Conseil d'État royaliste. Alexis-Marie Piaget fut le Président du gouvernement provisoire, puis du nouveau Conseil d'État.

Pour commémorer cette marche des troupes neuchâteloises des Montagnes à Neuchâtel, en 1848, la Compagnie des Sous-officiers de Neuchâtel, a instauré en 1949 un concours de marche militaire. Encouragé par le développement considérable des épreuves militaires de marche en Suisse (Frauenfeld, Reinach, Altdorf, Berne), un comité s'est constitué à Neuchâtel dans le but d'organiser une épreuve semblable en Suisse romande.

«Malgré le développement de la motorisation dans notre armée, la marche restera l'une des principales activités d'entraînement non seulement du fantassin, mais de chaque soldat car, ne l'oublions jamais, notre terrain n'est pas partout praticable aux véhicules à moteur et c'est toujours le combattant individuel qui aura le dernier mot.»
Pully/janvier 1950, Général Henri Guisan

Histoire

L'un des premiers comités d'organisation était composé comme il suit: Président Sgtm Fernand Genton. Vice-Président et caisse: Sgt Bernard Borel.

Ces hommes se mirent courageusement au travail, multipliant les réunions de comité, recherchant les contacts avec certaines sociétés militaires puis avec les autorités cantonales et les différentes autorités communales.

Cette épreuve sportive a également pour but de permettre aux officiers, sous-officiers, agents de police, garde-frontière de toute la Suisse de contrôler leurs aptitudes physiques dans un but qui nous est cher: la défense du pays.

La course militaire commémorative Le Locle/La Chaux-de-Fonds/Neuchâtel incarne le souvenir de notre passé et notre désir d'être fort dans l'avenir. Elle est aussi une manifestation de la volonté de notre peuple de rester libre et d'accepter les renoncements et les sacrifices nécessaires.

Le 1er mars 1949, à la Chaux-de-Fonds, un coup de pistolet donnait le départ de la première épreuve et libérait plus de 130 coureurs. Le temps était exécrable («scheusslich») et, au passage à la Vue des Alpes, les concurrents étaient méconnaissables sous la tempête de neige. Le vainqueur de cette première édition, le car Georges Nussbaum de Rochefort, effectuait le parcours en 1.47.47h.

Lors de la 2ème course, en 1950, les plus jeunes coureurs partirent de la ville du Locle (cat. I et II) et les plus anciens, de La Chaux-de-Fonds (cat. III et IV). Le temps du vainqueur partit du Locle fut alors de 2.36.30h. Au cours des années, le record de l'épreuve fut amélioré sensiblement, en premier lieu par le Lt Serge de Quay, un valaisan, qui réalisa en 1958 un temps de 2.05.19h, puis par le Sgt Guido Vögele qui descendit en 1961 pour la première fois en-dessous des deux heures, soit en 1.59.41h. En 1968, l'app Werner Fischer abaissa ce temps à 1.49.30h.

En 1972 le comité d'organisation décida, sur la demande de plusieurs concurrents, de raccourcir le parcours de 8 km en fixant le départ de tous les coureurs à La Chaux-de-Fonds, rue de la Pâquerette, près du Stade du FC La Chaux-de-Fonds, l'arrivée demeurant située à la Place A.-M. Piaget, à Neuchâtel, devant le Monument de la République. La longueur du parcours étant, dès cette date, de 23,3 km.

Le record absolu sur ce nouveau parcours est détenu par le mitr Albrecht Moser, coureur bien connu dans tout le pays par ses nombreuses victories en athlétisme, qui réalisa en 1981 le temps de 1.18.52h.

Dans les catégories Landsturm et Vétérans, citons quelques vainqueurs: Cahuf Walter Capt, Sgt Erwin Flückiger, Plt Gottfried

12 Prächtige Kulissen prägten den Neuenburger Waffenlauf während seiner ganzen Jahre. Der Neuenburger war bekannt für seine schönen Landschaften, doch die Zuschauer fehlten

13 Nebst den traumhaften landschaftlichen Schönheiten des «Neuenburgers» galt es auch, tückische und oftmals gefährliche Treppen zu passieren

14 Stimmungsbild vom «Neuenburger»

Jost, Sgt Fritz Hässig, app Kaspar Schiesser, app Paul Frank, app Louis Kolly, can Heinrich Wegmann et gren Walter Gilgen.

Les records battus successivement sont dus à l'entraînement toujours plus poussé auquel se soumettent les coureurs, d'une part, et, d'autre part, à l'amélioration de la route de la Vue des Alpes à Valangin.

Le règlement particulier à notre course commémorative a dû être modifié et adapté aux directives reçues de l'Association suisse des courses militaires (ASCM) lors de la création du championnat suisse des courses militaires. Le cap Ernest Mösch, parfait bilingue, nous fut d'un grand secours à cette occasion.

Indépendamment de la médaille que reçoit chaque coureur terminant le parcours, nous avons instauré en quelque sorte «une prime de fidélité» en créant une distinction spéciale pour 5, 10, 15, 20, 25, 30 et 35 courses. De nombreux prix de valeur ont longtemps récompensé les meilleures performances. Nous le devions aux industries alors florissantes de notre canton. Depuis quelques années, hélas, la situation économique de notre canton s'est dégradée.

De nombreuses difficultés ont surgi au cours des années: celle découlant de parcours sur une route à grand trafic le dimanche (nous obtiendrons finalement une cancellation dans le sens de la course ce qui permettra une certaine limitation du nombre des voitures officielles), puis celles concernant l'équipement, le ravitaillement, le logement des coureurs. Ces différents problèmes sont examinés chaque année par le Comité et si tout a bien marché, nous le devons à la compréhension de nos autorités civiles et militaires, des particuliers et des entreprises. Nous savons que nous pouvons compter sur leur appui moral et financier.

Notre course militaire commémorative reste donc une «classique» au profil accidenté, au parcours difficile, que tous les coureurs helvétiques tiennent beaucoup à inscrire à leur Palmarès.

Les organisateurs mettront année après année tout en œuvre pour conserver à cette manifestation militaire l'importance et le prestige dont elle n'a cessé de jouir depuis sa création, soit un an après la grande fête du Centenaire de notre petite République.

La paix n'est pas encore unanimement respectée dans le monde d'aujourd'hui, c'est pourquoi nous devons rester vigilants et prêts. Chaque soldat doit se préparer à toute éventualité. Mieux nos serons préparés, plus l'armée sera forte et moins grand sera le risque de guerre.

Notre manifestation commémorant les événements de 1848 n'a pas d'autre but que cela.

Dieser französischsprachige Beitrag von François Cousin stammt aus Bernhard Linders Buch «Der Waffenlauf» aus dem Jahre 1984. Sicher haben alle Leserinnen und Leser den vorliegenden Text von General Henri Guisan wie auch jenen von François Cousin zumindest dem Sinn nach verstanden.

Wie ging es weiter in Neuenburg mit dem Waffenlauf? Dem OK des militärischen Gedenklaufs wurde in Aussicht gestellt, für die Überquerung der Vue des Alpes auf der Hauptstrasse keine Bewilligung mehr zu erteilen, da der gesamte Sonntagsverkehr in der Laufrichtung während einiger Stunden weiträumig umgeleitet werden musste. Der 3250 m lange Tunnel durch die Vue des Alpes wurde erst 1994 eingeweiht.

Also machten sich die Verantwortlichen auf die Suche nach einer Ersatzstrecke, denn den Lauf im Gedenken an den Aufstand vom 1. März 1848, der zur Gründung von Republik und Kanton Neuenburg führte, wollten sie nicht so ohne Weiteres fallen lassen.

Sie wurden fündig. Start und Ziel befanden sich ab 1987 in der Kaserne, d.h. im Schloss Colombier. Die ganze Infrastruktur wurde den Läufern zur Verfügung gestellt. Es war keine Einwegstrecke mit einem Kleidertransport mehr notwendig, sondern eine Rundstrecke von Colombier dem See entlang bis hinein in die Stadt Neuenburg und eine Etage höher an den Ausgangspunkt zurück.

Die Strecke

1949:	La Chaux-de-Fonds – Neuchâtel, 23 km
1950 – 1971:	Le Locle – La Chaux-de-Fonds – Neuchâtel, Kat. I und II, 30 km
1950 – 1971:	La Chaux-de-Fonds – Neuchâtel, Kat. III und IV, 23 km
1972 – 1983:	La Chaux-de-Fonds – Neuchâtel, alle Kategorien, 23,3 km

1984 – 1986: -do-, mit abgeändertem Schlussteil, alle Kategorien, 24,3 km

1987 – 2005: Colombier – Neuchâtel retour, 21,1 km

Über die Vue des Alpes

Wie aus der obenstehenden französischsprachigen Geschichte von François Cousin zu entnehmen ist, fand die allererste Austragung des militärischen Gedenklaufs auf der Strecke von La Chaux-de-Fonds (1000 m ü.M.) über die Vue des Alpes (1283 m) nach Neuenburg statt (433 m). Bereits ein Jahr später starteten die Kategorien I und II (jüngere Läufer) in der Nachbarstadt Le Locle, die Kategorien III und IV (ältere Läufer) weiterhin in La Chaux-de-Fonds. Der Start erfolgte gleichzeitig um 11.30 Uhr (Die Sommerzeit wurde erst 1981 eingeführt).

Vom Denkmal der Dynastie Girardet in Le Locle auf 921 m Höhe gings damals nach wenigen hundert Metern steil bergan zum Crêt du Locle (1000 m), dann auf ebener Strecke am Regionalflugplatz Les Éplatures und an unzähligen Uhrenfabriken vorbei auf die Prachtsstrasse Avenue Léopold Robert durch die ganze Stadt La Chaux-de-Fonds bis zur Place de l'Hôtel-de-Ville, wo sich der Start für die Kategorien III und IV befand. In den Sechzigerjahren wurde nach den grossen Mühlen am Stadteingang auf der rechten Strassenseite abgebogen und der Bahnübergang passiert. Ob der Verkehr in der Stadt intensiver wurde oder die Läufer dort auf die Zuschauer bereits keinen frischen Eindruck mehr machten? Die Läufer trabten dann den symbolträchtigen Boulevard de la Liberté hinauf und die Strecke mündete beim heutigen Kreisel vor dem Strassentunnel in die Strecke der älteren Teilnehmer ein.

Ab 1972 wurde dann der Start für *alle* Teilnehmer in La Chaux-de-Fonds festgelegt und zwar auf 10.30 Uhr. Die Streckenlänge wurde mit 23,3 km angegeben. Seit diesem Jahr fand der Start auf der Rue de la Pâquerette neben dem Parc des Sports de La Charrière, dem Fussballplatz des FC La Chaux-de-Fonds statt. Gleich ein steiles Strassenstück hinunter, über die gesperrte Hauptstrasse vom St. Immer-Tal her, ein ebenso kurzer und steiler Anstieg und schon war das Feld in die Länge gezogen. Durch die Rue Fritz Courvoisier in die Stadt hinein und an dessen Denkmal vorbei. Viele Zuschauer wünschten den Läufern Glück und Ausdauer für den beschwerlichen Weg in die Hauptstadt der Republik. Am Stadthaus vorbei und durch die gleichnamige Strasse (Rue de l'Hôtel-de-Ville; früherer Startort der Kat. III und IV) zur Stadt hinaus. Vor der letzten der vier unterquerten Bahnlinien die verheissungsvolle Strassentafel: Neuchâtel 22 km, doch da lag noch der Jura dazwischen!

Von hier weg stieg die Strecke regelmässig, das auf der gut ausgebauten Autostrasse. Nach einem weiteren Kilometer waren bereits 1100 m erreicht, dies beim Restaurant Le Reymond. Kurz darauf rechterhand die Abzweigung ins Tal nach La Sagne, wo im Winter Langlauf Trumpf ist. Durch dieses Tal pfiff den Läufern oft ein eisiger Wind um die Ohren. Weiter gings am Relais du Cheval Blanc vorbei, in elegant geschwungenen Kurven der Passhöhe der Vue des Alpes entgegen. Ein letzter Energieruck und oben war man, 1283 m ü.M., höchster Punkt aller Waffenläufe. 8,5 km der 23,3 km langen Strecke waren zurückgelegt. Die Panorama-Tafel zeigt eine Rundsicht vom savoyischen Mont-Salève bis zum Glärnisch.

Das Ziel auf 433 m ü.M., das versprach blaue Zehen! Die Freiheitskämpfer vom 1. März 1848 konnten nicht ahnen, dass hundert Jahre später mit einem militärischen Gedenklauf (der 57 Jahre lang Bestand hatte) ihrer gedacht würde. Die Strecke fiel dann von der Passhöhe stetig und regelmässig ab. Nach der Kreuzung Les Loges durch den Wald. Kurven schneiden erforderte Vorsicht, die Strasse war nur in der Laufrichtung gesperrt. In Les Hauts-Geneveys war man wieder auf der Starthöhe jenseits des Juras, auf 986 m, nach Malvilliers, vorbei an einem Ferienheim und dann, glücklicherweise etwas flacher, dem Verpflegungsposten in Boudevilliers entgegen. 16,3 km der Strecke waren zurückgelegt. Dann hinunter nach Valangin, am Dorfbrunnen, in der Nähe der Stiftskirche St-Pierre und am Fusse des Schlosses mit seinem historischen Museum vorbei. Ausgangs Dorf führt die Autostrasse durch die Seyon-Schlucht Neuenburg entgegen. Für die Läufer aber kam es ganz dick, der Weg führte durch den Wald nach Pierre-à-Bot hinauf, fast hundert Meter Steigung innerhalb eines Kilometers, das sind 10% Steigung. Totaler Rhythmuswechsel. Wer da noch Reserven locker machen konnte wurde weit vorne klassiert. Einer Lindenbaumallee entlang, dann lagen plötzlich Stadt und See vor den

15 1972 startete erstmals das ganze Läuferfeld in La Chaux-de-Fonds

16 Neuenburger Waffenlauf 1991, im Vordergrund Fredi Sturzenegger aus Rheineck SG

17 Als der Waffenlauf noch der Bahnplan Vortritt streitig machte (Neuenburger 1988)

18 Die Anerkennungskarte für den erfolgreich absolvierten Wettkampf

Augen. Immer noch so weit hinunter, das fürchterlich steile Gässchen, der Sentier du Clos des Auges mit bis zu 25 Prozent Gefälle war zu bewältigen! Nach der Überquerung vieler Strassen, ganz unten in der Stadt scharf um die Ecke und zum Endspurt auf die Place A.-M.-Piaget. Die 23,3 km waren geschafft, ich auch!

In den Jahren 1984-86 veränderte sich der Schlussteil der Strecke, die um einen Kilometer länger wurde und damit 24,3 km aufwies.

Colombier – Neuchâtel – Colombier

Für das Waffenlauf-OK wurde es immer beschwerlicher, die Bewilligung für die Benützung der wichtigsten Strassenverbindung zwischen der Uhrenmetropole und der Hauptstadt zu erhalten. Es suchte deshalb nach einer ganz neuen Strecke. Start und Ziel waren ab 1987 im Château de Colombier und wurde von den Teilnehmerinnen (seit 1986 am Start) und Teilnehmern sofort geschätzt. Im Ziel sah man keine Läufer mehr herumhumpeln! Der Start erfolgte ausserhalb der Schlossmauern in der Rue de l'Arsenal in Colombier um 10.00 Uhr. Dies nicht nach dem Motto «Je kürzer die Strecke desto früher der Start» sondern weil keine Einwegtransporte ins Neuenburger Oberland mehr notwendig waren. Nach dem Startschuss gings zuerst in westlicher Richtung nach Areuse, dann hinauf auf das Waffenplatzgelände der Planeyse, wo 1986 anlässlich der Cross-WM fast unbemerkt von Medien und Öffentlichkeit Weltklasseleistungen geboten wurden. Zurück nach Colombier, die kleine Schlaufe war beendet, es folgte nun die grössere. Hinunter zum Gelände Robinson, dann der wunderschöne Streckenteil direkt dem See entlang bis Auvernier. Einmal spendete gar Bundesrat Pierre Aubert in seinem Wohnort Beifall! Der Seeweg war ab Auvernier zu schmal für das in den Achtzigerjahren noch beachtlich grosse Waffenläuferfeld. So verlief die Strecke oberhalb der Seestrasse und der Bahnlinie Neuenburg – Lausanne mit Blick auf den See, auf Voralpen und Alpen. Bei der Chocolatfabrik Suchard in Serrières gab es als Sprintpreis immer eine Riesentoblerone zu gewinnen. Eingangs der Stadt Neuenburg wendete die Strecke. Sie führte den steilen Weg zur Kathedrale hinauf und ein Stockwerk über dem Hinweg gings dann zurück nach Colombier. Über Serrières weiter nach Cormondrèche, am dortigen Schloss vorbei. Weiter zum höchsten Punkt des Laufes, dem Bois du Chanet auf 564 m ü.M. Von da an nur noch abwärts durch die Rebberge, den kurzen Stutz hinauf und durch das Schlosstor hinein ins Ziel.

Obschon die Austragung des Jahres 2006 in den Lauf-Terminkalendern noch vermerkt war, streckte das OK Neuenburg nach der Austragung von 2005 die Waffen. Die Aera des ältesten Westschweizer Waffenlaufes war nach 57 Jahren still und leise, ohne Pauken und Trompeten zu Ende gegangen.

Beat Schmutz, Düdingen

Das Goldene Buch des Neuenburger Waffenlaufes

Jahr	Cat. I	Cat. II	Cat. III	Cat. IV	Groupes			
Start in La Chaux-de-Fonds								
1949	**Nussbaum G.** 1.47.47	Schaller Jules 2.03.05	Capt Walter 2.22.00	Flückiger Erwin 2.39.34	Police Locale, La Chaux-de-Fonds 6.25.26			
Start in Le Locle			**Start in La Chaux-de-Fonds**		**Start in Le Locle**			
1950	**Höger Charles** 2.36.30	Wittnauer James 2.46.15	Koller Hans 1.56.57	Niederhäuser J. 2.05.38	Garde Front. Vème arrond. 8.52.26			
1951	**Müller Adolf** 2.29.03	Ess Walter 2.40.31	Jost Gottfried 1.44.02	Niederhäuser J. 2.05.32	Garde Front. Vème arrond. 8.33.37			
1952	**Girard Jean** 2.30.37	Beck Werner 2.41.26	Schlegel Charles 1.45.45	Niederhäuser J. 2.10.47	Garde Front. Vème arrond. 8.43.26			
1953	**Studer Jean** 2.14.48	Girard Jean 2.34.32	Hässig Fritz 1.43.32	Jost Gottfried 1.49.12	UOV Baselland 7.22.50			
1954	**Wittwer Arthur** 2.14.47	**Studer Jean** 2.14.47	Hässig Fritz 1.42.13	Jost Gottfried 1.49.24	WSG Freiamt 7.07.09			
1955	**Lüthi Fritz** 2.25.51	Kolly Louis 2.31.05	Hässig Fritz 1.47.04	Jost Gottfried 2.02.13	UOV Burgdorf 7.46.27			
1956	**de Quay Serge** 2.08.53	Girard Jean 2.17.55	Hess Walter 1.47.35	Niederhäuser J. 2.05.37	UOV Burgdorf 7.13.28			
1957	**de Quay Serge** 2.06.45	Salzmann Alois 2.13.43	Hässig Fritz 1.42.56	Vogel Hartmann 1.57.47	MKG Bramberg LU 7.14.10			
1958	**de Quay Serge** 2.05.19	Studer Jean 2.12.37	Schiesser Kaspar 1.41.34	Jost Gottfried 1.44.04	MKG Bramberg LU 7.18.57			
1959	**de Quay Serge** 2.21.34	Studer Jean 2.22.07	Schiesser Kaspar 1.46.02	Jost Gottfried 1.49.40	MKG Bramberg LU 7.21.05			
1960	Kellenberger Fredy 2.12.13	**Hobi Ludwig** 2.08.41	Schiesser Kaspar 1.39.40	Meyer Heinrich 1.49.17	St.Galler Patrouilleure 6.50.41			
1961	**Vögele Guido** 1.59.41	Gerber Walter 2.08.50	Schiesser Kaspar 1.36.21	Meyer Heinrich 1.45.29	St.Galler Patrouilleure 6.27.17			
1962	**Vögele Guido** 1.59.09	Schassmann Paul 2.04.08	Meili Max 1.34.39	Hässig Fritz 1.43.06	MKG Bramberg LU 6.39.43			
1963	**Vögele Guido** 1.54.25	Niethammer Paul 2.04.00	Frank Paul 1.35.47	Beeler Leo 1.40.29	St.Galler Patrouilleure 6.15.12			
1964	Fischer Werner 2.02.18	**Gilgen Walter** 1.59.13	Suter Walter 1.32.29	Hässig Fritz 1.51.11	MKG Bramberg LU 6.28.05			
1965	**von Wartburg A.** 1.56.45	Gilgen Walter 1.58.57	Bachmann Kurt 1.32.51	Hässig Fritz 1.41.08	MKG Bramberg LU 6.38.09			
1966	von Wartburg A. 1.54.13	**Fischer Werner** 1.49.51	Frank Paul 1.31.37	Meyer Heinrich 1.45.31	MKG Bramberg LU 6.01.55			
	Auszug	Landwehr	Landsturm	Senioren	Groupes / Le Locle		Groupes / La Chaux-de-Fonds	
1967	**Fischer Werner** 1.50.33	Gilgen Walter 1.54.18	Frank Paul 1.30.25	Kolly Louis 1.38.01	UOV Burgdorf 5.49.02		UOV Burgdorf 5.55.32	
1968	von Wartburg A. 1.55.19	**Fischer Werner** 1.49.30	Frank Paul 1.30.12	Kolly Louis 1.40.49	UOV Burgdorf 5.56.52		UOV Burgdorf 5.56.30	
					Gruppen Auszug	Landwehr	Landsturm	Senioren
1969	Burri Niklaus 1.52.08	**Gilgen Walter** 1.51.39	Frank Paul 1.30.00	Wegmann Heinrich 1.41.01	UOV Burgdorf	UOV Burgdorf	UOV Zürich	–
1970	**Boos Robert** 1.52.39	Budliger Otto 1.58.02	Frank Paul 1.34.27	Wegmann Heinrich 1.43.06	UOV Burgdorf	UOV Burgdorf	UOV Zürich	–
1971	**Boos Robert** 1.56.24	Rüdisühli Hans 1.59.38	Pfanner Karl 1.37.58	Wegmann Heinrich 1.55.17	UOV Burgdorf	UOV Burgdorf	UOV Zürich	–
Start wieder in La Chaux-de-Fonds								
1972	**Burri Niklaus** 1.25.41	Hasler Heinz 1.28.40	Biefer Edwin 1.35.14	Wegmann Heinrich 1.49.14	UOV Burgdorf	UOV Burgdorf	UOV Zürich	–
1973	**Thüring Georges** 1.24.28	Burri Niklaus 1.27.17	Wenger Fred 1.32.30	Frank Paul 1.38.27	UOV Burgdorf	UOV Burgdorf	Zürcher Patrouilleure	–
1974	**Dähler Hans** 1.23.31	von Wartburg A. 1.27.33	Leutwyler Fritz 1.35.55	Frank Paul 1.37.46	UOV Wiedlisbach	UOV Burgdorf	MKG St.Gallen	–
1975	Blum Charles 1.23.47	**Boos Robert** 1.23.25	Rüdisühli Hans 1.27.45	Frank Paul 1.38.52	MKG St.Gallen	UOV Burgdorf	MKG St.Gallen	MKG Fricktal
1976	**Blum Charles** 1.21.55	Burri Niklaus 1.26.00	Gilgen Walter 1.28.38	Frank Paul 1.40.49	UOV Wiedlisbach	UOV Burgdorf	Zürcher Patrouilleure	WSG UOV Zürich
1977	Thüring Georges 1.24.52	**Blum Charles** 1.23.19	Gilgen Walter 1.30.15	Biefer Edwin 1.39.11	UOV Wiedlisbach	MKG Fricktal	Zürcher Patrouilleure	WSG UOV Zürich

Das Goldene Buch des Neuenburger Waffenlaufes

Jahr								
1978	**Thüring Georges** 1.21.36	Heim Urs 1.22.31	Voitel Heinz 1.29.44	Frank Paul 1.39.15	UOV Wiedlisbach	Zürcher Patrouilleure	Zürcher Patrouilleure	WSG UOV Zürich
1979	Brülhart Oswald 1.25.04	**Solèr Stefan** 1.21.20	Gilgen Walter 1.36.56	Sterki Urs 1.36.54	UOV Wiedlisbach	MKG Fricktal	Zürcher Patrouilleure	MKG St.Gallen-App.
1980	**Rüegsegger Fritz** 1.19.58	Heim Urs 1.20.36	Budliger Otto 1.27.51	Pfanner Karl 1.35.59	LWV Mittelland	MKG Fricktal	Zürcher Patrouilleure	MKG St.Gallen-App.
1981	Spuler Toni 1.21.27	**Moser Albrecht** 1.18.52	Rüegg Ernst 1.25.20	Schumacher Emil 1.34.50	UOV Wiedlisbach	Zürcher Patrouilleure	Zürcher Patrouilleure	MKG St.Gallen-App.
1982	Häni Fritz 1.22.37	**Moser Albrecht** 1.20.30	Scheiber Kaspar 1.25.54	Bohler Heinz 1.32.31	UOV Wiedlisbach	MKG Fricktal	Zürcher Patrouilleure	MKG St.Gallen-App.
1983	Häni Fritz 1.22.19	**Moser Albrecht** 1.22.14	Rüegg Ernst 1.29.01	Schumacher Emil 1.35.14	UOV Wiedlisbach	Zürcher Patrouilleure	Zürcher Patrouilleure	MKG St.Gallen-App.
1984	Häni Fritz 1.23.18	**Moser Albrecht** 1.22.00	Hugentobler Kurt 1.27.53	Voitel Heinz 1.32.05	UOV Wiedlisbach 4.11.12	LWV Mittelland 4.30.38	Zürcher Patrouilleure 4.39.01	MKG St.Gallen-App. 5.16.55
1985	Spuler Toni 1.21.50	**Steger Kudi** 1.21.14	Hugentobler Kurt 1.26.31	Schumacher Emil 1.36.14	UOV Wiedlisbach 4.10.35	LWV Mittelland 4.18.27	Zürcher Patrouilleure 4.54.08	MKG St.Gallen-App. 5.02.34
1986	**Häni Fritz** 1.21.29	Hufschmid Leo 1.22.41	Hugentobler Kurt 1.26.46	Rupp Rudolf 1.36.28	LSV Uetendorf 4.14.06	LWV Mittelland 4.17.12	Thurgauer WSV 4.27.45	MKG St.Gallen-App. 5.38.33

Start in Colombier

					Gruppen Auszug	Landwehr	Landsturm/Sen	Offene Klasse
1987	Wanner Beat 1.18.24	**Häni Fritz** 1.14.59	Züger Florian 1.17.43	Keller Walter 1.27.20	Thurgauer WSV 3.58.51	UOV Wiedlisbach 3.48.48	WSG UOV Zürich 4.11.39	MKG Fricktal 3.56.22
1988	Wüthrich Christian 1.15.55	**Steffen Beat** 1.15.37	Moser Albrecht 1.16.03	Keller Walter 1.26.25	UOV Burgdorf 3.57.13	UOV Burgdorf 3.59.13	Zürcher Patrouilleure 4.09.00	UOV Wiedlisbach 3.50.44
1989	Jost Christian 1.16.10	**Häni Fritz** 1.15.11	Moser Albrecht 1.15.50	Ritter Manfred 1.25.52	UOV Burgdorf 3.51.16	Zürcher Patrouilleure 4.16.03	Zürcher Patrouilleure 4.10.37	UOV Wiedlisbach 3.50.03
1990	Gerber Walter 1.16.19	**Furrer Hans** 1.13.42	Moser Albrecht 1.15.57	Scheiber Kaspar 1.25.32	UOV Burgdorf 3.53.32	LG Homberg 3.57.07	UOV Wiedlisbach 4.06.02	LWV Mittelland 3.49.21
1991	Frutig Werner 1.15.26	**Steffen Beat** 1.12.58	Moser Albrecht 1.16.30	Hugentobler Kurt 1.21.16	UOV Burgdorf 3.53.55	UOV Burgdorf 3.52.20	UOV Wiedlisbach 4.07.36	UOV Burgdorf 3.50.02
1992	von Känel Martin 1.14.04	**Jost Christian** 1.13.49	Storchenegger M. 1.17.50	Hugentobler Kurt 1.22.03	UOV Burgdorf 3.50.08	LSV St.Gallen-App. 4.05.54	Thurgauer WSV 4.03.58	UOV Burgdorf 3.54.17
1993	von Känel Martin 1.15.33	Jost Christian 1.16.13	Züger Florian 1.18.57	Hugentobler Kurt 1.22.48	UOV Burgdorf 3.54.23	Zürcher Patrouilleure 4.19.29	LWV Mittelland 4.08.56	UOV Burgdorf 3.53.01
1994	von Känel Martin 1.15.05	Jost Christian 1.16.30	Storchenegger M. 1.20.44	Hugentobler Kurt 1.25.41	Zürcher Patrouilleure 4.00.12	LG UOV Burgdorf 4.00.23	Zürcher Patrouilleure 4.18.12	LG UOV Burgdorf 3.48.48

	M20	M30	M40	M50	Damen	Gruppen Elite	Senioren	Offene Klasse
1995	von Känel Martin 1.13.09	Dürst Fritz 1.14.50	Häni Fritz 1.15.58	Züger Florian 1.19.21	Urfer Martha 1.38.14	Läufergr. Burgdorf 3.54.02	Zürcher Patrouilleure 4.16.17	UOV Wiedlisbach 3.49.40
1996	**Schöpfer Martin** 1.12.23	Jost Christian 1.15.25	Häni Fritz 1.14.47	Heim Urs 1.18.36	Urfer Martha 1.34.50	WSG Schwyz 3.52.06	Zürcher Patrouilleure 4.01.35	UOV Wiedlisbach 3.45.37
1997	**Schöpfer Martin** 1.13.17	Walker Ruedi 1.15.49	Häni Fritz 1.16.38	Storchenegger M. 1.21.16	Urfer Martha 1.36.27	WSG Schwyz 3.52.29	Zürcher Patrouilleure 4.08.04	UOV Wiedlisbach 3.55.23
1998	**Schelbert Koni** 1.12.30	Walker Ruedi 1.14.07	Häni Fritz 1.12.49	Storchenegger M. 1.19.13	Schuch Karin 1.30.54	WSG Schwyz 3.48.22	Zürcher Patrouilleure 4.04.58	LV 95 Burgdorf 3.47.33
1999	Deller Peter 1.11.57	**Hafner Jörg** 1.11.54	Häni Fritz 1.13.11	Storchenegger M. 1.19.53	Heim Maria 1.29.58	WSG Schwyz 3.43.44	Zürcher Patrouilleure 4.03.21	UOV Wiedlisbach 3.41.59
2000	Deller Peter 1.12.41	**Hafner Jörg** 1.11.27	Häni Fritz 1.14.45	Storchenegger M. 1.19.21	Widmer Monika 1.32.12	–	LV 95 Burgdorf 4.02.57	UOV Wiedlisbach 3.45.34
2001	Fiechter Bernhard 1.21.39	**Hafner Jörg** 1.11.17	Häni Fritz 1.14.44	Storchenegger M. 1.21.58	Balmer Marianne 1.29.58	–	LV 95 Burgdorf 4.00.09	UOV Wiedlisbach 3.40.57
2002	Arnold Reto 1.17.53	**Hafner Jörg** 1.10.26	Scheidegger Nikl. 1.16.57	Gschwend Peter 1.17.23	Balmer Marianne 1.27.25	–	UOV Wiedlisbach 3.59.10	UOV Wiedlisbach 3.42.38
2003	Ruf Remo 1.18.44	**Hafner Jörg** 1.10.56	Walker Ruedi 1.14.09	Storchenegger M. 1.19.17	Balmer Marianne 1.28.17	–	Run Fit Thurgau 4.02.51	UOV Wiedlisbach 3.44.04

					D20	D40	Gruppen Sen	Offene Klasse
2004	Wittwer Pascal 1.16.14	**von Känel Martin** 1.12.41	Walker Ruedi 1.14.09	Häni Fritz 1.16.46	Widmer Monika 1.30.48	Balmer Marianne 1.28.27	LV 95 Burgdorf 4.06.18	Zürcher Patrouilleure 3.48.37
2005	Wieser Patrick 1.17.07	Deller Peter 1.14.18	**Hafner Jörg** 1.14.17	Häni Fritz 1.17.11	Helfenberger C. 1.27.32	Balmer Marianne 1.28.16	LV 95 Burgdorf 4.06.12	UOV Wiedlisbach 3.51.32

Beat weiss noch mehr dazu ...
57 Mal ausgetragen von 1949-2005, 20 Mal teilgenommen (2005 = letzter Lauf)

Am 1. März 1848 rebellierte die Neuenburger Bevölkerung unter der Führung von Republikanern aus Le Locle und La Chaux-de-Fonds gegen die preussischen Monarchen. Die Bergler marschierten von diesen beiden Städten über die Vue des Alpes nach Valangin und nahmen die dortige Burg ein. Mit den eroberten Kanonen bedrohten sie die Stadt Neuenburg. Dies der historische Hintergrund dieses Laufsportanlasses. In den Anfängen fand die Austragung des Waffenlaufs denn auch immer am Gedenktag, dem 1. März statt, unbesehen des Wochentags. Folgerichtig wurde der Gedenklauf als «course militaire commémorative» bezeichnet. Bis zur Einführung der Schweizermeisterschaft der IGMS im Jahre 1967 hatte der Neuenburger sogar eine eigene Kategorieneinteilung (10-Jahres-Einteilung wie heute). Das hatte ein Kuriosum zur Folge: Werner Fischer, der erste Schweizerwaffenlaufmeister, gewann 1966 (31j.) in der «Landwehr», 1967 (32j.) im Auszug und 1968 (33j.) wieder in der Landwehr. 30 Jahre lang blieb der Neuenburger einziger Waffenlauf in der Westschweiz.

Für den Start in Le Locle wurden Militärcamions eingesetzt, die die Startenden ab Neuenburg in die Uhrenstadt an der französischen Grenze beförderten. Nach La Chaux-de-Fonds ging's jeweils mit der Bahn ab Neuenburg. Das war der einzige Waffenlauf bei dem Start- und Zielort nicht identisch waren. Oft hätte man an den Waffenlaufschuhen ausklappbare Spikes tragen müssen. Dass die Passstrasse bis in die Achtzigerjahre einspurig gesperrt werden konnte, erstaunt mich heute noch. Bis dahin rollte der gesamte Verkehr über die Passhöhe.

Der Übergang über den «Alpensicht»-Pass war lang, die Steigungen und Gefälle aber regelmässig. Wo standen die Bekannten? Natürlich immer kurz vor der Passhöhe, als ob man da noch den Speed des Starts in den Beinen gehabt hätte! Der letzte Abstieg vor dem Ziel auf die Place Piaget war so steil und die Schläge der Packung auf dem ganzen Weg hinunter so zahlreich, dass das Weh in allen Gliedern sich erst so gegen Mittwoch hin linderte. Auf dieser Strecke erzielte ich zwar meinen besten Waffenlauf-Kilometer-Schnitt, aber erst ab 1997 wurde ich gescheiter. Da zog ich die Teilnahme am gleichentags stattfindenden Bösinger Waldlauf vor.

In früheren Austragungsjahren gab es schöne Uhren zu gewinnen. Das verleitete einen Läufer dazu, seinen persönlichen Start auf die Vue des Alpes zu verlegen. Walter Gilgen, seit Le Locle an der Spitze liegend und nie überholt worden, wurde im Ziel aber als Kategorienzweiter ausgerufen. Jean le Perceur hatte ihn geschlagen. Die Sache flog auf und der Respekt vor diesem Läufer nahm drastisch ab!

Albrecht Moser gewann den Neuenburger viele Male. Einmal traf er wohl als Erster ein, aber von der falschen Seite her. Eine Polizistin konnte ihn zu wenig laut auf den richtigen Weg zurückschreien! Kudi Steger als Zweiter reklamierte den Sieg für sich, wie bei einem Velorennen. Die Jury erklärte Brächtù auf Grund des grossen Vorsprungs zum Sieger.

Hin und wieder fand der Neuenburger an meinem Geburtstag, dem 28. März statt. Das Geschenk war mir immer schon im Voraus bekannt: Eine Medaille ans Revers und blutrote Zehen!

Später dann der Start hinter dem Schloss in Colombier mit dem Ziel im Schlosshof. Die ganze Infrastruktur an einem einzigen Platz. Französisch reden hörte man am Lauftag ausser von den Organisatoren selten! Höchstens ein Dutzend Romands waren in den Ranglisten zu finden. Gleich gross war das Zuschauerinteresse, nämlich nahezu null.

Die erste Frau an einem Waffenlauf, Annerös Wälti aus Biel, startete 1986 am Neuenburger. Die Romands machten nicht viel Aufhebens, sondern liessen sie einfach mal starten. Die IGWS-Sitzungen wurden von ihnen ja auch kaum besucht, wie sollten sie denn das Reglement kennen? Es kam wie am Murtenlauf auch, wo Marijke Moser unter einem Männernamen den Bann brach. Sie wurden fortan geduldet, später integriert und heute sind die Frauen nicht mehr wegzudenken.

Während eines Laufs ab Colombier rannte ein Rehbock nach der Kehre im Wald vor dem letzten Abstieg durch die Rebberge so rasant und knapp vor mir vorbei, dass mir fast der Atem stockte. Das hätte eine Blick-Schlagzeile gegeben: «Reh rennt Waffenläufer um» wie Jahre vorher als die gleiche Zeitung titelte: «Tenükrieg – BR Gnägi greift ein».

Für meinen letzten Neuenburger im Jahr 1996 zahlte ich das Startgeld per Postcheck ein um den Organisatoren Kosten zu ersparen. Dafür traf die Anmeldung zwei Tage nach Anmeldeschluss ein. Ich erhielt nach absolviertem Lauf nur die gewöhnliche statt die Jubiläumsmedaille für 20 Teilnahmen, die, angeheftet, jeweils fast bis zum Bauchnabel hinunter reichte! Ein ganzes Jahr reklamierte ich bei jeder Gelegenheit, worauf ich die Medaille doch noch erhielt. Für Willi Lüthi aus Bünzen hatte ich einen noch längeren Atem. Knappe zwei Jahre lang reklamierte ich für ihn die Medaille zur 35. Teilnahme. Die zusätzliche Flasche Neuenburger Weisswein legte mir Willi sorgsam in meine Sporttasche. Willi Lüthi, Jahrgang 1937 läuft noch heute und liegt mit seinen 392 Waffenläufen (!) per Ende 2006 an 2. Stelle aller Waffenläufer. Die 400 kann er vielleicht noch schaffen, dann werden die Gelegenheiten wohl spärlicher.

Zürcher Waffenlauf (1958–2006)

Geschichte und Entwicklung

Die Zürcher Patrouilleure nahmen als ziemlich lose Vereinigung von Wehrsportkameraden in den ersten Jahren nach ihrer Gründung (1952) vor allem an Divisions- und Armeemeisterschaften teil. Daher auch der Name, welcher bis heute beibehalten wurde. Weil die Aktivdienstzeit doch schon einige Jahre zurücklag, wollte man die dort geknüpften Kontakte, vor allem sportlich-kameradschaftlicher Art, nicht einfach abreissen lassen. Der Gründer der Zürcher Patrouilleure, Hauptmann Arthur Weber, selber ein engagierter Armeesportler und Kompaniekommandant bei der Infanterie, liess in den ersten Statuten festlegen, dass unter «Sinn und Zweck» der neuen Vereinigung, nicht nur der Besuch von Armeewettkämpfen und anderen Anlässen, sondern auch die Organisation solcher verstanden werden sollte. Nachdem erfreulich viele Zürcher Wehrmänner aller Grade und jeden Alters sowie auch einige Polizisten von Stadt- und Kantonspolizei die Mitgliederzahl der ZP in wenigen Jahren auf über 200 anwachsen liessen, wurden vermehrt auch die damals existierenden 7 Läufe mit der Sturmpackung (mehrheitlich nannten sie sich noch Militärwettmärsche) bestritten. Es entstand die Idee eines Zürcher Waffenlaufs. Hptm Weber und seine Kameraden stiessen da und dort noch auf Skepsis, vereinzelt gar auf Widerstand.

Auch General Guisan dafür!

Im Frühling 1958 sollte es so weit sein. Auch General Guisan, den Militärläufen mit der Packung sehr zugetan, freute sich ob einer weiteren Prüfung in Zürich und sagte dazu: «Der ausserdienstliche Wehrsport stärkt die Landesverteidigung.» Schliesslich starteten am 18. Mai 1958, um 09.30 Uhr, über 600 Wehrmänner beim Stadion Dolder zum 1. Zürcher Waffenlauf. Im Gelände zwischen dem Zürichberg und der Forch wurde den Wettkämpfern eine anspruchsvolle Strecke (21 km, 400 m Höhendifferenz) präsentiert. Um den militärischen Charakter des ausserdienstlichen Sportanlasses zu unterstreichen, wurde in den Lauf noch ein Schiessen eingebaut. Auf der Forch, unweit des Wehrmännerdenkmals, welches an die Opfer des 1. Weltkrieges erinnert, musste auf feldmässige Ziele (80 m) geschossen werden. Dieses Schiessen entschied denn auch gleich den ersten Wettkampf. Tagessieger wurde der bekannte Burgdorfer Walter Gilgen, der für seinen Treffer 5 Minuten Zeitgutschrift erhielt und einige nicht so treffsichere Läufer, die schneller liefen als er, damit noch überholen konnte. Der schnellste Läufer, Sdt Büetiger aus Attiswil, fiel mit einem Nuller gleich um mehrere Ränge zurück. In Anwesenheit hoher ziviler und militärischer Ehrengäste und beobachtet von vielen interessierten Zuschauern, war die Premiere recht gut gelungen und zugleich der Beweis erbracht, dass der Zürcher Waffenlauf einem Bedürfnis entsprach.

Auf das Schiessen wird geschossen …

Während die Strecke in den ersten Jahren da und dort noch geändert wurde (Distanz zwischen 21 km und 24 km), blieb sie ab 1976 bis 1982 (23,3 km) mehr oder weniger gleich. Vor Jahren wurde die Distanz auf 21 km festgelegt.

Zu reden gab Ende der 60-er Jahre das Schiessen. Inzwischen waren in St. Gallen und Thun zwei Waffenläufe ohne Schiessen ins Leben gerufen worden und in Reinach, wo bis 1965 auch noch eine solche Zusatzprüfung zu bestehen war, gab man ab 1966 ebenfalls dem reinen Laufwettbewerb den Vorzug. So blieb nur noch der «Zürcher» mit Schiessen, für das die Wettkämpfer jeweils ihre Packung speziell herzurichten hatten. Die guten Schützen taten dies nicht ungern, konnten sie sich doch wichtige Zeitgutschriften notieren lassen. Andere, mittelmässige und schlechte Schützen oder gar solche ohne Schiesserfahrung, hatten verständlicherweise weniger Freude daran. Es kam hinzu, dass das Reglement einige Male geändert wurde: zuerst 1 Schuss, später 2 Schüsse, mit verschiedenen Zeitgutschriften. Die Kritik wuchs – und die Teilnehmerzahlen sanken beständig. Zählte man 1967 noch 1018 Wettkämpfer, so waren es 1971 nur noch rund 700. Auch in der Organisation wurde das Schiessen zum Zankapfel und so attraktiv dieser Zusatzwettbewerb – später in Geeren, kurz vor dem Ziel – jeweils war, er wurde nach dem Lauf 1971 selber abgeschossen. Dass dieser Entschluss – er wurde nach ziemlich harten Auseinandersetzungen gefasst – richtig sein sollte, bestätigten die Teilnehmerzahlen: 785 im Jahr 1973, fast 1000 drei Jahre später im Jahr 1976, und 1980 dann die Rekordteilnehmerzahl von genau 1100 Wettkämpfern. Seither schwanken die Teilnehmerzahlen zwischen

1000 und 1100; der «Zürcher» gehört zu den Waffenläufen mit den meisten Wettkämpfern. Über das Schiessen wird nicht mehr gesprochen.

Zürcher Spezialitäten

Jeder Wettkampf hat seine Eigenheiten. In Zürich sind es deren zwei, welche nicht zu übersehen sind (die eine allerdings gehört inzwischen der Vergangenheit an): Der Gruppenmarsch und der Wettkämpfertransport an den Start und vom Ziel zurück.

Schon 1962 wurde erstmals zusammen mit dem Waffenlauf ein Gruppenmarsch ausgetragen. Bis heute blieb dieser Zusatzwettbewerb im Programm des Zürcher Waffenlaufes. Für die verschiedenen Distanz- und Mehrtagemärsche bestehen wenig gemeinsame und wettkampfmässige Trainingsgelegenheiten.

Im Gegensatz zu den übrigen Waffenlauforten wurden in Zürich während 24 Austragungen einige Kilometer vom Einrückungsplatz entfernt, vor den Toren der Stadt gestartet. Das bedingte den Transport der Wettkämpfer von der Kaserne Zürich (Einrückungsort) zum Startplatz beim Stadion und Wellenbad Dolder, auf dem Zürichberg; und nachher wieder zurück (mit VBZ-Bussen und Militärlastwagen). Oft fuhr der letzte Bus nur wenige Minuten vor dem Startschuss ins Startgelände ein. Schwieriger war oft der Rücktransport. Begreiflich, dass die Wettkämpfer, müde und verschwitzt, nicht lange auf das nächste Fahrzeug warten wollten. Mit dem Jubiläumslauf, im Frühling 1983, fanden die Organisatoren eine neue Lösung:

Die OK-Präsidenten
Hptm Arthur Weber (Gründer, 1958–1967)
Major Eduard Zahner (1968/69)
Oberstlt Ernst Cincera (1970/71)
Major Adolf Kurz (1972–1990)
Oberstlt Martin Erb (1991–2003)
Oblt Anton Balmer (2004–2005)
Oberstlt Martin Erb (2006)

Verlegung des Einrückungsortes und Entlassung in die Hochschulsportanlage Zürich-Fluntern, unweit des früheren Start- und Zielgeländes. Einmalig der Zieleinlauf damals. Nach der letzten Steigung folgte das Schlussstück, wieder im Wald, bis zum Ziel bei der Hochschulsportanlage, direkt beim Zürcher Zoo. Als einziger Waffenlauf konnte hier der «Zürcher» einen Zieleinlauf im Stadion, auf einer Tartanbahn anbieten. Für die Wettkämpfer natürlich ein attraktiver Abschluss nach 24,1 Kilometern!

Heinz Koch, Winterthur

Die Strecke

Die Gründer des Zürcher Waffenlaufs trafen 1958 eine glückliche Wahl auf der Suche nach dem Wettkampfgelände. Sie bestimmten das ideale Gebiet zwischen dem Zürichberg und der Forch, hoch über dem Zürichsee und legten dort eine abwechslungsreiche Strecke an.

Das coupierte Gelände – nur selten kann mehr als ein Kilometer flach gelaufen werden – stellt recht hohe Anforderungen an die Teilnehmer. Die Strecke, welche früher durch die 7 Gemeinden Zürich, Zollikon, Zumikon, Küsnacht, Maur, Fällanden und Dübendorf führte, wies weit mehr Natur- als Asphaltstrassen auf. Die Streckenänderung, die 1983 durch die Verlegung des Start- und Zielraumes nötig wurde, bedingte eine Verlängerung der Distanz von 23,3 km auf 24,1 km. Dafür konnte auf die von vielen Wettkämpfern fast gefürchtete Schlusssteigung, kurz vor dem Ziel, verzichtet werden. Alles in allem, eine Waffenlaufstrecke, die nicht zu Unrecht von den Wettkämpfern als eine der schönsten bezeichnet wird.

Streckenänderungen

Aufgrund von Platzproblemen und eigenen Ansprüchen mussten die Organisatoren des Zürcher Waffenlaufs sich auf die Jahrtausendwende hin nach einem anderen Ort für Start und Ziel umsehen. Nachdem der Zieleinlauf seit 1983 immer auf der Hochschulsportanlage Fluntern, nahe des Zürcher Zoos stattfand, wurde dem veranstaltenden Verein «Zürcher Patrouilleure» gekündigt.

Der umsichtige OK-Präsident Martin Erb fand indessen schon bald eine gute Ersatzlösung. Mit der Schul- und Sportanlage Looren in Zürich-Witikon bot sich an der bestehenden Waffenlaufstrecke ein idealer neuer Standort an. Mit den Umkleideräumen im Schulhaus sowie dem nahen Garderobengebäude des FC Witikon konnte den Läufern genügend Raum geboten werden, um sich auf den Lauf vorzubereiten. Da in Zürich-Witikon nur wenig Parkraum zur Verfügung stand, wurde den Läufern der ursprüngliche Parkplatz bei der Kunsteisbahn Dolder angeboten und mit «Shuttle-Bussen» der Armee

19 Start zum 49. und letzten Zürcher Waffenlauf (2006)

20 Bilder vom ersten Zürcher Waffenlauf am 18. Mai 1958. Geschossen wurde auf der Forch, unweit des Soldatendenkmals, welches auch beim letzten Zürcher Waffenlauf (2006) passiert wurde

wurden die Läufer nach Witikon gebracht.

Der Startschuss und der Zieleinlauf erfolgten erstmals im April 2000 beim Friedhof Witikon an der Katzenschwanzstrasse. Schon nach gut 500 Metern bog man in die alte Strecke ein und konnte so bis zum Forchdenkmal auf der ursprünglichen Strecke laufen. Auch der Rückweg blieb sich bis Geeren gleich. Statt des ruppigen Aufstiegs führte die Strecke weiter dem Waldrand entlang durch ein ruhiges Einfamilienhausquartier in Gockhausen. Nach einer Brücke über den Chriesbach folgte noch ein kurzes Stück, bevor der Weg kurz nach km 17 scharf links abbog und fortan stetig anstieg. Durch den Wald ging es wieder zurück in Richtung Geeren, wo der Weg nochmals ein kurzes Stück auf die alte Strecke führte. Nach dem Überqueren der Katzenschwanzstrasse folgte noch ein letzter kurzer Anstieg, danach konnte, wer noch Kraft hatte, bis ins Ziel in Witikon nochmals richtig Gas geben. Die neue Strecke über die Halbmarathondistanz von 21,1 km hat somit vom Charakter her in Bezug auf die alte Strecke nichts eingebüsst und nach wie vor darf sich der Zürcher als eine der schönsten Waffenlaufstrecken der Schweiz bezeichnen. Aufgrund der Armeereform und der veränderten Daten der Rekrutenschulen musste der Zürcher im Jahre 2003 von seinem traditionellen Datum im April auf den Herbst ausweichen. Da erstmals der Krienser nicht mehr durchgeführt wurde, konnte das Datum jenes Laufes geerbt werden.

42. Zürcher Waffenlauf (1999)

Erstmals Teilnahme der Polizeischule. Gemäss neuem Konzept «leistungsorientierter Sportbereich» der Polizeischule, absolvierten die Polizei-Aspirantinnen und -Aspiranten nebst dem Zuger-Polizei-Lauf und dem Schweizerischen Zwei-Tage-Marsch Bern auch den Zürcher Waffenlauf.

Am 18. April wurden rund 550 Waffenläuferinnen und Waffenläufer, darunter 16 Aspiranten der Polizeischule 1998, bei der Hochschulsportanlage Fluntern auf die 24,1 km lange Strecke geschickt. Die Strecke verläuft vielfach durch Wälder mit mehrheitlich Wald- und Naturstrassen. Durch die vielen Niederschläge der vergangenen Tage waren die Wege zum grössten Teil aufgeweicht, was die Strecke recht schwierig machte. Die äusseren Bedingungen waren nahezu ideal, die Temperatur etwas kühl. Gegen Schluss der Veranstaltung setzte etwas Regen ein.

Waffenläufer sind spezielle Charaktere. Sie laufen frühmorgens im einheitlichen Militärtenue los und tragen Rucksack und Gewehr mit sich (vorgeschriebenes Gewicht 6,2 kg), aber im Ziel sind die Strapazen rasch vergessen. Sie reden von einzigartiger Ambiance, unvergleichlicher Kameradschaft, von tiefen Beziehungen und Menschlichkeit, wie sie an den herkömmlichen Volksläufen nie anzutreffen seien. So war es vor zehn, zwanzig, dreissig Jahren, und so ist es auch jetzt noch. Erstmals nahmen die Aspiranten der Polizeischule 1998 am Waffenlauf teil. Bis 1967 beteiligten sich die Aspiranten jeweils als Marschgruppe. Nachher wurde die Strecke des Zürcher Waffenlaufs jeweils als Nachtmarsch mit der Polizeischule absolviert. Neben der Polizeischule nahmen auch dieses Jahr wieder viele Angehörige der Kantonspolizei Zürich an diesem Lauf teil. Auch unsere Marschgruppe, unter der Leitung von Hans-Jörg Naegeli, beteiligte sich wiederum, wie seit vielen Jahren. Unter den Ehrengästen befand sich die Direktorin für Soziales und Sicherheit, Frau Regierungsrätin Rita Fuhrer, welche den Lauf mit viel Interesse und Spannung verfolgte. Auch der Chef der Informationsabteilung, Oblt Robert Leiser, beehrte uns mit einem Besuch. Allen aktiven Teilnehmerinnen und Teilnehmern gratuliere ich ganz herzlich zu den tollen Leistungen und zum Bestehen der recht hohen Anforderungen.

Das Ende

Dass der «Zürcher» derart lange überlebte und als einer der letzten Waffenläufe kapitulieren musste, ist nicht zuletzt den Mitgliedern des organisierenden Vereins der Zürcher Patrouilleure zu verdanken.

Nur dank deren unermüdlichem Einsatz und der finanziellen Unterstützung von etlichen Sponsoren war eine Durchführung überhaupt noch möglich. Verglichen mit anderen Waffenläufen darf der «Zürcher» als einer der Läufe mit der geringsten Unterstützung durch den Bund bezeichnet werden. Die Teilnehmerzahlen gingen von Jahr zu Jahr zurück (siehe Grafik). Nicht durchsetzen konnte sich

Medienmitteilung

Ende des traditionellen Zürcher Waffenlaufs

Der 49. Zürcher Waffenlauf ist zugleich auch der letzte in seiner Geschichte!

Zürich, 22. Oktober 2006. – Wie Oberstlt Martin Erb, langjähriger Präsident der Interessengemeinschaft Waffenlauf Schweiz (IGWS) und des Organisationskomitees (OK) Zürcher Waffenlauf mitteilte, war die 49. Austragung des traditionellen „Zürchers" gleichzeitig auch die letzte in seiner langen Geschichte. Einen 50. Jubiläums-Zürcher im Jahre 2007 wird es somit nicht mehr geben. Neben den erodierenden Teilnehmerzahlen und dem unverhältnismässig gross gewordenen Aufwand in personeller und finanzieller Hinsicht für die Durchführung des Anlasses spielte für das OK-Team nicht zuletzt auch das mangelnde Bedürfnis und Interesse seitens der Läufer eine wichtige Rolle für den Entscheid. Nicht unerwähnt bleiben darf aber auch die ungenügende Akzeptanz dieser typisch schweizerischen Sportart bei den VBS-Planern der Armee XXI. Eine lang gehegte und gepflegte wehrsportliche Tradition findet nun auch in Zürich ihr Ende. Das Bild des Läufers mit dem Waffenlauf-„Päckli" in den Wäldern und auf den Strassen nahe der Wirtschaftsmetropole gehört ab sofort der Vergangenheit an. Es verschwindet damit ein weiteres beredtes Zeugnis unserer einstmals so lebendigen Milizarmee.

Die Zeit des „Zürchers" ist abgelaufen – aus mehreren Gründen

Der Vorstand der Zürcher Patrouilleure, des Trägervereins des Zürcher Waffenlaufs und einer der grössten Waffenlauf-Vereine in der Schweiz, kam nach einer umfassenden Lagebeurteilung zum Schluss, nach dem 49. Zürcher Waffenlauf in Zukunft keinen weiteren, und damit auch keinen 50. Jubiläumslauf im nächsten Jahr mehr durchzuführen. Die Gründe, so OK-Präsident Oberstlt Martin Erb, seien vielfältig, lägen aber auf der Hand: Rund 170 Helferinnen und Helfern stehen lediglich noch rund 250 Läuferinnen und Läufer gegenüber. Eine Trendwende ist bei den Läuferzahlen nicht mehr zu erwarten, wie dies auch bei anderen militärsportlichen Anlässen leider der Fall ist. Das Konkurrenzangebot aus den zivilen Anlässen ist mittlerweile zu gross. Die finanziellen Aufwendungen nehmen trotz erodierender Teilnehmerzahlen nicht ab; die Sponsorensuche gestaltet sich immer schwieriger. Mit der letzten Schweizermeisterschafts-Saison 2006 und der Auflösung des Dachverbandes IGWS ist weder eine solide Basis noch eine starke Verankerung gegeben, um den Zürcher Waffenlauf auch im Jahr 2007 mit Erfolg zur Austragung zu bringen. Es ist vielmehr zu befürchten, dass das Läuferfeld dadurch im nächsten Jahr noch mehr zusammenschrumpfen und überaltern wird. Die Gefahr, zu einem reinen Folklore-Anlass zu verkommen, sei nicht von der Hand zu weisen, wie Martin Erb erklärte. Das OK strebe jedoch, so Erb weiter, einen finanziell geordneten, sauberen und insbesondere würdigen Abschluss des stolzen Zürcher Waffenlaufs an, der in seinen besten Zeiten weit über 1000 Teilnehmer zu mobilisieren vermochte.

Armee XXI hat definitives Ende eingeläutet!

Es zeigte sich in den letzten Jahren unmissverständlich, dass sich die Möglichkeiten der Unterstützung durch die neue Armee XXI je länger desto beschränkter erwiesen. Das VBS unterstützte den Waffenlauf zwar grundsätzlich, aber eben doch nur „im Rahmen der Möglichkeiten", wie es sich ausdrückte. Dieses eingeschränkte Engagement seitens des VBS reichte bei weitem nicht aus. Denn von einer wirkungsvollen Partnerschaft zwischen den militärischen Behörden und zivilen Milizorganisationen konnte in den letzten Jahren keine Rede mehr sein. Die Hoffnung des OK Zürcher Waffenlauf, vor allem aus den neu gebildeten Lehrverbänden und Rekrutenschulen genügend junge und interessierte Läufer zu rekrutieren, erfüllte sich trotz aller Bemühungen nicht. Im Gegenteil: Der Abwärtstrend in der für den Waffenlauf wichtigen Nachwuchskategorie M20 hielt unverdrossen an. Ernüchtert habe man gemäss dem Präsidenten der Zürcher Patrouilleure, Oberst i Gst Stefan Holenstein, konstatieren müssen, dass die VBS-Planer die Prioritäten offenbar anders gelegt hätten. Der zunehmend marginalisierte Waffenlauf habe in der Armee XXI keine Zukunft mehr. Damit sei aber, so Holenstein weiter, ein wichtiges Element aus unserer einst so stolzen Milizarmee unwiderbringlich herausgebrochen worden. Der negative Trend hin bis zur Auflösung weiterer traditioneller Wehrsportanlässe werde sich leider wohl fortsetzen.

Kontakt:
Oberstlt Martin Erb
OK-Präsident Zürcher Waffenlauf
Unterwegli 24
8404 Winterthur
T +41 79 331 61 73
erb.martin@bluewin.ch

21 Die anspruchsvolle Strecke verlangt den Wettkämpfern einiges ab

22 Am Zürcher Waffenlauf nahmen immer wieder Polizei-Aspiranten-Klassen, Rekruten- und Kaderschulen der Armee teil. Im Bild: Polizei-Aspirantinnen wenige Minuten vor dem Start des Zürcher Waffenlaufes 2002

23 Noch fast bis in die Neunzigerjahre konnte der «Zürcher» gegen tausend Teilnehmer anlocken, ehe die Zahlen kontinuierlich zurückgingen. Ende des 20. Jahrhunderts lag die Beteiligung nur noch bei gut 600 Läufern. Obwohl von Seiten der Veranstalter grosse Anstrengungen in den Rekrutenschulen unternommen wurden, gelang es einzig im Jahr 2002 die Zahl der Läufer nochmals auf 948 anzuheben. In jenem Jahr wurde der «Zürcher» in der Inf RS Reppischtal zur Pflicht erklärt. Ansonsten war ab 1999 die Kantonspolizei Zürich mit ihren Aspirantinnen und Aspiranten regelmässiger Gast (Teilnehmerstatistik der letzten 20 Jahre)

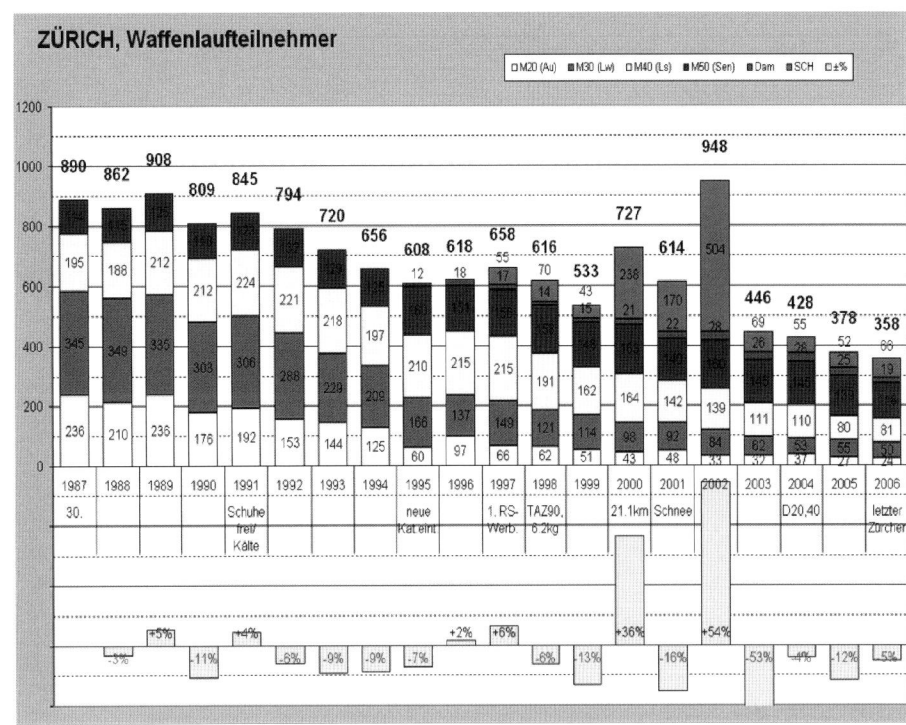

über all die Jahre der parallel durchgeführte Juniorenlauf und auch der zuletzt noch aus der Taufe gehobene Witiker-Lauf vermochte den Niedergang dieses Traditionslaufes nicht mehr aufzuhalten. So mussten die Organisatoren nach der 49. Austragung im Jahre 2006 die veränderten sportlichen Bedürfnisse akzeptieren. Da zudem 2006 der letzte zur Schweizer Meisterschaft zählende Lauf ausgetragen wurde, sahen auch viele Läufer keine weitere Perspektive mehr im Waffenlauf. Es fiel den Organisatoren nicht leicht und der Entscheid tat weh, den Anwesenden anlässlich des 49. Zürchers mitzuteilen, dass es zu keinem Jubiläumslauf mehr kommen würde und dass dieser Traditionslauf aus dem Wettkampfkalender des Folgejahres gestrichen werde. Es war den Organisatoren aber wichtig, einen Lauf in Würde zu beenden und dies ist mit der 49. und letzten Austragung gelungen. Nachdem OK-Präsident Martin Erb im Jahr 2003 letztmals als Chef agierte, kam er im Jahr 2006 nochmals als Organisator für den letzten Waffenlauf zurück, sodass die Zürcher tatsächlich auf 49 gelungene Waffenläufe zurückblicken können.

Willi Baer, Wetzikon

Das Goldene Buch des Zürcher Waffenlaufes

Jahr	Auszug	Landwehr	Landsturm	Senioren	Gruppen Auszug	Landwehr	Landsturm/Sen
1958	Gilgen Walter 1.44.22	Hächler Alfred 1.51.24	Meyer Heinrich 1.53.19	–	UOV Burgdorf 5.29.05	UOV Zürich 6.09.07	Zürcher Patrouilleure 6.59.08
1959	Hobi Ludwig 1.41.37	Frank Paul 1.59.49	Schlegel Karl 2.04.47	–	Zürcher Patrouilleure 5.31.31	UOV Zürich 6.13.09	Zürcher Patrouilleure 7.09.11
1960	Fritsche Franz 2.06.06	Frank Paul 2.16.11	Hässig Fritz 2.26.24	–	St.Galler Patrouill. 6.37.07	UOV Zürich 8.26.20	Zürcher Patrouilleure 8.38.47
1961	Fritsche Franz 1.40.47	Meili Max 1.51.20	Beeler Leo 2.00.09	–	WSG Schwyz 5.16.37	UOV Zürich 5.45.02	Zürcher Patrouilleure 6.33.51
1962	Gwerder Alois 1.34.26	Meili Max 1.43.41	Beeler Leo 1.56.14	–	WSG Schwyz 4.56.39	UOV Zürich 5.52.59	Zürcher Patrouilleure 6.15.08
1963	Fritsche Franz 1.37.38	Frank Paul 1.52.27	Hässig Fritz 1.59.40	–	WSG Schwyz 5.07.49	UOV Zürich 5.44.24	Zürcher Patrouilleure 6.50.13
1964	Fischer Werner 1.28.18	Gerber Walter 1.42.06	Hässig Fritz 1.54.23	–	UOV Burgdorf 4.48.15	UOV Zürich 5.26.18	Zürcher Patrouilleure 5.52.15
1965	Fischer Werner 1.35.43	Pauli Hans 1.41.38	Schiesser Kaspar 1.55.45	Walder Konrad 2.18.19	UOV Biel 5.26.10	UOV Zürich 5.47.12	Zürcher Patrouilleure 6.46.17
1966	Fischer Werner 1.37.38	Strittmatter Werner 1.52.42	Meili Max 2.01.52	Meyer Heinrich 2.10.04	UOV Burgdorf 5.17.38	Zürcher Patrouilleure 5.55.58	UOV Biel 6.36.55

Das Goldene Buch des Zürcher Waffenlaufes

Jahr	Auszug	Landwehr	Landsturm	Senioren	Gruppen Auszug	Landwehr	Landsturm/Sen	
1967	**Fischer Werner** 1.29.57	Gilgen Walter 1.33.48	Frank Paul 1.41.47	Köng Walter 1.54.29	MKG Bramberg LU 4.57.42	UOV Burgdorf 4.58.12	UOV Zürich 5.37.48	
1968	von Wartburg A. 1.34.05	**Fischer Werner** 1.30.07	Frank Paul 1.43.52	Köng Walter 1.55.21	UOV Burgdorf 5.02.22	UOV Burgdorf 5.02.42	UOV Zürich 5.58.06	
1969	**von Wartburg A.** 1.35.06	Gilgen Walter 1.37.55	Frank Paul 1.48.09	Schaller Josef 1.59.07	UOV Burgdorf 4.52.34	UOV Burgdorf 4.55.15	UOV Zürich 5.59.06	
1970	**Pfister Urs** 1.31.11	Guggisberg Werner 1.36.18	Biefer Edwin 1.40.33	Peter Alois 1.57.50	UOV Burgdorf 4.42.38	UOV Burgdorf 4.54.34	UOV Zürich 5.39.45	
1971	**Eichelberger J.** 1.32.53	Strittmatter Werner 1.35.11	Biefer Edwin 1.36.54	Wegmann Heinrich 1.56.32	Thurgauischer WSV 4.54.40	UOV Burgdorf 4.56.02	UOV Zürich 5.33.10	
1972	**Aegerter Willi** 1.32.49	Strittmatter Werner 1.36.35	Biefer Edwin 1.41.12	Meili Max 1.55.52	UOV Wiedlisbach 5.09.07	UOV Burgdorf 4.58.58	MKG Fricktal 5.53.36	
1973	**Aegerter Willi** 1.31.14	Burri Niklaus 1.32.11	Biefer Edwin 1.40.03	Frank Paul 1.47.19	UOV Burgdorf 5.22.32	UOV Burgdorf 4.51.44	Zürcher Patrouilleure 5.34.00	
1974	**Dähler Hans** 1.26.54	Boos Robert 1.28.24	Schürer Walter 1.39.26	Frank Paul 1.45.15	LWSV Bern 4.32.12	UOV Burgdorf 4.47.21	MKG St.Gallen 5.09.39	
1975	**Feldmann Toni** 1.27.48	Boos Robert 1.29.38	Rüdisühli Hans 1.35.58	Frank Paul 1.48.10	LWSV Bern 4.26.20	UOV Burgdorf 4.42.17	Zürcher Patrouilleure 5.17.35	
1976	**Blum Charles** 1.27.37	Scheiber Kaspar 1.31.08	Gilgen Walter 1.36.33	Hasler Karl 1.44.48	UOV Wiedlisbach 5.05.04	UOV Burgdorf 4.48.59	Zürcher Patrouilleure 5.05.26	
1977	Heim Urs 1.28.39	**Blum Charles** 1.27.30	Gilgen Walter 1.36.01	Biefer Edwin 1.44.19	UOV Wiedlisbach 4.29.01	UOV Burgdorf 4.52.27	Zürcher Patrouilleure 5.05.26	
1978	Thüring Georges 1.31.59	**Moser Albrecht** 1.28.40	Calonder Reto 1.41.24	Sterki Urs 1.48.12	LWSV Bern 4.40.37	WSG Basel 4.52.07	MKG St.Gallen-App. 5.21.36	
1979	Steger Kudi 1.31.42	**Moser Albrecht** 1.26.41	Gilgen Walter 1.37.26	Hasler Karl 1.43.38	LWSV Bern 4.42.59	MKG Fricktal 4.30.26	MKG St.Gallen-App. 5.11.47	
1980	Rüegsegger Fritz 1.24.29	**Moser Albrecht** 1.23.59	Rüegg Ernst 1.32.53	Schumacher Emil 1.41.01	LWV Mittelland 4.21.09	MKG Fricktal 4.37.40	Zürcher Patrouilleure 5.01.25	
1981	Spuler Toni 1.28.07	**Moser Albrecht** 1.26.07	Rüegg Ernst 1.33.44	Biefer Edwin 1.43.28	UOV Wiedlisbach 4.26.43	Zürcher Patrouilleure 4.34.20	Thurgauischer WSV 5.04.04	
1982	Spuler Toni 1.25.59	**Moser Albrecht** 1.25.58	Scheiber Kaspar 1.29.16	Bohler Heinz 1.37.27	UOV Wiedlisbach 4.18.51	Zürcher Patrouilleure 4.30.18	Zürcher Patrouilleure 5.05.30	
1983	Spuler Toni 1.28.39	**Moser Albrecht** 1.27.10	Hugentobler Kurt 1.34.38	Schumacher Emil 1.41.38	UOV Wiedlisbach 4.25.30	Zürcher Patrouilleure 4.38.02	Thurgauer WSV 4.58.37	
1984	Häni Fritz 1.27.29	**Moser Albrecht** 1.26.33	Hugentobler Kurt 1.34.48	Voitel Heinz 1.41.17	UOV Wiedlisbach 4.22.41	LWV Mittelland 4.32.37	Thurgauer WSV 4.58.16	
1985	Hufschmid Leo 1.32.19	**Heim Urs** 1.32.02	Peyer Peter 1.38.50	Schumacher Emil 1.45.25	MKG St.Gallen-App. 4.47.23	LWV Mittelland 4.45.37	Thurgauer WSV 5.07.26	
1986	**Häni Fritz** 1.29.19	Moser Albrecht 1.30.35	Hugentobler Kurt 1.35.45	Keller Walter 1.41.25	UOV Wiedlisbach 4.32.50	LWV Mittelland 4.46.02	Thurgauer WSV 4.56.55	
					Gruppen Auszug	**Landwehr**	**Landsturm/Sen**	**Offene Klasse**
1987	Wanner Beat 1.31.57	**Häni Fritz** 1.30.50	Züger Florian 1.33.43	Keller Walter 1.44.39	UOV Burgdorf 4.43.04	Zürcher Patrouilleure 4.49.36	WSG UOV Zürich 5.01.41	MKG Fricktal 4.49.50
1988	Wüthrich Christian 1.31.25	**Steffen Beat** 1.31.00	Moser Albrecht 1.31.08	Keller Walter 1.44.34	MKG St.Gallen-App. 4.44.21	UOV Burgdorf 4.48.04	Zürcher Patrouilleure 5.02.43	UOV Wiedlisbach 4.40.54
1989	Jost Christian 1.30.13	**Häni Fritz** 1.29.21	Moser Albrecht 1.30.30	Schnetzer Erwin 1.43.28	UOV Burgdorf 4.34.47	Thurgauer WSV 4.53.48	Zürcher Patrouilleure 5.00.07	UOV Wiedlisbach 4.34.11
1990	Gerber Walter 1.32.43	**Furrer Hans** 1.28.22	Heim Urs 1.32.57	Scheiber Kaspar 1.41.52	UOV Burgdorf 4.40.01	LG Homberg 4.49.32	UOV Wiedlisbach 4.57.09	LWV Mittelland 4.42.04
1991	Frutig Werner 1.29.47	**Jost Christian** 1.27.49	Moser Albrecht 1.31.06	Hugentobler Kurt 1.37.53	UOV Burgdorf 4.46.25	UOV Burgdorf 4.44.17	UOV Wiedlisbach 4.44.03	MKG Fricktal 4.36.17
1992	von Känel Martin 1.28.38	**Jost Christian** 1.28.28	Storchenegger M. 1.31.39	Hugentobler Kurt 1.36.45	UOV Wiedlisbach 4.32.20	LSV St.Gallen-App. 4.38.17	Thurgauer WSV 4.52.56	UOV Wiedlisbach 4.46.29
1993	Wampfler Bernhard 1.31.39	**Jost Christian** 1.29.57	Züger Florian 1.34.44	Hugentobler Kurt 1.39.25	UOV Burgdorf 4.51.31	UOV Burgdorf 4.35.59	LWV Mittelland 4.59.39	UOV Wiedlisbach 4.46.36
1994	von Känel Martin 1.30.50	Luchs Peter 1.35.19	Furrer Hans 1.34.30	Elliker Bruno 1.44.23	Zürcher Patrouilleure 4.46.51	LSV Frauenfeld 4.57.09	Zürcher Patrouilleure 5.07.15	UOV Wiedlisbach 4.52.06
	M20	**M30**	**M40**	**M50**	**Damen**	**Gruppen Elite**	**Senioren**	**Offene Klasse**
1995	**von Känel Martin** 1.26.09	Dürst Fritz 1.29.07	Häni Fritz 1.29.39	Züger Florian 1.35.26	Gajic Steffi 1.54.38	Läufergr. Burgdorf 4.38.01	Zürcher Patrouilleure 4.55.54	UOV Wiedlisbach 4.33.18
1996	**von Känel Martin** 1.29.49	Walker Ruedi 1.33.35	Häni Fritz 1.32.28	Heim Urs 1.38.47	Urfer Martha 1.56.44	LV 95 Burgdorf 4.42.43	Zürcher Patrouilleure 4.56.18	UOV Wiedlisbach 4.37.56
1997	**Schöpfer Martin** 1.27.55	Walker Ruedi 1.31.40	Jost Christian 1.30.43	Storchenegger M. 1.37.37	Urfer Martha 1.54.59	WSG Schwyz 4.40.03	LSV St.Gallen-App. 4.56.41	LV 95 Burgdorf 4.33.56

Das Goldene Buch des Zürcher Waffenlaufes

Jahr	Auszug	Landwehr	Landsturm	Senioren	Gruppen Auszug	Landwehr	Landsturm/Sen	
1998	**Schelbert Koni** 1.29.32	Joos Markus 1.31.28	Häni Fritz 1.29.40	Züger Florian 1.40.46	Schuch Karin 1.53.12	WSG Schwyz 4.39.09	LSV St.Gallen-App. 5.00.52	LV 95 Burgdorf 4.43.03
1999	Deller Peter 1.31.36	**Hafner Jörg** 1.30.13	Häni Fritz 1.33.11	Storchenegger M. 1.37.21	Heim Maria 1.51.43	–	LSV St.Gallen-App. 5.10.10	Zürcher Patrouilleure 4.53.20
Ab 2000 neue Strecke								
2000	Deller Peter 1.18.56	**Hafner Jörg** 1.16.34	Häni Fritz 1.21.26	Storchenegger M. 1.25.20	Heim Maria 1.37.16	–	LSV St.Gallen-App. 4.22.11	UOV Wiedlisbach 4.03.21
2001	Ebner Mischa 1.20.50	**Hafner Jörg** 1.18.21	Häni Fritz 1.22.39	Schlauri Gottfried 1.30.41	Balmer Marianne 1.38.15	–	Run Fit Thurgau 4.20.28	UOV Wiedlisbach 4.04.56
2002	Arnold Reto 1.24.14	**Hafner Jörg** 1.15.01	Scheidegger Nikl. 1.21.00	Gschwend Peter 1.22.50	Balmer Marianne 1.34.53	–	UOV Wiedlisbach 4.19.46	UOV Wiedlisbach 3.57.22
2003	Marti Stefan 1.23.45	**Hafner Jörg** 1.16.01	Walker Ruedi 1.19.33	Gschwend Peter 1.23.24	Balmer Marianne 1.33.21	–	UOV Wiedlisbach 4.19.10	UOV Wiedlisbach 4.01.25
					D20	D40	Gruppen Sen	Offene Klasse
2004	Wieser Patrick 1.21.34	Heuberger Bruno 1.17.30	Scheidegger Nikl. 1.20.56	Häni Fritz 1.23.39	Helfenberger C. 1.36.22	Balmer Marianne 1.35.09	LV 95 Burgdorf 4.28.43	UOV Wiedlisbach 4.08.44
2005	Stähli Lukas 1.21.21	von Känel Martin 1.20.25	Walker Ruedi 1.22.07	Häni Fritz 1.22.57	Helfenberger C. 1.36.39	Suter Maria 1.45.54	LV 95 Burgdorf 4.20.10	Zürcher Patrouilleure 4.04.17
2006	**Wieser Patrick** 1.21.33	Deller Peter 1.22.29	Walker Ruedi 1.22.03	Häni Fritz 1.29.31	Widmer Monika 1.45.13	Balmer Marianne 1.38.48	Run Fit Thurgau 4.37.51	LWV Mittelland 4.13.54

Beat weiss noch mehr dazu…
49 Mal ausgetragen von 1958–2006, 20 Mal teilgenommen (2006 = letzter Lauf)

Der Zürcher Waffenlauf wurde in früheren Jahren als letzter der Frühjahrsläufe ausgetragen, erst nach dem Wiedlisbacher. So konnte es schon mal vorkommen dass die Waffenläufer der Hauptstrasse entlang Richtung Gockhausen hinunter rannten und die Teilnehmer eines Velorennens in der Gegenrichtung hinauf pedalten. Die Züri-Metzgete war's wohl nicht.

Romantisch war in den Sechzigerjahren die Übernachtungsmöglichkeit in Zürich, nämlich in den oberen Etagen der Rosställe gegenüber der Kaserne. Mit Militär-Lastwagen wurden die Wettkämpfer am frühen Morgen zur Kunsteisbahn Dolder befördert, zum Startort.

Der Zürcher war der letzte Waffenlauf, an dem das mitgetragene Sportgerät noch eingesetzt wurde, letztmals im Jahre 1971. Ich liebte und ich hasste ihn zugleich. Erstens weil ich die Norwegerscheiben mit meinem Sturmgewehr ohne grössere Probleme und Zeitverlust traf und die Gutschriften dafür kassierte aber zweitens, weil ich meine Packung mit dem funktionsuntüchtigen Karabiner für diesen einen Lauf jedes Mal auseinanderreissen musste!

Bis 1971 war der Ersteinlaufende nicht immer gleichbedeutend mit dem Sieger. Auf Grund von Reklamationen von Teilnehmern, die im Militärdienst nicht mit Karabiner oder Sturmgewehr ausgerüstet waren (wie etwa Sanität oder HD-Soldaten) liess auch Zürich ab 1972 das Schiessen fallen.

Das Streckenprofil des Zürchers gefiel mir gut. Steigung im ersten Teil, Gefälle in der zweiten Hälfte. Wenn da nur nicht die Schlusssteigung gewesen wäre! Auf der ersten Streckenhälfte konnte man öfters die Golfspieler beobachten. Eine Golfballeinsammelmaschine in Aktion, ich kam aus dem Kopfschütteln kaum heraus. Das Forchdenkmal blieb jeweils der imposante und markante Wendepunkt des Laufes.

Später wurden Start und Ziel in die Hochschulsportanlage Fluntern verlegt. Dieser Ort war mit dem Tram ab Bahnhof problemlos und ohne umzusteigen erreichbar. Auf der Tartanbahn mussten ja dann die letzten 200 Meter des Laufs zurückgelegt werden. Dort spezialisierte ich mich auf's Überholen von 3–4 Konkurrenten. Die so lange ausharrenden Zuschauer hatten ja noch Anspruch auf etwas Spektakel.

Nach Zürich kamen Brigitte und die beiden Töchter am liebsten mit. Während der Vater einen Rundkurs auf die Forch absolvierte, vergnügten sie sich im gegenüberliegenden Zürcher Zoo. Beim ersten Mal war der Papi so stark mit seinen Töchtern beschäftigt, dass er vergass, die Startnummer zu befestigen. Nun, die damalige Startkarte reichte zum Klassieren.

Dem Läufer genannt «Holiday» kam in Zürich einmal die Waffenlaufpackung abhanden. Sogar einen rührenden Leserbrief schrieb er daraufhin im «Schweizer Wehrsport». In der Herbstsaison lief Holiday dann mit einem komplett aus Holz gefertigten Karabiner, von Weitem kaum von einem echten zu unterscheiden. Von da weg war ich in Zürich besonders aufmerksam, einmal sogar zu aufmerksam. Ich zog mich in einem Putzraum der Hochschulsportanlage um und versteckte alles sorgfältig. Nach dem Lauf war dieser Raum abgeschlossen! Den Abwart konnte ich erst nach einer Stunde auftreiben! Nach einem Lauf erwischten Läuferin Yvette El Fen und ich in Fluntern das Tram Nummer 5 Richtung Bellevue. So war's halt nichts mit dem früheren Zug nach Hause. Dafür konnten wir in der neu eröffneten Röstibeiz im Hauptbahnhof aus unzähligen Röstis auswählen und uns eine davon genehmigen.

Am «Absenden», der Schweizermeisterschaftsehrung im Technorama in Winterthur, kam auch Bundesrat Kaspar Villiger als Gast vorbei. So quasi als Kollege. Denn auch er bestritt einmal einen Waffenlauf, den Reinacher. Das Resultat erscheint in jenem Kapitel.

Die Streckenführung des beliebten «Wiedlisbachers» ist eingefleischten Waffenläufern bestens bekannt, eine Strecke mit vielen Schönheiten aber auch Tücken

Hans-Roth Waffenlauf Wiedlisbach (seit 1954)

Geschichte und Entwicklung

Der Hans-Roth-Waffenlauf, in Waffenläuferkreisen auch «Wiedlisbacher» genannt, 1954 vom damals jungen UOV Wiedlisbach erstmals organisiert, trägt seinen Namen zur Erinnerung an jenen Rumisberger Bauern, der im November 1382 von Wiedlisbach nach Solothurn lief, um die Stadt vor dem Überfall durch die Kyburger zu warnen. Weil es schneite, beschloss er zur Täuschung der hinter ihm ziehenden Angreifer, die Schuhe verkehrt – also nach hinten gerichtet – anzuziehen.

Noch bis zum heutigen Tag wird deshalb der älteste Nachkomme von Hansroth vom Staat Solothurn mit einem Ehrenkleid und einer symbolischen jährlichen Pension bedacht.

Die Trägerschaft

Der UOV Wiedlisbach funktioniert seit vielen Jahren als Trägerschaft für den Hans-Roth-Waffenlauf.
1. OK Hans-Roth Waffenlauf am 6. März 1954
Präsident: Adj Uof Hans Krebs
Vize-Präsident: Wm Ernst Bohner
Sekretär: Four Alfred Schneeberger
Finanzen: Kpl Max Günter / Wm Ernst Bohner
Chef Tech Leitung: Oblt Gottfried Ingold
1. Hans-Roth Waffenlauf mit Standarten-Einweihung im Juni 1954
(Defizit Fr. 1000.– / durch Erhöhung des Darlehens um Fr. 1000.– auf Fr. 2000.– gedeckt).

Die Strecke

Der «Wiedlisbacher», wie der Hans-Roth-Waffenlauf von den Läufern genannt wird, weist seit 1991, seit dem Wegfall des steilen Anstieges nach Rumisberg, noch eine Distanz von 26 Kilometern auf. Einer der schönsten Waffenlauf-Abschnitte überhaupt bietet sich den Läufern kurz vor Solothurn bei der Passage der Verenaschlucht.

Auf dem Rückweg von Solothurn (Wendepunkt beim Baseltor) nach Wiedlisbach über den Wallierhof, wo sich jeweils auch die Juniorinnen und Junioren ins Feld der Waffenläufer mischen, wird beim letzten Lauf der Frühjahrssaison jeweils noch einmal Durchhaltevermögen gefordert.

In Rumisberg

In Rumisberg wohnte Hans Roth, welcher im Schlüssel zu Wiedlisbach den Kriegsplänen

OK-Präsidenten

Oberst Liniger Ehrenpräsident OK Hans-Roth Waffenlauf an GV UOV vom 20. Mai 1967

Jahre	Präsident
1954–1958	Adj Uof Hans Krebs, Rumisberg
1958–1962	Eduard Lanz, Wiedlisbach
1963	Major Schluep, Wiedlisbach
1964–1967	Adj Uof Albert Knutti, Wiedlisbach
1968–1983	Adj Uof Samuel Schmitz, Wiedlisbach
1983–1994	Hptm / Major Andreas Friedli, Wiedlisbach
1994–1999	Hptm Ernst Stucki, Bützberg
seit 1999	Major/Oberstlt/Oberst Daniel Schaad, Attiswil

25 Die Hälfte ist geschafft, die Stadtmauern von Solothurn liegen bereits hinter uns

26 Zügig geht's am Wiedlisbacher durch den Wald hinunter Richtung Solothurn

27 Eingang in die Verenaschlucht, die für Wanderer früher einige Zeit gesperrt blieb (Bild: 1988)

der Kyburger lauschte und den Überlieferungen zufolge mit verkehrt angezogenen Schuhen durch den Schnee nach Solothurn lief. Die ihm folgenden Kyburger sollten glauben, dass einer von Solothurn her Richtung Wiedlisbach marschiert sei. Und weil er den Kriegstreibern auch schwören musste, keiner Menschenseele vom belauschten Gespräch zu erzählen, rief er seine Botschaft den Gemäuern der Stadt Solothurn zu. Die Wächter in den Stadtmauern hörten ihn und konnten rechtzeitig Alarm schlagen und so die Stadt vor einem Überfall durch die Kyburger retten.

In Rumisberg steht ihm zu Ehren der Hans-Roth-Brunnen, welcher vom Solothurner Künstler Schang Hutter entworfen und geschaffen wurde. Die Waffenläufer liefen auf der alten Strecke bis 1990 an diesem Brunnen vorbei und so mancher gönnte sich eine Erfrischung daraus.

Rumisberg wird seit 1991 nicht mehr durchlaufen, weil aufgrund des Teilnehmerrückgangs eine andere Streckenführung ohne Oberbipp und Rumisberg gewählt werden musste. Der Teilnehmerschwund war so gravierend, dass ein klarer Handlungsbedarf bestand. Die Durchführung des Waffenlaufs kann nur gesichert werden, wenn genügend Anmeldungen vorhanden sind. Eine Umfrage ergab, dass viele Läufer diesen Streckenabschnitt als zu anspruchsvoll taxierten, zumal der Lauf über 30,5 km führte. Auf kürzestem Weg mussten nämlich hier von Oberbipp über den «Schlosswald» nach Rumisberg hinauf 200 m Höhendifferenz überwunden werden.

In der Verenaschlucht, Einsiedelei St. Verena

Am nördlichen Ausgang einer Schlucht im «Leberberg» liegt die Einsiedelei St. Verena. Natur und Menschenwerk haben dort einen faszinierenden Platz geschaffen. Der Legende nach kam Verena mit der Thebäischen Legion – zu der auch die Solothurner Stadtheiligen Ursus und Viktor gehörten – aus Ägypten nach Solothurn, um hier zu heilen und zu lehren. Bevor sie nach Zurzach weiterzogen, haben sie viele Jahre zurückgezogen in der Schlucht gelebt. In der Verenaschlucht stehen heute zwei Kapellen: Das der heiligen Verena geweihte Gotteshaus, das als Loggia mit toskanischen Bögen gebaut wurde, und die Martinskapelle mit dem Dachreiter und romanischen Bauteilen. An die Felswand schmiegt sich noch die Eremitenklause eines Waldbruders. Eine der heiligen Magdalena geweihte Grotte befindet sich auch noch in der Einsiedelei.

Der Meditationsweg

In der Nähe der Einsiedelei befindet sich auch der Meditationsweg Einsiedelei. Bis weit ins 18. Jahrhundert hinein stand die Religion im Mittelpunkt des Lebens und Denkens. Hungersnöte, Krankheiten; Seuchen, Kriege, Feuersbrünste und harte Winter forderten ständig ihre Opfer. Die mittlere Lebenserwartung lag bei 40 Jahren. Das «Memento mori» – «Gedenke des Todes» bzw. «bedenke, dass du sterblich bist» – war ein ständiger Begleiter der Menschen dieser Zeit. Sie fühlten eine grosse Sehnsucht, nach Jerusalem zu pilgern. Doch das war zu dieser Zeit ein beschwerliches und gefährliches Unterfangen. Darauf schufen die Franziskaner in Europa Abbilder der heiligen Stätten Jerusalems, um auch hier die Wallfahrt zu ermöglichen. Eine dieser Wallfahrtsstätten ist der Kreuzweg aus dem Jahre 1613. Es ist der älteste nördlich der Alpen.

Die Waffenlauf-Strecke ...

... führt nach dem Dorf Rüttenen durch die wunderschöne Verenaschlucht. Eine Idylle die von den Spitzenläufern wohl kaum wahrgenommen wird, umso mehr von den Läufern der hinteren Reihen. Angenehm dürfte aber die Strecke der Schlucht wohl allen Läufern sein, bietet sie doch gerade an heissen Tagen eine willkommene Abkühlung.

Stadttor von Solothurn ...

Der Schluchtausgang mündet direkt in das Quartier St. Niklaus von Solothurn. Von hier aus führt die Strecke entlang dem «Verenaweg» durch die Allee «im Fegetz» bei der Kantonsschule und durch den Park bei der nördlichen Schanze zum Franziskanertor der Stadt Solothurn.

Nach dem Verlassen der Stadt erreichen die Läufer St. Niklaus am östlichen Ende der Stadt Solothurn. Den Läuferinnen und Läufer wird sicher am ehesten der kurze aber ruppige Anstieg vorbei an der Kirche vom Verenabach bis zum «Pintli» in Erinnerung sein. Auf dem folgenden, längeren ebenen Wegstück werden sich viele Läuferinnen und Läufer bereits mental auf den Anstieg zum Wallierhof vorbereiten ...

... Wallierhof ... Hubersdorf

Ungefähr 300 m nach dem «Wallierhof» ist der höchste Punkt des Rückwegs erreicht. Der stetige Anstieg vom Schloss Waldegg bis oberhalb «Wallierhof» stellt die Läufer auf eine harte Probe. Viele Läuferinnen/Läufer bezeichnen dieses Teilstück der Strecke als das härteste überhaupt; nicht zuletzt deshalb, weil die Läufer hier schon 18,5 Kilometer in den Beinen haben.

Nach dem höchsten Punkt führt die Strecke stetig abwärts durch den «Bännliwald», entlang der «Chellenmatt» wiederum Hubersdorf zu. Eine schnelle, anspruchsvolle Strecke für die Spitzenläufer, hingegen ein kurzes Aufschnaufen für die Läufer der hinteren Ränge. Hier fallen bereits die ersten Vorentscheidungen. Nicht selten ist der führende Läufer in Hubersdorf dann auch der spätere Sieger in Wiedlisbach.

Bald im Ziel, aber jetzt noch das Galgenholz

Von Hubersdorf herkommend führt die Strecke durch den Dorfteil «Wibrunnen» über die Hauptstrasse zum Dorfkern und hinaus auf das weite Feld ausserhalb Attiswil, dem «Galgenholz» nach Wiedlisbach. Hier ist das Ziel in Griffnähe, aber noch ist nicht alles entschieden ...

So mancher Waffenläufer hat auf dieser Strecke schon einen stillen Kampf gegen die Monotonie der baumlosen, scheinbar endlosen Ebene ausgefochten. Erschöpfung bei den einen, Wadenkrämpfe bei den anderen oder gar beides zusammen. Es gibt aber auch die anderen, welche hier noch einmal so richtig «anziehen» und die Verfolger oder Verfolgten noch einmal richtig zu fordern vermögen ... Für die meisten gilt; wenn doch nur dieses Feld zu Ende wäre..! Im «Galgenholz» vor Wiedlisbach erscheint durch die Kirschbäume hindurch nach wenigen hundert Metern bereits das erlösende Ziel in Sichtweite ...

«Der Weg ist das Ziel»

«Der Weg ist das Ziel» – nicht aber so für die Spitzenläufer. Für sie ist das ZIEL das Ziel und zwar möglichst als Sieger.

So oder so, ob als Sieger oder als Finisher, im Zielgelände sieht man nur zufriedene und mitunter auch strahlende Läuferinnen und Läufer, Sieger und «Sieger» und man kann suchen und suchen ... wirkliche Verlierer findet man keine! Es gibt Ehrungen verschiedenster Art. Die offiziellen in der «Froburg» für Tagessieg, Kategoriensiege, Gruppensiege aber auch die inoffiziellen, von der Familie, vom Verein, vom Schatz, mit Transparenten und Blumensträussen hier, mit Küsschen und Umarmungen dort, sowohl auf der Strecke wie auch im Zielgelände. Es ist ein Volksfest für Sportler und Sportlerinnen und so soll es auch sein!

Das Goldene Buch des Hans-Roth-Waffenlaufes, Wiedlisbach

Jahr	Auszug	Landwehr	Landsturm	Senioren	Gruppen Auszug	Landwehr	Landsturm/Sen
1954	Müller Adolf 2.47.15	Kolly Louis 3.05.15	Jost Gottfried 3.06.51	–	UOV Burgdorf 3.00.21	UOV Baselland 3.34.36	–
1955	Müller Adolf 2.46.41	Kolly Louis 2.56.37	Jost Gottfried 3.27.40	–	UOV Zürich 2.59.17	UOV Kriens-Horw 3.01.23	–
1956	Büetiger Erich 2.32.48	Kolly Louis 2.48.03	Niederhäuser J. 3.33.47	–	UOV Burgdorf 3.36.08	UOV Kriens-Horw 3.10.21	–
1957	Wittwer Arthur 2.40.01	Quadri Luciano 3.03.44	Vogel Hartmann 3.16.20	–	UOV Burgdorf 2.36.08	UOV Wiedlisbach 3.07.11	–
1958	Wittwer Arthur 2.26.17	Meili Max 2.39.46	Jost Gottfried 3.02.24	–	UOV Burgdorf 8.11.22	UOV Zürich 8.59.33	–
1959	Hobi Ludwig 2.17.39	Meili Max 2.32.43	Jost Gottfried 2.47.45	–	UOV Burgdorf 7.27.26	UOV Zürich 8.05.06	–
1960	Hobi Ludwig 2.23.24	Meili Max 2.39.56	Hässig Fritz 2.51.05	–	St.Galler Patrouill. 7.42.32	UOV Kriens-Horw 8.51.47	–
1961	Vögele Guido 2.22.25	Frank Paul 3.02.10	Boutellier Werner 3.02.10	–	UOV Burgdorf 7.58.54	UOV Zürich 8.23.44	–
1962	Vögele Guido 2.19.49	Suter Walter 2.29.40	Boutellier Werner 2.55.39	–	UOV Burgdorf 7.22.35	MKG Bramberg LU 7.40.29	–
1963	Vögele Guido 2.18.03	Suter Walter 2.37.29	Beeler Leo 2.58.58	–	UOV Burgdorf 7.08.30	UOV Zürich 8.00.58	–
1964	Gilgen Walter 2.13.44	Gerber Walter 2.20.55	Hässig Fritz 2.48.53	–	UOV Burgdorf 7.01.14	UOV Zürich 8.11.42	–
1965	Gilgen Walter 2.14.32	Pauli Hans 2.29.55	Hässig Fritz 2.49.12	Walder Konrad 3.29.27	UOV Burgdorf 7.09.43	UOV Burgdorf 7.52.24	–
1966	von Wartburg A. 2.15.05	Pfanner Karl 2.26.21	Köng Walter 2.43.55	Meyer Heinrich 2.47.22	UOV Burgdorf 7.03.30	Zürcher Patrouilleure 7.53.56	–
1967	Fischer Werner 2.03.26	**Gilgen Walter** 2.07.32	Frank Paul 2.25.52	Köng Walter 2.42.16	MKG Bramberg LU 6.30.22	UOV Burgdorf 6.46.18	–
1968	Burri Niklaus 2.12.33	**Fischer Werner** 2.09.07	Frank Paul 2.22.01	Köng Walter 2.41.53	UOV Burgdorf 6.51.11	UOV Burgdorf 6.53.24	UOV Zürich 8.00.03
1969	Boos Robert 2.03.44	Gilgen Walter 2.07.44	Biefer Edwin 2.24.59	Schaller Josef 2.39.43	UOV Burgdorf 6.19.20	UOV Burgdorf 6.35.41	MKG Bramberg LU 7.49.00
1970	Boos Robert 2.10.51	Strittmatter Werner 2.18.21	Biefer Edwin 2.23.41	Wegmann Heinrich 2.46.10	UOV Burgdorf 6.40.37	Zürcher Patrouilleure 7.09.54	UOV Zürich 8.07.46

Das Goldene Buch des Hans-Roth-Waffenlaufes, Wiedlisbach

Jahr	Auszug	Landwehr	Landsturm	Senioren	Gruppen Auszug	Landwehr	Landsturm/Sen	
1971	**Aegerter Willi** 2.07.37	Strittmatter Werner 2.15.06	Pfanner Karl 2.16.23	Schaller Josef 2.38.55	UOV Burgdorf 6.43.26	UOV Burgdorf 7.04.36	UOV Zürich 7.34.50	
1972	**Thüring Georges** 2.04.55	Strittmatter Werner 2.12.11	Biefer Edwin 2.20.04	Meili Max 2.41.35	UOV Wiedlisbach 6.27.36	Zürcher Patrouilleure 6.59.08	MKG Bramberg LU 8.08.29	
1973	**Thüring Georges** 2.04.28	Burri Niklaus 2.09.33	Biefer Edwin 2.21.48	Frank Paul 2.29.05	UOV Burgdorf 6.45.16	UOV Burgdorf 6.57.04	MKG Bramberg LU 7.53.08	
1974	Blum Charles 2.03.24	**Boos Robert** 2.01.18	Biefer Edwin 2.16.17	Frank Paul 2.30.21	LWSV Bern 6.17.10	UOV Burgdorf 6.41.26	MKG St.Gallen 7.18.57	
1975	**Thüring Georges** 2.01.59	Boos Robert 2.03.51	Rüdisühli Hans 2.17.03	Frank Paul 2.27.44	LWSV Bern 6.14.56	Thurgauischer WSV 6.52.29	WSV UOV Zürich 7.31.11	
1976	Portmann Armin 2.07.27	**Scheiber Kaspar** 2.05.09	Gilgen Walter 2.13.08	Frank Paul 2.34.34	UOV Wiedlisbach 6.31.43	UOV Burgdorf 6.52.47	Zürcher Patrouilleure 7.16.39	
1977	Thüring Georges 1.59.46	**Züger Florian** 1.58.45	Gilgen Walter 2.09.20	Biefer Edwin 2.23.03	UOV Wiedlisbach 6.02.30	MKG Fricktal 6.18.45	Zürcher Patrouilleure 6.47.25	
1978	**Thüring Georges** 2.00.44	Scheiber Kaspar 2.03.13	Calonder Reto 2.09.49	Biefer Edwin 2.27.09	UOV Wiedlisbach 6.10.52	UOV Burgdorf 6.28.10	Zürcher Patrouilleure 7.08.18	
1979	Steger Kudi 2.04.50	**Moser Albrecht** 1.57.04	Calonder Reto 2.13.14	Hasler Karl 2.25.33	LWSV Bern 6.11.51	MKG Fricktal 6.10.18	Zürcher Patrouilleure 7.02.58	
1980	Rüegsegger Fritz 1.56.04	**Moser Albrecht** 1.55.17	Rüegg Ernst 2.06.54	Schumacher Emil 2.16.44	LWV Mittelland 5.58.24	Zürcher Patrouilleure 6.11.08	Zürcher Patrouilleure 6.51.56	
1981	Spuler Toni 2.06.51	Züger Florian 2.02.34	Rüegg Ernst 2.13.48	Schumacher Emil 2.23.23	MKG Fricktal 6.29.08	Zürcher Patrouilleure 6.35.42	MKG St.Gallen-App. 7.27.14	
1982	Spuler Toni 2.03.21	**Moser Albrecht** 1.59.58	Scheiber Kaspar 2.03.55	Schumacher Emil 2.13.54	UOV Wiedlisbach 6.07.14	Zürcher Patrouilleure 6.25.49	Zürcher Patrouilleure 7.00.57	
1983	**Spuler Toni** 1.58.85	Züger Florian 1.59.40	Hugentobler Kurt 2.05.53	Schumacher Emil 2.16.46	UOV Wiedlisbach 6.01.58	Zürcher Patrouilleure 6.10.26	Thurgauer WSV 6.42.51	
1984	Spuler Toni 1.57.45	**Steger Kudi** 1.54.30	Hugentobler Kurt 2.04.23	Schumacher Emil 2.15.47	UOV Wiedlisbach 5.59.56	LWV Mittelland 2.06.31	Thurgauer WSV 6.48.35	
1985	**Spuler Toni** 1.58.16	Heim Urs 2.01.11	Peyer Peter 2.06.27	Schumacher Emil 2.18.51	UOV Wiedlisbach 6.12.07	LWV Mittelland 6.16.18	Thurgauer WSV 6.41.34	
1986	Häni Fritz 2.01.39	**Heim Urs** 2.00.42	Peyer Peter 2.08.40	Keller Walter 2.14.53	UOV Wiedlisbach 6.07.56	LWV Mittelland 6.12.40	Thurgauer WSV 7.01.53	
					Gruppen Auszug	**Landwehr**	**Landsturm/Sen**	**Offene Klasse**
1987	Herren Kaspar 2.00.43	**Häni Fritz** 1.59.50	Peyer Peter 2.04.54	Keller Walter 2.19.12	UOV Burgdorf 6.18.33	UOV Wiedlisbach 6.15.56	WSG UOV Zürich 6.44.19	LWV Mittelland 6.17.18
1988	Keller Christoph 2.03.19	**Häni Fritz** 2.00.54	Züger Florian 2.02.08	Keller Walter 2.18.18	MKG St.Gallen-App. 6.20.53	Thurgauer WSV 6.41.23	LWV Mittelland 6.23.14	UOV Wiedlisbach 6.11.05
1989	**Eilenberger Urs** 1.59.49	Spuler Toni 2.01.20	Moser Albrecht 2.01.25	Ritter Manfred 2.17.53	UOV Burgdorf 6.04.54	MKG St.Gallen-App. 6.26.20	Zürcher Patrouilleure 6.40.44	UOV Wiedlisbach 6.05.55
1990	Wüthrich Otto 2.02.28	**Furrer Hans** 1.57.19	Storchenegger M. 2.02.12	Scheiber Kaspar 2.15.58	UOV Burgdorf 6.19.20	LG Homberg 6.19.58	UOV Wiedlisbach 6.30.17	LWV Mittelland 6.09.49
Ab 1991 neue Strecke								
1991	Frutig Werner 1.35.56	**Jost Christian** 1.34.22	Moser Albrecht 1.37.55	Hugentobler Kurt 1.43.54	UOV Burgdorf 4.58.39	UOV Burgdorf 5.00.55	UOV Wiedlisbach 5.04.45	MKG Fricktal 5.03.02
1992	**Rutishauser A.** 1.35.17	Jost Christian 1.36.09	Heim Urs 1.40.47	Hugentobler Kurt 1.43.53	LSV St.Gallen-App. 4.54.40	UOV Burgdorf 5.02.19	Thurgauer WSV 5.12.09	UOV Wiedlisbach 5.02.09
1993	von Känel Martin 1.38.08	**Fruttig Werner** 1.37.16	Storchenegger M. 2.40.28	Hugentobler Kurt 1.45.35	UOV Burgdorf 5.10.30	UOV Burgdorf 5.05.35	LWV Mittelland 5.23.13	UOV Wiedlisbach 5.02.14
1994	von Känel Martin 1.35.39	Spiri Werner 1.41.22	Furrer Hans 1.40.30	Hugentobler Kurt 1.46.06	Zürcher Patrouilleure 5.04.02	Zürcher Patrouilleure 5.30.56	Thurgauer WSV 5.26.50	LG UOV Burgdorf 4.59.28
	M20	**M30**	**M40**	**M50**	**Damen**	**Gruppen Elite**	**Senioren**	**Offene Klasse**
1995	von Känel Martin 1.33.32	Dürst Fritz 1.35.10	Häni Fritz 1.36.13	Züger Florian 1.42.44	Rölli Elsbeth 2.18.08	Zürcher Patrouilleure 4.58.06	LG Homberg 5.24.09	Läufergr. Burgdorf 4.53.14
1996	von Känel Martin 1.35.50	Jost Christian 1.36.51	Häni Fritz 1.37.42	Heim Urs 1.43.21	Urfer Martha 2.04.56	LV 95 Burgdorf 4.58.37	Zürcher Patrouilleure 5.16.08	UOV Wiedlisbach 4.57.47
1997	**Schöpfer Martin** 1.34.17	Walker Ruedi 1.38.17	Jost Christian 1.37.42	Storchenegger M. 1.44.36	Urfer Martha 2.03.13	WSG Schwyz 5.05.03	LSV St.Gallen-App. 5.37.59	LV 95 Burgdorf 4.55.33
1998	Deller Peter 1.38.39	**Walker Ruedi** 1.38.07	Jost Christian 1.36.26	Storchenegger M. 1.44.19	Urfer Martha 2.01.22	Zürcher Patrouilleure 5.07.17	Zürcher Patrouilleure 5.26.20	UOV Wiedlisbach 5.04.34
1999	Deller Peter 1.40.06	**Hafner Jörg** 1.37.23	Häni Fritz 1.38.08	Storchenegger M. 1.45.32	Heim Maria 2.03.01	Zürcher Patrouilleure 5.20.03	LV 95 Burgdorf 5.47.10	UOV Wiedlisbach 5.01.04
2000	Ebner Mischa 1.37.00	**Hafner Jörg** 1.36.00	Häni Fritz 1.41.45	Storchenegger M. 1.47.37	Heim Maria 2.03.37	–	Run Fit Thurgau 5.41.18	UOV Wiedlisbach 5.10.47

Das Goldene Buch des Hans-Roth-Waffenlaufes, Wiedlisbach

Jahr	Auszug	Landwehr	Landsturm	Senioren	Gruppen Auszug	Landwehr	Landsturm/Sen	
2001	Ebner Mischa 1.38.34	**Hafner Jörg** 1.31.06	Häni Fritz 1.39.08	Schlauri Gottfried 1.49.15	Widmer Monika 2.06.23	–	Run Fit Thurgau 5.18.16	UOV Wiedlisbach 4.49.19
2002	Arnold Reto 1.44.41	**Hafner Jörg** 1.31.16	Scheidegger Nikl. 1.37.42	Storchenegger M. 1.44.20	Widmer Monika 2.00.37	–	UOV Wiedlisbach 5.15.52	UOV Wiedlisbach 4.48.12
2003	Menhard Michael 1.43.28	**Hafner Jörg / Schöpfer Martin** 1.34.08	Scheidegger Nikl. 1.38.30	Gschwend Peter 1.43.41	Balmer Marianne 1.56.26	–	UOV Wiedlisbach 5.17.01	UOV Wiedlisbach 4.53.19

					D20	D40	Gruppen Sen	Offene Klasse
2004	Wittwer Pascal 1.43.06	Schmid Martin 1.42.58	**Scheidegger Nikl.** 1.39.43	Häni Fritz 1.47.36	Widmer Monika 2.01.14	Balmer Marianne 1.58.46	LV 95 Burgdorf 5.29.02	UOV Wiedlisbach 5.07.13
2005	Wieser Patrick 1.41.45	Belser Martin 1.41.59	**Hafner Jörg** 1.34.55	Häni Fritz 1.42.06	Helfenberger C. 1.55.50	Balmer Marianne 2.00.58	LV 95 Burgdorf 5.40.07	UOV Wiedlisbach 5.05.25
2006	**Wieser Patrick** 1.37.47	Deller Peter 1.38.54	Walker Ruedi 1.39.24	Häni Fritz 1.41.20	Widmer Monika 2.03.14	Suter Monika 2.07.14	LV 95 Burgdorf 5.32.21	Zürcher Patrouilleure 5.10.37

Beat weiss noch mehr dazu ...
Bis Ende 2006 = 53 Mal ausgetragen seit 1954, 12 Mal teilgenommen (wird weiterhin ausgetragen)

Es war nicht mein Lieblingslauf. Die zweite Streckenhälfte mit der langen Steigung und dazu sehr oft die Wärme lähmten das meist herrliche Frühlingsgefühl inmitten der blühenden Kirschbäume.

Wiedlisbach, das schmucke alte Städtchen, 1974 ausgezeichnet mit dem Henri-Louis-Wacker-Preis für vorbildliche Ortsbildpflege war kurz vor dem Toggenburger Felsenstädtli Lichtensteig ebenfalls von einem Grossfeuer stark in Mitleidenschaft gezogen worden.

Kuriositäten scheinen auch vor diesem Traditionslauf nicht Halt zu machen. So wurden in früheren Jahren die Läufer erst auf ihren langen Weg geschickt, nachdem der Feldprediger ein Gebet für die Erfolge jedes Einzelnen gesprochen hatte. Sonderbares zeigte sich zweimal bei der Siegerehrung. Einmal verweigerte Kudi Steger dem Zweisterngeneral die Entgegennahme der Zinnkanne (kostet Geld fürs Gravieren), ein andermal konnten die Medien ausgiebig über jenen Spitzenläufer berichten, der stolz sein T-Shirt mit dem Slogan gegen die FA/18-Beschaffung präsentierte.

Aus Wiedlisbach stammt auch Marlis Wyler. An allen Waffenläufen machte Marlis Fotoaufnahmen der Waffenläufer. Kostenlos stellte sie diese den fotografierten Läufern zu oder übergab sie ihnen beim nächsten Lauf. Sehr schön, dass Wiedlisbach anlässlich einer Schweizermeisterschaftsehrung auch einmal an Marlis dachte im Namen aller Waffenläufer. An dieser Ehrung war ich als Mitglied der IGWS ebenfalls dabei. Die vorangehende Delegiertenversammlung fand im Baseltor in Solothurn statt, durch das die Laufstrecke jedes Jahr führte.

Fritz Häni, das Urgestein der Spitzenläufer im Waffenlauf, stammt aus Wiedlisbach und war natürlich jedes Mal der Lokalmatador. Heute wohnt der Metzger an der Kuhgasse (!) in Rumisberg. Es muss ein besonderer Ort sein: Ende 2006 hatte Fritz 239 Waffenläufe auf seinem Konto, darunter 22 Tagessiege und 122 Kategoriensiege. Punkto Tagessiege übertreffen ihn nur Albrecht Moser (56), Jörg Hafner (50), Martin von Känel (50) und Werner Fischer (32), bei den Kategoriensiegen folgen weit zurück Albrecht Moser (83) und Paul Frank (79). Fritz Häni war in den Jahren 1986 und 1987 Schweizer Waffenlaufmeister, dazu zwischen 1982 und 2006 15 Mal Kategorien-Schweizermeister. Der UOV Wiedlisbach ist weit herum bekannt und in den Gruppenwertungen regelmässig in den Spitzenrängen zu finden.

An einem meiner letzten Wiedlisbacher stellte ich die Sporttasche so schwungvoll ab, dass eine Glasflasche Mineralwasser zerbrach (man nimmt auch keine Glasflasche!) und in der Tasche alles unter Wasser setzte. Spitzenläufer Urs Heim lieh mir sein Reserve-T-Shirt. Es ist wohl eher Zufall, dass ich in diesem T-Shirt persönliche Bestzeit lief.

Der Sieger des ersten Freiburger Waffenlaufs Kudi Steger (links) mit dem Sieger des letzten Freiburgers Jörg Hafner (rechts) im Jahr 2002

Freiburger Waffenlauf (1978–2002)

Geschichte und Entwicklung

Der jüngste der elf schweizerischen Waffenläufe geht nicht auf ein historisches Ereignis zurück wie beispielsweise der «Neuenburger», der «Wiedlisbacher», der Murtenlauf oder die Genfer Course de l'Escalade, sondern auf das initiative Brüderpaar Portmann, nämlich auf Armin, den bekannten Waffenläufer und ersten freiburgischen Tagessieger 1975 in Thun und 1976 in Altdorf, sowie vor allem auf Paul, seinen Betreuer.

1975, nach dem ersten Tagessieg von Armin, muss die Stimmung euphorisch gewesen sein. Warum nicht ein zweiter Waffenlauf in der Westschweiz, einer im Frühjahr und einer im Herbst? Warum nicht in Freiburg, dem Bindeglied zwischen deutsch und welsch, auf Schiene wie auf Strasse aus allen Landesteilen gut erreichbar? Schliesslich wollte man den Romands, welche zur Ausübung ihrer Sportart im Jahr mehrmals längere Reisen und die Zentral- und Ostschweiz zu unternehmen hatten, eine zusätzliche Startgelegenheit in ihren eigenen Gefilden bieten und Freiburg zu einem Treffpunkt der Wehrsportler aus der ganzen Schweiz machen.

1977 wurde die Sache angepackt. Am 14. Januar wurde im Hotel Schwanen beim aktiven Läufer, Gönner und Wirt Felix Wider, die Wehrsportgruppe Freiburg aus der Taufe gehoben. Über 20 Mitglieder aus der Stadt und der Umgebung nahmen an der Gründungsversammlung teil. Bezweckt wurden in erster Linie die Durchführung eines eigenen Waffenlaufes sowie die Teilnahme an den übrigen Waffenläufen und an militärischen Dreikämpfen.

Die Vorarbeiten liefen bald auf Hochtouren. Verschiedene Strecken wurden von Armin und seinen Laufkollegen getestet. Schliesslich erwies sich jene rund um den Schiffenensee als am besten geeignet. Um Erfahrungen zu sammeln mussten nicht gleich die Waffenläufer aus der ganzen Schweiz herhalten, nein, man organisierte am 11. September 1977 einen Testlauf in Zivil. Der Start erfolgte damals im Quartier d'Agy, deshalb war die Strecke nur 22,2 km lang. Wie nicht anders zu erwarten war gewann Armin Portmann diese «vorolympische Prüfung» in 1.20.08h vor den bekannten Einheimischen J.-P. Kilchenmann und dem «Sport»-Statistiker Antonin Hejda. Die ersten Lehren wurden gezogen. Der neue Start wurde auf die Murtenstrasse neben den Eingang des Fussballstadions zurückversetzt, das Ziel in den Poya-Park, beides in unmittelbarer Nähe der Kaserne. Die am Vorabend gesteckten Fähnchen waren samt und sonders verschwunden! Schliesslich war ein solcher Anlass neu in der Gegend; die Murtenlaufstrecke braucht wegen der vielen Zuschauer jeweils nicht markiert zu werden.

1978 bildete sich das erste Organisationskomitee unter dem Vorsitz von Hptm i Gst Gabriel Kolly (nicht verwandt mit dem 24-fachen Kategoriensieger Louis Kolly). Von Anfang an wurde der Freiburger unter den gleichen Bedingungen wie die IGMS- (heute IGWS)-Läufe durchgeführt. Man rechnete damit, dass die Strecke den Aktiven zusagen und dass man in den Kreis der Meisterschaftsläufe aufgenommen würde. Lesen wir, was Paul Portmann im Vorfeld des ersten Laufes in einem Interview der «Freiburger Nachrichten» auf die Frage, wann er den Mut gehabt habe, das «Abenteuer Freiburger Waffenlauf» zu veranstalten, sagte: «Als Eliteläufer braucht mein Bruder einen Betreuer. In der Folge begleitete ich ihn während Jahren in der ganzen Schweiz herum und erlebte mit ihm Siege und Niederlagen. Je länger ich in diese Sportart Einblick bekam, desto mehr kam ich zur Überzeugung, dass dieser Sport 20- wie 60-jährige anspricht, vom Soldaten bis zum Obersten, und dies bei einer unvergleichlichen Kameradschaft». Bereits vor dem ersten Lauf hatte Paul Portmann ein Gesuch an die IGMS gerichtet und um Aufnahme ersucht. Dieses wurde abgelehnt, zuerst wollte man das Echo der Läufer abwarten. Zudem müssen ja auch die Reglemente geändert werden.

Die Einladungen wurden verschickt. In der allgemeinen Jubel-Stimmung wurde der Lauf in der Presse bereits als Ersatz für den «Neuenburger» angepriesen. Im ersten Programmheft begrüsste der OK-Präsident die Läufer zu einem erstmals in der Westschweiz stattfindenden Waffenlauf, und dies nach 30 Austragungen des militärischen Gedenklaufes Le Locle – La Chaux-de-Fonds – Neuchâtel. Ein böser Fauxpas!

Ein langer Weg

Der lange Weg vom «wilden» zum anerkannten Waffenlauf.

1. Lauf, Sonntag, 10. September 1978
Erster OK-Präsident ist Hptm i Gst Gabriel Kolly. Das Startgeld beträgt 13 Franken. Der

Der 10. Freiburger Waffenlauf steht kurz vor dem Startschuss. Die letzten Startvorbereitungen in der malerischen Altstadt von Freiburg

Start erfolgt um 9.30 Uhr vor dem Fussballstadion und die Strecke ist einen Kilometer länger als der Testlauf des Vorjahres, nämlich 23,2 km. Erster Tagessieger wird Kudi Steger (Auszug) aus Wohlen AG in 1.31.10h vor applaudierfreudigem Publikum. Weitere bekannte Namen zieren die übrigen Kategorienspitzen: Kaspar Scheiber (Landwehr), Walter Gilgen (Landsturm) und Urs Sterki (Senioren). Heinz Koch, TK-Chef IGMS und Redaktor des «Schweizer Wehrsport» setzt folgende Überschrift über seinen Bericht: «1. Freiburger Waffenlauf: gelungen!» und «Föhn liess Schweiss in Strömen fliessen!». Von den über 400 angemeldeten Läufern können schliesslich 376 klassiert werden. Diese äussern sich im grossen und ganzen sehr zufrieden über die Strecke und die Organisation. Weil der Lauf nicht zur Meisterschaft zählte fehlten doch einige Spitzenläufer. Die beiden eingeladenen TV-Anstalten Zürich und Genf winken ab. Beginn einer 7-teiligen Medaillenserie von Huguenin Le Locle, mit Kantons-, Bezirks- und Gemeindewappen. 376 klassierte.

2. Lauf, Sonntag, 9. September 1979

Start vorverschoben auf 9 Uhr wegen heisser Temperaturen im Spätsommer Viele Läufer sind enttäuscht, dass der Freiburger nicht von Anfang an zur Meisterschaft und für den Hunderterverein zählt und verzichten, dafür kommen neue hinzu. Im Welschland stellt sich das erhoffte Echo nicht ein. Es nehmen praktisch nur jene Romands teil, welche auch die übrigen Waffenläufe bestreiten. Nur 279 Klassierte.

3. Lauf, Sonntag, 14. September 1980

OK-Präsident Oberstlt i Gst Paul Meyer übernimmt das Ruder.

Ein Teufelskreis: Solange der Freiburger nicht zur Schweizermeisterschaft zählt kommen wenig Läufer und solange der Freiburger nicht mehr Teilnehmer aufzuweisen hat ist die Chance für eine Aufnahme in die IGMS gering! Am zweiten September-Sonntag herrscht jedes Jahr grosse Konkurrenz mit zivilen Laufanlässen. 293 Klassierte.

4. Lauf, Sonntag, 13. September 1981

Startgeld neu 15 Franken / Neue Streckenlänge 24,0 km / Test mit neuem Wettkampfanzug (TAZ 83). Der Lauf wird in diesem Jahr in die Gesamtfeierlichkeiten zum 500-Jahr-Jubiläum des Standes Freiburg in die Eidgenossenschaft einbezogen.

Zweiter Test nach Neuenburg mit dem neuen bequemen Lauftenue, das eine ganze Reihe von Läufern an Ort und Stelle kaufen will! Leichte Zunahme, 314 Läufer klassiert. Albrecht Moser erstmals am Start und gleich Tagessieger in 1.31.12h. Heinz Koch im «Wehrsport»: «Unterschiedliches Echo! Sympathischer einfacher Rahmen. Schöne ideale Strecke mit eher hohen Anforderungen». Aber auch: «Eher überforderte Organisatoren, Rangliste erst nach 10 Tagen Aus Verkehrs-Sicherheitsgründen nicht mehr durch Düdingen.

Einen weiteren Dämpfer erhielt das OK im November an der DV in Weinfelden. «Toggenburg ok, Freiburg k.o.»! Der Toggenburger wird verdientermassen nach 15 Austragungen (!) in die IGMS aufgenommen, der Freiburger nicht. In Freiburg empfindet man dies als ungerechtfertigt. «In andern Sportarten würden die Sektionen vom Dachverband gefördert, nicht aber im Waffenlauf» wird argumentiert.

Oberstlt Meyer beruft auf den 9. Februar 1982 eine Krisensitzung ein mit dem Haupttraktandum «Weiterführung oder Verzicht». Gerne nach Freiburg kommt Albrecht Moser, der zum Weitermachen ermuntert. Der OK-Präsident übergibt die Zügel seinem Nachfolger Major Klaus, welcher sich mit den übrigen Vorstandsmitgliedern im Interesse der Teilnehmer für die Fortsetzung des Laufes ausspricht. 314 Klassierte.

5. Lauf, Sonntag, 12. September 1982

Der neue initiative OK-Präsident Major Roland Klaus begrüsst Teilnehmer und Gäste im Libretto mit markigen Worten.

Start neben der neuen schmucken Eishalle des NLA-Clubs HC Fribourg-Gottéron. Teilnehmerzahl erreicht mit 268 Klassierten absoluten Tiefpunkt. Sehr schönes und warmes Wetter. Fritz Häni hängt Kurt Inauen bei der Eisenbahnbrücke ab und gewinnt. 268 Klassierte.

6. Lauf, Sonntag, 11. September 1983

Der Dachverband heisst neu IGWS (Interessen-Gemeinschaft der Waffenläufe der Schweiz), vorher IGMS. Tagessieger ist wiederum Kudi Steger, der eine prächtige Neuenburger Pendule erhält Danach siegt er noch in Reinach, Altdorf und Frauenfeld. Spitzenläufer haben sich das gemerkt.

Mit der Zustellung der Rangliste wird eine Umfrage gemacht. Man ist erneut an einem Wendepunkt angelangt. Die Organisation hat sich gut eingespielt, zumindest für dieses Teilnehmerfeld. Der Aufwand ist gross im Verhältnis zur Teilnehmerzahl. Für 600–700 Läufer braucht es praktisch die gleiche Infrastruktur, die gleichen Vorbereitungen, die gleiche Serie von Bewilligungen, nur die Kasse füllt sich besser. Defizite zu tragen war in der Folge niemand mehr bereit. Die Umfrage bei den Läufern (fast 80 % der Fragebogen werden zurückgeschickt) in Bezug auf Streckenführung, Organisation, Datum, Startzeit und Aufnahme des Freiburger in die Schweizermeisterschaft fällt äusserst positiv aus. So sprechen sich beispielsweise 98 % der Läufer für eine Aufnahme in die IGWS aus. 288 Klassierte.

Samstag, 26. November 1983,
DV IGWS in Thun-Dürrenast
Kurz nach dem Lauf 1983 wird eine Sitzung einberufen, an welcher der Schreibende erstmals zugegen ist. Alles wird selbstkritisch durchleuchtet, die Resultate der Umfrage mit grosser Genugtuung verbreitet und beschlossen, mit der Devise «Jetzt oder nie» an die IGWS zu gelangen. Freiburger Delegationen besuchen in der Folge alle fünf übrigen Herbst-Waffenläufe, sammeln Erfahrungen und machen Bekanntschaft mit den OK-Mitgliedern der übrigen Waffenläufe. Ein Bewerbungsmäppchen wird zuhanden der IGWS-Delegierten zusammengestellt.

An der Präsidenten-Konferenz auf dem Herzberg bei Aarau am 5. November 1983 stellt OK-Präsident Major Roland Klaus den Lauf vor und stösst – fast überraschend – auf wenig Widerstand. Eine Konsultativ-Abstimmung ergibt ein Bild zugunsten Freiburgs. Damit müssen noch die letzten Zweifler bis zur Delegiertenversammlung (DV) in Thun «bekehrt» werden. Wir geben uns alle Mühe. An einem der letzten sonnigen Nachmittage im November wird die Strecke vom prominentesten Mitglied der Wehrsportgruppe Freiburg, Armin Portmann, in Uniform und mit Packung abgelaufen und auf Video-Film festgehalten. Einen Tag später wird der Spot von 12 auf 6 Minuten zurückgeschnitten und vertont.

An der DV in Thun-Dürrenast, beim Traktandum «Aufnahme des Freiburgers» bringt der OK-Präsident nochmals alle Argumente vor, der eigens gedrehte Video-Film wird präsentiert und beklatscht. Modus 2 Streichresultate bei nunmehr 11 Läufen. Mit grosser Befriedigung verkündet Major Klaus am selben Nachmittag anlässlich der Siegerehrung in Thun das Resultat der Abstimmung. Armin Portmann, selber zum 12. aufeinanderfolgenden Mal an der Siegerehrung dabei, trägt, als echter Greyerzer verkleidet, auf einem alten Holz-Räf einen Freiburger Vacherin herein, welcher als Bestandteil des kalten Buffets allen mundet.

Die Aufnahme in die IGWS bedeutet aber auch Verpflichtung. So müssen mehr Helfer organisiert werden. Die familiäre Atmosphäre aber, welche einige Läufer sehr zu schätzen wissen, soll auch in Zukunft beibehalten werden.

Das ist der steinige, sechsjährige Weg vom «wilden» zum anerkannten Waffenlauf.
7. Lauf, Sonntag, 9. September 1984.
1. Lauf in Freiburg als IGWS-Mitglied bringt 204 zusätzliche Teilnehmer / Start in der publikumsträchtigen Innenstadt in der Nähe der Murtenlinde und des Rathausplatzes / Start um 10 Uhr mit Kanonenschuss.

Albrecht Moser unangefochtener Tagessieger in 1.29.34h im steifen Wind. Kurt Hugentobler gewinnt auch den 6. Saisonlauf im Landsturm. 492 Klassierte.

8. Lauf, Sonntag, 8. September 1985
Medaillenserie von Kramer, Neuchâtel, entworfen vom Mitbegründer des Freiburgers, Paul Portmann / Jeder 20. Teilnehmer erhält in Düdingen eine Gedenkmünze im Etui.

Umfrage bei den Läufern ergibt: Für Samstagslauf = 44%, für Sonntagslauf = 37%, egal = 19% (der erste Waffenlauf an einem Samstag wird dann erst 1996 in Freiburg durchgeführt).
9. Lauf, Sonntag, 14. September 1986
Lauf im TAZ 83 / Erstmals Frauen am Start: Annerös Wälti aus Biel und Yvette El Fen aus Schmitten. Über das neue Tenue äussern sich: Albrecht Moser: «eine Zumutung!», Urs Heim: «super».

10. Lauf, Sonntag, 13. September 1987
Neu: Offene Klasse bei den Gruppen / Zinnteller für 10 persönliche Teilnahmen. Zusätzlich zur Medaille erhält jeder Teilnehmer am Jubiläumslauf ein Offiziersmesser mit Signet. 570 Klassierte.

Feierlicher Saisonabschluss in Freiburg
Vergessen die Hitzeschlacht vom 13. September, als sich die Vertreter der IGWS mit den Spitzenwaffenläufern am 5. Dezember 1987 zur Preisverleihung in der Aula Magna der Universität Freiburg treffen. Nach dem Jubiläum des 10. Waffenlaufs wird auch das Absenden unter der mustergültigen Leitung von Major Roland Klaus zu einem glanzvollen Saisonabschluss.

Der gemütliche Teil findet in der Mensa der Uni statt. Die spannende Saison wird nochmals analysiert. Auch der Samichlaus fehlt nicht und übergibt allen Klassierten ein kleines Präsent, an Armin Portmann, grossartiger 3. im Landsturm, ein etwas grösseres, eine Hellebarde.

11. Lauf, Sonntag, 11. September 1988
Erster Tagessieg eines Landstürmlers in der Waffenlaufgeschichte, Albrecht Moser!

Nach den jährlichen «Hitzeschlachten», «Fegefeuern» und «Höllen» Streckenkürzung ins Auge gefasst. Korrigierte Rangliste. Zeitdifferenz je minus 1.30 Minuten. Ärgerlicher Diebstahl in der Unterkunft zum Leidwesen Dutzender von Läufern. 508 Klassierte.

12. Lauf, Sonntag, 10. September 1989
Strecke verkürzt auf 18,1 km, nur noch in den Raum Düdingen, 2 Mal über die Grandfey-Eisenbahnbrücke, als Herbstauftakt und wegen jährlicher Bruthitze idealer. 641 Klassierte.

13. Lauf, Sonntag, 9. September 1990
OK-Präsident Major i Gst Philippe Tharin. 634 Klassierte.

14. Lauf, Sonntag, 8. September 1991
Schuhefrei nach 57 Jahren Waffenlauf! Einmal mehr sommerliche Temperaturen. Spezialmedaille zur 700-Jahrfeier der Eidgenossenschaft, ausgeführt nach einer Idee von Beat Schmutz. Abgabe einer Gedenkmünze «700 Jahre Schweiz» im Wert von 20 Franken an jeden 50. Finisher.

15. Lauf, Sonntag, 13. September 1992
Neu: OK-Präsident Hptm Alois Schwarzenberger.

«Zur Abwechslung» wieder einmal so richtig warm! Fehlstart um 9.56 Uhr löst Kopfschütteln aus, Zeitmessung stimmt danach aber genau. 645 Klassierte.

16. Lauf, Sonntag, 12. September 1993
Souveräner Start-Ziel-Sieg durch Frühjahres-Dominator Martin von Känel. Die beiden Freiburger Erwin Leuenberger (Nant) und Ewald Bachmann (Sugiez) erreichen im 1993 beide 200 Waffenläufe. 604 Klassierte.

17. Lauf, Sonntag, 11. September 1994
Neu: Kategorie Damen eingeführt. Seit 1986 waren die Damen bei den Männern klassiert. In dieser neu geschaffenen Kategorie gewinnt Martha Urfer vor weiteren 7 Frauen. 563 Klassierte.

18. Lauf, Sonntag, 10. September 1995
Startgeld jetzt 25 Franken / Strecke 18,7 km oder 600 Meter länger; Umleitung wegen einer am Vortag des Laufs im Toggeliloch entdeckten Baustelle / Sammelausschreibung für alle Herbstläufe / Kategorien wie bei Zivilläufen. Der Glarner Fritz Dürst erringt nach 5 Kategoriensiegen im Frühjahr seinen ersten Tagessieg bei sommerlicher Hitze. 482 Klassierte (469 Männer, 13 Frauen).

19. Lauf, Samstag, 14. September 1996
1. Samstagslauf in der Geschichte des Waffenlaufs. Start 16 Uhr. Versuch lohnte sich, wieder mehr als 500 Teilnehmer / Zeitmessung mit DATASPORT Annerös Wälti beendet ihren 100. Waffenlauf. Nachdem sie 1986 in Neuenburg ihren ersten Start «erzwungen» hatte, fehlte sie praktisch nie mehr. Verdienter Beifall und Blumen. 520 Klassierte (506 Männer, 14 Frauen).

20. Lauf, Samstag, 20. September 1997
Kategorie «Damen» in Meisterschaft integriert / Kategorie «Schulen» mit TAZ 90, Kampfrucksack 90 und Sturmgewehr 90 (5 Klassierte) / Pokal für Teilnehmer mit 20 Starts am Freiburger.
Viele Jubiläumspreise beim 20. Lauf. Teilnehmerzahl fällt ausgerechnet am Jubiläumslauf wieder unter 500! Geht es weiter in Freiburg? Sitzung am 29. September = JA! 466 Klassierte (448 Männer, 18 Frauen).

Meisterschaftsehrung 1997 in Düdingen
10 Jahre nach dem 1. Absenden, diesmal anlässlich des 20. Freiburger Waffenlaufs, organisierte das OK des Vereins Freiburger Waffenlauf erneut das Absenden unter der souveränen Leitung von Major Alois Schwarzenberger und Logistiker Wolfgang Brülhart. Im Franziskaner-Kloster Freiburg wurde Martin Erb zum neuen Präsidenten der IGWS gewählt und Martin Belser zum TK-Chef. Beat Schmutz nahm die Siegerehrung der ersten 10 jeder Kategorie vor, seine Tochter die erstmalige Siegerehrung der Damen.

Martinsjahr
1997 galt als religiöses Martinsjahr (1600. Todesjahr) des hl. Martin von Tours, dem Schutzpatron u.a. der Soldaten. Die Laufstrecke auf der Hauptstrasse zwischen dem Bahnhof Düdingen und dem Unterdorf wurde für den im November neu ins Leben gerufene Martinsmarkt reserviert. Da wollten die Waffenläufer nicht zurückstehen. Martin Schöpfer wird Schweizermeister, Martin Storchenegger gewinnt die Kategorie M50, Martin Erb wird neuer IGWS-Präsident und Martin Belser neuer TK-Chef!

21. Lauf, Samstag, 12. September 1998
OK-Präsident Oberst i Gst André Dousse / Einführung des TAZ 90 / Gewicht der Packung auf 6,2 kg reduziert (vorher 7,5 kg), mit Kampfrucksack 90 und Stgw 90. 475 Klassierte (459 Männer, 16 Frauen).

22. Lauf, Samstag, 11. September 1999
Eklatanter Teilnehmerrückgang, 106 Klassierte weniger als im Vorjahr.
200. offizieller Waffenlauf (ohne «wilde» Läufe von Toggenburg, Freiburg, Stans und Bern) des Richtstrahlpionier-Gefreiten Beat Schmutz, Düdingen. 369 Klassierte (353 Männer, 16 Frauen).

23. Lauf, Samstag, 9. September 2000
Umquartierung ins Lehrer-Seminar wegen Todesfalls (Hirnhautentzündung) eines Rekruten in der Kaserne La Poya. 334 Klassierte (318 Männer, 16 Frauen).

24. Lauf, Samstag, 8. September 2001
Neuer OK-Präsident Oberstlt i Gst Benoît Fragnière. SW: Nochmals Teilnehmerrückgang von bescheidenen 334 des Vorjahres auf kümmerliche 316 Klassierte, wovon 113 Teilnehmer der M50 (37%) und 16 Damen. Waffenlauf wohin? Chur gab bereits nach der Austragung im Juni auf. Die Weichen werden in Freiburg ebenfalls gestellt werden müssen. 316 Klassierte (300 Männer, 16 Frauen).

25. Lauf, Samstag, 14. September 2002 (letzter Lauf)
Der Entscheid ist gefallen: Letzter Waffenlauf in Freiburg. Mit 300 Läufern lässt sich die Motivation des OK's und der vielen Helfer nicht mehr aufrechterhalten und die Kasse nicht mehr in der Waage halten. Die treuen Läufer kommen nochmals nach Freiburg, bekannte Namen zieren die Spitze der Kategorien. 323 Klassierte (300 Männer, 23 Frauen).

Das Organisationskomitee des Freiburger Waffenlaufs schaut mit Wehmut auf die schöne Zeit zurück und *dankt* allen Läuferinnen und Läufern, allen Begleiterinnen und Begleitern, allen Sponsoren und Inserenten sowie allen Helferinnen und Helfern für den Einsatz während der letzten 25 Jahre (1978–2002).

Beat Schmutz, Düdingen
(OK Freiburg und IGWS 1983–1997)

OK-Präsidenten
1978–1979 Hptm i Gst Gabriel Kolly
1980–1981 Oberstlt i Gst Paul Meyer
1982–1989 Oberstlt Roland Klaus
              (DV & Ehrung 1987)
1990–1991 Major i Gst Philippe Tharin
1992–1997 Major Alois Schwarzenberger
              (DV & Ehrung 1997)
1998–2000 Oberst i Gst André Dousse
2001–2002 Oberstlt i Gst Benoît Fragnière

Statistisches vom Freiburger Waffenlauf
Tagessiege in Freiburg
10 Mal Auszug (M20) – 14 Mal Landwehr (M30) – 1 Mal Landsturm (M40).

Tagessieger in Freiburg
Kudi Steger und Albrecht Moser, je 4 Mal. Martin von Känel und Jörg Hafner, je 3 Mal. Martin Schöpfer, 2 Mal.

«Ausschnaufen» am Freiburger 2002 v.l.n.r.
Albin Koster, Reto Arnold, Kolumban
Helfenberger, Bruno Hasler, Marc Berger
und Gerhard Klarer

Kategoriensieger in Freiburg
Fritz Häni 11 Mal (in 3 verschiedenen Kategorien), Albrecht Moser 6 Mal (1 Mal Landsturm), Emil Schumacher 5 Mal, Kudi Steger, Kaspar Scheiber, Urs Heim, Christian Jost, Jörg Hafner, Walter Gilgen je 4 Mal. Martin von Känel, Martin Schöpfer, Kurt Inauen, Peter Peyer, Kurt Hugentobler, Martin Storchenegger je 3 Mal.

Grösste Teilnehmerfelder: 645 Teilnehmer/innen (1992), 641 (1989) und 634 (1990).

Kleinste Teilnehmerfelder: 268 Teilnehmer (1982), 279 (1979) und 288 (1983).

Beste Freiburger Läufer
Armin Portmann 11 Mal, Karl Stritt 10 Mal, Beat Fasel 3 Mal.

Die Strecke
Rund um den Schiffenensee
Von 1978–83 (erste 6 Läufe) erfolgte der Start auf der Murtenstrasse neben dem Eingang des Fussballstadions. 1984, nach der Aufnahme des Freiburgers in die IGWS gab der Artillerist mit einem Kanonenschuss den Start in der Innenstadt frei. Waren schon im Ziel im Poya-Park nie sehr viele Zuschauer dabei, wollte man den Teilnehmern wenigstens einen imposanten Start in der City bieten. Nach 1,2 km am alten Startort vorbei und der neuen Eishalle des HC Fribourg-Gottéron entlang in entgegengesetzter Murtenlauf-Richtung. Dann über die Autobahn A 12, vorbei am Werkhof der Kantonspolizei. Bald ist die Anhöhe bei Granges-Paccot erreicht, bevor die berüchtigte La Sonnaz-Steigung als harmloses La Sonnaz-Gefälle in Angriff genommen wird. In La Gravière wird die Original-Murtenlaufstrecke in Richtung Bärfischen verlassen. Nach einem Kilometer weit bis zum steinernen Kreuz unter der Eiche. Hinunter zum zweisprachigen Dörfchen Bärfischen/Barberêche, dem Wohnort von alt Bundesrat Joseph Deiss. 7,5 km haben die Läufer hinter sich. Mit einer «Direttissima» wird die Schlaufe zum Dörfchen Petit-Vivy (Klein-Vivers) abgeschnitten, mit einem Blick erhascht der Läufer Schloss und Burgruine. Dann endlich eine längere Strecke Naturwege. Zwischen abgeernteten Getreidefeldern hinauf zum imposanten Bauernhof «Les Hostes», erneute Steigung zum höchsten und schönsten Punkt des Laufes, einer allein stehenden doppelstämmigen Eiche nach 10,5 km. Wer hier kurz verschnauft, hat einen prächtigen Blick vom Schreckhorn bis zum Moléson. In der Ferne ist die Staumauer sichtbar, winzige «Ameisen» eilen darüber hinweg. Dann hinunter nach Kleingurmels, bis zur Fusion im Jahre 2000 mit knapp einem halben Quadratkilometer die kleinste Gemeinde des Kantons Freiburg. Vor der Sägerei wird um die Wette gespurtet, ein grosser Laib Greyerzer Käse winkt hier dem Führenden. Gleich danach zur zweiten Verpflegungsstation. 12 km, die Hälfte der Strecke ist geschafft. Nach wenigen hundert Metern durch Kleinbösingen über Feldwege zur Schiffenensee-Staumauer hinunter. (417 Meter lang, 42 m hoch und 7 m dick ist sie, erbaut von 1959–1964. Hunderte von Jucharten Kulturland und Wald, das Bad Bonn mit seinen schwefelhaltigen Quellen im Talboden und das schwankende Hängebrücklein mit dem letzten Brückenzoll im Kanton verschwanden damals in den Fluten). Hier unterhalb des Weilers Schiffenen soll ein Campingplatz mit 260 Standplätzen entstehen. Düdingenwärts, auf einem kurzen Stück Naturstrasse einen Hohlweg hinunter, ein weiterer Anstieg zu einem prächtigen Bauernhaus mit der Inschrift: «Unsere Zeit vergeht geschwind, nimm die Stunden wie sie sind. Sind sie bös, lass sie vorüber, sind sie gut, so freu' dich drüber.» Neben dem gut erhaltenen Speicher ein improvisierter Brunnen, die Läufer schätzen ihn. Dem im Sommer beliebten Erdbeerland entlang weiter ins Industriequartier von Düdingen mit der dritten Verpflegungsstation. Nach der Bahnunterführung ohne Treppen durch ein Spalier von Hunderten von Zuschauern und durch das lang gezogene Dorf Düdingen. An der Kirche vorbei ins Unterdorf, über den Düdingerbach und unter der Eisenbahnlinie durch nach Rechholderberg. Weiter dem Naturschutzgebiet der «Düdinger Möser» entlang. Ein kurzes Stück durch den Chiemiwald, dann an einem Bauernhaus vorbei mit dem ca. 8 Meter hohen, geschnitzten und bemalten, indianischen Totempfahl. Weiter dem Rand einer riesigen Kiesgrube entlang, über Unter-Balliswil zur Grandfey-Eisenbahnbrücke, die eine Etage tiefer als die Geleise benützt wird. Am Ende der Brücke wieder die Treppen hinunter, am Ausflugsrestaurant «Mein Sonnenschein» vorbei. Letzter Anstieg, letzter Kilometer, die Metallplakette wird während des Laufens hervorgekramt, ins Ziel im Poya-Park vis-à-vis der Kaserne. Die 24 km sind geschafft, viele Läufer auch.

Nach Düdingen und zurück
Ab 1989, der 12. Austragung, führt die Laufstrecke aus der Stadt hinaus durch eine reizvolle Landschaft in den Raum Düdingen und weist weniger rhythmusbrechende Anstiege und Gefälle auf als die Strecke um den See. Seit 1984, als der Freiburger Waffenlauf erstmals zur Schweizermeisterschaft zählte, erfolgt der Start in der Innenstadt. Wohl liegen die Umkleideräume in der Kaserne La Poya und der Rathausplatz 1200 Meter auseinander, andererseits ist diese Distanz zum individuellen Einlaufen geeignet.

Sonntagmorgen, halb zehn Uhr. Die Musikgesellschaft unterhält Läufer und Zuschauer vor dem altehrwürdigen Rathaus (erbaut 1500–1522). Schwämme werden in den St. Georgs-Brunnen getaucht, in unmittelbarer Nähe der neu gepflanzten Murtenlinde. Kurz vor zehn Uhr wird das Feld vorgezogen bis zum Verkehrsteiler vor dem Père-Girard-Denkmal. Mit einem Kanonenschuss schickt der Artillerist in seiner alten Uniform die Läufer auf den Weg.

Rechterhand grüsst die imposante St. Nikolaus-Kathedrale mit ihrem 76 Meter hohen Turm. Entlang lauter geschichtsträchtiger Gebäude geht es nordwärts: Grenette mit Samsonbrunnen (1547), an der Liebfrauenkirche im romanischen Stil (vor 1200) und an der Franziskanerkirche mit dem mächtigen Holzportal vorbei. Unter Kastanienbäumen hindurch, vorbei am kantonalen Lehrerseminar, der Trolleybushaltestelle Capucins und dem zur Stadtbefestigung gehörenden Murtentor (1410–14). Erneut steigts an, linkerhand die Kaserne La Poya. Vor der Eisenbahnunterführung zweigt die Strecke nach rechts ab in die Route de Grandfey, rechterhand wartet später im Park die Zielankunft. Am Heimwesen le Grandfey entlang leicht abwärts zum Café Restaurant de Grandfey. Zuschauer spornen die Läufer an, auch der Rückweg führt hier vorbei. Dann die 21 Treppenstufen hinauf auf die Grandfey-Eisenbahnbrücke, die bereits 1862 als Eisenkonstruktion erstellt wurde. Mit der Elektrifizierung der Bahn wurde sie 1927 einbetoniert (Pläne von einem gewissen Gustave Eiffel!). Mit 435,2 Metern Länge überspannt sie die gestaute Saane in 78,7 Metern Höhe.

Kurzer Naturweg dem Bahngeleise entlang, bis wir in Unter-Balliswil beim Wegkreuz nach links abbiegen. Die schöne Hausfassade am Wohnhaus der Bauersleute ringt uns bewundernde Blicke ab. Dann wieder auf geteerter Strasse hinunter nach Räsch, am Ausbeutungsperimeter der Kiesgrube Basilea des Autobahnbüros entlang. An heissen Tagen lassen nicht alle den Brunnen vor dem Bauernhaus links liegen! Über die Autobahnbrücke an der Abzweigung zur Magdalena-Einsiedelei vorbei (einmalige, durch zwei Eremiten von 1680–1708 vollständig in den Felsen gehauene Einsiedelei, 120 Meter lang). Auf einer Naturstrasse hinunter zum Schiffenensee, nur noch 23 Meter über dem Wasserspiegel. Ennet dem See erkennt man Pensier und die ehemalige Laufstrecke nach Bärfischen. Beim Bauernhaus zweigt die Strecke nach rechts ab, steigt wieder an, einem Waldrand entlang, vorbei am Trainingsgelände der Kynologen (Hündeler). Bei der Kapelle Waldegg ist die Anhöhe erreicht. Über eine weitere Autobahnbrücke, plötzlich ein grandioser Ausblick auf die Freiburger Voralpen. Vor Räsch in den Chiemiwald hinein. Lange Zeit dem botanischen Pfad entlang, wo ca. 60 Bäume, Sträucher und Pflanzen beschriftet und bebildert sind. Beim Meierisli aus dem Wald heraus und direkt dem Naturschutzgebiet «Düdinger Möser» entlang. Auf einem Aussichtsturm liesse sich das ganze Gebiet überblicken.

Dann steigts zum Rechholderberg empor, wo jedes Jahr mehr Häuser stehen. Wer sich jetzt umdreht, hat eine phantastische Sicht in die Berge. Dann rasant hinunter zum Düdingerbach, weiter auf einem schmalen Weglein durch die Familiengärten des Toggelilochs. Nach einer ruppigen Steigung erwarten uns traditionsgemäss viele Zuschauer. Durch das Industriequartier und die Bahnhofunterführung ins Dorf Düdingen, wo die vielen Zuschauer Beifall spenden. Im lang gezogenen Dorf abwärts vorbei an der Dorfkirche, wo an der Ostfassade die «Tagsatzung zu Stans von 1481» zu bewundern ist. An der Weinhandlung mit dem sprudelnden Brunnen vorbei steigts durch einen Hohlweg an Richtung Zelgli. Dann über die Eisenbahnlinie bis zum prächtigen Landgasthof Garmiswil Erneut über die Bahnlinie, hinauf in den untern St. Wolfgangswald. Hinab nach Unter-Balliswil. Von hier aus führt die gleiche Strecke wie auf dem Hinweg zurück in den Poya-Park und unter dem Applaus der Zuschauer ins Ziel auf der frisch gemähten Wiese. Die 18,1 km sind zurückgelegt.

Warum viele Sehenswürdigkeiten an der Strecke erwähnt sind? Sie lassen sich auch ohne Startnummer und in weniger rasantem Tempo bewundern. Ein grosser Teil dieser Strecke ist zudem seit dem 1. Mai 2006 identisch mit dem so genannten «Permanenten Wanderweg» (PW) Düdingen des Internationalen Volkssport-Verbandes. Er wird von den Wanderfreunden Heitenried betreut, die auch den PW von Freiburg (Wanderung über 9 Brücken) unterhalten. Karten gibts bei den beiden Tourismusbüros oder beim «Erfinder», dem Verfasser dieses Berichts,

Beat Schmutz, Düdingen
beat.schmutz@rega-sense.ch

Das Goldene Buch des Freiburger Waffenlaufes

Jahr	Auszug	Landwehr	Landsturm	Senioren	Gruppen Auszug	Landwehr	Landsturm/Sen	Offene Klasse
1984	Häni Fritz 1.31.06	**Moser Albrecht** 1.29.34	Hugentobler Kurt 1.37.47	Schumacher Emil 1.42.03	UOV Wiedlisbach 4.31.57	LWV Mittelland 4.43.16	Thurgauer WSV 5.19.12	–
1985	Hufschmid Leo 1.32.21	**Moser Albrecht** 1.29.06	Peyer Peter 1.35.36	Schumacher Emil 1.46.08	UOV Wiedlisbach 4.36.36	LWV Mittelland 4.40.38	Thurgauer WSV 5.11.03	–
1986	Häni Fritz 1.35.28	**Heim Urs** 1.32.02	Peyer Peter 1.40.09	Keller Walter 1.44.49	UOV Wiedlisbach 4.47.18	LWV Mittelland 4.45.18	Thurgauer WSV 5.07.35	–
1987	**Thür Alex** 1.35.39	Odermatt Paul 1.37.14	Peyer Peter 1.41.32	Schumacher Emil 1.50.58	UOV Burgdorf 5.06.01	LWV Mittelland 5.00.03	WSG UOV Zürich 5.27.05	MKG Homberg 5.18.38
1988	Frutig Werner 1.37.04	Steffen Beat 1.35.41	**Moser Albrecht** 1.35.25	Keller Walter 1.50.35	UOV Burgdorf 5.05.07	Zürcher Patrouilleure 5.07.26	LWV Mittelland 5.05.51	UOV Wiedlisbach 4.57.18
Ab 1989 neue Strecke								
1989	Wüthrich Christian 1.08.48	**Furrer Hans** 1.06.26	Moser Albrecht 1.08.26	Ritter Manfred 1.19.26	UOV Burgdorf 3.31.04	LG Homberg 3.38.57	Zürcher Patrouilleure 3.46.08	UOV Wiedlisbach 3.27.23
1990	Wüthrich Christian 1.07.31	**Hufschmid Leo** 1.05.45	Heim Urs 1.08.41	Scheiber Kaspar 1.15.56	UOV Burgdorf 3.30.49	LG Homberg 3.31.57	UOV Wiedlisbach 3.40.04	LWV Mittelland 3.24.52
1991	Frutig Werner 1.05.57	**Steffen Beat** 1.05.04	Moser Albrecht 1.09.25	Scheiber Kaspar 1.12.52	UOV Burgdorf 3.24.16	UOV Wiedlisbach 3.35.49	UOV Wiedlisbach 3.45.26	MKG Fricktal 3.31.09
1992	Wampfler Bernhard 1.08.32	**Jost Christian** 1.07.23	Heim Urs 1.10.57	Hugentobler Kurt 1.12.01	UOV Burgdorf 3.35.01	UOV Burgdorf 3.36.10	Thurgauer WSV 3.39.03	LSV St.Gallen-App. 3.33.39
1993	**von Känel Martin** 1.07.15	Häni Fritz 1.09.58	Züger Florian 1.10.32	Hugentobler Kurt 1.14.18	Zürcher Patrouilleure 3.36.49	LSV Frauenfeld 3.42.38	LWV Mittelland 3.43.17	UOV Wiedlisbach 3.30.38
1994	**Schöpfer Martin** 1.06.34	Jost Christian 1.08.10	Furrer Hans 1.09.42	Allenspach Bruno 1.17.11	Zürcher Patrouilleure 3.43.50	LG UOV Burgdorf 3.35.02	Zürcher Patrouilleure 3.54.29	LG UOV Burgdorf 3.27.57

	M20	M30	M40	M50	Damen	Gruppen Elite	Senioren	Offene Klasse
1995	Schöpfer Martin 1.09.28	Dürst Fritz 1.08.01	Häni Fritz 1.08.38	Züger Florian 1.14.41	Zurbuchen Judith 1.25.02	Zürcher Patrouilleure 3.31.19	Zürcher Patrouilleure 3.49.00	UOV Wiedlisbach 3.29.30
1996	**von Känel Martin** 1.05.03	Jost Christian 1.06.18	Häni Fritz 1.07.00	Heim Urs 1.11.07	Urfer Martha 1.27.03	Zürcher Patrouilleure 3.28.12	Zürcher Patrouilleure 3.39.22	LV 95 Burgdorf 3.22.23
1997	**Schöpfer Martin** 1.05.57	Gfeller Paul 1.09.08	Jost Christian 1.08.38	Storchenegger M. 1.13.40	Urfer Martha 1.30.49	WSG Schwyz 3.29.09	LSV St.Gallen-App. 3.52.16	LV 95 Burgdorf 3.23.43
1998	**Schelbert Koni** 1.06.32	Hafner Jörg 1.06.57	Häni Fritz 1.07.46	Storchenegger M. 1.12.04	Heim Maria 1.21.48	WSG Schwyz 3.31.50	Zürcher Patrouilleure 3.41.56	LWV Mittelland 3.31.35
1999	Schelbert Koni 1.11.45	**Hafner Jörg** 1.09.22	Häni Fritz 1.11.29	Storchenegger M. 1.18.14	Heim Maria 1.23.55	WSG Schwyz 3.40.03	Run Fit Thurgau 3.57.52	UOV Wiedlisbach 3.35.26
2000	Ebner Mischa 1.08.51	**von Känel Martin** 1.06.24	Häni Fritz 1.09.01	Schmid Josef 1.18.29	Heim Maria 1.20.54	–	Run Fit Thurgau 3.53.33	UOV Wiedlisbach 3.27.58
2001	Wirth Dominik 1.11.07	**Hafner Jörg** 1.03.39	Scheidegger Nikl. 1.09.15	Schlauri Gottfried 1.15.54	Balmer Marianne 1.22.48	–	LV 95 Burgdorf 3.39.48	UOV Wiedlisbach 3.22.11
2002	Marti Stefan 1.11.59	**Hafner Jörg** 1.06.08	Häni Fritz 1.08.33	Gschwend Peter 1.11.58	Balmer Marianne 1.20.16	–	UOV Wiedlisbach 3.37.07	UOV Wiedlisbach 3.24.30

Beat weiss noch viel, viel mehr dazu …

25 Mal ausgetragen von 1978–2002, 20 Mal teilgenommen (2002 = letzter Lauf); zählte erst ab 1984 zur Schweizermeisterschaft und für den Hunderterverein, d.h. 19 Mal

Über den Freiburger Waffenlauf könnte ich, während 14 Jahren (1983–1997) Mitglied des OK's, ein eigenes Buch schreiben. Beim allerletzten Freiburger (25. Austragung) im Jahre 2002 habe ich versucht, die wichtigsten Daten und Ereignisse in einem Rückblick im Jubiläums-Programm festzuhalten.

Als erster über längere Zeit erfolgreicher Freiburger Waffenläufer etablierte sich Louis Kolly. 24 Mal gewann der Stadtfreiburger in seiner Kategorie. Den ersten Tagessieg eines Freiburgers feierte jedoch Armin Portmann 1975 in Thun, den zweiten ein Jahr später in Altdorf, zudem wurde er 4 Mal Kategoriensieger. Die Euphorie muss so gross gewesen sein, dass sein Bruder und Betreuer Paul sofort an einen Lauf in Freiburg dachte.

1980 zügelte ich mit meiner Familie von Bern in unser Haus nach Düdingen. Nach den steten unfruchtbaren Bemühungen des OK's um Aufnahme in die IGMS verfasste ich Vorschläge an das Freiburger Präsidium. Nach meinem Comeback als aktiver Läufer im Jahre 1977, nach sieben Jahren Pause seit dem Föhn-Altdorfer 1970, war ich wieder voll im «Geschäft». Einige Ideen schienen brauchbar zu sein, denn ab 1983 war ich Mitglied des OK's.

Am Ziel des Freiburgers auf dem Poya-Park wurde Weisswein für die Gäste ausgeschenkt. Weil der Lauf in den ersten Jahren immer auf den Sonntag der Bénichon (Chilbi) fiel, war der Aufmarsch der Gäste eher bescheiden und nicht von langer Dauer. So sprachen denn auch einige Läufer nach der Anstrengung diesem Getränk zu, wohl nicht das Richtige. Der Médoc-Marathon in Pauillac/France mit der gleichen «Verpflegung» wurde erst später eingeführt!

Am 12.9.1982 ereignete sich ein folgenschwerer Unfall auf einem bedienten Bahnübergang bei Pfäffikon ZH, bei welchem 39 Menschen in einem Reisebus ums Leben kamen. Die Waffenläufer, welche auf der Rückreise von Freiburg an den Trümmern vorbeifuhren, erinnern sich heute noch mit Schrecken daran.

An der Delegiertenversammlung in Thun 1983 wurde der Freiburger als 11. Lauf in die IGWS (der Dachverband hatte inzwischen seinen Namen gewechselt) aufgenommen. Welche Freude! Armin Portmann kam als verkleideter Greyerzer Senn mit einem Holzräf voller Käse in den Saal! Sechsmal hatte sich Freiburg bewähren müssen, quasi als wilder Lauf! Für mich sind die sechs wilden ebenso wertvoll wie die offiziellen Läufe, auch wenn sie für den Hunderterverein (wie der Toggenburger vor 1982) nicht angerechnet werden.

Die Teilnehmerzahlen stiegen sofort an, wenn auch nicht an die Tausendergrenze. Dazu war das Datum zu ungünstig, die Konkurrenz ziviler Laufveranstaltungen zu gross, manchmal bis zu 20 an diesem Wochenende.

Die Aufgabe, das Pressebulletin zu erstellen war für mich faszinierend. Mit möglichst vielen Informationen wurden die Pressevertreter versorgt. So errechnete ich beispielsweise die Durchgangs-Spitzenzeiten für die Zuschauer. Sie wichen nie mehr als zwei Minuten ab, oder ich benachrichtigte vor dem Lauf die Anwohner per Flugblatt, Wasser bereitzustellen.

Für die Strecke war lange Zeit Armin Portmann verantwortlich. Er tat dies mit seiner ihm eigenen Zuverlässigkeit. Die hohle Gasse nach Bärfischen, dem Wohnort des alt Bundesrates Joseph Deiss, räumte er eigenhändig auf und mähte manches Wiesenstück mit d er Sense.

Wer, wie ich bis anhin, die Läufe nur konsumierte, also hinfuhr, lief und zurückfuhr, kann keine Ahnung haben, was es alles zu tun gibt um einen Waffenlauf auf die Beine zu stellen. Es gilt die richtigen motivierten Mitarbeiter zu finden und viele Sitzungen sind notwendig um die Arbeiten abzustimmen. Sowohl Roland Klaus als auch Alois Schwarzenberger waren als Präsidenten grosse Motivatoren.

In Bernhard Linders Buch «Der Waffenlauf» half ich mit meinen Beiträgen gerne mit, den Freiburger noch besser bekannt zu machen. Die Teilnehmerzahlen liessen sich mit der Zeit wirklich sehen. Als die Strecke noch um den Schiffenensee führte (24 km), winkte dem Sprintsieger in Kleingurmels ein grosser Laib Vacherin-Käse. In den Zeiten

Freiburger im Hunderterverein (nur offizielle Läufe), Stand Ende 2006

Pal Sdt	Ewald Bachmann	Murten	305 Läufe
Can	Erwin Leuenberger	Praz	222 Läufe
Ristl Gfr	Beat Schmutz	Düdingen	202 Läufe
Gfr	Armin Portmann	heute: Thun	183 Läufe
Fach Of	Paul Egger	heute: Bern	150 Läufe
Herr	Hermann Bieri	heute: Bern	138 Läufe
Herr	Louis Kolly (verstorben)	Freiburg	128 Läufe

von Jörg Hafner wäre die Spannung um den Sprintsieger nicht mehr allzu gross gewesen!

1986, Annerös Wälti hatte als erste Frau in Neuenburg einen Waffenlauf bestanden. Freiburg wollte nicht zurückstehen, Yvette El Fen liess sich animieren und nahm ebenfalls teil. Manchmal bringen Taten statt Worte Steine ins Rollen. Beide machten nachher jahrzehntelang weiter. Am Murtenlauf war Marijke Moser, damalige Gattin von Albrecht, Bahnbrecherin. 1973 erschlich sie sich unter dem Namen Markus Aebischer eine Startnummer und mischte sich am Start mutig unter die 3000 Männer. Marijke Moser wurde disqualifiziert und verwarnt.

1987 erlebte das OK Freiburg eine besondere Ehre. Nach der zehnten Austragung wurden die Delegiertenversammlung und die Schweizermeisterehrung in Freiburg abgehalten. Die DV im Rathaus, die Ehrung in der Aula der Universität und das anschliessende Essen in der dortigen Mensa. Das Dessertbuffet fan d ungeteilten Beifall. Für viele endete die Feier erst in den Morgenstunden beim Schwanenwirt und Gönner Felix Wider.

1988. Albrecht Moser hatte tagsdarauf als erster Mann im Landsturm mit 43 Jahren in Freiburg einen Tagessieg.

Von den beiden jüngsten Läufen, Toggenburg und Freiburg, gingen viele neue innovative Ideen aus. Freiburg wagte den ersten Start in der Innenstadt. Damit waren zumindest am Start viele Zuschauer mit von der Partie. Freiburg machte auch eine Umfrage bei den Läufern betreffend den ersten Waffenlauf an einem Samstagnachmittag. Das Resultat war praktisch 50:50. Wir versuchten es und fanden Anklang, noch mehr Läufer und Zuschauer als am Sonntagmorgen, Zweck erreicht. Zudem machten etliche Läufer auf dem Fragebogen weitere positive Anregungen zur Abwicklung des Laufes.

Es gab auch Unangenehmes für das OK. Zwei Waffensäufer eh … Waffenläufer aus dem Gebiet des tiefstgelegenen Passes der Schweiz (551 m) wussten nichts Gescheiteres zu tun als den Start in der City zu ignorieren und der Eisenbahnlinie entlang zu marschieren (!), im Café Grandfey bei mehreren Bieren die Beine hochzulagern und die von der Düdinger Runde zurückkehrenden Läufer zu belästigen. Dann schlurften sie ebenfalls ins Ziel und wurden vorerst klassiert. Nach Bekanntwerden ihrer Heldentat (auch im Toggenburg waren sie bereits negativ aufgefallen) wurden sie dann mit einer Sperre belegt.

1991, 700-Jahrfeier der Eidgenossenschaft. Eine Spezialmedaille musste her, das liess mir keine Ruhe. Die laufende Serie wurde unterbrochen. Mit Waffenläuferköpfen und Gewehr wurde die Zahl 700 in die Medaille hineingezaubert. Dafür erhielt ich eine zusätzliche Siegermedaille mit dem langen Band von Kramer!

Ab und zu lief auch etwas schief. Immerhin, der gleiche Fehler wurde nie zweimal gemacht. Einmal erhielten die Teilnehmer das Programmheft mit Startliste und die Rangliste am Montag nach dem Lauf! In den ersten Jahren halfen alle in der Druckerei mit die Rangliste zu erstellen. Sie wurden noch am Sonntagabend auf die Hauptpost gebracht. Eine Woche reiche nicht für die Zustellung der Drucksache «Startliste», belehrte mich die damalige PTT.

Der bekannte Künstler Richard Serra vermachte den beiden Gemeinden Düdingen und Freiburg ein «wertvolles» Geschenk in Form von zwei Balken, die den Zugang zur Grandfeybrücke fortan stark behinderten! Als sich einst ein Waffenläufer mit seiner Packung darin verfing, mussten die so genannten. Kunstwerke jedes Mal verschalt werden. Welch ein Aufwand!

Das Feld wurde in der City von Freiburg immer mit einem Kanonenschuss auf die Reise geschickt. Das erste Mal wurde vergessen, die Bijouterie Vollichard zu orientieren. Prompt ging mit dem Kanonenschuss die Alarmanlage los: ühüü, ühüü, ühüü!

Emil Henseler, Fähnrich in alter Uniform, entpuppte sich mit der Zeit als Angefressener des Freiburgers. Als «eiserner Gustav» machte er seinem Namen nicht immer Ehre. Kurz vor seinem Tod liess er dem OK aber noch einen glatten Tausender zukommen sowie fünf gravierte Zinnkannen an von ihm geschätzte Personen.

Nach dem 20. Freiburger, im Jahre 1997, bewarb sich Freiburg erneut um die Durchführung der DV und Schweizermeisterschaftsehrung. Wiederum durfte ich das gedruckte Programm zusammenstellen und leitete die nachmittägliche Siegerehrung im Begegnungszentrum Düdingen.

Den letzten Freiburger im Jahre 2002 gewann der Seriensieger Jörg Hafner. Bereits nach 3 Kilometern in Räsch lag er weit voraus, im Ziel nur noch knapp. Die Ehrengäste, für deren Rückfahrt jeweils die Autobahneinfahrt bei der Kiesgrube in Düdingen benützt wurde um rechtzeitig im Ziel zu sein, diskutierten über den Vorsprung von Jörg Hafner im Ziel. Jörg wurde fehlgeleitet, gewann aber glücklicherweise trotzdem noch. Der Sieger bedauerte dieses Missgeschick des OK's beim allerletzten Mal.

Freiburger Läufer waren von Anfang (Landsturmsieger Henri Haimoz, Freiburg, am 1. Frauenfelder 1934) bis zum Schluss (Kategorienvizemeister M20 Marc Berger, Freiburg, ganze Saison 2006) an der Spitze.

Marc Berger, in Düdingen aufgewachsen, begann im letzten Jahr des Freiburger Waffenlaufs, 2002, mit seiner Serie. Bis Ende 2006 erreichte er an 32 Waffenläufen 20 Podestplätze, wovon 7 Kategoriensiege in der M20. Im Jahr 2005 wurde er mit dem Punktemaximum Kategorienschweizermeister, ein Jahr zuvor und ein Jahr danach Vizemeister.

Im Freiburger OK griff immer ein Rädchen ins andere. Ich durfte eine grosse Kameradschaft in dieser langen Zeit miterleben und habe noch heute Kontakt mit vielen Kameraden.

Impressionen vom letzten «Freiburger»

Reinacher Waffenlauf (1944–2006)

Geschichte und Entwicklung

Dass das Oberwynental, das in den Vierzigerjahren den Zunamen «Stumpenland» noch zu Recht trug, zu einem Waffenlauf gekommen ist, hat die Region Adjutant Max Dätwyler (1906–1987) zu verdanken. Beeindruckt von den Berichten über den «Frauenfelder», dem ersten Militärwettmarsch überhaupt in der Schweiz, reifte in ihm die Idee, im Kanton Aargau etwas Ähnliches auf die Beine zu stellen. Wie in der Ostschweiz sollte es ein Militärwettmarsch sein. Allerdings unter Einbezug der Disziplinen Schiessen und Handgranatenwerfen. Als damaliger Präsident des Verbandes Aargauischer Unteroffiziersvereine trug Max Dätwyler sein Anliegen dem Kantonalvorstand vor, fand jedoch aus finanziellen Gründen wenig Gehör. Verständlich, stand man doch mitten im Zweiten Weltkrieg. Dennoch: Im Wynental packte man an und hob das Kind als «Aargauischer Militärwettmarsch» aus der Taufe. Noch aber war das Eis nicht ganz gebrochen. Ein Präsident eines Unteroffiziersvereins aus dem unteren Seetal wollte ebenfalls einen solchen Wettmarsch aufziehen und zwar «Rund um den Hallwilersee». Der damalige Kommandant der 5. Division stellte sich spontan auf die Seite des UOV Oberwynen- und Seetal und verbot den Organisatoren aus dem Seetal das Tragen der Uniform.

Zudem liess er ihnen die Munition sperren. Damit war der Weg für den «Reinacher» frei.

Gespendeter «Spatz» zur Premiere

Es war kein leichtes Amt, als 1944 Max Dätwyler gleich selber das Präsidium des Organisationskomitees übernahm. Ihm und seinen Mithelfern fehlten jegliche Unterlagen für die Austragung eines solches Anlasses. Lediglich aus Frauenfeld konnten die rührigen UOV-ler etwas Hilfe erwarten, wo seit 1934 der heute zur Legende gewordene Frauenfelder ausgetragen wurde. Lediglich sechs Wochen vor dem vorgesehenen Austragungsdatum wurden die Ostschweizer um ein Organisations- und Wettkampfreglement gebeten, die Frauenfelder entsprachen diesem Wunsch umgehend. Eine Strecke musste gesucht, rekognosziert und schliesslich mit Papierschnitzeln (!) markiert werden. Kopfzerbrechen bereitete die Verpflegung. Infolge Rationierung musste eine Bewilligung zum Bezug von Nahrungsmitteln eingeholt werden. Dazu hatten die Wettkämpfer Mahlzeitencoupons abzugeben. Dazu der damalige Aufruf an alle Mitglieder des Unteroffiziersvereins Oberwynen- und Seetal vom 18. September 1944: «Damit den Konkurrenten keine allzu grossen Unkosten erwachsen, hat das Organisationskomitee beschlossen, die Mittagsverpflegung in Regie abzugeben, weshalb wir Abnehmer von Kartoffeln, Lauch, Kohl, Kabis, Rüebli, Linden- und Münzentee sind.» Auch aus heutiger Sicht ist unschwer zu erkennen, dass den damaligen Wettkämpfern ein währschafter «Spatz» offeriert worden ist.

Natürlich fehlten für die Vorbereitungen die dringend benötigten Autos. Dies hatte aber auch eine gute Seite: Die gesamte Strecke war während des Marsches autofrei. Dafür mussten Konkurrenten, die ärztliche Hilfe nötig hatten, mit dem damals traditionellen Leiterwägeli abtransportiert werden. Lediglich für «schwerere Fälle» hätte ein Arzt mit Auto angefordert werden dürfen.

Trotz allem: Die Erstauflage des 1. Aargauischen Militärwettmarsches, er sollte später im Volksmund und unter den Läufern nur noch «Reinacher» genannt werden, war auf gutem Wege. Mit 236 Wettkämpfern wurde schon die erste Austragung vom 24. September 1944 ein Vollerfolg und auch die Organisation klappte vorzüglich.

Aus der Sicht der Presse

Im Wynentaler-Blatt vom 27. September 1944 war dann zu lesen: «Der am letzten Sonntag unter dem Protektorat des UOV Oberwynen- und Seetal von Reinach aus durchgeführte Militär-Gepäck-Wettmarsch hatte nicht nur einen, sondern zwei grosse Erfolge zu verzeichnen. Militärsportlich war die Veranstaltung zweifellos ein Gewinn, der ohne Zweifel seine Früchte tragen wird. Der Wettmarsch hat sich auch beim Volk recht günstig ausgewirkt. Viele Vorurteile sind gefallen; man sieht auch bei der älteren Generation ein, dass angemessene Sportarbeit nötig ist, wenn der Mensch gesund bleiben will und seine körperlichen Veranlagungen gefördert werden sollen. Jedenfalls wurde der Marsch sozusagen vom ganzen Volke überall mit großer Aufmerksamkeit verfolgt. Mit Begeisterung wurden besonders von der Jugend die zuerst Angekommenen bewillkommt, aber auch später eintreffende Sol-

31 Die Waffenlauflegende Albrecht Moser gewann in Reinach 1978, 1979, 1981 und 1985

32 Das grosse Mittelfeld beim 44. Reinacher Waffenlauf (1987)

Am 63. Reinacher Waffenlauf (2005)

daten freudig empfangen, denn man wusste, dass auch die mittleren und letzten Gruppen sowie Einzelgänger immer noch eine respektable Leistung hinter sich gebracht hatten.»

Als man sich am Morgen in Reinach besammelte, ging es eigentlich wie an einem Einrückungstag zu. Freundschaftlich-kameradschaftliche Begrüssung und Besprechung der «Lage». Währenddem die Schweizerfahne im Winde flatterte und die Teilnehmer in Achtungstellung verharrten, spielte die Reinacher Musik den Fahnenmarsch. Dann ging alles Schlag auf Schlag! Der Startschuss fiel! Welch ein Leben und Krabbeln in der grossen Schar! Nichts wie los! Die Kolonne streckte sich nach und nach und wurde beim Anstieg auf den Sood und nachher beim Aufstieg zum Batthof immer länger. In Schlossrued war Kontrolle und Verpflegung. Nachdem bis hier Lmg-Schütze Geissmann die Spitze gehalten hatte, wurde er das Ruedertal hinauf von den wirklichen Siegern zurückversetzt. Die Gruppe der 2. Komp. Bat. 60 zog sicher voraus, bis sich gegen Niederwil hin der spätere Sieger Landis, ein in Baden wohnhafter Genfer Bürger, an die Spitze setzte; ihm folgten Adolf Baumann aus Klingnau und Albert Killer aus Turgi.

Auf dem Gemeindeplatz in Menziken, beim Gasthof zur Waag, hatte sich gegen 12 Uhr eine grosse Volksmenge versammelt. Als es hiess: «Sie kommen, sie sind auf der Burg», stieg die Spannung aufs Höchste. In gleichmässigem Trab, in bester Form, rückte der erste mit der Nummer 87, Füsilier Karl Landis heran. Obwohl er doch wirklich pressant hatte (man weiss nie, wenn die anderen nachziehen), liess es sich

Zum Jubiläum kam Bundesrat Kaspar Villiger

Die 50. Austragung am 26. September 1993 war wohl der Höhepunkt in der Geschichte des Reinachers. Zum Jubiläum wurde Bundesrat Kaspar Villiger eingeladen. Der viel beschäftige Mann strich sich das Datum im Terminkalender rot an und erwies als Pfeffiker den Reinachern die Referenz. Er kam ohne gepanzerte Limousine und ohne Leibwächter. Einfach so. Ein Oberwynentaler Bundesrat als Festredner und dazu noch der Chef des damaligen EMD: Etwas Schöneres kann einem Waffenlauf-OK wohl kaum passieren. «Unser Chasper», («Wynentaler-Blatt») redete im voll besetzten Saalbau den zahlreich aufmarschierten Läufern, Ehren- und andern Gästen nicht nur ins sicherheitspolitische Gewissen, sondern stellte mit gekonnt gesetzten Pointen auch seine unbestrittenen Qualitäten als Unterhalter unter Beweis. Wie einst als Conférencier an den Abendunterhaltungen der Musikgesellschaft Pfeffikon.

Vorgängig liess es sich der Bundesrat aus dem Stumpendorf nicht nehmen und fuhr mit dem Velo an die Laufstrecke. Wie einzelnen Läufern zumute war, wusste er aus eigener Erfahrung. 1971 absolvierte der spätere Magistrat den Reinacher in 3.05.15 und wurde 215. im Auszug. Damals prangte auf seinem Karabiner die Sonnenblume. In dieser Zeit der Inbegriff für Villiger-Stumpen. Prompt rief ihm ein überholender Läufer bei Schwarzenbach zu: «Was het de Villiger zaut, dass för ehn Reklame machsch?»

Vor 22 Jahren

Im Buch «Der Waffenlauf, eine Chronik mit Bildern» aus dem Jahre 1984 ist unter dem Abschnitt «Der Reinacher heute», nachzulesen, welche Bedeutung «unserem Waffenlauf» in der Region zukam. Dort steht: «Die Popularität ist dem Reinacher seit seiner ersten Austragung über die vier Jahrzehnte seines Bestehens erhalten geblieben. Wenn alljährlich am letzten Septembersonntag der Startschuss zum Aargauischen Waffenlauf in der Oberwynentaler Stumpenmetropole fällt, setzt sich jeweils ein Harst von etwa 800 Wettkämpfern in Bewegung. Der Anlass ist aus dem regionalen Sportkalender nicht mehr wegzudenken und ist in der Bevölkerung tief verwurzelt. Durch die Gründung der Mehrkampfgruppe Homberg vor einigen Jahren, einer Untersektion des Unteroffiziersvereins Oberwynen- und Seetal, ist auch Leben in die aktive Waffenlaufbewegung gekommen. Jeweils über 50 Akteure aus dem Einzugsgebiet des Reinachers geben dem Lauf eine etwas persönlichere Note. Viele Zuschauer stehen Jahr für Jahr an ihrem Stammplatz und lassen es sich nicht nehmen, die Waffenläufer stets am selben Ort anzufeuern und zu bewundern.»

Die OK-Präsidenten

1944 – 1945	Fw Max Dätwyler
1946	Oblt Arnold Lehner
1947	Fw Max Dätwyler
1948 – 1959	Fw Walter Grob
1960 – 1961	Fw Anton Iten
1962 – 1963	Adj Max Dätwyler
1964 – 1967	Wm Ernst Hablützel
1968 – 1970	Wm Hans Müller
1971 – 1972	Major Heinz Gehrig
1973 – 1976	Oblt Armin Wittwer
1977 – 1980	Wm Willi Lüthy
1981 – 1987	Hptm Ueli Meyer
1988 – 1992	Hptm Hans Brugger
1993 – 1996	Hptm Felix Bachmann
1997 – 2000	Hptm Ulrich Gloor
2001 – 2006	Oberstlt i Gst Roger Keller

Landis nicht nehmen, vor unserem Oberst, der an der Strasse stand, nach flotter Soldatenart zu salutieren. Freudigste Zurufe begleiteten ihn. Nach etwa vier Minuten kam von der Zwingstrasse her der Zweite in Sicht. Und bald darauf kam der Dritte. Und alle drei gehörten der Füs Kp II/60 an. Es ist die Kompanie des Herrn Hauptmann Greule, Gerichtsschreiber in Unterkulm, dem man zur ausgezeichneten Leistung seiner Soldaten gratulieren kann. Es ist nicht so, dass in der Kompanie selber besonders darauf hingearbeitet wurde, aber die Leute haben unter der geistigen Führung ihres Kommandanten schon vor längerer Zeit mit dem Training begonnen. «Ohne Fleiss kein Preis», kann man hier wirklich sagen.

Einzeln und in Gruppen, bis gegen 14 Uhr, kam der Hauptharst herangezogen. Kinder standen mit Obst an der Strasse, da und dort wurde ein kühler Trunk geboten. Ein Militärauto fuhr vorüber, worin sich der neue Divisionär, Oberst Wacker, befand. Man sieht, welche Bedeutung man zu jenen Zeiten an massgebender Stelle solchen Konkurrenzen beimass.

Im Schulhaus genossen die Teilnehmer die Körperreinigung und die Verpflegung. Auf dem Schulhausplatz fand ca. um 17 Uhr das Rangverlesen statt. Der Präsident des Organisationskomitees, Fw Max Dätwyler, gab dabei seiner Freude über das gute Gelingen der Veranstaltung Ausdruck. Nach seiner Mitteilung dürfte im kommenden Jahr wieder ein solcher Militärgepäckmarsch zur Durchführung kommen».

Die Strecke

Bevor es zur heutigen, seit 1985 unveränderten Streckenführung über 24,8 km, kam, wurden von den damaligen «Wettmärschlern» ganz andere Gegenden im Oberwynen- und Seetal durchlaufen. Zum Auftakt führte der erste Reinacher talwärts nach Zetzwil, Oberkulm, über die Batthöfe ins benachbarte Ruedertal und von da via Rehhag und Burg nach Reinach. Die Streckenlänge betrug 32 km. Von 1947 – 1950 ging es über 30 Kilometer in umgekehrter Richtung auf die Burg, ins Ruedertal, über die Batthöfe nach Unterkulm sowie Gontenschwil. Bis Reinach waren dann 30 km absolviert. Vier Kilometer mehr wurden 1951/52 gelaufen. In diese Zeit fällt auch der zweimalige Abstecher ins Seetal. Reinach – Burg – Mullwil – Gontenschwil – Teufenthal – Dürrenäsch – Birrwil – Beinwil am See – Reinach, lautete die damalige Reihenfolge der Dörfer an der Strecke.

Am 52. Reinacher Waffenlauf, 1995

Der eigentliche Grundstein zur heutigen Streckenführung wurde 1953 gelegt, als die Route erstmals über Gontenschwil – Rehhag – Schlierbach – Wetzwil – Rickenbach – Beromünster – Schwarzenbach – Menziken zurück nach Reinach führte. 1970 wurde dann die Schlaufe nach Schlierbach fallen gelassen und vom Rehhag via Boler direkt Rickenbach angelaufen. Damit wurde die Strecke von 33 auf 26,2 km verkürzt. Ab 1985 wurde der Rehhag nicht mehr angelaufen und die Schlaufe durchs Saffental in Rickenbach gestrichen. Seither ging es nach der Gontenschwiler Egg nördlich am Geisshof vorbei zum Boler und nach der Rickenbacher Dorfmitte wurde Gunzwil durch den Ausläufer des Bogetenwaldes erreicht. Nach dem Menziker Waldfestplatz erreichten die Läuferinnen und Läufer nicht mehr über die Aussenquartiere von Menziken und Reinach das Ziel, sondern liefen durch den Sonnenbergwald zum Reinacher Entenweiher und dann via Kirchweglein in die Neumatt hinunter (24,8 km).

Von seiner Gründungszeit bis 1950 war Schiessen und HG-Werfen nach dem Lauf Bestandteil des Reinachers. Als nur noch Schiessen Trumpf war, mussten sich die Wettkämpfer in Gunzwil, später in Schwarzenbach, auf die Wiese legen. Seit 1966 wird nur noch gelaufen.

Der Reinacher im Lauf der Zeit

Wie wir heute wissen, sollten zur Erstauflage noch weitere 62 Austragungen folgen. In den folgenden Jahren pendelten sich die Teilnehmerzahlen zwischen zwei- und dreihundert ein, ehe es 1955 einen Sprung auf 755 Klassierte gab. Die eigentliche Hochblüte erlebte der Reinacher in den 70er- und 80er-Jahren. Die Teilnehmerzahlen erreichten fast immer die 600er-Marke. Sie erreichte ihren Höhepunkt im Jahre 1978, als nicht weniger als 849 Namen auf der Rangliste standen. Kaspar Scheiber, Georges Thüring, Florian Züger, Kudi Steger und natürlich nicht zuletzt Albrecht Moser waren Waffenlaufgrössen, die in die Geschichte der vielleicht urschweizerischsten aller Sportarten eingingen. Nicht zu vergessen Hans Furrer aus Mosen. 1989 und 1990 stellte der organisierende Verein den Tagessieger.

Das Ende naht

Im Kommentar zum 52. Reinacher 1995 war im «Wynentaler-Blatt» zu lesen: «Die Perspektive für das Jahr 2004 sieht so aus, dass dannzumal 120 Läufer der Kategorie M20 fehlen werden. Und dann: Für 300 Läufer einen Lauf dieser Grössenordnung durchziehen?» Es kam wie es kommen musste. Mit jedem Läufer weniger lichteten sich die Spaliere an den Strassenrändern. Die einstige Popularität, die Identifikation der Bevölkerung mit der härtesten aller Laufsportarten begann zu bröckeln. Wurden vor Jahrzehnten die Läufer und seit 1986 auch Läuferinnen von einer riesigen Zuschauermenge in der Neumatt empfangen, verloren sich bei der zweitletzten Austragung 2005 vielleicht noch gut zweihundert Zuschauer im Zielein-

Am 52. Reinacher Waffenlauf (1995)

lauf. 231 Klassierte, davon 21 Damen und 16 über 60-Jährige, zwei Kategorien, die vor Jahren noch gar nicht oder nicht mehr dabei waren (sein durften), ergibt «netto» nicht einmal mehr 200 Wettkämpfer. Mit der Aufgabe des traditionsreichsten Sportanlasses in der Region befindet sich der UOV Oberwynen- und Seetal in guter Gesellschaft. Freiburg (2002), der Toggenburger (2003), Kriens (2003), Altdorf (2004), Neuenburg (2005), St. Gallen (2006) und Zürich (2006) sahen für ihren Waffenlauf auch keine Zukunft mehr. Noch in diesem Jahr, Ende 2006, wird sich die IGWS (Interessengemeinschaft Waffenlauf Schweiz) aller Voraussicht nach auflösen. Mit anderen Worten: Die Sportart Waffenlauf wird es wohl bald nicht mehr geben. Man ist versucht zu sagen: Der Zeitgeist hat sie dahingerafft.

Silvio Bertschi, Pfeffikon

Ein Startbild des Reinacher Waffenlaufs (1975) mit 708 Teilnehmern

Das letzte Wort …

Zum letzten Mal treffen sich Waffenläuferinnen und -läufer, Angehörige, Organisatoren, Gäste und Besucher zum traditionellen Aargauischen Waffenlauf im herbstlichen oberen Wynental. Für viele Waffenlaufbegeisterte ist es ein harter Schlag, sich damit abfinden zu müssen, dass der «Reinacher» in Zukunft nicht mehr existieren soll. Wer hätte sich diese Entwicklung noch vor kurzem vorstellen können? Und trotzdem: Der mutige und verantwortungsbewusste Entscheid der Verantwortlichen zum Abbruch ist richtig. Trotz grosser Bemühungen der Organisatoren, den Wettkampf stets auf die sich wandelnden Bedürfnisse der Teilnehmenden auszurichten, sanken die Teilnehmerzahlen in den letzten Jahren kontinuierlich. Der Aargauische Waffenlauf wurde zum Opfer des Zeitgeistes und der zunehmend misslichen Rahmenbedingungen. Man muss der Wahrheit ins Auge blicken. Der Entschluss zur Aufhebung verhindert ein langsames, unwürdiges Absterben des Waffenlaufs und lässt ihn als stolze, traditionsbewusste Wehrsportveranstaltung in die Geschichte eingehen und als solche in Erinnerung bleiben. Der letzte Reinacher Waffenlauf setzt dazu einen würdigen Schlusspunkt.

Das Goldene Buch des Aargauischer Waffenlaufes, Reinach

Jahr	Auszug	Landwehr	Landsturm	Senioren	Gruppen Auszug	Landwehr/Lst
1944	**Landis Karl** 3.26 34,0 P	Meyer Heinrich 3.51 14,0 P	Kessler Paul 4.05 46 P	–	–	–
1945	**Reiniger Adolf** 179 325,5 P	Meyer Heinrich 202 305,5 P	Sidler Josef 196 305,5 P	–	–	–
1946	**Schmid Walter** 192 306,0 P	von Rotz Theodor 214 295,0 P	Sidler Josef 218 279,0 P	–	UOV Dübendorf	UOV Luzern
1947	Jutz Jakob 179 327,5 P	**Niederhauser A.** 171 334,5 P	Vokinger Hermann 194 306,5 P	–	UOV Baden	UOV Zürich
1948	**Schmid Alfons** 158 350,5 P	Jutz Jakob 164 342,0 P	Jost Gottfried 172 331,5 P	–	–	UOV Zürich
1949	Müller Jakob 197 311,5 P	**Jutz Jakob** 180 326,5 P	Jost Gottfried 204 286,0 P	–	Thurgauischer WSV	UOV Zürich
1950	**Steinauer Walter** 163 338,5 P	Jutz Jakob 165 339,0 P	Meyer Heinrich 183 320,5 P	–	UOV Zürich	UOV Baselland
1951	Läubli Albert 179 316,0 P	**Hässig Fritz** 179 314,5 P	Jost Gottfried 194 286,0 P	–	UOV Zürich	UOV Zürich
1952	**Zwingli Niklaus** 171 165,0 P	Kohler Charles 173 173,0 P	Jost Gottfried 191 191,0 P	–	UOV Zürich	UOV Zürich
1953	**Lüthi Fritz** 2.32.38	Kolly Louis 2.37.49	Jost Gottfried 3.13.22	–	UOV Zürich	UOV Bern
1954	Wittwer Arthur 2.40.59	**Zwingli Niklaus** 2.33.50	Vogel Hartmann 3.30.17	–	–	–
1955	**Wicki Anton** 2.41.34	Kolly Louis 2.49.03	Jost Gottfried 3.17.55	–	UOV Zürich	UOV Zürich
1956	**Wicki Anton** 2.54.55	Kolly Louis 3.06.20	Engler Jakob 3.57.56	–	UOV Basselland	Zürcher Patrouilleure
1957	**Wicki Anton** 2.35.41	Peter Alois 3.00.13	Jost Gottfried 3.04.36	–	UOV Baselland	UOV Kriens-Horw

Das Goldene Buch des Aargauischer Waffenlaufes, Reinach

Jahr	Auszug	Landwehr	Landsturm	Senioren	Gruppen Auszug	Landwehr/Lst		
1958	Roth Josef 2.38.13	Peter Alois 3.03.25	Jost Gottfried 3.06.34	–	UOV Zürich	Zürcher Patrouilleure		
1959	Stäger Pius 2.34.06	Frank Paul 2.45.01	Meyer Heinrich 2.58.59	–	UOV Zürich	UOV Kriens-Horw		
1960	Rutzer Alois 2.30.38	Frank Paul 2.36.46	Meyer Heinrich 3.03.54	–	St.Galler Patrouilleure	UOV Biel		
1961	Pauli Hans 2.29.49	Frank Paul 2.39.58	Boutellier Werner 3.08.02	–	St.Galler Patrouilleure	Zürcher Patrouilleure		
1962	Fritsche Franz 2.15.53	Frank Paul 2.32.28	Hässig Fritz 2.50.39	–	WSG Schwyz	UOV Zürich		
1963	Wyss Hansruedi 2.31.05	Rutzer Alois 2.35.37	Hässig Fritz 3.12.23	–	UOV Burgdorf	MKG Bramberg LU		
1964	Fischer Werner 2.06.54	Frank Paul 2.56.59	Kolly Louis 2.41.38	–	UOV Burgdorf	UOV Burgdorf		
1965	von Wartburg A. 2.10.36	Frank Paul 2.22.41	Peter Alois 2.38.22	Walder Konrad 3.05.11	UOV Burgdorf	UOV Burgdorf		
1966	Fischer Werner 2.10.03	Frank Paul 2.21.24	Kolly Louis 2.42.05	Meyer Heinrich 2.58.27	UOV Burgdorf	WSG Basel		
1967	Fischer Werner 2.08.42	Gilgen Walter 2.17.55	Frank Paul 2.26.51	Köng Walter 2.44.31	MKG Bramberg LU	UOV Burgdorf		

Jahr	Auszug	Landwehr	Landsturm	Senioren	Gruppen Auszug	Landwehr	Landsturm	Senioren
1968	von Wartburg A. 2.13.04	**Gilgen Walter** 2.10.46	Biefer Edwin 2.25.00	Köng Walter 2.44.24	UOV Burgdorf	UOV Burgdorf	UOV Zürich	–
1969	von Wartburg A. 2.07.53	Gilgen Walter 2.11.48	Frank Paul 2.23.45	Schaller Josef 2.47.14	UOV Burgdorf	UOV Burgdorf	UOV Zürich	–
1970	Burri Niklaus 1.41.23	Wenger Fred 1.47.19	Biefer Edwin 1.51.19	Schaller Josef 2.09.28	UOV Burgdorf	Zürcher Patrouilleure	UOV Zürich	–
1971	Aegerter Willi 1.43.14	Guggisberg Werner 1.45.07	Borer Hans 1.48.20	Schaller Josef 2.12.17	WSG Basel	UOV Burgdorf	UOV Zürich	–
1972	Pfister Urs 1.41.41	Hasler Heinz 1.43.41	Pfanner Karl 1.53.12	Meili Max 2.07.57	UOV Burgdorf	UOV Burgdorf	UOV Zürich	–
1973	Aegerter Willi 1.40.12	**Burri Niklaus** 1.38.08	Pfanner Karl 1.49.17	Frank Paul 1.56.39	UOV Wiedlisbach	UOV Burgdorf	UOV Zürich	–
1974	Pfister Urs 1.40.25	von Wartburg A. 1.43.29	Schürer Walter 1.50.29	Frank Paul 1.58.14	UOV Wiedlisbach	UOV Burgdorf	MKG St.Gallen	–
1975	Thüring Georges 1.41.57	Scheiber Kaspar 1.43.04	Strittmatter Werner 1.54.30	Frank Paul 2.04.14	LWSV Bern	Zürcher Patrouilleure	WSG UOV Zürich	–
1976	Blum Charles 1.38.26	**Scheiber Kaspar** 1.37.44	Gilgen Walter 1.46.12	Frank Paul 1.53.23	UOV Wiedlisbach	UOV Burgdorf	Zürcher Patrouilleure	–
1977	Steger Kudi 1.37.37	**Pfister Urs** 1.35.10	Voitel Heinz 1.47.47	Frank Paul 1.55.20	UOV Wiedlisbach	MKG Fricktal	Zürcher Patrouilleure	–
1978	Steger Kudi 1.38.15	**Moser Albrecht** 1.38.14	Gilgen Walter 1.48.43	Biefer Edwin 1.58.35	UOV Wiedlisbach	MKG Fricktal	Zürcher Patrouilleure	–
1979	Steger Kudi 1.40.54	**Moser Albrecht** 1.35.30	Calonder Reto 1.52.47	Pfanner Karl 1.54.18	UOV Wiedlisbach	MKG Fricktal	Zürcher Patrouilleure	–
1980	Rüegsegger Fritz 1.37.21	Moser Albrecht 1.39.18	Rüegg Ernst 1.45.25	Eicher Xaver 1.53.32	LWV Mittelland	Zürcher Patrouilleure	Zürcher Patrouilleure	WSG UOV Zürich
1981	Spuler Toni 1.41.35	**Moser Albrecht** 1.38.12	Rüegg Ernst 1.45.42	Schumacher Emil 1.49.59	UOV Wiedlisbach	Zürcher Patrouilleure	Thurgauischer WSV	WSG UOV Zürich
1982	Furrer Hans 1.44.04	**Züger Florian** 1.42.07	Camenisch Robert 1.53.08	Schumacher Emil 1.53.31	UOV Wiedlisbach	Zürcher Patrouilleure	UOV Burgdorf	MKG St.Gallen-Appenzell
1983	Häni Fritz 1.41.22	**Steger Kudi** 1.39.54	Hugentobler Kurt 1.50.08	Gaio Romano 1.56.11	UOV Wiedlisbach	LWV Mittelland	Thurgauer WSV	MKG St.Gallen-Appenzell
1984	Spuler Toni 1.40.10	**Steger Kudi** 1.37.35	Hugentobler Kurt 1.43.50	Schumacher Emil 1.51.39	UOV Burgdorf 5.14.36	LWV Mittelland 5.02.38	Thurgauer WSV 5.38.27	Zürcher Patrouilleure 6.08.51
1985	Häni Fritz 1.31.47	**Moser Albrecht** 1.30.52	Peyer Peter 1.37.18	Schumacher Emil 1.47.01	UOV Wiedlisbach 4.38.54	LWV Mittelland 4.50.58	Thurgauer WSV 5.17.15	Zürcher Patrouilleure 6.19.50
1986	Häni Fritz 1.32.06	Moser Albrecht 1.32.41	Peyer Peter 1.36.13	Keller Walter 1.43.18	UOV Wiedlisbach 4.39.30	LWV Mittelland 4.43.10	Thurgauer WSV 5.02.25	MKG St.Gallen-App. 6.01.55

Jahr	Auszug	Landwehr	Landsturm	Senioren	Gruppen Auszug	Landwehr	Landsturm/Sen	Offene Klasse
1987	Thür Alex 1.32.23	**Steffen Beat** 1.31.58	Züger Florian 1.35.36	Keller Walter 1.43.26	MKG St.Gallen-App. 4.48.07	LWV Mittelland 4.42.04	WSG UOV Zürich 5.06.03	MKG Fricktal 4.47.01
1988	Wüthrich Christian 1.33.06	**Hufschmid Leo** 1.32.22	Heim Urs 1.34.40	Keller Walter 1.45.25	UOV Burgdorf 4.56.24	Thurgauer WSV 5.08.39	LWV Mittelland 4.55.49	MKG Fricktal 4.48.59

Das Goldene Buch des Aargauischer Waffenlaufes, Reinach

Jahr	Auszug	Landwehr	Landsturm	Senioren	Gruppen Auszug	Landwehr/Lst		
1989	Wüthrich Christian 1.33.16	Furrer Hans 1.30.03	Moser Albrecht 1.35.01	Ritter Manfred 1.45.06	UOV Burgdorf 4.43.19	UOV / LG Homberg 4.52.14	LWV Mittelland 4.58.01	UOV Wiedlisbach 4.44.21
1990	Wüthrich Christian 1.33.59	Furrer Hans 1.30.57	Storchenegger M. 1.35.30	Ritter Manfred 1.45.40	UOV Burgdorf 4.53.45	UOV / LG Homberg 4.54.20	UOV Wiedlisbach 4.57.15	MKG Fricktal 4.48.17
1991	Frutig Werner 1.31.34	Steffen Beat 1.32.05	Storchenegger M. 1.35.30	Hugentobler Kurt 1.44.04	UOV Burgdorf 4.54.00	UOV Burgdorf 4.58.39	UOV Wiedlisbach 5.09.16	LWV Mittelland 4.51.14
1992	von Känel Martin 1.32.46	Steffen Beat 1.33.18	Heim Urs 1.36.38	Allenspach Bruno 1.44.00	LSV St.Gallen-App. 4.48.16	LSV St.Gallen-App. 5.02.57	Thurgauer WSV 5.12.10	UOV Wiedlisbach 4.56.42
1993	von Känel Martin 1.31.39	Jost Christian 1.32.58	Züger Florian 1.36.28	Hugentobler Kurt 1.40.04	UOV Burgdorf 4.47.08	UOV / LG Homberg 4.58.05	LWV Mittelland 5.20.28	UOV Wiedlisbach 4.51.04
1994	Schöpfer Martin 1.31.25	Jost Christian 1.37.36	Furrer Hans 1.36.54	Allenspach Bruno 1.47.15	Zürcher Patrouilleure 4.49.33	UOV / LG Homberg 5.12.48	UOV / LG Homberg 5.17.22	LG UOV Burgdorf 4.49.10
	M20	M30	M40	M50	Damen	Gruppen Elite	Senioren	Offene Klasse
1995	von Känel Martin 1.29.14	Dürst Fritz 1.29.54	Schneider Mauro 1.37.40	Züger Florian 1.42.18	Urfer Martha 2.00.40	Zürcher Patrouilleure 4.46.47	LG Homberg 5.07.00	UOV Wiedlisbach 4.45.40
1996	von Känel Martin 1.28.59	Walker Ruedi 1.32.05	Häni Fritz 1.31.25	Heim Urs 1.38.35	Gajic Steffi 1.57.34	WSG Schwyz 4.45.07	Zürcher Patrouilleure 5.07.26	UOV Wiedlisbach 4.39.25
1997	Schöpfer Martin 1.29.06	Niederberger Walter 1.34.57	Jost Christian 1.33.07	Storchenegger M. 1.39.45	Urfer Martha 2.04.02	WSG Schwyz 4.46.26	LSV St.Gallen-App. 5.11.32	LV 95 Burgdorf 4.38.05
1998	Deller Peter 1.34.02	Hafner Jörg 1.32.33	Häni Fritz 1.35.10	Heim Urs 1.42.17	Heim Maria 1.56.18	Zürcher Patrouilleure 4.55.43	Zürcher Patrouilleure 5.04.22	LWV Mittelland 4.54.19
1999	Deller Peter 1.33.41	von Känel Martin 1.30.00	Häni Fritz 1.34.23	Storchenegger M. 1.39.21	Heim Maria 1.56.01	LV 95 Burgdorf 4.43.22	Run Fit Thurgau 5.19.46	UOV Wiedlisbach 4.44.29
2000	Deller Peter 1.32.13	Hafner Jörg / von Känel Martin 1.29.02	Häni Fritz 1.35.04	Storchenegger M. 1.38.47	Heim Maria 1.51.31	–	Run Fit Thurgau 5.12.04	UOV Wiedlisbach 4.40.42
2001	Ebner Mischa 1.31.35	Hafner Jörg 1.26.50	Häni Fritz 1.34.19	Storchenegger M. 1.38.47	Balmer Marianne 1.54.24	–	LV 95 Burgdorf 5.05.41	UOV Wiedlisbach 4.40.03
2002	Marti Stefan 1.37.50	Schöpfer Martin 1.27.05	Scheidegger Nikl. 1.33.21	Gschwend Peter 1.37.13	Balmer Marianne 1.47.17	–	Run Fit Thurgau 4.59.37	LV 95 Burgdorf 4.34.17
2003	Menhard Michael 1.38.54	Hafner Jörg 1.28.34	Scheidegger Nikl. 1.33.53	Storchenegger M. 1.40.27	Balmer Marianne 1.52.04	–	Run Fit Thurgau 5.11.44	UOV Wiedlisbach 4.41.32
					D20	D40	Gruppen Sen	Offene Klasse
2004	Wieser Patrick 1.35.24	Hafner Jörg 1.30.08	Scheidegger Nikl. 1.34.15	Häni Fritz 1.36.14	Widmer Monika 1.56.34	Balmer Marianne 1.48.30	LV 95 Burgdorf 5.07.46	UOV Wiedlisbach 4.40.38
2005	Berger Marc 1.37.52	Deller Peter 1.35.28	Hafner Jörg 1.30.44	Häni Fritz 1.36.14	Helfenberger C. 1.52.10	Balmer Marianne 1.55.17	Run Fit Thurgau 5.11.09	LWV Mittelland 4.58.46
2006	Wieser Patrick 1.37.18	Deller Peter 1.37.46	Walker Ruedi 1.41.00	Pfister Fredy 1.46.06	Widmer Monika 2.02.57	Balmer Marianne 1.54.41	Run Fit Thurgau 5.41.52	Zürcher Patrouilleure 5.05.29

Beat weiss noch mehr dazu …

63 Mal ausgetragen von 1944–2006, 17 Mal teilgenommen (2006 = letzter Lauf)

Reinach hatte sich jedes Jahr der Konkurrenz ziviler Läufe auszusetzen. Deshalb brachte ich es hier nicht auf 20 Teilnahmen. Der Anfahrtsweg war vor dem Autobahnbau zudem etwas umständlich.

1965 erstmals am Reinacher, verletzte ich mich am Knie bei km 16, lief aber die 32 km unvernünftigerweise trotzdem fertig und musste mit einen stark geschwollenen Knie dann vier Wochen pausieren. Als Neumitglied bei der Wehrsportgruppe Basel wollte ich nicht gleich als Weichling gelten! Dank dieses Fertiglaufens kann ich das Prädikat «Nie aufgegeben» für mich beanspruchen.

Die 32-km-Strecke führte immer beim Sendeturm des Landessenders Beromünster vorbei. Die Landschaft war noch nicht mit Antennenmasten übersät wie heute. Zur Zeit des Reinachers waren die Äpfel reif. Dafür waren Läufer der hinteren Regionen dankbar. Isotonische Verpflegung gab es noch keine.

Das Datum des Reinachers und die Chilbi beim Wendepunkt in Möischter (Beromünster) trafen am vierten Septembersonntag immer zusammen. Kollegen erzählten, dass damals eine Fahrt mit dem Karussell für die hinteren Läufer immer dringelegen habe. Nach der Passage des Hans-Furrer-Dorfes Rickenbach, dem Wendepunkt in Beromünster und dem Aufstieg nach Schwarzenbach folgte für mich der schönste Streckenabschnitt, das stetige Gefälle dem Ziel entgegen. Von Weitem schon ertönte die klare Stimme von Heinz Koch aus dem Lautsprecher, der fast jeden Läufer persönlich willkommen hiess, unterstützt von seiner Frau Trudi!

Noch ein Wort zu Hans Furrer. Der sympathische Luzerner war 1989 in der Form seines Lebens. Zwischen dem Thuner und dem Frauenfelder (2.38.16), die er beide als klarer Sieger beendete, meldete er sich noch kurzfristig für die Schweizermeisterschaften im Marathon in Tenero an. Seine Siegerzeit von 2.17.40 rief in Leichtathletikkreisen basses Erstaunen hervor.

1993, 50. Reinacher Waffenlauf. Herzlichen Dank für die Einladung im Kreise illustrer Gäste. Auch die Schweizermeisterschaftsehrung in Reinach mit den feinen Eglifilets bleibt mir in bester Erinnerung.

1978 bot ich für meinen einzigen Läuferkollegen aus den Übermittlungstruppen, Hans Moser, zu seinem 100. Waffenlauf den Kadi auf. Hans erhielt von der Uem Kp 71 eine schöne Zinnkanne, für meinen 50. Waffenlauf lag noch ein Blumenstrauss drin.

In den Achtzigerjahren gab es am Reinacher einen Velosprint. Albrecht Moser machte sich einen Spass daraus, seine Velokollektion jedes Jahr um eine Einheit zu vergrössern, auch wenn er den Lauf danach nicht gewonnen hätte. Zu den Zeiten als Jörg Hafner als Seriensieger einstieg wäre das nicht mehr ganz so spannend gewesen.

Einmal konnte ich auch meine Familie bewegen nach Reinach mitzukommen. Die Töchter hatten allerdings an der Chilbi in Beromünster mit dem Karussell mehr Interesse als an den gefleckten Soldaten!

1994, am 51. Reinacher, klassierte ich mich als 51. bei den Senioren. Dafür gab es in den Vorjahren für den gleichen Rang bei gleicher Anzahl Läufe (am 49. für alle 49., am 50. für alle 50. der Kategorie usw.) einen Zinnbecher. Ausgerechnet am 51. Lauf gab's erstmals nichts mehr. Aus «Wut» klaute ich dann die Idee und stiftete am Freiburger im 1995 für den 95. jeder Kategorie, im 1996 für jeden 96. einen Zinnbecher. Die Serie endete 1999, denn 99 pro Kategorie wurden schon vorher nicht mehr klassiert.

Einmal konnte ich mit Paul Burri aus Bern mitfahren. Nach dem Duschen und der Kleiderrückgabe waren wir rückfahrbereit. Ausser dem Autoschlüssel hatten wir alles! Wo der war? Sie haben es erraten. In den auf den Haufen geworfenen Hosen des Tarnanzugs! Die Teilnehmerzahl lag damals in weit höheren Gefilden als heute und alle Kleider wurden zurückgegeben. Nach etwa 500 durchsuchten Hosen der Jubelschrei eines Helfers «I ha ne!». Eine rote Note wechselte daraufhin den Besitzer.

Die Strecke des Reinachers wurde lange Zeit im Programmheft mit 34,1 km deklariert, obschon sie höchstens 32 km betrug. Für meine Statistik jedenfalls notierte ich immer nur 32,0 km. Überhaupt hat man das Gefühl, viele Waffenlaufstrecken seien nicht mit dem Messrad sondern mit dem Daumen vermessen und ein bisschen Höhenunterschied dazugerechnet worden!

Von den Aargauer Spitzenwaffenläufern kannte ich jeden persönlich. Denn diese wurden jedes Jahr von den AEW zu einem feinen Nachtessen mit Dessertbuffet eingeladen, zuerst nach Lenzburg, später nach Aarau. Zusätzlich durfte ich als Vertreter des Hundertervereins mitgeniessen.

Impressionen vom letzten «Reinacher»

Altdorfer Waffenlauf im Jahr 1947

Altdorfer Waffenlauf (1945–2004)

Geschichte und Entwicklung

Die Armee hatte 1945 demobilisiert. Es schien riskant, zu einem Militärwettmarsch aufzurufen, nachdem alle Wehrmänner ins Zivilleben zurückgekehrt waren. Trotzdem gab es immer mehr Wettkämpfer aus der Innerschweiz, die sich an Militärsportanlässen beteiligten. Dass kein solcher Wettkampf in der Innerschweiz stattfand, wurde natürlich beklagt. Diese Lücke zu schliessen beschlossen der Unteroffiziersverein Uri, der bis zuletzt den Dachverband des Altdorfer Waffenlaufs darstellte, sowie die Offiziersgesellschaft Uri. Erster Präsident des Organisationskomitees war Fw Max Hofer aus Altdorf. Der erste Militärwettmarsch wurde im Jahr 1945 durchgeführt und zählte ein Teilnehmerfeld von 450 Wettkämpfern. Die Strecke mass genau 30 km und führte über den gleichsam verhassten wie geliebten «Attinghauser Stutz». Bereits damals gab es Stimmen, die diesem Sportanlass ein jähes Ende vorhersagten. Doch trotz dieses Gegenwinds entwickelte sich der Altdorfer Militärmarsch zu einer Tradition. Bei seiner zweiten Durchführung im Jahre 1946 erwies ihm sogar General Guisan die Ehre.

Seit dem Jahre 1947 etablierte sich der zweite Oktobersonntag als Durchführungsdatum des Altdorfer Militärwettmarsches. Von dieser Tradition wurde denn auch nur ganz wenige Male abgewichen. Im Jahre 1951 nahmen bei der 7. Auflage bereits über 1000 Wettkämpfer teil. Dies war wahrscheinlich für General Guisan Grund genug, einen Wanderpreis für die beste Gruppe zu stiften, der selbstverständlich nach ihm benannt wurde. An dieser Stelle soll nicht unterlassen werden, die Widmung des verehrten Generals zu zitieren, die er ins Goldene Buch schrieb:

«Das Gehen, sei es Marschieren oder Laufschritt, ist mit Turnen die Basis jeglicher Sporttätigkeit. Es ist die Grundbedingung des richtigen Atmens, das seinerseits die Lungen stärkt und zu Ausdauer verhilft. Ich gratuliere den Initianten des Altdorfer Militärwettmarsches, der dem Bestreben gilt, unsere Wehrmänner zu Leistungen anzuspornen, die nicht nur jedem Wettläufer einen Sieg über sich selbst einbringt, sondern für die Armee von grosser Wichtigkeit sind, denn trotz Motor braucht sie immer zuverlässige Läufer.»

Die Strecke

1962 entschlossen sich die Organisatoren aufgrund des zunehmenden Verkehrs auf der Gotthardstrasse, die Laufstrecke teilweise abzuändern. Dieser Änderung fiel die Schleife nach Flüelen zum Opfer. Stattdessen verlief die Strecke in deren erstem Drittel auf Strassen beidseits der Reuss. Bei alledem blieb die Streckenlänge jedoch unverändert.

Das Jahr 1970 ging in die Geschichte des Altdorfer Waffenlaufs ein. Dabei spielte der Föhn, der «älteste Urner», eine gewichtige Rolle: Da er den Wettkämpfern mit seiner ganzen Kraft über die gesamte Laufstrecke entgegenblies, mussten viele von ihnen aufgeben. Einige Läufer mussten gar ins Spital eingewiesen werden!

Wegen dieser Vorkommnisse und auch unter dem Einfluss des Nationalstrassenbaus entschloss sich das Organisationskomitee im Jahr 1971 zu einer Abänderung: Start- und Zielort wurden auf das Gelände der Firma Dätwyler AG in Altdorf verlegt. Damit begann eine Ära der grosszügigen Unterstützung durch diese Firma, die der Altdorfer Waffenlauf bis zum Schluss geniessen durfte. Die neue Strecke des Altdorfer Waffenlaufs sah nun folgendermassen aus:
Start: Gotthardstrasse, Dätwyler AG, Altdorf.
Strecke: Altdorf–Bürglen–Schattdorf–Erstfeld–Attinghausen–Seedorf–Attinghausen–Altdorf. Ziel: Beim Personalhaus der Dätwyler AG, Altdorf.
Beschrieb: Vom Start an der Gotthardstrasse in Altdorf führt sie zum Kollegium und auf der Klausenstrasse zur Bürgler Kirche, durch die Feld- und Wyergasse nach Schattdorf. Vom Dorfkern zweigt sie auf eine Nebenstrasse ab und mündet bei der 1. Verpflegungsstation in die Gotthardstrasse, überquert diese und zieht sich durch den Schachen nach Erstfeld zur Reussbrücke (Wendepunkt). Dem linken Reussufer entlang wird Ripshausen erreicht. Über den Höhenweg geht es weiter nordwärts nach Attinghausen zur unteren Seilbahnstation, von dort abwärts zum Plätzli, über die Eyelen und den Balankenbach in den Bodenwald Seedorf. Bei der Kirche Seedorf biegt sie nach rechts ab und erreicht den Reussdamm. Südwärts auf einer Nebenstrasse, nochmals am Plätzli vorbei, geht es zur Attinghauserbrücke, von dort zum Walter Fürst. Durch die Attinghauserstrasse führt sie zur Kirche Bru-

37 Altdorfer Waffenlauf im Jahr 1967

38 Altdorfer Waffenlauf im Jahr 2003

der Klaus und in die Zwyergasse. Hierauf der letzte Kilometer über die Gründligasse und Kreuzgasse zum Ziel beim Personalhaus der Dätwyler AG. Die Strecke beträgt 25.750 km.

«Meilensteine» und Streckenänderungen

In all den folgenden Jahren wurde der Altdorfer Waffenlauf auf dieser Strecke durchgeführt. Das Organisationskomitee erarbeitete sich fortwährend einen hervorragenden Ruf für die reibungslose Organisation des Waffenlaufs. Dies führte dazu, dass sich namhafte Sponsoren aus der Privatwirtschaft für eine Zusammenarbeit mit dem Altdorfer Waffenlauf entschieden, wie beispielsweise die Dätwyler AG oder auch die damalige Schweizerische Bankgesellschaft. Ein kleiner Meilenstein in der OK-Tätigkeit war die vollständige Umstellung der Administration auf EDV im Jahr 1991. Heute eine Selbstverständlichkeit, damals aber eine kleine Revolution, konnte doch die ganze Organisation und Planung viel effizienter gestaltet werden. Man ging also sehr früh mit der Zeit. In seinem Jahresbericht über den 46. Altdorfer Waffenlauf des Jahres 1991 verzeichnete der damalige Präsident als Negativpunkt den Rückgang der Teilnehmer um 5,3 %. Dieses Phänomen wurde leider zur Konstanten und in praktisch jedem Jahr verzeichnete der Lauf einen leichten Teilnehmerrückgang. Man führte das auf die Reduktion der Truppenbestände im Rahmen der Armeereform 95, sowie auf die Konkurrenz der zivilen Läufe zurück. Seitens der IGWS, der Dachorganisation der Waffenläufe, versuchte man, dieser allgemeinen Entwicklung mit Statutenänderungen entgegenzutreten. Eine dieser Änderungen brachte die Einführung der Kategorie Schulen, mit der man sich eine erhöhte Attraktivität der Sportart erhoffte. Seitens des Altdorfer Waffenlauf versuchte man, diese Statutenänderung optimal auszunutzen und verstärkte darum die Marketingaktivitäten. Es wurde aktiv in den Schulen Stans und Isone als auch im Geb Füs Bat 87, dem Urner Bataillon, Werbung gemacht. Diese Bemühungen wurden belohnt und der OK-Präsident konnte in seinem Bericht zum 53. Altdorfer Waffenlauf stolz feststellen, dass der Altdorfer im Jahr 1997 der einzige Waffenlauf gewesen sei, der eine Teilnehmerzunahme verbuchen konnte, wenn auch nur eine bescheidene. Dies zeigt aber, dass die Waffenläufe nun vermehrt die Werbetrommel rühren mussten, um die Teilnehmerzahl halten zu können. Eine hohe Teilnehmerzahl wie in früheren Jahren war nicht mehr selbstverständlich. Die neue Kategorie Schulen verhalf dem Altdorfer Waffenlauf aber zu einer einigermassen stabilen Teilnehmerzahl, die sich im Bereich von 450 Läufern einpendelte. Um die Attraktivität weiter zu steigern, entschloss sich das OK, für den 56. Altdorfer Waffenlauf im Jahr 2000 die Strecke abzuändern. Im Vergleich zur letzten Streckenänderung im Jahr 1971 war die neue Strecke 8 Kilometer kürzer und führte neu über 17,520 km. Man wollte damit den jüngeren Läufern als auch den Neueinsteigern entgegenkommen und so das Teilnehmerfeld vergrössern. Es gab aber noch weitere Gründe für diese Streckenänderung: Durch den Einbezug des Reussdeltas wurde der landschaftlichen Schönheit des Kantons Uri mehr Rechnung getragen, der sehenswerte Altdorfer Dorfkern sollte die Schlussphase des Laufs prägen und auch die Verkehrsregelung wurde durch die neue Streckenführung vereinfacht. Diese Streckenänderung bedeutete für das damalige Organisationskomitee eine enorme Arbeit. Man erhoffte sich aber, mit dieser Arbeit dem Altdorfer eine gute Basis für die Zukunft zu geben.

Unsichere Schatten

Schon damals aber lag eine weitere Armeereform, die Armee XXI, als unsicherer Schatten über den Waffenläufen und auch das OK des Altdorfers wusste nicht, welche Auswirkungen diese neuerliche Reformen auf ihren Waffenlauf haben würden. Tatsächlich verzeichnete der neue Lauf eine Teilnehmerzunahme und man konnte am 56. Altdorfer Waffenlauf 494 Läufer verzeichnen. Die Mühen schienen sich also gelohnt zu haben. Bereits im Folgejahr zeigte sich aber leider wieder ein anderes Bild: Die Teilnehmerzahl war um ganze 10 % eingebrochen, für das OK eine Ernüchterung. Dennoch gab es in diesem Lauf ein Highlight: Erstmals gelang es einem Urner, Ruedi Walker aus Flüelen, den Altdorfer Waffenlauf zu gewinnen.

Gedanken zur Zukunft

In den Reihen des OK's des Altdorfer Waffenlaufs machte man sich immer mehr Gedanken um die Zukunft des Laufs. Dies umso mehr, als sich für den 59. Altdorfer Waffenlauf im Jahr 2003 gerade noch 324 Läuferinnen und Läufer am Start einfanden. Und davon waren 70 % älter als 40 Jahre. Trotz der grossen Bemühungen mit Teilnehmerwerbung in den Schulen war es offensichtlich schwer, immer mehr junge Läuferinnen und Läufer für diese Sportart zu gewinnen. Auch schien das Interesse der Zuschauer am Strassenrand stark abgenommen zu haben. Dazu gesellte sich ein weiteres Problem: Im Jahr 2003 konnte das OK des Altdorfers das letzte Mal auf die Mithilfe der Infanterierekrutenschule Stans zählen, die für diesen Lauf jeweils etwa 40 Mann zur Unterstützung gestellt hatte. Ab dem Jahr 2004 gab es diese Schule nicht mehr und es war ungewiss, wer dieses wichtige und günstige Unterstützungspersonal in Zukunft stellen sollte.

Das Ende

In den Reihen des OK folgten aufwändige Diskussionen um die Zukunft dieses traditionsreichen Grossanlasses. Nach einer intensiven Diskussionsphase und unter Berücksichtigung mehrerer Zukunftsszenarien, etwa der Umwandlung in einen zivilen Lauf, entschied man sich, mit der Durchführung des 60. Altdorfer Waffenlaufs, diese Tradition zu beenden. Dieser Schritt tat weh. Die Entscheidung wurde jedoch von sämtlichen OK-Mitgliedern getragen. Es gab auch gute Gründe. Die Unterstützung durch die Armee in Form von Hilfspersonal wurde massiv erschwert und wäre mit hohen Kosten, die in der Vergangenheit von der Armee getragen worden waren, verbunden gewesen. Ausserdem liefen mit dem 60. Altdorfer auch die meisten Sponsorenverträge aus. Die Suche nach neuen Sponsoren hätte sich in Anbetracht der grossen sportlichen Konkurrenz sehr schwierig gestaltet. Eine Weiterführung hätte auch finanzielle Schwierigkeiten bedeutet, mussten doch für den Einsatz des Hilfspersonals, welches aus lokalen Feuerwehren und Pfadfindern rekrutiert werden musste, hohe Beträge entrichtet werden. Der wichtigste Grund war aber die schwindende Teilnehmerzahl, gerade bei den jüngeren Läuferinnen und Läufern. Man wollte unbedingt verhindern, dass dieser traditionsreiche Sportanlass in Unwürde versank und irgendwann aufgrund fehlender Teilnehmer schleichend gestorben wäre. Das Organisationskomitee wollte es selbst in der Hand haben, wann Schluss sein sollte und somit dem Altdorfer ein würdiges Ende bereiten. So gab man sich für den 60. Altdorfer Waffenlauf noch einmal besonders Mühe und erreichte dank noch einmal verstärkter Werbeausgaben eine Teilnehmerzunahme. Immerhin fanden sich 383 Rangierte auf der Schlussrangliste. Eine schöner Schlusspunkt ergab sich auch in sportlicher Hinsicht: Mit Ivan Gisler gewann ein Urner den letzten Altdorfer!

Wehmut und Stolz

Was bleibt ist Wehmut, aber auch Stolz. Wehmut deshalb, weil eine schöne Tradition, ein bedeutender Sportanlass Vergangenheit ist. Stolz aber auch, weil dieser Sportanlass dank eines würdigen Endes allen in sehr guter Erinnerung geblieben ist. Dies haben alle Organisationskomitees, die über die Jahre stets eine tadellose Organisationsarbeit geleistet haben, mehr als verdient. Man darf dabei nicht vergessen, dass sich das Rad der Zeit dreht, dass Traditionen leider vergehen und dass sich die Interessen der Menschen verändern. Dagegen kann selbst Herzblut und eine reibungslose Organisation nichts ausrichten. Viel besser und schöner ist es doch, den Altdorfer Waffenlauf in bester Erinnerung zu halten. Und diese ändert sich ja nicht.

Hptm Renzo Küttel, Feldmeilen
Ehemaliger OK-Präsident (2002 – 2004)

Das Goldene Buch des Altdorfer Waffenlaufes

Jahr	Auszug	Landwehr	Landsturm	Senioren	Gruppen Auszug/Lw/Lst	
1945	**Schiesser Kaspar** 2.32.28	Beeler Leo 2.35.03	Jost Gottfried 2.58.50	–	UOV Glarus	
1946	Schmid Walter 2.35.14	**Beeler Leo** 2.30.10	Jost Gottfried 2.50.24	–	UOV Zürich 3.02.06	
1947	**Frischknecht Hans** 2.39.07	Reiniger Adolf 2.45.50	Vokinger Hermann 3.14.55	–	UOV Zürich 3.10.19	
1948	**Frischknecht Hans** 2.35.14	Niederhauser A. 2.51.48	Jost Gottfried 2.57.08	–	UOV Zürich 2.53.06	
1949	**Frischknecht Hans** 2.40.44	Hässig Fritz 2.41.57	Vokinger Hermann 3.03.19	–	UOV Zürich 2.53.06	
1950	**Müller Adolf** 2.36.39	Hässig Fritz 3.01.18	Niederhäuser J. 3.25.58	–	UOV Zürich 2.59.48	
1951	**Meili Max** 2.35.36	Hässig Fritz 2.40.00	Jost Gottfried 2.51.50	–	UOV Zürich 2.41.54	
1952	**Frischknecht Hans** 2.15.55	Kohler Charles 2.37.15	Jost Gottfried 2.39.43	–	UOV Zürich 2.34.48	Verkürzte Strecke
1953	**Frischknecht Hans** 2.27.10	Kolly Louis 2.51.38	Jost Gottfried 3.04.12	–	UOV Baselland 2.49.55	
1954	Meili Max 2.28.38	**Zwingli Niklaus** 2.26.10	Jost Gottfried 2.51.21	–	UOV Burgdorf 2.38.14	
1955	**Zehnder Jules** 2.33.12	Hässig Fritz 2.40.15	Jost Gottfried 3.01.07	–	Thurgauischer WSV 2.42.57	
1956	**Biefer Edwin** 2.19.48	Peter Alois 2.40.10	Jost Gottfried 2.48.51	–	GWK III Chur 2.30.41	

Das Goldene Buch des Altdorfer Waffenlaufes

					Gruppen Auszug	Landwehr/Lst		
1957	**Salzmann Alois** 2.32.53	Hässig Fritz 2.48.19	Jost Gottfried 3.06.58	–	Zürcher Patrouilleure 2.47.59	UOV Kriens-Horw 2.57.18		
1958	**Rutzer Alois** 2.28.55	Meili Max 2.39.33	Jost Gottfried 2.54.20	–	MKG Bramberg LU 2.38.41	Zürcher Patrouilleure 2.46.56		
1959	**Rutzer Alois** 2.29.02	Meili Max 2.37.31	Jost Gottfried 2.46.07	–	MKG Bramberg LU 2.23.51	UOV Kriens-Horw 2.46.20		
1960	**Rutzer Alois** 2.22.16	Suter Walter 2.23.09	Hässig Fritz 2.48.22	–	St.Galler Patrouill. 7.21.17	UOV Zürich 7.15.22		
1961	**Pauli Hans** 2.22.17	Suter Walter 2.33.17	Hässig Fritz 2.52.51	–	UOV Burgdorf 7.34.16	UOV Zürich 7.47.27		
1962	**Vögele Guido** 2.19.23	Frank Paul 2.37.30	Hässig Fritz 2.47.33	–	UOV Burgdorf 7.10.31	UOV Zürich 7.48.26		
1963	**Gilgen Walter** 2.18.36	Gerber Walter 2.26.20	Hässig Fritz 2.49.14	–	UOV Burgdorf 7.07.57	UOV Zürich 7.49.44		
1964	**Fischer Werner** 2.08.51	Gerber Walter 2.24.21	Hässig Fritz 2.35.23	–	UOV Burgdorf 6.53.08	MKG Bramberg LU 7.22.27		
1965	**Gilgen Walter** 2.07.59	Pauli Hans 2.24.49	Hässig Fritz 2.37.13	Walder Konrad 3.12.51	UOV Burgdorf 6.49.48	UOV Burgdorf 7.34.59		
1966	**von Wartburg A.** 2.17.07	Pfanner Karl 2.21.59	Loosli Hans 2.52.00	Oberholzer Ernst 3.10.09	UOV Burgdorf 7.06.11	Zürcher Patrouilleure 8.08.09		
1967	**Fischer Werner** 2.13.57	Gilgen Walter 2.18.33	Frank Paul 2.24.55	Köng Walter 2.43.24	MKG Bramberg LU 7.21.31	UOV Burgdorf 7.15.48		
1968	**von Wartburg A.** 2.18.12	Gilgen Walter 2.19.18	Frank Paul 2.31.15	Hässig Fritz 2.54.35	UOV Burgdorf 7.20.36	UOV Burgdorf 7.28.57		
1969	**Boos Robert** 2.06.10	Gilgen Walter 2.12.18	Frank Paul 2.23.36	Wegmann Heinrich 2.37.14	UOV Burgdorf 6.32.18	UOV Burgdorf 6.48.45		
1970	**Burri Niklaus** 2.19.35	Wenger Fred 2.35.08	Frank Paul 2.36.22	Wegmann Heinrich 2.54.32	UOV Burgdorf 7.08.19	UOV Burgdorf 8.19.19		
Ab 1971 neue Strecke								
1971	**Boos Robert** 1.37.19	Strittmatter Werner 1.43.18	Borer Hans 1.43.08	Schaller Josef 2.05.56	UOV Burgdorf 5.01.42	UOV Burgdorf 5.18.32		
1972	**Aegerter Willi** 1.37.42	Strittmatter Werner 1.40.01	Pfanner Karl 1.47.26	Wegmann Heinrich 2.02.37	UOV Burgdorf 5.00.33	Zürcher Patrouilleure 5.14.31		
1973	**Aegerter Willi** 1.36.04	Burri Niklaus 1.36.46	Pfanner Karl 1.47.03	Frank Paul 1.53.33	UOV Burgdorf 4.50.25	UOV Burgdorf 5.17.22		
1974	**Dähler Hans** 1.34.11	Boos Robert 1.36.01	Schürer Walter 1.45.24	Frank Paul 1.53.37	LWSV Bern 4.48.54	UOV Burgdorf 5.09.14		
1975	Portmann Armin 1.33.27	**Boos Robert** 1.32.53	Rüdisühli Hans 1.42.46	Frischknecht Hans 2.01.25	LWSV Bern 4.40.48	Zürcher Patrouilleure 5.09.54		
1976	**Portmann Armin** 1.34.08	Scheiber Kaspar 1.35.43	Gilgen Walter 1.41.01	Hasler Karl 1.54.01	UOV Wiedlisbach 4.50.47	UOV Burgdorf 5.05.05		
1977	Steger Kudi 1.35.49	**Züger Florian** 1.34.52	Voitel Heinz 1.43.51	Frank Paul 1.58.23	UOV Wiedlisbach 4.51.13	MKG Fricktal 4.56.36		
1978	Steger Kudi 1.34.28	**Moser Albrecht** 1.31.43	Calonder Reto 1.42.25	Biefer Edwin 1.49.36	UOV Wiedlisbach 4.47.34	MKG Fricktal 4.50.52		
1979	Steger Kudi 1.38.16	**Moser Albrecht** 1.34.30	Voitel Heinz 1.45.17	Pfanner Karl 1.48.41	LWSV Bern 4.56.56	MKG Fricktal 4.54.29		
1980	Rüegsegger Fritz 1.33.40	**Moser Albrecht** 1.31.04	Rüegg Ernst 1.39.27	Schumacher Emil 1.47.22	LWSV Bern 4.45.47	Zürcher Patrouilleure 4.55.05		
1981	Furrer Hans 1.39.42	**Moser Albrecht** 1.38.07	Rüegg Ernst 1.47.42	Schumacher Emil 1.50.31	LWV Mittelland 5.00.50	Zürcher Patrouilleure 5.07.43		
1982	Graf Markus 1.36.10	**Moser Albrecht** 1.31.49	Rüegg Ernst 1.41.56	Schumacher Emil 1.44.21	UOV Wiedlisbach 4.48.40	Zürcher Patrouilleure 4.50.52		
1983	Häni Fritz 1.34.58	**Steger Kudi** 1.31.59	Hugentobler Kurt 1.41.29	Schumacher Emil 1.49.31	UOV Wiedlisbach 4.47.40	LWV Mittelland 4.48.51		
1984	Häni Fritz 1.32.59	**Moser Albrecht** 1.29.52	Hugentobler Kurt 1.37.43	Schumacher Emil 1.44.37	UOV Wiedlisbach 4.36.16	LWV Mittelland 4.47.37		
1985	**Häni Fritz** 1.32.37	Steger Kudi 1.35.06	Peyer Peter 1.38.57	Schumacher Emil 1.46.29	LG UOV Uri 4.54.36	Zürcher Patrouilleure 4.53.35		
					Gruppen Auszug	Landwehr	Landsturm/Sen	Offene Klasse
1986	Thür Alex 1.35.49	**Heim Urs** 1.34.42	Peyer Peter 1.38.46	Keller Walter 1.45.32	UOV Wiedlisbach 4.55.34	LWV Mittelland 4.54.08	Thurgauer WSV 5.07.29	–
1987	Thüer Alex 1.30.42	**Steger Kudi** 1.30.37	Züger Florian 1.34.39	Keller Walter 1.41.50	MKG St.Gallen-App. 4.43.17	UOV Wiedlisbach 4.43.23	WSG UOV Zürich 5.03.07	MKG Fricktal 4.45.27

Das Goldene Buch des Altdorfer Waffenlaufes

Jahr	Auszug	Landwehr	Landsturm	Senioren	Gruppen Auszug/Lw/Lst			
1988	Wüthrich Christian 1.36.04	**Steffen Beat** 1.34.34	Moser Albrecht 1.35.40	Keller Walter 1.48.08	UOV Burgdorf 5.04.04	Zürcher Patrouilleure 5.09.49	Zürcher Patrouilleure 5.14.45	UOV Wiedlisbach 4.52.44
1989	Jost Christian 1.33.53	**Furrer Hans** 1.31.54	Moser Albrecht 1.36.19	Elliker Bruno 1.48.00	UOV Burgdorf 4.45.19	LG Homberg 4.58.13	Zürcher Patrouilleure 5.10.35	UOV Wiedlisbach 4.49.08
1990	Kellenberger Ueli 1.37.18	**Furrer Hans** 1.33.24	Heim Urs 1.38.36	Ritter Manfred 1.47.31	UOV Burgdorf 4.57.38	LG Homberg 5.04.47	UOV Wiedlisbach 5.06.44	MKG St.Gallen-App. 5.01.17
1991	**von Känel Martin** 1.31.14	Jost Christian 1.32.48	Moser Albrecht 1.37.14	Hugentobler Kurt 1.48.26	UOV Burgdorf 4.46.39	UOV Burgdorf 5.02.27	UOV Wiedlisbach 5.19.55	UOV Wiedlisbach 4.56.21
1992	**von Känel Martin** 1.33.04	Hufschmid Leo 1.34.35	Heim Urs 1.38.41	Hugentobler Kurt 1.43.26	UOV Burgdorf 4.47.31	LSV St.Gallen-App. 5.05.44	Thurgauer WSV 5.09.28	UOV Burgdorf 5.00.55
1993	**von Känel Martin** 1.33.51	Jost Christian 1.34.50	Storchenegger M. 1.37.06	Hugentobler Kurt 1.43.26	UOV Burgdorf 4.59.33	UOV Burgdorf 5.06.45	Zürcher Patrouilleure 5.24.11	UOV Wiedlisbach 4.52.35
1994	**von Känel Martin** 1.30.54	Jost Christian 1.32.30	Furrer Hans 1.36.07	Allenspach Bruno 1.46.17	Zürcher Patrouilleure 4.48.06	LG UOV Burgdorf 5.17.07	LG Homberg 5.15.26	LG UOV Burgdorf 4.42.18
	M20	**M30**	**M40**	**M50**	**Damen**	**Gruppen Elite**	**Senioren**	**Offene Klasse**
1995	**von Känel Martin** 1.30.30	Dürst Fritz 1.30.56	Storchenegger M. 1.39.35	Züger Florian 1.43.00	Urfer Martha 2.11.31	Zürcher Patrouilleure 4.52.17	LG Homberg 5.26.53	UOV Wiedlisbach 4.52.18
1996	**von Känel Martin** 1.34.34	Jost Christian 1.37.42	Häni Fritz 1.42.12	Heim Urs 1.44.45	Urfer Martha 2.07.15	LV 95 Burgdorf 5.03.12	Zürcher Patrouilleure 5.24.50	UOV Wiedlisbach 5.02.12
1997	**Schöpfer Martin** 1.33.08	Wampfler Bernhard 1.37.47	Jost Christian 1.36.38	Storchenegger M. 1.42.07	Urfer Martha 2.09.32	WSG Schwyz 4.55.40	Zürcher Patrouilleure 5.18.56	LV 95 Burgdorf 4.57.11
1998	Schelbert Koni 1.36.33	**Joos Markus** 1.35.20	Jost Christian 1.37.22	Heim Urs 1.44.12	Heim Maria 1.54.33	WSG Schwyz 4.55.32	Zürcher Patrouilleure 5.09.01	LWV Mittelland 4.59.37
1999	Deller Peter 1.33.51	**von Känel Martin** 1.29.10	Häni Fritz 1.36.07	Storchenegger M. 1.39.39	Heim Maria 1.54.34	LV 95 Burgdorf 4.49.03	Zürcher Patrouilleure 5.17.21	UOV Wiedlisbach 4.45.22
Ab 2000 neue Strecke								
2000	Gex-Fabry Alexis 1.00.52	von Känel Martin 1.00.48	Häni Fritz 1.04.12	Storchenegger M. 1.09.05	Heim Maria 1.16.40	–	LSV St.Gallen-App. 3.29.58	UOV Wiedlisbach 3.09.48
2001	Gisler Yvan 1.03.28	Walker Ruedi 1.03.25	Häni Fritz 1.05.44	Schmid Josef 1.13.09	Balmer Marianne 1.16.40	–	Run Fit Thurgau 3.32.12	UOV Wiedlisbach 3.18.45
2002	Gisler Yvan 1.02.58	Hafner Jörg 1.01.47	Häni Fritz 1.05.23	Gschwend Peter 1.07.45	Balmer Marianne 1.16.40	–	UOV Wiedlisbach 3.25.39	UOV Wiedlisbach 3.12.24
2003	Gisler Yvan 1.02.11	Hafner Jörg 1.01.01	Scheidegger Nikl. 1.05.22	Gschwend Peter 1.09.24	Balmer Marianne 1.19.59	–	Run Fit Thurgau 3.36.03	UOV Wiedlisbach 3.15.17
					D20	**D40**	**Gruppen Sen**	**Offene Klasse**
2004	**Gisler Yvan** 1.03.00	von Känel Martin 1.05.15	Scheidegger Nikl. 1.05.42	Klarer Gerhard 1.13.27	Widmer Monika 1.21.11	Balmer Marianne 1.17.20	WSV Graubünden 3.41.43	LWV Mittelland 3.18.59

Beat weiss noch mehr dazu …

60 Mal ausgetragen von 1945-2004, 12 Mal teilgenommen (2004 = letzter Lauf)

Altdorf, ja Altdorf. Da gibt es allerlei Erinnerungen, gute und andere. Mein 2. Waffenlauf nach dem Frauenfelder, denn mindestens 30 km lang musste ein Waffenlauf für mich schon sein damals!

Von Basel aus fuhren wir Mitglieder der Wehrsportgruppe Basel in den Sechzigerjahren bereits am Samstag meistens mit dem Zug nach Luzern und dann weiter mit dem Schiff über den ganzen Vierwaldstättersee bis Flüelen. Natürlich in Uniform zum Halbpreis. Roger einmal sogar im Töff-Outfit. Ob er sein knatterndes Vehikel auch verladen hat weiss ich nicht mehr. Mit Kollegen wurde das Abendessen eingenommen, Sprüche geklopft und dann in der Militärsanitätsanstalt Flüelen übernachtet.

Start am Sonntag im Urner Kantonshauptort und los ging's. Zum Altdorfer gehörte selbstverständlich der «Attinghauser», ein sagenumwobener Stutz, von dem man fast rücklings wieder hinunterstürzte. Sonst wäre die Strecke des Altdorfers ja fast flach gewesen. Der Altdorfer hatte auch einen sehr schönen Streckenteil, durch Tunnels, ennet der Reuss.

Ende der Sechzigerjahre: WK in Mézières, dem Geburtsort von General Guisan. Von einem Kameraden habe ich einen Karabiner geborgt (eine Packung mit Stgw wog ja weit über 8 kg, der Verschluss durfte nicht entfernt werden). Über Bern, Olten, Luzern, Arth-Goldau gings per Bahn nach Altdorf. Die Züge fuhren etwa im 3-Stundentakt. Am Sonntag Bestreitung des Altdorfers mit der Erklimmung des Attinghausers und anschliessend die gleiche endlos lange Reise zurück auf das Plateau du Jorat. Würde ich das heute noch tun? Kaum.

Der älteste Urner, das ist der Föhn. Wenn dieser im Reusstal aktiv war, hatte die Sanität alle Hände voll zu tun und der Besenwagen Platzprobleme! Im Oktober 1970 war auch ich dran. Mit den letzten Reserven schaffte ich es kurz vor Zielschluss. «Nie mehr!» Die Strecke wurde daraufhin verkürzt. Nie mehr wurde es nicht, aber doch sieben lange Jahre Pause!

Ausgesprochenes Pech hatten zwei Kollegen im Jahre 1980, kurz vor der Eröffnung des Seelisbergtunnels. Vor dem verbarrikadierten Eingang stand ein rundes rotes Fahrverbotsschild. Es hiess umkehren. Die Autofähre von Beckenried nach Gersau hatte ihren Fahrplan auch nicht gerade auf unvollständig orientierte Waffenläufer ausgerichtet. Rückfahrt über Luzern. Mit Verspätung rannten sie dem bereits gestarteten Feld hinterher. Zu Meisterschaftspunkten soll es aber nicht mehr gereicht haben!

Nicht nur der älteste, auch der bekannteste Urner nahm einmal am Altdorfer teil: Bernhard Russi. Ein schönes Gefühl den Olympiasieger von Sapporo, sowie René Berthod und andere Kumpel von ihm hinter mir gelassen zu haben. Diese nahmen die Teilnahme natürlich von der humorvollen Seite.

1984, zum 40-Jahr-Jubiläum fand die Siegerehrung der Schweizermeisterschaft in Altdorf statt. Bernhard Linder hatte gerade sein Waffenlauf-Buch auf den Markt gebracht. Die einzige Publikation des 20. Jahrhunderts, die umfassend und kompetent über diese urschweizerische Laufsportart informiert. Im Namen des Vorstands der IGWS durfte ich Bernhard im Tellspielhaus in Altdorf für seine Verdienste eine Hellebarde überreichen.

1987, das ganze Reussdelta war überflutet. Lange Zeit stand die Durchführung des Laufes auf des Messers Schneide. Schliesslich fand er auf einer abgeänderten Strecke trotzdem statt. Der Uristier zeigte seine Hörner. Fähnrich Emil Henseler aus Basel, «der eiserne Gustav», sammelte an den Herbstläufen Geld für die Unwettergeschädigten an der Waffenlaufstrecke.

Die Kabelwerke Dätwyler stellten Jahr für Jahr ihre Infrastruktur zur Verfügung, sogar das Personalrestaurant und das Schwimmbad. Ohne diese wäre die Durchführung kaum vorstellbar gewesen. 1994, beim 50-Jahr-Jubiläum des Laufes, erwies auch Verteidigungsminister Kaspar Villiger den Organisatoren die Ehre. In jungen Jahren bestritt «Chasper» einmal den Reinacher Waffenlauf. Schön, als ich ihn hinter mir klassiert fand. Marcel aus dem Baselbiet beachtete einmal die frühere Startzeit nicht. Just als er Altdorf im Auto erreichte, hielt ihn ein Verkehrspolizist auf mit den Worten, hier komme gleich das Läuferfeld des Waffenlaufs vorbei. «An diesem wollte ich ja gerade teilnehmen»!

Impressionen vom letzten «Altdorfer»

Krienser Waffenlauf: Das langgezogene Feld vor dem Aufstieg zum Sonnenberg

Krienser Waffenlauf (1956–2003)

Der Geländelauf vom 23. Oktober 1955 – ein Vorgänger des Krienser Waffenlaufs

Die graue Theorie, die Leichtathletiksaison sei jeweils mit dem letzten Sprung in die Sandgrube, dem letzten Hupf über die Stabhochsprungstange und dem Grümpelturnier des Dorfvereins abgeschlossen, war mit einem Schlag über den Haufen geworfen, als es wie ein Lauffeuer durch die Athletenschar der ganzen Deutschschweiz tönte: In Kriens findet ein Geländelauf statt! Und sie meldeten sich, die Leichtathleten, die Militärläufer und auch andere, die für den Laufsport Freude empfanden.

Mit ihrer Teilnahme verhalfen sie dem UOV Kriens-Horw als Neuling unter den Organisatoren von Sportanlässen zum Erfolg. Vielenorts zeigte man sich zwar skeptisch. Als sich jedoch am 23. Oktober 1955 insgesamt 350 Sportler in Kriens einfanden, wurden die Organisatoren, Fw Willy Schorno und Pressechef Hptm Xaver Burri, geradezu bestürmt, den Anlass wieder durchzuführen. Nachdem sich gar Mitglieder aus den eigenen Reihen, Werner Arnold und Franz Marbach, als Sieger des Auszugs und der Landwehr in der Kategorie Militär ehren lassen konnten, stand mit Sicherheit fest, dass die Veranstaltung fortgesetzt würde.

Die Geschichte

Am 21. Oktober 1956, genau um 14.00 Uhr, erfolgte der Startschuss zur ersten Auflage. Ein Waffenlauf an einem Sonntagnachmittag, das wäre heute unvorstellbar. Er war nach Frauenfeld, Reinach, Altdorf, Neuenburg, Bern und Wiedlisbach der siebente Waffenlauf von Format. Sein Ursprung hatte keinen historischen Charakter wie etwa Neuenburg und Wiedlisbach. Er entsprach kurzerhand einem vielseitigen Wunsch, einer Erweiterung des Krienser Geländelaufs, denn wie Pilze schossen damals die Gelände- und Volksläufe aus dem Boden.

Auf Anhieb schrieben sich 640 Wehrmänner ein, nämlich 559 des Auszugs, 64 der Landwehr und 17 des Landsturms. Eine Senioren-Kategorie kannte man noch nicht. Die Wettkampfausrüstung bestand aus Exerzieranzug, Mütze, Marsch- oder hohen Zivilschuhen, Gurt mit Bajonett und Patronentaschen sowie Karabiner – die Tragart war frei – ohne Sturmpackung. Lediglich Exerzierblusen wurden abgegeben. Die Strecke über fünfzehn Kilometer wies keine nennenswerten Steigungen auf. Sie führte nach einem Abstecher über Senti (2 km) zur Horwer-Bucht (Steinen – Dörfli – Wegmatt), von da auf einem reichlich verwinkelten Parcours zurück nach Kriens. Sportlich musste der Ablauf um den Tagessieg hell begeistern. In einem hinreissenden Rennen konnte der Biberister Wm Rudolf Morgenthaler, ein bekannter Leichtathlet, Füs Wicki aus Mumpf, ein ausgesprochenes Naturtalent, um 1.03 Minuten distanzieren. Nur diese beiden damaligen Top-Könner kamen unter einer Stunde an. Der Gesamtdritte, Wm Alois Salzmann (Luzern) benötigte 1.00.20. Überlegen gewann bei den Gruppen der UOV Baselland mit Ernst Flunser, Peter Leu, Sepp Niederberger und Anton Wicki vor der aufstrebenden Mehrkampfgruppe Bramberg.

Sicher war der Grundstein für die weiteren Durchführungen gelegt, verschiedene Änderungen aller Art drängten sich aber auf. OK-Präsident Willy Schorno hatte ein offenes Ohr. Die gröbsten Mängel gehörten bereits bei der zweiten Auflage am 27. Oktober 1957 der Vergangenheit an. So wurde auf eine völlig neue Strecke über 19 Kilometer ausgewichen. Diese wurde, abgesehen von einigen «Entgleisungen», bis auf den heutigen Tag beibehalten. Ebenfalls wurde die Ausrüstung den anderen Waffenläufen angepasst.

Da die Patrouillenläufe in den Rekrutenschulen und anderen militärischen Kursen meistens weniger als 20 km massen, galt der Krienser Waffenlauf gegenüber den viel längeren Strecken von Altdorf und Reinach als ideal und wurde später auch als Spurtstrecke bezeichnet. Mit 956 Anmeldungen wurden die kühnsten Erwartungen übertroffen, weil nun auch die Festungswacht-, Grenzwacht- und Polizeikorps startberechtigt waren. Schade, dass die Ranglisten nur ungefähr bis zur Hälfte der Einlaufenden geführt wurden. Tagessieger in damals ausgezeichneten 1.21.34 wurde Lt Rony Jost aus Langnau i.E. Sein Vater, damals im Zenith seines Könnens, gewann überlegen den Landsturm in 1.39.48.

Die dritte Auflage des Laufes brachte im Jahre 1958 eine weitere Aufwärtsentwicklung und einen neuen, absoluten Beteiligungsrekord. Aber auch das Leistungsniveau der Spitzenläufer steigerte sich beachtlich. Mit Recht durfte der UOV Kriens-Horw stolz

40 Emil Berger (3005) zusammen, Bruno Hasler, Rolf Baumgartner und Dominik Wirth (von links nach rechts) am Krienser Waffenlauf 2002

41 Oberstlt Hans Künzler, der letzte OK-Präsident des Krienser Waffenlaufs erhielt von der IGWS als Dankeschön einen Gratisstart für alle Waffenläufe auf Lebzeiten. Oberstlt Hans Künzler am Krienser 2003

42 Der alte Startplatz zum Krienser Waffenlauf auf der Bleiche

sein, denn das Interesse, das die aktiven Läufer dem «Krienser» entgegenbrachten, bewies, dass diese Prüfung einem echten Bedürfnis entsprach. Ein weiterer Erfolg der Organisatoren war die erstmalige Ausstrahlung einer Sendung über den Krienser Waffenlauf durch Radio Bern mit einem Interview zwischen dem «einheimischen» Sportreporter Sepp Renggli und dem OK-Präsidenten Fw Willy Schorno. Die Veranstalter freuten sich insbesondere darüber, dass nicht nur die Tagespresse, sondern auch das Radio mit Kommentaren über den Wehrsport an die Öffentlichkeit gelangte.

Dank dieser Publizität stieg die Beteiligung bald auf mehr als 1000 Teilnehmer, und sowohl die Presse wie das Radio rühmten die hervorragende Organisation.

1966 wurde auf den Sonnenbergumgang verzichtet

Vor grosse Probleme wurden die Mitarbeiter um Adj Uof Willy Schorno an den folgenden Anlässen nicht mehr gestellt.

Mit viel Freude, Idealismus und Routine waltete jeder seines Amtes. Einzig 1966 erschien der schnellste aller Schweizer Waffenläufe im neuen Kleid. Ein Jahrzehnt lang hatte sich die allseits beliebte Laufstrecke bewährt, bis sie schliesslich dem Moloch Verkehr zum Opfer fiel.

Einiges Kopfzerbrechen bereitete den Verantwortlichen die polizeiliche Weisung, dass das Teilstück Littau – Renggloch wegen der starken Verkehrsfrequenz nicht mehr als Laufstrecke benützt werden dürfe. Die Strecke musste vom Sonnenberg auf die Schattenbergseite verlegt werden. Sie wurde dadurch für die Teilnehmer kürzer und härter. Der bisher etwas unglückliche Startplatz bei der Bleiche konnte an die Schachenstrasse verlegt werden, während sich das Ziel wie bisher auf der Turnmatte befand.

Das Gerippe der ehemaligen Standardstrecke wurde beibehalten, jedoch auf den Sonnenbergumgang verzichtet, dafür aber im Horwer Winkel eine Schleife angehängt. Statt wie bisher am Anfang, musste die grösste und – wie sich bald herausstellte – schwere Steigung zwischen dem achten und elften Kilometer bewältigt werden. Wohl sagte der Parcours den Spitzenläufern zu. Ganz eindeutig stiess die neue Strecke jedoch beim Gros auf Ablehnung, das jeweils den ungemein langen Aufstieg zur «Höll» meist in der prallen Sonne bewältigen musste.

Punkto Teilnehmerzahl drohte damit dem «Krienser» ein kräftiger Schwund. Nochmals wagte man 1967 einen Versuch.

Erneut war der grosse Harst dagegen. Höchste Instanzen, darunter Oberstdivisionär Fritz Maurer, setzten sich dann dafür ein, damit ab 1968 wieder auf den altbewährten Standardparcours zurückgegriffen werden konnte.

Verschiedene Gründe haben zu Beginn der Siebzigerjahre dazu beigetragen, dass die Waffenlaufbegeisterung zu erlahmen drohte. Die überbordende wirtschaftliche Hochkonjunktur schuf damals aber auch in anderen Lebensbereichen neue, bisher unbekannte Verhältnisse. Am Krienser Waffenlauf sank die Beteiligung sehr stark. Die Organisatoren haben jedoch entschieden dazu beigetragen, dass es nach dieser nicht nur negativ zu wertenden Verschnaufpause auch wieder aufwärts ging. Sie lösten schon lange hängige Materialfragen betreffend Bajonett, Patronentaschen und Schuhwerk. Die jungen Leute wurden zudem vermehrt und in angepasster Form auf den Waffenlaufsport aufmerksam gemacht, und man legte grundsätzlich mehr Wert auf Publizität. Aber auch der allgemeine Fitnesstrend hat wesentlich zur Reaktivierung des Interesses beigetragen.

Berühmte Sieger

Reich an Höhepunkten ist die sportliche Geschichte. Namen, die während Jahren den Militärläufen ihren besonderen Stempel aufdrückten, sind im Goldenen Buch des «Kriensers» aufgeführt. Einsame Spitze ist nach wie vor Werner Fischer. Der Aargauer, mit gesamthaft 32 Tagessiegen, gewann 1962 erstmals in Kriens. Mit seinem damals absoluten Streckenrekord von 1.13.41 begann eine neue Ära. Schneller, immer schneller gestalteten sich die Abläufe. Sechsmal in Serie wurde Fischer Tagesbester. 1968, nach dem «Zürcher» verletzungshalber ausgeschieden, wurde er vom Reussbühler Otto Budliger abgelöst; nach Rony Jost wurde ein weiterer Offizier Tagessieger. Dann folgte der Hattrick des Ostermundiger Polizisten Robert Boos, einem grossen Taktiker. Mit dem Solothurner Kurt Balmer und dem regionalen Albert Rohrer, seines Zeichens Marathonmeister, schlugen zwei Eintagsfliegen den Spezialisten ein Schnippchen. Mit Urs Pfister (1974) und Ex-Meister Charles Blum (1975/76) nahmen dann die Militärläufer das

42

Zepter wieder in ihre Hände. Einzig 1977 gelang nochmals einem Leichtathleten der grosse Durchbruch. Das war Albrecht Moser. Bereits ein Jahr später hatte sich aber der Schulhausabwart aus Münchenbuchsee dem Waffenlauf verschrieben. Er gewann überlegen und setzte sich bis Ende 1983 siebenmal durch.

Mosers Streckenrekord aus dem Jahr 1977 steht mit 1.06.41 zu Buch. Das entspricht einem Stundenmittel von 17.275 km/h.

Die OK-Präsidenten

Im Jahr 1968 amtierte Adj Uof Willy Schorno zum letzten Mal als OK-Präsident. Dreizehn Waffenläufe hatte er mustergültig und uneigennützig geleitet. Er hatte ein Werk geschaffen, das er mit bestem Gewissen seinem Nachfolger, Hptm Paul Vögeli, übergeben durfte. Dieser, mittlerweile zum Major befördert, fuhr denn auch im gleichen Sinne fort. Beide OK-Präsidenten haben wesentlich dazu beigetragen, dass der «Krienser» regelmässig mit imposanten Teilnehmerzahlen aufwarten konnte.

Weit über 25 000 Startende waren es nach der Jubiläumsauflage, dem 25. Krienser Waffenlauf im Jahre 1980 insgesamt.

Der Krienser Waffenlauf wurde 1957 in die «Interessengemeinschaft der Militärwettmärsche der Schweiz» (IGMS) aufgenommen, zwei Jahre, nachdem die IGMS gegründet worden war.

Die Strecke

Der Krienser Waffenlauf mit seiner Länge von 19,2 Kilometern wird als Sprintprüfung bezeichnet. Die Strecke ist auf dem ersten Abschnitt durch eine nahrhafte Steigung und landschaftlich schöne, abwechslungsreiche Teilstücke gekennzeichnet, während auf der zweiten, meist flachen Streckenhälfte der grosse Zuschaueraufmarsch auffällt.

Nach dem Start im Dorfzentrum führt die Strecke während eines Kilometers auf der breiten Obernauerstrasse bis zur Feldmühle. Wer von den Konkurrenten sich hier im Glauben wiegt, seine Position gefunden zu haben, wird gleich auf die Probe gestellt, denn jetzt beginnt der kurze, ruppige Anstieg zum Sonnenberg. Die Läufer erklimmen innerhalb eines knappen Kilometers fast hundert Meter Steigung. Wer's geschafft hat, wird auf dem folgenden Teilstück zwischen den Höfen Zumhof – Gabeldingen – Amlehn und Ober Gütsch durch eine herrliche Rundsicht auf den Vierwaldstättersee und die umliegenden Berge entschädigt. Von Kilometer 3 bis 7 führt die Strecke durch den sich meist in schönster Herbstfarbenpracht präsentierenden Gütschwald und über Naturträsschen nach Littau hinunter.

Auf dem folgenden Asphaltstück gilt es möglichst schnell den Rhythmus wiederzufinden, denn der monotone, bis zum Renggloch (km 9,6) immer mehr ansteigende Teil hat schon so manche Läufergruppe erbarmungslos gesprengt und die Prüfung vorentschieden.

Kurz nach der «Passhöhe» ergibt sich für die Läufer eine kleine Verschnaufpause und schon zweigt der Parcours von der Kantonsstrasse nach rechts ab, führt wieder leicht ansteigend durch den Schachenwald und überquert wenig später beim Brunhof die Hergiswaldstrasse. Auf den erholsam flüssigen Lauf auf schmalen Feldwegen folgt ein brüsker Wechsel. Bei der nun folgenden «Hackenrain-Abfahrt» auf schmaler Asphaltstrasse dürfte es sich um den schnellsten «Krienser-Kilometer» handeln. Jetzt geht's vom Senti her wieder an Wohnblocks und dichten Zuschauerspalieren vorbei zur Talstation der Kriensereggbahn und hinunter zur Schlundstrasse. Die schwierigen Partien sind gemeistert. Die 5 km messende und bis auf die N2-Überführung flache Schluss-Schleife hinunter zur Kuonimatt hat es dennoch in sich. Langsam machen sich die zurückgelegten Kilometer spürbar und wer nicht distanzfest ist, wird sein Tempo drosseln müssen.

Doch wer die 19,2 Kilometer schafft, den erwartet auf der Turnmatte ein fachkundiges, beifallfreudiges Publikum.

Die Krienser «Sonnenberg-Strecke» ist für die Organisatoren so gut wie die einzige Möglichkeit, im schmalen Kriensertal mit seinem stark überbauten Gebiet im Vorort der Stadt Luzern einen Waffenlauf durchzuführen. Die Läufer haben die Krienserstrecke richtiggehend «lieb gewonnen». Und gäbe es sie nicht, so würde etwas fehlen!

Willy Schorno, Kriens

Der vorstehende Text stammt aus Bernhard Linders Buch «Der Waffenlauf – eine Chronik mit Bildern». Schade, dass für die Beschreibung der letzten 20 Austragungen (1984–2003) niemand mehr aus dem engeren Umfeld des Kriensers gefunden werden konnte. Als 25-facher Teilnehmer hoffe ich, mit nach-

folgendem Text meine Erinnerungen fachlich und sachlich getreu wiederzugeben.

Jahre 1984 – 2003
(Austragungen Nr. 29 – 48)
Die Sieger

In Kriens, dem drittletzten Waffenlauf der Saison, fiel häufig die Titelentscheidung wie auch jene um die Kategorienbesten, so etwa 1984. Albrecht Moser siegte zum 8. aufeinanderfolgenden Mal am Fusse des Pilatus, 25 Sekunden vor Hans Furrer und wurde damit zum 7. Mal in Folge Schweizermeister. Eine grossartige Leistung, mit der er die Serie von Hans Frischknecht (7 Siege in Frauenfeld 1947–53) übertraf. Auch die Serie von Kurt Hugentobler riss im Landsturm mit dessen 16. Kategoriensieg in Folge nicht ab.

Ein Jahr später, anlässlich der 30. Auflage, setzte Moser noch einen drauf. Er erschien mit 1.10 Minuten Vorsprung auf den Auszugssieger Fritz Häni vor einer imposanten Zuschauerkulisse auf der Turnmatte: 9. Krienser Tagessieg seit 1977 in Folge. Sein 1977 als Newcomer erzielter Streckenrekord mit 1.06.41 wurde erst 2003 auf der abgeänderten Strecke unterboten.

1986 wurde Moser «nur» noch Landwehrsieger hinter Tagessieger Fritz Häni (Auszug). Die Serie war damit abgebrochen: 9 Mal Tagessieger und beim 10. Mal Kategoriensieger, genau gleich wie bei «Düsen-Werni» Dössegger beim Gedenklauf Murten-Freiburg (1965–73), dem Fritz Rüegsegger 1974 die Suppe versalzte.

Der Steepler Beat Steffen, 1987 in einem hinreissenden Duell noch von Markus Graf geschlagen, gewann ein Jahr später selbst den Lauf. 1988 war die Freude gross, als wieder ein Luzerner zuoberst aufs Podest stieg: Tausendsassa Hans Furrer, wohnhaft in Rickenbach an der Reinacher Strecke. 1990 begann die Karriere des gross gewachsenen Polizisten Christian Jost mit seinem 1. Tagessieg vor Hans Furrer. Als zweite Überraschung wurde der Auszugssieg des mit der Sturmpackung noch nicht lange vertrauten Martin von Känel gewertet. Ob sich da wohl ein neues Talent anbahne? Richtig, das Talent entwickelte sich zum zweitbesten Waffenläufer aller Zeiten. Viele Karrieren von später erfolgreichen Läufern begannen in Kriens. Mit 19,2 km war er ja auch der kürzeste Herbstanlass, der Sprinterlauf. Wie würde der Berichterstatter des «Schweizer Wehrsport» den heute zur Meisterschaft zählenden 11 km-Lauf in Wohlen wohl bezeichnen? 1990 klassierte sich Elisabeth Albisser als beste Frau, sie hatte im Frühjahr den Marathon in Biel in 2.47h bestanden. Sie sagte nach dem Lauf: «Einige Sportarten sind nun einfach nichts für Frauen, der Waffenlauf schon gar nicht. Der einmalige Plausch hat mir genügt». Das würden wohl nicht alle Frauen unterschreiben.

Die Ära des Martin von Känel (MvK) begann 1991 mit dem Tagessieg, einem Geschenk, das er sich zu seinem Geburtstag machte. Diese dauerte bis 1996, als MvK wieder an seinem Geburtstag seinen 5. Tagessieg in Kriens erfocht. Unterbrochen wurde die Serie nur von Martin Schöpfer, der 1993 an seinem 2. Waffenlauf alle Spezialisten mit der Sturmpackung hinter sich liess. In der Zeit des MvK stammten seit langen Jahren alle drei Erstklassierten wieder aus der Kategorie Auszug. 1993 erzielte Kurt Hugentobler in Kriens seinen 50. Kategoriensieg.

1997, das Jahr des magistralen Martin Schöpfer: 11 Läufe – 11 Siege. Mehr Punkte kann ein Schweizermeister nicht erzielen. Siege als Streichresultate, welch' ein Luxus! Das gelang während 72 Jahren Waffenlauf (1934–2006) nur Werner Fischer im Jahr 1967 bei 9 ausgetragenen Läufen. Ein Jahr später, 1998, erzielte Peter Deller aus Dürnten auf der abgeänderten Krienser Strecke seinen 1. Waffenlaufsieg. Wieder ein Jahr später, 1999, kam MvK nochmals zurück und gewann vor einem damals noch fast unbekannten Jörg Hafner.

Die vier letzten Austragungen des Kriensers waren dann wieder fest in Luzerner Hand. Jörg Hafner, Zollbeamter aus Hasle im Entlebuch, siegte mit meist grossem Vorsprung. Seine Devise war nicht mehr «allein gegen alle» sondern nur noch «allein gegen den Streckenrekord». Er drückte den Streckenrekord auf der abgeänderten beschwerlicheren Strecke im Jahr 2002 auf 1.06.38. Den 8. Sieg im 8. Rennen errangen in diesem Jahr auch Marianne Balmer (Damen) und Peter Gschwend (M50).

2003: Letzte Austragung des Kriensers, das tat weh. Jörg Hafner siegte erneut und erreichte damit den 4. Tagessieg in Kriens, seinen 42. Tagessieg insgesamt und seinen 5. Schweizermeistertitel.

Die Strecke

Bis 1997 hatte sich die coupierte Strecke rund um den Sonnenberg, durch den Gütschwald hinunter nach Littau, durchs Renggloch (Radiodurchsage auf der Hinfahrt: «Wegen eines Grossanlasses im Raum Luzern wird die Strasse durch das Renggloch von 10–12 Uhr gesperrt»), mit anschliessender Steigung in den Schachenwald, zurück nach Kriens und der Zusatzschlaufe nach Horw bewährt. Änderungen wurden dann ab 1998 nötig wegen Bauarbeiten an der A2. Die wegfallende Horwer-Schlaufe wurde nach dem Renggloch mit vielen zusätzlichen Höhenmetern angehängt.

Newcomer, prominente Teilnehmer und Gäste

Der Krienser bot vielen Leichtathleten eine Einstiegsmöglichkeit, er war ein Sprungbrett für Talente. Der bekannteste Athlet war wohl Albrecht Moser. Aber auch Läufer wie Markus Graf, der Einheimische Georg Lischer, Beat Steffen, Jürg Capol und viele andere schulterten dort erstmals die Packung.

Auch prominente Teilnehmer, die sich zu einem Start überreden liessen und es nicht bereuten, verzeichnete der Krienser. So etwa Brigadier Hans Isaak oder die beiden Militärdirektoren Robert Bühler und Ueli Fässler.

In seinen Wehrsportberichten erwähnte Ernst Flunser (ef) Jahr für Jahr die vielen Gäste aus Politik, Wirtschaft und Militär. Nicht zuletzt auch deren Bewirtung. Im gediegenen und geräumigen Personalrestaurant Bellavista der Maschinenfabrik Bell AG, wo jeweils auch die Begrüssungsansprachen und die Orientierung stattfanden, seien die Pressevertreter und (nach dem Lauf) die Sieger aufs Beste verwöhnt worden. 1985 sollen sie sich nicht nur über Mosers 9. Tagessieg in Kriens und seinen 8. Schweizermeistertitel in Folge unterhalten haben, sondern auch über die beim Waffenlauf eingeführten verwerflichen Geldpreise. Die IGWS solle wegen dieser bedauerlichen Entgleisung sofort einschreiten, meinte (ef) danach im «Schweizer Wehrsport».

OK-Präsidenten

Bis 1983 gab es bloss zwei OK-Präsidenten: Adj Uof Willy Schorno (1956-68) und (damaliger) Hptm Paul Vögeli (1969-83). Das Präsidium führten dann Hptm Ruedi Rettig (1984-86) und Oblt Walter Simmen (1987–96) weiter. Letzter OK-Präsident war dann bis zum Abschluss im 2003 Oberstlt Hans Künzler.

Klassierte Teilnehmer

Von 1975-88 wurde jedes Jahr mehr als eine Tausendschaft Teilnehmer klassiert. Von 1989–94 lautete die Anzahl Klassierte: 961 – 974 – 865 – 869 – 807 – 777. Letztes grosses Aufbäumen am 40. Jubiläumslauf. Es waren wohl die ungewöhnlich attraktiven Preise für Aktive, die nochmals viele zusätzliche Läufer anlockten, nämlich 851. Ab 1996 (die Armeereform 95 traf den Waffenlauf an allen Orten mit voller Härte) ging der Teilnehmerrückgang ungebremst weiter: 619 – 596 – 540 – 513 – nochmals 513 – 422 – 409 und bei der letzten Austragung mit einigen zusätzlichen Nostalgikern 440.

Spezielles

Bereits 1990 konnte der Aargauer Polizist Adrian Graf seinen 300. Waffenlauf in Kriens beenden und wurde im Ziel von seinen Kollegen mit Champagner empfangen. Auch der Berichterstatter profitierte davon, obwohl er an diesem Tag erst just die Hälfte dieser Anzahl bestanden hatte.

1995 wurden die Frauen erstmals separat rangiert (bisher inmitten der Männer). 19 wurden klassiert. Judith Zurbuchen gewann mit über 13 Minuten Vorsprung vor Martha Urfer.

Jubiläumsfest zum 40. Krienser im Jahr 1995: Verschwinden die Teilnehmer nach den Läufen mehr oder weniger rasch, so blieben diese im Oktober 1995 alle im Festzelt sitzen. Noch nie da gewesene 40 Preise im Wert von 40'000 Franken wurden anlässlich der 40. Auflage unter den aktiven Teilnehmer/innen ausgelost: 1 VW Polo / 1 Computer / 1 Sturmgewehr / 1 Langgewehr mit Bajonett / 1 Bike und viele andere wertvolle und attraktive Naturalpreise. Den VW Polo gewann kein Neuling, sondern einer, der gerade seinen 250. Waffenlauf beendet hatte: Walter Bernet aus Kloten.

Das Ende

1997 geisterte in Kriens erstmals das Wort «Aufhören» herum. Hans Künzler musste das Steuer von Walter Simmen in einer schwierigen Zeit übernehmen: Andauernder Teilnehmerrückgang – grössere finanzielle Defizite – Schwierigkeiten Helfer zu finden – usw. «Quo vadis Kriens?» schrieb Ueli Dysli nach dem Krienser 2002 im «Schweizer Wehrsport». Trotz des Einbaus eines Zivillaufes (Sonnenberglauf) zog man in Kriens ein Ende mit Schrecken einem Schrecken ohne Ende vor. Viele zivile und militärische Ehrengäste warteten noch einmal mit ihrer Präsenz auf. 25 Frauen, 40 Teilnehmer der M20, 71 der M30, 132 der M40, 142 der M50 und 30 über 60-Jährige, total also 440 Läuferinnen und Läufer erwiesen Kriens nochmals ihre Referenz.

Damit gehört der Krienser Waffenlauf nach 48 Austragungen als wichtiges Kapitel der Waffenlaufgeschichte endgültig der Vergangenheit an.

Beat Schmutz, Düdingen

Jahr	Auszug	Landwehr	Landsturm	Senioren	Gruppen Auszug	Landwehr/Lst	
	Das Goldene Buch des Krienser Waffenlaufes						
1956	Morgenthaler R. 58.07	Greuter Heinrich 1.10.10	Burri Ernst 1.21.33	–	MKG Bramberg LU	–	Strecke 15 km
1957	Jost Rony 1.21.34	Meyer Heinrich 1.33.33	Jost Gottfried 1.39.48	–	UOV Burgdorf	UOV Kriens-Horw	
1958	Wittwer Arthur 1.19.37	Kolly Louis 1.30.32	Meyer Heinrich 1.33.44	–	MKG Bramberg LU	UOV Kriens-Horw	
1959	Wigger Otto 1.22.16	Frank Paul 1.30.24	Meyer Heinrich 1.34.46	–	MKG Bramberg LU	UOV der Stadt Zürich	
1960	Wittwer Arthur 1.20.40	Suter Walter 1.24.43	Hässig Fritz 1.33.16	–	UOV Burgdorf	UOV der Stadt Zürich	
1961	Vögele Guido 1.18.01	Suter Walter 1.25.28	Hässig Fritz 1.33.57	–	UOV Burgdorf	UOV der Stadt Zürich	
1962	Fischer Werner 1.13.41	Biefer Edwin 1.23.19	Beeler Leo 1.30.39	–	UOV Burgdorf	UOV der Stadt Zürich	
1963	Fischer Werner 1.15.10	Gerber Walter 1.19.55	Hässig Fritz 1.32.14	–	UOV Burgdorf	UOV der Stadt Zürich	
1964	Fischer Werner 1.13.46	Biefer Edwin 1.20.36	Hässig Fritz 1.28.50	–	MKG Bramberg LU	MKG Bramberg LU	
1965	Fischer Werner 1.15.38	Pauli Hans 1.20.51	Peter Alois 1.27.48	Walder Konrad 1.49.48	MKG Bramberg LU	MKG Bramberg LU	
1966	Fischer Werner 1.17.59	Leupi Oskar 1.20.41	Kolly Louis 1.36.22	Oberholzer Ernst 1.45.42	MKG Bramberg LU	UOV der Stadt Zürich	
1967	Fischer Werner 1.13.47	Gilgen Walter 1.15.51	Frank Paul 1.21.54	Köng Walter 1.32.39	MKG Bramberg LU	UOV Burgdorf	
1968	Budliger Otto 1.14.36	Gilgen Walter 1.15.06	Biefer Edwin 1.21.05	Köng Walter 1.30.03	MKG Bramberg LU	UOV Burgdorf	
1969	Boos Robert 1.14.14	Gilgen Walter 1.14.51	Biefer Edwin 1.21.08	Wegmann Heinrich 1.30.40	UOV Burgdorf	UOV Burgdorf	

Das Goldene Buch des Krienser Waffenlaufes

Jahr	Auszug	Landwehr	Landsturm	Senioren	Gruppen Auszug	Landwehr/Lst		
1970	**Boos Robert** 1.12.21	Rüdisühli Hans 1.15.59	Biefer Edwin 1.20.53	Kolly Louis 1.33.16	UOV Burgdorf	Zürcher Patrouilleure		
1971	**Boos Robert** 1.10.11	Rüdisühli Hans 1.14.06	Borer Hans 1.18.34	Wegmann Heinrich 1.28.51	UOV Burgdorf	Zürcher Patrouilleure		
1972	**Balmer Kurt** 1.10.11	Rüdisühli Hans 1.14.06	Biefer Edwin 1.18.34	Meili Max 1.28.51	UOV Burgdorf	UOV Burgdorf		
1973	**Rohrer Albert** 1.12.50	Burri Niklaus 1.13.35	Biefer Edwin 1.21.05	Frank Paul 1.25.44	UOV Burgdorf 3.46.06	UOV Burgdorf 3.53.20		
1974	**Pfister Urs** 1.14.23	Boos Robert 1.14.31	Schürer Walter 1.21.32	Frank Paul 1.26.49	LWSV Bern 3.45.16	UOV Burgdorf 3.55.45		
1975	**Blum Charles** 1.09.21	Boos Robert 1.10.09	Rüdisühli Hans 1.15.50	Frank Paul 1.24.29	LWSV Bern 3.36.23	Zürcher Patrouilleure 3.52.00		
1976	**Blum Charles** 1.09.17	Scheiber Kaspar 1.11.20	Gilgen Walter 1.14.02	Hasler Karl 1.21.12	UOV Wiedlisbach 3.35.09	UOV Burgdorf 3.44.16		
1977	**Moser Albrecht** 1.06.41	Pfister Urs 1.09.52	Strittmatter Werner 1.18.09	Hasler Karl 1.25.52	UOV Wiedlisbach 3.29.44	MKG Fricktal 3.41.38		
1978	Steger Kudi 1.10.02	**Moser Albrecht** 1.08.28	Calonder Reto 1.15.51	Biefer Edwin 1.19.48	UOV Wiedlisbach 3.33.05	MKG Fricktal 3.34.57		
1979	Steger Kudi 1.11.33	**Moser Albrecht** 1.08.57	Gilgen Walter 1.16.47	Pfanner Karl 1.19.56	LWSV Bern 3.36.18	MKG Fricktal 3.36.22		
1980	Rüegsegger Fritz 1.08.00	**Moser Albrecht** 1.06.43	Rüegg Ernst 1.14.07	Schumacher Emil 1.18.13	LWSV Bern 3.29.02	Zürcher Patrouilleure 3.38.02		
1981	Spuler Toni 1.09.48	**Moser Albrecht** 1.08.47	Rüegg Ernst 1.14.37	Schumacher Emil 1.17.25	UOV Wiedlisbach 3.30.48	WSG Freiburg 3.39.26		
1982	Furrer Hans 1.10.08	**Moser Albrecht** 1.07.45	Rüegg Ernst 1.16.22	Bohler Heinz 1.20.48	UOV Wiedlisbach 3.31.06	Zürcher Patrouilleure 3.36.38		
1983	Häni Fritz 1.10.31	**Moser Albrecht** 1.07.28	Hugentobler Kurt 1.13.45	Schumacher Emil 1.20.53	UOV Wiedlisbach 3.29.12	LWV Mittelland 3.36.01		
1984	Graf Markus 1.09.22	**Moser Albrecht** 1.08.39	Hugentobler Kurt 1.12.17	Schumacher Emil 1.18.10	UOV Wiedlisbach 3.32.07	LWV Mittelland 3.34.50		
1985	Häni Fritz 1.08.09	**Moser Albrecht** 1.06.59	Peyer Peter 1.13.42	Schumacher Emil 1.18.27	UOV Wiedlisbach 3.29.09	LWV Mittelland 3.34.57		
1986	**Häni Fritz** 1.08.15	Moser Albrecht 1.09.01	Hugentobler Kurt 1.12.50	Keller Walter 1.17.45	UOV Wiedlisbach 3.29.08	LWV Mittelland 3.35.41		

Jahr	Auszug	Landwehr	Landsturm	Senioren	Gruppen Auszug	Landwehr	Landsturm/Sen	Offene Klasse
1987	**Graf Markus** 1.09.25	Steffen Beat 1.09.41	Züger Florian 1.12.39	Keller Walter 1.20.54	UOV Burgdorf 3.33.24	LWV Mittelland 3.37.21	–	MKG Fricktal 3.39.02
1988	Wüthrich Christian 1.10.04	**Steffen Beat** 1.09.26	Züger Florian 1.11.36	Keller Walter 1.19.42	MKG St.Gallen-App. 3.40.08	LG Homberg 3.43.40	Zürcher Patrouilleure 3.53.27	UOV Wiedlisbach 3.35.59
1989	Jost Christian 1.10.43	**Furrer Hans** 1.08.48	Moser Albrecht 1.12.17	Ritter Manfred 1.21.09	UOV Burgdorf 3.34.37	LG Homberg 3.43.28	Zürcher Patrouilleure 3.57.39	UOV Wiedlisbach 3.41.53
1990	von Känel Martin 1.10.24	**Jost Christian** 1.08.49	Moser Albrecht 1.11.29	Scheiber Kaspar 1.17.47	UOV Burgdorf 3.33.39	LG Homberg 3.42.14	UOV Wiedlisbach 3.41.37	MKG St.Gallen-App. 3.36.12
1991	**von Känel Martin** 1.07.54	Steffen Beat 1.08.25	Storchenegger M. 1.11.36	Scheiber Kaspar 1.18.33	UOV Burgdorf 3.31.16	MKG St.Gallen-App. 3.39.20	UOV Wiedlisbach 3.42.03	MKG Fricktal 3.34.10
1992	**von Känel Martin** 1.08.39	Jost Christian 1.10.22	Heim Urs 1.13.53	Hugentobler Kurt 1.16.17	UOV Burgdorf 3.33.31	UOV Burgdorf 3.43.53	Thurgauer WSV 3.49.12	UOV Wiedlisbach 3.38.45
1993	**Schöpfer Martin** 1.08.26	Jost Christian 1.09.42	Heim Urs 1.13.11	Hugentobler Kurt 1.17.02	UOV Burgdorf 3.36.34	UOV Burgdorf 3.43.37	Thurgauer WSV 3.54.25	UOV Wiedlisbach 3.37.59
1994	**von Känel Martin** 1.07.59	Jost Christian 1.09.45	Furrer Hans 1.13.01	Hugentobler Kurt 1.19.54	Zürcher Patrouilleure 3.35.39	LG UOV Burgdorf 3.44.52	LG Homberg 3.01.41	LG UOV Burgdorf 3.31.06

Jahr	M20	M30	M40	M50	Damen	Gruppen Elite	Senioren	Offene Klasse
1995	**von Känel Martin** 1.07.08	Dürst Fritz 1.08.51	Häni Fritz 1.11.17	Züger Florian 1.14.36	Zurbuchen Judith 1.21.36	Zürcher Patrouilleure 3.33.30	LG Homberg 3.55.20	Läufergr. Burgdorf 3.30.24
1996	**von Känel Martin** 1.07.08	Walker Ruedi 1.09.56	Häni Fritz 1.11.35	Heim Urs 1.16.06	Huber Angela 1.28.58	Zürcher Patrouilleure 3.35.45	Zürcher Patrouilleure 3.47.29	UOV Wiedlisbach 3.33.06
1997	**Schöpfer Martin** 1.07.48	Walker Ruedi / Niederberger Walter 1.10.57	Jost Christian 1.09.41	Storchenegger M. 1.15.36	Huber Angela 1.26.49	WSG Schwyz 3.37.45	Zürcher Patrouilleure 3.57.45	LV 95 Burgdorf 3.31.42
1998	**Deller Peter** 1.10.33	Walker Ruedi 1.11.00	Häni Fritz 1.10.55	Storchenegger M. 1.14.51	Heim Maria 1.26.55	WSG Schwyz 3.38.49	LSV St.Gallen-App. 3.52.01	UOV Wiedlisbach 3.40.04
1999	Deller Peter 1.09.18	**von Känel Martin** 1.07.02	Häni Fritz 1.10.07	Heim Urs 1.18.46	Heim Maria 1.24.24	LV 95 Burgdorf 3.31.32	Zürcher Patrouilleure 3.51.39	UOV Wiedlisbach 3.29.01

Das Goldene Buch des Krienser Waffenlaufes

Jahr	Auszug	Landwehr	Landsturm	Senioren	Gruppen Auszug	Landwehr/Lst		
2000	Deller Peter 1.08.39	**Hafner Jörg** 1.07.30	Häni Fritz 1.08.41	Storchenegger M. 1.15.18	Heim Maria 1.23.30	–	LSV St.Gallen-App. 3.47.45	UOV Wiedlisbach 3.25.33
2001	Ebner Mischa 1.11.09	**Hafner Jörg** 1.07.57	Scheidegger Nikl. 1.13.23	Steger Kudi 1.21.14	Balmer Marianne 1.25.11	–	LV 95 Burgdorf 3.48.39	UOV Wiedlisbach 3.34.54
2002	Steiger Til 1.12.14	**Hafner Jörg** 1.06.38	Häni Fritz 1.10.04	Gschwend Peter 1.14.07	Balmer Marianne 1.22.33	–	UOV Wiedlisbach 3.43.20	UOV Wiedlisbach 3.30.08
2003	Ruf Remo 1.13.15	**Hafner Jörg** 1.07.53	Scheidegger Nikl. 1.10.26	Baumann Walter 1.18.25	Widmer Monika 1.26.44	–	Run Fit Thurgau 3.47.49	UOV Wiedlisbach 3.29.30

Beat weiss noch mehr dazu ...

48 Mal ausgetragen von 1956–2003, 25 Mal teilgenommen (2003 = letzter Lauf)

Mein erster Kontakt mit dem Waffenlauf überhaupt war in Kriens. 1958 durfte ich als 15-jähriger mit den Überstorfer Waffenläufern dorthin fahren und erstmals die besondere Ambiance miterleben. Daran erinnere ich mich aber nur noch vage. Mein Vater Lorenz und Lehrer Otto Raemy organisierten damals den Waldlauf im deutschfreiburgischen Überstorf, ein weit herum bekannter Laufsportanlass, deren es damals sehr wenige gab. Aus dem Umfeld des Athletik-Clubs Überstorf (ACÜ) stammten denn auch die Leichtathleten Oswald Perriard, Pius und Robert Brügger, Roland Gauch, Joseph Brülhart, Bernhard Egger, Alfons und Erwin Spicher, Marcel Klaus, Joseph Schmutz usw., welche auch im Waffenlauf eine ausgezeichnete Figur machten.

Erstmals bestritt ich den Krienser im Jahre 1967, wo ich dann auch die längste Serie realisierte: 1977–1996, 20 Mal in ununterbrochener Folge. Ein Ausflug auf den Pilatus, an deren Talstation man ja vorbeiläuft, stand nach dem Lauf hin und wieder auf dem Programm. Dort oben tat ich als Fernschreibspezialist auch Militärdienst. Ende der Sechzigerjahre wirtete Sepp von der WSG Basel im Berghaus Bonern am Pilatus. Der Kafi Luz war so durchsichtig, die Anzahl der Gläser so undurchsichtig und ich nicht mehr so klarsichtig, dass ich das Auto in Kriens stehen liess und mit dem Zug an meinen damaligen Wohnort Basel zurückfuhr! An den 16. Oktober 1983 erinnere ich mich noch genau. Präsident Roland Klaus war mit den Ehrengästen beim Mittagessen, um Werbung für den Freiburger zu machen (zwei Monate später, an der DV in Thun wurde er dann endlich in die IGWS aufgenommen). Ich schaute kurz vorbei und erfuhr gerade, dass Bundesrat Willy Ritschard auf den Jurahöhen gestorben sei.

Nach Kriens begleitete mich von Düdingen aus des Öftern Bürokollege Ruedi, der in Malters aufgewachsen ist. Ein Wildgericht im Eigenthal, in Malters, Werthenstein oder Doppleschwand liess die Strapazen der vorangegangenen Anstrengung vergessen. Nicht zu umgehen auch der Kafi Luz im Rössli in Wiggen. Ruedi war in seinen früheren Grenzwachtzeiten ebenfalls aktiver Waffenläufer.

Später nahm ich in Kriens im obersten Stock der Cafeteria der Maschinenfabrik Bell öfters an der Begrüssung der Ehrengäste und an der Pressekonferenz teil, als Farbtupfer im Tarnanzug und mit befestigter Startnummer für die illustre Gästeschar. Ich guckte heimlich vieles ab für das Pressebulletin, das ich für den Freiburger Waffenlauf gestaltete.

Nach knapp 15 Kilometern kam man in Kriens fast am Ziel vorbei. Der Lautsprecher war weit herum hörbar, als die weniger Schnellen noch dem Fussballstadion Kleinfeld entlang die Zusatzschlaufe nach Horw in Angriff nehmen mussten.

1990, mein 150. Waffenlauf. Büro- und Waffenlaufkollege Mario gratulierte am Ziel und sagte, er habe auch noch etwas für mich. «So hol's doch», war meine Antwort. «Es ist zu schwer». Wir stellten unsere beiden Autos nebeneinander: Das fein säuberlich in Stand gestellte und mit gravierter Jubiläumsplakette versehene Wagenrad machte mir eine riesige Freude und wechselte den Kofferraum. Es erfreut mich noch heute jedes Mal, wenn ich es in der Pergola betrachte.

1993 erhielt ich in Kriens den Zinnbecher für 20 Teilnahmen. Am gleichen Nachmittag stand die ältere Tochter Monika in Sursee auf der Bühne. Sie gewann den Technics-Wettbewerb auf der Heimorgel und wurde Schweizermeisterin. Mit dem Stück «Misty» von «Eroll Garner» überzeugte sie die Experten.

Zum 40. Krienser Waffenlauf wurde eine bis heute unerreichbar wertvolle Tombola auf die Beine gestellt.

Die Startnummern galten als Lose. Erster Preis ein Auto, ein VW Polo. Heute noch sehe ich Walti in seinem rosafarbenen Pulli auf der Bühne, der dem Direktor der AMAG erklären musste, er fahre nicht mehr Auto! Mein Wunschpreis wäre damals die gesamte Ausgabe sämtlicher 25 000er Karten der Schweiz gewesen. Vor diesem 40. Jubiläumslauf fragte ich den bekannten Kunstmaler Hans Erni an, ob er nicht ein Bild eines Waffenläufers in seiner typischen und schwungvollen Art zeichnen würde. Die Antwort seiner Frau fiel leider negativ aus.

Unvergessen auch der Besuch von Hans, dem Autolackierer aus Grosshöchstetten, mit dem ich manchen Strauss ausfocht. Er weinte am Hang des Sonnenbergs und sagte mir im Vorbeilaufen, dass er das letzte Mal hier sei und bald an Leukämie sterben müsse, was dann leider auch eintrat!

Dass der Krienser nach 48 Jahren die Durchführung einstellte, erstaunte mich und ich bedauerte es sehr. 50 Jahre wäre eine schöne Zeitspanne gewesen. Zweimal wäre doch die Strasse durch das Renggloch noch zu sperren gewesen.

Thuner Waffenlauf (seit 1959)

Geschichte und Entwicklung

Der Thuner Waffenlauf hat eine wechselvolle Geschichte hinter sich. Die erste Austragung fand im Jahr 1959 statt. Das OK mit Präsident Lt Markus Vuillemin führt den ersten Thuner Waffenlauf am 21. Juni 1959 durch. Die Initianten waren Wm Buchser, Maj Lüthi und Four Baumann. Für eine Besonderheit sorgte der damals 78-jährige Albert Zryd. Er, mit dem Jahrgang 1881, bestritt und beendete den «Thuner» mit etwas «Nachhilfe» von Seiten des OK.

Gestartet wurde damals noch mit Bajonett und 2 Paar Patronentaschen am Ceinturon und in Ordonnanzschuhen!

Schon zwei Jahre nach der ersten Austragung wurde die Bestzeit durch Gfr Arthur Wittwer um 15 Minuten unterboten! Ein erneuter Streckenrekord liess nicht lange auf sich warten. Grenadier Gilgen trifft 1962 als erster Teilnehmer unter 2 Stunden Laufzeit am Ziel ein. Neuer Streckenrekord 1.54.36. In den folgenden Jahren sollte der Streckenrekord noch einige Male unterboten werden. Eine «einschneidende» Neuerung wurde 1963 eingeführt. Am Ziel wird erstmals kein Bier mehr ausgeschenkt!

1964 hatte der Thuner das grösste Teilnehmerfeld. 1209 Läufer kommen in die Rangliste. Das OK erwägt ernsthaft, als oberste Limite der Teilnehmerzahl 1500 festzulegen; die grosse Zahl der Übernachtungen kann kaum mehr bewältigt werden. Eine Situation, mit der sich das heutige OK und auch die anderen Waffenläufe (leider) nicht mehr herumschlagen müssen. Die Zeit von Werner Fischer beginnt. Er knackt den Streckenrekord von 1964. Erst 1970 holt Robert Boos den Titel des Streckenrekordhalters. Seinen Rekord hat er im Jahr 1973 erneut verbessert.

Im Bereich der Zeitmessung und Auswertung gab es 1971 eine Änderung. Nach einer

---

General Guisan und der Thuner Waffenlauf
Der General schrieb das Geleitwort zum ihm gewidmeten 1. Thuner Waffenlauf und stiftete einen nicht definitiv gewinnbaren Wanderpreis.

Geleitwort
«Die edelste Pflicht des Schweizersoldaten besteht sicher darin, seinem Vaterlande zu dienen. Dies erreicht er im Besonderen durch den Besuch der ausserdienstlichen Veranstaltungen, womit er seinen Willen bezeugt, seine Kampftüchtigkeit stets zu fördern. Der gut trainierte Einzelkämpfer wird auch heute noch, im Zeitalter der Massenvernichtungswaffen, das letzte Wort zu sprechen haben.

Ich möchte der Wehrsportgruppe Thun-Oberland zu ihrer Initiative, in ihrem Landesteil einen Waffenlauf zu organisieren, herzlich gratulieren und hoffe, dass diesem Anlass ein voller Erfolg beschieden sein möge.»
Kameradschaftlich, General Guisan

Reduktion des Startgeldes von Fr. 9.– auf Fr. 6.– (das waren noch Zeiten!) wird die Auswertung erstmals durch die EDV-Anlage der Eidgenössischen Betriebe vorgenommen.

Das Zeitalter von Albrecht Moser beginnt. Er verdrängt 1977 die Bestzeit von Armin Portmann und setzt damit neue Massstäbe. 1978 erhalten alle Läufer erstmals eine Rangliste zugestellt.

Anfangs der Achtzigerjahre sind zum ersten Mal mehr klassierte Teilnehmer in der Kategorie Landwehr als in der Kategorie Auszug.

Rückblick auf die Jahre 1980 – 1990: Die «Ära Albrecht Moser»

Die Jahre 1980 bis 1984 waren geprägt von Seriensieger Albrecht Moser. Moser, Vater der heutigen Spitzenläuferin Mirja Jenni-Moser, war der erste wirkliche «Star» der Waffenlaufszene und erreichte durch seinen Sport landesweite Bekanntheit, die im Übrigen bis heute anhält. Obschon Albrecht Moser bereits als Leichtathlet des ST Bern grosse Erfolge feiern konnte, wurde er erst durch seine Waffenlaufsiege zur «lebenden Legende».

Rückblick auf die Jahre 1991 – 2004: Die Dominanz von Martin von Känel

Die Zeit zwischen 1991 und 2004 gehörte Martin von Känel. Der Postangestellte aus Reichenbach löste durch seine Erfolge im Berner Oberland und insbesondere im Kandertal einen regelrechten Laufboom unter der Jugend aus. Von Känel, der den «Thuner» zwischen 1992 bis 2004 insgesamt acht Mal siegreich beendete, wurde zum grossen Vorbild für viele junge Läufer. Auch auf die Zu-

43 Die zweite Austragung des Thuner Waffenlaufs am 19. Juni 1960. Die 1077 Läufer kämpfen in der grossen «Hitzeschlacht», nur 902 von ihnen erreichen das Ziel. Ab sofort wurde das Datum in den Herbst verlegt. Damalige Tenuevorschriften: «Ex-Bluse, wenn heiss: Hemd, Ex-Hose, Bajonett, 2 Patronentaschen». Auch die damaligen Preise für die Verpflegung sind heute nicht mehr vorstellbar: Nachtessen für Fr. 2.–, Frühstück für Fr. 1.50 und Mittagessen für Fr. 2.50.

44 Schon nach wenigen Kilometern zieht sich das ganze Läuferfeld in die Länge 2005

schauerzahlen wirkten sich die Erfolge des «Einheimischen» äusserst positiv aus. Legendär und von grossem Medieninteresse begleitet waren jeweils seine Duelle gegen Altmeister Christian Jost aus Grosshöchstetten. Im Jahr 1999 stellte der Reichenbacher zudem den Streckenrekord auf der alten 27,2 km langen Strecke auf (1.38.17). Die Jahre zwischen 1991 bis 2006 waren aber auch geprägt vom rasanten Teilnehmerrückgang, insbesondere im Zuge der beiden Armeereformen in den Jahren 1995 und 2003. Sämtliche Versuche des OK's, den Thuner Waffenlauf für Neueinsteiger attraktiver zu gestalten, fruchteten nichts.

Rückblick auf die Jahre 2005 – 2006: Neuerungen und Newcomer

Im Jahr 2005, anlässlich der 47. Austragung des Thuner Waffenlaufs, wurde der Anlass einer Neuerung unterzogen. Der «Thuner» wurde in die 14. Ausgabe des Swiss Tank Challenge eingebunden.

Der Swiss Tank Challenge ist nicht nur ein interner Wettkampf – nein, er bietet die Möglichkeit, sich mit ausländischen Panzertruppen in freundschaftlicher und sportlicher Atmosphäre zu messen. Nebst harter Konkurrenz im Wettstreit darf die Kameradschaft nicht zu kurz kommen. Dass dies über die Schweizer Grenzen hinaus möglich wird, ist besonders positiv und für Soldaten selbstverständlich.

Der 47. Thuner Waffenlauf zusammen mit dem STC

Der «Thuner» fand jedoch eine Woche vor dem grossen König der Waffenläufe, dem Frauenfelder Militärwettmarsch statt. Dies hatte zur Folge, dass besonders die Lang-

streckenspezialisten und die Ostschweizer nicht am Start vertreten waren. Der Start fand als Bestandteil der so genannten «Steel Parade» inmitten unzähliger Zuschauer und Fans statt. Die «Steel Parade» ist eine Vorführung schweizerischer Panzergeschichte, berittene historische Schweizer Kavallerieformation, Konvoi historischer und aktueller Schweizer Armeefahrzeuge, Jeeps, Motorräder und Militärfahrräder, Start und Zieleinlauf Thuner Waffenlauf.

Beim ersten Waffenlauf als Bestandteil der Swiss Tank Challenge (47. Austragung) siegte Peter Deller zum zweiten Mal in seiner Karriere. Der 34-jährige Zürcher nutzte die Abwesenheit der beiden Dominatoren Jörg Hafner und Martin von Känel und verwies Ruedi Walker sowie Marc Berger auf die Ehrenplätze. Es war nach Kriens 1998 der zweite Erfolg für Peter Deller, der in den

45 Landschaftlich gehört der «Thuner» klar zu einem der schönsten der Schweiz

46 Für einen Waffenläufer ist es etwas vom schönsten, unter dem Beifall der Zuschauer, Fans und Angehörigen ins Ziel zu laufen

47 Die Panzerwettkämpfe 2005 führten zu einem Grossaufmarsch von Zuschauern. Ein Start mit viel Applaus und Zurufen motiviert einen jeden Wettkämpfer

letzten Jahren viele Ehrenplätze errang, doch nie mehr ganz oben auf dem Podest stand. Hafner (Wettkampfpause) und von Känel (krank) waren die grossen Abwesenden am 47. Thuner, der bei ausgezeichneten Bedingungen und erstmals zusammen mit den Swiss Tank Challenge (der Meisterschaft der Panzerbesatzungstruppen) stattfand.

Das heutige Organisationskomitee

Das Laufteam Thun (früher: Wehrsportgruppe Thun-Oberland), als Träger des Thuner Waffenlaufs, hat ein weitgehend eigenständiges Organisationskomitee mit der Lauforganisation betraut. Der Präsident und der Kassier haben an der jährlichen Hauptversammlung dem Laufteam Thun Rechenschaft über ihre Tätigkeit und über das Ergebnis des Waffenlaufs zu geben. Der Waffenlauf soll finanziell selbsttragend sein; ein Gewinn wird nicht budgetiert.

Im Organisationskomitee gibt es folgende Gliederungen und Ressorts:
Präsident, Vizepräsident und Zielraum, Sekretariat, Funktionäre, Gäste, Laufstrecke, Verpflegung Kaserne, Material, Übermittlung, Startraum, Ausschreibung und Anmeldung, Auszeichnungen, Verkehrsregelung, Auswertung und Rangliste, Wettkampfbüro und Drucksachen, Presse und Speakerdienst, Ausrüstungskontrolle, Sanitätsdienst, Verpflegung Strecke, Kassier, Programmverkauf und Transportdienst.

Die feingliedrige Struktur hat zum Ziel, die Belastung des einzelnen OK-Mitglieds in erträglichen Grenzen zu halten. Die dadurch vermehrt auftretenden Koordinationsaufgaben werden bewusst in Kauf genommen. Heute setzt sich das OK aus folgenden Personen zusammen:
– Oberst Hans Ueli Stähli, OK-Präsident
– Oberstlt Urs-Georg Blaser, Vize-Präsident/Ehrengäste
– Hptm Franz Frick / Oblt Paul Kreis, Verpflegung Strecke
– Four Sandro Genna, Medien
– Sdt Robert Hächler, Auswertung/Rangliste
– Herr Hans Rudolf Karlen, Material
– Herr Markus Kernen, Start/Ziel
– Oberstlt Peter Michel, Wettkampfbüro
– Herr Hanspeter Mosimann, Speaker
– Gfr Rudolf Ringgenberg, Streckenchef/Präsident
– Laufteam Thun
– Oblt Adrian Beyeler, Übermittlung
– Hr. Jean Pierre Stettler / Hr. Herbert Blum, Vertretung Waffenplatz und Logistikcenter Thun
– Herr Peter Tschanz, Transporte
– Kpl Adrian von Gunten, Sanität
– Frau Alice von Gunten, Finanzen
– Frau Christine Wüthrich, Sekretariat

Die Infrastruktur des «Thuners»

Der Waffenlauf stützt sich weitgehend auf Installationen des Waffenplatzes Thun ab. Dank der entgegenkommenden Haltung der zuständigen Stellen des VBS können Kollisionen mit der Truppe und in der Belegung problemlos ausgeschaltet werden. Sicherlich herrschen am «Thuner» äusserst günstige Voraussetzungen für die Läufer und für die Organisatoren. Dies darf aber zweifellos auch so sein, denn der Waffenlauf als freiwillige ausserdienstliche Tätigkeit leistet seinen Teil dazu, dass die Armee ausserhalb der Waffenplätze noch «sichtbar» ist. Selbst wenn der Akzent mehr auf der sportlichen als auf der militärischen Seite liegt – die positive Demonstration bleibt. Die Durchführung des Thuner Waffenlaufes hängt aber nicht nur von den militärischen Bauten ab, ein Grossteil der notwendigen Anlagen wird durch mitwirkende Vereine und durch die Stadt Thun aufgestellt oder in Zusammenarbeit mit Behörden umliegender Gemeinden realisiert.

Thun, heute und morgen

Der «Thuner» ist aus der Waffenlaufszene, aus dem Veranstaltungskalender Thuns und des ganzen Oberlandes nicht mehr wegzudenken. Obschon sich die Teilnehmerzahlen beängstigend zu den älteren Jahrgängen hin verschieben, die Aufwendungen für die Organisation immer höher und das Finden von Helfern schwieriger wird, arbeiten wir weiter an unserem «Thuner». Für diese grosse Schar von freiwilligen, mutigen und kameradschaftlichen Wettkämpfern opfern wir gerne noch manche Stunde. Mit frischem Mut und neuen Ideen sind wir überzeugt, dass unser Thuner Waffenlauf noch bis mindestens zur 50. Austragung im Jahr 2008 bestehen bleibt. Wir bauen weiter auf die kämpferischen Idealisten, die Waffenläufer.

Oberst Hans-Ueli Stähli,
OK-Präsident seit 1998

Erste Schweizermeisterschaft im Waffenlauf-Halbmarathon

Am Samstag, 3. November 2007 wird im Rahmen des 49. Thuner Waffenlaufs die erste Schweizermeisterschaft im Waffenlauf-Halbmarathon und im Jahr 2008 wird der 50. Thuner Waffenlauf durchgeführt. Anschliessend wird das OK eine Standortbestimmung vornehmen und über die weitere Zukunft des «Thuners» entscheiden.

Die Strecke
Zuerst 27,2 km ...

Die alte, 27,2 km lange Strecke des «Thuners» hat sich seit der ersten Austragung des Anlasses im Jahre 1959 einige Male – allerdings nur unwesentlich – geändert. Der Lauf führte vom Start auf der Allmendstrasse zuerst nach Thierachern. Nach der Durchquerung des Dorfes folgte mit dem «Egg-Stutz» die erste grosse Schwierigkeit. Anschliessend verlief die Strecke nach Amsoldingen und von dort in Richtung Höfen. Im kleinen Dorf unter der Stockhornkette folgte die Steigung hinauf zum bekannten Aussichtspunkt «Hohlinden» bei Kilometer 12. Von der «Hohlinden» führte eine stark abfallende Strecke auf die Verbindungsstrasse Amsoldingen-Zwieselberg. In Zwieselberg bei Kilometer 16,5 zweigte der Lauf ab ins Glütschbachtal und führte sodann durch den Schorenwald zur Schiessanlage Guntelsey. Von dort ging es dem Glütschbach entlang nach Allmendingen und wenige hundert Meter später auf das Gelände des Waffenplatzes. Den letzten Kilometer zum Ziel bei der Dufourkaserne mussten die Läuferinnen und Läufer auf der harten Panzerpiste zurücklegen.

... dann 21,1 km ...

Auch heute noch wird Thun jedes Jahr im Herbst zum Treffpunkt der Schweizer Waffenlaufszene. 21,1 Kilometer (Halbmarathon) lang ist der Parcours im Thuner Westamt heute, was gegenüber früher eine Verkürzung um mehr als sechs Kilometer bedeutet. Rund 300 Teilnehmerinnen und Teilnehmer nahmen in den letzten Jahren jeweils am «Thuner» teil. Weniger, sehr viel weniger als Jahre zuvor. Viele Zuschauer entlang der Strecke feuern jeweils die Schar bei ihrem harten Lauf mit dem Sturmgewehr und der 6,2 Kilogramm schweren Packung an.

Im Jahr 2005 wartete das OK mit Neuerungen auf. Die IGWS erkannte das Problem der kurz aufeinanderfolgenden Läufe und das Technische Komitee versuchte zusammen mit dem Thuner Organisationskomitee Lösungen zu finden. Als Folge kürzte dann das OK Thun die Strecke um mehr als 6 km in der Hoffnung, dass möglichst viele trotz der nur einwöchigen Erholungspause in Thun teilnehmen.

Die neue Strecke führt zuerst nach Thierachern-Egg, zweigt dann ab Richtung Amsoldingen und verläuft weiter nach Zwieselberg. Dort geht es in den Schorenwald und nach Allmendingen, das rund zwei Kilometer vor dem Ziel passiert wird. Das Ziel befindet sich – wie auch der Start – direkt vor der Dufourkaserne auf dem Areal des Waffenplatzes.

Werner Fischer vor der grandiosen Kulisse des Thuner Waffenlaufs. Im gleichen Jahr wurde er Schweizermeister (1967)

Das Goldene Buch des Thuner Waffenlaufes

Jahr	Auszug	Landwehr	Landsturm	Senioren	Gruppen Auszug	Landwehr/Lst		
1959	**Salzmann Alois** 2.19.38	Frank Paul 2.25.29	Jost Gottfried 2.37.27	–	MKG Bramberg LU	UOV Zürich		
1960	**Hobi Ludwig** 2.28.53	Frank Paul 2.38.57	Hässig Fritz 2.47.07	–	Zürcher Patrouilleure	UOV Zürich		
1961	**Wittwer Arthur** 2.04.08	Salzmann Alois 2.15.33	Hässig Fritz 2.34.50	–	St.Galler Patrouilleure	UOV Zürich		
1962	**Gilgen Walter** 1.54.36	Suter Walter 2.05.50	Beeler Leo 2.20.20	–	UOV Burgdorf	UOV Zürich		
1963	**Fischer Werner** 1.53.02	Gerber Walter 2.01.28	Hässig Fritz 2.21.18	–	UOV Burgdorf	UOV Zürich		
1964	**Fischer Werner** 1.50.14	Gerber Walter 1.59.21	Hässig Fritz 2.12.11	–	UOV Burgdorf	UOV Burgdorf		
1965	**von Wartburg A.** 1.51.18	Pauli Hans 2.01.10	Hässig Fritz 2.12.17	Walder Konrad 2.50.17	UOV Burgdorf	WSG Basel		

Jahr	Auszug	Landwehr	Landsturm	Senioren	Gruppen Auszug	Landwehr	Landsturm/Sen	
1966	**Fischer Werner** 1.50.17	Leupi Oskar 1.55.26	Meili Max 2.14.20	Oberholzer Ernst 2.28.23	UOV Burgdorf	Zürcher Patrouilleure	MKG Bramberg LU	
1967	**Fischer Werner** 1.49.54	Gilgen Walter 1.53.26	Frank Paul 2.03.47	Köng Walter 2.16.54	UOV Wiedlisbach	UOV Burgdorf	UOV Zürich	
1968	Budliger Otto 1.53.36	**Gilgen Walter** 1.53.07	Frank Paul 2.03.39	Köng Walter 2.22.14	Zürcher Patrouilleure	UOV Burgdorf	UOV Zürich	
1969	**Burri Niklaus** 1.50.42	Gilgen Walter 1.51.27	Biefer Edwin 2.01.43	Wegmann Heinrich 2.17.20	UOV Burgdorf	UOV Burgdorf	UOV Zürich	
1970	**Boos Robert** 1.45.38	Strittmatter Werner 1.56.15	Biefer Edwin 2.02.36	Wegmann Heinrich 2.18.51	UOV Burgdorf	Zürcher Patrouilleure	UOV Zürich	
1971	**Boos Robert** 1.47.36	Strittmatter Werner 1.53.40	Borer Hans 1.57.49	Wegmann Heinrich 2.15.12	UOV Burgdorf	UOV Burgdorf	MKG Fricktal	
1972	**Aegerter Willi** 1.49.14	Strittmatter Werner 1.49.41	Biefer Edwin 1.59.34	Wegmann Heinrich 2.17.56	UOV Burgdorf	UOV Burgdorf	UOV Zürich	
1973	**Aegerter Willi** 1.45.17	**Boos Robert** 1.44.02	Biefer Edwin 1.55.31	Frank Paul 2.02.00	UOV Burgdorf	UOV Burgdorf	UOV Zürich	
1974	**Dähler Hans** 1.43.33	Boos Robert 1.44.32	Schürer Walter 1.56.03	Frank Paul 2.05.24	LWSV Bern	UOV Burgdorf	MKG St.Gallen	
1975	**Portmann Armin** 1.40.55	Scheiber Kaspar 1.42.41	Rüdisühli Hans 1.50.56	Frank Paul 2.06.01	LWSV Bern	Zürcher Patrouilleure	MKG St.Gallen	
1976	**Blum Charles** 1.41.05	Scheiber Kaspar 1.44.35	Gilgen Walter 1.51.21	Biefer Edwin 2.00.41	UOV Wiedlisbach	UOV Burgdorf	Zürcher Patrouilleure	
1977	**Moser Albrecht** 1.40.20	Blum Charles 1.40.41	Voitel Heinz 1.53.40	Frank Paul 2.07.04	UOV Wiedlisbach	MKG Fricktal	Zürcher Patrouilleure	
1978	Steger Kudi 1.43.47	**Moser Albrecht** 1.38.42	Calonder Reto 1.53.03	Biefer Edwin 1.56.33	UOV Wiedlisbach	MKG Fricktal	Zürcher Patrouilleure	
1979	Steger Kudi 1.42.57	**Moser Albrecht** 1.41.16	Gilgen Walter 1.53.17	Pfanner Karl 1.59.11	LWSV Bern	MKG Fricktal	Zürcher Patrouilleure	
1980	Rüegsegger Fritz 1.38.57	**Moser Albrecht** 1.38.24	Rüegg Ernst 1.49.07	Schumacher Emil 1.54.36	LWSV Mittelland	Zürcher Patrouilleure	Zürcher Patrouilleure	
1981	Furrer Hans 1.44.41	**Moser Albrecht** 1.41.56	Eicher Xaver 1.55.01	Schumacher Emil 1.56.22	LWSV Mittelland	Zürcher Patrouilleure	Zürcher Patrouilleure	
1982	Häni Fritz 1.42.19	**Moser Albrecht** 1.41.28	Probst Alois 1.51.28	Bohler Heinz 1.59.33	UOV Wiedlisbach 5.18.24	Zürcher Patrouilleure 5.21.07	Zürcher Patrouilleure 5.51.32	
1983	Häni Fritz 1.42.14	**Moser Albrecht** 1.40.37	Hugentobler Kurt 1.48.03	Schumacher Emil 1.57.11	UOV Wiedlisbach 5.12.16	LWV Mittelland 5.17.38	Zürcher Patrouilleure 5.55.32	
1984	Häni Fritz 1.42.24	**Moser Albrecht** 1.40.32	Hugentobler Kurt 1.49.39	Schumacher Emil 1.56.00	UOV Wiedlisbach 5.06.11	LWV Mittelland 5.17.53	Zürcher Patrouilleure 5.49.12	
1985	**Häni Fritz** 1.39.17	Moser Albrecht 1.40.00	Peyer Peter 1.47.32	Schumacher Emil 1.58.25	UOV Wiedlisbach 5.04.29	LWV Mittelland 5.16.38	Thurgauer WSV 5.41.26	
1986	Häni Fritz 1.43.33	Heim Urs 1.44.49	Hugentobler Kurt 1.48.42	Keller Walter 1.59.22	UOV Wiedlisbach 5.18.12	Zürcher Patrouilleure 5.31.43	Thurgauer WSV 5.48.57	

Jahr	Auszug	Landwehr	Landsturm	Senioren	Gruppen Auszug	Landwehr	Landsturm/Sen	Offene Kategorie
1987	Wanner Beat 1.45.17	**Steger Kudi** 1.43.09	Züger Florian 1.48.16	Schumacher Emil 2.00.13	UOV Burgdorf 5.27.00	Zürcher Patrouilleure 5.20.10	Thurgauer WSV 5.55.31	LWV Mittelland 5.28.39
1988	Wüthrich Christian 1.42.59	**Furrer Hans** 1.41.01	Moser Albrecht 1.41.57	Keller Walter 1.56.10	MKG St.Gallen-App. 5.18.59	Zürcher Patrouilleure 5.28.35	Zürcher Patrouilleure 5.40.38	UOV Wiedlisbach 5.11.40
1989	Jost Christian 1.43.51	**Furrer Hans** 1.40.43	Moser Albrecht 1.45.39	Ritter Manfred 1.55.45	UOV Burgdorf 5.13.53	LG Homberg 5.25.47	Zürcher Patrouilleure 5.41.29	UOV Wiedlisbach 5.23.19

Das Goldene Buch des Thuner Waffenlaufes							
Jahr	Auszug	Landwehr	Landsturm	Senioren	Gruppen Auszug	Landwehr/Lst		
1990	Wüthrich Peter 1.43.58	**Furrer Hans** 1.40.34	Heim Urs 1.47.33	Ritter Manfred 1.56.57	UOV Burgdorf 5.20.41	LG Homberg 5.29.44	UOV Wiedlisbach 5.44.11	MKG St.Gallen-App. 5.23.08
1991	Eilenberger Urs 1.44.15	**Jost Christian** 1.43.41	Storchenegger M. 1.49.01	Scheiber Kaspar 1.57.47	UOV Burgdorf 5.23.38	UOV Burgdorf 5.31.04	Zürcher Patrouilleure 5.56.33	MKG Fricktal 5.33.08
1992	**von Känel Martin** 1.41.03	Jost Christian 1.42.07	Storchenegger M. 1.47.04	Hugentobler Kurt 1.52.16	UOV Burgdorf 5.13.58	UOV Burgdorf 5.20.14	Thurgauer WSV 5.41.07	UOV Wiedlisbach 5.21.32
1993	von Känel Martin 1.43.37	**Jost Christian** 1.43.07	Heim Urs 1.48.59	Hugentobler Kurt 1.54.57	Zürcher Patrouilleure 5.30.31	UOV Burgdorf 5.22.35	Thurgauer WSV 5.45.40	UOV Wiedlisbach 5.24.39
1994	**Schöpfer Martin** 1.40.07	Jost Christian 1.41.06	Furrer Hans 1.45.24	Allenspach Bruno 1.57.16	WSG Schwyz 5.46.13	LG UOV Burgdorf 5.23.27	LG Homberg 5.49.10	LG UOV Burgdorf 5.12.26
	M20	M30	M40	M50	Damen	Gruppen Elite	Senioren	Offene Klasse
1995	von Känel Martin 1.39.12	Jost Christian 1.40.23	Häni Fritz 1.46.27	Heim Urs 1.56.24	Urfer Martha 2.14.22	Zürcher Patrouilleure 5.11.58	LG Homberg 5.41.26	Läufergr. Burgdorf 5.01.22
1996	von Känel Martin 1.40.27	Jost Christian 1.42.44	Häni Fritz 1.46.27	Heim Urs 1.56.24	Urfer Martha 2.14.42	WSG Schwyz 5.37.08	Zürcher Patrouilleure 5.38.49	LV 95 Burgdorf 5.09.30
1997	**Schöpfer Martin** 1.41.15	Gerber Walter 1.45.41	Jost Christian 1.43.22	Storchenegger M. 1.51.20	Urfer Martha 2.15.57	Zürcher Patrouilleure 5.35.50	Zürcher Patrouilleure 5.48.06	LV 95 Burgdorf 5.10.19
1998	Schelbert Koni 1.47.18	Walker Ruedi 1.47.02	**Häni Fritz** 1.46.02	Storchenegger M. 1.53.44	Garius Monika 2.13.09	LV 95 Burgdorf 5.33.47	LSV St.Gallen-App. 5.46.19	UOV Wiedlisbach 5.29.56
1999	Deller Peter 1.41.25	**von Känel Martin** 1.38.17	Häni Fritz 1.44.22	Storchenegger M. 1.49.16	Heim Maria 2.03.48	Zürcher Patrouilleure 5.33.42	LSV St.Gallen-App. 5.42.47	LV 95 Burgdorf 5.09.47
2000	Ebner Mischa 1.42.42	**von Känel Martin** 1.40.38	Häni Fritz 1.43.20	Schmid Josef 1.58.40	Heim Maria 2.04.51	–	LV 95 Burgdorf 5.33.59	LV 95 Burgdorf 5.15.26
2001	Helfenberger Kol. 1.55.54	**von Känel Martin** 1.41.46	Häni Fritz 1.44.50	Storchenegger M. 1.51.54	Widmer Monika 2.13.49	–	Run Fit Thurgau 5.37.44	LV 95 Burgdorf 5.24.42
2002	Wirth Dominik 1.53.33	**Hafner Jörg** 1.42.16	Häni Fritz 1.48.03	Storchenegger M. 1.55.05	Widmer Monika 2.11.58	–	Run Fit Thurgau 5.40.46	LWV Mittelland 5.31.22
2003	Ruf Remo 1.48.24	**von Känel Martin** 1.43.11	Scheidegger Nikl. 1.46.04	Storchenegger M. 1.53.11	Balmer Marianne 2.06.46	–	Run Fit Thurgau 5.39.44	Run Fit Thurgau 5.25.56
					D20	D40	Gruppen Sen	Offene Klasse
2004	Berger Marc 1.47.08	**von Känel Martin** 1.43.53	Schenk Felix 1.46.15	Häni Fritz 1.47.31	Widmer Monika 2.08.29	Balmer Marianne 2.03.30	LV 95 Burgdorf 5.58.11	Run Fit Thurgau 5.23.25
Ab 2005 neue Strecke								
2005	Berger Marc 1.20.54	**Deller Peter** 1.19.39	Walker Ruedi 1.20.07	Gyr Rolf 1.28.22	Probst Denise 1.50.09	Balmer Marianne 2.36.53	WSV Graubünden 4.35.32	Zürcher Patrouilleure 4.08.11
2006	Wieser Patrick 1.17.19	**Deller Peter** 1.16.58	Walker Ruedi 1.18.52	Baumann Walter 1.26.00	Widmer Monika 1.38.51	Balmer Marianne 1.33.24	LV 95 Burgdorf 5.22.24	LWV Mittelland 3.58.39

Beat weiss noch mehr dazu ...
Bis Ende 2006 = 48 Mal ausgetragen seit 1959, 25 Mal teilgenommen (wird weiterhin ausgetragen)

Thun, mein absoluter Lieblingslauf! 25 Mal teilgenommen, 25 Mal in weniger als 3 Stunden im Ziel, das allererste Mal im Jahre 1966 in 2.59.55h allerdings nur mit 5 Sekunden Reserve. Da bin ich noch heute sehr stolz darauf!

Immer stand die grossflächige und mehrstöckige Kaserne den Läufern zur Verfügung. Wehrsportgruppen konnten sogar Zimmer reservieren lassen und hatten sie nach dem Lauf natürlich aufgeräumt zurückzugeben. Einzelläufer fanden in den geräumigen Gängen genügend Platz.

Illuster war im Tor zum Berner Oberland jeweils die eingeladene Gästeschar. Vor dem Fall der Berliner Mauer interessierten sich die Repräsentanten der Oststaaten sehr für unseren Sport. Angeredet werden durften die Attachés in ihren schmucken Uniformen aber nur via Bodyguards. Nach dem Lauf schloss ich mich als IGWS-Mitglied einmal der Gruppe an die das Schloss besuchte. Lustig ging's zu und her, besonders als die Chinesen Schweizer Volkslieder sangen wie beispielsweise «es wott es Floueli z'Mälit ga, z'Mälit ga, tlalalalala, tlalalalala...».

Während man in den Siebzigerjahren auf einer unübersichtlich grossen Matte ausserhalb des Kasernenareals unter Ausschluss der Öffentlichkeit ins Ziel lief, kamen die Thuner endlich auf die Idee, das Ziel gegenüber dem Kasernentor zu installieren. Das zog viel mehr Zuschauer an und ergab eine viel bessere Ambiance für die Läufer. Mancher Teilnehmer hatte in Thun irgendein persönliches Jubiläum zu feiern. Schön zu sehen und zu fotografieren, wie die Jubilare jeweils mit einem Blumenstrauss und umjubelt von den Angehörigen ins Ziel liefen.

In früheren Zeiten war der Zirkus Knie hin und wieder zur Zeit des Waffenlaufs in Thun. Da gab es Umwege zu machen um den Start zu erreichen. Einmal so weit, dass die Zeit nicht mehr reichte, um rechtzeitig um 10 Uhr am Start zu sein. Von vorne kamen wir zum Startfeld, als der Kanonenschuss plötzlich ertönte. Einige Dutzend Läufer sahen als Aktive den Waffenlaufstart «live». Wir machten eine Drehung um 180 Grad und fügten uns ins Feld ein. Diese 200 Meter sind die einzige Abkürzung, die ich in 35 Jahren (30 Saisons) Waffenlaufsport gemacht habe, und dies erst noch unabsichtlich.

Hin und wieder fand der Thuner am 1. November statt, einem katholischen Feiertag. Dies ist auch der Geburtstag (1940) des Autors der Waffenlauf-Bibel, Bernhard Linder, der ja aus Thun stammt. Organisator eines Waffenlaufs war ja wie überall nicht die Armee, sondern das freiwillig und unentgeltlich arbeitende Waffenlauf-OK. Das begriffen jene nicht, die in böswilliger Absicht der Armee eins auswischen wollten und mehrere WC's mit ganzen Papierrollen verstopften, was am Montag teure Entstopfungsarbeiten nach sich zog.

Nach dem Thuner fuhren Brigitte und ich ab und zu zum Mittagessen in den «Bären» nach Schwarzenegg. Immer trafen wir so gegen 14 Uhr ein. Mit der Zeit wurde uns ein Kafi Güx offeriert. Wir hatten dort jedes Mal gut, genug und preiswert gegessen, sodass ich mit meinen Angehörigen auch meinen 50. Geburtstag dort feierte.

Bernhard Linder, der Waffenlaufbuchautor, hat seinen 100. Waffenlauf in Thun bestritten. Den ersten übrigens auch, logisch, als Thuner. Mehrmals fotografierte ich ihn als Mitkonkurrenten unterwegs damit er Originalbilder von seinem Jubiläumslauf hatte. In der Guntelsey, nach mehr als 20 Streckenkilometern, sah ich einmal wie ein Zuschauer lautlos zusammenbrach. Meine 3 Stunden Laufzeit die ich mir vorgenommen hatte wären egal gewesen, doch es gelang mir einen nahen Streckenposten mit Sanitätsköfferli herbeizuschreien!

Nach dem Thuner, ich glaube im Jahre 1995, lud Ueli Jäggi seine Familie, Verwandtschaft, viele Waffenlaufkameraden sowie das ganze Dorf Nennigkofen (im Bucheggberg/SO) zu einer Feier zu seinem 200. Waffenlauf ein. Der bekannte Radioreporter und spätere -direktor Andreas Blum kommentierte Ueli im Saal zum überraschenden Sieger des Thuners. Im Herbst 2005 mussten wir von Ueli leider definitiv Abschied nehmen was mir sehr nahe ging. Für meinen letzten Lauf in Thun 1999 hatte ich eine rote Laterne auf die Packung geschnallt. Ein deutliches Zeichen, dass ich nicht mehr rückfällig werden wollte. Ich löste ein Billett Düdingen-Thun, einfach. Nicht dass ich auf der Strecke sterben wollte, nein, nach Hause marschieren wollte ich von meinem letzten Zielort aus! Mario, Hansruedi und Marcel begleiteten mich auf diesem unvergesslichen Weg (ohne Packung). Sonntag Nachmittag nach dem 27,5 km langen Thuner noch auf den Gurnigel. Feines Nachtessen im Berghaus. Am Morgen ein unvergesslicher Ausblick auf die verschneiten Berge des Gantrischgebietes. Nach dem Frühstück durch 20 cm hohen Neuschnee über die Wasserscheide, durch das Selital und Schwarzenbühl nach Riffenmatt. Hier kam noch Jürg dazu. Nach dem Mittagessen weiter über Schwarzenburg, Sodbach, Heitenried, Niedermuhren und Lanthen nach Hause, wo uns Brigitte mit einer schmackhaften Käse- und Fleischplatte überraschte. Lauf und Nachhausemarsch, das waren um die 80 Kilometer. Absolut unvergesslich, danke, liebe Waffenlaufkameraden. Adieu Waffenlauf.

49 Magische Momente für jeden Waffenläufer, der Zieleinlauf auf dem Mätteli, dem Kasernenplatz Frauenfeld, die Marathondistanz ist geschafft

Frauenfelder Militärwettmarsch (seit 1934)

Geschichte und Entwicklung

Der «Frauenfelder» hat eine wechselvolle und lange Geschichte hinter sich. Wer wüsste diese nicht besser zu erzählen als der Gründer selbst. Lesen Sie, was Dr. Max Beer über die Entstehung dieses als Königslauf geltenden Anlasses berichtet.
Der inzwischen verstorbene Verfasser galt als glühender Idealist und hinterliess mit dem «Frauenfelder» ein grandioses Vermächtnis in Form eines Militärwettmarsches.

Wie es zum «Frauenfelder» kam

Schon als ich noch ein kleiner Junge war, es waren die ersten Jahre nach dem Weltkrieg von 1914 bis 1918, vermochte mich das sportliche Geschehen zu faszinieren. Zu jener Zeit gab es weder Radio noch Fernsehen, und die Tagespresse berichtete nur spärlich über den Sport. In der Montagausgabe der Tageszeitung waren dann einige wenige Resultate zu lesen, und nur ganz ausnahmsweise, wenn es sich um einen wichtigen schweizerischen oder gar internationalen Anlass handelte, war auch das Wettkampfgeschehen kommentiert. In besonderem Ansehen standen damals das Turnen, der Fussball, die Radrennen, das Schiessen und Schwingen und während der Wintermonate auch Ski.

Im Thurtal wuchs ich auf, das zwischen den beiden Höhenzügen Seerücken und Wellenberg eingebettet ist. Die meisten Familien jener Gegend hatten ihren Erwerb in der Landwirtschaft, und nur in vereinzelten Dörfern und grösseren Ortschaften waren industrielle Betriebe angesiedelt. Wir Buben und auch die Mädchen mussten während der schulfreien Stunden Hand anlegen in Heim und Hof. Was noch an Freizeit übrig blieb, wurde für Schulaufgaben verwendet. So kam man mit dem Sport nur beim Schulturnen in Berührung. Turnhallen standen auf dem Land schon gar nicht zur Verfügung, und so konzentrierte sich das Schulturnen vorwiegend auf die Sommerzeit und auf einige wenige Disziplinen, gleichzusetzen etwa mit «Herumspringen in der freien Natur». An Sonntagnachmittagen, wenn kein Vieh gehütet werden musste und man nicht beim Schiessen der Väter mit Warnen und Zeigen beschäftigt war, wurde auf dem Schulhausplatz oder einer frisch gemähten Wiese wiederholt, was man in der Turnstunde eingetrichtert erhalten hatte. Als in unserem Dorf dann ein junger Lehrer Einzug hielt, der in Berlin sogar einen Turnlehrerkurs absolviert hatte, erfolgte die Gründung eines Turnvereins, und schon kurze Zeit später schrieben wir – auf meine Initiative hin – einen Cross-Country-Lauf (Querfeldein-Rennen) nach englischem Vorbild aus. Diese Sache machte von sich reden, denn der Parcours führte quer durch die Thur, wobei der Wasserstand nicht jedes Jahr gleich hoch war. So kam es vor, dass das Wasser den Läufern stellenweise bis zu den Hüften reichte. Es erschien jeweils nicht nur die schweizerische Läufer-Elite am Start, nein, sogar ausländische Athleten. Mit einiger Initiative gelang es unserem Land-Turnverein, Angehörige der Leichtathletik-Nationalmannschaften Deutschlands und Luxemburgs zur Teilnahme am Cross-Lauf zu gewinnen, der jeweils Tausende von Zuschauern anlockte, denn das Durchqueren der reissenden Thur war eine einmalige, besondere Attraktion. 1931 hatte ich in die Rekrutenschule einzurücken, an die sich gleich die Unteroffiziersschule anschloss. In diesem Jahr gelangte in Solothurn ein Militärwettmarsch zur Austragung, und zwar über 42 km. Ich hatte noch nie von einer solchen Veranstaltung gehört. Ausserdienstliche Wettkämpfe boten die Unteroffiziersvereine an, und dazu gab es noch einige wenige Anlässe für Militär-Radfahrer und Ski-Patrouil-

50 «Einstehen», bis heute eine Tradition die abgehalten wird. Waffenläufer stellen sich zum HV auf, im Hintergrund die Ehrengäste aus Militär, Politik und Sport

51 Lockte der «Frauenfelder» früher weit über tausend Wettkämpfer aus der ganzen Schweiz an, sind es heute weniger geworden. Auf dem Bild der Start zum 50. Frauenfelder Militärwettmarsch 1984

leure. Dieser Wettmarsch in Solothurn liess mir keine Ruhe mehr, und schliesslich entschloss ich mich zur Teilnahme. Ich fühlte mich fit genug, um die Distanz mit meinem Gewehr als Begleiter schnell zu marschieren. Ein spezielles Training aber fehlte mir. Laufen war nicht erlaubt. Es dürften zwischen 80 und 100 Wehrmänner gewesen sein, die den Weg unter die Füsse nahmen. Zu meinem grossen Erstaunen traf ich als Neunter im Ziel ein, und dies ohne auffallende Ermüdungserscheinungen. Nicht einmal der Muskelkater plagte mich anderntags. Das gute Resultat ermunterte mich im Herbst zur Teilnahme am Militärwettmarsch von Yverdon nach Lausanne, ausgeschrieben und organisiert vom damaligen Oberstdivisionär und späteren General Henri Guisan. Auch an diesem Wettkampf wurde ohne Packung, aber mit Gewehr marschiert. Es war einer jener sehr warmen Spätsommer-Tage – ein Sonntag natürlich –, und es mögen gegen 200

Wer war Dr. Max Beer (15.9.1912–19.12.1995)
Dr. Max Beer wurde zeitlebens als Vater des «Frauenfelders» bezeichnet. Während der Weltwirtschaftskrise strebte der ungelernte junge Landarbeiter eine Staatsstelle an und wurde Briefträger. Weil ihm eine Laufbahn bei den PTT-Betrieben verschlossen blieb, entschloss sich Max Beer, auf dem zweiten Bildungsweg vorwärts zu kommen. Innert sechs Jahren – während denen er über 1000 Aktivdiensttage zu leisten hatte – erlangte er die Maturität und schloss auch das Jura-Studium und die Anwaltsprüfung mit sehr gutem Erfolg ab. Im Berufsleben in Handel und Industrie war Dr. Max Beer, wie im Sport, erfolgreich, denn aus seiner grosszügigen Schenkung an die Stadt Bern fliessen kulturellen Institutionen und dem Sport jährlich beträchtliche Mittel zu.

Max Beers sportliche Laufbahn verlief zielgerichtet. Der Briefträger entzündete sich am griechischen Vorbild des Laufens mit der Waffe; er war der Initiant und Gründer des «Frauenfelders», des noch heute populärsten Waffenlaufs, der nicht zufällig über die klassische Marathondistanz führt. Zweimal schreibt sich Korporal Beer selber in die Siegerliste ein. Dann lockten ihn plötzlich die Olympischen Spiele von Berlin. Max unterzog sich einem eisernen Training und qualifizierte sich. Seine gute Form trug ihm im gleichen Jahr den Marathon-Schweizermeistertitel ein. Später wendete er sich den Sportorganisationen zu, er wurde Funktionär zahlreicher Sportveranstaltungen.

Soldaten gewesen sein, die in lang gezogener Marschkolonne durch die Kornkammer der Schweiz dem Genfersee zustrebten. Der lange Aufstieg vor Lausanne machte einem schwer zu schaffen, und zahlreich waren jene, die das Ziel nicht erreichten. Auch hier belegte ich einen der vorderen Ränge, kehrte aber auch mit einem argen Muskelkater in die Kaserne nach Chur zurück und hatte am folgenden Tag meine liebe Mühe, den Kameraden beim Taktschritt auf dem Kasernenhof zu folgen. Die schöne Auszeichnung liess die Strapazen bald vergessen.

Die Erlebnisse dieser beiden Militärwettmärsche prägten sich mir tief ein und liessen mich nicht mehr los. Bald einmal beschäftigte ich mich mit der Idee, in meiner Gegend im Thurgau etwas Ähnliches ins Leben zu rufen. Die Erfolge, die wir schon mit unserem Cross-Lauf gefeiert hatten, ermutigten mich.

Im UOV Frauenfeld, dem ich inzwischen beigetreten war, erzählte ich begeistert von meinen Erlebnissen. Mir schwebte nämlich ein Militärwettmarsch vor, und zwar über die Marathon-Distanz. Immer mehr freundete sich auch unsere Umgebung der Idee dieses militärischen Marathonlaufs an. Frauenfeld, als Waffenplatz, schien mir geeignet. Zudem war die thurgauische Kantonshauptstadt bekannt wegen ihrer militärfreundlichen Bevölkerung. Zwar hatte Frauenfeld bereits einen traditionellen militärsportlichen Anlass, die Pfingstrennen der berittenen Truppen. Der Militärwettmarsch sollte im noch nicht stark motorisierten Zeitalter ein Pendant zu den Pferderennen werden. Diese Überlegung fand sowohl im UOV

> «Eine verdammt harte Sache, so ein Frauenfelder!» Peter Camenzind, amtierender Rekordhalter (6h37min) des Bieler 100 km-Laufes nach seinem ersten «Frauenfelder» im Jahr 1991.

wie in der Offiziersgesellschaft Anklang. Der thurgauische Militärdirektor, Oberst Freyenmuth, sicherte ohne Zögern seine Unterstützung zu. Die Vorarbeiten begannen. Die Distanz war klar gegeben, 42,195 km, das historische, olympische Marathonmass. Nun stand die Streckenführung zur Debatte. Sollte es eine rein thurgauische Angelegenheit bleiben, oder wollte man benachbarte Kantone miteinbeziehen? Auswahl war vorhanden, entweder in Richtung Weinfelden, Winterthur oder Wil? Jede dieser Möglichkeiten hatte Vorzüge, jede auch Tücken. Nachdem sich aus UOV und Offiziersgesellschaft ein Organisationskomitee gebildet hatte, entschied man sich, sie auszuprobieren. Die Unterstützung seitens der Regierung, der Stadtbehörde und weiterer Gönner war zugesichert. Nun gab es viel zu bedenken, abzusprechen, zu diskutieren, denn die Erfahrungen fehlten; ich war der einzige in diesem OK, der bereits zwei Wettkämpfe ähnlicher Art absolviert hatte. Die militärischen Gesichtspunkte mussten aber auch miteinbezogen werden, denn der Anlass sollte zugleich auch eine sinnvolle militärische Übung sein. Wir gingen schon bei dieser ersten Auflage von der Voraussetzung aus, dass es nicht eine Eintagsfliege bleiben

durfte, sondern jährlich wieder einen Militärwettmarsch geben sollte.

Für die erste Auflage (1934) entschieden wir uns für die Thurtalstrecken-Variante mit Wendepunkt in Weinfelden. Diese Ortschaft erreichten die Läufer, nachdem sie rund acht Kilometer in der Thur-Talsohle zurückgelegt und nachher über den Ausläufer des Wellenberges nach Amlikon gelangten. Hier hatte man bereits einen Drittel der Wegstrecke hinter sich gebracht, bevor nun der lange, steile Aufstieg zum Schloss Weinfelden in Angriff zu nehmen war, la pièce de résistance sozusagen. Auch die Besten vermochten hier den Laufschritt – Laufen war also erlaubt! – nicht mehr durchzuhalten und mussten in schnelles Marschieren überwechseln, sich schon sehr nach dem Marschhalt sehnend, der damals noch vorgeschrieben war. Zehn Minuten musste jeder Militär-Wettmarschierer hier eine «Zwangspause» verbringen, wobei man sich mit Tee oder Ovomaltine stärken konnte. Für die einen tatsächlich Zwang, für die andere willkommene Erholung! Für die meisten Teilnehmer wirkte sich diese Zwangspause nicht sehr positiv aus. Der Laufrhythmus war gestört, gebrochen, und nur mühsam, und mit grosser Anstrengung gewöhnten sich die Muskeln wieder an den Trab. Dabei hatte der steile Abstieg vom Wellenberg bereits das seine beigetragen, denn die Hüfte, Knie- und Fussgelenke waren bereits leicht angeschlagen und durcheinander gerüttelt. Das gleiche wiederholte sich im Abstieg von Ottenberg nach Märstetten. Von hier aus allerdings gab es bis ins Ziel keine nennenswerten Steigungen und Abstiege mehr zu bewältigen.

52 Max Beer, der Gründer des Frauenfelder Militärwettmarsches

53 Frauenfeld 1938

54 Noch ist das Feld zusammen (Frauenfeld 2003)

55 Wenige hundert Meter nach dem Start zum Frauenfelder Militärwettmarsch 2001 formiert sich eine Verfolgergruppe

Das war die erste Auflage des Frauenfelders – und schon zu Beginn ein Erfolg. Lediglich die gut gemeinte Pause gab zu Diskussionen Anlass. Es zeigte sich schon bei der Erstauflage, dass die Meinungen der Teilnehmer auseinandergingen. Die einen bezeichneten die Strecke als leicht, die anderen als sehr anforderungsreich. Durch den Wettkampfeifer und die fehlende Erfahrung liess sich manch einer mitreissen, startete zu schnell und musste während des Wettkampfs bitter büssen oder sogar aufgeben. Dazu kam die fast sommerliche Wärme – der Lauf wurde im Frühjahr ausgetragen – die zusätzliche Anforderungen stellte, denn gestartet wurde schon damals im Ex-Tenü grün (mit hohem Kragen), Sturmpackung (Kaputt gerollt, Brotsack, Gamelle, Feldflasche und Gewehr), wobei das Gewicht der Packung damals noch nicht festgelegt war. Dazu natürlich die Patronentaschen und das Seitengewehr, also das Bajonett.

Der Anfang war gemacht. Der erste Frauenfelder war Tatsache. Für alle im Organisationskomitee war es eine ausgemachte Sache, dass es nicht bei dieser einen Austragung bleiben durfte. Das Publikum, damals noch nicht verwöhnt durch sportliche Übertragungen am Fernsehen, war in hellen Scharen aufmarschiert und erwartete schon die Zweitauflage.

Im Jahr 1935 herrschte im Tal der Thur eine erbitterte Maul- und Klauenseuche, so dass man sich urplötzlich gezwungen sah, die Wettkampfstrecke zu verlegen. Wieder zog man die alten Pläne hervor, die man ja schon früher einmal diskutiert hatte. Man konnte wählen zwischen den Varianten Wil und Winterthur. Frauenfeld als Start und Zielort war unbestritten. Die Eulachstadt erhielt den Vorzug. Auch diese Streckenwahl war für den Läufer interessant, abwechslungsreich und anspruchsvoll. An Zuschauern fehlte es nicht, besonders durch die Stadt Winterthur standen sie Spalier, mehrere Reihen tief. Die Steigung kurz nach dem Start, der Aumühlestich und die Höhe von Elgg sorgten dafür, dass der Läuferharst schnell in die Länge gezogen wurde. Wieder waren es die gut trainierten Marathon-Läufer, die gleich die Spitze übernahmen. Die kurze Steigung selektionierte nicht so stark wie der lange Anstieg zum Schloss Weinfelden. Trotzdem hatte die Spitzengruppe einen beachtlichen Vorsprung auf das Feld. Aber es war schon deutlich erkennbar, dass sich viele Teilnehmer seriöser vorbereitet und einige Trainingskilometer auf sich genommen hatten. Natürlich blieb man in den hohen und schweren Nagelschuhen von Muskelkater und Blasen nicht verschont. Noch waren es allerdings viele, die vor allem der Hitze wegen das Ziel nicht erreichten. Wiederum gingen die Verantwortlichen im Organisationskomitee «über die Bücher», und man beschloss, den Frauenfelder Militärwettmarsch auf den Herbst zu verlegen. Rücksicht auf andere Veranstaltungen hatte man ja damals nicht gross zu nehmen. Noch einmal wurde die Strecke Frauenfeld- Winterthur-Frauenfeld gewählt. Auch die dritte Auflage war ein grosser Erfolg. Als Nachteil empfanden die Wettkämpfer die langen Asphaltstrassen. Man änderte die Strecke erneut. Nun hatte die Wil-Variante ihre «Feuerprobe» zu bestehen – und sie bestand sie. Die Wettkämpfer, die alle drei Strecken gelaufen waren, bezeichneten den Parcours nach Wil und zurück als «Idealstrecke». Natürlich gibt es auch hier «Hindernisse» zu überwinden, den Eschliker-Stutz etwa oder den bekannten «Moser-Stutz» bei Kilometer dreissig.

Im Jahr 1938 benutzte man noch einmal die rein thurgauische Strecke nach Weinfelden, und ein Jahr später musste, der Mobilmachung wegen, auf eine Austragung verzichtet werden. Seither ist der Lauf nach Wil zur Standard-Strecke geworden. Die Distanz wurde in der Folge genau auf das Marathonmass abgestimmt, so dass man auch die Leistungsdichte an der Spitze und im Feld genauer verfolgen kann. Während der Kriegsjahre stieg die Teilnehmerzahl von Jahr zu Jahr und erreichte 1943 mit 1751 Startenden (1641 am Ziel) die Höchstgrenze. Die höchste Ausfallquote mit 37% registrierte man 1936, als am Wettkampftag eine aussergewöhnliche Hitze herrschte. Heute rechnet man an einem Waffenlauf mit 1 bis 2% Aussteigern. Der Waffenläufer bereitet sich demnach sehr sorgfältig und gewissenhaft auf die Wettkämpfe vor und hatte mit den elf Startmöglichkeiten natürlich das ganze Jahr hindurch gute Vergleiche.

Max Beer (1912–1995)

Heute präsentiert sich der «Frauenfelder» in einem neuen, leicht gewandelten Kleid. Das OK erkannte die Zeichen der Zeit und öffnete sich den zivilen Läufern. Seit 1985 werden ein Juniorenlauf, seit 2000 ein ziviler Marathon auf der gleichen Strecke und ein Halbmarathon angeboten. Mit diesen 4 Kategorien wurden in den letzten Jahren deutlich über 1000 Wettkämpferinnen und Wettkämpfer aus der ganzen Schweiz nach Frauenfeld gelockt. Klar ist, dass der Militärwettmarsch Publikumsmagnet und Kern des Frauenfelders ist. Auch wenn ein Ende des Waffenlaufs immer absehbarer wird, zeigt sich das OK positiv, auch in Zukunft bestehen zu können. Eines ist geblieben: der «Frauenfelder» hat nichts von seinem Charakter als «König der Waffenläufe» eingebüsst.

Auch ist er noch immer der Wettkampf, welcher von den Wettkämpfern am meisten Härte abverlangt. Der «Frauenfelder» ist ein lebendiger Mythos.

Die Strecke

Einmal im Jahr, an einem November-Sonntag, steht auf dem Frauenfelder Marktplatz eine ausgediente Feldkanone. Aus ihr erfolgt dann punkt 10.00 Uhr ein Kanonenschuss, das Startzeichen für Hundertschaften in Tarnanzügen 90 (TAZ90) der Armee und mit der Sturmpackung auf dem Rücken. Früher waren es um und über 1000 Läufer, am 50. Jubiläumslauf 1984 sogar gegen 1500 Läufer. Einige unter ihnen spurten nach dem Startschuss jeweils so, als gelte es, einen Hundertmeter-Lauf zu absolvieren. Sie wollen unter den ersten sein, die die enge, ansteigende Marktstrasse erreichen. Denn dort raubt das Überholen Kräfte, die fehlen dann möglicherweise auf den noch bevorstehenden 42 Kilometern des anspruchsvollen «Frauenfelders».

Die erste nahrhafte Steigung

Von der Marktstrasse biegt die Läuferschar nach rechts in die Thundorferstrasse ein. Und schon steht die erste ruppige Steigung an. Das Spital wird linkerhand liegen gelassen. Wer das Schulhaus Huben erreicht, hat die

Steigung hinter sich. Und falls er diese ersten 1,6 Kilometer zu schnell in Angriff genommen hat, wird er das bereits auf den nächsten vier Kilometern zu büssen haben. Beim Schulhaus Huben beginnt nämlich die Tempostrecke. Hier geht es darum, nicht unnötig Zeit auf die Mitläufer zu verlieren. Das Tempolaufen wird nur einmal unterbrochen, und zwar bei Kilometer 2,6 durch die kleine, aber giftige Gegensteigung im Altholz. Zügig geht es weiter bis zur Abzweigung in die Oberdorfstrasse und von da an, stärker abfallend, zum Dorfkern Matzingen, von wo aus die Läufer Richtung Stettfurt halten. Wenn der Ortsausgang Matzingens erreicht ist, die Wettkämpfer sich durch die vielen Zuschauer auf der Strasse Matzingen – Sonnenhof – St. Margarethen vorwärts bewegen, haben sie sich bereits wieder auf die nächste Steigung einzustellen. Von Matzingen bis zum Weiler Ruggenbüel sind nicht weniger als 45 Höhenmeter zu überwinden, und kurz vor Sonnenhof, wenn der siebte Kilometer gelaufen ist, sind es insgesamt fast deren 60.

Vorbei an Ehrengästen

Und wieder machen die Läufer Tempo, das leichte Gefälle hinunter zum Scheidweg lädt dazu ein. Nach einem kurzen Anstieg wird die Staatsstrasse Wängi – Lommis überquert. Neben den besonders zahlreichen Zuschauern befinden sich hier jeweils auch die Ehrengäste des Organisationskomitees. Nicht zum letzten Mal während des Laufes feuern sie zusammen mit den Zuschauern die Wettkämpfer an. Nach weiteren 300 Metern Feldweg befinden sich die Läufer bereits in einem neu erstellten Aussenquartier von Wängi und wiederum 300 Meter weiter kommen sie auf freier Strecke zu einer Strassenspinne, von wo aus sie den Weg hinunter zur Hauptstrasse Frauenfeld – Wil nehmen. Die nächsten 270 Meter ihres Trottoirs gehören zum Parcours.

Höchster Punkt des Hinwegs

Und jetzt beginnt die grosse, berüchtigte Steigung zum höchsten Punkt der ersten Streckenhälfte. Zuerst wird Möriswang (503 Meter über Meer) durchlaufen, gleich darauf Weier, wo sich die Tafel «Kilometer 10» befindet. Bis Bommershüsli ist die Höhendifferenz mit 26 Metern verhältnismässig bescheiden.

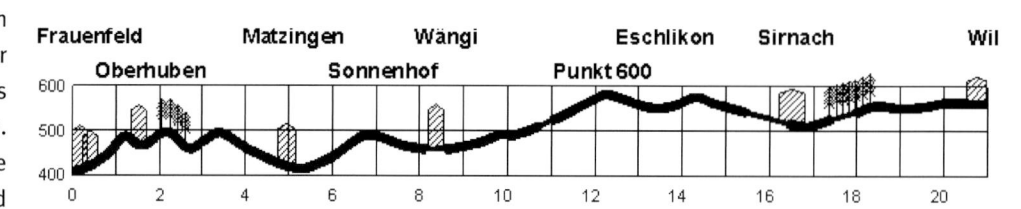

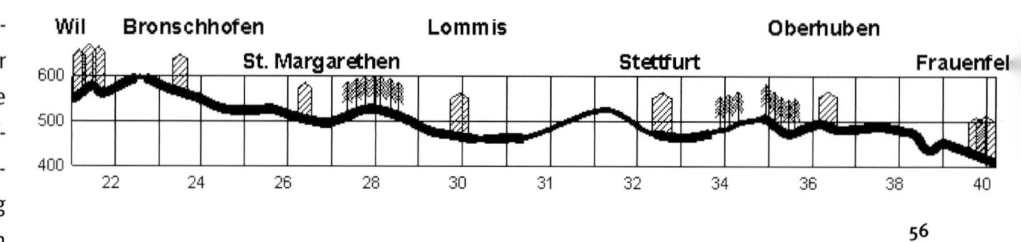

Aber nachdem die Nationalstrasse A 1 gekreuzt ist, wird die Strecke steil. Auf nur etwas über 800 Metern weg sind bis Ragatz 54 Höhenmeter zu überwinden. Am Ende einer Waldpartie befinden sich die Läufer kurz darauf erstmals über 600 Meter über Meer. Kurz nachdem linkerhand die Strasse von Holzmannshaus in die Strecke einmündet, befindet sich die Wandertafel «Schari» (Punkt 600). 12,1 Kilometer sind es genau, die die Läufer dort absolviert haben. Und hätten sie nicht genug mit sich selbst zu tun, müssten sie die wundervolle Fernsicht bewundern, die sich ihnen an diesem Punkt bietet.

Die einen noch in Gloten – der Sieger im Ziel

Es geht wieder bergab, nämlich hinunter nach Eschlikon, wo die Wettkämpfer die Staatsstrasse Bichelsee – Münchwilen – Sirnach überqueren. Leicht coupiert ist der Naturweg, der zur Murg und nach deren Überquerung zur Weberei Sirnach führt. Dort muss wiederum die Staatsstrasse passiert werden. Nachdem die SBB-Linie unterquert ist, geht es entlang der Bahnstrecke durch den Sirnacherbergwald bis zur Strassenbrücke über die Bahn südlich von Gloten. Hier, genau 18,1 Kilometer vom Start in Frauenfeld entfernt, befinden sich jeweils die letzten Teilnehmer, wenn der Sieger bereits wieder in Frauenfeld ist. Statt die Brücke zu überqueren, durchlaufen die Wettkämpfer den Wald auf der Strasse, die südwärts führt. Beim Restaurant geht's linkerhand weg, die Nationalstrasse A1 wird erneut überquert.

Wenden in Wil
(Start Juniorenlauf/Halbmarathon)

Bereits 20,3 Kilometer sind zurückgelegt, wenn die Bahnunterführung für Fussgänger beim Bahnhof Wil erreicht ist, und 21,2 Kilometer sind es beim «Hof». Dorthin sind unterdessen die Ehrengäste gereist, sie applaudieren inmitten vieler hundert Zuschauer den vorbeieilenden Männern und Frauen, die nun den zweiten Teil der Strecke in Angriff nehmen. Wenn die Spitzengruppe vorbeiflitzt, zeigt die Uhr jeweils einige Minuten vor halb zwölf Uhr an. Die letzten Läufer folgen im Abstand von fast zwei Stunden.

Lommis entgegen

Den zweiten Teil der Strecke beginnen die Wettkämpfer mit dem Wegstück hinunter zum Stadtweiher, um darauf den Anstieg hinauf zum Ölberg in Angriff zu nehmen. Er ist der höchste Punkt des ganzen Laufes und liegt 606 Meter über Meer. Vom Ölberg neigt sich die Strecke wieder. Durch Rebgelände geht's nach Bronschhofen. Nachdem die Hauptstrasse Wil – Weinfelden überquert ist, führt die sich verengende Quartierstrasse nach einer Rechtskurve hinunter zur Station Bronschhofen der Mittelthurgau-Bahn. Der Weg führt rechts daran vorbei und geht zwischen dem alten und dem neuen Schulhaus hindurch, über die Bahnbrücke und mündet in ein 200 Meter langes Wiesenstück, das einzige der zweiten Streckenhälfte. Schliesslich wird das Feldsträsschen von Bronschhofen nach Trungen erreicht, genau 100 Meter fehlen zum 25. Laufkilometer. Läufer, die mit ihrer Kraft sorgsam umgegangen sind, ma-

56 Das Streckenprofil des Frauenfelders mit seinen berüchtigten Anstiegen

57 Die Karte zeigt den noch heute gültigen Rundkurs von Frauenfeld nach Wil und zurück

58 So standen die Teilnehmer des «Frauenfelders» seit eh und je in Reih und Glied zum Appell (Bild 1942). An der schönen und eindrucksvollen Tradition wird seit Anbeginn festgehalten, nur die Masse hat sich verändert

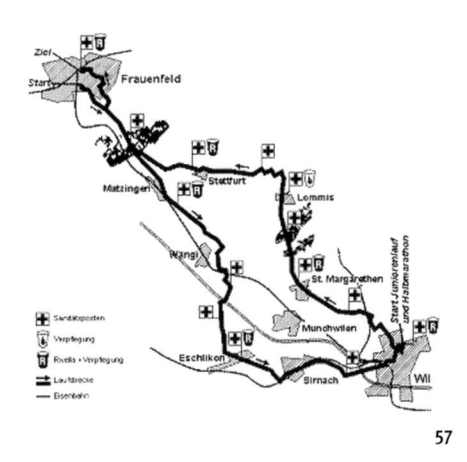

chen auf dem leicht abfallenden Stück bis zur Teestation in St. Margarethen Boden gut. Wenige hundert Meter nach der Teestation geht's rechterhand weg nach Lommis. Leicht steigend und coupiert führt die Strecke durch Wälder. Hier ist auch die Tafel zu finden, die Kilometer 28 anzeigt. Noch ein Drittel bleibt den Wettkämpfern zu laufen.

Von Lommis nach Frauenfeld

In Lommis, wo wiederum Getränke angeboten werden, sind es dann schon etwas über 30 Kilometer.
Von hier führt nun der Weg über den Kaabach zur kleinen Lauchebrücke, westlich des Flugplatzes gelegen. Weingarten wird auf Zickzack-Strässchen erreicht. Entlang des Immenbergs, das Schloss Sonnenberg über sich, führt der Weg parallel zur Staatsstrasse, erst Kalthäusern und dann Stettfurt zu. Die Teestation Stettfurt liegt noch 7,4 Kilometer vor dem Ziel, davon sind zwei Kilometer Naturstrasse. Gut zweieinhalb Kilometer nach Stettfurt, nachdem sich die Wettkämpfer durch Fluren und Wälder gearbeitet haben, eine Strassengabelung: Das Altholz! Wieder auf der Laufstrecke Frauenfeld – Matzingen!

Die letzten Steigungen – das Ziel

Wenn die Naturstrassen zu Ende gelaufen sind, weiss der Läufer: Noch 4,6 Kilometer bis zum Ziel.

Allerdings kann er sie nicht locker durchlaufen. Eine ruppige Steigung, die zweitletzte, hindert ihn daran. Beim Waldausgang Richtung Frauenfeld ist bereits wieder das alte Schulhaus Huben zu sehen, 39,3 Kilometer, ganz exakt, sind dort gelaufen. Die Strecke hat nochmals ein leichtes Gefälle, führt beim Kantonsspital nach rechts zum Pfaffenholz. Bei der Brotegg kommen die Läufer in die Weinackerstrasse und zum Stadtbach. Das ist auch die letzte Gegensteigung; 10 Meter Höhendifferenz sind es ganz genau, die zu überwinden sind. Die Aussenquartiere Frauenfelds sind erreicht, noch anderthalb Kilometer für die Wettkämpfer. Von der Ecke Neuhauser-/Speicherstrasse geht's die Staubeggstrasse und den Schrenzeweg entlang. Sie führen zur Zürcher- und schliesslich in die Zeughausstrasse. Ausgelitten! Die letzten 100 Meter auf dem Mätteli werden die Wettkämpfer von den Anfeuerungsrufen der Zuschauer förmlich ins Ziel getragen. Die Erinnerungsmedaille wartet.

Streckenänderungen

Bis auf kleine Anpassungen ist die Strecke des «Frauenfelders» noch immer die gleiche geblieben wie vor vielen Jahren. Die Distanz ist natürlich auch noch immer genau 42.195 km. Der «Frauenfelder» ist einer der wenigen Waffenläufe, welcher seinen Charakter all die Jahrzehnte beibehalten konnte.

Das Goldene Buch des Frauenfelder Militärwettmarsches							
Jahr	Auszug	Landwehr	Landsturm	Senioren	Gruppen Auszug	Landwehr/Lst	
1934	**Morf Rudolf** 4.24.24	Bernardi Max 5.22.20	Haimoz Henri 5.39.53	–	Füs Bat 68 15.49.49	–	Strecke via Weinfelden (41,0 km)
1935	**Morf Rudolf** 4.05.44	Sigrist Josef 4.19.52	Hausammann E. 4.48.07	–	Füs Bat 61 14.24.28	–	Strecke via Winterthur (42,5 km)
1936	**Beer Max** 4.55.18	Frey Max 5.24.12	Schalch Ernst 6.36.15	–	UOV Frauenfeld 15.55.15	–	Strecke via Winterthur (42,5 km)
1937	**Beer Max** 4.28.00	Frey Max 4.44.52	Burnand Samuel 5.38.35	–	UOV Frauenfeld 14.11.57	–	Strecke via Wil (40,8 km)
1938	Meyer Hans 3.50.17	Wittlinger Ernst 4.14.13	Mohler Wilhelm 4.48.59	–	UOV Frauenfeld 12.34.52	–	Strecke via Weinfelden (41,0 km)
1939	kein Lauf durchgeführt						
1940	**Aebersold A.** 4.09.30	Frey Max 4.37.13	Schaub Arnold 4.53.19	–	Füs Kp III/70	–	Strecke via Wil (41,1 km)

Das Goldene Buch des Frauenfelder Militärwettmarsches

Jahr	Auszug	Landwehr	Landsturm	Senioren	Gruppen Auszug	Landwehr/Lst	
1941	**Zumstein Paul** 3.04.35	Sidler Josef 4.33.27	Sigrist Josef 4.32.42	–	UOV Frauenfeld 4.38.21	UOV Zürich 4.38.11	Strecke via Wil (41,8 km)
1942	**Zumstein Paul** 4.06.04	Leuthold Alfred 4.13.05	Sigrist Josef 4.37.50	–	GWK III Chur 4.26.06	UOV Zürich 4.35.10	Strecke via Wil (43,8 km)
1943	**Jutz Jakob** 3.59.42	Vokinger Hermann 4.21.50	Sigrist Josef 4.54.48	–	GWK III Chur 4.37.49	GWK I Basel 4.56.42	Bis 1951 Strecke via Wil (44,2 km)
1944	**Schmid Walter** 3.54.42	Roduner Ernst 4.09.41	Sidler Josef 4.29.29	–	GWK III Chur 4.23.39	Füs Kp II/107 4.38.44	
1945	**Schiesser Kaspar** 3.40.55	Beeler Leo 3.49.45	Jost Gottfried 4.19.15	–	GWK III Chur 4.11.11	UOV Zürich 4.34.22	
1946	Meili Max 3.42.43	**Beeler Leo** 3.34.58	Jost Gottfried 4.11.58	–	GWK III Chur 4.11.27	UOV Zürich 4.33.46	
1947	**Frischknecht Hans** 3.43.40	Reiniger Adolf 3.58.40	Jost Gottfried 4.17.56	–	GWK III Chur 4.36.55	UOV Zürich 4.32.14	
1948	**Frischknecht Hans** 3.38.18	Reiniger Adolf 4.04.19	Jost Gottfried 4.05.31	–	UOV Zürich 4.23.35	UOV Zürich 4.48.52	
1949	**Frischknecht Hans** 3.45.36	Jutz Jakob 3.48.56	Vokinger Hermann 4.31.12	–	UOV Zürich 4.26.54	UOV Zürich 4.31.12	
1950	**Frischknecht Hans** 3.31.19	Kohler Charles 3.57.27	Niederhäuser J. 4.56.39	–	UOV Zürich 4.06.19	UOV Zürich 4.19.55	
1951	**Frischknecht Hans** 3.33.15	Kohler Charles 3.54.51	Jost Gottfried 4.18.27	–	UOV Zürich 4.00.15	UOV Zürich 4.40.10	
1952	**Frischknecht Hans** 3.21.57	Meyer Heinrich 3.50.51	Jost Gottfried 3.48.42	–	UOV Zürich 3.57.50	UOV Glarus 2.26.46	Ab 1952 Strecke via Wil (42,2 km)
1953	**Frischknecht Hans** 3.15.19	Hässig Fritz 3.40.52	Jost Gottfried 3.45.31	–	UOV Baselland 10.54.12	UOV Zürich 12.00.27	
1954	Frischknecht Hans 3.34.29	**Zwingli Niklaus** 3.19.55	Jost Gottfried 4.07.23	–	UOV Herisau 10.56.44	UOV Kriens/Horw	
1955	**Wittwer Arthur** 3.22.03	Peter Alois 3.36.43	Jost Gottfried 4.03.11	–	UOV Burgdorf 10.40.18	UOV Kriens/Horw 12.04.46	
1956	**Wittwer Arthur** 3.14.20	Peter Alois 3.44.54	Jost Gottfried 4.05.26	–	UOV Burgdorf 10.35.56	UOV Kriens/Horw 11.36.35	
1957	**Wittwer Arthur** 3.14.22	Peter Alois 3.54.37	Jost Gottfried 4.15.38	–	UOV Burgdorf 10.33.09	UOV Kriens/Horw 11.36.41	
1958	**Wittwer Arthur** 3.15.24	Meili Max 3.34.31	Vogel Hartmann 4.19.03	–	UOV Burgdorf 10.41.26	UOV Kriens/Horw 11.45.11	
1959	**Hobi Ludwig** 3.15.32	Meili Max 3.30.22	Meyer Heinrich 3.53.00	–	Zürcher Patrouilleure 10.17.37	UOV Zürich 11.55.29	
1960	**Wittwer Arthur** 3.15.08	Suter Walter 3.29.53	Boutellier Werner 4.06.39	–	UOV Burgdorf 10.10.29	UOV Zürich 11.25.30	
1961	**Vögele Guido** 3.02.36	Salzmann Alois 3.24.13	Boutellier Werner 3.47.34	–	UOV Burgdorf 9.44.03	UOV Kriens/Horw 10.57.01	
1962	**Vögele Guido** 2.56.07	Meili Max 3.25.56	Boutellier Werner 3.46.56	–	UOV Burgdorf 12.46.36	UOV Zürich 10.46.24	
1963	**Vögele Guido** 3.04.38	Gerber Walter 3.08.24	Hässig Fritz 3.50.25	–	UOV Burgdorf 12.53.29	UOV Zürich 11.06.49	
1964	**von Wartburg A.** 3.04.03	Biefer Edwin 3.28.32	Kolly Louis 3.57.01	–	UOV Burgdorf 13.27.03	UOV Burgdorf 10.58.27	
1965	**Fischer Werner** 2.52.05	Pauli Hans 3.13.25	Hässig Fritz 3.31.34	Walder Konrad 4.31.23	UOV Burgdorf 12.32.00	MKG Bramberg LU 10.59.47	
1966	**von Wartburg A.** 2.52.22	Pfanner Karl 3.12.12	Meili Max 3.34.12	Kobel Gusty 3.56.56	UOV Burgdorf 12.18.12	Zürcher Patrouilleure 10.30.05	
1967	**Fischer Werner** 2.51.39	Gilgen Walter 3.01.49	Frank Paul 3.13.52	Köng Walter 3.36.13	MKG Bramberg LU 9.29.22	UOV Burgdorf 9.32.01	
1968	Kaiser Georg 2.58.15	**Gilgen Walter** 2.56.16	Frank Paul 3.15.41	Köng Walter 3.37.27	UOV Burgdorf 9.07.27	Zürcher Patrouilleure 10.07.53	
1969	**Boos Robert** 2.56.28	Gilgen Walter 3.00.40	Frank Paul 3.19.24	Schaller Josef 3.44.54	UOV Burgdorf 9.13.33	UOV Burgdorf 9.28.21	
1970	**Boos Robert** 2.43.36	Wyss Hansruedi 3.07.11	Frank Paul 3.18.54	Wegmann Heinrich 3.42.43	UOV Burgdorf 8.35.02	UOV Burgdorf 9.32.30	
1971	**Boos Robert** 2.46.24	Strittmatter Werner 3.03.16	Pfanner Karl 3.13.23	Wegmann Heinrich 3.42.39	UOV Burgdorf 8.44.02	Zürcher Patrouilleure 9.36.15	
1972	**Pfister Urs** 2.48.00	Boos Robert 2.51.25	Frank Paul 3.19.14	Meili Max 3.35.45	UOV Burgdorf 8.42.20	UOV Burgdorf 9.34.52	

Das Goldene Buch des Frauenfelder Militärwettmarsches

Jahr	Auszug	Landwehr	Landsturm	Senioren	Gruppen Auszug	Landwehr/Lst		
1973	**Aegerter Willi** 2.49.57	Burri Niklaus 2.51.50	Pfanner Karl 3.11.36	Frank Paul 3.20.02	UOV Burgdorf 8.38.36	Zürcher Patrouilleure 9.49.39		
1974	Thüring Georges 2.51.41	**Boos Robert** 2.45.50	Pfanner Karl 3.20.30	Frank Paul 3.25.58	UOV Wiedlisbach 9.00.26	Thurgauischer WSV 9.42.52		
1975	Blum Charles 2.45.05	**Boos Robert** 2.43.50	Strittmatter Werner 3.07.55	Frank Paul 3.21.36	UOV Wiedlisbach 8.41.59	Zürcher Patrouilleure 9.29.49		
1976	Blum Charles 2.47.01	**Kaiser Georg** 2.46.46	Gilgen Walter 3.03.32	Frank Paul 3.22.44	MKG Fricktal 8.37.03	UOV Burgdorf 9.08.56		
1977	Thüring Georges 2.46.56	**Pfister Urs** 2.45.43	Schürer Walter 3.13.18	Frank Paul 3.25.23	UOV Wiedlisbach 8.30.40	MKG Fricktal 9.05.40		
1978	Thüring Georges 2.47.47	**Moser Albrecht** 2.46.55	Calonder Reto 3.01.15	Biefer Edwin 3.19.03	UOV Wiedlisbach 8.42.23	MKG Fricktal 8.42.51		
1979	Steger Kudi 2.52.43	**Thüring Georges** 2.45.10	Voitel Heinz 3.04.50	Schumacher Emil 3.17.08	UOV Wiedlisbach 8.48.51	MKG Fricktal 81.39.43		
1980	**Furrer Hans** 2.57.47	Inauen Kurt 3.00.44	Gaio Romano 3.20.06	Schumacher Emil 3.15.24	Zürcher Patrouilleure 9.34.04	Thurgauischer WSV 9.58.10		
1981	**Furrer Hans** 2.48.26	**Züger Florian** 2.45.39	Rüegg Ernst 3.03.15	Schumacher Emil 3.08.59	LWV Mittelland 8.37.23	Thurgauischer WSV 8.59.30		
1982	**Furrer Hans** 2.44.01	Züger Florian 2.46.30	Eicher Xaver 3.03.03	Gaio Romano 3.13.30	Zürcher Patrouilleure 8.28.53	Thurgauer WSV 9.14.15		
1983	Hani Fritz 2.51.24	**Steger Kudi** 2.46.43	Hugentobler Kurt 2.55.49	Gaio Romano 3.08.45	UOV Wiedlisbach 8.37.55	Thurgauer WSV 8.48.41		
1984	Thür Alex 2.51.48	**Steger Kudi** 2.47.22	Gassmann Stefan 3.10.33	Schumacher Emil 3.12.43	WSG UOV Zürich 8.53.22	MKG St.Gallen-App. 8.59.34		
1985	**Häni Fritz** 2.41.32	Storchenegger M. 2.47.49	Peyer Peter 2.54.34	Schumacher Emil 3.15.54	UOV Wiedlisbach 8.22.46	Zürcher Patrouilleure 8.41.50		
1986	**Häni Fritz** 2.42.08	Rupp Peter 2.47.53	Hugentobler Kurt 2.50.45	Keller Walter 3.05.27	UOV Wiedlisbach 8.28.37	LWV Mittelland 8.49.01		
					Gruppen Auszug	**Landwehr**	**Landsturm/Sen**	**Offene Klasse**
1987	Thür Alex 2.51.48	Storchenegger M. 2.44.31	Peyer Peter 2.48.36	Keller Walter 3.10.04	UOV Burgdorf 8.45.41	Zürcher Patrouilleure 8.36.21	Thurgauer WSV 9.16.27	WSV Graubünden 9.03.26
1988	Eilenberger Urs 2.49.50	**Furrer Hans** 2.40.16	Peyer Peter 2.47.47	Ritter Manfred 3.07.37	UOV Burgdorf 8.41.07	LG Homberg 8.49.05	Zürcher Patrouilleure 9.02.54	UOV Wiedlisbach 8.25.44
1989	Wüthrich Peter 2.46.03	**Furrer Hans** 2.38.16	Moser Albrecht 2.49.09	Ritter Manfred 3.04.01	UOV Burgdorf 8.29.14	Zürcher Patrouilleure 8.38.52	UOV Wiedlisbach 9.10.11	WSV Graubünden 8.42.37
1990	Wüthrich Peter 2.46.10	**Furrer Hans** 2.40.09	Storchenegger M. 2.49.29	Ritter Manfred 3.07.47	UOV Burgdorf 8.31.47	LG Homberg 8.41.21	UOV Wiedlisbach 9.28.35	MKG St.Gallen-App. 8.39.56
1991	**Schneider Peter** 2.39.44	Jost Christian 2.44.49	Storchenegger M. 2.49.19	Hugentobler Kurt 3.07.23	MKG St.Gallen-App. 8.43.06	LG Homberg 9.08.27	Thurgauer WSV 9.19.02	MKG Fricktal 8.48.21
1992	**Schneider Peter** 2.44.19	Jost Christian 2.46.17	Storchenegger M. 2.53.18	Hugentobler Kurt 3.05.55	LSV St.Gallen-App. 8.38.45	LSV St.Gallen-App. 8.51.23	Thurgauer WSV 9.18.16	UOV Burgdorf 8.43.10
1993	von Känel Martin 2.44.23	Jost Christian 2.42.29	Storchenegger M. 2.49.04	Hugentobler Kurt 3.06.18	Zürcher Patrouilleure 8.40.31	LG Homberg 9.01.26	Thurgauer WSV 9.19.23	UOV Burgdorf 8.19.07
1994	Schöpfer Martin 2.45.32	**Jost Christian** 2.44.50	Furrer Hans 2.55.36	Allenspach Bruno 3.17.23	Zürcher Patrouilleure 8.35.36	Zürcher Patrouilleure 9.39.56	Thurgauer WSV 9.39.16	UOV Burgdorf 8.34.50
	M20	**M30**	**M40**	**M50**	**Damen**	**Gruppen Elite**	**Senioren**	**Offene Klasse**
1995	von Känel Martin 2.37.37	Jost Christian 2.41.55	Häni Fritz 2.45.01	Züger Florian 2.59.14	Urfer Martha 3.32.17	Zürcher Patrouilleure 8.22.52	Zürcher Patrouilleure 9.22.20	UOV Wiedlisbach 8.21.45
1996	von Känel Martin 2.44.56	**Jost Christian** 2.43.15	Häni Fritz 2.48.22	Ruppanner Andreas 3.12.40	Urfer Martha 3.31.47	Zürcher Patrouilleure 8.45.59	Zürcher Patrouilleure 9.18.14	UOV Wiedlisbach 8.31.09
1997	**Schöpfer Martin** 2.42.43	Baumgartner Rolf 2.50.25	Jost Christian 2.50.17	Storchenegger M. 3.02.02	Urfer Martha 3.35.44	Zürcher Patrouilleure 8.56.52	Zürcher Patrouilleure 9.25.54	LV 95 Burgdorf 8.43.41
1998	**Ebner Mischa** 2.49.40	Baumgartner Rolf 2.52.48	Häni Fritz 2.56.41	Storchenegger M. 3.00.12	Urfer Martha 3.34.12	WSG Schwyz 9.11.21	LSV St.Gallen-App. 9.22.32	UOV Wiedlisbach 8.50.03
1999	Ebner Mischa 2.44.23	**Hafner Jörg** 2.43.44	Pfister Fredy 2.53.34	Storchenegger M. 3.00.17	Heim Maria 3.18.34	Zürcher Patrouilleure 8.44.42	Run Fit Thurgau 9.14.28	UOV Wiedlisbach 8.58.47
2000	Ebner Mischa 2.44.00	**Hafner Jörg** 2.42.10	Jost Christian 2.50.34	Storchenegger M. 3.02.47	Heim Maria 3.15.41	–	LV 95 Burgdorf 3.39.48	UOV Wiedlisbach 3.31.13
2001	**Ebner Mischa** 2.43.24	Schenk Felix 2.47.14	Scheidegger Nikl. 2.51.13	Storchenegger M. 2.57.08	Balmer Marianne 3.23.21	–	Run Fit Thurgau 8.55.24	Run Fit Thurgau 8.32.34
2002	Steiger Thomas 2.54.19	**Keller Daniel** 2.50.40	Häni Fritz 2.52.18	Storchenegger M. 2.55.20	Widmer Monika 3.28.00	–	Run Fit Thurgau 8.59.17	Run Fit Thurgau 9.05.53
2003	Marti Stefan 3.04.13	**Hafner Jörg** 2.39.34	Scheidegger Nikl. 2.51.23	Storchenegger M. 2.58.50	Widmer Monika 3.22.23	–	Run Fit Thurgau 9.15.33	UOV Wiedlisbach 8.22.31

Das Goldene Buch des Frauenfelder Militärwettmarsches

Jahr	Auszug	Landwehr	Landsturm	Senioren	Gruppen Auszug		Landwehr/Lst		
					D20	D40		Gruppen Sen	Offene Klasse
2004	Berger Marc 2.56.00	**Heuberger Bruno** 2.35.52	Schenk Felix 2.50.03	Häni Fritz 2.57.31	Widmer Monika 3.20.48	Suter Maria 3.43.47		Zürcher Patrouilleure 9.46.16	Run Fit Thurgau 8.21.54
2005	Berger Marc 2.53.42	Belser Martin 2.51.28	**Hafner Jörg** 2.44.10	Obertüfer Stephan 3.07.21	Helfenberger C. 3.13.30	Balmer Marianne 3.22.38		Zürcher Patrouilleure 9.33.13	Run Fit Thurgau 8.36.42
2006	Wieser Patrick 2.59.17	Schöpfer Martin 2.53.17	**Dähler Bruno** 2.50.30	Baumann Walter 3.05.33	Widmer Monika 3.27.55	Balmer Marianne 3.22.27		Run Fit Thurgau 9.33.28	Run Fit Thurgau 8.51.34

Beat weiss noch mehr dazu .....
Ende 2006 = 72 Mal ausgetragen seit 1934 (ausg. 1939), 20 Mal teilgenommen (wird weiterhin ausgetragen)

«Frauenfelder». Magisches Wort für jeden Waffenläufer, obwohl es gar kein Waffenlauf ist sondern ein Militärwettmarsch. Schaurige Geschichten ranken sich um die früheren Frauenfelder. Mal sehen, ob diese Marathon-Strecke nicht zu bewältigen ist, dachte ich mir als Rekrut.

Nach dem Abbruch der RS 1963 wegen einer Alopecie hatte ich 1964 die restlichen acht Wochen meiner Rekrutenschule in Kloten zu absolvieren um am Montag gleich in den ersten WK nach Wolhusen einzurücken. Mangels genügender Übermittlungsgeräte konnten ein WK und eine RS nie gemeinsam stattfinden. Meinen ersten Waffenlauf bestritt ich also in Frauenfeld, mit ehrfürchtig zusammengefaltetem Programm mit der Streckenführung in der Brusttasche. Den Rang vergesse ich wohl nie: 314. im Auszug (Zahl Pi) mit einer Laufzeit von 5 Stunden. Wohlverstanden, im Tenü grün, in hohen Militärschuhen und mit Bajonett, mit einer mindestens 8 kg schweren Haaraff-Packung.

Ich war nicht der erste in der Familie, der den Frauenfelder bestritt. Mein Vater Lorenz nahm 1937, 38, 40 und 41 daran teil, einmal mit dem Velo von Überstorf im deutschfreiburgischen Sensebezirk aus. Drei weitere Male mit dem Zug (einmal mit meinem Schwiegervater Alfons). Auch auf dem Rückweg mit Lehrer Otto Raemy wurde geradelt, auf einem schweren Stahlross mit drei Übersetzungen, u.a. das Entlebuch hinauf! Damals fand dieser Lauf aber noch im September statt, es war ja bis 1944 der einzige! Als Briefträger mit einem täglichen Fussmarsch von ca. 25 Kilometern brauchte er kein zusätzliches Training.

Frauenfeld, darüber gibt es so vieles zu berichten. Hans Frischknecht, ebenfalls Briefträger, holte von 1947-53 sieben Mal hintereinander den Tagessieg. Bei seinem letzten Lauf im 1982 als 60-jähriger (damalige Alterslimite) überholte mich der Herisauer im Tal der Tränen, kurz vor den Kamelbuckeln und lief vor mir ins Ziel. Dabei hätte ich Hans beim Einlauf so gerne applaudiert. Der Diepoldsauer Grenzwacht-Korporal Max Meili konnte zwar keinen Tagessieg vorweisen, gewann aber in jeder Kategorie einmal (1946 im Auszug; 1958, 59 und 62 in der Landwehr, 1966 im Landsturm und 1972 in der Kategorie Senioren). Konstante und eindrückliche Spitzenleistungen während eines Vierteljahrhunderts.

Arthur Haffter, der Thurgauer Regierungsrat liess es sich nicht nehmen, mehrmals am Frauenfelder aktiv mitzumachen. Die Ansichten über dieses aktive Engagement unter den Ehrengästen aus Militär, Wirtschaft und Politik waren geteilt. Das war nicht zu überhören.

In früheren Jahren hatte man sich am Frauenfelder mit dem Dienstbüchlein (DB) auszuweisen und einer sanitarischen Kontrolle zu unterziehen. Kamerad Rolf aus Basel mit Jahrgang 1924 wollte am Frauenfelder 1984 seinen 100. und letzten Waffenlauf (aus Altersgründen) vollenden. Rolf lief sich im Innenhof der Kaserne ein und begab sich anschliessend zur Kontrolle. Puls über 200, Startverbot! Er nahm sein DB zurück und legte sich in der Kaserne auf ein Bett. Beim zweiten Mal klappte es.

Die WSG Basel hatte in Frauenfeld jeweils ein Zimmer reservieren lassen. Da reiste man am Samstag an und nahm in Kauf, dass ein Bettkamerad in der Nacht sämtliche Thurgauer Obstbäume «umsägte» oder die Glocken der katholischen Kirche jede Viertelstunde «den Ton angaben». Am Abend wurde immer im gleichen Restaurant gegessen, ein Reisgericht. Damals waren es noch nicht Teigwaren. Beeindruckend war vor jedem Lauf das Aufstellen in Viererkolonnen im Kasernenhof, die Ehrungen für 25 und mehr Teilnahmen und die Ehrungen des Hundertervereins. Dann der Marsch durch die Stadt zum Marktplatz. Spitzenläufer distanzierten sich gerne davon. Es war für sie kein ideales Einlaufen. Meinen 100. Waffenlauf bestritt ich natürlich in Frauenfeld, im Jahr 1983. Manchem Zöllner oder Grenzwächter hatte ich im Namen der Zollverwaltung zu einer Zinnkanne oder Hellebarde verholfen. Ich selbst hatte weniger Glück. Meine Hellebarde habe ich aus dem eigenen Sack bezahlt. Ruedi war mit meiner Frau Brigitte mit dem Auto angereist, weil sich eine Hellebarde schlecht im Zug mitnehmen lässt. Bei km 40 feuerten sie mich letztmals an. Auf den letzten zwei Abwärtskilometern war ich schneller und damit früher im Ziel als sie im Auto. Lange amüsierte ich mich köstlich hinter ihnen, die immer verzweifelter fragten «Wo ist Beat? Nun müsste er aber wirklich kommen»! Ich

Übergabe der Hellebarde durch den Gründer des Frauenfelder Militärwettmarsches Dr. Max Beer an den 7-fachen Tagessieger Hans Frischknecht (Herisau) anlässlich seines 38. und letzten Waffenlaufs (1982)

hatte meine ersten 100 Waffenläufe geschafft und konnte «meine» Hellebarde in Empfang nehmen.

1934 fand der erste Frauenfelder statt. Weil die Austragung 1939 ausfiel (Mobilmachung), fiel das Jubiläum auf das Jahr 1984. Ich reichte im Vorfeld dieses Jubiläums der Wertzeichenverkaufsstelle PTT einen Vorschlag ein, damit diese für den speziellen Anlass eine Sondermarke herausgeben solle mit dem Sujet des Hundertervereins, kreiert von Wisi Natterer. Die nette Antwort lautete, dass man frühestens nach 100 Jahren erstmals daran denken könne. Nun, soweit kommt es nun leider nicht mehr. Zum 50-Jahre-Jubiläum gab das OK Frauenfeld übrigens ein interessantes und reich bebildertes Buch heraus mit sämtlichen klassierten fast 1500 Teilnehmern («50. Frauenfelder – 18. November 1984» Huber & Co AG, 8500 Frauenfeld, 1984, ISBN 3-274-00135-1).

Im Jahre 1987 nahm ich meinen Vater (Jg. 1912) mit an den Lauf, den er erstmals im Jahre 1937 bestritten hatte. In der Woche vor dem Lauf 1987 erschien in der «Thurgauer Zeitung» sein Erlebnisbericht aus dem Jahre 1937. Das löste bei vielen Ehrengästen echte Bewunderung aus. Annerös Wälti, die erste Waffenläuferin der Schweiz, beschäftigte sich im Militärdienst mit Brieftauben. Die bevorstehende Abschaffung der Armee-Brieftauben konnte sie nicht akzeptieren. So hatte sie am Frauenfelder 1986 statt einer Packung einen geflochtenen Korb mit «Brieftauben» am Rücken mitgetragen, sehr zum Missfallen einiger Ehrengäste. Andere schmunzelten, die Zuschauer und ich als Anhänger ausgefallener Ideen natürlich auch.

1989 war ich als IGWS-Beobachter und Zuschauer in Frauenfeld. In Wil wurde eingekehrt und bei einer Weisswurst und Trinkbarem auf den Ruf «sie kommen» gewartet. Nun konnte ich sie einmal alle in voller Aktion beobachten, die Spitzenläufer und das Hauptfeld. Die hinteren Läufer nicht mehr, sonst hätte es für den Zieleinlauf des Siegers in Frauenfeld nicht mehr gereicht. Noch vor zwei Stunden Laufzeit lief der Münsinger Hansruedi vorbei. In der IGWS hatten wir kurz vorher die Erweiterung der Alterslimite über 60 Jahre hinaus abgelehnt. Hansruedi hatte Jahrgang 1926 und wir schrieben das Jahr 1989. Bei der sanitarischen Kontrolle hatte er sein DB «vergessen» und liess den Arzt sein Alter schätzen. Dieser schätzte ihn unter 60. Wie 63 sah Hansruedi wirklich noch nicht aus. Er lief eine tolle Zeit, unter 4 Stunden und ... wurde disqualifiziert! Ein Oberleutnant wusste nichts Besseres als ihn anzuschwärzen. Wenn, dann bitte vor dem Lauf, mein Herr!

Unterwegs überholte ich einmal meinen Kollegen Marcel im Tälchen vor den Kamelbuckeln (Ausdruck geprägt von Ernst Flunser). Mit seinem schleppenden Gang hätte er das Ziel nicht mehr unter 5 Stunden erreicht. Ich munterte ihn auf «Hänk aa, Marcel, bliib dra». Es reichte uns beiden knapp unter 5 Stunden. Was gäbe es da noch alles zu schreiben. Nach dem Wendepunkt in Wil, kurz vor dem Stadttor musste die Startkarte gestempelt werden, die fortlaufende Nummer zeigte dann im Ziel, ob man auf der zweiten Streckenhälfte Ränge gutgemacht oder verloren hatte.

Am Start des Frauenfelders 1993 wünschte ich Alois (Wisi) Natterer viel Glück, und er mir auch. Als Grafiker steuerte er viele Karikaturen zu B. Linders Buch «Der Waffenlauf» bei. Im Ziel brach Wisi zusammen, blieb zu lange ohne Sauerstoff, wurde ins Kantonsspital eingeliefert und lag anschliessend mehr als zehn Jahre im Wachkoma, bis er im Frühsommer 2004 sterben durfte. Kurz vorher besuchte ich ihn noch mit Heinz Koch, Bernhard Linder und Ueli Jäggi. Dem Polizisten Heini Rebsamen ging es im Jahre 2005 leider ebenso, aber ohne Leidenszeit. Beide waren erst seit kurzer Zeit verheiratet. Das sind Augenblicke in denen man den Waffenlauf zum Teufel wünscht. Man fragt sich aber auch, wieso es solch erfahrene Läufer trifft: Wisi Natterer (220 Waffenläufe), Heini Rebsamen (286), Franz Gloor am Wiedlisbacher (367), Oskar Nyfeler im Toggenburg (310) oder Hugo Ammann nach dem Reusslauf Bremgarten (200 Waffenläufe)!

An meinem 200. Waffenlauf kamen nach dem Wendepunkt in Wil «Hopp-Ueli-Rufe» immer näher. Es gibt glühendere Anhänger der SVP als wir Freiburger. Aber die Leistung von Ueli Maurer Mitte der Neunzigerjahre forderte mir dennoch Respekt ab. «Er komme selten zum Trainieren» liess er mich unterwegs wissen. «Zum Glück, denn es mache süchtig. Ich habe heute 200 Waffenläufe», entgegnete ich. Nur wenige Minuten nach 4 Stunden, kurz nach mir, überquerte er ebenfalls die Ziellinie. 1995 marschierten Hansruedi Leubin und Noldi Haag nach Hansruedis letztem Lauf von Frauenfeld nach Hause, nach Muttenz. Das waren weitere vier Tage à 40 km, mit dem Lauf zusammen also gute 200 Kilometer.

Der Autor dieses Buches, Dominik Schlumpf, lief am 20. November 2005 in Frauenfeld auf das Podest: 3. Rang in der Kategorie M20 hinter Marc Berger aus Freiburg und Patrick Wieser, Aadorf. Dies gelang ihm auch 2006 wieder. Wieder 3. Rang hinter Patrick Wieser und Serge Welna. Wir gratulieren herzlich!

Der Dr. Max-Beer-Verdienstorden

Doktor Max Beer war Initiant und Mitbegründer des Frauenfelder Militärwettmarsches, aber auch zweimaliger Sieger. Gleichzeitig war er auch ein grosser Förderer. Zu seinem 65. Geburtstag vermachte er seinerzeit eine grosse Liegenschaft als Schenkung der Stadt Bern, wo er seinen Wohnsitz hatte. Die Schenkung war jedoch mit der Auflage verbunden, aus den Erträgen einen Fonds zu schaffen. Mit diesem Max und Elsa Beer-Brawand-Fonds sollten neben kulturellen Institutionen der Bundeshauptstadt vor allem ihm nahe stehende Sportarten unterstützt werden. So auch der Frauenfelder.

Das Organisationskomitee beschloss, die Mittel nicht einfach zur Deckung des chronisch gewordenen Defizits zu verwenden. Es sollte etwas Besonderes geschaffen werden. Und so schuf man die Max-Beer-Verdienstmedaille. Sie wurde erstmals am 3. Mai 1980 verliehen und zwar an Wettkämpfer und Funktionäre, die 30 Mal am «Frauenfelder» teilgenommen oder mitgeholfen hatten. Eine ewige Liste der Träger dieses Ordens gibt es leider nicht. Alljährlich werden diese anlässlich einer gediegenen Feier im Casino In Frauenfeld vergeben, bisher insgesamt über 300 Stück.

Churer Waffenlauf (1999–2001)

Ein kurzer Gastauftritt

Dem Akt der Aufnahme in die IGWS gingen einige Gespräche voraus. In einem Brief vom 11.8.1998 stellte der Ausbildungs-Offizier der Geb Div 12, Hptm Camastral das Gesuch, dass ein Waffenlauf im Raum Chur in die IGWS aufgenommen und gleich in die Schweizer Waffenlaufmeisterschaft eingebunden werden solle.

Die Gebirgsdivision 12 führte jedes Jahr ihre Divisionsmeisterschaften in Chur durch. Dabei nahmen jeweils über 500 Angehörige der Armee und Gäste teil. Gleichzeitig fand auch der Sportleiterkurs der Geb Div 12 und der Festungsbrigade 13 statt. So bestand bereits ein installiertes OK und auch die Infrastruktur hat sich seit vielen Jahren auf dem Rossboden bei Chur bewährt. Die Durchführung war jeweils möglich, weil sich ein Regiment der Gebirgsdivision 12 im WK befand, welche die logistischen und andere Aufgaben übernahm. Zu den Initianten gehörten auch der Präsident des Wehrsportvereins Graubünden, Rolf Gyr, und der Sport Of der Fest Br 13, Hptm Beda Gujan.

Die Aufnahme des Churer Waffenlaufs wurde natürlich in der IGWS diskutiert. In der Phase der Meinungsbildung wurden jedoch nicht nur positive Punkte wie «Chance für den Waffenlauf», «Neues Einzugsgebiet» oder «Bestehende Organisation» erwähnt, sondern es gab auch kritische, teilweise ablehnende Voten. So wurde befürchtet, dass mit einem 12. Lauf die Saison für die Teilnehmer überladen sei, der Churer für die meisten eine sehr weite Anreise bedinge und auch ein terminliches Problem entstehe. Die Delegiertenversammlung vom 5.12.1998 beschloss jedoch, den Churer Waffenlauf in ihre Reihen aufzunehmen.

An den Divisionsmeisterschaften wurde bereits am Freitag, 4. Juni 1999, auf dem Rossboden zum militärischen Duathlon gestartet. Ein 6 km-Lauf und eine 13 km-Radstrecke mit HG-Werfen und Schiessen waren zu absolvieren. Am Samstag um 8.30 Uhr wurden die Patrouillen- und Rottenläufer auf die Rad- und Laufstrecken geschickt. Mit den eingebauten Disziplinen Schiessen, Werfen und Hindernisbahn galt diese Konkurrenz als Höhepunkt der Divisionsmeisterschaften. Der Startschuss zum 1. Churer Waffenlauf fiel dann punkt 12 Uhr. Für die Spitzenläufer galt es bei diesem erstmaligen Abstecher ins Bündnerland weitere Meisterschaftspunkte zu erkämpfen und für die Mitglieder des Hundertervereins ihr Konto zu äufnen.

Der Churer Waffenlauf fand jedoch nach seiner dritten Austragung bereits ein Ende. Nach dem Umbau der Geb Div 12 und der Streichung der Meisterschaften starb auch der noch so junge Churer nach lediglich drei Lebensjahren.

Das Goldene Buch des Churer Waffenlaufes								
Jahr	M20	M30	M40	M50	Damen	Gruppen Elite	Senioren	Offene Klasse
1999	Ebner Mischa 1.05.46	Walker Ruedi 1.05.01	**Häni Fritz** 1.04.54	Heim Urs 1.12.57	Balmer Marianne 1.17.54	LV 95 Burgdorf 3.29.34	Zürcher Patrouilleure 3.35.24	LWV Mittelland 3.28.30
2000	Ebner Mischa 1.02.28	**Hafner Jörg** 1.01.02	Häni Fritz 1.04.27	Storchenegger M. 1.09.38	Widmer Monika 1.18.41	–	LSV St.Gallen-App. 3.30.18	UOV Wiedlisbach 3.10.06
2001	Ebner Mischa 1.02.42	**Hafner Jörg** 1.00.02	Häni Fritz 1.04.22	Storchenegger M. 1.08.48	Widmer Monika 1.21.08	–	Run Fit Thurgau 3.26.00	LV 95 Burgdorf 3.10.33

61 Churer Waffenlauf 2000: Gespräch unter «Bähnlern» oder Thurgauer Waffenläufern. Felix Zehnder (links) und Josef Schmid

62 Ein starkes Team am 2. Churer Waffenlauf (2000). Emil Berger, Felix Zehnder, H.R. Gäumann und Paul Gfeller

Beat weiss noch mehr dazu .....
3 Mal ausgetragen von 1999-2001, 1 Mal teilgenommen (2001 = letzter Lauf)

Anlässlich der Sommer-Einzel- und -Mannschaftswettkämpfe der Geb Div 12 sowie der Ter Br 12 und Fest Br 13 wurde in Chur im Jahre 1999 erstmals auch ein Waffenlauf über die Distanz von 10 Meilen (16,1 km) ausgetragen. Dieser 1. Churer zählte zugleich für die Schweizermeisterschaften. Das OK von Chur hatte also nicht die gleichen Hürden wie Toggenburg (Aufnahme nach 15 Jahren!) und Freiburg (Aufnahme nach 6 Jahren!) zu überwinden. Mit der Bahn lässt sich der Abstecher in die Hauptstadt Graubündens auch vom Freiburgerland aus in einem Tag bewerkstelligen. Ab Bahnhof Chur mit Extrabus in die Halle des EHC Chur zum Umkleiden und Startnummer fassen. Punkt 12 Uhr der Startschuss auf dem Rossboden, ein ungewöhnlicher Zeitpunkt. Über Domat-Ems (Wohnort von Max Rüegg, dem Herausgeber der 5 Waffenlaufsaison-Bücher 1987–1991) zum Wendepunkt Tamins, steil hinauf, diesmal nicht bis auf den Kunkelspass (im Rahmen meiner 77 Schweizerpässe mit dem Rad hat mir das genügt) sondern auf der andern Rheinseite zurück. Unterwegs musste ich mich an einen Baum stützen, so schwindlig war mir. Wohl an der Zeit aufzuhören oder bloss simple Dehydrierung! Der 5. Juni dürfte auch nicht der ideale Zeitpunkt für einen Waffenlauf sein. Vom früheren Arbeitskollegen Roman in Felsberg angetrieben erreichte ich das Ziel unter 2 Stunden. Die Streckenlänge war deutlich länger als 10 Meilen. Total 383 Klassierte. War der Waffenlauf nun ein Anhängsel der Sommerwettkämpfe oder war es umgekehrt. Spielt keine Rolle. Die Blutauffrischung tat diesem Sport auf alle Fälle gut, hielt dann aber leider nur drei Jahre an bis zum Kommando «Ende Feuer»!

Sprint-Waffenlauf Wohlen (seit 2004)

Geschichte und Entwicklung

Anlässlich des 38. Internationalen Pfingstlaufes 2004 wurde in Wohlen erstmals ein Sprint-Waffenlauf über 8,2 km durchgeführt. Auf der Suche nach etwas Neuem wagten die routinierten Organisatoren des traditionellen Pfingstlaufes diesen Schritt. Auch wenn die Beteiligung mit 40 Klassierten etwas unter den Erwartungen blieb, durfte der Anlass durchaus als Erfolg gewertet werden. Dazu trugen nicht zuletzt die ausgesprochen gute Organisation und ein versierter Speaker (Alois Furrer, ein ehemaliger Spitzenwaffenläufer) bei. Geschickt eingebettet in die Startzeiten der übrigen zivilen Kategorien stiessen die Waffenläufer auf grosse Akzeptanz und sorgten für einen besonderen Farbtupfer an diesem herrlichen Pfingstsamstag. Bei der ersten Austragung im 2004 des Sprint-Waffenlaufs in Wohlen sorgte Paul Gfeller für eine Überraschung. Er siegte bei dieser ersten Austragung vor Dani Hagenbuch und Walter Niederberger. Die Austragung 2004 zählte noch nicht z ur Meisterschaft.

Neuer Meisterschaftslauf

In Winterthur wurde im Jahr 2004 an einer ausserordentlichen Delegiertenversammlung der IGWS über den Lauf befunden. So war die IGWS der Meinung, der im Rahmen des Internationalen Pfingstlaufes in Wohlen ausgetragene Sprint-Waffenlauf ins Meisterschaftsprogramm 2005 aufzunehmen. Die Delegierten der IGWS stimmten einem Antrag des Organisationskomitees des Int. Pfingstlaufes in Wohlen um Aufnahme in den Dachverband einstimmig zu. Damit wurden trotz des Wegfalls des traditionsreichen Altdorfer Waffenlaufs erneut 8 Waffenläufe im Rahmen der Schweizer Waffenlaufmeisterschaft ausgetragen. Die organisierende Läuferriege Wohlen, die so namhafte Waffenläufer wie Kudi Steger, Urs Heim und Charles Blum hervorgebracht hat, startete im selben Jahr den 1. Sprint-Waffenlauf über 8,2 km. Der Versuch glückte.

Der in die zivilen Kategorien des 39. Int. Pfingstlaufes 2005 eingebettete 2. Sprint-Waffenlauf wurde somit am Pfingstsamstag, 14. Mai 2005, mit rund 11 km als kürzester Waffenlauf erstmals für die Schweizer Meisterschaft gewertet.

Nach dem geglückten Start im 2004 konnten wiederum zahlreiche Topläufer ihr Können unter Beweis stellen. Im Zentrum der zweiten Austragung stand einmal mehr Jörg Hafner, welcher auch auf einer kurzen Sprintstrecke Stehvermögen bewies. Er siegte vor Ruedi Walker und Peter Deller. Als erster M20er überquerte der Meister 2005, Marc Berger, die Ziellinie. Die Kategorie M50 wurde von Altmeister Fritz Häni gewonnen. Bei den Damen siegten Claudia Helfenberger und Marianne Balmer.

Eine Bereicherung

Der Sprintwaffenlauf im aargauischen Wohlen wurde von allen Seiten gelobt. Die Streckenänderung von 8,2 auf 11 Kilometer kam bei den Wettkämpfern gut an. Sicher ist,

63 Einige Momente noch, dann startet der 1. Wohlener Sprint-Waffenlauf (2004). Die erste Austragung wurde durch Paul Gfeller vor Walter Niederberger und Daniel Hagenbuch entschieden

64 Auch bei der zweiten Austragung am Pfingstsamstag trafen die Wettkämpfer auf einen schönen Parcours. Diesen absolvierten sie jedoch in einer unerbittlichen sommerlichen Hitze

65 Die erste Runde des 3. Wohlener Sprint-Waffenlaufs (2006) ist geschafft. Der neue, junge Waffenlauf ist besonders für Zuschauer ein Leckerbissen

66 Für einmal im Kanton Nidwalden unterwegs.... bekannte und unbekannte Waffenläufer, aus dem Anlass «700 Jahre Eidgenossenschaft»

dass der Wohlener Sprintwaffenlauf ein Glücksfall und eine Bereicherung für den Waffenlaufsport in der Schweiz ist.

Die Strecke, ein Rundkurs...

Die coupierte, recht selektive Strecke führt mehrheitlich durch den Wald und darf mit ihren rund 11 Kilometern und 110 Höhenmetern unter den Waffenläufen als eigentlicher Sprintlauf bezeichnet werden. Ist es sonst ein Start-Ziel-Waffenlauf, gilt es in Wohlen, Runden zu rennen. Für die Zuschauer und Fans sicherlich viel interessanter, passiert das ganze Feld doch mehrere Male den Start/Zielbereich.

Das Goldene Buch des Sprint-Waffenlaufes Wohlen							
Jahr	M20	M30	M40	M50	D20	D40	Gruppen Sen	Offene Klasse
2005	Berger Marc 0.40.08	Deller Peter 0.39.43	**Hafner Jörg** 0.36.59	Häni Fritz 0.40.17	Helfenberger C. 0.45.42	Balmer Marianne 0.47.09	LV 95 Burgdorf 2.11.15	UOV Wiedlisbach 1.59.56
2006	**Wieser Patrick** 0.38.06	Deller Peter 0.38.38	Walker Ruedi 0.38.54	Häni Fritz 0.39.26	Widmer Monika 0.47.55	Balmer Marianne 0.45.08	LV 95 Burgdorf 2.10.20	Zürcher Patrouilleure 1.56.25

Stanser Waffenlauf (1991)

«Winkelried-Waffenlauf»

Am Anfang stand eine Idee. Als eine einmalige Sache wollte der UOV Unterwalden im Jubiläumsjahr 700 Jahre Eidgenossenschaft (1991) einen über 18,5 km führenden Waffenlauf mit Start- und Zielort Stans organisieren.

An der Delegiertenversammlung der IGWS vom 9.12.1989 stellte der UOV Nidwalden einen Antrag, einen einmaligen «Winkelried-Waffenlauf» durchzuführen. Austragungsort sollte Stans sein und man beabsichtigte, den Lauf etwa zwei Wochen vor dem ersten Herbst-Waffenlauf durchzuführen.

Obwohl dieser Lauf nicht zur Meisterschaft zählte, konnten die Organisatoren über 600 Wettkämpfer aus allen Teilen der Eidgenossenschaft willkommen heissen, darunter etliche Spitzenläufer, Hunderterverein-Läufer und viele andere. Insgesamt konnten gegen 620 Läuferinnen und Läufer im Ziel die gediegene Jubiläums-Medaille in Empfang nehmen. Speziell war, dass die Frauen damals noch inmitten der Männer klassiert wurden.

Spannung pur am Stanser Waffenlauf

In Abwesenheit der in der Meisterschaft dominierenden Christian Jost und Beat Steffen wurde Leo Hufschmid seiner Favoritenrolle gerecht und siegte unangefochten vor Fritz Häni und dem überraschenden Einheimischen Toni von Matt, welcher von unzähligen Einheimischen stürmisch bejubelt wurde.

Der nachgemeldete Martin von Känel siegte im Auszug vor Christoph Keller und Peter Furrer. Letzterer kam erstmals auf's Podest. Mit einem beruhigenden Vorsprung von fast zwei Minuten siegte Martin Storchenegger im Landsturm vor Florian Züger und Albrecht Moser, während Kurt Inauen den immer stärker werdenden Basler Josef Leutenegger in Schach hielt. Da die Crème der Senioren in Stans nicht am Start war, ging der Sieg erwartungsgemäss an den Allrounder Bruno Elliker. Der Uzwiler verwies die unverwüstlichen Alois Probst und Bernhard Ottiger auf die weiteren Podestplätze.

Die Strecke

Der UOV Nidwalden organisierte den Anlass so, als würden sie schon jahrelang Waffenläufe durchführen. In der Kaserne Wil/Oberdorf, ca. 2 km von Stans entfernt, stand eine ideale Infrastruktur zur Verfügung.

Kurz vor zehn Uhr besammelte sich das Feld vor der Wilerbrügg. Drei Läufer liessen sich von Wilhelm Tell inspirieren, ihre Packung wog ebenfalls 7,5 kg, bestand aber nicht aus Rucksack und Karabiner, sondern aus Tornister (Haaraff) mit aufgeschnallter Armbrust.

Die Laufstrecke stieg gleich ordentlich an, ca. 50 Meter Höhendifferenz auf dem ersten Kilometer. Oben auf dem Ennerberg dann eindrückliche Aussicht auf Rigi und Vierwaldstättersee. Anschliessend Gefälle bis zur Autobahn, dieser entlang Richtung Beckenried, immer in luftiger Höhe über dem See. Im Jammertal wurde die Autobahn unterquert, steil abfallend gings dem Träschlibach entlang zum See hinunter, weiter diesem entlang nach Buochs. Vorbei am Fussballplatz des FC Buochs und dem Strandbad nach Ennetbürgen. Hinaus aus dem Dorf auf den am wenigsten geschätzten Streckenteil, die grosse Schlaufe über den Flugplatz. Der Engelberger Aa entlang über die Fadenbrücke dem Ziel zu, wo die Eintreffenden begrüsst wurden. Gesamthaft waren 18,7 km zurückzulegen, mit ca. 150 Metern Höhendifferenz. Alle 2.5 km hatte es ein Distanz-Täfelchen. Das Experiment «Stanser Waffenlauf» war einmalig und wurde nicht wiederholt.

Auszug (151 klassiert)		
1	Von Känel Martin, Scharnachtal	1.12.15
2	Keller Christoph, Frauenfeld	1.12.44
3	Furrer Peter, Altdorf	1.13.58
Landwehr (209 klassiert)		
1	Hufschmid Leo, Niederwil	1.09.38
2	Häni Fritz, Rumisberg	1.10.06
3	Von Matt Toni, Stans-Oberdorf	1.10.45
Landsturm (163 klassiert)		
1	Storchenegger Martin, Leissigen	1.11.26
2	Züger Florian, Mühlehorn	1.13.42
3	Moser Albrecht, Pieterlen	1.15.01
Senioren (97 klassiert)		
1	Elliker Bruno, Uzwil	1.22.39
2	Probst Alois, Zürich	1.25.12
3	Ottiger Bernhard, Kölliken	1.25.57

Berner Waffenlauf (1991)

Geschichten rund um den Berner Waffenlauf 1991 (von Beat Schmutz)

Einmalige Austragung im Jahre 1991; zählte weder zur Schweizermeisterschaft noch für den Hunderterverein

Nicht zum 700-Jahre-Jubiläum der Eidgenossenschaft sondern zur 800-jährigen Gründung der Stadt Bern im Jahre 1191 durch Herzog Berchtold V. von Zähringen, also genau 100 Jahre vor der Gründung der Eidgenossenschaft, führten die Berner ebenfalls einen einmaligen Waffenlauf durch. Dieser hatte mit den Austragungen des Berner Waffenlaufs von 1949-1959 (mit Schiessen) nichts mehr gemein. Die erste Berner Waffenlauf-Serie wurde bekanntlich im Jahr 1960 vom Berner Zweitagemarsch abgelöst.

Dieser 14 Kilometer lange Lauf fand anlässlich der Meisterschaften der Felddivision 3 unter dem Namen «BE 800» statt. Erstmals musste an einem Waffenlauf kein Startgeld bezahlt werden. 395 Männer und 19 Frauen wussten dies zu schätzen und klassierten sich an diesem Samstagnachmittag bei enorm schwülem Wetter und anschliessendem Gewitter. Ich erinnere mich, auf den letzten Kilometern mit offener TAZ-Jacke gelaufen zu sein, völlig undiszipliniert! Nun, am 24. August (Samstag Nachmittag) einen Waffenlauf durchzuführen birgt so seine Risiken. Aber alles verlief glatt. Es war der grosse Tag der Berner im Sand beim Grauholz nahe Schönbühl: Sieg in allen 5 Kategorien: Im Auszug Martin von Känel (Tagessieger), in der Landwehr Christian Jost, im Landsturm Albrecht Moser, bei den Senioren Hans von Bergen und bei den Frauen Martha Urfer. Dass nicht alle Favoriten antraten, dafür konnten die Berner wirklich nichts.

Aargauer Waffenlaufmeisterschaft (1977–1991)

Geschichte

Im Rahmen des Aargauer Wehrsporttags fand von 1977 bis 1991, jeweils Ende August/anfangs September, in Schöftland eine kantonale Waffenlauf- und Militärradmeisterschaft statt, für die Läufer kurz und bündig: «De Schöftler». Als Veranstalter zeichneten kollektiv der UOV Suhrental, die Sektion Aargau des Schweiz. Verbandes mechanisierter und leichter Truppen und die Mehrkampfgruppe Fricktal.

Diese Waffenlaufmeisterschaft im Aargau war die einzige kantonale Ausmarchung dieser Art, mit dem Zweck: *«Den Aargauer Waffenläufern eine Gelegenheit zu bieten, vor der Herbstsaison der Waffenläufe ein wettkampfmässiges Training absolvieren zu können und der Bevölkerung einen attraktiven, wehrsportlichen Anlass zu präsentieren».*

Die Teilnehmerfelder waren verglichen mit heute beinahe dürftig, denn es war ja «nur» eine Kantonsmeisterschaft. Doch der Aargau war damals eine echte Hochburg von Spitzenwaffenläufern wie auch von guten Mittelfeldteilnehmern. Mit Athleten wie Leo Hufschmid, Beat Steffen, Urs Heim, Kudi Steger, Charly Blum usw. hatte der Aargau einiges zu bieten. So war oftmals am Schöftler Waffenlauf der Schweizermeister am Start und dahinter ein Feld von über 100 Läufern, vorwiegend aus dem Aargau.

Diesem Anlass war auch das Militär-radrennen angegliedert, ebenfalls als Kantonalmeisterschaft ausgeschrieben. Vom UOV Suhrental wurde das Ganze immer tadellos durchgeführt. Doch 1991 war klar, dass die 15. Austragung die letzte sein sollte. So waren Start und Ziel ins Dorfzentrum verlegt worden, was eine Streckenverlängerung von einem Kilometer mit sich brachte.

Strecke

1991 war die anspruchsvolle Strecke von Schöftland aus mit 229 m Höhendifferenz gleich wie in den Vorjahren. Über Wittwil mit dem Aufstieg Richtung Bottenwil, auf dem Scheitel südwärts durch bewaldetes Gebiet über den Chalt zum Wiliberg. Dann talwärts gegen Attelwil und am Fusse des Wilibergs zurück über Wittwil nach Schöftland. Die letzte Austragung am 18. August 1991 fand an einem sehr heissen Augustsonntag statt. Da Distanzen von 16 km für Waffenläufe damals wie heute als Sprintaustragung aufgefasst wurden, war das Lauftempo entsprechend hoch.

Berner Waffenlauf 1953. Der Sieger, Ernst Büechi (Zürich), beim Schiessen

Berner Waffenlauf (1949–1959)

Geschichte und Entwicklung

General Guisan legte den Grundstein zur ausserdienstlichen Tätigkeit und zum Wehrsport schlechthin, was als eines der positiven Vermächtnisse der Jahre 1939 bis 1945 gewertet werden kann.

Es war vor allem das Vorbild «Frauenfeld», das den Unteroffiziersverein der Stadt Bern bewog, einen Berner Waffenlauf ins Leben zu rufen. Treibende Kraft waren Adj Uof Heinrich Stamm und Mitglieder des Vorstandes. Der damalige Chef der Sektion für ausserdienstliche Tätigkeit im Stab der Gruppe für Ausbildung, Brigadier Emil Lüthy und der Kommandant der 3. Division, Divisionär Walter Jahn, unterstützten die Initiative. Zu den Mitarbeitern im grossen Harst des OK gehörten auch Hptm i Gst Hans Meister und Hptm André Amstein als erster OK-Präsident, sowie Herbert Alboth als Verantwortlicher für den Propaganda- und Pressedienst.

Man war bestrebt, dem Berner Waffenlauf einen bewusst militärischen Charakter zu geben und legte eine 300 m-Schiessprüfung ein. Mit drei Treffern konnte ein Maximum von 12 Minuten Zeitgutschrift herausgeholt werden. Diese «Einlage» war nicht bei allen Wettkämpfern beliebt. Jedes Jahr gab es Siegesanwärter, die auf dem Schiessplatz versagten und so um einige Ränge zurückfielen. Geschossen wurde zuerst auf dem Schiessplatz Ostermundigen, später im Sand bei Schönbühl. Diese Zusatzprüfung erforderte organisatorisch einen grossen Aufwand. In Ostermundigen wurden in einem Jahr allein 650 Scheiben aufgestellt, so dass gleichzeitig 50 Läufer schiessen konnten. Den Wünschen vieler Teilnehmer entsprechend und um die Organisation zu vereinfachen (es brauchte 130 Funktionäre weniger), hat man später auf die doch spektakuläre Schiessprüfung verzichtet.

Das Goldene Buch des Berner Waffenlaufes

Jahr	Auszug	Landwehr	Landsturm	Gruppen Auszug	Landwehr	Landsturm
1949	Girard Jean 2.40.19	Reiniger Adolf 3.00.19	Jost Gottfried 2.57.30	GWK V Lausanne 9.34.29	UOV der Stadt Bern 10.23.00	UOV der Stadt Bern 11.56.11
1950	Jutz Jakob 2.20.26	Hässig Fritz 2.45.54	Niederhäuser J. 3.18.20	UOV Zürich 7.58.35	UOV Bern 9.56.32	Keine
1951	Girard Jean 2.22.22	Reiniger Adolf 2.29.53	Jost Gottfried 2.43.56	UOV Baselland 7.53.02	UOV Bern 9.58.38	Keine
1952	Wittwer Hans 2.29.20	Hässig Fritz 2.46.58	Jost Gottfried 2.48.59	GWK V Lausanne 7.55.58	GWK I Basel 8.55.06	Keine
1953	Büchi Ernst 2.14.17	Kolly Louis 2.39.55	Jost Gottfried 2.47.15	UOV Zürich 8.04.10	UOV Bern 10.12.18	Keine
1954	Meili Max 2.33.51	Zwingli Niklaus 2.37.33	Jost Gottfried 2.54.23	GWK I Basel 8.09.14	UOV Zürich 8.53.45	Keine
1955	Meili Max 2.20.52	Kolly Louis 2.28.39	Jost Gottfried 2.55.07	UOV Baselland 2.55.07	UOV Zürich 8.05.39	Keine
1956	Meili Max 2.20.38	Kolly Louis 2.43.32	Jost Gottfried 3.15.02	GWK III Chur 7.26.22	UOV Zürich 9.08.08	Keine
1957	Niederberger J. 2.37.48	Hässig Fritz 2.53.15	Murer Fridolin 3.28.45	MKG Bramberg LU 8.29.40	UOV Zürich 9.00.30	Zürcher Patrouilleure 11.00.15
1958	Niederberger J. 2.40.24	Meili Max 2.46.34	Jost Gottfried 3.13.03	GWK III Chur	–	–
1959	Hobi Ludwig 2.36.38	Frank Paul 2.45.00	Jost Gottfried 3.04.41	Zürcher Patrouilleure	–	–

Kampf gegen die Zeit...

Die Strecke

Start und Ziel waren auf der Berner Allmend (in der Nähe des ehemaligen Stadions Wankdorf und heutigen «Stade de Suisse»). Der Parcours führte nach Norden über Papiermühle, Zollikofen, Sand (10 km), Bäriswil, Hub (15 km). Hier begann der Aufstieg zur Luzeren, dann das Gefälle hinunter nach Habstetten. Kurz vor Flugbrunnen passierte der Läufer die Kilometer-Marke 20. Nach Deisswil (24 km) war bereits der Schiessplatz Ostermundigen in Sicht (27 km) und von da fehlten nur noch 3 km bis ins Ziel. Steigungen total ca. 400 m. Die Route war übrigens ähnlich wie diejenige des ehemaligen Zweitage-Marsches (erster Marschtag; Startort Bern), jedoch in umgekehrter Richtung.

Anfänglich wurde an einem Sonntag Ende August oder anfangs September gestartet. Später verschob man den Wettkampf in den Monat Mai. Das Gros der Läufer traf jeweils bereits am Samstagabend in der Bundesstadt ein, denn auf dem Bundesplatz wurde zum Auftakt ein Militärmusik-Konzert gegeben, mehrmals durch die Bereitermusik. In den elf Jahren der Durchführung zählte man im Durchschnitt ganz genau 600 Teilnehmer. Erfreulich, dass Läufer aus allen Landesteilen den Weg ans Aareknie fanden, nicht zuletzt der tadellosen Organisation wegen.

Der Publikumsaufmarsch war immer gross, schon bei der ersten Auflage 1949. Über Funk wurde im Zielgelände laufend über den Rennverlauf und über die Schiessprüfung informiert. Die Bestzeit realisierte 1953 Kanonier Ernst Büchi in 2.14.17. Es gab einen Wanderpreis der Berner Militärdirektion für die beste Mannschaft und einen Ehrenpreis der Stadt Bern für den schnellsten Einzelläufer. Nach der elften Auflage, am 7. Juni 1959, sah man von einer Weiterführung ab. Erstmals hatte im Sommer 1959 nämlich ein Schweizer Marschbataillon am Internationalen Vier-Tage-Marsch in Nijmegen (Niederlande) teilgenommen. Das Ende des Berner Waffenlaufs war zugleich die Geburtsstunde des Schweizerischen Zwei-Tage-Marsches (dessen Ende im April 2006 folgte). An diesem Neubeginn hatte wiederum der UOV der Stadt Bern verdienstvollen Anteil. Der Entschluss schien richtig, wurde aber von manchem Waffenläufer bedauert.

Herbert Alboth, Liebefeld-Bern (geschrieben 1984)

...und gegen sich selbst

Waffenlauf hautnah

Vorwort Bundesrat Hans-Rudolf Merz
Das wettkampfmässige Laufen hat einen archaischen Hintergrund. Für die Befriedigung seiner Grundbedürfnisse nach Nahrung und nach Sicherheit musste der Urmensch tagtäglich im wahrsten Sinne des Wortes um die Wette rennen. Die zähesten, schnellsten Läufer und Jäger hatten die besten Überlebenschancen. Derartige Rituale und Strategien haben sich allem gesellschaftlichen Wandel und aller moderner Zeiten zum Trotz bis heute erhalten.

Dennoch hat das Wettlaufen über die Zeiten natürlich grosse kulturelle und sportliche Entwicklungen erfahren. Der Waffenlauf als eindrückliches Beispiel kommt heute in sehr gewandelter Form, professionell organisiert und zeitgemäss daher. Der Werdegang seit den Anfängen wird in diesem Buch eindrücklich geschildert. Das Werk wird deshalb militärhistorische und sportgeschichtliche wie auch volkskundliche Leserschaft in seinen Bann ziehen. Es ist ein Kapitel Zeitgeschichte.

Der Waffenlauf beruht seit seiner Entstehung und bis heute auf Werten und auf Tugenden. Es geht bei Weitem nicht mehr nur um das Laufen im Sinne der physischen Ueberlebensstrategie, sondern um die Verkörperung von Ideen und Anschauungen:

Im Vordergrund geht es zwar nach wie vor um die körperliche Fitness, um Sport und Leistung. Dafür steht gewissermassen symbolisch die Rangliste. Gewinnen kann nur einer. Sieger über sich selbst sind aber beim Zieleinlauf alle.

Waffenlauf ist sodann mehr als nur ein Wettkampf. Er vermittelt den Läufern pure Lebensfreude und er ist damit auch ein Stück weit Plausch. Dafür stehen die Jauchzer beim Starten und dafür steht die fröhliche Fan-Gemeinde am sonntäglichen Strassenrand.

Drittens erleben die Wehrmänner das Gemeinschaftsgefühl, vor allem auch bedingt durch das Miteinander-Leiden. Dafür stehen die Aufmunterungen und das gegenseitige Anfeuern unterwegs, die kurzen Zwiegespräche und Zurufe, das Zusammensein nach dem Zieleinlauf, die Aufforderung zum Wiedersehen vor dem Heimweg.

Viertens ist der Waffenlauf trotz der grassierenden Vermarktung und Monetarisierung des Spitzensports eine Milizveranstaltung geblieben. Waffenläufer können nicht mit vielstelligen Start- und Siegesgeldern rechnen; ihrer warten nicht einmal überbordende Gabentempel. Der für unsere Gesellschaft tragende Milizgedanke wird in diesem Sport vorgelebt. Auch die Funktionäre verrichten ihre Arbeit in der Freizeit und am Sonntag.

Und schliesslich legen Waffenläufer und Funktionäre durch ihren Einsatz ein Bekenntnis zu Armee und Landesverteidigung ab. Diesen wertvollen und uneigennützigen Beitrag im Dienste unseres Landes kann man in Zeiten verminderter Bedrohung nicht hoch genug einschätzen.

Es ist begrüssenswert, dass diese reiche, oft etwas verkannte Welt des Waffenlaufs mit dem vorliegenden Buch eine gebührende Würdigung erfährt. Die Leserschaft wird mit Bewunderung feststellen, welchen Wandel dieser Sport erfahren hat. Sie wird damit sicher auch die Sorge derer teilen, welche die Zukunft mit unsicherem Gefühl einschätzen. Wir hoffen, dass der Waffenlaufsport die Moden der Zeiten überlebt.
Hans-Rudolf Merz, Bundesrat, Vorsteher des Eidgenössischen Finanzdepartements

«Wir Waffenläufer sind Individualisten, Originale, Sonderlinge, Einzelkämpfer, in gewissem Sinne sogar Abenteurer.
Selbst die Schnellsten unter uns wissen nicht genau, wann und wo in der Schlacht sich der Körper zu bäumen, aufzulehnen beginnt. Da werden die Beine unaufhaltsam schwerer, bleierne Mattigkeit und ein dumpfes Gefühl schleichen von den Waden an aufwärts in Oberschenkel und Hüften.

Dies schrieb Bernhard Linder, der Verfasser des ersten grossen Werkes über den Waffen-

1 «Der Mann mit dem Hut», Kony Eisenhut von Adliswil nach seinem 100. Waffenlauf in Zürich, 2005

2 Der legendäre Mann mit dem Hut kann nach den harten 18,7 km am St. Galler Waffenlauf 2005 noch lachen

3 Peter Deller beim letzten Toggenburger Waffenlauf 2003

Durch das Stahlbad stärkster Gefühlswahrnehmungen gezwungen, wird auch die Psyche, das Gemüt in Mitleidenschaft gezogen, denn seelische Krämpfe und Zweifel können ebenso martern wie Blasen an den Füssen und eine schief sitzende Packung.
Spätestens dann beginnt der Waffenläufer sich mit dem (Un)sinn seines Tuns zu beschäftigen. Ja, ich wage zu behaupten: Jetzt erst denkt er gründlich nach, überlegt, grübelt, philosophiert, stellt tiefsinnige Betrachtungen an.»

lauf. Damals, in den achtziger Jahren, gelang es ihm hervorragend, Überlegungen und Beobachtungen vor, während und nach einem Waffenlauf zu machen. Das vorliegende Kapitel ist der Versuch, in die gleiche Kerbe zu schlagen.

Über 60 Autorinnen und Autoren berichten von ihren schönsten, lustigsten aber auch traurigsten oder besten Erlebnissen. Wie sie zum Waffenlauf gekommen und warum sie über viele Jahre dem Sport treu geblieben sind. Viel Vergnügen beim Lesen der Geschichten. Sollte ein Schmunzeln oder ein Lachen über Ihr Gesicht huschen, so ist der Zweck dieser Geschichten erfüllt. Bei manch einem wecken sie Erinnerungen.

Von 0 auf 100 – Die Herausforderung!
Unter diesem Motto bin ich 1993 als Mittvierziger in meine erste Waffenlauf-Saison gestartet. Dank der guten Infos von Sämi war ich sonntagmorgens am Start meines ersten Waffenlaufs, dem Toggenburger. Und schon war sie da, die Herausforderung, diese 19,7 coupierten Kilometer mit der Packung von 7,5 kg zu bewältigen. Ausserdem hatte es in der Nacht zuvor noch geschneit, alles war glitschig, pflotschig und nass.

Geknickten Ganges und total geschafft habe ich das Ziel erreicht. Tage später erst war der Muskelkater weg und das Brennen auf dem Rücken verflogen. Und schon ging's weiter mit dem St. Galler und so fort. Die Packung wurde optimiert, das Training intensiviert und so ging's von Lauf zu Lauf besser. Ich fühlte mich wohl im Haufen aufrechter Schweizer und sah fortan den Waffenlauf als Training und Aufbau für andere Herausforderungen wie dem Trans-Swiss-Triathlon und dem Hunderter von Biel. Hier kam mir die Härte und Ausdauer des Waffenlaufs zugute. Schwimmen im Lago Maggiore, Velo fahren über den Gotthard nach Greifensee und dann noch rennen bis Schaffhausen. Leider war 1999 die letzte Austragung dieses Super-Events. Die Unterstützung der Waffenlauf-Fans an zivilen Veranstaltungen tat immer besonders gut mit dem aufmunternden «Hopp Fidel».

So hat sich Saison an Saison gereiht, bis es dann 2005 so weit war. Mein 100. Waffenlauf in Zürich. Besondere Freude an meinem verregneten Jubiläumslauf hat mir unser Präsi durch das persönliche Überreichen eines Blumenstrausses bereitet, zumal er fast bis zum Schluss im Regen ausharren musste. Danke Stephan.

So bin ich beim Waffenlauf geblieben, obwohl ich immer älter und langsamer wurde. Diese Zeit möchte ich nicht missen und ich bin dankbar für die vielen Läufe, die ich mit Gleichgesinnten verbringen konnte. Leider ist auch dies bald Geschichte, und die Jüngeren werden sich wohl wieder neue Herausforderungen suchen.

Kony Eisenhut, Adliswil (der mit dem Hut)

Als Ehefrau am Streckenrand
Obwohl mir als allgemein sportinteressierter Person die Namen der Spitzenwaffenläufer schon als Kind geläufig waren, habe ich meinen damaligen Freund und jetzigen Ehemann eher skeptisch erstmals an einen Waffenlauf begleitet. Wieso läuft man in diesem Anzug mit einem Gewehr am Rücken, wenn es auch ohne ginge?

Fasziniert hat mich von Anfang an die von so vielen Fans und Angehörigen vorgenommene, vor Beginn des Wettkampfs genau geplante Betreuung der Läufer unterwegs mit Schwämmen und Getränken. So habe ich das noch an keiner anderen Laufveranstaltung erlebt.

Mein besonderes Erlebnis ist denn auch mit der Betreuung von Walter verbunden. An einem Altdorfer Waffenlauf habe ich ihn an 6. Position liegend betreut. Glücklich über seinen guten Rennverlauf und meine Betreuung und in Anbetracht dessen, dass der nächste Verfolger einen beträchtlichen Rückstand hatte, bedankte er sich während des Laufes mit einem Kuss. Zufälligerweise geschah dies direkt vor der Linse des Fotografen der Neuen Luzerner Zeitung. Dieser drückte im richtigen Moment ab und zwei Tage später war unter dem viertelseitengrossen zugegebenermassen wirklich gelungenen Schnappschuss zu lesen, dass Walter Niederberger auf dem Weg zu einer Spitzenrangierung von seiner Gattin (obwohl ich das damals noch gar nicht war) betreut worden sei. Dass dieses Bild einige Reaktionen auslöste, kann man sich sicher vorstellen.

Elisabeth Odermatt Niederberger, Stans

Ein Küsschen in Ehren...

Mit dem sechsten Rang gelang dem Oberdorf-Stanser Walter Niederberger beim 54. Altdorfer Waffenlauf erneut ein starkes Resultat. Auf dem Weg zu seiner Spitzenrangierung dürfte ihm die Unterstützung seiner Gattin Elisabeth sicher willkommen gewesen sein. Oder anders rum: Ein Küsschen in Ehren...

Waffenlauferlebnisse von Peter Deller

Was hat mich eigentlich dazu gebracht, im Oktober 1994 zum ersten Mal die Waffenlaufpackung anzuschnallen? Ich glaube, es war in erster Linie die grosse Begeisterung, die ich bei allen mir damals bekannten aktiven Waffenläufern in hohem Masse spürte. Ich merkte, dass die Teilnahme an einem Waffenlauf etwas ganz Besonderes sein musste. Überdies kam natürlich noch die sportliche Herausforderung dazu: In den Waffenlaufranglisten konnte ich immer wieder Namen von mir aus dem Berglauf bekannten Athleten sehen. Da reizte es mich natürlich schon, mich mit ihnen auch einmal auf einer Waffenlaufstrecke zu messen.

Welche Erinnerungen sind mir denn noch geblieben von meinem ersten Waffenlaufabenteuer? Es war ein unfreundlicher, nasskalter Herbsttag in Kriens. Wie so viele Neulinge beging auch ich den Fehler, den Lauf zu schnell anzugehen. Die logische Folge davon war natürlich, dass der zweite Teil des Laufes wahrlich kein grosses Vergnügen mehr war. Unvergesslich wird mir immer der imposante Schlussspurt bleiben, dank welchem es Emil Berger gelang, mich auf den letzten Metern noch zu distanzieren. Unvergesslich einerseits, weil ich mir vorher gar nicht vorstellen konnte, dass man mit einer schweren Packung am Rücken derart schnell sprinten kann; unvergesslich andererseits, weil sich Emil von ganzem Herzen nicht nur über seinen Spurtsieg, sondern auch über meine erste Teilnahme freute. Diese Freude war wirklich ansteckend, denn bereits im Zielraum war mir klar, dass ich mich im kommenden Frühjahr solchen Herausforderungen gerne wieder stellen würde. Was hat mir denn so gut gefallen? Es sind ganz einfach die Emotionen, die der Waffenlauf hochleben lässt. Das Tragen der gleichen Kleidung und des Zusatzgewichtes sowie die stets festliche Umrahmung dieser Veranstaltungen führen dazu, dass man sich unter den Wettkämpfern näherkommt, dass man die meist sehr schönen Laufstrecken und die lautstarke Unterstützung der begeisterungsfähigen Zuschauer am Streckenrand einfach viel intensiver erlebt.

Der Waffenlauf von Kriens sollte dann, vier Jahre nach meinem Debüt, mein Herz nochmals höher schlagen lassen. Am 25. Oktober 1998 konnte ich meinen ersten Waffenlauf gewinnen! Ich bin heute noch sehr glücklich darüber, dass ich diesen Sieg ausgerechnet in Kriens, wo die Zuschauer äusserst zahlreich die Geschehnisse auf der lang gezogenen Schlussgeraden verfolgen, feiern durfte. Es ist schon ein unbeschreibliches Gefühl, bei einer solchen Stimmung als Sieger einlaufen zu dürfen. Ein Gefühl auf jeden Fall, das mich für manche harte

4 M40-Podestläufer Bruno Lussi, Gerhard Klarer, Gody Schmutz (v.l.n.r.) am Altdorfer Waffenlauf 2005

5 Gody Schmutz (Nr. 5108) bei seinem ersten Waffenlauf nach seiner verlorenen Wette. Auf dem Bild Gody Schmutz am St. Galler Waffenlauf 2005

6 Gody Schmutz vor seinem letzten Waffenlauf, er wählte nicht den «Frauenfelder» sondern den Thuner Waffenlauf 2005

7 Im Ziel ... die Wette ist Geschichte. Ein berühmter Ex-Radrennprofi am Ende seiner (kurzen aber sehr erfolgreichen) Waffenläufer-Karriere

8 Interview durch Bernhard Thurnheer mit Tagessieger Albrecht Moser in Altdorf 1983

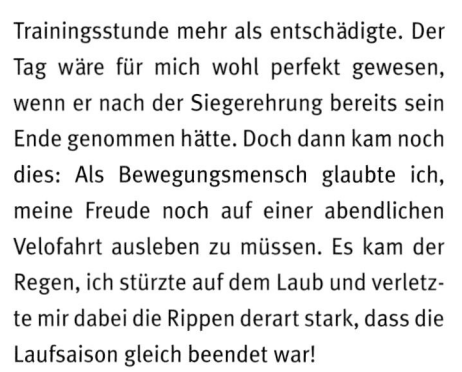

Trainingsstunde mehr als entschädigte. Der Tag wäre für mich wohl perfekt gewesen, wenn er nach der Siegerehrung bereits sein Ende genommen hätte. Doch dann kam noch dies: Als Bewegungsmensch glaubte ich, meine Freude noch auf einer abendlichen Velofahrt ausleben zu müssen. Es kam der Regen, ich stürzte auf dem Laub und verletzte mir dabei die Rippen derart stark, dass die Laufsaison gleich beendet war!

In den kommenden Jahren schenkte mir der Waffenlauf noch einige Freuden und Leiden, doch die Freuden waren eindeutig zahlreicher. Ein Glücksgefühl ganz spezieller Art erlebte ich so zum Beispiel im März 2001, am St. Galler Waffenlauf. Noch immer klangen mir die Worte des Arztes, der mir einige Monate zuvor wegen meiner Knieprobleme tief ins Läufergewissen geredet hatte, im Ohr und stärkten mein Selbstvertrauen bei meinem ersten Saisonstart natürlich überhaupt nicht. Auf der ersten Streckenhälfte musste ich dann tatsächlich ziemlich leiden. Nur mit Mühe gelang es mir, mit der Verfolgergruppe mitzuhalten. Und dann schien alles noch schlimmer zu kommen: In der scharfen Kurve beim alten Zoll in Herisau konnte ich nur noch mit viel Glück einen Sturz verhindern. Meine Hand berührte den Boden und ein spitzer Stein grüsste mich sehr unsanft. Während etwa zehn Sekunden galt meine volle Konzentration ausschliesslich dieser sich immer stärker rot verfärbenden Hand. Aber wo waren bloss meine Kameraden geblieben? Plötzlich lagen sie hinter mir! Da liess ich mich nicht zweimal bitten und nutzte das so unverhofft zurückgekehrte Selbstvertrauen zu einem sehr positiven weiteren Rennverlauf. Die grösste Freude bereiteten mir folgende beiden Tatsachen: Auf der zweiten Streckenhälfte war ich gleich schnell wie Tagessieger Jörg Hafner (der sich natürlich etwas schonte), und im Ziel wartete bereits jemand auf mich, um mich auf direktem Weg ins Sanitätszimmer zu führen. Offenbar hatte sonst noch jemand meine blutende Hand bemerkt... Im Waffenlauf ist man nie allein!

Eine letzte Waffenlaufsaison steht uns 2006 noch bevor. Ich wünsche mir, dass möglichst viele Kameradinnen und Kameraden bei den verbleibenden Läufen von möglichst starken positiven Emotionen begleitet werden: Vor, während und nach der vollbrachten Leistung. Es gibt Emotionen, die man nur im Waffenlauf erleben kann.

Peter Deller, Zürich

Die Wette des Gody Schmutz

Top – die Wette gilt

Mit meinem Freund, dem damaligen Waffenläufer Sämi Schmid (nicht unser Bundesrat) wettete ich im Frühjahr 1992, wenn er mit dem traditionelle Militärrad das Rennen St. Gallen – Zürich fahre, würde ich einen Monat später den Frauenfelder Militärwettmarsch bestreiten.

Zu meiner Überraschung bestritt dann Sämi im Oktober 1992 wirklich das Militärradrennen und so blieb mir nichts anderes übrig, als mich eiligst auf die Marathon-Distanz vorzubreiten und das erst noch mit Kämpfer und Gewehr. Mit einem gewaltigen Hungerast auf der Strecke kämpfte ich mich dann im November in 3.35 Std. von Frauenfeld über Wil zurück ins Ziel nach Frauenfeld.

Freude am Laufen

In den folgenden Jahren bestritt ich diverse Zivil- und einzelne Waffenläufe in der näheren Umgebung. Leider gelang es mir bis 2004 nie, eine ganze Waffenlauf-Saison zu bestreiten. Die Laufveranstaltungen mit Gewehr und Kämpfer faszinierten mich jedoch schon in der Zeit als Radprofi. Insbesondere als ich später selbst miterlebte, dass unter Läufern, Helfern und Zuschauern eine äusserst freundschaftliche Stimmung besteht. Neid und Feindschaften trifft man in der Waffenlaufszene kaum an.

Das Siegespodest

Keine Wette aber Sprüche u.a. wie: «Mit 50 laufe ich aufs Podest!» spornten mich 2003 an, das Lauf-Training zu intensivieren. So bestritt ich 2004 die ganze Waffenlaufsaison mit dem Höhepunkt als 3. der Kategorie M 50 in Altdorf und dem 6. Schlussrang in der Jahresmeisterschaft.

Die letzte Meisterschaft

Weil 2005 für die Jahreswertung nur noch 5 zählbare Resultate nötig waren, entschloss ich mich die Jahresmeisterschaft nochmals zu bestreiten. Nach mässigen Resultaten an den Frühjahrsläufen intensivierte ich im Herbst unter Anleitung von Walo Stillhard das Training erneut und erzielte mit grosser Genugtuung sehr gute Resultate. Den «Thuner» als Höhepunkt sogar auf dem 2. Rang in der Kategorie M 50. Der gesteigerte Trainingsaufwand zerrte jedoch an meiner Substanz. Dies ist unter anderem einer der Gründe, dass ich nur noch als Zuschauer an Waffenläufen anzutreffen sein werde. Es stimmt mich jedoch wehmütig, dass in Zukunft keine Waffenläufe mehr stattfinden sollen. Allen Waffenläufern, die diese Sportart noch weiter betreiben, wünsche ich viel Erfolg und dass der Mythos Waffenlauf einen würdigen Abschluss finde.

Zur Person:
Name: Schmutz
Vorname: Godi
Wohnort: 8523 Hagenbuch ZH
Geboren: 26.10.1954
Beruf: Versicherungsfachmann
Sportliche Laufbahn: 11 Jahre Radprofi, 3 x Schweizer Strassenmeister, diverse Siege an Strassenrennen im In- und Ausland

Erster Waffenlauf und Comeback
Mein erster Waffenlauf fand unter ungewöhnlichen Umständen statt. 1963 musste ich aus gesundheitlichen Gründen die Übermittlungs-Rekrutenschule abbrechen. Nach Absolvieren der verbleibenden Wochen im folgenden Jahr wurde ich am Samstag, den 14. November 1964 in Kloten entlassen. Am Montag darauf hatte ich in Wolhusen gleich zu meinem ersten Wiederholungskurs einzurücken.

Eine Heimreise hätte sich kaum gelohnt. Im Jahre 1964 hatte noch nicht jeder Rekrut sein Auto neben der Kaserne stehen. Als Überbrückung bot sich die Gelegenheit zur Teilnahme am Frauenfelder Militärwettmarsch, da wir an Bewegung bei den Übermittlungs-Truppen ohnehin eher «unterernährt» waren.

Die anderen Waffenläufer in der Kaserne Frauenfeld glaubten ihren Augen nicht zu trauen, als da einer mit Vollpackung erschien! Ich erklärte die Situation und der anfänglichen Verblüffung machte Freude und echte Kameradschaft Platz. Mir, dem Neuling, wurde sofortige Hilfe gewährt und unter fachkundigen Händen entstand aus meinem «Haaraff» (Tornister), dem Sturmgewehr (komplett) und dem Brotsack eine mindestens neun Kilogramm schwere Packung! Der Frauenfelder des Jahres 1964 ist als einer der härtesten und anforderungsreichsten in die Geschichte eingegangen. Nicht wegen meiner Teilnahme natürlich, auch wenn es für mich, in den «Zahnrad-Finken» (Ordonnanzschuhen) eine knochenharte aber schöne und unvergessliche Prüfung wurde. Es herrschte starkes Schneetreiben und die äusseren Bedingungen waren alles andere als ideal. Aber nach fünf Stunden stand auch ich unter einer erholsamen, erquickenden Dusche, habe nachher wieder meine Vollpackung erstellt und bin aufgebotsmässig in Wolhusen eingerückt!

Mein Comeback feierte ich nach siebenjährigem Unterbruch, der «Föhn-Altdorfer» 1970 hatte mich lange Zeit ausser Gefecht gesetzt, 1977 am Toggenburger Waffenlauf, seit jeher von mir geschätzt, obwohl er damals noch nicht zur Schweizer Meisterschaft zählte. Von den Winterferien in Wildhaus aus liess sich das gut bewerkstelligen. Um meine Frau nicht zu erschrecken, nahm ich das Gewehr und die Einzelteile der Packung heimlich mit. Am Sonntagmorgen fehlten mir dann lediglich die Tragriemen für die Packung mit dem Ka-

put! In Lichtensteig fand ich in heller Aufregung im Keller des Schulhauses das Gewünschte, eine Viertelstunde vor dem Start! Viele alte Kollegen entdeckte ich im Startfeld, denen ich nach dem Start zu folgen versuchte, aber noch nicht vermochte. Als mich dann in Krinau ein Knabe aufmerksam machte, dass das Bajonett und die Patronentaschen nicht mehr dazugehörten, wusste ich, dass auch im Waffenlauf eine neue Zeit begonnen hatte.

Beat Schmutz, Düdingen

Beni Thurnheer am Waffenlauf
In den 70er-Jahren standen die Waffenläufe in den Sportsendungen des Schweizer Fernsehens hoch im Kurs. Dies hatte (auch) einen ganz einfachen Grund. Weil damals noch gefilmt wurde und das belichtete Material entwickelt werden musste, waren Veranstaltungen, welche schon am frühen Nachmittag beendet waren ideal. Waffenlauf und Radquer waren zwei sichere Werte.

Zu jener Zeit, als ich mir meine ersten Sporen als TV-Reporter abverdiente, gab es auch noch keine Volksläufe. Wer ein läuferisches Langstreckentalent in sich zu schlummern vermutete, wurde automatisch vom

«Krienser» und vom «Altdorfer», vom «Wiedlisbacher» und vor allem vom «Frauenfelder» (klassische Marathondistanz!) angezogen.

An den «Frauenfelder» wurde ich denn auch immer wieder delegiert. Das OK stellte mir einen Fahrer zur Verfügung, der bei den Zuschauern unglaublich populär war. Drei Stunden lang tönte es entlang der Strecke von links und von rechts zirka alle 10 Sekunden: «Hoi Zubi!», «Salü Zubi!», «Lueg da, de Zubi!».

Einmal war ein eben aus der Tschechoslowakei Geflüchteter mein Kameramann. Wir hatten uns für die Aufnahme des Startfeldes auf dem üblichen Privatbalkon eingerichtet. Beim Kanonenschuss, der das Rennen freigab, warf er sich sofort auf den Boden in Deckung, statt zu filmen. Das Trauma des Russeneinmarsches hatte ihn eingeholt.

Einmal fuhr ich für einen speziellen Erlebnisbericht am Radio mit dem Fahrrad mit, immer auf der Höhe des (stets wechselnden) tausendsten Läufers. Ab und zu versuchte mich ein Streckenposten aufzuhalten oder umzuleiten, aber das ging ja nicht, denn sonst hätte ich Rang 1000 für immer aus den Augen verloren! Zum Schluss interviewte ich dann den 1000. am Ziel.

Anderntags ging aus der offiziellen Rangliste hervor, dass er 998. geworden war.

*Beni Thurnheer,
Sportreporter Schweizer Fernsehen SF*

Der Sieger und der alte Mann
Solothurn hat seinen Nationalhelden: Hans Roth, der 1382 Solothurn vor dem Verrat rettete. Zu dessen Ehren wird der Hans-Roth-Waffenlauf durchgeführt. Der älteste Nachkomme der Familie nimmt Jahr für Jahr am Lauf als Ehrengast teil. Diesmal war es der 84jährige Beda Roth. Als man am Ziel Fischer feierte, wollte auch der Mann im Ehrengewand nicht nachstehen, gratulierte und fragte den Sieger: «Wie heissisch eigetlich und wohär chunsch?» Und dies alles, nachdem man während zwei Stunden kein anderes Gesprächsthema hatte als Fischers Werner aus Oberehrendingen ...

Bereits vor dem «Zürcher» nach drei Siegen schrieb ein Reporter, dass ich alle neun Waffenläufe 1967 gewinnen wolle. Er schrieb aber auch, dass ich es noch niemandem gesagt habe. Der gleiche Reporter schrieb nach dem Lauf: «Aus dem Fischer der früheren Jahre, der vom Start weg losstürmte und entweder gewann oder einging, ist ein überlegter Meister seines Fachs geworden».

«Ich bewundere Sie», sagte der Zürcher Stadtpräsident Dr. Sigmund Widmer (im Militär Oberst) nach dem vierten Saisonsieg in Zürich zu mir und gratulierte herzlich.

Martin Furgler Sportchef beim Schweizer Fernsehen sagte mir nach einem Interview, dass ich den Gefreiten nie erhalte, wenn ich weiterhin mit meinem blauen Hemd starte. Um meinen Hals zu schützen legte ich den Kragen vom blauen Hemd über den groben Kragen vom Ex-Gwändli. Den Gefreiten bekam ich am Jahresende dennoch.

Im August 1967 trainierte ich eine Woche ganz allein in Oberwald. Mein Tagesablauf bestand aus Training, Körperpflege, Verpflegung und Erholung. Auf dem Programm standen je 25 km am Vormittag und am Nachmittag. Am Samstagvormittag begleitete mich Koni Hischier, Skilangläufer auf meiner 25 km-Strecke und am Nachmittag liefen wir zusammen über Alpweiden, Bergwege, Geröllhalden von Felsblock zu Felsblock bis auf den Nufenenpass, (von 1386 m auf 2478 m) wo wir von Seppi Roth, auch ein guter Waffenläufer, bei dem ich in Pension war, mit dem Auto abgeholt wurden.

So gefährlich ist Waffenlauf: Frau Fischer wollte ihrem alle Gegner deklassierenden Gatten mit einem Siegeskuss gratulieren und schon schlug ihr der Gewehrlauf über ihrem rechten Auge an den Kopf. Das war aber der einzige Zwischenfall in Werner Fischers Monolog: «Der Meister war schon immer schnell, jetzt ist er auch noch berechnend geworden. Er teilt sein Rennen ein, Taktik ersetzt den Ruf nach Rekord. Der bisher sechsfache Saisonsieger ist der Fussballer, der seine Gegner überhaupt nicht an den Ball kommen lässt. Mit imponierender Selbstverständlichkeit war Fischer über 30 km mit 320 m Steigung und grosser Hitze am schnellsten. Immer. Solche Talente sind selten. Und es geht lange, bis sie vom Erfolg getrennt werden können. Die Suche nach dem noch besseren Solisten wird fortgesetzt.»

Nach dem Krienser machte Ernst Flunser mit mir ein Interview. Ich sagte ihm, dass beim Fussball-Cupfinal jeweils zwei bis drei Bundesräte anwesend seien, diese für die Waffenläufe aber keine Zeit hätten. Nach dem Thuner, am Sonntag darauf, kam Ernst Flunser zu mir und sagte: «Komm bitte mit ich will dich jemandem vorstellen». Er stellte mich Bundesrat Gnägi vor und sagte: «Das ist Füsilier Fischer der sich beklagt hat, dass die Bundesräte keine Zeit haben für die Waffenläufer». Obwohl ich ihm einen Sonntag «vermiest» habe, hatten wir ein sehr gutes Gespräch miteinander.

Werner Fischer, Oberehrendingen AG

Kür des Favoriten
Werner Fischer ist kein Oleg Protopopow. Er wird zwar auch älter. Er künstelt aber nicht und borgt Attraktionen nicht in einer flitterhaften Show. Er ist ein Realist und hat nichts für Täuschungsmanöver übrig. Und er ist taktisch routinierter geworden. Zu seiner Fähigkeit, extrem kämpfen zu können, ist eine Cleverness im Kontakt mit dem Gegner gekommen, die einem Faustfechter alle Ehre machte. Der Gefreite aus Oberehrendingen weiss heute genau, welches Tempo er sich zumuten kann; er versteht es, eine Grippe-Krankheit Tage vor dem Wettkampf unter dem Deckmantel des anonymen Unwohlseins der Gegnerschaft zu verheimlichen.

Diese herausragenden Eigenschaften eines herausragenden Läufers waren am Sonntag beim Start zur Waffenlauf-Saison 1968 nötig, um den ersten Tagessieg eines Landwehrlers an diesem Anlass zu ermöglichen. Denn hinter dem Sieger wartete Georg Kaiser auf Schwächen.

*Claudius Babst im «Sport» nach
dem St. Galler 1968*

Die Oberwalliser kommen ...
«Waffenlauf ist eine faszinierende Sportart», sagt Johann Schmidt. Zusammen mit Matthias Zurwerra hat er im Jahr 2004 eine Oberwalliser Waffenlaufgruppe gegründet.

«Waffenlauf hat mit Militär eigentlich sehr wenig zu tun. Es zählt einzig und allein der Sport», wehrt sich Matthias Zurwerra gegen immer noch bestehende Klischees. Waffenlauf hat vor allem in der Deutschschweiz eine grosse Tradition aufzuweisen.

Erster Versuch gescheitert
Bislang waren Walliser in der Waffenlauf-Szene Exoten. Dies soll sich nun ändern. Zusammen mit seinem Onkel Johann Schmidt gründete Zurwerra im vergangenen Herbst die Waffenlaufgruppe Oberwallis. Schmidt, der selber bereits an 126 Läufen dieser Art teilgenommen hat, gründete vor zehn Jahren schon einmal eine Gruppe in unserer Region. Nach drei Jahren folgte jedoch die Auflösung. Mangelndes Interesse sowie verletzungs- und berufsbedingte Austritte der Mitglieder gaben den Ausschlag. Nachdem sein Neffe Matthias vor zwei Jahren erstmals einen Waffenlauf mit ihm bestritt, packte auch diesen die Begeisterung für diesen Sport. «Das Laufen durch die unberührte Natur ist für mich das Schönste», begründet dieser seine Begeisterung. So war denn der Entschluss, nochmals eine Waffenlaufgruppe ins Leben zu rufen, schnell einmal gefasst.

Einmalige Kameradschaft
Bereits umfasst die Gruppe vier Mitglieder. Weitere werden gesucht. «Hierzulande scheuen sich viele im Militärgewand zu laufen», weiss Schmidt. Doch: «Der Zusammenhalt und die Kameradschaft in dieser Szene sind einmalig. Während den Läufen spornen sich die Athleten gegenseitig an und unterstützen einander, wo sie nur können», schwärmt der 64-jährige. «Ich empfehle jedem, einmal an einem Waffenlauf teilzunehmen». «Dann wird die Faszination schnell da sein», doppelt sein Neffe nach. Frauen sind dabei genau so angesprochen wie ihre männlichen Kollegen.

Markus Pianzola (RZ Oberwallis, 2004)

Der Solist
Werner Fischer hat seine Garderobe nicht bei den andern. Er hat sich vor dem Start zu seinem Bruder Hans in ein Hotel zurückgezogen und entzieht so dem porträthungrigen Publikum das Gesicht des Favoriten. Er ist als Einzelgänger der erfolgreiche Trainer, Coach und Spieler, der sich vor dem Match in der Kabine sammelt. Er sammelt seine Kräfte, seine Gedanken, sein Ich. Und niemand weiss, ob er nervös ist, niemand sieht die Stelle, die er massiert, weil er Schmerzen hat. Die Schwächen bleiben verborgen, heraus tritt der Sieger in der Form des Selbstbewusstseins. Er kommt erst kurz vor dem Startschuss und stellt sich vor das wartende Feld. Und weil seinem Sturmlauf niemand folgen kann, ist es sein Recht, vorne anzustehen. Dieses freiwillige Privileg des Stärksten ist Ausdruck der Achtung für den Sieger in spe. Sie treten respektvoll zurück und ziehen ihr Gewehr so nahe an die Füsse, dass der Platz für den Neuankömmling reicht: «Moraturi te salutant». In der nächsten Stunde unterliegen sie alle... Auch am Ziel hält sich Werner Fischer nicht lange auf. Er zieht sich zum zweiten Mal zurück und macht jenen Platz, die ihm vor Stunden Platz gemacht haben.
*Claudius Babst im «Sport»
vor dem St. Galler 1968*

«Geblieben ist der Karabiner»
Die Waffenläufe von gestern und heute haben nur noch wenig gemeinsam: Geblieben ist der Karabiner!
Der folgende Artikel wurde im SonntagsBlick des 22. April 1990 abgedruckt.

Nach fünf Stunden, 21 Minuten und 39 Sekunden marschierte Füsilier Frey vom Inf-Bat II/46 am 24. September 1916 als Sieger des ersten Schweizer Waffenlaufs auf dem Zürcher Sportplatz Utogrund ein. Um 10.30 Uhr, anderthalb Stunden nach dem Start, wird heute der Sieger des 33. Zürcher Waffenlaufs mit dem Gewehr am Rücken das Ziel beim Zoo erreichen. Und so wie vor bald 74 Jahren wird ihm ein hoher Offizier eine Zinnkanne in die Hand drücken, ihm für die grossartige Leistung gratulieren. Das Gewehr, die nudel- und kranzgeschmückten Offiziere am Rande des Geschehens und die Zinnkanne haben überlebt. Aber sonst hat der heutige Waffenlauf mit dem Wettstreit der «alten Krieger» nichts mehr gemeinsam. SonntagsBlick-Reporter Walter Marti berichtet.

«Schweizer Armee-Gepäckmarsch» hiess die Veranstaltung im September 1916, an der die Wehrmänner ihre militärisch-körperliche Tüchtigkeit demonstrierten. Der Marsch führte über 40 km von Zürich nach Wettingen und zurück auf den Utogrund. Initiant war der Zürcher Rechtsanwalt und Nationalrat Dr. Hans Enderli, der erste Präsident des 1896 gegründeten FC Zürich.

Aus den Märschen sind längst Läufe geworden, und mit Ausnahme des Frauenfelders mit seiner Marathondistanz von 42.2 km weisen sie Längen zwischen 18 und 30 Kilometern auf.

Eine Marschdistanz von 40 Kilometern am Stück – 1916 wurde das keinem der über 500 Teilnehmer zugemutet. Beim Wendepunkt in Wettingen war ein Halt zur Zwischenverpflegung, zum Socken- und Wäschewechsel vorgeschrieben. Einige sollen die Pause im Limmattal mit dem Verzehr eines üppigen Mittagessens verbracht haben.

Nach gut zweieinhalb Stunden wird der Sieger des Frauenfelders am 26. November 1990, zum Saisonabschluss, die Ziellinie überqueren. Seine Laufzeit wird von Swiss-Timing registriert, die Rangliste vom Computer ausgespuckt.

Damals, auf dem Utogrund, war Uhrmacher Max Carjell, offizieller Chronometreur des Schweizerischen Radfahrerbundes, mit der Zeitnahme beauftragt. Mit seiner Stoppuhr konnte er jeweils drei Läufer im Ziel nacheinander stoppen. Es wurde später Abend, bis endlich zur Rangverkündigung geschritten werden konnte.

Die Stoppuhr wurde vom Zielfilm überholt, der heisse «Spatz» würde in der Zeit der isotonischen Getränke auch den Waffenläufern schwer aufliegen. Die Zwischenverpflegung (in flüssiger Form) wird laufend unterwegs eingenommen, neue Bidons von Betreuern per Auto an vorher abgemachte Kilometerpunkte gebracht.

Der Rucksack ist geblieben. Er liegt noch immer schwer auf dem Rücken des Läufers. Schwerer sogar als vor 74 Jahren. Damals war ein Mindestgewicht von 7 Kilo vorgeschrieben, heute sind es 7.5 Kilos, allerdings mit Gewehr, das früher zusätzlich geschultert werden musste.

31 Jahre dauerte es, bis 1947 in Zürich der zweite Waffenlauf (Meilen-Rapperswil-Zürich) stattfand. Dazwischen wurden einzelne Armee-Gepäckmärsche, Waffenmärsche, Militär-Wettmärsche über das ganze Land verstreut ausgetragen.

Seit 1984 finden jährlich elf Waffenläufe statt – fünf im Frühling, sechs im Herbst.

Denn die Zeiten sind vorbei, wo ein paar «vergiftete Militärköpfe» beim Laufen oder Marschieren mit Sack und Pack ihre Wehrstärke unter Beweis stellen wollten. Seit 1967 wird der Schweizer Waffenlauf-Meister ermittelt. «Waffenlauf ist längst Sport und nicht mehr Armee», wie es Ulrich Flury (42), TK-Mitglied der IGWS (Interessengemeinschaft der Waffenläufer der Schweiz) ausdrückt. Rund 4000 Waffenläufer gibt es in der Schweiz – gegen 1000 von ihnen starten jeweils zu den einzelnen Läufen.

«Die Waffenläufer werden sicher noch immer von vielen Schweizern belächelt, gelten als Spinner», nimmt Flury, früher selbst regelmässig und heute vereinzelt am Start, nicht tragisch. «Die Namen auf der Startliste der Waffenläufe findet man auch auf den Startlisten von vielen Strassenläufen wieder. Es sind alles Sportler, die sich dem Laufen verschrieben haben. Und sie treten bis zu elfmal im Jahr – einige von ihnen auch nur ein-, zweimal – eben zu einem Lauf unter erschwerten Bedingungen an.

Und was Flury am meisten freut: «Die selben Namen tauchen nicht nur auf den Startlisten auf. Auch auf den Ranglisten der Strassen- und Stadtläufe sind in vordersten Rängen viele Athleten vertreten, die regelmässig Waffenläufe bestreiten.»

Auch Heinz Koch, OK-Mitglied beim Zürcher Waffenlauf, ist überzeugt, dass er bei «seinem» Rennen, das heute zum 33. Mal ausgetragen wird, vor allem Sportler und nicht «Militärköpfe» am Start hat. «Die meisten können nicht einmal einen Brigadier von einem Major unterscheiden.»

Das ist manchen der «Bekränzten» ein Dorn im Auge. Denn von ihnen sind auch nach 74 Jahren noch immer viele an den Waffenläufen dabei. Einige wenige sogar im aktiven Feld, die meisten jedoch unter den Ehrengästen.

Flury: «Wir sind froh, dass es diese Waffenlauf-interessierten Offiziere gibt. Denn der Waffenlauf braucht die Infrastruktur der Armee, um finanziell überhaupt existieren zu können. Die Sanität, die Verkehrsregelung, die Streckensicherung, aber auch die Lieferung und Ausgabe der Kleider, wird von der Armee besorgt.»

Flury weiss, dass die Unterstützung der Armee zwei Seiten hat: «Einerseits kommen wir ohne Armee nicht über die Runden, andererseits gibt es halt doch eine gewisse Abhängigkeit vom Militär.» Eine Abhängigkeit, die jedoch kaum jemanden stört.

«Ich glaube nicht, dass die Wettkämpfer das Gefühl haben, dass sie für einen Start am Waffenlauf ins Militär einrücken. Es ist vielmehr die Freude am Laufen, die Zusammengehörigkeit, die Kameradschaft, welche die Athleten immer wieder zu den Läufen antreten lässt», glaubt Major Flury.

Das TK-Mitglied aus Liestal sieht aber nicht nur eitel Sonnenschein. «Der Waffenlauf leidet eindeutig an einer Überalterung. Das zeigt sich schon daran, dass die Ranglistenspitze immer von Landwehr-Teilnehmern geprägt wird, die also alle schon über 32 Jahre alt sind.» Für Flury ein deutliches Alarmsignal: «Wir müssen den Waffenlauf attraktiver machen.» Es wurde schon von Preisgeldern gesprochen, von weiteren Tenue-Erleichterungen für die Läufer, teilweise von attraktiveren Rennstrecken.

«Die IGWS wird sicher den Weg in die Zukunft finden», ist Flury zuversichtlich. Eines verspricht er jedoch deutlich: «Das Gewehr auf der Packung wird nie verschwinden. Das wäre das Ende des Waffenlaufs.» Und damit auch das Ende der Zinnkannen.

Quelle: SonntagsBlick, 22. April 1990

Erlebt als Gemeindepräsident von Altdorf
Erinnerungen von Heini Sommer, Gemeindepräsident von Altdorf, dem Urner Hauptort als 60-malige Austragungsstätte des «Altdorfers».

Mit dem Waffenlauf verbinden mich drei Erlebnisse ganz persönlicher Art, die man unter die Stichwörter «lang und anforderungsreich», «mit hohem Tempo» und «professionelle Organisation» stellen kann.

Lang und anforderungsreich ...
Als Jugendlicher war ich an einem Sommerabend mit meinem Bruder auf unserer wöchentlichen Laufrunde unterwegs (damals sprach man noch nicht von «Joggen»). Per Zufall trafen wir ein paar andere Läufer, die meinen Bruder kannten. Sie luden uns zum Mitlaufen ein – «sie seien am Trainieren für den Altdorfer Waffenlauf und hätten sich für heute Abend einen Drittel der Wegstrecke vorgenommen». Ich hatte damals keine Ahnung, wo genau die Strecke durchführte und wie lang sie war. Also liess ich mich etwas unbedarft auf diese Einladung ein. Die Folgen waren hart und lang andauernd. Obwohl wir offenbar nur einen Drittel der Wegstrecke zurücklegten, schien der Lauf kein Ende zu nehmen. Am Schluss quälte ich mich mit grossem Abstand zu den Waffenläufern dem ursprünglichen Ausgangspunkt entgegen. Dort angekommen und immer noch völlig ausser Atem, war ich unglaublich froh, es endlich geschafft zu haben. Während den folgenden Tagen blieb mir das «Abenteuer» in ständiger Erinnerung: jedes Treppensteigen, jeder Schritt war eine Qual – ein unglaublicher Muskelkater war das Lehrgeld!

... mit hohem Tempo
Viele Jahre später war ich mit meiner hochschwangeren Frau an einem Sonntagmorgen im Oktober auf einem Spaziergang unterwegs. Es war ein typischer Föhntag mit einer eigenartig angespannten Situation. Im Dorfkern angekommen, stiessen wir auf immer mehr Leute, die entlang der Strasse standen. Zwischen den Zuschauerreihen entdeckten wir dann auch Läufer, die uns entgegenkamen und da wurde uns klar: Heute ist Altdorfer Waffenlauf! Als wir etwas später an einer kleinen, unübersichtlichen Kreuzung eine enge Gasse überqueren wollten, wurde mein Frau plötzlich zurück gehalten – im letzten Moment, denn fast gleichzeitig mit ihrem ers-

ten Schritt auf die Gasse «raste» von rechts ein Läufer heran. Hätte der aufmerksame Streckenposten nicht so prompt reagiert, wäre es wohl zu einem heftigen Zusammenstoss gekommen. Wir waren uns jedenfalls ziemlich erschrocken und kehrten in der Folge ohne Umweg nach Hause zurück.

... und professionelle Organisation

Abermals einige Jahre später wurde ich – damals als Mitglied des Gemeinderats – offiziell an den Altdorfer Waffenlauf eingeladen. Nach dem Empfang wurden wir Gäste mit Bussen entlang der Strecke geführt und auf die verschiedenen Streckenposten, Verpflegungen und Sanitätsposten aufmerksam gemacht. Mir fiel auf, wie unglaublich viele freiwillige Helferinnen und Helfer benötigt wurden, um diesen Anlass durchführen zu können. Umso mehr war ich beeindruckt über die professionelle Organisation, mit der dieser Waffenlauf vorbereitet und reibungslos durchgeführt wurde.

Rückblickend kann ich deshalb feststellen: Ohne dass ich selbst jemals Waffenläufer war oder einen besonderen Bezug zu dieser Sportart hatte, war mir der Altdorfer Waffenlauf seit meiner Jugend präsent. Durch die verschiedenen Begegnungen und Erlebnisse wurde er auch für mich zu einer Art «Tradition». Es gibt aber ein bekanntes Sprichwort, welches sagt: «Die Zeiten ändern sich und wir uns in ihnen». Der Wandel im Zeitgeist ist nicht aufzuhalten, auch wenn dabei lieb gewordene Traditionen nicht mehr weitergeführt werden können. Um so wichtiger ist es, mit dem vorliegenden Buch diese Schweizer Traditionssportart auch für die Nachwelt lebendig zu erhalten und aus vielfältigen Blickwinkeln zu dokumentieren.

Altdorf, 23. Januar 2006, Dr. Heini Sommer, Gemeindepräsident Altdorf

Wie immer ohne Gewehr
Amüsantes rund um einen Waffenlauf, von Richard Reich

Quelle: Ovo Land – Nachrichten aus einer untergehenden Schweiz, Richard Reich, Kein & Aber AG Zürich, ISBN 3-0369-5204-7

Liebes Wettkampfkomitee, Bezug nehmend auf mein Schreiben vom Siebenten dieses Monats, mit dem ich mich bei Ihnen für den 43. Zürcher Waffenlauf anmeldete, möchte ich mich hiermit wieder abmelden, wohl wissend, dass der 43. Zürcher Waffenlauf bereits vorgestern stattgefunden hat, aber Ordnung muss sein.

Sie dürfen mir glauben, meine Herren, dass mir meine Nicht-Teilnahme an Ihrem Anlass äusserst schwer gefallen ist. Immer wieder war ich den Parcours des «Zürchers» in den letzten Wochen im Geiste abgelaufen, und unter normalen Umständen hätte mich auch nichts und niemand am Sieg hindern können, kennt doch keiner im Feld dieses Terrain so gut wie ich, der ich seinerzeit am Pfannenstiel aufgewachsen bin, von meiner heutigen körperlichen und mentalen Top-Form ganz zu schweigen.

Nach einem aus taktischen Gründen eher verhaltenen Start hätte ich mich am Sonntag in der Gegend von Zumikon unauffällig an der Spitze eingereiht, um dann im Aufstieg zum Chapfholz unvermittelt anzugreifen, am besten bei der zweiten Lichtung, rechts, wo der Weg im Dickicht unübersichtlich wird (ungefähr dort, wo wir Murmer Buben früher immer den neureichen Zumiker Gofen abgepasst haben, die uns gern als «Schattenhängler» verspottet haben, weil sich unsere Gemeinde kein Freibad leisten konnte).

Ich hätte zum Beispiel daran gedacht, wie wir Halbstarken hier um 1980 herum aus Blödsinn das Erst-August-Feuer schon im Juli anzündeten und wie dann in der Zeitung stand, das seien sicher Stadtzürcher Chaoten gewesen, wo wir Landeier doch damals nicht allzu bewegt waren, obwohl wir in der Sek auch mal einen Sitzstreik probierten. Ausserdem wäre mir eingefallen, wie ich in der Nacht vor der Aushebung zusammen mit meinem Schulfreund Hene am Fusse des Denkmals sass und Hene einen Joint rauchte und sagte, er wolle ums Verrecken wegkommen oder wenigstens zur Sanität, während ich an einem Süssholz kaute und sagte, dass ich ganz gern zu den Minenspickern ginge, weil das so sportlich tönte, worauf dann Hene zu den Minenspickern kam und ich zu den Sanis, ist das nicht lustig?

Nach dem Denkmal hätte ich dann im Wassberg-Wald die Führung übernommen, und Hafner hätte sich prompt gedacht: Super, jetzt kann ich Kraft sparen und Trittbrett fahren!, aber das wäre natürlich nur ein Täuschungsmanöver gewesen. Denn kaum kommst du aus dem Wald zur Wassbergwis, die einst ein Fussballplatz war, geht's scharf abwärts, und zwar auf grobem Kies, und wer das nicht kennt, gerät leicht ins Stolpern, weshalb ich genau hier und jetzt attackiert und den Hafner in den Senkel gestellt hätte und ihn spätestens bis zum neuen Pfadiheim definitiv abgehängt hätte, um dann solo dem Sieg entgegenzulaufen.

Selbstbewusst, aber ohne Hochmut hätte ich den Beifall der Zuschauer quittiert, welche man an Waffenläufen, wie Sie ja nur zu gut wissen, meine Herren, in letzter Zeit (genau wie die Zahl der Waffenläufer selber) leider fast an einer Hand abzählen kann. Der Vorteil ist, dass du am Wegrand praktisch jeden kennst, der dir winkt oder dir einen feuchten Schwamm ins Gesicht drückt, was zwar gut gemeint ist, aber am Sonntag angesichts von neun Grad und Bise nun wirklich nicht nötig gewesen wäre. Unter anderem hätte ich vermutlich spätestens bei der Kehrichtdeponie Chalen, wo wir früher mit unseren frisierten Töffli Motocross spielten und Parisienne rauchten, den Päuli herumstehen sehen, der mit mir in Losone die RS gemacht hat und der auch in jener Nacht dabei war, als wir auf der Wache jassten und Merlot soffen, und dann kam der Lefti rein, aber wir, nicht faul, sprangen auf und grüssten vorschriftsgemäss, und ich sagte, Sie werden's nicht glauben, meine Herren, ich sagte, Leutnant, sagte ich, melde gehorsamst, keine besonderen Vorkommnisse, was natürlich drei Tage Scharfen gab, aber den Vorschlag haben Sie mir dann doch gegeben.

Weiter wäre es dann über Süessplätz und Hasenbüel nach Binz gegangen, wo ich mit Echi und Stene einmal fast das Grümpeli gewonnen hätte, und dann via Pfaffhausen, wo gar kein Pfaff haust, weil die Pfaffhausener kirchlich zu Fällanden gehören, dann in den Geeren hinunter, wo es eine berühmte Beiz gibt, in der lauter Liberalisierungskriegsgewinnler bei einer Blut- und Leberwurst den Puls des Volkes fühlen, und dann nur noch das so genannte Bannholz rauf, das von Lothar praktisch flachgelegt wurde, und rüber in die Looren, wo mich im Ziel sehr viele Ehrengäste aus Militär, Politik und Wirtschaft erwartet hätten und wo man mir zu den Klängen des Reppischtaler Rekruten-

Spiels die Goldmedaille angeheftet und zweihundert Franken sowie einen Blumenstrauss ausgehändigt hätte, wenn ich nicht, wie gesagt, kurzfristig dem Start ferngeblieben wäre.

Natürlich darf heutzutage, wie Sie mir, meine Herren, ja am Dritten dieses Monats schriftlich versichert haben, im Prinzip jedermann waffenlaufen, sogar Frauen. Und natürlich lag es schliesslich einzig und allein an mir, dass ich letzten Freitag, als man mir im Zeughaus den Tarnanzug 90 entgegenstreckte, einfach davongerannt bin, weil mir plötzlich verdammt ähnlich zumute war wie anno 1984, als man mich, wie es hiess, infolge akuter Uniform-Neurose sowie notorischer Ladehemmung vom Militärdienst befreite. Dabei kann ich Ihnen glaubhaft versichern, meine Herren, dass ich eine echte Attraktion für Ihre sterbende Sportart wäre, ein starkes, wenn auch zwanghaft ziviles Zugpferd, ein designierter Seriensieger, wenn man bei Ihnen doch nur irgendwie wehrlos laufen könnte! Überlegen Sie es sich doch wenigstens einmal, meine Herren, ich stehe Ihnen Tag und Nacht zur Verfügung.

Mit kameradschaftlichem Gruss
San Sdt a D Richard Reich

Erlebt als Stadtpräsident von Thun

Erstaunlich, dass es in Thun, der Stadt mit dem grössten Waffenplatz und der Rüstungsindustrie erst 1959 zum ersten Waffenlauf kam. Sage und schreibe 25 Jahre nachdem 1934 der erste Waffenlauf, der «Frauenfelder» ausgetragen wurde. Seit dem ersten «Thuner» hat mich dieser Anlass immer interessiert. Nicht zuletzt weil er durch das Gebiet meiner Freizeitaktivitäten als Jugendlicher führt, war ich in den ersten Jahren, damals noch als Schüler, mit dem Fahrrad dabei und habe die Läufer an mehreren Stellen der Strecke «besucht». In der Regel ging es dann so rasch als möglich zum Ziel, um den Einlauf des Siegers zu beklatschen. Später – ich gestehe es – wurde das Fahrrad durch das Auto ersetzt – um dort wo es möglich war unterwegs an die Strecke zu gelangen und etwas von der Wettkampfatmosphäre zu erhaschen. Und nun erhalte ich seit 15 Jahren als Stadtpräsident immer sehr frühzeitig von den Organisatoren ein Gesuch um Ausrichtung des Aperos für die Gäste durch die Stadt und eine freundliche Einladung zum Waffenlauf. Beiden Anliegen wird entsprochen: Der Apero wird regelmässig durch die Stadt offeriert und der Stadtpräsident gehört – mit Unterbrüchen – immer wieder gerne zu den Gästen.
Denn: Der Waffenlauf gehört zu Thun!

Hans-Ueli von Allmen, Stadtpräsident Thun

Oberst Forster und der Waffenlauf

Zeit meines militärischen und beruflichen Lebens bin ich mit dem Wehrsport verbunden gewesen. Ich erachte den Wehrsport als ideale Verbindung von sportlicher Leistung und Wehrwillen. Für alle, die im Wehrsport Strapazen auf sich nehmen, empfinde ich Hochachtung.

Als Batteriekommandant habe ich mit Patrouillen an Divisionsmeisterschaften teilgenommen. In Erinnerung bleibt mir ein nahrhafter Patrouillenlauf an der Meisterschaft der damaligen Mechanisierten Division 11, die jetzt nicht mehr besteht. Der Start war bei Brütten, das Ziel beim Teuchelweiher in Winterthur. Die coupierte Strecke hatte es in sich: Sie war so angelegt, dass ein steiles Tobel nach dem andern durchquert werden musste. Die Tobel zu umgehen, hätte viel zu viel Zeit gekostet. Eingestreut waren auch HG-Werfen, Schiessen und Distanzenschätzen.

Einen Waffenlauf habe ich nie bestritten. Als Präsident der kantonalen Offiziersgesellschaft Thurgau und Chefredaktor der «Thurgauer Zeitung» war ich oft zum «Frauenfelder» eingeladen. Der «Frauenfelder» ist unbestritten der König der Waffenläufe. Am besten gefielen mir die Läufe an kalten, trockenen November-Morgen; und manch ein Teilnehmer hat bestätigt, dass das gar nicht die schlimmsten Verhältnisse waren: Sie schätzten den festen Untergrund und die gute Luft.

Oberst Peter Forster (1980 bis 2000 Chefredaktor der Thurgauer Zeitung, 1996 bis 2004 Kommandant Info Rgt 1, ab 2006 Chefredaktor «Schweizer Soldat»)

Der Stadtpräsident grüsst die Waffenläufer

Eine wichtige Aufgabe eines Stadtpräsidenten ist die Begrüssung von Gästen. Das ist vor allem bei wiederkehrenden Anlässen, von der 1. August-Feier über die Olma-Eröffnung bis zum Waffenlauf, nicht immer eine einfache Aufgabe. Der frühere Stuttgarter Oberbürgermeister Manfred Rommel hat die Schwierigkeiten des Begrüssens am Beispiel einer Rollladenmesse dargelegt. Man könne sagen, so Rommel, der Rollladen geht rauf, der Rollladen geht runter. Aber dann erschöpfe sich das Thema irgendwie.

Während 20 Jahren, von 1981–2000, durfte ich ein Grusswort ins Programmheft des «Waffenlaufs St. Gallen» beisteuern. Persönlich auch in jüngeren Jahren nur mässig sportlich tätig, die Armee aus der Büroperspektive des Fouriers beurteilend, fehlten mir ergiebige Quellen der Inspiration für den Willkomm. Es blieben die vom OK gelieferten Angaben: Waffenlauf als typisch schweizerische Ausprägung des Wehrwillens, der «St. Galler» als kürzester Waffenlauf und als 2. der Saison, Start in der Kreuzbleiche, Wendepunkt im «Alten Zoll». Diese Fakten waren jedes Jahr wieder anders – und selbstverständlich möglichst originell – zu präsentieren, ergänzt mit der Hochachtung vor den Läufern und ihren Angehörigen, dem Lob des fachkundigen Publikums, dem Dank an die uneigennützigen Organisatoren und dem unaufdringlichen Hinweis auf die Leistungen der Stadt zugunsten der Veranstaltung.

Gross war die Versuchung, ein früheres Grusswort zu kopieren. Wäre es bemerkt worden? Wohl kaum. Die Startlisten waren wesentlich wichtiger als die Grüsse des Stadtpräsidenten. Aber welcher Politiker gesteht sich schon gerne ein, dass das von ihm Geschriebene nicht gelesen und für die Nachwelt erhalten bleibt.

Der «St. Galler» blieb deshalb jedes Jahr Herausforderung für kreative Wortschöpfungen. Ich vermisse ihn.

Dr. Heinz Christen, alt Stadtpräsident, St. Gallen

Ein Sportjournalist erzählt ...

Der Waffenlaufsport – ein Auslaufmodell? Diese Frage stellen sich heutzutage viele. Und diejenigen, die sie mit Ja beantworten, sind nicht nur in der Mehrheit, sondern werden wohl früher als vielen lieb ist Recht bekommen. Als mittlerweile nicht mehr regelmässiger Waffenlaufberichterstatter musste ich mich schon vor Jahren gegen Kommentare von Kollegen wehren, die nicht verstehen konnten, dass man von den damals noch mit der 7,5 kg schweren Sturmpackung zu bestreitenden Läufen schreiben konnte. Ich wurde denn auch belächelt. Und als ich mich einmal einem Fussballschreiber einer grossen Zürcher Tageszeitung vorstellte, meinte der: «Ah, du bist der, der über Waffenläufe schreibt…» Er hatte schon von mir gehört, wohl weil ich bei ihm (und vielen anderen) wegen der Waffenlauf-Berichterstattung als Exote galt.

Wie viele andere Läufer bin ich 1982 durch einen anderen Waffenläufer zu dieser schönen Sportart gekommen. Und dieser war: Albrecht «Brächtu» Moser. Weil wir einmal in derselben Mannschaft den mittlerweilen längst ausgestorbenen 24-Stunden-Lauf im «Bremer» bestritten, ging ich auch einmal nach Münchenbuchsee trainieren. Über den «bärtigen Schulhausabwart» schrieb ich allerdings erst später. Vorerst hiess es dort in einem langen Dauerlauf die Pace mithalten zu können, was mir mehr schlecht als recht gelang. Das Bier mit Käse und Brot bei Brächtus Mutter schmeckte dann umso besser – und zum ersten Mal erlebte ich, wie in Waffenläuferkreisen die Kameradschaft gelebt wird.

Aber «Brächtu» hatte in mir endgültig das Waffenlauffieber geweckt, zeigte mir wie man eine Packung macht und durch ihn kam ich auch zu den «knöcheldeckenden» Waffenlaufschuhen. Ein Relikt, das 1991 durch die Schuhfreigabe bei fast allen verschwand – nur Kudi Steger fiel damit weiterhin auf, weil er noch schwarze Wollsocken darüber trug.

So bestritt ich also am 31. Oktober 1982 meinen ersten Waffenlauf in Thun, rannte zu Beginn in der grossen Spitzengruppe mit und wurde am Ende mit rund 11 Minuten Rückstand auf mein Vorbild Albrecht Moser Gesamt-38. und 20. im Auszug. Dies sollte auch mein Bestergebnis bleiben. Meine Konstitution als eher schwerer Läufer mit einem schwachen Rücken liess nur 12 Läufe zu – zu meinem Leidwesen fehlt dabei der Frauenfelder. Immerhin schaffte ich es, ein paar Mal zu laufen und anschliessend noch zu schreiben, ohne dass ich meinen Arbeitgeber – von 1987 bis 2002 arbeitete ich bei der Sportinformation Zürich – verärgerte, weil ich zu spät lieferte. Aber eigentlich spielte das schon damals keine Rolle mehr, denn keine Zeitung reklamierte, wenn der Waffenlauf-Text und die -Resultate einmal etwas später über den Ticker zu den Redaktionen gelangten.

Da bestand zu Beginn meiner Waffenlauf-Berichterstattung auch das Problem, weil ich eigentlich so schnell wie möglich liefern wollte. Ich stiess aber bei den altgedienten Pressechefs oft auf wenig Verständnis, wenn ich schon kurz nach dem Eintreffen des Siegers eine Rangliste wollte. Denn auch bei den Doyens der Waffenlauf-Berichterstattung Ernst Flunser, Oskar Rickenmann, Armin Leuenberger oder André Widmer, der im «Bund» schwergewichtig über den «Wiedlisbacher», den «Freiburger» und seinen «Thuner» schrieb oder immer noch schreibt, zählte die Kameradschaft. Es war selbstverständlich, dass man vom OK zusammen mit dem Tages- und den Kategoriensiegern zum Mittagessen eingeladen wurde. Das gibt es wohl nur im Waffenlauf. Genau gleich, wie die frühmorgendlichen Pressekonferenzen, wo nicht nur die hohen Vertreter aus der Politik und der Wirtschaft, sondern auch die Journalisten begrüsst werden. Die eindrücklichsten Pressekonferenzen moderierte dabei immer Bernhard Schär. Der Mann von Radio DRS, der mit der Tennis-Weltelite und mit Roger Federer im Speziellen per Du ist, «verkaufte» den Hans-Roth-Waffenlauf oder eben den «Wiedlisbacher» im Kornhaus mit nicht weniger Herzblut als einen Wimbledon-Final seinen Hörern. Auch er fühlt sich im Kreise der Waffenlauf-Familie wohl. Der Kontakt geht über die Sportberichterstattung hinaus. Vor dem Lauf erfährt man die Probleme des Landwirts Beni Wampfler, der schon um 4 Uhr in den Stall musste, weiss, dass Christian Jost von den Kindern mit einer Grippe angesteckt wurde, und dass Martin von Känel am Vortag noch einen Berglauf bestritten hat. Per Handschlag begrüssen die Journalisten die Cracks und die Familienangehörigen: Ursula Jost und ihre Kinder Mathias und Martina, Ernst und Frau von Känel, später auch Therese, zuerst Freundin und dann Frau von Martin von Känel, oder Corinne Schöpfer, zuerst Freundin und dann Frau von Martin Schöpfer, der 1997 alle elf Saisonläufe gewann. Ein Unterfangen, das einem Jörg Hafner – dem Dominator der letzten Jahre – versagt bleibt, weil es keine 11 Läufe mehr gibt. Die Namensliste ist nicht vollständig, Nichtberücksichtigte mögen mir dies verzeihen.

Der treueste Journalisten-Weggefährte im Waffenlauf war für mich aber Ueli Dysli. Als Si.-Korrespondent lieferte er die Infos, wenn ich Redaktionsdienst hatte. Oft diskutierten wir gemeinsam mit den Führungskräften der IGWS, kämpften für einen besseren Datenservice, der mit Datasport denn auch kam. So spielte es keine Rolle mehr, wenn sich am «Neuenburger» der Pressechef nach dem Eintreffen der Läufer bei einem Glas Roten, Hamme und Kartoffelgratin zuerst bei den Gästen aufhielt und erst nachher die Resultatlisten verteilte. Wir bekamen bei Datasport, was wir brauchten. Genau gleich wie uns der langjährige IGWS-Vorstandsangehörige Alois Oberlin die Punktelisten regelmässig zuschickte, damit wir unsere Statistiken sauber nachführen konnten. Nicht zu vergessen ist als Kämpfer für den Waffenlauf der langjährige Wehrsport-Redaktor Heinz Koch.

Ueli Dysli schreibt immer noch über den Waffenlauf. Als mittlerweile freier Journalist komme ich nur noch selten dazu. Vom «Neuenburger» durfte ich nach meinem Weggang bei der Sportinformation noch schreiben, weil Ueli Dysli dort nicht gerne hinging. Heute braucht er nicht mehr hinzugehen. Den «Neuenburger» gibt es nicht mehr.

Trotz vieler Massnahmen wie Schuhfreigabe, Kategorienänderungen, Einführung der Frauenklasse, Reduktion des Packungsgewichts, mehr Streichresultaten. Es hat alles nichts genützt. Mit der Armeereform 95 wurde der Niedergang der typisch schweizerischen Sportart eingeläutet. So hart es tönen mag, aber auch als früher eingefleischter Wehr- oder in der Neuzeit Militärsportler, muss ich eingestehen: Es liegt nicht mehr im Trend. Dabei geht leider auch die tatsächlich und ehrlich gelebte Kameradschaft unter den Waffenläufern mehr und mehr verloren. Oft vermisse ich die Waffenlaufszene und freue mich, wenn ich den einen oder anderen bei einem zivilen Lauf treffe – aber dort ist eben die Hektik viel grösser als beim Waffenlauf.

Kurt Henauer, Bremgarten bei Bern

Meine Waffenlauf-Familie
Schade, dass die IGWS nach einem halben Jahrhundert aufgelöst wird. Die Waffenlauf-

Szene war eine grosse Familie mit der man viele schöne Stunden in der ganzen Schweiz erleben konnte. Es war für mich eine seelische Bereicherung für die Waffenlauf-Familie in Freiburg und in Thun im OK mitzuarbeiten oder im Militärsanitätsverein Frauenfeld mitzuwirken. Unvergesslich bleibt auch der militärische Triathlon in Wangen an der Aare 1991, als ich mit meinem Freund San.Oblt Brunschweiler Josef an den Start ging. Es war ein wunderschöner Tag und die Wassertemperatur betrug 17 Grad und wir hatten uns mit Melchfett eingeschmiert und er belegte den 3. Gesamt-Tagesrang und wurde Landwehrsieger, während ich den 38. Gesamt-Schlussrang und im Auszug den 4. Rang erreichte. Pfister Fredy aus Rickenbach wurde Tagessieger (Tagestemperatur über 30 Grad).

Franz Hermans, Weinfelden

Kreienbühls – Die Waffenlauf-Familie
Mein erster Kontakt mit dem Waffenlauf ist schon ca. 25 Jahre her, als mein Mann einen Freund am Zürcher betreuen und filmen wollte. Wir spazierten also mit dem Kinderwagen in der Nähe des Hotels Dolder, sahen sehr kurz die hinteren Waffenläufer und unseren Freund noch kürzer am Ziel, da er müde war und sofort nach Hause wollte.

Dieses Erlebnis fand ich nicht besonders überwältigend, ebenso wenig wie die Filmaufnahmen meines Mannes.

Das zweite Mal nahm ich als Zuschauerin 1987 am Reinacher teil, da mein Mann wegen einer Wette (wieder mit dem gleichen Freund) startete. Wir beiden Frauen mit Kindern hatten einen schönen sonnigen Tag und genossen ihn in vollen Zügen. Die Männer mussten dagegen ziemlich leiden (meiner hatte die ganzen Füsse voller Blasen, bzw. die Füsse waren je eine Blase).

Dabei wurde mein Mann richtig vergiftet (vielleicht durch die Blasenflüssigkeit). Wir waren anschliessend wenn immer möglich bei jedem Waffenlauf dabei, Fridolin als Waffenläufer, die Kinder und ich als Zuschauer. Ich schloss viele Waffenlaufbekannt- und -Freundschaften mit Läufern, aber auch mit Zuschauern. Schliesslich rannten Matthias und Christian bei den Jugendläufen mit, wodurch es für mich etwas langweilig wurde ...

Langsam begann auch ich, mich sportlich zu betätigen und zu joggen (mit guten Ratschlägen meiner Männer). 1996 startete ich dann tatsächlich an meinem ersten Lauf, dem Frauenlauf in Bern, wo ich von Fridolin und meine Söhnen betreut wurde. Ich hoffte nun natürlich, dass ich zusammen mit Fridolin trainieren könnte, doch ich war ihm viel zu langsam.

Eines schönen Sonntags beschlossen die männlichen Kreienbühls, ein Lauftraining um den Greifensee zu starten. Ich war total geschmeichelt, als sie (zum ersten und einzigen Mal) fanden, ich solle doch mitkommen, sie wollten sehr gerne mit mir trainieren. Ich genoss das Training sehr und hatte ein tolles Erfolgserlebnis, es das erste Mal um den Greifensee geschafft zu haben. Meine Männer fand ich natürlich einfach super! Als ich am Montag vom Arbeiten kam, lag für mich ein Brief auf dem Tisch. Er enthielt die Startnummer für den St. Galler Waffenlauf am folgenden Sonntag. Drei Personen standen um mich herum und strahlten, sie fanden es lässig. Ich war natürlich wütend, ein Start kam überhaupt nicht in Frage! Erst als Fridolin versprach, zusammen mit mir den ganzen St. Galler zu laufen, und ich mir vorstellte, welche Strafe das für ihn wohl sein musste, mit mir (so spät) ins Ziel zu kommen, war ich für meinen ersten Waffenlauf bereit. Am St. Galler 1997 kam ich also zusammen mit meinem Mann nach 2:05 Std. ins Ziel.

Seither habe ich schon viele Waffenläufe bestritten und habe viele Waffenlauffreundschaften geschlossen. Solange es Waffenläufe gibt, versuche ich, möglichst viele zu laufen.

Anna Kreienbühl, Rüti ZH

Der Sankt Galler Stadtpräsident erzählt ...
Als Wettkämpfer, das muss ich gleich gestehen, habe ich nie an einem Waffenlauf mitgemacht, nicht einmal am «St. Galler», dem jeweils kürzesten der Saison. Trotz «nur» 18,7 Kilometern schien mir auch in jüngeren Jahren mein Konditionsstand zu knapp – und der Respekt vor der anspruchsvollen Strecke mit einer Höhendifferenz von 300 Metern entsprechend zu gross. Am «St. Galler» dabei war ich dennoch einige Male, an der Strecke irgendwo im Westen der Stadt als Supporter meines Bruders, der als Aktiver einige Läufe bestritten hat. Auch erinnere ich mich an Berichte jener Kollegen aus dem Divisionsstab, die als Freiwillige in der Organisation mitgewirkt haben.

Der Waffenlauf hat eine lange Tradition, ja er habe, so schreibt Christoph Roduner im «St.Galler Jahr 2005», bereits zum Programm der alten Olympischen Spiele gehört! Die Geschichte der Waffenläufe der Neuzeit reicht bis in das erste Viertel des vergangenen Jahrhunderts zurück, jene des «St. Gallers» beginnt 1960. Viele Persönlichkeiten haben Waffenlaufgeschichte geschrieben, etwa der Herisauer Briefträger Hans Frischknecht oder der frühere St. Galler Marktpolizist Georg Kaiser, um nur zwei Ostschweizer Aushängeschilder dieses Sports zu nennen. Waffenlauf sei – so hat es ein Mitarbeiter der Stadtverwaltung St. Gallen und immer noch aktiver Waffenläufer ausgedrückt – von der Stimmung her etwas ganz Besonderes, das ihn von anderen Langstreckenläufen unterscheide. Nirgendwo herrsche eine so spezielle Atmosphäre, nirgendwo anders treffe man immer wieder auf so viele bekannte Gesichter, unter den Teilnehmenden wie unter den eingefleischten Fans des Waffenlaufs entlang der Strecke. Es gebe sie immer noch, die «Waffenlauffamilie», und gerade sie trage viel zum aussergewöhnlichen Reiz dieser Sportart bei.

Dennoch: Die grossen Zeiten des Waffenlaufs scheinen sich allmählich dem Ende zuzuneigen. Trendsportarten wie Biken oder Inlineskating haben dem Ausdauersport Waffenlauf den Rang abgelaufen. Und es wird – wie in anderen Lebensbereichen auch – zusehends schwieriger, Freiwillige zu finden, die sich ehrenamtlich und über längere Zeit für eine Sache engagieren. Immerhin: Der Waffenlauf hat selbst Trends gesetzt, viele Sportlerpersönlichkeiten hervorge-

9 HD Franz Hermans in Eile mit Weile am Zürcher Waffenlauf 1997

10 Wilhelm Fehr mit der Startnummer 5036 und dem weissen Stirnband Sekunden nach dem Startschuss zum St. Galler Waffenlauf 2003

11 Ein Freund des Waffenlaufs, Günther Platter, Österreichischer Bundesminister für Landesverteidigung

bracht, viele überhaupt animiert, selbst Sport zu betreiben. Von daher glaube ich nicht, dass der Waffenlauf plötzlich einmal sang- und klanglos von der Bildfläche verschwindet. Er wird zumindest seinen festen und verdienten Platz in der Geschichte des Schweizer Sports einnehmen.

Dr. Franz Hagmann, Stadtpräsident St.Gallen

Nussgipfel, Blutdruckmessung und Thurgauer-Öpfel

Ein Tagesbericht von Wilhelm Fehr vom Sonntag, 18.4.1999

Tagwache um 06:00 Uhr, Abreise nach Zürich um 06:30 Uhr. Ankunft im Dolder um 07:00 Uhr. Anschliessend Startnummer und Tenue fassen. Blutdruckmessen 150 auf 85. «Das ist normal bei einer gewissen Nervosität», meint der Truppenarzt. Start um 09:00 Uhr auf der 400 m-Bahn. Temperatur: 3°C. Himmel: bedeckt. Nach etwa einer halben Stunde läuft mein Motor ganz ordentlich, sodass ich den Wendepunkt beim Denkmal auf der Forch nach ca. 1 Stunde und 10 Minuten erreiche. Die Rückreise wird schneller sein. Beim 13. Kilometer genehmige ich mir einen Nussgipfel. Den nötigen Tee habe ich schon früher eingenommen. Beim 20. Kilometer beginnt es zu regnen. Nur noch 4 Kilometer, sage ich mir. So erreiche ich das Ziel um 11:14:08 Uhr auf der 400 m-Bahn auf dem Dolder.

Jetzt genehmige ich mir den obligatorischen Thurgauer-Apfel, gespendet von den Thurgauer Bauern.

Anschliessend duschen, natürlich kaltes Wasser, wieder einmal hat der Abwart den Gashahn zugedreht. Aber das kann einen Waffenläufer nicht mehr erschüttern.

Um 12:30 Uhr nochmals zum Truppenarzt, Blutdruckmessen nach dem Lauf, und siehe da: «alles wieder im Lot». 120 auf 85.

Wilhelm Fehr, Aadorf TG

Der «Schattenaussenminister» und Schützen-Siebner

Das Schützen-Bataillon 7 gehörte zu den ältesten thurgauischen Truppen-Verbänden. Früher konnte der Schützenmajor in den Infanterie-Rekrutenschulen die besten Schützen und Läufer für seinen Truppenkörper auswählen. So entstand das einzige Elitebataillon des Feldarmeekorps 4 in der Ostschweiz. Als Auszeichnung durfte der Schützen-Siebner ein Kränzchen auf dem Waffenspiegel seiner Uniform tragen. Nach 1963 organisierte der damalige 17. Schützenmajor Claude Wenger einen freiwilligen Schützen-Siebner-Marsch aus dem Raum Winterthur nach Frauenfeld. Man marschierte als Hundertschaft in der Nacht von Samstag auf den Sonntag und beendete den Anlass mit einem Schützenwettkampf in Frauenfeld. Als 18. Schützenmajor verlegte ich diesen ausserdienstlichen Anlass auf die Strecke Weinfelden-Frauenfeld. Später ist diese stolze Tradition eingeschlafen und heute besteht beides nicht mehr. Nicht vergessen bleibt das Schützen-Siebner-Lied: «Ich bin ein Schützen-Siebner das macht mich frei und froh»! *Alt Nationalrat und Brigadier aD Ernst Mühlemann, ehemaliger Kdt S Bat 7*

Österreicher ...

Das Buch «Mythos Waffenlauf» ist nicht nur für aktive Läufer geeignet. Es soll all jene Personen mit einem Traditionssport in Verbindung bringen, der in der Schweiz eine besondere Bedeutung hat. Der Waffenlauf ist in der Schweiz schon über viele Jahre hinweg Tradition. Allen Athletinnen und Athleten, die einen Waffenlauf absolviert haben, gebührt mein großer Respekt.

Im Österreichischen Bundesheer wird dem Sport besondere Bedeutung beigemessen. Viele Hochleistungssportler finden beim Bundesheer die idealen Trainingsbedingungen. Zudem treiben auch im normalen Dienstbetrieb unsere Soldatinnen und Soldaten täglich eine Stunde Sport. Ich selbst bin ebenfalls begeisterter Läufer und habe bisher nach jedem Marathon das erhebende Gefühl gehabt, ein besonderes Ziel erreicht zu haben.

In diesem Buch werden viele Geschichten um den Waffenlauf zu lesen sein. Ich begrüße dieses Buchprojekt sehr, weil es eine wichtige Tradition hervorhebt und erlebbar macht. Zudem kann es auch Motivation für eine sportliche Lebenseinstellung sein.

Ich möchte mich bei den Herausgebern und Autoren des Buches bedanken. Auch all jenen, die an der Durchführung eines Waffenlaufs mitgearbeitet haben, gilt mein Dank. Viel gute Unterhaltung beim Lesen des «Mythos Waffenlauf».

Günther Platter, Bundesminister für Landesverteidigung

Als Österreicher am «Frauenfelder»

Der «Frauenfelder» – ein Mythos ...
... der weit über die Grenzen der Schweiz bekannt ist!

Ich kann mich noch gut daran erinnern, als mich damals, vor genau 10 Jahren, mein Kamerad Oberst Otto Kunczier aus Vorarlberg angerufen und mir erstmals vom «Frauenfelder» erzählt hat.

Damals dachte ich mir: «Die spinnen, die Schweizer, welcher Irre soll denn an so einem wahnwitzigen Unternehmen unter diesen Bedingungen teilnehmen?» Zum damaligen Zeitpunkt machte ich den Fehler, den «Frauenfelder» mit dem österreichischen «Marc Aurel Marsch», der jedes Jahr im Herbst vom Heeressportverein organisiert wird und im Osten unseres Landes stattfindet, zu vergleichen. Auch diese Veranstaltung «liegt im Sterben», denn hier müssen ebenfalls gut 40 km in Uniform und Gepäck absolviert werden, allerdings «nur» in Marschform, also ohne zu laufen. Ja, körperliche Anstrengung ist leider auch in unserem Lande «out»!

Nun, ich kann mich ebenfalls noch sehr gut daran erinnern, als ich mich gemeinsam mit dem Grüppchen von Soldaten aus Vorarlberg das erste Mal in Frauenfeld blicken ließ. Unsere Schweizer Freunde – und diese Bezeichnung hat sich über die Jahre hinweg immer wieder bestätigt – ließen uns damals wissen, dass unsere (erstmalige) Teilnahme von einigen der «hartgesottenen» Traditionisten nicht unbedingt gutgeheißen wurde und auf Grund dieser Grundsatzdebatte war dann das Medieninteresse auch dementsprechend hoch. Im Nachhinein betrachtet merkten jedoch weder ich noch ein anderer meiner Kameraden auch nur die geringste Feindseligkeit uns gegenüber, ganz im Gegenteil. Dies ist auch bis zum heutigen Tage so geblieben und da wir Österreicher ja immer nur in etwa Gruppenstärke an dem Bewerb teilnehmen, wurde ich während meiner vielen Teilnahmen oft von den Schweizer Zuschauern teilweise sogar enthusiastisch mit meinem Vornamen angefeuert – und darauf bin ich auch heute noch sehr stolz!

Nie in meinem Leben werde ich hingegen die unbeschreiblich versteinerten Gesichter der dänischen Delegation vergessen, als wir uns – wie es seit unserer 1. Einladung durch den Frauenfelder Gemeinderat Tradition ist – nach einem lustigen gegenseitigen Kennenlernen und der Vorstellung der wichtigsten Mitglieder des Gemeindevorstandes im Rathaus gemeinsam den Film über den «Frauenfelder» ansahen: Die Dänen trauten ihren Augen nicht als ihnen schlagartig bewusst wurde, dass sie allesamt das «falsche» Schuhwerk – nämlich Militärstiefel, wie es bei einer reinen Marschveranstaltung eben so üblich ist – mitgebracht hatten. Noch dazu wurde der eindrucksvolle Start gezeigt, wo nach gehörigem Kanonendonner gerade die Schnellsten losfegten, als wäre der Teufel hinter ihnen her! Der Leiter der Dänen war daraufhin so geschockt, dass er sich noch am selben Abend wieder von der Veranstaltung abmeldete.

Ich habe selten in meinem bisherigen Leben so herzlich gelacht und mache es noch heute, immer wenn ich mir die Gesichter der Dänen in Erinnerung rufe ...

Nun, da ich im Bereich des Ausdauersports unseres Landes bereits damals kein ganz Unbekannter war, rechnete ich mir bei meiner ersten Teilnahme insgeheim sehr wohl eine Topplatzierung aus. Allerdings wurde ich erstmals ein wenig misstrauisch, als ich die Streckenrekordzeit bei meiner ersten Besichtigung mit der Wettkampfstrecke verglich.

Das zweite Mal wurde meine sonst sehr ausgeprägte mentale Stärke auf die Probe gestellt, als die «wahnsinnigen Schweizer» nach dem Kanonenböller losrannten, als ginge es gerade mal über 100 Meter!

Meinen Traum von einer Spitzenplatzierung endgültig zum Platzen brachte dann letztendlich ein gewisser Martin Storchenegger (nach dem Zieleinlauf brachte ich natürlich in Erfahrung, wer er «wirklich» war!), von dessen Alter ich mich ordentlich «fehlleiten» ließ und seinem von Anfang an viel zu hohem Tempo ich bereits lange vor Wil Tribut zollen musste. Es war einer meiner schwächsten Wettkämpfe überhaupt, die Zeit von 3:18 Stunden und der damals 38. Gesamtrang sagen alles.

Aber ich habe, wie schon so oft in meinem Leben, meine Lektion aus dieser klassischen «Fehlbeurteilung der Lage» gelernt und so kam es auch, dass ich mich von Jahr zu Jahr steigern konnte und daher war es letztendlich nur eine Frage der Zeit, bis ich meine Spitzenplatzierung tatsächlich erreichte: es war im Jahre 2001, dem Jahr vor dem Beginn meiner sehr erfolgreichen Karriere als Ultratriathlet (www.wildpanner.at), als ich hinter dem damaligen Sensationssieger, der später bekanntlicherweise ein sehr unrühmliches Ende fand, mit 2:54 h den 4. Gesamtrang erreichte.

Nicht ganz ohne Stolz möchte ich ergänzen, dass ich bei meinen bisherigen 6 Teilnahmen bis zum heutigen Tage noch jedes Mal die Gästeklasse für mich entscheiden konnte.

Abschließend sei mir zum Thema «Waffenlauf» noch die Bemerkung gestattet, dass der Nationalstolz der Schweizer und ihr stark national geprägtes Denken sowie ihre Einstellung zu ihrer Armee immer sehr vorbildlich für mich waren – und sind. Mit den stark rückläufigen Teilnehmerzahlen an dieser traditionsreichen Veranstaltung verliert die Schweiz einen nicht unwesentlichen Teil ihrer Identität, für die sie weltweit ist berühmt und von vielen ihrer Nachbarländer beneidet wird.

Luis Wildpanner, Schielleiten /
Österreich, 1. April 2006

Burgdorfer Waffenläufer

Der Wettlauf ist ein einfacher aber harter Sport. Die Packung auf dem Rücken stört nicht, sie gehört dazu. Im Waffenlauf findet jeder eine sehr gute Kameradschaft, freut sich trotz seines Leidens am Erlebnis, am tapferen Durchhalten, auch wenn es nur zu hinteren Rängen gereicht hat. Gewinnen kann ja nur einer. Vor 60 Jahren gab es in der Schweiz nur 3 Waffenläufe. Heute sind es mehr. Der «Frauenfelder», der König der Waffenläufe ist der letzte und schwerste. Wer in diesen Wettkämpfen etwas erreichen will, muss viel trainieren, gute körperliche Voraussetzungen sind nötig. Wöchentlich mindestens vier Trainingseinsätze über 10 bis 20 Kilometer, davon einmal über 25 bis 35 Kilometer. Ob allein oder mit Kameraden, beides ist wichtig. Als ich mich für den Waffenlauf entschloss, war ich in Burgdorf ganz allein.

Diese Sportart war hier unbekannt. Ich suchte Gleichgesinnte. Als wir ein Grüppchen beisammen hatten, versuchte ich für alle ein geordnetes Training einzuführen. Meine langjährigen Trainingserfahrungen von meiner Radrennfahrerzeit her kamen mir zugute. Die Vorbereitungen für Velorennfahren und für den Waffenlauf sind gleich. Fast in jedes Training habe ich eine Feststrecke eingeflochten, die Resultate notiert. So konnte ich von jedem seine Leistungsmöglichkeiten kennen. Für die Wettkämpfe erstellte ich für jeden meiner Schützlinge individuelle Marschtabellen. Gute Erfolge stellten sich bald ein. Burgdorf wurde zur Hochburg der Waffenläufer. Aber, wer das Feuer haben will, muss den Rauch leiden! Wir versuchten immer alle, sportbewusst zu leben. Alle hielten viele, viele Jahre mit. «Lachen, Weinen, Lust und Schmerz sind Geschwisterkinder» (Goethe). Wer ernsthaft Sport betreibt, überwacht dabei ganz automatisch, fast unbewusst, seinen Körper, seine Gesundheit.

Gottfried Jost «Vater der Waffenläufer», Waffenlaufmeister und langjähriger Trainer der «Burgdorfer» (geschrieben in den achtziger Jahren).

Was, Sie sind Divisionär ...

Am Frauenfelder 1994 verzichten meine Frau und ich auf das Mittagessen und befinden uns ca. 1 Stunde vor Ankunft der ersten Wettkämpfer im Zielraum.

Wir kommen ins Gespräch mit einem kleinen, untersetzten, älteren Landwirt, der in jungen Jahren den Frauenfelder mehrmals absolviert hat. Stolz erzählt er uns von seinen Erlebnissen, Krisen, Schmerzen und der grossen Genugtuung nach vollbrachter Leistung. Es sind harte Männer, diese Waffenläufer – jeder führt einen Kampf mit sich selber – durchbeissen müssen alle!

Unsere Unterhaltung mit dem Bauern ist angeregt und sympathisch. So will er auch wissen, was diese Kragenzeichen auf dem Tarnanzug seien. Ob das Oberleutnant bedeute, will er wissen. Nachdem ich ihm erklärt habe, dass diese beiden «Sterne» Divisionskommandant bedeuten, versinkt mein Gesprächspartner fast in den Boden. Mit einem in früheren Jahren noch üblichen Respekt vor «Höheren» will er sich entschuldigen, dass er mit einem so hohem Offizier so frei gesprochen habe. Ich beruhige ihn und erkläre ihm, dass man sich heute auf allen Stufen natürlicher und ungezwungener begegne. Die Gradautorität habe ausgedient, heute zähle mehr was einer leiste und was einer könne.

Wir verabschieden uns vom sichtlich erleichterten ehemaligen Waffenläufer und

12 Der österreichische Waffenläufer Luis Wildpanner

13 Die M20er kommen ... (Wiedlisbacher Waffenlauf 2005)

14 Korpskommandant Ulrico Hess (1998–2003)

ehren die ankommenden Wettkämpfer mit Applaus. Jeder dieser harten Läufer hat gewonnen – auch der Letzte. Alle haben gekämpft, sich durchgebissen und durchgehalten. Ein wahrlich harter Wettkampf, der bald der Vergangenheit angehören wird – leider!

KKdt aD Ulrico Hess, Kdt Fak 4 (1998–2003)

Das Interview: Ein Läufer erzählt ...
Ruhmreiche Vergangenheit

Zusammenfassend kann man sagen, dass der Waffenlauf eine ruhmreiche Zeit hinter sich hat. Viele grosse Namen werden mit dieser Sportart in Verbindung gebracht. Im folgenden Interview, welches mit einem Läufer aus dem Appenzellerland geführt wurde wird ersichtlich, welche Beweggründe oder auch Motivationen TeilnehmerInnen an solchen Sportanlässen haben.

Die Aussagen treffen sicherlich auf manch einen Wettkämpfer zu und vermögen einiges an interessanten Hintergrundinformationen auszudrücken.

Bist du ein Spitzensportler?

Nein. Im Vordergrund steht die Freude am Laufen. Der Laufsport dient mir als Ventil und meiner Gesundheit. Zudem macht das Laufen mächtig Spass! Wettkämpfe sind dann jeweils wie eine Belohnung.

Wie sieht dein eigenes Trainingsprogramm aus?

Mit meiner Freundin kurve ich oft in der Region herum. Sie fährt Rad und ich laufe. Ein gutes Training für beide übrigens. Dann trainiere ich auch mit meinen Vereinskollegen

---

Anm. des Hrsg.: Wenige Wochen nach Erhalt dieses speziellen und interessanten Berichtes und einigen persönlichen Worten ist Ulrico Hess im März 2006 nach längerer, schwerer Krankheit im 67. Altersjahr verstorben.

Der Verstorbene hat seine militärische Laufbahn als Grenadier begonnen. 1986 wurde er Instruktionsoffizier der Infanterie. Nach seiner Tätigkeit an der Schiessschule Walenstadt von 1979 bis 1985 übernahm er 1986 das Kommando der Grenadierschulen in Isone und 1989 jenes der Infanterie-Offiziersschulen in Bern. Parallel dazu führte er zunächst das Füsilierbataillon 65 und später das Infanterieregiment 27 (1987 bis 1989). Mit seiner Beförderung zum Divisionär übernahm er 1989 bis Ende 1997 das Kommando der Felddivision 6, anschliessend als Korpskommandant bis Ende 2003 jenes des Ostschweizer Feldarmeekorps 4.

Mit dem Verstorbenen verloren Soldaten und Offiziere der Schweizer Armee einen charismatischen militärischen Führer.

bei den Lauftrainings. Gelegentlich machen wir unter Waffenlauf-Kollegen Long-Jogs. Der anschliessende gemütliche Teil ist dann genau so wichtig.

Oft trainiere ich auch nur für mich allein. So kam es schon vor, dass ich private und berufliche Gedanken gesponnen habe und sich dabei Ideen entwickelt haben. Der Trainingsinhalt setzt sich aus Intervallen, ausgedehnten Läufen, Steigerungsläufen oder schnellen Sprints zusammen. Für die Ausdauer haben sich bei mir halbstündige, gleichmässige Dauerläufe am besten bewährt.

Was will der Waffenlauf aus deiner Sicht oder konkret die IGWS bewegen?
Die IGWS will Schweizerinnen und Schweizer bewegen, sich zu bewegen.

Viele Waffenläufer starten nebst den Wettkämpfen auch an zivilen Laufveranstaltungen wie Marathons, Stadtläufen, Triathlons oder Bergläufen.

Du kannst das Rad zurückdrehen. Würdest Du wieder Waffenläufer werden?
Ja, ich würde wieder Waffenläufer werden. Der Waffenlauf ist einfach etwas Besonderes.

Bei einem Waffenlauf werden sportliche Höchstleistungen erbracht. Und die Kameradschaft unter den Läufern ist einfach toll.

Wie sieht die Zukunft des Waffenlaufs deiner Meinung nach aus?
Ich hoffe, dass es den Waffenlauf noch lange gibt. Der Waffenlauf ist in dem Sinne nicht mehr «in». Das ist schade, aber man muss der Wahrheit ins Auge schauen.

Die Armee hat sich verändert und damit auch der Bezug der Leute zur Landesverteidigung. Ein Ende des Waffenlaufs in Würde wäre besser als ein stilles «Ausbluten».

Ist das positive Denken wirklich so wichtig vor einem Lauf?
Mentales Training und positives Denken ist fast schon so wichtig wie das Lauftraining selbst. Man muss sich kennen, die Strecke kennen und wissen, was man will und kann. Die mentale Vorbereitung ist das A und O eines jeden Wettkämpfers.

Und solche Erlebnisse immer wieder! Nächsten Sonntag in ...

«Ein Sportler hört nie auf Sportler zu sein; wer aufhört, ist nie Sportler gewesen», stimmt das?
Sport kann einen wie ein Virus befallen. Von dem her denke ich, dass dieses Zitat zutrifft. Ja, für mich stimmt es.

Warum liegen Laufsportarten seit einigen Jahren im Trend?
Die einen müssen Teilnehmerlimiten festlegen, die anderen müssen die Events aufgeben. Nicht alle liegen im Trend. Nehmen wir den Waffenlauf. Da hat sich in den letzten Jahrzehnten ein Wertewandel vollzogen. Veränderte Interessen, die Tendenz hin zur Individualistengesellschaft, veränderte berufliche und gesellschaftliche Vorstellungen sind nur einige Gründe hierfür.

Doch glücklicherweise gibt es viele Sportarten, und da gehört der Laufsport zweifellos dazu, die voll im Trend liegen.

Der Laufsport bietet Spass, spannende Fights und Duelle, ist gut für die Gesundheit und offen für Jung und Alt. Weiter braucht man weder eine teure Ausrüstung noch grosse Voraussetzungen. Zudem ist das Angebot sehr vielfältig.

Hat man als Läufer mehr Durchsetzungsvermögen?
Zu diesem Thema gibt es so viele Meinungen wie es Läufer gibt.

Ich meine, dass man sich bei einem Wettkampf schon Härte, Disziplin und Durchsetzungsvermögen, Ehrgeiz und Wille holt. Ich kann ja einen Wettkampf nicht nur mit dem Körper bestreiten, das Mentale und das «Beissen» gehören immer dazu.

> «Laufe und werde.
> Werde und laufe.
> Laufe, um in der äusseren
> Welt erfolgreich zu sein.
> Werde, um in der inneren
> Welt Fortschritte zu machen.»
>
> *Sri Chinmoy*

Wird denn die Durchschnittsbevölkerung immer schlapper?
Ich denke nicht. Sport ist sehr verbreitet. Doch die ungesunde Ernährung und die Mobilität arbeiten gegen die Volksgesundheit.
Die Politik müsste mehr für die Volksgesundheit tun.

Sanftes Laufen ist Pflichtprogramm für die Gesundheit – würdest Du das so unterschreiben (z. B. Stressabbau)?
Ja, das kann ich auf jeden Fall. Gegen kaum ein anderes Leiden können wir so viel vorbeugend tun wie gegen Erkrankungen des Herz-Kreislauf-Systems. Gift fürs Herz sind zu viele Kalorien und zu wenig Bewegung. Und alarmierend ist: Dies gilt nicht nur für ältere Menschen, sondern auch für junge Leute.

Daher erfüllt die Ausübung eines Sportes nicht nur den «Plausch-Zweck», sondern ist präventiv, stressabbauend und kreativfördernd zugleich.

Muss man «Laufen» lernen?
Da kommt es schon darauf an, was ich erreichen will, welche Ziele ich anstrebe.

Doch nehmen wir den Hobbysportler. Dieser läuft einfach mal, wie es ihm passt. Aufbauend kann man Optimierungen vornehmen. Mit Laufschule und Lauftechnik, Ausrüstung, richtiger Laufkadenz, das Überprüfen der Trainings zum Beispiel mit einem Herzfrequenzmessgerät. Schauen Sie mal im Buchhandel. Da gibt's unzählige Literatur über den Laufsport.

Wie wird auf Ausdauer und Motivation des Einzelnen eingegangen?
Wer motiviert ist, besucht ein Training. Je nach Ausdauer und Kondition gibt es Laufgruppen mit entsprechendem Niveau. Grundsätzlich muss sich der Einzelne seine Ziele selbst setzen. Die einen möchten abnehmen, andere gute Wettkampfränge erzielen und wieder andere einfach das Laufen als Hobby geniessen.

Wie lange kann man es sich erlauben, im Laufsport zu pausieren, ohne wieder bei Null beginnen zu müssen?
Na ja, ich glaube, dass man das nicht so allgemein sagen kann. Doch wenn man zwischen Weihnachten und Silvester bis Ostern nichts mehr sportlich gemacht hat, dann hat man doch schon ein Problem.

Will man einen gewissen Stand behalten, so braucht es schon wenigstens einmal pro Woche ein Training. Es kommt dabei jedoch nicht auf die Quantität, sondern auf die Qualität an.

Sind Wettkämpfe eigentlich die Kür (Marathon usw.)?
Ja, das sind sie! Am letzten Zürich Marathon zum Beispiel: Da steckst du dir ein Ziel und du übertriffst es bei Weitem! Dieses ganze Ambiente und die ganze Wettkampfstimmung setzten echt ungeahnte Kräfte frei.

Oder letztes Jahr beim Bieler 100-km-Lauf fragte ich mich auf den 99 Kilometern immer wieder: «Warum tust du dir das an?» Und auf dem letzten Kilometer wusste ich es und es stand fest, dass ich erneut daran teilnehmen würde. Erlebnis pur!

Militärtenue, Drill und Olma-Bratwurst
Als mich Ruth fragte, ob ich nicht Lust hätte an einem Waffenlauf teilzunehmen, konnte ich nicht ahnen was hier auf mich zukam. Der erste Gedanke war: MILITÄRTENUE, DRILL und RUCKSACK.

Dennoch entschloss ich mich an diesem Abenteuer zusammen mit Ruth und Vreni mitzumachen. So kam der Sonntag 28. März 2004. Wir nahmen am 45. St. Galler Waffenlauf teil.

Meine Frau Rita entschloss sich, uns zu begleiten und uns nach einem anstrengenden Lauf wieder wohlbehalten nach Bern zu bringen.

Eine Woche vor dem Lauf wurde es ernst. Pesche brachte mir das Militär Tenue und den Rucksack mit einem Gewicht von 6.2 Kilogramm.

Mit Tipps und Tricks eines erfahrenen Waffenläufers fuhr ich dann nach Hause und probierte die mitgebrachten Sachen aus.

Am Donnerstagabend entschieden wir uns, den Lauf und die Fahrt gemeinsam zu machen und stellten mit Schrecken fest, dass die Uhren am Wochenende auf Sommerzeit umgestellt werden.

Dies bedeutete, nach einigen wenigen Stunden Schlaf um 5:00 Uhr (4:00 Winterzeit) aufzustehen und uns gemeinsam mit dem Auto auf eine zweistündige Reise in den Osten der Schweiz, nach St. Gallen zu begeben.

Zu unser aller Überraschung entschied sich Rita Samstagabend, doch mitzulaufen und Ruth konnte kurzfristig noch einen Damen Rucksack (5.0 kg) organisieren.

Kurz vor St. Gallen veränderte sich die Landschaft von einer frühlingshaften hin zu einer malerischen Winterlandschaft.

Nach zwei Stunden Fahrt erreichten wir die Sporthalle und das Zeughaus in der Kreuzbleiche.

Beim Tenue fassen wehrte ich mich erfolgreich gegen aufkommende Erinnerungen aus meiner Militärzeit.

Im Waffenläufer-Stübli stimmten wir uns gemeinsam auf den nahenden Lauf mit Kaffee und Mineralwasser ein.

Nach einer kurzen Aufwärmrunde gingen wir gegen 9:45 Uhr an den Start und harrten der Dinge, die da kommen sollten.

Pünktlich um 10:00 Uhr wurde der Lauf mit Kanonendonner und Militärmusik eröffnet.

Zu dieser Zeit noch ungewohnt war das komische Ding auf unseren Rücken, welches uns aber durch die Begeisterungsrufe der mitgereisten Fans und Zuschauer bald vergessen lies.

Wir begannen in einem lockeren Laufschritt (7:00 Min/km), denn wir hatten uns vorgenommen, keinen Stress beim Laufen zu haben.

Nach der ersten Steigung bei Km 2 ging es durch ein Wohnquartier hinunter über eine malerische Brücke die mich irgendwie an die Landwasser Brücke des Davoser Laufes erinnerte.

Angespornt durch die mitfiebernden Zuschauer nahmen wir bei Km 4 den ersten Anstieg hinauf zum Gübsensee in Angriff, der sich uns wie aus einem winterlichen Bilderbuch präsentierte.

Am Ende des Sees gab es heissen Tee, der durch das Militär zubereitet wurde und uns sehr gut schmeckte.

Nach einem kurzen Gefälle begann die längste Steigung bei Km 7. Nicht weit vor uns erblickten wir einen Berner Laufkollegen, der etwas Mühe hatte die Steigung zu bewältigen.

Vreni und ich beschlossen ihn einzuholen und ihn für die weitere Strecke zu motivieren.

Wir erreichten ihn bei Km 8 und liefen gemeinsam an einem Restaurant (alter Zoll Herisau) vorbei, wo uns die Zuschauer mit Beifall und guten Sprüchen aufmunterten.

Rita und Ruth waren etwas zurückgeblieben, sodass wir beschlossen umzukehren und den Beifall erneut zu geniessen, was zu vielen Sprüchen und aufmunternden Worten führte.

Bevor es nun abwärts ging nahmen wir noch einen Schluck Tee, machten Fotos und setzten unseren Weg fort.

Nun ging es eine Weile durch ein Industriegebiet und setzte sich kurz nach dem Bahnhof Winkeln bei Km 11.5 mit einem erneuten Anstieg fort.

Hinter dem Restaurant Scheidweg wollten wir eine Brücke passieren, mussten aber zuerst das Fotoshooting eines Passanten in Kauf nehmen.

Nun ging es ab Km 13 noch einmal für ca. 2 Km kräftig durch ein Wohnquartier bergauf.

Wir genossen danach die letzten Kilometer und liefen unter dem Beifall der noch verbliebenen Zuschauer ins Ziel ein.

Nach einer kurzen Erholungspause schmeckten uns die lang herbeigesehnte OLMA-Bratwurst, das Bier und der Waffenläufer-Kaffee ausgezeichnet.

Ein Erlebnis der besonderen Art hatte seinen Abschluss gefunden. Bei einem Lauf hatten wir noch nie so viel Ruhe, Freude an der Natur, den Spässen der Zuschauer und der nimmer müde werdenden Vreni. Danke Ruth und Vreni für das einmalige Erlebnis.

Martin Duschl, Rizenbach BE

Ein verschneiter Waffenlaufsonntag
Startverschiebung, zu viel Schnee!
Frühling 1976. Die Waffenlaufsaison hatte gut begonnen. Mitte März zwar bei grosser

16 Heinz Koch mit Arthur Haffter, Thurgauer Regierungsrat (1975–1992), welcher nach seinem letzten Waffenlauf 1987 in Zürich seine Packung an den Nagel hängte

17 Urs Heim wegen seines Unfalls als Zuschauer am Streckenrand

18 Iwan Knechtle (rechts aussen) mischt ganz vorne mit, hier am Frauenfelder Militärwettmarsch 2002 auf dem Weg nach Wil

Kälte in St. Gallen und Anfang April bei guten Verhältnissen der harte Lauf über die Vue des Alpes nach Neuenburg. Charles Blum wurde beide Male Tagessieger. «Charly», der fliegende Konditor, wie der Aargauer scherzhaft genannt wurde, dominierte die beiden ersten Läufe klar. In St. Gallen siegte er mit dem Vorsprung von 1.49 min auf Georg Kaiser, in Neuenburg 2.17 min vor Kudi Steger. An beiden Wettkämpfen lief er übrigens Rekordzeiten.

Sportlich eine spannende Ausgangslage vor unserem Zürcher Waffenlauf vom 25. April. Die Vorarbeiten liefen normal und wenige Tage vor dem Lauf zählten wir bereits über 1100 Anmeldungen. Die coupierte, anspruchsvolle Strecke über 23,4 Kilometer zwischen Zürichberg und Forch war in gutem Zustand. Als Wettkampfleiter sah ich der 19. Austragung somit gelassen entgegen.

Schnee bis in die Niederungen

Der Wetterbericht drei Tage vor dem Wettkampf: Kältere Luft, Staulage, möglicher Schneefall bis in die Niederungen. Also nicht gerade Frühlingsstimmung dieses Jahr im Gelände, wo sonst oft in dieser Jahreszeit schon erster Blust auszumachen war. Beunruhigt? Nein, denn Waffenläufe finden bekanntlich bei jeder Witterung statt. Was macht da schon etwas Schnee? Am Samstag vor dem Lauf stand dann endgültig fest: Die Wetterpropheten sollten Recht bekommen. Trüber Himmel, kühle Luft, es roch wirklich nach Schnee. Nach der Materialfassung am Samstagabend und einer kurzen OK-Sitzung fuhr ich zurück nach Winterthur. In der Nacht warf ich mehr als einmal einen Blick aus dem Fenster. Stets mit dem gleichen Ergebnis: Starker Schneefall, heftiger Wind. Hoppla – das konnte ja gut werden. Es mögen schon um die 20 cm schon gewesen sein, die am frühen Morgen dalagen, auf den Strassen, überall. Eine geisterhaft-schöne Winterlandschaft zwischen meinem Wohnort und Zürich. Und das Ende April. Mit etwas Verspätung, kurz nach 6 Uhr am frühen Morgen, parkierte ich hinter der Kaserne Zürich und begab mich ins Wettkampfbüro. Da waren schon wenige OK-Mitglieder und übrige Funktionäre eingetroffen und machten sich zur Wetterlage ihre Gedanken.

07.00 Uhr: Jetzt treffen vermehrt Wettkämpfer ein und fassen in den Stallungen in der Gessnerallee Startkarte und Tenue. Viele sind mit der Bahn gekommen, viele auch motorisiert, und vor allem diese haben beim Umziehen Gelegenheit, über ihre Anfahrtsschwierigkeiten im Aprilschnee zu diskutieren. Immerhin haben sie es geschafft. Mehr als einer erkundigt sich im Wettkampfbüro über die Durchführung. Echte Waffenläufer und «alte Hasen» wissen natürlich, dass nie ein Waffenlauf wegen schlechten Wetters abgesagt wird. Das können sie beim Fussball machen – nicht bei uns. Derweil schneit es ruhig weiter, wie mitten im Winter, und ich kann meine Unruhe und Nervosität nicht mehr verbergen. Schliesslich ist unser Start wie immer auf 09.00 Uhr festgelegt, also in 2 Stunden. Und bis dahin müssen alle Wettkämpfer – eine Zürcher Spezialität – mit den öffentlichen Bussen der VBZ durch die Stadt auf den Zürichberg, zum Eisstadion Dolder, zu unserem Startplatz, transportiert werden.

08.00 Uhr: Noch vor der Begrüssung der Ehrengäste und Pressevertreter in der schönen Waffenhalle des Landesmuseums sitzen einige OK-Mitglieder ad hoc zusammen und besprechen die Situation. Absage? Natürlich nicht. Aber eine Startverschiebung? Sie ist wohl kaum zu umgehen um den immer noch nicht eingetroffenen Läufern ein Mitmachen doch zu ermöglichen. Nach Rückfrage bei der Startkartenausgabe bestätigt sich: Recht viele Läufer haben das Tenue noch nicht gefasst und es gibt grosse Verzögerungen bei den Fahrten mit den Bussen zum Startplatz. Wer mochte schon eine Stunde vor dem Start herumstehen und frieren? Dazu gibt es noch ein anderes Problem: Viele Streckenposten, Polizeiangehörige und weitere Helfer fahren direkt zu ihren Einsatzorten. Nur ein Teil von ihnen ist über ihre Ressortchefs noch rechtzeitig zu erreichen. Dazu reicht auch das Funknetz unserer Übermittler nicht aus. Das Natel war 1976 noch unbekannt.

Start um eine Viertelstunde verschoben

08.30 Uhr: Wir haben entschieden. Der Start wird um eine Viertelstunde verschoben. Rasch sind die wichtigsten Funktionäre informiert und auch bei den Läufern macht diese Neuigkeit schnell die Runde. Das Fassen läuft inzwischen auf Hochtouren und die Busse füllen sich.

09.00 Uhr: Wir treffen mit den Ehrengästen und Pressevertretern hinter dem Stadion Dolder ein. Da stehen sie herum oder laufen sich ein, die gut gelaunten Läufer. Weitere rund 60 Wettkämpfer verlassen eben wieder einen Bus und vermischen sich rasch mit den übrigen. «Noch einer», ruft mir der für die Transporte verantwortliche Funktionär zu und meint damit den letzten der blauen Busse.

Schon schwenkt er nach wenigen Minuten auf den Platz ein und spuckt seine illustren Gäste aus. Junge und ältere Männer im «schönen» blauen Überkleid und ihren Packungen. Einige Frauen, Freundinnen, sie natürlich in Zivilkleidung, weil damals Frauen als Wettkämpferinnen noch undenkbar waren. Zeit sich einzulaufen bleibt diesen letzten nicht mehr. Noch rasch ein Gruss da, einer dort, Kontrolle der Schuhnestel und der Uhr. 09.15 Uhr: Startschuss. Auf die Sekunde genau schickt Ehrenstarter Erich Schärer die 958 Läufer auf die Strecke. Gut gewählt und besonders für heute passend, der berühmte Wintersportler. Wochen zuvor in Innsbruck zweifacher Medaillengewinner im Zweier- und Viererbob. Bald verlassen die Letzten marschierend den Startplatz, mit einem Jauchzer die einen, fröhlich plaudernd die andern. Und den Verantwortlichen im OK fällt ein ziemlich grosser Stein vom Herzen. Der Rest ist schnell erzählt. Den Wettkampf gewann der grosse Favorit Charles Blum mit über zwei Minuten Vorsprung auf den Freiburger Armin Portmann und Landwehrsieger Kaspar Scheiber. Werner Strittmatter dominierte die Landsturmkategorie und Karl Hasler kam als erster Senior ins Ziel.

Ein besonderes Kränzchen wand Wehrsport-Berichterstatter Ernst Flunser den 236(!) Teilnehmern in 34 Marschgruppen. Seit Bestehen des Zürcher Waffenlaufs ebenfalls eine besondere Spezialität, mit ordentlichem Erfolg. Die einsetzende Erwärmung nach Aufhören des Schneefalls liess den durch die vielen Läufer zertrampelten Schnee teilweise zu «Pflotsch» werden, was den Marschgruppen echt zu schaffen machte. Schliesslich kamen auch sie alle gut ins Ziel und durften sich über eine beachtliche sportliche Leistung freuen.

So machte denn dieser 19. Zürcher Waffenlauf am weissen Sonntag, 25. April 1976, seinem Namen doppelte Ehre (Schnee / traditioneller Name des Sonntags nach Ostern in der katholischen Kirche). Ein Wettkampf, der wohl den meisten Teilnehmern, Funktionären und auch mir persönlich noch lange in Erinnerung bleiben wird. *Heinz Koch, Winterthur, damalige Funktion: TK-Chef IGMS*

Die verlorene Zahnprothese

Eine eher heitere Geschichte mit einem günstigen Ausgang für den Betroffenen spielte sich im Felsenstädtchen Lichtensteig an einem ersten Märzsonntag ab.

Der Startschuss ist gefallen, mehr als zweitausend Paar Schuhe trappelten die Neugasse hinunter, vorne zügig auf Druck, nach hinten ruhiger, kleinere Schritte und nebst dem eintönigen Getrampel da und dort ein Zwischenruf, gar ein Jauchzer.

Langsam entschwindet die Menschenschlange um die Kurve in Richtung Stadtbrücke und Bahnhof. Für den Startchef und das OK hiess dies: Einen Moment durchatmen, entspannen! Wir ziehen uns zurück ins Wettkampfbüro.

Nach wenigen Minuten betritt ein unbekannter Zuschauer das Büro und bringt einen Fundgegenstand: Eine obere Zahnprothese. Einige Blicke nach links, nach rechts, ein verschmitztes Lächeln begleitet den Dank an den Finder. Wir rätseln und harren der Dinge, die da kommen sollen!

Ungefähr eine halbe Stunde nach Einlauf der Sieger meldet sich Waffenlaufkamerad X im Fundbüro und kann dank des ehrlichen Finders auch das nachfolgende Mittagessen sicher viel besser geniessen.

Und nun der Ablauf der Geschehnisse. Der Landwehrler startete schnell, schnappte aber schon in der Steilkurve etwas mehr nach Luft und dann passierte es. «An einen Stopp war nicht zu denken, ich würde glatt überrannt» waren meine Gedanken, erklärte der wieder strahlende Läufer. Ich hoffte nur auf ein gutes Ende, natürlich nebst einem guten Rang, der ja auch eintraf, und auf ein Wiederauffinden der «Schublade». Dieser Gang auf die Suche nach verlorenem Gut zur Kurve war übrigens der allererste Gang, vor Dusche oder Fundbüro.

Alois Oberlin, Wattwil

Vom Sieger zum Pechvogel

Es war im Jahr 1987. Ausgerechnet an einem Freitag, dem 13. März. Diesmal erwischte es den bekannten, noch heute aktiven Spitzenwaffenläufer Urs Heim. Bei einer abfallenden Rampe vergass er, die Handbremse fest anzuziehen und wurde vom eigenen Auto an der Garagentür eingeklemmt. Diagnose des Arztes: Mittelfussknochen im rechten Bein gebrochen – das Aus für die Frühlings-Läufe.

Urs Heim hat seine erfolgreiche Waffenlaufkarriere noch nicht abgeschlossen. Noch heute zeigt er einigen, was es heisst, schnell zu sein. Auch der Autor dieses Buches bekam dies am Wohlener Sprint Waffenlauf 2006 spüren. In einem packenden Duell war er beeindruckt von der Schnelligkeit des bekannten Altstars.

Ein Beobachter

Eine offene Rechnung

Bei meinen zwei Starts am Frauenfelder Militärwettmarsch hatte ich mein «Pulver» nach 35 km jeweils verschossen. Zu gerne hätte ich mich unter die besten fünf eingereiht aber der Frauenfelder hat eben seine eigenen Gesetze. Bei meiner zweiten Teilnahme im Jahr 2003 bin ich bei km 38 «eingegangen» und musste sogar ein paar hundert Meter marschieren als mir ein Zuschauer zurief, ich müsse halt etwas auf die Zähne beissen oder mehr trainieren. Vielleicht lag es ja an der Packung? Die habe ich nämlich von meinem Cousin übernommen und diese wies noch das alte, höhere Gewicht auf. Als ich am Ziel kontrolliert wurde merkte ich, dass ich alle meine Waffenläufe mit 1,3 kg Mehrgewicht gelaufen bin. Eines ist sicher: Auch wenn der Frauenfelder mich besiegt hat und nicht umgekehrt, ich kann meinen drei Kindern erzählen, dass ich zu jenen Läufern gehöre, die den Frauenfelder Waffenlauf zu Ende gelaufen haben, egal in welcher Zeit!

Ich habe mit dem Frauenfelder immer noch eine Rechnung offen. Vielleicht kann ich sie irgendwann einmal noch begleichen.

Iwan Knechtle, Appenzell,
Sieger Bieler 100-km-Lauf 2004

Zu spät am Zürcher Waffenlauf

Wie gewohnt begab ich mich eher zu früh auf die Reise um am Zürcher Waffenlauf im Jahr 2003 teilzunehmen. Die Reise mit meinem Auto verlief bis in die Innenstadt von Zürich normal. Als ich einen Zeitungsausträger nach dem Weg fragen wollte, zeigte er mir wild gestikulierend einen Vogel, ohne dass ich überhaupt meine Frage vorbringen konnte.

Perplex und etwas frustriert über den unfreundlichen Empfang am Sonntagmorgen fand ich dann trotz einiger Umwege den Weg nach Witikon. Ohne zeitlich arg in Bedrängnis zu geraten, hatte ich es wieder einmal geschafft, dachte ich damals noch.

Um 09.00 Uhr hatte ich dann meinen Kämpfer-Anzug bereits bei der Kleiderausgabe bezogen. Als ich mich auf den Weg zur Garderobe machte, bemerkte ich eine gewisse Hektik der Waffenläufer in Richtung Start- und Zielgelände.

Da ich eine ruhige Atmosphäre beim Umziehen sehr zu schätzen weiss, suchte ich mir einen Standort aus an dem es nicht allzu viele Läufer hatte. Den hatte ich dann auch rasch in der Garderobe des Fussballclubs gefunden. Um 09.20 Uhr wurde es in der Garderobe immer leiser und ohne lange darüber nachzudenken begab ich mich um ca. 09.40 Uhr auf den Weg zum Start. Als ich immer näher zum Startplatz kam und keine Waffenläufer mehr anzutreffen waren, fiel auch bei mir der Groschen. Das Läuferfeld war um 9.30 Uhr gestartet und nicht, wie ich dachte, um 10.00 Uhr.

Wie es weiterging? Da ich die Strecke bereits von früheren Jahren her kannte bin ich den Läufern wortwörtlich hinterhergerannt. Schon bald holte ich die ersten Marschgruppen und Läufer ein. Danach verlief alles ganz normal, ausser der Tatsache, dass ich mit der schlechtesten, jemals an einem Zürcher Waffenlauf erzielten Zeit klassiert wurde.

Willy Kofmel, Lommiswil SO

Erlebt als Brieftauben-Soldat Wälti

Im Jahr 1967 nahm ich erstmals an einem Waffenlauf teil oder genauer gesagt am Zürcher Gruppenmarsch, der gleichzeitig ausgetragen wurde. Diesen Marsch erlebte ich mit den Marschgruppen «FHD-Verband Biel-Seeland-Jura», Leiterin Chefkö Frieda Perret und «Les Chevrons, Neuchâtel», Leiter Küchenchef Charles Perret. Meine Mutter ist als Pflegekind im Zollikerberg aufgewachsen und wartete bei meiner erstmaligen Teilnahme beim Forchdenkmal auf uns. Ein Jahr später verstarb sie leider in ihrem 45. Lebensjahr. Die beiden Marschgruppen nahmen immer wieder am Zürcher teil. Schon damals war es mein Wunsch, als Läuferin dabei zu sein. Wir haben oft den Waffenläufern beim Schiessplatz Geeren Mut zugesprochen, damit sie das Ziel noch in der vorgegebenen Zeit erreichen konnten. Im Jahr 1986 war es dann so weit, ich durfte am Neuenburger starten. In La Chaux-de-Fonds stellten sie mir ein kleines Kämmerlein zur Verfügung, in dem ich mich alleine umziehen konnte. In meinem Rucksack trug ich zwei Hanteln mit, damit ich eine 7,5 kg schwere Packung hatte. An meinen Füssen trug ich schwarze, knöckeldeckende Adidas-Trekking-Schuhe. Die haben bei mir zu Hause noch heute einen Ehrenplatz. Ich wurde überall mit offenen Armen empfangen. Auf der ganzen Strecke zwischen La Chaux-de-Fonds und Neuenburg wurde ich von den Zuschauern angefeuert, hörte viele Zurufe im positiven Sinn und originelle Sprüche. Es lief mir gut. Ab Valangin überholte ich noch mehrere Waffenläufer. Im Ziel warteten dann die Medien und Charles. Er legte mir den Kaput (Mantel) von Frieda um. Frieda starb leider auch viel zu früh mit lediglich 50 Jahren an Krebs. Ich sagte: «Charly, Mama und Frieda waren bei mir, sie haben mir die Packung getragen...» Leider konnten diese zwei mir sehr wichtigen Personen, die mich im Sport sehr tatkräftig unterstützten, meine Erfolge nicht mehr miterleben. Die Kameradschaft unter den Waffenläufern war und ist grossartig! Ich erinnere mich, dass die dargereichte Verpflegung oft miteinander geteilt wurde.

Ich möchte mich bei allen bedanken, die mich während meiner Wettkampftätigkeit immer unterstützt haben. Ich absolviere keine militärischen Wettkämpfe mehr in Uniform. 40 Jahre militärische Wettkampfsportarten, davon 14 Jahre als Waffenläuferin sind genug. Ich bin auch nicht mehr «zwänzgi» und die «Bräschten» kommen langsam. Ich wünsche Euch allen alles Gute, beste Gesundheit, viel Spass beim Laufen und so oft als möglich gemütliches Beisammensein.

Bft Sdt (Brieftauben-Soldat)
Anne-Rose Wälti, Biel BE

Mein eigenes Waffenlauf-Mythos

Der Waffenlauf-Sport ist wahrlich ein Mythos, den es sonst nirgends zu finden gibt. Eine Familie, gute Freunde und eine tolle Atmosphäre gehören zu diesem Militärsport.

In welcher Sportart erlebt man solches, wie mir geschehen?

Der Speaker eines Waffenlaufs telefonierte mir am Vortag eines Wettkampfes und stellte mir die Frage, weshalb ich nicht auf der Startliste figuriere? Da wird man vermisst, obwohl man sich am Wettkampftag noch nachmelden könnte!

Oder mit Waffenlauf wird man berühmt! Nach meinem Tagessieg in Thun 1998 bekam ich Fanpost aus einer ganz andern Ecke der Schweiz mit der Bitte um Autogrammkarten. Die Post fand sogar meine Adresse heraus, denn die Anschrift lautete nur: Monika Farner, Waffenläuferin, Thun. In all meinen zivilen Läufen mit Tagessieg habe ich nie solches erhalten.

Waffenlauf Richtlinien

Der Waffenlauf kennt Richtlinien, die befolgt werden müssen bezüglich Packung, Kleidung usw. Bei etlichen Wettkämpfen wurde meine Packung nach dem Zieleinlauf abgenommen und gewogen und als reglements-

Monika Farner im Jahr 2003
beim St.Galler Waffenlauf (ganz rechts)

konform erklärt. Die Ausnahme erlebte ich nach dem harten Freiburger Waffenlauf, der bei grosser Hitze ausgetragen wurde. Im Ziel angekommen, wurde mir die Packung abgenommen. Die Waage zeigte jedoch 10 g zu wenig an und mir wurde gesagt, ich sei disqualifiziert. Es wurde weiter gewogen und dann war die Packung plötzlich 200 g zu schwer. Was galt nun? Die Siegerehrung war bereits im Gange und mein Name wurde ausgerufen, ich stand da und wartete den Entscheid ab, ob ich nun disqualifiziert worden sei oder nicht. Erst nach Minuten, die mir wie Stunden vorkamen, die Meldung: «Ihre Packung ist in Ordnung.»

Zu guter Letzt

Ich hätte nie geglaubt, dass ich je einen Waffenlauf machen würde. Als Kind sah ich erstmals Waffenläufer hoch oben vom Spital Frauenfeld aus, die komischen Kreaturen gefielen mir besser als der Krankenbesuch mit den Eltern.

Bevor ich mit Waffenläufen begann, bekam ich durch meine Trainingskollegen, die Waffenläufe bestritten einiges zu hören, wie: Melkfett, offener Rücken, Muskelbeschwerden nach den Wettkämpfen usw.

Meinen ersten Waffenlauf bestritt ich in Thun, einen Tag bevor ich in die Ferien flog und an die Sonne liegen wollte. Da hoffte ich natürlich, dass der Rücken nicht allzu offen war und ich noch laufen konnte. Mein Training für dieses Rennen war nicht überragend (ein einziges 2-Stunden-Training). Der Lauf klappte gut bis km 24 und danach wurde «gebissen» bis ins Ziel. Etwa drei Tage plagte mich der Muskelkater, die Sonne konnte ich trotz dieses ominösen Waffenlaufs geniessen. Ich hatte einzig eine Schürfwunde von ca. 2 cm Durchmesser, weil ein Riemen nicht gut befestigt gewesen war.

Ich hatte viele Vorurteile betreffend Waffenlauf, wollte nie einen zweiten bestreiten. Doch es wurden viele schöne Stunden im Kreise der Waffenläufer, die ich nicht missen möchte! *Monika Farner, Lommis TG*

Zürcher Spezialitäten: Zusatzprüfung Schiessen – beliebt und gehasst

1957, bei der Gründung des Zürcher Waffenlaufs, war für den Trägerverein Zürcher Patrouilleure klar, dass dieser neue Wettkampf mit einem Schiessen durchgeführt werden müsse.

Schliesslich bestritten die meisten Mitglieder, wie es der Vereinsname sagt, oft Patrouillenläufe im Sommer und Winter. Diese waren damals hoch im Kurs und galten als Aushängeschild der sportlichen ausserdienstlichen Tätigkeit. Wenn schon die Waffe – es waren Karabiner und letzte Langgewehre – während des Laufes mitgetragen wird, warum denn diese nicht einsetzen? Eine Überlegung, die man akzeptieren konnte.

Zu solchen Zusatzprüfungen musste man damals auch noch in Wiedlisbach und Reinach antreten.

Die übrigen bestehenden Wettkämpfe waren ausschliesslich Märsche bzw. Läufe: der Gedenklauf von Le Locle und La Chaux-de-Fonds nach Neuchâtel, und diejenigen in Bern, Altdorf, Kriens und Frauenfeld.

Am Aargauischen Militärwettmarsch in Reinach wurde nach dem Zieleinlauf nicht nur geschossen, sondern es fand noch ein HG-Werfen statt. Später gab es nur noch das Schiessen in Gunzwil und Schwarzenbach, kurz vor dem Ziel. Letztmals kamen die Waffen dort 1965 zum Einsatz. Schon aufgegeben hatten die Organisatoren in Wiedlisbach, wo von 1954 (erste Austragung) bis 1959 die Waffen benützt wurden. Als Hauptgründe für die Abschaffung wurden genannt: Personalintensiv, kostspielig und wenig beliebt bei den Teilnehmern.

In Zürich sah man dies anders – eben aus der Sicht der genannten Patrouilleure. Über viele Jahre gehörte das Schiessen dazu, zuerst auf der Forch, später im Geeren, wenige Kilometer vor dem Ziel. Beliebt bei den guten Schützen, weniger bei vielen anderen. Unbeliebt, sogar gehasst bei jenen, die kaum trafen, und bei solchen die überhaupt nie Schützen waren (Sanitäter und übrige vom Schiessen dispensierte Wehrmänner). Attraktiv war das Schiessen für die Ehrengäste und Pressevertreter, sowie für viele Zuschauer. Von militärischer Seite wurde diese Zusatzprüfung verständlicherweise ebenfalls sehr begrüsst. Also blieb es im Programm bis Ende der Sechzigerjahre, als vermehrt Kritik laut wurde. Auch Reglementsänderungen waren eher negativ. Gab es einmal 4 Minuten Gutschrift für einen Treffer, winkten später bei zwei Schuss Gutschriften von 2 bzw. sogar 5 Minuten. Oft entschied das Schiessen über Sieg oder Niederlage. Ein Ärgernis für viele Läufer war, dass für den Zürcher jedes Mal die Packung geändert werden musste (aufgeschnallter Karabiner – später Sturmgewehr). Ich kenne einen Läufer, der extra für unseren Lauf eine zweite Packung bereithielt. Die Vermutung lag nahe, dass verschiedene Wettkämpfer, die einfach nicht schiessen bzw. treffen konnten, bei uns schon gar nicht mehr antraten. Und da war ja noch die Organisation. Die Mehrarbeit mit rund 20 zusätzlichen Funktionären und einem Schiessoffizier. Ein grosser Aufwand war nötig für die Erstellung des Schiessplatzes im Felde. Zudem war die Munition nicht gerade billig.

An der Generalversammlung der Zürcher Patrouilleure im Januar 1971 wurde über zwei Anträge zur Abschaffung des Schiessens am Zürcher Waffenlauf diskutiert und abgestimmt. Fast einstimmig war man für die Abschaffung. Immerhin wollte man anlässlich der 14. Austragung im April noch die Läufer befragen. Ein Kompromiss, der Anklang fand.

Am 18. April war es dann so weit. Mit der Materialfassung erhielten die Wettkämpfer ein Abstimmungsformular, um sich für oder gegen das Schiessen auszusprechen. Von den 707 Startenden waren 330 für die Abschaffung, 202 für die Beibehaltung, die restlichen 175 wollten sich nicht äussern. Somit war klar: An diesem Sonntag fiel der letzte Schuss am Zürcher Waffenlauf. Nochmals entschied übrigens die Zusatzprüfung über den Tagessieg. Mitfavorit Willi Aegerter setzte sich in Abwesenheit von Robert Boos und Niklaus Burri klar an die Spitze, und erst kurz vor dem Schiessplatz konnte Johann Eichelberger zu ihm aufschliessen. Eichelberger traf einmal und holte sich 2 Minuten Gutschrift, während Aegerter die Scheibe zweimal verpasste und sich den Nuller notieren lassen musste. Obwohl der Berner dann als Erster ins Ziel kam, holte sich Eichelberger den Tagessieg. Und weil der Zürcher Gassmann sogar zwei Treffer buchte, überholte auch er Aegerter noch in der Endabrechnung. Bei der Landwehr siegte Werner Strittmatter ebenfalls dank zwei Treffern vor dem zuerst einlaufenden Werner Guggisberg.

Zum letzten Mal wurde dann über das Schiessen und seine Auswirkungen diskutiert, der Entscheid zur Abschaffung jedoch von der grossen Mehrheit begrüsst.

Ein eher unerfreuliches Nachspiel im OK nach diesem denkwürdigen Wettkampf soll nicht unerwähnt bleiben. Der damalige OK-Präsident, ein zackiger Major, war nicht bereit, den demokratisch gefällten Entscheid anzunehmen. Er stellte sein Amt umgehend zur Verfügung, was natürlich unschön war. Als Vereinspräsident der Zürcher Patrouilleure und Pressechef im OK gelang es mir, bald einen geeigneten Nachfolger zu gewinnen. Dieser war wie ich grundsätzlich kein Gegner des Schiesssports, sondern einfach Gegner des Schiessens an einem Waffenlauf. Daran konnte auch die Drohung der Militärdirektion des Kantons Zürich nichts ändern, welche in Erwägung zog, uns ihre Unterstützung zu entziehen. Es kam nicht so weit – es blieb also beim letzten Schuss.

*Heinz Koch, Winterthur,
damalige Funktion: Pressechef im OK*

Militär prägte mein Leben!

Schon als Schulkind verbrachte ich die Ferien oft «militärisch». Mein Onkel Paul, Oberstlt in der Festungssektion am Gotthard, wohnte im Militärhaus oberhalb von Andermatt und dort war ich oft in den Ferien. Die Freude am Militär war und ist bis heute in meinem Herzen. Ich wollte so gerne zur FHD, aber meine Eltern hatten eine schlechte Meinung darüber und ich musste es vergessen. Nun aber, vor vielen Jahren, hörte ich vom Waffenlaufsport und war sofort Feuer und Flamme! Ich musste dabei sein, wenn so viele Läufer im Militärtenue und 7,5 kg am Rücken losrennen. Es war wunderschön! Ich war viel nervöser als die Startenden. Für mich war es der allerschönste Sportanlass überhaupt. Einmal dabei, immer dabei. Ich war an jedem Waffenlauf in der Schweiz dabei und knipste fleissig Bilder der Läufer. 8 Filme mit 36 Bildern waren es immer! Mit den Startnummern der Läufer im Programm, die fast immer stimmten, wusste ich dann genau, wer es war und dank den meterlangen PC-Adresslisten vom Militär, konnte ich die meisten Bilder den Läufern schicken. In den Nächten von Samstag auf Sonntag tat ich meist kein Auge zu vor Aufregung und Vorfreude! Vor einem Zürcher Waffenlauf hatte ich sogar einen Kreislaufkollaps. Mit der Zeit kannten mich fast alle Läufer und es waren damals noch sehr viele. Ich glaube, teilweise gegen 800 Mann. Das waren noch Zeiten! Super! Wer mir den Namen «Waffenlaufmutter» gab, weiss ich nicht, denn plötzlich sagten es alle. Es war eine grosse Ehre für mich und ich fühlte mich auch wie die Mutter, freute mich mit den Siegern und litt mit den Läufern in den hinteren Rängen. Als die Läufer mich zu suchen begannen, färbte ich meine dunklen Haare oben zur Hälfte knallrot. So fanden sie mich sofort. Vom Präsidenten Martin Zumstein aus Wiedlisbach bekam ich einen Presseausweis mit UOV-Stempel und seiner Unterschrift. So konnte ich überall ganz vorne stehen. Das machte mein Glück vollkommen. Wenn ich kam, wurden die Absperrungen geöffnet. Der nette IGWS-Präsi, Herbert Gautschi mit Frau und später auch der nette Herr Vögeli mit Frau sowie der Superspeaker Heinz Koch mit Frau Trudi, waren alle so herzlich zu mir. Ja, wir waren ALLE eine Waffenlauffamilie. Es gibt bis heute keine Sportart, die einen solchen Zusammenhalt, eine solche Hilfsbereitschaft und Herzlichkeit und keinen Neid kennt. Das ist einmalig ! Ich habe gesehen, wie der Radiodirektor, Andreas Blum, dem Bergbauerknecht Werner Reist aus dem Berner Oberland, der neben ihm lief, den nassen Schwamm und seine Trinkflasche reichte, wie dem gehörlosen Jakob Hug geholfen wurde, wie fite Läufer ihren müden Laufkollegen die Hand reichten zum Weiterlaufen und sie aufmunterten. Ich habe auch die grosse Menge der Zuschauer gesehen, die mitfieberten, klatschten, riefen, Glocken schwenkten usw. Alles war einmalig an diesen Sonntagen. Im Zielraum tickten die Uhren zwischen den Erstklassierten und den Letzten. Ein Genuss waren die genauen Meldungen des Speakers Heinz Koch, der fast jeden Läufer namentlich kannte, ohne Blick auf die Startnummer oder das Programm. Dann spielte die Musikgesellschaft – und Albrecht Moser kam dem Ziel immer näher. Wer das hautnah miterlebt hat wie ich könnte weinen vor Freude! Nacheinander kamen alle Läufer ins Ziel, wo ihnen der IGWS-Präsident die Hand reichte und herzlich gratulierte. Der Pressefotograf Max Rüegg machte noch ein paar Bilder, dann wurden die Spitzenläufer von der Presse befragt. Ja, damals war auch noch das Schweizer Fernsehen dabei, was leider später, trotz meinen Briefen und Bitten nicht mehr klappte. Zu wenig Interesse der TV-Zuschauer, war die Antwort. Die ersten Waffenläufe waren schon anders als heute, ich denke an die Militärschuhe, Blasen an den Füssen, Militärmütze, Karabiner. Gestandene Mannsbilder, keine Weicheier wie bei der heutigen Aushebung, längere Strecken, steilere Anstiege, Läufer aus der ganzen Schweiz, .Ich denke an Isidor Jäger, den Grenzwächter aus dem Bündnerland, aus Castasegna, Beat Fink aus St. Moritz, Treumund Siegrist aus Montreux usw.. Ich kannte sie alle, und alle kannten mich! An jedem Lauf kam auch der unvergessliche Emil Henseler in alter, sehr schöner Uniform und mit Fahne. Oder Manfred Ritter aus St. Gallen, der für mich in Lourdes eine Kerze anzündete und betete. Wirklich ALLE waren so lieb zu mir. In Colombier empfing mich der liebe Speaker, Militärchef Jean-Yves Delapierre mit: «Guten Morgen, Mutti Waffenlauf». Natürlich war es sehr lieb; aber ich wäre am liebsten verschwunden. So auch der Speaker Hans Furrer am Reinacher. Ich erlebte auch die erste Frau am Waffenlaufstart. Anne Rose Wälti aus Biel, dann auch Yvette El Fen. Nicht zu vergessen sind auch die vielen Helfer und all die treuen Begleiter, überall unterwegs mit Bidons, Erfrischungen, erste Hilfe usw. Ich werde die Zeit mit den vielen wunderschönen Waffenläufen NIE vergessen. Diesen Sport mitzuerleben als Zuschauerin gab mir so viel. Freude, Glück, Aufschwung, besser als jede Medizin. Auch das positive Denken. Negativ war nur mein Leserbrief in der Zeitung, gegen Herrn Bundesrat Adolf Ogi. Ich warf ihm vor, sich nie an einem Waffenlauf zu zeigen. Eine Rüge erreichte mich dann aus dem Bundeshaus, unterzeichnet von Adolf Ogi. In Thun gab es die Versöhnung. Er liess mich zu sich kommen und dann musste ich ein Bild mit ein paar Läufern knipsen und als Leserbrief der Zeitung schicken! Ich habe mich auch an oberster Militärstelle für die Zivilschutzläufer gewehrt, die im hellblauen Tenue laufen mussten, damit man sie kennt. Ich sagte, das sei wie früher die Juden, es fehle nur noch der Stern! Sehr nett, danach liefen aber alle im gleichen Tenue! Es

20 Betreuer und Fotografin Marlis Wyler, ohne sie geht es nicht beim Waffenlauf ...

21 Hans Müller, letztes noch lebendes Gründungsmitglied der IGWS mit Kudi Bill, TK der IGWS und ehemaliger Waffenläufer anlässlich der Meisterehrung 2005 in Altdorf

gelang mir auch, einige junge Läufer für den Waffenlaufsport zu gewinnen, leider gaben sie dann nach ein, zwei Läufen auf, weil zu anstrengend mit der Packung und vor allem zu müde nach durchzechter Samstagnacht! Nicht so Niklaus Scheidegger, der heute ein Spitzenläufer im Wiedlisbacher UOV ist. Ich bin stolz auf ihn. Ich bewundere sie aber ALLE und noch ganz besonders Willi Lüthi, der mit bald 70 Jahren und künstlichem Darmausgang sogar den Frauenfelder im Jahr 2006 fertig lief. Meine Läufer sind SUPER und ich werde die wunderschönen Waffenläufe so lange im Herzen behalten, wie mein Waffenläufer-Tatoo am rechten Fussgelenk!

Marlis Wyler, Waffenlaufmutter

Ein IGWS-Gründer erzählt ...

Im Herbst 1955 bat mich Fw Walter Grob, Präsident des UOV Oberwynen- und Seetal und ebenfalls Präsident der Untersektion Gepäckmarsch Reinach, an der konstituierenden Versammlung im Bahnhofbuffet als Aktuar teilzunehmen. Ich sagte zu. An der Gründungsversammlung nahmen folgende Kameraden teil: Hptm Faes vom Altdorfer, Adj Renggli und Adj Heinrich Stamm vom Berner Waffenlauf sowie Fw Walter Grob und Hans Müller vom Reinacher. Man traf sich, um die gemeinsamen Interessen zu wahren und um von den Behörden die entsprechende Anerkennung zu erlangen. Wichtig war auch die Einführung gleicher Rahmenbedingungen für alle Läufe. Es wird berichtet, dass die Gründung eine Zangengeburt war. Dies ist nicht der Fall gewesen. Als einziger noch Lebender der Gründungsversammlung kann ich das bezeugen. Nach kurzer Beratung beschloss man, dem neuen Dachverband folgenden Namen zu geben: «Interessengemeinschaft der Militärwettmärsche der Schweiz» (IGMS). Walter Grob und ich haben die Statuten entworfen und an die Präsidenten der Waffenläufe gesandt. Diese haben sie an einer späteren Konferenz paraffiert. Dies waren: Frauenfelder Militärwettmarsch 1934, Reinacher Gepäckmarsch 1944, Altdorfer Militärwettmarsch 1945, Neuenburger Militärwettmarsch 1949, Berner Waffenlauf 1949 und Hans-Roth-Waffenlauf 1954. Bis 1965 hat das Präsidium alle zwei Jahre gewechselt. Dies in alphabetischer Reihenfolge. Anlässlich der Generalversammlung in Olten hat Hptm Wehrli den Vorschlag unterbreitet, dass man das Präsidium der IGMS ohne Zeitbestimmung führen könne. Der Vorschlag von Hptm Wehrli wurde einstimmig angenommen. 1950 wurde ich selbst als Nachfolger von Wm Karl Merz als Kassier des Reinachers gewählt und Karl Merz als Aktuar. Dieses Amt hatte ich bis 1965 inne. 1965 wurde ich Präsident des UOV Oberwynen- und Seetal und zwei Jahre später auch Präsident des Aargauer Militärwettmarsches, genannt «Reinacher». Bis zum Jahr 2000 war ich im OK des Reinachers. In all den Jahren gab es auch Zerfallserscheinungen. Die Zigarrenfabrikanten brachten folgenden Vorschlag: Jeder zahle 250 Franken pro Jahr, das mache 1500 Franken. So habe man keine grossen Umtriebe mehr. Ich konnte die Mehrheit überzeugen, dass dies nicht Ziel und Zweck sei, sondern die Demonstration des Wehrwillens. 1999 haben Oberstlt Gloor als Präsident und Fw Hans Furrer als technischer Leiter ihr Amt abgegeben. Sie stellten keinen Ersatz, wie es üblich war. Sie waren überzeugt aber, dass man keine Nachfolger finden würde. Ich habe mehr als 5 Unteroffiziere und 12 Offiziere überzeugen wollen, die freien Funktionen zu übernehmen. Nach langem Suchen erhielt ich die Meldung von Major Herbert Gautschi, dass er einen jungen Instruktor im Range eines Majors im Generalstab kontaktiert habe. Wir vereinbarten einen Termin mit Major i Gst Roger Keller im Hause von Kamerad Herbert Gautschi. Nachdem ich die Funktion und das Umfeld erklärt hatte, sagte er für fünf Jahre zu. Er hat nun das Amt 6 Jahre inne und erledigt seine Aufgabe hundertprozentig. Es kommt immer darauf an, wie man an eine Aufgabe herangeht. Im Herbst 1964 hatte mein Vorgänger als Präsident eine Hauptübung durchgeführt, nur sieben Leute kamen. Ich kam extra aus dem Tessin nach Beromünster (damals war ich Personalchef einer grossen Fabrik). Ich berief sofort eine Vorstandssitzung ein und kritisierte den Präsidenten. Da wurde ich zum Präsidenten vorgeschlagen und an der GV auch gewählt. Mit Herbert Gautschi haben wir innert eines halben Jahres drei Hauptübungen nachgeholt, die der Vorgänger unterlassen hatte durchzuführen. Daraufhin habe ich eine Mitgliederwerbung durchgeführt mit persönlichem Besuch der Unteroffiziere und Offiziere. Im Jahr 1965 sind wir mit 42 Uof und Offizieren an die SUT in Thun gefahren und wurden Schweizermeister in der Panzerabwehr. Wir brachten auch viele weitere Medaillen nach Hause. In der Folge haben Herbert Gautschi und ich Werbung gemacht für ein spezielles Waffenlauf-

22 Bundesrat Schmid: «Es sind manchmal die kleinen Begegnungen am Rande, die uns menschlich mehr bereichern als die grossen öffentlichen Auftritte. Danke, Hans!»

23 IGWS-Funktionäre zum «Anfassen». IGWS-Kassierin Vreni Schmid und IGWS-Präsident Oberstlt Martin Erb sind nach 18.7 km in St.Gallen (2002) im Ziel angekommen

24 Regierungsrat Arthur Haffter 1979 mit dem Alter von 53 Jahren bei seinem ersten Waffenlauf. In der Mitte sein Regierungsratskollege Felix Rosenberg und Grossratspräsident Franz Norbert Bommer

training. 5 Mann machten mit. Der Stock erweiterte sich sehr schnell. Innert ein paar Jahren war die Zahl auf 42 Läufer angestiegen. Veränderungen gibt es immer. Ich meine, dass es die Kunst ist, sich an die neuen Situationen anpassen zu können und neue Wege gesucht und gefunden werden müssen.

Hans Müller, Zürich (damals Aktuar UOV)

Mein Jahr mit dem Waffenlauf als Bundespräsident

«Begegnung» hiess eines meiner Leitmotive in meinem Jahr als Bundespräsident 2005. An Waffenläufen begegnen sich sportliche Angehörige der Armee und armeefreundliche Sportler – oft beides in der gleichen Person vereint. Ich fühle mich wohl im Kreise dieser aufgestellten und aufrechten Läuferinnen und Läufer. Die Einladung zum Wiedlisbacher Lauftag 2005 habe ich deshalb gerne angenommen.

Der 52. Hans-Roth-Waffenlauf war ein eindrückliches Erlebnis. Ebenso beeindruckend wie die sportliche Leistung war einmal mehr die einmalige Kameradschaft vor, während und nach dem Wettkampf, die unter den Waffenläufern herrscht. Nachdem ich vielen Sportlerinnen und Sportlern nach dem Zieldurchlauf persönlich gratuliert hatte, ging ich Richtung Mehrzweckgebäude zur Siegerehrung.

Auf diesem Weg kam es zu einer speziellen Begegnung: Hans Niederberger, Ehrenpräsident des Wehrsportvereins Graubünden, feierte an einem festlich hergerichteten Tisch mit Freunden aus dem WSV seinen 250. Waffenlauf!

Zweihundertundfünfzig Mal sich der Herausforderung stellen, sich vorbereiten, laufen, leiden, durchbeissen – und sich freuen über den Sieg über sich selbst. Hut ab vor dieser Leistung! Hans und ich verstanden uns auf Anhieb gut und haben auf unser spontanes Zusammentreffen angestossen – in gegenseitigem Respekt und sportlicher Verbundenheit.

Bundesrat Samuel Schmid, Vorsteher des Eidg. Departementes für Verteidigung, Bevölkerungsschutz und Sport (VBS).

Als Frau Waffenläuferin aktiv dabei ...

Bevor ich meinen ersten Waffenlauf absolvierte, trainierte ich nur für mich. Zwei bis drei Mal pro Woche. Mein Bürokollege Hans Blöchlinger fragte mich einmal, ob ich nicht an einem Wettkampf teilnehmen wolle. Soll ich oder soll ich nicht? Er meldete mich ohne mich zu fragen für den Frauenfelder an, mit Gratisstart. Also ging ich mit ihm dorthin. Er besorgte mir eine Packung und holte mich sogar in Cham ab. Mit gemischten Gefühlen ging ich an den Start.

Mein erster und die weiteren Waffenläufe

17. November 1991 in Frauenfeld. 4 Frauen waren angemeldet. Ich errang den zweiten Platz in 4.45.05h. Damals gab es noch keine spezielle Damen-Kategorie.

Im Jahre 1992 absolvierte ich folgende Läufe: Toggenburger: 8 Damen, 5. Platz, Zeit 1.57.36. Zürcher: 4 Damen, 2. Platz, Zeit 2.21.37. Krienser: 7 Damen, 2. Platz, Zeit 1.50.42. Frauenfelder: 4 Damen, 3. Platz, Zeit 4.50.05. So ging es weiter und ich absolvierte jedes Jahr einen Waffenlauf mehr. Bis heute (Ende 2006) sind es 131 Läufe geworden.

Unschöne Erlebnisse

Am Anfang war es schwierig mit den Männern zu laufen. Einige konnten nicht verstehen warum hier Frauen mitmachen und sie sogar noch überholen. Auch die zwei bis drei Damen die da mitliefen, waren gar nicht herzlich zueinander. Da ich keine Namen nenne, kann ich einige Episoden erzählen.

Beim Neuenburger lief ich auf den dritten Rang und bekam dafür einen Zinnbecher. Da es damals noch Brauch war, dass man entweder Militärdienst oder Zivilschutzdienst leisten musste, bekam ich vom OK des Neuenburgers einen Telefonanruf nach Hause, dass ich nicht preisberechtigt sei und ich den Preis wieder nach Neuenburg senden müsse. Die Dame auf dem vierten Platz hatte Protest eingereicht. Auch hat dieselbe Dame das OK Zürich orientiert, dass ich dort nicht starten dürfe. Das OK Zürich stand aber damals hinter mir und hat mich starten lassen. Ich meldete mich dann beim Zivilschutz an, damit ich reglementsgemäss an Waffenläufen mitmachen durfte. Ein Jahr später bekam ich den Zinnbecher von Neuenburg wieder zurück. Bald war es nicht mehr Pflicht, im Militärdienst oder Zivilschutz eingeteilt zu sein. Einen Zürcher Waffenlauf gewann ich bei den Damen, da die Favoritin Martha Urfer nicht am Start war. Auch dieser Platz wurde mir dazumal missgönnt. Es hiess, die mache ja nicht mal Militärdienst. Aber bald wurde die Kameradschaft besser, da immer mehr

Frauen dazukamen, die auch nicht Militärdienst leisteten. Man war froh, dass sich überhaupt noch Läufer und Läuferinnen an dieser Sportart beteiligten. Im Jahr 1995 wurde dann die Damen-Kategorie eingeführt.

Warum ich trotzdem weitermachte
Die Kameradschaft und das Zusammensein sind bei dieser Sportart einmalig. Man kennt sowohl Spitzenläufer als auch weniger gut trainierte Läuferinnen und Läufer und kann man sich mit allen unterhalten. Auch mit den Angehörigen der Läufer/innen kommt man schnell in Kontakt und wird während der Läufe bestens betreut.

Zu meinen schönsten Waffenläufen zähle ich den Zürcher, Thuner und Frauenfelder. Der Frauenfelder gefällt mir besonders, da am Strassenrand die meisten Zuschauer stehen.

Vreni Schmid, Cham ZG

Mein eindrücklichster Waffenlauf
24. April 2005: 52.Hans-Roth-Waffenlauf. Kein Rennen gleicht dem andern auch wenn es hundert Mal dieselbe Strecke ist, die physische und die psychische Verfassung kann sich ändern (und tut es auch oft), das Wetter ist nicht immer berechenbar. Es gelang mir an diesem Tag nicht, mit der nötigen Gelassenheit an den Start zu gehen. Im Gegenteil! Ich fürchtete mich zu Unrecht vor den 26 Kilometern. Ich hatte immer noch mein Leiden von vergangener Woche in Neuenburg im Hinterkopf und war nicht bereit, mich noch einmal so zu kasteien. Mein Trainer und Lebenspartner Markus und ich waren rechtzeitig in Wiedlisbach und warteten auf unsere Kollegen/Innen des Laufvereins. Leider befanden wir uns nicht in der richtigen Halle und verfehlten sie. Der Austausch und das Gespräch mit den Läufern vor dem Start fehlte mir und obwohl ich «obercool» auf meinem Stuhl sass und gelassen plauderte, glich mein Zustand einem Vulkan, es brodelte unter der Oberfläche und es würde nicht mehr lange dauern, bis ich explodierte. Endlich wurde es Zeit an den Start zu gehen. Zum Glück, denn ich war schon leicht hysterisch. Wenn das jemand von euch Lesern verstehen kann, bitte erklärt es mir, ich kapiere nämlich mein törichtes Verhalten nicht.

Ich begab mich also an den Start. Wie am Sonntag zuvor wechselte ich einige Worte mit Vreni Schmid. Mittlerweile ist mir Vreni ans Herz gewachsen, nächsten Sonntag wird sie mir fehlen ... Überhaupt begannen mir die Waffenläufe so richtig Spass zu machen. Ich unterhielt mich mit Monika Widmer, wechselte Worte mit Elsbeth Rölli, erfuhr, wer Christina Wassmer ist. Langsam wird auch mein Name bekannt, selbst wenn ich vermutlich nie auf dem Podest stehen werde (dafür nebendran, wie sich später zeigen wird ...).

Zu Beginn des Rennens musste die Kraft gut eingeteilt werden. Leider nahm ich mir das zu sehr zu Herzen und bummelte. Somit verschenkte ich gute fünf Minuten. Im Nachhinein ärgere mich darüber, nur hilft es nichts. Weniger leiden, umso grösser der Ärger nachher – ein Gesetz!

Das Wetter hielt sich gut, am frühen Morgen regnete es in Strömen, zu Beginn des Laufes zeigte sich die Sonne und es war recht angenehm. Vor Solothurn kam dann das ultimative Erlebnis. Wir rannten durch die Verenaschlucht. Völlig verzaubert von diesem Stückchen Erde schwebte ich förmlich dort hinein. Ein Bach fliesst hindurch, eine Kapelle steht am Eingang, einfach traumhaft. Jetzt fehlen nur noch die Elfen, dann ist das Märchen perfekt. Die Steine waren mit frischem, zarten Moos bedeckt, die Sonne schien herab und die jungen Blätter glitzerten vor Nässe um die Wette. Mir schlug der Duft von Bärlauch entgegen, in meinen Gedanken sah ich ein feines Risottogericht. Ich schob es sogleich wieder weg und suchte meinen Weg über die kleinen Holzbrücklein bis zum Ausgang der Schlucht. Es war eindeutig, ich hatte mich in diesen magischen Ort verliebt.

Als ich in Solothurn in die Schlaufe einbog, sah ich Elsbeth Rölli auf der andern Seite und musste zähneknirschend zugeben, dass sie einfach viel schneller ist als ich. Als Trost klatschte mir vor dem Verpflegungsposten unser Bundespräsident Samuel Schmid zu und feuerte mich an. Es sollte nicht unser einziges Zusammentreffen an diesem Tag sein. Den zweiten Teil des Waffenlaufs bestritt ich recht gut. Und endlich war ich im Ziel. Welche Erleichterung.

Die Siegerehrung war voller Überraschungen. Ich wünschte mir ein gemeinsames Foto mit unserem Bundespräsidenten Samuel Schmid. Markus konnte sich für meine Idee nicht so recht begeistern. Ich gab mich halbwegs geschlagen, da es wahrscheinlich etwas frech wäre, die Prominenz so zu belästigen. Dies erzählte ich meiner Kollegin Judith Harder. Sie schlug vor, dass ich an ihrer Stelle auf das Podest ging, dann gäbe es auf jeden Fall ein Foto mit dem Bundesrat. Ich wollte sie nicht um ihren Ruhm bringen. Sie schlug vor, Samuel Schmid für ein Foto fragen. Wenn das bloss gut geht. Judith wurde für ihren 2. Rang beim zivilen Gedenklauf auf das Podest gerufen. Auf einmal winkte sie mich auf die Bühne. Dies ist meine Chance und schwupps war ich oben. Samuel Schmid fragte mich, ob ich die Waffenläuferin sei und mit trockener Kehle bejahte ich. Er fragte mich wie ich heisse. «Ich bin Chris Colombo und werde ziemlich sicher nie auf dem Podest landen, wünsche mir aber ganz fest ein gemeinsames Foto mit Ihnen» stammelte ich. Er war sehr sympathisch und gratulierte mir und schon war der Zauber vorbei. Nach der Siegerehrung war ich nicht mehr zu bremsen und fragte das OK Team, ob es noch einen Blumenstrauss zuviel hätte. Sie gaben tatsächlich den letzten Strauss her.

In meiner Fotosammlung findet man neuerdings gemeinsame Schnappschüsse mit dem Bundespräsidenten. Ferner habe ich einen Platz neben dem Podest ergattert, inkl. Blumenstrauss. Das Rennen war wie eine Wundertüte – voller Überraschungen.

Chris Colombo, Bern

Erlebt als Regierungsrat
Als Erinnerung bleibt mir die perfekte Organisation des legendären Frauenfelder Militärwettmarsches, welche die Gäste selbst bei der Mittagswurst am Hof zu Wil zeitlich so einbindet, dass nichts falsch gemacht

werden konnte. Als unser Regierungsratskollege Dr. Arthur Haffter sein Leben umstellte und erfolgreicher Waffenläufer wurde, war die Präsenz des Regierungsrates beim Zieleinlauf besonders (lange) gefragt. Beim Stichwort «Waffenlauf» reagiert meine Nase noch heute auf Dul-X und erinnert sich das Hirn einer fröhlichen und interessanten Gästeschar, die dem Frauenfelder jährlich die Ehre gab. *Felix Rosenberg, Frauenfeld*

Podestplatz beim letzten «Schöftler»

Bis 1991 fand jährlich Ende August/anfangs September die Aargauer Meisterschaft im Waffenlauf in Schöftland statt. Für die Läufer kurz und bündig «De Schöftler».

Diesem Anlass war auch das Militärradrennen angegliedert, ebenfalls als Kantonalmeisterschaft ausgeschrieben. Vom UOV Suhrental wurde das Ganze immer tadellos durchgeführt.

Doch 1991 war klar, dass die 15. Austragung die letzte sein sollte. So waren Start und Ziel ins Dorfzentrum verlegt worden, was eine Streckenverlängerung von ca. 1 km mit sich brachte.

Sonst war die anspruchsvolle Strecke von Schöftland aus mit 229 m Höhendifferenz gleich wie in den Vorjahren. Über Wittwil mit dem Aufstieg Richtung Bottenwil, auf dem Scheitel südwärts durch bewaldetes Gebiet über den Chalt zum Wiliberg. Nun ging's talwärts gegen Attelwil und am Fusse des Wilibergs zurück über Wittwil nach Schöftland. Die letzte Austragung am 18. August 1991 war an einem heisser Augustsonntag. Da Distanzen von 16 km für Waffenläufe damals wie heute als Sprintaustragung aufgefasst wurden, war das Lauftempo entsprechend hoch.

Doch ich wusste, dass mir die Hitze wenig antun konnte und ich auch diesen Lauf in der zweiten Hälfte entscheiden werde. So kam es wie es kommen musste, der letzte Kilometer entschied so manches Duell. Glücklicherweise war ich in der Lage, meine gute Position im Rennen zu nutzen und die verschiedenen Vorstösse zu parieren. Mit Freude lief ich als Drittklassierter der damaligen Landwehrkategorie durchs Ziel. Also hatte ich einen Podestplatz herausgelaufen, eine bronzene Auszeichnung und schöne Blumen in Empfang nehmen dürfen. Doppelt

25 Bruno Sinniger unterwegs zum Ziel … hier noch mit dem «Vierfrucht-Kampfanzug»

26 Die ganze Infanterie-Kompanie bei der Präsentation Kdt Mil Sich vor dem ZAZ Eiken bei strömendem Regen. Ein Härtetest für alle Beteiligten

27 Absprache und Zurechtlegen der Taktik … beobachtet Minuten vor dem Start an einem eiskalten Novembersonntag im Jahr 2004 am Frauenfelder Militärwettmarsch

schön für mich, eine sportliche Epoche in der engeren Heimat so positiv in Erinnerung zu haben. *Bruno Sinniger, Unterkulm AG*

Mein erster «Rucksacklauf»

«Wenn du den Freiburger schaffst, dann schaffst du auch alle andern, sogar den Frauenfelder». Mit diesen Worten lockte mich Annerös Wälti während des Viertage-Marsches in Nijmegen an meinen ersten Waffenlauf.

Mit drei Kilo Vogelsand brachte ich meinen Ordonnanz Rucksack auf das verlangte Gewicht von 5,5 kg. Die vorgeschriebenen schwarzen knöcheldeckenden Laufschuhe wurden angeschafft. Zum Tarnanzug, den ich von meinen Divisionswettkämpfen kannte, nähte ich mir ein dazu passendes Stirnband aus Tarnstoff.

So ausgerüstet fuhr ich zur Kaserne in Freiburg. Während des Laufes machten mir die Hitze, Blasen an den Füssen, ein Sturz kurz vor der Staumauer Schiffenen, zu wenig Flüssigkeit, der ungewohnte Rucksack und die teilweise spitzen Bemerkungen einiger Mitläufer zu schaffen. Nach 24 Kilometern erreichte ich das Ziel und freute mich sehr auf die Dusche. Das Wasser war aber nur noch lauwarm und biss giftig in meine aufgescheuerte Haut.

Trotzdem stand ich zwei Wochen später wieder am Start. Diesmal aber viel besser vorbereitet: Den Rucksack mit «Riemli» fest verschnürt, die Schultern mit Pflaster verklebt, saugfähige Socken, die Hosenbeine mit Sicherheitsnadeln verengt. In die Brusttaschen steckte ich mit Cola und Wasser ge-

füllte Bidons, in die Hosentaschen kamen Traubenzucker und gedörrte Bananen. So machten mir die weiteren Läufe viel Spass. Beim Reinacher habe ich mein Tempo verbessert, beim Altdorfer über den Föhn geflucht und am Krienser wurden wir verregnet. Der Thuner war wunderschön und beim Frauenfelder bin ich meinem zukünftigen Ehemann Hanspeter begegnet. Damals kannte ich allerdings nicht einmal seinen Namen.

Kpl Ursula Biedermann, Studen SZ

Zu spät am Start und doch klassiert

Auf der Ausschreibung des Jahres 2005 für den Sprintwaffenlauf in Wohlen war ein Foto von meinem Erzrivalen Paul Gfeller und mir, geknipst anlässlich der Erstaustragung im Jahr 2004. Dieses Foto zierte samt Ausschreibung während eines Jahres meine Pinwand. Als Werber in Sachen Waffenlauf habe ich die Ausschreibung 2006 einem Kollegen weitergegeben. Ich hatte ja noch den Flyer vom Vorjahr…

Als die Waffenlaufvorbereitung am Freitagabend anfing, schaute ich den Flyer an der Pinwand an um die Abfahrtszeit auszurechnen. 13.45h Startzeit minus Vorbereitungszeit = 12 Uhr Ankunft in Wohlen.

Einige Minuten vor elf Uhr startete ich mit der ganzen Familie in Stans. Kurz nach 12 Uhr in Wohlen angekommen schien es mir schon merkwürdig, auf dem Weg in die Garderobe keinem Waffenlaufkollegen zu begegnen. Ich lief schnurstracks auf die Startnummernausgabe zu und sagte voller Elan, ich hätte gerne die Startnummer für die Kategorie Waffenlauf. Da lachten sie mich aus und sagten, die seien schon um 12 Uhr gestartet. Das ist ein verspäteter 1. Aprilscherz, dachte ich zuerst. Doch ich merkte bald, dass dem nicht so war. Für mich war sofort klar, dass ich trotzdem laufen wollte. Das Ziel, dieses Jahr in Thun den 200. Waffenlauf zu bestreiten hatte oberste Priorität. Kleider aus, Kämpfer an, in Bus mit Frau und Kind gestürmt und schon fuhr er Richtung Start. Inzwischen war es 12.20 Uhr. Die Leute im Bus schauten mich mitleidig an. Kaum hielt der Bus, startete ich sozusagen durch. Ich musste mich noch durch die Zuschauer kämpfen, die auf die baldige Zielankunft des Siegers des Waffenlaufs warteten. Bei der Startpassage startete ich meine GPS-Laufuhr und machte mich auf die erste Runde, wo mir schon bald die ersten Waffenläufer entgegenkamen. X-mal musste ich den verdutzt dreinschauenden Kolleginnen und Kollegen erklären: «Start verpasst». So lief ich alleine die Originalstrecke bis ich bei Kilometer 7 endlich die rote Laterne abgeben konnte. Bis ins Ziel habe ich noch einige Läuferinnen und Läufer eingeholt. Im Ziel kam mir ein Funktionär von Datasport entgegen und fragte nach meiner persönlichen Laufzeit. Ihre und meine Zeit lagen 1 Sekunde auseinander. Unter der Dusche musste ich mehrmals meine Geschichte mit dem verspäteten Start erzählen.

Mit Freude konnte ich am Abend im Internet feststellen, dass die Nettolaufzeit gewertet wurde. Im Unterschied zu Urs Sterki und Herbert Hirschi, denen dasselbe Missgeschick vor Jahren passierte, wurde meine Zeit aber separat gewertet, so dass es immerhin noch zum, gemessen an den Umständen, guten 16. Rang bei den M40 gereicht hat. Ende gut, fast alles gut. Bei meinen weiteren Waffenläufen erinnerten mich meine Waffenlaufkameraden regelmässig, wann der Start angesetzt sei ...

Walti Niederberger, Stans NW

Hauptpreis: Waffenlauf-Start

Es war Frühjahr. Schnee und Regen prägte das allgemeine Klima. Mit meiner Infanterie-Durchdiener-Kompanie 2/14 (Inf DD 2/14) war ich in Möhlin AG und Stein AG stationiert. Als Oberleutnant verdiente ich den Kadi ab. Es war eine tolle Zeit. Mit einer tollen Kompanie. Alles junge Typen, die absolut top waren. Aber wie es immer so ist war die Zeit leider schnell vorbei. Ich ging zurück ins Zivilleben, sie in die VBA2, um den Rest ihrer 300 Diensttage, welche sie am Stück leisten, abzuarbeiten.

Den Schluss meines Abverdienens (heute Praktischer Dienst) prägte die Schlussinspektion des Kommandanten der Militärischen Sicherheit, Brigadier Hürlimann.

Beim ZAZ Eiken absolvierten meine Jungs und ich während des ganzen Tages Übungen. Der hintere Laden der Kompanie wurde an den jeweiligen Standorten inspiziert. Eine ganze Menge hoher Offiziere und Bekränzte waren auf Platz. Den Abschluss des Inspektionstages, welcher als wichtigster Tag eines jeden RS-Absolventen gilt, machte ein Referat des Kompaniekommandanten.

Das Thema lautete «Verhältnismässigkeit». Das Referat beinhaltete einen Wettbewerb. Am Schluss musste jeder Zug mehrere Fragen richtig beantworten. Die Soldaten und Kader jedes Zuges hatten Zeit um sich zu beraten. Die Spannung stieg. Antworten fielen. Richtig. Falsch. Richtig. Die Spannung stieg zu meinem Erstaunen fast ins Unermessliche. Und da fiel die Entscheidung. Die Soldaten und Kader des Zuges von Leutnant Bratschi haben den Sieg errungen. Sie erhielten einen speziellen Preis. Der Preis für jeden Einzelnen des Zuges betrug Fr. 32.–. Was das wohl sein mag? Genau, das Startgeld für eine Teilnahme an einem Waffenlauf! Nicht alle hatten die gleiche Freude daran, doch einige jener Männer erblickte ich an nachfolgenden Waffenläufen. Dann drückte ich ihnen jeweils das Startgeld in die Hand und vertilgte mit ihnen nach dem absolvierten Waffenlauf ein Bier und eine Wurst.

Eine schöne Erinnerung an diese tolle Zeit. Und immer wieder schön, einen meiner Jungs zu sehen.

Hptm Schlumpf, Kdt Inf DD Kp 2/14 aD

Startgeplänkel – Taktik oder was?

Ein Waffenlauf-Sonntag. Der erste in der Herbst-Saison. Einige Hundert aus dem gleichen Holz geschnitzte Typen wie ich finden sich allmählich im Startfeld ein. Es sind noch zwanzig Minuten bis zum Start. Einige stehen herum. Andere tigern nervös herum. Die Meisten laufen sich ein. Die einen in Gruppen. Lachend, schwatzend. Andere allein, in Gedanken versunken, denken sich ihre Wettkampftaktik aus. Da gibt es schnelle «Einläufer» und langsame. Man kennt sich, alles bekannte Gesichter. Das Einlaufen tut gut. Ich wärme mit ein paar Vereinskollegen meine kalten Muskeln auf. Hans flitzt vorbei, wünscht «viel Glück». Ein Miteinlaufender berichtet von seiner Grippe die er hatte. «Jäää, hüt wird wohl nünt mitmä schnellä Rennä ...». Da erwidert jemand anders, «ja bi mir chrosed's au sit längerem, isch glaub d'Achillessehne, weiss au nonig wies usgoht hüt...». Die Zeit rückt allmählich näher. Noch 10 Minuten bis zum Start. Ich überlege mir, warum ich einen schlechten Lauf haben könnte. Mentale Vorbereitung würde anders gehen, ich weiss. Oh, da spaziert gerade Peter vorbei. Auf die Frage nach dem Formstand meint er nur: «Hm, i wäs nüüt, aber i ha fascht nüt chöne trainiere dä hüürig Sommer, wäsch...». Und schon wieder einer, der einen schlechten Tag haben wird?! Die Zeit rückt immer näher. Der Speaker posaunt, wer alles am Start sei. Der Lärmpegel steigt. Die Nervosität auch. Die Waffenläufer finden sich ein. Dehnen sich. Schwatzen immer noch und lachen. Alle fühlen sich wohl. «Meine grosse Waffenläuferfamilie live», denke ich. Während ich mit einem Waffenlauf-Gefährten rede, höre ich wieder mit einem Ohr hinter meinem Rücken einen erzählen: «...weiss au nöd rächt, ha nöd chöne trainiere...». Mir kommt in den Sinn, dass ich in den Ferien war und deshalb auch nicht so massiv trainiert habe. Ich erzähle es, in der Hoffnung, so taktische Vorteile erreichen zu können. Kaum erzählt, unterbietet mich mein Gesprächspartner mit Zahlen. «Ich habe noch nie so wenig trainiert wie diesen Sommer, denn ich habe...».

Der Speaker treibt die Spannung in die Höhe. «Machs guet», ruft mir einer zu. «Jo viel Glück und bis im Ziel», erwidere ich. Hinter mir erzählt immer noch ein Läufer von seinen Problemen in der linken Wade, der andere scheint die ganze Vorwettkampfphase mit Schmerzen im Fuss verbracht zu haben. «Alles taktisches Geplänkel, Verunsicherung der Gegner...», denke ich.

Noch eine Minute, dann fällt endlich der Startschuss. Eigentlich fühle ich mich ganz gut. Ich denke, heute reicht es für den Tagessieg. Das wäre mein erster! Aber nur, wenn meine Mitkonkurrenten wirklich so mies in Form sind und Probleme haben, wie sie erzählten. Oder war das alles wirklich nur taktisches Geplänkel? Ja Kalkül sogar? Das Rennen wird es zeigen! Der Speaker beginnt abzuzählen: «10, 9, 8, 7, 6, 5, 4, 3, 2, 1, Start und los, macheds guet». Die Zuschauer jubeln, der Speaker treibt die Spannung ins Unermessliche. Endlich, es geht los. Und plötzlich sind aus Waffenlauf-Freunden Gegner geworden. Jeder jagt jeden. Drängeln, stossen. Die Masse kommt in Bewegung. Aber wo sind denn meine Gesprächspartner von vorhin? Die haben mich ja alle schon zurückgelassen. «Jä nu», denke ich, «heute gibt's also doch keinen Tagessieg», sinniere ich und gebe mein Bestes.

Unterwegs laufen Duelle, vorne wie hinten. Überall wird gekämpft. Da überholt mich doch Paul. Hatte er nicht geklagt wegen seiner Wadenprobleme? Aus seinem Hinken ist ein zügiger und flotter Laufschritt geworden. Ich staune.

Nun gut, ich lief in einer Zeit ein, mit der ich zufrieden war. Und mir scheint, die meisten waren mit ihren Zeiten auch zufrieden. Ein toller Wettkampf geht zu Ende. Die taktischen Geplänkel haben Wirkung gezeigt, wenigstens bei mir. So sind wir Waffenläufer. Taktiker durch und durch. Aus den erbitterten Gegnern unterwegs sind wieder Waffenlauf-Freunde geworden. Die Duelle werden nun analysiert, Wunden geleckt oder Siege ausgekostet. Das ist es alles, was den Waffenlauf zum schönen Erlebnis macht!

Herzlichst und «gueti Besserig»,
Euer Waffenlauf-Kamerad

Radquer-, Motorrenn-, Bob- und Waffenlaufsport

Eigentlich war ich in meinen jüngeren Jahren mit Leib und Seele dem Radquersport verschrieben. Das Fahrrad baute ich aus verschiedenen Teilen zusammen. Leider lief es nicht immer gut, so dass es Gabelbrüche oder platte Reifen gab. Im Jahr 1964 entschied ich mich für den Beruf. Ich fuhr zur See, wurde Matrose. Nach zehn Jahren auf dem Rhein und Kanälen in Holland und Belgien sagte ich dem Rhein auf Wiedersehen und ging an Land. Im Jahr 1973 kam ich durch Zufall nach Assen (Holland) und wendete mich alsdann dem Motorsport zu.

Von einen Sport zum andern

Ein Jahr später fing ich an, Berg- und Rundstreckenrennen zu fahren. Zuerst mit meinem Bruder, ich als Beifahrer. Ein Jahr später versuchte ich es selbst als Fahrer. Ich habe auch gute Kameraden unter den Fahrern gefunden wie Bruno Kneubühler, Rolf Biland oder René Sigrist. Von der Juniorenmeisterschaft bis zur Weltmeisterschaft bin ich alles gefahren. In Frankreich haben wir sogar einen Sieg herausgefahren. War das eine Freude! 1983 war meine Geldtasche leer, sodass ich den Motorrennsport aufgeben musste. Nach den zehn Jahren Fast-Spitzensport wollte ich mal nichts tun. So geht es aber nicht. Im Fernsehen, 1984, schaute ich eine Sendung über die Bobfahrer. Mein neues Ziel: in einer solchen Kiste zu fahren. Durch Zufall lernte ich Toni Bukowski, den bekannten Bobfahrer kennen. Schon wieder konnte ich nicht «Nein» sagen und fuhr mit ihm schon bald während Jahren in Österreich, Italien und Deutschland Alpencuprennen der Klasse A. Ich hörte mit dem Bobsport wieder auf, denn der Geldbeutel war wieder leer.

Neue Freiheit?

«Jetzt kann ich mich wieder meiner Freiheit widmen», dachte ich. Denkste.

1990 lernte ich Stephan Albrecht, der wie ich Freude am Motorradfahren hat, kennen. Stephan erzählte mir von seinen Hobbies. Ich hörte mal zu: «Marschieren und Waffenläufe».

Als kleiner Junge habe ich auf der Forch beim Denkmal zugeschaut, wie Leute mit Rucksack und Gewehr an uns vorbei liefen: Zürcher Waffenlauf.

Aber so was als Hobby? Nie! Er erzählte auch vom 4-Tage-Marsch Nijmegen. Nach einigen Flaschen Bier sagte ich ja. 1993 fuhr ich mit etlichen weiteren Marschierern nach Holland an den 4-Tage-Marsch. Mit dem Militärischen hatte ich eigentlich abgeschlossen. Aber eben...

Unterwegs wurde wieder vom Waffenlauf erzählt, und es reizte mich immer mehr, einmal mitzumachen. So kam es wie es so ist, dass ich am Frauenfelder-Militärwettmarsch 1995 teilnahm.

«Nie mehr», sagte ich. Doch die Sucht und die tolle Kameradschaft liessen mich weitere Wettkämpfe absolvieren. Bis heute. Schon 87 Mal.

Wie ich zu meiner Frau kam

Warum ich mit dem Waffenlauf nicht aufhören kann ist auch noch eine Geschichte wert.

Eine Liebste machte vor meiner Zeit in einer Marschgruppe mit. Ich habe sie gefragt, ob sie nicht auch einmal Lust hätte an einem Waffenlauf zu starten.

«Nein, nein, nein und nochmals nein», sagte sie. Diese Antwort habe ich gehört. Zur gleichen Zeit wollte sie «mehr» von mir. Da sagte ich: «Kein Waffenlauf, kein Sex». Und so stand meine heutige tolle und superliebe Ehefrau am nächsten Tag am Start. An ihrem ersten Waffenlauf. Bis heute nahmen wir an vielen Waffenläufen und Märschen teil. Eine schöne Zeit. Zusammen!

Ich könnte noch viel mehr erzählen, aber jetzt ist Schluss

Robert Egolf, Meilen ZH

Nicht schnell, aber originell
In jedem Kanton einen Lauf (1991)

Als Läufer lasse ich mir zum 700. Geburtstag der Heimat etwas Besonderes einfallen: In jedem Kanton will ich einen offiziell ausgeschriebenen Lauf bestreiten, Mindestlänge 5 km. Ungeduldig erwarte ich das Erscheinen des Laufkalenders 1991. Generalstabsarbeit ist nötig. Die Auswahl ist in einzelnen Kantonen nicht sehr gross, oft gibt es nur einen einzigen. Zu diesen Kantonsläufen gehört die Teilnahme an 11 Waffenläufen.

SG: Beginn der «Tour de Suisse», erstmals mit zivilen Laufschuhen am Start eines Waffenlaufs. Ich schaffe die Rundstrecke wie immer unter zwei Stunden.

TI: Ostermontag, Bleniotal: Knapp vor dem Start erreiche ich Dongio mit Autostopp ab Biasca. «Giorni feriali» im Fahrplan heisst eben Werktage und nicht Feiertage.

NE: Waffenlauf mit Start und Ziel in Colombier. Neue Strecke weniger beschwerlich als früher über die Vue des Alpes. Glänzende Laufzeit für mich als Schwergewichtler.

ZH: Waffenlauf von den Fluntern auf die Forch und zurück. Sehr schön angelegter Lauf in herrlicher Frühlings-Landschaft.

NW: Viele Teilnehmer am ersten und einzigen Nidwaldner Waffenlauf zur 700-Jahr-Feier der Eidgenossenschaft.

UR: Rütlischwur-Gedenklauf mit Start auf dem Rütli und Ziel auf der Alp Laueli. Hart ist das Leben eines Bergläufers. Käselaib als Auszeichnung. Auf dem «Weg der Schweiz» in gemächlicherem Tempo weiter bis Flüelen.

BS: Chrischonalauf in Riehen. Wussten Sie, dass es im Kanton Basel-Stadt einen Berglauf gibt?

SO: Abendlauf in Derendingen, schnelle flache Strecke, sehr gute Laufzeit für meine Verhältnisse. Gemütliches Beisammensein.

GR: Mittwochabendlauf in Bonaduz. Bescheidenste Vorstellung im Rahmen dieser Kantons-Serie. Zu berücksichtigen ist allerdings dass sich die Velotour über Albula und Julier am gleichen Tag bemerkbar machte. Ein langer Tag ab und bis Düdingen.

SZ: Rund um den Sihlsee in Einsiedeln, sehr heisser Tag. Zwischendurch marschieren ist ja nicht ausdrücklich verboten.

AI: Einziger Lauf in Appenzell-Innerrhoden. Wer in allen 26 Kantonen einen Lauf bestreiten will, muss in Brülisau an den Start und den Hohen Kasten hinaufkraxeln. Prachtvoller Tag.

OW: Rund um den Sarnersee. Die Laufentdeckung des Jahres. Sehr gut organisiert, schöne Strecke, viele Verpflegungsstände.

FR: Heim-Waffenlauf durch den Wohnort. Die Müdigkeit des Sarnerseelaufs vom Vortag lasse ich mir nicht anmerken.

AG: Reinacher Waffenlauf. Wärme und Laufzeit in enger Beziehung zueinander. Die Stiftskirche in Beromünster besuchen wir seither regelmässig.

ZG: Rund um den Aegerisee. Regen, Regen. An diesem Donnerstagabendlauf habe ich den Narren gefressen. Jedes Jahr wieder dabei.

AR: Lange Hin- und Rückreise für kurzen Lauf. Bei uns nennt man diese Art Läufe Cross. Tags darauf Gedenklauf Murten-Freiburg.

JU: Sehr schnelles Rennen in den Gassen von Delsberg. Beim Brunnen an der ersten Ecke Letzter. Ab dritter Runde hole ich mächtig auf.

LU: Krienser Waffenlauf. Zusammen mit Thun liebster Lauf mit der Packung auf dem Rücken. Im Vorjahr Jubiläum (150 Waffenläufe).

BL: Lupsinger Herbstlauf, zählt für die Wertung des Senioren-Laufvereins Schweiz (SLVS), ruppige Strecke im Basler Jura.

BE: Thuner Waffenlauf, bereits zum 18. Mal dabei, schöne Herbstfarben. Trotz Frei-

Kt.	Datum	Lauf / Ort	Länge	Laufzeit
SG	17.03.	**32. St. Galler Waffenlauf**	18,2 km	1.56 h
TI	01.04.	7. Bleniolauf Dongio	11,0 km	0.55 h
NE	07.04.	**43e Course militaire de Neuchâtel**	21,1 km	2.03 h
ZH	21.04.	**34. Zürcher Waffenlauf**	24,1 km	2.37 h
NW	26.05.	**1. Nidwaldner Waffenlauf**	18,7 km	1.54 h
UR	02.06.	14. Rütlischwur-Gedenklauf	9,5 km	1.39 h
BS	26.06.	8. Chrischonalauf Riehen	10,5 km	0.58 h
SO	28.06.	10. Abendlauf Derendingen	10,0 km	0.47 h
GR	28.08.	10. Abendlauf Bonaduz	10,0 km	0.56 h
SZ	31.08.	5. Sihlseelauf Einsiedeln	16,0 km	1.33 h
AI	01.09.	5. Berglauf Brülisau - Hoher Kasten	8,2 km	1.22 h
OW	07.09.	17. Rund um den Sarnersee	17,75 km	1.31 h
FR	08.09.	**14. Freiburger Waffenlauf**	18,1 km	1.55 h
AG	22.09.	**48. Reinacher Waffenlauf**	24,8 km	2.49 h
ZG	26.09.	8. Rund um den Aegerisee	14,0 km	1.07 h
AR	05.10.	5. Geländelauf Reute	6,5 km	0.36 h
JU	19.10.	11e Course de Comptoir Delémont	6,5 km	0.29 h
LU	20.10.	**36. Krienser Waffenlauf**	19,1 km	1.56 h
BL	26.10.	2. Lupsinger Herbstlauf	12,2 km	1.05 h
BE	03.11.	**33. Thuner Waffenlauf**	27,2 km	2.53 h
VD	09.11.	9e Course du Comptoir Payerne	12,7 km	0.59 h
TG	17.11.	**57. Frauenfelder Militärwettmarsch**	42,2 km	4.42 h
GL	29.11.	8. Stadtlauf Glarus	6,3 km	0.28 h
GE	07.12.	14e Course de l'Escalade Genève	7,25 km	0.34 h
SH	08.12.	1. Halbmarathon Stein am Rhein	21,1 km	1.42 h
VS	14.12.	23e Course de Noël Sion	7,0 km	0.33 h
CH	**1991**	**26 Läufe in 26 Kantonen**	**400,0 km**	**39.59 h**

gabe des Schuhwerks sind am Ziel alle gleich (dreckig).

VD: Geländelauf Payerne. Strecke länger als ausgeschrieben. Letzte Runde auf der Bahn im Stadion, neben der Halle des Comptoirs.

TG: Frauenfelder, der König der Waffenläufe. Schnee, ideale Lauftemperaturen, mit Laufzeit sehr zufrieden.

GL: Schnellste Laufzeit. Trotz weiter Bahnreise immer wieder am Start. Sympathische Atmosphäre.

GE: Course de l'Escalade. Traditionslauf in der Genfer Altstadt. Gute Ambiance. Bis 2005 grösster Lauf der Schweiz, nachher Grand Prix von Bern).

SH: Halbmarathon Stein am Rhein. Schnelle flache aber windanfällige Laufstrecke. Sehr gute Laufzeit zum Saisonabschluss.

VS: Finale am Weihnachtslauf in Sitten. Schmerzhafter Abschluss der «Tour de Suisse». Den Boden will ich erst nach dem Zieleinlauf küssen, ein Mitkonkurrent verhilft mir schon beim Start dazu. Trotzdem: Ziel mit blutenden Knien erreicht!

Dazu habe ich den Marathon in Wien und weitere 31 Läufe in der Schweiz absolviert, worunter den Berner Waffenlauf (einmalig) und den Hans-Roth-Waffenlauf Wiedlisbach. Mit weiteren Läufen in den Kantonen Freiburg (7x), Bern (7x), Neuchâtel (6x), Aargau (2x), Waadt (2x), Basel-Stadt (1x), St. Gallen (1x), Tessin (1x), Luzern (1x) und Zürich (1x) komme ich auf nie mehr erreichte 58 Läufe im gleichen Jahr.

Lauf durch das ganze Alphabet (1997)

Sechs Jahr später, im Jahre 1997, kommt mir die Idee «das ganze Alphabet zu durchlaufen», also je einen Lauf in einem Ort mit A.., B.., C.. bis Z.. zu bestreiten. Auch dieses Vorhaben gelingt nach detailliertem Studium der schweizerischen und französischen Terminkalender. Denn einen Lauf in einer Ortschaft mit Q gibt es in der Schweiz nicht und einen Ort mit X gibt es überhaupt nicht. Für den Q reise ich demzufolge nach Quimper in die Bretagne und für den X nach Xeuilley in Lothringen. Für den P hätte ich nur bis Payerne reisen müssen ziehe aber Pau in den Pyrenäen vor. Den S vollende ich am Rennsteiglauf in Schmiedefeld in Thüringen. Den Schlusslauf mache ich am Weihnachtslauf in Evian-les-Bains. Falls ich wie beim letzten

A:	Avry-sur-Matran, Foulées
B:	Bern, Grand Prix. Weitere Läufe in Belfaux, Bex, Bremgarten, Broc
C:	Cortaillod, Course du Vignoble
D:	Düdingen, Cross. Weiterer Lauf in Domdidier
E:	Evian-les-Bains, Course de Noël
F:	Freiburg, Freiburger Waffenlauf. Weiterer Lauf: Murten-Freiburg
G:	Genève, Course de l'Escalade
H:	Heitenried, Geländelauf
I:	Ilanz, Stadtlauf
J:	Jens, Jäissberglauf
K:	Kerzers, Kerzerslauf. Weitere Läufe in Kaisten, Kehrsatz, Kloten
L:	Lichtensteig, Toggenburger Waffenlauf
M:	Moudon, à travers. Weitere Läufe in Marsens, Matran
N:	Neuchâtel, Corrida. Weiterer Lauf in Niederbipp
O:	Onex, à travers
P:	Pau/Pyrenäen, semi-marathon. Weiterer Lauf in Prez-vers-Noréaz
Q:	Quimper/Bretagne, semi-marathon
R:	Rapperswil SG, Schlosslauf
S:	Sempach, Hellebardenlauf
SCH:	Schmiedefeld/Thüringen, Rennsteig-Marathon
T:	Thun, Halbmarathon-SM
U:	Utzenstorf, Emmenlauf
V:	Vevey, Course de la vielle Ville
W:	Wohlen AG, Pfingstlauf
X:	Xeuilley/Lothringen, Dorflauf
Y:	Yverdon-les-Bains, Bahnlauf
Z:	Zürich, Neujahrslauf

Lauf der Kantonsläufe wieder gestrauchelt wäre, hätte ich tags darauf noch Estavayer-le-Lac in Reserve gehabt. Im 1997 bestreite ich nur zwei Waffenläufe, den Toggenburger und den Freiburger. Terminkollisionen waren nicht zu vermeiden und das ABC hatte Vorrang.

Das sind sie, die 40 Alphabets-Läufe im Jahre 1997. Versuchen Sie, liebe Leserin, lieber Leser, eine Kombination von Kantons- und Alphabetsläufen im gleichen Jahr. Mein Jahrgang 1943 lässt dies nur noch in der Theorie zu.

Beat Schmutz, Düdingen FR

Liebe auf den ersten ... Lauf

Es war 1999, als ich Fredy Schwarzer begegnete, einer Waffenlauf-Legende. Er sass im Publikum, das mich so unglaublich stark anfeuerte, als ich den Weltrekord im Dauerbügeln aufstellte. Fredy war von meiner Leistung fasziniert, und er hatte die verrückte Idee, mich für eine andere Willensleistung zu begeistern, den Waffenlauf! Der 19 km lange Krienser stand vor der Tür, und er konnte mich für eine Teilnahme überreden, d. h., überreden ist übertrieben, denn ich war sofort damit einverstanden. Als ich dies zu Hause erzählte, schüttelten meine Leute ziemlich ungläubig den Kopf. Sie sagten es nicht, aber sie dachten es: Wie kann diese kleine, schlecht trainierte Frau eine für harte Männer geschaffene Disziplin bestreiten? Nun, sie wird es ja dann sehen. Tatsächlich war ich noch nie eine längere Distanz als vielleicht 5 km gerannt, und ich wusste ja auch nicht, worauf ich mich genau einliess. Doch Fredy glaubte an mich, und seine Begeisterung steckte mich an und gab mir den notwendigen Mut, oder war es Leichtsinn? Es war eben dann „Liebe auf den ersten Lauf", eine Leidenschaft, die mich seither nie mehr losgelassen hat. Nach dem Krienser wusste ich, dass ich immer wieder im Militärgewand und mit 5 kg Gepäck auf dem Buckel rennen wollte. Waffenlaufen wurde zu einer meiner ganz grossen Leidenschaften!

Nach Kriens folgte Thun. Viele meinten immer noch, dass ich mit meinen dünnen

Eufemia Stadler mit ihren beiden Waffenlauf-Kameraden Kony Eisenhut (links) und Fredy Schwarzer (rechts) im Waffeläufer-Stübli Reinach 2006

Beinen keine langen und mit Steigungen gespickten Läufe durchstehen würde. Doch ich strafte sie Lügen, denn auch Thun wurde zur schönen Erinnerung, unvergesslich dieser sagenhafte Blick auf die Berge, aber auch das Durchhalten, das Publikum, die Kameradschaft, all dies gab mir Kraft! Der nächste Lauf war der Frauenfelder: Magisch wirkte dieser Name auf mich, ein Marathon mit Gepäck, eine noch verrücktere Idee, dort mitmachen zu wollen! Endlich kam der grosse Tag, auch der Tag der grossen Lüge. Ich erfüllte noch alle meine Pflichten im Pflegeheim, sagte meinen Leuten, dass ich als Helferin nach Frauenfeld fahren würde, denn ich wollte ihnen diesen Gedanken nicht zumuten: Die zierliche Eufemia an einem Marathon! Ich aber packte heimlich mein Militärgewand ein und reiste in aller Eile und im letzten Moment nach Frauenfeld, kam gerade noch rechtzeitig zur Startnummernausgabe und befestigte hastig - mit diesen verflixten Sicherheitsnadeln, die für das dicke Gewebe der Militärklamotten nun einfach zu schwach sind - meine Startnummer so, dass sie mich beim Laufen nicht behinderte. Unterdessen habe ich mich an diese kleine Herausforderung gewöhnt, ja sogar daran Spass gewonnen.

Endlich erfolgte der Startschuss des Frauenfelders, die Spannung löste sich, und das Laufen verdrängte bald die Gedanken an die unendlich scheinende Distanz vor mir. Es wurde ein Tag der Kameradschaft. Ich gab mir alle Mühe, wenigstens nicht die Letzte im Feld zu sein. Bald nach dem Start, es mag innerhalb der ersten 5 oder 6 km gewesen sein, traf ich Margarethe und Röbi sowie einen Unbekannten, einen Läufer mittleren Alters. Solange der Parcours flach war, lief ich stark, bergauf die andern drei, aber wir trennten uns trotzdem nicht. Oft führten uns die zwei Männer an. Der Unbekannte fand es lustig, dass wenigstens bei dieser Gelegenheit zwei Frauen hinter ihm herrannten. Plötzlich, nach vielleicht 30 km, ereilten ihn Muskelkrämpfe. Ich bot ihm an, ihn zu massieren. Dazu musste ich natürlich niederknien, und nur mit grosser Mühe stand ich wieder auf. Wir vier rannten alle zusammen wieder weiter bis etwa 5 km vor dem Ziel, als Röbi rief: «Jetzt soll jeder alleine weiterrennen!» Es waren nur noch 5 km bis ins Ziel! Es wurde mir bewusst, dass ich das Ziel erreichen würde, und bei diesem Gedanken musste ich weinen, und ich dachte an meine Kinder und an meine gespendete Niere. Wie gut ich doch mit einer einzigen Niere rennen konnte! Zwei unseres Grüppchens spürten, dass ich noch Reserven hatte und eigentlich noch schneller rennen konnte als sie. Deshalb riefen sie immer wieder: «Renne doch allein weiter!» Ich aber antwortete, nachdem ich darüber kurz nachgedacht hatte: «Jetzt sind wir schon 38 km zusammen gerannt, wir rennen auch noch die letzten 4 km zusammen!» Hand in Hand erreichten wir endlich das Ziel, es war ein unvergessliches Erlebnis, es kommen mir heute noch die Tränen, wenn ich daran denke.

Ein halbes Jahr nach dem Frauenfelder bewältigte ich den 100-km-Lauf von Biel, natürlich auch eine verrückte Idee von Fredy. Aber es gelang mir auch diese unmenschlich lange Distanz zu bodigen. Fortan sehnte ich mich danach, möglichst bald wieder einen Waffen- oder sonstigen Lauf bestreiten zu dürfen. Am meisten liebte und liebe ich die Waffenläufe, denn sie öffneten mir die Augen für die landschaftlichen Schönheiten der Schweiz und vor allem brachten sie eine Art und Intensität von Kameradschaft, wie man sie sonst kaum schöner erleben kann. Bei welcher anderen Wettkampfdisziplin würde mir ein Spitzenläufer die letzten Meter entgegenrennen und zusammen mit mir den Weg bis zum Ziel zurücklegen, wie ich dies sehr oft erleben durfte? Danke, dass ich mit euch zusammen rennen durfte, danke, danke, danke für alles; für mich ist ein Traum in Erfüllung gegangen!

Eufemia Stadler, Zürich

Kameradschaft als Motivation

Wenn es um Waffenlauf geht, darf der Hinweis auf die Kameradschaft innerhalb der Läuferschar nicht fehlen. Im «Juwo-Sportbuch» 1964 schreibt der mehrfache Marathonmeister Jules Zehnder: «Warum bestreiten immer wieder, trotz Mahnrufen der Sportpresse, so viele gute Langstrecken- und Marathonläufer Militärläufe? Es herrscht eine kameradschaftliche Atmosphäre, die einfach immer wieder hinzieht!» In den «Luzerner Neusten Nachrichten», im Vorfeld zum 50. Reinacher, sagte der damalige EMD-Chef zu seinem Waffenlaufdebüt 1971 in Reinach: «Ich war überrascht, welche Kameradschaft und welcher Sportgeist in dieser Sparte vorherrscht. Hätte ich keine Knieprobleme nach einem Bergunfall gehabt, wäre der Waffenlauf wohl zu meinem bevorzugten Sport geworden.»

Redet man heute mit den Aktiven, so ist vielfach das Argument «Kameradschaft» die Motivation zum Mitmachen. Wer schon einmal in der Garderobe vor oder nach einem Waffenlauf zugegen war, der weiss, wovon hier die Rede ist.

Silvio Bertschi, Pfeffikon AG

Ein Bundesrat läuft mit

Es muss um 1970 herum gewesen sein, als ich mit einigen Kollegen am Reinacher teilnahm. Es war ein makelloser Herbsttag, als ich mein Tenue blau fasste, dessen Hosen etwa fünfzehn Zentimeter zu kurz waren, und die Packung mit meinem schönen dunkelbraunen Karabiner auf die Waage legte. Ein Lautsprecher quäkte beim Reinacher Schulhaus, die Newcomer holten sich bei den erfahrenen Läufern letzte Ratschläge und die Spannung stieg, bis endlich der erlösende Startschuss fiel und die Stars wie von Taranteln gestochen davoneilten. Ich hielt im Mittelfeld zuerst wacker mit und wechselte hin und wieder mit meinen mir unbekannten Mitläufern ein paar Worte. Im Unterschied etwa zum Engadiner, wo ich mich vor allem an verbissene Gesichter und nach vorne drängelnde Fanatiker erinnere, war die Stimmung locker, kameradschaftlich und entspannt. In allen Dörfern säumten Menschen die Strasse und spornten die Läufer an. Vor Schwarzenbach begann mein Unfallknie höllisch zu schmerzen. Die Schläge der Ordonnanzschuhe auf Asphalt wurden immer unerträglicher, aber aufgeben kam nicht in Frage. Läufer um Läufer zog an mir vorbei, und manch einer versuchte, mich mit ein paar launischen Sprüchen aufzumuntern. Aber ich schaffte es irgendwie bis ins Ziel, und ich möchte das schöne kameradschaftliche Erlebnis in meiner Erinnerung nicht missen.

Es war eine andere Zeit. Nein, wir waren auch damals vom Militär nicht gerade begeistert. Aber die Armee war unbestritten. Die Erinnerung an den Weltkrieg war noch bei vielen Menschen lebendig. Der Einmarsch der Sowjetarmee in Ungarn 1956 und in Prag 1968 hatte gezeigt, dass es potenzielle Feinde gab, die die Wehrlosigkeit eines Landes ohne Armee hätten ausnutzen können. Fast alle Männer leisteten bis ins reifere Alter Militärdienst, Uniformen gehörten zum Stadt- oder Dorfbild, und wo Schweizer zusammensassen, wurde über kurz oder lang über das Militär gesprochen. Militärische Vereine blühten, Divisionsmeisterschaften, freiwillige Gebirgskurse, Feldschiessen und eben Waffenläufe hatten Zulauf. Wer einen Waffenlauf gewann, genoss im Volk hohes Ansehen.

Nach dem Fall der Mauer begann sich das alles, zuerst kaum merklich, um die Jahrtausendwende dann rascher, zu verändern. Der konkret fassbare mögliche Feind kam – glücklicherweise! – der Armee abhanden. Die Bedrohung wurde diffuser, schwerer fassbar, aber nicht minder gefährlich. Die Armee musste sich anpassen. In diesem schwierigen Prozess wurden Dienstzeiten verkürzt und das Austrittsalter herabgesetzt. Der Anteil dienstleistender Männer ging trotz allgemeiner Wehrpflicht stark zurück. Das Militär zog sich aus der öffentlichen Wahrnehmung zunehmend zurück. Das alles begann sich auch auf den Wehrsport auszuwirken. Die Teilnehmerzahlen gingen zurück, die Medien nahmen immer weniger Notiz davon, der Nachwuchs begann zu fehlen.

Alles hat seine Zeit. So sehr man diese Entwicklung bedauern mag: Man kann sie nicht aufhalten. Neues entsteht, und dieses muss nicht schlechter sein als das Vergehende. Der Entscheid, den «Reinacher» aufzugeben, schmerzt, aber er ist konsequent. Dieser letzte «Reinacher» soll Anlass sein, all jenen den Dank auszusprechen, die ihn über Jahrzehnte ermöglicht und getragen haben: den Organisatoren, den Behörden und – natürlich! – den Teilnehmern (und in den letzten Jahren auch den Teilnehmerinnen). Sie alle haben einen Anlass geprägt, der für den Sport und den Wehrwillen während vieler Jahre unverzichtbar war. Bald wird ein weiterer Waffenlauf, der Reinacher, Geschichte sein. Geschichte aber ist besonders wichtig, wenn sich die Zeiten ändern.

Kaspar Villiger, Bundesrat 1989 – 2003, Vorsteher EMD 1989 – 1995

Waffenläufer entwaffnet

Im freiburgischen Sensebezirk ist die Entlassung aus der Wehrpflicht eine feierliche Angelegenheit. Mit Jahrgang 1943 wurde ich Ende 1993 aus der Wehrpflicht entlassen. Die 50-Jährigen treffen sich bereits zum Frühstück in ihren Beizen und fahren dann gemeinsam in den Bezirkshauptort Tafers. Es kommt zu einem Wiedersehen mit alten Kameraden, von denen sich einzelne jahrelang nicht mehr gesehen haben. Dienst- und Schiessbüchlein werden gefasst, die 132 zu Entlassenden in zwei Gruppen aufgeteilt: Je etwa die Hälfte mit einem grünen bzw. einem roten Aufkleber auf dem Dienstbüchlein. Grüner Punkt bedeutet fleissige Schützen, sie haben das Obligatorische und das Feldschiessen im Jahre 1993 absolviert. Ob sie auch in Zukunft noch schiessen werden oder ihr Gewehr nach der Entlassung verschrotten oder verhökern ist völlig nebensächlich. Roter Punkt bedeutet Abgabe des Gewehrs, des Putzzeugs und des Bajonetts. Als Richtstrahl-Pionier hatte ich während der RS, den acht WK und den vier EK schon immer grösseren Spass, Meldungen durch den Äther als Blei durch die Luft zu jagen. Das Obligatorische war für mich, wie der Name sagt, obligatorisch oder unfreiwillig. Als Waffenläufer benötige ich aber mein Gewehr zur Ausübung des Sports auch nach der Entlassung noch. Meine Eingabe an das Kreiskommando wie auch die Erläuterungen anlässlich der Entlassung fruchteten nichts. Tröstlich war immerhin die Aussage des Kreiskommandanten -x-y, dass ich selbst bei 500 absolvierten Waffenläufen kein Anrecht auf mein Sturmgewehr hätte! Dabei lag mein Wunschziel «bloss» bei 200 Läufen. Selber schuld, schiessen hätte ich müssen, selbst wenn ich nur den Rahmen getroffen hätte. Die Lobeshymnen an die 50-Jährigen, der Dank des Vaterlandes, es hinterliess bei mir einen schalen Geschmack. Nach 175 absolvierten Waffenläufen und einem „Zähler-Stand" von genau 4'444 Kilometern hatte ich doch irgendwie eine Beziehung zu meinem wenn auch zweckentfremdeten Sportgerät Nr. 331'866, mit dem ich bei Sonne und Regen, bei Hitze und Kälte, bei Nebel und Schnee während dreier Jahrzehnte durch elf verschiedene Landschaften in der Schweiz gerannt und zwischendurch auch mal marschiert

29 Hans Weibel aus Jonschwil SG am Zürcher Waffenlauf 2005

30 Reto Bigger mit «seinen» Fans nach der heissen Austragung wenige Kilometer vor dem Ziel des Wiedlisbacher Waffenlaufes 2006

bin. Zudem enthielt es die Postleitzahl 3186 meines Wohnortes Düdingen. Ab und zu habe ich es auch verwünscht und zwei Wochen später wieder hervorgenommen! Wo es heute wohl ist? So startete denn seit dem Toggenburger 1994 ein mit ärztlichem Attest versehener 51-jähriger aus der Wehrpflicht entlassener Senior mit zotteloser Mütze im dunklen Farbbereich und übertraf sein Ziel von 200 Waffenläufen mit einem fremden Gewehr.

Beat Schmutz, Düdingen FR

Aus einem Waffenlauf wurden 215

In meiner Jugendzeit interessierte ich mich nur wenig für den Waffenlauf. Beim Frauenfelder war ich einige Male beim Durchgang in Wil als Zuschauer dabei und staunte ob der grossartigen Leistung der Läuferschar bei jeder Witterung.

Bis zu meinem 41. Altersjahr war ich sportlich untätig. Dann erlitt ich einen Herzinfarkt. Nach der Rehabilitation wurde ich angespornt mein Gewicht zu reduzieren und gleichzeitig die Ernährung umzustellen.

Nun begann ich mit dem Laufsport. Ich steigerte das Training stetig bis ich mich entschloss (angespornt durch Läuferkollegen), am fünfzigsten Frauenfelder Jubiläumslauf 1984 mitzulaufen. Mühsam habe ich mich an meinem ersten Waffenlauf durchgekämpft. Nach der Zielankunft sagte ich mir, das war mein erster und zugleich letzter Waffenlauf. Zurück blieben die schönen Erinnerungen an die grandiosen Zuschauermassen und an die grosse Läuferschar (50. Jubiläumslauf mit über 1400 Läufern).

Das Training setzte ich natürlich fort. Irgendwann entschloss ich mich, im Frühjahr am Toggenburger und am St. Galler zu starten und so ging's weiter, mit der Packung Waffenläufe zu bestreiten. Nun bin ich schon 22 Jahre dabei und habe bereits 218 Waffenläufe bestritten. Trotz des langsamen Aus dieser Sportart habe ich immer noch den Plausch, mit meinen tollen kameradschaftlichen Läufern dabei zu sein!

Hans Weibel, Jonschwil SG

Militärmusik und Waffenlauf

Über Jahre bedeutete Waffenlauf auch Militärmusik. Musikfreunde strichen sich jeweils den Vorabend zum Reinacher Waffenlauf rot in ihrer Agenda an. Bei freiem Eintritt (Türkollekte) musizierte vielfach das Spiel der Inf RS 205 aus Aarau. Sehr oft war dabei der Saalbau sehr gut besetzt, wenn die strammen Rekruten zu ihren fetzigen Stücken ansetzten. In der Regel machte ein Platzkonzert vor dem Start am Sonntagmorgen, dann in Beromünster und später wieder im Zielgelände Werbung für Militärmusik vom Feinsten. Aus organisatorischen Gründen seitens des Militärs musste der beliebte Vorabendanlass in den letzten Jahren fallen gelassen werden. In verdankenswerter Weise spielten am Sonntag jeweils Musikgesellschaften aus der Region auf und retteten dadurch die Blasmusiktradition des Laufsonntags.

Silvio Bertschi, Pfeffikon AG

Langfinger?

Am 61. Reinacher Waffenlauf vom 26. September 2006 meldete sich Jörg Hafner bei seinem ersten Saisonstart eindrücklich zurück.

Der damals 39-jährige Luzerner gewann souverän vor seinem stärksten Kontrahenten Martin von Känel. Aber nicht deswegen bleibt mir dieser Waffenlauf in bester Erinnerung, sondern weil ich am Morgen den Zug verpasst habe. Da ich dadurch verspätet in Reinach eintraf, bestellte ich per SMS bei Dominik einen TAZ 90 und die Startnummer. Bei meiner Ankunft, knapp 15 Minuten vor dem offiziellen Start, händigte mir die gute Seele Dominik die Gegenstände aus, so dass ich noch rechtzeitig den Start erreichte. Zu meinem Erstaunen war dann aber später im Startraum nichts mehr von Dominik zu sehen. Dieser traf dort erst wenige Sekunden vor dem Startschuss ganz aufgeregt ein. Der Grund: Ein kopfloser Waffenläufer hatte Dominiks Packung mitlaufen lassen. Dank einer Durchsage des Speakers und eines aufmerksamen Waffenlauf-Kameraden, welcher die «Packungsaufnahme» oder Verwechslung beobachtete, kehrte die Packung rechtzeitig zu Dominik zurück. Ich kann nur sagen «Dummheit die man bei anderen sieht, wirkt meist erhaben aufs Gemüt.» Und Dominik weiss seither, dass man vor Idioten auch an einem Waffenlauf-Sonntagmorgen nicht gefeit ist! Das war ein wahrlich erlebnisreicher Tag...

Reto Bigger, Zürich

Gemeinsam schaffen wir das Abenteuer

Waffenlauf ist für mich etwas ganz Besonderes. Zwar habe ich noch nie daran teilgenommen, doch Erlebnisse rund um diesen «Mythos» habe ich schon mehrere Male sammeln können ... Für alle Leserinnen und

Leser hier also mein Laufbericht «Gemeinsam schaffen wir das Abenteuer Marathon-Waffenläufer und zivile Klassen beim 69. Frauenfelder».

Liebe Lauffreunde,
heute habe ich für euch noch ein Schmankerl parat. Nein, es gibt nichts zum Futtern. Aber: Habt ihr schon mal was von Waffenläufen gehört? Das hat vielleicht der eine oder andere mal beim Bund gemacht. Aber wenn ich euch diese Frage stelle, wird mancher überlegen, ob das überhaupt auf Zeit geht.

Was ist denn überhaupt ein Waffenlauf?
Wenn ihr den Laufkalender zur Hand nehmt, werdet ihr in der Fassung des DLV nicht fündig. Ihr müsst euch dann schon die schweizerische Ausgabe angeln. Der Waffenlauf ist wohl unter den Ausdauersportarten eine traditionelle Besonderheit, die es nur bei den Eidgenossen gibt. Seinen Anfang nahm diese Spezialität bereits im Jahr 1916 in Zürich. Die eigentliche Geburtsstunde schlug aber 1934 mit der erstmaligen Austragung des Frauenfelder Militärwettmarschs, dem heute noch unbestrittenen Königslaufs der Waffenläufe. Wenn ich euch bekanntgebe, dass heuer die 69. Ausgabe des «Frauenfelders» stattfand, dann zeugt das doch von einer langen Ausdauer der Organisatoren.

Und was ist das Besondere daran?
Nun ja, eigentlich müsstet ihr das mal sehen, oder gleich mitlaufen. Für die Waffenläufer ist ein Wettkampfreglement beschlossen. Nach diesem haben die Sportler im Tenue (Tarnanzug bestehend aus Jacke und Hose) anzutreten. Die sogenannte Packung besteht aus Kampfrucksack mit verpacktem Sturmgewehr, wobei der Gewehrlauf sichtbar sein muss. Für Männer beträgt das Gewicht 6,2 Kilo, für Frauen immerhin auch noch 5 Kilo, wobei das schwache Geschlecht die Waffe weglassen kann. Schummeln mit dem Gewicht wird nicht geduldet, denn die Veranstalter sorgen für Kontrollen vor dem Start und auch im Ziel. Damit die Füße nicht zu stark leiden, sind auch zivile Laufschuhe erlaubt, wobei auch einzelne «Kampfschweine» mit Stiefeln und Halbschuhen antreten. Längst gehören auch Frauen und Jugendliche dazu, letztere starten meist auf kürzeren Strecken. Auch hat der eine oder andere Veranstalter auch zivile Läufer mit ins Boot genommen, denn der große Laufboom ist an diesen Veranstaltungen leider vorbei. Aber die zivilen Klassen helfen, dass das Überleben dieser Läufe gesichert werden kann. Der Zusammenschluss von Jung und Alt, von Spitzen- und Hobbysportlern, von Soldaten und Zivilisten machen den Waffenlauf zu einem besonderen Erlebnis.

Also, fahren wir nach Frauenfeld. Und wo ist das?
Frauenfeld (knapp 20 000 Einwohner) ist die Hauptstadt des Kantons Thurgau. Der Kanton feiert heuer den 200. Geburtstag. 1803 ist er in die schweizerische Eidgenossenschaft eingetreten. Zu erreichen ist Frauenfeld aus dem bayerisch-schwäbischen Raum am besten über Lindau, Bregenz (A), St. Margrethen (CH) und dann auf der Autobahn Richtung Zürich (Ausfahrt Matzingen). Nach knapp vier Stunden gemütlicher Fahrt erreichen wir Frauenfeld, wo bereits Wegweiser für das morgige Spektakel angebracht sind.

Wollt Ihr ein paar Infos über Frauenfeld? Bitteschön!
Die Farben des Frauenfelder Wappens, rot und weiss, deuten auf das Kloster Reichenau hin. Die Frau im Wappen weist auf den Namen der Stadt hin: «unserer lieben Frauen Feld» – Frauenfeld. Der Löwe dürfte die habsburgische Herrschaft symbolisieren, denn dieses Adelsgeschlecht führte in ihrem Wappen einen aufrechten roten Löwen. So, dann hammer wieder was Gschichtliches glernt! Unser Domizil für die Nacht ist die alte Stadtkaserne, die schräg gegenüber vom Bahnhof liegt. Und das beste ist für uns Sportler, dass die Übernachtung gratis ist (schnarchen inbegriffen). Der Veranstalter bittet hierfür um Voranmeldung, damit die Zimmer zugeteilt werden können. Das ist neben der Meldung zum Wettkampf per eMail problemlos möglich. Bei der Startnummernausgabe am Samstag zuvor zwischen 18.00 und 19.00 Uhr erhalten wir zudem ein dickes Programmheft neben einer Zehn-Mann-Bude, die schließlich von vier Läufern genutzt wird. Später gehen wir noch in ein Restaurant zum Pizzaessen. Ein kurzer Spaziergang durch die Altstadt folgt und in der Unterkunft lassen wir uns ein Bierchen als Schlaftablettenersatz schmecken. Gute Nacht!

Sonntag, der Wettkampf
Während meine Kollegen wie die Murmeltiere schlafen, kann ich nur schlecht meine Ruhe finden. Aber das ist für mich fast normal. Gegen 07.30 Uhr stehe ich als erster auf. Später gehen wir in den Speisesaal zum Frühstücken (5 CHF). Kaffee, Milch, Schoko, Käse, Marmelade, Semmeln und Brot werden reichlich angeboten. Bundeswehrsoldaten aus Gotha sitzen auch am Tisch. Dann bereiten wir uns auf den Wettkampf vor: Während Werner die Halbmarathonstrecke bewältigen will, haben Franz und ich den langen Kanten als Plan. Die Marathonstrecke ist eine grosse Runde zwischen Frauenfeld und Wil, wobei im Anfangsteil ein zwei Kilometer langes Streckenteil zum Ende entgegengesetzt gelaufen werden muss. In Wil, hierher werden die Teilnehmer mit der Frauenfeld-Wil-Bahn transportiert (im Startgeld enthalten), ist der Start des Halbmarathons und des Juniorenlaufs.

Die technischen Angaben im Programmheft zur Strecke lesen sich wie folgt: Höhendifferenz 520 Meter, davon im ersten Teil 370 Meter. Hartbelag 31,4 km, Naturstrassen 2. und 3. Klasse 7,4 km, Feld- und Wiesenwege 3,4 km, wovon Wälder 3,9 km. Fragt mich bitte nicht nach dem Unterschied zwischen Naturstrasse 3. Klasse und Feldweg. Massgebend ist jedoch, dass rund 75 Prozent Asphalt und der Rest unterschiedlich befestigte und unbefestigte Wege sind. Auch ein crossähnliches Wiesenstück ist darunter. Um 09.30 Uhr ist Besammlung im Innenhof der Kaserne für die Waffenläufer. Kurze Ansprache des Leitenden. Im Anschluss folgt noch eine musikalische Darbietung. Und dann: Im Gleichschritt marsch ziehen die Waffenläufer mit Pauken und Trompeten zum Marktplatz (500 Meter entfernt), wo um 10.00 Uhr der Start erfolgen soll. Da meine beiden Kollegen diesen spektakulären Start noch nicht gesehen haben, laufen wir zum Marktplatz. Und nur wenige Minuten später werden die Waffenläufer auf die Strecke hinausgeschossen. In der folgenden halben Stunde können wir uns auf unseren Einsatz vorbereiten. Mit Temperaturen von knapp 10 Grad ist es zwar noch kühl, aber wenn der gestrige Föhn noch anhält, werden wir optimale äußere Bedingungen bekommen. Am Himmel zeigen sich schon erste blaue Lücken in der Hochnebeldecke. Dann um 10.30 Uhr sind wir dran.

Start des 4. Frauenfelder Marathons (Zivil)

Mit einem gewaltigen Schepperer aus der Kanone spurtet das Marathonfeld über den grossen Marktplatz auf die angrenzende Strasse, die sogleich nach wenigen Metern in eine 1,5 Kilometer lange Steigung übergeht. Am Ende verlassen wir Frauenfeld und biegen auf eine schmälere Asphaltstrasse ein. Dann kommen die berüchtigten Kamelbuckel, zwei Gefäll- und zwei Steigungsstücke (jeweils rund 500 Meter lang) mit bis zu 20 Prozent Steigung. Bei Kilometer 5 geht's bergab nach Matzingen, wo die erste V-Stelle auf die durstigen Sportler wartet. Am Weiler Sonnenhof vorbei tangieren wir den Ortsrand von Wängi.

Etwa bei Kilometer 10 können wir auf die Waffenläufer auflaufen. Die werden noch lange kämpfen müssen. Mittlerweile hat die Sonne den Kampf gegen die Nebeldecke gewonnen. Auch sind die Temperaturen deutlich gestiegen. Mitunter haben wir einen ausgezeichneten Blick auf die schneebedeckten Alpen, darunter den Säntis. Später an einer V-Stelle nehme ich Schnapsgeruch mit meiner Nase auf. Und das ist keine Halluzination, denn an einem kleinen Campingtisch stehen ein paar Stamperl bereit. Das ist nichts für mich, eher für die gemütlichen Waffenläufer. Dort ist die Altersklasse 50 und älter am stärksten besetzt. Wo ist der Nachwuchs? Wieder länger ansteigend erreichen wir den höchsten Punkt des Kurses (600 Meter Seehöhe). Durch Eschlikon erreichen wir Sirnach, wo die vielbefahrene Eisenbahnstrecke auf ruppigem, kurzen Wegstück unterquert wird. Der Kurs verläuft dann ein längeres Stück parallel zur Eisenbahn. Während ich in den letzten beiden Jahren jeweils einen ICE gesehen habe, vernehme ich heuer sogar zwei dieser Expresszüge. Weiter! Kurz danach erreichen wir die Ausläufer der Stadt Wil. Die haben sogar einen Bären in ihrem Wappen. Mit dieser Auskunft binde ich euch aber keinen selbigen auf! Wil ist etwas kleiner als Frauenfeld und hat eine schöne Altstadt, die auf einer Anhöhe platziert ist. Und da müssen wir hinauf! Vorher ist ein kurzes Begegnungsstück eingebaut, welches mit Flatterleine und Warnbalken gesichert ist. Aber die Breite reicht. Zuerst ansteigend, dann rennen wir auf ebenem Weg um die Altstadt herum. Doch dann feuert mich Werner von oben herab an. Eine scharfe Linkskurve folgt, durch ein Stadttor hindurch und dann folgt ein Gefälle über Betonplatten.

Auf in die zweite Hälfte

Hier in der Altstadt ist genau nach 1.45 Stunden nach unserem Start der Beginn des Halbmarathons. Gut fünf Minuten habe ich Vorsprung auf die Halbmarathonis, die dann je nach Geschwindigkeit von hinten früher oder später an uns heranlaufen. Bei Kilometer 23 bei Bronschhofen folgt ein fast fünf Kilometer langes leichtes Gefälle. Immer wieder stehen zahlreiche Zuschauer an der Strecke und feuern uns an. Die Temperatur ist aufgrund des Föhns weiter gestiegen, so dass ich manchmal den Schatten suche. Die Halbmarathonspitze hat aufgeschlossen und ist auf und davon! St. Margarethen und Lommis sind die nächsten Ortschaften. Vor Weingarten (Kilometer 31) folgt der erste Knackpunkt. Ein «zarter» Anstieg, der am Feuerwehrhaus endet und dort kann der Durst gelöscht werden. Im letzten Jahr sagte ich dort: Da gibt's was zum Saufen! Worauf die Helferin zu mir sagte: Mit oder ohne Schnaps. Ein Schluck Wasser genügt auch heute. Go on! Stettfurt wartet mit Kilometer 33. Im anschliessenden Waldstück findet sich eine der vielen privat betriebenen Verpflegungsstellen. Und dazu wird Volksmusik gespielt. Eigentlich kann ich diese nicht hören, aber irgendwie passt diese Musik zu dieser Traditionsveranstaltung. Mittlerweile kann ich viele Waffenläufer überholen. Von denen sind sehr viele Routiniers dabei. Das beweisen die zahlreichen angebrachten kleinen Schilder: 20 x dabei; 30 Frauenfelder; 100 Mal, 150. Waffenlauf etc. Die Österreicher haben in die Gewehrmündungen kleine rot-weiss-rote Landesfahnen gesteckt. Auch einige Blumen und Maskottchen zieren die Waffen und Rucksäcke. Schön anzusehen!

Mit Vollgas über die Kamelbuckel!

Die Strecke steigt wieder an, wo ich mein Tempo doch noch halten kann. Aber die Waffenläufer kämpfen. Manche schnaufen wie kurz vor dem Exitus! Dann warten die Kamelbuckel. Am ersten Gefälle sage ich zu einem Halbmarathoni, denn ich überhole: «Den Schwung müssten wir mitnehmen.» Keine Antwort. Ich schaue ihn kurz an und merke, dass der nicht mehr aufnahmefähig ist. Na ja! An der letzten Steigung überholt mich ein Läufer. Dabei lässt er einen (Furz) fahren. Da muss ich lachen und sage: «Mit Vollgas über die Kamelbuckel und ins Ziel.» Bei Kilometer 38 endet diese Schikane und das letzte Getränk wartet. Mittlerweile wird der Himmel wieder diesiger. Ein Zeichen, dass der Föhn kurz vor dem Zusammenbruch steht. Wir müssen aber noch vier Kilometer aus- und durchhalten. Die Stadtgrenze Frauenfeld erreichen wir bei Kilometer 39, bevor wir wieder nach rechts abbiegen und in einem Waldstück noch ein wenig Strecke abspulen müssen. Bei Kilometer 41 – wieder im Stadtgebiet – beginnt das Gefälle zum Ziel. Und das wird stellenweise so stark, dass mir das Bremsen in den Muskeln weh tut. Eine Militärkapelle spielt noch kurz vor dem Ziel auf. Doch dann durchlaufe ich das Ziel nach 3.18.43 Stunden und belege damit Gesamtplatz 37 bei den Männern und in der Altersklasse M40 den 17. Rang.

Geschafft!

Im Zielkanal erhalte ich die hart verdiente Medaille überreicht. In der anschließenden Halle findet sich ein Getränkestand mit warmen und kalten Getränken. Später gesellt sich Werner dazu, schon umgezogen, und wir dehnen unsere Muskeln. Für ihn endet der Wettkampf mit einer persönlichen Jahresbestzeit in 1.19.20 (26. gesamt; 12. M30). Dann gehen wir noch entgegen der Strecke auslaufen und wollen Franz abholen. Der lässt dann auch nicht mehr lange auf sich warten. «Franz, quäl dich, du Sau», rufe ich ihm zu. Er lacht und zieht noch einen Spurt an. Damit kann er seine Zeit vom heurigen König-Ludwig-Marathon in Füssen noch um wenige Sekunden toppen. Für ihn bleibt die Uhr nach 4.06.58 Stunden stehen (Platz 59 in M40).

Bilanz

Hochzufrieden zeigt sich der Veranstalter, denn 200 Sportler mehr als im Vorjahr hatten sich angemeldet. 458 Waffenläufer, 206

Marathonis und rund 700 Halbmarathonis weist die Meldeliste auf. Es siegten:

Waffenlauf: Jörg Hafner 2.39.35, Bruno Dähler 2.49.05, Niklaus Scheidegger 2.51.16 bei den Herren und bei den Frauen Monika Widmer 3.22.24, Marianne Balmer 3.29.55 und Monika Farner 3.39.58.

Marathon: Urs Christen 2.28.53, Daniel Keller 2.36.09, Carsten Drilling 2.48.24 und Luzia Schmid 3.00.42, Jacqueline Keller 3.03.12 und Helen Zuber 3.18.33.

Halbmarathon: Anato Lalimo 1.08.14, Beat Blättler 1.10.34, David Schneider 1.11.07 und Damaris Kaufmann 1.23.40, Maja Gautschi 1.24.22 und Claudia Helfenberger 1.24.31.

Fazit
Der Frauenfelder ist als Saisonabschluss wärmstens zu empfehlen. Mit 35 CHF für den Marathon bzw. 27 CHF für die halbe Strecke ist das Startgeld als günstig anzusehen. Zumal wir eine Woche nach der Veranstaltung ein Exemplar der Thurgauer Zeitung ins Haus mit der Post geliefert bekommen. Darin ist die komplette Ergebnisliste mit einigen Farbbildern enthalten. Unter der Internetadresse www.frauenfelder.org kann bereits heute die Ausschreibung für den Waffenlauf am 21.11.2004 heruntergeladen werden. Und dann gibt's etwas zu feiern. Den 70. Waffenlauf, den 20. Juniorenlauf und den jeweils 5. Halbmarathon und Marathon. Also den Termin merken. Wir sehen uns!

Marathongrüsse aus Neuburg
von Anton Lautner

Waffenlauf aus Sicht eines OK-Präsidenten
Samstag, 29. Oktober 1983, morgens um 9 Uhr: Die Wache der Dufourkaserne setzt sich mit einigen Zivilisten auseinander, die ins Areal eintreten wollen. «Ich gehöre zum OK Thuner Waffenlauf», gibt der eine zu bedenken. «Ich bin mit meinen 4 Kollegen hier, um die Verkehrsregelung zu organisieren und Schilder aufzustellen», begehrt ein anderer, begleitet von kopfnickenden Männern verschiedenen Alters. Endlich einer, der kompetent auftritt. Seinen Instruktorenausweis überlegen vorweisend, verschafft sich ein OK-Mitglied Eintritt und erklärt dem wachthabenden Soldaten klipp und klar: «Morgen ist Thuner Waffenlauf, heute Vormittag wird mit dem Einrichten begonnen, am Nachmittag werden die ersten Läufer ihre Startnummern und Tenues fassen, einige werden auch in der Kaserne übernachten und morgen Sonntag wird ab etwa 06.00 bis ca. 15.00 Uhr der Raum Dufourkaserne völlig durch uns belegt! Am besten, Sie treten ab jetzt einfach freundlich auf, lassen die Barriere offen, grüssen schön artig und, wenn jemand etwas will, schicken Sie ihn ins Wettkampfbüro, 1. Stock Dufourkaserne, dort wo normalerweise die KP's sind! Verstanden?!» Noch viele Helfer, Funktionäre und Wettkämpfer betreten am Samstag das Kasernenareal. Die Vorbereitungsarbeiten laufen in allen Ressorts auf Hochtouren. Aus der Küche dringt der Duft feiner Bouillon zwischen biertrinkenden und würstchenessenden Funktionären und Militärküchenchefs durch. Die sauber abgezählten Programme werden mit mahnend ermunternden Worten in die Hände von Pfadfindern und Kadetten gedrückt. Das Telefon im Büro Nachmeldungen schrillt ununterbrochen. Auf der Allmend werden zu Hunderten Pfähle eingeschlagen, Seile dazwischengespannt, Kabel gelegt, Lautsprecher und Tribüne montiert. Speakerwagen hier oder hier? Da, selbstverständlich. Auf der Laufstrecke werden Markierungen angebracht, Absperrgitter bereitgestellt. Es wird gefunkt, gerufen, telefoniert, koordiniert, gefragt, gekocht, kontrolliert, bereitgestellt … kurz: Normaler Vortag des «Thuners».

Am Abend, nach der letzten Zusammenkunft des OK's, kehrt langsam Stille ein in der Kaserne. Hier noch ein spätheimkehrender Waffenläufer, der sich in die Unterkunft schleicht, in der hellerleuchteten Kantine fällt ein Glas zu Boden, dann endgültig Ruhe.

Sonntagmorgen. Ein Hin und Her wie in einem Ameisenhaufen. Ein neuankommender Waffenläufer begrüsst eine Gruppe seiner Kameraden, selbstverständlich mitten unter der Türe. Hier werden einem Läufer das Lauftenue und die Startnummer über den Arm gelegt, von seiner Begleiterin die Packung angehängt und mit einem kurzen «Mach's gut!» ins Getümmel entlassen. Über dem Ganzen ein durchdringender DUL-X-Geruch, gegen den auch der Kaffeeduft aus der Kantine nicht anzukommen vermag.

Kurz vor halb zehn Uhr treffen die ersten Journalisten ein. Sie werden durch den Ressortchef in die Offizierskantine geleitet und erhalten dort Informationen zum Lauf. Die offiziellen Gäste sammeln sich vor der Kantine, geniessen die Klänge des Militärspiels und begrüssen sich. Erwartung ist in den Gesichtern zu lesen, aber auch viele freundliche Begrüssungsworte unter Bekannten, Kameraden, zwischen Vertretern ziviler Behörden und militärischen Kommandanten, Vertretern anderer Waffenlauforganisatoren, zwischen Begleiterinnen und Neuangekommenen werden ausgetauscht. Plötzlich konzentrieren sich die Blicke auf ein paar ausländische Offiziere. Die Militärattachés einiger Länder sind der Einladung des OK Thuner Waffenlauf gefolgt und treffen mit dem Begleitoffizier des Militärprotokolls ein. Dieses Jahr verfolgen Vertreter folgender Länder den Lauf: China, DDR, Frankreich, Italien, Polen, Südafrika und Südkorea. Der Thuner Waffenlauf als gesellschaftliches Ereignis? Sicher ist auch diese Komponente für den Waffenlauf nicht unwesentlich. Nach der Gästebegrüssung und der Vorstellung des gesamten OK's, für die meisten Ressortchefs übrigens der einzige Zeitpunkt während des Laufes, an dem sich jemand für sie als Person interessiert, gehen wir zum Startraum.

Entlang der Allmendstrasse stehen Hunderte von Zuschauern auf dem Trottoir einer sich unaufhörlich bewegenden Masse von Wettkämpfern gegenüber. Ein knappes Tausend Teilnehmer läuft sich warm, sucht seinen Platz im Feld, begrüsst sich, stellt die Uhr und kontrolliert den Stoppmechanismus. Einige sind mit sich selber beschäftigt. Ihre Planung und Überprüfung der eingepackten Verpflegung nimmt sie voll in Anspruch. Andere scheinen richtig aufgeweckt. Sprüche werden den Zuschauern und Kameraden zugerufen, Gewinnabsichten für den 500. Rang bekanntgegeben. Vor diesem Feld, auf sich selber gestellt, die sich warmlaufenden, aus der Zeitung bekannten Favoriten. Was mag wohl in ihnen vorgehen, in diesen Spitzenathleten, die unter Erfolgszwang stehen, bei denen triumphaler Erfolg oder totaler Misserfolg von Sekunden abhängen?

Nur mühsam kann die Läufermasse hinter das Startseil gebracht werden. Noch einige Sekunden, fünf, vier, drei, zwei, eins. Start! Mit einem Schuss aus der altehrwürdigen 7,5 cm Kanone, gezündet durch Artilleristen in

Daniela Metzler (jetzt Schlumpf) mit ihrer Schwester Karin (links) im Wald bei Gloten am Frauenfelder Militärwettmarsch mit der Schlumpf-Überraschungstafel

dazupassenden Uniformen alter Ordonnanz, hat sich das Läuferfeld auf die abwechslungsreiche, anerkannt schöne «Thuner Strecke» begeben. Das Läuferfeld zieht an den applaudierenden Zuschauern und Gästen vorbei, ein herrlicher, imposanter Anblick.

Auf der Strecke sind Dutzende von Helfern im Einsatz: Hier wird die Durchfahrt gesperrt, werden Programme verkauft, Begleitradfahrer von ihren Schützlingen getrennt, mit Musik die Zuschauer angelockt und erfreut, da wird Tee, Bouillon, Isostar ausgeschenkt, ein Krampf fachmännisch gelöst, eine Blase an der Ferse versorgt, weggeworfene Becher zusammengelesen. Plötzlich sind zusätzliche Hände da und helfen. Ebenso wie sie gekommen sind, verschwinden die guten Geister wieder, unbekannt, unregistriert, uneigennützig. Auch diese Helfer gehören zu einem Waffenlauf, vielleicht sind sie sogar typisch, auf jeden Fall: Herzlichen Dank!

Am Ziel auf der Allmend wird fieberhaft kontrolliert, unruhig gewartet und aufmerksam dem Platzsprecher und den Direktreportagen von der Laufstrecke gelauscht. Viele Waffenlauffreunde reihen sich an der Einlaufabschrankung auf. Das Gesprächsthema der Kinder: Elefant, Löwe, Giraffe ..., die Familie hat zwischen Start und Ziel die Tierschau des Zirkus Knie besucht – ein typischer Waffenlauf-Sonntagvormittag.

Die ersten Läufer werden am Eingang zur Allmend gemeldet. Alle Zuschauerblicke sind dem Einlauftrichter entlang gerichtet. Gleichzeitig mit der Welle anerkennenden Applauses trifft der Tagessieger ein. Jetzt beginnt die Auswertungsmaschinerie zu laufen. Karten werden gestempelt, gestapelt, durch Pfadfinder rasch ins Auswertungsbüro getragen, kontrolliert, sortiert, einer flinken Schreiberin diktiert. Die ersten Ränge der Kategorien kopiert, zusammengeschnitten, zur Zwischenrangliste zusammengefügt, ins Pressebüro getragen. Im Zielraum werden abgekämpfte Läufer befragt, gepflegt, es wird gratuliert, geküsst, Packungen kontrolliert, Läufer disqualifiziert, Funktionäre angeödet. Dazwischen werden die Kategorienersten zur Siegerehrung aufgerufen, die Spitzenleistungen nochmals erwähnt, applaudiert, Wanderpreise und Sonderauszeichnungen übergeben, Bilder geschossen, gratuliert und bewundert.

Die Reihen der Zuschauer lichten sich allmählich, die Ehrengäste haben ihren Platz verlassen und immer noch treffen ununterbrochen Wettkämpfer im Ziel ein. Der Applaus ist spärlich, familiär geworden. Eine Erscheinung, die leider nicht aufzuhalten ist. Die ersten Läufer haben sich bereits geduscht, die Ehrengäste beim Mittagessen, die vorbereiteten Ranglistenblätter beinahe gefüllt, der Abstand zwischen den einlaufenden Wettkämpfern wird zusehends grösser, kaum mehr ein anerkennendes Wort wird gerufen, die Gratulationen von Freunden bleiben aus. Der kurz vor Kontrollschluss eintreffende Läufer mit Ordonnanzschuhen an aufgelaufenen Füssen drückt auf den Stoppknopf seiner Uhr. Ein Blick auf den Chronometer, ein Strahlen macht sich breit im Gesicht. Zufrieden stellt der Landstürmler fest: Ein Jahr älter als letztes Jahr, aber zwei Minuten schneller. Auch ein Sieger!

In der Dufourkaserne wird gefachsimpelt, Blasen und Wundstellen versorgt, gegessen, getrunken, die Tenues zurückgebracht und die wohlverdiente Medaille entgegengenommen. Müde, abgekämpft, aber hoffentlich im Bewusstsein, mehr als andere geleistet zu haben. Hinter den Kulissen, in den einzelnen Ressorts des OK, wird fieberhaft weitergearbeitet: Ranglisten fertiggestellt, aufgeräumt, Material verladen und weggeführt, Bilanz gezogen und kritisch die eigene Arbeit analysiert, Anregungen entgegengenommen, Mitarbeitern gedankt und mit «Auf Wiedersehen im nächsten Jahr» verabschiedet – die Vorbereitungen zum nächsten Thuner haben bereits begonnen. Auf Wiedersehen!

Maj i Gst Franz Bürgi, ehemaliger OK-Präsident Thuner Waffenlauf (geschrieben in den achtziger Jahren)

Als Freundin an der Strecke

Schon als Kind begleitete ich meine Eltern an den Frauenfelder Waffenlauf um einige mehr oder weniger gute Bekannte anzufeuern. Ich gebe zu, meine Begeisterung hielt sich in Grenzen. Wer rennt freiwillig 42 Kilometer in Militärkluft, mit Rucksack und Gewehr, ich konnte das nicht verstehen. Dennoch bin ich immer wieder mitgegangen, irgendwie hat mich der Lauf oder die Atmosphäre schon damals fasziniert, obwohl mir eigentlich vor allem die kalten Füsse und das lange Warten in Erinnerung geblieben sind.

Wie das Leben so spielt war ich durch meinen Freund, Dominik Schlumpf, plötzlich ganz direkt betroffen. Als aktiver Läufer mussten für ihn und mich Läufe und Trainings im Alltag Platz finden. Ich stand in den Jahren 2003 und 2004 an einigen Läufen mitfiebernd an der Strecke, denn ich wusste nun, dass die Anfeuerungen für die Läufer mehr bedeuten als ein «Hallo». Am Zürich-Marathon sahen meine Schwester und ich Fans, die mit einer «Fantafel» ihre Läufer anfeuerten.

Wir beschlossen, auch etwas mehr für Dominik zu machen. Nach einigem Überlegen war klar, es musste eine «Schlumpf-Fantafel» aus Holz sein. Gesagt – getan, auch wenn die geheime Umsetzung uns gelegentlich behindert hat, war sie am Frauenfelder 2005 bereit – unsere Schlumpf-Fantafel.

Im Wald bei Gloten nahe Sirnach fieberten wir unserem Dominik entgegen. Die ersten Läufer waren vorbei, die Stimmung war genial und die Spannung stieg. Wir feuerten die Läufer an, erhielten da ein Lächeln, dort ein «Merci» zurück. Dann kam er, die Tafel stieg so weit es ging in die Höhe, denn der Schlumpf sollte den Schlumpf auch sehen. Es hat geklappt, über das ganze Gesicht hat er gestrahlt. Dass er anhielt und sich mit einem Kuss bedankte, hat mich besonders gefreut, aber auch überrascht, denn die Uhr tickte ja unbarmherzig weiter.

An zwei weiteren Stellen feuerten wir unseren Dominik an diesem Lauf noch an. Dann wurde es auch für uns plötzlich hektisch. Es begann ein Wettlauf mit der Zeit, denn wir wollten seinen Zieleinlauf in Frauenfeld keinesfalls verpassen. Mit einem Spurt durch die Stadt haben wir es geschafft. Mit ihm genossen wir die Zielankunft und realisierten erst im Zielraum, dass Dominik den 3. Rang der Kategorie M20 erreicht hatte. Damit stand er auf dem Podest, neben den Spitzenläufern Patrick Wieser und Marc Berger. Wow! Für mich als Aussenstehende sind die Waffenläufer etwas Spezielles, der Umgang ist sehr familiär. Ich fühlte mich in ihrem Kreis von Anfang an wohl. In keiner anderen Sportart habe ich eine so ehrliche Freude über gute Leistungen der Konkurrenten erlebt, wie bei den Waffenläufern.

Daniela Schlumpf-Metzler, Sulgen TG

Als Speaker hautnah dabei
Es war am Wiedlisbacher Waffenlauf im Jahr 2000. Mit der hervorragenden Zeit von 2.03.37h lief Maria Heim aus Kappel als

32 Speaker Alois Furrer wird mit neuen Informationen bestückt. Hier am Reinacher Waffenlauf 2006

33 Brigadier Tanner gratuliert Charles Blum am St. Galler Waffenlauf 1976

34 Toni Galbier, Sisseln AG

grosse Damensiegerin durchs Ziel. Dabei wurde sie von den Zuschauern auch gebührend gefeiert.

Gespannt wartete ich als Speaker auf die zweitplatzierte Frau. Als mir der Streckenposten rund 200 Meter vor dem Ziel Monika Widmer aus Matzingen vorankündigte und ich die Zuschauer aufrief, Monika mit einem grossen Applaus ins Ziel zu begleiten, schaute ich für einmal nicht mehr auf die Startnummer der sich in Zielnähe befindenden Läuferin. Als die Zuschauer immer mehr applaudierten, begrüsste ich besagte Läuferin als hervorragende Gesamtzweite des Wiedlisbacher Waffenlaufs. Nur peinlich, dass zirka 20 Sekunden später die wirkliche Monika Widmer einlief und der einer Frau sehr ähnelnde einheimische Waffenläufer erbost das Zielgelände verliess.

Über mehrere Jahre durfte ich als Speaker am Wiedlisbacher, Zürcher, Krienser und Reinacher Waffenlauf meine Redekünste unter Beweis stellen. Als ehemaliger Waffenläufer kannte ich die meisten Läufer persönlich und wusste fast von jedem eine Geschichte oder Episode zu erzählen. Mit motivierenden Worten am Start und lobenden Sprüchen am Ziel erreichte ich unter den Läufern und auch bei den Zuschauern stets eine gute Stimmung.

Was mir jedoch am meisten Eindruck machte war die Feststellung, dass am Ziel jeder darauf wartete seinen Namen im Lautsprecher zu hören. War dies ab und zu aus irgendeinem Grunde nicht möglich, machten mich die Läufer mit Zurufen oder mit dem Zeigen ihrer Startnummer auf ihr Einlaufen aufmerksam. Dass die Läufer in den hinteren Ranglistenregionen doppelt stolz waren, wenn ihr Name genannt wurde, versteht sich ja von selbst.

Alois Furrer, Mosen

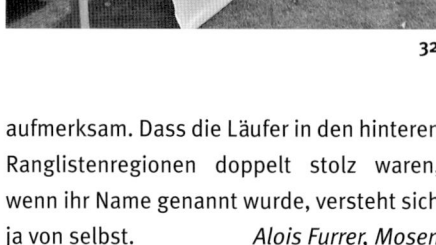

Der Ostschweizer Waffenlauf und der Kommandant der Grenzbrigade 8
Es war langjährige Praxis, dass der Kommandant der Grenzbrigade 8 als Ehrengast zum St. Galler Waffenlauf eingeladen wurde. Schliesslich lag ja die Laufstrecke auf „seinem" militärischen Einsatzgebiet. Die Aufgabe, die mit dieser Ehrung verbunden war, habe ich von meinem Vorgänger im Brigadekommando, Bundesrat und Brigadier Kurt Furgler, übernommen. Bei der Amtsübergabe schärfte er mir ein, dass diese Ehrenfunktion besonders wichtig sei.

Die Funktion bestand im Wesentlichen aus drei Dingen: Am Empfang der Gäste einige mehr oder weniger passende Worte zu sagen, bei der Siegerehrung die wohlverdienten Preise, insbesondere den Wanderbecher, zu übergeben und schliesslich in einer kurzen Ansprache auf die Bedeutung des Waffenlaufs für die Festigung des Wehrwillens hinzuweisen. Da der Wanderpreis bisweilen in festen Händen blieb, durfte der Brigadekommandant auch einen neuen Becher stiften.

In meiner Erinnerung war die kurze Ansprache an die Waffenläufer die zentrale Aufgabe. Mir schien, dass dies eine gute Gelegenheit sei zu betonen, dass der körperlich strenge Einsatz jedes einzelnen Waffenläufers dazu beitrage, den Wehrwillen unserer Bevölkerung zu stärken.

Br Heinrich Tanner, Herisau

«Wir laufen weiter …»

1991, motiviert durch meinen Bruder und Spitzenläufer Walter, wollte ich mich für mindestens eine Saison dem Waffenlauf widmen. Für jemand, der mehrheitlich nur Zivilläufe bestreitet, eine grosse Herausforderung. Jedenfalls konnte ich miterleben, wie man Mitglied eines Vereins werden kann, ohne gefragt zu werden. Chömi (Hanspeter Kummer), damals Sportchef und Waffenlaufbetreuer der MKG Fricktal hat es tatsächlich geschafft, mich im Gruppenwettkampf der MKG'ler anzumelden.

Nach den guten Laufresultaten von 1991 musste ich nochmals eine Saison anhängen zwecks Bestätigung meiner guten Laufzeiten. Ich konnte miterleben, wie die Laufschuhe eingeführt, das Gewicht des Päcklis reduziert, die Waffenlaufstrecken verkürzt und Waffenläufe von der Bildfläche verschwanden.

1986, mein erster Waffenlauf im Toggenburg und 2006 mein hundertster in Wohlen. Bei mehr als der Hälfte meiner Waffenläufe musste ich beruflich Spätschicht leisten, das heisst um 10.00 Uhr morgens an den Start und um 14.00 Uhr bereits in der Firma erscheinen. In all den Jahren konnte ich leider den Frauenfelder nie laufen wegen meiner Fuss- und Rückenprobleme. Wichtig aber ist, dass ich heute noch laufen kann und darf. Seit 1984 führe ich ein Lauftagebuch, das bis heute Eintragungen von Läufen und Trainings über 65 000 km aufweist (103 Waffen- und ca. 700 Zivilläufe).

Ein herzliches Dankeschön an die Waffenläufer-Frauen, an die IGWS, an die Organisatoren der Waffenläufe und an die freiwilligen Helfer. Unser Motto lautet: «Wir laufen weiter so lange es Waffenläufe gibt!»

Toni Galbier, Sisseln AG

Als Sanitäter am Streckenrand

Alle Jahre wieder stehe ich an meinem Posten. Früher war ich selbst Waffenläufer, ehe ich aus gesundheitlichen Gründen meine geliebte Sportart aufgeben musste. Einige Jahre lang betreute ich meine Vereins- und andere Waffenlaufkameraden. Anfänglich per Velo, dann per Töff und heute nun in meiner kleinen San-Hist. Nebst meinem Beruf als Metallbauschlosser engagiere ich mich seit vielen Jahren als Sanitäter in unserem Dorf. So stehe ich seit vielen Jahren an diversen Waffenläufen mit zwei hübschen Sanitäterinnen und schaue für die «Wehwehchen» und Schmerzen aller Art der Wettkämpfer. Auch als Sanitäter gibt es schöne Erlebnisse. So erhielt ich zum Beispiel nach einem Frauenfelder eine Dankeskarte einer Waffenläuferin, welcher ich eine «Blotere» behandelt und zum Weitermachen motiviert hatte. Eine Dankeskarte und ein Kussmund drauf. Einige Zeit später wurde sie meine Frau. Einem Waffenläufer, welcher mit starken Krämpfen zu kämpfen hatte, nahm ich mit meinen klobigen Schlosserhänden sein Leiden, so dass er weiterlaufen konnte. Nachträglich sah ich in der Rangliste, dass er in der Kategorie Landsturm den Sieg erringen konnte. Seither grüsste er mich jedes Jahr, wenn er meinen Posten passierte. Sanitäter, ein schöner und wichtiger Job.

Ich wünsche allen Waffenläuferinnen und Waffenläufern bei all ihren Läufen viel Glück … und bei «Wehwehchen» jeder Art sind wir Sanitäter für euch Kameraden da!

Euer Wisi

Wo ist mein Gewehr?

Wir schreiben das Jahr 2003 und Gerüchten zufolge soll an diesem 30. August die letzte Waffenläufer- und Militärradfahrer-Stafette in Baden Rütihof stattfinden. Da mein Waffenläuferkollege Dominik Schlumpf schon lange von diesem Wettkampf schwärmt, will ich dieses Jahr natürlich unbedingt dabei sein. So wird denn auch möglichst jeder Arbeitsweg mit dem vom Nachbarn ausgeliehenen Ordonnanzrad 05 absolviert und auch zwischendurch das eine oder andere Training abgespult.

Doch dann, just zwei Tage vor dem Wettkampf, liege ich im Bett. Erkältung, Schüttelfrost und 39 Grad Fieber scheinen die ungünstigsten Begleiter zu sein für einen solchen Wettkampf. So bleibt es auch bis am Samstag. Verschiedene Gedanken nagen an mir, soll ich meinem Kameraden eine Absage erteilen, den letzten Wettkampf dieser Art sausen lassen? Oder starte ich trotz dieses grossen gesundheitlichen Defizits?

Letztendlich siegt das Herz über die Vernunft. Ich packe kurzerhand alle meine Sachen ein und begebe mich zum Bahnhof, wo mich Dominik abholt. Es giesst in Strömen und die Temperatur scheint mir trotz meiner Winterjacke unerträglich kalt. Endlich braust mein Läufer mit dem grossen Auto heran. Schnell alles verladen, Türe zu und sofort wieder etwas dösen. Sehr gesprächig bin ich wohl kaum in meinem Zustand und so komme ich eigentlich erst wieder richtig zu mir, als Dominik mich darauf aufmerksam macht, dass wir nun da seien.

Mit mühsamen Bewegungen hebe ich das Rad aus dem Kofferraum und bereite mich für den Wettkampf vor. Startnummer an Rad und Tarnanzug montieren, Getränkeflasche in den Halter und den Helm auf den Kopf. Doch halt, irgendetwas scheint zu fehlen… Ich werde noch blasser als ich sowieso schon bin und mein ratloser Blick wird vom Läufer nach einer gründlichen Durchsuchung des Autos ebenso ratlos beantwortet. Wo ist mein Gewehr?

Ich bin mir so sicher es von zu Hause mitgenommen zu haben, dass ich nicht einmal lange überlegen muss wo es zurückgeblieben sein muss. Wegen meines fiebrigen Geistes habe ich es am Bahnhof stehen lassen, natürlich mit Verschluss, Magazin und allem Drum und Dran.

Ein Gedanke jagt den nächsten. Ist es wohl noch dort oder schon gestohlen worden? Wen könnte ich anrufen um es in Sicherheit zu bringen? Wie soll ein Start an der Stafette möglich sein ohne Gewehr auf dem Rücken?

Uns bleibt nur noch wenig Zeit bis zum Start und es gilt rasch zu handeln. Krampfhaft versuche ich jemanden zu erreichen, der mein Gewehr holen geht, aber wie es der Zufall will ist ausgerechnet heute niemand präsent um dies zu tun. Bleibt also nichts anderes als die Polizei ausrücken zu lassen, was diese nach einigen Fragen auch tut. So weit so gut, doch habe ich noch immer keine Waffe für den Wettkampf. Die erlösende Idee meines Partners kommt prompt: «Versuche irgendwo ein Gewehr aufzutreiben!» Sagt's und entschwindet Richtung Start.

Ich setze mich aufs Rad und fahre zum nächsten Wohnblock um die Ecke. Währenddem ich noch die letzte Treppe zu Fuss hoch laufe ertönt hinter mir auch schon der Startschuss und die Läufer begeben sich auf ihre erste Runde.

Beim Haus angekommen drücke ich gleich alle Klingeln auf einmal, irgendwer von all denen wird ja wohl eine Waffe haben... Und siehe da, die erste Tür unten links öffnet sich und ein Mann im Laufdress steht vor mir. Rasch erkläre ich ihm meine Situation und dass die Zeit dränge. Er zögert keine Sekunde, holt sein Sturmgewehr und überreicht es mir mit der Bitte, es irgendwann wieder zurückzubringen.

Schnellstmöglich radle ich zum Startgelände zurück und kurz darauf taucht auch schon Dominik auf. «Geschafft», denke ich und schon geht's los auf die ersten vier Runden. Der Wettkampf gestaltet sich mühsam, meine Beine sind schwer wie Blei, meine Lunge pfeift bei jedem Atemzug und mein Kopf fühlt sich immer heisser an. Doch wir kämpfen uns gemeinsam und in wechselnder Reihenfolge durch den Wettkampf. Am Schluss sind wir geschafft und haben es aber auch geschafft, überhaupt im Ziel zu sein.

Ja, wenn ich gewusst hätte dass dies nicht die letzte Stafette sein würde. Vielleicht hätte ich dann Dominik schon am Morgen auf ein Jahr später vertröstet. Manchmal ist es eben doch besser wenn man nicht alles weiss...!

Auf der Heimfahrt kommt dann auch schon die nächste Entwarnung. Die Polizei habe mein Sturmgewehr gefunden und ich könne es gegen eine «kleine Gebühr» abholen.

Das fremde Gewehr bringe ich noch in derselben Woche zurück. Selbstverständlich gründlich gereinigt und eingefettet, dazu noch eine Schachtel mit Pralinen. Der Besitzer nimmt es grinsend entgegen mit der Bemerkung, dass ich es gerne wieder einmal haben dürfe wenn es anschliessend so sauber sei.

Die Rütihof-Stafette bleibt aber trotz dieses Erlebnisses ein Wettkampf der besonderen Art und so werden wir wohl auch nächstes Jahr wieder dabei sein. Dann vielleicht ohne Fieber dafür aber mit dem eigenem Gewehr am Rücken.

Peter Ibig, Wängi TG
(Waffenläufer und Militärradfahrer)

Packungen vor der Beiz
«Noch zu früh um einzukehren»

Am Sonntag, 1. Mai 1988, sollte für meinen Kollegen Markus Zihler und mich der erste Waffenlauf unserer Karriere stattfinden. Nachdem ich anlässlich von Waffenläufen bereits einige Juniorenrennen absolviert hatte, war es nur logisch, es nun auch mal bei «den Grossen» zu versuchen.

Praktisch ohne Training, aber gut gelaunt trafen wir im Städtchen Wiedlisbach ein. Es galt nun, bei Emil die versprochenen Packungen abzuholen. Aber oh Schreck, „Miggu" hatte keine bereit, wir hatten uns falsch verstanden. Sofort kehrten wir nach Balsthal zurück und schnürten uns zwei Karabiner von Markus' Vater, einem begeisterten Sportschützen, auf unsere Militärrucksäcke. Knapp 30 Minuten vor dem Start trafen wir wieder in Wiedlisbach ein.

Da standen wir nun, mit handelsüblichen schwarzen, gefütterten Winterstiefeln, Kämpfer und einer improvisierten Packung von ca. 6 kg in der hintersten Startreihe. Nach dem Startschuss trabten wir locker zu Marschmusik aus dem Städtchen hinaus. Wir hatten uns zum Ziel gesetzt, die anspruchvollen 30,5 Kilometer vor Kontrollschluss zu erreichen.

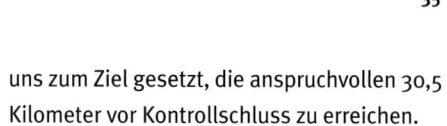

Bereits nach 9 Kilometern, auf der Strasse hinunter nach Hubersdorf, verspürte Markus die ersten Blasen an seinen Füssen. Fluchend wandte er sich an die Kühe am Strassenrand, die völlig entspannt auf der saftigen Wiese weideten, während er seine Zehen kaum mehr zu spüren glaubte.

Vor dem Eingang zur Verenaschlucht fielen uns etwa ein halbes Dutzend Packungen auf, die vor einer Beiz deponiert waren. «Noch zu früh um einzukehren», mahnte ich Kusi und so liefen wir mehr schlecht als recht durch die Verenaschlucht nach Solothurn. Bei der Kantonsschule begegneten wir einem Wettkämpfer, der gemütlich auf einer Bank sitzend ein Stück Brot und einen Landjäger vertilgte.

Vor dem Baseltor bei Kilometer 19 war dann auch unsere Stunde gekommen: Wir setzten uns in die Gartenwirtschaft eines Restaurants und genehmigten uns je zwei Stangen Bier. Mein Kumpel entledigte sich bei dieser Gelegenheit seiner Stiefel und Socken und erschrak nicht wenig: Zum Vorschein kamen zehn zwetschgenblaue Zehennägel!

Immer wieder ermunterten uns unterdessen Zuschauer, doch nicht aufzugeben und den Lauf fortzusetzen. «Wir gönnen uns nur eine Pause», erwiderten wir und reichten dem vorbeigehenden Waffenläufer Otto Eggenschwiler einen Schluck Bier.

Nach etwa einer halben Stunde nahmen wir die restlichen 11 Kilometer unter unsere geschundenen Füsse. Nach mühevollem Marschieren bekam Kusi eingangs Attiswil auch noch Muskelkrämpfe, so dass ich mich auch noch als Masseur betätigen musste. Es brauchte viel Aufmunterung und Überzeugungskraft, Kusi zum Weitermarschieren zu überreden.

Die letzten 3 Kilometer wurden ein Wettlauf gegen die Zeitlimite. Die Schmerzen wurden grösser und die Schritte kleiner. Auf dem «letzen Zacken» marschierten wir in Wiedlisbach ein. Ein Blick auf die Anzeigetafel gab uns Gewissheit: 4.37h. Geschafft! 3 Minuten unter der Zeitlimite. Wir gratulierten uns gegenseitig zu unserer grossen Leistung und stürzten uns nach der wohlverdienten Dusche in den durstigen zweiten Teil.

Für Markus war es der erste und letzte Waffenlauf. Für mich sollten noch weitere folgen. *René von Burg, Balsthal SO*

Mein Weg in die Waffenläufer-Familie
Das Laufen hat mich schon in früher Kindheit fasziniert, obwohl ich mich eher auf dem Velo, beim Fussball- oder Hockeyspielen bewegte. Zuerst waren da die Orientierungsläufe, welche ich zusammen mit meinem Vater und den Geschwistern absolvierte. Später, erst nach der Berufslehre, begann ich dann mit Lauftrainings im eigentlichen Sinne. Einen ersten Eindruck von waffenlaufen erhielt ich in der Rekrutenschule – durchaus mit nachhaltigem Erfolg. Bereits einen Monat nach deren Abschluss absolvierte ich 1996 meinen ersten echten Waffenlauf – in Frauenfeld – und wohl ganz nach dem Motto: «Wenn ich den schaffe, schaffe ich die andern auch.» Trotz Wadenkrämpfen bereits in Wil, einem Schnäps'chen im Feuerwehrlokal nach Lommis und der Querung der Kamelbuckel im Kriechgang erreichte ich das Ziel gerade noch knapp unter vier Stunden. Das reichte zum 39. Schlussrang von damals noch stolzen 94 klassierten M20-Läufern! Trotz ordentlicher Nachwehen steckte mich der Waffenlauf-Virus spätestens in der folgenden Winterpause an; zumindest bin ich in der Folge sechs Jahre lang regelmässig an Waffenläufen gestartet.

In dieser Zeit habe ich nicht nur eine enorme Freude am Laufsport entwickelt, sondern mich hat mehr und mehr auch die Atmosphäre an den Läufen fasziniert. Als eine grosse Familie habe ich die Mitstreiter in bester Erinnerung. Von den älteren Semestern profitierte ich vor allem in technischen Belangen – zum Beispiel dem Windschätteln oder dem Laufen am Berg. Mit den jüngeren pflegte ich eine gute Kameradschaft. Insbesondere an Kolumban Helfenberger habe ich mich immer wieder gemessen; gegenseitig haben wir uns motiviert. Er konnte dies allerdings auch aus sicherer Warte tun, habe ich doch meistens nur seine Absätze gesehen.

Als besonderer Waffenlauf hat sich immer wieder der Frauenfelder hervorgetan. Drei Jahre nach dem Einstieg ergatterte ich das erste Diplom, weil ich mit einer guten Zeit noch die zwei nötigen Kategorienplätze gutmachen konnte. Mit 3.09h realisierte ich im Jahr 2001 mein wohl wertvollstes Waffen-

35 René von Burg «im Kampf»

36 Andres Guyer kann trotz der Kälte beim Frauenfelder 2002 noch lachen

37 Ein «Frauenfelder» mit Kudi Steger, Kurt Inauen, Alois Furrer (mit Zipfelmütze), Rolf Schadegg (v.l.n.r.)

laufergebnis. Nie sah ich aber auch so «vertschuderet» aus wie nach diesem oft kalten Herbstlauf. Zudem lernte ich dort auch meinen aktuellen Arbeitgeber kennen. Als vielleicht grösstem verpasstem Traum erreichte ich in Frauenfeld nie einen Podestplatz (und in Klammer sollte ich vielleicht auch noch anfügen, dass es mir in acht Jahren nicht einmal vergönnt war, ein Nonstop-Rennen zu laufen – der Wald nach Kilometer 28 diente regelmässig für das rasche Geschäft).

Zwei Personen haben mich während der aktiven Waffenlaufzeit ganz besonders unterstützt. Einerseits war dies mein inzwischen verstorbener Onkel Peter Hauser («Täseli-Peter»), 284-facher Waffenläufer. Er hat mich in den ersten Jahren an die Läufe mitgenommen und der Waffenläufer-Familie näher gebracht, so dass ich in der Szene rasch Fuss gefasst habe. Anderseits ist dies mein selbsternannter Trainer Werner Albrecht, mittlerweile ebenfalls bei 200 Läufen angelangt. Werner hat mir das grundlegende Handwerk des Laufens beigebracht; gleichzeitig war er auch mein «Mentaltrainer» und «Strategieberater».

Die Waffenläufe sind für mich einzigartig geblieben, auch heute noch, wo ich eher kleineren, exklusiven Erlebnisläufen nachgehe. Ich hoffe fest, dass der eine oder andere Lauf noch etwas überlebt – dann bin ich ab und zu gerne wieder dabei.

Andres Guyer, Bülach/Winterberg ZH

Speaker Alois Furrer als Waffenläufer

Mit über 125 absolvierten Waffenläufen hatte ich natürlich meine Lieblings- und meine Muss-Waffenläufe. Mein absoluter Traumlauf war jedoch der Frauenfelder. Die vorangehenden ausgedehnten Trainings in herbstlicher Landschaftsstimmung und das Wissen, dass nach der beschwerlichen Marathondistanz die Saison zu Ende ist, liessen mich Jahr für Jahr von Frauenfeld träumen. An diesem Lauf erzielte ich auch meine besten Resultate. Gleichzeitig erlebte ich über die beschwerlichen 42 Kilometer meine eindrücklichsten Episoden.

Bei 16 Teilnahmen erreichte ich das Ziel nie, ohne ab dem 35. Kilometer mit grässlichen Beinkrämpfen zu kämpfen. Im Jahre 1988 lief ich knapp vor meinem Vereinskameraden René Aeschbach zirka 3 Kilometer vor dem Ziel, als mich im dichten Zuschauerspalier die Krämpfe zum Stillstand zwangen. Mit starren Beinen stand ich wie ein Storch auf der Strasse.

Mein mich einholender Kollege René wollte mir als sehr fairer Sportsmann meine Krämpfe aus den Beinen massieren. Dabei vergass er seinen Karabiner auf dem Rücken. Beim Bücken traf er mich mitten auf die Stirn. Unter dem Gelächter der Zuschauer erwachte ich wenig später auf dem Asphalt. Vorbei waren jedoch meine Krämpfe und gemeinsam ereichten wir das Ziel in Frauenfeld in einer Zeit von knapp über 3 Stunden.

Alois Furrer, Mosen LU

Der Frauenfelder, «mein Lauf»

1976 zog ich von der Innerschweiz in den Kanton Thurgau. In meiner neuen Heimat wurde mir oft vom Frauenfelder Militärwettmarsch erzählt. Interessiert hörte ich mir die Geschichten an.

Als dann in der Zeitung eine Anzeige erschien, meldete ich mich spontan, um an der

38 Stephan Obertüfers grosser und erster Sieg in der Kategorie M50 am Frauenfelder (2005). Weiter auf dem Podest Urs Maurer und Rolf Gyr

39 Der älteste noch aktive Waffenläufer, Hansruedi Niederhäuser aus Münsingen (Jahrgang 1926)

40 Patrick Wieser am Wiedlisbacher Waffenlauf. Nebst der Kategorie M20 (2. Rang Marc Berger, 3. Rang Peter Ibig) gewann er auch den Tagessieg vor Peter Deller und Ruedi Walker

Austragung vom November 1976 als Läufer dabei zu sein. Zur Vorbereitung absolvierte ich einige längere Spaziergänge.

So war ich dann auch dabei, als am Sonntagmorgen des 16. November die Läufer in Viererkolonnen ausgerichtet im Kasernenareal zum Appell antraten. Unbehagen ergriff mich als ich sah, wie die andern leichtes Schuhwerk trugen, während meine Füsse in Ordonnanzschuhen steckten.

Angeführt von Marschmusik ging's dann in Formation zum Marktplatz, wo der Start durch einen Kanonenschuss erfolgte. Noch nicht einmal in Oberhuben, plagte mich schon das Seitenstechen und zwang mich zum Gehen. Abwechselnd gehend und leicht laufend, erreichte ich Wängi. Mit jedem Kilometer machte sich meine Unerfahrenheit mehr und mehr bemerkbar. Blasen bildeten sich an den Füssen, die Packung scheuerte meinen Rücken. Ich fragte mich: «Warum tue ich mir das an»? Endlich, nach 2.40h erreichte ich Wil. Gut verpflegt nahm ich den Rückweg in Angriff. Geplagt von Krämpfen, gönnte ich mir in St. Margarethen eine Massage. Leider zeigte sie nicht den erhofften Erfolg. So kämpfte ich mich weiter über Lommis und Stettfurt dem Ziel entgegen, denn Aufgeben kam für mich nicht in Frage. So erreichte ich nach 5.45h das Ziel auf dem Mätteli. Müde, von Schmerzen geplagt, aber stolz am Frauenfelder dabei gewesen zu sein.

Nach einigen Wochen waren die Schmerzen verschwunden und die Wunden verheilt. Nun begann ich mir Erwin Kuhn gemeinsam zu trainieren. Durch ihn kam ich auch zum

38

Thurgauer Wehrsportverein, dem heutigen Run Fit Thurgau.

Inzwischen sind 29 Jahre vergangen und ich habe den «Schreckenslauf» 30 Mal bestritten! Zwei Mal habe ich bei meinem Lieblingslauf die magische Grenze von 3 Stunden unterboten und zum Jubiläum durfte ich bei der M50 zuoberst aufs Treppchen steigen. Nach 250 Waffenläufen, wovon 30 Frauenfelder, kam ich zum ersten Sieg! Damals stand der Waffenlauf in seiner Blütezeit mit über 1000 Teilnehmern. Heute neigt sich diese Tradition leider dem Ende zu.

Stephan Obertüfer, Sulgen

80-jähriger aktiver Waffenläufer

Der gebürtige Berner Oberländer Hansruedi Niederhäuser aus Münsingen nahm erst mit 40 Jahren zum ersten Mal an einem Waffenlauf teil. Als 60-jähriger war er dann rund eine Stunde schneller als bei seinem ersten Thuner Waffenlauf. Nach einer schönen Waffenläuferkarriere, die er in Thun 2006 mit seinem 120. Lauf beendete, kann er stolz auf seine Medaillensammlung blicken, die seine Wohnzimmerwände schmücken.

Den Haushalt erledigt der verwitwete Hansruedi selber. Er fordert viel von seinem Körper, deshalb kocht er immer noch selber und sorgt sich um eine ausgewogene Ernährung. So fühlt er sich gesund und fit. Nicht einmal das kaputte Knie, verursacht durch einen Autounfall, hindert ihn am Ausüben des Sports.

39

Hansruedi Niederhäuser ist mit Jahrgang 1926 der älteste aktive Waffenläufer der Schweiz. Während Gleichaltrige auf dem Sofa sitzen und Zeitung lesen oder fernsehen, geht er trainieren. Jeden zweiten Tag macht er Kraftübungen und fünfzig Einheiten auf dem Rudergerät. Pro Monat läuft er etwa 150 km und fährt 200 km Rad. Trotz seines hohen Alters fährt er noch gerne Rollschuh, Schlittschuh und am liebsten noch Alpinski.

Beat Schmutz, Düdingen FR

Ziel erreicht: Tagessieg!
Auf den Waffenlaufsport wurde ich als kleiner Junge aufmerksam, als noch regelmässig Beiträge in den Sportsendungen das Bild prägten. Damals dachte ich nicht im Traum daran, dass auch ich eines Tages zu diesen «Chaoten» gehören werde. Oftmals stellte ich mir die Frage, was denn eigentlich den Reiz ausmache, mit einem Tarnanzug und einer 6,2 Kilogramm schweren Packung auf dem Rücken um die Wette zu laufen. Eine Antwort habe ich bis heute nicht gefunden, doch spezielle Typen sollen bekanntlich das ausüben, was sie auch speziell macht!

Leider sind die gloriosen Zeiten des Waffenlaufsports nun vorbei, doch der Stolz auf unseren Sport, den werden wir immer bewahren.

Meine Laufbahn als Waffenläufer begann im Jahre 2002 mit der ersten Teilnahme an einem Waffenlauf und dies gleich über die Marathondistanz des Frauenfelders! Mit 3 Std. 26 Min und dem sechsten Platz in der Kategorie M20 blieb ich klar unter meinen Erwartungen. Ich konnte mir im Vorfeld nicht vorstellen, dass es ein solcher Höllenritt werden könnte. Vom Wendepunkt in Wil bis ins Ziel musste ich nur leiden, ans Aufgeben dachte ich jedoch nie, dazu war der Wille viel zu stark. Doch irgendwie packte mich die besondere Atmosphäre an diesem Lauf, die zahlreichen Zuschauer und das Klima unter den Sportlern war sehr eindrücklich! Dies war auch der Grund, dass ich mich im Jahr 2003 entschloss, auf die Gesamtwertung zu laufen! Ziele setzte ich mir keine, die Freude am Laufen und die Wettkampfatmosphäre waren Ansporn genug! Die Saison verlief sehr gut und zum Ende resultierte ein hervorragender dritter Kategorienrang. In dieser Saison lernte ich vieles dazu, ich hatte von keiner Strecke Kenntnisse, was teilweise auch ein Vorteil war, denn ich wusste nie so recht, wie lange der Leidensweg noch dauern würde! Trotz aller Strapazen, die mich während der Wettkämpfe begleiteten, freute ich mich nach jedem Zieleinlauf jeweils bereits auf den nächsten Lauf.

In der Saison 2004 konnte ich den ersten Höhepunkt meiner Lauf-Karriere feiern, ich wurde Schweizermeister in der Kategorie Männer 20! Dies war natürlich zugleich der Startschuss für die Saison 2005, denn meinen errungenen Titel wollte ich natürlich um jeden Preis verteidigen! Die Saison begann sehr gut, mit Siegen in Neuenburg und Wiedlisbach und zwei zweiten Plätzen in St.Gallen und Wohlen beendete ich die Frühjahrssaison als Leader der Kategorie Männer 20. In der Herbstsaison konnte mir jedoch mein Widersacher Marc Berger noch zu viele Punkte abnehmen, und ich beendete die Saison auf dem zweiten Kategorien-Platz! Natürlich war ich ein wenig enttäuscht, denn beim Zürcher Waffenlauf verschenkte ich dringend benötigte Punkte, weil ein «Fremder», welcher nicht für die Jahresmeisterschaft lief, zuoberst auf dem Kategorien-Podium Platz nahm und mir somit dringend benötigte Punkte stahl. Der Frust an der Meisterehrung war jedoch nicht mehr allzu gross, denn ich mochte meinem Widersacher den Titel von ganzem Herzen gönnen und ich konnte meinen Meisterschafts-Medaillensatz vervollständigen. Nach diesen drei Jahren und dem Gewinn der drei Meisterschafts-Medaillen wollte ich natürlich auch einmal aufs Podest in der Tageswertung laufen. Bis zu diesem Zeitpunkt hatte ich jedoch keine Chance, zu stark waren die klingenden Namen wie Hafner, von Känel, Deller und zahlreiche weitere Spitzenläufer. In Abwesenheit einiger guter Läufer resultierte für mich als

40

bestes Resultat zwei Mal ein vierter Gesamtrang.

Die Saison 2006 startete zum letzten Mal mit der Austragung des St. Galler-Waffenlaufs. Meine Vorbereitung verlief sehr vielversprechend und meine Zielsetzungen für die bevorstehende Saison waren hoch! Ich wollte aufs Tagessiegerpodest und den Kategorien-Meistertitel aus dem Jahr 2004 zurückerobern. Beim Startlauf in St. Gallen gelang mir zumindest ein Ziel, ich konnte einen Kategoriensieg feiern, doch mit einem weiteren vierten Gesamtrang verfehlte ich mein zweites Ziel, einen Podestplatz bei den «Grossen», wenn auch nur sehr knapp. «Neues Spiel, neues Glück» lautete die Devise beim zweiten Saisonlauf in Wiedlisbach. Schon beim Aufstehen am Morgen merkte ich, dass ein guter Tag bevorstand. Dass es jedoch gleich zu meinem ersten Tagessieg reichen würde, dachte ich niemals. Mir gelang ein perfektes Rennen, ich konnte mich früh mit einer Spitzengruppe absetzen und diese vor Rennhälfte entscheidend distanzieren. Auf dem Rückweg nach Wiedlisbach trugen mich meine Glücksgefühle förmlich ins Ziel. An diesem Tag wurde ich für all die Strapazen und die vielen Trainings entschädigt, die Freude über diesen Sieg hielt auch noch Wochen nach dem Lauf an. Der Tagessieg in Wiedlisbach war ein grossartiges Erlebnis und es freute mich, dass viele meiner Konkurrenten mir diesen Sieg von Herzen gönnten und dies beweist einmal mehr, auch wenn alle gegeneinander um den Sieg kämpfen, dass wir letztendlich für immer eine grosse Familie sind und dies hoffentlich auch bleiben werden. *Patrick Wieser, Aadorf*

Wie ich «Sportler» wurde
Am 20. November 2006, einen Tag nach dem «Frauenfelder», habe ich mit dem Laufen begonnen. Erst mit 46 Jahren wurde mir bewusst, dass ich eigentlich so nicht weitermachen könne. Die Medienberichterstattung im Schweizer Fernsehen, im TeleTop und in der Tele Ostschweiz haben mich angesteckt, die Bilder vom «Frauenfelder» waren für mich die Triebfeder.

Ich versuche seither, an einem Lauftreff mit andern Kollegen zu trainieren «ansonsten sind meine Trainingszeiten wegen der Familie und dem Job mehr auf Zuruf hin.

Roland Maurer (ganz rechts) wenige Momente nach dem Start zum 72. Frauenfelder Militärwettmarsch 2006

WICHTIG! Ich laufe, weil es mir Spass macht und nicht weil ich Druck durch Figur und Kondition bekomme. Das kommt von selbst. Es ist schade, dass das Jahr 2006 den Niedergang des Waffenlaufs einläutete. Die Schweizermeisterschaft ist Geschichte. Dennoch, ich trainiere auf die Waffenlauf-Saison 2007 und werde Waffenläufer! Ich glaube, dass ich ein typischer «Neo-Waffenläufer» bin. Hoffentlich gibt es noch mehr solche wie ich. Darum braucht's meinen Namen nicht. Nur noch ein Satz: «Es lebe der Waffenlauf!»
Euer Neo-Waffenläufer

«Gelebte Kameradschaft!»
Der Waffenlaufsport war bereits in meiner Kindheit ein Begriff. Traditionell fand der Reinacher Waffenlauf immer am letzten Septembersonntag statt, die «Kilbi» in Beromünster auch. Da meine Grosseltern in Beromünster wohnhaft waren, verbrachte ich jenes Wochenende meistens dort. Zusammen mit meinem Grossvater begab ich mich dann am Sonntagmorgen an die Laufstrecke, die mitten durch Beromünster führte. Als wir in gespannter Atmosphäre das Eintreffen des ersten Läufers erwarteten, mutmasste mein Grossvater, dass wohl kein anderer als Albrecht Moser als Führender erscheinen würde. Der Mann mit dem Bart war immer in aller Munde und die Vermutung meines Grossvaters bestätigte sich jedes Jahr wieder von Neuem. Eine Weile, nachdem Albrecht Moser und seine Verfolger Beromünster passierten, sah man auch Läufer mit schwerem Gang, schmerzverzerrtem Gesicht und von Krämpfen geplagt. Einige mussten kurz anhalten und durchatmen, bevor sie sich wieder auf den Weg machen konnten, um das Ziel in Reinach doch noch zu erreichen.

Beim Anblick dieser Bilder dachte ich immer, dass Waffenlauf unheimlich hart sein müsse und ich wohl nie in der Lage sein würde, bei einem solchen Lauf mitmachen zu können. Es verging tatsächlich unheimlich viel Zeit, bis ich das erste Mal bei einem Waffenlauf an den Start ging. Nach der Rekrutenschule trat ich einer militärischen Marschgruppe bei, weil ich von der im Militär erlebten Kameradschaft angetan war und ich das zufrieden stellende Gefühl des Erreichens eines gemeinsamen Ziels noch einige Male erleben wollte.

Im Jahre 2003 nahm ich mit der WSG Schwyz am weltberühmten Viertagemarsch in Nijmegen teil. Da diese grosse Gruppe in etwa zur Hälfte aus Waffenläufern bestand, wurde unterwegs viel über vergangene Waffenläufe diskutiert. Ebenfalls wurde immer wieder erwähnt, dass die Kameradschaft, obwohl der Waffenlauf ein Einzelwettkampf sei, vor und nach dem Lauf und sogar während des Wettkampfs ausgesprochen gross sei. Motiviert durch die gehörten Erlebnisse entschied ich mich, einmal am Reinacher teilzunehmen. Das war im Jahr 2003. Ich vermutete selbstverständlich, dass das Rennen mit einer 6,2 kg schweren Packung härter sein müsse als in einem leichten Trainingsanzug. Als ich nach dem Start ungefähr im ersten Drittel des Feldes in Richtung Gontenschwil rannte dachte ich, dass meine Sorge wegen der Packung kleiner war als angenommen und ich das Tempo noch ein wenig erhöhen könnte. Doch bereits in der ersten Steigung musste ich das erste Mal hartes Waffenlaufbrot essen. Der Puls stieg an und meine Beine begannen bereits schwerer zu werden, obwohl erst 5 Kilometer zurückgelegt waren. Mühsam kämpfte ich mich die Steigung Richtung Bohler hinauf. Auf dem flachen Teil Richtung Rickenbach konnte ich mich ein bisschen erholen, bevor ich mich die nächste Steigung hinaufquälen musste. Zum Glück wurde ich da und dort von mir bekannten Leuten angefeuert, so dass ich mich bis Beromünster knapp im ersten Drittel des Läuferfeldes halten konnte. Aber nach einem weiteren Aufstieg Richtung Schwarzenbach verliessen mich meine Kräfte endgültig und ich wurde weit nach hinten durchgereicht. Doch in dieser Situation konnte ich die oft erwähnte Kameradschaft im Waffenlauf erleben. Läufer, die mich überholten forderten mich auf, noch zu «beissen» oder ihnen «anzuhängen», da es nicht mehr weit sei bis ins Ziel. Erfreut ob der unerwarteten Unterstützung mobilisierte ich meine letzten Kräfte und erreichte völlig erschöpft das Ziel in Reinach. Nach dem gegenseitigen Gratulieren zur erbrachten Leistung ging ich in die Garderobe. Beim anschliessenden Zusammensein in der Turnhalle war für mich bereits klar, dass ich weitere Waffenläufe bestreiten würde.

Roland Maurer, Zetzwil

Als regierungsrätlicher Ehrengast dabei ...
Wer in Frauenfeld aufgewachsen ist, der wird zum Waffenläufer. So war das über Jahrzehnte. Doch halt, war dies wirklich so? Ganz so zwingend war der Zusammenhang denn doch nicht. Zum Frauenfelder Jahresablauf gehört der Militärwettmarsch wie der Apfel zum Thurgau. Jeder Frauenfelder kennt wohl das Bild am kalten November Sonntagmorgen, wenn auf dem Marktplatz die Läufer im Tenue und mit Packung aus der Runde starten und gegen Huben in die Marktstrasse einbiegen. Sie wissen, dass der «Frauenfelder» begonnen hat, wenn sie am besagten Sonntagmorgen um zehn Uhr vom Kanonenknaller des Starts geweckt werden, wenn der Vorabend etwas länger ausfiel. Jeder Frauenfelder hat am Sonntagnachmittag auf dem «Mätteli» gestanden und die Läufer beklatscht, die schweissnass ins Kasernen-Ziel eilen… oder manchmal auch humpeln. Und jeder Frauenfelder hat im jugendlichen Schwatz gesagt, da laufe ich auch einmal mit.

Ich habe es nicht anders gehalten. Zu meinen Jugenderinnerungen gehören Bilder des Militärwettmarsches ebenso wie solche des Pfingstrennens auf der Allmend, des Chlausmarktes oder des Bechtelitags. Der Frauenfelder Jahresablauf eben.

Und dann ging es irgendeinmal ab in die Rekrutenschule. Als Frauenfelder natürlich in die Artillerie. Aber ich wurde nicht etwa nach Frauenfeld, sondern auf den Monte Ceneri aufgeboten. Dessen Berggelände ist für den Waffenlauf nicht eben günstig. Für die generelle körperliche Verfassung aber tun Auf und Ab durchaus gut, und nach Frühjahrs-RS und anschliessender Unteroffiziers-Schule fühlte ich mich während des Abverdienens im Strumpf wie noch nie. So kam es, dass wir – ein paar andere Korporäle der Batterie und ich – uns entschlossen, beim Altdorfer Militärwettmarsch mitzumachen. Altdorf lag für uns ja am nächsten und wir durften auch mit einem etwas längeren Urlaub rechnen.

Gesagt, getan. Und so standen wir eines Sonntagmorgens in Altdorf am Start, inmitten wohlerprobter und durchtrainierter Waffenläufer, die uns an- bis auslachten und ihre Sprüche klopften. Für uns war alles – von den Läuferschuhen der andern bis zum Dul-X in der Nase – ungewohnt und neu. Selbst waren wir nämlich völlig unbedarft und ohne grosse Vorbereitung erschienen, so wie wir eben vom Ceneri abgereist waren. An den Füssen die üblichen Marschschuhe, die wir jeden Tag in der RS trugen, und am Rücken der übliche Rucksack und das Sturmgewehr. Es kam wie es kommen musste. Das Ziel habe ich erreicht, der Zustand, vor allem meiner Füsse, war erbärmlich. Mehr Blasen habe ich selten gesehen, und die Socken waren dunkelrot. Eines wusste ich: Mein Sport war Waffenlauf wohl kaum. Ich habe Anderes gefunden.

Am Frauenfelder Militärwettmarsch habe ich deshalb als Wettkämpfer nie mehr mitgemacht. Die Treue aber habe ich ihm gehalten. Seit Altdorf weiss ich bestens, dass Waffenlauf Sport und Leistung bedeutet. Dass dahinter aber auch Können, Technik und Fitness stehen. Und dass das Gefühl der Gemeinschaft und die Kameradschaft auch jene ins Ziel führt, denen es an Können und Technik mangelt. Ich habe in Frauenfeld bei der Organisation mitgeholfen und seit jenen Tagen bin ich jedes Jahr dabei. Auch heuer steht der Militärwettmarsch in meinem Jahresprogramm.

Ständerat Philipp Stähelin, Frauenfeld (ehemaliger Thurgauer Regierungsrat)

Nachruf auf die IGWS, wir sagen Danke!
Bekanntlich löst sich die Interessengemeinschaft Waffenlauf Schweiz (IGWS) per Ende 2006 auf. Dies wurde von den Delegierten in Altdorf im Dezember 2005 beschlossen. Im Anschluss an die Jubiläumsfeier und die grossartige Meisterkür sagten die Chefs der IGWS zu sich selber: «Ruhn, abtreten!»

Die Konsequenzen wurden uns Läufer erst später bewusst. Das Jahr 2006 sollte das Jahr der letzten Schweizermeisterschaft sein. Die Stelle, welche den Waffenlauf nach innen und nach aussen vertritt, verschwindet. Ich dachte, es gehe auch ohne die IGWS weiter. Doch nein. Die Auflösung der IGWS und die Liquidation der Meisterschaft ist der Tod des Waffenlaufs. Die Versammlung wird Ende 2006 die IGWS auflösen und damit ist der Waffenlauf gestorben. Obschon einzelne OK's weitermachen wollen und einige Jahre sicher auch tun werden. Doch der Glanz verblasst im Jahr der letzten Meisterschaft.

Schade. Es tut weh. Der Waffenlauf ist mehr als nur Sport! Der Waffenlauf steht für Leidenschaft, Kameradschaft und für die grosse Waffenläuferfamilie. Der Waffenlauf gehörte bei vielen zum Leben dazu. Ich selbst habe unzählige Waffenläufe bestritten. Nie vorne bei der Spitze. Auch wir in den hinteren Rängen, jemand hat uns mal die «Namenlosen» genannt, hatten unsere Kämpfe.

Nun absolvierte ich in diesem Jahr alle noch verbleibenden Läufe und werde mir immer mehr bewusst, «Mein Waffenlauf, deine Beerdigung ist eingeläutet».

Ich sage, es tut weh! Es bringt aber nichts, der Zeit entgegenzutreten. Das Rad der Zeit und die Entwicklungen sind zu schnell, um sie aufhalten zu können. Was bleibt ist die Erinnerung. Diese Zeilen sind am Tag nach dem Reinacher entstanden. Mir fällt erst jetzt auf, dass die IGWS omnipräsent ist. Präsident Martin Erb selbst ist als aktiver Teilnehmer dabei. Dominik Schlumpf, der Autor des letzten grossen Buches über den Waffenlauf ebenso wie auch andere Vorstands- und TK-Mitglieder. Die IGWS lebt und hat in den letzten Jahren so vieles getan. All die ganzen Reformen, Veränderungen, Ideen, Aktionen und im Sinne des Waffenlaufs getätigten Aktivitäten. Da muss eine immense Arbeit dahinter gewesen sein. Funktionäre, die viele Stunden für den Waffenlauf, für uns Läufer investiert haben. Uneigennützig sind sie Idealen und Werten gefolgt.

Wir, und ich meine ich spreche für alle Waffenläuferinnen und Waffenläufer, wir danken der IGWS-Crew der vergangenen 51 Jahre recht herzlich für die grosse Arbeit zugunsten unseres Waffenlaufs. Wenn es euch nicht gegeben hätte, wäre das Schiff Waffenlauf schon viel eher gesunken. Ihr habt uns die vielen schönen Erlebnisse, zusammen mit den OK's ermöglicht. Die ganze Waffenläuferfamilie sagt euch IGWS-Leuten: DANKE!

Im Namen aller Waffenläufer
Ein Kamerad mit über
250 absolvierten Waffenläufen

Anmelden oder nicht?

Der Dorfbriefträger ist mit seinem Fahrrad samt Anhänger unterwegs. Wie jeden Morgen um diese Zeit stattet er allen Häusern den obligaten Blitzbesuch ab, angefangen bei den währschaften im Dorfzentrum, dann den backsteinenen Reiheneinfamilienhäusern dem Bächlein entlang, weiter den blockartig gebauten, aus grauem Beton unten an der Hauptstrasse, schliesslich der Neubausiedlung beim Bahnhof und zuletzt den entlegenen Bauernhöfen.

Eben wirft er bei Soltermanns eine Handvoll Briefe und Zeitungen, einen Teil seiner Ware also, durch den Briefkastenschlitz. Er ahnt ja nicht, was er da alles in der Schwärze des Kastens verschwinden lässt: Informationen, Reklame in Hülle und Fülle und Meldungen über Erfreuliches und Trauriges, oft nur durch das dünne Briefumschlagpapier voneinander getrennt.

Am selben Abend sitzt Soltermann an seinem Stubentisch. In der Küche wäscht die bessere Ehehälfte die letzten Reste Eierrösti vom Geschirr. Soltermann hat die Lampe tief über den Tisch gezogen, sich die Brille aufgesetzt, die Blumenvase zur Seite geschoben und sich nun das Bündel Post vorgenommen. Er legt es vor sich hin, putzt umständlich noch einmal die Brille, setzt sie wieder auf seine schätzungsweise bald fünfzigjährige Knollennase und beginnt dann, fast andächtig, mit dem abendlichen Zeremoniell.

«Donnersch e Huufe hüt» sinniert er halblaut vor sich hin. Die Zeitung legt er vorerst zur Seite, als Dessert sozusagen. Eine Todesanzeige. «Ez isch doch der alt Mühlimatter gstorbe.» Eine Rechnung. «Das isch ja unverschant, drühundertfüfzwänzg Fränkli für dä Outo-Serwiss!» Die Steuererklärung. «So, ou das no, das het mir itz grad no gfählt.» Soltermanns Stirne legt sich in tiefe Falten. Er wirft das Formular, das jeder Schweizer hasst und doch pflichtgetreu ausfüllt, schräg vor sich hin. Wie gebannt blickt er auf diesen amtlichen Bogen, ohne sich zu regen, ohne vorerst etwas wahrzunehmen. Stille herrscht in der Stube, nur die Uhr tickt wie stets, und in der Küche scheint man vom Abwaschen zum Abtrocknen übergegangen zu sein. Im Glas auf dem Tisch steigen dünne Perlen an die Oberfläche und verlieren sich irgendwo im Bierschaum. Sonst regt sich gar nichts. «Soltermann, Hans, Hofgutweg 76», steht da zu lesen, darüber die elfstellige AHV-Nummer, die er auswendig weiss. Doch Soltermann sieht das alles nicht, scheint zu meditieren.

Die Steuererklärung – es ist nicht zu vermeiden – hat jedes Mal eine mindestens vierzehn Tage dauernde Gereiztheit zur Folge. Er legt den unerwünschten Zettel hinüber auf Mutters Nähmaschine, für später einmal. Nun will er sich der Lokalzeitung zuwenden. Doch, da ist ja noch ein Briefumschlag. Soltermanns Gesicht hellt sich auf.

Keine Rechnung, kein Brief, den zu beantworten schon wieder Schweisstropfen kosten würde, auch keine überflüssigen Prospekte. Er kennt den Umschlag, das Signet ist unverwechselbar. Der Blick Soltermanns ist anders geworden, die Stirnfalten und der sichtbare Ärger sind weg. «Aber ja, grad das bruucht ig» schmunzelt er. Er öffnet das nicht verklebte Couvert. Ja, es ist die Ausschreibung für einen Waffenlauf!

In diesem Moment kommt Marie Soltermann in die Stube, etwas breitspurig, aber unbeschwert lächelnd. Sie putzt sich die Hände resolut an der Schürze ab und setzt sich an den Tisch, gerade da, wo entfaltet und aufreizend fast die Reklame für das nächste «Ruckseckli-Wettrenne» liegt.

«Hesch dra dänkt, Hans» beginnt sie, ganz überrascht, dass die Steuererklärung ihn noch nicht in das wohlbekannte psychische Tief versetzt hat, «...hesch dra gsinnet, i sächs Wuche het ds Tante Emmeli der Siegezgischt. Mir sötte se de ylade, am Sunntig, gäll.» Vor Hansens eben noch sonniges Gemüt schiebt sich wieder eine Wolke. Hoch und Tief scheinen heute Abend auf seinem Gesicht Verstecken zu spielen. «Eh aber...» beschwichtigt Marie, Hans gar nicht zu Wort kommen lassend «... ds Emmeli isch doch öpper Liebs, Du magsch ihns doch guet, Hannes.» Der Ehemann kratzt alle seine vielen Argumente zu einer grossen Verteidigungsrede zusammen, räuspert sich und spricht «Hmm... ja, ja, ... scho... weder äbe ...». Mehr gelingt ihm nicht. Mit seinem langen Zeigefinger fährt er gedankenverloren über die Ausschreibung hin und her, hält beim Wettkampf-Datum inne und schaut unsicher auf: «Cha me dä Geburtstag de nid um ene Wuche verschiebe? Ig meinti fasch...» Marieli hat ihren Gatten längst durchschaut und sieht ihn aus winzig kleinen Schlitzäuglein von der Seite her an. «Jäääh...» forscht sie ausgedehnt «isch öppe wieder e Waffelouf nache?» – «Exaktämänt das!» nickt Hans, überzeugt, die Schlacht schon halbwegs gewonnen zu haben.

Doch Mariechen gibt sich so leicht nicht geschlagen. «Jä los Hans, eso eifach isch das de nid. Scho letschte Herbscht hei mir Nöiis müesse verschiebe u itze scho ume?» Hans fährt sich mit dem Fünfzack-Kamm durch die an den Schläfen schon leicht grauen Haare. Im Landstürmler stürmt es mehr, als man von aussen zu entdecken vermag. Könnte jemand Gedanken lesen, erführe er Hansens nicht allzu erhabene Meinung über Familienfeste – um es sehr vorsichtig und gelinde auszudrücken.

Unversehens wechselt die Ehefrau Thema und Taktik. «Äs pressiert ja gar nüd im Momänt. Warte mer no es Rüngli. Füll itz afe d'Stüürerklärig us, de chöi mer de wyter luege.»

Ein weiterer Keulenschlag trifft Hansens malträtierte Seele. Auch er wechselt die Taktik und sagt bestimmter «Jä nu, also, aber nümme hinecht.» Vorläufig legt er die beiden gleich grossen Briefumschläge ungleich erfreulichen Inhalts schön friedlich zusammen in die Tischschublade und entfaltet wortlos die Zeitung. Er liest aber nur scheinbar. In seinen Gedanken wälzt er äusserst wichtige Fragen. Anmelden oder nicht? Waffenlauf oder Emmelis Geburtstag?

Marie Soltermann zieht die Vorhänge in der besseren Stube zu und der Beobachter kann nur noch ahnen, wie es weitergegangen ist.

Vierzehn Tage später indessen, an einem Samstagmorgen, sehen wir ihn wieder, den Hans Soltermann. Er steht vor dem Postschalter, zahlt fünfzehn Franken Startgeld ein für einen Waffenlauf, wirft eine fein säuberlich ausgefüllte Steuererklärung in den Briefkasten, dazu einen Brief an Tante Emmeli – die Einladung zur Geburtstagfeier, genau am Sonntag nach dem Waffenlauf.

Aus «Der Waffenlauf – eine Chronik mit Bildern» von Bernhard Linder

Meine Begegnung mit Albrecht Moser
Ich bin für eine Fernsehgesellschaft unterwegs und filme an einem Sonntagmorgen am Frauenfelder Militärwettmarsch. Von weit her sehe ich Albrecht Moser. Wenige Kilometer vor dem Ziel bricht er ein. Ich steige aus, eile hin und frage: «Und jetzt, geben Sie auf?» Dieser sagt klar und bestimmt: «Nein! Und wenn ich auf den Knien ins Ziel komme …», sagt's und rennt weiter. «Eindrücklich», denke ich und steige wieder in mein Auto.

Ein beeindruckter Journalist

Der alte, «süchtige» Hase am Frauenfelder
Ein prächtiger Spätherbstnachmittag, die Gartenarbeiten sind erledigt. Eine Woche später als üblich heisst es, die Waffenlaufpackung zu nehmen und den letzten Waffenlauf des Jahres zu absolvieren. Genau 2 1/2 Stunden mit der Bahn von Freiburg nach Frauenfeld.

Um Viertel vor fünf Uhr treffen wir in der im Laufe der Jahre wohlbekannten Thurgauer Metropole ein. Nur einige Schritte vom Bahnhof entfernt die Kaserne, wo wir unsere Packungen und unser Gepäck deponieren möchten. Doch in Frauenfeld, da herrschen

An gewöhnlichen Tagen wird er kaum beachtet, dieser Brunnen mit seinem kläglichen Wasserstrahl. Jetzt aber ist sein Wasser heiss begehrt, und sei es auch nur, um das Gesicht zu kühlen

noch Zucht und Ordnung. Es wird uns auf- und kundgetan, dass die Kaserne um halb sechs Uhr geöffnet werde, nicht früher und nicht später. «Nur die Sachen deponieren, man soll sie nicht unbeaufsichtigt stehen lassen, steht im Programmheft!» «Um halb sechs Uhr», steht auch im Programmheft! So schleppen wir unsere Sachen mit, um uns ein erstes Bierchen zu genehmigen. Zwei Kameraden, erstmals in Frauenfeld dabei, sind entsetzt, alte Hasen nicht mehr.

Den Neuen werden die Strecke erklärt, Zurückhaltung empfohlen und andere gute Ratschläge erteilt. Dienstbüchlein vorweisen, Startnummer und Kleider fassen, das sind die nächsten Taten an diesem Samstagabend. Bereits jetzt scheint es nur noch Hosen für Rekruten zu haben. Was werden gross gewachsene Läufer am Sonntagmorgen noch vorfinden?

Der Abend wird in geselligem Kreis verbracht. Obwohl jeder Läufer jedes Jahr in «unserer» Beiz sein Riz Casimir begehrt, reicht der Reis nirgends hin. Nun, bis am Sonntag um zehn Uhr lässt sich alles verdauen.

Sonntagmorgen, der Hauptharst der Läufer trifft erst jetzt ein, während wir uns zu einem sehr günstigen Preis in der Kantine verpflegen.

Im Kasernenhof stellt sich das Feld in vier Viererkolonnen auf, Ehrungen werden vorgenommen. Kameraden mit 100 Läufen, zwei sogar mit 200 nach vorne gerufen. Dazu die Sechzigjährigen, welche zum letzten Mal

mitlaufen dürfen, worunter mein Vorbild, der sympathische Hans Frischknecht. Marktplatz, Gedanken kurz vor dem Start: Keine Angst, aber doch Respekt vor der grossen Distanz. Mein Trick, nicht nach Kilometern sondern nach «Dörfern» zu rechnen, lässt die Strecke weniger lang erscheinen.

Zwischen den strahlend blauen Himmel des Vortages und der Landschaft hat sich eine dicke Nebelschicht geschoben. Nun, besser als Föhn wie vor zwei Jahren oder Bise wie letztes Jahr, denken sich die meisten. 4 1/2 Stunden nehme ich mir dieses Jahr vor. 55 Minuten nach 10 Kilometern. Umleitung vor Sirnach, wegen des Nebels nimmt kaum einer die Abzweigung von der Original-Strecke wahr. Immer noch Laufschritt, der Eisenbahnlinie entlang, durch den Wald, über die Autobahnbrücke, dann die endlos lange Strecke bis ins Herz von Wil hinein.

Kontrolle vor dem Tor: 2:07 für 21,5 km. Warme Getränke werden an diesem nebligen Tage besonders geschätzt. Viele Zuschauer stehen auch jetzt noch Spalier im Städtchen. Nach St. Margarethen die 28 km-Tafel, Zeit 2:45 Stunden, der Sieger dürfte jetzt im Ziel sein; ich bin bei zwei Dritteln der Wegstrecke … Kurz vor Lommis die 30 km-Tafel, genau 3 Stunden. «Ist Frischknecht schon vorbei?» Jawohl vor etwa 10 Minuten. «Km 31», wie jedes Jahr, die Luft ist draussen, die Beine schmerzen, dazu der Anstieg am «Moser-Stutz». Wo der «Frauenfelder» eigentlich erst beginnt, wäre jeder andere Waffenlauf distanzmassig zu Ende. Tröstlich, dass es den anderen gleich ergeht.

Wer hier noch Laufschritt macht, vermag einige Dutzend Kameraden zu überholen. Was soll's. Man nimmt sich jedes Jahr ein entsprechendes Training vor. Die Wirklichkeit sieht anders aus. Nach der Zeitumstellung, nach dem Murtenlauf und dem «Altdorfer» ist es bereits dunkel, wenn man nach Hause kommt. Wer dann noch 20 – 30 km trainiert, verdient wohl, unter den Vorderen zu sein. Stettfurt, km 35, Hans Frischknecht verpflegt sich. Das ist meine Chance, vor ihm im Ziel zu sein und dann seine Ankunft miterleben. Meine Freude ist von kurzer Dauer. Die «Bravo Hans»-Rufe kommen immer näher. Im Tälchen bei km 37 hat er mich wieder, ich vermag ihm in der Steigung nur kurz anzuhängen, dann ist die Möglichkeit weg. Von Oberhuben bis ins Ziel unentwegt viele Zuschauer. Endlich bricht auch die Sonne durch, um zwei Uhr nachmittags. Man ist dankbar für den Applaus, er lässt die schmerzenden Glieder vergessen. Km 41, Zeit 4:22, es müsste reichen, meine Zeit einzuhalten. Zieleinlauf, 4:28 Stunden. Gestecktes Ziel erreicht, wenn auch erst 1 3/4 Stunden nach dem Sieger, doch Kontrollschluss ist erst in zwei Stunden. So lange, glaube ich, wurde ich mich nicht quälen. Mehr als die doppelte Siegerzeit, nein!

Wer den «Frauenfelder» nie gelaufen ist, kann sich kaum als echten Waffenläufer bezeichnen. Für mich ist er der schönste, aber auch der gefährlichste Lauf. Warum? Weil er süchtig macht! *Beat Schmutz, Düdingen*

Erlebt als SVP-Präsident
Leider konnte ich wegen eines zunehmenden Hüftleidens nur wenige Waffenläufe absolvieren. Von allen verrückten Ausdauersportarten, die ich in meinem Leben bestritt, war der Waffenlauf die angenehmste. Natürlich muss man die Leistung erbringen, aber die Stimmung, im Läuferfeld wie auch die der Zuschauer lässt die Strapazen vergessen. Ich hatte immer das Gefühl, mich mitten in einer grossen, gleich gesinnten Familie zu bewegen. Inzwischen hängt bei uns am Kühlschrank ein Foto vom Frauenfelder. «Schau zuerst, wie schlank du warst und überleg dir, ob du den Kühlschrank zur späten Stunde noch öffnen willst,» sagt jeweils meine Frau. So bin ich seit Jahren täglich mit dem Waffenlauf verbunden, ohne selbst noch mitzulaufen.
Ueli Maurer, Präsident der Schweizerischen Volkspartei der Schweiz SVP

Läufer contra Stubenhocker
Auf einem graswachsenen, schmalen Feldweg, weitab von Autobahnen und Städten, traben drei in Trainingsanzüge vermummte Gestalten einher. Novemberwetter. Es ist bitter kalt, neblig, grau und tropft aus dem kahlen Buchengeäst. Weit und breit kein Haus, kein Mensch. Bereits zieht die Dämmerung herauf. Die drei bezipfelmützten, asketisch gesinnten Athleten sind seit nahezu zwei Stunden unterwegs. Die Zöttelikappen tief ins Gesicht gezogen, sind die Burschen nicht zu erkennen. Vom Zusehen her lässt sich auch nicht beurteilen, ob sie für den Saisonhöhepunkt in Frauenfeld trainieren, es lässt sich höchstens erahnen, vermuten. Zwischenhinein haben sie ein paar Worte gewechselt, kurz gelacht, dann war wieder das fast gleichmässige, rhythmische Spiel des Atems zu hören.

Währenddessen sitzt das Gros unserer Zeitgenossen in weichen tiefen Polstersesseln in wohlig warmen Wohnzimmern und Stuben, immer mehr in die Rolle der geniessenden Zuschauer absinkend. Man sieht sich den Sport an der «Telewischen» an, die Beine hochgelagert, begibt sich vielleicht ab und zu ins Eisstadion – auf die Zuschauerränge, versteht sich – und lässt allfälligen Aggressionen durch Schreien und zuweilen durch mehr oder minder gezielte Plastik-Bierflaschenwürfe freien Lauf.

Bernhard Linder, heute Hinterkappelen

Erlebt als Generalstabschef
Die Entwicklung des Waffenlaufs lässt sich sehr gut am Beispiel des «Toggenburgers» darstellen. Als Toggenburger ist mir natürlich unser Lauf besonders ans Herz gewachsen, obwohl ich bei vielen anderen Waffenläufen Gast und auch von diesen Anlässen begeistert war.

Der Waffenlauf war eigentlich immer mehr als ein eigentlicher Wettkampf, er war ein persönlicher Gradmesser der körperlichen Leistungsfähigkeit, er war ein militärischer «Gesellschaftsanlass», an dem Soldaten und Offiziere, sich unter gleichen Umweltbedingungen, messen konnten. Alle Teilnehmenden erlebten ein Gemeinschaftsgefühl, sei es durch das gegenseitige Aufmuntern während des Laufes oder das Zusammensein nach dem Wettkampf, bei dem das Siegen nicht an erster Stelle stand. Wie haben sich die Läufer gefreut, wenn sie, durch die am Strassenrand stehenden Zuschauer, aufgemuntert wurden. Dies hat eine besondere Gemeinschaft entstehen lassen.
Als Pfadfinder habe ich natürlich noch den Stafettenlauf erlebt. Ich hatte an meinem ersten Einsatz die Aufgabe, die Pferde der Reiter zu halten, was sehr aufregend war. Der Reiter war der erste Stafettenmann. Später war ich als «Handgranaten-Wurfkörper-Einsammler» und «Treffer-Melder» eingesetzt, oft waren wir aber zu sehr auf der Seite der Stafettenläufer, was den Funktionären oft Reklamationen ein-

KKdt HU Scherrer

43 Paul Gfeller wenige Meter vor seinem Tagessieg am ersten Wohlener Sprint-Waffenlauf 2004

44 Peter und Susi Rigling vor dem Start zum Frauenfelder Militärwettmarsch 2003

brachte. Im Laufe der Zeit wurde die Stafette immer mehr verkleinert. Die ersten, die nicht mehr mitmachen konnten, waren die Reiter, weil es zu wenige mehr gab.

Schade, dass der Stafettenlauf nicht überleben konnte. Er war etwas Besonderes und für die Zuschauer, vor allem bei den Übergabepunkten und militärischen Disziplinen (Schiessen und Handgranatenwerfen) besonders attraktiv.

Wir Toggenburger waren aber glücklich, dass der der Waffenlauf in die Bresche sprang. Lichtensteig als Start- und Zielort war auf die Läufer immer stolz und hat sie tatkräftig unterstützt. Auch die vielen Helfer standen immer zur Verfügung, denen heute ein besonderer Dank gebührt. Ohne den Waffenlauf ist Lichtensteig um eine Attraktivität ärmer geworden.

Hansulrich Scherrer, Generalstabschef aD

Rückblick auf 183 Waffenläufe
Zu jedem Waffenlauf eine kurze Geschichte von Paul Gfeller.
Toggenburg
Ich laufe in der Endphase des Rennens auf Platz 4, führe in der Kategorie Auszug. Einen Kilometer vor dem Ziel schliesst Martin von Känel zu mir auf. Wir kämpfen um den Kategoriensieg und spurten Brust an Brust dem Ziel entgegen. Blöderweise hat es nur einen Einlaufkanal, ca. 80 cm breit. Martin erwischt ihn. Ich hingegen donnere voll in die Abschrankung, glücklicherweise unverletzt. Als Sieger wird Martin von Känel ausgerufen. Ich werde Zweiter. Nachträglich erhalte ich aber gleich viele Punkte wie der Sieger.

St. Gallen
Vorne weg eilen Beat Steffen und Christian Jost um den Tagessieg. Dahinter laufe ich in der Verfolgergruppe, die immer kleiner wird. Zuletzt spurte ich knapp vor Peter Schneider (Marathonschweizermeister) zu meinem ersten Kategoriensieg. Freude herrscht!

Neuenburg
Kurz nach dem Start löst sich eine grössere Spitzengruppe. Unten am Neuenburgersee bin ich plötzlich in Führung. Ich steigere das Tempo nochmals, nur Martin von Känel kann mir folgen. In Auvernier (ich glaub es noch heute nicht) ist die Bahnschranke geschlossen und wir zwei müssen warten. Die Gegner können wieder aufschliessen. Ich erleide einen moralischen Knacks, werde aber immerhin noch Gesamtfünfter.

Zürich
Mein 1. Zürcher Waffenlauf. Ich laufe mit einer geliehenen Packung, die ich schon 2 Wochen zuvor in Neuenburg getragen habe. Dort wog sie genau 7,5 kg. Am Ziel werde ich kontrolliert. Oh Schreck, die Packung wiegt nur 7,2 kg. Das heisst, ich bin disqualifiziert! Die Ursache des Gewichtsverlusts war eine gefüllte Feldflasche, die ausgelaufen war. Wie sich im Nachhinein herausstellt, verpasse ich dadurch mein erstes Diplom um zwei Punkte!

Wiedlisbach
Dort bleiben mir zwei schöne Podestplätze, aber auch ein fürchterlicher Einbruch (43. Kategorienrang) in entsprechender Erinnerung.

Chur
Heute will ich meinen Kollegen und Rivalen Bernhard Wampfler endlich wieder einmal schlagen. Benu startet viel schneller als ich. Etwa bei Km 5 ist eine Sprintwertung. Dabei muss durch ein Zelt gelaufen werden. Benu's Gewehr verfängt sich im Zeltdach an einem Seil, wo Fahnenwimpel aufgehängt sind. Ihm bleibt nichts anderes übrig, als die Packung auszuziehen und das Seil zu lösen. Als ich ihn überhole lässt er gerade seinen Frust an einem hohen Offizier aus. Benu fällt rangmässig weit nach hinten. Ich erlaufe mir überraschend hinter Ruedi Walker und Markus Joos den 3. Kategorienrang!

Freiburg
Heute wollen mein Kollege Ernst Sommer und ich ein gutes Rennen zeigen. Wir laufen uns intensiv ein. Plötzlich fällt uns auf, dass wir als einzige noch am Aufwärmen sind. Wir laufen Richtung Start. Als wir etwa 100 Meter hinter dem bereitstehenden Startfeld angelangt sind, erfolgt bereits der Start. Wir schnallen hastig die Packung fest und machen uns auf die Verfolgung. Nach etwa 500 m hören wir den Startschuss der Kanone. Wie sich nachher herausstellte, erfolgte der Start zu früh. So viele Läufer konnte ich noch nie überholen. Durch diese Motivation schaffte ich den 4. Kategorienrang und wurde Gesamtsiebter.

Reinach
Ich finde in einer schnellen Gruppe Unterschlupf. Wir laufen Richtung Gontenschwil. Plötzlich reisst der rechte Träger meiner Packung. Kein Problem - wenig später steht unser Vereinspräsident und Betreuer Karl Binggeli am Strassenrand. Mit einer Schnur bindet er den Träger zusammen. Das ganze dauert nicht länger als ein Formel 1-Boxenstopp und ich kann trotzd dieses Zwischenfalls einen guten Rang erlaufen.

Altdorf
Heute ist ausnahmsweise kein Föhn, daher läuft es mir viel besser als auch schon. Beim Reussdamm ist auf einmal ein Reiter vor unserer Gruppe. Das Pferd scheut und keilt mit den Hinterbeinen aus. Links und rechts des Weges ist eine steile Böschung. Einer wagt unter Lebensgefahr das Überholmanöver. Wir anderen kraxeln den Reussdamm hoch und verlieren dabei viel Kraft und Zeit.

Kriens
In bester Erinnerung bleibt mir der Endspurt mit Martin Sigrist um den 3. Kategorienrang, den ich um ca. 1 Zentimeter verliere. Ich erhalte aber gleich viele Punkte wie der 3.

Thun
In Thierachern meldet der Speaker: «Deutlich in Führung liegen drei Läufer, das sind Hans Furrer, Christian Jost und ein Unbekannter (das war ich)». In diesem Rennen erlebe ich später, was ein «Einbruch» ist.

Frauenfeld
Heute geht's um das letzte Meisterschaftsdiplom zwischen Rolf Baumgartner und mir. Ich hänge mich bei Rolf bis Km 38 hinten dran. Er läuft vor mir ins Ziel. Es reicht Rolf allerdings nicht, mich vom 10. Diplomrang zu verdrängen. Er hätte mir mehr Zeit abnehmen müssen. Das Spezielle daran war, dass wir vom Schweizer Fernsehen begleitet wurden. Rolf lief im Vorjahr auf den 2. Gesamtrang und ist stolzer Vater von Vierlingen. Das gab dann eine schöne Filmreportage, die auch in der abendlichen Sportsendung ausgestrahlt wurde.

Paul Gfeller, Sumiswald

Wetten, dass es ... Waffenlauf-Liebe ist
Eine banale Wette unter Kollegen oder gar am feucht-fröhlichen Stammtisch ist und war oft der Anlass, an einem Waffenlauf teilzunehmen. «Ich wette, dass ich schneller bin

45 Fredy Wirth beim 34. Zürcher Waffenlauf (1991)

46 Bernhard Wampfler «in Aktion» am letzten Toggenburger Waffenlauf im Jahr 2003

47 Blitzschnelle Jagd zwischen Bernhard Wampfler (rechts) und Bruno Dähler

48 Vater Hans Widmer ist seiner Tochter Monika dicht auf den Fersen. Nicht nur wie hier auf der Foto beim letzten St. Galler Waffenlauf 2005

49 Väterliche Umarmung nach dem ersten Sieg für Monika Widmer (Neuenburger 2000)

als du.» «Der Frauenfelder ist doch locker in 4 Stunden zu laufen.»

Die letztere Behauptung war auch der Hauptgrund, weshalb sich Susanne Martinek 1988 an den Start des Frauenfelder Militärwettmarsches begab. Ihr damaliger Trainingskollege hatte zu oft während des Laufens gejammert, wie hart die Waffenläufe, insbesondere dieser König der Waffenläufe, wären. So entdeckte Susi ihre Liebe zum Waffenlauf und nach 10-jähriger Laufpause wegen des Waffenlaufs wieder die Liebe. Das war so:

1988 und 1989 absolvierte Susi nicht nur Waffenläufe, sondern bestritt auch erfolgreich militärische Dreikämpfe. Kurze zivile Läufe dienten dazu, die Schnelligkeit zu fördern und verrückte Anlässe wie zum Beispiel der Swiss Alpine Marathon stellten eine besondere Herausforderung dar.

Doch verletzungsbedingt widmete sich Susi ab dem Herbst 1989 wieder vermehrt ihrem Studium.

Es verging ein Jahrzehnt, erfüllt mit Beruf, Kindern und Pferdesport, doch immer im November schweiften Susis Gedanken zum Frauenfelder Militärwettmarsch. Und so ergriff Susi 1999 den Telefonhörer und rief ihren ehemaligen Waffenlaufkollegen Peter Rigling an, um zum absolvierten Lauf zu gratulieren.

Diesem kurzen Anruf folgte im Jahr 2000 Susis Wiedereinstieg in den Waffenlaufsport und im Mai 2001 die Heirat mit Peter.

Und falls der Waffenlauf nicht gestorben ist, laufen Susi Rigling-Martinek und Peter Rigling noch heute.

Susi Rigling, Basadingen TG

Ein ungewöhnlicher Freiburger
Mit grosser Spannung fuhren wir am 12. September 2000 mit dem Zug nach Freiburg, meine Kollegen stiegen im Flughafen vom «St. Galler» zu. Ein erster Check ergab: Alle sind ausser Form, haben eine zu lange Sommerpause eingelegt, zu wenig trainiert usw. Dass sich dies im Wettkampf wieder nicht bewahrheiten sollte, weiss man als eingefleischter Läufer allerdings.

Bahnhof Freiburg: Wo stehen die Militärfahrzeuge gemäss Programm? Weit und breit niemand, also nehmen wir nach 15 Minuten Warten den Bus in die Kaserne La Poya. Zum Umziehen bleibt genügend Zeit, es reicht gar noch für eine Aufwärmrunde, bis wir zum Start an die historische Stätte losmarschieren. Es ist heiss an diesem Nachmittag, ich halte mich deshalb im Schatten auf und trinke viel Flüssigkeit – schliesslich behagt mir das vom Veranstalter angebotene Getränk Sponser – bis der Startschuss fällt.

Wegen der Hitze bleibe ich im Mittelfeld und forciere auf den ersten 5 km nicht. Diese Marke passiere ich in 23.15 Minuten. Weiterhin wird jede Möglichkeit zum Trinken genutzt. Wie weit voraus sind wohl meine Kollegen vom Run Fit Thurgau? Die ersten Anstiege machen mir wenig zu schaffen, auch nach 10 km (48.50 Minuten) laufe ich nach Plan und noch locker. Natürlich wird die zweite Hälfte mit den Steigungen hart sein, schliesslich packt mich dort meistens der Hammermann. Doch in dieser Phase kann ich plötzlich überholen – ich freue mich heimlich, wenn's denn Run Fit'ler sind. Heute macht mir auch die hohe Temperatur von mindestens 30 Grad nichts aus, so dass ich in der Zeit von 1:34:46 ins Ziel spurte. Keine Bestzeit zwar, aber ein lang gehegter Wunsch geht in Erfüllung: Als 23. bin ich endlich mal unter den 30 Besten in der Kategorie M 50 klassiert.

Auf dem Heimweg wird über den aussergewöhnlichen Lauf diskutiert, je mehr wir von Karl's mitgebrachtem Gossauer Stadtbühler Bier geniessen, desto lauter – dem Kondukteur wird angesichts der leeren Flaschen angst und bange! Dieser Heimweg hatte es derart in sich, dass daraus ein Vers für die Schnitzelbank an unserem 500er-Jahr-Jubiläumsfest entstand (2 x 200, 1 x 100 Waffenläufe).

*«Dä Karl isch sösch en brave Maa
schleppt uf Fryburg gnueg Bierli a
mir Waffeläufer finde das jo toll
und send dihei denn au ganz voll.*

*Z' Gossau sind die viele Fläsche leer trunke
Dä Peter und dä Karl händ em Böni no gewunke
Dä Kondi luegt zum Leerguet ufe
Das ein elei soviel chan suufe.»*

Fredy Wirth, Erlen TG

Meine Karriere begann in Altdorf...
Der Altdorfer war für mich immer speziell. Erstens begann meine Waffenlaufkarriere dort und zweitens erzielte ich in Altdorf meistens gute Resultate. Dieser Sonntag im 1998 sollte jedoch alles bis dahin im Waffenlauf Erreichte in den Schatten stellen und

zugleich ein Albtraum werden. Der Start hinauf nach Bürglen verlief nicht nach Wunsch, zumal es warm war und ich kein Schnellstarter bin. Kein Wunder bei einer Streckenlänge von 25,7 km! Dies sollte sich jedoch im Verlaufe des Rennens ändern. Gottlob! Den flachen Teil nach Erstfeld legten wir als Sechsergruppe im Schnellzugstempo zurück. Jeder spielte mal Lokführer. Tolles Gefühl inmitten von gestandenen Läufern zu sein. Alles ohne Neid! Nach dem Wendepunkt Erstfeld, als ich dachte es gehe nicht mehr schneller, ging nochmals die Post ab. Puuh! Jeder Gedanke, der durch den Kopf ging, befasste sich damit, wie lange ich das Tempo wohl noch mitgehen könne. Immer wieder und wieder ... Bleib dran, das ist deine Chance, dein Tag, nicht abfallen. Fragte mich selber, wann kommt der Einbruch? Es lief einfach zu gut. Zirka 700 Meter vor dem Ziel schloss ein Mitkonkurrent der Kategorie M20 zu mir auf und meinte, ich sei zu diesem Zeitpunkt Kategoriendritter. Ich konnte es kaum glauben, freute mich riesig. Dann jedoch zog der M20er, Rolf Schneider, an mir vorbei. Meine Beine wurden schwer und schwerer. Die wenigen hundert Meter bis ins Ziel schienen endlos. Am Ziel angekommen gratulierte ich Rolf zur Medaille. Mir fehlten ganze 13 Sekunden dazu. Es war bis heute die einzige Möglichkeit für mich, eine Medaille im Waffenlauf zu gewinnen. Seis drum. Es gab anderes, das unvergesslich blieb. Viel Lob, Gratulationen von Seiten der Waffenlaufgemeinde. Etwas später, im 2000 am Altdorfer, ein Foto im Schweizer Wehrsport mit den Waffenlaufcracks Emil Berger, Martin Belser, Walter Niederberger, Lukas Walthert. Schön! Und jetzt ab zum nächsten Waffenlauf!

André Gardi, Laupersdorf

Einer der WSG Schwyz

Nachdem mein Onkel Ruedi Anliker schon meinen Bruder Daniel in die WSG Schwyz brachte, war es für mich logisch, dass auch ich diesen Weg begehen würde. Die WSG war für mich eigentlich die Verkörperung des Waffenlaufs. Begonnen habe ich 1983 mit dem Juniorenwaffenlauf in Thun. Auch in den folgenden Jahren startete ich im «Tenue blau» an den Juniorenläufen. Nach der Radfahrer-RS und dem Abverdienen konnte ich 1988 im Toggenburg, in der Kategorie Auszug, an den Start gehen.

In jenem Jahr klassierte ich mich in der Jahresmeisterschaft im Auszug mit 96 Punkten auf dem 13. Rang. In den darauf folgenden 13 Jahren erreichte ich dann stets einen Diplomrang. In allen Kategorienrängen zwischen Platz 2 und 8 war ich vertreten.

Als 1992 unsere Tochter Stefanie mit 6 Wochen zum ersten Mal an einem Waffenlauf dabei war, erreichte ich meinen ersten Podestplatz. Das war am Hans-Roth Waffenlauf in Wiedlisbach. Darauf folgte auch der erste Kategoriensieg in Freiburg.

1993 lief ich in Zürich und 1997 in Altdorf als Kategorienbester ins Ziel. Auf letzteren bin ich wirklich stolz! Schaffte ich doch die drittbeste Tageszeit, und das alles am Heimlauf der WSG. Danach erlebte ich auch ein grosses Medienecho bei uns im Emmental. So darf ich mir mit Stolz meine 169 Waffenläufe notieren lassen, davon 40 Podestplätze in der jeweiligen Kategorie.

Aber auch ich hatte meine schweren Zeiten. Im Jahr 2003 musste ich die Achillessehne operieren lassen. Deshalb konnte ich in diesem Jahr keine Läufe bestreiten. Als ich wieder fit war, kamen die Probleme mit den Fussgelenken, die leider trotz OP nicht wieder verschwanden. Deshalb musste ich dem Laufsport und vor allem den Waffenläufen «tschüss» sagen.

Sei 2006 habe ich mich nun auf's Biken verlegt. So kann ich meine Gelenke schonen, kann aber trotzdem meinen Bewegungsdrang stillen. Zum Abschluss möchte ich nun noch allen danken, die den Waffenlauf unterstützt haben und uns damit ein Stück Brauchtum und Eidgenossenschaft geschenkt haben. Denn vergesst nicht, der Waffenlauf ist ein Stück gelebte Familie.

Bernhard Wampfler, Wasen im Emmental

Waffenlauf, selbstverständlich!

Wenn man fast direkt an der Strecke des «Königs der Waffenläufe», dem Frauenfelder wohnt, dann muss man selbstverständlich auch einmal mitmachen. So tat dies auch mein Vater, mit 20 Jahren, nach der RS. Selbstverständlich hat er nach dem ersten Frauenfelder keinen einzigen mehr ausgelassen. Und ebenso selbstverständlich waren jeweils auch wir Kinder immer an der Strecke mit dabei. Als erste Eindrücke blieben zwar vor allem die kalten Füsse vom langen Warten und die Eiszapfen in den Bärten der strammen Waffenläufer!

Debby und Shelly und ihr Papa

Es war der 49. und letzte Zürcher Waffenlauf (2006). Die sechsjährige Shelly Schenk, Tochter des Spitzenwaffenläufers Felix Schenk (Wigoltingen) hielt das grandiose Comeback zeichnerisch fest. Schenk wurde seit längerem verletzungsbedingt nicht mehr an Waffenläufen gesehen ...
... und lief am letzten Zürcher Waffenlauf in der Kategorie M30 auf das Podest. Debby Schenk, die kleinere, vierjährige Tochter nahm deswegen ebenfalls die Zeichnungsstifte in die Hand.

Ich hatte die Freude am Laufen «geerbt» und nahm, angefangen mit dem Frauenfelder, an den Juniorenläufen teil. Mit 20 Jahren wird man dort «ausrangiert», die logische Folge war, selbstverständlich, es mal mit einem Waffenlauf zu versuchen. Die kameradschaftliche Stimmung kannte ich ja bereits, und an die Packung hatte ich mich schnell gewöhnt.

Nun wurde auch mein Vater endgültig vom Waffenlauf-Virus gepackt. Früher absolvierte er nebst dem Frauenfelder aus zeitlichen Gründen nur gelegentlich noch den einen oder anderen Waffenlauf. Ab dem Jahr 1998 waren alle Waffenläufe eine Selbstverständlichkeit, nur ganz wichtige Familienanlässe konnten eine Teilnahme verhindern. Mittlerweile sind wir schon über 95 Mal zusammen an einen Waffenlauf gefahren. Selbstverständlich gab es dann jeweils auch an den Tagen danach noch zu erzählen, was man «unterwegs» so alles erlebt hat, und bis dann die aktuelle Rangliste fertig analysiert war, stand während der Saison meistens ja schon der nächste Lauf vor der Tür. Und schon nimmt man den nächsten Waffenlauf unter die Füsse, begleitet von einem oder anderen kameradschaftlichen Schwatz, teilt man die Freude an der Natur und am Sport und freut sich auf eine gemütliche Runde in der Festwirtschaft, selbstverständlich!

Monika Widmer, Matzingen

Die «Tenue-Begegnung» mit Bundesrat Gnägi

Im Gästebus am Thuner Waffenlauf «So Oberlütnant, Dir, wo für das Züüg verantwortlich sid: Dass d'Waffelöifer jetz mit verschiedene Tönü umeloufe, das chame nid mache» – sagte Bundesrat Gnägi zu mir. Ich, ganz verdutzt, stammelte hervor: «Es esch jo nome en Versuech, damet d'Waffelöifer ändlech es aständigs Tenü öberchöme, die PD-Tönü send e mou rächt gsii für d'Gwehr z'botze, aber ned förne Spetzewaffelöifer, und öbrigens macht das Tönü au e kei Gattig».

Er schaute mich, während er mir diese Rüge erteilte, mit seinen tiefblauen Augen unter buschigen Augenbrauen, halb strafend und halb schelmisch an und verschwand in den hinteren Sitzreihen. Das war im Jahr, als wir den Versuch mit den Testtenues gemacht haben – Ende der Siebzigerjahre.

Major Herbert Gautschi, Präsident IGMS bzw. IGWS von 1977–1986

Das Vermächtnis, der richtige Weg, mein Sohn und die Hornisse

Als ich mich zum ersten Waffenlauf anmeldete, fehlte mir eine geeignete Waffe für die Packung. Mein Freund Ernst Flückiger aus Gerlikon half mir mit einem Karabiner aus. Bei meiner 5. Teilnahme am Frauenfelder war Ernst Flückiger ebenfalls unter den Zuschauern. Kurz vor dem Ziel drückte er mir einen Briefumschlag in die Hand. Im Ziel konnte ich seine schriftliche Gratulation zum bestandenen Lauf entgegennehmen und gleichzeitig vermachte er mir den Karabiner als Geschenk.

An einem der ersten Freiburger Waffenläufe wussten zwei andere Waffenlaufkollegen und ich nicht mehr, ob wir uns noch auf der Laufstrecke befanden oder nicht. Erst eine Wandergruppe konnte uns den Weg weisen, wo sie andere Waffenläufer gesehen hatten.

Ebenfalls an einem Freiburger feierte ich meinen 200. Waffenlauf. Zu diesem Anlass startete mein Sohn ebenfalls. Noch heute freut er sich, dass er mich an diesem Lauf schlagen konnte.

Und nochmals zum Freiburger, Jahre später: Bei Kilometer 8 wurde ich von einer Hornisse in den Hinterkopf gestochen. Der leider all zu früh verstorbene Heini Rebsamen begleitet mich dann bis ins Ziel. Ohne seine Unterstützung hätte ich grosse Mühe bekundet vor Zielschluss ins Ziel zu kommen.

Peter Rigling, Basadingen TG

Erlebt als Alphornbläser

Solche Fans lassen die Waffenläufer schneller und freudiger werden. Alphornbläser am Zürcher Waffenlauf

Aus der Sicht des Betreuers

Sonntagmorgen, Startschuss zu einem weiteren «Frauenfelder». Für jeden Waffenläufer und sein Umfeld das grosse Ereignis. Nach etwa 10 Kilometern nehme ich per Bike die Betreuung des Athleten auf...

Noch liegen beschwerliche 30 Km vor dem Läufer. Nachdem ich etwas vorgefahren bin, überreiche ich ihm, je nach Bedürfnis, Getränke oder Nahrung...

Mitteilungen über Position und Marschtabelle sind ebenso wichtig. Motivierende Unterstützung wird jetzt von Kilometer zu Kilometer wichtiger. Müdigkeit, schmerzende

Beine, das Ziel noch nicht in Sicht, noch lange Kilometer bis Frauenfeld...

Positive Unterstützung gibt nochmals einen Energieschub. Die letzten Kilometer, das Ziel und die Position des Vordermannes vor Augen. Jetzt nicht nachlassen, dranbleiben, versuche ich nochmals zu übermitteln. Dann, der Zieleinlauf...

Meine Aufgabe ist beendet, nun darf ich einem glücklichen aber erschöpften Waffenläufer zu einer überaus grossartigen Leistung gratulieren!

Reinhard Schlumpf, Walzenhausen AR

«Hopp Herr Pfarrer»
Ich lief nur den «Frauenfelder». Am Sonntagmorgen bin ich von Berufes wegen beschäftigt, und Waffenläufe finden ja bekanntlich dann statt. Nur unseren eigenen Thurgauer Waffenlauf lasse ich mir nicht entgehen. Dieser Tag ist für den Thurgau etwa das, war für die Schweiz der erste August.

Wie es dazu kam? – Bei einem meiner Gemeindebesuche sah ich in der Stube einen Kranzkasten hängen und fast in jeder Ecke stand eine Auszeichnung, ein Pokal, eine Plakette an einem farbigen Band und gravierte Becher. Mein Interesse an den Waffenlauf-Auszeichnungen erfreute den Besitzer sehr. Als ich ihm sagte, diese Zürcher und jene St. Galler Waffenläufe hätte ich als Sportoffizier auch absolviert, aber das seien jetzt schon Jahre her, da war er hell begeistert. Er erzählte mir, er werde mit seinen 55 Jahren in diesem Herbst seinen 100. Waffenlauf bestreiten. Ich gab ihm zur Antwort, ohne mich vorher genau erkundigt zu haben: «Dann komme ich auch mit. Als Infanterist werde ich das schon noch fertig bringen.» Seine Freude war ungefähr so gross wie meine Überraschung, als ich hörte, das sei der «Frauenfelder». Den hatte ich noch nie gelaufen. Aber in diesem Jahr habe ich ihn – es war 1975 – zum ersten Mal gelaufen und seither immer wieder. Der 55-jährige Jubiläumsläufer hat mich, den «Blitz von der Kanzel» ganz klar geschlagen, was mich stark beeindruckte.

Ich hatte an meinem ersten «Frauenfelder» noch eine überwältigende Erfahrung gemacht: Die Thurgauer leben mit diesem Waffenlauf. Da ist alles auf den Beinen. Da wird Anteil genommen und als engagierter Zuschauer mitgelitten. Die private Unterstützung mit Tee, Orangenschnitzen, Traubenzucker und gut gemeinten Ratschlägen scheint keine Grenzen zu kennen. Ich hatte das Gefühl, mehr meiner Kirchgemeindemitglieder längs der Strecke zu sehen, als an einem gewöhnlichen Sonntagmorgen in der Kirche. Immer wieder konnte ich es hören «Hopp Herr Pfarrer!» Es ist doch schön, wenn man von seiner Gemeinde derart kräftig und lautstark unterstützt wird. Diese ermunternden Zurufe verwirrten allerdings einige Läufer. Wo ist denn da ein Pfarrer? Einer fragte mich denn auch, ob ich es vielleicht wüsste. Ich wusste es und hab' es ihm zu seinem Erstaunen auch gesagt.

A propos Sonntag Morgen. Das Buch von Bernhard Linder in den Achtzigerjahren war ein grossartiges Werk. Noch heute nehme ich es gerne zur Hand. Lustig ist, dass Bernhard Linder quasi wegen mir den Titel geändert hat. Anfänglich hätte es «Sonntagmorgen – Waffenlauf» heissen sollen. Ich bemerkte mal, nicht ernst gemeint: «Sonntagmorgen – Gottesdienst». Damals war ich Pfarrer in Wigoltingen. Ganz erstaunt war ich, als der Name des Werkes tatsächlich geändert wurde.

Bestimmt ist das anonyme Zusammengehörigkeitsgefühl, das Wissen, dass es allen gleich ergeht, das Besondere an einem Waffenlauf. Jeder macht die 42,2 km, nur ist eben nicht jeder gleich lang unterwegs. Dabei spielt weder der Beruf, noch die soziale Stellung, noch der militärische Rang eine Rolle und das ist gut so.

Am Abend jedes «Frauenfelders» fand in der Gemeinde der Abendgottesdienst statt, den ich selbstverständlich selber gestaltete. Einmal nahm zu meiner grossen Freude eine ganze Läufergemeinschaft teil. Eine schöne Fortsetzung der Zusammengehörigkeit.

Pfarrer Edgar Bolliger, Frauenfeld

Der «Blitz von der Kanzel» Pfarrer Edgar Bolliger bei einem seiner «Frauenfelder». «Ich bin nicht nur Pfarrer sondern auch Infanterie-Hauptmann.»

Liebe Waffenlauf-Kameraden,
ich habe 1983 zuerst an der Strecke in Kriens die Waffenläufer bewundert und bin nach Hause gegangen mit vielen Eindrücken. Meine sportliche Höchstleistung war bis dahin die Strecke vom Sofa zum Kühlschrank und die Betätigung der Fernbedienung.

Alle Höhen und Tiefen habe ich während meiner Laufzeit durchgemacht. Heute fehlt mir etwas, wenn ich nicht mindestens 5 Mal pro Jahr einen Waffenlauf bestreite.

Es ist für mich eine Ehre, als Verfasser dieses kurzen Beitrags etwas für dieses gigantische Werk über den «Mythos Waffenlauf» zu leisten.

Ob ich wieder Waffenläufer werden würde, stand in der Anfrage für diesen Text? Ja, ich würde wieder Waffenläufer werden. Es ist Leidenschaft, Hobby und Lebenseinstellung zugleich. Der Waffenlauf und meine Waffenläufer-Weggefährten sind zu einem wichtigen Teil in meinem Leben geworden!

Waffenläufer aus Österreich?
(Erlebnisberichte aus den 70er-Jahren)
Zwar nehmen seit 1995 regelmässig Gäste aus Österreich (und meist auch noch aus andern Nationen) am «Frauenfelder» teil, trotzdem bezieht sich der Titel, der eben im übertragenen Sinn zu verstehen ist, auf längst vergangene Zeiten.

Aus beruflichen Gründen hatte ich anfangs der 70-er-Jahre meinen Wohnsitz nach Ftan im Unterengadin verlegt, was mich aber keineswegs daran hinderte, regelmässig an den Waffenläufen teilzunehmen. Wie sich bald zeigen sollte, waren die Reisen an die damals neun (mit dem noch nicht zur Meisterschaft zählenden «Toggenburger» zehn) Waffenläufe allerdings nicht immer so einfach. Den öffentlichen Verkehr zu benutzen, erwies sich von vornherein als unmöglich: Der letzte Zug ins Engadin verliess Chur um 18.00 Uhr und damals musste man noch, falls man sich in den vorderen Rängen (nicht nur unter den ersten Drei) klassierte, an der Rangverkündigung, die erst nach Beendigung des Rennens stattfand, teilnehmen.

Schon die Heimfahrt nach meinem dritten Waffenlauf als «Unterengadiner», dem «Krienser» im Jahre 1972, verlief recht abenteuerlich und dauerte vor allem entsprechend lange. In Kriens hatte es noch gegen Ende des Laufes zu regnen begonnen. Als ich etwa um drei Uhr nachmittags in Kriens wegfuhr, war aus den ersten Regentropfen bald einmal ein heftiger Dauerregen entstanden. Die recht tiefen Temperaturen liessen vermuten, dass das in den höheren Regionen wohl intensive Schneefälle bedeutete. Unterwegs erkundigte ich mich deshalb telefonisch über den Strassenzustandsbericht, um meine Möglichkeiten der Rückreise abzuklären.

«Flüelapass ab sofort geschlossen» und «für den Julier Schneeketten obligatorisch» lauteten die ernüchternden Mitteilungen. Was nun? Den doch recht grossen Umweg über den Julier unter die Räder zu nehmen und dabei erst noch (erstmals!) Ketten montieren zu müssen, passte mir überhaupt nicht.

Also entschloss ich mich für eine andere Variante: Der Arlbergpass (in Österreich) ist schliesslich bedeutend niedriger als der Julier und ins Unterengadin ist dieser Weg erst noch etwas kürzer als über den Julier. In Sargans fuhr ich also nicht rheinaufwärts, sondern talabwärts Richtung Buchs. Kurz vor der Grenze musste ich noch rasch einen Kleiderwechsel vornehmen; denn bei den erwähnten Rangverkündigungen war das Tragen der Uniform jeweils vorgeschrieben. Ich tauschte den Oberteil der Uniform gegen die Trainerjacke aus und verstaute dann die Waffenlaufpackung so, dass sie nicht gerade sofort sichtbar war. Am österreichischen Zoll wurde ich problemlos durchgelassen; Karabiner und Uniform waren dem Kontrollblick des Zollbeamten entgangen.

Ich konnte erleichtert aufatmen; aber die eigentlichen Probleme begannen erst jetzt. Der Regen war inzwischen längst in Schnee übergegangen und bald waren auch die Strassen von einer dichten Schneedecke überzogen. Die Sicht im steten heftigen Schneetreiben wurde auch immer schlechter. Längst war es nun auch dunkel geworden. In Langen am Arlberg hielt ich kurz an und erkundigte mich nach eventuellen Verlademöglichkeiten durch den Bahntunnel (der Strassentunnel existierte damals noch nicht). Nichts zu machen, vor dem Montagmorgen fuhr kein Autozug mehr nach St. Anton. Also musste ich notgedrungen meine Fahrt auf tief verschneiter Strasse fortsetzen. Schon nach kurzer Zeit traf ich dann auf die nur noch schwach lesbaren Schilder «Fahrverbot für Lastwagen und Busse» und «Fahrverbot für PKW ohne Schneeketten». Obwohl ich keine Schneeketten bei mir hatte, versuchte ich es trotzdem und setzte meine Fahrt fort. Der VW-Käfer machte aber seinem Namen als wintertüchtiges Auto alle Ehre. Immer wieder hatte ich hoffnungslos stecken gebliebene Autos zu passieren, geriet aber selbst trotz der mit zunehmender Höhe immer prekärer werdenden Verhältnisse kaum in ernsthafte Schwierigkeiten. Nach dem Erreichen der Passhöhe konnte ich aufatmen; das schwierigste Stück meiner Heimreise hatte ich nun wohl hinter mir. Mit der nötigen Vorsicht setzte ich dann meine Fahrt talabwärts Richtung Landeck fort. Von dort ging's dann noch einmal weitere 60 km Inn-aufwärts bis nach Scuol und dann noch das letzte Stück bis Ftan. In der letzten Kurve vor dem Dorfeingang blieb ich noch fast stecken; langte aber dann doch, kurz nach Mitternacht (!), heil aber todmüde wieder zuhause an.

Zwei Wochen später, anlässlich des «Thuners» – der Winter hatte in den Bergen inzwischen definitiv Einzug gehalten – versuchte ich es einmal mit dem Weg über den Julier. Eine Variante, welche mir aber überhaupt nicht zusagte, so dass ich bereits für den «Frauenfelder» wieder zur «altbewährten» Route über den Arlberg zurückkehrte. Weder auf dem Hin-, noch auf dem Rückweg hatte ich dabei Probleme mit dem österreichischen Zoll. Die ideale Route vom Unterengadin an die Waffenläufe und wieder zurück schien also gefunden.

Im nächsten Frühjahr hatte ich vor, zur Vorbereitung auf die in St. Gallen beginnende neue Waffenlaufsaison (die erste ohne Bajonett und Patronentaschen) erstmals den «Toggenburger» zu bestreiten. So machte ich mich denn auch am ersten Märzsamstag auf den gewohnten» Weg (via Arlbergpass) ins Toggenburg. Da in Lichtensteig keine offizielle Rangverkündigung durchgeführt wurde, konnte ich denn auch auf die Mitnahme der Militäruniform verzichten. Umso unangenehmer dann aber die «böse» Überraschung am österreichischen Zoll in Vinadi: Diesmal wurde mein Reisegepäck genauer untersucht; das heisst meine Waffenlaufpackung kam zum Vorschein. Musste ich nun wieder umkehren und doch noch über den Julier fahren? Oder würde gar meine Waffe konfisziert? Zunächst fragte mich der Zöllner, ob dies eine Armee- oder eine Sportwaffe sei. Meiner Meinung nach völlig wahrheitsgemäss (ich war mit dem Sturmgewehr 57 ausgerüstet und für den Waffenlauf hatte ich den Karabiner), erwiderte ich, dass es sich dabei um eine Sportwaffe handle. Zusätzlich zeigte ich ihm das Wettkampfprogramm, und in der Annahme, Waffenlauf sei für ihn etwas völlig Unbekanntes, wies ich ihn auf den in der Stafette vorkommenden Langlauf mit Schiessen hin: «Die Waffe brauche ich für den Biathlon», versuchte ich ihn zu überzeugen. «Hoffentlich will er jetzt nicht noch den Waffenschein sehen», dachte ich dabei; einen solchen besass ich natürlich nicht. Nach einigem Zögern gab er sich aber mit meinen Auskünften zufrieden, wünschte mir noch viel Glück für den morgigen Wettkampf und liess mich passieren.

Somit stand denn meiner ersten Teilnahme am «Toggenburger» nichts mehr im Wege. Für die Zukunft musste ich aber doch nach einer anderen Lösung suchen. Nach dem «St.Galler» erklärte sich mein Vereinskollege Willi Aegerter bereit, meine Packung zu sich nach Hause zu nehmen und sie mir dann wieder mit nach Neuenburg zu bringen. Dieses System funktionierte denn auch, dank Willis Zuverlässigkeit, über Jahre hinweg aufs Allerbeste. Mein spezieller Anreiseweg und die Episode am Zoll hatten sich aber in Läuferkreisen recht bald herumgesprochen. So musste ich denn auch immer wieder entsprechende Kommentare seitens

52 «Wehrsport»-Redaktor Ueli Jäggi mit Stabsadj Kurt Kehl (Start-Nr. 5069) am 44. St. Galler Waffenlauf 2003

53 M20-Top-Läufer Kolumban «Choli» Helfenberger in einer Verfolgergruppe am Krienser Waffenlauf 2002

anderer Waffenläufer hören: «Ich habe gar nicht gewusst, dass jetzt neuerdings auch Österreicher starten dürfen!», «Haben sie dich diesmal am Zoll nicht verhaftet?» oder «Was hast du heute wieder alles über die Grenze geschmuggelt?»

Dass die Reise an einen Waffenlauf und wieder zurück noch beschwerlicher und vor allem auch viel länger sein könnte als beim erwähnten «Krienser», erfuhr ich dann im Frühjahr 1975, anlässlich meiner Teilnahme am «Neuenburger». Anfangs April war der Winter im ganzen Alpenraum noch einmal mit grosser Macht eingebrochen; was dann vielerorts zu einem totalen Verkehrszusammenbruch bei Strassen und Bahnen und auch zur vorübergehenden Isolierung ganzer Täler führte. Als ich an besagtem Samstagmorgen (die Frühjahrsferien hatten begonnen und ich musste zum Glück nicht bis am Mittag mit der Abreise warten) mit dem Auto das tief verschneite Ftan verliess, rechnete ich, angesichts des immer noch anhaltenden Schneefalls durchaus mit schwierigen Verhältnissen. In Scuol unten überlegte ich mir dann ernsthaft, ob ich nicht für einmal das Auto hier stehen lassen und die Reise mit der Bahn fortsetzen sollte. Eine böse Vorahnung hielt mich zum Glück davon ab. Wenig später waren nämlich Bahn und Strasse ins Oberengadin unterbrochen und selbst die Bahnlinie durch den Albulatunnel musste für längere Zeit ihren Betrieb einstellen. Meine Fahrt nach Neuenburg hätte also schon am Samstagmorgen irgendwo im Oberengadin ihr Ende gefunden.

Inn-abwärts konnte ich aber zunächst problemlos, wenn auch nicht allzu schnell, vorankommen. Bereits in Martina war dann der erste Umweg in Kauf zu nehmen: Die direkte Strasse nach Pfunds war wegen Lawinengefahr gesperrt, also hiess es via Norbertshöhe und Nauders die Reschenstrasse zu erreichen, um dann so via Pfunds nach Landeck zu gelangen. Über den Arlbergpass hatte ich wieder einmal Glück; im Unterschied zu vielen andern Automobilisten schaffte ich es ohne stecken zu bleiben und, einmal mehr, auch ohne Schneeketten. Noch am gleichen Nachmittag musste dann aber auch die Arlbergstrasse geschlossen werden. Ich hatte es also buchstäblich noch im letzten Moment geschafft, das nun völlig von der Aussenwelt abgeschnittene Engadin zu verlassen. Andere hatten da weniger Glück; so etwa Paul Fritz Leonhardt, der das Avers nicht rechtzeitig verlassen konnte und so auf die Teilnahme am «Neuenburger» verzichten musste. Am Abend endlich kam ich denn im bernischen Seeland bei meinen Eltern an.

Am Sonntag, beim Waffenlauf von La Chaux-de-Fonds über die Vue des Alpes nach Neuenburg hinunter, glichen die Verhältnisse erstaunlich stark denjenigen meiner Reise am Vortag: Schnee auf der Strasse, stetes Schneetreiben und Nebel dominierten das Bild. Meine ersten Erkundigungen nach dem Rennen ergaben, dass noch immer sämtliche Zufahrten ins Engadin geschlossen waren; eine sofortige Rückreise war also vorerst gar nicht möglich. So nutzte ich denn die Gelegenheit zu einem ohnehin fälligen Verwandtenbesuch im Zürcher Oberland; damit wurde die noch vor mir liegende Rückreisestrecke erst noch um einiges verkürzt. Die angekündigte eventuelle Wiedereröffnung der Arlbergpassstrasse war aber bis Sonntagabend noch nicht zustande gekommen; es hiess also den nächsten Tag abwarten. Endlich, am Montag kurz nach Mittag war es soweit; der Arlberg war wieder offen. So konnte ich denn endlich am Montagnachmittag wieder heimwärts fahren. Allerdings auch diesmal bei recht heiklen Strassenverhältnissen und mit dem Umweg via Nauders. Es wurde so Montagabend, bis ich vom Neuenburger Waffenlauf wieder zuhause anlangte. Wobei ich diesmal nun wirklich keine andere Variante gehabt hätte als «meine» Österreichroute.

Da das Engadin noch während 10 Tagen nur via Österreich erreicht werden konnte (auch die Albulastrecke der RhB blieb so lange gesperrt), gelangten die Zeitung vom Montag mit dem Bericht über den «Neuenburger», aber auch die Rangliste gegen Ende der Woche, auf meinen Spuren via Österreich zu mir nach Hause!

Inzwischen hat sich doch einiges geändert: 1978 wurde der Arlbergstrassentunnel eröffnet und seit 1999 wäre die bewährte Ausweichroute über Österreich nicht mehr nötig: die Eröffnung der Vereina-Linie macht vieles leichter; sogar mit dem Öffentlichen Verkehr liessen sich Neuenburg (wo jetzt leider kein Waffenlauf mehr durchgeführt wird) und andere relativ weit entfernte Startorte problemlos erreichen.

Ulrich Jäggi, Bad Ragaz

Kurzgeschichten von Choli Helfenberger

Ein Kindertraum

Juhee, endlich ist es wieder soweit, heute ist der «Frauenfelder».

Auf diesen Tag im Jahr freute ich mich immer wieder aufs Neue. Schliesslich geht die längste Steigung zum höchsten Punkt des Laufes an unserem Hof vorbei. Am Samariterposten stand ich jeweils schon, als ich noch in die Windeln gemacht habe. Ich wollte jedem Läufer einen Becher Tee geben und war jeweils sehr stolz, wenn sie sich zu mir hinunterbückten und einen Schluck nahmen. Ich wünschte mir nur eines, nämlich auch einmal ein solch grosser, starker und doch liebevoller «Militärmaa» zu sein. Mit noch nicht ganz 20 Jahren (ich war der jüngste Teilnehmer), erfüllte ich mir den Traum im Jahr 1995. Nach dem Lauf wusste ich schon, dass dies für mich nicht der letzte «Frauenfelder» war.

2 Tage für einen Waffenlauf

Albin Koster und ich waren uns einig, dass wir nach dem Freiburger 1999 am Samstagnachmittag noch die Gegend um den «Röstigraben» unsicher machen wollten. Aus diesem Grund lud ich uns bei einer Kollegin zur Übernachtung ein. Wir malten uns aus, dass wir mit ihr in den Ausgang gehen, und sie vielleicht für uns gut aussehende, tolle Junggesellen noch ein paar Freundinnen mitbringen würde. Doch es kam anders. Der Freiburger stellte sich als Hitzelauf heraus und die liebe Doris hatte absolut keine Zeit für uns. Enttäuscht begaben wir uns am Sonntagmorgen auf den Heimweg. Bei einem Rastplatz in der Nähe von Oensingen mussten wir mal, wie kleine Kinder. Wir schauten dabei zu einem Schloss hinauf und wussten gleich, dass wir dort hinauffahren würden. Wir staunten ob der vielen parkierten Autos. Beim Eintreten merkten wir, dass gerade Trachten-Brunch war. Nachdem wir uns gesetzt hatten, kam auch schon die Bedienung. Sie fragte mich ganz erstaunt, ob ich nicht der Kolumban sei, und was ich hier überhaupt mache? (Albin dachte sich dabei, mit Choli kann man nirgendwohin in den Ausgang gehen, ohne dass ihn jemand kennt) Und so gab es viel zu erzählen, viel zu lachen und vor allem viel Wein zu trinken. Sie und ihre Schwester kamen ebenfalls aus der Ost-

54 Willi Lüthi kurz vor dem Start zu seinem 350. Waffenlauf.
Diesen hat er 2002 in Wiedlisbach in Angriff genommen

55 Gregor Rölli (Zweiter von rechts) mit seinen Kameraden kurz vor dem Start zum St. Galler Waffenlauf 2005

schweiz. Es war auch abgemacht, dass sie mit meinem Auto heimfahren würde. Nachdem wir noch in froher Stimmung geholfen haben zusammenzuräumen und ich ihr die Schlüssel überreichen wollte, erklärte sie mir, dass sie nie und nimmer mit meinem Montagebus fahren würde … wir kamen trotzdem heil nach Hause.

Die Entscheidung am Frauenfelder

Der «Frauenfelder» des Jahres 1999 rückte näher. Kurz zuvor merkte ich, dass ich noch Chancen auf einen Diplomrang hatte. Diese Chance wollte ich mir nicht entgehen lassen. Denn schliesslich hatte ich kurz nach dem Freiburger Martina kennengelernt. Ich wusste, wenn ich an der Diplomfeier teilnehmen könnte, würde ich sie fragen, ob sie mich begleiten wolle. Am Start waren wir zu viert, die um Rang 9 und 10 rennen mussten. Damals gab es noch Punkte nach den Rängen. Die drei Gegner rechneten für mich den schlechtesten Rang aus, doch dies störte mich nicht. Ich dachte einfach immer an Martina, dass ich sie nach Schwyz an die Ehrung mitnehmen möchte und lief unbeirrt mein Rennen. An diesem Frauenfelder lief ich meine persönliche Bestzeit, zu guter Letzt wurde ich an der Schweizermeisterschaft Neunter der Kategorie M20. Martina habe ich natürlich an die Ehrung mitgenommen. Wie es mit Martina und mir in Zukunft weiterging? Fortan fehlte sie kaum an einem Waffenlauf. An den nachfolgenden drei Ehrungen war sie ebenfalls an meiner Seite, ehe ich mit dem Laufsport aufgehört habe, um mich beruflich weiterzubilden.

Für mich waren meine Aktivdienst-Jahre als Waffenläufer eine schöne, unvergessliche, prägende und eindrückliche Zeit!

Kolumban Helfenberger, Tuttwil TG

Willi Lüthi, der Kämpfer (392 Waffenläufe)

«Gfr Willi Lüthi, 1937, Bünzen», das war, was sage ich, das ist immer noch ein Begriff im Waffenlauf. Willi begann seine Waffenlaufkarriere 1958 mit dem militärischen Gedenklauf Le Locle – Neuchâtel, weil er zur Erlernung der französischen Sprache in Neuenburg eine Stelle angetreten hatte. Auch die weiteren Waffenläufe, wie den ersten Zürcher 1958, bestritt er von Neuenburg aus. 1959 trat Willi dann eine neue Stelle als Gärtner in der Pflegeanstalt Muri AG an. Im gleichen Betrieb arbeitete auch der damals nationale Spitzenklasse verkörpernde Walter Meier als Bäcker-Konditor, der den Lauf-Virus auf seinen neuen Arbeitskollegen übertrug. Das Freiamt war damals eine Lauf-Hochburg. Willi trat der LVF Muri bei. Weil es vor 50 Jahren noch fast keine Zivilläufe gab, startete man vorwiegend an den damals äusserst populären Waffenläufen. So rutschte der Gärtner fast ungewollt in die Waffenlauf-Szene und entwickelte sich zu einem ausgesprochenen Waffenlauf-Spezialisten.

Willi Lüthi reihte nun Lauf an Lauf. 1959 fand der erste Thuner und 1960 der erste St. Galler statt. Damit war die Zahl der jährlichen Austragungen auf neun angewachsen. Macht ein Läufer jedes Mal mit, kumuliert sich seine Anzahl Teilnahmen enorm. 50 Waffenläufe vollendete Willi 1968 in Neuenburg. Mit 100 Waffenläufen erreichte der

Freiämter den Kreis der Arrivierten 1973 in Zürich, 150 Waffenläufe gab's 1979 in St. Gallen zu feiern, die Goldmedaille für 200 Waffenläufe wurde ihm 1984 in Wiedlisbach ausgehändigt. Damit hatte Willi aber noch lange nicht genug, im Gegenteil. Und schon folgten die Zinnpreise aus Oberlins Werkstatt: 250. Waffenlauf 1988 in Frauenfeld, 300. Teilnahme 1993 in Freiburg.

Dann schlug das Schicksal zu. Die Rezession machte auch vor Willi Lüthi nicht Halt. So verlor er 1993 seine Anstellung als Hauswart bei einer Wohlener Firma. Weil ein Unglück selten allein kommt, erkrankte er kurz darauf an Lymphdrüsenkrebs und musste sich zwei lebensbedrohenden Bauchoperationen unterziehen. Nach der zweiten Operation lag er drei Wochen im Koma. Laut übereinstimmender Meinung der Ärzte hat Willi diese schweren Eingriffe nur dank seiner ausgezeichneten Kondition überlebt, die er sich bei der Ausübung seiner sportlichen Tätigkeiten, insbesondere beim Bestreiten von Waffenläufen, erworben hatte. Willi betätigte sich fortan als Securitas-Wächter, vorerst mit Hund «Zorro», später mit «Nora».

Sein erster Waffenlauf nach dieser harten gesundheitlichen Prüfung war wohl der Schönste für ihn. Willi machte weiter. 333 Waffenläufe hatte er Ende 1997 in seiner fein säuberlich geführten Buchhaltung festgehalten, wozu ihm sogar der anwesende Bundesrat Ogi in Frauenfeld gratulierte. Ausgerechnet die Freiämter machten 1997 eine erfolgreiche Eingabe an die IGWS, die Altersgrenze von 60 Jahren wieder aufzuheben, so dass ihr Willi fortfahren konnte. Seinen 350. Waffenlauf feierte der immer gut gelaunte Freiämter 2002 im Toggenburg trotz seines Stomabeutels, den er seit den Krebsoperationen in einem Korsett mittragen muss. Man stelle sich das vor, an einem 42 km langen Frauenfelder beispielsweise. Als ob das nicht schon genug wäre, brach sich Willi noch den Oberschenkel... und rappelte sich erneut auf!

Willi, der mit eisernem Willen den Krebs besiegte, ist in jeder Beziehung ein Vorbild. Nicht nur für die Jugend, die dem bald 70-Jährigen besonders am Herzen liegt – sondern auch für alle, die sich dem schönen Laufsport verschrieben haben. Bei 355 Läufen hatte Willi genau die 8000 km-Marke erreicht, in-

55

zwischen steht sein Zähler auf 392 Läufen mit knapp 9000 Wettkampfkilometern.

Willis Ehefrau ist seit bald 5 Jahren in einem Pflegeheim und kennt ihn leider kaum mehr. Seine Hobbies sind ausser dem Laufen, Marschieren und Walken noch die eigenen Schafe und die Betreuung der Freiämter Wanderwege.

Wir wünschen Willi, dass er seine Traumgrenze von 400 Waffenläufen noch erreichen wird. Wenn er 2007 und 2008 an den vier verbleibenden Waffenläufen teilnimmt, hat er es geschafft, woran der Berichterstatter nicht zweifelt. Und wenn er dann zusammen mit Thedy Vollenweider die Spitze des «Hunderters» ziert wird er wohl nicht umhin können, noch einen draufzusetzen um nicht als bester aber als treuester Waffenläufer in die Annalen der Waffenlaufgeschichte einzugehen. Dann wird ein weiteres grossartiges Fest in Bünzen steigen!

Beat Schmutz, Düdingen

1500 Meter in 16 Sekunden –
warum der Krienser mein Lieblingslauf war

Es war am 48. und letzten Krienser im Jahr 2003. Schon aus den Vorjahren wusste ich, dass ich für den Krienser etwa eine Minute länger unterwegs sein würde, als zwei Wochen vorher in Altdorf. Den Sonnenberg hinauf kam ich gut, Serge Welna war in Sichtweite, für mich ein gutes Zeichen. Durch den Wald und das anschliessende Dorf Littau wurde der Abstand etwas grösser, irgendwann verlor ich Serge aus den Augen. Aber vor mir sah ich Stephan Obertüfer, zu dem ich den Abstand verkleinern konnte. Da ich

schneller als er runterlaufen konnte, schloss ich bei der Abzweigung in Obernau zu Stephan auf: Nun gab es nur noch ein Motto «Grind abe und secklä». So ging es bis zur Brücke über den Renggbach, Stephan vermochte mir nicht zu folgen. Als ich nach dem Abstieg durch den Wald nach vorne schaute, sah ich Geri Klarer, der sonst immer mehrere Minuten vor mir war. Dummerweise schaute er sich um. Nun gab er Gas und ich rannte hinter ihm her. Beim Passieren der Wohnhäuser in Kriens konnte ich Geri sogar überholen, aber beim nächsten Anstieg preschte er wieder an mir vorbei. Das änderte sich bis ins Ziel nicht mehr. Im Lautsprecher hörte ich die Durchsage über den Einlauf des Siegers. Für mich hiess es, jetzt noch die letzten drei flachen Kilometer zu rollen. Nach 1.19.53 Stunden kam ich als Gesamt-39. ins Ziel, nur 16 Sekunden langsamer als am Altdorfer vor drei Wochen, der aber 1500 m kürzer war. Das ist bis heute meine beste Klassierung.

Gregor Rölli, Happerswil TG

Sechzehn Jahre und kein bisschen weise

Ich hatte ihn abgehakt, abgeschrieben. Das Kapitel «Frauenfelder» war für mich endgültig erledigt. Warum sollte ich mir das noch einmal antun? Und, doch hatte ich den alten Militärrucksack mit dem abgegriffenen, brüchigen Leder hervorgeholt und den noch älteren Karabiner darauf festgebunden. Jeder Handgriff ging ganz automatisch, so wie vor sechzehn Jahren das letzte Mal. Dieses harte Rennen über die Marathondistanz mit den zermürbenden Steigungen hatte mich immer fasziniert. Bis zu meiner zehnten Teilnahme nahm ich Jahr für Jahr einen Zinnbecher mit nach Hause. Mit Frauenfeld und seinem Militärwettmarsch verknüpften mich unzählige schöne Momente. Und, immer wenn der Herbst ins Land zog, dann weilten meine Gedanken bei diesem grossen Ereignis und machten mich ein wenig wehmütig.

Aber vorbei ist die Zeit, in der ich mich intensiv darauf vorbereitete. Wie oft umkreiste ich damals im Schein der Stirnlampe den «Arther-Boden», während andere vor dem Fernseher schliefen oder sich am Apérogebäck gütlich taten? In harten Trainings holte ich mir die Wettkampfform. Tage vor dem Rennen wurde es mir flau im Magen. Ich schlief schlecht. Meine Gedanken verirrten sich auf die Strecke zwischen Wängi und Sirnach. Am Tag selbst schulterte ich die Packung mit fiebrigen Händen und erst der Kanonenschuss löste langsam die Spannung.

Die Jahre verstrichen. Ich zog ins Tessin. Fand «meinen persönlichen Frauenfelder» in langen Bergtouren in den wilden und ursprünglichen südlichen Alpen. Trainierte öfters im «Cornaredo-Stadion» oder auf den Wanderwegen des Malcantones. Endlich fasste ich wieder ein Rennen ins Auge, den Halbmarathon von Tenero. Ich intensivierte meine Anstrengungen und lief ein gutes Rennen. Sollte ich jetzt das Training ausklingen lassen oder mich noch einmal in ein grosses Abenteuer stürzen? Es zog mich nach Frauenfeld. Noch einmal diesen speziellen Lauf miterleben, noch einmal dabei sein, wenn sich die Wettkampfbataillone formieren und durchs Städtchen auf den Marktplatz ziehen. Dabei sein, wenn die Musik «O Thurgau du Heimat» intoniert, das auch einem Innerschweizer unter die Haut geht.

Und, so finde ich mich in der Kaserne von Frauenfeld wieder. Nebel hängt über der Stadt. Es riecht nach Massagemitteln. Bananen machen die Runde. Ich treffe alte Bekannte. Die Gesichter sind faltiger geworden. Die Musik spielt, aber die Reihen sind dünner geworden. Keine wuchtige Masse, die sich an die Startlinie drängt. Gemessen an früheren Jahren hat sich gerade noch ein Häufchen ergrauter Häupter eingefunden. Aber das Alter ist stark; mit zügigem Schritt eilt es Oberhuben entgegen.

Die Packung drückt und ich finde nur schwer meinem Rhythmus. Ich hatte erst am Morgen erfahren, dass nur noch 6.2 Kg mitzutragen sind, anstatt der früheren 7.5 kg. Mir blieb gerade noch Zeit, den Karabinerverschluss in der Kaserne zu deponieren. Natürlich liegt es nicht am Gewicht, aber sechzehn Jahre gehen nicht spurlos vorüber. Das wird mir schon am Sonnenberg klar. Die Zuschauer klatschen, aber wo sind die Wettkämpfer? Sie passieren nur tropfenweise. Wo früher stattliche Gruppen und Grüppchen gegen Wil eilten, gähnt heute einsame Leere. Es werden auch für mich lange und zermürbende Kilometer. Die Erinnerung hat so manche Wegbiegung unterschlagen, so manchen Anstieg aus dem Gedächtnis getilgt. Das alte Städtchen «Wil» wahrt noch immer seinen alten Glanz und begrüsst die Läufer begeistert. Aber was danach folgt, sind die tiefsten Tiefen, jedenfalls für mich. Die Oberschenkel, den Kräfteverschleiss mit dem Gewicht auf dem Rücken nicht (mehr) gewohnt, rebellieren. Nur mit Mühe schaffe ich die Strasse nach Lommis. Im Abstieg schmerzen die Beine noch mehr. Aber es ist erst der Anfang: In Stettfurt wartet die Hölle und Oberhuben wird zum Kalvarienberg. Wie hatte ich das früher nur so leichtfüssig geschafft? Immer wieder muntern mich die Zuschauer auf und geben mir zu trinken. Es fehlen nur noch wenige Kilometer, aber sie sind im wahrsten Sinne *endlos*.

Schweratmend sitze ich auf der Bank vor der Kaserne. War es das, was ich noch einmal erleben wollte? War das der «Lauf der Läufe», von dem ich geträumt hatte? Ich quäle mich die Treppe hoch. In der Dusche herrscht aufgeräumte und befreite Stimmung. Angeregt wird der Wettkampf diskutiert und Gedanken ausgetauscht. Ob ich noch einmal die Packung schultern werde? Ich weiss es nicht. Ich weiss nur: Der Militärwettmarsch wird mich immer faszinieren. Mein Blick wird immer zur Kaserne wandern und zum «Mätteli», wenn ich in Frauenfeld im Zug vorbeifahre. Nur der nächste Herbst wird zeigen, ob der alte Rucksack mit den abgegriffenen Lederriemen die Reise nach «Wil» und zurück wieder antritt.

Christoph Schindler, Astano

Waffenlauf – gelebte Geschichte

Im Gespräch mit ...

Heinz Koch

Wm Heinz Koch. Ein Name, welcher heute noch vielen ehemaligen und aktiven Läufern ein Begriff ist. Der 1931 geborene Kaufmann, welcher lange Jahre als Läufer und als Funktionär im Einsatz stand, liebt heute als sportliche Betätigung noch das Wandern.

Der Vater von drei erwachsenen Kindern absolvierte selbst gegen 50 Waffenläufe, bezeichnet sich jedoch nicht als Spitzenläufer. Als aktiver Wehrsportler absolvierte er zwischen 1951 und 1971 Waffenläufe, militärische Mehrkämpfe im Sommer und Winter, militärische Nacht- und Distanzmärsche sowie Patrouillenwettkämpfe.

Im Jahr 1963 stiess Heinz Koch zu den Zürcher Patrouilleuren. Anfänglich als Vorstandsmitglied, dann als «Betreuer der Waffenläufer», später als Technischer Leiter und schliesslich 16 Jahre als Präsident. Im OK des Zürcher Waffenlaufs amtete er zwischen 1965 und 1991 als OK-Mitglied, Pressechef, Koordinator und Wettkampfleiter. In der IGMS/IGWS stellte Heinz Koch von 1968 bis 1984 als Vertreter der «Zürcher», später als TK-Obmann (heute TK-Chef) sein Wissen und Können dem Waffenlauf zur Verfügung. Als weitere Stationen im Funktionärsleben von Heinz Koch sind die Durchführungen der Schweizermeisterschaftsehrungen in den Jahren 1976 und 1991 zu erwähnen. Dann auch als Coach bei internationalen Wettkämpfen in Deutschland. Nicht zuletzt kannten viele Läuferinnen und Läufer Heinz Koch als versierten Speaker an verschiedenen Waffenläufen, eine Tätigkeit, welche Heinz Koch mit seiner Frau Trudi als Assistentin mit viel Herzblut verrichtet hat. Heinz Koch war ausserdem 25 Jahre lang Redaktor des Waffenlauf-Vereinsorgans «Schweizer Wehrsport».

Gibt es bei dir, als ehemaligen Thurgauer, Erinnerungen aus Kindstagen an den Frauenfelder?

1931 in Frauenfeld geboren und dort aufgewachsen, kam ich schon als kleiner Bub in Kontakt mit dem 1934 erstmals ausgetragenen Militärwettmarsch. Ich bestaunte die vielen Soldaten, die vor und nach dem Wettkampf um die Kaserne schwirrten und mit vielen anderen Zuschauern stand ich stundenlang hinter den Absperrungen beim Zieleinlauf. Kpl Max Beer, der spätere bekannte Gönner dieser Veranstaltung, Paul Zumstein, Gfr Chäpp Schiesser und Grenzwächter Max Meili hiessen vor und nach den Kriegsjahren die grossen Sieger. Von 1947 bis 1953 dauerte die grosse Serie des Herisauer Briefträgers und Funkers Hans Frischknecht. Der begnadete Läufer, auch im zivilen Bereich, machte diesen Anlass zum grössten, ausserdienstlichen Wettkampf in unserem Land. Sein stolzes Palmarès: Sieben Tagessiege in Folge, oft mit bis zu 20 Minuten Vorsprung auf den Zweiten. Sehr beeindruckend. Ganz Frauenfeld war jeweils im Banne des Grossanlasses, schon Wochen vor der Austragung das Gesprächsthema. Zwischen 1100 und 1750(!) Teilnehmer nahmen in den Kriegsjahren die Marathonstrecke nach Wil und zurück nach Frauenfeld, mehrheitlich noch marschierend, unter die Füsse. Noch während vieler Jahre später waren es immer teils weit über 1000 Mann, welche mitmachten.

Wann warst Du erstmals dabei?

Ende Oktober 1951 stand ich dann selber am Start, beim «König der Waffenläufe». Als frischgebackener Korporal, körperlich ordentlich fit und als Bergsteiger mit viel Kraft, jedoch praktisch ohne Lauftraining. Mit Marschschuhen, Patronentaschen, Bajonett und Feldflasche. Im Tenue grün. Viele Vorschriften, scharfe Kontrollen – man nahm es einfach so hin. Disziplin gehörte dazu. Den Wettkampf stand ich denn wie viele andere irgendwie durch. Nach über 5 Stunden war ich am Ziel recht kaputt. Konnte kaum noch über die Treppen hinunter zum Duschraum gehen. Absoluter Höhepunkt war für mich der Glückwunsch von General Guisan am Ziel, mit Handschlag! Er war einige Male in Frauenfeld dabei und gratulierte den meisten Läufern beim Zieleinlauf. Ich war stolz auf meine Leistung und spürte, dass mich diese Sportart nicht so schnell loslassen würde. Tatsächlich lief ich dann 20 Mal mit – auch an vielen anderen Läufen. Zugegeben: Ich war fasziniert und angefressen. Von der ganzen Ambiance und vor allem von der einmaligen Kameradschaft unter den Wettkämpfern.

Längst kein Marsch mehr!

Später war ich Betreuer der Läufer unseres Wehrsportvereins, der Zürcher Patrouilleure. Oft waren wir mit 70 bis 80 Mitgliedern in Frauenfeld dabei. Wieder Jahre später war ich als Vertreter der IGMS/IGWS (TK-Chef) dort und es war u.a. meine Aufgabe, im Turnus mit weiteren TK-Mitgliedern die verschiedenen Organisationen kritisch zu beobachten.

1 In Frauenfeld 1962, damals noch mit Bajonett und Patronentaschen (Heinz Koch, rechts)

2 Als Speaker auch 1991 dabei

Auch in Frauenfeld stimmte nicht alles: Zu viel an Tradition, die oft über den Sport gestellt wurde. So hielt man hartnäckig am Namen «Militärwettmarsch» fest (bis heute im 2006 übrigens), ein Name der längst nicht mehr stimmt und für viele Junge wohl kein Anreiz ist, da mitzumachen. Trotzdem – er blieb der «König der Läufe», die ganz grosse Herausforderung, so wie die Tour de France unter den Radrennen.

Wie kam es, dass Du Speaker wurdest?

Es war Ende September 1979, als ich in Reinach als IGMS- und Pressevertreter auf den Zieleinlauf des damaligen Seriensiegers Albrecht Moser, des «Waffenlaufstars» schlechthin, wartete. Im Lautsprecher wurde jedoch Hans Moser aus Wädenswil angekündigt. Zwar ebenfalls als Waffenläufer im Programmheft aufgeführt und unterwegs, jedoch irgendwo im Mittelfeld der so genannten «Namenlosen». Der Mann am Mikrofon war offensichtlich nicht im Bild, er kannte die Spitzenläufer nicht. Mit Glück fand er den einen oder andern Namen in der Startliste aufgrund der Startnummer oder eben nicht, wenn diese nachgemeldet waren. Nicht nur die im Ziel versammelten Pressevertreter ärgerten sich, sondern auch viele Zuschauer. Der Speaker, diesen Namen verdiente er kaum, war überhaupt nicht vorbereitet und von seiner Aufgabe schlicht überfordert.

Auch einige andere Waffenlaufveranstalter taten sich damals schwer, diesen wichtigen Posten gut zu besetzen. So fiel das fehlende Fachwissen auf und Zusatzinformationen über den Lautsprecher gab es selten oder überhaupt nicht. Alles andere also as der Idealzustand.

Nach weiteren grossen Siegern und neuen Streckenrekorden kamen ab 1980 die Jahre des Albrecht Moser und des Hans Furrer. Moser dominierte fast nach Belieben – war jedoch kein besonderer Freund des Frauenfelders, er gewann ihn als achtfacher Schweizermeister ein einziges Mal. Anders Furrer.

Zweimal war er schon Tagessieger in der Thurgauer Hauptstadt, als er 1988 wieder als grosser Favorit an den Start ging. Kurz zuvor war der Luzerner Feldweibel übrigens auch Schweizer Marathonmeister geworden. Mit anderen Ehrengästen und Pressevertretern verfolgte ich den Wettkampf auf der Strecke. Kurz nach dem Wendepunkt in Wil übernahm Furrer die Spitze und liess bald einmal seinen letzten Begleiter, den bekannten Fritz Häni hinter sich. Er wurde über eine mögliche Streckenbestzeit informiert und flog förmlich dem Ziel entgegen.

Noch während seines viel umjubelten Einlaufs die grosse Enttäuschung: Der Speaker erwähnte mit keinem Wort den neuen Streckenrekord (2.40.16) und machte auch keine weiteren Angaben über den grossen Sieger. Kein Wort zur Waffenlaufmeisterschaft, die in einzelnen Kategorien noch hart umkämpft war. Zweifellos: Der Mann am Lautsprecher hatte seine Hausaufgaben nicht gemacht und war seiner Aufgabe nicht gewachsen. Anstatt die Läufer beim Namen zu nennen, gab er die Startnummern bekannt. Wollte man noch einige Programmhefte mehr verkaufen? Der Leistung des Siegers und der anderen Läufer tat dies zum Glück keinen Abbruch. Felix Rutishauser, bekanntes OK- und IGWS-Mitglied, ärgerte sich wie viele andere auch. Einige Wochen später gelangte er im Namen des OK an mich. Ich sagte zu.

Welche Ausbildung muss ein Speaker haben?

Da meine Zeit als aktiver Läufer schon einige Jahre zurücklag (1951 bis 1971), ich aber dem Waffenlaufsport in verschiedenen Funktionen weiterhin verbunden war (u.a. als Pressevertreter), nahm ich nach jenem negativen Erlebnis das Angebot der Organisatoren an, in Zukunft zu «speakern».Gesagt, getan. Als Redaktor des Magazins «Schweizer Wehrsport» waren mir die Speakerkurse des legendären Sportreporters Karl Erb bekannt. Zweimal nahm ich daran teil und startete so, gut vorbereitet, ein Jahr später in Reinach diese neue Herausforderung.

Welches sind wichtige Punkte für diese Aufgabe?

Ein besonderes Augenmerk richtete ich jeweils auf die einheimischen oder regionalen Läufer, weil ihretwegen natürlich besonders viele Zuschauer im Zielraum warteten. In Reinach machte ich die Bemerkung, dass ja auch Ehrengast Bundesrat Kaspar Villiger aus dem Nachbardorf Menziken, einige Jahre EMD-Vorsteher, früher selber schon diesen Lauf bestritten hatte.

Sehr wichtig für diese Aufgabe ist, dass man viele Waffenläufer persönlich kennt, um

Informationen über Zivilstand, Beruf, Hobbies usw. zu erhalten. Der Speaker muss im Bild sein über bisherige Resultate und Laufzeiten. Für die Zuschauer war es immer interessant, über allfällige Streckenrekorde orientiert zu werden, ebenso über den Stand der aktuellen Waffenlaufmeisterschaft. Lebhaftes Interesse fand auch eine ganze Reihe von Jubilaren, mindestens mit 100 oder mehr Wettkämpfen. Vielleicht einer, der am Wettkampftag seinen Geburtstag feierte oder jene, die altershalber ihren letzten Lauf bestritten (Altersgrenze damals bei 60 Jahren). Sie wurden zu Recht oft ganz besonders herzlich am Ziel empfangen.

Hast Du dazu ein Beispiel parat?
Thedy Vollenweider aus Zürich wurde einmal von seinen UOV-Kameraden in einer Sänfte ins Ziel getragen. Mit 400 Waffenläufen ist er übrigens heute noch Spitzenreiter in diesem besonderen Wettbewerb. Mehr als einmal begleitete ein Sohn eines «alten» Waffenläufers diesen an einem Jubiläumslauf, obwohl er mit diesem Sport wenig oder gar nichts am Hut hatte. Schöne Gesten, nette Erinnerungen.

Wo warst Du überall im Einsatz?
Ich wurde dann an mehreren anderen Läufen als Speaker engagiert, über mehrere Jahre. In Lichtensteig, St. Gallen, Wiedlisbach, Kriens und schliesslich auch in Frauenfeld. Jeder Lauf hatte so seine Besonderheiten. Ich musste mich immer anpassen an die Organisatoren. Die Wettkämpfer blieben meist die gleichen, die Ehrengäste wechselten.
Oft war es nicht ganz einfach, bei der Begrüssung im Zielraum, die politischen Titel richtig zu erwähnen. Einmal beförderte ich einen Brigadier zum Divisionär – vielleicht weil sein einziger Stern besonderen Glanz ausstrahlte.

Nicht vergessen durfte ich die Donatoren und Sponsoren. Auf ihre Unterstützung war unser Sport stets angewiesen. Einmal wurde ich gedrängt, in einer Art Werbespot für eine lokale Firma Propaganda zu machen.

Ich tat es nicht besonders gern. Längst war ich übrigens im Team mit meiner Frau Trudi im Einsatz. Im Alleingang ist der Speakerdienst nicht möglich. Mit den Funkmeldungen über den Rennverlauf unterwegs klappte es nicht überall gut, oft schlecht oder überhaupt nicht. Bei einigermassen guter Übersicht am Ziel erkannten wir viele Spitzenläufer an deren Laufstil oder am Profil. So blieb genügend Zeit, den Tagessieger und die Nächstklassierten entsprechend würdig und mit den wichtigsten Angaben zu empfangen.

Humor gehört auch dazu
Dass ich, einige Zeit nach dem Einlauf der Schnellsten, zu diesem oder jenem Läufer manchmal einen Spass machte, kam beim Publikum gut an und manchmal grüsste uns ein Einlaufender mit einem strahlenden Lächeln. Stolz erfüllte oft Angehörige, wenn ihr Wettkämpfer eine harte und sportliche Herausforderung bestanden hatte, andere freuten sich, wenn ein Vater mit einem Kind an der Hand über die letzten Meter lief.

Gibt es auch besonders traurige Episoden während deiner Speakerzeit?
Ein warmer Frühlingstag kündigte sich an, als am 22. April 1997 450 Läuferinnen und Läufer zum 44. Hans-Roth-Waffenlauf starteten. Man grüsste sich hier, man grüsste dort, und ich durfte kurz vor dem Start auf dem Bahnhofplatz einige Jubilare vorstellen und dann das grosse Feld durch das wie immer beflaggte, schöne Städtli am Jurasüdfuss auf die Reise schicken; auch die beiden Spitzenreiter im Hunderterverein, Franz Gloor und Thedy Vollenweider. Dann kehrte schnell wieder Ruhe ein in den Gassen, viele Zuschauer begaben sich auf die Strecke, um den spannenden Wettkampf zu beobachten. Ich richtete meinen Arbeitsplatz am Ziel ein, studierte die Nachmeldungen und erhielt über Funk bald einmal die Meldung, dass der grosse Favorit, der einheimische Forstwart Martin Schöpfer – er hatte bereits die ersten vier Wettkämpfe dieses Jahres gewonnen – schon nach wenigen Kilometern an der Spitze liege. So konnte ich in Ruhe sein Palmarès studieren, besonders, als er den Vorsprung auf seiner Hausstrecke nach Solothurn stetig weiter ausbaute. Weder Christian Jost noch der Geheimfavorit Fritz Häni hatten eine Chance.

Anmerkung des Herausgebers:

«Mister Waffenlauf» Heinz Koch (1931–2007)

Heinz Koch, langjähriger Waffenlauf-Funktionär und Redaktor der Fachzeitschrift «Schweizer Wehrsport», gestorben.

Heinz Koch ist nach schwerer Krankheit kurz nach seinem 75. Geburtstag am Sonntag, 4. Februar 2007, im Kreise seiner engsten Familienangehörigen gestorben. Seine tapfere Frau Trudi begleitete ihn auf seinem letzten Weg.

«Ihr sollt nicht um mich weinen. Ich habe ja gelebt. Der Kreis hat sich geschlossen, der zur Vollendung strebt.»   *Hans Kreiner*

Heinz Koch gilt ein sehr grosser Dank! Er hat massgeblich zum Gelingen dieses Buches beigetragen. Trotz seiner schweren Krankheit stellte er sein grosses und immenses Wissen und sein einzigartiges Archiv zur Verfügung. Er galt als einer der profundesten Kenner des Waffenlaufs. An

der Beerdigung nannte ihn ZP-Präsident Oberst i Gst Stefan Holenstein den «Mister Waffenlauf». Ja, das war er!

Mir bleibt besonders meine erste Begegnung mit ihm vor einigen Jahren in eindrucksvoller Erinnerung. Auch die Gespräche und Briefwechsel mit ihm.

Sein Besuch am 49. und letzten Zürcher Waffenlauf (an seinem 75. Geburtstag) am 22. Oktober 2006 war sozusagen sein Abschied von der Szene und von vielen seiner Kameraden.

Er bleibt mir und vielen anderen als initiativer Funktionär, grossartiger Speaker und eindrucksvoller Mensch in Erinnerung.

Danke für alles, lieber Heinz. Du hast Spuren hinterlassen und wir erinnern uns gerne an Dich!

Dominik Schlumpf, Sulgen TG

3 Der langjährige Waffenläufer und ZP-Funktionär Heini Rebsamen beim St. Galler Waffenlauf 2005 in seinem letzten Waffenlaufjahr. Er verstarb in Ausübung seines geliebten Hobbys dem Waffenlauf, wenige Meter vor dem Ziel am Frauenfelder Militärwettmarsch

4 Von seinen 250 Waffenläufen (erreicht am Zürcher Waffenlauf 2004) gewann Kudi Steger deren 10 als Tagessieger und 25 als Kategoriensieger.

Schattenseiten...

«Am Start des Frauenfelders 1993 wünschte ich Alois (Wisi) Natterer viel Glück, und er mir auch. Als Grafiker steuerte er viele Karikaturen zu B. Linders Buch ‹Der Waffenlauf› bei. Im Ziel brach Wisi zusammen, blieb zu lange ohne Sauerstoff, wurde ins Kantonsspital eingeliefert und lag anschliessend mehr als zehn Jahre im Wachkoma, bis er im Frühsommer 2004 sterben durfte. Kurz vorher besuchte ich ihn noch mit Heinz Koch, Bernhard Linder und Ueli Jäggi. Dem Polizisten Heini Rebsamen ging es im Jahr 2005 leider ebenso, aber ohne Leidenszeit. Beide waren erst seit kurzer Zeit verheiratet. Das sind Augenblicke in denen man den Waffenlauf zum Teufel wünscht. Man fragt sich aber auch, wieso es solch erfahrene Läufer trifft: Wisi Natterer (220 Waffenläufe), Heini Rebsamen (286), Franz Gloor am Wiedlisbacher (367), Oskar Nyfeler im Toggenburg (310) oder Hugo Ammann nach dem Reusslauf Bremgarten (200 Waffenläufe)! Ist der Anreiz des Hundertervereins gar mitschuldig daran? Obwohl jedes OK gegen solche Vorkommnisse alles vorkehrt macht es doch jedes Mal sehr betroffen.»

Beat Schmutz, Düdingen

Inzwischen hatte sich die Feldmusik eingefunden und spielte einige Märsche, während sich der Zielraum immer mehr bevölkerte. Da meldete sich ein Polizist bei uns am Speakertisch und bat um einen Aufruf. Es solle sich ein Angehöriger oder gut Bekannter des Läufers Franz Gloor bei uns melden. Gesagt, getan. Doch es meldete sich niemand. Auch einige Minuten später nicht, auf einen zweiten gleich lautenden Aufruf. Dann der viel umjubelte Einlauf des Siegers – Martin Schöpfer. Mit über 3 Minuten Vorsprung auf Jost. Zeit also, ihn näher vorzustellen. Etwas später, noch während des Einlaufs weiterer Spitzenläufer: Wieder der Polizist – und etwas Unruhe bei uns, was denn wohl passiert sein könnte. Da Franz Gloor nicht zu den Läufern zählte, die schon bald am Ziel eintreffen würden, und weil der Polizist realisierte, dass meine Frau und ich sehr viele Läufer persönlich kennen, nahm er mich zur Seite und fragte, ob uns denn auch dieser Franz Gloor persönlich bekannt sei. «Ja, natürlich, sogar sehr gut» antwortete ich ohne mich zu sehr vom Wettkampfgeschehen ablenken zu lassen. Unauffällig flüsterte er etwas, was mich und wenig später auch meine Frau wie einen Schock traf: «Franz Gloor ist mit einem Kreislaufkollaps zusammengebrochen und verstorben. Er muss unbedingt so schnell als möglich von einer Person, die ihn kennt, identifiziert werden. Können Sie dies für uns tun?» Kurz besprachen sich meine Frau und ich – und sie sagte zu, diese Aufgabe zu übernehmen und mich so lange allein zu lassen. Wir liessen uns nichts anmerken, meine Frau stieg in den Streifenwagen, und ich orientierte weiter. Es kamen die Schnellsten der Senioren, die besten Damen ans Ziel, Einheimische, Jubilare usw. Es lief wie immer, doch meine Gedanken waren beim Waffenlaufkameraden Franz Gloor, der heute und überhaupt nie mehr ans Ziel kommen würde. An seinem 368. Waffenlauf – dies entnahm ich meiner entsprechenden Liste. Kein Waffenläufer hatte bisher so viele Wettkämpfe mitgemacht. Ich wollte es nicht wahrhaben, bis etwa eine halbe Stunde später meine Frau zurückkam.

Etwas bleich, verstört und sehr traurig: «Ja – Franz ist tot – er lag in einer Scheune, es war wenige Kilometer nach dem Start – ihn da am Boden so liegen zu sehen – sehr, sehr traurig...». Die zwei Polizisten die dabei waren, sollen übrigens sehr nett gewesen sein und hatten meine Frau vor der Scheune noch gefragt, ob sie zur Identifikation des Toten bereit sei. Sie habe gar nicht richtig realisiert, was dies für sie bedeute. Wir befolgten dann auch die Anweisung, vorerst die Sache für uns zu behalten, verständlich, weil ja die Angehörigen zuerst informiert werden mussten. Gegen Ende des Wettkampfes – wir gratulierten wie immer weiteren Wettkämpfern zu ihren Leistungen und verlasen dazwischen die besten Resultate – bat mich dann der Polizist, die Kameraden des Verstorbenen zu orientieren. Seine Gattin Hannelore, sonst meist mit Franz an den Wettkämpfen dabei, war an diesem Tag zu Hause geblieben. So löste ich noch diese letzte Aufgabe an diesem so traurigen Tag in Wiedlisbach. Franz Gloor war nicht nur ein vielseitig engagierter Mensch und Kamerad, sondern auch ein Laufbesessener. Seit seiner RS 1958 war er fast ausnahmslos an allen Waffenläufen dabei. Noch am Samstag vor dem Todestag bestritt er in Bern den Grand Prix – und obwohl er um seine gesundheitlichen Probleme wusste, wollte er dann auch diesen Wiedlisbacher nicht auslassen. Er fand an den Waffenläufen seine grosse Befriedigung und soll sogar einmal davon gesprochen haben, einmal am liebsten auf einer Waffenlaustrecke zu sterben. Dieser Wunsch ging für ihn in Erfüllung.

Gibt es eine in guter Erinnerung gebliebene Anekdote aus deiner Zeit?

Ein besonderes Erlebnis blieb mir vom Lauf in Kriens in Erinnerung. Dort wurde ich Jahr für Jahr angehalten, ja nicht die Erwähnung des Fritschi-Vaters, einer wichtige Persönlichkeit an diesem Ort, zu verpassen. Es fiel mir eine nicht mehr junge Dame auf, die direkt dem Speakerplatz (auf einem Anhängerwagen) gegenüber den Wettkampf verfolgte. Jedes Jahr am gleichen Platz und meist blieb sie bis zum Schluss meiner Reportage. Als ich sie einmal fragte, so gegen Ende des Laufes, als ich dafür Zeit fand, ob denn ihr Mann oder Sohn noch unterwegs sei, antwortete sie mir: «Keiner von beiden. Ich komme jedes Jahr eigentlich nur, weil mir diese Läufer so einen guten Eindruck machen – und auch wegen Ihnen, weil Sie so viele Läufer kennen und den Anlass so lustig kommentieren.» Für mich ein Aufsteller – und Grund zum Weitermachen.

Gab es an einem Wettkampftag auch Hektik für dich?

Etwas Hektik kam oft auf, als die Veranstalter dazu übergingen, bereits im Zielraum erste Siegerehrungen vorzunehmen. Eine zusätzliche Aufgabe, besonders, wenn während einer solchen Ehrung dann gleichzeitig ein Jubilar oder eine besondere Persönlichkeit ins Ziel lief und ebenfalls erwähnt werden sollte. Oder wenn eine ganze Gruppe von Läufern ins Ziel spurtete und ich davon höchstens zwei oder drei persönlich erwähnen konnte. Überhaupt, zum «Schnorren» fand ich immer etwas – und prompt wurde ich einmal mit Beni Thurnheer verglichen, er ja auch ein halber Winterthurer.

Welches war dein letzter Einsatz als Speaker?

Bis 1999 versah ich dann an «meinem» Frauenfelder den Speakerdienst, empfing Läuferinnen und Läufer am Ziel und durfte stets allen zu ihren grossartigen Leistungen gratulieren. Den Siegern zu ihren Spitzenklassierungen, oft zu neuen Bestzeiten und zu ebenso wichtigen Punkten für die Waffenlaufmeisterschaft, die manchmal erst an diesem letzten Lauf entschieden wurde. Vielen anderen zu besonderen Jubiläen oder zur grossen Zahl bisher bestandener Waffenläufe.

Was ist dir hauptsächlich geblieben?

Mehr als einmal hörte ich von Teilnehmern, wie schön es jeweils sei, schon viele hundert Meter vor dem Ziel, oben beim Erchingerhof, meine Stimme zu hören. Im Wissen, zwei Minuten später auch begrüsst zu werden. Zusammen mit dem Beifall vieler Zuschauer wohl der schönste Lohn für eine tolle Leistung. Wirklich, ich erfüllte diese Aufgabe gerne, weil ich um deren Bedeutung wusste. Als ich dann altershalber als Speaker aufhörte, schwang schon etwas Wehmut mit.

Hast Du deine Einsätze gezählt?

Gezählt habe ich sie nie, meine Einsätze an den verschiedenen Wettkämpfen über all die Jahre. Diese Zahl ist auch nicht wichtig. Die zahllosen Begegnungen mit Wettkämpfern und Organisatoren bleiben mir in bester Erinnerung. Gerne danke ich meiner Frau nochmals herzlich für ihr Interesse und ihre Mithilfe.

Beruhigend für mich, dass meine Nachfolger Arno Jäckle, Alois Furrer und Christoph Hug diese Aufgabe, eine Visitenkarte jedes Veranstalters, ebenfalls stets zuverlässig und sehr gut weitergeführt haben.

Ein Satz über dein Leben für den Waffenlauf:

Es war eine intensive, gute und schöne Zeit für mich und die Allgemeinheit.

Kudi Steger

Kudi, Du gehörst zu den «Ur-Waffenläufern». Seit Jahrzehnten bist Du aktiv dabei. Wer bist Du?

Ich wohne in Seengen, bin Chauffeur und wurde am 2. November 1948 in Baden als ältestes von fünf Kindern geboren. In Künten besuchte ich die Schule. Mein grösstes Hobby ist der Waffenlauf.

Wann hast Du deinen ersten Lauf absolviert?

In der Kategorie Schüler bestritt ich die ersten Geländeläufe.

Heute bist Du immer noch bei allen Waffenläufen anzutreffen, zwar nicht mehr in den vordersten Reihen. Welches waren deine grössten Erfolge?

Das sind sicher meine zehn Tagessiege, so beim Toggenburger, Neuenburger, Wiedlisbacher, Freiburger, Reinacher, Altdorfer, Thuner und Frauenfelder. Natürlich zähle ich auch die 25 Kategoriensiege dazu.

Als ich meinen ersten Frauenfelder als 53. beendete, stand mein Ziel fest: Ich wollte einen offiziellen Waffenlauf gewinnen. Dies

6 Kudi Steger am Frauenfelder 1987 mit Alex Thür im Schlepptau

7 Den hervorragenden 3. Platz am Frauenfelder Militärwettmarsch 2005 sicherte sich Ruedi Walker, der 2. Platz ging an Bruno Dähler und der Sieg ging an Jörg Hafner, der nach seinem 50. Tagessieg seine Waffenlauf-Karriere beendete

8 Der Run Fit'ler Fredy Pfister aus dem Hinterthurgau in voller Konzentration am Krienser Waffenlauf 2003

9 Fredy Pfister am Altdorfer Waffenlauf 2003

10 Lu Jun und seine beiden Ostschweizer Weggefährten: Dr. Hans Zuberbühler und Erich Huber vor dem Start zum St.Galler Waffenlauf 2004

5 Gesamtsieger Steger beim Frauenfelder Militärwettmarsch 1984: In der Kat. Landwehr, seine Zeit 2.47.22, Gfr Kudi Steger, Jg 48 mit Startnummer 1009 vor Alex Thür und Hans Furrer

erreichte ich an meinem 109. Waffenlauf in Reinach. An diesem Sonntag schlug ich Albrecht Moser.

Albrecht Moser galt in dieser Zeit als «unschlagbar»!
Ja, Moser hatte lange Zeit eine fast lähmende Wirkung auf seine Gegner gehabt. Als ich 1983 in Reinach meinen ersten Tagessieg erkämpfte, überliess ich nichts dem Zufall. Ein Autofahrer und der ehemalige Radrennfahrer Bruno Selebam betreuten mich.

Kudi, erzähle uns doch, wie Du seinerzeit zum Waffenlauf gekommen bist!
Im ersten WK forderten mich meine Kameraden auf, an einem Waffenlauf teilzunehmen. Am Reinacher und Altdorfer 1970 war ich als Zuschauer zum ersten Mal dabei und am Krienser schnürte ich dann meine Packung zum ersten Mal.

Was ist es denn, was dich bis heute am Waffenlauf so fasziniert?
Sicher die Atmosphäre und die einmalige Kameradschaft. Dann auch die Freude am Laufen.

Ich habe 266 offizielle Waffenläufe bestritten, dazu viele Freiburger als Tagessieger (vor der SM), Toggenburger und Schöftler.

Was blieb dir von all den vielen Waffenläufen, die Du liefst, am meisten in Erinnerung?
Mein Rekordlauf in Wiedlisbach (1984). Aber wie gesagt, eigentlich alle meine Siege.
Es war und ist eine grossartige Zeit. Der Waffenlauf ist gelebte Geschichte!

Lu Jun

Wer ist Lu Jun?
Lu Jun ist seit 1998 in der Schweiz, geboren 1967 in Sinkiang, China. Der erste chinesische Waffenläufer in der Schweiz. Der in China ausgebildete Gymnasiallehrer und später für westliche Touristen im Himalaya arbeitende Reiseführer war wegen seiner Kritik an der Korruption und der Politik der kommunistischen Regierung und der Beamten von Oktober 1991 bis April 1992 in einem der kältesten Arbeitslager Chinas inhaftiert.

Nach der Entlassung aus dem Arbeitslager war sein Leben wieder einigermassen normal. Im Jahr 1997, nach einer muslimischen Unruhe, drohte ihm wieder das Arbeitslager, da die lokale Regierung viele Oppositionelle wieder festnahm. Mit gekauftem Pass ist er 1998 in die Ukraine geflohen. Da es dort für ihn auch nicht sicher war, ist er mit Hilfe eines Schweizer Bankdirektors, Dr. Hans Zuberbühler, dessen Führer er auf der Seidenstrasse war, in die Schweiz gekommen.

Wie Lu Jun in die Schweiz kam
Am 30. April 1998 kam aus Kiew ein telefonischer Hilferuf meines ehemaligen Führers auf der chinesischen Seidenstrasse. Lu Jun war kurz vorher aus China in die Ukraine geflüchtet. Ich wohnte damals in Winterthur und war gerade im Ausbildungszentrum Wolfsberg der UBS im Auftrag der Weltbank mit der Ausbildung chinesischer Bankdirektoren beschäftigt. Ein Jahr vorher war ich als Direktor der UBS-Niederlassung Winterthur pensioniert worden. Ich war von der Flucht nicht überrascht, kannte ich doch Lu Jun als mutigen, unvorsichtigen Kritiker der Verhältnisse in seiner chinesischen Provinz Sinkiang, wo ähnlich schlimme Verhältnisse wie in Tibet herrschen. Ich wusste auch von seiner Unterdrückung durch Polizei und Behörden und seiner Arbeitslager-Vergangenheit.

Am 28. Mai 1998 holten meine Frau und ich Herrn Lu Jun am Flughafen Zürich ab. Eine lange Leidensgeschichte nahm ihren Fortgang. Trotz sofort gefundenen Arbeitsplatzes bei einem befreundeten Unternehmer in Winnipeg, Kanada und grossen Einsatzes auf beiden Seiten des Atlantiks liessen die kanadischen Behörden Lu Jun nicht einreisen, was im schweizerischen Asylantenstatus für den chinesischen Dissidenten endete. Mit Mühe und Not konnte eine Ausschaffung nach China verhindert werden. Die intensive Auseinandersetzung mit der deutschen Sprache wurde fast zum Lebensinhalt. Glücklicherweise traf Lu Jun eines Tages im Jahr 2003 beim Joggen im Wald auf Albert Fässler, ein Mitglied der Läufergruppe Wittenbach. Durch Erich Huber, Toni Trunz und andere kam Lu Jun mit dem Waffenlauf in Kontakt. In den Jahren 2004-2006 bestritt Lu Jun 15 Waffenläufe, je drei Mal den St. Galler und den Reinacher, je zwei Mal den Wiedlisbacher, den Thuner, den Frauenfelder, je einmal den Altdorfer, den Zürcher und den Neuenburger. So wurde Lu Jun der chinesische Waffenläufer in der Schweizer Uniform mit der Schweizer Fahne am Schweizer Karabiner.

Dr. Hans Zuberbühler, ehemaliger Sportoffizier des Schützenbataillons 7, ehemaliger Bankdirektor UBS, Teilnehmer am Frauenfelder 1962 und am St. Galler 1979.

«Gestatten, Lu Jun, Waffenläufer»
Ein Chinese mit einer Waffenlaufpackung. Ein seltenes Bild, aber in den letzten Jahren fiel dieses Bild an zahlreichen Läufen auf. Lu Jun, erzählen Sie uns doch, wie Sie seinerzeit zum Waffenlauf gekommen sind! Welches war Ihr erster Wettkampf?
Der St. Galler Waffenlauf im Jahr 2004. Genau dort habe ich im Jahr 2002, an einem Sonntag im April, erstmals einen Waffenlauf als Zuschauer erlebt. Ich war gerade nach einmonatigem Aufenthalt im Kantonsspital entlassen worden und sehr schwach. Als ich die dynamischen und munteren Waffenläufer und Waffenläuferinnen gesehen habe, war ich traurig und habe fast geweint. Ich war krank und konnte mich kaum bewegen. Danach fing ich an, langsam zu laufen. Später habe ich die Läufergruppe Wittenbach kennen gelernt und mit ihr trainiert. Durch meinen Kollegen Erich Huber habe ich dann auch eine Erlaubnis für den Waffenlauf erhalten. Als erster Waffenläufer aus China habe ich ein Diplom vom Waffenlauf-OK bekommen.

Oh, da kommt mir noch eine Geschichte in den Sinn ...
Am Anfang des Waffenlaufs traf ich mit einer grossen und schönen Blondine, Sara Helbling, zusammen. «Sara, weisst du, auch Du hast mich zum Waffenlauf motiviert.» «Ich?» «Ja. Ich habe im Jahr 2002 erstmals

einem Waffenlauf in St. Gallen zufällig zugeschaut. Deine beweglichen Schritte, die Dynamik und Schönheit sind tief in meiner Erinnerung geblieben. Um meine Gesundheit zu verbessern, fing ich später auch langsam an zu laufen.»

In diesem Moment jubeln die Zuschauer etwas auf Schweizer Mundart, was ich nicht so gut verstehe.

«Was sagen die Zuschauer?» frage ich Sara. «Sie behaupten, ich sei die schönste Waffenläuferin.» «Das fand ich schon seit 2002 in St. Gallen.» Seitdem nenne ich Sara Helbling: «Genossin Schönheit».

Waren Sie jemals in einer Armee eingeteilt?
Ich war nie in einer Armee, aber im chinesischen Arbeitslager schon. Ich bin ein Asylbewerber. Man kann sagen, ich bin von der Waffengattung «Asylant».

A propos Diensttage. Da hatte ich an einem Waffenlauf eine lustige Begegnung. An der Anmeldung sehe ich Hans Widmer und seine schnelle Tochter, die Schweizer Waffenlaufmeisterin Monika Widmer. Ich kenne Hans erst drei Jahre. Aber meine Packung und Karabiner kennen ihn seit mehr als dreissig Jahren. Der Besitzer meiner Packung, Toni Trunz, ist ein seit der Rekrutenschule mit Hans Widmer befreundeter alter Kampfgenosse.

«Hallo, Gefreiter Widmer.» «Hallo Lu.» Hans reicht mir seine kräftige und schwielige Hand, die doppelt so gross ist wie meine. «Hallo, Gefreiterin Widmer», begrüsse ich Monika. «Eine Gefreiterin Widmer gibt es nicht» antwortet sie kurz und bündig.

«Nach der chinesischen Regel erbt man automatisch den Dienstgrad des Vaters. So ist die Tochter eines Gefreiten eine geborene Gefreiterin.»

Sie sind also kein Schweizer?
Nein. Seit 1998 bin ich in der Schweiz und jetzt ein vorläufig aufgenommener Asylbewerber. Da kommt mir gerade wieder eine Geschichte in den Sinn.

Vor dem Waffenlauf fragt mich mein Waffenlaufcoach Toni Trunz: «Lu, der Schweizer Waffenlauf verlangt Härte und Zähigkeit. Könnt ihr Chinesen diese freiwilligen Strapazen des Waffenlaufs ertragen?» «Normalerweise nicht. Aber ich bin eine Ausnahme. Nach der psychologischen Analyse haben die echten politischen Dissidenten wie ich, im Allgemeinen einen eisernen Durchhaltewillen. Obwohl ich von der härtesten Mitarbeiterin des Bundesamtes für Flüchtlinge unfairerweise als Scheinasylant beurteilt wurde, möchte ich auf jeden Fall um meine Zukunft weiterkämpfen. Waffenlauf ist eine Sportart für Kampfgeist.» «Wenn es so ist, dann bist Du nicht nur ein falscher Scheinasylant, sondern auch ein falscher Scheinchinese.» «Warum?» «Am Waffenlauf sind nur die Schweizer teilnahmeberechtigt.» «Dann bin ich ein echter Scheinschweizer.»

Und Ihr Gewehr, ein chinesisches Modell?
Nein. Der Karabiner gehört Toni Trunz, dem ehemaligen Divisions- und Armeemeister aus dem Thurgau. In China dürfen nur die aktiven Armeeangehörigen und Polizisten Waffen tragen und benützen.

Auf Ihrer Packung weht jeweils ein Schweizer-Fähnlein ...
... Ja, dieses Zeichen, das Kreuz stellt für mich ein Symbol für Freiheit, Frieden, Neutralität und Sicherheit dar.

Was ist es denn, was Sie bis heute am Waffenlauf so fasziniert?
Erstens ist Waffenlauf eine typische Schweizer Sportart. Zweitens möchte ich um meine Zukunft weiterkämpfen und Waffenlauf ist eine Kampfgeist herausfordernde Sportart. In China hätte ich nie eine Waffe tragen dürfen. Der Waffenlauf hatte deshalb für mich eine magische Anziehung.

Was blieb Ihnen von all den vielen Waffenläufen, die Sie liefen, am meisten in Erinnerung?
Ja, da gibt es viele schöne Geschichten... Es ist auch die Kameradschaft, die ich als «Aussenseiter» spüre und auch geniesse.

Kameraden habe ich einige gefunden. An einem St. Galler Waffenlauf, einige Kilometer vor dem Ziel laufen wir an einem Gossauer, Karl Scheiwiller, vorbei. «Hopp Lu, mein chinesischer Waffenbruder», ruft er mir zu.

Vor einigen Jahren ging eine Beschwerde eines Teilnehmers an das Schiedsgericht ein. Der Klagende verlangte, dass Läufer mit ausländisch klingenden Namen zu disqualifizieren seien ...

... ja das habe ich gehört. Damals, das war 1999 habe ich aber noch keine Waffenläufe bestritten. Bisher hat man mich noch nie ausgeschlossen oder gar disqualifiziert. Aber etwas anderes war da schon mal nicht so gut (lacht).

Nach einem Waffenlauf erscheint folgende Nachricht im lokalen Tagblatt.
«Sechzig Jahre nach dem Zweiten Weltkrieg hat der erste Chinese an einem Schweizer Waffenlauf teilgenommen. Am Tag des Waffenlaufs schien die Sonne und es fiel nirgendwo Regen. Aber wo dieser Chinese vorbeigelaufen war, wurden einige Häuser entlang der Waffenlaufstrecke überflutet. Laut Kantonspolizei hat der Chinese während des Waffenlaufs wie der Rheinfall geschwitzt und die Schäden verursacht. Ob er beim Waffenlauf wieder mitmachen darf, ist noch unklar.»

Sie sind bekannt für Ihre selbst erfundenen Sprüche, Geschichten und Witze. Welche kommt Ihnen zum Schluss spontan in den Sinn?
Der mit den Waffenläufern und den Löchern im Käse ...

Eine chinesische Reisegruppe wird auf dem Weg in eine Schaukäserei von Waffenläufern überholt. Die Chinesen staunen über deren Zähigkeit, Härte und auf sich genommenen Strapazen. Nach dem Besuch taucht die Frage auf, warum der Schweizer Käse so viele Löcher hat. Der in China frisch gebackene chinesische Führer hat nicht die leiseste Ahnung. Anstatt seine Unwissenheit zuzugeben kommt ihm in der Not der Gedanke an den Waffenlauf.

«Die kleine Schweiz hat keinen Platz, die Schiessscheiben für die Waffenläufer einzurichten. Deshalb üben sie nach dem Waffenlauf das Schiessen auf die Käselaibe aus.» «Deshalb hat der Schweizer Käse so viele Löcher.» Zustimmend nicken die Chinesen.

Kurt Hugentobler, René Ott und Armin Stillhard

Euch drei vorzustellen wäre fast Wasser in die Thur getragen. Doch tun wir es für jene, die euch als bekannte Waffenlauf-Gesichter nicht kennen ...

Ich bin René Ott und wohne in Oberhittnau/ZH. Geboren bin ich am 23.2.1961. Im Militär war ich Radfahrer. Des Berufes wegen, ich bin Landschaftsgärtner, werkle ich gerne am und ums Haus. Weiter lieben wir das Camping, Wandern und Velo fahren.

Mein Name ist Kurt Hugentobler und ich bin am 12.2.1940 geboren. Wohnhaft bin ich im thurgauischen Romanshorn. Im Militärdienst hatte ich den Rang eines Wachtmeisters. Früher war ich Kaminfegermeister. Ich betreibe keinen aktiven Sport mehr, bin jedoch immer noch Mitglied im Run Fit Thurgau, dem ehemaligen Wehrsportverein Thurgau. Zu meinen Hobbies gehören Haus und Garten und «das Leben geniessen».

Ich heisse Armin Stillhard, bin am 9.6.1949 geboren und wohne in Bronschhofen. Im Militär war ich Füsilier, im Zivilberuf Hausmeister/Abwart. Ich betreibe noch aktiven Sport und bin Mitglied im Run Fit Thurgau, dem ehemaligen Wehrsportverein Thurgau. Nebst dem Laufsport gehören Inline-Skaten, Biken und Skifahren zu meinen Lieblingsbeschäftigungen.

Kannst Du dich noch an die Szene auf dem Foto erinnern? Wenn ja, wie war dieses Rennen damals für dich?
René: Sorry, aber ich habe keine Ahnung, welche Szene das Foto zeigt.
Kurt: Keine Ahnung.
Armin: Ich denke, dass es 1991 am Toggenburger Waffenlauf war. Ein Jahr nach der Schuhfreigabe. René Ott lief damals noch mit dem Herger Waffenlaufschuh. Das war mein letztes Jahr in der Landwehr, da nahmen 344 Läufer teil, allein in dieser Kategorie! Ich war enttäuscht ob meines 15. Platzes zum Auftakt der Meisterschaft; danach wurde es immer besser und ich holte das Diplom im siebten Rang.

Wie bist Du seinerzeit zum Waffenlauf-Sport gekommen und was hielt dich so lange Zeit an diesem harten Sport?
René: Meinen ersten Waffenlauf bestritt ich 1988 in St. Gallen unter Mithilfe meines Laufkameraden Heinz Irmiger. Mir passte das Klima bei den Läufen und jenes der Läufer und auch das Laufen mit einer Packung. So kam es zu 101 Waffenläufen. Meinen letzten absolvierte ich 2004 in St. Gallen.
Kurt: 1961 wagte ich mich zum ersten Mal mit meinem Bruder Peter an einen Waffenlauf. Aus purem «Gwunder» wollten wir den Reinacher bestreiten. Natürlich waren wir ehrgeizig und wollten gute Ränge herauslaufen, aber es kam ganz anders heraus als wir uns das vorgestellt haben. Nach 3 km noch in den vorderen Rängen, aber oha, dann kamen schon müde Beine, Rückenschmerzen usw. Nach und nach wurde ich überholt und lief im letzten Viertel über die Ziellinie, mit vielen Blasen und offenem Rücken. Ich schämte mich richtig, dass Landstürmler, und deren noch so viele, vor mir im Ziel waren. Von da an packte mich der Ehrgeiz und ich dachte, «Euch will ich's zeigen». Ich trainierte den ganzen Herbst und Winter um im Frühling in Hochform zu sein. Von da an ging es aufwärts und ich bekam Freude und Freunde, bis ich 1994 dem Waffenlaufsport mit vielen Erinnerungen ein Ende setzte. Mein Bruder Peter war auch Waffenläufer.
Armin: Als 18-jähriger nahm ich an der SGVL-Meisterschaft teil und holte die bronzene Auszeichnung. Sieger wurde Fritz Rüegsegger, auch ein bekannter Waffenläufer, somit war ich schon infiziert vom Virus Laufsport! 1970 absolvierte ich die Rekrutenschule in St. Gallen. Da wurde Adj Walter Schürer (eine Waffenlauf-Legende) auf mich aufmerksam, weil ich an den Läufen zuvorderst war. Weil ich mit ihm trainieren konnte, hatte ich einen enormen Vorteil, wie später auch in den WK's. Es erging mir so wie vielen anderen auch, der Waffenlauf und das tolle Umfeld liessen mich nicht mehr los.

Warum denkst Du, hat der Waffenlauf eine derart grossartige und ruhmreiche Vergangenheit hinter sich? Würdest du wieder Waffenläufer werden?
René: Damals, in den grossen Jahren des Waffenlaufs hatte es halt weniger Sportanlässe. Auch hatten viele eine andere Einstellung zum Militär. Also ich würde wieder Waffenläufer werden, weil es eine spezielle und urschweizerische Sportart ist!
Kurt: Der Waffenlauf hatte viele Jahre einen hohen Stellenwert in der Schweiz. Es wurde in den Medien sehr gut berichtet, das machte den Sport berühmt und so konnten die Startfelder aufgestockt werden. Die Rennen waren sehr spannend, zogen Publikum an und das ganze Umfeld stimmte damals noch. In der heutigen Zeit würde ich kaum noch Waffenläufer werden, sicher würde auch ich eine der modernen Sportarten wählen. So ist unsere moderne Welt und man kann das Rad nicht zurückdrehen.
Armin: Meinen ersten Waffenlauf absolvierte ich im Jahr 1970. Es war enorm, was der Waffenlauf für eine grosse Berichterstattung bei Zeitungen und Fernsehen hatte.

Dadurch konnten sich viele Offiziere ins Scheinwerferlicht stellen unter dem Motto: «Sehen und gesehen werden!» Früher war ein Offiziersrang ein grosses Sprungbrett für einen Job in der Privatwirtschaft oder in der Bundesverwaltung. Auch hatte es früher viele Topathleten am Start; Steeplemeister, 10000 m-Meister und Marathonmeister, fast alle waren sie da.

Ja, der Waffenlauf war und ist speziell und ich würde wieder Waffenläufer werden! Es ist halt einfach wie in einer grossen Familie, man gibt Erkenntnisse und Erfahrungen weiter, sieht sich als Mitstreiter und weniger als Gegner!

Gibt es ein Erlebnis, welches Du in ganz besonders guter Erinnerung behältst?
Kurt: Wenn man 35 Jahre Waffenlauf hinter sich hat, gibt es so viele Erinnerungen, dass man Bücher schreiben könnte. Das schönste Erlebnis danach, ist dass man am Ende der Karriere viele Kameraden und Freunde gewonnen hat und das für den Rest des Lebens.

Somit hat jeder einen Sieg errungen an einem Waffenlauf.

Armin: Zum einen sicher meinen ersten, einzigen und letzten Kategoriensieg. Was ich aber nie vergessen werde ist folgende Geschichte, die mich noch heute zum Schmunzeln bringt: Beim ersten Churer Waffenlauf nahm ich einen Neuling mit. Bei einer Bäckerei musste ich unterwegs für ihn anhalten und er sagte «ich hole mir noch was zu essen». Er kam mit einem Schinken- und Salami-Sandwich zurück. Ich dachte, diese seien zum Essen nach dem Lauf bestimmt. Er verschlang beide genüsslich neben mir im Auto, knapp zwei Stunden vor dem Start.

Da fragte ich ihn, ob er nichts «Zmorge» gegessen habe. Er sagte «doch doch, aber so ein Waffenlauf brauche Energie …».

Da musste ich wirklich schmunzeln und er, er hat seine Erfahrung mit der Ernährung auch gemacht.

Welchen Ratschlag gibst Du einem Laufsport-Neuling?

Kurt: Nach meinen Einschätzungen ist für Laufsport-Neulinge das Beste, wenn sie in einer Trainingsgruppe oder in einem Laufverein Anschluss finden. So werden sie von Fachpersonen trainiert und betreut. Ich denke, dass sie auf diesem Weg am wenigsten Fehler machen und viel profitieren können.

Armin: Laufen ist ein Wettkampfsport und gilt als Basisdisziplin zahlreicher Ausdauersportarten. Die Bewegung unter freiem Himmel in Gesellschaft Gleichgesinnter ist es oft, die den Reiz des Ausdauertrainings ausmacht. Das heisst, sich möglichst einem Verein anschliessen und von den Erfahrungen der Spitzenläufer profitieren!

Hugi …

Der «Rekördeler» Kurt «Hugi» Hugentobler. Vor einigen Jahren war Schluss mit Waffenlauf. Nach 275 Waffenläufen trat der einstige «Schnellste Kaminfeger der Welt» in die zweite Reihe. Von seinen Kameraden liebevoll Hugi genannt, lief er in den achtziger Jahren in der Kategorie Landsturm neue, nie für möglich gehaltene Rekorde. Den «Frauenfelder» bestritt er als erster Landstürmler unter drei Stunden.

11 Auszugsmeister 1995 Ueli Kellenberger (Walzenhausen)

12 Alfred Kellenberger am Altdorfer Waffenlauf (1960)

13 Ueli Kellenberger (2. von rechts) und Walzenhausens Pöstler Fredi Sturzenegger (mit Bart) am 30. Thuner Waffenlauf (1989)

Alfred und Ueli Kellenberger

Ueli Kellenberger, Ganterschwil

Ich bin im am 3.5.1964 geboren. Auf dem Landwirtschaftsbetrieb meines Vaters in Walzenhausen aufgewachsen, kaufte ich mir mit 14 Jahren ein Rennvelo, mit dem ich Ausfahrten machte. Nach meiner Ausbildung zum Landwirt habe ich an verschiedenen Orten gearbeitet, bevor ich 1993 für zwei Jahre ins Ausland gereist bin. Nach 10 Jahren im Aussendienst arbeite ich heute in einer Maschinenbaufirma im Toggenburg im Verkauf Innendienst. Seit dem Frühjahr 2006 wohne ich in Ganterschwil in einem kleinen alten Haus im Grünen.

Im Waffenlauf konnte ich drei Kategoriensiege im Auszug verbuchen. Ich mache im Winter sehr gerne Skitouren. Auch schwinge ich mich gerne auf's Velo oder Mountain Bike. Laufen ist aber immer noch meine grösste Leidenschaft.

Alfred Kellenberger, Walzenhausen

Am 8.5.1936 bin ich in Walzenhausen, wo ich noch heute wohne, geboren. Auch die Primar- und Sekundarschule besuchte ich in diesem schönen Appenzellerdorf. Es folgte von 1954-1955 die landwirtschaftliche Schule in Rheineck und 1962 übernahm ich den Betrieb von meinem Vater. Im gleichen Jahr heiratete ich und die Ernte dieser Ehe waren 5 Kinder. Im Militär schaffte ich es zum Gefreiten. Seit 2001 bin ich Pensionär und jasse leidenschaftlich gerne. Zivile Läufe habe ich nur ganz wenige bestritten. Im Waffenlauf stand ich einmal auf dem Podest. Das war am Waffenlauf Le Locle–Neuenburg. Ab der Herbstsaison 1959 bis Ende 1960 war ich bei jedem Waffenlauf in den ersten 5 der Gesamtrangliste. Heute treibe ich keinen Sport mehr.

Erzählt uns doch, wie ihr seinerzeit zum Waffenlauf gekommen sind:

Alfred: Im Oktober 1957 bestritt ich den 1. WK. Da wurde ich animiert an den diversen Meisterschaften mitzumachen. Da ich dort der Stärkste war, meldete mich der Zugführer für den Frauenfelder an. Ohne Training erreichte ich als 52. im Auszug das Ziel.

Da dachte ich, mit etwas Training wäre noch mehr herauszuholen. Weil für meinen Vater die Arbeit wichtiger war als der Sport, konnte ich sehr wenig trainieren.

Ueli: In meinem ersten WK hat mir ein Schwinger gesagt, dass er an den Toggenburger Waffenlauf gehen würde, wenn noch einer mitkäme. Da ich erblich vorbelastet war, bin ich mitgegangen und hängen geblieben.

Ueli, wer waren deine ärgsten Gegner und welcher war dein liebster Waffenlauf?

Damals hatte man immer einen Burgdorfer als Gegner. Paul Gfeller, Peter, Otto und Christian Wüthrich, Werner Frutig, Urs Eilenberger … Am Toggenburger ist es mir am besten gelaufen.

Ueli, Du hast sehr viele grossartige Erfolge verbucht. Was war für dich am Wichtigsten, Härte, Training oder der Wille?
Damit man eine Leistung erzielen kann, braucht es den Willen und die Disziplin, regelmässige Trainings zu absolvieren.

Welches war dein grösster Erfolg in deiner ganzen sportlichen Karriere?
Der grösste Erfolg für mich war der Herbst 1991. Damals war ich an allen 6 Waffenläufen nie schlechter als Gesamtsechster. Im Auszug war ich an allen Läufen auf dem Podest.

Was ist es denn, was euch am Waffenlauf so faszinierte?
Ueli: Wir hatten ein angenehmes Klima untereinander. An den Waffenläufen kam mein Defizit in der Schnelligkeit nicht so zum Tragen.
Alfred: Die Kameradschaft und der ehrliche Sport ohne Geld.

Was blieb dir von all den vielen Waffenläufen, die Du liefst, am meisten in Erinnerung?
Ueli: Meinen ersten Sieg im Auszug am Toggenburger 1989 werde ich nie vergessen. Es kam für mich damals überraschend.
Alfred: Die damalige Begeisterung der Zuschauer, die zu Tausenden an der Strecke standen. Der Militärsport hatte damals in der Öffentlichkeit einen ganz anderen Stellenwert. In der Zeitung «Sport» waren die Berichte über den «Frauenfelder» und der «Altdorfer» jeweils auf der Titelseite anzutreffen. Und heute?

Alfred, was haben dir rückblickend all die Waffenläufe gebracht und würdest Du wieder Waffenläufer werden?
Ja. Der Sport hat mich erzogen: Der Wille sich durchzusetzen und zu kämpfen um das Ziel zu erreichen.

Dein Sohn Ueli war ebenfalls Spitzenwaffenläufer. Liegt es eventuell an der Walzenhauser Luft, dass Walzenhausen der Wohnort einiger Waffenläufer ist?
Vermutlich schon.

Als Kind gingen wir jeweils an den «Frauenfelder» Ueli Kellenberger go luege. Würdest Du wieder Waffenläufer werden?
Ich machte an und durch die Waffenläufe sehr viele schöne Erfahrungen. Ich würde es wieder gleich machen.

Wie sieht deine sportliche Betätigung heute aus? Wie viel Training absolvierst Du noch pro Woche?
Ueli: Die letzten Jahre habe ich «nur» noch ca. dreimal in der Woche trainiert.
Dieses Jahr hatte ich die 100 km von Biel als Ziel (leider musste ich aufgeben). So hatte ich dieses Jahr wieder Wochen mit über 100 Laufkilometern.

Gibt es ein Erlebnis welches Du im Zusammenhang mit den Waffenläufen hattest, welches Du in besonders guter Erinnerung behältst?
Ueli: In besonders guter Erinnerung behalte ich die Intervall-Trainings, die ich mit Franz Trüssel zusammen gemacht habe. Wir sind damals fast wie Zwillinge gelaufen. Gleiche Schrittlänge und gleiche Atemfrequenz.
Alfred: Ja. 1960 in Neuenburg. Als Kategoriensieger durfte ich ans Galadiner (7-Gang-Menu) mit allen ausländischen Militärattachés. Danach das erste Radiointerview.

Armin Portmann

Wer darf sich als Spitzenläufer im Waffenlauf bezeichnen?
Ich denke jedermann, der ein Waffenlauffeld mit 500, 800, 1200 oder heute noch 250 Mitkonkurrenten meistert. Demnach gibt es unzählige Spitzenwaffenläufer, wie dem «Goldenen Buch», der Auflistung aller Kategorien- und Tagessieger zu entnehmen ist.

Stellen wir einen dieser Spitzenläufer aus einer nicht typisch verrückten Waffenlaufregion der Schweiz vor: Den Deutschfreiburger Armin Portmann.

Armin wurde am 26. Mai 1944 geboren und ist in Heitenried/FR mit vielen Geschwistern aufgewachsen. Er war verheiratet und hat fünf Kinder. Gearbeitet hat er zuerst als Chauffeur und später als Chemiebetriebsangestellter.

Im November 1975 in Thun errang Armin den ersten Tagessieg. Danach wurde er für den Freiburger Sportpreis 1975 vorgeschlagen. Das von Herbert Ming, Sportjournalist der *Freiburger Nachrichten* im November 1975 mit ihm geführte Interview vermittelt einen Eindruck aus dieser Blütezeit des Waffenlaufs.

Wie kamen Sie zu Ihrer Sportart?
Nachdem ich beim Fussball nicht die volle sportliche Befriedigung fand, versuchte ich es eher zufällig und auf Anraten von Louis Kolly, der in dieser Sparte Erfolg hatte, mit Waffenlaufen. Auch Berichte am Fernsehen haben mich bewogen, es einmal zu versuchen.

Stossen Sie auf Schwierigkeiten bei der Ausübung Ihrer Sportart?
Seit ich meinen Beruf als Chauffeur aufgegeben habe und regelmässig arbeite, habe ich keine Schwierigkeiten mehr. Ich finde jetzt genügend Zeit zum Training.

Wie sieht Ihr Training aus?
Ich laufe pro Saison etwa 5000 km. Mein Trainingsgebiet befindet sich in den Wäldern

von Moncor bei Freiburg. Während ich im Dezember nur dreimal trainiere, steigere ich im Januar auf ein tägliches Pensum von rund 25 km. Ich streue auch Intervalltrainings ein. Während der Waffenlaufsaison ist am Samstag Ruhe vorgesehen. Im Sommer lege ich oft längere Strecken zurück mit Blick auf die Marathonläufe. Im Training verzichte ich meistens auf die Packung.

Woran erinnern Sie sich am liebsten – woran denken Sie lieber nicht?
Mein schönstes Souvenir ist der Sieg am Thuner Waffenlauf, den ich nicht erwartet habe. Schlechte Erinnerungen habe ich eigentlich nicht, sieht man von meinem Waffenlaufdebut in Reinach ab, wonach ich während einer Woche fürchterliche Fussschmerzen verspürte.

Welches sind Ihre Pläne und Ambitionen für die Zukunft?
Ich verfolge drei Ziele. Ich möchte wieder einen oder zwei Waffenläufe gewinnen, über 10'000 m eine Zeit unter 30 Minuten laufen und mich in den vordersten Rängen an der Marathonmeisterschaft in Riehen platzieren.

Welchen Tipp geben Sie einem jungen Sportler, der Ihrem Beispiel folgen möchte?
Junge Läufer müssen auf die Ratschläge der Älteren hören. Gerade im Waffenlauf gibt es viele kleine Details zu berücksichtigen, die nur ein erfahrener Wettkämpfer kennt und zu erklären vermag.

Haben Sie ein sportliches Vorbild?
Ich bewundere ganz allgemein Sportler, deren Sportart eine grosse physische Leistung verlangt.

Stellt sich für Sie das Problem des Amateurismus?
Wir sind wirkliche Amateure. Die Siegerpreise sind bescheiden und mein Arbeitspensum beläuft sich auf 45 Stunden.

Inwieweit berührt Sie die Tatsache, dass Sie einer der Kandidaten des Freiburger Sportverdienstpreises sind?
Ich hoffte einmal in der Kandidatengruppe zu sein. Ich bin glücklich über diese Wahl, sie befriedigt mich zutiefst.

14 Armin Portmann (anno 1989)

15 Frauenfeld 2005; Rolf Bürgi und Peter Ibig werden von Vater Andreas Bürgi betreut

Woraus setzt sich die Ausrüstung des Waffenläufers zusammen?
Es gibt heute Ordonnanzschuhe die sehr fein geschaffen sind und nicht mehr wiegen als andere Sportschuhe. Die Packung muss 7,5 kg schwer sein. In den Sack gehört zumindest das Gewehr. Ich trachte danach, die Rückenpartie mit Schaumgummi zu polstern, damit die Schläge beim Laufen nicht zu stark werden. Im Weiteren befestige ich den Sack mit einem Riemen am Körper.

Seither haben sich die Verhältnisse in allen Bereichen etwas verändert! Armin Portmann ist heute ein begeisterter Wanderer und Berggänger. Läufe oder gar Waffenläufe lassen seine Beschwerden nicht mehr zu. Er wohnt nun in Thun, dem Ort seines ersten Waffenlauf-Erfolgs.

Rolf Bürgi

Mein Name ist Rolf Bürgi. Geboren bin ich am 25. September 1983. Bis vor kurzem war ich in Gachnang TG wohnhaft. Neuestens lebe in der Thurgauer Hauptstadt Frauenfeld. Von Beruf bin ich Elektromechaniker. Im Militär bekleide ich den Rang eines Wachtmeisters. Zu meinen Hobbies gehören Geräteturnen, Waffenlauf, Inlineskating, Rad fahren, neuerdings der 4-Tage-Marsch Nijmegen/NL, Militär, Triathlon, Geräteturnen und Standardgewehrschiessen beim SG Gachnang.

14

Bisher habe ich 23 offizielle Waffenläufe bestritten. Zusammen mit den inoffiziellen sind es jedoch 27. Inoffiziell deshalb, weil ich die RS noch nicht absolviert habe, als ich mit den Waffenläufen begann. Das war früher notwendig. So startete ich jeweils unter dem Namen eines älteren Kollegen. Trotzdem holte ich mit 19 Jahren ohne RS mein erstes M20-Diplom.

Zu meinen grössten Erfolgen im Waffenlauf gehören sicherlich das Diplom in der Kategorie M20 (2003) und meine beiden 4. Ränge beim Neuenburger und Frauenfelder (beide 2005).

Meine sportlichen «Meilensteine»
1990: Beginn Kunstturnen
1997: Erster Frauenfelder Juniorenlauf. Habe deren 5 absolviert.
2002: Habe mit dem Turnen aufgehört und mit Triathlon angefangen. Im Herbst habe ich unter einem Decknamen meine ersten 4 Waffenläufe bestritten. Im Triathlon konnte ich meinen ersten Sieg beim Schaffhauser Triathlon realisieren (Langdistanz Junioren).
2003: Zweiter Sieg am Schaffhauser Triathlon. Rang 17 bei der Duathlon Age Group WM. Bei meiner ersten Waffenlaufsaison holte ich das Diplom in der M20.
2004: 4. Rang Triathlon Age Group EM. Rang 3 Triathlon Thurgauermeisterschaft.
2005: 2. Rang Militär-Triathlonmeisterschaft olympische Distanz. 7. Rang Triathlon VW Cirquite.
4. Rang Frauenfelder Waffenlauf M20

2006: Ich habe mit dem Leistungssport Triathlon aufgehört und fing wieder an mit Geräteturnen.

Erzähl uns von deinem schönsten Erlebnis an einem Waffenlauf:
Frauenfelder Waffenlauf 2005: Den ganzen Herbst konnte ich nicht trainieren, da ich seit August im Militär am Abverdienen in der UOS war. Die Herbstläufe liefen durchs Band nicht sehr gut. Am Samstag vor dem Frauenfelder meinte meine Mutter, ich solle den Lauf nicht absolvieren, da ich sehr kaputt aussah. Am Abend musste ich dann doch noch in den Ausgang.

Das Rennen lief hervorragend. Bis Km 25 konnte ich mit Peter Ibig laufen. Dann zog ich mein Tempo ein bisschen an und Peter fiel weg. Von Serge Welna bekam ich die Info, dass ich eine Minute hinter Stefan Rechsteiner sei. Also eine Minute hinter Platz 3. Vor Lommis hatte ich dann Stefan tatsächlich eingeholt. Dann bekam ich plötzlich Mühe. Ich musste aufpassen, dass ich keine Krämpfe bekam. Mein Lachen auf dem Gesicht war weg. Jetzt musste ich beissen.

Die Aufstiege waren hart, meine Beine schwer und ich dachte immer, jetzt müsste dann Stefan kommen. Bis einen Kilometer vor dem Ziel ging es gut und dann geschah es! Wie ein Schnellzug raste ein M20-er an mir vorbei. Es war Dominik Schlumpf! Die Kraft mitzugehen hatte ich nicht mehr. Ich habe mich so für Dominik gefreut. Ich wusste, dass sein Traum in Erfüllung gegangen war. Ich versuchte mein Tempo bis ins Ziel zu halten. Im Ziel haben wir uns umarmt und uns gegenseitig mit Tränen in den Augen gefreut. Ich war mit dem 4. Rang mehr als zufrieden und freute mich sehr für Dominik. 21 Sekunden ist nicht wirklich viel. Doch ich habe den Kampf für den Frauenfelder 2006 schon angekündigt.

Absolvierst Du dein Training allein oder in einer Gruppe?
Meisten allein. Seit ich in diesem Jahr mit dem Leistungssport aufgehört habe, versuche ich vermehrt mit Kollegen/Innen mein Training zu absolvieren. Das macht viel mehr Spass.

Muss ein Waffenläufer bereit sein, «Übermenschliches» zu leisten?
Auf keinen Fall. Er muss nur Spass am Laufsport haben und gesellig sein. Die 6,2 kg schwere Packung ist nur noch Nebensache. Jeder AdA hat in der RS oder WK mehr Gepäck auf Mann.

Wie sieht dein Trainingsprogramm aus in der Vorbereitungs- und Wettkampfphase?
Bis jetzt habe ich die Waffenläufe immer als Vorbereitung für die Triathlonwettkämpfe gebraucht. Da habe ich einen Tag vor dem Lauf noch sehr viel trainiert. Im Herbst waren die Läufe Ausklang der Saison. Im letzten Jahr waren es noch 20 Trainingsstunden. Heute sind es weniger.

Wie gestaltet sich dein Menüplan vor einem Lauf?
Wichtig für mich ist nur, vielseitig zu essen, Ernährungspyramide. So ist man auf dem richtigen Weg. Speziell auf einen Wettkampf habe ich weniger Gemüse und Früchte gegessen, dafür etwas mehr Kohlenhydrate.

Wie viele Wochen vor dem Frauenfelder Waffenlauf mit der Marathondistanz finden diejenigen Trainingswochen statt, in denen Du am meisten läufst?
Seit zwei Jahren habe ich nicht mehr auf den Frauenfelder hin trainiert. Ich war immer vom Juli bis Dezember im Militär. Trotzdem konnte ich die Marathonstrecke in 3:19 Std. laufen.

Gehört regelmässiges Krafttraining zu deinem Trainingsprogramm?
Unbedingt, das ist sehr wichtig. Der Körper muss überall gestärkt werden, nicht nur die Beine.

Welche Art von Krafttraining betreibst Du (im Kraftraum an Maschinen, Zuhause, Hanteltraining)?
Seit diesem Jahr habe ich wieder mit Geräteturnen angefangen. Das ist ein Ganzkörper-Krafttraining. Das betreibe ich 2-3 Mal in der Woche, das sind etwa 8-10 Stunden.

Hast Du dich beim Laufen schon einmal verletzt oder sind körperliche Beschwerden aufgetreten?
Meinen ersten Frauenfelder bin ich mit einer Leistenzerrung gelaufen, die ich am Krienser Waffenlauf eingefangen habe. Danach bin ich eine Woche an Stöcken gehumpelt.

Wie hast Du darauf reagiert und wie lange hat die Genesung gedauert?
Die ganze Genesung dauerte 2-3 Monate, bis ich wieder richtig laufen konnte. Dafür bin ich im Winter sehr viel Rad gefahren.

Hast Du keine Bedenken, gesundheitliche Schäden vom Waffenlauf zu bekommen?
Nein. Der Wettkampf ist sicher nicht so gesund mit dem Zusatzgepäck. Dafür das Training und wer gut trainiert ist, kann auch die Strapazen am Wettkampf schnell verdauen.

Wie bist Du zum Waffenlauf gekommen?
Waffenlauf hat mich schon als kleiner Junge fasziniert, weil mein Vater schon gelaufen ist. Als Jugendlicher habe ich 5 Mal den Frauenfelder Juniorenlauf absolviert. Da will man sicher ein Mal im Leben auch die lange Strecke laufen. Ein richtiger Thurgauer Füsilier hat den Frauenfelder einmal absolviert! :-)

Was hielt respektive hält dich so lange Zeit am Waffenlauf-Sport?
Es ist ein Stückchen Militärkultur, das zu Ende geht. Es ist eine tolle Stimmung unter den Läufern. Wir sind eine Familie. Und wenn ich den Zweikampf verliere, freue ich mich für den Kameraden. Ich würde auf jeden Fall wieder Waffenläufer werden! So lange es noch Waffenläufe gibt bin ich mit dabei!

Welcher Waffenlauf war dein Lieblingslauf?
Was für eine Frage, natürlich der Frauenfelder!

Wer ist dein sportliches und menschliches Vorbild?
Eigentlich gehören alle Waffenläufer zu meinen Vorbildern. Jeder, der einen Waffenlauf absolviert, ist ein Sieger.

Wer waren deine Angstgegner?
Dominik Schlumpf wird sicher im 2006 beim Frauenfelder mein härtester Konkurrent sein.

Mit Urs Bernhard kämpfte ich im 2005 um das Diplom, leider war ich der Verlierer.

Woran denkt ein Waffenläufer während eines Wettkampfs?
Ans Ziel, Bier und Frauen... Nein, Spass beiseite. Es kommt immer darauf an, wie man sich fühlt. Aber an verschiedene Dinge.

Wie ist die Kameradschaft ausserhalb eines Waffenlaufs?
Bei uns im Run Fit Thurgau sind wir ein tolles Grüppchen von M20-ern. Da sind wirklich tolle Freundschaften entstanden.

Welches sind deine Laufziele für die nächste Saison?
Der Frauenfelder. Er ist immer mein Ziel.

Urs Maurer
Im Gespräch mit dem dipl. Homöopathen, Oblt Urs Maurer aus Oberägeri

Urs Maurer, schildere uns bitte in Stichworten deinen Lebenslauf.
- Lehre als FEAM (Elektroniker)
- Fliegerische Vorschulung Fallschirmgrenadier
- RS, UOS, OS und Lt in Isone Inf Grenadier
- 8 Jahre Kantonspolizei Zürich
- 3 Jahre Studium zum Heilpraktiker, München
- 2 Jahre Studium zum klassischen Homöopathen
- seit 1991 klassischer Homöopath mit eigener Praxis in Baar/ZG
- Buchautor und Verleger: «Klassische Homöopathie verstehen» + «Homöopathische Selbstbehandlung in Akutfällen».
- Mitbegründer «Schule für klassische Homöopathie Zürich»

Man kennt dich, nicht nur weil Du stets ein Lachen auf dem Gesicht hast. Wie viele Waffenläufe hast Du bereits bestritten und wie oft standest Du schon auf dem Podest?
Ja, das sind 206 Waffenläufe. Meinen ersten und bisher einzigen Podestplatz erreichte ich an meinem Jubiläumslauf. Am «Frauenfelder» 2005 lief ich bei meinem 200. Lauf auf den 3. Rang in der Kategorie M50. Das war eine grosse Überraschung und eine riesige Freude!

Grossartig! Welches sind denn deine grössten Erfolge, welche dir spontan in den Sinn kommen?
- Jiu Jitsu 3. Dan
- Waffenlauf: Diverse Kategorien-Top-Ten-Plätze, Frauenfeld 5. im Auszug in 3.00.37
- Waffenlauf-Schweizermeisterschaft M50: 10. Schlussrang
- Frauenfeld: Persönliche Bestleitung = 2.55.18
- diverse Tagessiege an militärischen und zivilen Dreikämpfen
- 3. Rang Schweizermeisterschaft im militärischen Dreikampf
- 20 x Burgdorfer 60 km – 3. Rang Elite 1986
- 3 x Swiss Alpine Davos, 78 km
- 5 x 100 km Biel: Persönliche Bestleitung 8.04; 1. Rang 100 km Offiziersschule
- 24-Stunden-Lauf: 205 km, 6. Gesamtrang und bester Schweizer
- 6-Tage-Lauf New York 2004, 530 km, 5. Gesamtrang

Bleibt da noch Platz für weitere Hobbies? Wenn ja, für welche?
Nebst dem Waffenlauf Ultraläufe (100km-Lauf, 24h-Lauf usw.), Pistolenschiessen; daneben bin auch noch Homöopathie-Buchautor.

Urs Maurer, erzähle uns doch, wie Du seinerzeit zum Waffenlauf gekommen bist!
1975 absolvierte ich den Korporal in der Gren RS in Isone. Ich war im Sportlerzug der Schule und es war eine «Pflicht», freiwillig an den «Zürcher» zu gehen. Nun, wir harten Grenadiere kamen ans Ziel, sahen aber alt aus. Der Rücken und die Füsse waren zerschunden. Vier Jahre später wurde ich von Kollegen bei der Kantonspolizei Zürich zu den Waffenläufen motiviert. Im Herbst 1979 ging es dann mit dem Toggenburger los und so blieb ich diesem herrlichen und faszinierenden Sport bis heute treu.

Was ist es denn, was dich bis heute am Waffenlauf so fasziniert?
Das Faszinierende ist die Kameradschaft wie auch der Stellenwert des Waffenlaufs. Der Bekanntheitsgrad ist einmalig. Mit der Jahresmeisterschaft, einer Frühjahrs- und einer Herbstsaison trifft man sich regelmässig und kann sich messen. Die Waffenläufer und deren Betreuer sind wie eine Grossfamilie. Man kennt sich. In welchen Rängen man sich über all die Jahre auch bewegte, man lernte immer wieder neue Kameraden kennen. Erstaunlich war für mich immer wieder, wie «Kontrahenten» meine Resultate besser kannten als ich. Auch Nichtsportler interessierten sich für den Waffenlauf. Auf die Frage: «Betreiben Sie auch etwas Sport?» «Ja, Waffenlauf», kam postwendend die Antwort: «Ist ja super, da gab's doch einen...» und schon werden die Grössen des Waffenlaufsports durchgenommen. Es erstaunt mich immer wieder, wie Nichtsportler den Waffenlauf kennen.

Was blieb dir von all den vielen Waffenläufen, die Du liefst, am meisten in Erinnerung?
Das war der Frauenfelder 1989, als ich in 2 Stunden und 55 Minuten ins Ziel lief. Es war, als hätte ich Flügel gehabt. Ich glaube, da hatte ich literweise Endorphine ausgeschüttet. Dann der Zieleinlauf. Nicht zu beschreiben. Doch das grösste Highlight war im letzten Jahr der «Frauenfelder». Seit über 20 Jahren träumte ich von einem Podestplatz. Mir war bewusst, wenn dies einmal gelingen würde, dann nur am Frauenfelder, waren doch die Langdistanzen mein Zuhause. Bereits am Thuner ein 7. Kategorienrang, da wusste ich, die Form stimmt. Dann der Tag X. Es war der 200. Lauf. Bereits nach dem ersten Kilometer war mir bewusst, dass ich sehr weit vorne lag. Beim 4. km der «Schock» an 3. Stelle zu sein. Puh, wenn das nur gut geht. Mein alter Waffenlauffreund Urs Klingenfuss übernahm die Rolle des Betreuers, beruhigte mich, gab Zwischenresultate durch usw. Es war ein perfektes Zusammenspiel. Dann der Zieleinlauf. Am 200. Lauf ein

3. Rang in der M50. Welch ein Glücksgefühl. Und bereits war Klingi am Fotografieren. Ein riesiger Dank an ihn. Ohne ihn hätte ich es nie auf's Podest geschafft.

Was haben dir rückblickend die Waffenläufe gebracht?
Eine grosse Kameradschaft und den Willen, in knapp 30 Jahren fast täglich zu trainieren und auch in langen verletzungsbedingten Pausen nie daran gezweifelt zu haben, wieder laufen zu können. Ich habe dem Waffenlauf sehr viel zu verdanken. Meine ersten Wettkämpfe waren die Waffenläufe, dann habe ich mich an den 60-er von Burgdorf und den 100-er von Biel gewagt und später an den 24-Stunden- und 6-Tage-Lauf.

... die Gedanken sind frei ...
In die Frühjahrssaison 1994 war ich wieder mal schlecht gestartet und der «Zürcher» war ein Schuss hinten raus. Enttäuscht fuhr ich nach dem Lauf nach Schlieren und besuchte einen alten Kumpel, Mitorganisator des 24-h-Laufes von Basel. «Hoi Urs, Du hast dich noch nicht angemeldet». «Keine Ahnung, was Du meinst». Ich wusste schon, was er dachte. «Am kommenden Samstag ist doch der 24-h-Lauf. Wie ist die Form?». «Frage lieber nicht, bin gerade Mist gelaufen.» ... «Ach, ist doch eine lockere Sache», und lachend sagte er: «Sei kein Weichei. Liegt nur an der Einstellung, 24h werden im Kopf gelaufen». «Geht nicht, ich fühle mich nicht in Form.» Zuhause gingen mir seine Worte durch den Kopf. «Also, ich will doch kein Weichei sein», stieg in den Wagen und fuhr zurück. «So, hast Du es dir anders überlegt, habe ich mir schon gedacht.» Was die alles wissen! «Hier, über 12h ist genug für dich». «Also wenn ich schon nach Basel komme, dann über 24h. Gib die Anmeldung her.» Nun, so kam ich zu meinem 24h-Lauf. Keine Betreuung, keine Vorbereitung, wenn das nur gut geht. Eine Stunde vor dem Start kam ich ins Startgelände. «He, beeile dich, in 10 Minuten ist Einlauf der Nationen mit Gruppenfotos.» Um die 130 Läufer aus 17 Nationen waren am Start. Und schon ging's los. In gemütlichem Tempo liefen wir in der St. Jakobs-Anlage in Muttenz unsere 1 Meilen Runde. Die meisten kannten sich und erzählten von ihren Heldentaten. Spartathlon über 270 km, Mehrtagesläufe, Bestzeiten von 24 und 48h-Läufen. Mir wurde es langsam angst und bange. Anscheinend war ich zu weit vorne. «Dich kennen wir nicht, welche Bestzeit hast Du über 24h usw.» «Keine, ich bin Waffenläufer». Erkläre mal einem Ausländer, was Waffenlauf ist. So kämpfte ich mich durch die Nacht, lag nach 100 km bereits auf Rang 8. Also 100 km kenne ich, was darüber liegt, mal schauen. Und so strichen die Stunden dahin. Die «Sprücheklopfer» aus den ersten Stunden schwiegen, drehten ihre Runden und lagen hinter mir. In meinen Gedanken fixierte ich mich auf 200 km. Diese Schallmauer zu knacken wäre das Grösste. Mit 205 km und einem 6. Gesamtrang war dann die «Heldentat» vollbracht.

Mit 49 Jahren hatte ich wieder mal eine Idee. Also zum 40. hast Du dir den 24h-Lauf geschenkt, mit 50 könnte ich mir einen lang ersehnten Wunsch erfüllen. Ein 6-Tage-Lauf. Rundkurs 1 Meile, 6 Tage lang laufen, was das Zeug hält. Wie es so ist, tausend Gründe, weshalb man jedes Jahr den Plan nicht durchzieht. Ende Januar 2004 besuchte ich wieder den alten Kumpel von damals, der mich zum 24h-Lauf «motivierte». «Kommst Du im Mai auch nach New York, 6 Tage sind angesagt, ein Kollege von mir läuft auch.» «Ach ich weiss nicht, meine Form, seit Dezember bin ich angeschlagen, habe glaube ich Rheuma.» «Kein Problem, laufe langsamer, trainiere das Doppelte und Du wirst keine Schmerzen mehr haben. Ist alles im Kopf.» Den Spruch kannte ich ja bereits. «Hast Du einen Trainingsplan? Ja, mein Kollege hat nach diesem Plan trainiert und hat über 700 Meilen gewonnen.» «Her mit dem Plan und wo kann ich mich anmelden?» «Tja, das ist so eine Sache, die nehmen nur Läufer, die sich über 24h oder länger qualifiziert haben.» Meine 2:55 in Frauenfeld interessierte in den USA niemanden, nun dann müssen halt die 8:03 von Biel über 100 km, die 205 km aus dem 1994 und noch einige «Swiss Alpines» herhalten. Und meine Anmeldung wurde angenommen. Wie sah nun der Trainingsplan aus: 1. Woche 40 Meilen (64 km), 2. Woche 70 Meilen (112 km), 3. Woche 60 Meilen (96 km), 4. Woche 110 Meilen (180 km), (60 km Mo–Fr + 120 km Sa–So). Ich hatte 3 Monate Vorbereitungszeit und die sollten reichen. Mein Kumpel sollte recht behalten, kaum eine Woche langsam gelaufen, mit den Gedanken täglich beim 6-Tage-Lauf und die Schmerzen verschwanden. Das Laufen war reinste Meditation.

Meine Frau kümmerte sich um die Details und ich konnte trainieren. Sie setzte sich intensiv mit der Ultra-Lauf-Ernährung auseinander. Da ich Vegetarier bin und auch keine Milch, Milchprodukte und Eier esse, achteten wir bereits in der Trainingsphase besonders auf eiweissreiche Ernährung. Bei einer solch lang andauernden Leistung ist es sehr wichtig, genügend Eiweisse für den Muskelaufbau zuzuführen. Auf den Speiseplan setzten wir vermehrt Hülsenfrüchte (Linsen, Kichererbsen), gebratenen und marinierten Tofu sowie Cornatura. Den zusätzlichen Bedarf an Fett ergänzten wir vor allem mit Avocados, Oliven, Olivenöl und Nüssen. Die Kohlenhydrate wurden durch unsere gewohnte Ernährung (vegetarische Vollwerternährung) bestens abgedeckt.

Mit 6 Paar Laufschuhen, einem Zelt und viel Verpflegung landeten wir dann im Mai in New York. Nun ging es endlich los. Knapp 60 Läufer aus der ganzen Welt waren während 6 Tagen auf dem Meilenkurs unterwegs. Wir planten den Wettkampf wie folgt einzuteilen: 3 Stunden laufen, 15 Minuten Pause, 3 Stunden laufen usw. Ab 01.00 Uhr 4 h Schlaf.

Den 1. Tag schloss ich mit 140 km ab. Am 2. Tag kam Sturm auf. Wir litten alle unter der Nässe und Kälte. Abends war ich derart unterkühlt, dass ich mich im Sanitätszelt aufwärmen musste. Nach 2 Stunden war ich aufgetaut und meine Frau schickte mich wieder auf die Piste. Am 2. Tag hatte ich 232 km auf meinem Konto. Nun kam ein neues Problem, heiss gelaufene Füsse. Wir mussten Zwangspausen einlegen und die Füsse runterkühlen. Gel's taugten nichts und die erfahrenen Ultras bevorzugten Aloe vera. Die Nachbarin gab uns ein Stück von dieser Kakteenart und im Taschenlampenlicht stieg heisser Dampf von den Füssen auf. Am 3. Tag hatte ich 326 km hinter mir und konnte immer noch mit den Cracks mithalten. Nun zeigten sich immer mehr Ermüdungserscheinungen und der Schlafmangel wurde deutlich spürbar. Wieder ein Kälteeinbruch und Dauerregen. New York liegt auf demselben Breitengrad wie Rom und wir hatten in der Nacht bloss 4 Grad.

16 Bei seinem 200. Waffenlauf im Jahr 2005 reichte es Urs Maurer (links) zum ersten Mal auf das Podest der Kategorie M50. Mit ihm standen Stephan Obertüfer und Rolf Gyr auf dem begehrten «Frauenfelder»-Podest

17 Alois Oberlin wurde anlässlich des «Absendens» 2003 für seine 14-jährige Vorstandstätigkeit geehrt

Am 4. Tag 418 km. Weiterhin Sturm, wir mussten mehr Pausen einlegen. Trotzdem konnte ich den 5. Tag mit knapp 500 km beenden. Kaum zu glauben, der letzte Wettkampftag und endlich schönes Wetter. Ich liebe Hitzeläufe! Wirklich. Oft sagten meine Waffenlaufkumpels an einem Föhn- oder Hitzetag, «Es ist wieder mal Urs-Wetter». Der letzte Wettkampftag war leider ein Leidenstag. Bereits am 4. und 5. Tag hatte ich ein komisches Gefühl im linken Fuss und Schienbein. Dann am 6. Tag war es geschehen. Es breitete sich eine Knochenhautentzündung aus. Eine alt bekannte Verletzung in der Ultraszene. Einer sagte zu mir: «Wenn Du noch nie einen Shin Splint (mediales Schienbeinkantensyndrom) gehabt hast, bist du kein richtiger Ultraläufer.» Nützte mir wenig, ich musste da durch. Waffenläufer sind ja harte Kerle und sind sich einiges gewohnt. So konnte ich meinen Rang bis zum Schluss verteidigen. Ich war ja nicht der einzige, der angeschlagen war. Mit meinem 5. Gesamtrang und 530 km war ich überglücklich.

(Siehe auch unter: www.run4fun.ch/berichte/urs_maurer/bericht.htm)

Alois Oberlin
Alois Oberlin – Im Dienste der Waffenläufer
Ein Mann, der den Waffenlauf mitgeprägt hat, ist der Toggenburger Alois Oberlin. In einem Zeitungsartikel wurde Alois Oberlin als die stille, gewissenhaft arbeitende Seele im Hintergrund des Waffenlaufs bezeichnet. Der Toggenburger duldet keine Halbheiten.

«Wenn ich etwas mache, dann nur richtig.» Er ist seit 1987 verantwortlich für die Datenführung der Waffenläufer. Zudem verwaltet er den in Waffenlaufkreisen beliebten Hunderterverein. Als Schriftführer überprüft er die Zahl der absolvierten Läufe und meldet die Jubiläumsläufer, welche 100, 150 und mehr Waffenläufe bestritten haben, den Waffenlauf-OKs. Selbst hat Oberlin nie Waffenläufe bestritten. «Ich machte an Divisions- und Armee-Meisterschaften mit.» Vor 31 Jahren begann er als Helfer beim Toggenburger Stafetten- und Waffenlauf. Er betätigte sich am HG-Stand und stellte dort die Treffsicherheit der Wettkämpfer mit der Hantel fest. Seit 1977 führte er das Sekretariat des Toggenburger Waffenlaufs bis hin zur Auflösung im Jahr 2003.

Anlässlich der Ehrung der besten Waffenläufer im Jahr 2003 in Winterthur wurde in einem feierlichen und stilvollen Rahmen Alois Oberlin verabschiedet. Nach 14-jähriger verdienstvoller Vorstandsarbeit als Statistiker, Datenverwalter und Betreuer des Hundertervereins verlässt Alois Oberlin die IGWS.

Mit Alois Oberlin verschwand ein Stück Waffenlaufgeschichte. Gleichbedeutend mit ihm scheint auch sein Lebenswerk, der Waffenlauf, immer mehr Geschichte zu werden.

Alois Oberlin kennt praktisch alle Waffenläufer – zumindest dem Namen und dem Wohnort nach. Viele der Läufer, über die er Daten führte, habe er nie zu Gesicht bekommen. Aber Alois Oberlin hat sich bei den Waffenläufern einen hohen Respekt erworben.

Im folgenden Gespräch kommen interessante und erwähnenswerte Episoden und Hintergrundinformationen zum Vorschein. Weiss der Läufer beispielsweise, welcher Aufwand für die Erstellung einer Rangliste dahintersteckt?

Alois Oberlin, wie kam es, dass der «Toggenburger» ein offizieller Waffenlauf wurde?
Seit 1967 war der Toggenburger im Waffenlaufkalender fixiert, die ersten 10 Jahre wurde parallel dazu noch der seit 1936 polysportive Stafettenlauf gestartet.

Mit jedem Jahr stieg die Zahl der Waffenlaufteilnehmer, der Ruf zur Aufnahme in die damalige IGMS lauter. Das OK unternahm alles um die Zufriedenheit der Aktiven zu fördern und damit den mindest vorgegebenen Standard der übrigen Veranstalter zu erreichen. Mit der Beteiligung von Spitzenläufern wie Florian Züger und Albrecht Moser erreichte der Auftaktslauf zur jeweiligen neuen Saison immer mehr Präsenz im Wettkampfkalender. Eine lancierte Unterschriftensammlung sollte unserem Gesuch um Aufnahme in die Schweizer Meisterschaft zusätzliches Gewicht geben.

1979 stellte das OK unter Lt Langenegger ein erstes Gesuch an den Vorstand der IGMS. Mit fadenscheinigen Argumenten wurde versucht, die vom EMD zugesprochene Subvention nur durch neun teilen zu müssen. Die Streckenkürze von knapp 17 Kilometern wurde als Sprinterlauf und damit nicht waffenlaufwürdig betrachtet, die nach dem Start abfallende Strecke, der Verkehrsteiler nach dem Start und schlussendlich die 120-Grad-Kurve in Richtung Bahnhof als weitere offizielle Gründe für die Ablehnung des Gesuchs genannt.

Das Gesuch wurde also abgelehnt.
Wie ging es dann weiter?

Zwei Jahre später wurde ein neuerliches Gesuch gestartet. Unterdessen war auch der Zielraum in die Hauptgasse verlegt worden. Ich erinnere mich genau an den vorbereitenden Weg, der mit der detaillierten Vorstellung der Laufanlage vor versammeltem IGMS-Vorstand begann. Es war in Zürich an der Rämistrasse im Lokal eines aktiven Läufers oder Mitglieds des Vorstands der Zürcher Patrouilleure. Hansjörg Langenegger und ich warteten im Restaurant mehr als eine Stunde auf den Entscheid der im Hinterzimmer tagenden Runde, überhaupt auf unser Gesuch einzutreten! Eine wertvolle Viertelstunde ihrer Sitzungszeit wurde uns gewährt, um unsere Veranstaltung zu verkaufen. Die sachlichen Belange waren ja alle längst bekannt. Mit der Bemerkung über die nun im IGMS-Vorstand intern zu führende Meinungsbildung wurden wir verabschiedet.

Wir wussten nicht so recht, wie wir aufgenommen worden waren, fiel doch das nochmalige «Bittgesuch» nicht nur bittend, sondern eigentlich auch fordernd aus. Wie sollte es nun weitergehen, wie konnte man etwas Druck machen. Langenegger beauftragte mich, beim OK St. Gallen die Teilnahme als Gäste klar und deutlich anzumelden. Wie befohlen, so gemacht, wir mischten uns unter die Gäste beim Empfang im alterwürdigen Schlössli. Klar war unser Weg vordiskutiert worden und lief so ab. Wir hefteten uns an zwei alteingesessene Vorstandsmitglieder der IGMS, von denen wir die ablehnende, negative Haltung zu unserem Gesuch kannten. Nach einem guten Zmittag und etwas mehr als einem Glas Wein wurde die Meinung weich geklopft: Toggenburg gehört dazu! Auf den Heimweg machten wir uns mit einem wesentlich besseren Gefühl, als im Januar aus Zürich.

Anlässlich der DV am 21.11.1981 wurde dann unsere Aufnahme gutgeheissen. Am ersten Märzsonntag 1982 starteten erstmals mehr als 900 Läufer auf die leicht verlängerte Strecke von 19,7 km.

Für den Vorabend dieses grossen Tages wurden die OK-Präsidenten aller Waffenläufe und die Herren des IGMS-Vorstandes zu einer Begrüssung mit der Vorstellung des Toggenburger Waffenlaufs und einem anschliessenden Nachtessen im Hotel Löwen in Wattwil eingeladen. Für mich als ehemaliger, kleiner Wachtmeister waren da die vielen goldschweren, steifen Hüte in der Garderobe fast ein bisschen unheimlich. Ein ganzes «Rösslispiel» (dieser Ausdruck muss wohl militärisch nicht genauer definiert werden), war da wohl versammelt, viel Prominenz zum Auftakt einer neuen Zusammenarbeit.

Was war dein bleibendster Eindruck an diesem Abend?

Diesen Abend werde ich wohl nie vergessen, dies auch durch das nachfolgende Ereignis. Die gesprächige Runde diskutierte aufgeheitert, vielleicht der Jahreszeit entsprechend, es war Fasnacht. Im dekorierten Säli war die Wirtin persönlich im Service engagiert. Die Stimmung hatte sich längst auch auf sie übertragen, als dann beim Platzieren der Suppe das Unglück passierte. Direkt neben mir sass Oberst Hellmüller, ihm schüttete sie die ganze Suppe über seine Gala-Uniform. Sie entschuldigte sich für das Unheil, brachte einen nassen roten Lappen und rieb die Fleischbrühe vollends in den Stoff. Ich weiss nicht, ob mein Kopf oder der Reinigungslappen die stärkere rote Farbe hatten, war ich doch für die Reservation und das Essen damals zuständig. Hellmüller lachte und verstand sich so fast als Taufpate.

Es kamen später auch weitere Waffenläufe dazu ...

... zwei Jahre später wurde der Freiburger Waffenlauf ebenfalls in die Schweizer Meisterschaft aufgenommen, in den Neunzigerjahren folgte der Zwölfte im Bunde, der Churer oder Bündner Waffenlauf. Freiburg hatte ebenfalls zwei Anläufe zu nehmen um nach 6 erfolgreichen Läufen die IGWS-Krone zu erhalten. Chur blieb dies alles erspart. Während Freiburg bis ins Jahr 2002 25 Läufe durchführte, erlosch das Feuer im Bündner Hauptort bereits nach 3 Läufen.

Was machten die «Toggenburger» in der IGWS?

Jeder Veranstalter hatte ja einen Vertreter in diesen IGWS-Vorstand zu delegieren. Voller Stolz und Tatendrang übernahm Rolf Geiger für Toggenburg diese Funktion für einige Jahre. Bald einmal zeigten sich tiefe Spalten in der Art der damaligen Vorstandsarbeit zwischen der eigenen Organisation und der durch viele Seitenhiebe immer wieder an Ort tretenden schweizerischen Vereinigung, der die eigentliche Funktion des Dachverbandes in keiner Art und Weise eigen war. Bestens in Erinnerung bleiben da die Wochenend-Symposien im Naturfreundehaus am Herzberg, die Arbeitssitzungen über ganze Samstage und auch die in meine Zeit fallenden, nicht enden wollenden Geplänkel im Zugführerlokal des Bahnhofs Olten.

Welches waren deine Funktionen?

Mit meiner Funktion als Datenverwalter und HVW-Schriftführer hatte auch ich Einsitz in dieses Gremium genommen und zähle sicher 100 Sitzungen in meinem Repertoire. Schwierige, lange Diskussionen, an Ort tretende Traktanden zu Reglementen, Statuten, Streichresultaten, uninteressierte OK's mit seltener Präsenz, zu starke militärische Note und die überall und immer wieder fühlbare Besitzstand-Erhaltung sowohl bei den OK's, als auch bei den Aktiven konnten keine reifen Früchte bringen.

Wo lagen damals die Schwierigkeiten?

Musste in unserer Organisation beispielsweise eine Demission eines Delegierten entgegengenommen werden, war es äusserst schwierig, wieder einen kompetenten Mann nach Olten, Aarau, Sursee, Cham, Sihlbrugg oder Winterthur zu schicken. Ich muss dabei aber feststellen, dass mit zunehmender Zeit und vor allem unter der Leitung von Martin Erb wesentlich bessere Bedingungen zu greifen begannen, bei den einzelnen Veranstaltern hörte man aber die Alarmglocken viel zu spät oder wollte sie schlichtweg nicht für sich in Anspruch nehmen.

Was brachten dir deine Jahre in diesen Gremien?

Dreissig Jahre beim eigenen Veranstalter und rund 20 Jahre im Gremium der IGWS mitzuwirken, brachte viel Hintergrundinformation, die ich nicht missen möchte. Nun muss aber korrekterweise auch klar sein, dass sich die Zeiten geändert haben, eine Änderung die kaum durch die IGWS beeinflusst werden konnte, also eine Folge der Zeit ist, die durch die militärischen Umstrukturierungen noch massiv beschleunigt wurden.

Es gab sicherlich auch «heisse» Geschichten rund um den Toggenburger?

In der ersten Hälfte der 80-er-Jahre entstand gegen den Bau des Waffenplatzes Rothenthurm/SZ massiver Protest seitens der Landschaftsschützer. Im Speziellen ging es um die Verschandelung des Hochmoores.

Am Samstag vor dem «Toggenburger» erhielten wir Hinweise, dass anlässlich unseres Laufes Protestaktionen geplant seien, wobei keine genauen Angaben gemacht wurden. – Einmal mehr war mein OK-Präsident nur über das Telefon zu erreichen und war ob der Situation kaum zu beruhigen. Gespräche mit der örtlichen Polizei konnten keine Schutzlösungen aufzeigen, da ja zudem alles anonym eingegangen war. Schlussendlich bemühte ich die Regierung in St. Gallen, denn der Chef der Kantonspolizei konnte nur mit «Befehl» von oben etwas unternehmen. Es war Samstagnachmittag, ich hatte ja so nebenbei noch ein Geschäft, wir standen im Verkaufsbereich Ostern / Konfirmation, also starker Geschäftsgang und dann sollte an so einem freien Tag noch der oberste Boss der Regierung mobilisiert werden! Die Telefonleitungen glühten, von dort, von da, von überall wurde angerufen um sich um Neuigkeiten zu bemühen.

Am Samstagabend wurden dann in Lichtensteig Anzeichen für effektive Gewalt sichtbar, auf Schaufenster wurde mit Kleinkaliberwaffen geschossen. Welchen Zusammenhang diese Aktionen mit dem Aufstand gegen Rothenthurm hatten, ist noch heute unklar, aber sie bildeten eine neuerliche Verschärfung der Lage.

Die Regierung verstand unsere Bedenken, war ja der Landammann in Lichtensteig auch als Gast gemeldet. Am Sonntagmorgen traf ein Polizeiaufgebot im Felsenstädtchen ein, ganz diskret. Unsererseits bestand die Angst, der Ablauf des Wettkampfes könnte durch umgelegte Bäume usw. behelligt werden, oder durch eine protestierende Gruppe. Unser Vorausfahrzeug wurde nun mit vier Polizisten in Zivil besetzt, in einem Warteraum standen weitere, diesmal uniformierte Polizisten abrufbereit.

Der Lauf verlief dann aber absolut störungsfrei in ganz gewohnter Wettkampfatmosphäre, es passierte nichts, die Läufer erfuhren erst im Nachhinein von unseren Vorkehrungen.

Gab es nicht einmal ein Grossfeuer vor einem Lauf in Lichtensteig …?

Man schrieb Samstag, den 29. Februar 1984. Wieder einmal hallte Feueralarm durchs halbe Toggenburg: Lichtensteig brennt! Schon Jahre früher war es einmal das bekannte Café Huber, das andere Mal das Hotel Krone. Kirchturmhohe Rauchwolken stiegen direkt über dem alten Stadtkern auf. Ein Grossfeuer liess den ganzen Verkehr im Toggenburg erstarren. Die Wiler Feuerwehr musste zusätzlich um Hilfe gebeten werden, Lichtensteig wurde komplett abgeriegelt, grossräumige Umleitungen liessen nichts Gutes erahnen.

In der Hauptgasse waren aus bis heute nicht ganz geklärten Gründen drei aneinander gebaute Liegenschaften von einem Grossfeuer betroffen. Nur mit grosser Mühe gelang es schlussendlich, eine weitere Ausdehnung des Feuers zu verhindern. Der entstandene Schaden ging in die Millionen.

Bis zum Montag waren die Brandruinen soweit gesichert, dass eine teilweise Öffnung der Strassen wieder möglich wurde. Der Anblick im Städtli war richtig brutal, die halbe Hauptgasse nicht mehr passierbar und dies nur wenige Tage vor unserer Grossveranstaltung, dem Toggenburger Waffenlauf mit erwarteten 1000 Teilnehmern.

Grosse Anstrengungen seitens der Feuerwehren und der zugezogenen Bauunternehmen, aber auch der zufällig in Lichtensteig im WK stehenden Truppen machten das Wunder möglich, einzig die Startlinie musste einige Meter nach unten verlegt werden, was für die Zukunft sogar zum Vorteil wurde.

Unsere Veranstaltung zählte kaum einmal so viele Zuschauer, klar waren sie nicht alle des Waffenlaufsports wegen in Lichtensteig: Schaulustige gab es mehr als genug.

Gab es in deiner Zeit auch Disqualifikationen?

Zwei Läufer, die unserem Sport nur Schande brachten, später auch am «Freiburger» zusätzlich negativ auffielen, waren bereits bei uns straffällig und klar disqualifiziert worden.

Bereits bei der Startnummernausgabe, die zu dieser Zeit noch durch Stoffnummern realisiert wurde, betörte der Alkoholgeschmack den letzten, bereits nach der offiziellen Zeit eingetroffenen Abholer. Mit seinem Kumpanen bestritt er die erste Schlaufe des Laufes bis zum Bahnhöfli in Lichtensteig. Statt der restlichen 14 Kilometer über Krinau wurde wohl pro Kilometer je ein grosses Bier gekippt um dann aber ganz genau auf Zielschluss auf direktem Weg doch noch den Zielschluss zu schaffen.

Die Abkürzung der Strecke fiel erst durch Zufall auf. Einer unserer Streckenhelfer sah die beiden im Restaurant, glaubte an eine «Aufgabe», war aber durch den minutiös geplanten Rückmarsch überrascht. Der Tipp genügte, die Abklärungen waren klar, die Disqualifikation unumgänglich.

In Lichtensteig traf es oft zu, dass Waffenlauf und Fasnachtsumzug am gleichen Tag stattfanden. Dass aber unser Personalchef auch als Präsident des Verkehrsvereins diesen Umzug anführen musste, hatte zusätzliche Tücken.

Rolf staunte diesmal nicht schlecht, als er feststellte, dass unter den Masken auch die zwei «Besoffenen» wackelten, maskiert mit dem erst neu ausgegebenen TAZ 83. Es folgten auch bei uns intern scharfe Nachkontrollen, wieso diese beiden noch solche TAZ auf sich hatten. Die Lösung lag in einer Beschaffung im Jahr zuvor, als an mehreren Orten bei verschiedenen Läufern diese Utensilien «ausgeliehen» wurden.

Die anschliessenden Folgen für die beiden Aargauer war der Bann auf Lebenszeit gegen eine Beteiligung an jeder weiteren militärischen Veranstaltung.

So gelang sicherlich auch einmal der «Einzug» in eine Fasnachtszeitung?
Bis in die Neunzigerjahre wurden die für den Wettkampf benötigten Fahrzeuge durch das OK im AMP, genau so wie das übrige militärische Material beim Zeughaus bestellt. Mit dem privaten Ausweis und einer eventuellen grauen Karte war jeder, dem OK angehörende Helfer berechtigt, ein solches Fahrzeug zu überführen.

Meistens mussten 4–8 Pinzgauer und 3–4 VW-Busse gefasst werden. An einem Freitagnachmittag so viele Private zu finden, war gar nicht einfach. Meist musste die doch ansehnliche Menge Fahrzeuge in zwei Schüben abgeholt werden. Zu diesem Zweck wurden die Fahrzeuge miteinander gefasst (17.00 Uhr war Schluss im AMP), auf dem Parkplatz davor teils abgestellt und eben im Laufe des Abends dann in Schüben abgeholt.

Am Sonntagnachmittag, wenn das Wettkampffieber ausklang, kam da der eine und andere Helfer zu einem kurzen oder etwas grösseren Schluck in die Beiz. Dort sollte man sich treffen, um vielleicht noch anstehende Arbeit zu fassen. Nicht immer war dies aber der gültige Grund, daher wurden die Fahrzeuge «getarnt» parkiert um nicht von aussen den Eindruck der Arbeitssuche vorzugeben.

Leider gab es schon zu dieser Zeit Missbräuche beim Alkohol, was natürlich den Feierabend erzwang. In diesem Zeitpunkt wusste meist nur der Tagesfahrer, wo sein Fahrzeug abgestellt war. Nun, bereits am späteren Nachmittag wurde damit begonnen, die restlichen Fahrzeuge wieder nach Bronschhofen zu überführen, was eigentlich am Sonntagabend mit lauter alkoholfreien Fahrern abgeschlossen war.

Am Montagmorgen fuhr diesmal der OK-Präsident persönlich, zusammen mit einem weiteren Helfer in den AMP zum Auftanken, Rapporte ausfüllen und um schlussendlich die Endabgabe einzuläuten.

In diesem Jahr lief alles bestens, einzig am Schluss fehlte ein ganzer VW-Bus! Die Hilfe der Polizei in Lichtensteig förderte dann ein gut getarntes Fahrzeug in unmittelbarer Zentrumsnähe ans Tageslicht.

Diese Angelegenheit war nun aber Grund genug, die Fasnachtszeitung des nächsten Jahres mit diesem Sujet zu vervollkommnen.

Der «Toggenburger» war berüchtigt, dass jeweils noch Schnee lag ...
... ja, es war Ende der Achtzigerjahre. Wieder einmal machte der Winter erst im Februar so richtig ernst. Während der ganzen ersten Märzwoche schneite es im Toggenburg ergiebig, so dass auf die Strecken- und Bauleute eine grosse Herausforderung wartete.

Nachdem dann die Rekruten, durch einen Übermittlungsfehler erst noch verspätet eintrafen, war bei Jürg der Pegel am Überlaufen. In der Mittagspause wurde nochmals überlegt und angekurbelt, man wollte ja eine Top-Strecke präsentieren, so wie man sich das von den Organisatoren am Toggenburger gewohnt war.

Am Nachmittag liessen die Schneefälle nach, man konnte es kaum glauben.

Es war nach 10 Uhr abends, als Jürg so ziemlich am Ende seiner Ausdauer zurückkam und voller Enthusiasmus eine sauber präparierte Strecke den noch Anwesenden aus dem OK melden konnte.

Wir hatten aber die Rechnung ohne den Wirt gemacht. Da wurden doch einfach die Servicekosten neu gerechnet und im Laufe der Nacht nochmals 30 cm Schnee dazugeliefert. Nun, es war nicht einfach. Im letzten Moment mussten wir uns dazu entschliessen, die Strecke ab Dietfurt ausnahmsweise auf der Strasse zur Steigrüthi zu führen. Selbst für den Rest der Strecke mussten nochmals alle Kräfte mobilisiert werden, doch um neun Uhr, also eine Stunde vor dem Start, war alles bereit. Die mehr als 900 Läufer dankten für die grosse Arbeit.

Was tat das OK Toggenburg gegen die sinkenden Teilnehmerzahlen?
Die sichtbar sinkenden Teilnehmerzahlen in den Neunzigerjahren waren für das OK Toggenburg Signal für eine Neuausrichtung. Die Trendsportart Duathlon wollten wir auch militärisch nutzen.

Die Organisation bot einige Schwierigkeiten, musste doch eine Streckenführung gefunden werden, die Lauf- und Radstrecken zuliess und trotzdem den parallel geführten Waffenlauf nicht stören sollte. Im Weiteren musste dieser Teil der Veranstaltung auch wirksam für das Publikum angelegt werden. Als weiterer wichtiger Punkt galt die sparsame Belastung des Personalhaushalts und schlussendlich durften die Finanzen nicht zu arg strapaziert werden.

Wir schafften es, eine machbare Lösung zu finden und schrieben diesen Zusatzwettkampf aus, wohl bewusst, dass die frühe Jahreszeit nicht gut im Jahresplan der Biker lag und wir das Problem Witterung nicht nur militärisch sondern auch organisatorisch lösen mussten.

Was uns dann zu unserer Erstaufführung (ein-) geschenkt wurde, war Schnee, Regen, Schnee in fast jeder Menge. Die abnormalen Verhältnisse zwangen zu kurzfristigen Streckenkürzungen. Es war unmöglich, mit dem Bike mehr als zwei bis drei Kilometer in der dafür vorgesehenen Zeit zurückzulegen.

Auch diese Änderungen funktionierten relativ gut, die Gesamtbeteiligung war eher mässig, allerdings waren doch mehr als 80% der Teilnehmer «Neue jeden Alters ».

Den Punkt auf das i setzte dann der Diebstahl eines Profi-Bikes im Werte von mehr als Fr. 2000.–. Sicher war, dass wir unsere Kontrolle in der Wechselzone verbessern mussten. Dennoch entstand ein ungutes Gefühl, wie das möglich war. Eine Versicherung für diesen Schaden gab es nicht, also schlug auch dieser Betrag auf die Minusseite der erstmaligen Veranstaltung.

Gab es auch sehr schwere, von Schatten überdeckte Tage als Funktionär?
Einen meiner schwärzesten Tage musste ich fast zum Schluss unserer Waffenlaufära erleben.

Der Waffenlauf war längst zu Ende, die Helfer des OK's waren mit dem Aufräumen der Freudegghalle fast fertig, die Lastwagen des Zeughauses standen abfahrbereit. Für mich standen die obligaten Kontrollgänge an, Fundgegenstände mitnehmen (von Packung, Rasierapparat, Schuhen, Jacken, Toilettenartikeln, Dreckwäsche und … einmal sogar eine Pistole). Absperrmaterial, Werbetransparente Start-/Zielband ins Auto laden, die restlichen Medaillen, die nicht abgeholten Sonderpreise und schlussendlich die Kasse zu mir nehmen. Die Samariter räumten ihren Posten im Foyer, bald alles fertig.

Vor der Halle fährt ein Auto vor, der Fahrer fühlt sich nicht gut. Er kontaktiert nochmals den Samariterdienst, seine Begleiterin wartet mit uns vor dem Eingang.

Nun überschlagen sich die Ereignisse, die Sanität bietet den Wettkampfarzt per Handy auf. Er ist in drei Minuten zur Stelle. Ein kurzer Untersuch und dann der nächste Hilferuf ins Wattwiler Spital. Von weitem ist rasch die anrückende Ambulanz zu hören, die Minuten des Wartens sind unendlich lang. Der mitfahrende Notarzt verlangt bald nach einem Anästhesisten, die Lage ist ernst, sehr ernst. Nach knapp einer Stunde wird der Patient transportfähig und wird mit heulender Sirene nach Wattwil verlegt.

Eine Samariterin nimmt sich der Begleiterin an, das OK veranlasst eine Zimmerreservation, damit sie in der Nähe ihres Freundes bleiben kann. Nach kurzen Gesprächen begleitet sie die Samariterin ins Spital nach Wattwil. Kaum sind die beiden weggefahren ruft mich der Wettkampfarzt an: Leider ist unser Oskar Nyfeler soeben verstorben. – Ich übernehme die schwierige Aufgabe ins Spital zu fahren und die Todesmeldung zu überbringen. Ein schwieriger Moment für alle.

Nun waren doch noch andere, wohl kleinere Probleme zu lösen. Die Freundin wollte nun doch nach Hause, konnte aber nicht Auto fahren. Die Familie musste benachrichtigt werden, schwierig, es war erst am späteren Abend direkt durch das Spital möglich. Schlussendlich sollte ja auch noch das Auto zurück nach Biel.

Zum Glück waren die Leute der Datasport noch anwesend. Sie übernahmen den Rücktransport des Fahrzeugs, allerdings in ihr Depot nach Zollikofen. Also musste auch da wieder organisiert werden, wer könnte das Auto dort wann abholen. Die Freundin wurde schlussendlich durch die Frau unseres Zielchefs, die als Samariterin bereits die vorgängige Betreuung übernommen hatte, zum Zug nach Wil gebracht.

Unser Abschlussabend war «total in die Hosen» gerutscht. Schwierige Momente hatten noch weit in die nächsten Tage und Wochen hinein Auswirkungen.

Wie pflichtbewusst waren die Wettkämpfer, wenn es um das Nachmelden ging?
Bei den Waffenlaufveranstaltern wurden ganz unterschiedliche Systeme der Nachmeldung praktiziert, teilweise musste oder wurde dies hinter der vorgehaltenen Hand praktiziert. Der Vorstand der IGWS, respektive die technische Kommission waren sich zwar auch nicht klar über die Auswirkungen ihrer Erlasse.

Von den Zivilläufen her waren sich die Aktiven gewohnt, auch kurz entschlossen an einer Veranstaltung teilzunehmen und waren bereit, auch mal einen kleinen Aufpreis zu bezahlen. Wichtig war in erster Linie die kurzfristige Möglichkeit. Im Waffenlauf war dies nur beschränkt, teils nur gegen hohen «Strafzoll», möglich. Teilweise wollte man dem/der LäuferIn gar keine Möglichkeit mehr geben, eine kurzfristige Entscheidung in die Tat umzusetzen: «Eine Woche vorher» wurde während kurzer Zeit sogar befohlen!

Das Erziehungsmodell war allerdings kontraproduktiv. Es waren erste grosse Einbrüche in der Meldezahl zu registrieren, dabei waren ja die Nachmelder die finanziell Interessantesten.

Ein Modell, das mir einen verrückten Samstag bescherte, hiess: Nur bis Samstagabend telefonisch bestätigte und bereits einbezahlte Anmeldungen werden akzeptiert und nur diese Läufer dürfen am Sonntag starten. Wie so oft war im Toggenburg Ende Februar noch tiefer Winter. Doch die erste Märzwoche brachte den ersehnten Frühling, also hiess es nachmelden, am Saisonstart musste man doch dabei sein. An jenem Samstag knapp nach sieben Uhr morgens war der erste Telefonanruf da. Es ging so richtig zur Sache, mein Geschäft wurde Nebensache. Die Kunden, die ja vielfach meine Nebenbeschäftigung kannten, hatten meist Verständnis für die Unterbrüche.

Den ganzen Tag ging's weiter. An Mittagspause war nicht zu denken, am Abend hatten sich 148 Nachmeldungen aufgetürmt. Nun begann aber noch viel Arbeit mit zuteilen, Adressen vorbereiten, Materialkarten richten, Umdispositionen und Neumeldungen in den Gruppenlisten, ergänzende Listen für Speaker und Presse, sowie das Anschlagbrett vorbereiten.

Dann kam der Sonntag. Klar war es ja für jeden Nachmelder, er hatte sich ja nach Vorschrift nachgemeldet, also damit Anspruch auf einen vollen Service, sprich: zuoberst liegende Startnummer, bereitgestellte Materialkarte und genügend Tenuteile in der richtigen Grösse. Alle Gruppenzuteilungen waren dann nochmals zu überprüfen und da und dort wieder zu ändern. Dass aber die von den Aktiven erst am Freitag oder Samstag getätigten Einzahlungen noch nicht auf unserem Konto abrufbar waren, wirkte nur zu oft als mangelnde Organisation. Wurde dann nach dem ES-Abschnitt verlangt, waren oft unschöne Szenen und Flüche das Resultat, ganz nach dem Geschmack der strapazierten Verantwortlichen des OK's.

Ja, ich persönlich habe in meinen mehr als 20 Jahren in diesem Job viel erlebt, überwiegend Schönes, aber auch nicht rühmenswerte Punkte: Vorzeigen von ES-Abschnitten des letzten Jahres oder Quittung über die Einzahlung für mehrere Läufe, wobei aber kein Betrag für den Toggenburger gerechnet war.

Durch die laufenden Veränderungen des Systems, der nicht konsequenten Befolgung durch die OK's, wurde dem Waffenlauf sicher nicht geholfen, ... aber im Nachhinein weiss man ja immer alles viel besser.

Warum hörte das Herz des «Toggenburgers» im Jahr 2003 auf zu schlagen?
Einen recht schwierigen Entscheid hatten wir im engsten OK nach dem Lauf von 2002 zu fällen. Sollte die Tradition aufrechterhalten werden um schlussendlich jeden Preis - oder sollte dem schwindenden Interesse nachgelebt werden und im folgenden Jahre zum letzten Mal in Lichtensteig gestartet werden?

Die Frage bewegte die Gemüter. Vor- und Nachteile wurden in die Waagschale geworfen, ein ganz leichter Trend zur rechten Seite wurde aber bald einmal unterstützt durch Entscheide, auf die wir eigentlich gar keinen Einfluss nehmen konnten.

Die nochmalige Verkleinerung des Armeebestandes, die neue Ausrichtung mit den künftigen Lehrverbänden, die massive Einengung in den zeitlichen Möglichkeiten für Hilfestellung durch Rekruten und die bereits zu jener Zeit angekündeten Restrukturierungen im Zeughausbereich bildeten voraussehbare Minuspunkte in unserer Bewertung.

Die stetig massiv sinkenden Teilnehmerzahlen bei den jüngeren Jahrgängen und die schlussendlich durch den Wegfall der oberen Altersslimite künstlich abgeschwächten Rückgänge der Teilnehmer auch im oberen Altersbereich waren zudem deutliche Anzeichen für einen endgültigen Zerfall dieses Traditionssports.

Gab es auch finanzielle Probleme und Engpässe?
Obwohl beim OK Toggenburg nicht in erster Linie eine finanzielle Enge bevorstand, musste auch die schwieriger werdende Beschaffung neuer Mittel mitbewertet werden.

War der Entschluss, im 2003 den letzten «Toggenburger» durchzuführen die richtige Entscheidung?
Der Entscheid für einen «Letzter Toggenburger Waffenlauf 2003» war auch im Nachhinein die richtige Lösung. Mit einer ganz speziellen Medaille und einer kaum zu überbietenden Preisausschüttung räumten wir unsere Restbestände an Frottiertüchern, Sackmessern, Wimpeln und konnten dank des guten finanziellen Polsters die teure Medaille und spezielle Sieger- und Gruppenpreise ausschütten, trotzdem aber noch einen würdigen Abschluss mit Weinkeller und Nachtessen organisieren. Schlussendlich ist aber auch die Begegnung: 70 Jahre seit der Gründung der «militärischen Ertüchtigung im Toggenburg» nochmals ein kleiner Dank an all die vielen treuen Helfer an unseren Grossveranstaltungen. Unsere Dokumente sind übrigens alle im Lichtensteiger Archiv eingelagert.

Alois, wir danken dir für das Gespräch und wünschen dir weiterhin alles Gute und beste Gesundheit!

Marc Berger

Sdt Marc Berger, Freiburg
Jg. 1981, ledig, Lastwagenführer (In Ausbildung zum Physiotherapeuten in Leukerbad)

Man kennt dich in der Laufszene. Seit wann gehörst Du zur Gilde der Laufenden?
Der Zunft des Laufvolkes gehöre ich seit 2002 an.

Wie bist Du zum Laufsport gekommen?
In der Rekrutenschule wurde der Grundstein zu meiner Laufkarriere gelegt. Ein weiterer Grund findet sich in meiner Unbeständigkeit.

Da ich ein Mensch bin, der seine sportlichen Herausforderungen immer wieder neu definieren muss (härter, länger), habe ich schon einige Sportarten ausprobiert (Fussball, Snowboarden, Langlauf, Schwimmen usw.).

An wie vielen Wettkämpfen hast Du schon teilgenommen?
Diese Frage lässt sich nur schwierig beantworten, da ich nicht Tagebuch führe über meine sportliche Tätigkeit.

18 Marc Berger holte sich am «Frauenfelder» 2005 den Sieg vor Patrick Wieser und Dominik Schlumpf

Welcher davon war dein Lieblingslauf?
Thun bei den Waffenläufen. Mit diesem Austragungsort kann ich viele positive Ereignisse verbinden, sportlich wie privat.

Wie oft trainierst Du in der Woche (Tage, Kilometer und Zeitaufwand)?
Primär hat die Schule einen grossen Einfluss auf mein Trainingsverhalten.

Des Weiteren ist es abhängig von verschiedenen Faktoren wie Motivation, Wetter, Örtlichkeit, Wohlbefinden, festgelegten Zielen, Psyche usw.

Welches sind deine Laufziele für diese Saison?
Für die letzte Waffenlaufsaison strebte ich die Verteidigung des Kategorienschweizermeistertitels an. Leider kann (zum Zeitpunkt dieses Interviews) dieses Ziel nicht mehr als realistisch angesehen werden. Aus diesem Grund versuche ich noch den 2 Platz in der Kategorie zu halten. Was die Gesamtwertung angeht, sind die Tore zum Podest noch nicht geschlossen (Rang 3).

Wie bist Du zum Waffenlauf gekommen?
Zur physischen Ertüchtigung, des körperlichen Wohlbefindens und des seelischen Ausgleichs gehörte der Waffenlauf zum sportlichen Programm der Rekrutenschule.

Welches ist deiner Meinung nach dein bestes Laufresultat?
Ein jeder absolvierter und bestandener Lauf ist für mich ein guter Lauf. Die Freude im Moment ist entscheidend, nicht das Resultat.

Was fasziniert dich am Waffenlauf?
Fairness während des Wettkampfs, Kollegialität danach, das familiäre Ambiente, man kennt die Athleten bei den Waffenläufen noch beim Namen.

Hast Du ausser dem Sport noch weitere Hobbies?
Familie, Freunde, Kochen (nicht immer zum Wohle des Gaumens), Lesen und Reisen.

Samuel Schmid

Bundesrat Samuel Schmid, Vorsteher des Eidgenössischen Departementes für Verteidigung, Bevölkerungsschutz und Sport (VBS), im Interview mit Martin Zimmerli, erschienen in der Coopzeitung vom 08.12.2004.

Bundesrat Samuel Schmid wurde im November 2004 zum Bundespräsidenten für das Jahr 2005 gewählt. Die Coopzeitung begleitete den VBS-Chef zum Besuch des Frauenfelder Militärwettmarschs.

Gut informiert, strukturiert denkend, zielgerichtet handelnd, humorvoll. So charakterisiert ein naher Mitarbeiter des Departements für Verteidigung, Bevölkerungsschutz und Sport (VBS) seinen Chef. Erst nach langem Nachdenken fällt ihm doch noch etwas Negatives ein: «Er arbeitet zu viel.»

Wie gross ist Ihr Arbeitspensum denn tatsächlich?
Samuel Schmid: Mein Arbeitstag beginnt um 7 Uhr und endet zwischen 19 und 23 Uhr; auch am Samstag. Und am Sonntag steht zuhause Aktenstudium auf dem Programm.

Als Bundespräsident werden Sie noch mehr Arbeit haben.
Es ist klar, das Präsidium bringt zusätzliche Verpflichtungen. Ebenso klar ist aber, dass auch der Tag des Bundespräsidenten nur 24 Stunden hat. Die zusätzlichen Verpflichtungen werden zum Teil zu Lasten der Freizeit gehen, zum Teil auch zu Lasten der Departementsarbeit.

Wie viel Arbeitszeit wenden Sie für den Sport auf?
Im Schnitt dürften es 15 bis 20 Prozent sein. Oft vermischen sich die verschiedenen Departementsbereiche.

Zum Beispiel an diesem nebligen Sonntag Ende November. Der Besuch des Frauenfelder Militärwettmarschs ist angesagt. Der VBS-Chef ist der Schirmherr dieses Militärsport-Anlasses. Kurz vor 8 Uhr trifft er auf dem Flugplatz Grenchen ein. Nur wenige Minuten dauerte die Autofahrt vom Wohnort Rüti bei Büren hierher. Strammen Schrittes marschiert er zum bereitstehenden Armee-Helikopter, begrüsst die Besatzung, den Chef Sport und ausserdienstliche Tätigkeiten im VBS, Oberst Jean-Jacques Joss und die Reporter der Coopzeitung. Gehörschutzpfropfen montieren, und um 8.12 Uhr hebt der Super Puma ab. Rasch steigt er durch den Nebel auf 6000 Fuss Reisehöhe.

Sind Sie als Sport- oder als Militärminister unterwegs?
Als Vertreter des Bundesrats, der gerne und oft den Kontakt mit der Bevölkerung sucht.

Haben Sie selber schon einen Waffenlauf absolviert?
Nein, das würde mir kaum liegen.

Wie sieht denn Ihr persönliches Fitnessprogramm aus?
Ach, Ihr Journalisten fragt immer dasselbe. Bundesrat Ogi musste auch Hunderte von Malen erklären, dass er jeden Tag um 4.45 Uhr joggen geht – und er tat es gern. Gut, um 5 Uhr bin ich auch wach. Ich nutze meine freien Zeitfenster, um die Bewegung sicherzustellen, damit ich fit bleibe. Am Morgen und am Abend bewege ich mich an der frischen Luft. Im Sommer schwimme ich jeden Tag am Morgen und am Abend 200 Meter …

… im Marzili?
Nein, wir haben einen unbeheizten Swimming-Pool im Garten.

Waffenlauf ist nicht mehr in. Beunruhigt das den Verteidigungsminister?
Das ist bedauerlich, aber man muss der Wahrheit ins Auge schauen. Die Armee ist kleiner geworden und folgerichtig auch die Beteiligung an Waffenläufen. Doch einige Organisatoren reagierten ausgezeichnet und öffneten ihre Läufe auch zivilen Teilnehmern. In Frauenfeld sind drei Mal mehr Zivil- als Militärpersonen am Start.

Hat der Militärsport unter diesen Bedingungen noch eine Existenzberechtigung?
Warum nicht? Jede körperliche Leistungsförderung hat eine Existenzberechtigung. Bei einem Waffenlauf werden sportliche Höchstleistungen erbracht – halt in einem speziellen Umfeld. Und die Kameradschaft unter den Läufern ist schon toll.

Im Bundesrat scheint es oft weniger kameradschaftlich zu und her zu gehen. Bereitet Ihnen das im Hinblick auf Ihr Präsidialjahr Bauchschmerzen?
Nein, überhaupt nicht. Abgesehen davon bestreite ich, dass Sie Recht haben. Aber es ist weiss Gott so, dass wir im Moment politisch heikle Probleme zu lösen haben. Da liegt es in der Natur der Sache, dass auch mal die Fetzen fliegen. Doch nicht jede Diskussion ist ein Streit.

Verstehen Sie sich als Schiedsrichter im Machtkampf zwischen den Bundesräten Couchepin und Blocher?
Schon wieder so ein Klischee! Erstens ist die Welt nicht immer so, wie sie Aussenstehenden erscheint; da kann es durchaus noch andere Kraftfelder geben. Und zweitens ist

8.45 Uhr, der Super Puma landet auf dem Kasernenareal von Frauenfeld. Zwei Bodyguards mit dem Knopf im Ohr und Vertreter des Organisationskomitees erwarten den Gast. Eine kurze Fahrt zur Offizierskantine, wo bereits emsiges Treiben herrscht. «Hast Du gesehen? – der Schmid!» Tuscheln hier, tuscheln dort. Der VBS-Chef zögert nicht, schüttelt hier ein paar Hände, wechselt dort ein paar Worte mit überraschten Läufern. «So, sit der zwäg?» Begrüssungsapéro in der Offizierskantine, 9.30 Uhr, Melden des Läufer-Bataillons. Samuel Schmid lobt die Einsatzbereitschaft der Laufenden, der Sponsoren, der Helfer. Punkt 10 Uhr schickt er mit einem ohrenbetäubenden Böllerschuss aus einer Militärkanone die Läufer auf die Strecke. 324 von ihnen werden 42,2 Kilometer später das Ziel erreichen. Vor zehn Jahren waren es doppelt so viele. Der Teilnehmerrückgang macht den Waffenläufen zu schaffen, vier sind innerhalb eines Jahres verschwunden.

Unmittelbar nach dem Start fahren die Ehrengäste mit dem Bus zur Streckenhälfte nach Wil. Mittagessen um 11 Uhr im Hof zu Wil, 11.10 Uhr Dislokation auf die Ehrentribüne, 11.18 Uhr Applaus für die beiden Führenden und die vielen nachfolgenden Läufer, Spaziergang durch das Städtchen zum Start des Halbmarathons um 12.15 Uhr, dazwischen spontanes Händeschütteln mit Passanten, kurze Gespräche, die stolze Menschen zurücklassen. «Ein einfacher Mann, der einfach auf uns zukommt», sagt die Frau, deren Schäferhund die Aufmerksamkeit des VBS-Chefs auf sich gezogen hat. Und nun mit dem Polizeiauto zurück nach Frauenfeld zum Einlauf des Siegers. Doch als Schmid im Zielgelände eintrifft, haben die beiden Spitzenläufer die 42,2 Kilometer bereits hinter sich; schneller als im Tagesbefehl vorgesehen. Sieger Bruno Heuberger stellte mit 2:35:52 Stunden einen neuen Streckenrekord auf. «Herzliche Gratulation», sagt der VBS-Chef, «Respekt!» 13.10 Uhr, die Siegerehrung. Samuel Schmid hängt Medaillen um, schüttelt Hände. «Herzliche Gratulation – ich bin der Samuel.» Die schnellste Frau, Monika Widmer, begrüsst er mit einem Küsschen, schüttelt noch ein paar Hände, wechselt nette Worte und entschwindet Richtung Super Puma. Kurz nach zwei Uhr geht die Reise in Grenchen zu Ende. Die Pilotenschüler, die an diesem Nachmittag hier die Schulbank drücken, freuen sich über den spontanen Besuch des künftigen Bundespräsidenten im Klassenzimmer. «In meiner Jugend verbrachte ich viele Stunden auf diesem Flugplatz», erzählt er, «da durfte ich die Schleppseile der Segelflieger zusammenlesen – eine tolle Zeit.»

der Bundespräsident nicht ein Schiedsrichter, der gelbe oder rote Karten verteilen kann. Er hat die Verhandlungen zu führen, und er vertritt auch weiterhin die Geschäfte aus seinem Departement.

Und nun gönnen Sie sich noch ein paar ruhige Stunden zu Hause?
Ja, meine Söhne sind zu Besuch – und am Abend werde ich noch ein paar Akten studieren.

Walter Henke

Walter Henke, mittlerweile 96 Jahre alt, setzte sich während 65 Jahren in verschiedenen Funktionen für den Militärwettmarsch Frauenfeld ein. Als Streckenverantwortlicher von 1955 bis 1999 kannte er jeden Meter zwischen Frauenfeld und Wil. Er erzählte uns im Alterszentrum Kreuzlingen von früheren Zeiten, als es noch mehr freiwillige Helfer gab und die Tradition des Waffenlaufs in Ehren gehalten wurde. (Anmerkung: Wenige Wochen nach diesem Gespräch durfte Walter Henke erfüllt und zufrieden für immer einschlafen.)
Von Fredi Marty, Frauenfeld,
Informationschef Stadt Frauenfeld

Am 4. Mai 2006, als dieses Gespräch zustande kam, konnte Walter Henke nicht aufstehen. Er fühlte sich zu müde, doch die Erinnerungen an den Militärwettmarsch Frauenfeld erfüllten ihn mit neuer Lebensenergie. Zwischendurch musste er sogar herzhaft lachen. Seine Ära dauerte von 1934 bis 1999. Während dieser langen Zeit habe er stets sein Bestes gegeben, betonte er.

Wettmarsch, nicht Wettlauf
Für Henke, der 130 Waffenläufe bestritt und am «Frauenfelder» 23 Mal das Ziel sah, war immer klar: «Aufgeben kommt für mich nicht in Frage.» Seine Bestzeit lag um 4 Stunden 20 Minuten, wobei er einräumte, dass die damalige Ausrüstung, insbesondere die schweren Schuhe, noch keine Spitzenzeiten zuliess. In seinem Fall kam erschwerend hinzu, dass er sich bei einem Militärunfall im Jahr 1940 eine ernsthafte Knieverletzung zuzog. «Ich fragte Ärzte zwischen Romanshorn und Genf um Rat, aber keiner konnte mich schmerzfrei machen», berichtete Henke. Trotz dieses Handicaps nahm er weiterhin an Waffenläufen teil, marschierend statt laufend, ganz dem Namen des «Frauenfelders» entsprechend.

Der «schwarze Sonntag»
Vor seinem Unfall war Henke in Form. Die 4. Austragung des Militärwettmarsches im Jahr 1937 stellte ihn allerdings auf eine harte Bewährungsprobe. Es sei ein «schwarzer Sonntag» gewesen, erzählte der hochbetagte Mann. Er versuchte sich im Bett leicht aufzurichten, indem er sich auf den linken Ellbogen stützte. In seinen grauen Augen blitze Schalk auf: «Es war ein drückend warmer Tag mit starkem Föhn. Ein Drittel der Teilnehmer musste die Waffen strecken. Ich habe mich durchgebissen. Der Lauf führte über die Aumühle, Häuslenen und Elgg hinauf nach Eidberg und via Tösstal und Oberwinterthur zurück nach Frauenfeld. Die Probleme begannen schon in Häuslenen und auf der Strecke nach Elgg entlang dem Schneitberg. Bei der Bahnunterführung bat ich den Radfahrer, der mich begleitete, schnellstens einen Schnaps zu holen. Noch vor der Steigung war er wieder da. Ich nahm einen tüchtigen Schluck und erholte mich anschliessend sehr gut. In der langen Steigung nach Eidberg wurden viele Läufer vom Hammermann getroffen. Sie lagen einfach am Strassenrand. Es sah aus wie nach einem grossen Überfall.»

Streckenchef Henke
Walter Henke war von Beginn an dabei. Er half bei den Vorbereitungsarbeiten für die erste Austragung des Militärwettmarsches im Jahr 1934 tatkräftig mit. Für den damals jungen Unteroffizier war dies eine Selbstverständlichkeit. Zusätzlich motiviert wurde er durch den Mitbegründer Max Beer, der in seiner Ski-Patrouille mitmachte. «Wir mussten jedes Jahr Verbesserungen anbringen», schilderte er die Anfangszeit des Grossanlasses. «Das dauerte volle 20 Jahre. Ich half in jedem Ressort des Organisationskomitees aus und bekam fast alle Probleme mit.»

Mitte der 50-er-Jahre wurde Walter Henke der Strecke zugeteilt. Diese Arbeit entsprach seinen Fähigkeiten. Er fertigte die grossen und übersichtlichen Kilometertafeln an, damit die Läufer wussten, ob ihre Marschtabelle stimmt. Ein weiteres Anliegen der Teilnehmer war eine gut vorbereitete Wegstrecke. Zu diesem Zweck nahm Henke mit den Verantwortlichen von Baustellen frühzeitig Kontakt auf und stellte auch die Benützung von Privatgrundstücken sicher. Diese organisatorische Arbeit gefiel ihm am besten.

Streckenänderung wegen Maul- und Klauenseuche
Walter Henke erinnert sich nicht mehr, in welchem Jahr der Militärwettmarsch erstmals über Huben, Matzingen, Wängi, Eschlikon, Sirnach, Wil und zurück über St. Margarethen, Lommis, Altholz nach Frauenfeld führte. Den Grund hingegen weiss er noch heute: «Nachdem die Wegstrecke abwechslungsweise zweimal über Weinfelden oder Elgg geführt hatte, musste wegen der Maul- und Klauenseuche der Weg nach Wil gewählt werden. Einzelne Anschnitte waren in den folgenden Jahren grossen Veränderungen ausgesetzt. Das habe ich als Teilnehmer mehrmals selbst erlebt.

Als Streckenverantwortlicher wusste Henke zuerst lediglich, dass die Läufer beim Hof Wil die Hälfte des Weges von 42,2 Kilometern absolviert hatten. Nachdem er im Jahr 1979 mit einem Handrad die ganze Strecke ausgemessen hatte, bekam das OK ein genaueres Bild. Die erste Hälfte bis nach Wil war etwas länger als der zweite Teil zurück nach Frauenfeld. Henke konnte auch regeln, dass die Teilnehmer in Bronschhofen nicht mehr den gefährlichen, unbewachten Bahn-

19 Eine besondere Ehrung durfte vor dem 60. Reinacher Waffenlauf (2003) der bekannte Gelände-, Strassen-, Berg- und Waffenläufer Kaspar Scheiber (Jg. 1939) entgegennehmen. Bundesrat Samuel Schmid überreichte dem 64-jährigen Luzerner für seine über 1000 Siege im Laufsport als spezielle Anerkennung eine Feldflasche mit Inhalt und Widmung

20 Zwei Luzerner Waffenlauf-Legenden, Kaspar Scheiber mit dem 6-fachen Waffenlaufschweizermeister Jörg Hafner

übergang passieren mussten. Seither wird die Bahn auf einer kleinen Brücke überquert. Anschliessend führt der Weg auf einer Länge von gut 200 Metern über Privatgrund.

Ein unvergesslicher Höhepunkt seiner Laufbahn als Funktionär war das 50-Jahr-Jubiläum des Militärwettmarsches am 17. November 1984. Erstmals wurden Läufer, die auf 30 und mehr Zielankünfte zurückblicken konnten, mit der Max-Beer-Medaille ausgezeichnet. Walter Henke wurde mit der Beflaggung und Schmückung der militärischen Mehrzweckhalle beauftragt. Alles klappte bestens. Darauf ist er heute noch stolz.

Ein besonderes Anliegen war ihm der Versand der Ranglisten. Noch heute erinnert er sich an diese Aufgabe, die er während vieler Jahre erledigte: «Vom Unteroffiziersverein konnte ich einige Kameraden zur Mithilfe bewegen. In der Kaserne stand uns ein grosses Lokal zur Verfügung.»

Viele gute Jahre
Das Gespräch mit Walter Henke dauerte eine Stunde. Am Schluss wirkte der 96-Jährige ziemlich erschöpft. Der alte Mann blickte zum Fenster hinaus und sagte: «So gehen die Jahre vorbei. Die einen werden gerechnet, die anderen links liegen gelassen.» Die 65 Jahre seiner Tätigkeit für den Militärwettmarsch Frauenfeld hat Henke gezählt. Man spürte es: Es waren gute Jahre für ihn. Sportliche Grossanlässe wie der «Frauenfelder» wären ohne die unermüdlichen Helfer, die im Hintergrund jahrzehntelange Arbeit leisten, nicht möglich. Ihr Einsatz hat den «Mythos Waffenlauf» mitgeprägt. Walter Henke ist ein Vertreter dieser Generation.

Die heutige Generation schreibt andere Geschichten.

Kaspar Scheiber
Kaspar, wie bist Du zum Waffenlauf gekommen?
Wie kam ich zum Waffenlauf? – In den Jahren 1960 und 1961 durfte ich als Militär-Radfahrer beim «Altdorfer» die Waffenläufer als Vorfahrer begleiten. Mich faszinierte dieser Sport und als Berg- und Geländeläufer nahm ich im Jahr 1962 beim «Altdorfer» erstmals an einem Waffenlauf teil. Anfänglich konnte ich sehr gut mit der Spitze mithalten. Ungefähr bei Rennhälfte erlitt ich einen «Hungerast» und fiel dann kontinuierlich zurück. Schlussendlich wurde ich im 31. Rang klassiert – war aber bester Urner – und dies war beim «Altdorfer» immer etwas ganz Spezielles.

Wie ging es dann weiter?
Anschliessend bestritt ich wieder mehrheitlich Berg- und Strassenläufe. Im Jahre 1975, im Alter von 36 Jahren, unternahm ich einen neuen Einstieg in den Waffenlaufsport und erzielte bei meinem ersten Rennen am «St. Galler» auf Anhieb den 4. Rang in der Kategorie Landwehr. In der Folge gelangen mir weitere Spitzenrangierungen und Kategoriensiege.

Welches war dein erster Sieg?
Meinen ersten Sieg nach mehreren Spitzenklassierungen landete ich 1976 beim damals über 30.5 km führenden Waffenlauf von Wiedlisbach. Damals war der «Wiedlisbacher» der vierte zur Schweizermeisterschaft zählende Frühjahrs-Waffenlauf und zugleich der letzte der Frühjahrs-Saison. Meinen ersten Waffenlauf-Gesamtsieg erzielte ich 1976 in Reinach – ein wunderbares Erlebnis! Ich erinnere mich noch genau an diesen Tag. In einem Zeitungsartikel stand damals: «Derweil Schnellstarter Charles Blum und Georges Thüring der Hitze ihren Tribut zollten

und entkräftet ausschieden, hielt Kaspar Scheiber, der Kämpfer aus Horw, heroisch durch und errang als 37-jähriger Landwehrler am Wiedlisbacher 1976 seinen ersten Waffenlaufsieg.»

Wie ist das Rennen damals verlaufen?
Ich distanzierte den Freiburger Armin Portmann um 2:18, René Moser aus Ottenbach um 6:16 und den Landsturm-Gefreiten Walter Gilgen aus Burgdorf um 7:59 Minuten. Der Meisterschaftsleader Charles Blum wurde Opfer seinen eigenen Tempos und der Bruthitze. Portmann übernahm nach diesem Rennen im Meisterschaftszwischenklassement die Führung vor mir und Blum.

Es war eine Bruthitze ...
... ja das Rennen wurde wie bei allen bisherigen Läufen sehr schnell angegangen. Trotz der gigantischen Hitze. Beim Kulminationspunkt in Rumisberg (4,2 km) lag Charles Blum bereits allein an der Spitze, gefolgt von Georges Thüring und uns. Wir waren eine Dreiergruppe, da liefen nebst mir auch Portmann und Oswald Brülhart mit. Dann schied der Meisterschaftsfavorit Thüring wegen der Hitze aus. Später gab auch Blum der sengenden Hitze nach. Nach heftigen Zweikämpfen lief ich glücklich als Erster ins Ziel. Mein erster grosser Sieg, gegen alle Topfavoriten und gegen den grössten Gegner an diesem Tag, die Hitze.

Was ist es, was Du am Waffenlauf stets geschätzt hast?
Was ich am Waffenlaufsport vor allem schätzte war die tolle Kameradschaft unter den Läufern, welche ich bis heute noch pflege, vor allem mit Albrecht Moser.

Welches war dein eindrücklichstes Erlebnis?
Das grösste Erlebnis nach meiner Waffenläuferkarriere durfte ich anlässlich des Jubiläumslaufes 2003 in Reinach erleben, wo ich von Herrn Bundesrat Samuel Schmid persönlich für meine vielen Siege geehrt wurde. Zusammen mit meiner Frau Alice wurde ich von Bundesrat Schmid zum Flugmeeting nach Payerne eingeladen. Dieser Tag mit dem unvergesslichen Helikopterflug bleibt für mich ein eindrückliches Erlebnis.

Ein sympathischer Sieger

Leserbrief aus dem SCHWEIZER WEHRSPORT Nr. 12 / Dezember 1988

Beim «Frauenfelder» hatte ich eine nette Begebenheit: Wie die meisten Läufer bin ich nach dem Zieleinlauf mit mir selber beschäftigt und vergesse ganz, mich nach dem Tagessieger zu erkundigen. Geduscht und frisch eingekleidet, spreche ich beim Verlassen der Kaserne einen Zuschauer an: «Können Sie mir sagen, wer den Lauf gewonnen hat?» «Nein, leider nicht», bekomme ich zur Antwort. Wenige Schritte von der Kaserne entfernt, gewahre ich auf dem Weg zum Bahnhof einen elegant gekleideten jungen Mann, der in der Rangliste blättert. «Der muss es bestimmt wissen», geht es mir durch den Kopf: «Entschuldigung, wer wurde eigentlich heute beim ‹Frauenfelder› Sieger?», spreche ich den mir Unbekannten an. «Der Sieger, ja, der bin ich!», lautet die Antwort. Ich bin nicht wenig erstaunt, aber es stimmt: Ich habe es mit Hans Furrer höchstpersönlich zu tun! Er nimmt meine spontanen Gratulationen entgegen und schildert mir kurz den Rennverlauf. Dass er einen neuen Streckenrekord gelaufen ist, erwähnt der grosse Sieger mit keinem Wort. Dann interessiert sich Hans Furrer für meine Laufzeit; er sucht meinen Namen in der Rangliste, doch vergebens, es sind nur die ersten Hundert aufgeführt. «Weisst Du», sage ich zum überlegenen Tagessieger, «ich bin ein namenloser Senior, ich habe gegen viereinhalb Stunden benötigt, fast doppelt so viel wie Du.» Worauf Hans Furrer sagt: «Hauptsache, es macht dir Spass, Teilnahme kommt vor dem Rang!» – Eine sympathische Geste eines sympathischen Siegers; jedenfalls Worte, die mich angenehm berührt haben.

Heinz Schaad (Senior)

Gratulation dem Gründer des «Hunderters» Ernst Flunser

Am 1. Februar 1917 wurde Ernst Flunser in Basel geboren. Dort absolvierte er auch die Schulen und machte eine kaufmännische Lehre. Von 100 Prüflingen belegte er den zweiten Platz. Strebsam, wie damals noch üblich, stieg er im Militär zum Leutnant auf. Beruflich machte Ernst Karriere bei Danzas, wo er die skandinavischen Länder betreute.

Grosse Erfolge feierte EF im Sport. Er war ein begeisterter Radrennfahrer und Läufer. Ernst absolvierte ab 1944 nicht weniger als 217 Waffenläufe. Am Bieler 100-Kilometer-Lauf war er 28-mal – und dies bis ins 78. Lebensjahr – dabei. Den legendären Viertage-Marsch von Nijmegen in den Niederlanden machte er 20-mal mit.

Bis ins hohe Alter hielt sich EF auch geistig stets fit und leistete als Sport- und Kulturberichterstatter für zwei Zeitungen gewissenhafte und unermüdliche Journalistenarbeit, wie früher auch für den «Schweizer Wehrsport». Leider musste EF seine Frau Inge in den letzten Monaten in ein Pflegeheim geben, dies nach 63 glücklichen Ehejahren.

Die grosse Waffenlauf-Familie gratuliert dem Gründer des Huntervereins der Waffenläufer herzlich zu diesem Ehrentag und wünscht ihm weiterhin alles Gute in seinem verdienten Ruhestand.

Beat Schmutz, Düdingen

Die Schweizermeister 1967 bis 2006

Die Schweizermeisterschaft

Seit 1967 führt der Dachverband IGWS die Schweizermeisterschaft durch. Nebst der breiten Masse von Wehrmännern, welche Saison für Saison den Waffenlauf zum besonderen Erlebnis machen, tragen auch die «Schnellsten» massgeblich zum guten Ansehen des Waffenlaufs bei. Sie stehen als Schweizermeister im Rampenlicht der Medien und der am Waffenlauf interessierten Menschen.

Ein Schweizermeister prägt. Er prägt einen einzelnen Waffenlauf, mehrere Waffenläufe oder gar ein ganzes Waffenlauf-Jahr. Andere prägten ganze Jahrzehnte. Manch einer stellte Streckenrekorde und andere Einzigartigkeiten im Laufe seiner Karriere auf.

Die Schweizermeisterschaft ist eigentlich noch ziemlich jung. Daher sind an vielen Läufen regelmässig ehemalige Meister, weniger als Teilnehmer, vielmehr als Zuschauer und Ehrengäste dabei. Einige der früheren Meister sind noch heute aktive Sportler wie beispielsweise Fritz Häni oder Martin von Känel. Auch der legendäre Albrecht Moser betreibt noch aktiven Sport, jedoch nur noch Zivilläufe.

Von der ersten Schweizermeisterschaft im Jahr 1967 bis zur letzten im Jahr 2006 wurden 40 Schweizermeister erkürt. Die Titel der vergangenen 40 SM-Jahre verteilen sich auf nur 15 Wehrmänner. Ab dem Jahr 1997 kamen auch die Frauen dazu. Die 10 Titel wurden an 4 Frauen vergeben. Der Mann mit der grössten Sammlung an Schweizermeistertiteln ist der legendäre Albrecht Moser mit 8 Titeln (in Folge), dicht gefolgt von Jörg Hafner mit 6 Titeln.

Die «Ewige Rangliste»

Von 1934 bis 2006 wurden 554 «offizielle» Waffenläufe organisiert, an denen ebenso viele Tagessieger gefeiert wurden. Kategoriensieger sind es gar weit über zweitausend. Über zweitausend Namen also, die mindestens einmal als Sieger bekannt wurden. Dabei gehört es zu den Gesetzen des Sports, dass Sieger immer berühmt werden, auch wenn ihre Leistungen nicht immer wertvoller sind als diejenigen der nach ihnen Klassierten.

Einige wenige dieser bekannten Waffenläufer mit ihren Erfolgen in der bisherigen Geschichte des Waffenlaufs sind die Meister, welche einige Seiten weiter hinten vorgestellt werden. Auch alle anderen ehemaligen und aktiven Tages- und Kategoriensieger verdienten es eigentlich, erwähnt zu werden, aber das Buch würde platzen. Sie dürfen auch so auf ihre Leistungen und Erfolge stolz sein.

Die «Ewigen-Listen» der Waffenlauf-Tagessieger und -KategoriensiegerInnen an den 554 Waffenläufen zwischen 1934 und 2006:

Tagessieger (mit 3 und mehr Siegen)	
Albrecht Moser	56
Jörg Hafner	50
Martin von Känel	50
Werner Fischer	32
Robert Boos	22
Fritz Häni	22
Martin Schöpfer	21
Hans Furrer	19
Christian Jost	15
Hans Frischknecht	12

Tagessieger (mit 3 und mehr Siegen)	
Walter Gilgen	12
Guido Vögele	12
Arthur Wittwer	11
Kudi Steger	10
August von Wartburg	10
Willi Aegerter	9
Charles Blum	9
Beat Steffen	9
Georges Thüring	8
Ludwig Hobi	7
Urs Pfister	7
Niklaus Burri	5
Hans Dähler	5
Urs Heim	5
Florian Züger	5
Serge de Quay	4
Franz Fritsche	4
Max Meili	4
Adolf Müller	4
Alois Rutzer	4
Koni Schelbert	4
Patrick Wieser	4
Niklaus Zwingli	4
Peter Deller	3
Jean Girard	3
Bruno Heuberger	3
Leo Hufschmid	3
Jakob Jutz	3
Georg Kaiser	3
Peter Schneider	3
Anton Wicki	3

KategoriensiegerInnen (mit 16 und mehr Siegen)	
Fritz Häni	122
Albrecht Moser	83
Paul Frank	79
Martin Storchenegger	65
Christian Jost	61
Martin von Känel	61
Kurt Hugentobler	56
Gottfried Jost	52
Jörg Hafner	51
Walter Gilgen	49
Emil Schumacher	48
Marianne Balmer	45
Fritz Hässig	44
Urs Heim	43
Edwin Biefer	38
Florian Züger	38
Hans Furrer	34

KategoriensiegerInnen (mit 16 und mehr Siegen)	
Werner Fischer	33
Robert Boos	32
Walter Keller	30
Peter Deller	27
Max Meili	27
Kudi Steger	26
Kaspar Scheiber	25
Ruedi Walker	25
Maria Heim	24
Louis Kolly	24
Martin Schöpfer	24
Monika Widmer	23
Niklaus Scheidegger	21
Peter Peyer	20
Toni Spuler	20
Heinrich Meyer	19
Karl Pfanner	19

KategoriensiegerInnen (mit 16 und mehr Siegen)	
Ernst Rüegg	18
Heinrich Wegmann	17
Hans Frischknecht	16
August von Wartburg	16

Das Goldene Buch der Schweizer Waffenlaufmeisterschaft (1967–2006)

Jahr	Männer 20	Männer 30	Männer 40	Männer 50	Damen 20	Damen 40
2006	*Patrick Wieser*	Peter Deller	Ruedi Walker	Fritz Häni	Monika Widmer	*Marianne Balmer*
2005	Marc Berger	Peter Deller	*Jörg Hafner*	Fritz Häni	*Claudia Helfenberger*	Marianne Balmer
2004	Patrick Wieser	*Martin von Känel*	Niklaus Scheidegger	Fritz Häni	Monika Widmer	*Marianne Balmer*

Jahr	Männer 20	Männer 30	Männer 40	Männer 50	Damen	Junioren / Juniorinnen
2003	Stefan Marti	*Jörg Hafner*	Ruedi Walker	Walter Baumann	Marianne Balmer	Andreas Kern, Daniela Eugster
2002	Dominik Wirth	*Jörg Hafner*	Fritz Häni	Peter Gschwend	Marianne Balmer	Andreas Kern, Damaris Kaufmann
2001	Mischa Ebner	*Jörg Hafner*	Fritz Häni	Josef Schmid	Marianne Balmer	Markus Wyttenbach
2000	Mischa Ebner	*Jörg Hafner*	Fritz Häni	Josef Schmid	Maria Heim	Christian Kreienbühl
1999	Peter Deller	*Jörg Hafner*	Fritz Häni	Martin Storchenegger	Maria Heim	Christian Kreienbühl
1998	*Koni Schelbert*	Ruedi Walker	Fritz Häni	Martin Storchenegger	Maria Heim	Christian Kreienbühl
1997	*Martin Schöpfer*	Ruedi Walker	Christian Jost	Martin Storchenegger	Martha Urfer	Thomas Rickenmann
1996	*Martin von Känel*	Christian Jost	Fritz Häni	Urs Heim	–	–
1995	*Martin von Känel*	Fritz Dürst	Fritz Häni	Florian Züger	–	–

Jahr	Auszug	Landwehr	Landsturm	Senioren
1994	*Martin von Känel*	Christian Jost	Hans Furrer	Bruno Allenspach
1993	*Martin von Känel*	Christian Jost	Florian Züger	Kurt Hugentobler
1992	Martin von Känel	*Christian Jost*	Urs Heim	Kurt Hugentobler
1991	Werner Frutig	*Beat Steffen* Christian Jost (Kat.)	Martin Storchenegger	Kurt Hugentobler
1990	Ueli Kellenberger	*Hans Furrer*	Urs Heim	Kaspar Scheiber
1989	Christian Jost	*Hans Furrer*	Albrecht Moser	Manfred Ritter
1988	Christian Wüthrich	*Beat Steffen*	Florian Züger	Werner Keller
1987	Beat Wanner	*Fritz Häni*	Florian Züger	Werner Keller
1986	*Fritz Häni*	Urs Heim	Peter Peyer	Werner Keller
1985	Leo Hufschmid	*Albrecht Moser*	Peter Peyer	Emil Schumacher
1984	Fritz Häni	*Albrecht Moser*	Kurt Hugentobler	Emil Schumacher
1983	Fritz Häni	*Albrecht Moser*	Kurt Hugentobler	Emil Schumacher
1982	Fritz Häni	*Albrecht Moser*	Alois Probst	Heinz Bohler
1981	Toni Spuler	*Albrecht Moser*	Ernst Rüegg	Emil Schumacher
1980	Fritz Rüegsegger	*Albrecht Moser*	Ernst Rüegg	Emil Schumacher
1979	Kudi Steger	*Albrecht Moser*	Walter Gilgen	Karl Pfanner
1978	Georges Thüring	*Albrecht Moser*	Reto Calonder	Edwin Biefer
1977	Georges Thüring	*Charles Blum*	Heinz Voitel	Paul Frank
1976	*Charles Blum*	Kaspar Scheiber	Walter Gilgen	Paul Frank
1975	Georges Thüring	*Robert Boos*	Hans Rüdisühli	Paul Frank
1974	Georges Thüring	*Robert Boos*	Walter Schürer	Paul Frank
1973	*Willi Aegerter*	Niklaus Burri	Karl Pfanner	Paul Frank
1972	*Willi Aegerter*	Werner Strittmatter	Edwin Biefer	Max Meili
1971	*Robert Boos*	Werner Strittmatter	Karl Pfanner	Heinrich Wegmann
1970	*Robert Boos*	Fred Wenger	Karl Pfanner	Heinrich Wegmann
1969	*Robert Boos*	Walter Gilgen	Paul Frank	Josef Schaller
1968	*Niklaus Burri*	Walter Gilgen	Paul Frank	Walter Köng
1967	*Werner Fischer*	Walter Gilgen	Paul Frank	Walter Köng
Fettdruck = Schweizermeister				

Die Waffenlaufmeister und Waffenlaufmeisterinnen, präsentiert von Ueli Dysli

1967	**Werner Fischer** (geb. 1. Aug 1935 / 58 Waffenläufe / 32 Tagessiege / 33 Kategoriensiege) Er war der erste Waffenlaufmeister. Als die IGMS 1967 die Schweizermeisterschaft einführte, war er als Läufer schon sehr bekannt, eine Persönlichkeit ganz allgemein im Sport. «Werner Fischer, Oberehrendingen» wirkte wie ein Markenzeichen. Werner Fischer ist einer der ganz grossen im Waffenlaufsport. 1967 gewann er alle Meisterschaftsläufe und 1968 ohne Unterbruch die vier Frühlingsläufe dazu (diese Serie gelang keinem andern Waffenläufer mehr!). Seine damaligen Konkurrenten waren in den ersten Jahren noch Guido Vögele, Walter Gilgen, August von Wartburg und später Georg Kaiser gewesen. 1968 musste er wegen einer Verletzung den Wettkampfsport aufgeben. Werner Fischer nimmt noch heute regen Anteil am Laufsport. Man kann ihn noch immer an verschiedenen Waffenläufen als Zuschauer antreffen.

Jahr	
1968	1968 ist Werner Fischer durch **Niklaus Burri** (Bärau bei Langnau) abgelöst worden. Er ist ein kräftiger Läufer gewesen, der es in seinen 76 Waffenläufen auf 5 Tagessiege gebracht hat. Interessanterweise nicht im Jahr, in dem er Schweizermeister wurde, sondern in den Jahren danach. Niklaus Burri ist leider nicht mehr unter uns. Am 28. November 1993 ist er an den Folgen eines schweren Arbeitsunfalls gestorben. Seine grossen Leistungen und seine Kollegialität, die er mit vielen Läuferinnen und Läufern gepflegt hat, insbesondere mit seinen Vereinskollegen vom UOV Burgdorf, bleiben aber unvergessen.
1969 – 1971 und 1974 + 1975	Ende der 60er- und anfangs der 70er-Jahre war dann die Reihe an **Robert Boos** Er ist eine der legendären Figuren im Waffenlaufsport. Seinen ersten Sieg feierte er 1969 in Wiedlisbach. 22 Tagessiege in genau 110 Läufen wurden es insgesamt. 5 Mal war er Schweizermeister, nämlich 1969 bis 1971 und nach zwei Jahren Abstand wieder 1974 und 1975. In den gleichen Jahren gewann er jedes Mal den Frauenfelder. Legendär ist die Leistung von Robert Boos am Frauenfelder des Jahres 1970. 2.43.36 lief er damals. Eine Zeit, die viele Jahre (bis zu Fritz Hänis 2:41:32) Bestand hatte. Eine Zeit, mit der Boos 2005 und 2006 gewonnen hätte, und das mit einem höherem Gewicht der Packung und dem alten Tenue! Gfr Boos (Jg. 1939) von Bolligen BE ist Kantonspolizist und ist vielen wegen seiner ruhmreichen Siege noch in Erinnerung. Seine Gegner beschreiben ihn als hartnäckig. Er sei ein sehr «linientreuer» Gefährte gewesen. Seine Linie verliess er nicht, seine Trainingsmethoden waren ihm heilig. Er drehte immer seine gleichen Trainingsrunden und trainierte schon fast stur seine Laufart. Der Erfolg gab ihm Recht. Während seiner aktiven Waffenlauf-Zeit gelang es ihm zudem, Schweizer Marathonmeister zu werden. Der Zögling des «Waffenlauf-Vaters» Godi Jost wurde aber jäh durch einen Autounfall gestoppt. Es war das Ende des Leistungssports. Noch heute kennt man den «Boos Robert», wie ihn die ehemaligen und aktiven Läufer ehrfürchtig nennen.
1972 + 1973	In diesen Jahren war **Willi Aegerter** Waffenlaufmeister geworden. 111 Waffenläufe hat der Berner bestritten, 9 Tagessiege erzielt und 11 Kategoriensiege gefeiert. Ebenso erfolgreich wie als Läufer ist er dann als Trainer gewesen und hat als Nachfolger des legendären Waffenlaufvaters Godi Jost die erfolgreiche Gruppe des UOV Burgdorf gemanagt. Willi Aegerter hat viele später erfolgreiche Läufer zum Waffenlauf animiert, wie Martin von Känel oder Markus Graf.
1976 + 1977	Das waren die Jahre von **Charles Blum** aus Oberentfelden. Nach Werner Fischer hat er die Tradition der erfolgreichen Aargauer fortgesetzt. Charles Blum hat insgesamt 9 Tagessiege und 15 Kategoriensiege erzielt. Er war vor allem bei den kürzeren Läufen erfolgreich. Je zwei Siege errang er in St. Gallen, Neuenburg, Zürich und Kriens sowie einen in Altdorf. Charles Blum ist heute noch an Läufen zu sehen, z. B. am Wohlener Sprint-Waffenlauf, nicht als Läufer, sondern als Helfer in der Organisation.
1978 – 1985	In Kriens begann 1977 die beispielhafte Karriere eines Läufers, der diesen Lauf dann auch noch weitere 8 Male hintereinander gewinnen konnte. Ein Läufer, der neue Massstäbe in den Waffenlaufsport brachte. Er hat alle Waffenläufe mehrmals gewonnen und ist Rekordhalter aller Waffenläufe gewesen, ausser dem Frauenfelder. Insgesamt hat er es auf 56 Tagessiege gebracht, etwas, das bis heute nicht mehr erreicht worden ist. Man sagt, dass **Albrecht Moser** es fertig gebracht hat, aus dem «Vaterlandssport» Waffenlauf einen Leistungssport zu machen. Moser hat die Schnelligkeit als Grundlage in den Waffenlauf mitnehmen und damit grosse Erfolge feiern können. Albrecht Moser war Ende der 70er- und während der gesamten 80er-Jahre der Inbegriff des Waffenlaufsports schlechthin. Keiner brachte es auf so viele Meistertitel wie Albrecht Moser. Er ist der Leader in der «Ewigen-Liste der Tagessieger». Bevor Moser zum Waffenlauf wechselte, feierte er grosse Leichtathletik-Siege. So nahm er an den Olympischen Spielen in München 1972 teil. Er war mehrfacher Schweizermeister über 5000 m, 10000 m und im Cross. Heute noch hält er die Bestleistung über die zwar selten gelaufenen 30000 m auf der Bahn. Moser hatte es zunächst schwer, sich unter den Waffenläufern zu etablieren. Vielen war er zu aufmüpfig, weil er ehrlich das aussprach, was viele nicht zu sagen getrauten. Moser stand dazu und fand mehr und mehr Akzeptanz. Dazu wurde Moser auch als Kollege sehr geschätzt. Gemütlichkeit und das Zusammensein unter Kolleginnen und Kollegen nach den Läufen war ihm wichtig.
	Seine grössten Gegner waren vor allem die Hitze und der Föhn, die er mehr fürchtete als die Konkurrenten. Unvergessen bleibt sein letzter Waffenlaufsieg in Freiburg, wo er am 11. September 1988 an seinem 100. Waffenlauf als erster Landstürmler einen Tagessieg realisierte. Kniebeschwerden waren schuld, dass der Berner vom Waffenlauf zurücktreten musste.

1986 + 1987	Albrecht Moser wurde von einem Vereinskollegen abgelöst, einem Läufer, der heute noch aktiv ist und Spitzenränge erzielt und früher als Nationalturner und Schwinger in Erscheinung trat, nämlich **Fritz Häni**, der 1978 seinen ersten Waffenlauf in Wiedlisbach bestritt. 1982 feierte er den ersten Kategoriensieg im Toggenburg und 1985 in Altdorf den ersten Tagessieg. Fritz Häni ist der einzige Waffenläufer, der in jeder Kategorie Schweizer Kategorienmeister wurde. Häni hat es bis Ende 2006 auf 122 Kategoriensiege gebracht, auf so viele wie kein anderer. Vom Herbst 1986 bis Frühling 1987 erreichte Häni 8 Tagessiege in Folge. In der Ewigen-Liste führt er mit seinen 122 Kategoriensiegen mit grossem Abstand vor Albrecht Moser mit 83. In allen Frühjahrsläufen gelang es ihm, im Jahr 2006 in die Top Fünf zu laufen, notabene als 52-Jähriger. Seit mehr als 25 Jahren ist Häni nun als aktiver Waffenläufer dabei und hat den rasanten Aufstieg und den Abstieg des Waffenlaufsports erlebt wie wohl kein Zweiter. Daneben staunt man immer wieder über seine Leistungen als Bergläufer.
1988 + 1991	**Beat Steffen** hat es auf 9 Tagessiege gebracht. Er war ein ausgesprochener Leichtathlet, genauer ein 3000 m Steeple- und Crossläufer und hat es in diesen Disziplinen zu Schweizermeisterschafts-Ehren gebracht. Wie Fischer und Blum stammt auch er aus dem Kanton Aargau. Nicht verwunderlich ist, dass Beat Steffen vor allem in den kürzern Läufen zu Hause war. St. Gallen, Neuenburg, Zürich und Freiburg waren seine bevorzugten Läufe. Beat Steffen wurde zweimal Schweizermeister im Waffenlauf, 1988 und 1991.
1989 + 1990	1988, als Steffen Schweizermeister wurde, hat die Erfolgsgeschichte eines andern Waffenläufers begonnen, der ebenfalls unter den ganz Grossen anzusiedeln ist, nämlich **Hans Furrer**. Er bevorzugte die langen Strecken, insbesondere den Frauenfelder. Aber auch auf allen andern Laufstrecken war er zu Hause. Vom Freiburger 1989 bis und mit dem Wiedlisbacher 1990 gewann er 11 Läufe ohne Unterbruch. Unvergesslich bleibt der 26. November 1989, als Furrer den Rekord in Frauenfeld auf schier unglaubliche 2:38:16 senkte. 1989 war sonst schon ein sehr erfolgreiches Jahr für ihn. Sieg an allen Herbstläufen und so zwischendurch errang er noch den Titel eines Schweizermeisters im Marathon in Tenero (zwischen dem Thuner und dem Frauenfelder)! Hans Furrer war bekannt gewesen als einer, der bis zum Schluss kämpfen konnte und ein Rennen nie verloren gab, beispielsweise im Toggenburg 1990 oder im gleichen Jahr in Reinach. Scheinbar schon klar geschlagen, gelang es dem Luzerner 500 m vor dem Ziel, Häni und Steffen noch zu überholen. Natürlich war neben Frauenfeld der Reinacher einer der schönsten Läufe für Furrer. In seiner Wohngemeinde Rickenbach, durch die der Reinacher führt, war jeweils das halbe Dorf auf den Beinen. Grosse Überraschung dann 1990 in Freiburg. Um 31 Sekunden wurde der Seriensieger von Leo Hufschmid geschlagen. Eine eindrückliche Siegesserie ging zu Ende.
1992	Hans Furrer hat nach seinem Rücktritt am Altdorfer 1990 auch schon sagen können, wer sein Nachfolger werde. Es sei ein sehr ruhiger, überlegter Läufer, einer der seine Energie sehr gezielt einsetze. In Kriens 1990 konnte er als damals 33-Jähriger in seinem 20. Waffenlauf den ersten Tagessieg feiern. 1991 verpasste er noch knapp den Meistertitel, aber 1992 war es dann soweit: **Christian Jost** ist mit seiner Statur von 1,86 Metern der grösste Waffenlaufmeister. 15 Tagessiege hat Christian Jost in seiner Erfolgssportart Waffenlauf erzielt, den ersten in Kriens 1990, den letzten in Frauenfeld 1994. Diesen letzten Tagessieg genoss Jost speziell. Einerseits war es die 60. Austragung des Frauenfelders, anderseits war er nicht als Favorit sondern eher als Aussenseiter gestartet. Dank seiner grossen Routine und den Blasen von Martin Schöpfer reichte es ihm zum Sieg.
1993 – 1996 / 2004	Der Krienser war so etwas wie der Einstieg ins Waffenlaufgeschäft für viele Neulinge. Einige bekannte Läufer haben ihren ersten Waffenlauferfolg in Kriens verzeichnet. So Werner Fischer, Albrecht Moser und Christian Jost.
	Für **Martin von Känel** begann die Erfolgskarriere aber in Altdorf 1991. Er zählt zu den ganz Grossen im Waffenlaufsport und ist heute noch als Siegesanwärter vorne mit dabei. Am Zürcher 2005 hat er seinen 50. Tagessieg erzielen können und hat 2004 nach 1993, 1994, 1995 und 1996 seinen fünften Meistertitel gefeiert. Seit 15 Jahren ist von Känel also an vorderster Front dabei. Dabei hat es der Berner Oberländer immer wieder geschafft, auf mehreren Bühnen zu tanzen, im Waffenlauf und im Berglauf, wo er ebenfalls grosse Erfolge erzielte, Schweizermeister wurde und an internationalen Titelkämpfen teilnahm. Den Thuner Waffenlauf hat Martin von Känel nicht weniger als acht Mal gewonnen. Martin von Känel profitierte während seiner langen Erfolgsserie vom Umstand, dass er nie ernsthaft verletzt gewesen ist. Mit seinem Tagessieg in Frauenfeld fiel auch wieder einmal ein Streckenrekord, nämlich 2.37.37 (bis 2004 Bruno Heuberger 2.35.52 realisierte). Eine Serie, die leider im Spätherbst 2005 jäh zu Ende ging. Von Känel verletzte sich schwer an der Achillessehne.

1997	1997 und 1998 hat er seine Waffenlaufkarriere unterbrochen und auf die Leichtathletik gesetzt. Damit war der Weg frei für neue Leute. Der Neue war 1988 Junioren-Waffenlauf-Schweizermeister geworden. Am 38. Krienser 1993, bei garstigem Wetter und ständigem Regen, also genau den von ihm bevorzugten Bedingungen, gewann er als krasser Aussenseiter seinen ersten Waffenlauf und dachte damals noch kaum daran, einmal Waffenlaufmeister zu werden. 1997 setzte er dann voll auf die Karte Waffenlauf und gewann sämtliche elf Saisonläufe, von Toggenburg bis Frauenfeld. Später hatte er auch viele Erfolge als Bergläufer zu verzeichnen. **Martin Schöpfer,** der gebürtige Entlebucher, legte sich die Grundlagen für seine erfolgreiche Serie schon in der Kindheit. Auf dem Hofbergli aufgewachsen, einem Berghof oberhalb Günsberg bei Solothurn, musste Schöpfer täglich zu Fuss weit hinunter ins Dorf nach Günsberg zur Schule laufen. Als Forstwart holte er sich schliesslich bei seiner täglichen Arbeit die Kraft, die es braucht, um als Waffenlauf-Champion zu reüssieren.
1998	1998 hat er als damals 26-Jähriger an seinem 35. Waffenlauf im Toggenburg seinen ersten Tagessieg erzielen können. Es war der Auftakt zu einer sehr erfolgreichen Saison. Es kamen dann noch die Saisonsiege in Neuenburg, Zürich und Freiburg dazu. Schliesslich reichte das zum ersten und einzigen Meistertitel für **Koni Schelbert** der durch seinen Vater, selbst ein erfolgreicher Waffenläufer, zu dieser Sportart animiert wurde.
1999 – 2003 / 2005	Der Läufer, der in den letzten Jahren den Waffenlaufsport klar dominiert hat, der mit seiner Ausstrahlung, seiner positiven Haltung und auch mit seiner professionellen Einstellung für alle Waffenläufer ein tolles Vorbild bleibt, ist zweifellos **Jörg Hafner** der am Frauenfelder 2005 seinen 50. Tagessieg feierte. Es war die Krönung einer erfolgreichen Saison, die Krönung auch einer aussergewöhnlichen Erfolgsserie. Gleichzeitig war es auf der Höhe seiner Erfolgswelle der Abschied vom Waffenlaufsport. Ein Abschluss, der eine grosse Lücke im Waffenlaufsport hinterlässt. Jörg Hafner ist der Waffenlauf-Dominator der Neuzeit. Seit Albrecht Moser brachte es kein anderer Läufer mehr innerhalb so kurzer Zeit auf so viele Tagessiege (50 Siege in 8 Jahren). 1989 hat der ehemalige Skilangläufer mit einigen Kollegen am Freiburger Waffenlauf teilgenommen. 14 Tage später in Reinach feierte er seinen ersten Tagessieg. Das war der Anfang einer grossen Karriere, die dem Zollbeamten aus dem luzernischen Hasle sechs Meistertitel eingebracht hat. Infolge einer Bandscheibenverletzung musste Hafner 2004 schwer unten durch, fand aber dank grossen Willens und Trainingseifers wieder zu seiner Erfolgsserie zurück. Neben dem Waffenlauf lieferte Jörg Hafner viele erfolgreiche Rennen in den übrigen Laufsportarten. Er verkörperte schweizerische Spitzenklasse bei internationalen Strassenläufen, nahm an der Berglauf-Weltmeisterschaft teil und wurde Schweizermeister im Marathon.
2006	Der legendäre und grossartige Siegläufer Jörg Hafner wurde im Jahr der letzten Schweizermeisterschaft von einem M20er abgelöst. **Patrick Wieser** der sympathische Aadorfer wurde beim Wiedlisbacher Waffenlauf zum ersten Mal Tagessieger. Es folgten weitere Siege sowohl in der Frühjahrs- wie auch in der Herbstsaison. Schliesslich reichte das zum ersten und einzigen Meistertitel für Patrick Wieser. Konkurrenten wie Peter Deller, Ruedi Walker oder Fritz Häni konnten das Nachwuchswaffenlauftalent nicht mehr stoppen. Seit 1998 konnte nie mehr ein Läufer aus der Kategorie M20 den Schweizermeistertitel erobern.
	Damen
1997	**Martha Urfer** war die dominierende Waffenläuferin in den Jahren 1987 bis 1997 mit ihren 88 Siegen bei 101 Starts. Sie wurde 1997 verdientermassen Schweizermeisterin an der zum ersten Mal ausgetragenen Waffenlaufmeisterschaft bei den Damen.
1998 – 2000	**Maria Heim,** die Solothurnerin, kam erst spät zum Waffenlauf und war vorher Schweizermeisterin im Radrennfahren. 1998 errang sie ihren ersten Schweizermeistertitel, In den Jahren 1999 und 2000 konnte die durch Fritz Häni zum Waffenlauf gelangte Verwaltungsangestellte ihren Titel erfolgreich verteidigen.

2001–2004 und 2006	**Marianne Balmer** löste Maria Heim im Jahre 2001 ab. Sie war früher aktive Leichtathletin, Bahnläuferin über die Mittel- und Langstreckendistanzen. Die sympathische Bündnerin mit ihrem eleganten Laufstil fand sofort Anerkennung im Kreise ihrer männlichen Kollegen. Als Davoserin hat sie den Vorteil, ständig in der Höhenlage trainieren zu können, aber auch den Nachteil, dass im Frühling dort lange Schnee liegt und die Anfahrtswege zu den Waffenlaufstätten sehr lang sind. Marianne Balmer dominierte die Waffenlaufszene in den Jahren 2001 bis 2004. Nach einem Skiunfall im Winter 2004/2005 verlief die nächste Saison nicht nach ihren Wünschen. Sie wurde aber trotzdem Kategoriensiegerin bei den Damen 40. Im letzten Jahr der Schweizermeisterschaft setzte sich die vierfache Schweizermeisterin Marianne Balmer selbst die Krone auf. Sie kann nun auf 5 Schweizermeistertitel zurückblicken.
2005	**Claudia Helfenberger** aus Arnegg SG konnte vorübergehend die Davoserin ablösen. Die Triathletin, die durch ihren Mann Engelbert zum Waffenlaufsport gekommen war, ging stets strahlend, top motiviert und unbekümmert an den Start. Ohne dass sie die Strecken gekannt hätte, reihte sie Sieg an Sieg und stellte vielfach neuen Streckenrekord auf. Eine besondere Leistung bot sie am 20. November 2005 in Frauenfeld, als sie als 22. im Gesamt-Klassement in 3:13 Stunden ins Ziel kam

Schweizermeister erzählen

Auf den nun folgenden Seiten erzählen Meister der Gegenwart und der vergangenen Jahrzehnte über sich, ihre Zeit und ihre Erfolge.

Die 2005/06 durchgeführten Interviews geben einen tollen, spannenden und interessanten Blickwinkel in das Leben dieser Dominatoren des Waffenlaufs. Einige durfte ich anlässlich des IGWS-Jubiläumsfestes im Dezember 2005 in Altdorf kennen lernen. Damals fand ja bekanntlich auch die Meisterkür statt. Einige der Dominatoren betreiben immer noch aktiven Sport. So zum Beispiel die Altmeister Moser, Jost, Heim oder Schöpfer.

Bei dieser Gelegenheit möchte ich mich nochmals recht herzlich für die Bereitschaft bedanken, beim «Meister-Interview» mitzumachen.

Werner Fischer (1967)

Gefreiter Werner Fischer, auch jüngeren Waffenläuferinnen und Waffenläufern ist dieser Name noch immer ein Begriff, gewann 1967 den ersten Waffenlauf-Schweizermeistertitel. Der am 1. August 1935 geborene Schreiner und heutige Rentner, welcher als Hobbies Enkelkinder, Ski Alpin, Wandern in den Bergen mit seiner Frau und Reisen mit dem GA angibt, lässt uns im folgenden Interview in sein von Erfolgen und Triumphen übersätes Leben blicken.

Ein kurzer Lebenslauf
Als jüngstes von 8 Kindern wurde ich am 1. August 1935 in Winikon/LU. geboren. Mit acht Monaten verlor ich meinen Vater. Primarschule in Winikon, Sekundarschule in Triengen. 1952 zog ich mit meiner Mutter ins Eigenheim nach Oberehrendingen. Lehre als Schreiner, arbeitete ein Jahr in einer Möbelfabrik, wechselte dann in die BBC. 1956 RS in Aarau. Nach der RS begann ich mit Leichtathletik und Waffenläufen. 1961 heiratete ich Monika Meili. Am 2. August 1962 wurde Tochter Beatrice und am 9. Dezember 1963 Sohn Markus geboren. Ich sang im Kirchenchor Ehrendingen mit, dem ich 18 Jahre als Präsident vorstand. Als Schichtmeister hatte ich die Verantwortung für den Schwertransport auf Schiene und Strasse. Bei der Übernahme der BBC durch die ABB wechselte ich zur Abteilung Turbo Systems, wo ich später die Leitung der Packerei übernahm. Mit 62 liess ich mich pensionieren. Ein schwerer Schlag war der Tod unserer Tochter Beatrice, die am 02.02.03 im 41. Altersjahr starb.

32 Waffenlauf-Tagessiege:
- je 2 Siege in Altdorf, in Frauenfeld und in Wiedlisbach
- je 3 Siege bei Le Locle-Neuenburg und in Reinach
- 4 Siege in Thun
- je 5 Siege in St. Gallen und in Zürich
- 6 Siege in Kriens

Alle Läufe mindestens zweimal gewonnen. Ich hielt alle Streckenrekorde.
- 1967 erster Schweizermeister
- Saison 1967: alle 9 Waffenläufe gewonnen
- 1967/68: 13 Waffenlaufsiege in Folge, dies hat kein Waffenläufer erreicht

Die grössten sportlichen Erfolge
- 1957 Sieg Kat. Senioren I Rund um den Brienzersee.
- 1958 gewann ich alle Strassen- und Geländeläufe der lizenzierten Kategorie B, an denen ich teilnahm.
- 23 Siege, darunter CH-Geländelaufmeisterschaft, Gedenklauf Murten-Freiburg.
- 1961 2. Rang an der CH-Marathonmeisterschaft mit Limite für die Europameisterschaft.
- 1962 Sieger Murten-Freiburg Kat. Elite.
- 1964 3. Rang Rom-Castelgandolfo, 33 km. (bester Ausländer) und 9. Rang Giro di Roma, 20 km.

1968 Meniskus-Operation und Rücktritt vom Spitzensport. Als Hobby-Langläufer mehrmals Aargauermeister. 10 Teilnahmen am Engadiner-Skimarathon (1974 / 107. Rang von 6999 Teilnehmern). 1975 Vasa-Lauf in Schweden (88 km) mit Diplom und Medaille. Dritte Ränge am Alpsteinlauf und am Einsiedler Volkslauf. Als Hobby-Radfahrer bis 300 km an einem Tag (z.B. Furka, Grimsel und Brünig.) Vereinsmeister Veloclub Ehrendingen. Gesamtsieger aller Kategorien. Gen-

1 Frauenfelder 1967:
Stärkung nach dem Sieg mit Ovomaltine

2 Familie Fischer am Fenster ihrer Wohnung (1965)

tlemenrennen in Südfrankreich, gewann 4 von 5 Etappen. Fuhr Paarzeitfahren mit Carlo Clerici (Sieger Giro d'Italia) und René Strehler (mehrfacher Schweizermeister). Erfolgreich als Patrouillenführer Sommer und Winter.

Heute:
Nach vier gescheiterten Operationen an der Schulter nur noch wandern mit meiner Frau in den Bergen und ab und zu eine kleine Velotour.

Bist Du in einem Verein,
wenn ja in welchem und warum?
1956 war ich an der Gründungsversammlung des «UOV oberes Surbtal» dabei. Da in diesem Verein fast keine Wehrsportler waren, trat ich 1958 auch der Mehrkampfgruppe Bramberg Luzern bei. Für mich war neben meinem persönlichen Erfolg auch der Erfolg mit der Gruppe sehr wichtig. Wir waren die einzigen, die dem UOV Burgdorf den Sieg streitig machen konnten. Beide Vereine UOV oberes Surbtal und MKG Bramberg Luzern wurden in der Zwischenzeit wegen Nachwuchsproblemen aufgelöst.

Wie viele Waffenläufe hast Du bereits bestritten?
Von 1956 bis 1968 nahm ich an 57 Waffenläufen teil. Nachstehend: erste Zahl *Jahr*, zweite Zahl *Anzahl Waffenläufe*, dritte Zahl *Anzahl Siege*.
56/3/0 57/3/0 58/2/0 59/2/0 60/2/0
61/2/0 62/2/1 63/3/2 64/9/6 65/7/4
66/9/6 67/9/9 68/4/4.

Wie wichtig sind die Fans am Streckenrand?
Es war schön, so viele Fans am Streckenrand zu haben. Man nimmt sie wahr, hatte aber keine Zeit um allen zuzuwinken.

Für mich waren die Fans aus der Reihe der Waffenläufer wichtiger. Sie unterstützten mich mit einem Händedruck oder einem Klaps auf die Schulter oder guten Wünschen gegen die Übermacht der Burgdorfer.

Was mich während des ganzen Waffenlaufzeit am meisten freute waren die vielen Fans unter den Läufern, die vor dem Start zu mir kamen und sagten «zeig es ihnen». Viele haben mit einem Handschlag oder Schulterklopfen gezeigt, dass sie hinter mir stehen und mir den Erfolg gönnen.

Was war dein schönstes Erlebnis an einem Waffenlauf?
1964 und 1967 organisierten die Behörden nach dem Frauenfelder einen Empfang. Ich wurde am Dorfeingang von den Behörden und allen Vereinen mit Fahnen, der Bevölkerung von Ober- und Unterehrendingen und den Fans überrascht. Nach einem Umzug durchs Dorf wurde ich mit meiner Familie und der Bevölkerung zu einem Umtrunk im Saal Zum Hirschen eingeladen, wo auch die Ehrung stattfand. Leider fanden jeweils nicht alle Fans Platz im Saal. Vom ganzen Vorhaben wusste nur mein Betreuer Hansjürg Hasler. Er chauffierte mich jeweils pünktlich von Frauenfeld an den südlichen Dorfeingang.

Wie bist Du zum Waffenlauf gekommen?
Beim 3000 m-Lauf während der RS in Aarau schlug ich alle Rekruten und das ganze Kader. Unter den Geschlagenen war auch mein Feldweibel Adrian Graf, der schon zwei Jahre alle Waffenläufe bestritten hatte. Ich entschloss mich deshalb, nach der RS am Reinacher teilzunehmen. Da mein Einstand (41. Rang) positiv ausfiel, entschloss ich mich weitere Waffenläufe zu bestreiten und es auch als Leichtathlet zu versuchen.

Was hielt respektive hält dich so lange Zeit am Waffenlauf-Sport?
Die gute Kameradschaft unter den Waffenläufern ist mir von Anfang an aufgefallen. Ich nehme an, dass ich so viele Fans unter den Läufern hatte, weil ich als Einzelgänger ohne die Burgdorfer den Erfolg anstrebte. Dazu ist zu sagen, dass ich zu den Läufern des UOV Burgdorf ein sehr gutes Verhältnis hatte und auch heute noch habe.

Welcher Waffenlauf war dein Lieblingslauf?
Der Krienser den ich sechsmal gewonnen habe. Als gebürtiger Luzerner und Mitglied der MKG Bramberg Luzern, hatte ich hier sehr viele Fans. Das Durchhalten mit meiner Verletzung am Knie nach meinem Sturz 1961 hat mir sicher zusätzliche Fans gebracht. In Kriens gewann ich 1962 meinen ersten Waffenlauf.

Welches sind deine grössten Erfolge?
Sicher meine Siege in Frauenfeld 1965 und 1967. Alle neun Siege 1967 und mein 13 Siege in Folge 1967 und 1968. Auch mein letzter Waffenlauf in Wiedlisbach 1968. Ich startete mit einer Menikusverletzung auf der Hausstrecke der Burgdorfer, die mir nicht besonders lag und es war sehr heiss. Es ging um den 13. Sieg in Folge. Trotz dieser negativen Gründe lief ich

als Sieger in Wiedlisbach ein. Hier setzte ich meine Härte und den Willen zum Siegen ein.

Welches ist deine grösste Enttäuschung?
Der Frauenfelder 1964. Ich hatte eine Superform und 6 Saisonsiege in der Tasche. Bei Lommis fuhr ein Jeep mit dem Fernseh-Team vor mich hin und machte Aufnahmen. Durch das Motorengeräusch hörte ich Gusti von Wartburg nicht kommen und die Fernsehleute warnten mich nicht, denn sie wollten die entscheidende Phase filmen. Die Überraschung war so gross, dass ich den Angriff nicht kontern konnte. Zu meiner Niederlage trug auch der Start an zwei Strassenläufen in Rom bei. Ich lief in zwei Wochen vier Rennen mit total 124 km, was sich bitter rächte. Föhn war auch noch im Spiel.

Welcher war der härteste zu erzwingende Titel?
Ab 1964 war ich jeweils der erfolgreichste Waffenläufer. Leider wurden die Schweizermeistertitel erst ab 1967 vergeben. Trotz meiner 9 Siege ist er mir nicht einfach in den Schoss gefallen. Die vier Siege 1968 vor meinem Rücktritt reichten leider nicht mehr zum Titel.

Deine Erfolge: Schildere selbst!
Diverse Aufgebote für die Nationalmannschaft (Cross des Nations, drei Mal Martini-Cross Brüssel, Cross in Lille und Genf, 30 km Strassenlauf in Assen NL.. Je 6 x Sieger Strassenlauf Neuenhof und Geländelauf Pfeffikon.
1958 Sieger Mehrkampf-Turnier in Brugg. 1. Rang Stadtzürcher Orientierungslauf 1961 Mannschaft.

Mehrmals Aargauermeister: Waffenlauf, Skilanglauf, Geländelauf, auf der Bahn über 5000 und 10 000 m.

Ich stand 8 Tage vor der Divisions-Meisterschaft zum ersten Mal auf Langlauf-Skiern und qualifizierte mich mit der Patrouille für die Armee-Meisterschaft. Mehrmals Sieger an Patrouillenläufen Sommer und Winter. Medaillen an Winterarmeemeisterschaften.

Welche Ratschläge gibst Du einem Anfänger?
Ich habe unzähligen Waffenläufern erzählt wie ich trainierte. Mit diesem Training hatte ich Erfolg, demzufolge war es sicher nicht schlecht. Dazu braucht es auch einen «eisernen» Willen. Regen, Schnee oder Glatteis konnten mich nicht von meinem Trainingsvorhaben abhalten oder das Training vorzeitig abzubrechen. Damit man zum Erfolg kommt, darf man nie einen Wettkampf aufgeben.

Hast Du ausser dem Sport noch weitere Hobbies?
Mein eigenes Einfamilienhaus und dasjenige der Tochter mit grossem Umschwung halten mich auf Trab. Nach dem Tod meiner Tochter übernahm meine Frau während zehn Monaten die Betreuung der Enkelkinder in Spreitenbach. Ich lernte kochen und backen. Jetzt bin ich der Chef in der Küche. Übers Wochenende betreuen wir oft einen Enkel, dann ist spielen angesagt.

Was faszinierte dich am Waffenlauf?
Die Kameradschaft. In welcher Sportart kommt es vor, dass man bald 40 Jahre nach dem Rücktritt noch so regen Kontakt zu ehemaligen Kollegen hat. Zu meiner Geburtstags-Party (60) haben meine Kinder Personen aus meiner Waffenlaufzeit eingeladen. Sie sind alle gekommen, aus Kandersteg, Winterthur, Sonnental/SG usw. Wädi Werthmüller lud mich an seinem 300. Waffenlauf zu einem Apéro nach Wiedlisbach ein, Hanspeter Baltisberger in Altdorf zum Mittagessen, als er das gleiche Jubiläum feierte.

Hast Du uns noch etwas mitzuteilen?
Für mich und meine Frau war es eine grosse Überraschung, dass wir zum Jubiläum 50 Jahre IGWS nach Altdorf eingeladen wurden. Dort stellte ich fest, dass meine sportlichen Erfolge als Waffenläufer noch nicht vergessen sind.

Da kommt mir eine lustige Episode in den Sinn: Viele Jahre nach meinem Rücktritt kam ich mit meiner Familie von einem Ausflug und musste in Zürich umsteigen. Als der letzte Fahrgast ausgestiegen war, hob ich meinen kleinen Sohn Markus und meine Tochter Beatrice aufs Trittbrett. In diesem Moment kamen zwei Frauen, die noch aussteigen wollten. Ich murmelte «man sollte halt nicht schlafen, wenn man aussteigen sollte». Darauf sagte die eine Frau: «Wir haben nicht geschlafen Herr Fischer». Ob dieser «Dusche» habe ich nie mehr solche Bemerkungen gemacht. Das war für mich ein Zeichen, dass ich immer noch einen grossen Bekanntheitsgrad hatte.

Charles Blum (2.v.l.) an der 40. Ehrung 2006 in Oensingen mit alten Kameraden

4 Altmeister Willi Aegerter am Altdorfer Waffenlauf unterwegs

5 Gody Jost besucht seine ehemaligen Schützlinge am Thuner Waffenlauf 1995

Willi Aegerter (1972/1973)

Kurzer Lebenslauf:
Geboren 1945
Lehre als kaufm. Angestellter von 1961 bis 1965
2 Jahre als Chauffeur bei Uhlmann
10 Jahre bei Coca Cola
seit 1976 bei Regina Kaffe als Aussendienstmitarbeiter
Wohnort:
3322 Mattstetten
Anzahl Waffenlauf-Tagessiege: 9
Anzahl Waffenlauf-Kategoriensiege: 11
Sportliche Erfolge (Zivilläufe):
Siege an diversen Geländeläufen und Bergrennen
Heute:
Joggen und Jassen

Bist Du in einem Verein, wenn ja in welchem und warum?
Ja, ich bin Mitglied beim Laufverein Burgdorf 95. Dies vor allem wegen des Vereinslebens und der Kameradschaft.

Wie viele Waffenläufe hast Du bereits bestritten?
111 Waffenläufe.

Wie bist Du zum Waffenlauf gekommen?
Durch den «Waffenlauf-Vater» und langjährigen Trainer und Förderer Godi Jost.

Welcher Waffenlauf war dein Lieblingslauf?
Das war jeweils der Zürcher Waffenlauf.

Welches ist dein grösster Erfolg?
Mein erster Schweizermeistertitel im Jahr 1972.

Welches ist deine grösste Enttäuschung?
Klar, die Disqualifikation am Krienser 1993.

Wer ist dein sportliches und menschliches Vorbild?
Godi Jost!

Welcher war der härteste zu erzwingende Titel?
Mein zweiter Schweizermeister-Titel 1973. Voraussetzung war ein Sieg am «Frauenfelder».

Was faszinierte dich am Waffenlauf?
Die gute und «langlebige» Kameradschaft untereinander. Das kittet zusammen, bis heute!

Charles Blum (1976/1977)

Bist Du in einem Verein, wenn ja in welchem und warum?
Waffenläufe und Geländeläufe habe ich für die MKG Fricktal bestritten. Bahn und Cross für den BTV Aarau.

Wie viele Waffenläufe hast Du bereits bestritten?
Das waren etwa 110 Waffenläufe.

Kurzer Lebenslauf:
Geboren am 7.4.1944 in Glarus, aufgewachsen und Schule in Zofingen. Lehre als Konditor-Confiseur in Aarau. Rekrutenschule 1964 als Übermittler in Freiburg. Heirat im Frühling 1966 mit Silvia, 2 Töchter. Mit dem Sport im Jahre 1966 angefangen mit Gelände- und Waffenläufen. Auf der Bahn war ich aktiv mit dem BTV Aarau. 1974 Vereinsmeister Leichtathletik. 10 Jahre im Aussendienst von Rivella, dann 10 Jahre Aussendienst bei Feldschlösschen. Seit 1996 Wohnberater bei der Firma TopTip in Oberentfelden. Seit 1986 nicht mehr aktiv als Läufer.
Wohnort:
5036 Oberentfelden
Anzahl Waffenlauf-Tagessiege: 9
Anzahl Waffenlauf-Kategoriensiege: 15
Sportliche Erfolge (Zivilläufe):
Etliche Geländelaufsiege, Tagessiege sowie Kategoriensiege. Ein paar Aargauermeistertitel Cross sowie Bahn 5000m und 10000 m. SVM-Schweizermeister mit dem BTV Aarau.
Heute:
Mit Kollegen und Kolleginnen Velo fahren (Rennvelo) und gemütliches Beisammenhöckle

Läufst Du schneller, wenn deine Ehefrau am Streckenrand steht?
Meine Familie am Strassenrand zu sehen mit der Verpflegung war für mich sehr wichtig.

5 Charles Blum

Ob ich schneller mit der Unterstützung war, kann ich mit Ja beantworten!

Was war dein schönstes Erlebnis an einem Waffenlauf?

Eines meiner schönsten Erlebnisse hatte ich am Krienser im Jahr 1975. Ich erinnere mich, als wäre es gestern gewesen. Es war der Tag meines ersten Sieges. Kurz nach dem Start setzten sich Boos, Thüring, Pfister und Heim ab. Anfänglich hatte ich Mühe zu folgen. Plötzlich «Hopp Charly»-Rufe. Diese beflügelten mich und so konnte ich aufholen und mich plötzlich sogar von der Gruppe absetzen. Doch ich fragte mich: «Lassen die da hinten mich nur laufen bis zur Krise, um dann zuzuschlagen?» Ich kam mir vor wie ein gejagtes Reh. «Nur noch über die Brücke und dann bist du am Ziel», redete ich mir ein. Erst hundert Meter vor dem Ziel glaubte ich an meinen ersten Sieg! Ich gab Interviews für Radio und Presse, die Leute jubelten mir zu. Unvergesslich! Nach der Siegerehrung ging ich mit meinen Kameraden «Einen genehmigen», vielleicht waren es auch zwei...! Verdient hatten wir es alle.

Wie bist Du zum Waffenlauf gekommen?

Durch einen Freund. Er hatte seine Überredungskünste spielen lassen. Meinen Einstand bei den «Rucksack-Läufern» gab ich 1964 am Thuner Waffenlauf. Mein grosses Vorbild war damals der bekannte Werner Fischer. Dann und wann fragte ich Zuschauer am Strassenrand nach dem Läufer, der an der Spitze des Feldes gelegen hatte, insgeheim hoffend, der Name Fischer würde erwähnt.

Schliesslich lief Fischer mit einer Zeit von 1.50.14 als Sieger durchs Ziel. An meinem ersten Waffenlauf kam ich nach 3.28.44 im 575. Rang ins Ziel. «Nie mehr einen Waffenlauf; das ist etwas für Verrückte, die sonntags nicht schlafen können», sagte ich mir. Doch ich blieb dem Waffenlauf einige Jahre treu.

Wie sieht die Zukunft des Waffenlaufs deiner Meinung nach aus?

Den Waffenlauf wird es nicht mehr lange geben. Andere Trendsportarten lösen den harten Waffenlaufsport leider ab. Den Frauenfelder wird es vielleicht als Letzter noch einige Jahre geben.

Welcher Waffenlauf war dein Lieblingslauf?

Thun, wegen der Landschaft.

Welches ist dein grösster Erfolg?

Dass ich den Meistertitel von 1976 im Jahr 1977 verteidigen konnte.

Welches ist deine grösste Enttäuschung?

Als ich am Frauenfelder 1976 startete. Ich hatte zeitweise über drei Minuten Vorsprung auf meine Verfolger und wurde in Frauenfeld, ca. 50 Meter vor dem Ziel, von Georg Kaiser noch überspurtet.

Wer ist dein sportliches und menschliches Vorbild?

Zu meiner Zeit war das Werner Dössegger, der Langstreckenläufer. In der heutigen Zeit niemand mehr, es wird zuviel manipuliert.

Deine Erfolge: Schildere selbst!

Als ich mit dem Waffenlaufsport und den Geländeläufen begann, hatte ich nie an eine solch grosse Karriere gedacht. Zweimal Schweizermeister im Waffenlauf und etliche Geländelaufsiege, das hätte ich nie im Traum gedacht. Aber der Appetit kam mit den guten Resultaten und die Erfolge und guten Ränge trafen ein.

Hast Du ausser dem Sport noch weitere Hobbies?

In meinem zweiten Lebensabschnitt sind mir Kameradschaft und Freunde sehr wichtig. Das kann man mit Velotouren und gelegentlichen Stammtischrunden pflegen.

Was fasziniert dich am Waffenlauf?

Zu meiner Zeit war es die Kameradschaft unter uns Waffenläufern. Ob Spitzenläufer oder unter «ferner liefen». Ich empfand auch Freude wenn beispielsweise Urs Heim einen Waffenlauf gewann. Wir genehmigten dann zusammen «einen... oder zwei».

Hast Du uns noch etwas mitzuteilen?

Ein spezielles Erlebnis hatte ich am Wiedlisbacher Waffenlauf im Jahr 1976. Es war ziemlich warm. Das Rennen verlief für mich gut. Ich war an der Spitze bis Solothurn. Dann kam ein Einbruch, ich konnte nicht mehr zusetzen. Vor meinen Augen war es wie bei meinem Fernseher nach Sendeschluss: Flimmern. Die Leute am Strassenrand nahmen mich heraus und päppelten mich wieder auf. Weiterlaufen war nicht mehr möglich. Da kam als erster Läufer Mitkonkurrent Armin Portmann zu mir. Ich übergab ihm mein Getränk, welches ich immer bei mir hatte. Ich forderte die Zuschauer auf, Wasserkübel mit Schwämmen zu organisieren. Drei Stunden oder noch länger verpflegten die Zuschauer und ich alle Läufer. Ich war am Abend müder als wäre ich den Waffenlauf zu Ende gelaufen. Für diesen Einsatz bekam ich erfreulicherweise von den Schweizer Sportjournalisten den Fairnesspreis zugesprochen.

Albrecht Moser (1978/1979/1980/1981/1982/1983/1984/1985)

Kurzer Lebenslauf:
Geboren am 28.01.1945
4 Jahre Primarschule,
5 Jahre Sekundarschule
3 1/2 Lehre als Bauschlosser, heute Gemeindeangestellter
Mit 13 als OL-Läufer begonnen
Ab 17 Geländeläufer mit 30–35 Rennen pro Jahr, erster Länderkampf über 30 km Strasse mit 22 Jahren

Wohnort:
2542 Pieterlen BE

Anzahl Waffenlauf-Tagessiege: 56

Anzahl Waffenlauf-Kategoriensiege: 83

Sportliche Erfolge (Zivilläufe):
Fast nur Podestplätze als Junior bei Feld-, Wald- und Wiesenläufen, 5 x CH-Meister (1 x 5000 m, 2 x 10 000 m, 1 x Cross, 1 x Marathon)
8 x 2. Rang Murten-Freiburg / Schweizer Rekord 25 000+30 000 m Bahn

Heute:
– Laufen als Senior M60 bei den gewohnten Rennen (u.a. alle Kerzers-Läufe)
– seit dem 2. Rennen Sierre-Zinal immer dabei. Rennvelo + MTB, kleine Lizenz, freie Rennen, ca. 15 Starts pro Jahr
– fast nur noch Bergrennen «ich bin am Berg stark!»

Albrecht Moser – Der Seriensieger

Er war Olympiateilnehmer 1972 in München, dreimal Schweizermeister auf der Bahn und einmal im Cross, aber Albrecht Moser hat sich in der Schweizer Laufszene vor allem als Waffenläufer einen Namen gemacht. Von 1978 bis 1985 war er acht Mal in Serie Schweizermeister mit der 7,5 kg schweren Packung, er feierte 56 Tagessiege und 83 Kategoriensiege. Als er nach Abschluss seiner internationalen Karriere, die ihn am Start von 19 Länderkämpfen sah, zu den Waffenläufern wechselte, herrschte dort nicht eitel Freude. Sie mochten es nicht, dass da plötzlich einer kam, der ihnen regelmässig um die Ohren lief. Doch sie mussten sich damit abfinden.

«Brächtu» Moser war ein Bahnbrecher im Waffenlauf. Er ebnete den Weg für viele andere Leichtathleten. Inzwischen hat sich die Situation grundlegend geändert. In den letzten Jahren mussten die Waffenläufer froh sein, wenn der eine oder andere aus der Laufszene den Weg zu ihnen fand. Moser war mit der aus Holland stammenden ehemaligen Spitzensportlerin Marijke van de Graaf verheiratet.

Albrecht Moser ist seit fast vier Jahrzehnten ein fester Bestandteil der Schweizer Laufszene. Auch mit 61 ist er noch unglaublich fit – und er macht immer noch viele Wettkämpfe: Stadtläufe, Strassenläufe, Bergläufe... Beim Matterhornlauf zum Beispiel war er bei allen 23 Austragungen am Start. Die Zeiten der Tagessiege sind vorbei, heute gewinnt er die Kategorie «über 60». Regelmässig nimmt er auch an Bikerennen teil. Albrecht Moser ist Gemeindeangestellter und wohnt seit Jahren in Pieterlen. Alles ist fast noch so wie früher. Nur sein legendärer Bart ist inzwischen weiss geworden.

Quelle: Fit for Life 7/8-06

Wie viele Waffenläufe hast Du bereits bestritten?
Mit den inoffiziellen Toggenburgern + Freiburgern etwa 155, dazu den nur im 1991 durchgeführten Stanser und Berner Waffenlauf.

Wie viele Wettkämpfe bestreitest Du im Jahr?
40–50 inkl. Velorennen (30 Läufe, 15 Velorennen).

Läufst Du schneller, wenn deine Ehefrau am Streckenrand steht?
Motivierter ja, aber schneller?

Was war dein schönstes Erlebnis an einem Waffenlauf?
Mein Sieg im Jahr 1978 in Frauenfeld.

Wie bist Du zum Waffenlauf gekommen?
Durch Trainingskollegen und durch den ersten Tagessieg.

Wie hast Du die viel gepriesene Kameradschaft empfunden?
Ich war immer ein Aussenseiter. Man sah es anfänglich nicht gerne, dass ein beinahe «Unschlagbarer» Waffenläufer wurde. In den mittleren und hinteren Rängen war diese Kameradschaft sicher da. Aber nicht bei den Spitzenläufern. Auch im Verein, dem UOV Wiedlisbach, spürte ich das nicht. Ich konnte keinen Einfluss auf die Gestaltung der Trainings nehmen. Für mich machte man keinen Empfang im Dorf, obschon ich mehrere Male Meister wurde. Es gab viele Rückschläge, die wehtaten. Im «Schweizer Wehrsport» und andern Presseerzeugnissen wurden Leserbriefe gegen mich geschrieben. Auch die IGWS war auf Konfrontationskurs. Ich war nicht beliebt, weil ich zu stark war.

Du bist einer der bekanntesten Meister, eine Legende...
...ja, ich werde oft erwähnt und an den Waffenläufen wollen die OK's mich präsentieren. Doch die Ehrengäste kannten den Moser bereits eine Woche später nicht mehr. Im Toggenburg bekam ich anlässlich meines 50. Tagessieges Gratisstart auf Lebzeiten! Das hat mich riesig gefreut.

Du kannst das Rad zurückdrehen. Würdest Du wieder Waffenläufer werden?
Ja, aber ich würde aber 2–3 Jahre früher anfangen, fast sicher wären es dann 10 Meistertitel geworden.

War auch der Bieler 100-Kilometerlauf ein Reiz?
Ja sehr. Als ich nach Pieterlen gezogen bin, das ja an der Strecke liegt, sagte man mir: «Wenn Du hier wohnst, musst du den Bieler einmal gemacht haben. Und überhaupt, ein echter Läufer startet in Biel». So nahm ich das Training auf und strebte eine Teilnahme an. Training, Training, Training. Doch da traten Probleme auf. Ich konsultierte einen Arzt. Der sagte: «Einmal Biel und dann ist nichts mehr mit Laufsport ... oder noch 30 Jahre laufen!» Ich suchte einen weiteren Arzt auf in der Hoffnung, dieser würde das anders sehen. Doch auch der zweite und dritte Arzt bestätigten mir, Biel liegt nicht drin. «Brächtu ist gut auf kurze Distanzen, aber nicht über 100 Kilometer.»

Wie sieht die Zukunft des Waffenlaufs deiner Meinung nach aus?
Stockdunkel, dem sicheren Tod geweiht, die IGWS wird ja Ende 2006 aufgelöst!

Welcher Waffenlauf war dein Lieblingslauf?
Der Thuner (in der Nähe aufgewachsen), aber auch der Toggenburger, dort war ich zum ersten Mal an einem Waffenlauf und dort wurde ich «laufhungrig».

Welches ist dein grösster Erfolg?
Meine Teilnahme an den Olympischen Spielen 1972 in München, weiter auch die Silvesterläufe in Rio und São Paulo in Brasilien.

Keine Enttäuschungen?
In sportlicher Hinsicht nicht. Aber das mit diesem «Gschtürm» war halt schon schade.

7 Landsturmsieg für Albrecht Moser vor Florian Züger (l.) und Kurt Hugentobler (r.) am 40. Neuenburger Waffenlauf 1988

8 Albrecht Moser am 2. Grand Prix Ferdy Kübler (1990)

Man wollte mich ausschliessen und bewirken, dass Leichtathleten nicht starten durften. Denn früher war Waffenlauf eine eigene Sportart. Da hatten «Fremde» nichts zu suchen. Die IGWS der damaligen Jahre hat viel kaputt gemacht und das war nicht förderlich. Zum Beispiel die «Nichtzulassung» langer Jahre der Frauen oder der Zivilschützer. Manfred Ritter wurde Sieger in seiner Kategorie, doch auf der Rangliste landete er auf dem letzten Platz. Er musste auch ein anderes Tenue tragen weil er Zivilschützer war. In dieser Zeit wären wir Spitzenläufer beinahe 10 Minuten später gestartet, aus Protest gegen diese Diskriminierung.

Leichtathleten im Waffenlauf
Der Waffenlauf hat immer wieder Zuwachs durch Sportler aus der Leichtathletik bekommen, die im Wehrsport neue Massstäbe setzten. Rekorde und Bestleistungen überhäuften sich, wie das Beispiel von Albrecht Moser, einem früheren Leichtathleten zeigt.
Die Laufzeiten der Sieger für sich alleine gesehen spiegeln jedoch nur eine Seite des Waffenlaufs wider. Auf der anderen Seite steht das Gros der Läufer, dem es nicht um Sieg und Namen geht, sondern vielmehr um Selbstbestätigung und Kameradschaft. Den Waffenlauf als «Spitzensport» zu bezeichnen, wäre somit falsch. Für die meisten bleibt er sportliche Freizeitbeschäftigung.

9 Noch immer siegt Fritz Häni. Der Sieg in der Kategorie M50 am Zürcher Waffenlauf 2006 festigte seinen Rekordhalterplatz in der Anzahl Kategoriensiege ein weiteres Mal
10 Altmeister Fritz Häni am Wendepunkt des Wiedlisbacher Waffenlaufs (2002) in Solothurn
11 Fritz Häni und Albrecht Moser im Kampf um den Sieg
12 Hans Furrer (3. von links) in seinem Element, dem Waffenlauf
13 Frauenfelder Militärwettmarsch 1989: Kurz vor Eschlikon sind die Favoriten um die Schweizer Meisterschaft Hans Furrer (links) und Fritz Häni zusammen an der Spitze
14 Hans Furrer in der von Christian Wüthrich angeführten Spitzengruppe (12. Freiburger Waffenlauf 1989)

Fritz Häni (1986/1987)

Deine Erfolge: Schildere selbst!
8 x Waffenlauf Schweizermeister
3 x 2. Platz Sierre-Zinal
8 x 2. Platz Murten-Freiburg
5 x Schweizermeister Leichtatlethik
Teilnahme an den Olympischen Spielen 1972 in München
Silvesterlauf Brasilien
Halbmarathon in Puerto Rico
25 + 30 km Bahnrekorde

Hast Du uns noch etwas mitzuteilen?
Auf Wiedersehen bei einem Strassen-, Berg-, Feld-, Wald- oder Wiesenlauf! Der Waffenlauf ist leider tot! Der Film ist zu Ende!
S'isch schön gsi...

Kurzer Lebenslauf:
– Geboren am 25.12.1954 in Wiedlisbach (Christkind)
– Aufgewachsen im Elternhaus, dem Restaurant und Metzgerei Bürgerhaus, Stammlokal des UOV Wiedlisbach
– Metzger gelernt, gearbeitet bis 1999 im elterlichen Betrieb
– Verheiratet mit Charlotte, 2 Kinder (Manuel + Sabine)

Wohnort:
4539 Rumisberg BE

Anzahl Waffenlauf-Tagessiege: 22

Anzahl Waffenlauf-Kategoriensiege: 122

Sportliche Erfolge (Zivilläufe):
Sierre-Zinal: 2. Gesamtrang
Powerman Duathlon WM Zofingen:
Gesamt-18., 1. Rang Senioren

Heute:
Bergsteigen, Laufen, Skitouren

Was ist am Wichtigsten? Wille, Härte, Talent oder Training
Es braucht alles.

Wie viele Waffenläufe hast Du bereits bestritten?
239 Waffenläufe.

Wie bist Du zum Waffenlauf gekommen?
In meinem Elternhaus «Bürgerhaus», war das Stammlokal des UOV Wiedlisbach, mein Vater war Mitbegründer des UOV Wiedlisbach.

Was hielt respektive hält dich so lange Zeit am Waffenlauf-Sport?
Das «Spezielle», die gelebte Kameradschaft.

Welcher Waffenlauf war dein Lieblingslauf?
Neuenburg, Wiedlisbach.

Worin liegt der Reiz, mit einem Rucksack, einem Sturmgewehr und einem Kampfanzug zu laufen?
Etwas Besonderes zu machen.

Welches ist dein grösster Erfolg?
Schweizermeistertitel 1986 im Auszug und 1987 in der Landwehr sowie 15-facher Kategorien-Schweizermeister (in jeder Kategorie. mindestens einmal)

Hast Du ausser dem Sport noch weitere Hobbies?
Sport füllt mich aus.

Hast Du uns noch etwas mitzuteilen?
«Alles Gute zum Buch!»

Hans Furrer (1989/1990)

Kurzer Lebenslauf:
Geboren 5.11.1951
Aufgewachsen in Mosen/LU. 8 Geschwister, Bauernhof, Lehre Elektromonteur, 1986 Heirat mit Alice Hüsler, 4 Kinder (Sarah, Thomas, Veronika, Elias)

Wohnort:
6221 Rickenbach LU

Anzahl Waffenlauf-Tagessiege: 19

Anzahl Waffenlauf-Kategoriensiege: 34

Sportliche Erfolge (Zivilläufe):
Schweizermeister im Marathon 1989

Heute:
Wöchentliches Jogging 4 x 10 km

Wie viele Waffenläufe hast Du bereits bestritten?
Es werden ca. 90 sein.

Wie viele Wettkämpfe bestreitest Du im Jahr?
Ca. 25–30.

Wie wichtig sind die Fans am Streckenrand?
Sehr wichtig. Viele Fans übertragen positive Kräfte auf einen, was sich als Heimvorteil auswirken kann.

Hast Du keine Bedenken, gesundheitliche Schäden vom Waffenlauf zu bekommen?
Doch, gewisse Gelenkprobleme können sich einstellen.

Was war dein schönstes Erlebnis an einem Waffenlauf?
Mein Sieg in Frauenfeld 1980.

Wie bist Du zum Waffenlauf gekommen?
Ich habe mal am Reinacher teilgenommen und wurde ohne grosses Training 11. im Auszug. Das machte «Gluscht» auf Mehr.

Wie sieht die Zukunft des Waffenlaufs deiner Meinung nach aus?
Vermutlich werden 2 Läufe als Nostalgieläufe überleben, ansonsten ist das Zeitalter Waffenlauf vorbei.

Welcher Waffenlauf war dein Lieblingslauf?
Der Frauenfelder!

Welches ist dein grösster Erfolg?
2 x Waffenlaufschweizermeister
1 x Marathonschweizermeister

Welches ist deine grösste Enttäuschung?
1989, nachdem ich Waffenlauf- und Marathonschweizermeister wurde, mich die IGWS aber nicht zur Wahl des «Sportler des Jahres» vorgeschlagen hat.

Wer ist dein sportliches und menschliches Vorbild?
Sportliche Vorbilder hatte ich eigentlich nie. Bewundert jedoch habe ich immer den äthiopischen Wunderläufer Haile Gebreselassie.

Deine Erfolge: Schildere selbst!
3 x Schweizermeister (2 x Waffenlauf / 1 x Marathon)
19 Waffenlauf Tagessiege (5 x Frauenfeld)
ca. 15 Siege an Bahn- und Strassenläufen.

Welche Ratschläge gibst Du einem Anfänger?
Mach es aus Freude, so werden oder können sich Erfolge früher oder später den Verhältnissen entsprechend einstellen.

Hast Du ausser dem Sport noch weitere Hobbies?
Hegen und Pflegen meines Eigenheimes und meines Waldes.

Was fasziniert dich am Waffenlauf?
Gute Kameradschaft und die Entstehung dieser Sportart, die aus dem Wehrwillen entstanden sein muss.

Hast Du uns noch etwas mitzuteilen?
Eigentlich schade, dass vom EMD (heute VBS) kein Impuls kam, diesem urschweizerischen Sport wieder vermehrt Beachtung zu schenken und eine Überlebensmöglichkeit zu geben!

15 Spitzengruppe am 34. Zürcher Waffenlauf 1991: mit dabei nebst Beat Steffen (2.v.l.) sind Christian Jost, Fritz Häni und Leo Hufschmid

16 Beat Steffen nach seinem Sieg am St.Galler Waffenlauf 1988 zusammen mit Bundesrat Arnold Koller, Leo Hufschmid und Fritz Häni

17 Christian Jost 1996 beim Frauenfelder Militärwettmarsch, gefolgt von den Medien auf dem Motorrad

18 Jost im Kampf gegen die Uhr und wenige Meter vor seinem Verfolger Albrecht Moser beim Wiedlisbacher Waffenlauf (1990)

Beat Steffen (1988/1991)

Kurzer Lebenslauf:
Geboren: 7.10.1954
Aufgewachsen in Rothrist und Oftringen, 3 Geschwister
- Lehre als Mechaniker
- 5 Jahre Leistungssport (Leichtathletik) in Lausanne
- 1 Jahr Polizeiausbildung Kanton Aargau
- 5 Jahre Kantonspolizist in Brugg
- seither Versicherungsberater
- Verheiratet, 2 Söhne (Andreas Jg. 1988 und Thomas Jg. 1989)

Wohnort:
5108 Oberflachs

Anzahl Waffenlauf-Tagessiege: 9

Sportliche Erfolge (Zivilläufe):
2 x Schweizermeister 3000 m Steeple
Diverse Medaillengewinne Cross, 5000 m, 1500 m, Teilnahme als Schweizermeister an der Berglauf WM

Heute:
«Gesundheitssport» 1–2 x pro Woche laufen, Tennis, Skitouren im Winter, biken

Wie viele Wettkämpfe bestreitest Du im Jahr?
Im Frühjahr bestritt ich die Waffenläufe, im Sommer Leichtathletik (Bahn) und im Herbst wieder Waffenläufe. Es waren zwischen 20–25 Wettkämpfe mit den Vorbereitungsrennen.

Was bevorzugst Du, längere oder kürzere Strecken?
Die kürzeren Strecken lagen mir besser. Als Leichtathlet kam ich im Vergleich zum Waffenlauf von den Kurzstrecken.

Was war dein schönstes Erlebnis an einem Waffenlauf?
Mein erster Schweizermeisterschaftssieg und die Zeit danach. Unglaublich, welchen Stellenwert der Waffenlauf zu dieser Zeit (1988) noch hatte, besonders bei uns im Kanton Aargau.

Wie bist Du zum Waffenlauf gekommen?
Ich suchte nach meiner langen Leichtathletikkarriere eine neue Herausforderung. Als Kantonspolizist konnte ich nicht mehr so viel trainieren. Da ich die Aargauer Waffenlaufszene von den Strassenläufen her kannte, wollte ich wissen ob ich das auch kann.

Welcher Waffenlauf war dein Lieblingslauf?
Die kurzen Läufe wie Kriens, Altdorf (ohne Föhn), Neuenburg, Freiburg und St. Gallen.

Welcher war der härteste zu erzwingende Titel?
Der Sieg im Jahr 1991 gegen Christian Jost. Das war psychisch schwer und intensiv.

Wie oft trainierst du noch in der Woche (Tage, Kilometer und Zeitaufwand)?
Heute noch 1–2 x pro Woche, ca. 1 Stunde Dauerlauf.

Hast Du ausser dem Sport noch weitere Hobbies?
Meine Familie, Haus und Garten.

Was faszinierte dich am Waffenlauf?
Es war die Auseinandersetzung mit der direkten Gegnerschaft, aber auch die verschiedenen Streckenführungen und Distanzen. Die eigene Fähigkeit und jene des Gegners zu kennen um dann die Taktik zu wählen. Das war immer sehr interessant.

Hast Du uns noch etwas mitzuteilen?
Es ist schade, dass der Waffenlauf so vor sich hin serbelt und wohl bald ganz verschwindet. Er passt offensichtlich nicht mehr in die heutige Zeit. Zur Folklore sollte der Waffenlauf nicht verkommen. Schade!

Kuriosum

Im Jahr 1991 trat ein seltener, ein kurioser Fall ein. Der Landwehr-Läufer Beat Steffen wurde Schweizermeister, aber nicht Kategoriensieger der Landwehr. Diesen Titel beanspruchte Christian Jost. Laut dem damaligen Reglement war dies möglich. Nach diesem Fall, welcher für einiges Kopfschütteln sorgte, ging man an die Überarbeitung des Reglements. Die Lösung mit Zusatzpunkten für die Ersteinlaufenden wurde jedoch erst 1995 eingeführt. Trotz des alten Zustands kam es in den Zwischenjahren zu keinen solchen «Fällen» mehr.

Christian Jost (1992)

Kurzer Lebenslauf:
Geboren: 10.09.1957
Aufgewachsen auf einem Bauernhof in Spiegel/Bern
Lehre als Landwirt
Mit 27 Jahren Polizeischule Kanton Bern
Stationiert in Wimmis/Verkehrspatrouille/ Verkehrsinstruktor und nun Verkehrsberater, Pol Gfr
Verheiratet mit Ursula, Kinder Martina und Matthias (erwachsen)

Wohnort:
3506 Grosshöchstetten

Anzahl Waffenlauf-Tagessiege: 15

Anzahl Waffenlauf-Kategoriensiege: 61

Sportliche Erfolge (Zivilläufe):
Biathlon Schweizermeister Staffel 1985
Div. Tagessiege an kleineren Geländeläufen
Bestzeit GP Bern 52.07 / 2. Rang
Marathon EM Polizei in Berlin in 2.23.20

Heute:
Triathlon, ab und zu Duathlon oder Bike-Rennen
ca 8–10 Teilnahmen an Strassen- oder Geländeläufen
Ausflüge mit dem Bike und meiner Frau Ursula

Absolvierst Du dein Training allein oder in einer Gruppe?
70% allein, 30% in der Gruppe, je nach Jahreszeit (Sommer/Velo) erhöht sich der Anteil in der Gruppe.

Wie viele Waffenläufe hast Du bereits bestritten?
124.

Wie wichtig sind die Fans am Streckenrand?
Sie sind sicher motivierend.

Welche Startposition ist am besten; vorne, in der Mitte oder hinten?
Je nach Ambitionen.

Was war dein schönstes Erlebnis an einem Waffenlauf?
Der Gewinn des Schweizermeistertitels 1992, errungen mit dem 2. Gesamtrang hinter dem damals amtierenden Marathonmeister Peter Schneider. Tagessiege am Frauenfelder.

Was hielt respektive hält dich so lange Zeit am Waffenlauf-Sport?
Die gute Kameradschaft und tolle Atmosphäre an den Wettkämpfen. Nach 13 Jahren hatte ich allerdings genug, weil ich zunehmend mit Verletzungen zu kämpfen hatte. Dann habe ich meine Packung an den berühmten Nagel gehängt.

Welches ist dein grösster Erfolg?
Als ich 1992 Schweizermeister wurde sowie mein erster Tagessieg am Krienser 1990 gegen den damaligen Seriensieger Hans Furrer.

Welches ist deine grösste Enttäuschung?
Die knappe Niederlage in der Schweizermeisterschaft 1991 gegen Beat Steffen.

Deine Erfolge: Schildere selbst!
Die Erfolge im Waffenlauf bedeuteten viel für mich, weil für den betriebenen Aufwand eine eindrückliche, nachhaltige Genugtuung resultierte. Die spannenden Rennverläufe um einen Tages- oder Kategoriensieg bleiben in guter Erinnerung.

Ein Erfolg war sicherlich mein erster Titel. Die Ausgangslage am «Frauenfelder» 1992 konnte spannender nicht sein. Ich lag nur 2 Punkte hinter meinem Vereinskollegen Martin von Känel. Noch konnte ich jedoch Meister werden. Ich musste «nur» unter den ersten drei und vor Martin klassiert werden. Ich wurde Zweiter hinter Peter Schneider und kam so zu meinem ersten Meistertitel.

Welche Ratschläge gibst Du einem Anfänger?
Seriöse Karriereplanung, dies bedingt Aufbau (Zeit) und Geduld. Das beste Alter für den Ausdauersport beginnt ab 25 Jahren und kann gut und gerne bis zum 40. Lebensjahr gehen.

Hast Du ausser dem Sport noch weitere Hobbies?
Musik.

Was fasziniert dich am Waffenlauf?
Die Einzigartigkeit dieser Sportart.

Hast Du uns noch etwas mitzuteilen?
Waffenläufe verteilen sich auf die ganze Schweiz. Ich habe dadurch eine Beziehung

19 Die Top-Waffenläufer des Jahres 2003 am «Absenden» in Winterthur. Jörg Hafner (1.Rang), Martin von Känel (2.Rang) und Felix Schenk (3.Rang) der Kategorie M30

20 Ein gefragter Mann, der Schweizermeister 2004 Martin von Känel im Gespräch mit dem Waffenlauf-Berichterstatter Ueli Dysli am Altdorfer Waffenlauf 2004

21 Martin Schöpfer am Wiedlisbacher Waffenlauf 2002

22 Martin Schöpfer strebte am Frauenfelder Militärwettmarsch 2006 nochmals einen Sieg an. Er schlug sogar den bereits feststehenden Meister und wurde erst wenige Kilometer vor dem Ziel durch den ihn jagenden Bruno Dähler eingeholt. Er erreichte schliesslich den zweiten Gesamtrang

zu den verschiedenen Landesteilen und Veranstaltungsorten.

Gibt es Erinnerungen an eines deiner schönsten Erlebnisse?

Ja, ein schönes Erlebnis hatte ich bei meinem Meistertitel im Jahr 1992. Am «Frauenfelder» sicherte ich mir den ersten Meistertitel. Beim letzten Waffenlauf der Saison reichte es jedoch nur für Platz 2. Als Erster lief ein Einheimischer ins Ziel, Peter Schneider aus Uzwil. Nach den beiden zweiten Plätzen 1990 und 1991 war dies mein erster Meistertitel.

Meine Rückkehr an meinen Wohnort Grosshöchstetten war eine Triumphfahrt. Meine Frau und Kollegen organisierten einen herzlichen Empfang und ein rauschendes Fest. Ich war überwältigt, denn ich habe eine solche Reaktion an meinem Wohnort nicht erwartet, wohnte ich mit meiner Familie doch erst seit einem Jahr da. Überraschend war auch der Treichlerumzug durchs Dorf. Überall öffneten die Leute die Fenster und staunten über den klangvollen Umzug. Meine Familie und ich wurden vom Unterdorf ins Gemeindehaus begleitet, wo ich vom Gemeindepräsidenten und dem gesamten Gemeinderat empfangen wurde. Bei Speis und Trank und zu lüpfiger Musik fand die Feier ihre Fortsetzung. Das war ein schönes Erlebnis! Unvergesslich!

Die Waffenläufe waren meistens auch gerade die sonntäglichen Familienausflüge. Meine Frau Ursula betreute mich stets an den Läufen, unter mustergültiger Organisation von Willi Aegerter (ehemaliger Waffenlaufmeister und damals Trainer des UOV Burgdorf). Die Kinder Martina und Matthias waren auch mit von der Partie, was für mich eine zusätzliche Motivation bedeutete.

Martin von Känel (1993/1994/1995/1996/2004)

Kurzer Lebenslauf
Geboren: 20.10.1967
Aufgewachsen in Scharnachtal (Kandertal) mit einem Bruder und einer Schwester. Mit meinem Vater viel im Wald holzen. Bereits als 10-jähriger im FC Reichenbach. Nach dem Schulaustritt Lehre als Zimmermann. Nach dem Militärdienst zum Feldweibel habe ich zur Post gewechselt und dort eine Lehre als Zustellbeamter absolviert und zusätzlich auch die Lastwagenprüfung gemacht. Seit 1998 verheiratet mit Theres. Im Jahr 2000 kam Matthias, 2002 Pascal in unserer Familie dazu.

Wohnort:
3713 Reichenbach i.K.

Anzahl Waffenlauf-Tagessiege: 50

Anzahl Waffenlauf-Kategoriensiege: 61

Sportliche Erfolge (Zivilläufe):
Ca. 100 Tagessiege an Strassen- und Bergläufen
1 x Berglauf-Schweizermeister,
9 Jahre im CH Berglaufkader
3. Platz Marathonschweizermeisterschaft in 2h18min
1. Rang Mount Fuji Climbing Race Japan
2004/05 2. Rang Zermatt-Marathon

Heute:
Laufen, Velo fahren, Langlauf

Bist Du in einem Verein, wenn ja in welchem und warum?

Ja, ich bin in der Läufergruppe des LV95 Burgdorf. Willy Aegerter hat mich als jungen Läufer für diesen Verein animiert.

Wie viele Waffenläufe hast Du bereits bestritten?

113 Waffenläufe.

Wie viele Wettkämpfe bestreitest Du im Jahr?

30–35 Wettkämpfe, die zivilen Läufe mit eingerechnet.

Wie wichtig sind die Fans am Streckenrand?

Die Fans sind sehr wichtig! Sie geben dem Rennen die Stimmung. Leider fehlten in den letzten Jahren die Fans immer mehr. Aber an meine Anfangsjahre 1990–95 habe ich noch tolle Erinnerungen, was die Fans betrifft.

Was war dein schönstes Erlebnis an einem Waffenlauf?

Mein schönstes Erlebnis war, als ich an meinem Geburtstag den Krienser Waffenlauf gewinnen konnte.

Wie bist Du zum Waffenlauf gekommen?

Durch einen Arbeitskollegen von der Post.

Worin liegt der Reiz, mit einem Rucksack, einem Sturmgewehr und einem Kampfanzug zu laufen?

11 Mal den Formstand messen zu können und das über Monate verteilt auf verschiedenen Laufstrecken.

20

21

22

Welches ist dein grösster Erfolg?
Meine Meistertitel 1993–1996 und 2004.

**Wer ist dein sportliches
und menschliches Vorbild?**
Adolf Ogi.

Deine Erfolge: Schildere selbst!
1989: Mein erster Waffenlauf in St. Gallen, 80. Rang Auszug (von 280)
1990: 3. Gesamtrang in der Meisterschaft
1992: Vize-Meister hinter Christian Jost
1993–1996 + 2004: Schweizermeister

Hast Du ausser dem Sport noch weitere Hobbies?
Ich arbeite gerne mit Holz. Im Winter auch im Wald (Holzfällen). Sonst der Innenausbau der eigenen Wohnung.

Hast Du uns noch etwas mitzuteilen?
Der Waffenlauf hat mir in meiner Karriere tolle Erlebnisse bereitet. So zum Beispiel 5x Empfang in der Gemeinde Reichenbach mit Kutschenfahrt durchs Dorf, die Musikgesellschaft hat gespielt und einige hundert Bewohner des Dorfes haben mir gratuliert!

Diverse Bundesräte konnte ich durch den Waffenlauf näher kennen lernen und auch sonst viele interessante Leute, welche ich sonst niemals getroffen hätte. Zum Schluss möchte ich noch allen Leuten ganz herzlich danken, welche den Waffenlaufsport so lange organisiert und durchgeführt haben. Danke!

Martin Schöpfer (1997)

Kurzer Lebenslauf:
Geboren: 15.10.1970
Beruf: Forstwart
Wohnort: 4536 Attiswil BE

Anzahl Waffenlauf-Tagessiege: 21

Anzahl Waffenlauf-Kategoriensiege: 24

Sportliche Erfolge (Zivilläufe):
1988 Junioren-Schweizermeister Berglauf
1989 Junioren-Schweizermeister Waffenlauf
1989 Junioren-Vize-Weltmeister Berglauf
1997 Schweizermeister Waffenlauf
2002 Schweizermeister Marathon

Heute:
Strassenrennen (Velo)
Bikerennen

Was ist wichtiger, Talent oder Training?
Eine gute Mischung.

Hast Du keine Bedenken, gesundheitliche Schäden vom Waffenlauf zu bekommen?
Doch, ich habe schon gesundheitliche Schäden (Rücken).

Was war dein schönstes Erlebnis an einem Waffenlauf?
Mein Meistertitel.

Welches ist dein grösster Erfolg?
1997, 11 Starts = 11 Siege.

Wer ist dein sportliches und menschliches Vorbild?
Lance Armstrong.

Welcher war der härteste zu erzwingende Titel?
Der Marathon-Schweizermeistertitel.

Welche Ratschläge gibst Du einem Anfänger?
Zielstrebig trainieren, jeder nach seinen Fähigkeiten.

Hast Du ausser dem Sport noch weitere Hobbies?
Haus und Garten.

Koni Schelbert (1998)

Kurzer Lebenslauf
Geboren: 07.07.1972
In Menzingen aufgewachsen und die Schule besucht. Anschliessend ebenfalls im Dorf eine Lehre als Sanitär-Installateur absolviert. Bereits im Kindesalter (4 ½ jährig) durch den Vater (mittlerweile über 250 Waffenläufe) mit Laufsport in Kontakt gekommen und am Osterlauf in Muri teilgenommen. Als Jugendlicher dann Juniorenwaffenläufe bestritten. Nach der RS als Radfahrer dann mal einen Waffenlauf (Kriens) ausprobiert.

23 Koni Schelbert, der ehemalige Schweizermeister wird von Waffenlauf-Kenner Ueli Dysli anlässlich der Meisterkür 2005 in Altdorf befragt

24 Koni Schelbert (3. v.l.) an einem Toggenburger Waffenlauf in der ersten Verfolgergruppe zusammen mit Fritz Häni, Ruedi Walker, Christian Jost und Felix Schenk

25 Jörg Hafners letzter Lauf. In Frauenfeld holte er sich seinen 50. Tagessieg und sicherte sich damit seinen Schweizermeistertitel 2005

26 Jörg Hafner bei seiner letzten Ehrung. Nach seinem Schmeizermeistertitel 2005 hängte er seine Waffenlaufpackung an den Nagel

Im Frühjahr 2000 zum letzten Mal an einem Waffenlauf gestartet (St. Gallen) und dann für rund zwei Jahre sportlich kürzer getreten. Nach der Ausbildung zum Polizisten wieder mit regelmässigem Training begonnen. Zurzeit aktiver Triathlet im Triathlonclub Hergiswil.

Wohnort:
6313 Menzingen ZG

Anzahl Waffenlauf-Tagessiege: 4

Sportliche Erfolge (Zivilläufe):
6. Rang Hellebardenlauf Sempach 1998
23. Rang Ironman Zürich 2004
115. Rang Ironman Hawaii 2004

Heute:
Sport allgemein, Triathlon, Lesen, Musik hören

Was ist wichtiger, Talent oder Training?
Beides. Am Wichtigsten jedoch Freude daran...

Wie viele Waffenläufe hast Du bereits bestritten?
Ca. 50. Genauer weiss ich das nicht.

Was bevorzugst Du, längere oder kürzere Strecken?
Längere.

Was war dein schönstes Erlebnis an einem Waffenlauf?
Der erste Tagessieg im Toggenburg und das Erringen des Titels.

Welches ist dein grösster Erfolg?
Mein Titelgewinn 1998.

Welches ist deine grösste Enttäuschung?
Die Aufgabe am Frauenfelder 1999.

Deine Erfolge: Schildere selbst!
Die 4 Tagessiege, diverse Kategoriensiege, Podestplätze und gute Platzierungen und Zeiten an zivilen Wettkämpfen.

Hast Du ausser dem Sport noch weitere Hobbies?
Lesen und gut essen.

Was fasziniert dich am Waffenlauf?
Die Tatsache, dass sehr viele Ältere mitmachen, die sonst wohl keinen Sport treiben würden.

Jörg Hafner (1999/2000/ 2001/2002/2003/2005)

Was ist wichtiger, Talent oder Training?
Um erfolgreich zu sein, sind Talent und Trainingsfleiss Grundvoraussetzungen.

Muss ein Waffenläufer bereit sein, «Übermenschliches» zu leisten?
Nein! Er muss aber ehrgeizig, trainingsfleissig sein und eine robuste Gesundheit aufweisen.

Kurzer Lebenslauf
Geboren: 11.09.1965
In Hasle/LU geboren und aufgewachsen. Nach der Primar- und Sekundarschule Lehre als Automechaniker. 1987 Eintritt in die Eidgenössische Zollverwaltung als Grenzwächter. Nach Zusatzausbildung Wechsel 1995 zum «zivilen» Teil der Zollverwaltung. Seither Inspektor bei der Zollkreisdirektion Schaffhausen, Sektion Untersuchung. Seit mehr als sieben Jahren lebe ich mit meiner Lebensgefährtin, Nicole Spiess, zusammen.

Bereits in den Jugendjahren bedeutete für mich Sport sehr viel. Ich betätigte mich als aktiver Fussballer, lizenzierter Skirennfahrer und Skilangläufer und gehörte mehrere Jahre der Jungendriege von Hasle an.

Nach der obligatorischen Schulzeit Wechsel zur Leichtathletik mit Bahnwettkämpfen und Bergläufen mit dem Luzerner Sport-Club, Leitung Roman Bussmann. Als Grenzwächter dann Skilanglauf, zumal Arbeitgeber (Bund) vorteilhafte Trainingsbedingungen gewährte. Als mehrfacher Medaillengewinner an Schweizermeisterschaften beendete ich 1995 meine aktive Skilanglaufkarriere.

Im Herbst 1998 erster Waffenlauf in Freiburg, wurde auf Anhieb Gesamtzweiter. In den folgenden Jahren noch 56 weitere Waffenläufe mit 50 Tagessiegen.

Ende 2005 vom Leistungssport zurückgetreten. Sport bedeutet für mich nach wie vor sehr viel.

Wohnort:
Hasle LU

Sportliche Erfolge:
6-facher Schweizermeister im Waffenlauf (1999 – 2003 und 2005)
Team-Weltmeister im Marathon 2002 (CISM)
Marathon-Schweizermeister 2003
Vize-Schweizermeister im Berglauf (2000)
Vize-Schweizermeister im Halbmarathon (2002)
Vize-Schweizermeister 10 000 Meter auf der Bahn (2005)
8 noch gültige Streckenrekorde an Waffenläufen: Toggenburg, St. Gallen, Neuenburg, Wiedlisbach, Chur, Wohlen (Sprint), Freiburg und Kriens.

Heute:
- Sport allgemein, interessiert an Motorsport, vorzugsweise aber
- im Sommer: Laufen, biken, schwimmen, Kanu
- im Winter: Skifahren, Langlauf, Skitouren

Was ist am Wichtigsten? Wille, Härte, Talent oder Training
Alle Elemente sind wichtig. Nach dem Motto «Ohne Fleiss kein Preis» oder «das Glück lacht bekanntlich dem Tüchtigen».

Wie viele Waffenläufe hast Du bereits bestritten?
57 Waffenläufe.

Wie wichtig sind die Fans am Streckenrand?
Sie gehören zum Wettkampf wie das Salz zur Suppe. Sie werten die Sportart auf.

Was bevorzugst Du, längere oder kürzere Strecken?
Ich hatte nie besondere Vorzüge. Die kürzeren Wettkämpfe brachten insofern einen Vorteil, als sie die Regenerationszeit verkürzten und der nächste Wettkampf rascher wieder vorbereitet werden konnte.

Wie sieht die Zukunft des Waffenlaufs deiner Meinung nach aus?
Nicht sehr rosig. In einer Zeit, wo Trendsportarten boomen, hat die Sportart Waffenlauf kaum mehr eine Chance.

Aus der Zeitung...
Winterthur Marathon 2003 – Waffenläufer Jörg Hafner wird Schweizer Marathonmeister

Winterthur Marathon, Schweizer Meisterschaften, Männer: 1. Jörg Hafner (Hasle LU) 2:22:21. 2. Roger Antoine (Biel) 2:23:51 3. Fredi Marti (Winterthur) 2:30:20. 4. Beat Blättler (Bonstetten) 2:30:33. 5. Bruno Dähler (Gais) 2:31:30. 6. Felix Schenk (Wigoltingen) 2:31:46.
Frauen. 1. Elisabeth Krieg (Muri BE) 2:41:23. 2. Susanne Rufer (Zielebach) 2:44:20. 3. Corinne Schweizer (Ins) 2:50:32.

Eine Premiere gab es für Jörg Hafner (Hasle LU) bei der Marathon-Schweizermeisterschaft in Winterthur. Der Dominator der Waffenlaufszene kam bei seiner zweiten Teilnahme erstmals zu Gold.

Was hielt respektive hält dich so lange Zeit am Waffenlauf-Sport?
Die Sportart Waffenlauf hat Tradition und viele Strecken entsprachen meiner Vielseitigkeit als Läufer. Ich war erfolgreich und war motiviert bis zum Schluss.

Hast Du ausser dem Sport noch weitere Hobbies?
Ja! Als Abwechslung und Ausgleich stand ich im Winter oft auf den Langlaufskis oder fuhr Ski (Alpin). In den Sommermonaten zog ich gelegentlich lange Touren auf dem Mountain-Bike dem Laufen vor.

Der Entlebucher sprengte nach 16 km die Dreier-Spitzengruppe mit dem später zweitklassierten Bieler Roger Antoine und dem Jurassier Yan Orlandi, der in der Folge noch auf Rang 12 durchgereicht wurde. Der 38-jährige Hafner lief von da an einem ungefährdeten Sieg entgegen und stellte in 2:22:21 persönliche Bestzeit auf. Mit Bruno Dähler (Gais, 5.) und Felix Schenk (Wigoltingen, 6.) konnten sich zwei weitere Spitzen-Waffenläufer unter den Top Ten klassieren.

Viktor Röthlin, der am Zürich-Marathon als Zweiter in 2:11:04 eingelaufen war, liess die Meisterschaften im Hinblick auf die WM in Paris aus. Bei den Frauen gewann die Bernerin Elisabeth Krieg zum sechsten Mal den Schweizer Meistertitel im Marathon. Die 42-Jährige setzte sich in 2:41:23 gegen ihre Klubkollegin und ehemalige WM-Zweite im Langdistanz-Duathlon, Susanne Rufer durch.

27 St.Galler Waffenlauf 2006, ein geglückter Saisonauftakt. Doch wer dachte damals daran, dass Wieser der letzte Meister werden würde...

28 Patrick Wieser auf dem «Heimweg» in die Stadtkaserne Frauenfeld. Das Bild entstand am Frauenfelder Militärwettmarsch 2002

29 Die Meisterinnen und Meister unter sich... Der Meister 2006 durfte sich anlässlich der Meisterkür am Absenden in Oensingen verdientermasse in die Reihen der «Legenden» stellen

Welche Ratschläge gibst Du einem Anfänger?
Die Freude muss beim Sporttreiben im Vordergrund stehen. Realistische Ziel setzen, Geduld haben und nichts übertreiben. Eigene Körpersignale nicht ignorieren.

Wie bist Du zum Waffenlauf gekommen?
Nachdem ich bei meinem Waffenlauf-Debüt auf Anhieb auf Rang zwei lief, motivierte mich Fritz Häni für weitere Waffenläufe.

Welches ist dein grösster Erfolg?
Der 50. Tagessieg am Frauenfelder Waffenlauf zur Krönung und zum Abschluss meiner erfolgreichen Sportlaufbahn.

Welches ist deine grösste Enttäuschung?
Als einziger Wermutstropfen bleibt vielleicht, dass ich mich nicht schon früher auf den Laufsport bzw. Waffenlauf konzentriert habe.

Welcher war der härteste zu erzwingende Titel?
Das waren die Titel Nr. 2 und 3 gleichermassen (2000 und 2001).

Was fasziniert dich am Waffenlauf?
Waffenlauf ist einmalig und hat in der Schweiz Tradition. Die Sportart gehörte in seiner Blütezeit landesweit zu den bekanntesten Sportarten überhaupt.

Welches ist das Erlebnis, welches dir jetzt sofort in den Sinn kommt?
Es gibt viele schöne und bleibende Erlebnisse. Mit Sicherheit bleibt unvergessen, als ich an einem Zürcher Waffenlauf von einem Offiziellen auf dem Fahrrad begleitet wurde. Dieser fuhr ständig vor oder neben mir. Kurz vor dem Zieleinlauf – in Führung liegend – bogen wir wegen einer fehlenden Streckenmarkierung in die falsche Richtung ab. Nach zirka 200 Metern bemerkten wir den Irrtum, kehrten nach Überquerung eines Weidezauns mit Wut im Bauch auf die Strecke zurück. Eilend und immer noch in Führung liegend lief ich dann «beruhigt» dem Ziel entgegen.

Patrick Wieser (2006)

Was ist wichtiger, Talent oder Training?
Beides gehört dazu, die Motivation, sich zu bewegen sollte an erster Stelle stehen, dann macht auch das Training Spass.

Wie viele Waffenläufe hast Du bereits bestritten?
34

Wie viele Wettkämpfe bestreitest Du im Jahr?
Natürlich alle Waffenläufe. Daneben absolviere ich ca. 10-15 zivile Läufe.

Wie wichtig sind die Fans am Streckenrand?
Es ist immer schön, wenn eine gute Stimmung entlang der Strecke herrscht, dies motiviert einen und beflügelt einen zu Topleistungen. Die beste Stimmung herrscht in meinen Augen am Frauenfelder, es ist immer

Kurzer Lebenslauf
Am 10.08.1979 erblickte ich das Licht der Welt
bis 1995 aufgewachsen und Absolvierung der obligatorischen Schulzeit in Aadorf
1995–1999 Lehre als Schreiner
1999 Radfahrer RS in Romont FR
2000 UOS Abverdienen als Rdf Kpl
2002 MLT OS
2002–2004 Zeitmilitarist in Freiburg und Thun
März 2004 Absolvierung der Polizeischule bei der Kantonspolizei Zürich
März 2005 Polizist
Seit Sept. 2006 als Protokollführer bei der Staatsanwaltschaft Winterthur / Unterland tätig

Wohnort:
8400 Winterthur + 8355 Aadorf TG

Anzahl Waffenlauf-Tagessiege: 4

Anzahl Waffenlauf-Kategoriensiege: 11

Sportliche Erfolge (Zivilläufe):
1. Rang Transranden-Lauf Schaffhausen 2005 / 2006
1. Rang Rheinfalllauf 2006
5. Rang Rheinfalllauf 2005
4. Rang Rheinfalllauf 2004
2. Gesamt-Rang Clientis Laufcup 2006
3. Gesamtrang Kat M20 ZKB Laufcup 2006
3. Rang Schwarzwald 1/2 Marathon 2006

Heute:
Schwergewicht Waffenlauf, Teilnahme an ca. 15 Zivilläufen, Rennvelo und Biken, Skifahren, Fitnesstraining und Faulenzen

schön, wenn man Tuttwil passiert, in Wil am «Hof» vorbei läuft oder in Frauenfeld im Ziel herzlich empfangen wird.

Hast Du keine Bedenken, gesundheitliche Schäden vom Waffenlauf zu bekommen?
Ich lebe nach dem Motto: «Lebe und geniesse heute, man weiss nie, was einem morgen zustossen kann».
Klar ist die Beanspruchung der Gelenke im Waffenlauf besonders gross, aber wo kann einem in der heutigen Zeit nichts passieren? Lieber leide ich unter einer Sportverletzung als an Schmerzen, verursacht durch Übergewicht.

Wie bist Du zum Waffenlauf gekommen?
Ich suchte nach meiner aktiven Zeit als Biker eine neue Herausforderung und fand diese beim Wehrsport, erst als Militärradfahrer, dann als Waffenläufer.

Du kannst das Rad zurückdrehen. Würdest Du wieder Waffenläufer werden?
Natürlich und wie sagt der Pfarrer in der Kirche: «Bis dass der Tod euch scheidet»!

Wie sieht die Zukunft des Waffenlaufs deiner Meinung nach aus?
Leider nicht sehr erfreulich, doch im Wandel der Zeit wird noch viel Traditionelles verschwinden. Natürlich stimmt mich dies traurig, doch das Schiff ist leider bereits am Sinken und ich sehe keine Rettung nahen.

Welches ist dein grösster Erfolg?
Mein Schweizermeistertitel 2006.

Welches ist deine grösste Enttäuschung?
Sportlich musste ich noch nie grössere Enttäuschungen hinnehmen. Wenn es mal nicht wunschgemäss lief, war dies Ansporn zu mehr Training. Man sollte immer mit der Leistung, welche man erbracht hat, zufrieden sein! Die grösste Enttäuschung ist sicherlich diejenige, dass es mit dem Waffenlaufsport bachab geht. Damit geht eines meiner schönsten sportlichen Kapitel zu Ende.

Deine Erfolge: Schildere selbst!
Meine Erfolge begannen beim ersten Waffenlauf, setzten sich fort und endeten mit dem Schweizermeistertitel.

Welche Ratschläge gibst Du einem Anfänger?
Habe stets Freude am Sport, geniesse die Natur, die Landschaft und als Wichtigstes, die Kameradschaft.
Erfreue dich an deiner eigenen Leistung, der Spass steht im Vordergrund!

Wie oft trainierst Du in der Woche (Tage, Kilometer und Zeitaufwand)?
Sehr unterschiedlich, je nach Wetter, Lust und Laune, zwischen 50 – 120 km. Dazu kommen Besuche im Fitness-Club.

Hast Du ausser dem Sport noch weitere Hobbies?
Mein Beruf, meine Familie und meine Freunde.

Was fasziniert dich am Waffenlauf?
Die Kameradschaft, die Tradition, das spezielle Erlebnis, die Faszination.

Maria Heim (1998/1999/2000)

Wie viele Waffenläufe hast Du bereits bestritten?
30 Waffenläufe beendet, 2 aufgegeben infolge Beinkrämpfen.

Was war dein schönstes Erlebnis an einem Waffenlauf?
Die Überreichung der Hellebarde am Frauenfelder, nachdem ich es 2 Jahre vergeblich versucht hatte, diese zu gewinnen.

Wie bist Du zum Waffenlauf gekommen?
Fritz Häni hat vom härtesten Lauf geschwärmt, dem Frauenfelder. Diesen wollte ich also auch absolvieren und so bin ich dann auch 3 Jahre dem Waffenlauf treu geblieben.

Welcher Waffenlauf war dein Lieblingslauf?
Frauenfelder.

Welches ist dein grösster Erfolg?
Mein bester Waffenlauf war der Frauenfelder 2000.

Welches ist deine grösste Enttäuschung?
Meine Aufgabe am Churer Waffenlauf, in Führung liegend, infolge Oberschenkelkrämpfen.

Welcher war der härteste zu erzwingende Titel?
Der Schweizermeistertitel 1998 in meiner ersten Saison, als ich Martha Urfer mit 4 Siegen in 9 Läufen als erste Schweizermeisterin des Vorjahres entthronen konnte.

30 Maria Heim mit ihrer sehnlichst erkämpften Hellebarde

31 Am 40. St.Galler Jubiläums-Waffenlauf (1999). Einmal mehr heisst die Siegerin: Maria Heim

32 Eine sympathische Siegerin. Claudia Helfenberger, die Schweizermeisterin 2005. Ob sie am St.Galler Waffenlauf 2005 an ein solch grandioses Jahr dachte?

33 Ihren ersten Schweizermeistertitel durfte Claudia Helfenberger zusammen mit Monika Widmer und Sara Helbling (seit September 2006 Sara Koster-Helbling) im Dezember 2005 in Altdorf feiern

Kurzer Lebenslauf

Geboren : 16.08.1970

Nach meiner KV-Lehre zog es mich nach Genf, Montana und Lugano, wo ich teils auch im Servicebereich tätig war. Danach startete ich meine Velokarriere und arbeitete teilzeitlich auf der Gemeindeverwaltung Egerkingen, wo ich auch heute noch tätig bin. Dem Velo folgten der Waffenlauf und auch Duathlon, schliesslich noch Marathon- und Bergläufe. Im letzten Jahr begann ich mit Ski- und Hochtouren sowie Klettern, diesem Hobby «z'Bärg ga» möchte ich nun mehr frönen.

Wohnort: 4616 Kappel SO

Anzahl Waffenlauf-Tages- und Kategoriensiege:

24 Tagessiege, damals gab es nur eine Kategorie bei den Frauen

Sportliche Erfolge (Zivilläufe):

1996 Schweizermeisterin Rad Strasse
3 x Tour de France féminin (bester Gesamtrang Platz 9)
2 x WM-Teilnahme 1994 in Sizilien und 1996 in Lugano
3. Rang Jungfrau-Marathon 2001
1. Rang Frutigen-Adelboden 1999
1. Rang Schilthorn-Inferno Halbmarathon 2004
1. Rang Jura Top Tour 2004
3 x Waffenlauf-Schweizermeisterin 1998/1999/2000

Heute:

Skitouren, Klettern, Hochtouren, Wandern, etwas Velo fahren und Inlinen, Joggen und Stricken

---

Deine Erfolge: Schildere selbst!

30 Waffenläufe, davon 24 gewonnen.

Hast Du ausser dem Sport noch weitere Hobbies?

Sachen stricken.

Was fasziniert dich am Waffenlauf?

Das tolle Klima unter den Läuferinnen und Läufern.

Hast Du uns noch etwas mitzuteilen?

In den Jahren 1997/1998 habe ich krampfhaft Jagd auf die Hellebarde am Frauenfelder gemacht. Die Hellebarde war der Durchgangspreis für alle Kategorienersten in Wil. Zunächst ohne Erfolg, denn das gleiche hatte sich auch Karin Schuch vorgenommen. So lieferten wir uns auf der 1. Streckenhälfte einen erbitterten Kampf, welchen ich zwei Mal gegen sie verloren habe. Auf der 2. Steckenhälfte sind dann beide jeweils fürchterlich eingebrochen und mussten mächtig leiden bis ins Ziel. Als ich 1998 auch den 2. Hellebardenkampf gegen Karin Schuch verloren hatte, schenkte mir Fritz Häni seine gewonnene Hellebarde, das hatte er mir versprochen, falls ich sie nicht selber zu holen vermochte.

In den folgenden 2 Jahren wurde ich dann mit dem Gewinn der Hellebarde und des jeweiligen Tagessieges doch noch gebührend entschädigt.

Claudia Helfenberger (2005)

Im St.Galler Tagblatt gelesen... (Nov. 2005)

Freude am Laufen mit Packung

Die Arneggerin Claudia Helfenberger startet als Favoritin zum «Frauenfelder» 2005. An sechs von sieben Läufen startete sie in diesem Jahr und gewann jedes Mal. Claudia Helfenberger hat Spass und Erfolg im Waffenlauf.

Von Rudolf Käser

Was bei den Männern Jörg Hafner als unangefochtener Seriensieger war, ist in dieser Saison Claudia Helfenberger bei den Frauen. Die 39-jährige Hausfrau und Mutter von zwei Kindern, die zusätzlich im Geschäft ihres Ehemanns mitarbeitet, gilt am Sonntag (Start in Frauenfeld um 10 Uhr) als Favoritin. Sie weiss aber, dass der 42,195 Kilometern lange Lauf eigene Gesetze hat.

Vom Wasser auf die Strasse

Einst war sie Schwimmerin und da sogar Schweizermeisterin. Später hat sie ihr Sporttalent in verschiedenen Laufdisziplinen und im Triathlon entdeckt. Die ehemalige Schwimmerin begann mit Bergläufen, Bergmarathons, Triathlons, Crossläufen, Strassenläufen und schliesslich mit Waffenläufen. Auf die Dauer will sie sich nicht auf eine sportliche Richtung festlegen. «Ich betreibe den Waffenlauf derzeit, weil ich den Plausch daran habe», sagt sie lachend.

Kurzer Lebenslauf

Bin in Steinhausen am 15.03.1966 geboren. Mit 5 Jahren zog meine Familie mit meiner zwei Jahre jüngeren Schwester in die Ostschweiz nach Gossau. Hier verbrachte ich all meine Schuljahre. Nach der Sekundarschule erlernte ich den Beruf eines Hochbauzeichners, bildete Lehrlinge aus und übernahm Bauführungen. Ich wuchs in einer sportlich aktiven Familie auf, leitete während Jahren die Pfadi in Gossau.

Heute bin ich verheiratet. Wir haben zwei Kinder Séline (12 Jahre) und Pascal (9 Jahre), führen ein eigenes Elektrogeschäft in Arnegg und Niederbüren. Ich bin Trainerin der Leichtathletik LAG Gossau.

Anzahl Waffenlauf-Erfolge: 7 Tagessiege, 9 Kategoriensiege, 12 Podestplätze

Sportliche Erfolge (Zivilläufe):
1987: Schweizermeisterin Schwimmen 50 m Brust
2003: 14. Rang EM Duathlon
2003: Sportlerin des Jahres in Gossau
2005: Schweizermeisterin Waffenlauf, Cross-Vize-Schweizermeisterin W30, Berg-Vize-Schweizermeisterin W30, 1. Rang, Cross-Vize-Kantonsmeisterin, Winterthur Halbmarathon, 1. Rang Kreuzegg-Classic, 1. Rang Kastenlauf, 3.Rang LGT Alpin Marathon FL, 3. Rang Graubündenmarathon, 1. Rang Triathlon Zürich W30, Podestplätze an Gelände- und Strassenläufen

Heute:
Mittel- und Langstreckenläuferin
Inlinerin, Tennis, Triathlon, Langlauf, Skifahren, LA-Trainerin

Weniger zu lachen gibt es, wenn Claudia Helfenberger, mit Unterstützung ihres Ehemanns, in Gossau gegen 30 Kinder der Leichtathletikgruppe LAG Gossau trainiert. Sie bietet dem Nachwuchs zwar ein diszipliniertes, aber mit spielerischen Elementen geprägtes Training. «Kinder bedeuten mir viel. Ich möchte ihnen gerne die Freude am Sport weitergeben.»

Etwas Einzigartiges

Wie ist die Arneggerin überhaupt dazu gekommen, neben doch eigentlich leichteren Zivilläufen beschwerliche Waffenläufe zu bestreiten? «Grundsätzlich betrachte ich zivile Läufe nicht als weniger anstrengend, weil da, ohne Packung, doch noch einiges schneller gelaufen wird.» Vorgemacht, wie Waffenläufe bestritten werden, hat ihr der Ehemann. «Ich habe ihn jeweils an Waffenläufen betreut. Beim Toggenburger Waffenlauf vor zwei Jahren habe ich gesagt: Den will ich auch einmal machen.» Dabei lief sie auf Anhieb aufs Podest.

Im vergangenen Jahr erreichte Claudia Helfenberger in den Läufen mit der Packung immer wieder Spitzenklassierungen. 2005 war sie nicht mehr zu stoppen und liess ihre Gegnerinnen jeweils hinter sich. Im Moment ist sie von dieser Sportart begeistert. «Das ist für mich eine riesige Herausforderung. Ich empfinde diesen Sport als einzigartig, weil es ihn in dieser Art eigentlich nur in der Schweiz gibt.»

Weniger Beachtung

Sie werde nicht belächelt, weil sie als Frau einen aussergewöhnlichen Sport betreibe. Aber sie bedauert, dass die Waffenläuferinnen in den Medien weit weniger beachtet werden als ihre männlichen Kollegen. «Frauen kommen da sowohl beim Waffenlauf wie bei allen Laufsportarten zu kurz.»

Die Zahl der jährlichen Waffenläufe hat sich von zwölf auf acht reduziert. Nicht wenige prophezeien dem anforderungsreichen Lauf mit Packung in einigen Jahren das Ende. Darüber macht sich die Arneggerin nicht allzu viele Gedanken. «Ich werde diesen Sport kaum betreiben, bis es ihn nicht mehr gibt.» Denn, sie habe viele sportliche Interessen und wisse noch nicht, was sie in einigen Jahren tun werde. Vorderhand zählen neben Waffenläufen Bergläufe und insbesondere Bergmarathons zu ihren bevorzugten Sparten. «Und vielleicht werde ich auch wieder vermehrt auf Triathlon setzen.»

Der Körper ist die Uhr

Claudia Helfenberger hat den «Frauenfelder» noch nie bestritten. Sie lief lediglich einmal den dem «Frauenfelder» angegliederten Halbmarathon. Für sie ist der längste Waffenlauf Neuland. Sie will sich zeitlich deshalb nicht festlegen und plant keine Überprüfung durch die Uhr. «Ich werde in erster Linie auf meinen Körper hören.» Sicher werde sie sich aber nicht so stark verausgaben, dass die Gesundheit darunter leide, sagt sie.

So, wie sie sich für den «Frauenfelder» vom Sonntag nicht festlegt, so tut sie das auch nicht, was ihre sportliche Zukunft betrifft. Sie sei nicht die «vergiftete» Läuferin, finde diesen Sport aber einfach schön. «Die

Waffenläufe sind fast durchwegs auf schönen Laufstrecken angelegt. Das behagt mir mehr als die harten Strassen etwa bei Stadtläufen.»

Wie viele Waffenläufe hast Du bereits bestritten?
Bisher 12.

Läufst Du schneller, wenn Dein Ehemann am Streckenrand steht?
Ja, das gibt einen zusätzlichen Motivationsschub (Kinder, Freunde, Eltern).

Wie wichtig sind die Fans am Streckenrand?
Sie sind eine zusätzliche Unterstützung.

Was war dein schönstes Erlebnis an einem Waffenlauf?
Der Durchlauf in Wil und der Zieleinlauf in Frauenfeld und Wiedlisbach. Da wusste ich, ich hab's geschafft und bin zum ersten Mal Schweizermeisterin im Waffenlauf, wobei ich anfangs Jahr nie damit gerechnet habe und eigentlich meine Sportkarriere nach Verletzungen und abermals Verletzungen beenden wollte.

Wie bist Du zum Waffenlauf gekommen?
Durch meinen Vater, der die ersten Waffenläufe lief und durch meinen Mann, den ich betreute. Beim allerletzten Toggenburger Waffenlauf, sagte ich mir, den will ich zum Abschluss auch Mal laufen und nicht «nur» am Strassenrand stehen. Zu meinem Erstaunen lief ich direkt aufs Podest. Das war der Anfang ...

Wer ist dein sportliches und menschliches Vorbild?
Der Triathlet Oliver Bernhard.

Welcher war der härteste zu erzwingende Titel?
Die EM 03 in Affoltern a.A.. im Duathlon, bei eisiger Kälte regnete es ununterbrochen.

Hast du ausser dem Sport noch weitere Hobbies?
Ja, Familie, Musizieren, Werken, Kunst.

Hast du uns noch etwas mitzuteilen?
Genau auf den Tag nach 5 Jahren, als ich während des Velotrainings von einem Auto angefahren wurde und niemand mehr dachte, dass ich je wieder Leistungssport betreiben könnte, durfte ich 2005 das Diplom für den Schweizermeistertitel in Altdorf in Empfang nehmen.

Das war ein Dank an meinen Arzt, Physio-Therapeuten und an meine Familie, die mich stets tatkräftig unterstützen.

Marianne Balmer Knöpfli (2001/2002/2003/2004/2006)

Wie viele Waffenläufe hast Du bereits bestritten?
Bis Ende 2005 42 Waffenläufe.

Wie viele Wettkämpfe bestreitest Du im Jahr?
Von 1981–2005 habe ich 521 Wettkämpfe beendet und an 5 musste ich aufgeben.
Im Schnitt sind das 21,7 Wettkämpfe pro Jahr.

Läufst Du schneller, wenn Deine Familie am Streckenrand steht?
Speziell freue ich mich über meinen Sohn, der sich grosse Mühe gibt, ein Stück mit mir zu laufen. Schneller laufe ich jedoch deswegen nicht. Ich freue mich jedoch auf die positiven Zurufe, Verpflegung und die Information über die Zeitabstände zu meiner Konkurrenz.

Was war dein schönstes Erlebnis an einem Waffenlauf?
Mit Monika Widmer ein Kopf-an-Kopf-Rennen und im Ziel trotzdem gute Kolleginnen sein.

Wie bist Du zum Waffenlauf gekommen?
Im Jahr 1999 bestritt ich in Chur meinen ersten Waffenlauf. Ich hatte ein gutes Verhältnis mit den damaligen Organisatoren und so liess ich mich für eine Teilnahme überreden. Dass ich allerdings siegen würde, daran habe ich nicht gedacht.

Was hielt respektive hält dich so lange Zeit am Waffenlauf-Sport?
Die Freundschaften, die einmalige Stimmung an den Wettkämpfen, der Zusammenhalt der Teilnehmer auch ausserhalb der Waffenläufe

---

Kurzer Lebenslauf
Geboren: 28.08.1960
Als viertes von acht Kindern im Jahr 1960 in Raat (ZH) als «Buuremeitli» geboren. Nach der Schulzeit in Zürich Lehre als Hauspflegerin, anschliessend einige Reisen und Sprachaufenthalte. Nach einer Anstellung als «Kutscherin» ein Praktikum im Spital, 1988 Heirat mit Bruno Knöpfli, im Jahr 1989 Umzug nach Davos. Beruflich bedingt durch meinen Ehemann lebte die ganze Familie 1993, 1996–1998 im Ausland.

Anzahl Siege und Rekorde:
32 Mal 1. Platz
9 Mal 2. Platz

Kategoriensiege:
39 (3 x 2. Rang, damals gab es nur eine Kat. 7 x den 2. Rang, damals gab es jedoch 2 Kategorien und somit habe ich die Kategorie gewonnen.

Streckenrekord Frauen:
Chur 1999, St. Gallen 2002, Neuenburg 02, Zürich 03, Wiedlisbach 03, Freiburg 02, Reinach 02, Thun 04 + neue Strecke 05,06

Sportliche Erfolge (Zivilläufe):
SM-Bahn
1. Rang Staffel 3 x 800 m 1989
2. Rang 3000 m 1990
2. Rang 10 000 m 1996
div. 3.–5. Ränge SM-Bahn
1500/3000/5000/10000m und Staffel
1. Rang Indoor SM-Triathlon 1988
6. Rang Europameisterschaft Duathlon 1990
div. 3.–4. Ränge SM-Duathlon
div. Kantonaltitel 800/1500/3000m und Cross ZH, GR
1. Rang 10 000 m 1999 Senioren-SM

Heute:
Waffenläufe, Zivilläufe, Langlauf, Velo, Mountainbike, Schwimmen, Inlineskaten, Schneeschuhlaufen, Skifahren, Nordic Walking
Familie, Tiere, Lesen, Garten

---

und die Fahrgemeinschaft. Alleine würde ich mit unserem grossen Auto aus ökologischen Gründen kaum so weit an einen Wettkampf fahren.

34 Die Top-Waffenläuferinnen des Jahres 2003 am «Absenden» in Winterthur. Marianne Balmer (1.Rang), Monika Widmer (2.Rang) und Monika Farner (3.Rang)

35 Marianne Balmer beim letztjährigen Frauenfelder Militärwettmarsch 2006 zusammen mit Lokalmatadorin Monika Widmer

Du kannst das Rad zurückdrehen. Würdest Du wieder Waffenläuferin werden?

Ja ich würde sicher wieder Waffenläuferin werden, denn ich hatte so schöne Erlebnisse im Zusammenhang mit dieser Sportart.

Wie sieht die Zukunft des Waffenlaufs deiner Meinung nach aus?

Leider nicht rosig! Es gibt zu viele Sportarten, bei denen man sich weniger anstrengen muss oder hinter einem Team «verstecken» kann.

Deine Erfolge: Schildere selbst!

Ich lief wie an den Zivilläufen mutig an und da ich am Anfang immer etwas laut atme, versuchten zwei Waffenläufer mit gut gemeinten Ratschlägen mein Tempo zu drosseln. Ich liess mich jedoch nicht beirren, da ich über manche Jahre Wettkampferfahrung verfügte. Im Ziel gratulierte mir dann einer der Männer herzlich und entschuldigte sich für seine Fehleinschätzung.

Welche Ratschläge gibst Du einem Anfänger?

Packung sehr gut anpassen. Bluse in die Hosen und die beiden Kleidungsstücke mit dem speziellen Verschluss verbinden.

Was fasziniert dich am Waffenlauf?

Die vorherrschende Kameradschaft ist einer der Hauptgründe, dass ich Waffenläufe bestreite. Ob alt oder jung, alle unterstützen sich gegenseitig und dies empfinde ich als einzigartig. Wegen der bevorstehenden Wettkämpfer kann ich mich immer wieder neu für die Trainings motivieren und dabei das Lauferlebnis in der freien Natur geniessen. Die Jahreszeiten bewusst zu erleben und die Tier- und Pflanzenwelt zu beobachten, finde ich einfach grossartig!

Balmer siegt erneut und sichert sich den Meistertitel

BZ 24.10. 2001

Beim Krienser Waffenlauf fiel am Sonntag eine weitere Meisterschaftsentscheidung: Marianne Balmer sicherte sich mit ihrem siebten Saisonsieg den Titel. Weil die Davoserin nämlich einen Start am «Frauenfelder» in Betracht zieht, kann sie nicht mehr eingeholt werden.

gg.- Acht Starts, sieben Siege und ein zweiter Platz: So lautet Marianne Balmers eindrückliche Bilanz. Im Gegensatz zum Altdorfer Waffenlauf ging die Bündnerin die 19 Kilometer in Kriens bei misslichen Verhältnissen verhalten an, was sich in der Endzeit auch auszahlen sollte. Betrug der Vorsprung auf ihre härteste Konkurrentin, Monika Widmer aus Matzingen, nach zehn Kilometern erst eine halbe Minute, so konnte ihn die Davoserin auf der zweiten Streckenhälfte auf 2:09 ausbauen. Balmer realisierte nicht nur einen souveränen Sieg, sondern sicherte sich auch vorzeitig den Meistertitel. Theoretisch könnte sie von der an zweiter Stelle liegenden Widmer zwar noch abgefangen werden, doch bei acht zählbaren Resultaten, dürfte dies unwahrscheinlich sein.

Nach dem Lauf sassen die beiden besten Waffenläuferinnen dieser Saison noch zusammen, und dabei entschloss sich Balmer, auch den über 42,195 Kilometer führenden «Frauenfelder» vom 18. November zu bestreiten. «Wegen dem in zwei Wochen stattfindenden 'Thuner' muss ich wohl zuerst mit dem Familienrat tagen. Da ich lange Zeit in Bern gewohnt habe, würde mich ein Abstecher ins Berner Oberland schon reizen», so die Bündnerin.

Niederberger zum ersten Mal in den Top Ten

Sein Wunsch, einmal in die Top Ten der Kategorie M50 zu laufen, ging für Hans Niederberger in seiner ehemaligen Heimat in Erfüllung. «Ich hatte ein gutes Gefühl und ging das Rennen verhalten an. Erst nach Streckenhälfte verschärfte ich das Tempo und überholte einen Läufer nach dem anderen», analysierte Niederberger seinen Auftritt in Kriens.

Einen weiteren klaren Tageserfolg feierte Jörg Hafner. Der erfolgreiche Titelverteidiger kam mit 1:07:57 Stunden trotz der misslichen Bedingungen nahe an den Streckenrekord des in der Kategorie M30 Zweitplatzierten und früheren Schweizer Meisters Martin von Känel heran. «Dies war mein letzter Waffenlauf in dieser Saison. Im Hinblick auf die Selektion für die Cross-Europameisterschaft in Thun bestreite ich am 10. November und den Glarner Stadtlauf, und Ende Jahr geht es wegen der neuen Saisonplanung über die Bücher.»

In der Kategorie M20 setzte sich mit Mischa Ebner der Favorit durch. Nicht gelungen ist dies Fritz Häni (M40), der seinen 101. Klassensieg einschieben musste; sein Vereinskollege Niklaus Scheidegger war nämlich zehn Sekunden schneller. In der ältesten Kategorie feierte der wieder erstarkte Kudi Steger bei seinem 222. Waffenlauf einen weiteren Sieg.

Eine Klasse für sich: Marianne Balmer lässt den Konkurrentinnen in der laufenden Waffenlauf-Meisterschaft nicht den Hauch einer Chance.
Bild Max Rüegg

Auszug aus der Rangliste
Damen: 1. Marianne Balmer (Davos) 1:25:11. 2. Monika Widmer (Matzingen) 1:27:20.3. Denise Probst (Thun) 1:31:48.
M20: 1. Mischa Ebner (Tuttwil) 1:11:09. 2. Stefan Marti (Niederbipp) 1:16:43. 3. Bernhard Fiechter (Rumisberg) 1:17:07. – Ferner: 20. Patrick Kessler (Sagogn) 1:26:13. 34. Ulrich Jäggi (Bad Ragaz) 1:36:10. 40. Gian Rico Keller (Pignia) 1:54:02.
M30: 1. Jörg Hafner (Hasle LU) 1:07:57. 2. Martin Von Känel (Reichenbach i. K.) 1:09:18. 3. Ruedi Walker (Flüelen) 1:09:49. – Ferner: 94. Paul Brügger (Thusis) 1:44:25. 122. Roberto Panizzolo (Landquart) 1:59:29.
M40: 1. Niklaus Scheidegger (Wiedlisbach) 1:13:23. 2. Fritz Häni (Rumisberg) 1:13:34. 3. Fredy Pfister (Rickenbach TG) 1:13:44. – Ferner: 14. Rolf Gyr (Igis) 1:20:21. 63. Edvin Schnoz (Rueun) 1:36:50.
M50: 1. Kudi Steger (Vilmergen) 1:21:14. 2. Robert Soltermann (Niederuzwil) 1:21:38. 3. Silvio Garttoni (Luzern) 1:22:16. – Ferner: 10. Hans Niederberger (Sagogn) 1:26:13. 34. Ulrich Jäggi (Bad Ragaz) 1:36:10. 40. Mitar Cvorovic (Pontresina) 1:37:45. 121. Robert Caminada (Vattiz) 2:08:44.
Zivillauf (gleiche Strecke): 1. Edgar Rodrigues (Portugal/Schattdorf) 1:06:24. 2. Isidor Christen (Ebikon) 1:08:04. 3. Josef Stadelmann (Luthern) 1:09:59.

Impressionen ... Trinken

36

37

38

39

36 Wichtig an jedem Waffenlauf, die Getränkestände

37 Auch an einer Waffenlauf-Ehrung wird getrunken, ob dies für die Frühjahrsform förderlich ist?

38 Nach einem Jubiläum darf auch mal etwas anderes getrunken werden statt nur Wasser und Tee

39 Am Ziel warten hilfsbereite Soldaten und verteilen nebst warmen Decken auch Tee, Wasser und isotonische Getränke

Trinken ... trinken ... trinken ...

Werner Fischer erzählt aus seinem Leben ...

Füs Werner Fischer aus Oberehrendingen AG ist mit Jahrgang 1935, seinen 58 Waffenläufen, davon 32 Tagessiege, noch immer aktiv bei den Waffenläufen dabei. Zwar nicht mehr als Wettkämpfer, sondern als Zuschauer. Nicht nur den Älteren, nein auch den Jüngeren ist Werner Fischer ein Begriff. Im letzten Meisterschaftsjahr war er an allen Waffenläufen anzutreffen. Fischer war Mitglied bei den Vereinen MKG Bramberg Luzern und UOV oberes Surbtal.

Für das Buch «Mythos Waffenlauf» öffnete Werner Fischer seine Alben und erzählte aus vergangenen Tagen. Es kommen ernste, humorvolle aber auch triumphale Geschichten zum Vorschein. Die folgenden Seiten beleuchten die grossartige Vergangenheit des ersten Waffenlauf-Schweizermeisters Werner Fischer.

Als Autor dieses Buches hat es mich riesig gefreut, Werner kennenzulernen. Werner Fischer ist ein sympathischer, bescheiden gebliebener Mann. Zum Gelingen dieses Buches hat er mit seinen Beiträgen massgeblich beigetragen. Danke Werner!

1954 Weil ich zu wenig Brustumfang hatte, wurde ich an der Rekrutierung um ein Jahr zurückgestellt.

1955 Meinem Wunsch, bei den Sappeuren eingeteilt zu werden, wurde nicht entsprochen. Weil die sportlichen Leistungen bei der Rekrutierung sehr gut waren, teilte man mich bei den Füsilieren ein.

1956 Im Frühling absolvierte ich, bei zeitweise eisiger Kälte, die RS in Aarau. Weil ich feststellte, dass ich Talent zum Laufen habe, nahm ich nach der RS am Reinacher teil.

1957 Beim Wiedlisbacher 1957 lief ich als 14. durch Solothurn. Ich war total fertig, als Hermann Meier vom UOV oberes Surbtal neben mir auftauchte und fragte: «Was ist los mit dir?» «Ich habe keine Kraft mehr», antwortete ich ihm. Er fragte mich, ob ich nichts zum Verpflegen hätte. Ich nahm am Verpflegungsstand etwas zu mir und goss bei jeder Gelegenheit Wasser über meinen Kopf. Nach Solothurn lag ich auf Platz 21. Kurze Zeit später überholte ich Hermann. Jedes Mal wenn ich einen Läufer überholt hatte, nahm ich den nächsten ins Blickfeld. Ich lief an meinem vierten Waffenlauf als Siebter durchs Ziel. In der Garderobe sagte Hermann Meier immer wieder: «Schaut her, das ist der kommende Mann beim Waffenlauf». Es war mir damals peinlich und ich war froh, dass ich in die Dusche verschwinden konnte.

1959 Der Nati-Trainer der Schweizer Leichtathleten fragte ein Mitglied des STV Baden, bei welchem Verein ich Mitglied sei und ob im Kopf von mir alles stimme! Ich hätte an der Geländelauf-Schweizermeisterschaft die Chance an der Spitze mitzulaufen, zog dann aber den Start an einem Waffenlauf vor.

Weil ich mit Schmerzen im linken Fuss vom WK in den Urlaub ging, überlegte ich mir, ob ich am Murianer Geländelauf teilnehmen sollte. Mir war bekannt, dass der Sieger einen grossen Pokal erhalte, deshalb entschloss ich mich zum Start und lief mit grossen Schmerzen als Sieger ein. Als ich am Sonntagabend wieder in den WK einrückte, meldete ich dies meinem Kadi. Da ich jeweils als Sanitäter eingesetzt wurde, sagte er mir, dass ich am Morgen mit der Sanitätskiste zum HG-Werfen aufs Feld müsse, dort könne ich mich beim anwesenden Truppenarzt melden. Nach der Untersuchung befahl mir der Arzt, meinen Fuss einzubinden. Dazu gab er mir eine schwarze Salbe und Dispens für drei Tage. Nach diesen drei Tagen bin ich trotz Schmerzen wieder mit der Truppe ausgerückt. In der dritten WK-Woche waren zwei Patrouillenläufe auf dem Programm. Den ersten über ca. 11 km gewannen wir. Beim zweiten über 25 km verpassten wir eine Brücke über einen Fluss, so dass es etwa 30 km wurden. Dennoch schaute ein zweiter Rang heraus. Weil die Schmerzen nicht nachliessen, ging ich nach dem WK zum Präsidenten des STV Baden, der Arzt war. Dieser stellte einen Ermüdungsbruch am mittleren Fussknochen fest und verpasste mir für sechs Wochen einen Gips. Am nächsten Tag setzte ich mich mit meinem Gips, den ich in einen Plasticsack steckte, aufs Motorrad und fuhr nach Aarau ins Geschäft meines Kadis. Die-

> *Ein richtiger Waffenläufer...*
>
> *...bevorzugt den «Frauenfelder» (42.195km), weil zum Beispiel beim «Wohlener» (11km) muss er zu schnell laufen.*

1 Werner Fischer anlässlich der IGWS-Meisterkür 2005 in Altdorf im Gespräch mit den ehemaligen Schweizermeister Fritz Häni und Maria Heim

2 Zürcher Waffenlauf 1966

3 St. Galler Waffenlauf 1968

ser wunderte sich über meinen Gips und konnte nicht glauben, dass ich mit dieser Verletzung zwei Wochen WK überstanden hatte. Im Nachhinein muss ich sagen, dass der vom Truppenarzt verordnete Verband mit schwarzer Salbe keine Wirkung haben konnte.

1962 Obschon es beim Bülacher Waldlauf eine Kategorie Waffenläufer gab, meldete ich mich bei der Elite an.
Mein Bruder Hans beklagte sich, dass in der Kategorie Waffenläufer jeweils viele Läufer starten, die noch nie einen Waffenlauf bestritten haben. Dieses Problem war mir bekannt, denn es gab viele Läufer, die sich in jener Kategorie anmelden, wo sie die grössere Chance für einen Sieg sahen. Ich sagte meinem Bruder, dass ich versuchen werde, diesen Burschen die Suppe zu versalzen. Deshalb löste ich auch eine Startkarte der Kategorie Waffenläufer. Nachdem ich bei der Elite als Sieger durchs Ziel gelaufen war, wechselte ich meine Startnummer aus und stellte mich ins wartende Feld. Auch hier lief ich als Sieger ein. Bevor der OK-Präsident mit dem Rangverlesen der Kategorie Waffenläufer begann, sagte er, dass Einsprachen eingegangen seien wegen des Siegers. Er sagte, dass er diese Einsprachen alle ablehnen müsse, denn Werner Fischer habe sich bei der Anmeldung an das Reglement gehalten und auch das Startgeld bezahlt.
In Kriens feierte ich meinen ersten Waffenlaufsieg. Den Rekord verbesserte ich dabei um 4.20 Minuten.

1963 Am Montag nach meinem erneuten Krienser Sieg mussten wir mobilmachungsmässig in einen Wald bei Rain LU einrücken, dort begannen die Manöver. Ich musste damit rechnen, dass ich während der vier Tage kaum zum Schlafen kommen würde. Ich fragte deshalb meinen Kadi, ob ich am Freitagabend in den Urlaub gehen könne, damit ich mich auf den Thuner, der am Sonntag stattfand, erholen könne. Seine Antwort lautete: «Am Samstag ist Inspektion und da ist auch Füsilier Fischer dabei». Als ich am Samstagmittag die Unterkunft im Restaurant Kreuz verliess, fragte mich der Feldweibel, wohin ich mit meiner roten Sporttasche gehe. Als ich ihm antwortete «in den Urlaub», sagte er, aber nicht mit der roten Tasche, nur mit dem Effektensack. Wenn ich jeweils für die Kompanie an die Patrouillenläufe ging, hat mir die rote Tasche niemand verboten. Der Feldweibel hatte auch nichts dagegen, wenn ich seinen Karabiner trug, damit wir ein schnelleres Tempo laufen konnten. Da in Aesch/LU kein Bahnhof ist, kam der Wirt zu mir und sagte, ein Gast werde mich mit seinem Auto nach Oberehrendingen fahren. Der Wirt rechnete damit, dass mich der Feldweibel beobachten werde, ob ich bis zum nächsten Bahnhof Autostopp mache.
Das Training nach dem Einrücken wurde mir nur erlaubt, wenn ich nach dem Abendessen meinen ID und PD selber erledigte.
Nach meinem Sieg in Thun durfte ich am Montagmorgen als «Belohnung» vor der versammelten Kompanie die Schweizerfahne aufziehen.

Obwohl nach der letzten WK-Woche der Frauenfelder stattfand, gab mir der Kadi keinen Dispens für die Nachtübung. Mein Traum, dass ich am Kompanieabend zum Gefreiten befördert würde, hat sich auch nicht erfüllt. Gefreiter wurde der Organisator des Kompanieabends.

1963 Wenn ich von meiner WK-Unterkunft in Aesch um den Baldeggersee trainierte, sass in Mosen jeweils ein Knabe auf der Treppe, der mir zuwinkte. Jahre später erzählte mir Hans Furrer, selber ein erfolgreicher Waffenläufer mit 19 Tagessiegen, dass er dieser Fan war und er mich jeweils vor seinem Elternhaus in Mosen erwartete.

Das Herz...

Mein Hausarzt sagte mir nach einem Untersuch, dass es für mich besser wäre, wenn ich den Spitzensport aufgeben würde. Beim Herz sei etwas nicht in Ordnung. In den Tagen darauf hatte ich immer Kopfschmerzen. Ich suchte deshalb einen Herzspezialisten auf, der mir sagte, dass mit meinem Herz alles in Ordnung sei und ich mit dem Training weiterfahren könne. Daraufhin waren auch die Kopfschmerzen wieder weg.

St. Galler Waffenlauf 1968

Thuner Waffenlauf 1965

1964 In der Woche nach dem Reinacher sprach mich auf der Dorfstrasse in Oberehrendingen ein mir unbekannter junger Bursche an. Er stellte sich als Hansjürg Hasler vor und sagte mir, dass er seit kurzem in Unterehrendingen wohne. Seine Freundin sei im Tessin in einer Saisonstelle und er hätte deshalb Zeit, mich ab und zu an einen Waffenlauf zu begleiten. Da er Torhüter des Eishockeyclubs Baden war, konnte ich annehmen, dass er vom Sport etwas verstünde. In Altdorf war er das erste Mal dabei und er konnte mir zu meinem vierten Saisonsieg gratulieren. Eine Zusammenarbeit bis zu meinem Rücktritt 1968 hatte erfolgreich begonnen.

Am Thuner 1964 war ich erkältet und bekam kaum Luft zum Atmen, deshalb konnte ich mich nach dem Start von meinen Gegnern nicht absetzen. Nachdem mich Walter Gilgen und August von Wartburg abwechslungsweise mehrmals angegriffen hatten, liess ich sie laufen. Für mich war das Rennen gelaufen. Bei km 17 rief mir mein Betreuer Hansjürg Hasler zu: «Wenn du gewinnen willst, musst du nun Gas geben». Als ich feststellte, dass sich vorne die zwei bekämpften, steigerte ich das Tempo. In der nächsten Steigung überholte ich von Wartburg, er murmelte etwas von «schlechter Kollege» (er meinte Gilgen). Die Burgdorfer sagten immer, es spiele keine Rolle, wer von ihnen gewinne, Hauptsache sei, dass der Sieg in der «Familie» bleibe. Weil es in der Praxis nicht so war, hatte ich es leicht, das Rennen noch zu gewinnen, das ich bereits verloren glaubte.

1965 Für einen Härtetest standen an einem arbeitsfreien Tag 2 Runden à 33 km um die Lägern auf dem Programm. Weil die Runde am Vormittag mit 2 Std. und 2 Min. etwas schnell war, hatte ich am Nachmittag in der Schlusssteigung von Ennetbaden nach Oberehrendingen Mühe, das Tempo noch hoch zu halten. Etwa einen Kilometer vor dem höchsten Punkt tauchte neben mir mein Betreuer mit dem Auto auf und rief zum Spass: «Willst du etwa mitfahren». Da ich wusste, dass er mich nicht mitnehmen würde, rief ich ihm durchs offene Fenster zu, er solle etwas langsamer fahren, damit ich ihn etwas fragen könne. Als wir auf gleicher Höhe waren, riss ich die Türe auf und sprang ins Auto. So endete das Training 2 km früher als geplant.

Nach den Frühjahrs-Waffenläufen hatte ich Schmerzen im Rücken, so dass ich meinen Arzt aufsuchte. Als keine Besserung eintrat entschloss ich mich, einen Chiropraktiker in Zürich aufzusuchen. Bei meinem ersten Besuch sagte er: «Erzählen Sie mal was bisher war». Ich sagte ihm, dass ich bei sieben verschiedenen Ärzten oder Therapeuten in Behandlung war und mit der Wiederaufnahme des Trainings die Schmerzen immer wieder auftraten. Er fragte mich, wie ich trainiere. Ich sagte ihm, dass ich ab und zu einen Waffenlauf bestreite. Darauf fragte er mich, ob ich der Füsilier Fischer sei, der am Frauenfelder als erster durch Wil laufe, aber nie gewinne. Als ich diese Frage mit ja beantworten musste sagte er, dass ich den Frauenfelder in diesem Jahr gewinnen werde und er mich nach diesem Sieg zehn Mal gratis behandeln werde. Damals wurden die

Ein hartgesottener...

...Hardcore-Waffenläufer ist jemand, der am Tag danach die Treppe rückwärts runter läuft.

Chiropraktiker von den Krankenkassen noch nicht anerkannt, ich musste die Behandlungen selbst bezahlen. Er machte mich darauf aufmerksam, dass ich mit meinem Körperbau (182 cm/62 kg) mehr verpflegen müsse. Er kam selber an den Frauenfelder und setzte beim ersten Verpflegungsstand einen Kollegen ein, der mich zum Verpflegen zwang. Ich gewann zum ersten Mal den Frauenfelder und als ich zur nächsten Behandlung kam, drückte mir die Sprechstundenhilfe einen Briefumschlag mit dem versprochenen Gutschein in die Hand.

Nach meinen Rückenproblemen feierte ich in Kriens ein erfolgreiches «Comeback». Beim «Föhn»-Thuner musste ich Gusti von Wartburg den Vortritt lassen. Dies verleitete Godi Jost für den Frauenfelder zu einer falschen Taktik. Er war überzeugt, dass ich nach der Niederlage in Thun die 42 km in Frauenfeld nicht durchstehen würde. Sein Streckenplan war auf die alte Rekordmarke ausgerichtet und der Auftrag an seine Läufer war: «Fischer laufen lassen». Ich verbesserte den Rekord um 4.02 Minuten und der Rückstand von Gusti war 6.20 Minuten. Weil Godi Jost meine Niederlage in Thun nicht dem Föhn, sondern der Distanz zuschrieb,

4 Reinacher 1966; Sieger Werner Fischer
mit Walter Gilgen

5 Werner Fischer, der erste Schweizermeister mit
Patrick Wieser, dem letzten Schweizermeister, am
Reinacher Waffenlauf 2006

6 Wiedlisbacher 1967: Letzte Vorbereitungen
durch Betreuer Hansjürg Hasler. «Die Packung
nicht vergessen!»

4

erlitt er in Frauenfeld eine herbe Enttäuschung.

1966 Ich war am Samstag vor dem St. Galler nach meiner Frühschicht bei BBC auf dem Heimweg. In leichtem Laufschritt überquerte ich die «schiefe Brücke» in Ennetbaden, als mein Betreuer Hansjürg Hasler mit dem Auto neben mir auftauchte. Er rief mir zu: «Morgen um 5.30 Uhr fahren wir bei dir ab an den St. Galler». Er fragte nicht, ob ich trainiert habe oder ob ich am St. Galler teilnehme. Für ihn war klar, dass ich gut vorbereitet an den Start gehen würde.

1967 In der zweiten Januarwoche nahm ich am Skipatrouillenführer-Kurs in Andermatt teil. Da allen bekannt war, dass in meiner Klasse sehr viel gelaufen wird, kamen nur Teilnehmer in diese Klasse, die dieses Pensum durchstehen konnten. Nach Abschluss dieses harten Langlauftrainings wechselte ich jeweils die Kleidung und Schuhe und trainierte auf der Strasse durchschnittlich nochmals 13 km (z.B. Andermatt–Realp retour).

Weil am St. Galler 1967 ein starker Westwind blies, unterliess ich meinen Blitzstart und lief im Windschatten von Gusti. Dies war für ihn eine neue Situation, die er nicht zu deuten wusste und die ihn nervös machte. Meinen Angriff, kurz bevor wir Rückenwind hatten, konnte er nicht mehr kontern.

Als ich das Kasernenareal nach dem Lauf mit meinem Betreuer verliess, um einen Bekannten im Spital zu besuchen, sassen die Burgdorfer in Reih und Glied vor Godi Jost. Dieser, mit einem Notizbuch in der Hand, sprach heftig auf seine Schützlinge ein. Als wir vom Krankenbesuch zurückkamen, fanden wir immer noch das gleiche Bild vor.

Unter einer Foto in der Zeitung stand: «Sie liessen mir nicht eine Minute zum Auslaufen. Fischer war empört, als ihn Funktionäre am Ziel in Frauenfeld unverzüglich zur Doping-Kontrolle mitschleppten».

Die drei Personen auf dem Foto waren aber nicht Funktionäre, sondern mein Bruder Hans, Betreuer Hansjürg Hasler und dessen Schwager Bruno Meier, der mich vor der «Ära» Hasler und oft mit ihm zusammen betreute. Sie nahmen mir nur die Packung ab.

Nach meinem Erfolg in Frauenfeld rief mein Vorgesetzter, der meinen neunten Erfolg miterlebt hatte, unsern Chef an und sagte ihm, dass ich nun auch den neunten Waffenlauf gewonnen hätte. Er fragte ihn, ob ich nicht für diese Leistung zwei, drei Tage bezahlten Urlaub verdient hätte. Bevor ich am Montag den Weg zur Spätschicht unter die Füsse nahm, erzählte ich dies meiner Frau und sagte, dass ich eventuell wieder nach Hause komme. Als mein Meister mich sah, sagte er mir, dass ich beim Chef vorsprechen müsse. Dieser gab mir den Auftrag, mich zu Hause in Schale zu werfen und dann mit ihm bei der Direktion vorzusprechen. Dort erwartete uns der Werkfotograf, der mich mit dem Direktor für die Werkzeitung ablichtete, als er mir gratulierte. Daraufhin wurde ich mit dem Firmen-Auto nach Oberehrendingen gebracht, damit ich mich wieder in die Arbeitskleidung stürzen konnte. Mein Arbeitstag endete um

Der Füsilier Fischer het – das bruucht e Maage – Als Waffelaifer alli gschlaage. Jetz wänn'en schynt's – da'sch noo verruggter – D'Egypter als Armee-Inschtruggter!

23.00 Uhr. Von bezahltem Urlaub sprach niemand mehr.

Walter Gilgen hatte als zweiter der Schweizermeisterschaft an den 9 Waffenläufen insgesamt 45 Min. und 45 Sek. auf mich verloren. Auf die ganze Distanz hätte das einen Rückstand von mehr als 12 km ergeben. Sein grösster Rückstand, 10.10 Min. handelte er sich am Frauenfelder ein. Gusti von Wartburg, Dritter der Meisterschaft, verlor bei 8 Läufen (Aufgabe Wiedlisbach) 1 Stunde und 56 Sek. auf mich, wovon allein in Altdorf 16.22 Min.

Ende Jahr erhielt ich vom Kadi mein Dienstbüchlein zurück mit dem Vermerk: „Ich freue mich, dass ich als letzte Amtshandlung bei der Füs Kp I/60 Sie zum Gefreiten befördern darf". Beim Langlaufen in Kandersteg gratulierte mir ein Adjutant des Zeughauses Aarau zum Gefreiten. Als ich ihn fragte, warum er dies wisse, sagte er mir, dass mich der Militärdirektor des Kantons Aargau, Herr Regierungsrat Schwarz, persönlich befördert habe und das habe sich im Zeughaus schnell herumgesprochen. Der

Kadi durfte im Dienstbüchlein noch unterschreiben.

Nach Abschluss des Sportjahres 1967 wurde ich von den Fernsehzuschauern zum Sportler des Jahres gewählt: 1.) Werner Fischer, 8868 Stimmen 2.) Werner Duttweiler, 3714 Stimmen 3.) Meta Antenen, 3596 Stimmen

1968 Nach meinem erfolgreichen Jahr 1967 war ich auch an der Basler Fasnacht ein Thema.

In der Comité-Schnitzelbangg 1968 hatten die Stachelbeeri folgenden Vers, der im Fernsehen ausgestrahlt wurde:

Mit meinem Tagessieg als Landwehrler habe ich das OK des St. Galler Waffenlaufs in Verlegenheit gebracht, denn sie hatten nur Wanderpreise für den Tagessieger und den Landwehrsieger parat, aber keinen für den Auszug.

Als ich beim Zürcher mit grossem Vorsprung auf dem Schiessplatz eintraf und ich mich zum Schiessen niederlegen wollte, bekam ich im Oberschenkel den Krampf. Um dem Betreuer der Burgdorfer, der hinter mir stand, dies nicht zu zeigen, liess ich mich fallen. Dabei schlug mein linkes Knie auf einem Stein auf. Trotz grosser Schmerzen setzte ich den Lauf nach dem erfolgreichen Schiessen fort und lief zum fünften Mal in Zürich als Sieger ein.

Ich besuchte danach meinen Sportarzt. Dieser konnte keine richtige Prognose stellen. Ich entschloss mich trotz der Schmerzen am Wiedlisbacher teilzunehmen. Als ich am Sonntagmorgen den Schulhausplatz überquerte, rief mir ein Kollege: «Werni, warum hinkst du?». Es wurde ein harter Kampf. Dank guter Information durch meinen Betreuer konnte ich den Abstand zu Walter Gilgen immer bei einer halben Minute «plus-minus» halten. Mit diesem Sieg hatte ich alle Waffenläufe mindestens zweimal gewonnen. Ich wollte nun unbedingt in Chemnitz am Marathon starten um die Limite für die Olympischen Spiele in Mexiko zu erfüllen.

Da mein Arzt noch keine richtige Diagnose stellen konnte, fuhr ich nach Chemnitz und startete zum Marathon. Es lief mir hervorragend und am Lautsprecher kam immer wieder die Durchsage: „An der Spitze liegt Genosse Fischer aus der Schweiz". Als die Schmerzen immer grösser wurden, musste ich die Spitze ziehen lassen. Für mich kam aber ein Aufgeben nicht in Frage. Ich lief mit einer Zeit von 2.30.30 ins Ziel. Nach meiner Rückkehr in die Schweiz stellte der Arzt eine Meniskus-Verletzung fest. Anstatt nach Mexiko zu fliegen landete ich auf dem Operationstisch. Da ich darauf beim Training immer Schmerzen hatte, entschloss ich mich, mit 33 Jahren zurückzutreten.

Ärztlicher Rat

Sagt der Doktor zu seiner wohlbeleibten Patientin: «So, jetzt fangen Sie mit Waffenläufen an. Dann möchte ich nach dem ‹Frauenfelder› drei Viertel von Ihnen wieder in meiner Praxis sehen.»

Die Zeit nach meinem Rücktritt.
Ich verbrachte im Herbst 1968 zum ersten Mal mit meiner Familie Herbstferien. Am Sonntag unserer Anreise in Amden fand der Reinacher statt. Während meine Kinder auf einer Weide spielten, verfolgte ich am Taschenradio die Ergebnisse des Reinachers. Beim Nachtessen sagte ich meiner Familie, dass ich den Bart wachsen lassen wolle, bis mein erster Rekord fallen würde. Daran habe ich mich gehalten, erst 13 Monate später, nach dem Krienser, musste ich mich wieder ganz rasieren.

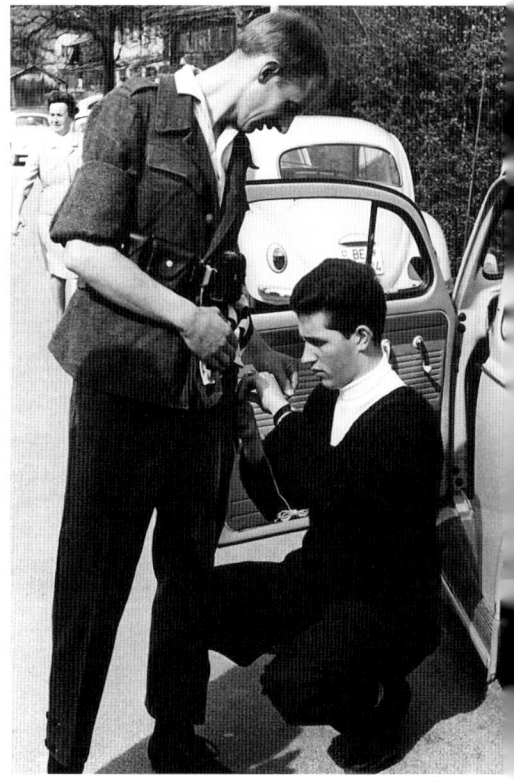

Die Wehrsportkameraden aus Basel fragten mich an, ob ich bei ihnen einen Vortrag halten und ein Training leiten würde. Kürzlich habe ich nun vernommen, dass die Trainingsstrecke, die wir damals zusammen liefen, immer noch meinen Namen trägt (Anmerkung von Beat Schmutz: Ja, es ist die so genannte «Fischer-Runde»).

Ein freier Sportreporter beim Badener Tagblatt (meine Tageszeitung, heute Aargauer Zeitung) sagte mir, als er Jahre später eine Reportage über mich machte, dass er jeweils von seinem Vorgesetzten den Auftrag erhalten habe, über welche Sportereignisse des Wochenendes er einen Bericht abliefern müsse. Unter anderem über den Waffenlauf, wenn der Sieger nicht Fischer heisse. Die Berichte seien langweilig, wenn immer der gleiche gewinne. Ein Reporter des «Sport» (Claudius Babst) sagte mir damals, er hätte immer etwas Neues zum Schreiben gewusst, auch wenn der Sieger immer Fischer hiess.

Als das Tour de Suisse-Zeitfahren Solothurn – Balmberg stattfand, fuhr ich mit dem Velo auf den Balmberg. Plötzlich kniete Ferdy Kübler vor mir nieder und knetete wie ein Masseur meine Waden. Zu den überraschten Zuschauern sagte er, er habe sich persönlich davon überzeugen wollen, ob Fischers Muskeln noch fit seien.

Bei einem Gewitter am 8. August 1982 lief das Wasser von der Strasse in mein Haus. Dabei wurden alle meine Medaillen so unansehnlich, dass ich sie in einer Schachtel im Estrich deponierte und nie mehr anschaute. Auch die Alben mit Fotos, Zeitungsausschnitten, Ehrenurkunden und Ranglisten wurde durch das schmutzige Wasser unansehnlich oder verdorben.

1984 erlitt ich beim Turnen für Jedermann einen Muskelriss an der Schulter. Der operierende Arzt machte mir den Vorschlag, die Verletzung nach einem neuen System zu operieren, damit könne man das Tragen eines Gestells umgehen. Die Operation misslang. Nach der zweiten OP musste ich das Gestell doch noch 6 Wochen tragen. Auch diese OP misslang. Die dritte OP nahm im Spital Langenthal jener Professor aus Frankreich vor, der dieses System entwickelt hatte. Bei der vierten OP wurden dann die Schrauben entfernt. Leider musste ich danach die Langlauf-Skier in die Ecke stellen. Geblieben sind nach dieser langen Leidenszeit die Kilos und bis heute die Schmerzen.

Statt «Enkel-Hütedienst» besuchte ich die letzte Austragung des Reinachers 2006, den Lauf den ich früher auch schon gewonnen hatte. An diesem schönen warmen Tag lernte ich den Tagessieger und aussichtsreichen Kandidaten für den letzten Schweizermeistertitel kennen, Patrick Wieser.

7 Ein Teil meiner Auszeichnungen (nach einem Interview 1965)

8 Glückwünsche von OK-Präsident Hptm Faes (Altdorfer 1964)

Die Lauf- und Wehrsportvereine

Das Vereinswesen in der Schweiz

Als Verein bezeichnet man eine Gruppe, die auf Dauer angelegt ist, einen eigenen Namen führt und in der sich Personen zu einem bestimmten gemeinsamen, durch Satzung festgelegten Zweck zur Pflege bestimmter gemeinsamer Interessen oder Ähnlichem zusammengeschlossen haben. Diese können sowohl gemeinnützig sein als auch wirtschaftliche Interessen verfolgen.

Die Entstehung des modernen Vereinswesens ist eng mit der Industrialisierung verknüpft, als Menschen die starren ständischen Korporationen aufgaben, die das wirtschaftliche und gesellschaftliche Leben bislang geprägt hatten. Mit dem Beginn des 19. Jahrhunderts entstanden zahlreiche Vereine, «Gesellschaften», Verbindungen sowie Bünde.

In der Schweiz fassen viele Sportvereine noch mehr Sportlerinnen und Sportler zusammen. Von den rund 800 000 Menschen, die in der Schweiz Laufsport betreiben, gehören nicht wenige einem Verein an.

Wehrsportvereine der Schweiz

Beim ausserdienstlichen Wehrsport bildeten sich einst die Mehrkampfgruppen und Wehrsportvereine. Einige davon wurden bereits aufgelöst. Die Überalterung der Mitglieder nahm in den letzten Jahren vielen traditionellen Wehrsportvereinen das Leben. Einige dieser sich auf den ausserdienstlichen Wehrsport konzentrierenden Vereine veränderten sich. Sie gaben sich neue Vereinsstrukturen, neue Namen, richteten sich teilweise neu aus.

Heute existieren noch ca. 24 Mehrkampfgruppen, Wehr- und Laufsportvereine.

Vereine gestern und heute

Nachstehend einige inzwischen längst nicht mehr existierenden Gruppen und Vereine – oder teils mit neuen Namen: Wehrsportverein Melchnau/Oberaargau, Wehrsportgruppe Basel, Wehrsportvereinigung Schaffhausen, Mehrkampfgruppe Bramberg Luzern, Mehrkampfgruppe St. Gallen-Appenzell, St. Galler Patrouilleure usw.

Es gibt auch Vereine, welche sich vor Jahren vom Waffenlauf abgenabelt haben, aus welchen Gründen auch immer. Das jüngste Beispiel ist die frühere Mehrkampfgruppe St. Gallen-Appenzell, welche sich heute Laufsportverein (LSV) St. Gallen-Appenzell nennt. Folge des Abwendens vom Waffenlaufsport waren unzählige Aus- und Übertritte von erbosten und übergangenen Mitgliedern. Von diesem «Eklat» profitierte massgeblich der heutige Run Fit Thurgau, welcher die «Heimatlosen» in seine Reihen aufnahm.

Im folgenden Kapitel stellen sich diverse Wehr- und Laufsportvereine der Schweiz vor. Manch ein UOV oder Wehrsportverein existiert nicht mehr, die aufgeführten konnten jedoch bis zum heutigen Tag überleben. Die Vereine tragen eine nicht wegzudenkende Rolle bei Sportlern aller Arten.

So sind Vereine Bindeglieder von Wettkämpfern zu Wettkämpfen. Vereine bieten den Mitgliedern Trainings- und Entwicklungsmöglichkeiten, leisten einen gesellschaftlich wichtigen Beitrag, bieten gesellige Anlässe für deren Mitglieder und Angehörige und haben auch eine soziale Funktion. Unzählige Vereinsfunktionäre organisieren und bieten Anlässe, Läufe, Meisterschaften usw.

Um einen Einblick hinter die Kulissen der Vereine zu ermöglichen, wurden nachstehende Lauf- und Wehrsportvereine angeschrieben und kontaktiert. Einige nahmen die Gelegenheit wahr und stellen sich hier vor.

> *Sport als Begegnung*
>
> *Wir kennen unsere gemeinsamen Interessen. So ist Laufsport für uns auch immer Begegnung – im Verein, in der Mannschaft, selbst beim Organisieren oder beim Zuschauen, sogar in der Einsamkeit eines Langstreckenläufers. Der Sport lebt von der Begegnung und von der Handlung. Das Tun und die Tat, das Training, der Wettkampf, das Resultat, die Niederlage oder der Sieg. Und Sport lebt von der Zuversicht, vom Optimismus, vom Gauben an das Gelingen, an seine Kräfte. Können wir uns den Sport schlechthin unter dem gräulichen Mantel des Pessimismus, des «laisser faire» vorstellen? Nein, Sport lebt vom Glauben an das Gute, was nicht zu verwechseln ist mit unbedingtem Glauben an das Siegen.*

Run Fit Thurgau
(früher Thurgauer Wehrsportverein)

Run Fit Thurgau

Der Run Fit Thurgau ist ein Grossverein und wurde 1948 in Weinfelden unter dem Namen Thurgauer Wehrsportverein gegründet. Der Vereinszweck wurde in den Anfängen wie folgt umschrieben: «Er strebt im Besonderen die wehrsportliche und leichtathletische Ertüchtigung seiner Mitglieder, die Erhaltung eines gesunden Wehrsportgeistes und die Pflege der Kameradschaft an.»

Im Grunde genommen ist diese Umschreibung noch heute gültig, doch hat sie sich der Zeit anpassen müssen. Heute kann man den Vereinszweck wie folgt umschreiben: «Er strebt im Besonderen die sportliche Betätigung (Waffenlauf, Dreikampf, Laufsport, Radsport, Triathlon, Duathlon) seiner Mitglieder, die Entwicklung und Erhaltung eines gesunden Sportgeistes und die Pflege der Kameradschaft an.»

Der Geist des Vereins ist Sport und Kameradschaft, bis heute!

Geschichte und Entwicklung
Die Gründungsversammlung des Thurgauer Wehrsportvereins datiert vom 6. November 1948 im Restaurant Linde in Weinfelden. Anwesend waren 7 laufbegeisterte Kameraden. Es waren dies: Ernst Eberhard, Peter Schild, Jean Scherrer, Albert Gräflein, Paul Hugentobler, Albert Läubli und Oswald Höhn. Fünf der sieben Anwesenden wurde gleich eine Vorstandsfunktion «aufgebrummt». Der Vereinsbeitrag betrug stolze 5 Franken, zahlbar bis Ende Januar! Als erster Vereinspräsident wurde ohne Gegenstimme Tagespräsident Ernst Eberhard gewählt.

Vereinsziele waren das gemeinsame Erlebnis an Sportveranstaltungen im militärischen Mehrkampf, den damals aufkommenden Waffenläufen, Wintermehrkämpfen sowie Distanz- und Mehrtagesmärschen. Alle Mitstreiter in einer konkurrierenden Gruppe mussten damals strengstens die

Präsidenten
Ernst Eberhard 1948–1949
Jean Scherrer 1950
Ernst Brühlmann 1951–1953
Harald Schmidli 1954
Xaver Munding 1955–1957
Willi Löhle 1958
Hans Lerch 1959–1961
Ernst Rietmann 1962–1975
Hans Hugentobler 1976–1980
Peter Brunschwiler 1981–1987
Josef Schmid 1988–1994
Daniel Schoop 1995–1997
Urs Oberhänsli 1998–2004
Martin Belser 2005–2006
Felix Schenk seit 2007

gleiche Vereinszugehörigkeit nachweisen können. Nach der Gründung wuchs der Verein stetig, obwohl fast nur im Thurgau wohnende Mitglieder aufgenommen wurden. Heute kommen die Mitglieder auch aus den anliegenden Kantonen Zürich, St. Gallen und aus den beiden Appenzell.

Der Mitgliederbestand wuchs ständig. Waren es 1952 etwa 21 Mitglieder, verzeichnete der Verein in den Neunzigerjahren regelmässig um die 200 Mitglieder. Nach einem leichten Rückgang wuchs der Bestand erneut an. Unser Verein zählt momentan 205 Mitglieder. An die 140 davon sind den Aktiv-Mitgliedern zuzuordnen, die aus dem ganzen Kanton und zum Teil aus den Nachbarkantonen St. Gallen und Appenzell kommen. Unsere Mitglieder sind vorwiegend männlich, immerhin sind stolze 15% Frauen. Alle Altersschichten von Jugendlichen bis zu Pensionären sind in unserem Verein vertreten (Altersdurchschnitt: 48 Jahre).

Hinter dem Verein stehen Sportlerinnen und Sportler im Alter zwischen 18 bis 70 Jahren, aber auch solche, die schon Geschichte geschrieben und ihre Läuferkarriere beendet haben. Auch ein paar idealistische «Reisser» gehören dazu, ohne die es in keinem Verein geht.

Der Wehrsport-Verein wurde in den letzten 59 Jahren von 14 Präsidenten geführt. Waren in den ersten Jahren alle zwei bis drei

1 Eine Delegation aktiver Vereinsmitglieder am Salmsacher Grenzlauf (2004)

2 Der Panoramalauf zieht Läuferinnen und Läufer aus der Region und aus der ganzen Schweiz an. Der anspruchsvolle Lauf ist ein wichtiger Eckpfeiler des Vereins

Jahre Wechsel an der Spitze angesagt, so amtierten ab 1962 fast alle Präsidenten viele Jahre an der Spitze unseres Vereins. Allen voran unser Ehrenmitglied Ernst Rietmann, der dem Verein 13 Jahre lang vorstand. Jeder der langjährigen Präsidenten gab dem Verein natürlich einen etwas anderen Charakter. Sehr gut ersichtlich ist dieser Umstand aus den verschiedenen Tätigkeitsprogrammen.

Alle Präsidenten waren aber immer an der Front dabei und erbrachten auch an den Wettkämpfen Superleistungen. Das war mit ein Grund, dass der Verein recht gross wurde und in den Achtzigerjahren beispielsweise am Frauenfelder Militärwettmarsch 105 Teilnehmer aus den eigenen Reihen antrabten!

Namenswechsel

Die Namensänderung im Jahr 1999 machte aus dem Thurgauer Wehrsportverein den Run Fit Thurgau. Unter der Führung des langjährigen Präsidenten Urs Oberhänsli entwickelte sich der «alte» Verein im «neuen Kleid» so zu einem Laufsportverein, welcher auch für andere Sportler offen ist. Es war keine Trennung vom Wehrsport, sondern eine Neuausrichtung des Vereins. Was damals bei einigen Mitgliedern Unverständnis auslöste, erwies sich im Nachhinein als richtig. Der Verein hatte sich zum richtigen Zeitpunkt der Zeit angepasst und kann heute den Niedergang des Waffenlaufs und des ausserdienstlichen Wehrsports besser verkraften.

Trotzdem sind immer noch viele Mitglieder unseres Vereins treue Waffenläuferinnen und Waffenläufer. Aber auch bei Zivilläufen, Triathlons, Duathlons, Bike- und Velorennen sowie Teamwettkämpfen und auch bei vielen anderen Sportarten sind die Run Fit'ler dabei.

Der Run Fit als Organisator

Als besonderer Höhepunkt in der Vereinsgeschichte gilt der Weltrekord vom 1. Juli 1979 in Wil SG über die eher selten gelaufene Distanz von 10 × 10 000 Metern. 10 wackere Thurgauer liefen die gesamthaft 100 Kilometer in einer Zeit von 5:38:06 h und verbesserten den alten Rekord deutlich. Weitere Topresultate in 100-km-Staffelläufen folgten. Der Verein führte den Anlass auch einmal selbst durch.

Der militärische Mehrkampf wurde in unserem Verein von Anfang an sehr intensiv betrieben. In den Fünfzigerjahren waren Mehrkampfturniere die Höhepunkte im Jahresprogramm.

Früher spielte auch der Marschsport noch eine gewichtige Rolle. Der Viertagemarsch in Holland war in den Fünfzigerjahren Mittelpunkt der Vereinsmeisterschaft. So nahmen Delegationen am 4-Tage-Marsch in Holland, am Zweitagemarsch in Bern und im Bündnerland, an den Mehrtagemärschen in Israel, Italien und Österreich, an Sternmärschen durch die ganze Nacht sowie am Zentralschweizer Distanzmarsch teil. Heute gibt es eine kleine Gruppe mit einigen jungen Vereinsmitgliedern, die regelmässig an Märschen teilnehmen.

Im Jahr 1965 war der Verein Ausrichter des 30 km-Ausscheidungslaufes. Diese Vergleichswettkämpfe zwischen Deutschland, den Niederlanden und der Schweiz waren äusserst beliebt. Die 30 Kilometer werden kaum mehr gelaufen und gelten heute als «krumme Distanz».

Ein «Meilenstein» war auch die Gründung der heutigen Fachzeitschrift «Schweizer Wehrsport». Er entstand an Stelle des «Thurgauer Wehrsport», der vereinsintern von Walter Sonderegger als Redaktor herausgegeben wurde.

Weitere Referenzen zeigen, dass der TWSV, heute Run Fit Thurgau, schon immer ein Flair für die Planung und Durchführung von Grossanlässen hatte: Seniorenmeisterschaften 1983 und 1990, Marathon-Schweizermeisterschaften 1967 und 1973. Letztere sind bis heute der historische Höhepunkt der bald 60-jährigen Vereinsgeschichte geblieben.

Weitere Highlights der Vereinsgeschichte des Run Fit Thurgau war die Durchführung der Meisterschaftsfeier der Waffenläufer in den Jahren 1981 und 2001 in Frauenfeld. Gleichentags wurde auch die Delegiertenversammlung der Interessengemeinschaft Waffenlauf Schweiz (IGWS) durchgeführt. Der Verein führte auch die Festwirtschaft im Rahmen der 200-Jahr-Feier des Standes Thurgau. Ein weiterer fester Bestandteil des Run Fit Thurgau ist der Panoramalauf im heimischen Berg.

Vereinsläufe

Auch organisatorisch ergriff der junge Verein schon in den ersten Jahren die Initiative. «Rund um den Ottenberg» wurde schon 1950 in den nationalen Laufkalender aufgenommen und mit guter Beteiligung durchgeführt. Dieser Ottenberglauf wurde bald nach der Vereinsgründung ins Leben gerufen und bis in die späten Neunzigerjahre durchgeführt. Er führte von Weinfelden (Start bei der Bäckerei Strassmann) hinauf nach Weerswilen – Berg – Dotnacht – Hugelshofen – Ottoberg – Weinfelden. Distanz zirka 16 km, aber mit vielen Höhenmetern. Es dauerte Jahre, bis die ersten Läufer die Strecke unter einer Stunde bewältigten. «Rund um den Ottenberg» wurde über vierzig Jahre am Auffahrtstag als Vereinslauf mit Gästebeteiligung durchgeführt. Anlässlich des 50-Jahre-Jubiläums wurde der Langstreckenlauf in Sulgen organisiert und durchgeführt. Er konnte sich jedoch nicht allzu lange halten. Nachfolger war der Panoramalauf Berg. 2004 wurde dieser ins Leben gerufen und wird seither in Berg TG ausgetragen. Dies ist dank der Trägerschaft unseres Grossvereins und unzähliger Helferinnen und Helfer möglich.

Aktivitäten

Sport und Fitness – nur Modewörter der Gegenwart? Nicht für uns! Die Run Fit'ler treiben Sport auf lange Sicht: Sport als Ausgleich zum Beruf, Sport als Energiespender, Sport um die Schönheit der Natur zu erleben, Sport um seine Grenzen auszuloten und Sport als gemeinsames Erlebnis.

Gab es früher fünf regionale Trainingsgruppen, bietet der Run Fit Thurgau heute

3 Der jüngste Coup: Bruno Dähler besiegte am dritten November-Sonntag 2006 in Frauenfeld nach einer imposanten Aufholjagd alle Favoriten und lief am berühmtesten Waffenlauf als Sieger ein

4 Immer wieder machten Thurgauer mit Jubiläen von sich reden. Nach dem «Frauenfelder» 1991 wurden erneut die Jubilare geehrt. V.l.n.r. Willi Frischknecht, Hanspeter Heierli, Walter Loosli, Toni Pauletto, Heinz Etter, Urs Oberhänsli, Peter Brunschwiler, Herbert Bussinger und Andreas Kistler

5 Das langjährige Mitglied des heutigen Run Fit Thurgau, Ernst Bär aus Weinfelden, machte mit seinen Jubiläen von sich reden. Auf dem Foto beendete er seinen 200. Waffenlauf (1987). Bis zu seinem «Waffenlauf-Karrieren-Ende» brachte er es auf 318 Waffenläufe! Er ist auch heute noch oft an Vereinsanlässen dabei. Auch am «Frauenfelder» sorgt er jeweils als Zuschauer am Streckenrand für tolle Stimmung

6 Bekannte Mitglieder des Thurgauer Wehrsportvereins, heute Run Fit Thurgau. Die beiden Romanshorner Sepp Schmid und Kurt Hugentobler 1989 am 22. Toggenburger Waffenlauf

7 Auch der Betreuerdienst ist beim Run Fit sichergestellt …

Trainings- und Lauftreffs in Steckborn, Wängi und Weinfelden an. Jedes Mitglied kann so innert kurzer Zeit eine Trainingsgruppe erreichen um am abendlichen oder sonntäglichen Training mitzumachen. In den Wintermonaten bietet der Verein ein geführtes Hallentraining in Weinfelden an.

Die Trainingsgruppen und das Hallentraining haben einen grossen Zulauf und die Gruppenleiter damit eine motivierende Aufgabe. Die Gruppen schaffen auch eine gesunde Konkurrenz. Die meisten profitieren beim Laufen im Verband. Da wird gebremst und forciert, berichtet und gelacht, «gezündet» und erlebt.

Neben der Teilnahme an Sportveranstaltungen kommt das Gesellschaftliche nicht zu kurz. So organisiert der Run Fit einen Schlittelplausch, ein Fondue im Wald, einen Chlausabend, ein Skiweekend, Wanderungen, einen Schwimmplausch mit anschliessendem Grillieren, ein Trainingslager, ein Trainingswochenende in den Bergen und vieles mehr.

Gestern – heute – morgen

Der Run Fit Thurgau hat eine wechselvolle Geschichte hinter sich. Grosse Siege konnten errungen werden. Sei es an Waffenläufen wie auch an zivilen Anlässen. Der jüngste grosse Triumph ist zweifelsohne jener von Bruno Dähler. Er erfüllte sich seinen Bubentraum und siegte beim Frauenfelder Militärwettmarsch 2006.

Der Run Fit Thurgau ist nicht primär ein Laufverein, welcher an eine Örtlichkeit gebunden ist. Vielmehr ist er ein überregionaler Verein, welcher Sportler aus verschiedenen Bereichen vereint. Der Run Fit Thurgau ist vom Sinn her eher ein Verband oder eine Interessengemeinschaft. Es gibt keine starren Vereinsstrukturen, sondern es werden eine attraktive Vereinsmeisterschaft mit schönen und abwechslungsreichen Läufen, Trainingsmöglichkeiten und -lager, Ausflüge für jung und alt, Kameradschaftsanlässe und der vereinseigene Panoramalauf Berg TG offeriert. Der Run Fit Thurgau wird auch in Zukunft allen Vereinsmitgliedern viel anbieten!

Mit dem Wegfall der Waffenlauf-Schweizermeisterschaft und dem Niedergang einiger langjähriger und beliebter Waffenläufe verliert der Verein einen wichtigen Teil seiner Vereinsaktivitäten, stellte doch der Run Fit an den Waffenläufen regelmässig 30 und mehr Teilnehmerinnen und Teilnehmer. Eine neue «Strategie» braucht der Verein deswegen nicht. Auch wenn ein «gemeinsamer Nenner» vieler Vereinsmitglieder je länger je mehr der Vergangenheit angehört, muss sich der Grossverein keine Sorgen um seine Zukunft machen. Den vielen Mitgliedern aus den verschiedensten Sportarten und aus allen Altersschichten werden weiterhin viele Startmöglichkeiten geboten. Auch die Gesellschafts- und Kameradschaftsanlässe werden nicht fehlen. Und ist es jemandem nicht mehr möglich sportlich «dabei» zu sein, kann er weiterhin an den Vereinsaktivitäten teilnehmen, sei es als Helfer, Betreuer oder Funktionär.

Der Run Fit Thurgau ist ein Verein nicht nur für aktive Sportler, er bietet auch nach der «Sportkarriere» vielerlei!

Die Zukunft des Vereins gestalten nebst dem Vorstand die Mitglieder mit ihrer Teilnahme an der Vereinsmeisterschaft und an den Vereinsanlässen.

Ehrenmitglieder

Ehrenmitglied wird man nicht einfach, weil man eine Arbeit einige Jahre zuverlässig erledigt hat oder viele Jahre Vereinszugehörigkeit nachweisen kann. Diese Namen gehören Schaffern oder solchen, die sich um den Verein besonders verdient gemacht haben.

Für sportliche Leistungen oder langjährige aktive Vereinszugehörigkeit, kennt und vergibt der Verein auch die Freimitgliedschaft: Urs Oberhänsli (Zezikon), Walter Stillhard (Frauenfeld), Albert Fistarol (Romanshorn), Armin Stillhard (Bronschhofen), Peter Brunschwiler (Weinfelden), Peter Gerber (Herisau), Hans Hugentobler (Fehraltorf), Albert Läubli (Ottoberg), Kurt Meister (Berg), Kurt Hugentobler (Romanshorn), Ernst Rietmann (Weinfelden), Peter Rutz (Hauptwil), Ueli Senn (Busswil) und Josef Schmid (Romanshorn)

Dominik Schlumpf, Sulgen TG

Kontakt

Run Fit Thurgau, Postfach, 8570 Weinfelden
runfit.tg@bluewin.ch, www.runfitthurgau.ch

Unsere Mitglieder mit über 100 Waffenläufen

Seit der Gründung des Vereins hatten der Wehrsport und besonders der Waffenlauf eine grosse Bedeutung. Trotz schleichenden Niedergangs des traditionellen Schweizer Waffenlaufsports bleiben viele Mitglieder dem Waffenlauf und dem Wehrsport treu. Im Waffenlauf-Sport haben die Run Fit'ler in vielerlei Hinsicht «etwas zu sagen». So auch in der «Ewigen Liste» des Hundertervereins, dem Verein, welcher jene angehören, die hundert oder mehr Waffenläufe absolviert haben. Gegenwärtig umfasst dieser Verein 770 Läuferinnen und Läufer, wovon deren 54 dem Run Fit Thurgau angehören.

Anz.	Grad	Name / Vorname	Wohnort	Jg
351	Kü Geh	Gerber Peter	Herisau AR	1945
333	Gfr	Bachmann Albert	Wetzikon ZH	1938
318	Kpl	Bär Ernst	Weinfelden	1942
312	Wm	Haag Arnold	Hergiswil NW	1943
306	Gfr	Ammann Helmuth	Frauenfeld	1945
281	Motf	Rigling Peter	Basadingen	1950
275	Wm	Hugentobler Kurt	Romanshorn	1940
258	Uem Sdt	Wüst Curt	Egnach	1936
256	Kü Wm	Obertüfer Stephan	Sulgen	1952
246	Sdt	Wirth Fredy	Erlen	1949
234	Gfr	Sumi Arthur	Wigoltingen	1953
232	Füs	Rutz Peter	Hauptwil	1955
222	Adj Uof	Roth Hansruedi	Wigoltingen	1948
219	Gfr	Stillhard Walter	Frauenfeld	1952
218	Gfr	Küng Kilian	Frauenfeld	1951
206	Gren	Thommen Christian	Dättlikon ZH	1947
206	Sdt	Wild Bruno	Weiningen TG	1944
203	Kan	Hugentobler Peter	Berg TG	1938
201	Gfr	Rietmann Ernst	Weinfelden	1939
200	San Gfr	Mark Stefan	Eschenz	1945
197	Füs	Stillhard Armin	Bronschhofen	1949
193	Herr	Biefer Edwin	Aadorf	1925
190	Wm	Oberhänsli Urs	Zezikon	1958
187	Herr	Ruckstuhl Pius	Affeltrangen	1966
171	Gfr	Käppeli Kurt	Kreuzlingen	1929
166	Wafm	Soltermann Robert	Niederuzwil SG	1951
164	Gfr	Rupp Fritz	Frauenfeld	1952
162	Sdt	Brauchli Peter	Wagerswil	1942
159	Kpl	Bühler Ueli	Pfyn	1955
155	Pol Wm	Huber Rolf	Tobel	1955
152	Mitr	Dähler Bruno	Gais AR	1964
151	Kan	Nadler Albert	Weinfelden	1957
150	Oberstlt	Erb Martin	Winterthur	1958
150	Mitr	Rüegg Hermann	Aadorf	1946
147	Gfr	Widmer Hans	Matzingen	1948
143	Adj Uof	Scheiwiller Karl	Gossau SG	1955
136	Sdt	Schalch Kurt	Andwil TG	1938
135	Kpl	Zehnder Felix	Wängi	1966
132	Gfr	Schoop Daniel	Amriswil	1961
131	Gfr	Brunschwiler Peter	Weinfelden	1944
126	Gfr	Schenk Felix	Wigoltingen	1964
123	Frau	Nadler Elisabeth	Weinfelden	1959
121	Gfr	Lenzin Werner	Märstetten	1943
116	Four	Etter Heinz	Bischofszell	1953
113	Rdf	Mettler Paul	Gossau SG	1959
110	Wm	Holzer Markus	Altnau	1964
108	Mot Mech	Fistarol Albert	Romanshorn	1956
108	Herr	Frey Ernst	Wigoltingen	1917
107	Wm	Ernst Heinz	Balterswil	1945
107	Sdt	Tanner Walter	Wilen b. Wil	1965
106	Sdt	Koster Albin	Weinfelden	1969
104	Oblt	Pfister Fredy	Rickenbach b. Wil	1956
101	Fw	Gisi Hansjörg	Amriswil	1947
100	Rdf	Schmid Josef	Romanshorn	1948

Bundesrat Schmid erster Gratulant
Wehrsportverein Graubünden erzielte Grosserfolg am Wiedlisbacher Waffenlauf

mr. Der Hans-Roth-Waffenlauf in Wiedlisbach war für die Bündner Waffenläufer ein Grosserfolg. Marianne Balmer wurde Kategoriensiegerin, Rolf Gyr Zweiter (M50), Beda Gujan Vierter (M30), und Hans Niederberger bestritt den 250. Waffenlauf. Als erster Gratulant stand Bundespräsident Samuel Schmid im Zielraum.

Schon an der Pressekonferenz sagte Bundespräsident Samuel Schmid, dass er nach Rom (Beisetzung Johannes Paul II.) und dem Staatsbesuch in Tokio sehr gerne der Einladung der Wiedlisbacher Organisatoren nachgekommen sei. «In der Heimat ist es doch am schönsten.» Davon unverhofft profitieren konnten die Athleten und der Anhang des Wehrsportvereins Graubünden, kamen sie doch in den Genuss einer besonderen Begegnung.

Bundesrätlicher Apéro

Alles war gerichtet für Jubilar Niederberger, das grosse Transparent aufgehängt, der Tisch gedeckt mit Essen und Getränken. Jubilar Niederberger prostete Marianne Balmer (W40-Damensiegerin) zu, als Bundespräsident Samuel Schmid mit militärischem Anhang vorbeikam. «Mit dem Jubilar muss ich anstossen, der hat einiges geleistet», meldete sich der Magistrat bei seiner Begleitung ab und gesellte sich zu Niederberger, Balmer und Co. «Ich bin der Sämi», gab er zu verstehen. «Ich de Hans» und «ich Marianne», erwiderten die verdutzten Bündner und genossen zu dritt ein Gläschen Weisswein. Weil sich das Gespräch in die Länge zog, kam der ganze «Fahrplan» des OK in Verzug. Nach über 20 Minuten verabschiedete sich der Magistrat, gab bekannt, dass er nach dem Essen nochmals komme. Er kam nochmals vorbei... und die Bündner waren immer noch am Feiern.

Ein besonderes Sackmesser

Szenenwechsel. Drei Stunden nach dem Einlauf der Besten fand die Siegerehrung in der Frohburg zu Wiedlisbach statt. Weil die Bündner mit Kategoriensiegerin Marianne Balmer und Rolf Gyr (Zweiter M50) zwei Vertreter bei der Siegerehrung hatten, war keine frühzeitige Abfahrt möglich.

Alles ging flott über die Bühne, die Bündner in bester Laune, die verdienten Blumensträusse auf dem Tisch, als sich kurz vor der Heimfahrt nochmals Samuel Schmid zu den Bündnern gesellte und Niederberger ein Sackmesser in die Hand drückte. «Nid dass di i dFinger schnitsch», meinte der Magistrat und wünschte allen eine gute, unfallfreie Heimfahrt. Voller Stolz öffnete Niederberger das Messer und las die Widmung: «Samuel Schmid, Präsident der Schweizer Eidgenossenschaft».

Bundespräsident Samuel Schmid prostet Hans Niederberger und Marianne Balmer zu. Foto mr.

Der WSV Graubünden ist seit vielen Jahren mit mehreren Spitzenwaffenläufern in der Waffenlauf-Szene präsent, wie hier am Altdorfer Waffenlauf 2004

Wehrsportverein Graubünden
WSV Graubünden – der Laufsportverein

Dank der guten Leistungen seiner Aktivmitglieder hat der Wehrsportverein Graubünden, der 1976 aus einer Fusion der Wehrsportgruppe UOV Chur und der Läufergruppe Thusis hervorging, einen sehr guten Ruf. Bereits vor der Vereinsgründung waren es Alfred Berger, Reto Calonder, Abundi Schmid und Giachen Barbüda, welche mit starken Leistungen bei Waffen- und Zivilläufen die Aufmerksamkeit der Zuschauer und der Leserschaft der Sportzeitungen auf sich zogen. Berger war sogar Mitglied der Marathon-Nationalmannschaft und mit Stefan Solèr (Tagessieger beim Neuenburger 1979) hatte man gar einen Berglauf-Europameister im Verein. Als einziger Läufer brachte es Reto Calonder (acht Kategoriensiege) im Jahre 1978 zu Meisterehren im Landsturm der Waffenläufer und mit 3:01.15 wurde er in Frauenfeld gar Landsturmsieger mit neuem Streckenrekord. Auch Robert Camenisch (Landsturmsieger in Reinach 1982) liebäugelte einmal mit dem Landsturmtitel, musste sich aber dem Zürcher Xaver Eicher beugen.

In einer nächsten Phase traten mit Isidor Jäger (Castasegna), Hanspeter Luzio (Chur), Mario Niggli (Jenaz) und Albert Pirovino (Cazis) Läufer dem WSV Graubünden bei, welche mit ihren sportlichen Erfolgen, insbesondere im Waffenlauf, in Graubünden weiterhin für hohes Ansehen sorgten. In der Besetzung Niggli, Pirovino und Luzio gewannen die Bündner 1987 überraschenderweise die Gruppenwertung beim Frauenfelder Militärwettmarsch. Erfolgreichster Bündner Waffenläufer war sicher Grenzwächter Isidor Jäger, der zwar nie einen Waffenlauf gewann, aber seine sehr weiten Anfahrtswege jahrelang mit Spitzenklassierungen belohnt sah. Wer gedacht hat, dass der WSV nach teilweise krankheitsbedingten Rücktritten des erwähnten Quartetts in ein Tief gerate, sah sich getäuscht. Fortan konnte man auf Ignaz Schneider (Chur) zählen und mit Rolf Gyr, Rolf Schneider, Markus Joos (Tagessieger beim Altdorfer Waffenlauf 1998), Beda Gujan und später Marianne Balmer (fünffache Schweizer Waffenlaufmeisterin) sowie Maria Suter traten neue Läufer und Läuferinnen dem WSV Graubünden bei, die sich nahtlos ins Vereinsleben eingliederten und sich und den WSV dank sportlicher Höchstleistungen ins Rampenlicht der Presse brachten.

Der WSV Graubünden wurde während Jahren sehr gut geführt, sei es von Walter De Stefani, Walter Frei, Hansruedi Brunner und vor allem Hans Niederberger und neuerdings von Rolf Gyr. Sie alle hatten etwas gemeinsam, sie waren und sind heute noch aktive Waffenläufer.

Chronik Wehrsportverein Graubünden

1962 1. Teilnahme einer Bündner Marschgruppe am Viertagemarsch in Nijmegen. Gruppenführer Kpl Niklaus Sutter, UOV Chur.

1964 Gründung der Wehrsportgruppe UOV Chur, als Obmann amtet Walter de Stefani.

1969 Am 8. Juni erfolgte der Start zum 1. Calanda-Langstreckenlauf mit 68 Teilnehmern. Sieger wurde Alfred Berger (Chur) in 1:05:54. Am 14. November wird die Wehrsportgruppe UOV Chur aufgelöst.

1970 Gründung der Wehrsportgruppe Chur am 23. Januar mit Präsident Walter de Stefani.

1976 Am 1. Juni treten die neuen revidierten Statuten in Kraft und der Verein erhält den heute noch gültigen Namen: Wehrsportverein Graubünden.

1978 Am 6. Mai findet der 10. Calanda-Langstreckenlauf statt, der von Toni Theus (Felsberg) in 1:07:30 gewonnen wurde.

1987 1. Bündner Frühlingslauf von Thusis nach Chur über 25 km wird vom WSV in Zusammenarbeit mit der Läufergruppe Thusis mit OK-Chef Paul Brügger erfolgreich durchgeführt. Streckenrekordhalter: Roland Good (Sargans) in 1:21:28 (1993) und bei den Damen Deborah Elsmore (Davos) in 1:33:13 (1987).

1999–01 Anlässlich der Geb-Div 12-Meisterschaften wird ein Churer Waffenlauf durchgeführt, der wegen der Armeereform und der Auflösung der Geb-Div 12 nur drei Jahre lang Bestand hat, bei den Läufern aber einen guten Eindruck hinterliess (Gratis-Pasta nach dem Lauf).

2004 Die Meisterehrung und -feier der IGWS in Splügen, organisiert vom WSV Graubünden unter der Regie von Andrea Camastral ist ein weiterer Höhepunkt im Vereinsleben. Die nächtliche Gondelbahnfahrt, der Sternenhimmel beim Bergrestaurant Tambo-Vista und der sonnige Ski-Sonntag dürften allen Teilnehmern in bester Erinnerung bleiben.

Max Rüegg, Domat/Ems

Laufverein 95 Burgdorf
Der Laufsport öffnet das Herz und den Geist

Der Laufverein 95 Burgdorf kann auf eine lange Tradition zurückblicken. Aus einer Untersektion des UOV Burgdorf wurde aber erst 1995 ein eigenständiger Verein. «Training, Freude am Laufsport, gegenseitige Verbundenheit und eine gute Kameradschaft», lautet das Motto des Emmenstädter Laufvereins, dessen Mitglieder in der Vergangenheit vor allem im Bereich Waffenlauf viele Erfolge errungen haben.

Der Verein auf einen Blick
Name des Vereins: Laufverein 95 Burgdorf. *Gründungsjahr:* 1995. *Anzahl Gründungsmitglieder:* 76. *Erster Präsident:* Walter Kiener.

Der Verein heute: Präsident Karl Binggeli/ www.lv95b.com
Der Laufverein 95 Burgdorf ist ein junger, erfolgsorientierter Verein. Aus der ehemaligen Waffenläufer-Hochburg Burgdorf ist dadurch eine interregionale Hochburg entstanden. Demnach ist auch jedermann, der Freude am Laufen hat, im Laufverein 95 Burgdorf willkommen.

Die Burgdorfer Waffenläufer – ausdauernd und erfolgreich – die «Hunderter»
Zwei Markenzeichen der «Burgdorfer» Waffenläufer sind Ausdauer und Erfolg, beides über Jahre, ja über Jahrzehnte hinweg. Da sich ohne Fleiss auch keine Erfolge einstellen, wollen wir hier zunächst auf jene Läufer aus unseren Reihen etwas näher eintreten, welche 100 oder mehr Waffenläufe absolviert haben.

Nicht weniger als 23 Läufer sind es, welche bis Ende der Saison 2005 bereits 100 oder mehr Waffenläufe bestritten haben; zusammen sind es genau 3350 Läufe! Nicht mitgezählt sind frühere Vereinsmitglieder (Robert Boos und andere), welche inzwischen aus dem Verein ausgetreten sind. Am meisten Waffenläufe bestritt Robert Camenisch, in den 80er-Jahren einmal Landsturmsieger am «Reinacher», mit 317 Teilnahmen. Es folgt ein Trio mit über 200 Läufen; Andreas Eilenberger, der «Botschafter» weist 287 Läufe auf, Ulrich Jäggi deren 254 und Walter Gilgen, 12-facher Tagessieger in den 60er-Jahren, steht mit 209 Läufen zu Buche, und und und...

Erfolge nach langer «Durststrecke»
In den 50er-, 60er- und anfangs der 70er-Jahre war der Name Burgdorf gleichbedeutend mit Einzel- und Gruppensiegen in Serie; nicht zuletzt natürlich dank der aufopfernden und fachkundigen Tätigkeit unseres vor 4 Jahren im 100. Altersjahr verstorbenen Trainers und Betreuers, des 52-fachen Kategoriensiegers, Gody Jost («Vater des Waffenlaufs» genannt). Nach einigen mageren Jahren wurde 1992 Christian Jost Schweizermeister. In den Jahren 1993 bis 1996 dominierte Martin von Känel und wurde viermal Schweizermeister. 1997 wurde der neu für unseren Verein startende Martin Schöpfer mit 11 Tagessiegen in den 11 Waffenläufen überlegener Schweizermeister. Zwischen 1998 (Tagessieg von Christian Jost in Wiedlisbach) und 2005 (50. Tagessieg von Martin von Känel in Zürich) gab es jedes Jahr mindestens einen Tagessieg für Läufer aus unserem Verein. 2004 wurde Martin von Känel, nach einem Unterbruch von 8 Jahren, zum 5. Mal Schweizer Waffenlaufmeister. 2005 holte sich der Freiburger Marc Berger den Titel bei den M20.

Der LV 95 B heute
Waffenlauf, diese Epoche, die über mehrere Jahrzehnte das Vereinsleben geprägt hat, neigt sich nun in absehbarer Zeit dem Ende zu. Auch im LV 95 B drängen sich Anpassungen auf, um den heutigen Bedürfnissen gerecht zu werden. *Karl Binggeli, Präsident*

Mehrkampfgruppe Fricktal
Ausdauer- und Laufsportverein mit grosser und langjähriger Tradition, kompetenten und zukunftsgerichteten Mitgliedern

Im Jahre 1960 traten einige junge Männer in Kaisten zusammen und gründeten die Mehrkampfgruppe Kaisten. Initiant dieser Idee war Tony Müller, der heute als Ehrenpräsident der MKG Fricktal noch immer angehört und auch sonst stark mit dem Lauf-, Rad- und Militärsport verbunden ist. Als erster Präsident amtete seinerzeit der Ittenthaler Kurt d'Agostini.

Nur fünf Jahre nach der Vereinsgründung erfolgte die Umbenennung in den heute bekannten Namen «Mehrkampfgruppe Fricktal». Der Zweck der MKG Fricktal ist laut Statuten umschrieben mit: «Der Verein bezweckt die Ausübung des Laufsports sowie anderer der Gesundheit dienenden sportlichen Aktivitäten, wie Wehrsport, Radsport, Mehrkämpfe, usw., im Weiteren wird die Pflege der Kameradschaft und Geselligkeit gefördert».

47 Jahre MKG Fricktal
Die Mehrkampfgruppe Fricktal besteht nun bereits seit 47 Jahren und hat mit ihrer guten Kameradschaft und dem inneren Zusammenhalt unter den Mitgliedern wesentlich dazu beigetragen, dass der Verein im sportlichen und gesellschaftlichen Leben des Fricktals und des Kantons Aargau bekannt und anerkannt ist. Der Verein betreibt heute Ausdauersportarten wie Strassen- und Geländeläufe, Marathons, Waffenläufe, Mehrkämpfe, Walking-Anlässe und Duathlons. Die MKG Fricktal hat sich zu einem überregionalen Verein mit einer polysportiven Ausrichtung entwickelt. Rund 70 Mitglieder sind der MKG Fricktal angeschlossen, die beinahe im ganzen Kanton Aargau verstreut sind. Unter dem Patronat der MKG Fricktal fand in Eiken während Jahren der zahlreich besuchte und mehrwöchig dauernde Joggingkurs statt.

«Grosse Fricktaler und Weltrekordhalter»
Während der Vereinsgeschichte durfte die MKG Fricktal des Öfteren Meistertitel feiern. Gleich zweimal durften sich Charly Blum (1976 und 1977) und Beat Steffen (1988 und 1991) als Waffenlauf-Schweizer-Meister ausrufen lassen. Des Weiteren krönte der Militärradfahrer Hans Schmid seine Karriere gleich mit mehreren Meistertiteln.

Ein besonderes Ereignis fand im Jahre 1979 statt. Am Mittwoch vor Auffahrt reiste eine Delegation mit 20 Vereinsmitgliedern und 12 Angehörigen, ausgerüstet mit einer grossen Schweizerfahne und einer weitherumhörbaren Treichel mit dem Nachtzug durch die BRD und die damalige DDR nach Berlin-Charlottenburg. Am Donnerstag um 08.00 Uhr wurde im örtlichen Stadium bereits zu diesem denkwürdigen 10 × 10 000 Meter

Die MKG Fricktal ehrt ihren langjährigen Vereinskameraden Hanspeter Baltisberger anlässlich des Altdorfers zum 300. Waffenlauf

Bahn-Staffellauf gestartet. Es waren starke Mannschaften aus den USA, Frankreich, Deutschland und der Schweiz am Start. Und siehe da, die MKG Fricktal durchquerte das Ziel mit Schlussläufer Florian Züger als Erste und gewann erst noch mit der damaligen Weltrekordmarke von 5 Std. 39 Min. 28,3 Sek., sage und schreibe 24 Minuten schneller als die alte Weltrekordzeit! Die erfolgreichen und legendären Fricktaler: Ueli Bichsel, Hans Blattner, Charly Blum, Hansruedi Dinkel, Ernst Lüscher, Paul Ryser, Hansueli Schillig, Karly Schmidt, Kurt Stalder und Florian Züger. Die Seniorenmannschaft der MKG Fricktal belegte unter 22 Mannschaften den ausgezeichneten 10. Rang. Hervorzuheben ist, dass Georges Cina wegen eines verletzungsbedingten Aufgebens seines Vorläufers 45 Runden statt seine 25, das heisst 18 km statt nur 10 km zurücklegte.

Die bedeutendsten Leistungsträger der MKG-Fricktal

Werner Dössegger: Mehrfacher Schweizer Meister, Rekordhalter und Gewinner von Bahn-, Cross- und Strassenläufen (wie z. B. 10 000 m / Murten – Freiburg, usw.); Teilnehmer an den Olympischen Spielen von München 1972, Europameisterschaften und an Länderwettkämpfen.

Charly Blum: Zweifacher Waffenlauf-Schweizer Meister, mehrfacher Tagessieger Waffenlauf, zahlreiche Siege an Cross- und Strassenläufen, 10 x 10 000 m Staffelweltrekordhalter.

Beat Steffen: Zweifacher Waffenlauf-Schweizer Meister, mehrfacher Tagessieger Waffenlauf, mehrfacher Schweizer Meister, Rekordhalter und Gewinner von Cross- und Strassenläufen; Teilnehmer an Länderwettkämpfen.

Florian Züger: Mehrfacher Waffenlauf-Tagessieger (1981 in Frauenfeld), Vize-Waffenlauf Schweizer-Meister, Kategoriensieger und zahlreiche Siege an Cross- und Strassenläufen, 10 x 10 000 m Staffelweltrekordhalter.

Die MKG Fricktal als vielseitige und kompetente Organisatoren

Ein weiterer Höhepunkt der Vereinsgeschichte der MKG Fricktal war die Durchführung der Waffenlauf Schweizer Meisterschaftsfeier anfangs Dezember des Jahres 1982 in Rheinfelden. Es war die zweite Meisterschaftsfeier im Kanton Aargau nach 1970 auf der Habsburg bei Brugg. Als Waffenlauf Schweizer Meister des Jahres 1982 wurde bereits zum fünten Mal Albrecht Moser (Münchenbuchsee) vor MKG-Fricktal-Mitglied Florian Züger (Mühlehorn) ausgerufen. Hier in Rheinfelden wurde auch die Delegiertenversammlung der Interessengemeinschaft Militärwettmärsche der Schweiz durchgeführt, wo die zukünftige und bis heute gültige Namensänderung von IGMS in IGWS angenommen wurde. Für die Organisation zeichnete sich Ruedi Berner verantwortlich. Auch im Jahr 2002 wurde die Organisation und Durchführung der DV der IGWS und die anschliessende Waffenlauf-Meisterschaftsfeier der MKG Fricktal übertragen. OK-Präsident Urs Läubli, während Jahren selber aktiver Waffenläufer, hatte diesen Tag im Stadtsaal von Zofingen für manch einen Geehrten zum unvergesslichen Waffenlaufkarrierehöhepunkt werden lassen.

Einen weiteren festen Bestandteil der Mehrkampfgruppe Fricktal bildeten über Jahre die Wehrsporttage in Schöftland. Während 31 Jahren organisierte die MKG Fricktal den Volkslauf Oftringen. Mit regelmässig 700 bis 850 LäuferInnen hatte dieser Volkslauf unter der verantwortlichen Leitung von Kurt Wullschleger und Urs Läubli einen festen Bestandteil in der schweizerischen Laufsportszene.

Das Aushängeschild der MKG Fricktal ist zweifellos der bekannte GP Fricktal-Osterlauf, der jährlich am Ostersamstag in Eiken zur Austragung gelangt. Der GP Fricktal-Osterlauf gilt schon seit Jahren als bedeutendster Laufsportanlass im Fricktal und ist einer der Grössten im Kanton Aargau. 1966 wurde dieser ins Leben gerufen und zunächst in Laufenburg ausgetragen. Aus organisatorischen Gründen erfolgte alsbald der Wechsel nach Kaisten und später an den heutigen, bewährten Austragungsort Eiken. In den vergangenen Jahren verzeichnete der GP Fricktal-Osterlauf bis zu 2000 rangierte Läuferinnen und Läufer, Hobbyjoggerinnen und Jogger, Walkerinnen und Walker. Diese Laufsportveranstaltung wird jeweils unterteilt in verschiedene Schülerläufe, in zwei Walking- und Nordicwalking-Strecken, den Eiker Hasenlauf über 5,85 km sowie den eigentlichen Grossen Preis des Fricktals über 10 Meilen (16,093 km). Im Jahr 2005 feierte der GP Fricktal-Osterlauf sein 40-jähriges Jubiläum. Weiss die Schweizerische Laufsportszene, dass der GP Fricktal-Osterlauf der drittbedeutendste Langstreckenlauf der gesamten Schweiz ist? Denn wenn Sie das Alter der Veranstaltung und die Anzahl Teilnehmer in Bezug setzen und allen übrigen Läufen, den ca. 500 stattfindenden Läufen und Walkingevents in der Schweiz vergleichen, so gibt es nur deren zwei Langstreckenläufe, die älter sind und mehr Teilnehmer aufweisen, nämlich den Gedenklauf Murten – Freiburg und die internationalen Bieler Lauftage. An dritter Stelle steht der Grosse Preis vom Fricktal!

Damit beweisen die ehrenamtlichen Verantwortlichen unter dem Vorsitz von Urs Vogel zusammen mit ihren Mitgliedern und deren Angehörigen, dass ihr Verein, die Mehrkampfgruppe Fricktal, mit viel uneigennützigem Einsatz, Sachkompetenz und Übersicht in der Organisation von polysportiven Breitensportanlässen zu einem Verein mit wahrer Grösse in der schweizerischen Ausdauer- und Laufsportszene gehört.

Die Geschicke des Vereins führten
1960–1962: Kurt d'Agostini, Ittenthal; 1963–1976: Tony Müller, Kaisten; 1977–1980: Willy Berger, Reitnau; 1981–1984: Ruedi Berner, Wallbach; 1985: Kurt Wullschleger, Oftringen, (Vizepräsident); 1986–1994: Kurt Wullschleger, Oftringen; 1995–2003: Markus Bircher, Oberentfelden; 2004: Felix Müller, Beinwil a. S. (Vizepräsident); 2005–heute: Urs Vogel, Rheinfelden.
MKG-Fricktal-Mitglieder mit 100 und mehr Waffenläufen (Stand Ende 2006):
EM Graf Adrian, (Jg. 1934) 341 Waffenläufe; EM Schillig Hansueli (1946) 325; Baltisberger Hanspeter (1944) 300; Mietrup Max (1943) 250; Ottiger Bernhard (1939) 219; Henzer Gerhard (1950) 198; EM Züger Florian (1944) 195; Müller Stefan (1964) 185; Kummer Hanspeter (1947) 178; Oberholzer Ernst [†] (1911) 174; Vogel Urs (1953) 170; Bannwart Franz-Xaver (1949) 150; Müller Felix (1961) 149; Bill Kurt (1951) 139; Hilfiker Rudolf [†] (1920) 137; Schwob André (1948) 111; Vogel Werner (1947) 106; Galbier Anton (1950) 103; Wiesner René (1945) 102; Geissbühler Daniel (1966) 101.
Ehrenmitglieder
Paul Abegglen, Kurt Amsler, Willy Berger, Markus Bircher, Hansruedi Dinkel, Adrian Graf, Andreas Jurt, Hanspeter Kummer, Urs Läubli, Othmar Leimgruber, Max Meier, Bruno Meng, Felix Müller, Tony Müller (Ehrenpräsident), Gottfried Obrist, Walter Ryter, Hansueli Schillig, Roman Stössel, Kurt Wullschleger, Florian Züger.
Weitere verdienstvolle Vereinsmitglieder
Hanspeter Baltisberger, Franz-Xaver Bannwart, Walter Bertschi, Kurt Bill, Charly Blum, Hanspeter Brogli, Theres Brogli, Franz Brunner, Georges Cina, Anton Galbier, Bruno Galbier, Walter Galbier, Daniel Geissbühler, Fredy Hafner, Sämi Hafner, Marcel Henrion, Gerhard Henzer, Hansjürg Hürst, Anton Husner, Peter Jegge, Theo Kaufmann, Max Kesselring, Alois Kiser, Niklaus Mazenauer, Walter Meier, Max Mietrup, Beno Müller, Stefan Müller, René Mumenthaler, Bernhard Ottiger, Beni Ruf, Peter Schmid, André Schwob, Kurt Stalder, Hans Steger, Urs Vogel, Werner Vogel, Estelle Weingarten, René Wiesner.

Urs Vogel, Rheinfelden

Zürcher Patrouilleure

«Förderung der aktiven sportlichen Betätigung durch Teilnahme an militärischen und zivilen Sportanlässen.» Diesen Leitsatz schrieben sich die Zürcher Patrouilleure in ihre Statuten und dieser hat heute noch Gültigkeit. Zudem hatten die Vereinsmitglieder auf kameradschaftlichen Zusammenhalt und gegenseitige Unterstützung zu achten. Dies hätte man eigentlich nicht festschreiben müssen, solche Tugenden sollten in jedem Verein selbstverständlich sein und dies wird natürlich auch bei den Zürcher Patrouilleuren gelebt.

Gründung...

Die Zürcher Patrouilleure wurden im Jahre 1952 durch Hptm Arthur Weber gegründet. Er war auch der erste Vereinspräsident und unter seiner Führung organisierten die Zürcher Patrouilleure im Jahre 1958 erstmals den Zürcher Waffenlauf. Da bereits verschiedene andere bedeutende Schweizer Orte einen Waffenlauf durchführten, durfte natürlich auch die grösste Stadt der Schweiz nicht in dieser Liste fehlen. Eines der Gründungsmitglieder des Zürcher Waffenlaufs war der später als Nationalrat landesweit bekannt gewordene Ernst Cincera. Cincera stand dem Zürcher Waffenlauf auch zwei Jahre lang als OK-Präsident vor.

...und Entwicklung

Die Zürcher Patrouilleure entwickelten sich in der Folge zu einem sehr grossen und bedeutenden Verein in der Waffenlaufszene und konnten über viele Jahre Mitgliederzahlen von weit über 200 Leuten verzeichnen. Getreu den Statuten nahmen auch sehr viele Mitglieder an den sportlichen Wettkämpfen teil. So kam es in den besten Waffenlaufjahren vor, dass an die 90 ZP-Läufer an einem Waffenlauf teilnahmen. Auch als die Teilnehmerzahlen an den Waffenläufen wieder zurückgingen, stellten die Zürcher praktisch immer über 10% des Läuferfeldes.

Unsere Präsidenten

Als weiteren Anlass gründeten die Zürcher Patrouilleure im Jahre 1958 den Rigi-Lauf. Dieser sollte im Winter einen Ersatz für den Waffenlauf darstellen, also eine Art Biathlon. Da in den Anfangsjahren, wie damals auch noch beim Waffenlauf, geschossen wurde, musste am Austragungsort in der Region Rigi-Klösterli, immer auch ein Schiessplatz eingerichtet werden. In den besten Zeiten verzeichnete der Rigi-Lauf an die 250 Teilnehmer, am Schluss waren es jedoch nur noch gut 100. Die rückläufige Teilnehmerzahl und auch der schlechte Termin (Dezember) mit meistens wenig Schnee führten dazu, dass man an der Hauptversammlung vom Januar 1983 den Lauf wieder aus dem Wettkampfkalender strich. Somit war die Austragung im Jahre 1981 die letzte gewesen, da der Lauf im Jahre 1982 witterungsbedingt nicht durchgeführt werden konnte.

Höhen und Tiefen

In seinem über 50-jährigen Bestehen kam der Verein mit lediglich 4 Vereinspräsidenten aus. Nach dem Rücktritt des Gründers Arthur Weber, trat Heinz Koch in seine Fussstapfen. Er stand dem Verein während 15 Jahren von 1971 bis 1986 vor. Mit Heinz Koch, der schon

10 Einige ZP'ler am Absenden 2005 in Altdorf. V.l.n.r. hintere Reihe: Urs Messikomer, Peter Deller, Nelly Merk, Urs Maurer, Patrick Wieser, Dominik Schlumpf, V.l.n.r. vordere Reihe: Jürg Sturm, Rolf Baumgartner, Kudi Steger

11 Funktionäre unter sich. V.l.n.r. Oberstlt Martin Erb (OK Präsident Zürcher Waffenlauf und Präsident der IGWS), Oberst i Gst Stefan Holenstein (Präsident Zürcher Patrouilleure) und Wm Heinz Koch (ehem. OK-Präsident Zürcher Waffenlauf und TK-Chef der IGWS)

12 Lachender Sieger. Patrick Wieser am Absenden in Splügen. Er wurde im Jahr 2004 zum ersten Mal Meister in der Kategorie M20. Ob er wohl ahnte, dass er zwei Jahre später als Waffenlaufschweizermeister aller Kategorien gekürt werden würde?!

kurz nach der Vereinsgründung Mitglied wurde, hatten die ZP einen überaus versierten Mann an der Spitze. Heinz Koch hatte nebst dem Amt als Vereinspräsident noch diverse andere Aufgaben im Waffenlauf. So war er Zürcher Vertreter im Dachverband, der IGWS (früher IGMS) und auch langjähriger Redaktor des «Schweizer Wehrsport», der Zeitschrift für den Armeesport schlechthin. Bis vor wenigen Jahren war Heinz Koch immer noch als Speaker bei diversen Waffenläufen im Einsatz. Als Vereinspräsident wurde Heinz Koch von Rolf Biedermann abgelöst, der den ZP bis ins Jahr 1996 vorstand. Als bisher letzter Präsident löste ihn Stefan Holenstein ab, der heute auch bereits auf eine gut 10-jährige Präsidentschaft zurückblicken kann.

Es gab aber auch Momente, in denen lautstark über eine Auflösung nachgedacht wurde. Bereits im Jahr 1986 schrieb der damals abtretende Vereinspräsident Heinz Koch in einem Brief an die Vereinsmitglieder, dass er zunehmende Passivität festgestellt habe. Es seien immer die gleichen Leute, die den ‚Karren' ziehen müssten und auch diese Zahl verkleinere sich zusehends. Eine Tendenz, die sich auch in anderen Vereinen feststellen lässt. Aufgrund des Briefes fanden sich dann aber doch noch einige neue und frische Leute, welche dafür sorgten, dass der Verein bis heute am Leben blieb. Eigentlich hatten es die Mitglieder ja auch wirklich gut. Denn für den bescheidenen Jahresbeitrag wurde ihnen in der Regel sehr viel geboten und, sofern man noch aktiver Läufer war, wurde man Ende Jahr mit einem reichlich gedeckten Gabentisch beschenkt. So gelang es dem Verein alljährlich, seine Mitglieder für ihre Leistungen zu entschädigen.

Die erfolgreichsten Mitglieder

Obwohl die Zürcher Patrouilleure punkto Teilnehmerzahl immer ganz an der Spitze waren, waren sie resultatmässig eigentlich nur selten ganz zuvorderst anzutreffen. Wohl über die längste Zeit der erfolgreichste Läufer war Kudi Steger, der an zahlreichen Läufen an der Spitze mitreden konnte, aber nie einen Schweizermeistertitel holte. Immerhin schauten 10 Tagessiege heraus. Der erste und einzige Schweizermeister aus den Reihen der ZP stand am 24.10.2006 am letzten Zürcher Waffenlauf fest, obschon noch der Thuner und Frauenfelder folgten. Patrick Wieser wie auch Peter Deller waren bis zur 49. Austragung des Zürchers als aussichtsreichste Kandidaten für den letzten Schweizermeister-Titel 2006 im Rennen. Wieser setzte sich mit einem eindrücklichen Start-Ziel-Sieg durch.

Überhaupt gelang es den ZP'lern erst in der Neuzeit, mit Peter Deller und Patrick Wieser sich ganz an der Spitze der Waffenlaufelite zu behaupten. Auch bei Zivilläufen konnten die beiden zumindest auf regionaler Ebene ganz an der Spitze mitreden.

Waffenlauf Tages- und Kategoriensieger aus den Reihen der ZP (Stand Ende 2006):
Kudi Steger 10 Tagessiege, Hans Dähler 5, Patrick Wieser 4, Peter Deller 3.

Kudi Steger 25 Kategoriensiege, Peter Deller 27, Karl Pfanner 19, Werner Strittmatter 15, Walter Köng 14, Heinz Voitel 11, Fritz Dürst 9, Patrick Wieser 9, Konrad Walder 7, Hans Dähler 6.

In den Waffenlauf-Jahresmeisterschaften gab es ebenfalls einige Titel zu feiern. So wurden Karl Pfanner 3 Mal, Peter Deller, Werner Strittmatter, Wallter Köng und Patrick Wieser je 2 Mal sowie Kudi Steger und Heinz Voitel je einmal Schweizermeister in ihrer Kategorie.

Weitere «ZP-Stars»

Obwohl das Hauptaugenmerk dem Waffenlauf galt, bestritten die Zürcher Patrouilleure auch Zivilläufe, wobei sie zwei Mal sogar im Ausland, an einem Volkslauf in Bremen teilnahmen und dies mit überwältigendem Erfolg. Bei der ersten Teilnahme holten sie sich über die Distanz von 20 km nämlich gleich die ersten drei Plätze. Hans Dähler gewann vor Hans Baumann und Robert Brauchli. Die ZP-Delegation umfasste insgesamt 12 Läufer.

Auch die Toggenburger-Stafette absolvierten die ZP-Läufer immer mit gutem Erfolg. Nebst den bereits genannten Meistern und Siegern gibt es noch einige weitere Namen zu erwähnen, deren Leistungen höchst beachtlich waren. Das heute älteste Vereinsmitglied der ZP, Arthur (Turi) Lanicca war lange Zeit als sehr guter Läufer in den vordersten Rängen anzutreffen. Für einen Sieg reichte es allerdings nie. Auch Heiri Hasler gilt es zu erwähnen. Er ist mit 366 absolvieren Waffenläufen der Rekordhalter in den Reihen der ZP. Etliche weitere Mitglieder brachten es auch noch auf über 300 Waffenläufe.

Ungewisse Zukunft

Eine ganz wichtige Funktion nahm auch Martin Erb ein, der als Vereins- und Vorstandsmitglied der Zürcher Patrouilleure nebenbei noch langjähriger OK-Präsident des Zürcher Waffenlaufs war und dazu noch als letzter Präsident des Dachverbandes IGWS in die Geschichte einging. Diesen Titel hätte er sich allerdings gerne erspart, doch liess sich kein Nachfolger mehr finden, weshalb ihm und seinem Vorstand nichts anderes übrig blieb, als die IGWS auf Ende 2006 aufzulösen. Dass dieser Entscheid für den Waffenlauf selbst richtungsweisend sein dürfte, scheint in der Zwischenzeit jedem klar geworden zu sein. Vielleicht muss schon kurz nach Erscheinen dieses Buches das Ende des Waffenlaufsports in der Schweiz bekannt gegeben werden. Ein solches Ende hätte natürlich auch Auswirkungen auf die Zürcher Patrouilleure, denn eines der statutarisch festgehaltenen Ziele könnte dann nicht mehr erfüllt werden, nämlich die Teilnahme an militärischen Anlässen. Es sei denn, der Verein richte sich ganz auf andere Anlässe aus. Für die zivilen Bedürfnisse bieten sich genügend andere Laufsportvereine an. Die Zukunft des Vereins ist somit unter den angeführten Gesichtspunkten höchst ungewiss...

Willi Baer, Wehrsport-Berichterstatter

Kontakt

Vereinspräsident: Stefan Holenstein
Streulistr. 83, 8032 Zürich, Tel. P 01 422 84 80
Technischer Leiter: Sepp Mäder
Steingartenstr. 16, 8630 Rüti ZH
Tel. G 055 253 64 19, Tel. P 055 240 29 57

UOV Wiedlisbach

Vor einigen Jahren feierte der UOV Wiedlisbach sein 50-jähriges Bestehen. Dies wurde zum Anlass genommen, einen Blick zurückzuwerfen. In den letzten Jahren konnte der UOV einige Tages- und Kategoriensiege auf das Vereinskonto buchen. In den folgenden Zeilen bietet sich dem Leser ein interessanter und spannender Blick zurück!

Das Jubiläum 1952–2002

Im Jahr 2002 schrieb der damalige Vereinspräsident, Stabsadj Kurt Kehl:

«Wir leben heute in einem gesellschaftlichen Wandel, die Werte sind nicht mehr dieselben wie früher!»

Auch unsere Armee ist im Umbruch, man kennt erst deren Eckpfeiler. Wie sieht es künftig aus mit der ausserdienstlichen Tätigkeit?

Was bedeutet das für einen Verein, ja sogar für einen Unteroffiziersverein? Das Individualistentum nimmt heute eine grosse Bedeutung ein, das heisst jede Gemeinschaft hat es schwer, die gesteckten Ziele zu erreichen. Jede Person möchte frei sein, sich nicht binden lassen, schon gar nicht über längere Zeit oder in einem (militärischen) Verein. Allenfalls noch mitmachen in einem Verein (profitieren, jedoch frei sein), aber möglichst keine Zusatzfunktion übernehmen, in welcher man «angebunden» ist. Die Vorstände dieser Vereine oder Verbände sind heutzutage nicht vollzählig; die Präsidentenposten oder andere wichtige Ehrenämter sind vakant.

Der Unteroffiziersverein verfügt über zeitgemässe, neue Statuten sowie einen vollzähligen jedoch überalterten Vorstand.»

Der Präsident des etwa 100 Mitglieder zählenden Vereins umschrieb seine Zukunftsvision wie folgt:
– Wie lange gibt es den UOV Wiedlisbach noch?
– Soll der Hans-Roth-Waffenlauf weitergeführt werden?
– Können wir künftig wieder junge (gradierte) Mitglieder aufnehmen?

Die Aufgaben für die Zukunft legte er dem Vorstand wie auch den Mitgliedern ans Herz. So sollen gezielte Mitgliederwerbung von Junioren sowie Unteroffizieren, höheren Unteroffizieren, Offizieren, Läufern, Radfahrern, Mehrkämpfern und Polysportlern gemacht werden, besonders bei den jüngeren Jahrgängen. Auch das Angebot eines ausgewogenen Tätigkeitsprogramms und einer attraktiven Jahresmeisterschaft (jedes Mitglied soll die Aktivitäten je nach Lust und Neigung wählen und ausführen können, gesellige Anlässe dürfen nicht fehlen, Traditionen sollen erhalten bleiben!).

Das Angebot des wöchentlichen Trainings (laufen, Rad fahren, biken) am Mittwochabend soll bleiben und auch die Förderung der Kameradschaft (unsere Alte Garde ist super!) muss dem Verein wichtig bleiben. Ein weiterer Punkt war die Verjüngung des Vorstandes (dies ist als fortwährender Prozess zu verstehen) und die Unterstützung des Waffenlauf-Organisationskomitees.

Die Gründung

Eine erste Orientierungsversammlung fand am 18. Oktober 1952 im Restaurant Bürgerhaus in Wiedlisbach statt. Die Gründungsversammlung folgte im gleichen Lokal am

29. November 1952. Den Vorsitz hatte Wm Ernst Bohner, 1898, aus Wiedlisbach. Als Protokollführer amtete Four Alfred Schneeberger, 1930, aus Wiedlisbach. Der Gründungsbeschluss fiel um 22.07 Uhr. Die Versammlung schloss um 00.40 Uhr. Der Jahresbeitrag wurde auf Fr. 8.– festgelegt.

Der gewählte Vorstand setzte sich wie folgt zusammen: *Präsident:* Wm Ernst Bohner, Wiedlisbach. *Vize-Präsident:* Fw Willy Fluri, Wiedlisbach. *Kassier:* Kpl Walter Ryf, Attiswil. *Sekretär:* Four Alfred Schneeberger, Wiedlisbach. *Übungsleiter:* Hptm Hermann Bieri, Oberbipp. *Material-Verwalter:* Kpl Rudolf Allemann, Wiedlisbach. *Beisitzer:* Fw Samuel Schmitz, Adj Uof Hans Krebs, Wm Rudolf Kurt, Wm Rudolf Reist

Die Präsidenten der Jahre 1952-2006

1952–1957	Wm Ernst Bohner, Wiedlisbach
1958–1961	Kpl Max Günter, Wiedlisbach
1962–1965	Four Alfred Schneeberger, Wiedlisbach
1966–1971	Wm Martin Zumstein, Attiswil
1972–1973	Wm Gottfried Stucki, Wiedlisbach
1974–1975	Kpl Hans Ramseyer, Attiswil
1976–1980	Wm Martin Zumstein, Attiswil
1981–1983	Wm Ueli Mühlemann, Flumenthal
1984–1987	Wm Martin Zumstein, Attiswil
1988–1991	Wm Robert Kurt, Wiedlisbach
1992–1998	Wm Stefan Binggeli, Wolfisberg
1999–2001	Four Hans-Ulrich Schneeberger, Wiedlisbach
2002–2004	Stabsadj Kurt Kehl, Luterbach
ab 2005 –	Wm Hansruedi Gygax, Obersteckholz

Ehrenmitglieder

Wm Ernst Bohner, Oberst Hans Liniger, Fw Willy Fluri, Kpl Walter Ryf, Adj Uof Walter Schmitz, Four Max Mägli, Kpl Max Günter, Adj Uof Albert Knutti, Wm Fritz Häni, Hptm Robert Wehrli, Four Alfred Schneeberger, Adj Uof Werner Baumgartner, Hptm Gottfried Ingold, Kpl Hans Ramseyer, Wm Paul Feier, Sdt Ernst Mühlematter, Adj Uof Gottfried Stucki, Wm Martin Zumstein, Major Peter Berger, Major Andreas Friedli, Mitr Albrecht Moser, Wm Robert Kurt, Wm Walter Pfister, Hptm Ernst Stucki, Sdt Fritz Häni, Fach Of Jörg Hafner, Herr Heinz Frei, Oberstlt Daniel Schaad, Stabsadj Kurt Kehl.

Mitglieder des UOV Wiedlisbach als Waffenlaufschweizermeister Overall
(offizielle Meisterschaft seit 1976)
1978-85: Albrecht Moser
1986-87: Fritz Häni
1999-2003, 2005: Jörg Hafner

Kategorienschweizermeister
(Fritz Häni in allen Kategorien, gesamthaft 15 Mal!)

Auszug/M20

1974–75, 1977–1978:	Georges Thüring
1981:	Toni Spuler
1982–84, 1986:	Fritz Häni
1987:	Beat Wanner
2003:	Stephan Marti

Landwehr/M30

1978–85:	Albrecht Moser
1987:	Fritz Häni
1999–2003:	Jörg Hafner

Landsturm/M40

1991:	Martin Storchenegger
1995–96, 1998–2002:	Fritz Häni
2004:	Niklaus Scheidegger
2005:	Jörg Hafner

Senioren/M50

1990:	Kaspar Scheiber
1997–99:	Martin Storchenegger
2004–06:	Fritz Häni

Damen

1998–2000:	Maria Heim

UOV-Mitglieder als Tagessieger am Hans-Roth-Waffenlauf

1956:	Erich Büetiger
1966:	August von Wartburg
1972-74:	Georges Thüring
1975:	Kaspar Scheiber
1978:	Georges Thüring
1979, 1982:	Albrecht Moser
1983:	Toni Spuler
1984:	Kudi Steger
1985:	Toni Spuler
1986:	Urs Heim
1987–88:	Fritz Häni
1999–2003, 2005:	Jörg Hafner

«Nichts ist so beständig wie der Wandel» – Feststellungen und Gedanken des Übungsleiters

Die Kaderübungen des UOV waren seit der Gründung bis weit in die 80er Jahre eine der entscheidenden militärischen Tätigkeiten. War es doch so, dass die Verbände eine gewisse Anzahl Übungen und oft auch Themen

13 Fritz Häni, Maria Heim, Jörg Hafner

14 Ein starkes Sextett des UOV Wiedlisbach (v.l.n.r. Hafner, Marti, Schmid, Gschwend, Häni und Gygax)

obligatorisch erklärten und wer dies nicht erfüllte, war an kantonalen oder eidgenössischen Wettkämpfen nicht berechtigt eine Auszeichnung entgegenzunehmen. An diesen Übungen wurde vergleichsweise wie in einem WK mit Beübten und Helfern gearbeitet, von einem Inspektor kritisch beurteilt, um sich in der Regel anschliessend mit Speis und Trank zu stärken und die Kameradschaft zu pflegen. Als immer mehr Sektionen das Soll nicht mehr erfüllten, wurde das Obligatorium abgeschafft. Damit gingen die Tätigkeiten markant zurück und bröckelten wie die Berliner Mauer ab. Heute werden diese Kaderübungen meist kantonal, ausnahmsweise regional, praktisch nur auf Waffenplätzen und mit Federführung von Instruktoren durchgeführt, um ein einigermassen sinnvolles Verhältnis zwischen Aufwand und Ertrag zu erreichen.

Aber: Gibt es da noch die bleibenden Erlebnisse? Wer von uns erinnert sich noch an diese und jene Kaderübung?

…da war doch die Übung mit Kan Ernst Stalder als Wachtposten, als ihn zu später Stunde plötzlich einer vermisste und man feststellte, dass er immer noch im Wald auf seinem Posten war…

… oder jene Übung mit FHD Annemarie Scheidegger als eine der Gebirgsinfanteristen: «Hält Mutthornhütte, stellt Beobachtung auf dem Petersgrat sicher, ist bereit, zu Gunsten Det Stechelberg eingesetzt zu werden!»

Wer erinnert sich noch an das Modell einer improvisierten Panzersperre von Kpl Fritz Scheidegger, welcher zur Verblüffung des Inspektors ergänzend erklärte, das Ganze noch mit einem «Habegger-Zug» herunterzubinden und verstärken zu wollen?

Auch der «Gasballon-Helikopter-Schnurzug am Schlosshoger», Marke Martin Gabi, ist sicher noch einigen in Erinnerung geblieben.

Wir, im Wandel der Zeit

Drehte sich früher im UOV Wiedlisbach alles um die Waffenläufe, so hat sich dies in den letzten Jahren geändert. Vermehrt haben sich LäuferInnen bei uns eingefunden, welche Zivilläufe bestreiten. In dieser Sparte konnten denn auch viele grosse Erfolge gefeiert werden. Niklaus Scheidegger hat schon regionale Läufe gewonnen, Fritz Häni verpasste es nur knapp, den Klassiker Sierre-Zinal zu gewinnen und verbessert heute kontinuierlich die Kategorienrekorde an sämtlichen Läufen. Maria Heim hat nebst dem 3. Rang am Jungfrau-Marathon, verschiedene Berg- und Geländeläufe für sich entschieden, Christoph Sommer hat an EM und WM Titelkämpfen der Behinderten schon Gold, Silber und Bronze gewonnen und auch Jörg Hafner hat nebst den 6 Schweizermeistertiteln im Waffenlauf bei zahlreichen Zivilläufen brilliert, um nur einige zu nennen.

Die Zahl der Waffenläufe und der Waffenläufer schwindet, das stimmt uns zwar etwas traurig, aber wir müssen es akzeptieren. Als Alternative bieten sich wunderschöne zivile Gelände- und Bergläufe sowie verschiedenste Städtemarathons an. Aber nicht nur Leistungssport ist gefragt, vielmehr will sich der Mensch doch einfach in einer Gruppe sportlich betätigen und dabei den «Plausch» haben.

Die Sportgruppe UOV Wiedlisbach hat in den letzten Jahren mit verschiedenen neuen Aktivitäten versucht, Mitglieder zu gewinnen und zählt zurzeit über 100 Vereinsmitglieder. Auf grossen Erfolg sind die beiden Walking-Kurse gestossen, diese neue Trendsportart ist zurzeit sehr gefragt. Es wird daher angestrebt, am Mittwochtraining nebst dem Lauftraining in 3 Gruppen auch noch ein Gruppentraining für Walker anbieten zu können. Abwechslung ins Programm bringt auch das alljährliche Bike-Bergrennen oder im Sommer ein gemütlicher Brätliabend, wo auch die Partner willkommen sind. Im Winter wird jeweils eine Schneeschuhtour organisiert und im Sommer eine Wander- oder Bergtour. Auch Trainingsweekends fehlen in unserem Programm nicht. Alle diese Anlässe, Resultate der Mitglieder an den Läufen sowie Fotos werden immer aktuell auf der Homepage www.sportgruppe-wiedlisbach.ch veröffentlicht.

Unsere Zukunftsvision ist klar: Wir wollen einer grossen Schar Sportsbegeisterten ein abwechslungsreiches Programm anbieten! Heute und in Zukunft!

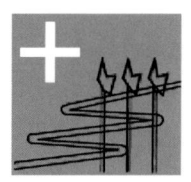

WSG Schwyz

WSG SCHWYZ
6430 Schwyz

Gründung und Entstehungsgeschichte des Vereins

Unter der Federführung des damaligen EMD (später: Sektion für ausserdienstliche Tätigkeiten) hielt der Wehrsport 1936 offiziell Einzug in unserem Lande. Der Wehrwillen und die körperlichen Ertüchtigung der Armeeangehörigen standen im Vordergrund. Die Fairness und die sprichwörtliche Kameradschaft unter den Wettkämpfern in Uniform spielten aber seit jeher eine wichtige Rolle. Bereits 1936 nahm eine militärische Skipatrouille, geführt von Lt Arnold Käch, dem späteren Direktor der Eidgenössischen Turn- und Sportschule in Magglingen und Direktor der Eidg. Militärverwaltung in Bern, an der Winter-Olympiade in Garmisch-Partenkirchen im damaligen Grossdeutschland, erfolgreich teil. In dieser Patrouille lief auch die Schwyzer Langlauflegende mit, der Gefreite Josef Lindauer.

Seit Mitte der Vierzigerjahre nahmen regelmässig Schwyzer Sportler an den damals noch wenigen Waffenläufen, wie dem Frauenfelder, Altdorfer und Reinacher teil. Ab den Fünfzigerjahren machten die Märchler Waffenläufe der Wehrsportgruppe «Muttri» March, von sich reden. Am Frauenfelder Waffenlauf 1952 gab es für diese Gruppe gar einen überraschenden 2. Rang im Mannschaftsklassement, sowie die Einzelränge vier und sechs. Aber auch die Innerschwyzer Wehrsportler regten sich bald danach. Der erste Sieg eines Schwyzers an einem Waffenlauf (1955 in Altdorf) hat diese harte aber faire Sportdisziplin plötzlich auch im innern Kantonsteil populär gemacht. Erfolgreiche Skipatrouilleure hat es hier seit jeher gegeben. Er war ursprünglich geplant, eine Waffenlaufgruppe als Untersektion des UOV Schwyz, wie beim UOV Zürich oder UOV Burgdorf usw. zu bilden. Der UOV Schwyz wollte aber sein Tätigkeitsfeld nicht erweitern.

Gründungsversammlung 12. April 1956

Auf Initiative des Muotathals Xaver Suter, Polizeibeamter, kam es dann am 12. April 1956 im damaligen Restaurant National (heute Gasthof Hofmatt) in Schwyz zur Gründungsversammlung. Mit Freude und Begeisterung und zweifellos auch mit dem nötigen Mute gepaart, stimmten 16 Kameraden der Gründung der Wehrsportgruppe Schwyz zu und verpflichteten sich gleichzeitig, die Pflichten eines Vereinsmitglieds zu erfüllen.

Der Verein heute

Der Verein zählt heute rund 160 Mitglieder, wovon sich etwa 50 dem aktiven und wettkampfmässigen Laufsport verschrieben haben.

Der kameradschaftliche und gesellige Teil nimmt in unserem Vereinsleben einen hohen Stellenwert ein. Nebst spontanen Anlässen und Trainings hat der Chlausabend einen festen Platz in unserer Agenda.

Freude am Laufsport und an der Natur sind die Voraussetzungen, sich in unserem Verein wohlzufühlen.

Unser Vorstand heute

Präsident: Hansruedi Kenel, Altdorf. *Vizepräsident/Technischer Leiter:* Robert Egolf, Meilen. *Aktuarin:* Rita Kenel, Altdorf. *Presse:* Vreni Schmid, Cham. *Marschleiter:* Daniel Wampfler, Lützelflüh. *Kassier:* Elsbeth Rölli, Cham. *Materialverwalter/Fähnrich:* Ernst Trinkler, Steinen.

Bekannte Mitglieder unserer Waffenläufer-Riege

Koni Schelbert wurde im Jahr 1998 Schweizermeister und ging damit in die Vereinsgeschichte ein. Die Sechzigerjahre waren zweifellos die goldenen Jahre unserer Waffenläufer. In den Jahren 1961–1963 schlugen die Schwyzer beim Zürcher Waffenlauf voll zu. Sie erkämpften sich gleich drei aufeinanderfolgende Siege im Gruppenwettkampf.

Tätigkeitsprogramm

Unsere Aktivitäten setzen sich aus Volksskiläufen, zivilen Wettkämpfen, Märschen, Waffenläufen, Familien- und Kameradschaftsanlässen zusammen. Das komplette Jahresprogramm findet sich auf der Homepage (siehe Kontakt).

Kontakt

Präsident WSG Schwyz
Hansruedi Kenel, Steinmattstrasse 34
6460 Altdorf
hansruedi.kenel@freesurf.ch
Telefon P: 041/870 85 07
Telefon G: 041/875 17 13
Fax: 041/870 85 07
Homepage: www.wsg-schwyz.ch

LST Zürich

Gründung und Entstehungsgeschichte des Vereins

13. Januar 1973, Gründungsversammlung der Wehrsportgruppe als eigenständiger Verein (Sektion des UOVZ). 29. Mai 1998, ausserordentliche Mitgliederversammlung mit Beschluss der Namensänderung in Laufsport Team Zürich und Einführung des neuen Logos zum Zweck der Öffnung und breiteren Abstützung des Vereins (Werbung junger Mitglieder). 11. Dezember 1998, Generalversammlung mit Genehmigung der neuen Statuten.

Der Verein heute

Total 63 Mitglieder, verstreut über den ganzen Kanton Zürich, Durchschnittsalter 62 Jahre (!), ca. 10 bis 15 aktive Wettkämpfer, davon noch ca. 5 regelmässige Teilnehmer an Waffenläufen, 4 weibliche Mitglieder.

Das Hauptproblem des Vereins besteht heute in der Überalterung aufgrund des mangelnden Nachwuchses und der damit verbundenen allgemeinen Passivität (kein Interesse, sich im Vorstand zu engagieren).

Der Präsident und sein Team

Präsident: Andreas Wälti, Jg. 1952, 165 Waffenläufe (letztmals 2002), noch aktiv als ziviler Läufer. *Vizepräsident und Aktuar:* vakant. *Kassier:* Peter Chistèll, Jg. 1948, 164 Waffenläufe. *Sportchef:* Thedy Vollenweider, Jg. 1938, 400 Waffenläufe. *1. Beisitzer:* Emil Morscher, Jg. 1929, 72 Waffenläufe. *2. Beisitzer:* Godi Gaberthüel, Jg. 1950, 222 Waffenläufe, noch aktiv.

Tätigkeitsprogramm

Der Schwerpunkt unserer Tätigkeit liegt in der Organisation des Zürcher Neujahrslaufes in Dietikon als Veranstaltung im Rahmen des

Züri-Lauf-Cups. Das OK besteht aus 7 Mitgliedern des LST unter dem OK-Präsidenten Martin Fatzer. Für die Durchführung des Laufes werden jeweils 60 bis 80 freiwillige Helfer benötigt, die sich aus Mitgliedern und deren Angehörigen sowie Freunden und Bekannten rekrutieren.

Es wird jeweils eine Vereins- sowie eine Läufermeisterschaft durchgeführt. Bei ersterer werden diejenigen ausgezeichnet, welche sich aktiv am Vereinsleben beteiligen, bei der zweiten geht es darum, die besten Läufer pro Alterskategorie zu ermitteln.

Neben verschiedenen sportlichen Aktivitäten wie Radausfahrten oder Wanderungen nehmen die gesellschaftlichen und gemütlichen Anlässe einen immer grösseren Stellenwert ein. Eine ideale Verbindung von beidem bietet eine alljährlich im Sommer durchgeführte Trainings-, Wander- und Ferienwoche.

Es werden keine gemeinsamen Trainings durchgeführt (mit Ausnahme des traditionellen Karfreitag-Trainings).

Bekannte Mitglieder unserer «Waffenläufer-Riege»

Thedy Vollenweider: Mit 400 absolvierten Waffenläufern an der Spitze des 100er-Vereins. *Heiri Nägeli:* Mit Jahrgang 1909 ältestes Mitglied.

Bezug zum Wehrwesen

Das LST ist nach wie vor eine Sektion des UOV Zürich. Ein «harter» Kern von ca. 5 Mitgliedern bestreitet noch regelmässig Waffenläufe. Daneben gibt es vereinzelt auch Teilnahmen an Dreikämpfen, Märschen oder Schiessen.

Adresse, Kontakt

Andreas Wälti, Fadacherstrasse 17
8340 Hinwil, Telefon 076 356 27 54

WLG Freiamt

Gegründet wurde der Verein im Jahr 1940 unter dem Namen SVMLT, Gruppe Freiamt. An einer ausserordentlichen Generalversammlung vom 19.6.1986 entschied sich die Versammlung zu einer Namensänderung in die heutige WLG Freiamt. Bis 1995 hatte Benno Vogler dem Verein als Präsident vorgestanden.

1996 übernahm Felix Furrer das Ruder des Vereins, zusammen mit Beat Wachter als Sportchef erhofften sie sich einen neuen Aufschwung. Durch die Streichung gewisser Gelder erlitt der Verein einen merklichen Mitgliederschwund. Heute zählt der Verein 26 Personen. Zu unseren Aktivitäten zählen die Waffenläufe, der Chlaushock und die GV.

Unser Vorstand gliedert sich heute wie folgt:
Präsident: Felix Furrer, Bettwil. *Sportchef:* Beat Wachter, Möriken. *Kassier:* Jolanda Furrer, Bettwil. *Aktuar:* Willi Lüthi, Bünzen.

Der Verein ist, wie der Name sagt, im schönen Kanton Aargau beheimatet. Von Bettwil, der höchstgelegenen Gemeinde im Kanton Aargau, hat man einen wunderschönen Blick über das Freiamt.

Eingebettet ist das Freiamt zwischen Lindenberg und Reusstal. Es erstreckt sich von Lenzburg bis Sins sowie vom Lindenberg bis hinunter zum Hallwilersee. Grössere Orte sind Wohlen, Muri und Sins. Übrigens machten viele Freiämter-Männer Militärdienst im heute noch legendären Schnapsbataillon 46, einst berühmt-berüchtigt.

Zu unseren Leistungsträgern darf man Frau Christina Wassmer zählen. Sie schafft es immer wieder, an den Diplomfeiern der Schweizermeisterschaft teilzunehmen.

Willi Lüthi läuft keine Spitzenzeiten mehr, hat aber mit 392 Waffenläufen sehr viel Erfahrung und schon viele Kilometer in den Beinen.

Ebenso war das ehemalige Mitglied Walter Hufschmied (101 WL) bei der Beschaffung eines Vereins-Trainingsanzugs sehr behilflich.

Die Zukunft unseres Vereins kann man wie folgt umschreiben: Der Verein gleicht einem Altersheim, viele sind dabei, jedoch nicht mehr aktiv. Sechs bis acht Läufer machen noch aktiv an den Waffenläufen mit, wollen aber nicht mehr an Vereinsanlässen als nötig. Also warten wir bis der letzte Startschuss an den Waffenläufen ertönt!

Persönlich meine ich, dass ich durch die WLG Freiamt viele gute Typen aus der ganzen Schweiz kennen und schätzen gelernt habe. Der Laufsport hat mich in meinem Leben Disziplin, Ausdauer und Mut gelehrt.

Das der Waffenlauf verloren hat, liegt leider nahe. Doch gehen viele Personen, welche schon ein Päckli am Rücken hatten, mit einem gewissen Respekt durchs Leben.

Felix Furrer, Präsident WLG Freiamt

UOV St. Gallen

Der Unteroffiziersverein St. Gallen gilt seit Jahrzehnten als treuer Waffenläufer-Verein. Der traditionsreiche Verein wurde am 11. Dezember 1865 als einer der ersten Unteroffiziersvereine der Schweiz gegründet.

Von der Kaderschmiede ...

Während die UOV SG von der Gründerzeit (Deutsch-Französischer Krieg, 1. und 2. Weltkrieg) bis in die 80er Jahre als Kaderschmiede für die Milizarmee diente, ist er heute ein Verein von «heimattreuen» Militärsportlern. Als Präsident wirkt Kü Kpl Roland Uhler seit vielen Jahren. Die weiteren Vorstandsmitglieder Rdf Thomas Manser (Vizepräsident), Gren Urs Zgraggen (Technischer Leiter) und der Veteranenpräsident Gfr Gottlieb Brunner sind ab und zu wie einige der noch aktiven Mitglieder an diversen Wehrsportanlässen in der Schweiz und auch im Ausland anzutreffen.

... zum Wehrsportverein

Der UOV hat eine ganze Fülle von Aktivitäten. So nimmt er an allen Waffenläufen, Dreikämpfen, militärischen Märschen im In- und Ausland, sowie an Schiesswettkämpfen und natürlich an den SUT (Schweizerische Unteroffizierstage) teil. Dazu kommen Übungen, wie zum Beispiel Schlauchboot fahren, Iglu bauen und übernachten in Schnee und Eis, suchen abgestürzter Bomber aus dem 2. Weltkrieg auf 2845 m.ü.M. oder schiessen mit der Vorderladerkanone Napoleon aus dem Jahr 1773. Am Fest der heiligen Barbara, welches sich jährlich am 4. Dezember wiederholt, werden jeweils drei Kanonenschüsse vor dem Sankt Galler Kloster abgefeuert. Genauso für das Sankt Galler Kinderfest, bei dem morgens um sechs Uhr von vier verschiedenen Standorten aus je drei Schüsse abgefeuert werden. Es dient als historisches Erkennungszeichen, ob das Kinderfest stattfindet. Weiter gehören auch Referate dazu. Das jüngste von Ex-Legionär Peter Eggenberger oder von IGWS-Präsident Martin Erb.

Eine Delegation des UOV St. Gallen am Frauenfelder 2005 (von links nach rechts): Roland Winiger, Othmar Helfenberger, Thomas Manser, Roland Uhler, Hans Peter Eigenmann

Unsere Aktivmitglieder

In den eigenen Reihen hat es einige Waffenläuferinnen und Waffenläufer: Andreas Rechsteiner (216 Waffenläufe, UOV-Rekordhalter), Bruno Keel (209), Roland Uhler (185), Othmar Helfenberger (157), Manfred Ritter (135) und Urs Zgraggen (112). Besondere Leistungen haben folgende Personen erbracht: Helen Zuber (2005: 3. Schweizermeisterschaftsrang in der Kategorie D40), Manfred Ritter (Waffenlaufschweizermeister 1989 Kategorie Senioren) und Roland Gehrer (Gründer des Sankt Galler Waffenlaufs).

Die Mitgliederstruktur zeigt, dass das älteste Mitglied 97 Jahre, das jüngste Mitglied 16 Jahre alt ist. Zurzeit gehören dem Verein 67 Mitglieder an. Einzugsgebiet ist der ganze Kanton St. Gallen, primär jedoch die Hauptstadt. Wollte man früher in der Stadt St. Gallen in Politik und Wirtschaft weiterkommen, musste man schon fast Mitglied des UOV sein, hiess es.

Reichhaltiges Jahresprogramm

Das Jahresprogramm des UOV St. Gallen ist bekanntlich sehr reich bestückt mit vielerlei interessanten Aktivitäten. So stehen nebst den Waffenläufen die Dreikämpfe, diverse Märsche, Oldtimertreffen, Sommer Armeemeisterschaften, Marschtraining, Swiss Tank Challenge, Besuchstage, Veteranenkegeln, Schiesswettkämpfe, diverse Übungen und Vorträge und auch die HV im Frühjahr auf dem Programm.

In den letzten Jahren verzeichnete der UOV St. Gallen den Zuzug einiger jüngerer Neumitglieder. Die Zukunft des UOV sieht trotz der schwierigen Rahmenbedingungen gut aus!

Kontakt

Kü Kpl Roland Uhler, Lenaustrasse 19
9000 St. Gallen, Telefon 071 278 06 72
Mobile 079 639 06 72
Email roland.uhler@bluewin.ch

SG Berna

Die Sportgruppe Berna Bern wurde im Jahr 1964 unter dem Namen Wehrsportgruppe Berna Bern gegründet. Im Jahr 1978 wurde der Gruppenname in Sportgruppe Berna Bern umbenannt.

Unsere aktiven Tätigkeiten setzen sich wie folgt zusammen:

1) Teilnahme an Waffenläufen während der letzten 42 Jahre mit anfangs 3, später 6 bis 8 LäuferInnen. In den letzten Jahren jedoch nur noch mit 1 bis 2 Läufern. Auch wir werden älter...
2) Teilnahme an verschiedenen Strassenläufen über 10 km, Halbmarathon- und Marathonläufen. Auch am Bieler 100-km-Lauf haben in all diesen Jahren einige unserer Läufer teilgenommen.
3) Teilnahme an Gruppenmärschen im In- und Ausland. So am Berner 2-Tage-Marsch oder dieses Jahr zum 33. Mal am Viertagemarsch in Nijmegen/Holland.

In den Jahren der SG Berna wurden auch Strassenläufe durchgeführt. So der 40-km-Lauf von Bern mit Start und Ziel in Riedbach bei Bern. In den Jahren 1975 bis 1984 mit einer Teilnehmerzahl von gegen 400 LäuferInnen pro Veranstaltung.

Ab 1985 bis 1994 führte unser Verein den Halbmarathon von Bern in Niederwangen durch, mit bis zu 700 TeilnehmerInnen. Auch hier wurden von unseren Vereinsmitgliedern unzählige Arbeitsstunden in der Organisation und Durchführung als Funktionär oder Helfer investiert.

Wie in jedem Verein gibt es auch bei uns LäuferInnen, wie auch BetreuerInnen, welche mit jahrelangen regelmässigen und guten Leistungen zu erwähnen sind. Nachstehend eine Leistungsstatistik von drei Personen, welche bei jedem Wetter dem Verein die Treue gehalten haben:

Blatter Marianne
Waffenläufe: 24 (??? Prüfen ???)
Strassenläufe über 10 km: 61
Halbmarathonläufe: 8
Marathonläufe: 4
Gruppenmärsche Inland: 63
Gruppenmärsche Ausland: 15
Betreuerin an diverses Wettkämpfen: 153

Bieri Hermann (1970–1995)
Waffenläufe: 138
Strassenläufe über 10 km: 68
Halbmarathonläufe: 15
Marathonläufe: 7
100-km-Läufe: 14
Gruppenmärsche Inland: 84
Gruppenmärsche Ausland: 22
Betreuer an diversen Wettkämpfen: 8

Habegger Hans (1975–2006)
Waffenläufe: 251
Strassenläufe über 10 km: 121
Bergläufe: 25
Halbmarathonläufe: 45
Marathonläufe: 55
100 km-Läufe: 35
Gruppenmärsche Inland: 86
Gruppenmärsche Ausland: 35
Betreuer an diversen Wettkämpfen: 7
Die Sportgruppe Berna Bern wünscht allen viel Erfolg!

Kontakt

SG Berna Bern, Hans Habegger
Wuhlstrasse 179, 3068 Utzigen BE

LG Niederbipp

Die Vereinsgeschichte der Läufergruppe Niederbipp begann in einer Wirtschaft, und zwar im ehemaligen Restaurant Brechbühl in Niederbipp.

Dort trafen sich am 22. Februar 1962 15 Läufer unter der Leitung von Hans Stuber

Die Läufergruppe Niederbipp kurz vor dem Start zum 53. Hans Roth Waffenlauf.
Stehend v. links: Markus Müller, Emil Berger, Josef Zuber, Stephan Stampfli, René von Burg, Fernando De Santis, Therese Scheidegger, Stefan Marti, Susanne Hohl, Gregor Kessler, Maya Reinmann, Patrik Hafner und der Ehrenpräsident und Gründer Hans Stuber. *Vorne:* Zivilläufer Xaver Stocker, Wiili Frey, Walter Schönmann, Luzia Kellerhals und Vroni Jaggi.

und haben über die Gründung eines Vereins diskutiert.

Am 9. Juni 1963 wurde der 1. Bipper Geländelauf durchgeführt, mit über 700 Läufern ein Riesenerfolg.

Noch im gleichen Jahr wurde die offizielle Vereinsgründung mit dem Namen Trainingsgruppe Niederbipp nachgeholt und setzte folgende Hauptziele:
- Kameradschaft pflegen
- gemeinsam trainieren und Wettkämpfe besuchen
- in der Region den Laufsport fördern

Die Hauptaufgabe war jedoch die Durchführung des Geländelaufs, welcher jedes Jahr mit viel Herzblut organisiert wird.

Hans Stuber wurde 1974 Ehrenpräsident und spendete als Dank eine Tanne für ein neues Klubhaus. Das ist bis heute ein Traumhaus geblieben. Der Erlös wurde dann für die Unterstützung junger Läufer eingesetzt.

1975 – im Jahr der Frau – hat man ein Training für Frauen und Freundinnen von Läufern eingeführt. Nach ein paar Monaten mussten einige das Training aussetzen, weil sie Nachwuchs erwarteten. Im Jahresbericht heisst`s: «Was doch so ein Training alles ausmacht!»

1990 wurde die Trainingsgruppe Niederbipp in Läufergruppe Niederbipp umgetauft. Eine Präzisierung unserer Sportart hat sich je länger je mehr aufgedrängt. Mit dem neuen Namen kann jedermann sofort erkennen, dass wir mit dem Laufsport verbunden sind.

Bis heute hat sich am Jahresprogramm der Läufergruppe nicht viel geändert.

Hauptanlass ist der weitbekannte Bipper Geländelauf, dann ein interner Berglauf mit anschliessendem Bräteln, eine Vereinsreise und der beliebte Jass- und Kegelabend.

Die Läufergruppe Niederbipp und der Waffenlauf.

Schon vor der Gründung des Vereins waren einige vom Waffenlaufvirus befallen, so beispielsweise der erste Präsident Hans Stuber, welcher insgesamt 102 Waffenläufe absolvierte.

Dann auch Karl Reinmann und Hans Lüthi, welche ebenfalls Gründungsmitglieder sind.

Bis zum heutigen Zeitpunkt haben 7 Mitglieder mehr als 100 Waffenläufe bestritten: Mit 202 Läufen der aktuelle Präsident Emil Berger, Hans Staub 178, Andreas Bringold 154, Rudolf Müller 133, Georg Fluri 117, Josef Zuber 108 und wie schon erwähnt mit Hans Stuber mit 102 Waffenläufen.

Einige Vereinsmitglieder erreichten in den letzten Jahren sehr gute Resultate, so konnten wir mit Stefan Marti im Jahr 2003 den ersten Kategorienmeister in der Läufergruppe feiern.

Weiter holten sich in den vergangenen Jahren das begehrte Diplom bei den Frauen Therese Scheidegger 2× und Susanne Hohl 1×. Bei den Männern Emil Berger 16×, Stefan Marti und René von Burg je 3× und je 1× Hans Staub und Gregor Kessler.

Von den 67 Mitgliedern haben 41 mindestens einen Waffenlauf beendet.

Höhepunkt im Waffenlauf ist für die Läufergruppe Niederbipp sicher die Durchführung der 40. und letzten Waffenlaufehrung in Oensingen vom 9. Dezember 2006, zusammen mit der Läufergruppe Matzendorf.

Es war für alle Diplom-Gewinner und Gäste ein unvergesslicher Tag in Oensingen.

Emil «Miggu» Berger, Niederbipp

Läufergruppe Homberg

Eine Gruppe Waffenläufer aus dem oberen Wynental gründete die Mehrkampfgruppe Homberg und nimmt seither vor allem an Waffenläufen und militärischen Mehrkämpfen teil.

Als zukunftsträchtige Veranstaltung erweist sich 1975 die erste Ausschreibung und Durchführung des Hallwilerseelaufes. 2004 wurde mit grösstem Teilnehmererfolg die 30. Auflage dieses Halbmarathons gefeiert und durchgeführt.

Namensänderung und Öffnung 1987

Der Nachwuchs im Waffenlauf lässt in der Region schon zu dieser Zeit zu wünschen übrig. Die MKG Homberg beschliesst eine Namensänderung in Läufergruppe Homberg und öffnet sich für alle Lauf- und Ausdauersportarten.

Walter Eichenberger als Gründungspräsident der MKG Homberg und heutiger Ehrenpräsident wurde nach langer Amtszeit von Konrad Vogel abgelöst. Danach kamen die Präsidialzeiten von Alois Furrer und Willi Müller. Seit nunmehr 10 Jahren steht Hans Reinhard dem Verein vor.

Sportlich erfolgreiche Jahre

Die sportlich erfolgreichste Epoche hatte die LG Homberg in den 80er und 90er-Jahren. Nebst zwei Schweizermeistertiteln im Waffenlauf von Hans Furrer und einem Marathonmeistertitel machte auch eine starke Nachwuchsmannschaft auf der Bahn von sich reden. Der ehrgeizige Trainer Walter Eichenberger führte Daniel Sinniger 1997 zum Juniorenschweizermeistertitel über 1500m.

Die Läufergruppe Homberg heute

Mit ca. 50 Mitgliedern ist die LG Homberg seit Jahren immer etwa gleich gross. Mit ca. 10–15 aktiven Läufern in der Sparte Waffen-, Langstrecken-, Berg- und Bahnlauf bestreiten wir den Laufsport. Auch die Biker, Rennvelofahrer, Langläufer und die «neuen» Sportarten wie Inlineskaten usw. sind integriert und lassen uns auch an Stafetten teilnehmen.

Vergangenes und Aktuelles der LG Homberg

Gründungs- und Ehrenpräsident: Walter Eichenberger. *Ehemalige Vereinspräsidenten:* Konrad Vogel, Alois Furrer, Willi Müller. *Aktueller Vereinspräsident:* Hans Reinhard. *Ehrenmitglieder:* Hans Furrer, Alfred Hirt. *Veranstaltungen:* Seit 32 Jahren Durchführung des Hallwilerseelaufes.

Lauf- und Marschverein Emmental

Im Jahre 1961 wurde der Verein durch ein paar Waffenläufer als Wehrsportverein Burgdorf gegründet.

Am Abend nach einem Lauf schritt man im Restaurant Volkshaus gleich zur Tat. Das Protokoll wurde auf einer Menukarte verfasst. Die Statuten wurden später erstellt. Sie hielten fest, gemeinsam zu trainieren und Waffenläufe zu bestreiten.

Damals war Ernst Schweizer, ein guter Läufer und Langläufer, der Beste im Verein. Mit guten Rangierungen an Waffenläufen und Kategoriensiegen an Geländeläufen war Ernst vielen Läufern bekannt. Bekannt war er auch dadurch, dass er Langstreckenläufe immer in den Waffenlaufschuhen bestritt. Leider verstarb er während eines Distanzmarsches. Er war und ist noch heute mein Vorbild.

Zum Besuch der Waffenläufe wurde fast immer der ganze Tag in Anspruch genommen, kamen die Läufer doch selten vor Feierabend nach Hause. Der Frauenfelder war immer speziell für unsern Verein. Man reiste am Samstag mit dem Zug an, ging nach dem Nachtessen in den Ausgang und traf dabei viele Kollegen. Leider gehört auch dies der Vergangenheit an, schade.

Der Verein war auch immer als Organisator tätig. Zuerst ein Geländelauf, dann ein Distanzmarsch. Im Jahre 1972 wurde dann der 60-km-Lauf Burgdorf ins Leben gerufen. Vor 22 Jahren kam dann noch der Herbstlauf von Burgdorf jeweils im Oktober dazu.

Nachdem man den 60-km-Lauf in 50-km Lauf Emmental umgetauft hatte, sanken die Teilnehmerzahlen so tief, dass 2006 die letzte Austragung stattgefunden hat.

In diese Zeit fällt auch die Änderung des Vereinsnamens in Lauf-und Marschverein Emmental.

Lange Zeit wurden die guten Läufer von andern Vereinen abgeworben, dadurch hatte man lange Zeit keine Spitzenleute. Doch dann tauchte Werner Frutig im Verein auf, welcher unserem Verein den ersten Tagessieg an einem Waffenlauf bescherte. Er gewann je einmal in Reinach und Wiedlisbach, dazu kamen einige Kategoriensiege und der Meistertitel im Auszug. Leider hörte Werner auf, Spitzensport zu treiben. Heute haben wir mit Philipp Bütikofer wieder einen Spitzenläufer unter uns.

Nebst den Waffenläufen besuchen wir auch andere Wettkämpfe. Alle drei Jahre die Tellstafette, an welcher wir noch nie gefehlt haben. Den 4-Tage-Marsch in Holland, den 2-Tage-Marsch in Bern, den 2-Tage-Skimarsch an der Lenk und den Berner Distanzmarsch. Leider fehlen die Rangierungen in den Protokollen, das war damals anscheinend nicht so wichtig.

Der Verein besteht heute aus 70% Senioren und 30% jungen Mitgliedern.

OK-Herbstlauf Burgdorf

OK-Präsident: Ernst Christen. *Strecke:* Andreas Glauser. *Büro:* Urs Walther. *Verpflegung:* Jakob Aeschbacher.

Der Vorstand

Präsident: Walter Bütikofer, Kernenried. *Vize:* Urs Walther, Oberburg. *Sekretär:* Peter Steffen. *Kassier:* Ernst Iseli, Burgdorf. *Trainer:* Bernhard Wampfler, Wasen. *Techn. Leiter Marschgruppe:* Andreas Hofer, Fraubrunnen. *Beisitzer:* Andreas Glauser, Wynigen und Annamarie Hofer, Fraubrunnen.

Bekannte Läufer

Werner Frutig: 2 Tagessiege, 5 Kategoriensiege, 1 Meistertitel im Auszug
Bernhard Wampler: Regelmässige Spitzenränge unter den ersten 10.
Ernst Sommer, Urs Bernhard, Philipp Bütikofer und Marlies Bütikofer.

Die meisten unserer Waffenläufer sind oder waren militärisch aktiv.

Traning: Dieses findet immer am Mittwoch um 20 Uhr in der Turnhalle Gsteig Burgdorf unter der Leitung von Bernhard Wampfler. Unsere Adresse lautet: Lauf- und Marschverein Emmental, Postfach 1287, Burgdorf (ernstiseli@hotmail.com)

Ernst Iseli, Burgdorf BE

LG Matzendorf

Vor dreiunddreissig Jahren von einer Handvoll Laufbegeisterter gegründet, hat die Läufergrupper Matzendorf viel zum Waffenläuferboom beigetragen. Sie erkannte aber die Zeichen der Zeit, orientierte sich polysportiv, und wird deshalb auch in Zukunft als Laufsportverein – allerdings mit einem weit grösseren Spektrum – erfolgreich sein.

Es begann alles im Herbst 1972. Ein paar junge Burschen der Jahrgänge 1950 bis 1955 wurden auf den einheimischen Kanonier Otto Eggenschwiler aufmerksam, der alljährlich an einigen Sonntagabenden mit einer Medaille dekoriert von einem Waffenlauf nach Hause zurückkehrte. Begeistert erzählte er jeweils im «Sternen», im «Pintli» und in der «Sonne» vom Berner Waffenlauf, oder vom schweisstreibenden Attinghauser Stutz am Altdorfer. Sie erinnerten sich auch an den Nachtmarsch mit ihrem Oberstufenlehrer Paul Hunziker, der sie im letzten Jahr ihrer Schulzeit auf der Originalstrecke des Hans-Roth-Waffenlaufs von Wiedlisbach nach Solothurn und über den Wallierhof wieder zurück nach Wiedlisbach führte.

Am 12. Januar 1973 war es soweit: Toni Fluri als erster Präsident und sechzehn weitere Mitglieder gründeten die Läufergruppe Matzendorf. Selbstverständlich waren auch Otto Eggenschwiler, als erster Waffenläufer von Matzendorf, und der seit 1957 Waffenläufe bestreitende Lehrer Gründungsmitglieder. An allen Waffenläufen des Gründungsjahres 1973 bestritten die Mitglieder zusammen 80 Läufe. Der Start war also vollauf geglückt. Und der junge, äusserst aktive Präsident durfte sich gleichzeitig erstmals, aber noch lange nicht zum letzten Mal, als Vereinsmeister feiern lassen.

Das Waffenläuferreservoir

Doch nun einige Zahlen zum wahrlich einmaligen Beitrag der Läufergruppe Matzendorf zur Geschichte des Waffenläuferbooms.

Nach 32 bestrittenen Waffenlaufsaisons nahmen im Jahr 2005 erstmals wieder weniger LGM-Läufer an Waffenläufen teil als im Gründungsjahr 1973: nur noch 69 Mal wurde die Packung geschultert. Im Jahre 1993 hingegen bestritt die LGM 154 Läufe, und in den 10 Jahren von 1988 bis 1997 sogar deren 1333. Seit der Gründung des Vereins erzielte die LGM 3940 Zielankünfte. Fürwahr, ein eindrückliches Feld.

Es ist deshalb nicht erstaunlich, dass bald einmal Läufer in den Hunderterverein der Waffenläufer aufgenommen werden konnten. Ende Waffenlaufsaison 2006 sind die folgenden LGM-Mitglieder in dieser Statistik aufgeführt:

Toni Fluri, Oensingen, 348 WL
Beat Eggenschwiler, Ramiswil, 300 WL
Hans Friedli, Hägendorf, 266 WL
Paul Hunziker, Matzendorf, 251 WL
Otto Eggenschwiler, Matzendorf, 215 WL
Rudolf Saner, Mümliswil, 210 WL
Andreas Fluri, Matzendorf, 200 WL
Alois Erni, Hägendorf, 189 WL
Beat Fink, St. Moritz, 164 WL
Fredy Portmann, Kestenholz, 157 WL
Thomas Bläsi, Luzern, 157 WL
Andreas Bringold, Wiedlisbach, 154 WL
Beat Stuber, Niederbipp, 150 WL
Gustav Neuschwander, Mümliswil, 144 WL
Rudolf Hügi, Niederbipp, 130 WL
André Gardi, Laupersdorf, 119 WL
Georg Fluri, Balsthal, 117 WL
Gerold Fluri, Matzendorf, 112 WL
Hans Meister, Mümliswil, 106 WL
Josef Fluri, Matzendorf, 100 WL

Von diesen 21 Läufern sind heute noch 13 in der Läufergruppe Matzendorf aktiv.

Die Fluri-Brüder: Einmalig dürfte auch der Beitrag der fünf Brüder Fluri aus Matzendorf sein. Toni kann 348 absolvierte Waffenläufe vorweisen, Andreas erreichte bereits 200 Mal das Ziel, Josef wird mit genau 100 Läufen in den Hunderterverein aufgenommen, was bei 95 Läufen auch Otto bald erreichen dürfte. Mit bescheidenen 7 Läufen gibt sich dagegen Oswald zufrieden. Zusammen haben die 5 Brüder also genau 750 Waffenläufe absolviert. Gemeinsam am Start waren sie allerdings nur einmal und zwar am «Neuenburger» im Jahr 1997.

Waffenlauf Diplome: Einen Kategoriensieg oder sogar einen Tagessieg konnte kein LGM-Läufer erreichen. Umso mehr freuten sich die drei Läufer unseres Vereins, die am Ende einer Saison ein Waffenlaufdiplom der IGWS in Empfang nehmen durften. Es sind dies Toni Fluri, mit zwei, Beat Eggenschwiler mit einer und André Gardi mit drei Auszeichnungen.

Seit der Gründung des Vereins gab es eine Meisterschaft für Junioren, ab 1978 eine Geländelaufmeisterschaft, 1985 durfte erstmals die schnellste Dame einen Meisterpokal in Empfang nehmen. Eigentlich erstaunlich, dass es erst seit 2004 einen Berglaufchampion gibt!

Als Jungbrunnen der LGM darf man ruhig den im Jahr 2001 vom Präsidenten Josef Fluri eingeführten Lauftreff erwähnen. An 40 bis 51 Trainings pro Jahr nehmen im Durchschnitt 12 bis 18 Personen teil.

Wer aber hat zu diesem eindrücklichen Ergebnis beigetragen? Als einzelne Person hat sich der langjährige Vereinspräsident, technische Leiter, Administrator, Statistiker, talentierte und trainingseifrige Toni Fluri das grösste Verdienst. Der Verein durfte aber auch jederzeit auf kompetente Vorstandsmitglieder zählen, von denen viele ihr Amt während zehn und mehr Jahren zum Wohle des Vereins ausgeübt haben.

Ein Blick in die Zukunft

Die Zeit der schweisstreibenden Waffenläufe ist vorbei. Sie war geprägt vom Kameradschaftsgeist, gemeinsamen Sporttreiben, dem Erreichen persönlicher Ziele, stiller Befriedigung und stundenlangem Geniessen herrlicher Landschaften und vielfältiger Stimmungen. Es war eine schöne Zeit, aber wir trauern ihr nicht nach. Zu vielfältig sind die Sportarten, die den manchmal doch auch monotonen Waffenlauf ablösten.

Am besten ist dies aus dem Jahresprogramm ersichtlich, das der Vorstand der Läufergruppe Matzendorf für das Jahr 2007 seinen Mitgliedern vorlegt.

Vom Waffenlauf zum vielseitigen Sporttreiben

Waffenlauf: Sicher werden die Mitglieder des Hundertervereins an einigen der noch existierenden Waffenläufe teilnehmen.
Crosslauf: Schon im Januar gilt es fit zu sein für den ersten Crosslauf.
Power Cup: Nur wer sich in Form fühlt, absolviert den Power Cup (Crosslauf+Geländelauf+Berglauf: total 27 km)
Kartracing: Vielleicht sind die schnellsten Läufer einmal nicht die schnellsten Fahrer.
Thaler Geländelauf: Jeder hilft mit, damit die 300 auswärtigen Teilnehmer gute Verhältnisse (und schöne Preise) vorfinden.
Triathlon: Der LGM-Triathlon sorgt dafür, dass die Teilnahme an einem Kurz- oder an einem Triathlon über die Originaldistanz zu einer positiven Erfahrung führt.
Duathlon: Laufen und Rad fahren: Das könnte eine Lieblingsdisziplin der LGM-Mitglieder werden.
Berglauf: In dieser viel Kondition fordernden Sportart hat die LGM bei den jungen wie den älteren Läufern einige echte Talente.
Geländeläufe: Acht Läufe, vor allem in der näheren Umgebung, gehören zur Geländelaufmeisterschaft. Unsere Läufer sind aber sowohl im Fricktal wie im Bernbiet und in der Ostschweiz anzutreffen.
Marathon- und Langdistanzläufe: 25 Aktive verreisen im September für drei Tage nach Deutschland, wo sie am Berliner Marathon teilnehmen. Am 100-km-Lauf von Biel stellte unser Verein mit Andreas Bringold schon einmal den Sieger. Kein Wunder also, dass auch andere Läufer sich die «Nacht der Nächte» nicht entgehen lassen. Beim letzten 50-km-Lauf im Emmental, Jungfraumarathon, Alpine Davos, ja sogar beim Swiss-Jura-Marathon (Genf-Basel) gehen LGM-Läufer an den Start.

Geselligkeit muss sein. Eine Herbstwanderung, ein Plauschbikerrennen, der Kegelabend und zum Rück- und Ausschau halten die alljährliche Generalversammlung brin-

17 Hansruedi Niederhäuser, Münsingen Jahrgang 1926

18 Team der Waffenläufer (1993)

gen Abwechslung ins sportliche Jahresprogramm der Läufergruppe Matzendorf.

Es ist nicht wichtig, welche Sportart wir ausüben. Viel wichtiger ist, dass wir überhaupt Sport treiben.

Toni Fluri, Oensingen SO

Laufteam Thun

Geschichtliches

Gründung des Vereins im Dezember 1957 unter dem Namen Wehrsportgruppe Thun-Oberland, im Hinblick auf den 1. Waffenlauf in Thun im Jahr 1959. Später gab es eine Trennung zwischen dem Verein WSG und dem Thuner Waffenlauf, wofür jetzt ein unabhängiges OK besteht. Trägerschaft des Thuner Waffenlaufs ist aber weiterhin der Verein.

Im Jahr 2002 wurde der Vereinsname Wehrsportgruppe Thun-Oberland in Laufteam Thun umgetauft.

Unser Vorstand (2006)

Präsident: Ruedi Ringgenberg, Thun. *Vizepräsident:* Georges Mathys, Heimberg. *Sekretärin:* Monika Berger, Thun. *Kassier:* Paul Ringgenberg, Uetendorf. *Laufkassierin:* Denise Probst, Thun. *Laufkoordinator:* Peter Bischoff, Uetendorf. *Trainerin:* Denise Probst, Thun. *Wirt:* Walter Berger, Thun. *Beisitzer:* Beat Brunner, Steffisburg. *Pressechef:* Sandro Genna, Thun (nicht im Vorstand). *OK Präsident Thuner Waffenlauf:* Oberst Hans-Ulrich Stähli (nicht im Vorstand)

Anzahl Mitglieder (Stand 2006): 165

Aktivitäten

- Wöchentlich 1 Hallentraining sowie 3 geführte Lauftrainings in verschiedenen Leistungsgruppen
- Trainingslager Tenero
- Teilnahme an Waffenläufen und zivilen Wettkämpfen
- Durchführender Verein des Thuner Langstreckenlaufs
- Mitwirkender Verein am Thuner Stadtlauf
- Pflege der Kameradschaft, familiäre Veranstaltungen
- Regelmässige Durchführung eines Lottomatches zur finanziellen Unterstützung des Vereins

Ziele

- Gemeinsame Teilnahme an Wettkämpfen
- Gemeinsame Trainings und Förderung des Laufsports
- Gute Kameradschaft und guter Zusammenhang innerhalb des Vereins

Erwähnenswert

Martha Urfer gehörte zu den ersten aktiven Damen im Waffenlaufsport. 1997 gewann sie 10 der 11 Waffenläufe und wurde einmal Zweite! Sie wurde so überlegene erste Waffenlauf-Schweizermeisterin in der Kategorie Damen. Weitere Vereinsmitglieder erzielten vorderste Ränge an Schweizermeisterschaften. Am «Thuner» 2005 feierte Ruedi Ringgenberg seinen 300. Waffenlauf. Hansruedi Niederhäuser ist mit Jahrgang 1926 der älteste noch aktive Waffenläufer (120 Waffenläufe).

Adresse

Laufteam Thun
Postfach 230
3627 Heimberg
www.laufteam-thun.ch

19 Vater und Sohn Ringenberg, aktive Sportler des Laufteams Thun (als Sportler und Funktionäre im Hintergrund)

20 Der ehemalige Wehrsportverein Thurgau (heute Run Fit Thurgau) im Trainingslager

21 Vorteil einer Vereinsmitgliedschaft: Betreuung!!!

22 Volleyball statt Lauftraining. Das Hallentraining über den Winter kennen viele Vereine

23 Im Winter ist statt dem donnerstäglichen Lauftraining ein geführtes Hallentraining angesagt

24 Läufer Biefer (Aadorf), auch er ein aktiver Vereinskamerad

25 Viele Wettkämpfer zeichnen sich durch jahrelange Vereinstreue aus

26 Der legendäre Kurt «Hugi» Hugentobler, auf der Bahn, im Waffenlauf und auch im Verein aktiv. Auch heute noch, aber nicht mehr als Sportler sondern als Helfer und aktiver Vereinskamerad

DIE LAUF- UND WEHRSPORTVEREINE

Kontaktadressen Lauf- und Wehrsportvereine

Törli Sports Team
Aeneas Appius
Breitenstr. 19
4416 Bubendorf
Tel. 061 933 02 40
info@straumann-running.ch

LATV Uzwil
Röbi Soltermann
Eichweidstr. 9
9244 Niederuzwil

Laufteam Thun (LTT)
Monika Berger
Bubenbergstr. 51
3604 Thun
Tel. 033 336 68 68
monika.berger@inea.ch

LG Homburg
Bruno Sinniger
Blumenweg 6
5726 Unterkulm
Tel. 062 776 34 31

LG Matzendorf
Toni Fluri
Schachenstr. 20
4702 Oensingen
Tel. 062 396 10 37
toni.fluri@bluewin.ch

LG Niederbipp
René von Burg
Steinenbachweg 26
4710 Balsthal

LSC Wil
René Bähler
Bachwiese 3
9532 Rickenbach
webmaster@lscwil.ch

LST Zürich
Andreas Wälti
Fadacherstr. 17
8340 Hinwil
Tel. 076 356 27 54

LSV Frauenfeld
Peter Widmer
Unterfeldstr. 3b
8500 Frauenfeld
Tel. 052 721 72 17
mapewidmer@bluewin.ch

LSV Uetendorf
Laurent Burkhalter
Jägerweg 25
3627 Heimberg

LT Emmental
Bernhard Wampfler
Flurweg
3457 Wasen i.E.
Tel. 034 437 03 93

LV 95 Burgdorf
Karl Binggeli
Heckenweg 12
3150 Schwarzenburg

LWV Mittelland
Emil Berger
Hinterstädtli 5
4537 Wiedlisbach
Tel. 032 636 29 27
emil.berger@bluewin.ch

Marschgruppe Interlaken
Hanspeter Brunner
Postfach 147
3800 Unterseen
Tel./Fa 026 684 04 83
info@mgi-interlaken.ch

MKG Fricktal
Urs Vogel
Thermenstr. 3
Postfach 726
4310 Rheinfelden
Tel. 061 831 39 35
vogelurs@bluewin.ch

Run Fit Thurgau
Felix Schenk
Postfach
8570 Weinfelden
runfit.tg@bluewin.ch
www.runfitthurgau.ch

SG Berna
Hans Habegger
Wuhlstr. 179
3068 Utzingen

UBS-Läufer
Bruno Müller
Lindenstr. 138
8307 Effretikon

UOV St. Gallen
Roland Uhler
Lenaustr. 19
9000 St. Gallen
Tel. 071 278 06 72
ruhler@freesurf.ch

UOV Wiedlisbach
Maria Heim
Lischmatt 13
4616 Kappel SO
Tel. 078 825 12 22
heim@egerkingen.ch

WLG Freiamt
Felix Furrer
Hauptstr. 17
5618 Bettwil
Tel. 056 667 33 23
jolanda.furrer@bluewin.ch

WSG Graubünden
Edwin Schnoz
Panadeglias
7156 Rueun

WSG Schwyz
Hansruedi Kenel
Steinmattstr. 34
6460 Altdorf
Tel. 041 870 85 07
hansruedi.kenel@freesurf.ch

Waffenlaufgruppe Oberwallis
Johann Schmidt
Simplonstrasse 62
3911 Ried/Brig

Zürcher Patrouilleure
Sepp Mäder
Steingartenstr. 16
8630 Rüti ZH
Tel. 055 240 29 57
maedos@bluewin.ch

Live dabei am Frauenfelder Militärwettmarsch

Beobachtungen bei der Organisation und Durchführung eines Waffenlaufs

In diesem Kapitel soll der Waffenlauf anhand eines Erlebnisberichts vom 72. Frauenfelder Militärwettmarsch am 19. November 2006 realitätsnah beschrieben und gezeigt werden, was sich hinter der Organisation und Durchführung eines solchen Anlasses verbirgt. Es ist der Versuch, dem Leser den Waffenlauf lebendig zu vermitteln und ihm aufzuzeigen, in welchem Rahmen eine solche Veranstaltung abläuft.
Nicht von ungefähr gilt der «Frauenfelder» als das Wimbledon für Waffenläufer!

1 Stimmungsbild des Königs aller Waffenläufe

Ressort	Ressortchef/in
Präsident	Rolf Studer
Vize-Präsident	Beat Ernst
Aktuarin	Irene Basler
Auskunft und Fundbüro	Ursula Stotz
Bauten	Adrian Rietmann
Finanzen	Pius Zuppiger
Gästebetreuung	Andreas Rüegg
Gästebetreuung Ausland	Peter Hochuli
Halbmarathon	Beat Ernst / Hansjörg Koch
Internet	Matthias Dürst
Marathon	Beat Ernst
Material / Ausrüstung	Markus Frei
Ordnungsdienst	Albert Stäheli
Organisation Hinterthurgau	Wolfgang Keller
Organisation Wil	Franz Widmer und Martin Müller
Personelles	Peter Hungerbühler
Polizei	Marcel Rupper
Preise /Auszeichnungen	Erich Wehrlin
Presse	Hansjörg Ruh
Programmheft	Ernst Huber
Programmverkauf	Walter Schälchli
Sanität	Dr.med.Urs Böhm und Beatrice Margadant
Speaker in Wil und Frauenfeld	Christoph Hug
Sponsoring	Ernst Huber
Start / Ziel	Andreas Wieland
Strecke	Dietrich Alder / Felix Koch
Transporte	Jürg Reist
Unterkunft	Rolf Studer
Verbindungen	Andreas Mayer
Verpflegung	Pius Zuppiger
Verpflegung Strecke	Iris Rupp
Verpflegung Ziel	Paul Gilbert

Ein Rückblick in die Willkommensbotschaft des OK-Präsidenten Rolf Studer lässt erahnen, wie es um den «König der Waffenläufe» steht. Der OK-Präsident schrieb: *«Nichts ist beständiger als das Unbeständige. Unter diesem Motto möchte ich Sie zum diesjährigen «Frauenfelder» ganz herzlich willkommen heissen.*

Diejenigen unter Ihnen, die sich mit dem Waffenlaufsport befassen oder diesen vielleicht selber ausüben, stellen fest, dass in den letzten paar Jahren mehrere Waffenläufe wegen der stetig rückläufigen Teilnehmerzahlen aufgegeben haben.

Den «Frauenfelder» – den König der Waffenläufe – wird es weiterhin geben. Aus heutiger Sicht hält uns nichts davon ab, auch ohne die Schweizer Meisterschaft am Frauenfelder Militärwettmarsch festzuhalten.

Er kann die übrigen Laufkategorien, sei es im Marathon, im Halbmarathon oder im Juniorenlauf problemlos ergänzen. Sie als Teilnehmer sind unsere Kunden. Und Kunden sind bekanntlich Könige.

Bevorstehende Veränderungen auf dem Waffenplatz Frauenfeld könnten auch das Bild des «Frauenfelders» in Zukunft verändern. Sobald die künftige Nutzung der Kaserne Frauenfeld-Stadt bekannt ist, werden wir uns den neuen Gegebenheiten anpassen.

Mit einem neuen Durchgangspreis in Wil, einem Massagedienst bei Start und Ziel in Frauenfeld und weiteren Optimierungen stellen wir bereits am 18. November 2007 sicher, dass Sie sich bei uns weiterhin wohl fühlen werden.

Wir wünschen Ihnen, liebe Läuferinnen und Läufer, erlebnisreiche Stunden in Frauenfeld! Dass solche Erlebnisse erst möglich werden, verdanken Sie und wir nicht zuletzt unseren Sponsoren, Donatoren und vielen Helfern. Ihnen allen gebührt unser Dank und unsere Wertschätzung.

Im Namen des Organisationskomitees:
Rolf Studer, OK-Präsident

Organisationskomitee und Trägerschaft
Organisationskomitee
Bei der Vorbereitung (fünf Vorbereitungssitzungen) eines Waffenlaufs sind mehr als 40 ehrenamtliche Mitarbeiter und Funktionäre in monatelanger Arbeit damit beschäftigt,

2 «Wie weit geht es noch …?»

3 Einsam … und doch nie allein

4 Das war einmal …

optimale Voraussetzungen zu schaffen für einen reibungslosen und zufrieden stellenden Ablauf des Wettkampfgeschehens.

Zur Erleichterung der Planungen werden in einem internen Pflichtenheft des Organisationskomitees die verschiedenen Aufgabenbereiche unter den einzelnen Mitgliedern aufgeteilt. Eine Vielzahl von ausserdienstlichen militärischen Verbänden, Vereinen und privaten Firmen stellen ihre Mithilfe zur Verfügung. Am Lauf selber sind über 400 Helfer im Einsatz!

Die Finanzierung eines Waffenlaufs obliegt dem Veranstalter. Die Mittel zur Begleichung der Auslagen stammen aus Stiftungen, Beiträgen der öffentlichen Hand, Inserateverkauf, Zuschüssen der Interessengemeinschaft Waffenlauf Schweiz (IGWS) und Startgeldern. Die Finanzierung ist in den letzen Jahren schwieriger und die Sponsorensuche ist ein ziemlich hartes Pflaster geworden.

Für eine reibungslose Durchführung eines Waffenlaufs werden unzählige Funktionäre benötigt. Die Funktionäre sind im Organisationskomitee (OK) zusammengefasst. Das heutige OK setzt sich aus folgenden Personen zusammen:

Trägerschaft und Kontakt
Bereits zum 72. Mal fand am 19. November 2006 der traditionsreichste aller Waffenläufe statt. Mit innovativen Ideen haben die Frauenfelder Organisatoren rechtzeitig die Weichen zur Sicherung des so genannten Königs der Waffenläufe gestellt.

Bereits Mitte der Neunzigerjahre beschritt das OK des Frauenfelder Militärwettmarsches mit der Einführung einer Gästekategorie für ausländische Militärs neue Wege. Mit dem zivilen Marathon und Halbmarathon richteten sich die Frauenfelder Organisatoren vor sechs Jahren ein weiteres wichtiges Standbein ein.

So wurden beim diesjährigen Frauenfelder 1523 Teilnehmer in den verschiedenen Kategorien klassiert (Waffenlauf 281, Marathon 225, Halbmarathon 924, Juniorenlauf 93). Punkt 10 Uhr erfolgte mit dem obligaten Kanonenschuss für die 16 Waffenläuferinnen und 265 Waffenläufer der Start auf dem Frauenfelder Marktplatz. Unter ihnen auch dieses Jahr wieder eine stattliche Anzahl von 25 Armeeangehörigen aus den Nachbarländern der Schweiz.

Die Vereinsgründung

Wie im Kapitel «Schweizer Waffenläufe» bereits erwähnt, konnte Dr. Max Beer die Offiziersgesellschaft und die Unteroffiziersgesellschaft Frauenfeld vor etwa 73 Jahren überzeugen, den ersten Militärwettmarsch durchzuführen. Diese beiden Vereine bildeten zusammen mit der KOG die Trägervereine des Frauenfelders. Als Trägerverein gingen diese statutarisch die Verpflichtung ein, bei der Durchführung mitzuhelfen und zu einem bestimmten Schlüssel ein allfälliges Defizit zu übernehmen. Die OG Frauenfeld war zudem verpflichtet, den OK-Präsidenten zu stellen. Nach dem Rücktritt von Peter Hochuli im Jahr 2002 war ihr dies aber trotz intensiver Suche nicht mehr möglich! Finanziell stand es um die Kasse des Frauenfelders anfangs der Neunzigerjahre sehr schlecht! Militär und Waffenläufe waren bei den Sponsoren und Inserenten nicht mehr gefragt.

Die Rechnung 1994 konnte nur durch eine zusätzliche Initiative von Dr. Max Beer und einem namhaften Zustupf durch die Kant. Thurgauische Winkelriedstiftung ausgeglichen werden. Tief greifende Sparmassnahmen mussten ergriffen werden. Diese durften aber gemäss dem damaligen OK-Präsidenten Toni Honegger keinesfalls zu Lasten der Sicherheit der Läufer gehen. Weg gekommen ist man zum Beispiel von handbemalten Medaillen sowie Ausschreibungen und Programmheften auf Hochglanzpapier. Zur gleichen Zeit wurde die Supportervereinigung des Frauenfelders gegründet, welche die Kasse jährlich mit CHF 5000.– unterstützt. Während der vergangenen zehn Jahre konnte dank des Sparkurses aus eigener Kraft wieder ein kleineres Vermögen geäufnet werden.

Die OG und der UOV mussten also ihrer statutarischen Verpflichtung der finanziellen Unterstützung nicht nachkommen. Irgendwann stellte sich die Frage nach dem Sinn einer Trägerschaft der beiden Verbände. Aus diesen Gründen wurde Kontakt zu den beiden Verbänden gesucht, damit die Statuten an einer GV entsprechend abgeändert werden können und der Frauenfelder in eine eigenständige Organisation wechseln kann. Der UOV Frauenfeld stimmte diesem Antrag 2005, die OG Frauenfeld 2006 zu. Auch die kantonale Offiziersgesellschaft war involviert. Anfang 2006 gaben dann die Ausführungsbestimmungen zum Geldwäschereigesetz einen weiteren kräftigen Anstoss zur eigenen Vereinsgründung. Diese erlauben es nicht mehr, dass ein OK eigenständiges Vermögen oder Konto führen kann.

Breite Trägerschaft

Der «Frauenfelder» wird weiter durch eine breite Trägerschaft unterstützt. Folgende Vereinigungen sind an der Organisation beteiligt:

Offiziersgesellschaft Frauenfeld, Unteroffiziersgesellschaft Frauenfeld, Laufsport-Verein Frauenfeld, LSC Laufsportclub Wil, Verband Schweizerischer Militärküchenchefs Sektion Ostschweiz, Unteroffiziersverein Hinterthurgau, Unteroffiziersverein Romanshorn, Unteroffiziersverein Wil, Feldweibelverband Thurgau, Militärsanitätsverein Frauenfeld, Samaritervereine (Affeltrangen, Balterswil, Frauenfeld, Matzingen, Münchwilen, Sirnach, Wängi, Wil), Vereinigung Thurgauer Militärtrompeter, Militärmusik Wil, Eidgenössischer Verband der Übermitt-

lungstruppen Sektion Thurgau, Corps Pfadi Frauenfeld, Technische Betriebe Wil, Verkehrskadetten Wil, Gesellschaft Militärmotorfahrer Schaffhausen, (GMMSH), VBS und Waffenplatz Frauenfeld, Art RS 30 Frauenfeld, Werkhof der Stadt Frauenfeld.

Folgende Firmen stellen ihre Dienste zur Verfügung:
- Zeitmessung / Auswertung: Datasport DS AG, Zollikofen
- Lautsprecher: Rivella AG, Sport-Events, Rothrist (kostenlos)
- Streckenverpflegung: Rivella AG, Sport-Events, Rothrist (kostenlos)
- Massagedienst: CARMOL, Iromedica AG, St. Gallen (kostenlos)
- Transport: Seiler Carreisen, Frauenfeld und Egli Velos und Motos, Frauenfeld

OK «Frauenfelder»
CH-8524 Uesslingen
Telefon +41 52 746 13 78
Telefax +41 52 746 10 00
Email info@frauenfelder.org
Internet www.frauenfelder.org

Wichtiges rund um ...

Anmeldewesen

Die Wettkämpfer haben bis drei Wochen vor dem Wettkampftag die Möglichkeit, sich bei der Zeitmessfirma Datasport anzumelden. Im Startgeld sind die Programmheft, Startnummer, Zeitmessung, Auszeichnung und Rangliste inbegriffen. Nachmeldungen sind am Wettkampftag möglich, wofür ein entsprechender Zuschlag zum Startgeld verlangt wird.

Programmheft

Aus der Broschüre, die den angemeldeten Wettkämpfern in der Woche vor der Austragung zugestellt wird, können alle Einzelheiten der Veranstaltung entnommen werden. Man gibt den Teilnehmern beispielsweise Hinweise auf günstige Verkehrsverbindungen zum Wettkampfort und orientiert sie mittels eines Situationsplans über Unterkunft, Verpflegung und Sanitätsstationen, den Ort der Materialausgabe usw. Eine Tabelle, in der die einzelnen Streckenabschnitte mit den Richtzeiten der Spitzenläufer benannt sind wie auch eine Abbildung der Laufstrecke, helfen dem Waffenläufer bei der mentalen Vorbereitung auf den Wettkampf.

Zur Information über teilnehmende Mitläufer und Konkurrenten dienen die abgedruckten Startlisten der einzelnen Kategorien. Eine Statistik auf der letzten Seite des Programmhefts zeigt die Bestleistungen und Rekorde der letzten Jahre in den betreffenden Kategorien.

Die technischen Angaben im Programmheft zur Strecke lesen sich wie folgt: Höhendifferenz 520 Meter, davon im ersten Teil 370 Meter. Hartbelag 31,4 km, Naturstrassen 2. und 3. Klasse 7,4 km, Feld- und Wiesenwege 3,4 km, davon insgesamt 3,9 km durch Wälder. Rund 75 Prozent der Strecke sind demnach auf Asphaltbelag, der Rest auf unterschiedlich befestigten und unbefestigten Wegen. Auch ein crossähnliches Wiesenstück ist darunter.

Auszeichnungen

Alle Teilnehmer/innen, die den Lauf vorschriftsmässig beenden, erhalten eine Auszeichnung. Die Ehrungen für die drei Erstrangierten jeder Kategorie finden sofort nach Zieleinlauf der Drittrangierten im Zielraum statt. Teilnehmer/innen des Militärwettmarsches haben im Tenue TAZ anzutreten. Die Gesamtpreissumme aller Kategorien und aller Preise zusammen beträgt ca. Fr. 12 000.–.

Tages- und Kategoriensieger

Der Tagessieger erhält für seinen Sieg eine Goldmünze. Die drei Erstklassierten der Kategorien Damen (D20, D40), M20 und Gäste erhalten Goldpreise. Die Besten der Kategorie M30 erhalten Goldpreise für die ersten sechs Ränge und die Schnellsten der Kategorie M40 und M50 Goldpreise für die ersten sieben Ränge.

Treueauszeichnung

Wettkämpfer/innen, die mehrere Frauenfelder Militärwettmärsche absolvieren, werden speziell ausgezeichnet. Mit dem 10. Lauf wird ein Zinnteller abgegeben; mit dem 25. zurückgelegten «Frauenfelder» erhalten die Teilnehmer/innen eine Zinnvase (ohne Namensgravur). Wettkämpfer, die den 30. Lauf beenden, werden an einem speziellen An-

Medaille aus dem Jahre 2006, dieses Mal mit der Kirche St. Jakob in Lommis

lass besonders geehrt und mit der «Max-Beer-Verdienstmedaille» des Gründers ausgezeichnet.

Gruppenpreise

Die drei erstrangierten Wettkämpfer der ersten drei Gruppen einer Kategorie erhalten eine Gruppenauszeichnung. Die Gruppenpreise werden per Post zugestellt. Dazu ist die Adresse des Gruppenverantwortlichen bei der Preisausgabe zu hinterlassen.

Durchgangspreis in Wil

Je ein «Durchgangspreis Wil» für die/den schnellste/n Läufer/in im Marathon und Militärwettmarsch. Bis 2001 war der Durchgangspreis eine Hellebarde. Diese galt unter Waffenläufern als DER Preis! Leider wurde sie im Zuge von Sparmassnahmen abgeschafft.

Vielfach waren es dieselben Läufer, welche die Hellebarde schon mehrfach gewonnen hatten und sie nicht mehr wollten. Es gibt aber auch andere, welche traurig waren, keine Hellebarde mehr erlaufen zu können. Der Meister 2006, Patrick Wieser beispielsweise, war am Ziel zu Tode betrübt, dass er keine Hellebarde mehr erhalten würde. Es war sein grosses Ziel, doch eben, seit 2001 abgeschafft.

Voting am Frauenfelder 2006
Frage: Wie haben Sie den 72. Frauenfelder am 19. November 2006 erlebt?

403 abgegebene Stimmen		
Als Teilnehmer/in Waffenlauf bin ich sehr zufrieden		24.32%
Als Teilnehmer/in Waffenlauf bin ich zufrieden		2.98%
Als Teilnehmer/in Waffenlauf bin ich unzufrieden (Anregungen bitte per Mail oder im Forum)		1.99%
Als Teilnehmer/in Marathon bin ich sehr zufrieden		11.41%
Als Teilnehmer/in Marathon bin ich zufrieden		5.96%
Als Teilnehmer/in Marathon bin ich unzufrieden (Anregungen bitte per Mail oder im Forum)		2.73%
Als Teilnehmer/in Halbmarathon bin ich sehr zufrieden		23.82%
Als Teilnehmer/in Halbmarathon bin ich zufrieden		8.44%
Als Teilnehmer/in Halbmarathon bin ich unzufrieden (Anregungen bitte per Mail oder im Forum)		4.22%
Als Teilnehmer/in Juniorenlauf bin ich sehr zufrieden		2.23%
Als Teilnehmer/in Juniorenlauf bin ich zufrieden		1.99%
Als Teilnehmer/in Juniorenlauf bin ich unzufrieden (Anregungen bitte per Mail oder im Forum)		0%
Als Besucher an der Strecke bin ich sehr zufrieden		3.97%
Als Besucher an der Strecke bin ich zufrieden		1.99%
Als Besucher an der Strecke bin ich unzufrieden (Anregungen bitte per Mail oder im Forum)		1.49%
Ich habe nur die Internetseite besucht		2.48%

Rückmeldungen und Verbesserungen

Nach jeder Austragung werden neue Erfahrungen gemacht. Zu aufgetauchten Problemen werden Lösungen gesucht und Abläufe optimiert. Einmal mehr war das OK Frauenfelder im Jahr 2006 sehr initiativ beim Analysieren der Austragung. Auf der Webseite des Veranstalters konnte bei einer Umfrage mitgemacht werden. Diese gab ein eindrückliches Resultat wieder:

Verbesserungen

Für die Austragung des Jahres 2005 (und auch 2006 wieder) wurden einige gewichtige Neuerungen/Anpassungen eingeführt. So zum Beispiel unterschiedliche Startzeiten für Damen/Herren im Halbmarathon, Optimierung des Zieleinlaufs, Massagedienst durch CARMOL am Start/Ziel in Frauenfeld, neue Umkleidemöglichkeiten vor dem Start des Halbmarathons/Juniorenlaufs in Wil, Preise/Auszeichnungen.

Vorbereitungen

Rund 2 Monate vor dem Austragungstermin wird die Ausschreibung an Wettkämpfer, Vereine und Ehrengäste versandt, in denen das Organisationskomitee durch gezielte Informationen den Waffenlauf vorstellt sowie mit Sonderleistungen und Extrapreisen für die Teilnahme wirbt. Ein Einzahlungsschein für das mit der Anmeldung zu begleichende Startgeld liegt bei.

Um die Veranstaltung auch unter den bisher nicht erfassten Interessenten und bei den Zuschauern publik zu machen, werden zu entsprechender Zeit Plakate und Transparente an den verschiedensten Stellen angeschlagen bzw. ausgehängt. Auch werden die Vernetzungen im Internet angeboten und die Ausschreibung wird an anderen Läufen aufgelegt. Im Kommunal- und Sportteil der regionalen Tageszeitungen berichtet die Presse einige Tage vorher über Trainingszustand und Teilname der Spitzenläufer. Man zieht Bilanz aus den Ergebnissen der vergangenen Wettkämpfe und spekuliert über kommende Sieger und Bestzeiten.

Ein wichtiger Punkt ist auch die Koordination zwischen IGWS, Polizei, Anrainergemeinden, Zeitmessfirma, Sponsoren und nicht zuletzt auch der Städte Frauenfeld und Wil.

«Jetzt gilt's ernst»

Am Vorabend

Am Vortag der Veranstaltung sind zahlreiche Arbeitsdienste mit den letzten Vorbereitungen für den Wettkampf beschäftigt. Es werden Hinweisschilder und Markierungen angebracht, die den Teilnehmern die Anreise zum Wettkampfort erleichtern.

Die mit der Streckenführung beauftragten Mitarbeiter sind darum bemüht, für optimale Bedingungen zu sorgen, indem sie Streckenteile ebnen und befestigen. Bei winterlichen Verhältnissen muss die Strecke von Schnee geräumt und Splitt oder Salz gestreut werden.

Arbeitstruppen bauen an den vorgesehenen Streckenabschnitten Sanitäts- und Verpflegungsposten auf. Am Zielort bereitet man die Einlaufpassage für die einzelnen Kategorien vor und montiert Zieltransparente, Zeitmessgeräte und Lautsprecheranlagen. Aus den Zeughäusern entliehene Anzüge (TAZ 90) werden in der Kaserne für den Wettkampftag bereitgelegt.

Früher trafen die ersten Waffenläufer am Vorabend ein und bezogen in der Kaserne Quartier. Obwohl ein grosser Teil der Wettkämpfer in Zivil anreist, sind sie durch die Sturmpackung, die sie auf dem Rücken tragen, erkenntlich.

Das Übernachten hatte früher noch eine andere Bedeutung. In der Stadtkaserne übernachteten jeweils Dutzende weitergereister Wettkämpfer. Viele von ihnen hatten einen weiten Anreiseweg, daher kam die Gelegenheit zum Übernachten gerade richtig. Die Abende, so erzählen «altgediente» Frauenfeld-Kämpfer, waren teilweise fast so streng wie der Wettmarsch, welcher am Sonntag folgte. So wurden Kameradschaften teilweise bis tief in die Nacht gepflegt. Ein mitgebrachtes Handörgeli liess zudem oftmals eine tolle und gemütliche Atmosphäre aufkommen. Heute sind es nur noch einige wenige, welche am Vorabend anreisen.

Neuerdings kann man in der Kaserne nicht mehr übernachten. Bei Truppenbelegungen wird sie durch das Waffenplatz-Kommando nicht mehr freigegeben respektive geräumt. Das OK informiert jedoch auf der Webseite über andere Übernachtungsmöglichkeiten.

Die Waffenläufer treffen ein

Sonntagmorgen, der Haupthars der Läufer trifft ein. Ab 6.00 Uhr morgens wird den Waffenläufern in der Kantine oder in Cafés die Möglichkeit zum Frühstück geboten. Die einen stärken sich mit «Ovomaltine» und Haferflocken, für die anderen bedeuten Butterbrote und Kaffee die beste Grundlage.

Ein Hin und Her wie in einem Ameisenhaufen. Ein neuankommender Waffenläufer begrüsst eine Gruppe seiner Kameraden. Hier werden einem Läufer das Lauftenü und die Startnummer über den Arm gelegt, von seiner Begleiterin die Packung angehängt und mit einem kurzen «Mach's gut!» wird er ins Getümmel entlassen. Über dem Ganzen fliegt ein durchdringender DUL-X-Geruch, gegen den auch der Kaffeeduft aus der Kantine nicht anzukommen vermag.

Auch früh schon auf Platz sind die Leute von der Zeitmessung. Für die Einsatzleiter beginnt der Tag in aller Frühe. Verkabeln, vernetzen, vorbereiten. Rund zwei Stunden dauert es, bis sie alles installiert haben. Die Schweizer Zeitmessfirma Datasport, seit einigen Jahren Partnerorganisation der Waffenlauf-OKs kann auf verschiedene Zeitmesstechnologien zurückgreifen und setzt bei jedem Anlass die geeignetste oder die vom Veranstalter gewünschte ein.

Dann treffen die ersten Journalisten ein. Sie werden vom Ressortchef begleitet und erhalten Informationen zum Lauf. Die eingeladenen Gäste des OK's sammeln sich vor der Kantine, geniessen die Klänge des Militärspiels und begrüssen sich. Erwartung ist in den Gesichtern zu lesen, aber auch viele freundliche Begrüssungsworte unter Bekannten, Kameraden, zwischen Vertretern ziviler Behörden und militärischen Kommandanten, Vertretern anderer Waffenlauforganisatoren, zwischen BegleiterInnen und Neuangekommenen werden ausgetauscht. Plötzlich konzentrieren sich die Blicke auf ein paar ausländische Offiziere. Die Militärattachés einiger Länder sind der Einladung des OK's Frauenfelder Militärwettmarsch gefolgt und treffen mit dem Begleitoffizier des Militärprotokolls ein. Der Frauenfelder Militärwettmarsch als gesellschaftliches Ereignis? Sicher ist auch diese Komponente für den Waffenlauf nicht unwesentlich.

Startschuss!

Gegen 9.00 Uhr ziehen die ersten Läufer in fertiger Ausrüstung mit angehefteter Startnummer und Packung auf dem Rücken auf den Kasernenplatz. Während sich die Teilnehmer warmlaufen, begrüsst das Organisationskomitee die Medien und Ehrengäste. Um 09.30 Uhr ist Besammlung im Innenhof der Kaserne für die Waffenläufer. Kurze Ansprache des Leitenden. Der traditionelle Appell. Dann heisst es «stillgestanden!» und die Jubilare werden für ihren 10. oder 25. Frauenfelder geehrt. Nach dem Kommando «Im Gleichschritt marsch» ziehen die Waffenläufer mit Blasmusik von der Kaserne durch die Stadt zum 500 Meter entfernten Marktplatz. Drei Offiziere mit der Schweizer Fahne führen die Kompanie an. Quer über den grossen Marktplatz ist die Startlinie aus Sägespänen gezogen. Die Waffenläufer und Waffenläuferinnen stellen sich nebeneinander entlang der Linie auf. Etliche Bewohner haben sich auf dem Marktplatz versammelt. «Mein Trick, nicht nach Kilometern sondern nach «Dörfern» zu rechnen, lässt die Strecke weniger lang erscheinen» sagt einer und verschwindet im Feld der Waffenläufer.

Viele laufen sich warm, suchen einen Platz im Feld, begrüssen sich, stellen die Uhr und kontrollieren den Stoppmechanismus. Einige sind mit sich selber beschäftigt. Ihre

Programm für Samstag 18. November 2006	
1730	Öffnung der Kaserne Frauenfeld-Stadt
1800–1900	– Abgabe Zimmerschlüssel für reservierte Zimmer, Auskunftsbüro – Abgabe TAZ 90 in der Halle II, Kasernenhof – Nachmeldemöglichkeit, Gruppenmutationen, Abgabe Startnummern B 19 – Arztdienst, Raum B 21
Programm für Sonntag 19. November 2006	
ab 0630	Frühstück im Speisesaal
0730–0900	– Abgabe TAZ 90 in der Halle II, Kasernenhof – Nachmeldemöglichkeit, Gruppenmutationen, Abgabe Startnummern B 19 – Arztdienst, Raum B 21
0930	Besammlung im Innenhof, Kaserne Frauenfeld-Stadt (samt vollständiger Ausrüstung und Start-Nummer)
1000	Start, Marktplatz Frauenfeld nach Zieleinlauf Siegerehrungen, Verlosungen, Verpflegungsmöglichkeiten im Zelt, Zielgelände (Zelt ab 1200 Uhr offen).
Rahmenprogramm, Sonntag 19.11.2006	
ab 0630	Frühstück für Läufer, Betreuer, Zuschauer und Funktionäre, Speisesaal Kaserne Frauenfeld-Stadt. Preis Frühstück: Fr. 5.--
900	Presse-Orientierung im Fumoir, Kaserne.
915	Begrüssung und Orientierung der Gäste in der Offizierskantine, Kaserne Frauenfeld-Stadt.
1130–1630	Mittagessen für Läufer, Betreuer, Zuschauer und Funktionäre, Speisesaal Kaserne Frauenfeld-Stadt. Verkauf Menü-Gutscheine beim Eingang zum Speisesaal.

Datasport

Datasport mit Sitz in Zollikofen (Bern) wurde 1983 gegründet. Heute beschäftigt das Unternehmen 22 Angestellte, zudem stehen rund 40 Teilzeitangestellte vor allem an den Wochenenden im Einsatz. Jährlich erbringt Datasport verschiedene Dienstleistungen bei rund 280 Sportveranstaltungen in der Schweiz und in Europa: unter anderem das Datenmanagement, die Zeitmessung, den Ergebnisdienst. Die Veranstaltungen umfassen nicht nur den Laufsport, sondern auch Mountainbike, Rad, Duathlon, Triathlon, Inline Skating und Langlauf. Datasport bietet verschiedene Zeitmess-Technologien an: Einwegtransponder, passive Chipsysteme (DataChip), aktive Transponder, Zielfilm und Barcode System. Beim aktiven Chipsystem ist der Chip immer aktiv, da er eine Batterie enthält. Bei Annäherung an das System (z.B. Antenne, Matte) wird der Chip-Code übertragen. Beim passiven Chipsystem hingegen ist der Chip, wie der Name schon sagt, passiv. Der passive Chip kann mehrfach verwendet werden. Der Code wird beim Überqueren der Matte gesendet. Beim Einweg-Transponder ist der Chip auf der Startnummer. Dabei handelt es sich um einen passiven Chip, der nur einmal eingesetzt wird. Ein Läufer kostet einen grossen Veranstalter zwischen sieben und zehn Franken, bei kleineren Rennen ist der Betrag pro Läufer grösser. Dabei ist die Startnummer, die Miete für den Chip usw. bereits eingerechnet. Genaue Zahlen sind schwierig zu beziffern, weil jeder Veranstalter unterschiedliche und teilweise individuelle Dienstleistungen beansprucht. Neben Datasport gibt es weitere Zeitmessfirmen: Bipchip, SPORTident oder Mika Timing.
Quelle: FitforLife 12/06

Planung und Überprüfung der eingepackten Verpflegung nimmt sie voll in Anspruch. Andere scheinen richtig aufgeweckt. Sprüche werden den Zuschauern und Kameraden zugerufen, Gewinnabsichten bekanntgegeben. Vor diesem Feld, auf sich selber gestellt, die sich warmlaufenden, aus den Medien bekannten Favoriten. Was mag wohl in ihnen vorgehen, in diesen Spitzenathleten, die unter Erfolgszwang stehen, bei denen triumphaler Erfolg oder totaler Misserfolg von Sekunden abhängen?

6 Eine Packung wird nach dem Zieleinlauf durch einen Funktionär auf das Gewicht kontrolliert

7 Während die letzten Teilnehmer mit Bussen und Privatwagen eintreffen, sind die Vorbereitungen bereits in vollem Gange. In den Umkleideräumen und am Massagewagen herrscht grosses Gedränge. Einige Teilnehmer reiben sich mit «Melkfett» ein, um sich vor Kälte, steifen, müden Beinen und vor Verkrampfung zu schützen, andere bevorzugen ein stark riechendes Massageöl der Marke «Dul-X»

8 Die langjährigen Teilnehmer werden am so genannten Antrittsverlesen geehrt. Rekordhalter ist Arnold Haag (Jg. 1943, Hergiswil NW, früher Muttenz) mit 43 Teilnahmen am Frauenfelder ohne Unterbruch.

9   Am Antrittsverlesen werden die Läufer vom OK-Präsidenten begrüsst. Anschliessend wird in den Startraum marschiert, allen voran die zackige Marschmusik

10 Marsch von der Kaserne zum Start auf dem Marktplatz

11 Sie haben heute einen Heimlauf. Die Einheimischen Run Fit'ler Robert Soltermann, Stephan Obertüfer und Hans Widmer

Dann ist es 10 Uhr, eine Riesen-Stichflamme, ein lauter Knall aus der Kanone und die Masse setzt sich in Bewegung. Die Läuferinnen und Läufer rennen unter dem Jubel und den Zurufen der Zuschauer pfeilförmig auf die Strasse am Ende des Marktplatzes zu, die wie durch ein Wunder auch alle unfallfrei erreichen.

Über die Läuferschar hat sich eine dicke Nebelschicht geschoben. Nun, besser als Föhn oder Schneetreiben, denken sich die meisten. Die einen nehmen sich eine Zeit unter 3 Stunden vor, andere unter 4 oder unter 5 Stunden und andere wollen einfach ankommen, noch vor Zielschluss. Die einen kämpfen um Spitzenplätze, wieder andere wollen ihre Anzahl Waffenläufe steigern und nochmals andere kämpfen gegen sich selbst oder gegen Vereinskameraden. Jedes Ziel ist ein hohes Ziel.

Unterwegs ...

Entlang der Strassen stehen viele Zuschauer auf dem Trottoir einer sich unaufhörlich bewegenden Schlange von Wettkämpfern gegenüber. Jetzt hat man Gelegenheit, den charakteristischen Laufstil des Waffenläufers zu beobachten. Damit die Packung in sich ruhend bleibt, bewegt sich der Waffenläufer mit leichten, in den Knien abfedernden und über den ganzen Fuss abrollenden Schritten vorwärts. Der Körper ist leicht nach vorne geneigt, um das Schwergewicht der Packung zu verlagern.

Das Teilnehmerfeld zieht sich bereits auf den ersten Kilometern zu einem langgezogenen Feld auseinander, angeführt von einer kleinen Gruppe der bekanntesten Waffenläufer.

Einige Läufer müssen bereits bei den ersten Steigungen ihr Tempo drosseln und sie im Gehschritt bewältigen. Sollten sich medizinische Zwischenfälle ereignen, stehen Sanitäter an mehreren Streckenposten bereit, die untereinander über Funk in Verbindung stehen und einen Arzt rufen können.

Auf der Strecke sind Dutzende von Helfern im Einsatz: Hier wird die Durchfahrt gesperrt, werden Programme verkauft, mit Musik die Zuschauer angelockt und erfreut, da wird Tee, Bouillon oder Iso-Star ausgeschenkt, ein Krampf fachmännisch gelöst, eine Blase an der Ferse versorgt, wegge-

> «Frauefeld isch jo wörkli e veruckti Sach. Do stoht mä e Ewigkeit ufem Kaserneplatz bisme endli cha loslaufe und den machts en Chlapf und ali siechhed dä Hoger uf. Aber äbä, da isch dä Frauefelder...»
> Pfarrer und x-facher «Frauenfeld-Absolvent» Edgar Bolliger, Frauenfeld

12 Startschuss zum Frauenfelder Waffenlauf
13 Nervosität macht sich breit. Für viele ist Frauenfeld das grosse Finale
14 Kurz nach dem Startschuss formiert sich bereits eine Spitzengruppe ...
15 ... und auch im hintern Teil des Feldes formieren sich Gruppen und «Seilschaften»
16 Wenn es die Fans nicht gäbe ...

LIVE DABEI AM FRAUENFELDER MILITÄRWETTMARSCH

17 Die Hälfte ist geschafft, es geht auf den «Heimweg» …

18 Eine ganze Fan-Gruppe wartet in Stettfurt auf die Läuferinnen und Läufer, um sie nochmals für die letzten Kilometer anzuspornen und zu verpflegen. An dieser Stelle seitens aller Waffenläufer an alle Betreuerinnen, Betreuer und Fans: DANKE!

19 Ein Frauenfelder Waffenlauf der «neueren» Zeit und viel Prominenz: Mischa Ebner, Jörg Hafner, Martin von Känel, Christian Jost, Fritz Häni, Fredy Pfister, Martin Schmid, Felix Schenk, Ruedi Walker

«Immer noch Laufschritt, der Eisenbahnlinie entlang, durch den Wald, über die Autobahnbrücke, dann die endlos lange Strecke bis ins Herz von Wil hinein.»

«Viele Zuschauer stehen auch jetzt noch im Städtchen und der Speaker gibt wie jedes Jahr Vollgas!»

«Nach St. Margarethen die 28 km-Tafel, der Sieger dürfte jetzt im Ziel sein.»

«Km 31, wie jedes Jahr, die Luft ist draussen, die Beine schmerzen, dazu der Anstieg am «Moser-Stutz». Wo der «Frauenfelder» eigentlich erst beginnt, wäre jeder andere Waffenlauf distanzmässig zu Ende. Tröstlich, dass es den anderen gleich ergeht.»

«Von Oberhuben bis ins Ziel unentwegt viele Zuschauer. Die Sonne scheint und wärmt, trotzdem ists kalt. Man ist dankbar für den Applaus, er lässt die schmerzenden Glieder vergessen.»

«Wer den Frauenfelder nie gelaufen ist, kann sich kaum als echten Waffenläufer bezeichnen. Für mich ist er der imposanteste, aber auch der gefährlichste Lauf. Warum? Weil er süchtig macht!»

worfene Becher aufgelesen. Plötzlich sind zusätzliche Hände da und helfen. Ebenso wie sie gekommen sind, verschwinden die guten Geister wieder, unbekannt, unregistriert, uneigennützig. Auch diese Helfer gehören zum einem Waffenlauf, vielleicht sind sie sogar typisch, auf jeden Fall: Herzlichen Dank!

Ort	Distanz in km	Höhe ü.M.	Spitze Uhrzeit	Schluss Uhrzeit
Frauenfeld Marktplatz	0	417	10.00	10
Huben, Schulhaus	2	490	10.07	10.12
Matzingen	5.5	447	10.17	10.4
Sonnenhof	7.5	495	10.27	10.51
Wängi-Neubrugg	10	480	10.33	11.13
Holzmannshaus	12.5	600	10.47	11.45
Eschlikon	13.5	575	10.50	11.57
Sirnach	16.5	545	11.03	12.20
Wil „Hof"	21.5	599	11.20	13.06
St. Margarethen	27	504	11.42	13.59
Lommis	30.5	475	11.53	14.35
Stettfurt	35	490	12.13	15.21
Frauenfeld Kaserne Stadt	42.2	405	12.38	16.29

Im Ziel

Am Ziel auf dem Mätteli wird fieberhaft kontrolliert, unruhig gewartet und aufmerksam dem Platzsprecher und den Direktreportagen von der Laufstrecke gelauscht. Viele Waffenlauffreunde reihen sich an der Einlaufabschrankung ein.

Während sich die Läufer mit geringer Aussicht auf einen vorderen Platz in Gruppen zusammenschliessen, entsteht bei den Spitzenläufern eher der Eindruck eines «rivalisierenden Kampfs» um den Sieg. Während sich die Teilnehmer bei einer kurzen Erfrischung erholen, erstellen die Veranstalter

Der Startschuss ist erfolgt, das Feld peitscht der Strecke entgegen

Erster Innerrhoder Erfolg
Bruno Dähler gewinnt den 72. Frauenfelder Waffenlauf

Dank einer imposanten Aufholjagd holt Bruno Dähler als erster Innerrhoder den Sieg am Frauenfelder Militärwettmarsch. Von vielen wird dem Waffenlauf das baldige Ende nachgesagt. Doch am Sonntag lebte er.

(käs) Eine vom Aussterben bedrohte Sportart wartet mit einem Novum auf: Bruno Dähler ist der erste im Kanton Appenzell Innerrhoden aufgewachsene Waffenläufer, der den Frauenfelder gewann. Der 41-jährige in Berg TG tätige Bäcker und Konditor lief ein glänzendes letztes Streckendrittel. Mit Hans Frischknecht hatte es schon einen siebenfachen Ausserrhoder «Frauenfelder»-Sieger gegeben. «Ich bin zwar ein Appenzeller, aber doch auch ein Thurgauer.»

Packendes Rennen
Das Rennen verlief so packend wie schon lange nicht mehr. Gab es früher oft deutliche Favoriten und in den vergangenen Jahren den Überflieger Jörg Hafner, der das Rennen jeweils von Anfang an bestimmt hatte, so wechselten gestern bei idealen Bedingungen die Spitzenpositionen laufend. Nach siebeneinhalb Kilometern beim Sonnenhof lag Dähler zusammen mit dem Wigoltinger Felix Schenk noch drei Minuten hinter dem führenden Schweizer Meister Patrick Wieser und dem ehemaligen Seriensieger Martin Schöpfer.

Beim Wendepunkt in Wil nach 21 Kilometern rannten Dähler und Schenk gar 4:51 Minuten hinter dem allein an der Spitze liegenden Wieser. Als Vierter folgte überraschend der Frauenfelder Bahnläufer Roger Kliem.

Geduld zahlte sich aus
Doch ab dem 25. Kilometer änderte sich das Renngeschehen in kurzen Intervallen. Erst überholte Dähler Kliem, dann ging Schöpfer am führenden Wieser vorbei. Doch Dähler behielt die Ruhe. «Lange konnte ich mit Felix Schenk laufen, was für mich ideal war.» Dähler legte einen starken Final hin. Zwischen Kilometer 33 und 35 machte er auf Schöpfer über zwei Minuten gut.

Der Innerrhoder erschien bereits nach Huben vor Kilometer 38 allein an der Spitze. Schöpfer, von den Anstrengungen gezeichnet, war hier schon fast bezwungen, lag er doch bereits 25 Sekunden hinter dem locker laufenden Appenzeller zurück.

Während viele Konkurrenten Dählers im letzten Laufdrittel einbrachen und dem hohen Anfangstempo Tribut zollten, hielt Dähler durch. «Ab dem 25. Kilometer haben mir viele zugerufen: «Du kannst den Lauf gewinnen. Von da an habe ich selbst auch begonnen, an den Sieg zu glauben.» Geliebäugelt habe er bereits im vergangenen Jahr mit dem Gesamtsieg, als er Zweiter wurde. «Doch dieses Mal klappte das Unterfangen, weil ich bis zum Schluss problemlos durchhielt.» Dähler erreichte das Ziel überlegen mit fast drei Minuten Vorsprung auf Schöpfer, der 1997 alle elf Waffenläufe gewonnen hatte. Einen ähnlich starken Schlussspurt zeigte auch der Balsthaler René von Burg als Dritter. Hinter ihm folgte Felix Schenk, der trotz seines verringerten Trainingsaufwands überraschend stark lief.

20 Der Tagessieger Bruno Dähler nach seinem lang ersehnten Sieg in Frauenfeld

21 «Ich habs geschafft». Ein schönes Ziel, auf dem Mätteli in Frauenfeld einlaufen zu können

22 «Wie isch gange?» – «Super, isch eifach min Tag gsi hüt ...». Fachsimpeln im Ziel

23 Ansturm auf die angehefteten Zwischenranglisten ...

24 Kurz vor Zielschluss treffen die letzten Wettkämpfer ein. Eine grosse Leistung

25 Der «Kampf um die letzten Plätze» ist beendet. Willi Lüthi (392 Waffenläufe!) und Röbi Egolf (91 Waffenläufe) im Ziel

bereits die Ranglisten, die auch schon kurz nach dem Einlauf der letzten Läufer veröffentlicht werden.

Die ersten Läufer werden am Eingang zur Zielpassage gemeldet. Alle Zuschauerblicke sind dem Einlauftrichter entlang gerichtet. Gleichzeitig mit der Welle anerkennenden Applauses trifft der Tagessieger ein. Bruno Dähler, der Innerrhoder Waffenläufer gewinnt den «Frauenfelder» 2006. Nachdem er ein Jahr vorher knapp dem Seriensieger Jörg Hafner unterlag, gelang ihm das Meisterstück. Jetzt beginnt die Auswertungsmaschinerie der Zeitmessfirma datasport zu laufen.

Im Zielraum werden abgekämpfte Läufer befragt, gepflegt, es wird gratuliert, geküsst, Packungen kontrolliert. Dazwischen werden die Kategorien-Ersten zur Siegerehrung aufgerufen, die Spitzenleistungen nochmals erwähnt, applaudiert, Preise und Sonderauszeichnungen übergeben, Bilder geschossen, gratuliert und bewundert.

Die Reihen der Zuschauer lichten sich allmählich, die Ehrengäste haben ihren Platz verlassen und immer noch treffen ununterbrochen Wettkämpfer am Ziel ein. Der Applaus ist spärlich, familiär geworden. Eine Erscheinung, die leider nicht aufzuhalten ist. Die ersten Läufer sind bereits geduscht, die Ehrengäste beim Mittagessen, die ersten Zwischenranglisten gedruckt und angeheftet, der Abstand zwischen den einlaufenden Wettkämpfern wird zusehends grösser, kaum mehr ein anerkennendes Wort wird gerufen, die Gratulationen von Freunden bleiben aus. Der als Letzter eintreffende Läufer drückt auf den Stoppknopf seiner Uhr. Ein Blick auf den Chronometer, ein Strahlen macht sich breit im Gesicht. Zufrieden stellt der Läufer aus der Kategorie M50 fest: Ein Jahr älter als letztes Jahr, aber zwei Minuten schneller. Auch ein Sieger!

«Auf Wiedersehen!»

> **Der letzte Meisterschaftslauf**
> *Mit dem 72. Frauenfelder Militärwettmarsch ging am dritten November-Sonntag 2006 die Waffenlaufsaison wie immer im Thurgauer Kantonshauptort zu Ende. Es war dies ebenfalls das Ende einer exakt 40 Jahre langen Tradition. Per 31. Dezember 2006 wird die Interessengemeinschaft Waffenlauf Schweiz (IGWS) aufgelöst, was bedeutet, dass 2007 keine Gesamt-Schweizermeisterschaft mehr durchgeführt wird. Mit der Auflösung der IGWS geht sicherlich ein erfolgreiches Kapitel des ausserdienstlichen Armeesportes zu Ende. Was bleibt sind die Erinnerungen an die erfolgreichen Zeiten des Waffenlaufsports, als dieser noch einen grossen Stellenwert bei den Medien und im nationalen Sportgeschehen einnahm.*

Bilanz des OK «Frauenfelder»

1647 Läuferinnen und Läufer

Vier Sparten standen beim Frauenfelder auf dem Programm: Marathon, Halbmarathon, Juniorenlauf und Waffenlauf. Auch wenn von den insgesamt 1647 Teilnehmenden nur noch 321 die Packung schulterten, so bildete der Waffenlauf dennoch den Publikumsmagnet. Schon beim Start auf dem Frauenfelder Marktplatz waren beim Böllerschuss um 10 Uhr, der die Waffenläufer auf die 42,2 Kilometer lange Strecke schickte, viele Zuschauer anwesend. In Wil, beim Wendepunkt im Hof, entlang der Laufstrecke, bei prächtigem Herbstwetter und im Ziel bei der Kaserne Frauenfeld war der Publikumsaufmarsch enorm.

Zusicherung bis 2008

Wie lange die Zuschauer auf der Strecke von Frauenfeld nach Wil und zurück noch Waffenläufe verfolgen können, bleibt offen. «So lange der Waffenlauf von den Läufern gewünscht wird, werden wir ihn durchführen», erklärte OK-Präsident Rolf Studer. Natürlich gebe es eine Schmerzgrenze, wenn eine gewisse Teilnehmerzahl unterschritten werde. Studer zuversichtlich: «Wir haben aber noch Sponsoren-Zusicherungen bis und mit dem Jahr 2008.»

72. Frauenfelder Militärwettmarsch 2006
Herkunft der Waffenläufer nach Kantonen

Kanton	Anz.
AARGAU	22
APPENZELL AUSSER RHODEN	2
APPENZELL INNER RHODEN	2
BERN	31
BASELLAND	2
BASEL	3
FREIBURG	1
GRAUBÜNDEN	10
LUZERN	10
NIDWALDEN	5
OBWALDEN	1
ST. GALLEN	31
SCHAFFHAUSEN	1
SOLOTHURN	7
THURGAU	79
TESSIN	1
URI	7
WALLIS	1
ZUG	1
ZÜRICH	38
D-DEUTSCHLAND	18
A-ÖSTERREICH	8
TOTAL	281

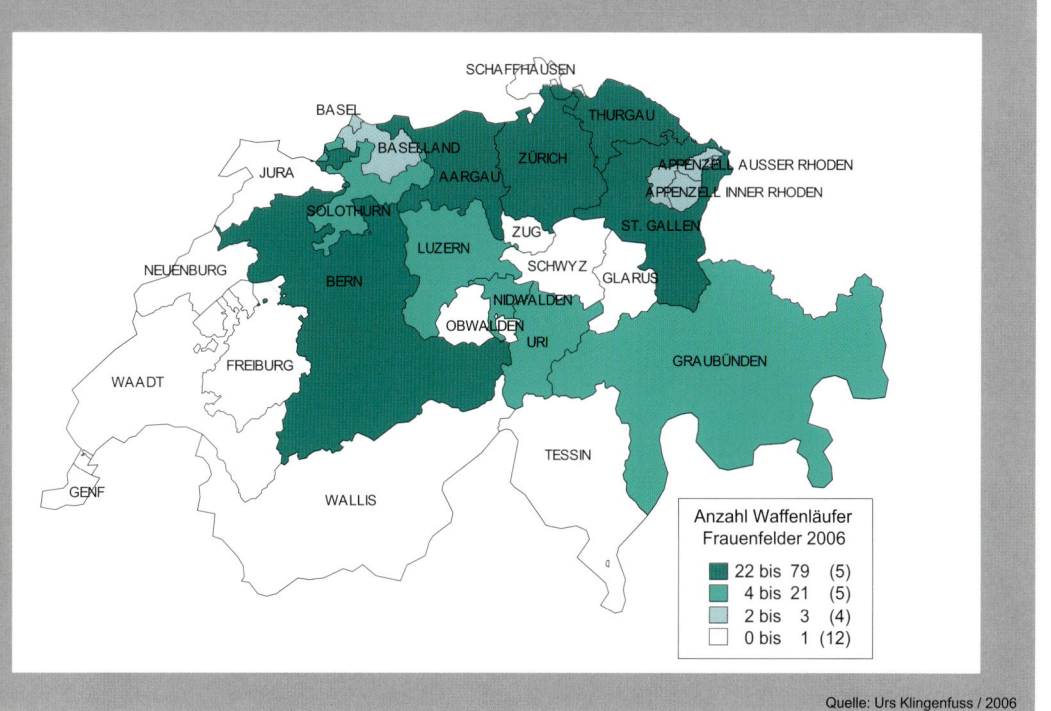

Anzahl Waffenläufer Frauenfelder 2006
- 22 bis 79 (5)
- 4 bis 21 (5)
- 2 bis 3 (4)
- 0 bis 1 (12)

Quelle: Urs Klingenfuss / 2006

72. Frauenfelder Militärwettmarsch 2006
Einlaufstatistik nach offizieller Rangliste (inkl. Gäste)

⌀ Laufzeit = 4:20 Std.

Quelle: Urs Klingenfuss / 2006

♦ Anzahl Läufer pro Minute

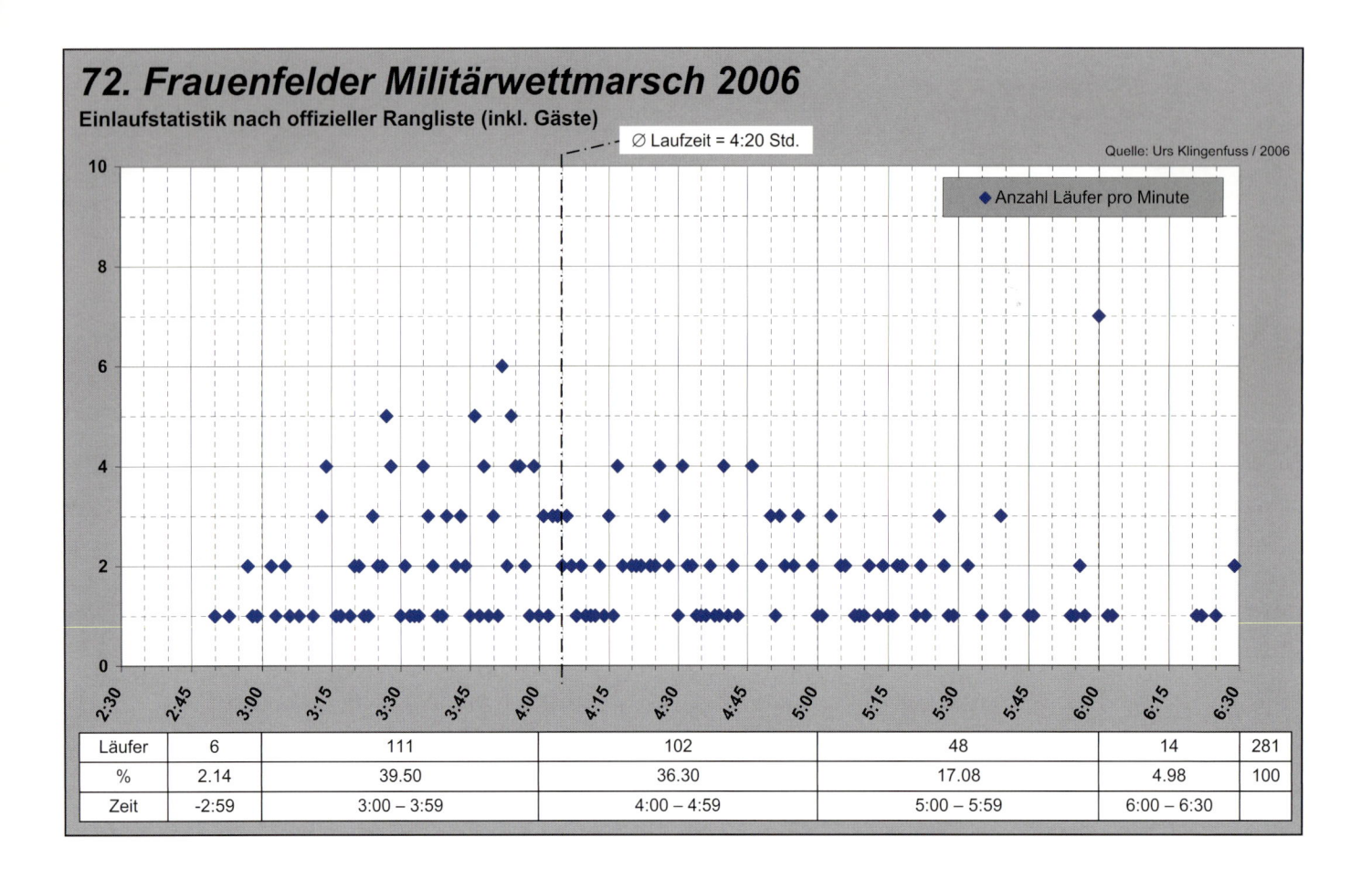

Läufer	6	111	102	48	14	281
%	2.14	39.50	36.30	17.08	4.98	100
Zeit	-2:59	3:00 – 3:59	4:00 – 4:59	5:00 – 5:59	6:00 – 6:30	

72. Frauenfelder Militärwettmarsch 2006
Altersstatistik nach offizieller Rangliste (inkl. Gäste)

⌀ Alter = 43.11 Jahre

Quelle: Urs Klingenfuss / 2006

♦ Anzahl Läufer pro Jahrgang

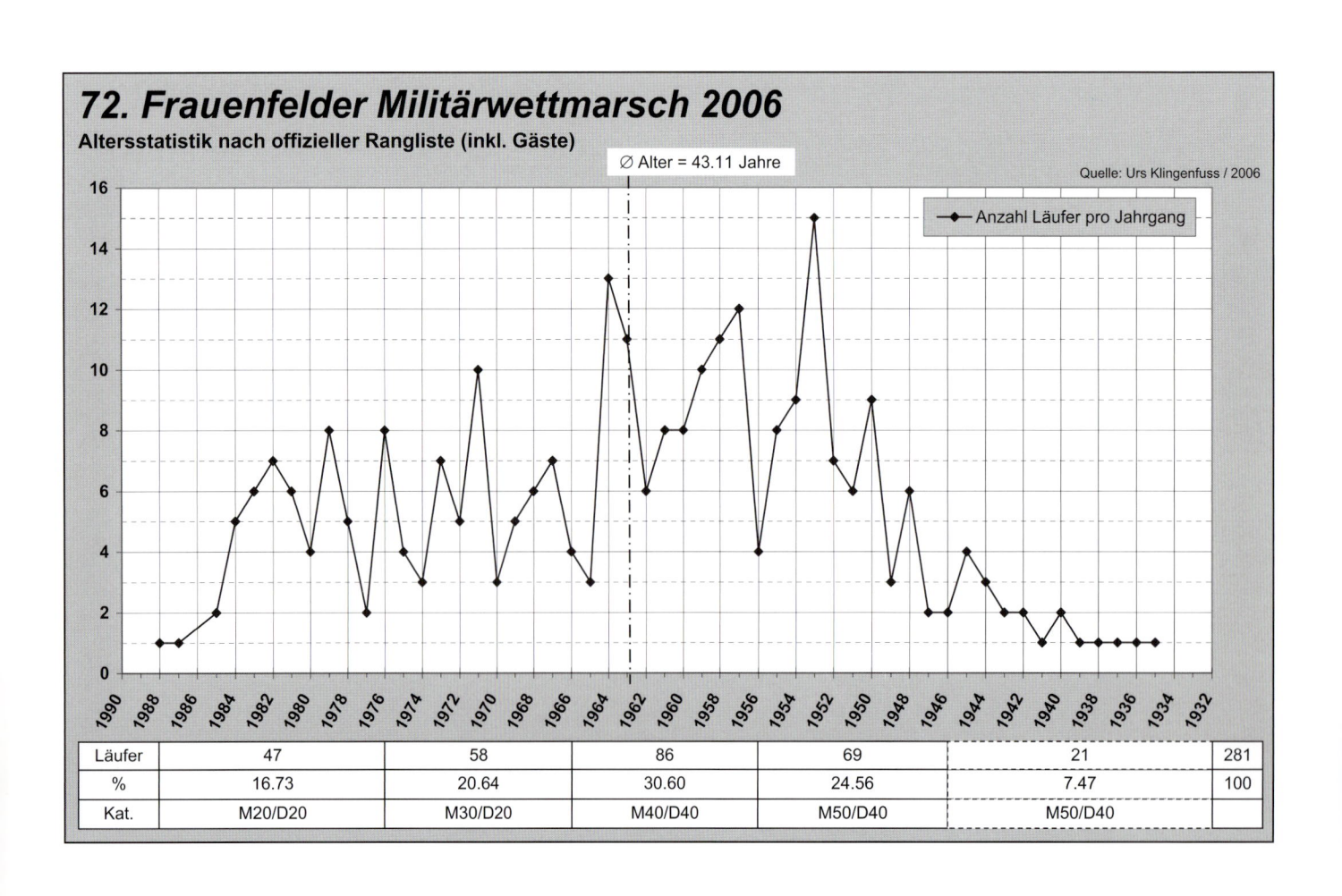

Läufer	47	58	86	69	21	281
%	16.73	20.64	30.60	24.56	7.47	100
Kat.	M20/D20	M30/D20	M40/D40	M50/D40	M50/D40	

In der Kaserne und auf dem Platz wird gefachsimpelt, Blasen und Wundstellen versorgt, gegessen, getrunken, die Tenüs zurückgebracht und die wohlverdiente Medaille entgegengenommen. Müde, abgekämpft, aber hoffentlich im Bewusstsein, mehr als andere geleistet zu haben. Hinter den Kulissen, in den einzelnen Ressorts des OK,s wird fieberhaft weitergearbeitet: Ranglisten fertig gestellt, aufgeräumt, Material verladen und weggeführt, Bilanz gezogen und kritisch die eigene Arbeit analysiert, Anregungen entgegengenommen, Mitarbeitern gedankt und mit «Auf Wiedersehen im nächsten Jahr» verabschiedet – die Vorbereitungen zum nächsten «Frauenfelder» beginnen schon bald wieder.

Frauenfeld – gestern und heute

Frauenfeld entstand als befestigte kleinstädtische Siedlung im 13. Jahrhundert auf dem Territorium von (Langen- und Kurzen-) Erchingen.

Der Baubeginn am Turm des Frauenfelder Schlosses lässt sich aufgrund der heute noch erhaltenen Holzbalken auf die Zeit um 1230 datieren. Unmittelbar neben diesem herrschaftlichen Zentrum entstand im zweiten Drittel des 13. Jahrhunderts die Siedlung, deren Name 1246 erstmals urkundlich erwähnt wird. Bereits 1286 ist Frauenfeld als Stadt bezeugt. Die Vogtei über den reichenauischen Besitz liegt in dieser Zeit bei den Habsburgern, die diese Funktion 1264 von den Kyburgern geerbt haben dürften.

Nachdem 1460 die Eidgenossen den Thurgau erobert hatten, machten sie Frauenfeld schrittweise zum Verwaltungszentrum der Landgrafschaft. Bereits um 1500 wurde Frauenfeld erstmals Sitzungsort der eidgenössischen Tagsatzung. Der eidgenössische Landvogt residierte ab 1532 im Schloss Frauenfeld.

Zwischen 1712 und 1798 tagte die Tagsatzung regelmässig in Frauenfeld. Aus dieser Zeit zeugen heute noch die prächtigen Gesandtschaftshäuser der Tagsatzungsorte und das 1791–1793 erbaute Rathaus mit seinem repräsentativen Tagsatzungssaal, in dem heute u.a. der Grosse Rat des Kantons Thurgau tagt. Die Selbstständigkeit des Thurgaus, dessen Kantonshauptort Frauenfeld von 1798 an war, löste die alten Handels- und Gewerbebeschränkungen und machte die Bahn frei für eine im 19. und in der ersten Hälfte des 20. Jahrhunderts äusserst erfolgreiche Industrialisierung. Viele Betriebe in den Bereichen der Nahrungsmittel- und Lederverarbeitung, der Textil-, Metall- und chemischen Industrie liessen sich vornehmlich entlang der schon im Mittelalter genutzten Murgkanäle nieder.

Heute sind viele Zeugen einstiger Pioniere der Industrialisierung (Walzmühle, Eisenwerk) in vorbildlicher Weise zu Wohn- und Kulturzwecken umgenutzt worden. Frauenfeld zieht aber weiterhin – gerade wegen des hohen Standards in seinen Wohn- und Lebensräumen – technologisch innovative Unternehmen und wichtige Dienstleistungsbetriebe an und bleibt so mit seinem vielfältigen geschichtlichen Erbe ein offenes und zukunftsgerichtetes Gemeinwesen.

26 Hauptstadt des Kantons Thurgau

27 Schloss Frauenfeld

28 Spitzenwaffenläufer Walker Ruedi (Flüelen) wird laufend verpflegt. Er ist auf der Jagd auf die Spitzengruppe

29 Frauenfelder, Kilometer 18

30 Frauenfelder Marsch zum Marktplatz

31 Der «Geschlagene» Patrick Wieser wird vom Fernsehen über seinen Tag befragt

32 Der Run Fit Thurgau stellt nicht nur ein grosses Aufgebot an Wettkämpfern, sondern auch an einigen Betreuern

33 Warten in Stettfurt: «er sött ez den gad cho...»

34 Fans in Wil, dem Wendepunkt des «Frauenfelders»

Gedanken des letzten IGWS-Präsidenten

Von Oberstlt Martin Erb, Winterthur

Einleitung

1992 übernahm ich die Leitung des Zürcher Waffenlaufs. Bedingt durch dieses Amt kam es zwangsläufig zum Kontakt mit der IGWS. Ich war jedoch einer der wenigen OK-Chefs, welcher regelmässig an den IGWS-Sitzungen teilnahm. So leitete ich bereits 1994 die Arbeitsgruppe «Teilnehmer-Rückgang». Als mein Vorgänger Urs Frey seine Demission auf die Delegiertenversammlung 1996 hin bekannt gab, begann die Suche nach einem Nachfolger. Schon vor 10 Jahren hielt sich das Interesse an solchen Jobs in engen Grenzen. Da mir in der Eigenschaft als OK-Chef, als aktiver Läufer sowie als Befürworter des Milizsystems der Waffenlauf sehr am Herzen lag, meldete ich mich für das Amt des IGWS-Präsidenten. Nach einem Jahr als Vizepräsident wurde ich an der Delegiertenversammlung 1996 zum IGWS-Präsidenten gewählt. Im Vorfeld zu dieser Wahl machte ich zwei Aussagen, an welche ich mich gut erinnere:

«Ich werde kein Pommes-Chips essender und Weisswein trinkender Präsident sein». Obwohl mir beides schmeckt und obwohl ich durch diese Aussage Kritik erntete, stehe ich heute noch dazu. Ich würde sie aber heute anders formulieren, z.B.:»Wir müssen mehr an die Basis gelangen, wir müssen unsere «Kunden», die Läufer, mehr mit einbeziehen.»

Die zweite Aussage war: «Ich will nicht der letzte IGWS-Präsident sein.» Dahinter versteckte sich das Bewusstsein, dass ich damals Kapitän eines Schiffes wurde, welches schon ein leichtes Leck hatte. Ich trat aber meine Arbeit mit dem festen Ziel an, das Überleben des Waffenlaufs sicherzustellen.

Rückblick 1996–2006

Eine meiner ersten Aufgaben bestand darin, eine persönliche Lagebeurteilung vorzunehmen. Ich versuchte, die aktuellen Probleme zu erfassen, mit der Idee, zielgerichtet Lösungen zu suchen. Damals eruierte ich vier Problemkreise, welche für mich von Bedeutung waren:
1. Teilnehmer-Rückgang
2. Finanzelle Engpässe
3. Probleme beim Rekrutieren von Funktionären
4. Wenig Medienpräsenz

Diese Probleme liessen sich und lassen sich auch heute, im Jahre 2006, nicht losgelöst betrachten, sie haben alle gegenseitigen Einfluss. Zu diesen vier Punkten kamen die laufenden Probleme dazu, welche aber doch einen recht entscheidenden Einfluss auf die Zukunft haben: z. B. Umsetzung der nötigen Massnahmen der Armee 95, und dann vor allem alle Fragen rund um die Armee XXI. Sicherlich waren diese zehn Jahre die einzige IGWS-Epoche, in welcher sich der ausserdienstliche Sport mit zwei so gravierenden Armeereformen konfrontiert sah. Bald musste sich die IGWS eingestehen, dass es eigentlich nur noch um das Überleben geht. Die nachfolgende Liste soll nur ein paar Tätigkeiten aufzeigen, welche diese 10 Jahre prägten.

Im Rahmen des Entstehens der Armee XXI unterzogen auch wir uns einer erneuten intensiven Lagebeurteilung. Die Problemkreise waren in etwa dieselben wie 1996. Nur waren die Folgen inzwischen stärker spürbar. In etlichen Diskussionen innerhalb der IGWS und mit der Armeespitze dachte man über Punkte nach wie:
– Anrechnen von Diensttagen für Waffenlauf-Teilnahme
– Gewähren von Urlauben
– Waffenlauf als Internationale CISM-Disziplin
– Wiedereinführen von Schiessen und dadurch mehr Attraktivität und Nutzen für die Armee.

Als Resultat dieser Gespräche und verstärkt durch die Tatsache, dass gewisse OK's ausstiegen, kamen wir zu unserem sogenannten 8er-Modell. Das bedeutete Folgendes:

Die Armee hat 8 Lehrverbände, die IGWS hat 8 OK's. Zwischen diesen beiden Komponenten soll es im Bereich «Materielle und per-

1 Um ins Ziel zu kommen braucht der Teilnehmer nebst seiner «Form» Betreuer, Fans und Angehörige. Doch was man nicht sieht sind die Funktionäre im Hintergrund

2 Der OK-Präsident des Zürcher Waffenlaufs und zugleich IGWS-Präsident Oberstlt Martin Erb gibt bekannt, dass per 2006 «Ende Feuer» ist. Auch der beliebte «Zürcher» musste das Handtuch werfen.

sonelle Unterstützung» zu einer Partnerschaft kommen. Ebenso soll die Motivation der jungen Armeeangehörigen für den Waffenlauf gefördert werden. Es war aber klar, dass dies auf freiwilliger Basis zu erfolgen hätte. Die Armeespitze war nicht bereit, Leute zu kommandieren oder Urlaube zu gewähren.

Zum 8-er Modell gehörte aber auch der Gedanke, dass wir nicht aufhören wollten, bevor wir einen Versuch unternommen hatten, in der neuen Armee Fuss zu fassen. So beschlossen wir im Herbst 2003 das 8er-Modell. Gleichzeitig gaben wir uns bis 2006 Zeit, diese Ideen umzusetzen um dann wieder eine Lagebeurteilung vorzunehmen. Zu diesem Zeitpunkt wurde ebenfalls gesagt, dass ein sauberes Ende besser wäre als ein unwürdiger Abgang.

Der Schlusspunkt

Ausgehend von den Abmachungen im Jahre 2003 machten wir uns Ende 2005 daran zu reflektieren, ob und wie das 8e-Modell Wirkung zeigt. Auch konnten zu diesem Zeitpunkt die bekannten Parameter zur Beurteilung herbeigezogen werden. Allerdings ergänzten wir diese noch. So nahmen wir in folgenden Bereichen eine Gegenüberstellung von Chancen und Gefahren vor, stellten uns die Frage nach den Konsequenzen der Beurteilung.

- Teilnehmer/Altersstruktur/Nachwuchs
- Finanzen/Sponsoring
- Personelle Perspektiven in der IGWS
- Medienwirksamkeit
- Zusammenarbeit mit den Vereinen
- Unterstützung durch die Armee
- Qualität unserer Arbeit

Wir stellten fest, dass wir zwar nach wie vor qualitativ gute Läufe organisieren und dort auch sehr guter Sport betrieben wird. Alle andern Bereiche wurden aber klar negativ beurteilt. So entschieden wir im November 2005, also zum Zeitpunkt zu welchem wir unser 50-jähriges Jubiläum feierten, dass die Saison 2006 die letzte Meisterschaftssaison sein würde und wir die IGWS per Ende 2006 auflösen würden.

Mit diesem Entscheid wurde auch klar, dass die Läufe in St. Gallen, Reinach und Zürich 2006 das letzte Mal durchgeführt würden. Wiedlisbach, Wohlen, Thun und Frauenfeld wollen noch 1 bis 2 Jahre versuchen, ob nicht doch noch eine Chance besteht.

Persönliche Schlussbemerkungen

- Niemand in den OK's, im Vorstand und im TK der IGWS hat sich den Entscheid leicht gemacht. Ich erinnere mich an Zeiten, als ich noch nicht Präsident war, in welchen der IGWS Passivität vorgeworfen wurde. Ich kann allen versichern, dass dies auf alle Kolleginnen und Kollegen, welche in den letzten 10 Jahren mit mir in der IGWS zusammengearbeitet haben, absolut nicht zutrifft.
- All diesen Leuten gebührt grosser Dank für ihre Anstrengungen und den Willen, diesen schönen Sport am Leben zu erhalten.
- Ich persönlich gab mir wie eingangs erwähnt den Auftrag, nicht der letzte IGWS-Präsident zu sein. Nun stellt sich die Frage, ob ich meinen Auftrag nicht erfüllt habe. Ich überlasse diese Antwort Ihnen.
- Was mir schlecht bekommen würde wären Äusserungen wie «Totengräber der Waffenläufe». Mit 150 persönlichen Teilnahmen, 14 Jahren als OK-Präsident und 10 Jahren als IGWS-Präsident schmerzt auch mich das Ende dieses Sports, das können Sie mir glauben.
- Was ich aber noch als schlimmer empfinden würde, wäre ein unrühmliches Ende. Wir haben uns immer bemüht, sauberen Sport zu bieten und im Gegensatz zu vielen Grossveranstaltungen hatten wir nie Schulden. Wir wollten nie zur Folklore verkommen und standen immer positiv zur Schweizer Armee. Unsere Werte wie Leistung, Kameradschaft und auch einmal Auf-die-Zähne-beissen-können waren uns wichtig.
- All diese genannten Punkte konnten wir bis zum Ende beibehalten. Gründer, Teilnehmerinnen, Teilnehmer und die Funktionäre dürfen alle stolz sein auf das, was in den letzten 51 Jahren geleistet wurde.

*Oberstlt Martin Erb, Winterthur,
letzter Präsident der IGWS*

Wann	Was	Zielrichtung
1995	Neue Kategorieneinteilung, anstelle Auszug, Landwehr, Landsturm, Senioren = neu M20, M30, M40, M50 und Damen	Anpassung an Armee 95
1997	Einführung Schweizermeisterschaft für Damen	Attraktivitätssteigerung für Teilnahme von Damen
1998	Umrüstung auf den TAZ 90 Reduktion Packungsgewicht von 7,5 auf 6,2 kg Einführung Kategorie Schulen	Aktuelles Erscheinungsbild Anpassung der Packung an die neuen Ausrüstungsgegenstände Nachwuchsrekrutierung
1998	Präsentation am Armeetag in Frauenfeld	PR-Massnahme
1999	Waffenlauf-Video (Armeefilmdienst)	PR-Massnahme
1999	Aufnahme Waffenlauf Chur in SM	Aktiven Organisatoren keine Steine in den Weg legen
2000	Einführung gemeinsame Zeitmessung durch Datasport, dadurch Einführung eines neuen Meisterschaftsmodus'	Modernisierung Personalentlastung Dachverband und OK
2000	Statutenänderungen – Mitgliedschaft Vereine – Struktur / Hunderter	Einbezug der Vereine
2001	Einführung der gemeinsamen Ausschreibung	Kostensenkung für OK's
2002	Einführung einer eigenen Homepage	PR und Modernisierung
2001-2006	Rückzüge: Chur (2001), Freiburg (2002), Toggenburg (2003), Kriens (2003), Altdorf (2004), Neuenburg (2005), St. Gallen (2006), Reinach, (2006), Zürich (2006)	Verschiedene Beweggründe: Als Folge der Auflösung der Divisionen oder Aufwand-Ertrag in keinem Verhältnis oder kein Präsident mehr oder zu wenig Armee-Unterstützung usw.
2001–2003	Positionierung Armee XXI Zusammenarbeit mit Lehrverbänden 8 Lehrverbände – 8 OK's Unterstützung durch Bund sichern	Sicherstellen der Unterstützung mit Material und Personal, anpassen an die neue Armeestruktur
2005	Aufnahme Waffenlauf Wohlen in SM	Aktiven Organisatoren keine Steine in den Weg legen
laufend	Änderungen bei den Streichresultaten	Anpassung an laufend ändernde Rahmenbedingungen. Suche nach der für den Läufer besten Lösung
2006	Letzte Schweizermeisterschaft, Auflösung der IGWS	Liquidationsarbeiten und Arbeiten für ein würdiges letztes SM-Waffenlauf-Jahr

Schlusswort

«Waffenlauf ist Leidenschaft»

Die Zukunft ist mehr als ungewiss
«Die Waffenläufer sind eine vom Aussterben bedrohte Spezies». Die Gründe dafür sind vielfältig – und naheliegend.

In der Blütezeit der militärischen Leibesertüchtigung waren es 8000 bis 9000 Startende jährlich, die an einem der zahlreichen Waffenläufe hier zu Lande teilnahmen. Heuer jedoch zählten die Veranstalter lediglich noch 250-300 Sportler pro Lauf. Die Zahlen aus dem letzten Jahr verdeutlichen die Misere: 30 Prozent der männlichen Teilnehmer zählten zwischen 40 und 50 Jahre, sogar 40 Prozent waren über 50 Jahre alt.

Zukunft?
Es scheint sinnvoll, dass niemand in die Zukunft blicken kann. Wir würden es oftmals gerne tun, doch vielleicht ist es besser, wenn wir dies nicht können. Aber genau dadurch, dass wir dies nicht können, begibt man sich schon recht schnell auf den Tummelplatz der Spekulationen, der Gerüchte und der Phantasien.

Doch die Zukunft im militärischen Bereich ist berechenbar und auch absehbar. So wird die Armee in den nächsten Jahren wahrscheinlich noch mehr Federn lassen müssen und dadurch wird auch der Waffenlauf und ganz allgemein der ausserdienstliche Wehrsport direkt und indirekt nachhaltig getroffen werden. Ein Vorausschauen und Vorausplanen ist daher äusserst wichtig. Spontaneität hat keinen Platz.

Der Militärsport hat nicht mehr den Stellenwert, den er vor 20 Jahren hatte. Zwar betonen hohe Militärvertreter unaufhörlich, dass Sport und Bewegung wichtig seien, doch die immer stärkere Mechanisierung entkräftet dies wieder und auch in der Praxis sieht dies anders aus. So müssen Sportler schon fast betteln, wenn es um Sporturlaub oder Trainingszeiten geht. Das dicht gedrängte Ausbildungsprogramm lässt es nicht zu, dass ein Zugführer mit seinem Zug an einem Waffenlauf teilnimmt. Das sind meine gemachten Erfahrungen. Auch eine Teilnahme am Berner 2-Tage-Marsch mit meinen Rekruten wurde zwar (lobend) befürwortet, jedoch weder finanziell noch anders unterstützt.

Die Frage drängt sich auf, ob sich der Wehrsport unter diesen Rahmenbedingungen halten und sich wieder grösserer Beliebtheit erfreuen könne? Wird sich der traditionelle und wertvolle Wettkampfsport nebst all den zivilen Veranstaltungen behaupten können? Wird er in irgendeiner Form als Randsportart überleben? Diese Fragen müssten von den höchsten Armeeführern beantwortet und die Folgen mit allen Konsequenzen getragen werden. Die Problemstellung die sich ergibt ist daher klar: Mit welchen Mitteln, Methoden und Motivationen kann ein Ziel am besten erreicht werden? Unter Zwang und als Müssen werden beispielsweise in Rekrutenschulen die hohen und harten Anforderungen nicht erfüllt. Solange es ein Müssen und ein Zwang sind. Die Erkenntnis aus meinem «Kadi-Abverdienen» zeigt aber auf, dass sich das Blatt sofort wendet, wenn man noch andere Komponenten einschaltet und dass der Rekrut schier ungeahnte Kräfte freisetzen kann. Diese Komponente ist die spielerische Seite, auch eine gewisse Freiwilligkeit. So entstehen plötzlich das Streben nach dem Messen der Kräfte und das Ziel, durch vermehrtes Training besser zu werden als die Kameraden. Auf einer nächsten Stufe dann, als Einheit besser zu werden als die Nachbarseinheit. Auf diese Weise werden Energien freigesetzt. So sind diese Stimulatoren Anerkennung, Erringen eines Sieges über andere und/oder über sich selbst. Wichtig ist dennoch der Punkt der körperlichen und geistigen Abstimmung.

Was schliessen diese Erfahrungen aber auf den Wehrsport? Welchen Stellenwert muss der Wehrsport daher erhalten?

Aus einem älteren Dokument entnahm ich folgende Leitsätze:
– Ein Militärsportler ist Beispiel und Vorbild zugleich. Je erfolgreicher und bekannter ein Wettkämpfer ist, umso mehr vermag er für seine Kameradinnen und Kameraden, aber auch für weitere Kreise ein nachahmendes Vorbild zu sein. Besonders hervorzuheben sind dabei solche Wettkämpfer, welche auch bei zivilen Wettkämpfen auf Spitzenrängen landen und dadurch eine besondere Ausstrahlungskraft besitzen.
– Der Militärsport fördert Kameradschaft und Zusammengehörigkeitsgefühl.

Weitere Leitsätze wurden angeführt. Eines ist sicher: der Wehrsport hat eine tragende und wichtige Bedeutung in unserem Staat.

1 «Gewehr bei Fuss und ran an die Gewehre, bald fällt der Startschuss»
2 Einsam ... und doch nie allein

Aufgabe von Traditionen und Werten?

Hat unsere Zeit nicht schon zu viele Traditionen preisgegeben? Bei den Waffenläufen wurden sie gepflegt. Mitmachen und die gute persönliche Leistung sollen auch in Zukunft vor dem Rang und der Ehre stehen. Im Waffenlauf zählt nicht nur die Spitze sondern in gleichem Masse auch das breite Feld der «Namenlosen», der Dulder und Kämpfer. Was zählt, sind auch Ideale und Werte wie zum Beispiel «nöd ufgäh», oder «durebissä»!

Das heutige Militär scheint sich der Bedeutung dieser Sportart nicht bewusst zu sein. Sollte es den Waffenlauf dereinst nicht mehr geben, verschwindet das Militär fast gänzlich aus dem Blickfeld der Bevölkerung. Mit der Armee XXI taucht die Armee schliesslich kaum mehr in den Dörfern auf.

Die Hinterlassenschaft

Was geht verloren, wenn es den Waffenlauf dereinst nicht mehr gibt? Sind es einfach einige Sportanlässe weniger oder geht mehr als nur das verloren? Füllt jemand diese aufgerissenen Lücken auf und was geschieht mit der Hinterlassenschaft? Was ist mit all den Werten und Idealen, welche den Waffenlauf geprägt haben?

Unverändert bleiben wird der Sinn nicht nur des Waffenlaufs, sondern ganz allgemein des Wehrsports: Förderung von Kameradschaft und Korpsgeist, Freude am gemeinsamen Erlebnis auf der einen Seite, Verbesserung der sportlichen Kondition und Förderung von Leistungsfähigkeit und Durchhaltevermögen auf der anderen Seite – Qualitäten, auf die unsere Armee trotz Mechanisierung zählen können muss, wenn sie schlagkräftig sein soll. Sportlicher Geist bedeutet Fairness, Gemeinschafts- und Kameradschaftssinn, Willensschulung zur Selbstüberwindung und zum Einsatz.

Mein Waffenlauf-Sport

Solche Fragen stellen sich viele Waffenläuferinnen und Waffenläufer: Warum bin ich Waffenläufer geworden? Warum bin ich Waffenläufer geblieben? Warum war Waffenlauf mehr als nur ein Hobby? Schlüsselerlebnisse und Begegnungen prägen das Leben eines jeden Waffenläufers. Der Waffenlauf verbindet eine ganze Menge. Freundschaften, Kameradschaften und Erlebnisse. Was nehme ich mit aus meiner Waffenlauf-Zeit?

Waffenlauf; da gibt es Originale. Jene der breiten Masse, jene, die darum kämpfen nicht Letzte zu werden oder jene, die immer zu den Siegern gehörten. Es sind auch Begegnungen. Als Kind mit dem Vater beispielsweise «Ueli Kellenberger go luege». Viele Jahre später als Teilnehmer an Waffenläufen. Dann als Mitglied bei den Zürcher Patrouilleuren, später im Run Fit Thurgau. Auch Freunde aus Läuferkreisen, als langjähriges Vorstandsmitglied in der IGWS und im Run Fit Thurgau und nun als Verfasser dieses Buches. Der Waffenlauf hat mich persönlich geprägt.

Was hat der Waffenlauf gebracht?

Eine Frage, die ich im Laufe der Schreibarbeiten zu diesem Buch vielen Waffenlauf-Kameraden stellte. Eine Antwort, nämlich jene des Waffenlauf-Veteranen Alfred Kellenberger bringt es stellvertretend für alle Antworten auf den Punkt. Er meinte dazu: *«Ja, ich würde wieder Waffenläufer werden. Der Sport hat mich erzogen: Der Wille sich durchzusetzen und zu kämpfen, um ein Ziel zu erreichen.»*

Als Autor dieses Buches habe ich versucht, möglichst ein grosses Spektrum des Schweizer Wehrsports zu beleuchten. Ich versuchte auch, möglichst viele, die mit dem schönen Waffenlauf-Sport etwas zu tun haben, wenigstens zu streifen. Im Laufe der letzten Jahre respektive während den Recherche- und Schreibarbeiten ist mir bewusst geworden, wie vielfältig und weitreichend *unser Waffenlauf* überhaupt ist. Es ist beinahe unmöglich, alle die damit zusammenhängenden Fakten, alle sportlichen und politischen Ereignisse zu erfassen. Es würde den Rahmen dieses Buches sprengen, wenn sämtliche Höhepunkte und Erfolge einzelner Waffenläufer hätten miteinbezogen werden müssen. Dennoch: das Buch «Mythos Waffenlauf» ist mehr als ein Geschichtsbuch. Es steckt voller Leben!

«Ich bin stolz, Waffenläufer zu sein!»

Sulgen, 1. Januar 2007
Dominik Schlumpf

Anhang

Statistiken

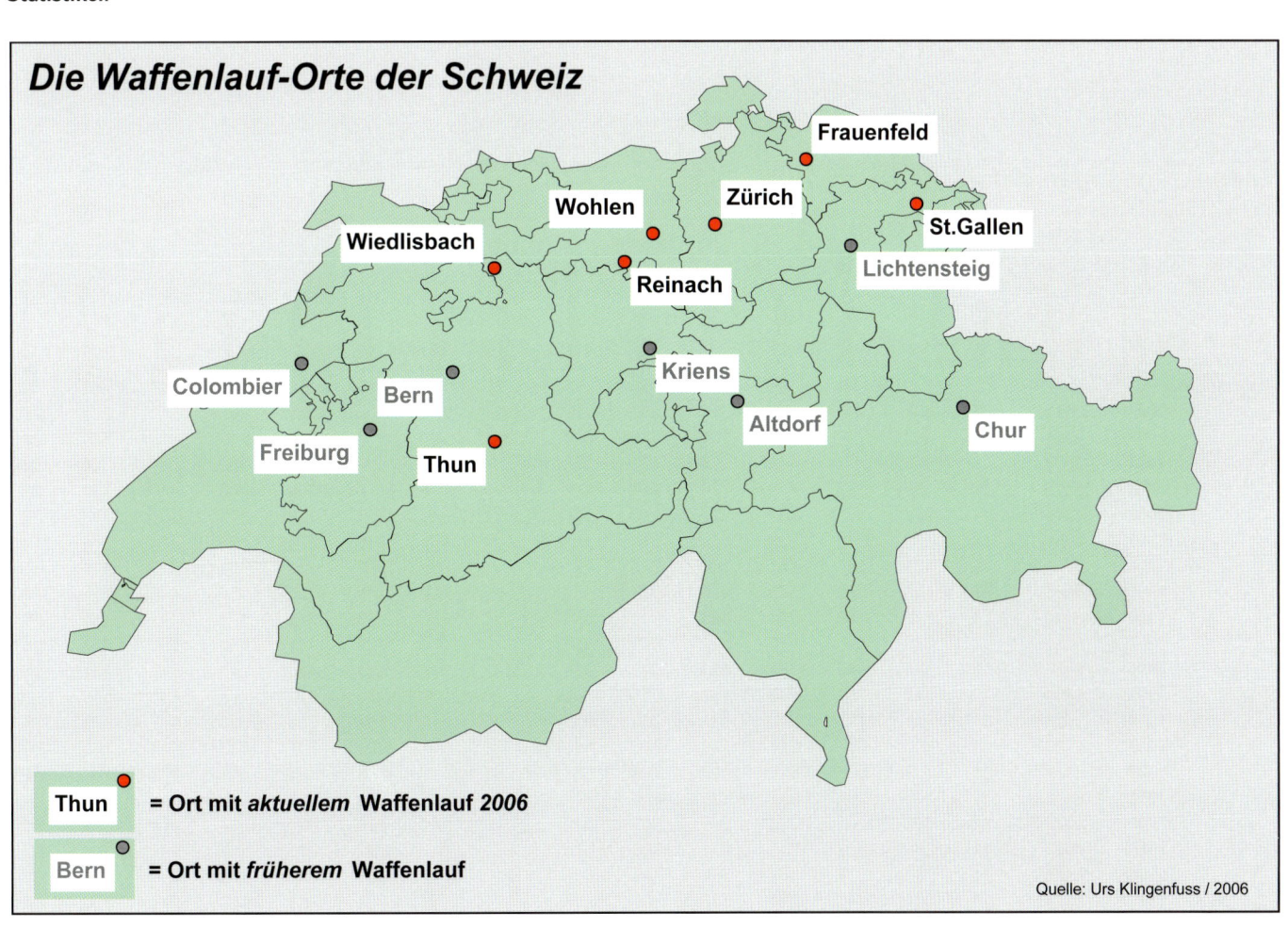

Die Waffenlauf-Orte der Schweiz

- Frauenfeld
- Wohlen
- Zürich
- St. Gallen
- Wiedlisbach
- Reinach
- Lichtensteig
- Colombier
- Bern
- Kriens
- Freiburg
- Altdorf
- Chur
- Thun

Thun ● = Ort mit *aktuellem* Waffenlauf *2006*

Bern ● = Ort mit *früherem* Waffenlauf

Quelle: Urs Klingenfuss / 2006

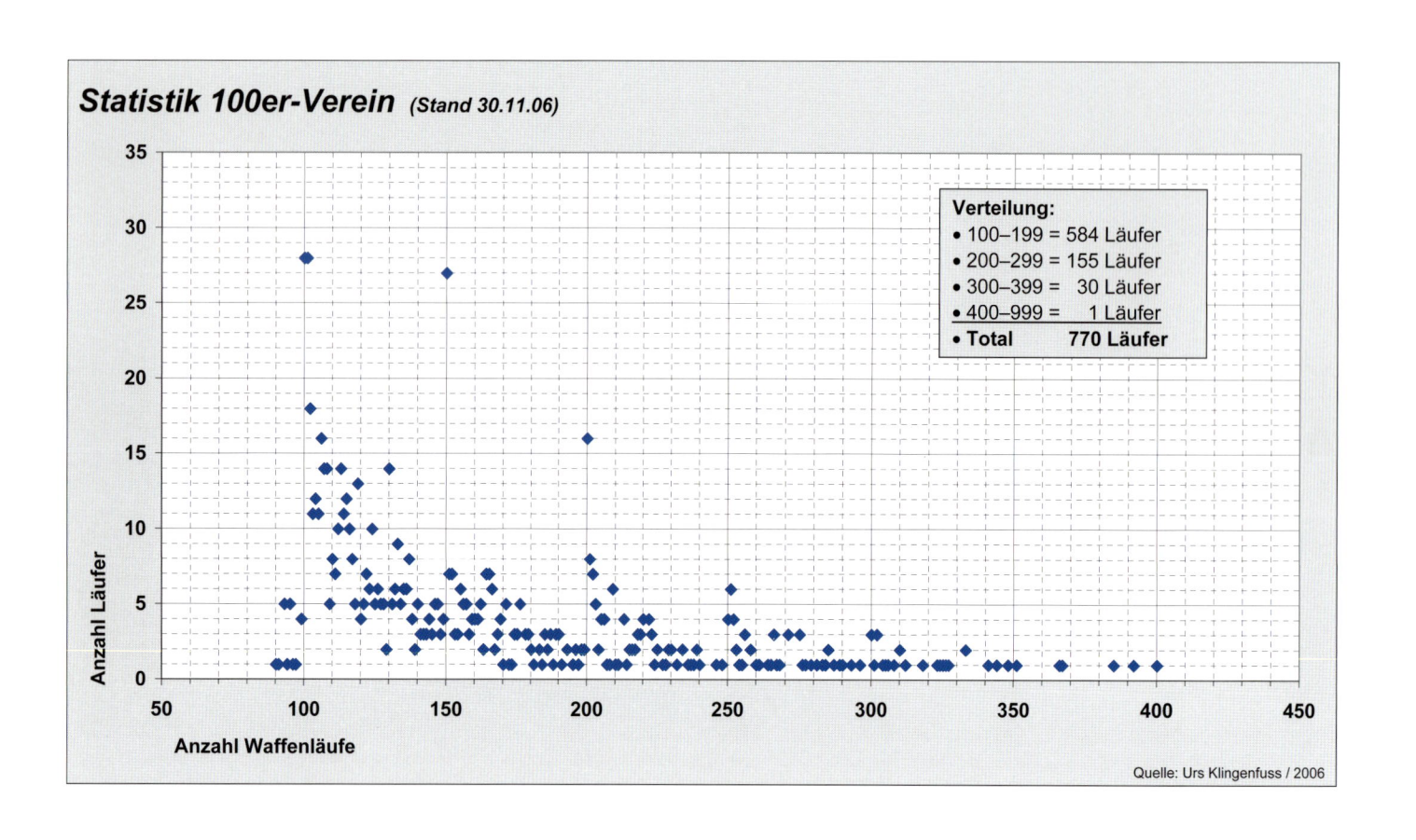

Statistik 100er-Verein (Stand 30.11.06)

Verteilung:
- 100–199 = 584 Läufer
- 200–299 = 155 Läufer
- 300–399 = 30 Läufer
- 400–999 = 1 Läufer
- **Total** 770 Läufer

X-Achse: Anzahl Waffenläufe (50–450)
Y-Achse: Anzahl Läufer (0–35)

Quelle: Urs Klingenfuss / 2006

Teilnehmerzahlen der Waffenläufe 1987–2006
(gemäss IGWS-Kategorien)

Quelle: Urs Klingenfuss / 2006

Jahr	Jahrestotal Waffenläufer	Anzahl Läufe pro Jahr	Ø Anzahl Teiln. pro Lauf	Toggenburg	St.Gallen	Neuenburg	Zürich	Wiedlisbach	Wohlen	Chur	Fribourg	Reinach	Altdorf	Kriens	Thun	Frauenfeld
Austragungen				36	47	57	49(+2)	53	2	3	25	63	60	48	48	72
2006	2113	7	302		377		358	307	217			321			277	256
2005	2334	8	292		346	269	378	314	231			231			304	261
2004	2847	8	356		452	299	428	368				287	383		306	324
2003	3975	10	398	537	418	328	446	403				330	408	440	323	342
2002	4825	11	439	531	461	322	948	360			323	311	447	409	348	365
2001	4910	12	409	575	539	384	614	367		253	316	301	396	422	353	390
2000	5526	12	461	597	561	396	727	421		278	334	373	494	513	414	418
1999	5553	12	463	605	575	370	533	452		383	369	395	457	540	405	469
1998	5702	11	518	753	642	426	616	454			475	376	442	571	444	503
1997	5790	11	526	639	656	429	658	451			466	411	455	596	487	542
1996	6107	11	555	647	731	443	618	515			519	470	440	619	537	568
1995	6440	11	585	709	745	457	608	510			482	471	463	851	548	596
1994	7023	11	638	772	787	531	656	535			563	510	620	777	622	650
1993	7696	11	700	851	929	579	720	590			604	634	573	807	708	701
1992	8132	11	739	996	959	610	794	622			645	574	611	879	732	710
1991	8140	11	740	954	987	623	845	673			578	557	540	865	775	743
1990	8378	11	762	1001	1003	590	809	579			634	608	617	974	778	785
1989	8807	11	801	1094	1011	621	908	614			641	676	649	961	796	836
1988	8674	11	789	931	1009	591	862	616			508	694	659	1024	863	917
1987	8843	11	804	1047	1010	637	890	617			570	668	692	1018	806	888

Teilnehmerzahlen nach Kategorien 1988–2006

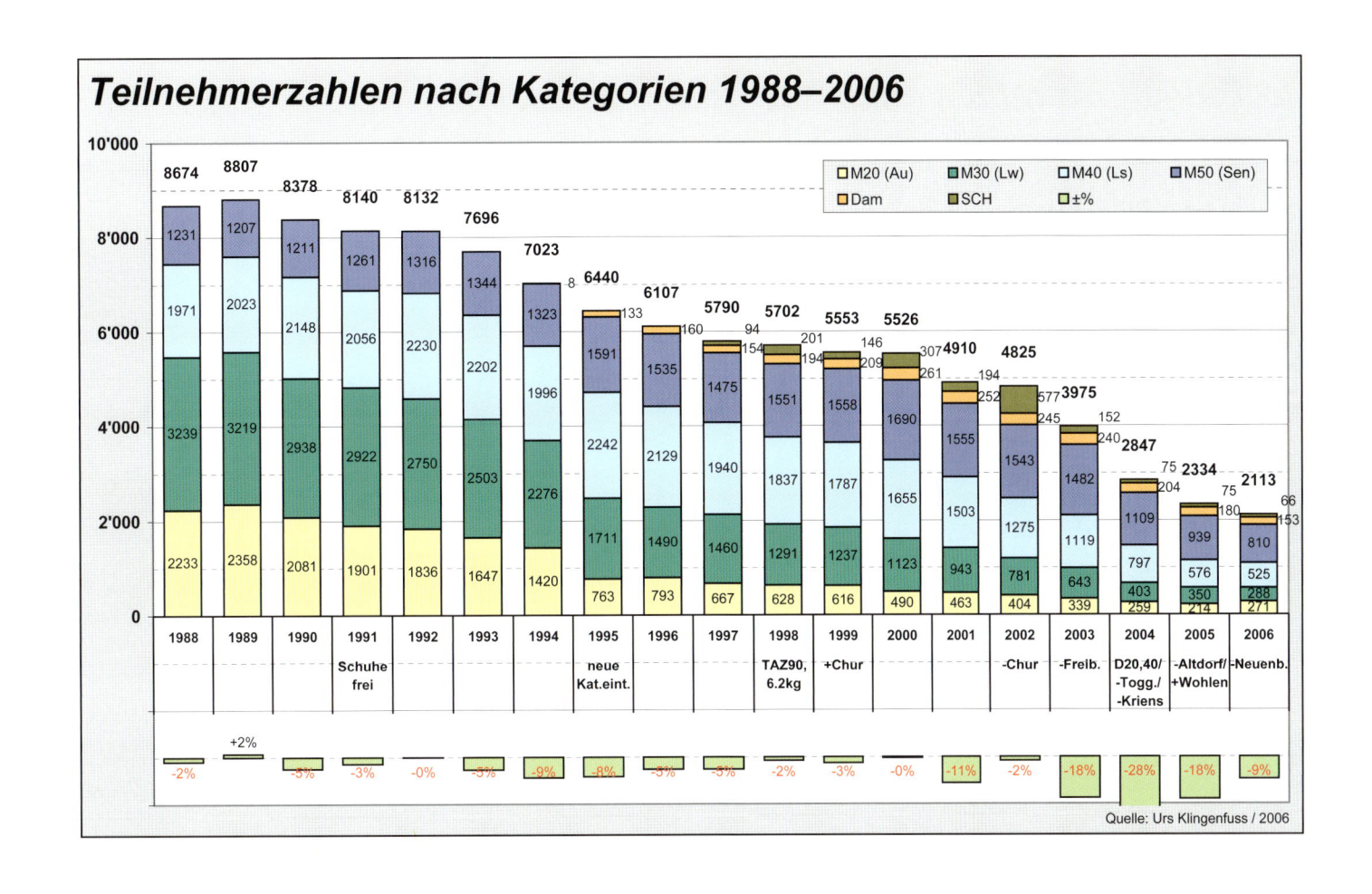

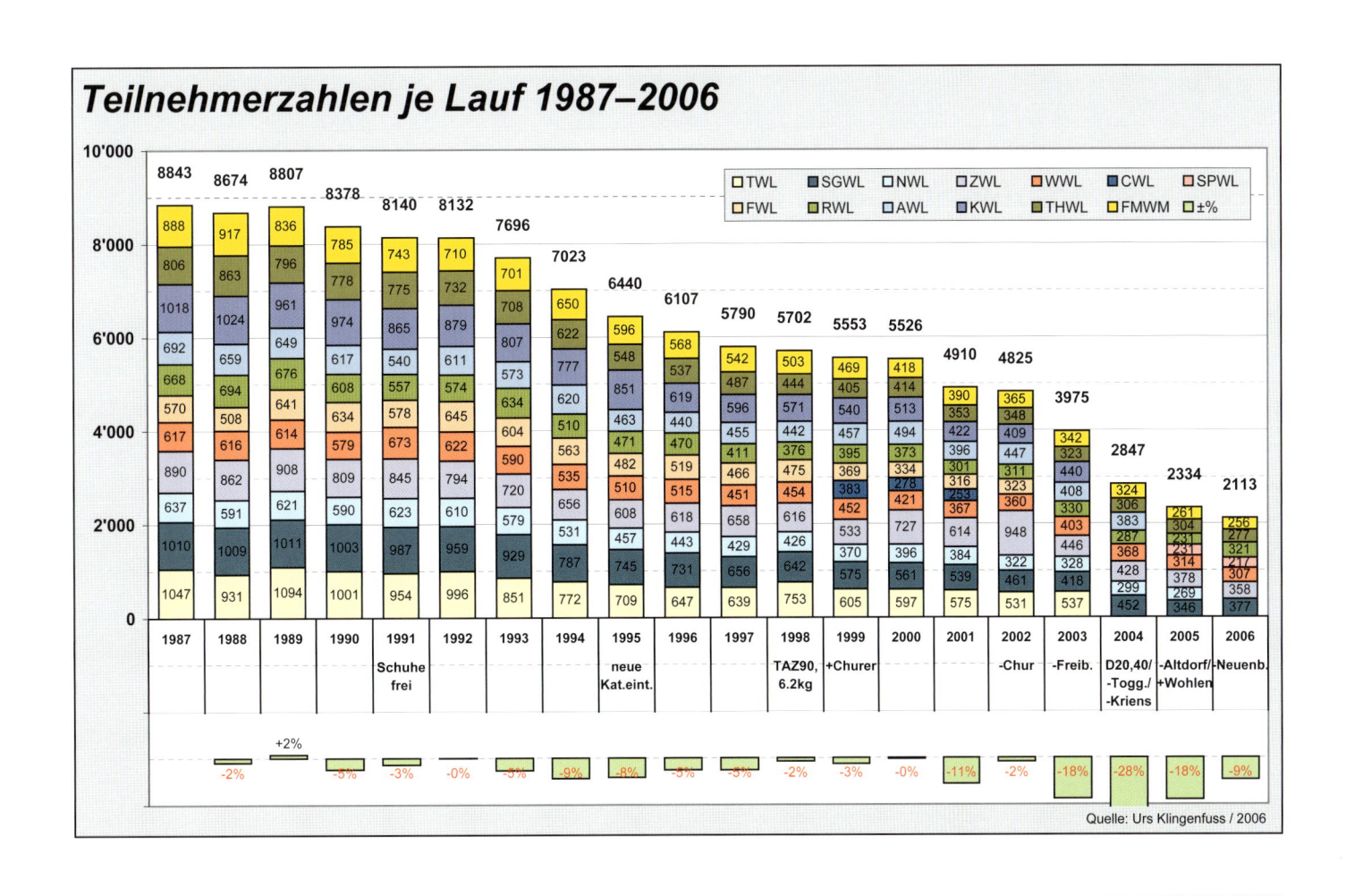

Teilnehmerzahlen je Lauf 1987–2006

⌀ Teilnehmerzahlen nach Kategorie 1988–2006

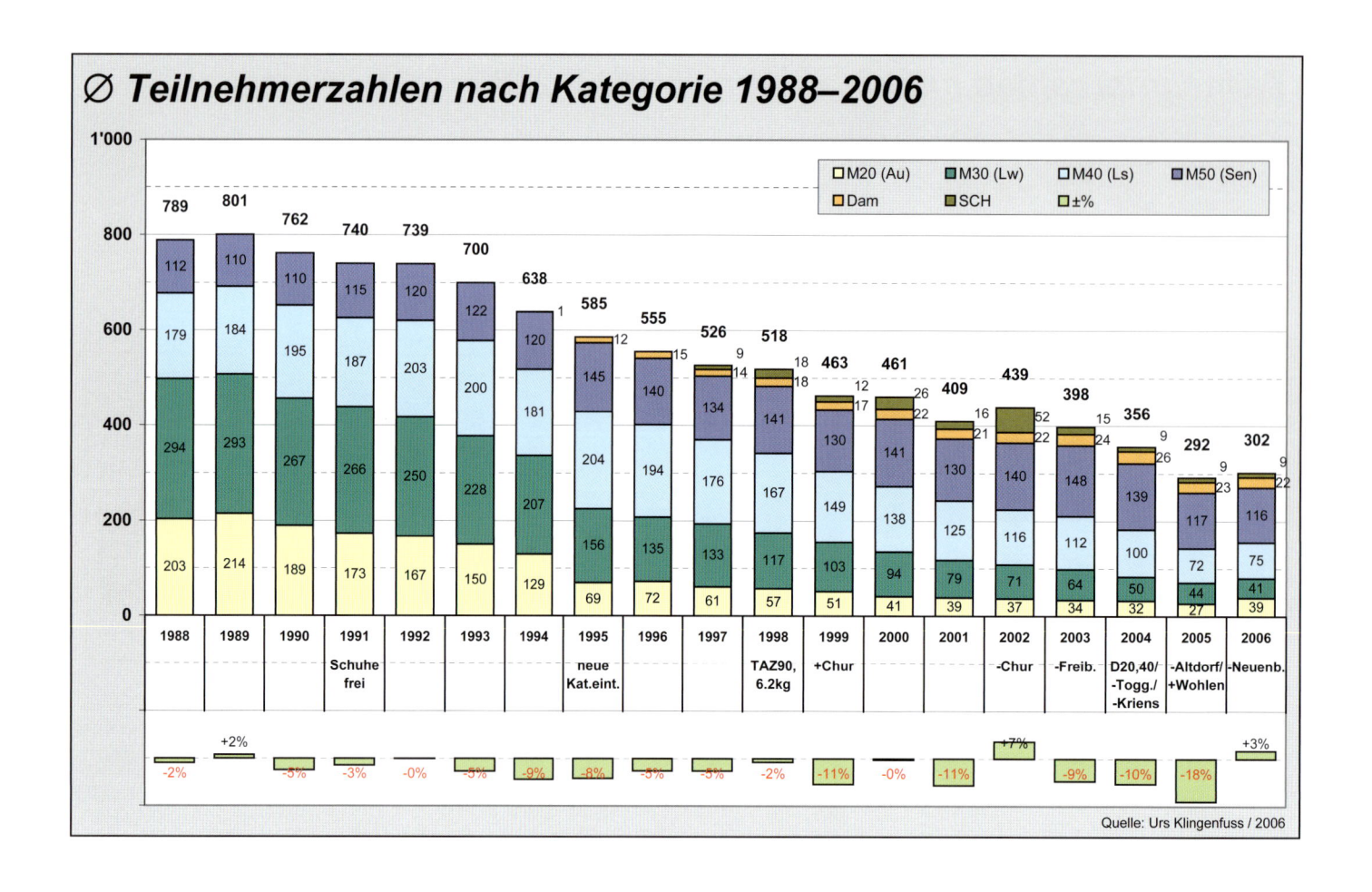

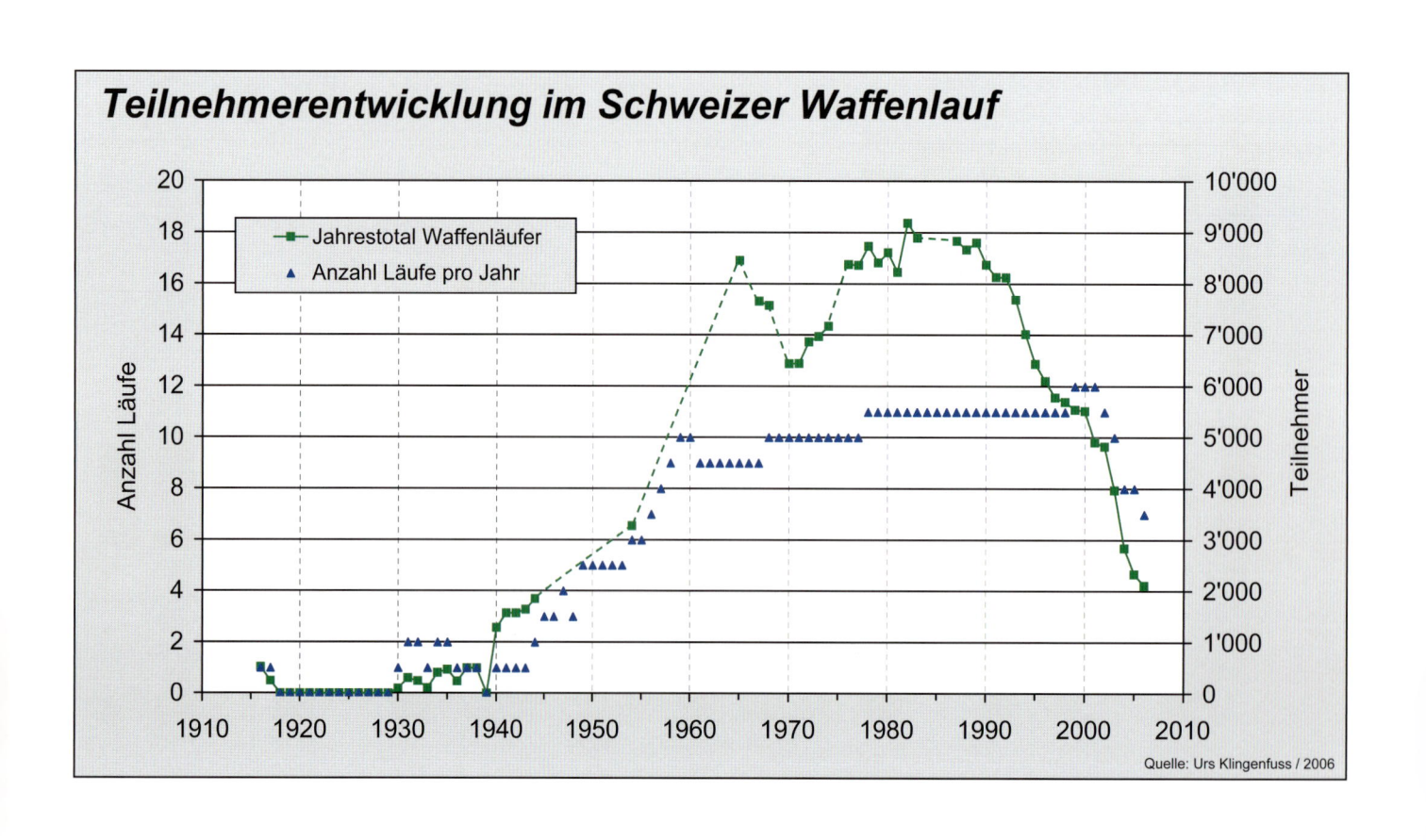

Teilnehmerentwicklung im Schweizer Waffenlauf

Quelle: Urs Klingenfuss / 2006

Waffenlauf-Tagessieger aller Zeiten (1934–2006)

Jahr	Toggenburg (1967–2003)	St. Gallen (1960–2006)	Neuenburg (1949–2005)	Zürich (1958–2006)	Wiedlisbach (ab 1954)	Freiburg (1978–2002)	Reinach (1944–2006)	Altdorf (1945–2004)	Kriens (1956–2003)	Thun (ab 1959)	Frauenfeld (ab 1934)	Bern (1949–1959)	Schweizer Meister (1967–2006)
1934	–	–	–	–	–	–	–	–	–	–	Morf Rudolf	–	–
1935	–	–	–	–	–	–	–	–	–	–	Morf Rudolf	–	–
1936	–	–	–	–	–	–	–	–	–	–	Beer Max	–	–
1937	–	–	–	–	–	–	–	–	–	–	Beer Max	–	–
1938	–	–	–	–	–	–	–	–	–	–	Meyer Hans	–	–
1939	–	–	–	–	–	–	–	–	–	–	kein Lauf	–	–
1940	–	–	–	–	–	–	–	–	–	–	Aebersold A.	–	–
1941	–	–	–	–	–	–	–	–	–	–	Zumstein Paul	–	–
1942	–	–	–	–	–	–	–	–	–	–	Zumstein Paul	–	–
1943	–	–	–	–	–	–	–	–	–	–	Jutz Jakob	–	–
1944	–	–	–	–	–	–	Landis Karl	–	–	–	Schmid Walter	–	–
1945	–	–	–	–	–	–	Reiniger Adolf	Schiesser Kaspar	–	–	Schiesser Kaspar	–	–
1946	–	–	–	–	–	–	Schmid Walter	Beeler Leo	–	–	Beeler Leo	–	–
1947	–	–	–	–	–	–	Niederhauser A.	Frisch-knecht H.	–	–	Frischknecht Hans	–	–
1948	–	–	–	–	–	–	Schmid Alfons	Frisch-knecht H.	–	–	Frischknecht Hans	–	–
1949	–	–	Nussbaum G.	–	–	–	Jutz Jakob	Frisch-knecht H.	–	–	Frischknecht Hans	Girard Jean	–
1950	–	–	Höger Charles	–	–	–	Steinauer Walter	Müller Adolf	–	–	Frischknecht Hans	Jutz Jakob	–
1951	–	–	Müller Adolf	–	–	–	Hässig Fritz	Meili Max	–	–	Frischknecht Hans	Girard Jean	–
1952	–	–	Girard Jean	–	–	–	Zwingli Niklaus	Frisch-knecht H.	–	–	Frischknecht Hans	Wittwer Hans	–
1953	–	–	Studer Jean	–	–	–	Lüthi Fritz	Frisch-knecht H.	–	–	Frischknecht Hans	Büchi Ernst	–
1954	–	–	Wittwer Arthur / Studer Jean	–	Müller Adolf	–	Zwingli Niklaus	Zwingli Niklaus	–	–	Zwingli Niklaus	Meili Max	–

Waffenlauf-Tagessieger aller Zeiten (1934–2006)

Jahr	Toggenburg (1967–2003)	St.Gallen (1960–2006)	Neuenburg (1949–2005)	Zürich (1958–2006)	Wiedlisbach (ab 1954)	Freiburg (1978–2002)	Reinach (1944–2006)	Altdorf (1945–2004)	Kriens (1956–2003)	Thun (ab 1959)	Frauenfeld (ab 1934)	Bern (1949–1959)	Schweizer Meister (1967–2006)
1955	–	–	Lüthi Fritz	–	Müller Adolf	–	Wicki Anton	Zehnder Jules	–	–	Wittwer Arthur	Meili Max	–
1956	–	–	de Quay Serge	–	Büetiger Erich	–	Wicki Anton	Biefer Edwin	Morgenthaler R.	–	Wittwer Arthur	Meili Max	–
1957	–	–	de Quay Serge	–	Wittwer Arthur	–	Wicki Anton	Salzmann Alois	Jost Rony	–	Wittwer Arthur	Niederberger J.	–
1958	–	–	de Quay Serge	Gilgen Walter	Wittwer Arthur	–	Roth Josef	Rutzer Alois	Wittwer Arthur	–	Wittwer Arthur	Niederberger J.	–
1959	–	–	de Quay Serge	Hobi Ludwig	Hobi Ludwig	–	Stäger Pius	Rutzer Alois	Wigger Otto	Salzmann Alois	Hobi Ludwig	Hobi Ludwig	–
1960	–	Wigger Otto	Hobi Ludwig	Fritsche Franz	Hobi Ludwig	–	Rutzer Alois	Rutzer Alois	Wittwer Arthur	Hobi Ludwig	Wittwer Arthur	–	–
1961	–	Vögele Guido	Vögele Guido	Fritsche Franz	Vögele Guido	–	Pauli Hans	Pauli Hans	Vögele Guido	Wittwer Arthur	Vögele Guido	–	–
1962	–	Maurer Fritz	Vögele Guido	Gwerder Alois	Vögele Guido	–	Fritsche Franz	Vögele Guido	Fischer Werner	Gilgen Walter	Vögele Guido	–	–
1963	–	Gilgen Walter	Vögele Guido	Fritsche Franz	Vögele Guido	–	Wyss Hansr.	Gilgen Walter	Fischer Werner	Fischer Werner	Vögele Guido	–	–
1964	–	Fischer Werner	Gilgen Walter	Fischer Werner	Gilgen Walter	–	Fischer Werner	Fischer Werner	Fischer Werner	Fischer Werner	von Wartburg Aug.	–	–
1965	–	Fischer Werner	von Wartburg Aug.	Fischer Werner	Gilgen Walter	–	von Wartburg Aug.	Gilgen Walter	Fischer Werner	von Wartburg A.	Fischer Werner	–	–
1966	–	Fischer Werner	Fischer Werner	Fischer Werner	von Wartburg August	–	Fischer Werner	von Wartburg August	Fischer Werner	Fischer Werner	von Wartburg Aug.	–	–

Ab 1967 mit Schweizer Waffenlaufmeisterschaft

Jahr	Toggenburg	St.Gallen	Neuenburg	Zürich	Wiedlisbach	Freiburg	Reinach	Altdorf	Kriens	Thun	Frauenfeld	Bern	Schweizer Meister
1967	inoffiz. Lauf	Fischer Werner	Fischer Werner	Fischer Werner	Fischer Werner	–	Fischer Werner	Fischer Werner	Fischer Werner	Fischer Werner	Fischer Werner	–	Fischer Werner
1968	inoffiz. Lauf	Fischer Werner	Fischer Werner	Fischer Werner	Fischer Werner	–	Gilgen Walter	von Wartburg August	Budliger Otto	Gilgen Walter	Gilgen Walter	–	Burri Niklaus
1969	inoffiz. Lauf	Kaiser Georg	Gilgen Walter	von Wartburg August	Boos Robert	–	von Wartburg August	Boos Robert	Boos Robert	Burri Niklaus	Boos Robert	–	Boos Robert

Waffenlauf-Tagessieger aller Zeiten (1934–2006)

Jahr	Toggenburg (1967–2003)	St. Gallen (1960–2006)	Neuenburg (1949–2005)	Zürich (1958–2006)	Wiedlisbach (ab 1954)	Freiburg (1978–2002)	Reinach (1944–2006)	Altdorf (1945–2004)	Kriens (1956–2003)	Thun (ab 1959)	Frauenfeld (ab 1934)	Bern (1949–1959)	Schweizer Meister (1967–2006)
1970	inoffiz. Lauf	Kaiser Georg	Boos Robert	Pfister Urs	Boos Robert	–	Burri Niklaus	Burri Niklaus	Boos Robert	Boos Robert	Boos Robert	–	Boos Robert
1971	inoffiz. Lauf	Boos Robert	Boos Robert	Eichelberger J.	Aegerter Willi	–	Aegerter Willi	Boos Robert	Boos Robert	Boos Robert	Boos Robert	–	Boos Robert
1972	inoffiz. Lauf	Aegerter Willi	Burri Niklaus	Aegerter Willi	Thüring Georges	–	Pfister Urs	Aegerter Willi	Balmer Kurt	Aegerter Willi	Pfister Urs	–	Aegerter Willi
1973	inoffiz. Lauf	Boos Robert	Thüring Georges	Aegerter Willi	Thüring Georges	–	Burri Niklaus	Aegerter Willi	Rohrer Albert	Boos Robert	Aegerter Willi	–	Aegerter Willi
1974	inoffiz. Lauf	Dähler Hans	Dähler Hans	Dähler Hans	Boos Robert	–	Pfister Urs	Dähler Hans	Pfister Urs	Dähler Hans	Boos Robert	–	Boos Robert
1975	inoffiz. Lauf	Feldmann Toni	Boos Robert	Feldmann Toni	Thüring Georges	–	Thüring Georges	Boos Robert	Blum Charles	Portmann Armin	Boos Robert	–	Boos Robert
1976	inoffiz. Lauf	Blum Charles	Blum Charles	Blum Charles	Scheiber Kaspar	–	Scheiber Kaspar	Portmann Armin	Blum Charles	Blum Charles	Kaiser Georg	–	Blum Charles
1977	inoffiz. Lauf	Blum Charles	Blum Charles	Blum Charles	Züger Florian	–	Pfister Urs	Züger Florian	Moser Albrecht	Moser Albrecht	Pfister Urs	–	Blum Charles
1978	inoffiz. Lauf	Moser Albrecht	Thüring Georges	Moser Albrecht	Thüring Georges	inoffiz. Lauf	Moser Albrecht	Moser Albrecht	Moser Albrecht	Moser Albrecht	Moser Albrecht	–	Moser Albrecht
1979	inoffiz. Lauf	Moser Albrecht	Solèr Stefan	Moser Albrecht	Moser Albrecht	inoffiz. Lauf	Moser Albrecht	Moser Albrecht	Moser Albrecht	Moser Albrecht	Thüring Georges	–	Moser Albrecht
1980	inoffiz. Lauf	Moser Albrecht	Rüegsegger Fritz	Moser Albrecht	Moser Albrecht	inoffiz. Lauf	Rüegsegger Fritz	Moser Albrecht	Moser Albrecht	Moser Albrecht	Furrer Hans	–	Moser Albrecht
1981	inoffiz. Lauf	Heim Urs	Moser Albrecht	Moser Albrecht	Züger Florian	inoffiz. Lauf	Moser Albrecht	Moser Albrecht	Moser Albrecht	Moser Albrecht	Züger Florian	–	Moser Albrecht
1982	Moser Albrecht	Moser Albrecht	Moser Albrecht	Moser Albrecht	Moser Albrecht	inoffiz. Lauf	Züger Florian	Moser Albrecht	Moser Albrecht	Moser Albrecht	Furrer Hans	–	Moser Albrecht
1983	Moser Albrecht	Moser Albrecht	Moser Albrecht	Moser Albrecht	Spuler Toni	inoffiz. Lauf	Steger Kudi	Steger Kudi	Moser Albrecht	Moser Albrecht	Steger Kudi	–	Moser Albrecht
1984	Steger Kudi	Moser Albrecht	Moser Albrecht	Moser Albrecht	Steger Kudi	Moser Albrecht	Steger Kudi	Moser Albrecht	Moser Albrecht	Moser Albrecht	Steger Kudi	–	Moser Albrecht

Waffenlauf-Tagessieger aller Zeiten (1934–2006)

Jahr	Toggenburg (1967–2003)	St. Gallen (1960–2006)	Neuenburg (1949–2005)	Zürich (1958–2006)	Wiedlisbach (ab 1954)	Freiburg (1978–2002)	Reinach (1944–2006)	Altdorf (1945–2004)	Kriens (1956–2003)	Thun (ab 1959)	Frauenfeld (ab 1934)	Bern (1949–1959)	Schweizer Meister (1967–2006)
1985	Moser Albrecht	Moser Albrecht	Steger Kudi	Heim Urs	Spuler Toni	Moser Albrecht	Moser Albrecht	Häni Fritz	Moser Albrecht	Häni Fritz	Häni Fritz	–	Moser Albrecht
1986	Moser Albrecht	Häni Fritz	Häni Fritz	Häni Fritz	Heim Urs	Heim Urs	Häni Fritz	Heim Urs	Häni Fritz	Häni Fritz	Häni Fritz	–	Häni Fritz
1987	Häni Fritz	Häni Fritz	Häni Fritz	Häni Fritz	Häni Fritz	Thür Alex	Steffen Beat	Steger Kudi	Graf Markus	Steger Kudi	Storchenegger M.	–	Häni Fritz
1988	Hufschmid Leo	Steffen Beat	Steffen Beat	Steffen Beat	Häni Fritz	Moser Albrecht	Hufschmid Leo	Steffen Beat	Steffen Beat	Furrer Hans	Furrer Hans	–	Steffen Beat
1989	Häni Fritz	Häni Fritz	Häni Fritz	Häni Fritz	Eilenberger Urs	Furrer Hans	Furrer Hans	Furrer Hans	Furrer Hans	Furrer Hans	Furrer Hans	–	Furrer Hans
1990	Furrer Hans	Furrer Hans	Furrer Hans	Furrer Hans	Furrer Hans	Hufschmid Leo	Furrer Hans	Furrer Hans	Jost Christian	Furrer Hans	Furrer Hans	–	Furrer Hans
1991	Jost Christian	Steffen Beat	Steffen Beat	Jost Christian	Jost Christian	Steffen Beat	Frutig Werner	von Känel Martin	von Känel Martin	Jost Christian	Schneider Peter	–	Steffen Beat
1992	Jost Christian	Schneider Peter	Jost Christian	Jost Christian	Rutishauser A.	Jost Christian	von Känel Martin	von Känel Martin	von Känel Martin	von Känel Martin	Schneider Peter	–	Jost Christian
1993	von Känel Martin	von Känel Martin	von Känel Martin	Jost Christian	Frutig Werner	von Känel Martin	von Känel Martin	von Känel Martin	Schöpfer Martin	Jost Christian	Jost Christian	–	von Känel Martin
1994	Schöpfer Martin	von Känel Martin	von Känel Martin	von Känel Martin	von Känel Martin	Schöpfer Martin	Schöpfer Martin	von Känel Martin	von Känel Martin	Schöpfer Martin	Jost Christian	–	von Känel Martin
1995	von Känel Martin	Heuberger Bruno	von Känel Martin	von Känel Martin	von Känel Martin	Dürst Fritz	von Känel Martin	von Känel Martin	von Känel Martin	von Känel Martin	von Känel Martin	–	von Känel Martin
1996	Schöpfer Martin	Schöpfer Martin	Schöpfer Martin	von Känel Martin	von Känel Martin	von Känel Martin	von Känel Martin	von Känel Martin	von Känel Martin	von Känel Martin	Jost Christian	–	von Känel Martin

Waffenlauf-Tagessieger aller Zeiten (1934–2006)

Jahr	Toggenburg (1967–2003)	St. Gallen (1960–2006)	Neuenburg (1949–2005)	Zürich (1958–2006)	Wiedlisbach (ab 1954)	Freiburg (1978–2002)	Reinach (1944–2006)	Altdorf (1945–2004)	Kriens (1956–2003)	Thun (ab 1959)	Frauenfeld (ab 1934)	Bern (1949–1959)	Schweizer Meister (1967–2006)
1997	Schöpfer Martin	Schöpfer Martin	Schöpfer Martin	Schöpfer Martin	Schöpfer Martin	Schöpfer Martin	Schöpfer Martin	Schöpfer Martin	Schöpfer Martin	Schöpfer Martin	Schöpfer Martin		Schöpfer Martin
1998	Schelbert Koni	von Känel Martin	Schelbert Koni	Schelbert Koni	Jost Christian	Schelbert Koni	Hafner Jörg	Joos Markus	Deller Peter	Häni Fritz	Ebner Mischa		Schelbert Koni
1999	Hafner Jörg	Hafner Jörg	Hafner Jörg	Hafner Jörg	Hafner Jörg	Hafner Jörg /	von Känel Martin	von Känel Martin	von Känel Martin	von Känel Martin	Hafner Jörg	**Chur 1999–2001**	Häni Fritz
2000	Hafner Jörg	Hafner Jörg	Hafner Jörg	Hafner Jörg	Hafner Jörg	von Känel Martin	Hafner Jörg / von Känel Martin	von Känel Martin	Hafner Jörg	von Känel Martin	Hafner Jörg		Hafner Jörg
2001	Hafner Jörg	Hafner Jörg	Hafner Jörg	Hafner Jörg	Hafner Jörg	Hafner Jörg	Hafner Jörg	Walker Ruedi	Hafner Jörg	von Känel Martin	Ebner Mischa		Hafner Jörg
2002	Hafner Jörg	Hafner Jörg	Hafner Jörg	Hafner Jörg	Hafner Jörg	Hafner Jörg	Schöpfer Martin	Hafner Jörg	Hafner Jörg	Hafner Jörg	Keller Daniel		Hafner Jörg
2003	von Känel Martin	Hafner Jörg	Hafner Jörg	Hafner Jörg	Hafner Jörg / Schöpfer Martin	–	Hafner Jörg	Hafner Jörg	Hafner Jörg	von Känel Martin	Hafner Jörg		Hafner Jörg
2004	–	–	von Känel Martin	Heuberger Bruno	Scheidegger Nikl.	–	Hafner Jörg	Gisler Ivan	–	von Känel Martin	Heuberger Bruno	inoffiz. Lauf	von Känel Martin
2005	–	Hafner Jörg	Hafner Jörg	von Känel Martin	Hafner Jörg	–	Hafner Jörg	–	–	Deller Peter	Hafner Jörg	Hafner Jörg	Hafner Jörg
2006	–	Scheidegger Nikl.	–	Wieser Patrick	Wieser Patrick	–	Wieser Patrick	–	–	Deller Peter	Dähler Bruno	Wieser Patrick	Wieser Patrick
2007	–	–	–	–	–	–	–	–	–	–	–	**Wohlen ab 2004/05**	–

Mitarbeiterverzeichnis

Autor / Herausgeber
Dominik Schlumpf, Sulgen

Engeres Redaktorenteam
Beat Schmutz, Düdingen (Mitautor, Lektorat)
Alois Oberlin, Wattwil (Mitautor, Lektorat)
Max Rüegg, Domat/Ems (Fotos)
Ueli Jäggi, Bad Ragaz (Berichterstattungen)
Ueli Dysli, Stüsslingen (Berichterstattungen)
Urs Klingenfuss, Schaffhausen (Statistiken, Fotos)

Verfasser von Textbeiträgen
Aegerter Willi, Mattstetten
Bachmann Albert, Wetzikon
Baer Willi, Wetzikon
Balmer Knöpfli Marianne, Davos-Platz
Belser Martin, Ganterschwil
Berger Emil, Wiedlisbach
Berger Marc, Freiburg
Bertschi Silvio, Pfeffikon
Biedermann Ursula, Studen
Bigger Reto, Zürich
Binggeli Karl, Schwarzenburg
Blum Charles, Oberentfelden
Bolliger Edgar, Frauenfeld
Bürgi Rolf, Frauenfeld
Christen Heinz, St. Gallen
Colombo Chris, Bern
Dähler Bruno, Meistersrüti
Dähler Franz, Gossau
Dähler Josef, Appenzell
Dähler Werner, Pfyn
Deller Peter, Zürich
Duschl Martin, Rizenbach
Egolf Robert, Meilen
Eisenhut Kony, Adliswil
Erb Martin, Winterthur
Farner Monika, Lommis
Fehr Wilhelm, Aadorf
Fischer Werner, Ehrendingen
Fluri Toni, Oensingen
Forster Peter, Salenstein
Furrer Alois, Mosen
Furrer Felix, Bettwil
Furrer Hans, Rickenbach
Galbier Toni, Sisseln
Gardi André, Lauperdorf
Gautschi Herbert, Ponte Cremenaga
Genna Sandro, Thun
Gerber Peter, Herisau

Gfeller Paul, Sumiswald
Greutert Jan, Basel
Greutert Oliver, Basel
Guyer Andres, Bülach
Haag Arnold, Hergiswil
Habegger Hans, Utzigen
Hafner Jörg, Hasle
Hagmann Franz, St. Gallen
Häni Fritz, Rumisberg
Heim Maria, Kappel
Helfenberger Claudia, Arnegg
Helfenberger Kolumban, Tuttwil
Henauer Kurt, Bremgarten bei Bern
Hess Ulrico, Jona
Hirt Edi, Hünibach
Hug Christoph, Braunau
Hugentobler Kurt, Romanshorn
Ibig Peter, Wängi
Iseli Ernst, Burgdorf
Joss Jean-Jacques, Bern
Jost Christian, Grosshöchstetten
Jun Lu, St. Gallen
Käser Rudolf, Wittenbach
Keckeis Christophe, Trey
Kellenberger Alfred, Walzenhausen
Kellenberger Ueli, Ganterschwil
Kenel Hansruedi, Altdorf
Knechtle Iwan, Appenzell
Koch Heinz, Winterthur
Kofmel Willy, Lommiswil
Kreienbühl Anna, Rüti ZH
Küttel Renzo, Meilen
Lautner Anton, D-Neuburg
Linder Bernhard, Hinterkappelen
Lüber Hans-Georg, Genève
Markwalder Daniel, Weinfelden
Marty Fredi, Frauenfeld
Maurer Roland, Zetzwil
Maurer Ueli, Wernetswil
Maurer Urs, Oberägeri
Merz Hans-Rudolf, Herisau
Moser Albrecht, Pieterlen
Mühlemann Ernst, Ermatingen
Müller Hans, Zürich
Näf Markus, Zürich
Niederberger Walter, Stans
Obertüfer Stephan, Sulgen
Odermatt Niederberger Elisabeth, Stans
Ott René, Hittnau
Pfister Fredy, Rickenbach TG
Platter Günther, A-Wien
Portmann Armin, Thun
Riedwyl Walter, Scherz

Rigling Peter, Basadingen
Rigling Susi, Basadingen
Robyr Marius, Chermignon
Roduner Christoph, Balgach
Rölli Gregor, Happerswil TG
Ronconi Corinne, Felben-Wellhausen
Rosenberg Felix, Frauenfeld
Scheiber Kaspar, Luzern
Schelbert Koni, Menzingen
Scherrer Hansulrich, Chur
Schindler Christoph, Astano TI
Schlumpf Reinhard, Walzenhausen
Schlumpf-Metzler Daniela, Sulgen
Schmid Samuel, Bern
Schmid Vreni, Cham
Schmutz Godi, Hagenbuch
Schöpfer Martin, Attiswil
Senn Reto, Stockholm
Sinniger Bruno, Unterkulm
Solenthaler Hans-Ulrich, Walenstadt
Sommer Heini, Altdorf
Stadler Eufemia, Zürich
Stähelin Philipp, Frauenfeld
Stähli Hans-Ueli, Thun
Steffen Beat, Oberflachs
Steger Kudi, Seengen
Stillhard Armin, Bronschhofen
Tanner Heinrich, Herisau
Thomann Andreas, Egerkingen
Thurnheer Beni, Seuzach
Uhler Roland, St. Gallen
Villiger Kaspar, Sins
Vogel Urs, Rheinfelden
von Allmen Hans-Ueli, Thun
von Burg René, Balsthal
von Känel Martin, Reichenbach
Walker Ruedi, Flüelen
Wälti Andreas, Hinwil
Wälti Anne-Rose, Biel
Wampfler Bernhard, Wasen i.E.
Weibel Hans, Jonschwil
Welna Serge, Steckborn
Widmer Monika, Matzingen
Wieser Patrick, Aadorf
Wildpanner Luis, A-Schielleiten
Wirth Fredy, Erlen
Wyler Marlis, Wiedlisbach
Zimmermann Pius, Fislisbach
Zuberbühler Hans, St.Gallen
sowie diverse ungenannt sein wollende Autoren

Literatur-, Foto- und Quellennachweis

– Aus Bild- und Textarchiven der IGWS und verschiedener Privatpersonen

– Schweizer Wehrsport – Fachzeitschrift für Militärsport (Jahrgänge 1955 bis 2006)

– Der Waffenlauf – eine Chronik in Bildern
Bernhard Linder, Verlag Sonderegger-Lüscher Druck AG, 8570 Weinfelden, 1984,
ISBN 3-907975

– Die Schweizer Waffenläufe – Langlauf nach Schweizer Präzision
Klaus Jung & Barbara Lenz, Meyer & Meyer Verlag, Aachen, 1986, ISBN 3-89124-043-0

– 50. Frauenfelder – 18. November 1984
Huber & Co AG, 8500 Frauenfeld, 1984, ISBN 3-274-00135-1

– 50 Jahre Schweizer Wehrsport 1936–1986
Willy Grundbacher, Ott Verlag, 3600 Thun, 1987, ISBN 3-7225-6843-9

– Jubiläumsschrift 50 Jahre IGWS 1955-2005
Dominik Schlumpf, Edition Contexta, 9428 Walzenhausen, 2005, keine ISBN

– Jahrbuch von Dominik Schlumpf, Sulgen
«Waffenlaufsaison 2006»; Huber & Co. AG, Frauenfeld, ISBN 978-3-033-00916-5

– Jahrbücher von Max Rüegg, Domat/Ems
«Waffenlaufsaison 1987»; Gasser AG, Druck und Verlag, Chur, ISBN 3-906214-47-8
«Waffenlaufsaison 1988»; Gasser AG, Druck und Verlag, Chur, ISBN 3-906214-51-6
«Waffenlaufsaison 1989»; Gasser AG, Druck und Verlag, Chur, ISBN 3-907036-23-9
«Waffenlaufsaison 1990»; Gasser AG, Druck und Verlag, Chur, ISBN 3-907036-31-X
«Waffenlaufsaison 1991»; Gasser AG, Druck und Verlag, Chur, ISBN 3-907036-34-4